MANUAL DE DIREITO ADMINISTRATIVO

gen
Grupo
Editorial
Nacional

BRUNO BETTI

MANUAL DE

DIREITO ADMINISTRATIVO

- O autor deste livro e a editora empenharam seus melhores esforços para assegurar que as informações e os procedimentos apresentados no texto estejam em acordo com os padrões aceitos à época da publicação, e todos os dados foram atualizados pelo autor até a data de fechamento do livro. Entretanto, tendo em conta a evolução das ciências, as atualizações legislativas, as mudanças regulamentares governamentais e o constante fluxo de novas informações sobre os temas que constam do livro, recomendamos enfaticamente que os leitores consultem sempre outras fontes fidedignas, de modo a se certificarem de que as informações contidas no texto estão corretas e de que não houve alterações nas recomendações ou na legislação regulamentadora.

- Fechamento desta edição: *02.01.2025*

- O Autor e a editora se empenharam para citar adequadamente e dar o devido crédito a todos os detentores de direitos autorais de qualquer material utilizado neste livro, dispondo-se a possíveis acertos posteriores caso, inadvertida e involuntariamente, a identificação de algum deles tenha sido omitida.

- **Atendimento ao cliente: (11) 5080-0751 | faleconosco@grupogen.com.br**

Editora Forense Ltda.
Uma editora integrante do GEN | Grupo Editorial Nacional
Travessa do Ouvidor, 11 – Térreo e 6º andar
Rio de Janeiro – RJ – 20040-040
www.grupogen.com.br

- Capa: Bruno Zorzetto

- **CIP-BRASIL. CATALOGAÇÃO NA PUBLICAÇÃO**
SINDICATO NACIONAL DOS EDITORES DE LIVROS, RJ

B466m
2. ed.

Betti, Bruno
Manual de direito administrativo / Bruno Betti. - 2. ed. - [2. Reimp.] - Rio de Janeiro : Método, 2025.
856 p. ; 23 cm.

Inclui bibliografia
ISBN 978-85-3099-622-2

1. Direito administrativo - Brasil. 2. Serviço público - Brasil - Concursos. I. Título.

24-95584
CDU: 342.9(81)

Gabriela Faray Ferreira Lopes - Bibliotecária - CRB-7/6643

AGRADECIMENTOS

Se existe uma frase verdadeira é que ninguém chega a algum lugar sozinho. Comigo não foi diferente. É preciso sempre agradecer.

Como tudo em minha vida, eu só posso começar agradecendo a Deus e a Nossa Senhora da Conceição. Sempre estiverem ao meu lado. Em todas as conquistas e em todas as derrotas, que só vamos entender no futuro o motivo. Obrigado, meu Deus e minha Mãe. Por tudo.

Agradeço aos meus pais, Sandra e Monteiro, que sempre me mostraram que o estudo era o único caminho possível. Obrigado por renunciarem aos seus sonhos para poderem realizar os meus.

Agradeço a minha esposa, Aline, pela paciência e pelo companheirismo mesmo na minha ausência, em razão de tanto estudo, aulas e a escrita do livro.

À minha irmã, Ana Carolina, pelo espelho de seriedade e comprometimento que sempre foi para mim. Por sempre me ajudar, mesmo quando ela não precisava. Obrigado também ao meu cunhado Fernando.

Ao meu sobrinho Bernardo, que ainda tão pequeno e já é um ser humano ímpar. Com um enorme conhecimento e um coração tão generoso. Obrigado, Bê. O titio te ama.

À tia Nilza, que também renunciou a tudo para poder me criar, enquanto meus pais trabalhavam. Obrigado por tudo. Já disse uma vez e não me canso, as palavras fogem para poder agradecer tanto amor e carinho dispensado a mim.

Sem dúvidas, preciso agradecer a todos os alunos que passaram na minha vida de docência. Obrigado por cada elogio, crítica e sugestão. Nesses anos de "sala" de aula, eu fui moldado por vocês. Este livro foi pensado nas inúmeras dúvidas que recebo de vocês.

A todas as instituições e cursos que lecionei e leciono. Obrigado por confiarem em mim. Preciso agradecer especialmente ao "meu padrinho", Rafael Rapold do Dedicação Delta, que me ajudou com muitas ideias para o livro.

Obrigado à Procuradoria-Geral do Município de Belo Horizonte, instituição que tenho orgulho de pertencer. Obrigado pelo incentivo à qualificação.

Também preciso agradecer à Procuradoria-Geral do Estado de São Paulo, instituição que tive a honra de pertencer e foi muito importante na minha carreira.

Tenho certeza de que estou ao lado dos melhores. Por isso, só agradeço.

SUMÁRIO

Capítulo V

Capítulo VIII

Capítulo IX

Capítulo XV

Capítulo XVI

Capítulo I
ADMINISTRAÇÃO PÚBLICA

1. ORIGEM E CONCEITO DO DIREITO ADMINISTRATIVO

A **origem** do Direito Administrativo está intimamente ligada ao **desenvolvimento do Estado moderno**, marcado pela emergência e fortalecimento do absolutismo monárquico na Europa, especialmente na França, ao longo dos séculos XVII e XVIII. Durante esse período, observou-se uma expansão significativa e um aumento na complexidade das funções estatais. Essa transformação exigiu a elaboração de um conjunto específico de normas e princípios dedicados a organizar e dirigir as atividades da Administração Pública.

Com isso, o Direito Administrativo emergiu como um campo distinto dentro do universo jurídico, com o propósito precípuo de normatizar as ações de órgãos, entidades e agentes públicos no âmbito da implementação de políticas públicas e na oferta de serviços à população.

Contudo, é crucial enfatizar que o **Direito Administrativo não é uma invenção puramente moderna**. Normas e princípios administrativos já eram aplicados em sociedades antigas, como na Grécia e Roma, bem como em outras civilizações, a exemplo da chinesa. **A novidade do período moderno reside na consolidação do Direito Administrativo como um ramo autônomo do Direito**, distinto dos demais campos jurídicos, fenômeno esse que não se observava nas épocas anteriores.

O surgimento e a consolidação do Direito Administrativo como campo autônomo também se alinham aos **princípios liberais desencadeados pela Revolução Francesa de 1789**. Este evento histórico foi fundamental para a consagração de ideais como a separação dos poderes, o princípio da legalidade, e a Declaração dos Direitos do Homem e do Cidadão. Estes ideais limitaram o poder estatal e estabeleceram as bases para que o Direito Administrativo fosse reconhecido como uma especialidade jurídica, paralelamente ao Direito Privado, regulando, assim, as relações que envolvem o Estado e suas atividades administrativas de forma específica e detalhada.

As limitações ao poder estatal e a consequente proteção dos cidadãos são resultado de três grandes conquistas associadas ao pensamento liberal revolucionário, que surgiram especialmente com a Revolução Francesa e que ainda hoje fundamentam o Direito Administrativo moderno. Essas conquistas podem ser detalhadas da seguinte forma:

1) Princípio da Legalidade: Este princípio estabelece que o Estado está subordinado à lei, um conceito essencial no que chamamos de Estado de Direito. Sob esse regime, o poder estatal não é exercido de maneira arbitrária, como ocorria no Antigo Regime, em que o monarca detinha autoridade absoluta e seus atos não precisavam de justificação legal. A partir da Revolução Francesa, consolidou-se a ideia de que o Estado deve agir conforme as leis, substituindo o governo dos homens pelo governo das leis. Isso significa que a Administração Pública, assim como seus agentes, só pode agir nos limites estabelecidos pela legislação, garantindo previsibilidade e segurança jurídica.
2) Princípio da Separação de Poderes: Esse princípio visa evitar a concentração de poderes em um único órgão ou pessoa, que poderia agir de maneira despótica e sem controle. Ele promove uma distribuição equilibrada de funções entre três poderes autônomos e independentes: o Legislativo (criação das leis), o Executivo (execução das políticas públicas) e o Judiciário (interpretação e aplicação das leis em conflitos). Dessa forma, cada poder serve como um controle sobre os outros, limitando possíveis abusos e garantindo que nenhum órgão estatal acumule poderes excessivos. Essa divisão é essencial para o equilíbrio democrático e a proteção das liberdades individuais.
3) Declaração dos Direitos do Homem e do Cidadão: A Declaração, adotada durante a Revolução Francesa em 1789, é um dos marcos mais importantes na consagração dos direitos fundamentais. Ela estabelece que todos os cidadãos possuem direitos inalienáveis e universais, como a liberdade, a igualdade e a propriedade. Esses direitos são "oponíveis ao Estado", ou seja, qualquer cidadão pode invocá-los contra ações ou omissões do Estado que violem suas liberdades e garantias. A Declaração transformou a relação entre o cidadão e o poder estatal, reconhecendo que o Estado tem a obrigação de respeitar e proteger esses direitos, tornando-os limites intransponíveis à ação governamental.

O nascimento do Direito Administrativo como um campo autônomo pode ser traçado ao emblemático **arrêt Blanco**, julgado pelo Tribunal de Conflitos na França em 1873. Esse caso envolveu Agnès Blanco, uma criança de cinco anos que foi atropelada por um vagonete pertencente à Companhia Nacional de Manufatura de Fumo, que operava sob concessão estatal.

O caso foi levado ao Tribunal de Conflitos, uma Corte especializada em resolver disputas de competência entre a jurisdição comum (que julga conflitos entre particulares) e a jurisdição administrativa (responsável por julgar conflitos envolvendo o poder público). O ponto central da discussão era se a responsabilidade do Estado, enquanto prestador de serviços públicos, deveria ser julgada pelas regras comuns do direito privado, aplicáveis a qualquer pessoa, ou por regras especiais que levassem em conta a natureza pública do serviço.

O Tribunal decidiu que, em razão da presença do serviço público (a operação do vagonete pela empresa concessionária), o caso deveria ser julgado com base em princípios do Direito Administrativo, e não do direito privado. Essa decisão é considerada um marco porque reconheceu que a atuação do Estado em atividades de interesse público exige um conjunto próprio de normas, distintos dos aplicáveis a relações privadas.

Essa distinção introduzida pelo caso Blanco estabeleceu a noção de que as atividades da Administração Pública, especialmente quando envolvem o interesse coletivo, devem ser regidas por regras específicas que reflitam as características únicas do poder estatal, como a supremacia do interesse público e a necessidade de proteger os direitos dos cidadãos.

A partir desse julgamento, o Direito Administrativo começou a ser consolidado como um ramo especializado do Direito, com normas próprias para disciplinar a atuação do Estado e garantir que o poder público atue em conformidade com o bem comum, respeitando a legalidade e a separação de poderes, além dos direitos fundamentais. Com isso, nasceu um sistema de controle das ações do Estado, garantindo que ele utilize suas prerrogativas de forma legítima e equilibrada.

Esse caso e as conquistas mencionadas anteriormente representam a base sobre a qual o Direito Administrativo moderno foi construído, tanto na Europa quanto em países que seguiram modelos similares, como o Brasil. O sistema jurídico administrativo se desenvolveu ao redor desses pilares, buscando sempre equilibrar o poder estatal com a necessidade de proteger os direitos e as liberdades individuais.

No **âmbito normativo**, a **Lei do 28 Pluviôse do Ano VIII** (1800) é frequentemente considerada a **primeira legislação formal** do Direito Administrativo, sendo vista como o ponto de partida para o desenvolvimento desse campo. Essa lei foi essencial para estabelecer normas que organizavam a estrutura da Administração Pública e regulamentavam a resolução de litígios envolvendo o poder público. Em outras palavras, ela definiu as regras para a criação e funcionamento das instituições administrativas e ofereceu meios para que os cidadãos pudessem questionar legalmente as ações da Administração Pública, caso considerassem que seus direitos haviam sido violados.

O século XIX foi marcado pela implementação do regime de legalidade nos Estados modernos, o que pode ser considerado um dos marcos centrais da história do Direito Administrativo. O princípio da legalidade, que já havia ganhado força com a Revolução Francesa, firmou-se nesse período como uma base essencial para a atuação do Estado. Esse regime determinava que o poder estatal, especialmente o Poder Executivo, deveria agir sempre conforme a lei. A lei, vista como a expressão da vontade coletiva, passou a ser aplicada tanto aos cidadãos quanto às autoridades públicas, garantindo que o Estado estivesse sujeito às mesmas normas que os indivíduos.

Esse princípio trouxe maior segurança jurídica, pois impôs limites claros ao exercício do poder público, eliminando qualquer arbitrariedade por parte dos governantes. Antes disso, os monarcas e outros detentores do poder podiam agir de forma discricionária, muitas vezes sem restrições legais. Com a implementação do regime de legalidade, isso mudou, e a atuação do Estado ficou condicionada ao cumprimento de normas previamente estabelecidas.

Com a consolidação do regime de legalidade, o Poder Executivo passou a atuar dentro dos limites impostos pelo Poder Legislativo, que detinha a função de criar as leis que o Executivo deveria obedecer. Isso representou uma importante limitação ao poder estatal, pois impediu que o Executivo agisse de forma descontrolada ou além dos seus poderes.

Além disso, o Poder Legislativo também assumiu o papel de supervisão das ações do Executivo, garantindo que as decisões e políticas fossem realizadas conforme o que estava determinado na lei. Essa supervisão legislativa foi fundamental para equilibrar o exercício do poder, já que evitava abusos e permitia maior transparência e responsabilidade nas ações governamentais.

Por fim, o Poder Judiciário atuava como guardião do respeito à lei, fiscalizando a conformidade das ações do Executivo e do Legislativo com o ordenamento jurídico. Ele tinha a função de intervir sempre que uma autoridade pública desrespeitasse a legalidade ou violasse os direitos dos cidadãos. Essa vigilância judicial reforçou o sistema de freios e contrapesos, fundamental para o funcionamento equilibrado do Estado de Direito.

Dentro desse contexto, a liberdade administrativa – ou seja, a capacidade da Administração Pública de tomar decisões – foi consideravelmente restringida pelo dever de cumprir a lei. A atuação dos administradores passou a ser regulada de perto pelas normas legais, o que evitava a arbitrariedade e assegurava que o interesse público fosse priorizado. Assim, os agentes públicos tinham o dever de seguir estritamente as leis e regulamentos, sem poder agir conforme sua própria vontade ou interesses pessoais.

Isso representou um avanço significativo na consolidação de um Estado de Direito, onde tanto as autoridades quanto os cidadãos estão sujeitos às mesmas leis e regras. A submissão do Poder Executivo à legislação e à supervisão dos outros poderes garantiu maior controle sobre o exercício do poder público e, ao mesmo tempo, protegeu os direitos dos indivíduos contra possíveis abusos do Estado.

No Brasil, a criação de cátedras específicas nas faculdades de Direito de São Paulo e Recife, em 1851, representou o ponto de partida para o desenvolvimento do Direito Administrativo no País. Essa iniciativa pode ter sido influenciada pelas cátedras já existentes na França e na Itália, bem como pelas várias obras publicadas sobre a matéria na Europa. Em 1857, Vicente Pereira do Rego publicou a primeira obra brasileira de Direito Administrativo, intitulada *Elementos de direito administrativo brasileiro*, que teve forte influência francesa. Dois anos depois, em 1859, Veiga Cabral também publicou uma obra sobre o assunto, intitulada *Direito administrativo brasileiro*.

O contexto político-institucional predominante no Ocidente, inclusive no Brasil, quando do surgimento do Direito Administrativo, envolvia, basicamente: (i) o Estado liberal ou abstencionista. Nesse modelo, o Estado era a única estrutura formal de organização da vida associada, reunindo indivíduos autônomos, livres e com igualdade jurídica, e foram estabelecidas liberdades e garantias de direitos individuais; (ii) a autonomia da atividade econômica em relação ao Estado, com este se abstendo de intervir na área econômica e social; (iii) uma predominância de democracia política, mas restrita, com sufrágio limitado a alguns setores da sociedade; (iv) uma distância entre o Estado e a sociedade em relação à vida social e econômica dos indivíduos, e dos indivíduos em relação às decisões das autoridades; (v) um antagonismo à existência de grupos intermediários entre os indivíduos e o Estado, como associações políticas ou profissionais; e (vi) a função essencial da Administração Pública em assegurar a ordem pública estabelecida pelas leis.

O Direito Administrativo começou a ter maiores transformações a partir da segunda **metade do século XX**. Ao fenômeno de legalização da atividade administrativa soma-se uma tendência recente de fortalecimento do Poder Executivo. A sociedade liberal, fundamentada na livre-iniciativa, enfrentou contradições e antagonismos que resultaram em conflitos entre interesses de grupos, prejudicando a ordem democrática. Nesse contexto, o Poder Público foi convocado a disciplinar e controlar a atividade privada, submetendo-a aos princípios do bem comum e da justiça social. O Estado moderno assumiu um sentido cada vez mais dinâmico, regulamentando, controlando ou até mesmo monopolizando áreas como comércio, produção, ensino, transporte e pesquisa científica. A ênfase dos regimes políticos deslocou-se da abstenção para a intervenção, sob o lema democrático moderno de intervir para preservar.[1]

Para além das mudanças como o estado do bem-estar social e a diluição da separação entre Estado e sociedade, outras transformações importantes podem ser observadas. Uma dessas mudanças foi o surgimento de novas formas de participação popular na gestão pública. A partir dos anos 1980, as chamadas políticas públicas participativas passaram a ser vistas como uma forma de fortalecer a democracia e garantir uma gestão mais efetiva e transparente. Essas políticas envolvem a criação de mecanismos de participação da sociedade civil na elaboração, implementação e avaliação de políticas públicas.

Outra mudança relevante foi a crescente complexidade da Administração Pública, decorrente da ampliação do papel do Estado na regulação de diversos setores da economia. Isso implicou a criação de novas agências reguladoras e órgãos administrativos especializados, com atribuições específicas e autonomia para a tomada de decisões.

Por fim, é importante destacar o processo de globalização que marcou o final do **século XX e o início do XXI**. A globalização afetou diretamente a forma como os Estados nacionais se relacionam entre si, gerando uma série de desafios para a Administração Pública, como a necessidade de adaptação a novos padrões regulatórios e a busca por formas mais eficientes de prestação de serviços públicos.

Dessa maneira, é possível perceber que as transformações políticas e institucionais da segunda metade do **século XX** trouxeram profundas alterações ao campo do Direito Administrativo, que precisou se adaptar a essas mudanças para continuar cumprindo seu papel de disciplinar a atuação do Estado na gestão pública.

O Direito Administrativo é uma área do Direito que tem se transformado e evoluído ao longo dos anos. **No século XXI**, novos temas e debates têm surgido, o que tem tornado o Direito Administrativo ainda mais importante para a sociedade. Dentre esses temas, pode-se destacar o maior vínculo entre o Direito Administrativo e a Constituição, que tem ampliado as bases constitucionais da área.

---

1 Nesse sentido: TÁCITO, Caio. Evolução histórica do Direito Administrativo. *Revista do Serviço Público*, v. 66, n. 3, 1955. p. 537.

Uma das consequências dessa maior vinculação é a importância crescente dos princípios do Direito Administrativo, dentre os quais se destacam a eficiência, a proporcionalidade a razoabilidade, bem como a confiança legítima.

Outra preocupação importante do Direito Administrativo atual é a efetividade dos direitos assegurados pela Constituição, uma vez que a Administração Pública é a principal operadora desses direitos. Por isso, o foco do Direito Administrativo tem se deslocado cada vez mais para os direitos fundamentais e para os direitos dos cidadãos.

Nesse contexto, tem se tornado ainda mais relevante a preocupação em melhorar as relações entre Administração e cidadãos, bem como garantir os direitos dos cidadãos perante a própria Administração. Nos últimos anos, surgiram três temas emergentes nesse sentido: (i) a transparência da Administração para facilitar o controle e dificultar a corrupção; (ii) o incentivo à colaboração dos cidadãos, individualmente ou por meio de associações representativas; e (iii) a transferência ao setor privado da prestação de inúmeros serviços públicos, por meio de concessões e permissões.

Partindo para o **conceito**, o Direito Administrativo é o ramo do Direito Público que estuda a organização, o funcionamento e as atividades da Administração Pública, bem como as relações entre a Administração e os particulares. Em outras palavras, é o conjunto de normas e princípios que regula a atuação do Estado na gestão dos interesses públicos.

Dentre os temas estudados pelo Direito Administrativo, destacam-se a organização e a estruturação da Administração Pública, os poderes e os deveres dos agentes públicos, os procedimentos administrativos, a responsabilidade civil e penal dos agentes públicos, as licitações e os contratos administrativos.

Sinteticamente, conforme dispõe o Professor Celso Antônio Bandeira de Mello,[2] o Direito Administrativo "é o ramo do Direito Público que disciplina a função administrativa e os órgãos que a exercem".

Por sua vez, de acordo com Di Pietro,[3] "O Direito Administrativo é o ramo do Direito Público que disciplina a atividade administrativa do Estado, tendo em vista os fins desejados pelo bem comum. Trata-se, portanto, de um conjunto de normas e princípios que regula a organização e o funcionamento da Administração Pública, bem como as relações entre esta e os particulares".

Assim, o Direito Administrativo teria como principais objetivos a proteção dos direitos dos cidadãos, a eficiência na prestação dos serviços públicos, a transparência e o controle da Administração Pública, a promoção do desenvolvimento econômico e social, entre outros. Além disso, a autora destaca que o Direito Administrativo é um ramo do Direito em constante evolução, que busca se adaptar às transformações da sociedade e às novas demandas da Administração Pública.

Ademais, o conceito de Direito Administrativo pode variar de acordo com a definição do critério a ser adotado.

---

2 MELLO, Celso Antônio Bandeira de. *Curso de Direito Administrativo*. São Paulo: Malheiros Editores, 2008. p. 56.

3 DI PIETRO, Maria Sylvia Zanella. *Direito Administrativo*. 25. ed. São Paulo: Atlas, 2012. p. 48.

1.1. Critérios para o conceito do Direito Administrativo

1.1.1. *Escola do serviço público*

Capitaneado por León Duguit,[4] **Jèze e Bonnard**, esse conceito surgiu na França, a partir do caso Blanco, passando a fixar a competência dos tribunais administrativos em **virtude da execução de serviços públicos**.

Para Duguit, o Direito Administrativo não era apenas um ramo do Direito, mas, sim, um verdadeiro sistema jurídico autônomo, baseado nos princípios de justiça social, igualdade e proteção dos direitos dos cidadãos.

Duguit entendia que a Administração Pública não era uma entidade autônoma, mas, sim, um serviço público a serviço da sociedade, e que, portanto, deveria ser subordinada ao Direito. Assim, para ele, o Direito Administrativo tinha como principal objetivo a proteção dos interesses coletivos e dos direitos individuais dos cidadãos, por meio da criação de normas e princípios que limitassem o poder da Administração Pública e garantisse a transparência, a eficiência e a responsabilidade na atuação dos agentes públicos.

Contudo, esse critério não é bem-visto na doutrina atualmente, por ser incompleto.

1.1.2. *Critério do Poder Executivo*

Para esse critério, o **Direito Administrativo seria, basicamente, o estudo do Poder Executivo**. Contudo, esse critério se demonstra insuficiente, haja vista que o Poder Judiciário e o Poder Executivo também realizam atividades administrativas, bem como particulares que atuam por meio de delegação estatal.

Ademais, a atividade administrativa pode ser exercida por particulares por meio de delegação, o que ocorre com as pessoas jurídicas de direito privado que são concessionárias e permissionárias de serviços públicos. Essas entidades atuam em colaboração com o Estado e desempenham funções consideradas de interesse público.

1.1.3. *Critério das relações jurídicas*

Para esse critério, o Direito Administrativo seria o **conjunto de normas que regem as relações entre a Administração e os administrados**. Esse critério é insuficiente, afinal reduz o objeto do Direito Administrativo, que também abrange a própria organização da Administração Pública, a atividade por ela exercida e os bens por ela utilizados.

1.1.4. *Critério teleológico*

O **Direito Administrativo seria o sistema dos princípios jurídicos que regula a atividade do Estado para o cumprimento de seus fins de utilidade pública**. O critério

---

4 León Duguit foi um importante jurista francês dos séculos XIX e XX, considerado um dos fundadores da escola do serviço público na França.

teleológico é uma abordagem do Direito Administrativo que se concentra nos fins ou objetivos das normas e dos princípios que regem a Administração Pública. Nesse sentido, o Direito Administrativo, para o critério teleológico, é entendido como um conjunto de normas e princípios que têm como principal finalidade garantir a realização dos objetivos da Administração Pública.

Os objetivos da Administração Pública podem variar de acordo com o contexto e as necessidades sociais, mas, geralmente, incluem a promoção do bem comum, a proteção dos direitos fundamentais dos cidadãos, a eficiência na prestação dos serviços públicos, a transparência e o controle da gestão pública, entre outros.

Assim, para o critério teleológico, o Direito Administrativo deve ser interpretado e aplicado de forma que garanta a realização desses objetivos, sempre levando em consideração as circunstâncias concretas em que as normas serão aplicadas. Além disso, o critério teleológico enfatiza a importância da adaptabilidade do Direito Administrativo às mudanças sociais e tecnológicas, a fim de garantir que a Administração Pública possa cumprir seus objetivos de forma eficaz e eficiente.

1.1.5. Critério negativo ou residual

Para esse critério, o Direito Administrativo **teria por objeto as atividades desenvolvidas para a consecução dos fins estatais**, excluídas a legislação e a jurisdição.

Esse critério está inteiramente ligado com o critério teleológico. O Direito Administrativo teria um sentido POSITIVO (representa os institutos jurídicos pelos quais o Estado busca a realização dos seus objetivos) e um sentido NEGATIVO (representa uma forma de definição de seus objetos, o que se faz por exclusão).

1.1.6. Critério da Administração Pública

O Direito Administrativo é o **conjunto de princípios que regem a Administração Pública**. O Direito Administrativo seria o conjunto harmônico de princípios jurídicos que regem os órgãos, os agentes e as atividades públicas tendentes a realizar concreta, direta e imediatamente os fins desejados pelo Estado.

A expressão Administração Pública compreende dois sentidos, quais sejam, Administração Pública em sentido subjetivo e em sentido objetivo, conforme será visto à frente.

1.1.7. Escola exegética ou corrente legalista

Também chamada de escola empírica ou caótica,[5] por essa corrente, o **Direito Administrativo se limitaria a compilar atos normativos existentes na ordem jurídica**. Segundo essa corrente, o Direito Administrativo se limitava ao direito positivo, ou seja, às normas escritas daquele país.

[5] DI PIETRO, Maria Sylvia Zanella. *Direito Administrativo*. 25. ed. São Paulo: Atlas, 2012. p. 41.

Essa escola sofreu críticas por reduzir o papel da jurisprudência e da doutrina na interpretação e aplicação das leis e dos atos normativos e administrativos.

1.1.8. *Escola da* puissance publique

Essa vertente, cujo idealizador é **Maurice Hauriou**, se preocupa em diferenciar os atos de império dos atos de gestão. Atos de império seriam aqueles impostos unilateralmente ao particular, independentemente de sua concordância ou autorização judicial, ao passo que os atos de gestão seriam aqueles praticados em situação de igualdade com os particulares.

A escola da *puissance publique* entende que o Direito Administrativo estudaria apenas os atos de império.

Critério	
Escola do serviço público	Considerava o Direito Administrativo um sistema autônomo baseado em princípios de justiça social e proteção dos direitos dos cidadãos.
Poder Executivo	Considerava o Direito Administrativo o estudo do Poder Executivo, porém se mostrou insuficiente.
Relações jurídicas	Considera o Direito Administrativo o conjunto de normas que regem as relações entre a Administração e os administrados, porém é insuficiente.
Teleológico	Enfatiza os fins ou objetivos das normas e dos princípios que regem a Administração Pública, buscando adaptar o Direito Administrativo às mudanças sociais e tecnológicas.
Negativo ou residual	Considera o Direito Administrativo as atividades desenvolvidas para a consecução dos fins estatais, excluindo a legislação e a jurisdição.
Administração Pública	Considera o Direito Administrativo o conjunto de princípios que regem a Administração Pública.

2. FONTES DO DIREITO ADMINISTRATIVO

O Direito Administrativo no Brasil é notável pela ausência de uma codificação unitária, ou seja, não há uma compilação única de textos normativos administrativos, como ocorre em outros ramos do Direito como o Direito Civil, o Direito Penal e o Direito Processual Civil. Alguns doutrinadores defendem a não codificação, apontando vantagens como a flexibilidade do Direito, a facilidade para uma maior atualização e a possibilidade de os entes federativos criarem suas próprias leis administrativas, considerando as particularidades locais e a pluralidade social.

Por outro lado, a codificação do Direito Administrativo proporcionaria maior segurança jurídica e transparência no processo decisório, além de facilitar o conhecimento das normas pelos cidadãos, tornando o controle popular da Administração Pública mais acessível.

2.1. Lei

O Direito Administrativo brasileiro, embora não esteja consolidado em um único código, opera com base em um vasto conjunto de normas jurídicas. Nesse sentido, a lei é uma importante **fonte formal** do Direito Administrativo e deve ser considerada em um **sentido amplo**, incluindo não apenas as normas constitucionais e a legislação infraconstitucional mas também os regulamentos administrativos e os tratados internacionais. Essa ideia de juridicidade implica que os administradores públicos devem respeitar a lei e o Direito em todas as suas ações. Esse amplo espectro normativo é fundamental, pois assegura que a Administração Pública atue sempre sob o manto do princípio da legalidade, essencial para a legitimidade de suas ações.

Com o processo de constitucionalização do ordenamento jurídico, tornou-se necessário reinterpretar o Direito Administrativo à luz da Constituição Federal. Isso implica uma revisão de alguns institutos jurídicos clássicos, a fim de se adequar aos direitos fundamentais e a outras normas constitucionais vigentes.

Portanto, é imprescindível que o Direito Administrativo seja compreendido como um ramo do Direito que deve estar em consonância com a Constituição e com os princípios fundamentais do estado de direito. É papel do administrador público se adequar a essa nova realidade, atuando de forma que garanta a efetivação dos direitos fundamentais e o respeito às normas constitucionais.

2.2. Doutrina

A doutrina consiste em uma **fonte indireta ou mediata e material** do Direito. Trata-se de opiniões dos estudiosos sobre institutos e normas do Direito.

Certamente, a doutrina desempenha um papel fundamental no Direito Administrativo, pois ela é responsável por estudar, analisar e interpretar as normas e os princípios que regem a Administração Pública. Por meio da produção doutrinária, juristas e estudiosos do Direito Administrativo podem aprofundar o conhecimento sobre o tema, aprimorar as técnicas de interpretação e aplicação das normas e, consequentemente, contribuir para o desenvolvimento do Direito Administrativo.

A doutrina pode ser entendida como uma forma de produção intelectual que busca entender e sistematizar as regras e os princípios que norteiam a Administração Pública, com base em estudos teóricos, análises históricas e interpretações jurisprudenciais. Ela tem como objetivo aprimorar a compreensão do Direito Administrativo e contribuir para a solução de questões jurídicas complexas.

Além disso, a doutrina pode influenciar a elaboração de normas e decisões administrativas, uma vez que é comum que as autoridades públicas levem em consideração os estudos e análises produzidos pelos doutrinadores para fundamentar suas decisões e justificar suas posições. Dessa forma, a doutrina pode ter um impacto significativo no Direito Administrativo, influenciando a interpretação e aplicação das normas e contribuindo para a evolução do sistema jurídico.

2.3. Jurisprudência

A jurisprudência consiste em uma fonte do Direito. Trata-se de reiteradas decisões de tribunais sobre determinado assunto ou tema.

Indubitavelmente, a jurisprudência desempenha um papel importante no Direito Administrativo, pois ela consiste em um conjunto de decisões judiciais que interpretam e aplicam as normas que regulam a Administração Pública. Por meio dela, é possível conhecer como os tribunais têm entendido e aplicado as leis e os princípios que regem a Administração Pública, o que pode ser muito útil para orientar a atuação dos administradores públicos e dos operadores do Direito.

A jurisprudência é uma fonte importante de conhecimento no Direito Administrativo, pois ela permite que juristas e estudiosos da área compreendam como as normas estão sendo interpretadas e aplicadas pelos tribunais, e quais são os principais entendimentos em relação a temas específicos. A partir da jurisprudência, é possível identificar tendências e padrões de interpretação, bem como os principais argumentos e fundamentos utilizados pelos tribunais para decidir questões relativas à Administração Pública.

Embora tradicionalmente considerada uma **fonte material** do Direito, a jurisprudência pode ascender ao *status* de **fonte formal** quando adquire caráter obrigatório, ou seja, vinculante para os juízes. Com a Emenda Constitucional nº 45/2004, inaugurou-se a figura da súmula vinculante.

Além disso, merecem destaque dois mecanismos relevantes no contexto jurídico atual: a repercussão geral e o julgamento representativo de controvérsia. Ambos impactam significativamente a dinâmica dos processos judiciais e possuem efeito vinculante para o Judiciário.

2.4. Costumes

Por sua vez, os costumes consistem em **fontes materiais e mediatas** do Direito. Consistem em um comportamento reiterado de um povo em determinado tempo e local.

O costume pode ser *secundum legem, praeter legem* e *contra legem.*

O primeiro é aquele costume admitido ou previsto em lei. Já o segundo é aquele que preenche lacunas normativas, nos termos do art. 4º da LINDB (Lei de Introdução às Normas do Direito Brasileiro – Decreto-lei nº 4.657/1942). Por fim, o terceiro é aquele que se opõe a leis, sendo, portanto, vedado.

Os costumes podem ser considerados uma fonte do Direito Administrativo, pois eles representam a prática reiterada e consolidada na Administração Pública, que se torna reconhecida como uma norma jurídica não escrita. Dessa forma, os costumes podem ser utilizados como meio de interpretação e complementação das normas escritas que regem a Administração Pública.

O papel dos costumes como fonte do Direito Administrativo é importante, pois eles refletem a prática administrativa e as formas como as autoridades públicas têm atuado em determinadas situações. Além disso, eles podem ter um papel de adaptação das normas escritas a novas realidades e demandas sociais, permitindo que a Administração Pública seja mais flexível e adaptável.

No entanto, é essencial ressaltar que a utilização dos costumes como fonte do Direito Administrativo deve ser feita com cuidado, pois nem sempre a prática administrativa está em consonância com as normas e os princípios que regem a Administração Pública. Desse modo, é fundamental que a utilização dos costumes seja feita de forma criteriosa, levando em consideração os valores e os princípios constitucionais que devem orientar a Administração Pública, bem como as normas escritas que regulam a matéria em questão.

2.5. Precedentes administrativos

Os precedentes administrativos podem ser considerados uma fonte do Direito Administrativo, pois eles representam as decisões e orientações emitidas pelos órgãos administrativos em situações específicas, que podem ser utilizadas como referência para solucionar casos semelhantes futuros.

O papel dos precedentes administrativos como fonte do Direito Administrativo é importante, pois eles refletem a forma como a Administração Pública tem aplicado as normas e os princípios que regem a sua atuação em determinadas situações. Além disso, os precedentes administrativos podem ter um papel de uniformização e orientação da atuação dos órgãos administrativos em situações semelhantes, contribuindo para a segurança jurídica e a previsibilidade das decisões administrativas.

A propósito, confirmando a força normativa dos precedentes administrativos, o Código de Processo Civil dispensa o reexame necessário das sentenças proferidas contra a Fazenda Pública, quando baseadas em orientação vinculante firmada no âmbito administrativo do próprio ente público, consolidada em manifestação, parecer ou súmula administrativa, nos termos do art. 496, § 4º, IV, do CPC.

3. REGIME JURÍDICO ADMINISTRATIVO

A expressão "regime jurídico administrativo" é utilizada para abranger o conjunto de traços que desenham o Direito Administrativo, colocando a Administração Pública em uma posição privilegiada, vertical, na relação jurídica.[6]

Contudo, observe que à Administração Pública pode ser aplicado o regime jurídico de direito privado, notadamente quando se fala das empresas estatais.

---

[6] DI PIETRO, Maria Sylvia Zanella. *Direito Administrativo*. 25. ed. São Paulo: Atlas, 2012. p. 61.

Basicamente, o regime jurídico administrativo pode ser resumido em duas palavras: **prerrogativas** e **sujeições**.

3.1. Prerrogativas

As prerrogativas concedidas à Administração Pública são legítimas em virtude da supremacia do interesse público sobre o interesse privado. Em casos de conflito entre o interesse público e o interesse privado, o primeiro deve prevalecer.

Essas prerrogativas decorrem do princípio da supremacia do interesse público sobre o privado, que estabelece que, em situações em que o interesse coletivo (da sociedade) colidir com o interesse individual (do particular), é necessário conceder à Administração Pública alguns poderes que os particulares não possuem para que o interesse público prevaleça.

Por exemplo, diante de um trânsito caótico na cidade, a melhoria do tráfego pode exigir a ampliação das vias. Nesse caso, a Administração Pública poderá utilizar a DESAPROPRIAÇÃO de propriedades privadas para atingir o interesse público.

Assim, a Supremacia do interesse público sobre o interesse privado é um princípio fundamental do Direito Administrativo, que garante que as decisões da Administração Pública estejam sempre voltadas para o bem-estar da sociedade.

3.2. Sujeições

A indisponibilidade do interesse público impõe à Administração Pública algumas restrições, já que o interesse público não pertence ao administrador público, mas à sociedade. Em outras palavras, o administrador não pode dispor de algo que não é seu.

Essa situação implica algumas sujeições que a Administração Pública deve seguir. Por exemplo, quando há a necessidade de contratação de pessoal, o administrador público não pode simplesmente escolher quem quiser. Deve realizar um CONCURSO PÚBLICO para garantir que a seleção seja feita de forma justa e transparente.

Assim, a indisponibilidade do interesse público é um princípio fundamental do Direito Administrativo, que assegura que os interesses da sociedade sejam preservados e que a Administração Pública siga critérios objetivos e transparentes em suas decisões.

4. PRINCÍPIOS QUE REGEM O DIREITO ADMINISTRATIVO

No âmbito do Direito, os princípios são o conjunto de proposições fundamentais que embasam um sistema jurídico e lhe garantem a validade. Eles são os pilares que sustentam a estrutura normativa de uma sociedade, orientando a interpretação e aplicação das leis.

Os princípios são de suma importância no Direito, uma vez que estabelecem valores e objetivos a serem alcançados pela ordem jurídica, tais como a justiça, a igualdade, a liberdade e a segurança jurídica. Além disso, os princípios são fontes de interpretação e integração do sistema jurídico, servindo como critérios para solucionar conflitos normativos e orientar a criação de novas normas. Com o movimento do neoconstitucionalismo, os princípios ganharam mais relevância, pois **passaram a ter papel prescritivo e impositivo**, não sendo meramente um valor. O que se quer dizer é que é possível extrair obrigações e imposições dos princípios como uma verdadeira norma.

4.1. Princípios expressos

O art. 37, *caput*, da Constituição Federal de 1988 estabelece os princípios expressos que devem nortear a Administração Pública em todas as esferas e poderes do País. Assim, atente-se ao fato de que os princípios do art. 37, *caput*, da CR/1988 serão aplicados à Administração Pública direta e indireta.

Esses princípios são agrupados pelo mnemônico LIMPE, que significa legalidade, impessoalidade, moralidade, publicidade e eficiência. É importante pontuar, como se verá, que o rol de princípios descritos no dispositivo constitucional é meramente exemplificativo, de modo que outros princípios regerão as atuações da Administração Pública.

4.1.1. Princípio da legalidade

Por esse Princípio, **há garantias de respeito aos direitos individuais**, afinal a lei define e estabelece os limites da atuação do Estado. O Poder Público, ao restringir os direitos individuais, deve observar os limites impostos pela lei, sem seu sentido amplo, abarcando todas as modalidades legislativas, isto é, da própria Constituição da República até aos demais atos normativos.

O princípio da legalidade traduz a máxima de que "a Administração Pública só pode fazer o que a lei permite". Em outras palavras, esse princípio é "diretriz básica da conduta dos agentes da Administração. Significa que toda e qualquer atividade administrativa deve ser autorizada por lei. Não o sendo, a atividade é ilícita".[7] Trata-se da ideia de que a validade da atuação do administrador público está condicionada à prévia autorização legislativa.

O **administrador não pode fazer prevalecer sua vontade pessoal**; sua atuação tem que cingir ao que a lei impõe. Essa limitação do administrador é que, em última instância, garante os indivíduos contra abusos de conduta e desvios de objetivos. Observe que a Administração Pública não tem autonomia de vontade, haja vista que a "atividade administrativa consiste na gestão de coisa alheia, uma vez que, em última análise, a titularidade da coisa pública é o povo, e não dos órgãos, entidades e agentes administrativos".[8]

Contudo, é necessário entender que o **princípio da legalidade não afasta a discricionariedade do Estado**. "Por ser materialmente impossível a previsão de todos

---

[7] CARVALHO FILHO, José dos Santos. *Manual de Direito Administrativo*. 26. ed. rev., ampl. e atual. São Paulo: Atlas, 2013. p. 19.

[8] ALEXANDRINO, Marcelo; PAULO, Vicente. *Direito Administrativo descomplicado*. 24. ed. rev. e atual. São Paulo: Método, 2016. p. 215.

os casos, além do caráter de generalidade e de abstração próprios da lei, subsistirão inúmeras situações em que a Administração terá de se valer da discricionariedade para efetivamente atender à finalidade legal."[9]

Nesse sentido, importante perceber que a atuação da Administração pode estar prevista de maneira expressa ou implícita em lei.

O princípio da legalidade surge para limitar o poder do monarca, sendo, dessa forma, considerado um produto do liberalismo.

A legalidade administrativa pode ser dividida em duas categorias: **supremacia da lei e reserva de lei**. A supremacia da lei consiste na prioridade da lei sobre os atos da Administração, o que implica que a lei limita a atuação do administrador, garantindo maior liberdade de atuação do Estado na ausência de lei, tratando-se de uma vinculação negativa. Entretanto, essa não é a abordagem predominante no Brasil. Por sua vez, a reserva de lei se refere à exigência de que determinadas questões sejam tratadas exclusivamente por meio da legislação, impedindo a utilização de outros atos normativos. Essa abordagem impõe uma vinculação positiva, exigindo que a atuação dos agentes públicos seja autorizada previamente por lei. É importante destacar que a **reserva de lei é a abordagem que prevalece no Brasil**, de modo que vigora a **subordinação à lei**.

O princípio da legalidade, ainda, pode ser visto sob a ótica do **particular**. Nessa visão, o princípio estudado deve ser entendido como uma permissão ao particular a fazer tudo o que a lei não proíbe, conforme o art. 5º, II, da CR/1988, afinal a regra, para os particulares, é a autonomia de vontade.

Atualmente, o princípio da legalidade possui uma nova roupagem, fruto de uma evolução do princípio. Passou-se a chamar o princípio da legalidade de princípio da JURIDICIDADE. Em outras palavras, a Administração Pública deve seguir a lei e o Direito, como os princípios constitucionais, nos termos do art. 2º da Lei nº 9.784/1999.

Essa transformação decorre do fenômeno de constitucionalização do Direito Administrativo, de modo que o administrador público deve obediência direta à Constituição e aos princípios jurídicos.

A atuação da Administração Pública é cingida ao princípio da legalidade estrita, devendo obediência aos preceitos legais, sendo-lhe defeso proceder interpretação extensiva ou restritiva, onde a lei assim não o determinar[10]. Nesse sentido, com o intuito de fazer justiça, a Administração Pública **não pode agir em desacordo com as diretrizes legais** estabelecidas. Assim, não é competência do administrador público ampliar o alcance da norma.

O princípio da legalidade é um dos pilares fundamentais do Direito Administrativo. Sua relevância cresceu ainda mais com a outorga de função normativa ao Poder Executivo, que ampliou a submissão da Administração Pública não apenas às leis criadas pelo Poder Legislativo mas também aos atos normativos do Poder Executivo

9 MARINELA, Fernanda. *Direito Administrativo*. 7. ed. Niterói: Impetus, 2013. p. 31.

10 STJ, Recurso em Mandado de Segurança 26.944/CE, Rel. Min. Laurita Vaz, j. 27.05.2010.

com força de lei, como regulamentos autônomos, decretos-leis e medidas provisórias. Esse conjunto de normas é conhecido como **bloco de legalidade**.

Com a Constituição de 1988, o princípio da legalidade adquiriu uma nova dimensão. Além de se submeter à lei, **a Administração Pública deve também seguir valores e princípios que reflitam a justiça, garantindo um sentido material às normas, e não apenas formal**. Essa mudança reflete o modelo adotado de estado democrático de direito, que busca aprimorar a relação entre Administração e cidadão, tornando-a mais justa e equilibrada.

O bloco de legalidade compreende diversos atos normativos, tais como emendas constitucionais, leis complementares, leis delegadas e medidas provisórias, que possuem força de lei e poder para inovar na ordem jurídica. Além desses atos, são equiparados à lei em sentido formal os tratados internacionais ratificados pelo Brasil. Vale ressaltar que os tratados sobre direitos humanos, em especial, possuem uma posição privilegiada na ordem jurídica, sendo considerados como normas de supralegalidade, situando-se entre a lei e a Constituição, conforme estabelecido pela jurisprudência recente do Supremo Tribunal Federal.

Portanto, o bloco de legalidade é composto de diversas normas jurídicas que conferem base para a atuação da Administração Pública. Essas normas incluem não apenas as leis criadas pelo Poder Legislativo mas também os atos normativos do Poder Executivo com força de lei e os tratados internacionais ratificados pelo Brasil.

Por fim, importante pontuar a Súmula nº 636 do STF, segundo a qual não cabe recurso extraordinário por contrariedade ao princípio constitucional da legalidade, quando a sua verificação pressuponha rever a interpretação dada a normas infraconstitucionais pela decisão recorrida.

4.1.1.1. A Teoria das Circunstâncias Excepcionais

No campo do direito público, a busca pela eliminação de atos arbitrários por parte do Estado é central. Isso é alcançado por meio da compreensão completa do conjunto de leis e da aplicação cuidadosa da hermenêutica, a arte de interpretar as leis, assegurando que elas sejam aplicadas corretamente a cada nova situação. Este processo busca preencher quaisquer lacunas legais, evitando decisões autoritárias e promovendo a segurança jurídica e a realização de objetivos sociais, fundamentos do Estado Democrático de Direito.

Normalmente, as leis que regem a administração pública são criadas considerando um contexto de estabilidade e normalidade. Elas são projetadas para situações cotidianas, sem grandes perturbações, crises ou desastres ambientais. Contudo, historicamente, todos os países enfrentam, em algum momento, emergências de várias naturezas, como crises políticas, econômicas ou guerras.

Surge, então, a questão sobre qual conjunto de leis deve ser aplicado diante de crises que desestabilizam significativamente a ordem normal das coisas. Deve-se continuar a aplicar as mesmas normas destinadas a períodos de calmaria em tempos de grave crise?

A resposta inicial a essa pergunta é que as leis projetadas para tempos de normalidade não são adequadas para períodos de crise significativa, quando a própria ordem jurídica e o equilíbrio social estão em risco. Uma situação excepcional, que ameaça seriamente a sociedade, exige um conjunto diferente de regras: não se pode simplesmente aplicar as normas do dia a dia a circunstâncias extraordinárias. É nesse contexto que surge a "Teoria das Circunstâncias Excepcionais", também conhecida como "Direito Administrativo Excepcional", "Direito Administrativo Extraordinário" ou "Direito Administrativo da Crise". Essa teoria propõe um regime jurídico adaptado para enfrentar situações de crise, garantindo a manutenção da ordem e a proteção dos valores fundamentais da sociedade.

A "Teoria das Circunstâncias Excepcionais" representa uma inovação no Direito Administrativo, ao sugerir a flexibilização do princípio da legalidade em situações extraordinárias, visando ao bem-estar público. Originária do direito francês (decisões judiciais estabelecidas pelo Conselho de Estado da França durante o período da Primeira Guerra Mundial, entre os anos de 1914 e 1918), essa teoria permite que, em casos de excepcionalidade e urgência, a Administração Pública adote um regime jurídico especial, afastando-se temporariamente das normas ordinárias para responder de forma efetiva às necessidades urgentes da sociedade, sem prejudicar o interesse coletivo. Tal abordagem se justifica especialmente quando a estrita observância à legalidade ordinária ameaça paralisar serviços públicos ou tornar a ação administrativa ineficaz, prejudicando o interesse público.

Historicamente, a aplicabilidade dessa teoria foi evidenciada em períodos de crise, como nas Guerras Mundiais, onde a França adotou medidas excepcionais para preservar a ordem e a segurança nacional. Esses precedentes reforçam a necessidade de que atos administrativos, sob regime excepcional, sejam justificados, proporcionais e sujeitos a controle judicial, para evitar abusos de poder e assegurar a responsabilização do Estado por eventuais danos.

Importante pontuar que, para além do contexto de guerra, reconheceu-se a possibilidade de situações excepcionais que poderiam justificar a não execução de sentenças pela Administração, especialmente quando houvesse o risco de graves distúrbios políticos e sociais. Tal compreensão foi adotada em uma ocasião em que a Administração se recusou a cumprir uma ordem judicial para expulsar tribos indígenas que habitavam a Tunísia, mesmo havendo uma decisão judicial nesse sentido. Justificou-se tal recusa pela avaliação de que a execução da ordem poderia desencadear uma revolta significativa no sul da Tunísia, sendo essa uma circunstância excepcional que legitimava a decisão administrativa de não proceder com a expulsão.

No Brasil, a Constituição Federal de 1988 prevê a relativização da legalidade em contextos específicos, como nos estados de Defesa e de Sítio, instituindo um "sistema constitucional de crises" que permite a adoção de um regime jurídico excepcional, com a preservação de garantias fundamentais. Essa previsão constitucional não implica a suspensão da legalidade, mas a sua adaptação às circunstâncias emergenciais, sob o princípio da excepcionalidade.

A discussão sobre a aplicabilidade da "Teoria das Circunstâncias Excepcionais" no direito brasileiro conduz à reflexão sobre a possibilidade de estabelecer uma legalidade paralela ou se essa teoria se alinha às previsões constitucionais que autorizam a intervenção estatal em situações de crise. O ato administrativo em regime excepcional deve ser coerente com os objetivos pretendidos, respeitando os limites constitucionais.

Conclui-se que a aplicação da teoria no Brasil é condicionada às disposições constitucionais, que já contemplam a possibilidade de um regime jurídico alternativo em situações excepcionais. Qualquer aplicação fora desse contexto seria considerada arbitrária. Apesar disso, a relevância dessa teoria para o desenvolvimento do direito administrativo brasileiro é inegável, contribuindo para a incorporação de conceitos importantes, como o exercício do poder de polícia em urgências e a teoria da imprevisão em contratos administrativos.

4.1.2. Impessoalidade

Por esse princípio, a Administração Pública deve atuar de forma objetiva, impessoal, sem discriminação infundada, sem privilegiar ninguém sem fundamento legal.

Exigir IMPESSOALIDADE da Administração Pública tem **dois sentidos**.

O **primeiro** desses sentidos está relacionado aos administrados, ou seja, a Administração não pode atuar com vistas a prejudicar ou beneficiar pessoas determinadas que estejam em situação jurídica idêntica. Portanto, relaciona-se à ideia de **princípio da isonomia**. Nessa linha, é importante pontuar que o princípio da impessoalidade encerraria uma **imposição positiva**, tendo o dever de tratar de maneira diferenciada pessoas que se encontrem em situações jurídicas diferentes, e uma **imposição negativa**, de modo que a administração deve tratar de maneira igual aqueles que se encontrem em situações jurídicas iguais.

A noção de igualdade não se encerra em sua dimensão meramente formal, de igualdade perante a lei. Ela contempla ainda um caráter material, pelo qual se busca concretizar a justiça social e os outros objetivos fundamentais da República, conforme o art. 3º da CR/1988. É com base nesse viés material que a lei eventualmente estabelece distinções a fim de compensar os indivíduos que se encontram em situação desprivilegiada para elevá-los ao patamar dos demais.

O STF entende que leis que concedem isenção do pagamento de taxa de inscrição em concursos públicos estaduais para servidores públicos são inconstitucionais. A Corte considera que o critério utilizado pela norma para a isenção da taxa de inscrição é a existência da qualidade de servidor público, sendo essa a única categoria para a qual a lei confere tal benefício. Essa distinção entre servidores públicos e outros cidadãos não tem o objetivo de garantir a igualdade de oportunidades, mas, sim, de ampliar a desvantagem daqueles que não possuem recursos financeiros para arcar com a inscrição no concurso, restringindo o acesso à via pública do concurso. Assim, a isenção deve ser concedida de forma igualitária, garantindo que todos os cidadãos tenham a mesma chance de participar de um concurso público. Medidas que promovam a igualdade de acesso devem ser incentivadas, enquanto aquelas que agravem a desigualdade entre possíveis candidatos devem ser evitadas. A categoria beneficiada não tem sua participação em concursos públicos obstada pela exigência do pagamento da taxa de inscrição. Portanto, a medida analisada não busca promover a igualdade substancial, isto é, não está voltada para a mitigação de uma discriminação ou desigualdade constatada na sociedade.[11]

Por seu turno, o **segundo** sentido está relacionado aos atos praticados pelos agentes públicos. Deve-se entender que os **atos praticados por estes são, na verdade, imputados não ao agente público, mas à Administração Pública**. Trata-se da consagração da teoria do órgão, aplicada no Direito brasileiro.

Também com base nessa vertente, **consagra-se a teoria da dupla garantia** na temática responsabilidade civil do Estado, nos termos da jurisprudência do STF. Nesse sentido, o **particular, vítima de um dano praticado por um ato do agente público, irá ajuizar a ação de indenização contra o Estado, e não contra o agente**.

Na verdade, pode-se dizer que o princípio da impessoalidade traduz a ideia de que a Administração Pública deve buscar o interesse público, não podendo ser alcançado o interesse privado. Portanto, relaciona-se à ideia de **princípio da finalidade**. Em outras palavras, a Constituição Federal não se referiu expressamente ao princípio da finalidade, mas o admitiu sob a denominação de princípio da impessoalidade.

Nessa vertente do princípio da impessoalidade, encontra-se o art. 37, § 1º, da Constituição, segundo o qual a publicidade de atos, programas, obras, serviços e campanhas dos órgãos públicos deverá ter caráter educativo, informativo ou de orientação social, dela não podendo constar nomes, símbolos ou imagens que caracterizem promoção pessoal de autoridades ou servidores públicos.

Observe-se que o desrespeito ao art. 37, § 1º, da CR/1988 consistiria em ato de improbidade administrativa, caracterizador de violação a princípios, conforme dispõe o art. 11, XII, da Lei nº 8.429/1992.

Outro ponto relevante acerca do art. 37, § 1º, da CR/1988 refere-se ao fato de estar em desconformidade com a Constituição da República a delegação a cada poder para definir, por norma interna, as hipóteses pelas quais a divulgação de ato, programa, obra ou serviço públicos não constituirá promoção pessoal.[12] De acordo com o STF, **o dispositivo constitucional não admite flexibilização por norma infraconstitucional ou regulamentar**.

Por outro lado, o STF também entendeu que divulgação de atos e iniciativas de parlamentares é considerada legítima quando efetuada – **com a finalidade exclusiva de informar ou educar** – nos ambientes de divulgação do mandatário ou do partido político, não se havendo de confundi-la com a publicidade do órgão público ou da entidade. Assim, entendeu o STF que a divulgação feita pelo parlamentar de seus atos e suas iniciativas pode não constituir promoção pessoal indevida por não se confundir com a publicidade estatal prevista no § 1º do art. 37 da CR/1988. Todavia, para que

---

11 STF, ADI 3.918, Rel. Min. Dias Toffoli, j. 16.05.2022, *DJe* 09.06.2022.

12 STF, ADI 6.522/DF, Plenário, Rel. Min. Cármen Lúcia, j. 14.05.2021, *Info* 1.017.

não incorra em publicidade pessoal constitucionalmente vedada, há que se limitar ao que seja descrição informativa de sua conduta e com limites em sua atuação.

Igualmente, pode-se encontrar a aplicação dessa vertente do princípio da impessoalidade no art. 2º, parágrafo único, III, da Lei nº 9.784/1999, que estabelece como critério de atuação da administração a objetividade no atendimento do interesse público, vedada a promoção pessoal de agentes ou autoridades.

Por fim, em decorrência do princípio da impessoalidade, reconhecem-se como válidos os atos praticados por agente de fato, ainda que este tivesse ciência da ilicitude de seus atos.

4.1.3. Moralidade

Por esse princípio, a Administração Pública deve atuar de forma proba, com ética e boa-fé. O princípio da moralidade deve ser observado "não somente nas relações entre a Administração e os administrados em geral, como também internamente, ou seja, na relação entre a Administração e os agentes públicos que a integram"[13] Desse modo, "o Princípio da moralidade complementa ou torna mais efetivo, materialmente, o princípio da legalidade".[14]

Atente-se que o princípio da moralidade acarreta o dever de probidade para os agentes públicos. Contudo, observe que a moralidade administrativa independe da concepção pessoal, subjetiva de moral do agente público. Em outras palavras, não têm relevância jurídica as convicções e os pensamentos íntimos do agente sobre a atuação administrativa que deva ser considerada moral. Dessa forma, conclui-se que o princípio da moralidade exige uma noção objetiva de moral, ou seja, a moral é extraída das normas do direito. Portanto, a **moral administrativa é diferente da moral comum**, visto que aquela é jurídica e viabiliza a invalidação dos atos administrativos contrários a ela.

A violação do princípio da moralidade é considerada ato de improbidade administrativa, previsto no art. 37, § 4º, da CR/1988 e regulado pela Lei nº 8.429/1992. Nesse sentido, a Súmula Vinculante nº 13 do STF estabelece o conceito de nepotismo, o que é replicado pelo art. 11, XI, da Lei nº 8.429/1992, que prevê o nepotismo como ato de improbidade administrativa violador de princípio.

---

[13] CARVALHO FILHO, José dos Santos. *Manual de Direito Administrativo*. 26. ed. rev., ampl. e atual. São Paulo: Atlas, 2013. p. 23.

[14] ALEXANDRINO, Marcelo; PAULO, Vicente. *Direito Administrativo descomplicado*. 24. ed. rev. e atual. São Paulo: Método, 2016. p. 219.

Pela Súmula Vinculante nº 13 do STF, nepotismo seria a nomeação de cônjuge, companheiro ou parente em linha reta, colateral ou por afinidade, até o terceiro grau, inclusive, da autoridade nomeante ou de servidor da mesma pessoa jurídica investido em cargo de direção, chefia ou assessoramento, para o exercício de cargo em comissão ou de confiança ou, ainda, de função gratificada na Administração Pública direta e indireta em qualquer dos Poderes da União, dos estados, do Distrito Federal e dos municípios, compreendido o ajuste mediante designações recíprocas. Essa prática viola a Constituição Federal.

Por sua vez, o art. 11, XI, da Lei nº 8.429/1992 estabelece que configuraria improbidade nomear cônjuge, companheiro ou parente em linha reta, colateral ou por afinidade, até o terceiro grau, inclusive, da autoridade nomeante ou de servidor da mesma pessoa jurídica investido em cargo de direção, chefia ou assessoramento, para o exercício de cargo em comissão ou de confiança ou, ainda, de função gratificada na Administração Pública direta e indireta em qualquer dos Poderes da União, dos Estados, do Distrito Federal e dos Municípios, compreendido o ajuste mediante designações recíprocas.

Chama-se atenção para o art. 11, § 5º, da Lei nº 8.429/1992, segundo o qual não se configurará improbidade a mera nomeação ou indicação política por parte dos detentores de mandatos eletivos, sendo necessária a aferição de dolo com finalidade ilícita por parte do agente.

A disposição legal vai ao encontro da jurisprudência do STF. O Supremo Tribunal Federal tem afastado a aplicação da Súmula Vinculante nº 13 a cargos públicos de natureza política, **ressalvados os casos de inequívoca falta de razoabilidade, por manifesta ausência de qualificação técnica ou inidoneidade moral**.[15]

Outros dois pontos relevantes da jurisprudência do STF referem ao fato, quais sejam: (1) leis que tratam dos casos de vedação a nepotismo não são de iniciativa exclusiva do Chefe do Poder Executivo;[16] (2) a vedação ao nepotismo não exige a edição de lei formal para coibir a prática, dado que essa proibição decorre diretamente dos princípios contidos no art. 37, *caput*, da Constituição Federal.[17]

Tanto o dispositivo legal quanto a Súmula Vinculante nº 13 do STF vedam o nepotismo direto, assim como o nepotismo cruzado, ou seja, aquele resultante de ajuste mediante designações recíprocas.

De acordo com o STF, a vedação ao nepotismo vem direto do texto constitucional, razão pela qual não se faz necessária a edição de lei para regulamentar a matéria. Ainda, caso haja uma lei, ela não é de iniciativa exclusiva do chefe do Poder Executivo.[18]

De acordo com o Supremo Tribunal Federal, essa súmula não se aplica aos cargos de nomeação política, como secretários municipais e estudais, além de ministros de

---

15 STF, Rcl 28.024 AgR, Primeira Turma, Rel. Min. Roberto Barroso, j. 29.05.2018, *DJe* 125 de 25.06.2018.

16 STF, Tese definida no RE 570.392, Rel. Min. Cármen Lúcia, j. 11.12.2014, *DJe* 32 de 19.02.2015, Tema 29.

17 STF, Tese definida no RE 579.951, Rel. Min. Ricardo Lewandowski, j. 20.08.2008, *DJe* 202 de 24.10.2008, Tema 66.

18 STF, RE 570.392, Rel. Min. Cármen Lúcia, j. 11.12.2014, *DJE* de 19.02.2015, Tema 29.

Estado, em virtude de esses cargos possuírem natureza eminentemente política.[19] Contudo, o próprio STF entende que incide o conteúdo da Súmula para nomeação de ministros e conselheiros dos tribunais de contas.[20]

O STF ainda entende que conflita com a Carta da República a permanência de ocupante de cargo comissionado nomeado em momento anterior à publicação da norma que implicou vedação ao nepotismo, ausente direito adquirido. Surge constitucional a nomeação ou designação de parente ocupante de cargo de provimento efetivo para exercer função gratificada, vedada a atuação junto à autoridade determinante da incompatibilidade.[21]

Ademais, seria necessária, para a caracterização de nepotismo, a subordinação funcional ou hierárquica, direta ou indireta, entre os servidores. De acordo com o STF, é imprescindível a perquirição de projeção funcional ou hierárquica do agente político ou do servidor público de referência no processo de seleção para fins de configuração objetiva de nepotismo na contratação de pessoa com relação de parentesco com ocupante de cargo de direção, chefia ou assessoramento no mesmo órgão, **salvo ajuste mediante designações recíprocas**, em que a hierarquia não será necessária.[22]

Atente-se que, conforme o STJ, ainda que ocorrido antes da edição da Súmula Vinculante nº 13 do Supremo Tribunal Federal, o fato constitui ato de improbidade administrativa, que atenta contra os princípios da Administração Pública.[23]

Além disso, o STJ[24] pontua o chamado nepotismo póstumo. De acordo com a Primeira Turma da Corte, configura nepotismo póstumo a nomeação de responsável temporário pelo expediente de cartório após a morte de seu pai, anterior titular da serventia extrajudicial.

Por fim, o STF[25] entende que o nepotismo, por óbvio, não alcança o servidor efetivo, cujo ingresso ocorreu por meio de concurso público.

[19] STF, Rcl 6.650-MC-Agr/PR, Rel. Min. Ellen Gracie, *Informativo* 524, out. 2008.

[20] STF, Rcl 6.702-AgR-MC/PR, Rel. Min. Ricardo Lewandowski.

[21] ADI 3.680, Rel. Min. Marco Aurélio, j. 18.08.2020, *DJe* 06.10.2020.

[22] STF, Rcl 18.564/SP, Rel. Min. Gilmar Mendes, 25.08.2015, *Informativo* 796.

[23] STJ, REsp 1.447.561/PE, Segunda Turma, Rel. Min. Mauro Campbell Marques, *DJe* 12.09.2016; AgRg no REsp 1.362.789/MG, Segunda Turma, Rel. Min. Humberto Martins, *DJe* 19.05.2015.

[24] RMS 63.160/RJ (2020/0060621-9), autuado em 10.03.2020, Primeira Turma, Rel. Min. Sérgio Kukina.

[25] STF, ADI 524/ES, Plenário, Rel. Orig. Min. Sepúlveda Pertence, Red. p/ o Acórdão Min. Ricardo Lewandowski, j. 20.05.2015.

4.1.4. Publicidade

Por esse princípio, exige-se da Administração Pública ampla divulgação dos seus atos praticados, objetivando a possibilidade de controlar a legalidade da conduta dos agentes públicos. Ademais, é a divulgação oficial do ato para conhecimento público e início de seus efeitos externos. Nesse sentido, o STF[26] entende que o ato de qualquer dos poderes públicos restritivo de publicidade deve ser motivado objetiva, específica e formalmente, sendo nulos os atos públicos que imponham, genericamente e sem fundamentação válida e específica, impeditivo do direito fundamental à informação.

O princípio da publicidade traduz transparência na atividade administrativa, uma vez que viabiliza o controle e a fiscalização dos atos praticados pela Administração. Nesse sentido, pelo art. 5º, XXXIII, da CR/1988, "todos têm direito a receber dos órgãos públicos informações de seu interesse particular, ou de interesse coletivo ou geral, que serão prestadas no prazo de lei, sob pena de responsabilidade, ressalvadas aquelas cujo sigilo seja imprescindível à segurança da sociedade e do Estado". Portanto, para o STJ, no regime de transparência brasileiro, vige o princípio da máxima divulgação, em que a publicidade é regra, e o sigilo, exceção.[27]

Observe que publicidade é diferente de publicação. Esta é apenas uma das formas de um ato ser público. Já a publicidade pode acontecer de diversas maneiras, como a realização de uma licitação de portas abertas.

De acordo com o STF, aplicando o princípio da publicidade, é legítima a publicação, inclusive em sítio eletrônico mantido pela Administração Pública, dos nomes de seus servidores e do valor dos correspondentes vencimentos e vantagens pecuniárias. Esse é o entendimento do Plenário ao dar provimento a recurso extraordinário em que discutida a possibilidade de se indenizar, por danos morais, servidora pública que tivera seu nome publicado em sítio eletrônico do município, em que teriam sido divulgadas informações sobre a remuneração paga aos servidores públicos. A corte destacou que o âmbito de proteção da privacidade do cidadão ficaria mitigado quando se tratasse de agente público. O servidor público não poderia pretender usufruir da mesma privacidade que o cidadão comum. Esse princípio básico da Administração – publicidade – visaria à eficiência.[28]

Ademais, o Enunciado nº 15 do CJF estabelece que a Administração Pública promoverá a publicidade das arbitragens da qual seja parte, nos termos da Lei de Acesso à Informação.

Quando o TCU emite uma certidão, ele evidencia o cumprimento do princípio constitucional da publicidade.

O princípio da publicidade, todavia, não é absoluto. É verdade que a publicidade é a regra na Administração. Todavia, há hipóteses constitucionais em que vigorará o sigilo, como exceção. Assim, de acordo com o **art. 5º, XIV**, da Constituição, é as-

---

[26] ADPF 872/DF, Rel. Min. Cármen Lúcia, julgamento virtual finalizado em 14.08.2023.

[27] RMS 54.405/GO, Primeira Turma, Rel. Min. Gurgel de Faria, j. 09.08.2022, *DJe* 06.09.2022.

[28] STF, ARE 652.777/SP, Rel. Min. Teori Zavascki, j. 23.04.2015.

segurado a todos o acesso à informação e **resguardado o sigilo da fonte**, quando necessário ao exercício profissional. Por sua vez, o **art. 5º, XXXIII**, da Constituição estabelece que todos têm direito a receber dos órgãos públicos informações de seu interesse particular, ou de interesse coletivo ou geral, que serão prestadas no prazo da lei, sob pena de responsabilidade, **ressalvadas aquelas cujo sigilo seja imprescindível à segurança da sociedade e do Estado**. Ademais, o art. **5º, LX**, da Constituição diz que a lei só poderá restringir a publicidade dos atos processuais quando a **defesa da intimidade ou o interesse social o exigirem**.

Outro ponto relevante, de acordo com o STF,[29] refere-se ao fato de os processos administrativos sancionadores instaurados por agências reguladoras contra concessionárias de serviço público deverem obedecer ao princípio da publicidade durante toda a sua tramitação, ressalvados eventuais atos que se enquadrem nas hipóteses de sigilo previstas em lei e na Constituição.

O STJ[30] também pontuou que veículo de imprensa jornalística possui direito líquido e certo de obter dados públicos sobre óbitos relacionados a ocorrências policiais. Para a Corte, se há um direito irrestrito de acesso pela sociedade à informação mantida pela administração, porquanto inequivocamente pública, não se pode impedir a imprensa, apenas por ser imprensa, de a ela anuir.

4.1.4.1. Princípio da publicidade e a LGPD (Lei nº 13.709/2018)

Na era da informação e dos dispositivos eletrônicos, torna-se essencial refletir sobre o impacto do contexto digital atual na coleta e uso de dados pessoais. Praticamente todas as atividades online — especialmente para aqueles que utilizam o comércio eletrônico e outras plataformas digitais — deixam rastros de informações que podem estar sendo armazenados e utilizados por empresas, organizações ou pelo próprio Estado.

Ainda é incerto o impacto futuro do armazenamento e uso massivo de dados pessoais. Essa incerteza, associada ao valor estratégico e comercial dos dados, gerou a necessidade de proteção dos direitos individuais de privacidade. No Brasil, essa proteção se consolidou com a Lei Geral de Proteção de Dados Pessoais (LGPD), enquanto, na Europa, a General Data Protection Regulation (GDPR) estabelece diretrizes semelhantes. Ambas as legislações impõem às empresas e órgãos públicos a obrigação de se adequarem a normas rigorosas para o tratamento de dados pessoais. O presente estudo busca explorar essa normativa, suas especificidades e possíveis repercussões jurídicas, utilizando o método indutivo para analisar o impacto da LGPD.

A Lei 13.709/2018, ou LGPD, que entrou em vigor em 14 de agosto de 2020, tem um papel fundamental, pois regulamenta o armazenamento e o uso de dados pessoais, obrigando empresas e organizações a adotarem medidas de segurança e a obterem o consentimento dos titulares para a coleta e o tratamento dessas infor-

[29] ADI 5.371, Rel. Min. Roberto Barroso, j. 02.03.2022, *DJe* 31.03.2022.

[30] REsp 1.852.629/SP, j. 06.10.2020, *DJe* 15.10.2020.

mações. A LGPD visa garantir maior transparência, segurança e respeito aos direitos dos cidadãos, especialmente em um cenário onde o valor comercial dos dados cresce exponencialmente.

Esse tema é relevante, pois vive-se em uma época de rápida difusão de informações, onde dados pessoais adquiriram alto valor comercial, sendo muitas vezes comercializados ou transferidos entre empresas. Essa comercialização pode ocorrer tanto de maneira legal quanto ilegal, sem que o titular dos dados tenha conhecimento do momento inicial de sua transferência ou de seus destinos subsequentes. Assim, há a possibilidade de sérios desdobramentos, que podem resultar em danos e colocar a segurança das pessoas em risco.

Em relação à GDPR, vale destacar que essa normativa foi uma das principais inspirações para a LGPD, tendo sido discutida e implementada na Europa com anos de antecedência. O debate sobre proteção de dados na Europa remonta ao final dos anos 1990, com normas que foram aperfeiçoadas até a implementação da GDPR. No Brasil, o movimento foi mais recente, mas a similaridade entre ambas as legislações é evidente, refletindo a busca por um padrão internacional de proteção de dados.

Em decisão na ADI nº 6.649, o STF destacou que o tratamento de dados pessoais pelo Estado é essencial para a prestação de serviços públicos eficientes. No entanto, a Corte rejeitou a visão de que o interesse público deva ser tratado de forma antagônica ao valor constitucional da privacidade e da proteção de dados pessoais. Segundo o STF, o tratamento de dados pelo Estado não deve ignorar a necessidade de harmonizar o interesse público com o direito à privacidade dos cidadãos, consagrado na Constituição.

Para que o compartilhamento de dados entre órgãos e entidades da Administração Pública esteja em conformidade com a LGPD, devem ser observados alguns princípios fundamentais. Em primeiro lugar, é necessário que os dados sejam tratados para fins legítimos, específicos e explícitos (art. 6º, I, da Lei 13.709/2018). O tratamento deve ainda ser compatível com as finalidades previamente informadas aos titulares dos dados (art. 6º, II) e o compartilhamento deve ser limitado ao mínimo necessário para o cumprimento da finalidade específica informada (art. 6º, III).

Ademais, é essencial que todos os requisitos e garantias previstos na LGPD sejam respeitados na esfera pública, adaptados às peculiaridades do setor estatal.

O STF também sublinhou a importância de transparência no compartilhamento de dados pessoais entre órgãos públicos. De acordo com o art. 23, I, da LGPD, cada entidade governamental que compartilha ou tem acesso a bancos de dados pessoais deve fornecer informações claras e atualizadas sobre a previsão legal, a finalidade do compartilhamento, os procedimentos e as práticas adotadas, e tais informações devem estar disponíveis ao público em veículos de fácil acesso, preferencialmente nos sites oficiais dos respectivos órgãos.

Em atividades de inteligência, que demandam um manejo mais sensível dos dados pessoais, o STF determinou que o Estado deve adotar medidas estritamente proporcionais e necessárias ao atendimento do interesse público. Além disso, é indispensável a instauração de um procedimento administrativo formal, que inclua justificativa exaustiva e prévia, permitindo o controle de legalidade pelo Poder Judiciário. O STF ainda reforçou a necessidade de sistemas eletrônicos de segurança e registros de acesso para que a responsabilidade seja atribuída em casos de abuso, além da observância dos princípios gerais da proteção de dados e dos direitos dos titulares, conforme compatível com o exercício dessa função estatal.

Por fim, o STF advertiu que o tratamento inadequado de dados pessoais por órgãos públicos, especialmente em violação ao princípio da publicidade fora das hipóteses de sigilo constitucionalmente previstas, poderá gerar responsabilidade civil do Estado pelos danos causados aos indivíduos afetados. Nesses casos, o Estado poderá exercer o direito de regresso contra os servidores ou agentes políticos que, por dolo ou culpa, tenham incorrido em ilegalidades na condução do tratamento de dados.

Essa decisão do STF representa um avanço no entendimento da proteção de dados no setor público, reafirmando a necessidade de um equilíbrio entre a eficiência da Administração Pública e o respeito aos direitos fundamentais à privacidade e proteção de dados pessoais.

A partir de agora, serão estudados os dispositivos da LGPD referentes ao Poder Público.

O tratamento de dados pessoais no âmbito da Administração Pública deverá ser realizado para o atendimento de sua finalidade pública, desde que cumpridas duas exigências, de acordo com o art. 23 da LGPD:

a) informar as hipóteses em que, no exercício de suas competências, realizam o tratamento de dados pessoais, fornecendo informações claras e atualizadas sobre a previsão legal, a finalidade, os procedimentos e as práticas utilizadas para a execução dessas atividades, em veículos de fácil acesso, preferencialmente em seus sítios eletrônicos; e
b) indicar um encarregado quando realizarem operações de tratamento de dados pessoais.

Ademais, há a possibilidade do compartilhamento interno de dados, ou seja, no âmbito da própria Administração Pública, com o objetivo de viabilizar a execução de políticas públicas, a prestação de serviços públicos, a descentralização da atividade pública e a disseminação e o acesso das informações pelo público em geral, conforme dispõe o art. 25 da LGPD.

De acordo com o art. 26, § 1º, em relação ao compartilhamento externo de dados, é vedado ao Poder Público transferir a entidades privadas dados pessoais constantes de bases de dados a que tenha acesso, **exceto**:

a) em casos de execução descentralizada de atividade pública que exija a transferência, exclusivamente para esse fim específico e determinado, observado o disposto na LAI (Lei de Acesso à Informação – Lei nº 12.527/2011);
b) nos casos em que os dados forem acessíveis publicamente;
c) quando houver previsão legal ou a transferência for respaldada em contratos, convênios ou instrumentos congêneres; ou

d) na hipótese de a transferência dos dados objetivar exclusivamente a prevenção de fraudes e irregularidades, ou proteger e resguardar a segurança e a integridade do titular dos dados, desde que vedado o tratamento para outras finalidades.

De acordo com o art. 27, a comunicação ou o uso compartilhado de dados pessoais de pessoa jurídica de direito público a pessoa de direito privado será noticiado à autoridade nacional e dependerá de consentimento do titular, exceto:

a) nas hipóteses de dispensa de consentimento previstas na própria LGPD;
b) nos casos de uso compartilhado de dados, garantida a publicidade; ou
c) nas exceções constantes do § 1º do art. 26 da LGPD.

Atente-se que, nos termos do art. 31, quando houver infração a lei em decorrência do tratamento de dados pessoais por órgãos públicos, a autoridade nacional poderá enviar informe com medidas cabíveis para fazer cessar a violação.

Por fim, conforme o art. 32, a autoridade nacional poderá solicitar a agentes do Poder Público a publicação de relatórios de impacto à proteção de dados pessoais e sugerir a adoção de padrões e de boas práticas para os tratamentos de dados pessoais pelo Poder Público.

4.1.5. *Princípio da eficiência*

De acordo com Hely Lopes Meirelles, eficiência seria "o que se impõe a todo agente público de realizar suas atribuições com presteza, perfeição e rendimento funcional".[31]

O princípio da eficiência pode ser entendido como a exigência de resultados positivos e efetivos para o serviço público. Esse princípio implica a busca contínua pela melhoria da qualidade dos serviços prestados pela Administração Pública, bem como pela adoção de medidas que visem a otimização dos recursos públicos.

Dessa forma, o princípio da eficiência não tem como objetivo substituir completamente a administração burocrática pela administração gerencial, mas, sim, complementá-la. A administração burocrática, embora tenha algumas limitações, é essencial para garantir a imparcialidade e a transparência nas ações do Estado. Por outro lado, a administração gerencial busca trazer para o setor público algumas das técnicas e ferramentas utilizadas na gestão empresarial, visando uma gestão mais eficiente, ágil e orientada para resultados.

Portanto, é importante ressaltar que o princípio da eficiência não se trata de uma substituição completa da administração burocrática pela administração gerencial, mas, sim, de um aprimoramento da gestão pública, buscando garantir a prestação de serviços de qualidade à sociedade e a otimização dos recursos públicos.

[31] MEIRELLES, Hely Lopes. *Direito Administrativo brasileiro*. São Paulo: Malheiros Editores, 2003. p. 51.

A administração gerencial é um modelo de gestão pública que surgiu na década de 1990, como uma forma de superar as limitações da administração burocrática. Esse modelo é caracterizado pela descentralização do poder, pela ênfase na eficiência e na eficácia, pela orientação para resultados e pela busca de qualidade no serviço público. Tem como objetivo principal tornar o Estado mais ágil, eficiente e responsivo às demandas da sociedade, utilizando técnicas e ferramentas de gestão empresarial. Nesse sentido, ela valoriza a gestão por resultados, a participação da sociedade e a adoção de práticas de transparência e *accountability*.

A busca por resultados positivos deve ser pautada por meio de um processo político-participativo, mediante o qual é possibilitada a participação da sociedade na tomada de decisões da Administração Pública.

A eficiência tornou-se um princípio expresso a partir da EC nº 19/1998. Contudo, a atuação da Administração sempre foi pautada pela eficiência.

4.1.5.1. Eficiência e economia

As normas jurídicas são essenciais para a organização e o funcionamento da sociedade, mas a sua efetividade depende não apenas da sua formulação mas também da sua aplicação considerando as consequências econômicas envolvidas. No entanto, é importante lembrar que a eficiência não deve ser vista apenas sob o prisma econômico mas também sob outras perspectivas.

Nesse sentido, a Administração Pública tem o dever de considerar tanto aspectos econômicos quanto outros fatores relevantes para a prestação de serviços públicos de qualidade, como a durabilidade, a confiabilidade e a universalização do serviço público para o maior número possível de pessoas.

Assim, a medida administrativa será considerada eficiente quando conseguir implementar os resultados esperados com a máxima intensidade e com os menores custos possíveis. Isso implica uma gestão eficiente dos recursos públicos e uma constante busca por soluções inovadoras que atendam às necessidades da sociedade.

Dessa forma, é importante que a Administração Pública leve em consideração não apenas os aspectos econômicos mas também os aspectos sociais e ambientais envolvidos na prestação de serviços públicos de qualidade. Somente dessa maneira será possível garantir uma gestão eficiente e eficaz dos recursos públicos, atendendo às necessidades da sociedade de forma equilibrada e sustentável.

Acerca do Princípio da eficiência, há um julgado do Superior Tribunal de Justiça que merece nota. Trata-se do REsp 1.888.049-CE.

Consoante o STJ, o candidato aprovado em concurso público pode assumir cargo que, segundo o edital, exige título de Ensino Médio profissionalizante ou completo com curso técnico em área específica, caso não seja portador desse título, mas detenha diploma de nível superior na mesma área profissional.

A questão que se coloca apresenta uma nota distintiva, qual seja, saber se atende à exigência do edital o candidato que porta um diploma de nível superior na mesma área profissional do título de Ensino Médio profissionalizante ou completo com curso técnico indicado como requisito no certame.

Sob um prisma da análise econômica do Direito, e considerando as consequências práticas da decisão – nos termos do art. 20 do Decreto-lei nº 4.657/1942, não se pode deixar de registrar que a aceitação de titulação superior à exigida traz efeitos benéficos para o serviço público e, consequentemente, para a sociedade brasileira.

Destacam-se os seguintes benefícios:

1) o leque de candidatos postulantes ao cargo é ampliado, permitindo uma seleção mais abrangente e mais competitiva no certame;
2) a própria prestação do serviço público é aperfeiçoada com a investidura de servidores mais qualificados e aptos para o exercício da função pública.

Trata-se, portanto, de consagração do princípio da eficiência.

4.1.5.2. Diferenciação entre eficiência, eficácia e efetividade no contexto da Administração Pública

Antes de adentrar na discussão sobre eficiência, eficácia e efetividade, é imprescindível distinguir esses conceitos, os quais, apesar de frequentemente utilizados de maneira intercambiável, delineiam aspectos distintos da atuação administrativa.

Eficiência: Este termo refere-se ao uso racional dos meios (recursos humanos, financeiros, materiais etc.) para a realização de objetivos e metas. A eficiência está relacionada à otimização desses recursos, procurando alcançar a máxima produtividade com o mínimo de desperdício possível. É, portanto, uma medida de quão bem os recursos são empregados para gerar um determinado resultado.

Eficácia: por outro lado, a eficácia concentra-se nos fins, isto é, na capacidade de alcançar os resultados esperados ou os objetivos propostos. Uma ação é considerada eficaz quando cumpre aquilo a que se propõe, independentemente dos recursos utilizados para sua realização.

Efetividade: este conceito abrange a análise da ação administrativa sob a perspectiva do equilíbrio entre eficiência e eficácia. A efetividade avalia o impacto das ações no atendimento das necessidades da sociedade, ou seja, a concretização dos resultados esperados de forma otimizada. Assim, uma ação é efetiva quando é capaz de alcançar os resultados desejados com o uso eficiente dos recursos disponíveis.

É importante salientar que uma instituição pública pode ser eficiente sem necessariamente ser eficaz, e vice-versa. Isso significa que, embora uma organização possa utilizar seus recursos de maneira otimizada (eficiência), tal gestão não garante que os objetivos finais sejam alcançados (eficácia). Analogamente, uma entidade pode atingir seus objetivos (eficácia), mas fazê-lo de maneira dispendiosa ou ineficiente.

Portanto, a distinção entre eficiência, eficácia e efetividade é fundamental para a compreensão e a análise da performance da Administração Pública. Cada termo engloba uma dimensão específica da atuação administrativa, cuja integração visa otimizar a entrega de serviços públicos e a satisfação das necessidades coletivas.

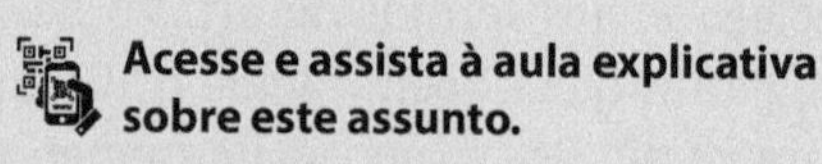

Acesse e assista à aula explicativa sobre este assunto.

> http://uqr.to/1y0td

Princípio	Definição
Legalidade	Garantia de respeito aos direitos individuais, em que a Administração Pública só pode fazer o que a lei permite. A validade da atuação do administrador público está condicionada à prévia autorização legislativa. Impõe que a atuação do administrador deve se cingir ao que a lei impõe, garantindo os indivíduos contra abusos de conduta e desvios de objetivos. Embora não afaste a discricionariedade do Estado, a atuação da Administração deve estar prevista de maneira expressa ou implícita em lei. O princípio da legalidade é considerado um produto do liberalismo e pode ser dividido em duas categorias: supremacia da lei e reserva de lei. A reserva de lei é a abordagem predominante no Brasil e impõe uma vinculação positiva, exigindo que a atuação dos agentes públicos seja autorizada previamente por lei. Sob a ótica do particular, o princípio da legalidade permite ao particular fazer tudo o que a lei não proíbe, garantindo a autonomia de vontade.
Impessoalidade	A Administração Pública deve atuar de forma objetiva, impessoal, sem discriminação infundada, sem privilegiar ninguém sem fundamento legal. O princípio da impessoalidade na Administração Pública tem dois significados: o primeiro refere-se à ideia de que a Administração não deve beneficiar ou prejudicar pessoas em situações jurídicas semelhantes, o que está relacionado ao princípio da isonomia; e o segundo refere-se ao fato de que os atos praticados pelos agentes públicos são imputados à Administração, e não ao agente em si, o que está relacionado à teoria do órgão e à ideia de que a Administração deve buscar o interesse público, e não o privado, ou seja, relaciona-se ao princípio da finalidade. A jurisprudência do STF reconhece a teoria da dupla garantia na responsabilidade civil do Estado nessa temática.
Moralidade	A Administração Pública deve atuar de forma proba, com ética e boa-fé. Esse princípio complementa ou torna mais efetivo, materialmente, o princípio da legalidade. Deve ser observado não somente nas relações entre a Administração e os administrados em geral como também internamente, ou seja, na relação entre a Administração e os agentes públicos que a integram.

Princípio	Definição
Publicidade	Exige-se da Administração Pública ampla divulgação dos seus atos praticados, de maneira que objetiva o princípio a possibilidade de controlar a legalidade da conduta dos agentes públicos. A publicidade traduz transparência na atividade administrativa, uma vez que viabiliza o controle e a fiscalização dos atos praticados pela Administração. Trata-se da divulgação oficial do ato para conhecimento público e início de seus efeitos externos.
Eficiência	Exigência de resultados positivos e efetivos para o serviço público. Implica a busca contínua pela melhoria da qualidade dos serviços prestados pela Administração Pública, bem como pela adoção de medidas que visem à otimização dos recursos públicos. Todo agente público deve realizar suas atribuições com presteza, perfeição e rendimento funcional.

4.2. Princípios implícitos

4.2.1. Princípio da supremacia do interesse público sobre o privado

O princípio da supremacia do interesse público sobre o privado é um dos fundamentos do Direito Administrativo.

O interesse público é tradicionalmente contraposto ao interesse privado, ou individual. Enquanto o interesse privado se refere às necessidades e desejos de uma pessoa em particular, o interesse público representa o bem de toda a coletividade, isto é, o conjunto social como um todo. Esse interesse coletivo não pode ser reduzido à simples soma dos interesses individuais, pois reflete as prioridades e necessidades da sociedade, que, em muitos casos, podem transcender ou até divergir dos interesses pessoais.[32]

Um exemplo claro dessa distinção é o instituto da desapropriação. Embora um indivíduo possa ter o desejo de manter sua propriedade e não ser desapropriado, ele, como integrante da sociedade, também possui um interesse mais amplo na existência desse mecanismo legal. A desapropriação permite que o Estado adquira propriedades privadas, quando necessário, para atender a demandas coletivas, como a construção de hospitais, escolas, estradas ou outras infraestruturas essenciais. Nesse sentido, ainda que uma pessoa possa sofrer uma perda pessoal ao ser desapropriada, ela reconhece que o bem-estar da sociedade depende dessa possibilidade, já que muitos projetos de interesse público seriam inviabilizados caso ficassem à mercê da vontade individual dos proprietários de negociar suas terras.[33]

32 MELLO, Celso Antônio Bandeira de. *Curso de Direito Administrativo*. São Paulo: Malheiros, 2008. p. 69.
33 MELLO, Celso Antônio Bandeira de. *Curso de Direito Administrativo*. São Paulo: Malheiros, 2008. p. 96.

Outro exemplo que ilustra essa dinâmica é a regulamentação ambiental. Um empresário pode, em nível pessoal, preferir não arcar com os custos de medidas de preservação ambiental em sua atividade econômica, considerando isso um ônus financeiro que afeta diretamente seu negócio. No entanto, como membro da sociedade, ele também tem um interesse coletivo em garantir que o meio ambiente seja protegido, uma vez que a degradação ambiental pode comprometer a qualidade de vida de todos, inclusive a dele próprio e das gerações futuras. As normas ambientais, portanto, são instituídas em prol do interesse público, assegurando o equilíbrio ecológico e a sustentabilidade a longo prazo, ainda que imponham restrições ou custos aos interesses individuais de determinados setores.

Esses exemplos evidenciam que o interesse público vai além das necessidades individuais, sendo voltado para a promoção do bem comum e da harmonia entre os direitos pessoais e as exigências coletivas. O funcionamento adequado de uma sociedade depende dessa constante ponderação entre os interesses privados e o bem-estar coletivo, garantindo que as decisões sejam tomadas com vistas ao benefício da comunidade como um todo.

Pelo princípio da supremacia do interesse público sobre o privado, a Administração Pública deve sempre priorizar o bem coletivo como sua principal finalidade. Esse princípio orienta a atuação administrativa em todas as esferas de competência, determinando que as decisões sejam tomadas com o objetivo de atender ao interesse público, ainda que isso possa gerar prejuízos ou restrições aos interesses individuais de pessoas ou empresas.

Isso significa que, quando houver um conflito entre o interesse público e o privado, o primeiro deverá prevalecer. Esse princípio está presente tanto no processo de criação de leis quanto na execução delas pela Administração Pública, garantindo que a coletividade seja sempre beneficiada. Entretanto, é importante destacar que a supremacia do interesse público não é absoluta. Ela se aplica, principalmente, nos chamados atos de império do Estado, ou seja, nas situações em que o Estado exerce sua autoridade em nome do bem comum, como na desapropriação ou na imposição de regulamentos que visam à proteção da sociedade.

Por outro lado, nos atos de gestão – situações em que a Administração atua de forma semelhante a um particular, como em contratos administrativos ou relações comerciais –, o interesse público deve ser equilibrado com os interesses privados. Nesses casos, o Estado não pode simplesmente impor sua vontade, devendo respeitar os direitos e interesses legítimos dos particulares, garantindo um tratamento justo e transparente.

Além disso, a aplicação do princípio da supremacia do interesse público sobre o privado não significa que os interesses individuais sejam completamente desconsiderados. A Constituição Federal e outras normas jurídicas asseguram a proteção dos direitos fundamentais dos indivíduos, e a Administração Pública tem o dever de respeitar esses direitos ao desempenhar suas funções.

Contudo, em situações de conflito entre o interesse público e o privado, o primeiro deverá prevalecer, pois reflete o bem-estar da coletividade em sua totalidade.

Esse princípio é essencial para garantir que a Administração Pública atue de maneira eficiente, transparente e responsável, sempre em benefício da sociedade como um todo. Ao seguir essa orientação, a Administração equilibra as demandas individuais e coletivas, promovendo o desenvolvimento social e assegurando que o bem comum seja sempre o norte de sua atuação.

A **doutrina divide o interesse público em dois**, quais sejam, o **interesse público primário e o secundário**. O primeiro seria aquele que corretamente se identifica com a finalidade pública, é aquele que representa os valores fundamentais da sociedade, como a saúde, a segurança, a educação, a proteção ambiental, a justiça social e a igualdade. Esse interesse deve ser sempre priorizado pela Administração Pública em detrimento dos interesses privados, já que sua preservação é essencial para o bem-estar da coletividade. Seria possível dizer que o interesse público primário consistiria na soma dos interesses das pessoas, traduzindo verdadeiro interesse geral.

Por sua vez, o segundo seria o interesse do Estado, como pessoa jurídica apartada, isto é, o Estado visto individualmente, e não como representante dos interesses das pessoas. Seria aquele que se refere à realização dos objetivos institucionais da Administração Pública, tais como a eficiência, a eficácia, a economicidade e a qualidade dos serviços públicos prestados. Esse interesse é importante para que a Administração Pública possa cumprir suas funções de forma adequada e com o menor custo possível, mas não deve prevalecer sobre o interesse público primário. Observe que o interesse público secundário não, necessariamente, irá prevalecer sobre o interesse privado do cidadão.

4.2.1.1. A revisão do princípio da supremacia do interesse público no Direito Contemporâneo

Nos últimos anos, diversos estudiosos[34] têm questionado a existência e a validade do princípio da supremacia do interesse público sobre o privado no Direito Administrativo. A principal crítica reside no fato de que esse princípio, ao contrário de representar o bem comum, seria apenas uma regra de preferência que prioriza, de forma abstrata, o interesse público em detrimento dos interesses individuais.

Um dos argumentos apresentados é que o bem comum não pode ser reduzido a uma simples preferência pelo interesse público. O bem comum é descrito como a harmonização dos interesses individuais e coletivos, e não como uma regra que impõe a prevalência automática do coletivo sobre o privado. Assim, a ideia de supremacia do interesse público, em muitos casos, não se alinha com essa concepção mais ampla e equilibrada de bem comum[35].

---

[34] ÁVILA, Humberto. Repensando o "princípio da supremacia do interesse público sobre o particular". *Revista Diálogo Jurídico*, Salvador, v. 1, n. 7. 2011.
SARMENTO, Daniel (Org.). *Interesses públicos versus interesses privados*: desconstruindo o princípio da supremacia do interesse público. Rio de Janeiro: Lumen Juris, 2007.

[35] ÁVILA, Humberto. Repensando o "princípio da supremacia do interesse público sobre o particular". *Revista Diálogo Jurídico*, Salvador, v. 1, n. 7. 2011, p. 9-16.

Além disso, outros especialistas[36] afirmam que o princípio da supremacia do interesse público sobre o privado não encontra mais lugar no Direito Administrativo contemporâneo. A supremacia do interesse público não pode ser caracterizada como um "princípio" no sentido estrito, mas sim como um conjunto de regras e mecanismos específicos que otimizam a atuação da Administração Pública. Por exemplo, a posição de vantagem que a Administração Pública pode ter em determinadas situações, como prazos processuais mais longos ou características diferenciadas do ato administrativo, não decorre de uma norma-princípio de supremacia, mas sim de regras que facilitam o exercício da função pública.

Também se sustenta que o princípio da supremacia do interesse público apresenta traços autoritários que não são compatíveis com uma ordem constitucional como a brasileira, cujo centro axiológico é a dignidade da pessoa humana. Em uma sociedade pluralista e fragmentada, como a contemporânea, é impossível definir um conceito homogêneo de bem comum ou vontade geral. Isso torna o conceito de interesse público indeterminado, abrindo margem para sua manipulação e criando riscos de abuso de poder, já que pode ser usado para limitar indevidamente o exercício de direitos fundamentais.[37]

A Constituição de 1988 reflete um equilíbrio entre as teorias comunitaristas e liberais, buscando conciliar os direitos individuais com o interesse coletivo. Ela não adota uma visão que privilegie de maneira absoluta nem o interesse coletivo nem os direitos individuais. Nesse contexto, é inadequado falar em uma supremacia absoluta do interesse público sobre o privado. Ao mesmo tempo, também não se pode defender uma primazia incondicionada dos direitos individuais em detrimento dos interesses da coletividade. A Constituição Brasileira consagra o personalismo, que valoriza a pessoa humana como centro do ordenamento jurídico, reconhecendo sua capacidade de escolha e de desenvolver seus próprios projetos de vida, sem ignorar os interesses coletivos que também precisam ser levados em conta.

Em resumo, o debate atual sugere que o princípio da supremacia do interesse público sobre o privado deve ser revisitado à luz das transformações sociais e jurídicas. A Administração Pública deve atuar com base na proteção dos direitos fundamentais, conciliando o interesse público e os direitos individuais de forma equilibrada, sem que um prevaleça de maneira absoluta sobre o outro.

4.2.1.2. A bipolaridade do Direito Administrativo

A bipolaridade no Direito Administrativo refere-se à coexistência de restrições e prerrogativas na atuação do Poder Público. Este conceito é fundamental para entender

---

36 ARAGÃO, Alexandre Santos de. A "supremacia do interesse público" no advento do estado de direito e na hermenêutica do direito público contemporâneo. In: SARMENTO, Daniel (Org.). *Interesses públicos versus interesses privados*: desconstruindo o princípio da supremacia do interesse público. Rio de Janeiro: Lumen Juris, 2007. p. 1-4.

37 SARMENTO, Daniel. Interesses públicos *vs.* interesses privados na perspectiva da teoria e da filosofia constitucional. In: SARMENTO, Daniel (Org.). *Interesses públicos* versus *interesses privados*: desconstruindo o princípio da supremacia do interesse público. Rio de Janeiro: Lumen Juris, 2007. p. 27.

a dinâmica entre a **autoridade** da Administração Pública e a **liberdade** dos indivíduos sob a égide do Estado de Direito.

Para assegurar a liberdade dos indivíduos, a Administração Pública deve submeter-se estritamente à observância da lei. Este é o cerne do Princípio da Legalidade, que impõe limites à atuação estatal, garantindo que qualquer ação da administração tenha um fundamento jurídico claro. Este princípio restringe a ação do poder público, promovendo simultaneamente a proteção da liberdade individual ao evitar arbitrariedades.

Por outro lado, a fim de assegurar a autoridade da Administração Pública e a eficácia na realização de suas funções, é essencial o Princípio da Supremacia do Interesse Público Sobre o Interesse Privado. Este princípio confere à Administração Pública prerrogativas necessárias para que possa atuar em prol do interesse coletivo. As prerrogativas administrativas permitem ao Estado exercer sua autoridade de modo a priorizar o bem-estar social e garantir a realização de objetivos públicos.

O Estado de Direito estabelece um equilíbrio delicado entre a autoridade da Administração Pública e a liberdade dos indivíduos. A tensão entre esses dois polos é mediada por princípios jurídicos que definem claramente as restrições e prerrogativas do poder público:

1. **Restrições**: a Administração Pública não pode limitar os direitos individuais sem um fundamento jurídico. Sua atuação deve ser sempre direcionada pelas finalidades públicas definidas em lei, evitando abusos de poder e garantindo a proteção dos direitos dos cidadãos.
2. **Prerrogativas**: a autoridade administrativa é essencial para o exercício das prerrogativas necessárias à satisfação dos interesses coletivos. Através dessas prerrogativas, a Administração Pública pode assegurar a realização do interesse público, utilizando instrumentos legais que possibilitam a intervenção estatal onde necessário para o bem comum.

Em resumo, a bipolaridade do Direito Administrativo reflete a constante busca por um equilíbrio entre a liberdade individual e a autoridade estatal, assegurada pelo respeito aos princípios da legalidade e da supremacia do interesse público. Este equilíbrio é fundamental para o funcionamento harmônico e justo da Administração Pública no Estado de Direito.

4.2.2. Princípio da indisponibilidade do interesse público

As restrições impostas à Administração Pública são consequência direta do princípio da indisponibilidade do interesse público, que estabelece que o interesse público não pertence ao administrador público, mas, sim, à sociedade. Como gestora desse interesse, a Administração Pública deve gerir, conservar e zelar pelos bens e interesses públicos em prol da coletividade, que é a verdadeira titular desses direitos e interesses.

Por exemplo, ao realizar contratações de pessoal, a Administração Pública não pode simplesmente escolher quem quiser, mas, sim, realizar concursos públicos para garantir a escolha dos melhores profissionais de forma justa e imparcial.

Os princípios da supremacia do interesse público sobre o privado e da indisponibilidade do interesse público são fundamentais para o Direito Administrativo e formam a base do regime jurídico administrativo. Como tal, é importante ressaltar que a Administração Pública deve sempre pautar suas ações na busca do interesse público, que deve estar acima de interesses particulares ou de grupos específicos.

4.2.3. Princípio da razoabilidade

De acordo com esse princípio, a Administração Pública deve atuar com bom senso, nos termos do senso comum. Ele tem origem no direito anglo-saxão, desenvolvido no âmbito da *common law*.

O princípio da razoabilidade consagra a ideia do *substantive due process of law*, deixando de lado um caráter meramente procedimental, para incluir uma versão substantiva, de proteção das liberdades e dos direitos individuais contra abusos e ilegalidades praticados pelo Estado.

A razoabilidade é a soma da necessidade (exigibilidade) e da adequação. Em outras palavras, o Poder Público deve atuar quando necessário e de forma adequada.

Observe que o princípio da razoabilidade tem o objetivo de limitar a discricionariedade administrativa, uma vez que agir discricionariamente não significa atuar de forma desarrazoada. Portanto, as decisões administrativas que violarem a razoabilidade não serão inoportunas ou inconvenientes, mas, na verdade, serão ilegais, porque ofenderão a finalidade da lei.

"O princípio da razoabilidade tem que ser observado pela Administração à medida que sua conduta se apresente dentro dos padrões normais de aceitabilidade".[38]

Esse princípio foi mencionado expressamente pela Lei nº 9.784/1999, no art. 2º, *caput*, bem como no mesmo art. 2º, parágrafo único, VI, ao estabelecer a vedação à imposição de obrigações, restrições e sanções em medida superior àquelas estritamente necessárias ao atendimento do interesse público.

Exemplo: prefeito tem verba pública para uma obra. O município precisa de escola e de hospital. O prefeito escolhe destinar a verba para a construção de uma escola.

Interessante observar que o STF pontua como sede material expressa do referido princípio o devido processo legal, no seu aspecto substantivo, qual seja, a proteção direta dos bens jurídicos. Isso se difere da acepção adjetiva, que trata das garantias processuais, dos instrumentos de proteção dos bens jurídicos.[39]

---

[38] CARVALHO FILHO, José dos Santos. *Manual de Direito Administrativo*. 26. ed. rev., ampl. e atual. São Paulo: Atlas, 2013. p. 41.

[39] ALEXANDRINO, Marcelo; PAULO, Vicente. *Direito Administrativo descomplicado*. 24. ed. rev. e atual. São Paulo: Método, 2016. p. 239.

Valendo-se do princípio da razoabilidade, assim como da igualdade e da proporcionalidade, o STF entendeu ser inconstitucional lei que obriga as distribuidoras de combustíveis a instalar, às suas expensas, lacres eletrônicos nos tanques de armazenamento dos postos revendedores que exibem a sua marca, e dispensa dessa exigência os postos de "bandeira branca" (não vinculados e sem compromisso firmado com determinada distribuidora).[40]

4.2.4. Princípio da proporcionalidade

O princípio da proporcionalidade tem origem no direito germânico.

Tal princípio, para muitos autores, como Maria Sylvia Zanella Di Pietro, estaria contido no princípio da razoabilidade.

De acordo com esse princípio, a atuação da Administração Pública deve observar os meios e os fins, ou seja, o Poder Público deve obter a finalidade a que se destina da forma menos gravosa para a sociedade.

A base do princípio da proporcionalidade é o excesso de poder, isto é, os atos dos agentes públicos não podem ultrapassar os limites do adequado.

Ele decorre do princípio constitucional da legalidade e foi mencionado expressamente pela lei que regula o processo administrativo no âmbito da Administração Pública Federal (Lei nº 9.784/1999).

Exemplo: imposição de uma penalidade branda em razão de uma infração leve cometida pelo servidor público.

Há doutrina que divide o princípio da proporcionalidade em três subprincípios:

1) **Adequação ou idoneidade** – o ato do Estado será adequado quando permitir o resultado pretendido.
2) **Necessidade ou exigibilidade** – quando houver duas ou mais medidas adequadas para alcançar as finalidades pretendidas, dever-se-á adotar a medida menos gravosa aos direitos fundamentais.
3) **Proporcionalidade em sentido estrito** – trata-se da ponderação custo-benefício. Deve-se ponderar o ônus e o benefício da conduta estatal.

Por fim, é preciso analisar o princípio da proporcionalidade sob as vertentes de **proibição de excesso e de proibição de proteção insuficiente**.

A **proibição de excesso** representa um dos pilares do princípio da proporcionalidade, estabelecendo limites à atuação estatal para evitar ações que ultrapassem o necessário, impondo restrições desproporcionais aos direitos fundamentais. Esta faceta é especialmente relevante no contexto dos **direitos de defesa**, os quais exigem do Estado uma postura de não intervenção. Por exemplo, a edição de uma legislação que autorize interceptações telefônicas sem mandado judicial, para propósitos alheios aos estritamente previstos na Constituição, constitui uma clara violação à proporcio-

---

[40] ADI 3.236/DF, Rel. Min. Cármen Lúcia, julgamento virtual finalizado em 24.04.2023.

nalidade por configurar uma atuação estatal excessiva e indevida, extrapolando os limites impostos pelos direitos fundamentais ao não respeitar o dever de abstenção.

Por outro lado, a dimensão da **proibição de proteção insuficiente** ressalta a responsabilidade do Estado em cumprir com obrigações positivas, demandando ações concretas para a efetivação dos **direitos fundamentais, particularmente os sociais.** Esta vertente do princípio da proporcionalidade evidencia a necessidade de uma atuação estatal adequada e suficiente para garantir a proteção desses direitos. A inércia ou ação deficitária do Estado frente a seus deveres de proteção, como nas áreas de meio ambiente, educação e saúde, constitui uma infração a esta proibição. Vale ressaltar que o cumprimento dessas obrigações está sujeito à reserva do possível, devendo a disponibilidade de recursos ser avaliada de maneira concreta e não ser utilizada como justificativa abstrata para a omissão estatal.

4.2.5. Princípio da segurança jurídica e da confiança legítima

O princípio da segurança jurídica é um dos pilares do Direito Administrativo e é fundamental para garantir a estabilidade e a previsibilidade das relações entre a Administração Pública e os administrados.

Em linhas gerais, o princípio da segurança jurídica significa que as normas e decisões administrativas devem ser claras, estáveis e previsíveis, a fim de permitir que os administrados possam agir de acordo com elas e confiar na sua validade e eficácia.

Isso implica que a Administração Pública deve observar alguns aspectos importantes, tais como: (1) atuação com transparência, de forma que garanta que os administrados tenham acesso às informações necessárias para compreender as normas e decisões administrativas; (2) respeito ao princípio da legalidade, ou seja, deve agir dentro dos limites estabelecidos pela lei e pelo Direito; (3) garantia do direito de defesa e do contraditório, a fim de permitir que os administrados possam contestar as decisões administrativas que os afetem; (4) garantia da estabilidade das normas e decisões administrativas, para evitar mudanças bruscas que possam prejudicar os administrados.

Nesse sentido, o princípio da segurança jurídica é um dos princípios fundamentais do Direito Administrativo e tem como objetivo garantir a estabilidade e a previsibilidade das relações entre a Administração Pública e os administrados.

O princípio da segurança jurídica pode ser entendido em **dois sentidos**:

1) **Objetivo** – trata-se da **estabilização da ordem jurídica**, garantindo a previsibilidade das normas e a segurança das relações jurídicas. Nesse sentido, a segurança jurídica se manifesta no **respeito ao direito adquirido**, que se refere às situações jurídicas consolidadas pelo tempo e pelos atos jurídicos praticados de boa-fé. Ela também se faz presente no **reconhecimento do ato jurídico perfeito**, que é aquele já consumado de acordo com a lei vigente ao tempo de sua prática, sem que possa ser modificado posteriormente por nova lei. Por fim, a segurança jurídica **se revela na coisa julgada**, que é a decisão judicial transitada em julgado, ou seja, que não pode mais ser modificada por recurso ou ação rescisória.

2) **Subjetivo** – trata-se da proteção da confiança das pessoas, em razão das expectativas criadas por atos da Administração Pública. Essa proteção está diretamente ligada ao fato de que as pessoas confiam nas instituições públicas e na sua capacidade de atuar de forma eficiente e eficaz para garantir a realização de seus direitos e interesses. Quando a Administração Pública age de forma imprevisível ou incoerente com as expectativas geradas, a confiança da sociedade é abalada, o que pode gerar instabilidade e insegurança jurídica. Dessa maneira, a proteção da confiança das pessoas exige que a Administração Pública atue com transparência e coerência, respeitando os limites impostos pela lei e observando os princípios da moralidade e da boa-fé. Além disso, ela impõe a necessidade de a Administração Pública prever e justificar de forma clara e precisa as suas decisões, a fim de que as expectativas geradas sejam claras e bem fundamentadas.

O **princípio da segurança jurídica possui caráter amplo**, aplicável às relações públicas e privadas. Por outro lado, a **confiança legítima tutela a esfera jurídica do particular**, protegendo-o de atos arbitrários do Estado.

O princípio da confiança legítima é um dos princípios fundamentais do Direito Administrativo que tem como objetivo proteger a confiança depositada pelos administrados na Administração Pública.

Esse princípio estabelece que os atos administrativos devem ser pautados pela boa-fé e pela confiança mútua entre a Administração e os administrados. Isso significa que a Administração Pública deve respeitar as expectativas legítimas dos administrados em relação a suas decisões e atos administrativos.

O princípio da confiança legítima é especialmente relevante em situações em que a Administração Pública altera suas políticas, normas ou decisões, afetando a situação jurídica dos administrados. Nessas situações, os administrados têm o direito de confiar que as normas e decisões administrativas vigentes serão respeitadas, e a Administração Pública deve agir de forma coerente e transparente para evitar a quebra da confiança legítima dos administrados.

No que se refere à confiança legítima, é necessário destacar a aplicação da teoria dos atos próprios, também conhecida como *venire contra factum proprium*. Essa teoria exige a observância de três requisitos essenciais para sua aplicação adequada:

1) **Identidade subjetiva e objetiva** – implica que os atos anteriores e posteriores devem ser emitidos pela mesma administração e estar inseridos na mesma relação jurídica. Isso significa que ambos os atos devem ser realizados pela mesma entidade administrativa e estar relacionados à mesma situação jurídica em questão.
2) **Conduta anterior válida** – é necessário que a conduta anterior seja considerada válida e legítima. Isso implica que o ato anterior deve ter sido praticado de acordo com as normas e os procedimentos aplicáveis, respeitando os princípios e direitos envolvidos na relação jurídica estabelecida.

3) **Comportamento contraditório** – refere-se à existência de uma contradição no comportamento da administração. Significa que o ato posterior é incompatível com o ato anterior, havendo uma discrepância entre as ações adotadas. A administração age de forma contraditória quando, por exemplo, revoga ou anula um ato anteriormente emitido sem justificativa adequada ou sem observar os direitos e as expectativas legítimas dos envolvidos.

A teoria estabelece que a Administração Pública não pode agir de forma contrária a seus próprios atos e decisões anteriores, salvo em situações excepcionais devidamente justificadas. Isso significa que a Administração Pública deve respeitar os seus próprios atos, decisões e normas anteriores, evitando contradições e arbitrariedades.

Por exemplo, se a Administração Pública concedeu uma licença ambiental para a instalação de uma indústria em determinado local, não pode posteriormente revogar a licença sem uma justificativa plausível, pois isso configuraria um comportamento contraditório e incoerente por parte da Administração.

Essa teoria também pode ser aplicada em situações em que a Administração Pública age de forma omissa em relação ao cumprimento de suas próprias obrigações. Nesses casos, os administrados podem invocar a teoria dos atos próprios para exigir que a Administração cumpra com suas obrigações, com base nos seus próprios atos anteriores.

Outro ponto relevante aos princípios em análise refere-se ao art. 2º, parágrafo único, XIII, da Lei nº 9.784/1999, segundo o qual é vedada a aplicação retroativa de nova interpretação sobre uma norma. Observe que é possível uma norma sofrer nova interpretação, sendo proibido que essa nova interpretação seja aplicada para relações jurídicas anteriormente decididas.

Merece também atenção o art. 54 da Lei nº 9.784/1999. De acordo com o dispositivo legal, o direito da Administração de anular os atos administrativos de que decorram efeitos favoráveis para os destinatários decai em cinco anos, contados da data em que foram praticados, salvo comprovada má-fé.

Perceba que há, no texto da lei, a exteriorização do princípio da segurança jurídica. Estando o destinatário do ato favorável de boa-fé e decaído os cinco anos, a Administração Pública não poderá anular esse ato ilegal. Em outras palavras, prevalecerá o princípio da segurança jurídica, de modo que os efeitos produzidos permanecerão consolidados.

Contudo, observe que, não cumprido um dos requisitos exigidos (boa-fé e o decurso do tempo), a Administração Pública poderá anular o ato, prevalecendo o princípio da autotutela.

Portanto, pode-se concluir que o princípio da proteção à confiança legitima a possibilidade de manutenção de atos administrativos inválidos.

4.2.6. Princípio da especialidade

O princípio da especialidade é um dos princípios do Direito Administrativo que estabelece que as atividades administrativas devem ser exercidas por órgãos ou entidades especializados na respectiva matéria.

Esse princípio tem como objetivo garantir a eficiência e a qualidade das atividades administrativas, uma vez que os órgãos especializados possuem maior conhecimento técnico e expertise para exercer determinadas funções.

O princípio da especialidade, decorrente da indisponibilidade do interesse público e da legalidade, consiste na ideia de que as entidades da Administração Pública indireta não podem se afastar das finalidades para as quais foram criadas.

Esse princípio, inicialmente, foi pensado para as autarquias. Contudo, deve ser aplicado às fundações, empresas públicas e sociedades de economia mista.[41]

Ainda, o princípio da especialidade deve ser aplicado para os órgãos públicos, que também possuem uma finalidade específica.

O princípio da especialidade na administração indireta impõe a necessidade de que conste, na lei de criação da entidade, a atividade a ser exercida de modo descentralizado.

4.2.7. Princípio da sindicabilidade

O princípio da sindicabilidade é um dos princípios fundamentais do Direito Administrativo que se refere ao controle exercido pelo Poder Judiciário sobre as decisões e os atos administrativos.

Esse princípio estabelece que os atos administrativos podem ser analisados pelo Poder Judiciário para verificar a legalidade e a constitucionalidade deles. Isso significa que o Judiciário pode intervir na atuação da Administração Pública para garantir que as normas e os princípios legais sejam respeitados.

O princípio da sindicabilidade é fundamental para garantir a proteção dos direitos fundamentais dos cidadãos, bem como a observância do estado de direito. Por meio desse princípio, é possível evitar abusos por parte da Administração Pública, garantir a legalidade dos atos administrativos e promover a justiça social.

No entanto, é importante destacar que a sindicabilidade não significa que o Judiciário deva substituir a atuação da Administração Pública em todas as suas decisões. É necessário que haja equilíbrio e harmonia entre os poderes, respeitando as competências e atribuições de cada um deles.

Assim, o princípio da sindicabilidade é essencial para garantir a proteção dos direitos e a observância da legalidade e do Estado de Direito, sendo uma importante ferramenta para o controle das atividades administrativas pela sociedade e pelo Poder Judiciário.

Por esse princípio, portanto, significa dizer que todo ato administrativo pode se submeter a algum tipo de controle, seja judicial, seja da própria Administração.

Vale lembrar que, no Brasil, vigora o princípio da inafastabilidade da tutela jurisdicional (art. 5º, XXXV, da CR/1988), de tal forma que toda lesão ou ameaça de direito poderá ser controlada pelo Poder Judiciário.

41 MARINELA, Fernanda. *Direito Administrativo*. 7. ed. Niterói: Impetus, 2013. p. 65.

Além disso, a sindicabilidade abrange a autotutela, pois a própria Administração pode exercer controle sobre os seus próprios atos, anulando os ilegais e revogando os inconvenientes e inoportunos.

Portanto, o princípio da sindicabilidade significa que os atos estão sujeitos a controle, envolvendo, inclusive, o controle judicial.

4.2.8. Princípio da participação ou da consensualidade (administração consensual)

O princípio da participação é um dos princípios do Direito Administrativo que garante aos cidadãos o direito de participar de forma efetiva no processo de tomada de decisão da Administração Pública. Esse princípio está relacionado ao conceito de democracia participativa, que busca a participação ativa da sociedade na gestão pública.

Assim, a Administração Pública deve garantir a participação dos cidadãos nos processos administrativos que possam afetar seus interesses, permitindo que sejam ouvidos e possam contribuir para a decisão final. A participação pode se dar por meio de consultas públicas, audiências públicas, conselhos participativos, entre outras formas.

O objetivo do princípio da participação é assegurar que a tomada de decisões administrativas seja mais transparente, justa e legítima, além de permitir que a Administração Pública seja mais eficiente e eficaz em suas decisões, pois pode contar com a colaboração da sociedade.

Existem diversas ferramentas do direito moderno que possibilitam a participação popular na gestão pública, como as audiências públicas e consultas populares. Além disso, é importante implementar novos meios de consensualidade na atuação administrativa, estabelecendo instrumentos para a solução de controvérsias, tais como as Câmaras de Conciliação e Arbitragem da Administração, Termos de Ajustamento de Conduta (TAC) e acordos de leniência.

O princípio da participação consagra a **administração consensual**. Esta é uma forma de atuação da Administração Pública baseada na busca de soluções consensuais para as controvérsias e os conflitos que surgem no âmbito da gestão pública. Essa forma de atuação tem como objetivo principal evitar ou reduzir o número de litígios judiciais que envolvem a Administração Pública, por meio da utilização de instrumentos de negociação e diálogo entre as partes envolvidas.

A administração consensual é baseada no diálogo e na busca por soluções em comum acordo, visando à pacificação social, à economia processual e à efetividade das políticas públicas. Nesse sentido, a Administração Pública deve buscar meios de diálogo e negociação com cidadãos, empresas e organizações da sociedade civil, almejando soluções extrajudiciais para as controvérsias e os conflitos que surgem no âmbito da gestão pública.

Nesse ponto, faz-se importante também estudar a **administração patrimonialista, burocrática e gerencial**. Perceba-se que se trata de uma evolução da Administração.

A **administração patrimonialista** é um modelo de gestão pública que surgiu na época do Brasil colonial e se estendeu até o final do Império. Esse modelo era marcado pela centralização do poder, pelo nepotismo e pela corrupção. Os cargos públicos eram ocupados por amigos e familiares dos governantes, que utilizavam o Estado para obter vantagens pessoais e para satisfazer seus interesses privados. A administração patrimonialista tinha como principal objetivo manter o poder e o controle sobre os recursos públicos.

Por sua vez, a **administração burocrática** surgiu como uma forma de superar as limitações da administração patrimonialista. Esse modelo foi desenvolvido no século XX e teve como principal referência a obra de Max Weber. A administração burocrática é caracterizada por racionalidade, impessoalidade, hierarquia e profissionalismo. A burocracia é entendida como uma forma eficiente e neutra de organização, baseada em regras, normas e procedimentos preestabelecidos. Os cargos públicos são ocupados por meio de concursos públicos, e a promoção é baseada no mérito e na competência. A administração burocrática tinha como principal objetivo garantir a eficiência e a neutralidade do Estado. Todavia, com o passar do tempo, a burocracia se mostrou ineficiente, com uma Administração morosa, acarretando um inchaço da máquina pública.

Por fim, a **administração gerencial** é um modelo de gestão pública que surgiu na década de 1990, como uma forma de superar as limitações da administração burocrática. Esse modelo é caracterizado pela descentralização do poder, pela ênfase na eficiência e na eficácia, pela orientação para resultados e pela busca de qualidade no serviço público. A administração gerencial tem como objetivo principal tornar o Estado mais ágil, eficiente e responsivo às demandas da sociedade, utilizando técnicas e ferramentas de gestão empresarial. Ela valoriza a gestão por resultados, a participação da sociedade e a adoção de práticas de transparência e *accountability*.

No Brasil, a Emenda Constitucional nº 19/1998 marcou o surgimento da administração gerencial, por meio da exteriorização do princípio da eficiência.

Modelo de gestão pública	Características principais	Objetivos
Administração patrimonialista	Centralização do poder, nepotismo e corrupção.	Manter o poder e o controle sobre os recursos públicos.
Administração burocrática	Racionalidade, impessoalidade, hierarquia e profissionalismo.	Garantir a eficiência e a neutralidade do Estado.
Administração gerencial	Descentralização do poder, ênfase na eficiência e na eficácia, orientação para resultados e busca pela qualidade no serviço público.	Tornar o Estado mais ágil, eficiente e responsivo às demandas da sociedade.

Modelo de gestão pública	Características principais	Objetivos
Administração consensual	Diálogo e busca por soluções em comum acordo, visando à pacificação social, à economia processual e à efetividade das políticas públicas.	Buscar meios de diálogo e negociação com cidadãos, empresas e organizações da sociedade civil, almejando soluções extrajudiciais para controvérsias e conflitos na gestão pública.

4.2.9. *Princípio da responsividade* (accountability)

O princípio da responsividade, também conhecido como princípio da *accountability*, é um importante conceito do Direito Administrativo que se refere à obrigação da Administração Pública de prestar contas de suas ações e decisões aos cidadãos e à sociedade.

Esse princípio implica a transparência das ações da Administração Pública, na sua responsabilização pelos seus atos e decisões e na prestação de informações claras e precisas à sociedade. A responsividade exige que a Administração Pública esteja aberta à participação e ao controle social, permitindo que os cidadãos tenham acesso às informações públicas, possam questionar as ações do Estado e participar ativamente da gestão pública.

Em outras palavras, a responsividade significa que a Administração Pública deve agir de forma transparente e responsável, prestando contas de suas ações e decisões, e permitindo que a sociedade exerça seu papel de fiscalizadora dos atos do Estado. Nesse sentido, a responsividade é essencial para a promoção da democracia e para garantir a legitimidade das ações do Estado, uma vez que permite que a sociedade participe ativamente da gestão pública e exerça seu papel de cidadão.

4.2.10. *Princípio da autotutela*

O princípio da autotutela da administração é um conceito importante do Direito Administrativo que se refere à capacidade da Administração Pública de revisar, anular, revogar e corrigir seus próprios atos e decisões.

Esse princípio permite que a Administração Pública exerça o controle e a fiscalização de suas próprias ações e decisões, a fim de corrigir eventuais erros ou irregularidades que possam surgir em seus atos. Isso significa que a Administração pode, por exemplo, anular um ato que seja ilegal ou revogar uma decisão que tenha se mostrado inadequada ou prejudicial.

O princípio da autotutela da administração é fundamental para garantir a eficácia e a legalidade das ações da Administração Pública, bem como para proteger os interesses públicos e os direitos dos cidadãos. No entanto, é importante ressaltar que essa autotutela deve ser exercida dentro dos limites legais e constitucionais, respeitando sempre os direitos dos indivíduos e as garantias previstas na lei.

Em resumo, o princípio da autotutela da administração permite que a Administração Pública exerça o controle e a fiscalização de suas próprias ações, a fim de corrigir eventuais irregularidades e garantir a eficácia e a legalidade de seus atos, desde que respeitando os limites legais e constitucionais e os direitos dos indivíduos.

4.2.11. Princípio da intranscendência

O princípio da intranscendência subjetiva é um importante princípio do Direito Administrativo que visa garantir que as sanções e restrições impostas pela Administração Pública não ultrapassem a dimensão estritamente pessoal do infrator e atinjam pessoas que não tenham sido responsáveis pelo ato ilícito em questão.

Em outras palavras, o princípio da intranscendência subjetiva das sanções proíbe que a Administração Pública aplique sanções ou penalidades a terceiros que não participaram diretamente do ato ilícito, tais como sucessores, herdeiros, sócios ou familiares do infrator.

Além disso, em sua vertente mais importante, o princípio da intranscendência subjetiva impede a aplicação de sanções ou penalidades a administrações atuais por atos de gestão praticados por administrações anteriores, garantindo a segurança jurídica e a proteção dos direitos adquiridos.[42]

Esse princípio vem sendo muito debatido e explorado pela jurisprudência do STF, no caso clássico de a União inscrever um estado ou município nos seus cadastros restritivos, como o Cauc (Cadastro Único de Exigências para Transferências Voluntárias), o Siafi (Sistema Integrado de Administração Financeira) e o Cadin (Cadastro Informativo de Créditos não Quitados).[43]

O Supremo Tribunal Federal possui, entre suas competências originárias, o julgamento de demandas que envolvem **conflitos federativos**, nos termos do art. 102, I, *f*, da CR/1988. Essa competência abrange causas e conflitos entre a União e os estados, a União e o Distrito Federal, ou entre uns e outros, inclusive as respectivas entidades da Administração indireta.

Entretanto, vale destacar que **nem todas as causas são passíveis de julgamento pelo STF, mas apenas aquelas que apresentam uma motivação capaz de justificar a existência de um potencial risco de abalo do pacto federativo**. O objetivo é resguardar o equilíbrio entre os entes federados e evitar que conflitos de menor relevância ou que envolvam simples disputas patrimoniais sejam levados à corte máxima.

Em resumo, a competência do STF para julgar conflitos federativos é restrita a casos que possuam uma relevância e gravidade que justifiquem a intervenção da corte máxima.

Uma interpretação finalística do dispositivo constitucional em questão revela uma significativa distinção entre **conflito entre entes federados e conflito federativo. No primeiro caso, ocorre uma disputa judicial entre membros da Federação**; por

---

42 STF, ACO 3.072, Tribunal Pleno, Rel. Min. Ricardo Lewandowski, j. 24.08.2020.

43 RE 770.149, Tribunal Pleno, Rel. Min. Marco Aurélio, Rel. p/ Acórdão Edson Fachin, j. 05.08.2020.

sua vez, **no segundo**, além da participação dos entes na lide, **a controvérsia deve ter potencial de desestabilizar o pacto federativo em si**. Assim, para que a competência do STF, estabelecida no art. 102, I, *f*, da CR/1988, seja aplicada, é necessário que haja a presença simultânea de dois elementos, quais sejam: (i) a possibilidade real de o conflito afetar o pacto federativo e (ii) a incompatibilidade de interesses entre os entes mencionados no dispositivo. Ressalta-se que essa competência não abrange causas de menor relevância ou conflitos patrimoniais simples.

A inscrição nos cadastros ocorre quando um ente federado pratica uma irregularidade em convênios celebrados entre os entes federados.

Nesse sentido, um primeiro caso a ser analisado refere-se ao fato de a inscrição do ente federado decorrer de ato praticado por gestão anterior. Nesse caso, há decisões do STF que afirmam que, **caso a irregularidade em um convênio tenha sido praticada pelo gestor anterior e a gestão atual tenha tomado medidas para corrigir o problema**, como apresentar documentos ao órgão fiscalizador e ajuizar ações de ressarcimento, **o ente não deve ser incluído nos cadastros de inadimplentes da União**. Portanto, o princípio da intranscendência subjetiva das sanções impediria que as administrações atuais sejam penalizadas por atos de gestão praticados por administrações anteriores. Para o Ministro Luiz Fux, "não se pode inviabilizar a administração de quem foi eleito democraticamente e não foi diretamente responsável pelas dificuldades financeiras que acarretaram a inscrição combatida".[44] Logo, é essencial aplicar o princípio da intranscendência subjetiva das sanções para evitar que a Administração atual seja prejudicada com a restrição na celebração de novos convênios ou no recebimento de repasses federais.

Outro caso enfrentado pelo STF refere-se ao fato de a irregularidade ter sido praticada por uma entidade do ente federado (uma autarquia, por exemplo) ou por outro poder, que não o Poder Executivo. Nesse ponto, o STF também entende que o ente federado não pode ser inscrito no cadastro restritivo pelo fato de uma autarquia ou uma empresa estatal pelo simples fato de se encontrarem vinculadas,[45] bem como não pode o ente federado ser incluído quando as irregularidades são praticadas por outros poderes ou órgãos autônomos.[46]

Ademais, para o STF, é necessária a observância da garantia do devido processo legal, em especial do contraditório e da ampla defesa, relativamente à inscrição de entes públicos em cadastros federais de inadimplência.[47] Nesse sentido, a inscrição de Estado-membro nos cadastros federais de inadimplência antes da instauração e do julgamento de tomada de contas especial viola o devido processo legal.[48]

---

44 STF, AgReg na Ação Cautelar 2.946, Primeira Turma, j. 23.06.2015.

45 STF, ACO 1.848 AgR, Plenário, Rel. Min. Celso de Mello, j. 06.11.2014.

46 STF, ACO 3.072, Plenário, Rel. Min. Ricardo Lewandowski, j. 24.08.2020.

47 STF, ACO 732/AP, Plenário, Rel. Min. Marco Aurélio, j. 10.05.2016.

48 ACO 2.910 AgR, Tribunal Pleno, Rel. Min. Roberto Barroso, j. 29.06.2020.

Princípio	Descrição
Supremacia do interesse público sobre o privado	Em situações de conflito entre o interesse público e o privado, deve prevalecer o interesse público.
Indisponibilidade do interesse público	O interesse público não pertence ao administrador público, mas, sim, à sociedade, e a Administração Pública deve zelar pelos bens e interesses públicos em prol da coletividade.
Razoabilidade	A Administração Pública deve atuar com bom senso, nos termos do senso comum, e proteger as liberdades e os direitos individuais contra abusos e ilegalidades praticados pelo Estado.
Proporcionalidade	A atuação da Administração Pública deve observar os meios e os fins, obtendo a finalidade a que se destina da forma menos gravosa para a sociedade.
Segurança jurídica e confiança legítima	As normas e decisões administrativas devem ser claras, estáveis e previsíveis, a fim de permitir que os administrados possam agir de acordo com elas e confiar na sua validade e eficácia.
Especialidade	As atividades administrativas devem ser exercidas por órgãos ou entidades especializados na respectiva matéria.
Sindicabilidade	Os atos administrativos podem ser analisados pelo Poder Judiciário para verificar a legalidade e a constitucionalidade deles.
Participação	A Administração Pública deve buscar a participação dos administrados na tomada de decisões, promovendo a participação popular e a administração consensual.
Responsividade	Refere-se à obrigação da Administração Pública de prestar contas de suas ações e decisões aos cidadãos e à sociedade. Implica a transparência das ações da Administração Pública, na sua responsabilização pelos seus atos e decisões e na prestação de informações claras e precisas à sociedade.
Autotutela	Refere-se à capacidade da Administração Pública de revisar, anular, revogar e corrigir seus próprios atos e decisões.
Intranscendência	Visa garantir que as sanções e restrições impostas pela Administração Pública não ultrapassem a dimensão estritamente pessoal do infrator e atinjam pessoas que não tenham sido responsáveis pelo ato ilícito em questão.

QUESTÕES DE CONCURSO

1. CESPE/CEBRASPE – 2022 – DPE-TO – Defensor Público

No que tange à atividade administrativa, são aplicáveis tanto à Administração Pública quanto ao administrado os padrões firmados pelo princípio

A) da publicidade.
B) da legalidade.
C) da boa-fé.
D) da segurança jurídica.
E) do interesse público.

Comentário: Está submetida aos princípios da publicidade, da segurança jurídica e do interesse público apenas a Administração. No tocante à legalidade, a Administração pode fazer somente o que a lei permite. Já os administrados podem fazer tudo aquilo que a lei não proíbe. Dessa forma, a resposta é a alternativa C, já que ambos se submetem ao mesmo conceito de boa-fé.

2. CESPE/CEBRASPE – 2023 – TCE-RJ – Procurador

Embora a Administração Pública seja regida pelo Princípio constitucional da legalidade, decisões judiciais podem servir como fonte para o direito administrativo, inclusive com força vinculante.

Comentário: A Administração se submete ao princípio da legalidade. Entretanto, as decisões judiciais também são fontes do direito administrativo. Além disso, é cediço que algumas decisões possuem força vinculante.

3. CESPE/CEBRASPE – 2023 – MPE-SC – Promotor de Justiça Substituto

Acerca dos princípios informadores da Administração Pública, julgue o item que se segue.

O nepotismo constitui vício que viola diretamente os princípios da moralidade e da impessoalidade na gestão da coisa pública, enquadrando-se na modalidade ampla de corrupção.

Comentário: A vedação ao nepotismo na Administração Pública é um princípio fundamental consagrado na Constituição Federal. Sua aplicação deve ser imediata e abrangente, com o objetivo de preservar os princípios da moralidade, da impessoalidade e da isonomia no serviço público.

4. TRF – 4ª Região – 2022 – Juiz Federal Substituto

Assinale a alternativa CORRETA. Sobre o Direito Administrativo brasileiro:

A) O princípio da eficiência é princípio implícito que decorre da exigência de a Administração Pública atingir os melhores resultados no desenvolvimento de suas atividades.

B) O princípio da segurança jurídica não pode ser invocado para manter a validade de atos nulos.

C) Segundo o princípio da publicidade, todos têm direito a receber informações dos órgãos públicos, ressalvadas aquelas cujo sigilo seja imprescindível ao interesse particular.

D) Não violam os princípios da moralidade, da impessoalidade e da isonomia diploma legal que excepciona da vedação ao nepotismo os servidores que estiverem no exercício do cargo no momento de sua edição.

E) Em atenção aos princípios da segurança jurídica e da confiança legítima, os Tribunais de Contas estão sujeitos ao prazo de 5 anos para o julgamento da legalidade do ato de concessão inicial de aposentadoria, reforma ou pensão, a contar da chegada do processo à respectiva Corte de Contas.

Comentário: A) Incorreta. O princípio da eficiência está expresso no art. 37 da Constituição Federal de 1988 e também na Lei nº 9.784/1999, que dispõe sobre o processo administrativo no âmbito da Administração Pública federal direta e indireta.

B) Incorreta. O art. 55 da Lei nº 9.784/99 prevê a possibilidade de convalidação de atos administrativos que apresentem defeitos sanáveis, desde que não acarretem lesão ao interesse público nem prejuízo a terceiros.

C) Incorreta. O art. 5º, XXXIII, da Constituição Federal garante o direito de acesso à informação pública, ressalvadas aquelas cujo sigilo seja imprescindível à segurança da sociedade e do Estado.

d) Incorreta. Em 2019, o Supremo Tribunal Federal (STF), por meio da Ação Direta de Inconstitucionalidade (ADI) 3.094, declarou inconstitucional a exceção à vedação ao nepotismo para servidores que já estavam no exercício do cargo no momento de sua edição. Portanto, essa exceção não mais se aplica.

e) Correta. Em 2020, o STF fixou a tese de que os tribunais de contas estão sujeitos ao prazo de cinco anos para o julgamento da legalidade do ato de concessão inicial de aposentadoria, reforma ou pensão, a contar da chegada do processo à respectiva Corte de Contas, em observância aos princípios da segurança jurídica e da confiança legítima.

Capítulo II
ORGANIZAÇÃO ADMINISTRATIVA

1. DESCONCENTRAÇÃO

No Direito Administrativo, a desconcentração é o fenômeno que consiste na **distribuição interna** de competências e atribuições **dentro da própria Administração Pública**. Em outras palavras, a desconcentração é um processo pelo qual determinadas competências e funções administrativas são delegadas de uma autoridade central para outras autoridades subordinadas.

Assim, a desconcentração implica a **criação de órgãos** administrativos ou unidades administrativas dotadas de autonomia funcional, para que possam desempenhar funções específicas no âmbito da Administração Pública.

Importante pontuar que a desconcentração pode ocorrer tanto na Administração Pública direta quanto na Administração Pública indireta.

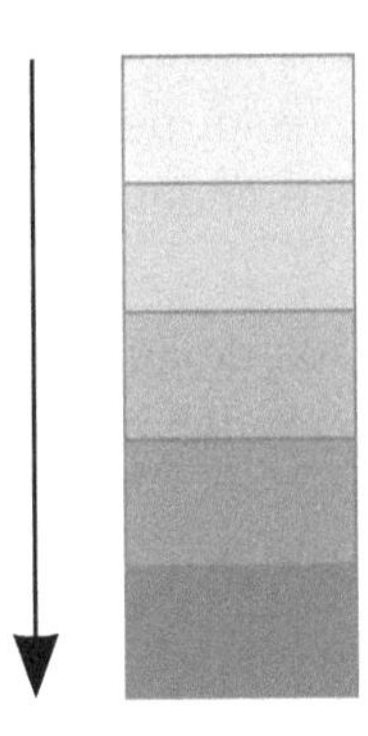

1.1. Órgãos públicos

Os órgãos públicos são **unidades administrativas despersonalizadas**, dotadas de um feixe de atribuições e ocupadas por um agente público. Observe que a criação de órgãos ocorre por uma lei de iniciativa do poder competente. Em razão da simetria das formas, a sua extinção também deve ser feita por lei.

No âmbito do Poder Legislativo, a criação e a extinção de órgãos, nos termos dos arts. 51, IV, e 52, XIII, ambos da CR/1988,[1] não precisam de lei, mas, sim, de atos administrativos praticados pelas respectivas casas.

Ademais, a depender da natureza jurídica do órgão, este, para ser criado, dependerá de uma emenda constitucional. Ex.: um novo tribunal de contas em um estado (caso fosse possível haver dois tribunais de contas no mesmo ente da federação).

De acordo com o art. 1º, § 2º, I, da Lei nº 9.784/1999, órgão é a unidade de atuação integrante da estrutura da Administração direta e da estrutura da Administração indireta. Frise-se, portanto, que há órgãos públicos tanto na Administração direta quanto na Administração indireta.

1.1.1. Características

Os órgãos públicos são **unidades despersonalizadas**, isto é, não possuem personalidade jurídica. Dessa forma, **em regra, não poderão ser partes em demandas judiciais**. Isso ocorre em razão da **teoria da imputação volitiva**, segundo a qual, a vontade exteriorizada pelos agentes deve ser imputada à pessoa jurídica que o órgão integra.

Observe que, **excepcionalmente**, os órgãos poderão ser partes em demandas judiciais. Esse é o caso de os órgãos independentes poderem impetrar mandado de segurança com o objetivo de proteger suas prerrogativas constitucionais. Nesse sentido, pode-se exemplificar o fato de o Tribunal de Contas impetrar mandado de segurança contra atos do Poder Executivo que suprimam suas atribuições; Tribunal de Justiça impetrar mandado de segurança contra atos do CNJ.

Nessa perspectiva, importante a leitura da Súmula nº 525 do STJ, segundo a qual a Câmara de Vereadores não possui personalidade jurídica, apenas personalidade judiciária, somente podendo demandar em juízo para defender os seus direitos institucionais.

Assim, observe-se que os órgãos de cúpula da hierarquia administrativa terão a chamada capacidade processual ou judiciária, quando estiverem na defesa de suas prerrogativas institucionais.

---

[1] Art. 51. Compete privativamente à Câmara dos Deputados:

(...)

IV – dispor sobre sua organização, funcionamento, polícia, criação, transformação ou extinção dos cargos, empregos e funções de seus serviços, e a iniciativa de lei para fixação da respectiva remuneração, observados os parâmetros estabelecidos na lei de diretrizes orçamentárias;

(...)

Art. 52. Compete privativamente ao Senado Federal:

(...)

XIII – dispor sobre sua organização, funcionamento, polícia, criação, transformação ou extinção dos cargos, empregos e funções de seus serviços, e a iniciativa de lei para fixação da respectiva remuneração, observados os parâmetros estabelecidos na lei de diretrizes orçamentárias;

(...).

Por fim, os órgãos são regidos sob a forma de **subordinação**, ou seja, sob o vínculo do controle hierárquico (autotutela). Esse controle é um controle permanente e automático, uma vez que não depende de autorização legislativa. Observe que a autotutela contempla o controle de legalidade e de mérito.

1.1.2. *Natureza jurídica*[2]

Três teorias buscam explicar a natureza jurídica dos órgãos públicos, quais sejam, a **teoria subjetiva, a teoria objetiva e a teoria eclética**.

Para a **teoria subjetiva**, os órgãos seriam os agentes públicos. Observe que essa teoria não pode prevalecer, uma vez que, desaparecido o agente, extinto estaria órgão.

Por sua vez, a **teoria objetiva** estabelece que o órgão é apenas um conjunto de atribuições, de modo que não se confunda com o agente público. Observe também que essa teoria sofre duras críticas, afinal ignorar o agente público é um equívoco, visto que ele é o instrumento por meio do qual as pessoas jurídicas exteriorizam suas vontades.

Por fim, para **a teoria eclética**, o órgão é formado por dois elementos, quais sejam, o agente e o complexo de atribuições. Essa teoria incide no erro da teoria subjetiva, afinal, desaparecido o agente, estaria extinto o órgão.

Diante dessas teorias, hoje, entende-se como correto que os órgãos possuem atribuições e agentes, contudo, com eles não se confundem. Em outras palavras, quer-se dizer que as atribuições e os agentes podem ser modificados, substituídos ou retirados sem a supressão do órgão.

Foi o jurista alemão **Otto Gierke** quem estabeleceu as linhas mestras da **teoria do órgão** e indicou como sua principal característica o princípio da imputação volitiva, isto é, deve-se entender que os atos praticados pelos agentes públicos são, na verdade, imputados não ao agente público, mas ao órgão ao qual esse agente se vincula.

Nesse sentido, faz-se importante também estudar as teorias do **mandato, da representação e do órgão**.

Para a **teoria do mandato**, o agente público seria um mandatário do Estado, ou seja, exerceria suas funções por meio de um mandato. Essa teoria possui dois graves erros:

---

2 MELLO, Celso Antônio Bandeira de. *Apontamentos sobre os agentes e órgãos públicos*: regime jurídico dos funcionários públicos. São Paulo: Ed. RT, 1975.

a) O mandato pressupõe duas vontades independentes, uma do mandante outra do mandatário. Isso não ocorre com o agente público e o Estado.
b) O mandante não responde pelos atos praticados pelo mandatário que exceda o mandato. Essa situação também não ocorre no âmbito do Poder Público, uma vez que o Estado será responsável pelos danos causados pelos agentes ao terceiro.

Por sua vez, a **teoria da representação** estabelece que o agente púbico seria um representante do Estado. Contudo, essa teoria também possuiria dois erros:

a) Os atos praticados pelo representante que ultrapassarem a representação não repercutirão no patrimônio do representado. Isso não ocorre no âmbito do Estado, uma vez que será responsável pelos atos praticados pelo agente que exceder à sua competência.
b) A representação é um instituto aplicável aos incapazes. O Estado não é incapaz.

Por fim, a **teoria do órgão**, adotada pelo ordenamento jurídico brasileiro, estabelece que o agente ocupa um órgão que integra um organismo maior. O agente público faz parte do Estado, ele **presenta** o Estado. Dessa forma, onde estiver presente o agente, estará presente o Estado.

De acordo com essa teoria, "a pessoa jurídica manifesta a sua vontade por meio dos órgãos, de tal modo que quando os agentes que os compõem manifestam a sua vontade, é como se o próprio Estado o fizesse; substitui a ideia de representação pela de imputação".[3]

Teoria	Descrição	Erros
Mandato	O agente público é um mandatário do Estado.	– Pressupõe vontades independentes, o que não ocorre no âmbito do Poder Público. – O mandante não responde pelos atos praticados pelo mandatário que exceda o mandato, o que também não ocorre no âmbito do Estado.
Representação	O agente público é um representante do Estado.	– Os atos praticados pelo representante que ultrapassarem a representação não repercutirão no patrimônio do representado, o que não ocorre no âmbito do Estado. – A representação é um instituto aplicável aos incapazes, o que não é o caso do Estado.
Órgão	O agente público presenta o Estado.	É a teoria adotada no Brasil.

[3] DI PIETRO, Maria Sylvia Zanella. *Direito Administrativo*. 25. ed. São Paulo: Atlas, 2012. p. 374.

Outro ponto relevante sobre os órgãos públicos refere-se à **teoria da institucionalização**, que propõe uma reflexão sobre a possibilidade de órgãos públicos adquirirem uma identidade própria, mesmo não possuindo personalidade jurídica própria. É sabido que os órgãos públicos são parte da estrutura do Estado e, em regra, não possuem personalidade jurídica própria, salvo em alguns casos em que possuem personalidade judiciária, que lhes permite defender suas prerrogativas funcionais em juízo.

No entanto, em determinadas situações, os órgãos públicos podem adquirir uma vida institucional própria. Isso significa que eles passam a ser reconhecidos como uma entidade distinta do Estado, com seus próprios objetivos e características. Essa institucionalização pode ocorrer, por exemplo, quando o órgão público desenvolve uma atividade específica que o torna reconhecido pela sociedade, ou quando há uma mudança na cultura organizacional que leva a uma maior autonomia do órgão em relação ao Estado.

É possível utilizar o exemplo do Exército brasileiro para ilustrar como um órgão público pode exercer funções estatais e, mesmo assim, adquirir uma identidade própria. O Exército é um órgão da União Federal responsável pela defesa da soberania nacional, mas é reconhecido como uma instituição com personalidade institucional própria.

1.1.3. Classificação de órgãos públicos

1.1.3.1. Quanto à posição estatal[4]

- **Órgãos independentes**

São aqueles originários da Constituição e representativos dos três poderes do Estado, sem qualquer subordinação hierárquica ou funcional, e sujeitos apenas aos controles constitucionais de um sobre o outro.

Estão nessa classificação as casas legislativas, a chefia do Executivo e os tribunais. Hoje, a doutrina mais moderna classifica o Ministério Público e o Tribunal de Contas como órgãos independentes.[5]

- **Órgãos autônomos**

São os órgãos de cúpula da Administração, subordinados diretamente à chefia dos órgãos independentes; têm autonomia administrativa, financeira e técnica. Observe, contudo, que não exercem suas atribuições de forma independente, de maneira que estão subordinados aos órgãos independentes.

Estão nessa classificação os ministérios e as secretarias de Estado.

---

4 DI PIETRO, Maria Sylvia Zanella. *Direito Administrativo*. 25. ed. São Paulo: Atlas, 2012. p. 578.

5 ALEXANDRINO, Marcelo; PAULO, Vicente. *Direito Administrativo descomplicado*. 24. ed. rev. e atual. São Paulo: Método, 2016. p. 119.

- **Órgãos superiores**

São órgãos de direção, controle e comando, mas sujeitos à subordinação e ao controle hierárquico de uma chefia; não têm autonomia financeira e administrativa, apenas autonomia técnica.

Estão nessa classificação os departamentos, as coordenadorias, os gabinetes.

- **Órgãos subalternos**

São aqueles órgãos de mera execução, como as seções de material, de portaria, zeladoria.

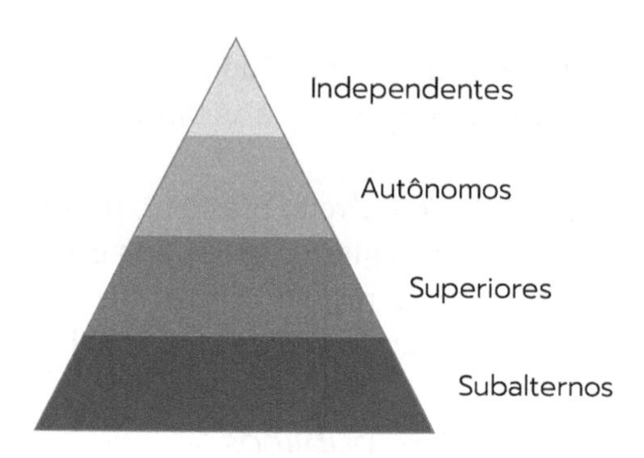

É preciso ainda enfrentar em qual classificação se encaixariam as procuradorias, se elas seriam órgãos autônomos ou superiores. Nesse ponto, é importante ressaltar o entendimento do STF de que as procuradorias, por integrarem os respectivos poderes executivos, **não gozam de autonomia funcional, administrativa ou financeira**, uma vez que a Administração direta é una e não comporta a criação de distinções entre órgãos em hipóteses não contempladas explícita ou implicitamente pela Constituição Federal.[6] Assim, diante do posicionamento do STF, **as procuradorias seriam entendidas como órgãos superiores** e não autônomos.

1.1.3.2. Quanto à esfera de ação

- **Órgãos centrais**

São aqueles com atribuições em **todo o território** nacional, estadual ou municipal, como a presidência, a governadoria e a prefeitura.

- **Órgãos locais**

São aqueles com atribuições sobre uma **parte do território**, como as delegacias regionais da Receita Federal.

6 ADI 5.029, Tribunal Pleno, Rel. Min. Luiz Fux, j. 15.04.2020.

1.1.3.3. Quanto à estrutura

- **Órgãos simples ou unitários**

São aqueles constituídos por um **único centro de atribuições**, de modo que não possuem subdivisões internas.

- **Órgãos compostos**

São aqueles **constituídos por vários órgãos**. Pode-se dar como exemplo os ministérios. Estes são compostos de vários outros órgãos, até os órgãos simples, nos quais não é possível mais divisão.

1.1.3.4. Quanto à atuação funcional

- **Órgãos singulares ou unipessoais**

A estrutura dos órgãos unipessoais é caracterizada pela **atuação ou decisão de um único agente público**. Independentemente do número de agentes vinculados ao órgão, basta que apenas um deles manifeste vontade em nome do órgão para que as decisões sejam tomadas.

Um exemplo de órgão unipessoal é a Presidência da República. Embora seja um órgão de cúpula do Poder Executivo, é exercido por apenas um agente público, o presidente da República, que é responsável por tomar as principais decisões administrativas e políticas do país.

- **Órgãos coletivos ou pluripessoais**

São aqueles integrados por **vários agentes públicos, cujas manifestações de vontade são relevantes para a tomada de decisões**. São também chamados de pluripessoais. Pode-se dar como exemplo os tribunais, o Congresso Nacional.

1.1.3.5. Quanto à função

- **Órgãos ativos**

São aqueles responsáveis por **funções essenciais do Estado**; realizam condutas comissivas e expressam decisões estatais para o cumprimento dos fins da pessoa jurídica à qual estão ligados.

Podem ser divididos em órgãos de direção superior e em órgão de execução. Os primeiros são aqueles que decidem, ordenam, dirigem e planejam as atividades administrativas. Esses órgãos realizam a manifestação originária da vontade do Estado. Os segundos são aqueles sujeitos à subordinação hierárquica. Dessa forma, realizam a manifestação secundária da vontade do Estado.

- **Órgãos consultivos**

São aqueles que assumem **atividade de aconselhamento** da Administração Pública. Têm um papel de auxílio técnico ou jurídico à manifestação de vontade do Estado.

- **Órgãos de controle**

São aqueles que exercem **controle e fiscalização** de órgãos ou agentes.

1.1.4. *Capacidade contratual*

É importante ressaltar que, em regra, os órgãos públicos não têm personalidade jurídica e, portanto, não têm capacidade para celebrar contratos. Quando um contrato é celebrado e o órgão é mencionado como parte, na verdade, ele está representando o ente federado ao qual pertence.

No entanto, o art. 37, § 8º, da Constituição Federal permite a celebração de contratos de gestão ou de desempenho por órgãos públicos, em caráter excepcional. Esses contratos têm como objetivo definir metas e indicadores de desempenho a serem alcançados pelo órgão e estabelecer as consequências em caso de não cumprimento dessas metas.

Os contratos de gestão podem ser celebrados tanto por órgãos em relações intra-administrativas quanto por entidades em relações interadministrativas. Nesse tipo de contrato, há uma maior flexibilidade na gestão de recursos e no estabelecimento de objetivos, o que pode aumentar a eficiência e a efetividade das políticas públicas.

O art. 37, § 8º, da Constituição Federal de 1988 prevê a possibilidade de ampliação da autonomia gerencial, orçamentária e financeira dos órgãos e das entidades da Administração direta e indireta mediante contrato celebrado entre seus administradores e o Poder Público, com o objetivo de fixar metas de desempenho.

É importante ressaltar que essa ampliação de autonomia deve estar prevista em lei, que deverá dispor sobre o prazo de duração do contrato, os controles e os critérios de avaliação de desempenho, os direitos, as obrigações e as responsabilidades dos dirigentes e a remuneração do pessoal. A Lei nº 13.934/2019 é a norma que regulamenta o contrato de gestão ou contrato de desempenho previsto no referido dispositivo constitucional.

2. DESCENTRALIZAÇÃO

A **descentralização** é o fenômeno de distribuição de competências **para uma pessoa jurídica ou física distinta**. Em outras palavras, a descentralização é a repartição **externa** de competências, de modo que não haja, entre as entidades, hierarquia. O que há entre elas é o controle finalístico, tutela, supervisão ministerial ou vinculação.

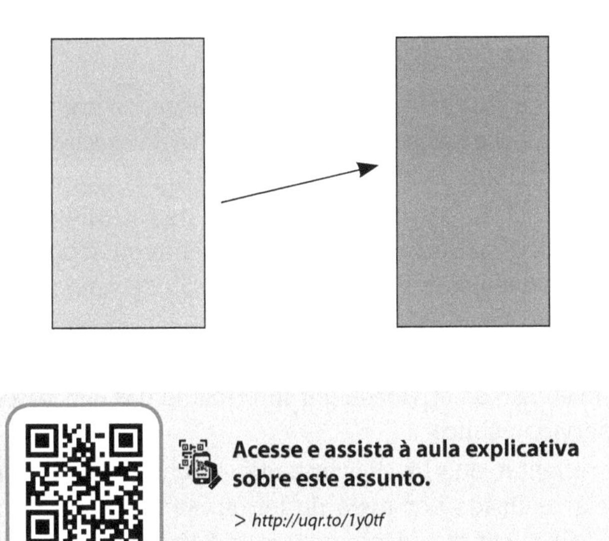

Acesse e assista à aula explicativa sobre este assunto.

> *http://uqr.to/1y0tf*

2.1. Espécies

2.1.1. Política

Essa espécie de descentralização é originária, feita pela própria Constituição da República, no momento em que cria os entes da Federação (União, estado, Distrito Federal e municípios) e reparte entre as diversas competências.

2.1.2. Administrativa

Essa espécie de descentralização resulta de um ato superveniente ao texto constitucional, seja uma lei (para a instituição da Administração Pública indireta), um contrato administrativo (na contratação de concessionárias e permissionárias de serviço público), seja um ato administrativo (na contratação de autorizatária de serviço público).

2.1.2.1. Territorial/Geográfica

De acordo com Maria Sylvia Zanella Di Pietro, "é a que se verifica quando uma entidade local, geograficamente delimitada, é dotada de personalidade jurídica própria, de direito público, com capacidade administrativa genérica".[7]

No Brasil, é aquela que resulta na criação de um território federal. Este tem natureza autárquica.

---

7 DI PIETRO, Maria Sylvia Zanella. *Direito Administrativo*. 25. ed. São Paulo: Atlas, 2012. p. 468.

2.1.2.2. Colaboração ou delegação

É aquela em que há a transferência, a outra pessoa, da execução de determinado serviço público. Observe que há apenas a transferência da execução do serviço público. A titularidade permanece no poder do ente federado.

Trata-se da disposição constante no art. 175 da CR/1988, segundo o qual incumbe ao Poder Público, na forma da lei, diretamente ou sob regime de concessão ou permissão, sempre mediante licitação, a prestação de serviços públicos.

A colaboração ou delegação ocorre por meio de um contrato administrativo ou um ato unilateral. Originariamente, nessa forma de descentralização, ocorre a transferência do exercício da atividade por intermédio das concessões, permissões e autorizações de serviço público.

Importante salientar que há doutrina que entende ser a descentralização por colaboração aquela realizada por meio de lei ou contrato. No primeiro caso, para pessoas jurídicas de direito privado integrantes da Administração indireta; no segundo caso, para as concessionárias e permissionárias de serviço público. Logo, para essa doutrina, a descentralização por colaboração envolveria apenas pessoas jurídicas de direito privado.

2.1.2.3. Por serviço, técnica, funcional ou outorga

A descentralização administrativa técnica, funcional, por serviço ou outorga é aquela em que há a transferência, a outra pessoa, da execução e da titularidade de um serviço público. O Poder Público cria uma pessoa jurídica de direito público ou privado e a ela atribui a titularidade e a execução de determinado serviço público.

Em relação ao ponto da transferência ou não da titularidade do serviço, a doutrina diverge. José dos Santos Carvalho Filho entende que não há a transferência dessa titularidade. Para ele, transfere-se apenas a execução do serviço público. Dessa forma, para diferenciar a descentralização por delegação da descentralização por outorga, Carvalho Filho diz que aquela é uma descentralização negocial, ao passo que esta é uma descentralização legal.

Contudo, importante dizer que a corrente defendida por Carvalho Filho é minoritária.

De acordo com o art. 37, XIX, da CR/1988, a descentralização por outorga corresponde à criação de autarquia e à autorização de fundação, empresa pública e sociedade de economia mista.

Consoante o art. 37, XIX, da CR/1988, somente por **lei específica poderá ser criada** autarquia e **autorizada** a instituição de empresa pública, de sociedade de economia mista e de fundação, cabendo à lei complementar, neste último caso, definir as áreas de sua atuação.

A descentralização origina o chamado controle por VINCULAÇÃO, FINALÍSTICO ou TUTELA. Nesse controle, não há relação de subordinação, havendo, na verdade, uma relação de vinculação, afinal é exercido nos limites em que a lei estipular. Portanto, a pessoa desempenha o serviço com independência em relação à pessoa que lhe deu vida, podendo opor-se a interferências indevidas. O controle finalístico tem por objetivo garantir que a entidade não se desvie dos fins para os quais foi instituída.[8]

Importante salientar que há doutrina que entende a descentralização por outorga como aquela realizada para pessoas jurídicas de direito público, como as autarquias.

Para facilitar a memorização:

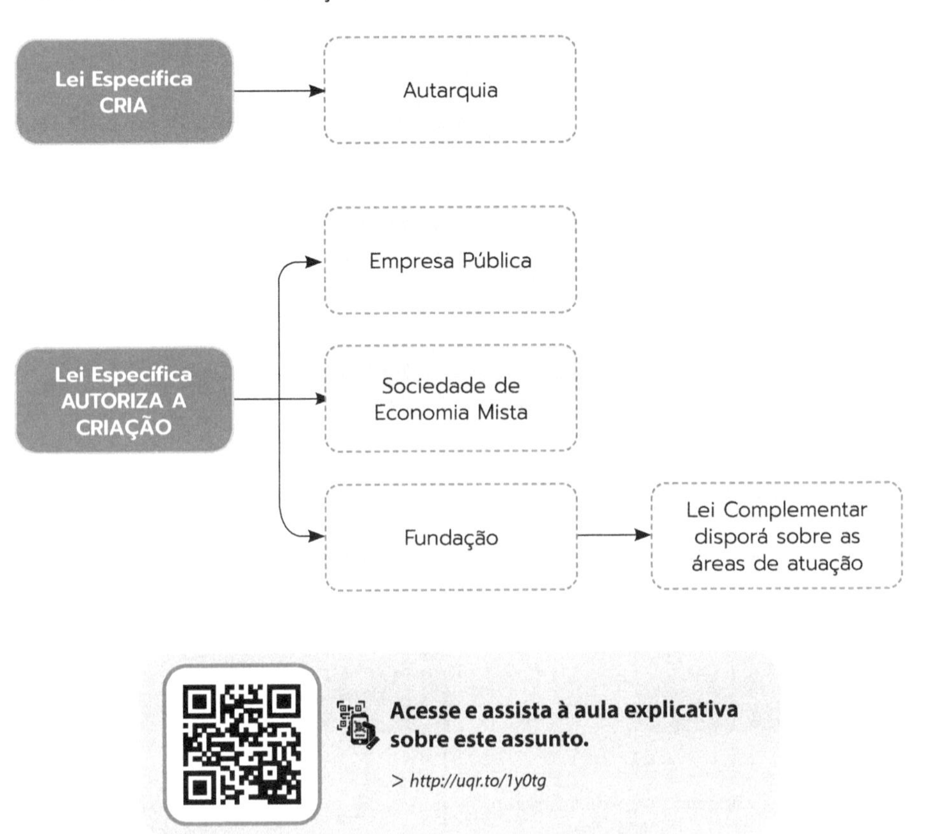

3. CENTRALIZAÇÃO E DESCENTRALIZAÇÃO

A **centralização** é o fenômeno pelo qual o "Estado executa suas tarefas diretamente, ou seja, por intermédio dos inúmeros órgãos e agentes administrativos que compõem sua estrutura funcional".[9] Dessa forma, observe que a centralização ocorre pela execução de tarefas da Administração Pública DIRETA. Diferentemente, pela **descentralização**, o Estado executa suas tarefas de maneira indireta, isto é, delega suas atividades a outras entidades.

---

8 DI PIETRO, Maria Sylvia Zanella. *Direito Administrativo*. 25. ed. São Paulo: Atlas, 2012. p. 469.

9 CARVALHO FILHO, José dos Santos. *Manual de Direito Administrativo*. 26. ed. rev., ampl. e atual. São Paulo: Atlas, 2013. p. 453.

Diante dessa diferença, surgem as expressões "Administração Pública DIRETA", composta dos entes da Federação (União, estado, Distrito Federal e município), e "Administração Pública INDIRETA", composta de pessoas administrativas (autarquia, fundações, empresas públicas e sociedades de economia mista). Aquela é a administração centralizada, ao passo que esta é a administração descentralizada.

Centralização desconcentrada compreende a atribuição administrativa conferida a uma única pessoa jurídica dividida internamente em diversos órgãos públicos, como se faz em relação aos ministérios. Por sua vez, a **centralização concentrada** é a extinção de órgãos por parte da Administração Pública direta.

Veja também que é possível haver a **descentralização desconcentrada**, quando a Administração indireta cria seus órgãos, bem como é possível a **descentralização concentrada**, quando a indireta extingue seus órgãos.

Para ficar claro, entenda que o fenômeno da desconcentração ocorre em ambas as administrações públicas, desde que haja a criação de órgãos públicos no âmbito de determinada pessoa jurídica.

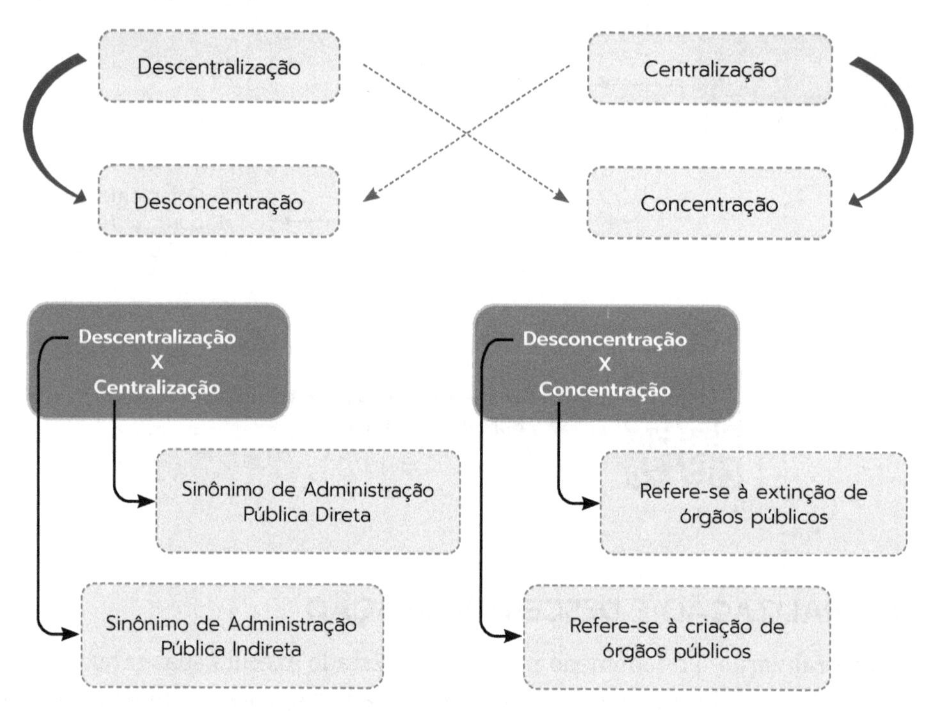

4. ENTIDADES DA ADMINISTRAÇÃO PÚBLICA INDIRETA

A Administração Pública indireta é um conjunto de pessoas jurídicas **vinculadas** – jamais subordinadas – à Administração Pública direta, que possuem competência para exercer atividades administrativas de forma **descentralizada, sem autonomia política**. No Brasil, o critério formal é adotado para definir quais entidades compõem a Administração Pública, independentemente da atividade exercida.

De acordo com a Constituição Federal e o Decreto-lei nº 200/1967, as entidades que fazem parte da Administração Pública indireta são: (a) autarquias; (b) fundações públicas; (c) empresas públicas; (d) sociedades de economia mista.

4.1. Autarquias

4.1.1. Conceito

De acordo com o art. 5º, I, do Decreto-lei nº 200/1967, autarquia é o serviço autônomo, criado por lei, com personalidade jurídica, patrimônio e receita próprios, para executar atividades típicas da Administração Pública, que requeiram, para seu melhor funcionamento, gestão administrativa e financeira descentralizada.

Observe que o Decreto-lei nº 200/1967 estabelece a autarquia como um serviço autônomo. Hoje, contudo, ela não é considerada um serviço, mas, sim, uma **pessoa jurídica** de direito público, nos termos do art. 41, IV, do Código Civil.

4.1.2. Princípio da especialidade

Por este princípio, a autarquia deve realizar uma atividade específica. Não é razoável criar a autarquia para realizar tudo o que a Administração Pública direta realiza. Ademais, esse princípio diferencia as autarquias dos territórios, uma vez que estes têm uma capacidade genérica para a prestação de serviços públicos variados.

O princípio da especialidade na Administração indireta impõe a necessidade de que conste, na lei de criação da entidade, a atividade a ser exercida de modo descentralizado.

4.1.3. Criação e extinção

De acordo com o art. 37, XIX, da CR/1988, a criação e a extinção das autarquias devem ocorrer por meio de uma lei específica. Essa lei deve ser de iniciativa do chefe do Poder Executivo, nos termos do art. 61, § 1º, II, *e*, da CR/1988.

4.1.4. Objeto

Pelo conceito estabelecido pelo art. 5º, I, do Decreto-lei nº 200/1967, as autarquias vão executar atividades típicas da Administração Pública, isto é, as autarquias irão executar serviços públicos de natureza social e de atividades administrativas.

4.1.5. Prerrogativas

As autarquias são dotadas das mesmas prerrogativas que a Administração direta. Com efeito, por atuarem na busca do interesse público e submeterem-se ao regime jurídico da Administração, obtêm, legalmente, benefícios de ordem processual, assim como a imunidade na área tributária, que prevê como privilégio o constante no art. 150, § 2º, da Constituição Federal.

4.1.6. Responsabilidade

As autarquias respondem pelas próprias dívidas e obrigações contraídas. A Administração direta tem responsabilidade subsidiária quanto às dívidas e às obrigações das autarquias, ou seja, a Administração direta somente poderá ser acionada depois de exaurido todo o patrimônio das autarquias.

As autarquias também terão responsabilidade objetiva quanto aos atos praticados pelos seus agentes, nos termos do art. 37, § 6º, da CR/1988, respondendo pelos prejuízos que esses causarem a terceiros.

4.1.7. Falência

As autarquias não se submetem ao regime falimentar, pois, por serem prestadoras de serviços públicos, além de não realizarem atos comerciais, têm como princípio a sua preservação para manutenção e expansão dos serviços por elas prestados, visando à plena obtenção do interesse público. Logo, por não explorarem atividades econômicas, não se lhes aplica a regra que equipara todas as suas obrigações às da iniciativa privada (art. 173, § 1º, II, da Constituição Federal).

4.1.8. Classificação

Em razão dos diversos objetos e objetivos de uma autarquia, elas podem se classificar de diversas maneiras:

A) Autarquias profissionais/corporativas

Estas são os conselhos de atividades profissionais. Observe que os conselhos profissionais são autarquias, e não pessoas jurídicas de direito privado, afinal elas exercem o poder de polícia. Ex.: Crea; CRM.

Nesse sentido, de acordo com o STF, é formalmente inconstitucional – por vício resultante da usurpação do poder de iniciativa (art. 61, § 1º, II, *a*, da CR/1988) – lei federal de origem parlamentar que cria conselhos de fiscalização profissional e dispõe sobre a eleição dos respectivos membros efetivos e suplentes. Nesse contexto, as autarquias que integram a Administração Pública federal, entre as quais se incluem os conselhos de fiscalização profissional, só podem ser criadas por leis de iniciativa do presidente da República.[10]

B) Autarquias previdenciárias

São autarquias voltadas para a atividade de previdência social estatal. Ex.: INSS.

[10] ADI 3.428/DF, Rel. Min. Luiz Fux, julgamento virtual finalizado em 28.02.2023.

C) Autarquias culturais ou de ensino

São aquelas voltadas para a educação e o ensino. Estão aqui as universidades, como a UFMG, a UFRJ, a Ufop.

D) Autarquias de controle

Nessa classificação encontra-se as agências reguladoras, que possuem como objetivo o controle e a fiscalização de entidades que prestam serviços públicos ou atuam na área econômica. Pode-se exemplificar citando a Aneel, a Anatel, a ANA e a ANP.

E) Autarquias associativas

Essas autarquias são mais conhecidas como as associações públicas, isto é, a junção de diversos entes federados com fins de mútua cooperação, formando um consórcio público de direito público.

F) Autarquias administrativas

Essa categoria de autarquias é formada pelas autarquias residuais, ou seja, são aquelas autarquias que se destinam a diversas atividades administrativas, como o Inmetro, o Bacen; o Ibama.

4.1.9. Características das autarquias

As autarquias são entidades da Administração Pública indireta, com personalidade jurídica própria e autonomia administrativa, financeira e patrimonial. Algumas das características mais relevantes das autarquias são:

1) Imunidade tributária – de acordo com o art. 150, § 2º, da CR/1988, é vedada a instituição de impostos sobre o patrimônio, os serviços e as rendas das autarquias, vinculados a suas finalidades essenciais ou às delas decorrentes. Isso significa que, salvo nos casos em que os serviços, as rendas ou os patrimônios estejam desvinculados das atividades essenciais das autarquias, elas não poderão ser tributadas.
2) Bens públicos – os bens das autarquias são considerados bens públicos, conforme o art. 98 do Código Civil.
3) Impenhorabilidade e imprescritibilidade de seus bens – os bens das autarquias são impenhoráveis, isto é, não podem ser objeto de penhora para pagamento de dívidas. Também não são passíveis de usucapião, ou seja, não podem ser adquiridos por terceiros por meio da posse prolongada.
4) Prescrição quinquenal – em relação às autarquias, incide a prescrição estabelecida no art. 1º do Decreto nº 20.910/1932, que determina o prazo de cinco anos para a cobrança de dívidas.
5) Créditos sujeitos à execução fiscal – os créditos das autarquias são inscritos como dívida ativa e podem ser cobrados pelo processo da execução fiscal.

Nesse ponto, faz-se necessário sinalizar uma especificidade relacionada aos conselhos profissionais. Embora estes tenham natureza jurídica de autarquia e, portanto, tenham a prerrogativa de cobrar seus créditos por meio de ação de execução fiscal, há uma restrição quanto à cobrança de anuidades dos respectivos profissionais. A Lei nº 12.514/2011, em seu art. 8º (com redação dada pela Lei nº 14.195/2021), estabelece que essas autarquias profissionais não podem executar judicialmente dívidas inferiores a 5 vezes o valor da anuidade cobrada dos profissionais.

Importante pontuar que, nos termos do art. 8º, §2º, as execuções fiscais de valor inferior a cinco vezes o valor da anuidade serão arquivadas. Nesse ponto, de acordo com o STJ[11], a Lei nº 14.195/2021 terá aplicação imediata, uma vez que a norma possui natureza processual, alcançando os executivos fiscais em curso, ressalvados os casos em que concretizada a penhora.

Nesse contexto, é importante destacar que o STJ[12] firmou entendimento de que o prazo prescricional para a cobrança de anuidades somente se inicia após a dívida do profissional atingir o valor mínimo de quatro anuidades (leia-se cinco anuidades, em razão da alteração legislativa de 2021), em virtude da teoria da *actio nata*. Isso significa que o direito de ação só nasce para a entidade fiscalizadora após atingir o referido valor mínimo.

Ademais, o STJ ainda estabelece que a OAB se submete à disposição contida no art. 8º da Lei nº 12.514/2011, quanto à limitação de execução judicial de anuidades, quando o valor é inferior a R$ 2.500,00.[13]

6) Pagamento por precatório de débitos imputados por condenação judicial, nos termos do art. 100 da CR/1988 – para uma compreensão completa, é necessário conhecer a jurisprudência do STF,[14] que concluiu que o regime de precatórios não se aplica à execução de débitos dos conselhos profissionais, mesmo que essas entidades sejam consideradas autarquias.

   Isso se deve ao fato de que uma das finalidades do precatório é permitir a programação orçamentária dos entes públicos, o que não se aplica aos conselhos profissionais, que têm autonomia financeira e orçamentária, sendo remunerados por meio do pagamento de anuidades pelos profissionais a eles vinculados. Inserir esses débitos no sistema de precatórios seria transferir a dívida dos conselhos à União, o que não é adequado.

7) Questões processuais específicas – as autarquias têm algumas particularidades em relação ao processo judicial, tais como o prazo em dobro para manifestações processuais, previsto no art. 183 do Código de Processo Civil, o reexame necessário e a isenção de custas processuais.

---

[11] REsp 2.030.253/SC, Rel. Min. Mauro Campbell Marques, Primeira Seção, por unanimidade, j. 28.08.2024.

[12] AgInt no AREsp 1.011.326/SC, Primeira Turma, Rel. Min. Sérgio Kukina, j. 14.05.2019.

[13] AREsp 2.147.187-MS, Segunda Turma, Rel. Min. Herman Benjamin, por unanimidade, j. 08.11.2022.

[14] RE 938.837, Tribunal Pleno, Rel. Min. Edson Fachin, Rel. p/ Acórdão Min. Marco Aurélio, j. 19.04.2017.

Autarquia	
Conceito	Autarquia é o serviço autônomo, criado por lei, com personalidade jurídica, patrimônio e receita próprios, para executar atividades típicas da Administração Pública, que requeiram, para seu melhor funcionamento, gestão administrativa e financeira descentralizada.
Princípio da especialidade	A autarquia deve realizar uma atividade específica, conforme previsto na lei de criação da entidade.
Criação e extinção	A criação e a extinção das autarquias devem ocorrer por meio de lei, de iniciativa do chefe do Poder Executivo.
Objeto	As autarquias executam atividades típicas da Administração Pública, ou seja, serviços públicos de natureza social e de atividades administrativas.
Privilégios	As autarquias têm os mesmos privilégios que a Administração direta, incluindo imunidade na área tributária.
Responsabilidade	As autarquias respondem pelas próprias dívidas e obrigações contraídas, enquanto a Administração direta tem responsabilidade subsidiária. As autarquias também têm responsabilidade objetiva quanto aos atos praticados por seus agentes.
Falência	As autarquias não se submetem ao regime falimentar, pois não exploram atividades econômicas e têm como princípio a preservação para manutenção e expansão dos serviços por elas prestados.

Característica	
Personalidade jurídica própria	As autarquias têm personalidade jurídica distinta da Administração Pública direta.
Autonomia administrativa	As autarquias têm autonomia para gerir suas próprias atividades, sem interferência direta da Administração Pública direta.
Autonomia financeira	As autarquias têm autonomia para gerir seus próprios recursos financeiros.
Autonomia patrimonial	As autarquias têm autonomia para gerir seu próprio patrimônio.
Imunidade tributária	As autarquias não podem ser tributadas sobre seu patrimônio, serviços e rendas, vinculados a suas atividades essenciais.
Bens públicos	Os bens das autarquias são considerados bens públicos, conforme o art. 98 do Código Civil.
Impenhorabilidade dos bens	Os bens das autarquias não podem ser penhorados para pagamento de dívidas.

Característica	
Imprescritibilidade dos bens	Os bens das autarquias não podem ser adquiridos por terceiros por meio da posse prolongada.
Prescrição quinquenal	As autarquias têm um prazo de cinco anos para cobrança de dívidas.
Créditos sujeitos à execução fiscal	Os créditos das autarquias podem ser cobrados por meio de execução fiscal.
Restrição na cobrança de anuidades	Os conselhos profissionais não podem executar dívidas inferiores a 5 vezes o valor da anuidade cobrada dos profissionais.
Prazo prescricional para a cobrança de anuidades	O prazo prescricional para a cobrança de anuidades somente se inicia após a dívida do profissional atingir o valor mínimo de 5 anuidades.
Pagamento por precatório	As autarquias podem pagar débitos imputados por condenação judicial por meio de precatório, exceto os conselhos profissionais.
Questões processuais específicas	As autarquias têm particularidades no processo judicial, como prazo em dobro para manifestações processuais, reexame necessário e isenção de custas processuais.

4.1.10. Agências reguladoras

A origem das agências reguladoras pode ser rastreada até o século XIX, nos Estados Unidos, período em que a necessidade de supervisão estatal sobre determinadas atividades econômicas começou a se intensificar. Este processo teve marcos importantes nas decisões da Suprema Corte, que estabeleceram precedentes significativos no campo da regulação.

Em 1877, no caso **Munn v. Illinois**, a Suprema Corte decidiu que, com base nos poderes inerentes à soberania, o governo tinha a prerrogativa de regular as atividades dos cidadãos para garantir o bem-estar público. A Corte argumentou que, quando as atividades privadas afetam o interesse público, o Estado pode intervir para controlar a maneira como os cidadãos utilizam suas propriedades, especialmente quando tais propriedades são empregadas em serviços ou atividades de interesse público, como os grãos armazenados em silos, objeto da controvérsia em Munn v. Illinois.

Esse entendimento foi ampliado na decisão **Wabash, St. Louis & Pacific Railway Company v. Illinois**, de 1886, na qual a Suprema Corte restringiu o poder dos estados em regular o comércio interestadual, destacando a competência federal nessa matéria. Esse julgamento foi crucial para o desenvolvimento das agências reguladoras, pois evidenciou a necessidade de uma estrutura regulatória nacional, capaz de lidar com as complexidades do comércio interestadual, que transcendem as fronteiras e a competência dos estados individuais.

Assim, essas decisões formaram a base doutrinária para a criação das primeiras agências reguladoras nos Estados Unidos, estabelecendo que o poder regulatório do Estado, fundamentado na soberania, pode e deve ser exercido em prol do interesse público. Tais agências foram criadas para supervisionar e regulamentar setores específicos da economia, assegurando que os interesses públicos fossem protegidos contra abusos do poder econômico privado.

A partir dessas decisões judiciais, pode-se estabelecer que as agências reguladoras têm sua origem com a criação da Interstate Commerce Commission (ICC) em 1887, que tinha como objetivo regular as ferrovias interestaduais.

A ideia de criar agências reguladoras foi ganhando espaço em diversos países, como forma de garantir que setores importantes da economia, como transportes, telecomunicações e energia, fossem regulados de maneira eficiente e independente do governo e dos interesses políticos.

No Brasil, as agências reguladoras começaram a surgir a partir da década de 1990, com a abertura da economia e a privatização de diversos setores.

A implementação das agências reguladoras no Brasil teve início durante o governo do Presidente Fernando Henrique Cardoso, com a liderança de Luiz Carlos Bresser-Pereira no Ministério da Administração Federal e Reforma do Estado. Este período marcou uma transformação significativa na gestão pública brasileira, particularmente na forma como setores estratégicos da economia passaram a ser regulados.

A criação dessas agências foi motivada pela necessidade de separar as funções da Administração Pública direta das responsabilidades atribuídas à Administração Pública indireta, que passou a desempenhar um papel central na regulação autônoma de serviços públicos essenciais, como telefonia e energia elétrica. Essa separação de competências foi considerada fundamental para alcançar dois objetivos principais.

Primeiro, a criação de um ambiente de segurança jurídica para os contratos firmados com o Estado foi essencial para atrair capital privado, especialmente de investidores estrangeiros. A previsibilidade e estabilidade regulatória eram vistas como elementos-chave para garantir que os investimentos em setores estratégicos fossem protegidos contra mudanças abruptas ou interferências políticas.

Segundo, a descentralização da governança estatal permitiu que temas de alta complexidade técnica, que exigiam especialização e conhecimento profundo, fossem tratados de maneira mais eficaz. As agências reguladoras, por serem autônomas e menos sujeitas às pressões políticas do Congresso Nacional, foram projetadas para oferecer maior previsibilidade na aplicação das normas e na fiscalização dos serviços públicos.

Essa estrutura regulatória, ao conferir uma certa independência às agências, buscou reduzir a influência de interesses políticos e partidários nas decisões técnicas, promovendo uma gestão mais eficiente e objetiva dos serviços públicos. Assim, as agências reguladoras tornaram-se peças fundamentais na construção de um ambiente econômico mais estável e favorável ao desenvolvimento, garantindo que a regulação dos serviços estratégicos fosse conduzida de forma profissional e imparcial.

A Agência Nacional de Energia Elétrica (Aneel) foi a primeira a ser criada, em 1996, seguida pela Agência Nacional de Telecomunicações (Anatel), em 1997, pela Agência Nacional de Saúde Suplementar (ANS), em 2000, entre outras. Atualmente, o Brasil conta com diversas agências reguladoras que atuam em setores como transportes, petróleo, gás, aviação.

Regulada pela Lei nº 9.986/2000, as agências reguladoras têm natureza jurídica de autarquia de regime especial. O Poder Público entregou para as agências reguladoras a função regulatória. Contudo, essa função não é de exclusividade das agências. Outras pessoas e órgãos podem realizar essa atividade.

Faz-se importante também a leitura da Lei nº 13.848/2019, que trouxe algumas alterações e inovações acerca das agências reguladoras.

Observe que as agências reguladoras têm natureza especial caracterizada pela ausência de tutela ou de subordinação hierárquica, pela autonomia funcional, decisória, administrativa e financeira e pela investidura a termo de seus dirigentes e estabilidade durante os mandatos, conforme afirma o art. 3º da Lei nº 13.848/2019.

4.1.10.1. Características

4.1.10.1.1. Mandato fixo para os seus dirigentes

O art. 6º da Lei nº 9.986/2000 estabelece que o mandato dos membros do Conselho Diretor ou da Diretoria Colegiada das agências reguladoras será de 5 (cinco) anos, vedada a recondução, ressalvada a hipótese de vacância antes do período final.

Ademais, o art. 9º da mesma lei estabeleceu os casos em que o dirigente perderá o mandato, quais sejam: (1) renúncia; (2) condenação judicial transitada em julgado; (3) processo administrativo disciplinar; e (4) infringência de quaisquer das vedações impostas aos dirigentes.

A legislação, dessa forma, proíbe a exoneração *ad nutum*, ou seja, por livre vontade do administrador público, apesar de se tratar de um cargo em comissão.

De acordo com o STF, é constitucional a lei estadual que prevê a aprovação prévia pela Assembleia Legislativa para nomeação dos dirigentes de determinada agência reguladora. No entanto, a corte considera inconstitucional a lei estadual que determina que os dirigentes de agência reguladora só podem ser destituídos de seus cargos por decisão exclusiva da Assembleia Legislativa, sem a participação do governador do estado, por violar o princípio da separação dos poderes.[15]

4.1.10.1.2. Período de quarentena

Esse período se refere ao lapso temporal em que o dirigente da agência reguladora ficará afastado de atuar no mercado regulado por ele.

---

[15] STF, ADI 1.949/RS, Plenário, Rel. Min. Dias Toffoli, j. 17.09.2014.

De acordo com o art. 8º da Lei nº 9.986/2000, o ex-dirigente fica impedido para o exercício de atividades ou de prestar qualquer serviço no setor regulado pela respectiva agência, por um período de seis meses, contados da exoneração ou do término do seu mandato.

Incluem-se no período de 6 (seis) meses eventuais períodos de férias não gozadas.

Durante o impedimento, o ex-dirigente ficará vinculado à agência, fazendo jus a remuneração compensatória equivalente à do cargo de direção que exerceu e aos benefícios a ele inerentes.

Aplica-se o período de quarentena ao ex-dirigente exonerado a pedido, se este já tiver cumprido pelo menos seis meses do seu mandato.

Incorre na prática de crime de advocacia administrativa, sujeitando-se às penas da lei, o ex-dirigente que violar o impedimento, sem prejuízo das demais sanções cabíveis, administrativas e civis.

Na hipótese de o ex-dirigente ser servidor público, poderá ele optar pelo recebimento da remuneração compensatória, ou pelo retorno ao desempenho das funções de seu cargo efetivo ou emprego público, desde que não haja conflito de interesse.

4.1.10.1.3. Participação popular no processo decisório (administração consensual)

As agências reguladoras irão propiciar a realização de audiências públicas, a oitiva das pessoas envolvidas pelas possíveis decisões tomadas por ela. Tudo isso serve para compensar o déficit de legitimidade das agências reguladoras. Ocorre esse déficit em razão de seus dirigentes não terem sido votados para ocupar os seus cargos.

4.1.10.1.4. Decisões, em regra, por um procedimento horizontal e colegiado

As decisões proferidas pelas diretorias das agências ocorrem uma única e última instância. Dessa forma, há um processo que possibilita a estabilidade no mercado. Veja, portanto, que não é um procedimento vertical, ou seja, não há superiores hierárquicos para quem se possa recorrer.

Assim estabelece o art. 7º da Lei nº 13.848/2019, que afirma que o processo de decisão da agência reguladora referente à regulação terá caráter colegiado. Observe que o § 1º do art. 7º afirma que as deliberações serão tomadas pela maioria absoluta.

4.1.10.1.5. Procedimento licitatório simplificado

De acordo com o art. 37 da Lei nº 9.986/2000, a aquisição de bens e a contratação de serviços pelas agências reguladoras poderão se dar nas **modalidades de consulta e pregão**, observado o disposto nos arts. 55 a 58 da Lei nº 9.472, de 1997, e nos termos de regulamento próprio.

De acordo com o art. 54 da Lei nº 9.472/1997, lei que trata da Anatel, as obras e os serviços de engenharia por essa agência serão contratados nos termos da Lei geral de Licitações. Observe que esse dispositivo legal trata de atividade-meio da Anatel.

Por sua vez, o art. 210 da referida lei assegura que as concessões, permissões e autorizações de serviço de telecomunicações e de radiodifusão (atividade-fim) seguirão o procedimento licitatório estabelecido pela Lei nº 9.472/1997. Dessa forma, não seguirão o estabelecido pela Lei nº 8.666/1993.

Por fim, o art. 54, parágrafo único, da mesma lei estabelece que as obras e os serviços que não sejam de engenharia poderão ser contratados por meio de procedimento próprio, nas modalidades de consulta e pregão.

4.1.10.1.6. Não podem ter empregados públicos nos seus quadros de servidores

De acordo com o STF, as agências reguladoras, por exercerem fiscalização e poder de polícia, não podem ter servidores celetistas.

4.1.10.1.7. Autonomia decisória

De acordo com o art. 4º da Lei nº 13.848/2019, a agência reguladora deverá observar, em suas atividades, a devida adequação entre meios e fins, vedada a imposição de obrigações, restrições e sanções em medida superior àquela necessária ao atendimento do interesse público.

Eventuais conflitos existentes se desencadeiam e são solucionados dentro da própria agência. Dessa forma, qualquer revisão a ser feita em suas decisões exaure-se no âmbito interno. Em outras palavras, há uma dificuldade de aceitação de recursos hierárquicos impróprios de decisões das agências reguladoras.

A existência de recursos hierárquicos somente será possível se a lei instituidora da agência permitir. Caso seja omissa nesse ponto, é porque não é admissível o recurso hierárquico.

De acordo com o Parecer nº 51 da AGU, que tem força normativa, o ministro de Estado pode modificar a decisão de uma agência reguladora, seja de ofício, seja por recurso hierárquico impróprio. Contudo, isso só será possível se houver uma ilegalidade na conduta do dirigente ou se a decisão se afastar das políticas públicas do Estado.

Nesse sentido, o art. 3º da Lei nº 13.848/2019 prevê que a natureza especial conferida à agência reguladora **é caracterizada pela ausência de tutela ou de subordinação hierárquica**, pela **autonomia funcional, decisória, administrativa e financeira** e pela investidura a termo de seus dirigentes e estabilidade durante os mandatos, bem como pelas demais disposições constantes da lei ou de leis específicas voltadas à sua implementação.

Para elucidar o art. 3º anteriormente referido, há o Enunciado nº 25 do CJF, que estabelece que a ausência de tutela a que se refere o art. 3º, *caput*, da Lei nº 13.848/2019 impede a interposição de recurso hierárquico impróprio contra decisões finais proferidas pela diretoria colegiada das agências reguladoras, ressalvados os casos de previsão legal expressa e assegurada, em todo caso, a apreciação judicial, em atenção ao disposto no art. 5º, XXXV, da Constituição Federal.

Nesse sentido, o STF entende ser constitucional norma legal que veda aos servidores titulares de cargo efetivo de agências reguladoras o exercício de outra atividade profissional, inclusive gestão operacional de empresa, ou de direção político-partidária. Assim, a legislação asseguraria a observância dos princípios da moralidade, da eficiência administrativa e da isonomia e constituiria meio proporcional apto a garantir a indispensável isenção e independência dos servidores ocupantes de cargos efetivos das agências reguladoras.[16]

4.1.10.1.8. Poder regulatório

O poder regulatório das agências reguladoras abrange a atividade do fomento, do poder de polícia, assim como a função adjudicatória (soluções de conflitos). De acordo com Carvalho Filho,[17] o poder regulatório incidiria sobre dois setores: os serviços públicos (energia elétrica, água) e algumas atividades econômicas privadas de relevância social (produção e comercialização de medicamentos).

O poder regulatório das agências reguladoras é o conjunto de prerrogativas, atribuições e instrumentos que essas entidades possuem para regular, fiscalizar e controlar os serviços públicos e setores regulados, visando garantir a sua qualidade, eficiência e universalização.

Entre as principais características do poder regulatório das agências reguladoras, destacam-se: (1) **autonomia** – as agências reguladoras são entidades independentes, que têm autonomia administrativa, financeira e técnica para tomar decisões sem interferência política ou de outros interesses que possam prejudicar a regulação; (2) **expertise técnica** – as agências reguladoras contam com especialistas em diferentes áreas, que têm conhecimentos técnicos e habilidades específicas para avaliar os serviços e setores regulados e tomar decisões baseadas em critérios objetivos; (3) **transparência** – as decisões das agências reguladoras são tomadas com base em normas e regulamentos claros, que são publicados e divulgados para que os agentes regulados e a sociedade em geral possam conhecer e acompanhar o processo regulatório; (4) **punição** – as agências reguladoras têm poderes para aplicar sanções e penalidades aos agentes regulados que descumprem as normas e os regulamentos estabelecidos, visando garantir a efetividade da regulação. No que se refere a esse ponto, importante observar o entendimento do STF[18] de que o exercício da atividade regulatória da Agência Nacional de Transporte Terrestre (ANTT) – especialmente as disposições normativas que lhe conferem competência para definir infrações e impor

---

[16] ADI 6.033/DF, Rel. Min. Roberto Barroso, julgamento virtual finalizado em 03.03.2023.

[17] CARVALHO FILHO, José dos Santos. *Manual de Direito Administrativo*. 26. ed. rev., ampl. e atual. São Paulo: Atlas, 2013. p. 479.

[18] ADI 5.906/DF, Rel. Min. Marco Aurélio, Red. do Acórdão Min. Alexandre de Moraes, julgamento virtual finalizado em 03.03.2023.

sanções e medidas administrativas aplicáveis aos serviços de transportes – deve respeitar os limites para a sua atuação definidos no ato legislativo delegatório emanado pelo Congresso Nacional.

Exige-se que o ato regulatório apresente uma correspondência direta com diretrizes e propósitos firmados em lei ou na própria Constituição Federal. Assim, as agências reguladoras não podem, no exercício de seu poder normativo, inovar primariamente a ordem jurídica sem expressa delegação, regulamentar matéria para a qual inexista um prévio conceito genérico em sua lei instituidora, assim como criar ou aplicar sanções não previstas em lei. Contudo, isso não impede que os regulamentos emanados das agências reguladoras inovem, acrescentando e complementando, desde que seu conteúdo normativo não traduza desbordamento dos limites que lhe foram delegados.

No mesmo sentido, o STF declarou constitucional a instituição de programa de monitoramento por normativo de agência reguladora, **uma vez que o ato regulatório apresenta correspondência direta com as diretrizes e os propósitos conferidos por sua lei instituidora.**[19]

Outro ponto relevante refere-se ao fato de o poder regulatório ser diferente de poder regulamentar. O poder regulatório e o poder regulamentar são termos que se referem a diferentes aspectos da capacidade do Estado de estabelecer e impor regras e normas que regem a conduta de indivíduos e empresas em uma sociedade.

O poder regulatório diz respeito, como visto, à capacidade do Estado de estabelecer normas e políticas que governam a conduta de indivíduos e empresas em determinados setores da economia. Isso, geralmente, envolve a criação de agências reguladoras especializadas, que têm a autoridade para fazer cumprir essas normas por meio da aplicação de sanções e penalidades. O objetivo do poder regulatório é proteger o interesse público, garantindo que as atividades comerciais sejam realizadas de forma justa e segura para todos os envolvidos.

Por outro lado, o poder regulamentar se refere à autoridade do Estado de elaborar e implementar regulamentos que detalham como as leis estabelecidas pelo Poder Legislativo devem ser aplicadas. Isso envolve a interpretação da lei e a elaboração de regras específicas que explicam como a lei deve ser cumprida. O poder regulamentar é exercido por agências governamentais e órgãos administrativos que têm a responsabilidade de aplicar a lei e garantir que ela seja cumprida.

Nesse ponto, faz-se importante analisar o poder normativo técnico – deslegalização (deslegificação). Por esse poder, as agências reguladoras recebem de suas leis instituidoras delegação para editar normas técnicas, a fim de complementar a legislação. Ocorre, na verdade, um fenômeno de uma matéria, que era tratada por lei, passar a ser tratada por ato administrativo. A deslegalização é aceita pelo STF. Veja o exemplo: LEI A estabelece uma altura mínima de 10 andares para a instalação de antenas. LEI B (posterior a lei A) estabelece que a altura mínima será prevista em resolução da Anatel. A resolução, por sua vez, prevê a altura mínima de 15 andares para instalar antenas. Nessa situação, ocorreu a chamada deslegalização.

---

[19] ADI 7.031/DF, Rel. Min. Alexandre de Moraes, julgamento virtual finalizado em 05.08.2022.

Nesse sentido, faz-se importante o entendimento do Superior Tribunal de Justiça,[20] segundo o qual a interferência judicial para invalidar a estipulação das tarifas de transporte público urbano viola a ordem pública, mormente nos casos em que houver, por parte da Fazenda estadual, esclarecimento de que a metodologia adotada para fixação dos preços era técnica.

Violou a ordem pública por não caber ao Judiciário interferir na definição de tarifas. Além disso, entendeu que impedir o reajuste ofenderia a ordem econômica, por não haver dotação orçamentária para custear as vultosas despesas para manter o equilíbrio econômico-financeiro dos contratos administrativos firmados com as empresas concessionárias.

Frise-se que a legalidade estrita pressupõe a legitimidade do ato administrativo praticado pelo Poder Público, até prova definitiva em contrário – mormente nos casos em que houver, por parte da Fazenda estadual, esclarecimento de que a metodologia adotada para fixação dos preços era técnica.

Segundo a **doutrina Chenery** – a qual reconheceu o caráter político da atuação da Administração Pública dos Estados Unidos da América –, as cortes judiciais estão impedidas de adotarem fundamentos diversos daqueles que o Poder Executivo abraçaria, notadamente nas questões técnicas e complexas, em que os tribunais não têm a expertise para concluir se os critérios adotados pela Administração são corretos.

4.1.10.1.9. Doutrina Chenery x Doutrina Chevron

A doutrina Chenery é uma doutrina legal estabelecida pela Suprema Corte dos Estados Unidos em 1947. Frequentemente citada no contexto de processos de regulação governamental, essa doutrina estabelece que uma agência governamental deve explicar claramente e justificar as razões por trás de sua decisão regulatória.

Em outras palavras, a doutrina Chenery exige que, ao tomar decisões regulatórias, uma agência governamental deve fundamentar sua decisão em razões lógicas e evidências relevantes. A agência também deve explicar claramente como chegou a sua decisão e por que ela escolheu determinada política ou curso de ação em vez de outros possíveis.

A doutrina Chenery foi estabelecida no caso "SEC v. Chenery Corporation". Naquele caso, a Comissão de Valores Mobiliários dos Estados Unidos (SEC, na sigla em inglês) havia decidido não permitir que uma empresa reorganizasse suas atividades comerciais de determinada maneira. A empresa contestou a decisão da SEC, argumentando que a agência havia agido de forma arbitrária e caprichosa. A Suprema Corte dos Estados Unidos decidiu que a SEC havia agido corretamente, mas que a agência não tinha explicado claramente suas razões para negar o pedido da empresa. Como resultado, a Suprema Corte estabeleceu a doutrina Chenery, que exige que as agências governamentais fundamentem e justifiquem suas decisões regulatórias de forma clara e coerente.

[20] AgInt no AgInt na SLS 2.240-SP, Rel. Min. Laurita Vaz, por unanimidade, j. 7.06.2017, *DJe* 20.06.2017.

Por sua vez, a **doutrina Chevron** é uma doutrina legal estabelecida pela Suprema Corte dos Estados Unidos em 1984. Ela se refere à deferência judicial às decisões de agências reguladoras.

A doutrina estabelece que, em casos em que uma lei é ambígua ou não clara em relação à aplicação de determinada política ou regulação, os tribunais devem deferir para a interpretação da agência reguladora responsável por implementar a lei. Em outras palavras, os tribunais devem dar peso à interpretação da agência, a menos que essa interpretação seja claramente irrazoável ou incompatível com a lei em questão.

De acordo com definido pela Suprema Corte Americana, caberia ao juiz verificar inicialmente se a lei seria clara em relação ao assunto em discussão. Caso a lei fosse clara, seria dever do juiz aplicá-la e não seria dada nenhuma deferência à agência. Em caso de ambiguidade, não cabe aos tribunais interpretar diretamente a suposta vaguidade da lei, mas apenas verificar se a solução proposta pela agência é razoável.

A doutrina Chevron foi estabelecida no caso "Chevron USA Inc. v. Natural Resources Defense Council, Inc.". Nesse caso, a questão era se a Agência de Proteção Ambiental (EPA, na sigla em inglês) havia interpretado corretamente as leis ambientais ao adotar regulamentos que limitavam as emissões de poluentes de empresas petrolíferas. A Suprema Corte decidiu que, se a lei em questão for ambígua ou não clara, o tribunal deverá dar deferência à interpretação razoável da agência reguladora.

A doutrina Chevron tem sido criticada por alguns que acreditam que dá poder excessivo às agências reguladoras e mina a autoridade do Poder Judiciário. No entanto, defensores da doutrina argumentam que ela é necessária para permitir que as agências reguladoras respondam às mudanças nas necessidades e demandas da sociedade, assim como para garantir que as leis sejam aplicadas de forma justa e consistente.

Todavia, ao final de junho de 2024, a Suprema Corte dos Estados Unidos rompeu com o precedente estabelecido pela Doutrina Chevron no julgamento do caso *Loper Bright Enterprises et al. vs. Raimondo, Secretary of Commerce et al.*. Nesse novo entendimento, o Judiciário norte-americano passa a reconhecer a possibilidade de revisar atos de agências independentes, deixando de atribuir a estas o monopólio do preenchimento de lacunas legais, inclusive em questões de natureza técnica.

O caso envolvia empresas do setor pesqueiro que questionavam a interpretação da legislação federal adotada pelo *National Marine Fisheries Service*, alegando que a agência havia ultrapassado os limites de sua autoridade regulamentadora. Ao analisar o litígio, a Suprema Corte decidiu que os tribunais não deveriam mais conceder deferência automática às interpretações produzidas pelas agências diante de ambiguidades legais. Em vez disso, o Judiciário assumiria a tarefa de interpretar diretamente a lei, sem qualquer espécie de reverência prévia ao posicionamento administrativo.

Entre as justificativas apresentadas pela Suprema Corte, destaca-se a preocupação com a separação de poderes. Argumentou-se que a deferência irrestrita às agências poderia conduzir a uma indevida transferência de poder legislativo para a esfera executiva. Ademais, invocou-se a responsabilidade democrática do Poder Judiciário, ao se reconhecer que a interpretação da lei constitui parcela essencial da função jurisdicional, devendo ser exercida sem subordinação a entendimentos administrativos.

Tal decisão impacta de forma significativa o Direito norte-americano, particularmente no que concerne ao chamado "Estado Administrativo". Inicia-se, assim, um debate mais amplo sobre a redução da autonomia das agências, diante da exigência de um escrutínio judicial mais rigoroso em torno de suas interpretações. Consequentemente, o Poder Judiciário passa a ocupar um papel mais ativo, ampliando o controle sobre as decisões técnicas proferidas no âmbito regulatório.

Ainda que não se possa afirmar que a superação da Doutrina Chevron pela Suprema Corte no caso *Loper Bright Enterprises vs. Raimondo* implique uma imediata limitação dos poderes normativos das agências reguladoras, não é possível afastar o risco de que questões técnicas submetidas ao Judiciário resultem em decisões menos qualificadas do ponto de vista do conhecimento especializado antes atribuído às agências. A substituição do crivo técnico-administrativo pela análise preponderantemente jurídica dos tribunais pode, potencialmente, criar novos desafios na formulação de políticas públicas setoriais.

Em relação ao contexto brasileiro, embora a Doutrina Chevron seja ocasionalmente mencionada em discussões acadêmicas e algumas decisões judiciais, o sistema jurídico nacional — caracterizado por uma ampla reserva de jurisdição e um controle jurisdicional já rigoroso — não sofre impacto direto ou imediato com a mudança no cenário norte-americano. Nesse sentido, as implicações do caso *Loper Bright* permanecem mais restritas ao plano da reflexão acadêmica, sem transformar substancialmente a dinâmica entre o Poder Judiciário brasileiro e as agências reguladoras.

Por fim, como o Direito brasileiro tradicionalmente adota postura menos deferente frente às interpretações administrativas do que o sistema estadunidense sob a égide da Doutrina Chevron, a decisão no caso *Loper Bright Enterprises vs. Raimondo* não representa, aqui, grande novidade. Ao contrário, apenas reforça a possibilidade de um controle judicial mais amplo, contemplando inclusive questões técnicas, sempre que o Judiciário entender pertinente exercer plenamente sua função interpretativa.

Doutrina Chenery	Doutrina Chevron
Foi estabelecida em 1947.	Foi estabelecida em 1984.
Refere-se à fundamentação e à justificação das decisões regulatórias pelas agências governamentais.	Refere-se à deferência judicial às interpretações das agências reguladoras em casos de ambiguidade ou falta de clareza na lei.
Exige que as agências fundamentem suas decisões com razões lógicas e evidências relevantes.	Defere para a interpretação razoável da agência reguladora responsável por implementar a lei em casos de ambiguidade ou falta de clareza na lei.

Doutrina Chenery	Doutrina Chevron
Foi estabelecida no caso "SEC v. Chenery Corporation".	Foi estabelecida no caso "Chevron USA Inc. v. Natural Resources Defense Council, Inc.".
Visa garantir a transparência e a coerência nas decisões regulatórias.	Visa garantir que as agências reguladoras possam responder às mudanças nas necessidades e demandas da sociedade e aplicar as leis de forma justa e consistente.
Ajuda a prevenir a tomada de decisões arbitrárias e caprichosas pelas agências regulatórias.	Tem sido criticada por alguns que acreditam que dá poder excessivo às agências reguladoras e mina a autoridade do Poder Judiciário.

4.1.10.1.10. Teoria da captura

A teoria da captura consiste em uma **falha de governo**, pela qual há a quebra da independência e da autonomia das agências reguladoras, de modo que passam a favorecer os entes regulados, que são economicamente mais fortes. O que se quer dizer é que **os entes regulados capturam as agências reguladoras** no intuito de proteger os seus interesses.

É possível que a captura ocorra **também pelo próprio setor público**, em razão de decisões políticas que influenciam a atividade regulada, levando à quebra da independência e da autonomia da agência reguladora.

A teoria da captura das agências reguladoras sugere que estas, que deveriam atuar de forma independente e imparcial para proteger o interesse público, muitas vezes são "capturadas" ou influenciadas por grupos de interesse privado que têm interesses específicos na regulação de determinado setor ou atividade econômica.

Segundo essa teoria, os grupos de interesse podem utilizar diversos mecanismos para exercer sua influência sobre as agências reguladoras, incluindo realização de *lobby*, doação de campanha política, participação em audiências públicas e outros processos de consulta, ou mesmo nomeação de membros para as agências reguladoras que compartilham seus interesses.

Como resultado, as agências reguladoras podem acabar promovendo os interesses desses grupos em detrimento do interesse público geral. Isso pode levar a uma regulação menos rigorosa do setor, à adoção de políticas que beneficiam determinados grupos ou empresas em detrimento de outros, ou à omissão de regulamentações importantes para a proteção do meio ambiente, dos consumidores ou dos trabalhadores.

Nesse sentido, o STF[21] entendeu ser constitucional dispositivo legal que veda a indicação de pessoa que exerça cargo em organização sindical ou que seja membro

[21] STF, ADI 6.276/DF, Plenário, Rel. Min. Edson Fachin, j. 17.09.2021, *Info* 1.030.

de conselho ou diretoria de associação patronal ou trabalhista para a alta direção das agências reguladoras.

A preservação da gestão das agências reguladoras contra a captura de interesses comerciais, especiais ou políticos é essencial para que a atuação dessas entidades esteja alinhada com o interesse coletivo. Dessa forma, é fundamental que as indicações para a alta direção dessas agências sejam feitas com base na competência técnica e na capacidade de garantir a efetiva regulação do setor regulado, em vez de favorecer interesses de grupos específicos.

Portanto, a vedação prevista no dispositivo legal constitucional é um mecanismo importante para assegurar a autonomia e a independência das agências reguladoras, garantindo que elas cumpram sua missão de promover o bem-estar social e econômico da coletividade, sem interferências indevidas de grupos ou interesses particulares.

4.1.10.1.11. Do plano estratégico, do plano de gestão anual e da agenda regulatória

A agência reguladora deverá elaborar, para cada período quadrienal, plano estratégico que conterá os objetivos, as metas e os resultados estratégicos esperados das ações da agência reguladora relativos a sua gestão e suas competências regulatórias, fiscalizatórias e normativas, bem como a indicação dos fatores externos alheios ao controle da agência que poderão afetar significativamente o cumprimento do plano.

O plano estratégico será compatível com o disposto no Plano Plurianual (PPA) em vigência e será revisto, periodicamente, com vistas a sua permanente adequação.

A agência reguladora, no prazo máximo de 10 (dez) dias úteis, contado da aprovação do plano estratégico pelo conselho diretor ou pela diretoria colegiada, disponibilizá-lo-á no respectivo sítio na internet.

O plano de gestão anual, alinhado às diretrizes estabelecidas no plano estratégico, será o instrumento anual do planejamento consolidado da agência reguladora e contemplará ações, resultados e metas relacionados aos processos finalísticos e de gestão.

A agenda regulatória integrará o plano de gestão anual para o respectivo ano.

O plano de gestão anual será aprovado pelo conselho diretor ou pela diretoria colegiada da agência reguladora com antecedência mínima de 10 (dez) dias úteis do início de seu período de vigência e poderá ser revisto periodicamente, com vistas a sua adequação.

A agência reguladora, no prazo máximo de 20 (vinte) dias úteis, contado da aprovação do plano de gestão anual pelo conselho diretor ou pela diretoria colegiada, dará ciência de seu conteúdo ao Senado Federal, à Câmara dos Deputados e ao Tribunal de Contas da União, bem como disponibilizá-lo-á na sede da agência e no respectivo sítio na internet.

O plano de gestão anual deverá: (i) especificar, no mínimo, as metas de desempenho administrativo e operacional e as metas de fiscalização a serem atingidas durante sua vigência, as quais deverão ser compatíveis com o plano estratégico; (ii) prever estimativa de recursos orçamentários e cronograma de desembolso dos recursos financeiros necessários ao alcance das metas definidas.

As metas de desempenho administrativo e operacional incluirão, obrigatoriamente, as ações relacionadas a: (i) promoção da qualidade dos serviços prestados pela agência; (ii) promoção do fomento à pesquisa no setor regulado pela agência, quando couber; (iii) promoção da cooperação com os órgãos de defesa da concorrência e com os órgãos de defesa do consumidor e de defesa do meio ambiente, quando couber.

A agência reguladora implementará, no respectivo âmbito de atuação, a agenda regulatória, instrumento de planejamento da atividade normativa que conterá o conjunto dos temas prioritários a serem regulamentados pela agência durante sua vigência.

A agenda regulatória deverá ser alinhada com os objetivos do plano estratégico e integrará o plano de gestão anual.

Essa agenda será aprovada pelo conselho diretor ou pela diretoria colegiada e será disponibilizada na sede da agência e no respectivo sítio na internet.

4.1.10.1.12. Da ouvidoria

Haverá, em cada agência reguladora, 1 (um) ouvidor, que atuará sem subordinação hierárquica e exercerá suas atribuições sem acumulação com outras funções.

São atribuições do ouvidor: (i) zelar pela qualidade e pela tempestividade dos serviços prestados pela agência; (ii)– acompanhar o processo interno de apuração de denúncias e reclamações dos interessados contra a atuação da agência; (iii) elaborar relatório anual de ouvidoria sobre as atividades da agência.

O ouvidor terá acesso a todos os processos da agência reguladora.

Ele deverá manter em sigilo as informações que tenham caráter reservado ou confidencial.

Os relatórios do ouvidor deverão ser encaminhados ao conselho diretor ou à diretoria colegiada da agência reguladora, que poderá se manifestar no prazo de 20 (vinte) dias úteis.

Ademais, os relatórios do ouvidor não terão caráter impositivo, cabendo ao conselho diretor ou à diretoria colegiada deliberar, em última instância, a respeito dos temas relacionados ao setor de atuação da agência reguladora.

Transcorrido o prazo para manifestação do conselho diretor ou da diretoria colegiada, o ouvidor deverá encaminhar o relatório e, se houver, a respectiva manifestação ao titular do ministério a que a agência estiver vinculada, à Câmara dos Deputados, ao Senado Federal e ao Tribunal de Contas da União, bem como divulgá-los no sítio da agência na internet.

O ouvidor será escolhido pelo presidente da República e por ele nomeado, após prévia aprovação do Senado Federal, devendo não se enquadrar nas hipóteses de inelegibilidade previstas no inciso I do *caput* do art. 1º da Lei Complementar nº 64, de 18 de maio de 1990, e ter notório conhecimento em Administração Pública ou em regulação de setores econômicos, ou no campo específico de atuação da agência reguladora.

Além disso, o ouvidor terá mandato de 3 (três) anos, vedada a recondução, no curso do qual somente perderá o cargo em caso de renúncia, condenação judicial transitada em julgado ou condenação em processo administrativo disciplinar.

É vedado ao ouvidor ter participação, direta ou indireta, em empresa sob regulação da respectiva agência reguladora.

O processo administrativo contra o ouvidor somente poderá ser instaurado pelo titular do ministério ao qual a agência está vinculada, por iniciativa de seu ministro ou do ministro de Estado da Controladoria-Geral da União, em decorrência de representação promovida pelo conselho diretor ou pela diretoria colegiada da respectiva agência.

Ocorrendo vacância no cargo de ouvidor no curso do mandato, este será completado por sucessor investido, que exercerá o cargo pelo prazo remanescente, admitida a recondução se tal prazo for igual ou inferior a 2 (dois) anos.

O ouvidor contará com estrutura administrativa compatível com suas atribuições e com espaço em canal de comunicação e divulgação institucional da agência.

4.1.11. Agências executivas

As agências executivas estão previstas na Lei nº 9.649/1998, especificamente nos arts. 51 e 52. Essas entidades são autarquias ou fundações públicas que são qualificadas como agência, desde que preenchidas algumas condições.

Não são confundidas com as agências reguladoras, uma vez que estas objetivam controlar os particulares. Diferentemente, as agências executivas exercem a atividade estatal, com melhor desenvoltura e operacionalidade. Elas continuam exercendo as mesmas atividades de uma autarquia ou fundação, mas com maior eficiência e redução de custos.

O Poder Executivo poderá qualificar como agência executiva a autarquia ou fundação que tenha cumprido os seguintes requisitos:

I. ter um plano estratégico de reestruturação e de desenvolvimento institucional em andamento;
II. ter celebrado contrato de gestão com o respectivo ministério supervisor.

A qualificação como agência executiva será feita em ato do presidente da República.

O Poder Executivo editará medidas de organização administrativa específicas para as agências executivas, visando assegurar a sua autonomia de gestão, bem como a disponibilidade de recursos orçamentários e financeiros para o cumprimento dos objetivos e metas definidos nos contratos de gestão.

Os planos estratégicos de reestruturação e de desenvolvimento institucional definirão diretrizes, políticas e medidas voltadas para a racionalização de estruturas e do quadro de servidores, a revisão dos processos de trabalho, o desenvolvimento dos recursos humanos e o fortalecimento da identidade institucional da agência executiva.

Os contratos de gestão das agências executivas serão celebrados com periodicidade mínima de um ano e estabelecerão os objetivos, as metas e os respectivos indicadores de desempenho da entidade, bem como os recursos necessários e os critérios e instrumentos para a avaliação do seu cumprimento.

O grande exemplo de uma agência executiva é o Inmetro (Instituto Nacional de Metrologia, Qualidade e Tecnologia).

4.2. Fundações públicas

4.2.1. Conceito

De acordo com o art. 5º, IV, do Decreto-lei nº 200/1967, fundação pública é a entidade dotada de personalidade jurídica de direito privado, sem fins lucrativos, criada em virtude de autorização legislativa, para o desenvolvimento de atividades que não exijam execução por órgãos ou entidades de direito público, com autonomia administrativa, patrimônio próprio gerido pelos respectivos órgãos de direção, e funcionamento custeado por recursos da União e de outras fontes.

Observe que, pelo conceito anteriormente transcrito, as fundações públicas são pessoas jurídicas de direito privado. Contudo, a natureza jurídica das fundações não é simples como se propõe.

Observe que a posição dominante no ordenamento jurídico é de que existem dois tipos de fundações. Há as fundações públicas de direito público e as de direito privado. Estas são dotadas de personalidade jurídica de direito privado, ao passo que aquelas são dotadas de personalidade jurídica de direito público. Dessa forma, as fundações de direito público são chamadas de autarquias fundacionais, afinal vão possuir o mesmo regime das autarquias. Esse é o posicionamento do STF.

De acordo com decisão do Supremo Tribunal Federal, a estabilidade especial do art. 19 do Ato das Disposições Constitucionais Transitórias (ADCT) não se estende aos empregados das fundações públicas de direito privado, devendo ser aplicada somente aos servidores das pessoas jurídicas de direito público. A decisão majoritária foi tomada no julgamento do Recurso Extraordinário (RE) 716.378, com repercussão geral reconhecida, que envolveu o caso de um empregado dispensado sem justa causa pela Fundação Padre Anchieta – Centro Paulista de Rádio e TV Educativas.

A tese de repercussão geral[22] aprovada foi a seguinte:

> 1 – A qualificação de uma fundação instituída pelo Estado como sujeita ao regime público ou privado depende: I – do estatuto de sua criação ou autorização; II – das atividades por ela prestadas. As atividades de conteúdo econômico e as passíveis de delegação, quando definidas como objetos de dada fundação, ainda

[22] STF, Recurso Extraordinário (RE) 716.378, Plenário, Rel. Ministro Dias Toffoli, j. 07.08.2019.

que essa seja instituída ou mantida pelo Poder Público, podem se submeter ao regime jurídico de direito privado.

2 – A estabilidade especial do artigo 19 do ADCT não se estende aos empregados das fundações públicas de direito privado, aplicando-se tão somente aos servidores das pessoas jurídicas de direito público.

Ademais, de acordo com o STF, é constitucional a constituição de fundação pública de direito privado para a prestação de serviço público de saúde.[23]

Por fim, ponto relevante a ser analisado refere-se ao controle realizado sobre os atos dessas fundações. De início, **faz-se necessário destacar que as fundações instituídas pelo Poder Público não se submetem ao controle realizado pelo Ministério Público**, disciplinado no art. 66 do Código Civil. Isso se deve ao fato de o art. 66 do Código Civil estar relacionado às fundações instituídas e mantidas pelos particulares, bem como pelo fato de o art. 5º, § 3º, do Decreto-lei nº 200/1967 prever que não se aplicam às fundações estatais as disposições do Código Civil concernentes às fundações privadas.

Portanto, às fundações instituídas e mantidas pelo Poder Público aplica-se o controle realizado pela Administração direta, bem como pelo Tribunal de Contas.

4.2.2. Criação e extinção

Em decorrência da divisão de fundação pública de direito privado e de direito público, de acordo com o art. 37, XIX, da CR/1988, quando a fundação pública for de direito privado, sua instituição se dará por meio de lei autorizativa e a sua criação com o registro dos atos constitutivos no registro civil de pessoas jurídicas, nos termos do art. 5º, § 3º, do Decreto-lei nº 200/1967. Entretanto, se a fundação for de direito público, sua criação se dará por meio de lei, nos termos do artigo constitucional.

Por sua vez, a extinção das fundações também decorre da lei. Para a de direito privado, a lei autorizará a extinção, enquanto, para a de direito público, a própria lei extinguirá.

4.2.3. Objeto

As fundações públicas têm caráter social, de modo que suas atividades se caracterizam como serviços públicos. As fundações da Administração Pública se destinam a realizar atividades como assistência social, educação e ensino, pesquisa e atividades culturais.

Todavia, conforme o STF já se manifestou, a fundação pública como pessoa jurídica de direito privado poderá realizar a prestação de serviço público e exercer atividade econômica.

---

[23] ADI 4.197/SE, Rel. Min. Roberto Barroso, julgamento virtual finalizado em 28.02.2023.

4.2.4. Responsabilidade

As fundações também respondem pelas suas próprias dívidas e obrigações contraídas. A Administração direta tem responsabilidade subsidiária quanto às dívidas e às obrigações das fundações, ou seja, a Administração somente poderá ser acionada depois de exaurido todo o patrimônio, as forças das fundações.

As fundações públicas com personalidade de direito público ou privado, quando prestadoras de serviços públicos, terão responsabilidade objetiva quanto aos atos praticados pelos seus agentes, nos termos do art. 37, § 6º, da CR/1988, respondendo pelos prejuízos que esses causarem a terceiros.

4.2.5. Características

As fundações públicas de direito público têm as mesmas características das autarquias, o que inclui a imunidade tributária, prevista no art. 150, § 2º, da Constituição Federal de 1988, que proíbe a instituição de impostos sobre patrimônio, serviços e rendas das fundações vinculados às suas finalidades essenciais ou decorrentes delas. Entretanto, bens, serviços e rendas não vinculados a essas atividades podem ser tributados normalmente.

Outra característica importante é que seus bens são considerados públicos, conforme previsto no art. 98 do Código Civil de 2002, e, portanto, impenhoráveis e imprescritíveis. A prescrição em relação às autarquias segue o disposto no art. 1º do Decreto nº 20.910/1932, e os créditos dessas entidades são inscritos como dívida ativa, sujeitos à execução fiscal.

Além disso, as fundações públicas de direito público têm questões processuais específicas, tais como prazo em dobro para todas as manifestações processuais, conforme o art. 183 do Código de Processo Civil, e reexame necessário.

Vale ressaltar que as fundações públicas de direito privado somente têm o benefício da imunidade tributária.

Conceito	Entidades dotadas de personalidade jurídica de direito público ou privado, sem fins lucrativos, criadas em virtude de lei ou de autorização legislativa para o desenvolvimento de atividades, com autonomia administrativa, patrimônio próprio gerido pelos respectivos órgãos de direção e funcionamento custeado por recursos da União e de outras fontes.
Criação	Fundações de direito privado são instituídas por lei autorizativa e sua criação é registrada no registro civil de pessoas jurídicas. Fundações de direito público são criadas por meio de lei.
Extinção	Fundações de direito privado são extintas por meio de lei autorizativa. Fundações de direito público são extintas por meio de lei.

Objeto	Prestação de serviços públicos com finalidades sociais, como assistência social, educação e ensino, pesquisa e atividades culturais. Fundações de direito privado também podem exercer atividade econômica.
Responsabilidade	Respondem pelas próprias dívidas e obrigações contraídas, com responsabilidade subsidiária da Administração direta. Responsabilidade objetiva quanto aos atos praticados pelos seus funcionários.
Falência	Não se submetem ao regime falimentar, pois visam à preservação para manutenção e expansão dos serviços prestados, assim como as autarquias.

4.3. Empresas estatais

4.3.1. Conceito

A expressão "empresas estatais" é gênero, do qual são espécies a empresa pública e a sociedade de economia mista.

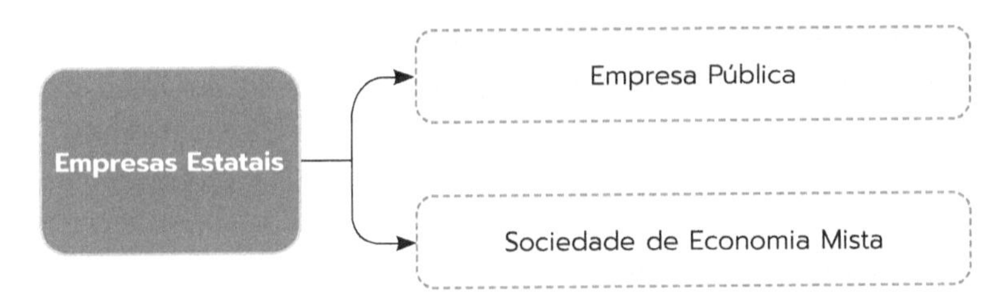

De acordo com o art. 3º da Lei nº 13.303/2016, a empresa pública é a entidade dotada de personalidade jurídica de direito privado, com criação autorizada por lei e com patrimônio próprio, cujo capital social é integralmente detido pela União, pelos estados, pelo Distrito Federal ou pelos municípios.

Ademais, o seu parágrafo único estabelece a existência da empresa pública pluripessoal. O dispositivo tem a seguinte redação: "Desde que a maioria do capital votante permaneça em propriedade da União, do Estado, do Distrito Federal ou do Município, será admitida, no capital da empresa pública, a participação de outras pessoas jurídicas de direito público interno, bem como de entidades da administração indireta da União, dos Estados, do Distrito Federal e dos Municípios".

Empresas públicas

- PJ direito privado
- Integra a AP indireta
- Criada por autorização legal
- Qualquer forma jurídica
- Atividades de caráter econômico ou prestação de serviço

Por sua vez, a sociedade de economia mista, nos termos do art. 4º da Lei nº 13.303/2016, é a entidade dotada de personalidade jurídica de direito privado, com criação autorizada por lei, sob a forma de sociedade anônima, cujas ações com direito a voto pertençam, em sua maioria, à União, aos estados, ao Distrito Federal, aos municípios ou a entidade da administração indireta.

Sociedade de economia mista

- PJ direito privado
- Integra a AP indireta
- Criada por autorização legal
- Sob a forma de AS (Sociedade Anônima)
- Atividades de caráter econômico ou prestação de serviço

O art. 173 da Constituição determina que, para que as estatais existam, é necessário pelo menos um de dois pressupostos, quais sejam, o relevante Interesse coletivo e os imperativos de segurança nacional.

Nesse sentido, o Enunciado nº 14 do CJF dispõe que a demonstração da existência de relevante interesse coletivo ou de imperativo de segurança nacional, descrita no § 1º do art. 2º da Lei nº 13.303/2016, será atendida por meio do envio ao órgão legislativo competente de estudos/documentos (anexos à exposição de motivos) com dados objetivos que justifiquem a decisão pela criação de empresa pública ou de sociedade de economia mista cujo objeto é a exploração de atividade econômica.

Para demonstração da necessidade de criação (e manutenção) de uma empresa estatal, o relevante interesse coletivo e os imperativos da segurança nacional devem ser demonstrados por meio de documentos, provas e dados, que serão enviados juntamente com a exposição de motivos da lei autorizativa.

Outro enunciado do CJF também se faz importante nesse estudo. Trata-se do Enunciado nº 13, segundo o qual as empresas estatais são organizações públicas pela sua finalidade, portanto submetem-se à aplicabilidade da Lei nº 12.527/2011 (Lei de Acesso à Informação), de acordo com o art. 1º, parágrafo único, II, não cabendo a decretos e outras normas infralegais estabelecer outras restrições de acesso a informações não previstas na lei.

Destaca-se que as "organizações públicas" da primeira frase do enunciado constituem pessoas jurídicas de direito privado.

Com esse enunciado, nota-se que as empresas estatais se submetem à Lei de Acesso à Informação, não sendo possível que um ato infralegal restrinja o acesso para fora das hipóteses já previstas em lei.

4.3.2. Regime jurídico

Observe, portanto, que ambas as empresas estatais são pessoas jurídicas de direito privado, motivo pelo qual a elas será aplicado o regime jurídico de direito privado em regra. Contudo, há também a aplicação do regime jurídico de direito público. Dessa forma, muitos denominam o regime jurídico das empresas estatais de regime híbrido, isto é, é o regime jurídico de direito privado parcialmente derrogado por normas de direito público.

De acordo com o art. 173, § 1º, II, da CR/1988, às empresas estatais será aplicado o mesmo regime jurídico próprio das empresas privadas, quanto aos direitos e às obrigações civis, comerciais, trabalhistas e tributárias.

Em relação às normas de direito público que a elas serão aplicadas, pode-se dar como exemplo o controle do Tribunal de Contas (art. 71 da CR/1988), o controle e a fiscalização do Congresso Nacional (art. 49, X, da CR/1988) e a exigência de concurso público (art. 37, II, da CR/1988).

Importante entendimento do STJ[24], segundo o qual aplica-se o regime normativo prescricional das pessoas jurídicas de direito público, previsto no Decreto nº 20.910/1932 (prazo quinquenal), às entidades da Administração indireta com personalidade de direito privado que atuem na prestação de serviços públicos essenciais sem finalidade lucrativa e sem natureza concorrencial.

4.3.3. Criação e extinção

De acordo com o art. 37, XIX, da CR/1988, as empresas estatais terão autorizada a sua criação por meio de lei específica. Para que de fato seja criada, essas empresas precisam do registro de seus atos constitutivos na repartição competente.

Para a sua extinção, porém, o STF, na ADI 6.241/DF, entendeu que se faz **desnecessária, em regra, lei específica** para inclusão de sociedade de economia mista ou de empresa pública em programa de desestatização.

No entanto, com relação às empresas estatais cuja lei instituidora tenha previsto, expressamente, a necessidade de lei específica para sua extinção ou privatização, é necessário que o administrador público observe a norma legal.

Complementando a ADI anterior, está a ADI 6.029, segundo a qual: (i) **a alienação do controle acionário de empresas públicas e sociedades de economia mista exige autorização legislativa e licitação**; e (ii) **a exigência de autorização legislativa, todavia, não se aplica à alienação do controle de suas subsidiárias e controladas**. Nesse caso, a operação pode ser realizada sem a necessidade de licitação, desde que siga procedimentos que observem os princípios da Administração Pública inscritos no art. 37 da Constituição, respeitada, sempre, a exigência de necessária competitividade.

Ademais, essas entidades podem possuir subsidiárias. A criação dessas subsidiárias depende de autorização legislativa, em cada caso, assim como a participação de qualquer delas em empresa privada. O STF[25] entendeu a expressão "em cada caso" como se fosse para cada entidade, e não para cada situação em que fosse criada uma subsidiária. Ex.: a Petrobras possui uma lei que autoriza a criação de subsidiárias.

---

24 EREsp 1.725.030/SP, Rel. Min. Raul Araújo, Corte Especial, por unanimidade, j. 14.12.2023, DJe 20.12.2023.

25 STF, ADI 1.649-DF, Rel. Min. Maurício Corrêa, J. 24.03.2004, *Informativo* 341.

Outro ponto relevante acerca das subsidiárias refere-se ao reforço feito pela jurisprudência do STF sobre ser **dispensável a autorização legislativa para a alienação de controle acionário de empresas subsidiárias**. Para o STF, se é compatível com a CR/1988 a possibilidade de criação de subsidiárias quando houver previsão na lei que cria a respectiva empresa estatal, por paralelismo, não há como obstar, por suposta falta de autorização legislativa, a alienação de ações da empresa subsidiária, ainda que tal medida envolva a perda do controle acionário do Estado.[26]

Nesse particular, faz-se importante diferenciar a **desestatização** do **desinvestimento**. A desestatização e o desinvestimento são atos que envolvem a alienação de empresas, porém têm diferenças significativas.

A **desestatização**, regida pelas Leis nº 8.031/1990 e nº 9.491/1997, é uma revisão setorial da participação do Estado na iniciativa privada, com o objetivo de atender ao interesse coletivo previsto no art. 173 da Constituição Federal. Já o **desinvestimento** é uma reestruturação empresarial que considera opções de investimento em um mercado específico, levando em conta interesses próprios, como a reestruturação do perfil de endividamento, a influência estratégica no comportamento concorrencial e a adaptação a determinada conjuntura de mercado.

Enquanto a desestatização é um processo exógeno que decorre de uma decisão política para reorganizar a posição do Estado na economia, o desinvestimento é uma decisão endógena e empresarial que objetiva alinhar a empresa ao seu objeto social e às suas necessidades econômicas, empresariais e financeiras. Enquanto a desestatização implica a retirada da presença do ente federado em determinado segmento econômico, por meio de uma decisão governamental, o desinvestimento representa um reposicionamento da empresa no mercado em que atua, por meio de uma decisão empresarial.

No desinvestimento, podem ser tomadas medidas de alienação de ativos, incluindo participações acionárias, com ou sem controle acionário, bem como outros bens e direitos da empresa. A autorização legislativa nem sempre é necessária, pois, em se tratando de participação acionária em subsidiárias ou empresas privadas, a mesma norma legal que autoriza o ingresso inclui, implicitamente, o direito de retirada. Além disso, no caso de alienação de outros bens e direitos, a autonomia administrativa e operacional é fundamental para que a empresa atue em igualdade de condições com a iniciativa privada.

O Decreto nº 9.188/2017 assegura a governança dos processos de desinvestimento por meio da adoção de boas práticas de mercado e transparência, visando à impessoalidade e à obtenção da melhor proposta nos processos de desinvestimento. Em suma, a desestatização e o desinvestimento são duas ferramentas distintas que podem ser usadas para atender a diferentes objetivos, seja para reorganizar a posição do Estado na economia, seja para reposicionar uma empresa no mercado em que atua.

---

[26] ADPF 794/DF, Rel. Min. Gilmar Mendes, julgamento virtual finalizado em 21.05.2021.

4.3.4. Objeto

As empresas estatais têm um duplo objeto. Podem ser exploradoras de atividade econômica, bem como prestadoras de serviço público.

O Estado só poderá instituir as empresas estatais exploradoras de atividade econômica quando for necessário aos imperativos de segurança nacional ou a relevante interesse coletivo.

Nesse sentido, entende o STJ que se aplica a prescrição quinquenal do Decreto nº 20.910/1932 às empresas estatais prestadoras de serviços públicos essenciais, não dedicadas à exploração de atividade econômica com finalidade lucrativa e natureza concorrencial. Para a corte, as regras de prescrição estabelecidas no Código Civil não têm incidência quando a demanda envolve empresa estatal prestadora de serviços públicos essenciais, não dedicada à exploração de atividade econômica com finalidade lucrativa e natureza concorrencial.[27]

4.3.5. Responsabilidade

Em relação à responsabilidade das empresas estatais e, subsidiariamente, do Estado, pela solvência das obrigações daquelas, a doutrina não é uniforme, adotando-se soluções díspares. Para a corrente majoritária, é necessário distinguir a atividade pelas sociedades realizadas:

A) Exploradora de atividade econômica

Ela mesma responde por suas obrigações, mas não na forma do § 6º do art. 37 da Constituição Federal/1988, que trata da responsabilidade objetiva, mas, sim, subjetivamente, ou seja, havendo necessidade de demonstração de dolo ou culpa (responsabilidade é subjetiva, fundada no direito privado). O Estado não tem responsabilidade alguma, não podendo ser acionado nem mesmo subsidiariamente, em razão de a Constituição exigir, de todos que exploram atividades econômicas, a submissão à livre-iniciativa.

B) Prestadora de serviço público: tem responsabilidade objetiva

Enquadra-se no § 6º do art. 37 da Constituição Federal de 1988. Assim, reponde, em primeiro lugar, a sociedade de economia mista, até que se encontrem exauridas

[27] REsp 1.635.716-DF, Primeira Turma, Rel. Min. Regina Helena Costa, por unanimidade, j. 04.10.2022, *DJe* 11.10.2022.

as forças do patrimônio desta. O Estado responde de forma subsidiária, ou seja, depois de exaurido o patrimônio da sociedade.

4.3.6. Comentários importantes

1. ECT tem o pagamento de precatórios, impenhorabilidade de bens e imunidade tributárias em relação ao IPVA e ao ISS. Ademais, é importante destacar que a empresa pública prestadora de serviço postal possui imunidade tributária sobre patrimônio, renda ou serviços vinculados às suas finalidades essenciais ou às delas decorrentes, conforme dispõe o art. 150, § 2º, da CR/1988.

   A imunidade do IPVA também foi alçada para a Infraero.
2. De acordo com o art. 52, III, *f*, da CR/1988, a sabatina do Senado Federal não alcança as pessoas jurídicas de direito privado. Portanto, é inconstitucional a lei que condiciona o provimento de um cargo de direção de uma empresa pública e sociedade de economia mista à sabatina pelo Poder Legislativo.
3. Falência?

   De acordo com o art. 2º, I, da Lei nº 11.101/2005, as empresas públicas e as sociedades de economia mista não se sujeitam as regras da Lei de Falências. Portanto, essas empresas não falem nem estão sujeitas a recuperação judicial ou extrajudicial.

   Contudo, para a maioria da doutrina, as empresas estatais que explorem atividade econômica poderiam falir e, portanto, seria inconstitucional o dispositivo da Lei de Falências. Por sua vez, as prestadoras de serviço público não podem falir, em razão do princípio da continuidade do serviço público.
4. As sociedades de economia mista prestadoras de ações e serviços de saúde, cujo capital social seja majoritariamente estatal, gozam da imunidade tributária federativa (art. 150, VI, *a*, da CR/1988).[28]
5. ***Informativo 812: As sociedades de economia mista prestadoras de serviço público de atuação própria do Estado e de natureza não concorrencial submetem-se ao regime de precatório.*** *O caso concreto no qual o STF decidiu isso envolvia uma sociedade de economia mista prestadora de serviços de abastecimento de água e saneamento que prestava serviço público primário e em regime de exclusividade. O STF entendeu que a atuação dessa sociedade de economia mista correspondia à própria atuação do Estado, já que ela não tinha objetivo de lucro e o capital social era majoritariamente estatal. Logo, diante disso, o STF reconheceu que ela teria direito ao processamento da execução por meio de precatório (STF, RE 852.302 AgR/AL, 2ª Turma, rel. Min. Dias Toffoli, j. 15.12.2015).*

---

[28] STF, RE 580.264/RS, Rel. Min. Joaquim Barbosa, j. 25.08.2010, *Informativo* 597.

4.3.7. Diferenças entre empresas públicas e sociedades de economia mista

1) Forma societária

As empresas públicas podem ser constituídas em qualquer forma jurídica admitida em direito. Já as sociedades de economia mista devem ser sempre constituídas como Sociedade Anônima (S.A.).

2) Capital social

A empresa pública é uma entidade com capital 100% público, o que permite que outras entidades de direito público e da Administração indireta participem de sua composição acionária. Nesse caso, é necessário que a maioria do capital votante permaneça nas mãos da União, dos estados, do Distrito Federal ou dos municípios. Vale destacar que, embora seja exigido que o capital da empresa pública seja totalmente público, é permitido que haja a participação de pessoas jurídicas de direito privado em sua composição acionária.

Por exemplo, a empresa pública X pode ter sua composição de capital composta de 70% do capital integralizado pela União, 20% pela autarquia, 5% por outra empresa pública e 5% por uma sociedade de economia mista. Nesse caso, é importante frisar que a sociedade de economia mista deverá integralizar apenas a parte pública do seu capital, para manter o requisito dos 100% do capital público.

Além disso, é possível que a empresa pública seja unipessoal, formada por capital de apenas uma única pessoa, ou pluripessoal, formada por capital de mais de uma pessoa. Já a sociedade de economia mista tem parte do capital público e parte do capital privado, mas é exigido que a maioria do capital votante seja público. Assim, a sociedade de economia mista só pode ser pluripessoal e pode se tornar sócia de uma empresa pública, mas com a participação apenas da parte do capital público, como mencionado anteriormente.

3) Foro competente

Essa é uma diferença que apenas será aplicada para as estatais federais. Nesse sentido, a empresa pública federal, nos termos do art. 109, I, da CR/1988, terá suas ações ajuizadas na Justiça Federal. Por sua vez, a sociedade de economia mista federal terá sua competência fixada na Justiça estadual.

Por outro lado, empresas públicas estadual ou municipal, bem como as sociedade de economia mista estadual ou municipal terão competência na Justiça estadual.

4.3.8. Estatais e precatórios

O primeiro ponto diz respeito aos recursos públicos que, vinculados ao orçamento de estatais prestadoras de serviço público essencial, em regime não concorrencial e sem intuito lucrativo primário, não podem ser bloqueados ou sequestrados por decisão judicial para pagamento de suas dívidas, em virtude do disposto no art. 100 da CR/1988 e dos princípios da legalidade orçamentária (art. 167, VI, da CR/1988), da separação dos poderes (arts. 2º e 60, § 4º, III, da CR/1988) e da eficiência da Administração Pública (art. 37, *caput*, da CR/1988).[29]

Isso significa dizer que as estatais prestadoras de serviço público essencial, em regime concorrencial e sem intuito lucrativo primário, não podem ter seus bens constritos pelo juízo, tendo em vista que realizarão pagamento por precatório, observando o art. 100 da Constituição.

Em segundo lugar, analisa-se o RE 599.628. Na ocasião, o Supremo entendeu que "sociedades de economia mista que desenvolvem atividade econômica em regime concorrencial não se beneficiam do regime de precatórios, previsto no art. 100 da Constituição da República".

Por outro lado, na ADPF nº 387, entendeu-se ser "aplicável o regime dos precatórios às sociedades de economia mista prestadoras de serviço público próprio do Estado e de natureza não concorrencial".

Empresas estatais
Conceito
– Gênero, espécies: empresa pública e sociedade de economia mista.
– Empresa pública: entidade com personalidade jurídica de direito privado, capital social detido pela União, pelos estados, pelo DF ou pelos municípios.
– Sociedade de economia mista: entidade com personalidade jurídica de direito privado, sob forma de sociedade anônima, ações com direito a voto pertencentes em maioria ao Estado.
Regime jurídico
– Regime híbrido: aplicação do regime jurídico de direito privado e direito público.

[29] ADPF 588/PB, Rel. Min. Roberto Barroso, julgamento virtual finalizado em 26.04.2021.

Empresas estatais
Criação e extinção
– Autorização de criação por lei específica.
– Extinção não requer lei específica em regra (decisão do STF na ADI 6.241/DF), mas necessária quando prevista na lei instituidora.
Objeto
– Duplo objeto: exploração de atividade econômica e prestação de serviço público.
– Exploração de atividade econômica somente em casos de segurança nacional ou relevante interesse coletivo.
Responsabilidade
– Exploradora de atividade econômica: responsabilidade subjetiva, sem responsabilidade do Estado.
– Prestadora de serviço público: responsabilidade objetiva, sociedade de economia mista responde primeiro, seguida de responsabilidade subsidiária do Estado.

5. ADMINISTRAÇÃO PÚBLICA

5.1. Administração Pública em sentido objetivo, material ou funcional

De acordo com Maria Sylvia Zanella Di Pietro, Administração Pública, em sentido objetivo, "abrange as *atividades exercidas* pelas pessoas jurídicas, órgãos e agentes incumbidos de atender concretamente às necessidades coletivas".

Observe, portanto, que, nesse sentido, a expressão "Administração Pública" designa a própria atividade exercida por agentes, órgãos e pessoas, isto é, a própria função administrativa, quais sejam o **fomento, a polícia administrativa, o serviço público e a intervenção**.

Nesse sentido, o **fomento** é a atividade administrativa de incentivo à iniciativa privada. Pode-se dar como exemplo os auxílios financeiros ou as subvenções; os financiamentos públicos e os estímulos fiscais.

Por sua vez, a **polícia administrativa** consistiria na atividade que consiste em restrições (limitações) impostas por lei ao exercício de direitos individuais em benefício do interesse público.

Quanto ao **serviço público**, seria a atividade exercida pela Administração Pública, direta ou indiretamente, para satisfazer as necessidades coletivas.

Por fim, a **intervenção** significaria a regulação e fiscalização da atividade econômica, assim como a atuação direta do Estado no domínio econômico.

Especificamente, acerca da intervenção, é interessante pontuar a Súmula nº 19 do STJ, segundo a qual a fixação do horário bancário, para atendimento ao público, é da competência da União. Outro entendimento sumular relevante sobre o tema é a **Súmula Vinculante nº 38 do STF**, conforme a qual é competente o município para fixar horário de funcionamento de estabelecimento comercial.

Por fim, a **Súmula Vinculante nº 49 do STF**, que estabelece que ofende o princípio da livre concorrência lei municipal que impede a instalação de estabelecimentos comerciais do mesmo ramo em determinada área. Importante frisar que os precedentes que lastreiam a proposta dessa Súmula Vinculante abordam temas ligados especificamente à defesa do consumidor e à garantia dos princípios constitucionais da livre concorrência e da livre-iniciativa econômica.

Nesse sentido, o próprio Supremo Tribunal Federal já legitimou a vedação à instalação de estabelecimentos comerciais na mesma área, quando se relaciona à segurança da população, como postos de gasolina. De acordo com o STF, "não se tratava de limitação geográfica à instalação de postos de gasolina, de sorte a cercear o exercício da livre concorrência, mas de prudente distanciamento, na mesma área geográfica, de atividades de alto risco à população".[30]

5.2. Administração Pública em sentido subjetivo/orgânico/formal

A Administração Pública é um conceito amplo que, como visto anteriormente, abrange uma série de atividades exercidas pelo Estado com o objetivo de atender às necessidades da sociedade. Para que essas atividades sejam exercidas de forma eficiente e eficaz, é necessário que sejam realizadas por **sujeitos** que tenham o conhecimento e as habilidades necessárias para desempenhá-las adequadamente.

Nesse sentido, a Administração Pública é composta de pessoas jurídicas, órgãos e agentes públicos, que atuam em diferentes esferas e em diferentes funções, cada um com suas próprias atribuições e competências.

As pessoas jurídicas, por exemplo, são entidades criadas pelo Estado para exercer atividades específicas, como as autarquias, empresas públicas e sociedades de economia mista, que têm personalidade jurídica própria e patrimônio próprio e são responsáveis por prestar serviços públicos ou explorar atividades econômicas em nome do Estado.

Os órgãos públicos, por sua vez, são unidades administrativas que integram a estrutura da Administração Pública e têm por finalidade exercer as funções e atividades determinadas pela lei. São exemplos de órgãos públicos as secretarias de Estado, os ministérios, as agências reguladoras e os tribunais administrativos.

Já os agentes públicos são as pessoas físicas que desempenham atividades administrativas em nome do Estado, seja como servidores públicos concursados, empregados públicos, seja como agentes políticos. São responsáveis por exercer as

[30] RE 204.187/MG, Segunda Turma, Rel. Min. Ellen Gracie, j. 28.10.2014.

funções e atribuições previstas em lei e devem agir de acordo com os princípios da legalidade, da impessoalidade, da moralidade, da publicidade e da eficiência.

Dessa forma, é importante compreender que a Administração Pública não se refere apenas às atividades que o Estado exerce mas também aos sujeitos que as exercem – pessoas jurídicas, órgãos ou agentes públicos. Todos esses elementos são fundamentais para garantir que as atividades administrativas sejam exercidas de forma adequada e em consonância com os princípios constitucionais que regem a Administração Pública.

Administração Pública em sentido objetivo/material/funcional	Administração Pública em sentido subjetivo/orgânico/formal
Compreende as atividades exercidas por pessoas jurídicas, órgãos e agentes incumbidos de atender concretamente às necessidades coletivas.	Compreende pessoas jurídicas, órgãos e agentes públicos responsáveis por exercer as atividades da Administração Pública de forma eficiente e eficaz.
Refere-se à própria função administrativa, isto é, o fomento, a polícia administrativa, o serviço público e a intervenção.	Refere-se aos sujeitos responsáveis por exercer as atividades da Administração Pública, cada um com suas próprias atribuições e competências.

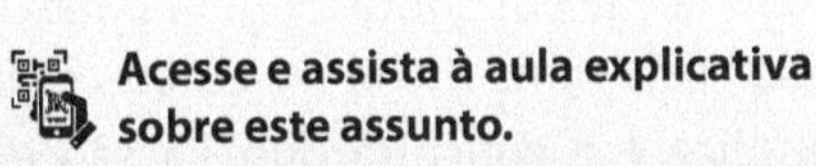

6. ENTES DE COOPERAÇÃO – 3º SETOR

6.1. Comentários iniciais

Antes de estudar as entidades do 3º setor, é preciso entender que, comumente, se costuma dizer que há três setores na economia. O **1º setor**, que consistiria no Estado, ou seja, a Administração Pública Direta e a Administração Pública indireta. O **2º setor**, por sua vez, consistiria no mercado; seriam as concessionárias e as permissionárias de serviços públicos. No que se refere ao **3º setor**, há os particulares que colaboram com o Poder Público, de modo que não tenham finalidade lucrativa; seriam a sociedade civil – Serviços Sociais Autônomos (Sistema S), Organizações Sociais (OSs), Organizações da Sociedade Civil de Interesse Público (OSCIPs), Organizações da Sociedade Civil (OSCs).

A expressão "Terceiro Setor" refere-se a entidades privadas da sociedade civil que atuam sem fins lucrativos e desempenham atividades de interesse social, mantendo um vínculo com a Administração Pública.

As entidades supracitadas não prestam serviço público. Na verdade, as entidades do 3º setor prestam serviços privados de relevante interesse social, **sem fins lucrativos**, mantendo um vínculo formal com a Administração. No entanto, essas entidades não são integrantes da Administração Pública.

As entidades do Terceiro Setor recebem recursos públicos, mas também poderão receber recursos privados, por meio de doações de particulares.

O surgimento do Terceiro Setor pode ser demonstrado por meio de três fundamentos:

a.1) Passagem de uma Administração Pública imperativa para uma administração consensual

O surgimento do 3º setor marca a ideia de uma administração consensual. A Administração Pública tem evoluído ao longo do tempo e uma das mudanças mais significativas foi o surgimento da administração consensual. Essa abordagem tem como principal característica a participação dos particulares na formulação das políticas públicas que impactam diretamente suas vidas.

Nessa fase da administração, as portas são abertas para que a sociedade possa expressar suas opiniões e contribuições, criando um ambiente colaborativo em que todos trabalham juntos em prol do bem comum. Isso significa que o Poder Público está disposto a ouvir e levar em conta as demandas dos cidadãos, permitindo que a Administração Pública seja mais inclusiva e democrática.

A audiência pública e a consulta pública são exemplos clássicos da administração consensual. As parcerias feitas entre a administração e os particulares são a concretização da administração consensual. Isso é relevante, especialmente para provas discursivas e orais.

a.2) Princípio da subsidiariedade

O conceito de Estado subsidiário é fundamental para a compreensão da relação entre o governo e as entidades do 3º Setor. Segundo essa abordagem, o Estado deve atuar de forma subsidiária e não diretiva nas atividades desenvolvidas por essas entidades, o que significa que a sua intervenção deve ser excepcional e limitada.

Em vez de atuar de forma direta, o Estado deve fornecer incentivos e fomentar as atividades desenvolvidas pelos particulares, a fim de estimular a sua participação e a sua autonomia. Dessa forma, as entidades do 3º Setor podem atuar de maneira independente, sem a interferência excessiva do Estado.

É importante destacar que a atuação subsidiária do Estado não significa ausência de intervenção. Pelo contrário, o Estado deve garantir um ambiente favorável para o desenvolvimento das atividades do 3º Setor, com a criação de políticas públicas que incentivem a sua atuação e a sua participação.

Portanto, a ideia do Estado subsidiário é fundamental para a promoção de uma sociedade mais plural e democrática, em que o governo atue de forma equilibrada e limitada nas atividades desenvolvidas pelo 3º Setor. Com uma atuação efetiva e colaborativa, é possível alcançar resultados positivos e promover o bem-estar social de forma mais eficiente e justa.

a.3) Fomento

O papel do Poder Público na promoção do 3º Setor é essencial para o desenvolvimento social e econômico do país. Para isso, é fundamental que o Estado atue de forma subsidiária, fomentando e incentivando a participação de particulares nessa área.

Ao adotar uma abordagem de Estado subsidiário, o governo deve fornecer um ambiente favorável para o desenvolvimento do 3º Setor, com políticas públicas que incentivem e estimulem a atuação de organizações sociais e sem fins lucrativos.

Além disso, é importante que o Estado adote uma postura de Administração Pública consensual, em que as portas são abertas para a participação da sociedade na formulação das políticas públicas que afetam diretamente suas vidas. Dessa forma, é possível criar um ambiente colaborativo em que todos trabalham juntos em prol do bem comum.

Portanto, cabe ao Estado fomentar e incentivar a atuação do 3º Setor, em um ambiente de Administração Pública consensual e participativa, garantindo uma gestão mais democrática e eficiente para a promoção do bem-estar social.

6.2. Características do Terceiro Setor

Do ponto de vista organizacional, de estruturação, as entidades do 3º Setor não representam grande novidade para a Administração Pública. O Poder Público já conhece entidades sem fins lucrativos que auxiliam a administração. Podemos citar as fundações privadas e as associações civis, que são entidades privadas, que não integram o 3º Setor, mas desenvolvem atividades a ele correspondentes.

O que traz grande novidade é a existência de uma qualificação jurídica.

As características podem ser elencadas conforme o quadro a seguir:

Características
1) Necessitam de autorização legislativa.
2) São criadas pela iniciativa privada.
3) Não possuem finalidade lucrativa.
4) Não integram a Administração.
5) Prestam serviços de relevante interesse social.
6) Possuem um vínculo formal com a Administração.
7) Recebem benefícios públicos.

6.3. Serviço social autônomo ou pessoas de cooperação governamental

Os serviços sociais autônomos são pessoas jurídicas de direito privado criadas por autorização legislativa, e a sua implementação ocorrerá por um particular. Importante atentar para o fato de essas pessoas não integrarem a Administração Pública.

Pelo fato de exercerem atividades de amparo a determinadas categorias profissionais, serão remuneradas por contribuições sociais, cobradas compulsoriamente do particular, nos termos do art. 240 da CR/1988. Têm, portanto, um caráter de parafiscalidade.

Essas contribuições sociais são instituídas pela União, nos termos do art. 149 da CR/1988. Portanto, cabe à União realizar a fiscalização dessas entidades. Todavia, isso não impede que estados, DF e municípios instituam outras formas de remuneração/custeio a essas entidades.

A autorização legislativa decorre da necessidade de lei para que haja as contribuições sociais. Como são tributos, para serem instituídas e cobradas, dependem de lei. A autorização legislativa, aqui, em nada se refere ao art. 37, XIX, da CR/1988, mas, sim, ao art. 240 da CR/1988, segundo o qual ficam ressalvadas do disposto no art. 195 as atuais contribuições compulsórias dos empregadores sobre a folha de salários, destinadas às entidades privadas de serviço social e de formação profissional vinculadas ao sistema sindical.

De acordo com o STF, quando o produto das contribuições ingressa nos cofres dos serviços sociais autônomos, perde o caráter de recurso público.[31] Ademais, essas entidades gozam de imunidade tributária, mas não gozam das prerrogativas processuais.[32]

Pode-se exemplificar como pessoas de cooperação governamental o Sesc, o Sesi, o Senai e o Senac.

Há que se observar que são mantidos por contribuições parafiscais, de forma que estão sujeitos ao controle do Tribunal de Contas.

Ademais, não estão sujeitos ao teto remuneratório previsto no art. 37, XI, da CR/1988. Contudo, o Tribunal de Contas exige que paguem salários compatíveis com os pagos pelo mercado.

Por fim, não precisam realizar licitação, nos moldes estabelecidos na Lei Geral de Licitações, mas devem seguir os princípios licitatórios, a fim de criar um regulamento próprio para suas contratações. Também não realizam concurso público, nos termos do art. 37, II, da CR/1988.

6.4. Organizações sociais

As organizações sociais são títulos concedidos a uma pessoa jurídica mediante solicitação por parte de particulares. Esses títulos têm o objetivo de simplificar as ati-

[31] ACO 1.953 AgR, Tribunal Pleno, Rel. Min. Ricardo Lewandowski, j. 18.12.2013, *DJe* 19.02.2014.

[32] STF, ARE 739.369 AgR/SC, Rel. Min. Luiz Fux, j. 23.06.2013.

vidades realizadas pelas entidades, permitindo que o Poder Público forneça servidores, bens e recursos públicos para elas, ao mesmo tempo que supervisiona suas ações.

A regulação das organizações sociais é estabelecida pela Lei nº 9.637/1998.

O STF tem entendimento no sentido de que é constitucional o ato normativo que concretiza a aplicação dos princípios da Administração Pública (art. 37, *caput*, da CR/1988) às entidades qualificadas como organizações sociais.[33]

De acordo com o art. 1º, o Poder Executivo **poderá** qualificar como organizações sociais pessoas jurídicas de direito privado, sem fins lucrativos, cujas atividades sejam dirigidas ao **ensino, à pesquisa científica, ao desenvolvimento tecnológico, à proteção e à preservação do meio ambiente, à cultura e à saúde**, atendidos aos requisitos previstos nessa lei.

A qualificação da entidade como OS é um ato discricionário, haja vista o verbo *poderá,* contido no art. 1º da r. lei, de modo que significa que a qualificação é uma faculdade.

Ademais, o art. 11 estabelece que as entidades qualificadas como organizações sociais são declaradas como entidades de interesse social e utilidade pública, para todos os efeitos legais.

O instrumento jurídico celebrado entre o Poder Público e a OS é o **contrato de gestão**, que vem conceituado no art. 5º da Lei nº 9.637/1998. De acordo com o dispositivo, entende-se por contrato de gestão o instrumento firmado entre o Poder Público e a entidade qualificada como organização social, com vistas à formação de parceria entre as partes para fomento e execução de atividades relativas às áreas relacionadas no art. 1º.

O contrato de gestão discriminará a responsabilidade, as obrigações e as atribuições, tanto do Poder Público quanto da OS.

A qualificação da OS será feita pelo ministério pertinente àquele cujas atribuições digam respeito à OS contratada. Exemplo: se for na área da saúde, a OS será feita com o Ministério da Saúde; sendo na área da educação, Ministério da Educação.

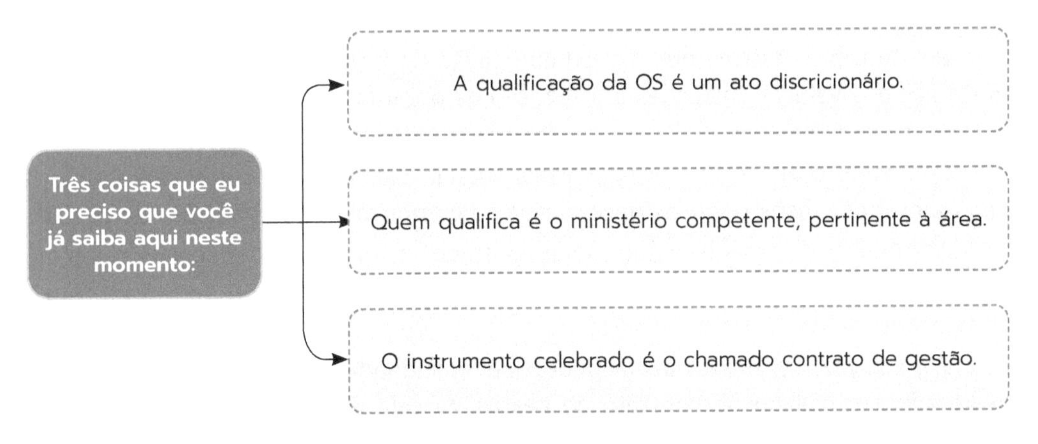

33 ADPF 559, Rel. Min. Roberto Barroso, j. 13.06.2022, *DJe* 23.06.2022.

Importante destacar que havia a possibilidade de dispensa de licitação para a contratação de OS, conforme disposto no art. 24, XXIV, da Lei nº 8.666/1993. De acordo com o dispositivo, é dispensável a licitação: "**XXIV** – para a celebração de contratos de prestação de serviços com as organizações sociais, qualificadas **no âmbito das respectivas esferas de governo, para atividades contempladas no contrato de gestão.**"

Todavia, na Lei nº 14.133/2021, não há correspondência dessa hipótese de dispensa.

Consoante o art. 7º da Lei nº 9.637/1998, na elaboração do contrato de gestão, devem ser observados os princípios da legalidade, da impessoalidade, da moralidade, da publicidade e da economicidade, assim como os seguintes preceitos: (i) a especificação do programa de trabalho proposto pela organização social, a estipulação das metas a serem atingidas e os respectivos prazos de execução, bem como previsão expressa dos critérios objetivos de avaliação de desempenho a serem utilizados, mediante indicadores de qualidade e produtividade; (ii) a estipulação dos limites e critérios para despesa com remuneração e vantagens de qualquer natureza a serem percebidas pelos dirigentes e empregados das organizações sociais, no exercício de suas funções.

Os Ministros de Estado ou autoridades supervisoras da área de atuação da entidade devem definir as demais cláusulas dos contratos de gestão de que sejam signatários.

Observe-se que esse dispositivo não traz o princípio da eficiência de maneira expressa, mas, ainda assim, ele se aplica.

De acordo com o art. 16, o Poder Executivo poderá proceder à desqualificação da entidade como organização social, quando constatado o descumprimento das disposições contidas no contrato de gestão.

Nesse sentido, o § 1º afirma que a desqualificação será precedida de processo administrativo, assegurado o direito de ampla defesa, respondendo os dirigentes da organização social, individual e solidariamente, pelos danos ou prejuízos decorrentes de sua ação ou omissão.

Por fim, § 2º afirma que a desqualificação importará reversão dos bens permitidos e dos valores entregues à utilização da organização social, sem prejuízo de outras sanções cabíveis.

Conforme o art. 12, às organizações sociais poderão ser destinados recursos orçamentários e bens públicos necessários ao cumprimento do contrato de gestão.

Assim, o § 1º estabelece que são assegurados às organizações sociais os créditos previstos no orçamento e as respectivas liberações financeiras, de acordo com o cronograma de desembolso previsto no contrato de gestão.

Por sua vez, o § 2º afirma que poderá ser adicionada aos créditos orçamentários destinados ao custeio do contrato de gestão parcela de recursos para compensar desligamento de servidor cedido, desde que haja justificativa expressa da necessidade pela organização social.

Ademais, o § 3º apregoa que esses bens serão destinados às organizações sociais, dispensada licitação, mediante permissão de uso, consoante cláusula expressa do contrato de gestão.

O art. 13 propõe que os bens móveis públicos permitidos para uso poderão ser permutados por outros de igual ou maior valor, condicionado a que os novos bens integrem o patrimônio da União, de modo que o parágrafo único estabelece que a permuta dependerá de prévia avaliação do bem e expressa autorização do Poder Público.

De acordo com o art. 14, é facultado ao Poder Executivo a cessão especial de servidor para as organizações sociais, com ônus para a origem.

O § 1º afirma que não será incorporada aos vencimentos ou à remuneração de origem do servidor cedido qualquer vantagem pecuniária que vier a ser paga pela organização social.

Além disso, nos termos do § 2º, não será permitido o pagamento de vantagem pecuniária permanente por organização social a servidor cedido com recursos provenientes do contrato de gestão, ressalvada a hipótese de adicional relativo ao exercício de função temporária de direção e assessoria.

Por fim, o § 3º estabelece que o servidor cedido perceberá as vantagens do cargo a que fizer jus no órgão de origem, quando ocupante de cargo de primeiro ou de segundo escalão na organização social.

O **Conselho de Administração é obrigatório** para as OS, e sua regulamentação vem a partir do art. 3º da Lei da OS (Lei nº 9.637/1998).

De acordo com o art. 3º, o conselho de administração deve estar estruturado nos termos que dispuser o respectivo estatuto, observados, para os fins de atendimento dos requisitos de qualificação, os seguintes critérios básicos:

> I – ser composto por:
>
> a) 20 a 40% (vinte a quarenta por cento) de membros natos representantes do **Poder Público**, definidos pelo estatuto da entidade;
>
> b) 20 a 30% (vinte a trinta por cento) de membros natos representantes de **entidades da sociedade civil**, definidos pelo estatuto;
>
> c) até 10% (dez por cento), no caso de associação civil, de membros eleitos dentre os membros ou os associados;
>
> d) 10 a 30% (dez a trinta por cento) de membros eleitos pelos demais integrantes do conselho, dentre pessoas de notória capacidade profissional e reconhecida idoneidade moral;
>
> e) até 10% (dez por cento) de membros indicados ou eleitos na forma estabelecida pelo estatuto;
>
> II – os membros eleitos ou indicados para compor o Conselho devem ter mandato de quatro anos, admitida uma recondução;
>
> III – os representantes de entidades previstos nas alíneas "a" e "b" do inciso I devem corresponder a **mais de 50%** (cinquenta por cento) do Conselho;
>
> IV – o primeiro mandato de metade dos membros eleitos ou indicados deve ser de **dois anos**, segundo critérios estabelecidos no estatuto;

V – o dirigente máximo da entidade deve participar das reuniões do conselho, sem direito a voto;

VI – o Conselho deve reunir-se ordinariamente, no mínimo, três vezes a cada ano e, extraordinariamente, a qualquer tempo;

VII – os conselheiros não devem receber remuneração pelos serviços que, nesta condição, prestarem à organização social, ressalvada a ajuda de custo por reunião da qual participem;

VIII – os conselheiros eleitos ou indicados para integrar a diretoria da entidade devem renunciar ao assumirem funções executivas.

6.5. Organizações da sociedade civil de interesse público

As organizações da sociedade civil de interesse público, por sua vez, são reguladas pela Lei nº 9.790/1999.

De acordo com o art. 1º, podem qualificar-se como **organizações da sociedade civil de interesse público as pessoas jurídicas de direito privado sem fins lucrativos que tenham sido constituídas e se encontrem em funcionamento regular há, no mínimo, 3 (três) anos**, desde que os respectivos objetivos sociais e normas estatutárias atendam aos requisitos instituídos pela lei.

Nesse sentido, de acordo com o § 1º, para os efeitos da lei, considera-se sem fins lucrativos a pessoa jurídica de direito privado que não distribui, entre os seus sócios ou associados, conselheiros, diretores, empregados ou doadores, eventuais excedentes operacionais, brutos ou líquidos, dividendos, bonificações, participações ou parcelas do seu patrimônio, auferidos mediante o exercício de suas atividades, e que os aplica integralmente na consecução do respectivo objeto social.

O § 2º estabelece que a outorga da qualificação prevista nesse artigo é ato vinculado ao cumprimento dos requisitos instituídos por essa lei.

Importante é o art. 2º da Lei da OSCIP, que estabelece **não serem passíveis de qualificação como OSCIP**, ainda que se dediquem de qualquer forma às atividades descritas no art. 3º da lei: (i) **as sociedades comerciais**; (ii) **os sindicatos**, as associações de classe ou de representação de categoria profissional; (iii) as instituições religiosas ou voltadas para a disseminação de credos, cultos, práticas e visões devocionais e confessionais; (iv) as organizações partidárias e assemelhadas, inclusive suas fundações; (v) as entidades de benefício mútuo destinadas a proporcionar bens ou serviços a um círculo restrito de associados ou sócios; (vi) as entidades e empresas que comercializam planos de saúde e assemelhados; (vii) as instituições hospitalares privadas não gratuitas e suas mantenedoras; (viii) as escolas privadas dedicadas ao ensino formal não gratuito e suas mantenedoras; (ix) **as organizações sociais**; (x) **as cooperativas**; (xi) **as fundações públicas**; (xii) as fundações, sociedades civis ou associações de direito privado criadas por órgão público ou por fundações públicas; (xiii) as organizações creditícias que tenham quaisquer tipos de vinculação com o sistema financeiro nacional a que se refere o art. 192 da Constituição Federal.

Por outro lado, de acordo com o parágrafo único, não constituem impedimento à qualificação como OSCIP as operações destinadas a microcrédito realizadas com instituições financeiras na forma de recebimento de repasses, venda de operações realizadas ou atuação como mandatárias.

Consoante o art. 5º, cumpridos os requisitos dos arts. 3º e 4º da lei, a pessoa jurídica de direito privado sem fins lucrativos, interessada em obter a qualificação, deverá formular requerimento escrito ao Ministério da Justiça, diferentemente do procedimento adotado em relação às organizações sociais, instruído com cópias autenticadas com documentos previstos em lei.

Ademais, de acordo com o art. 6º, recebido o requerimento previsto no artigo anterior, o Ministério da Justiça decidirá, no prazo de 30 dias, deferindo ou não o pedido.

Lembre-se de que o ato é vinculado. Assim, preenchidos os requisitos, ele deverá fazer a qualificação.

Nesse sentido, o § 1º afirma que, no caso de deferimento, o Ministério da Justiça emitirá, no prazo de 15 dias da decisão, certificado de qualificação da requerente como Organização da Sociedade Civil de Interesse Público.

Por outro lado, o § 2º estabelece que, indeferido o pedido, o Ministério da Justiça, no prazo do § 1º, dará ciência da decisão, mediante publicação no *Diário Oficial*.

O § 3º afirma que o pedido de qualificação somente será indeferido quando: (i) a requerente enquadrar-se nas hipóteses previstas no art. 2º da lei; (ii) a requerente não atender aos requisitos descritos nos arts. 3º e 4º da lei; (iii) a documentação apresentada estiver incompleta.

O art. 7º estabelece a perda da qualificação da entidade como OSCIP. De acordo com o dispositivo, perde-se a qualificação de Organização da Sociedade Civil de Interesse Público, a pedido ou mediante decisão proferida em processo administrativo ou judicial, de iniciativa popular ou do Ministério Público, no qual serão assegurados a ampla defesa e o devido contraditório.

O art. 9º trata do instrumento jurídico que será celebrado entre o Poder Público e a OSCIP. Conforme o dispositivo legal, fica instituído o termo de parceria, assim considerado o instrumento passível de ser firmado entre o Poder Público e as entidades qualificadas como organizações da sociedade civil de interesse público destinado à formação de vínculo de cooperação entre as partes, para o fomento e a execução das atividades de interesse público previstas no art. 3º dessa lei.

Ademais, o art. 15 estabelece que, caso a organização adquira bem imóvel com recursos provenientes da celebração do termo de parceria, este será gravado com cláusula de inalienabilidade.

Quadro comparativo

	OS	OSCIP
Ato qualificador	Ato discricionário – art. 2º, II, da Lei nº 9.637/1998.	Ato Vinculado – Art. 1º, § 2º – Lei nº 9.790/1999.
Pacto firmado com o Poder Público	Contrato de gestão.	Termos de parceria.
Gestão	Poder Público terá necessária participação na gestão da OS.	É permitida a participação de servidores na gestão da OSCIP.
Licitação com o Poder Público	Não há mais a previsão de dispensa nos termos da Lei nº 14.133/2021.	Art. 23 do Decreto nº 3.100/1999 – exige a realização de um concurso de projetos.
Atividades	Atividades dirigidas ao ensino, à pesquisa científica, ao desenvolvimento tecnológico, à proteção e à preservação do meio ambiente, à cultura e à saúde – art. 1º da Lei nº 9.637/1998.	Assistência social; cultura, defesa e conservação do patrimônio histórico e artístico; gratuidade da educação; gratuidade da saúde; defesa, preservação e conservação do meio ambiente e promoção do desenvolvimento sustentável; promoção do voluntariado, entre outras finalidades – art. 3º da Lei nº 9.790/1999.
Autoridade competente para qualificar	Ministro de Estado pertinente.	Ministro da Justiça.

6.6. Organização da Sociedade Civil

A Organização da Sociedade Civil (OSC) é regida pela Lei nº 13.019/2014. Essa lei institui normas gerais para as parcerias entre a Administração Pública e organizações da sociedade civil, em regime de mútua cooperação, para a consecução de finalidades de interesse público e recíproco, mediante a execução de atividades ou de projetos previamente estabelecidos em planos de trabalho inseridos em termos de colaboração, em termos de fomento ou em acordos de cooperação.

6.6.1. Disposições preliminares

De acordo com a Lei nº 13.019/2014, considera-se **organização da sociedade civil**:

a) entidade privada sem fins lucrativos que não distribua entre os seus sócios ou associados, conselheiros, diretores, empregados, doadores ou terceiros eventuais resultados, sobras, excedentes operacionais, brutos ou líquidos, dividendos, isenções de qualquer natureza, participações ou parcelas do seu patrimônio, auferidos mediante o exercício de suas atividades, e que os aplique integralmente na consecução do respectivo objeto social, de forma imediata ou por meio da constituição de fundo patrimonial ou fundo de reserva;
b) as sociedades cooperativas previstas na Lei nº 9.867, de 10 de novembro de 1999; as integradas por pessoas em situação de risco ou vulnerabilidade pessoal ou social; as alcançadas por programas e ações de combate à pobreza e de geração de trabalho e renda; as voltadas para fomento, educação e capacitação de trabalhadores rurais ou capacitação de agentes de assistência técnica e extensão rural; e as capacitadas para execução de atividades ou de projetos de interesse público e de cunho social;
c) as organizações religiosas que se dediquem a atividades ou a projetos de interesse público e de cunho social distintas das destinadas a fins exclusivamente religiosos.

Importante atentar que **não se aplicam as exigências da Lei nº 13.019/2014** às seguintes situações:

I. às transferências de recursos homologadas pelo Congresso Nacional ou autorizadas pelo Senado Federal naquilo em que as disposições específicas dos tratados, acordos e convenções internacionais conflitarem com esta Lei;
II. aos contratos de gestão celebrados com organizações sociais, desde que cumpridos os requisitos previstos na Lei nº 9.637, de 15 de maio de 1998;
III. aos convênios e contratos celebrados com entidades filantrópicas e sem fins lucrativos nos termos do § 1º do art. 199 da Constituição Federal;
IV. aos termos de compromisso cultural referidos no § 1º do art. 9º da Lei nº 13.018, de 22 de julho de 2014;
V. aos termos de parceria celebrados com organizações da sociedade civil de interesse público, desde que cumpridos os requisitos previstos na Lei nº 9.790, de 23 de março de 1999;
VI. às transferências referidas no art. 2º da Lei nº 10.845, de 5 de março de 2004, e nos arts. 5º e 22 da Lei nº 11.947, de 16 de junho de 2009;
VII. aos pagamentos realizados a título de anuidades, contribuições ou taxas associativas em favor de organismos internacionais ou entidades que sejam obrigatoriamente constituídas por: (a) membros de Poder ou do Ministério Público; (b) dirigentes de órgão ou de entidade da Administração Pública; (c) pessoas jurídicas de direito público interno; (d) pessoas jurídicas integrantes da Administração Pública;
VIII. às parcerias entre a Administração Pública e os serviços sociais autônomos.

6.6.2. Dos termos de colaboração e de fomento e acordo de cooperação

O **termo de colaboração** é o instrumento por meio do qual são formalizadas as parcerias estabelecidas pela Administração Pública com organizações da sociedade civil para a consecução de finalidades de interesse público e recíproco **propostas pela Administração Pública** que envolvam a transferência de recursos financeiros.

Quanto ao **termo de fomento**, é o instrumento por meio do qual são formalizadas as parcerias estabelecidas pela Administração Pública com organizações da sociedade civil para a consecução de finalidades de interesse público e recíproco **propostas pelas organizações da sociedade civil** que envolvam a transferência de recursos financeiros.

Exceto nas hipóteses previstas na lei, a celebração de termo de colaboração ou de fomento será precedida de chamamento público voltado a selecionar organizações da sociedade civil que tornem mais eficaz a execução do objeto.

Já o **acordo de cooperação** é o instrumento por meio do qual são formalizadas as parcerias estabelecidas pela Administração Pública com organizações da sociedade civil para a consecução de finalidades de interesse público e recíproco **que não envolvam a transferência de recursos financeiros.**

Em relação aos acordos de cooperação, quando o objeto envolver a celebração de comodato, doação de bens ou outra forma de compartilhamento de recurso patrimonial, haverá chamamento público.

Instrumento	Características	Precedido por chamamento público?
Termo de colaboração	Parcerias estabelecidas pela Administração Pública com organizações da sociedade civil para a consecução de finalidades de interesse público e recíproco propostas pela Administração Pública que envolvam a transferência de recursos financeiros.	Sim, exceto nos casos de dispensa e inexigibilidade.
Termo de fomento	Parcerias estabelecidas pela Administração Pública com organizações da sociedade civil para a consecução de finalidades de interesse público e recíproco propostas pelas organizações da sociedade civil que envolvam a transferência de recursos financeiros.	Sim, exceto nos casos de dispensa e inexigibilidade.
Acordo de cooperação	Parcerias estabelecidas pela Administração Pública com organizações da sociedade civil para a consecução de finalidades de interesse público e recíproco que não envolvam a transferência de recursos financeiros.	Não, exceto quando o objeto envolver a celebração de comodato, doação de bens ou outra forma de compartilhamento de recurso patrimonial.

6.6.3. Do procedimento de manifestação de interesse social

É instituído o procedimento de manifestação de interesse social como instrumento por meio do qual organizações da sociedade civil, movimentos sociais e cidadãos poderão apresentar propostas ao Poder Público para que este avalie a possibilidade de realização de um chamamento público objetivando a celebração de parceria.

A realização do procedimento de manifestação de interesse social não implicará, necessariamente, a execução do chamamento público, que acontecerá de acordo com os interesses da administração, bem como não dispensará a convocação por meio de chamamento público para a celebração de parceria.

A proposição ou a participação no procedimento de manifestação de interesse social não impede a organização da sociedade civil de participar no eventual chamamento público subsequente.

É vedado condicionar a realização de chamamento público ou a celebração de parceria à prévia realização de procedimento de manifestação de interesse social.

6.6.4. Do chamamento público

O **chamamento público** é o procedimento destinado a selecionar organização da sociedade civil para firmar parceria por meio de termo de colaboração ou de fomento, no qual se garanta a observância dos princípios da isonomia, da legalidade, da impessoalidade, da moralidade, da igualdade, da publicidade, da probidade administrativa, da vinculação ao instrumento convocatório, do julgamento objetivo e dos que lhes são correlatos.

A Administração Pública deverá adotar procedimentos claros, objetivos e simplificados que orientem os interessados e facilitem o acesso direto aos seus órgãos e instâncias decisórias, independentemente da modalidade de parceria prevista na lei.

Exceto nas hipóteses previstas na lei, a celebração de termo de colaboração ou de fomento será precedida de chamamento público voltado a selecionar organizações da sociedade civil que tornem mais eficaz a execução do objeto.

É vedado admitir, prever, incluir ou tolerar, nos atos de convocação, cláusulas ou condições que comprometam, restrinjam ou frustrem o seu caráter competitivo em decorrência de qualquer circunstância impertinente ou irrelevante para o específico objeto da parceria, admitidos: (i) a seleção de propostas apresentadas exclusivamente por concorrentes sediados ou com representação atuante e reconhecida na unidade da Federação onde será executado o objeto da parceria; (ii) o estabelecimento de cláusula que delimite o território ou a abrangência da prestação de atividades ou da execução de projetos, conforme estabelecido nas políticas setoriais.

O edital deverá ser amplamente divulgado em página do sítio oficial da Administração Pública na internet, com antecedência mínima de 30 dias.

O grau de adequação da proposta aos objetivos específicos do programa ou da ação em que se insere o objeto da parceria e, quando for o caso, ao valor de referência constante do chamamento constitui critério obrigatório de julgamento.

As propostas serão julgadas por uma comissão de seleção previamente designada, nos termos da lei, ou constituída pelo respectivo conselho gestor, se o projeto for financiado com recursos de fundos específicos.

Será impedida de participar da comissão de seleção pessoa que, nos últimos cinco anos, tenha mantido relação jurídica com, ao menos, uma das entidades participantes do chamamento público.

Configurado o impedimento, deverá ser designado membro substituto que possua qualificação equivalente à do substituído.

A Administração Pública homologará e divulgará o resultado do julgamento em página do sítio eletrônico.

Será obrigatoriamente justificada a seleção de proposta que não for a mais adequada ao valor de referência constante do chamamento público.

A homologação não gera direito para a organização da sociedade civil à celebração da parceria.

Somente depois de encerrada a etapa competitiva e ordenadas as propostas, a Administração Pública procederá à verificação dos documentos que comprovem o atendimento pela organização da sociedade civil selecionada.

Os termos de colaboração ou de fomento que envolvam recursos decorrentes de emendas parlamentares às leis orçamentárias anuais e os acordos de cooperação serão celebrados sem chamamento público. No entanto, em relação aos acordos de cooperação, quando o objeto envolver a celebração de comodato, doação de bens ou outra forma de compartilhamento de recurso patrimonial, haverá chamamento público.

6.6.4.1. Da dispensa do chamamento público

A Administração Pública poderá dispensar a realização do chamamento público:

I. no caso de urgência decorrente de paralisação ou iminência de paralisação de atividades de relevante interesse público, pelo prazo de até 180 dias;

II. nos casos de guerra, calamidade pública, grave perturbação da ordem pública ou ameaça à paz social;

III. quando se tratar da realização de programa de proteção a pessoas ameaçadas ou em situação que possa comprometer a sua segurança;

IV. no caso de atividades voltadas ou vinculadas a serviços de educação, saúde e assistência social, desde que executadas por organizações da sociedade civil previamente credenciadas pelo órgão gestor da respectiva política.

6.6.4.2. Da inexigibilidade do chamamento público

Será considerado inexigível o chamamento público na hipótese de inviabilidade de competição entre as organizações da sociedade civil, em razão da natureza singular do objeto da parceria ou se as metas somente puderem ser atingidas por uma entidade específica, especialmente quando:

I. o objeto da parceria constituir incumbência prevista em acordo, ato ou compromisso internacional, no qual sejam indicadas as instituições que utilizarão os recursos;

II. a parceria decorrer de transferência para organização da sociedade civil que esteja autorizada em lei na qual seja identificada expressamente a entidade beneficiária, inclusive quando se tratar da subvenção prevista no inciso I do § 3º do art. 12 da Lei nº 4.320, de 17 de março de 1964, observado o disposto no art. 26 da Lei Complementar nº 101, de 4 de maio de 2000.

O termo de fomento, o termo de colaboração e o acordo de cooperação somente produzirão efeitos jurídicos após a publicação dos respectivos extratos no meio oficial de publicidade da Administração Pública.

6.6.5. Da responsabilidade e das sanções

Pela execução da parceria em desacordo com o plano de trabalho e com as normas dessa lei e da legislação específica, a Administração Pública poderá, garantida a prévia defesa, aplicar à organização da sociedade civil as seguintes sanções:

I. advertência;

II. suspensão temporária da participação em chamamento público e impedimento de celebrar parceria ou contrato com órgãos e entidades da esfera de governo da Administração Pública sancionadora, por prazo não superior a dois anos;

III. declaração de inidoneidade para participar de chamamento público ou celebrar parceria ou contrato com órgãos e entidades de todas as esferas de governo, enquanto perdurarem os motivos determinantes da punição ou até que seja promovida a reabilitação perante a própria autoridade que aplicou a penalidade, que será concedida sempre que a organização da sociedade civil ressarcir a Administração Pública pelos prejuízos resultantes e após decorrido o prazo da sanção aplicada com base no item II.

As sanções estabelecidas nos itens II e III são de competência exclusiva de ministro de Estado ou de secretário estadual, distrital ou municipal, conforme o caso, facultada a defesa do interessado no respectivo processo, no prazo de dez dias da abertura de vista, podendo a reabilitação ser requerida após dois anos de aplicação da penalidade.

Prescreve em cinco anos, contados a partir da data da apresentação da prestação de contas, a aplicação de penalidade decorrente de infração relacionada à execução da parceria.

A prescrição será interrompida com a edição de ato administrativo voltado à apuração da infração.

7. CONSÓRCIOS PÚBLICOS

7.1. Comentários iniciais

Os consórcios públicos estão constitucionalmente previstos no art. 241 da CR/1988. Esse artigo constitucional foi disciplinado pela Lei nº 11.107/2005. Observe que essa lei é de caráter nacional. Dessa forma, é uma lei editada pela União, em sua competência privativa. Estados e municípios somente podem editar leis sobre consórcios públicos de forma complementar.

Os consórcios públicos visam à realização de objetivos de interesses comuns entre os entes consorciados, promovendo a gestão associada de serviços públicos.

Ademais, os consórcios públicos têm a natureza jurídica de negócio plurilateral. Observe que as partes expressam suas vontades voltadas para finalidades de interesses comuns de todos os consorciados, nos termos do art. 1º da Lei nº 11.107/2005. Pode-se afirmar que estão do mesmo lado na relação jurídica. Não há, como nos contratos, objetivos opostos.

Ainda, observe que a União somente poderá celebrar consórcio público com município se o Estado onde se localiza o município fizer parte do consórcio, nos termos do art. 1º, § 2º. Contudo, diferentemente, conforme afirma o art. 14 da Lei nº 11.107/2005, a União poderá celebrar convênios com consórcios constituídos por municípios com o objetivo de viabilizar a descentralização e a prestação de políticas públicas em escalas adequadas.

Art. 1º, § 2º A União somente participará de consórcios públicos em que também façam parte todos os Estados em cujos territórios estejam situados os Municípios consorciados.	Art. 14. A União poderá celebrar convênios com os consórcios públicos, com o objetivo de viabilizar a descentralização e a prestação de políticas públicas em escalas adequadas.

Veja o consórcio público APO (Autoridade Pública Olímpica): É um consórcio formado pela União, estado do RJ e município do RJ. Observe que somente foi possível o consórcio da União com o município do RJ porque o estado do RJ está também consorciado.

Imagine se a União desejasse se consorciar com o município de Belo Horizonte. Para tanto, o estado de Minas Gerais deveria estar igualmente consorciado.

De acordo com o art. 1º, § 3º, os consórcios públicos, na área de saúde, deverão obedecer aos princípios, às diretrizes e às normas que regulam o Sistema Único de Saúde (SUS).

Por fim, aplicam-se aos convênios de cooperação, no que couber, as disposições relativas aos consórcios públicos, nos termos do art. 1º, § 4º.

7.2. Formalização

Nos termos do art. 1º, § 1º, o consórcio público é uma pessoa jurídica, que poderá ser de direito público. Nesse caso, será chamada de associação pública. Da mesma forma, o consórcio pode ganhar contornos de pessoa jurídica de direito privado.

Quando for uma pessoa jurídica de direito público (associação pública), o consórcio integrará a Administração Pública indireta de todos os entes da Federação que estejam consorciados, nos termos do art. 6º, § 1º, da lei. Atente-se que a associação pública é, na verdade, uma autarquia especial.

O consórcio público, com personalidade jurídica de direito público ou privado, observará as normas de direito público no que concerne à realização de licitação, à celebração de contratos, à prestação de contas e à admissão de pessoal, sendo regido pela Consolidação das Leis do Trabalho (CLT).

A Lei nº 11.107/2005 estabelece dois requisitos formais para a formação dos consórcios públicos.

Primeiramente, nos termos do art. 3º, deve ser realizado o protocolo de intenções que corresponde, na verdade, ao próprio conteúdo do ajuste firmado entre os entes da Federação. Em segundo lugar, firmado esse protocolo de intenções, este deve ser objeto de ratificação por lei de cada ente consorciado. Observe que essa ratificação poderá ser dispensada, caso o ente federado já tenha editado lei disciplinadora de sua participação no consórcio, como afirma o art. 5º, § 4º, da Lei dos Consórcios.

Veja:

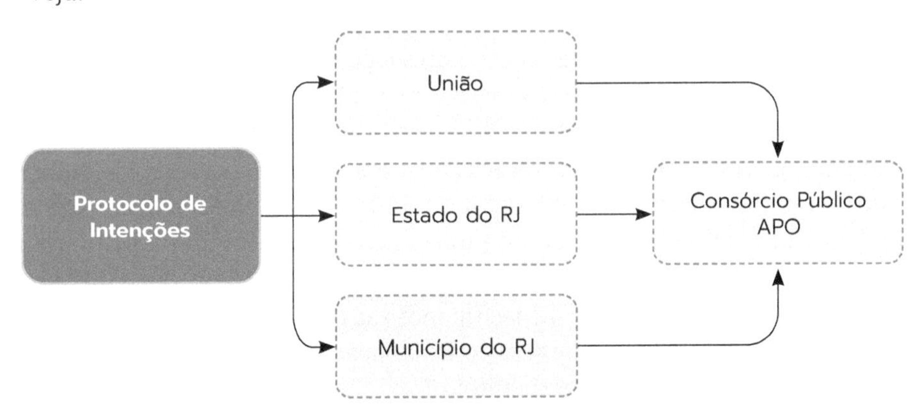

De acordo com o art. 5º, § 2º, a ratificação pode ser realizada com reserva que, aceita pelos demais entes subscritores, implicará consorciamento parcial ou condicional.

O art. 5º, § 3º, estabelece que a ratificação realizada após dois anos da subscrição do protocolo de intenções dependerá de homologação da assembleia geral do consórcio público.

Atente-se ainda à possibilidade de retirada do ente federado do consórcio. Trata-se de tema disciplinado nos arts. 11 e 12 da Lei nº 11.107/2005.

Pelo art. 11, a retirada do ente da Federação do consórcio público dependerá de ato formal de seu representante na assembleia geral, na forma previamente disciplinada por lei.

Os bens destinados ao consórcio público pelo consorciado que se retira somente serão revertidos ou retrocedidos no caso de expressa previsão no contrato de consórcio público ou no instrumento de transferência ou de alienação.

A retirada ou a extinção de consórcio público ou convênio de cooperação não prejudicará as obrigações já constituídas, inclusive os contratos, cuja extinção dependerá do pagamento das indenizações eventualmente devidas.

Por fim, atente-se para a diferença acerca da extinção e da alteração do contrato de consórcio. Nesse sentido, de acordo com o art. 12, a extinção de contrato de consórcio público dependerá de instrumento aprovado pela assembleia geral, **ratificado mediante lei por todos os entes consorciados**. Ademais, até que haja decisão que indique os responsáveis por cada obrigação, os entes consorciados responderão **solidariamente** pelas obrigações remanescentes, garantindo o direito de regresso em face dos entes beneficiados ou dos que deram causa à obrigação. Por outro lado, a alteração de contrato de consórcio público dependerá de instrumento aprovado pela assembleia geral, **ratificado mediante lei pela maioria dos entes consorciados.**

7.3. Contrato de rateio

Sobre o contrato de rateio, imperioso faz-se a leitura do art. 8º e seus parágrafos da Lei nº 11.107/2005.

Os entes consorciados somente entregarão recursos ao consórcio público mediante contrato de rateio. Em outras palavras, é o pressuposto para que os entes transfiram recursos ao consórcio público.

O contrato de rateio será formalizado em cada exercício financeiro e seu prazo de vigência não será superior ao das dotações que o suportam. Dessa forma, a duração do contrato de rateio será equivalente a um ano. Contudo, haverá exceção dos contratos que tenham por objeto exclusivamente projetos contemplados no plano plurianual.

Pela existência do contrato de rateio, é nula a cláusula do contrato de consórcio que preveja determinadas contribuições financeiras ou econômicas de ente da Federação ao consórcio público. Em regra, as contribuições dadas pelos entes consorciados devem estar previstas no contrato de rateio.

É vedada a aplicação dos recursos entregues por meio de contrato de rateio para o atendimento de despesas genéricas, inclusive transferências ou operações de crédito.

Os entes consorciados, isolados ou em conjunto, bem como o consórcio público, são partes legítimas para exigir o cumprimento das obrigações previstas no contrato de rateio.

Por fim, poderá ser excluído do consórcio público, *após prévia suspensão*, o ente consorciado que não consignar, em sua lei orçamentária ou em créditos adicionais, as dotações suficientes para suportar as despesas assumidas por meio de contrato de rateio.

7.4. Contrato de programa

O contrato de programa está previsto no art. 13 da Lei dos Consórcios Públicos. De acordo com esse artigo, o contrato de programa será condição de validade da constituição e regulação das obrigações que os entes consorciados assumam para com outros entes consorciados ou para com o próprio consórcio.

O objetivo do contrato de programa é a gestão associada em que haja a prestação de serviços públicos ou a transferência total ou parcial de encargos, serviços, pessoal ou de bens necessários à continuidade dos serviços transferidos.

Conforme o art. 13, § 3º, é nula a cláusula de contrato de programa que atribuir ao contratado o exercício dos poderes de planejamento, regulação e fiscalização dos serviços por ele próprio prestados. Segundo Carvalho Filho, "a razão é óbvia: não podem fundir-se numa só pessoa as figuras do ente controlador e do ente controlado, pena de extinguir-se o próprio controle".

O contrato de programa continuará vigente mesmo quando extinto o consórcio público ou o convênio de cooperação que autorizou a gestão associada de serviços públicos.

7.5. Controle pelo Tribunal de Contas

De acordo com o art. 9º, parágrafo único, da Lei nº 11.107/2005, o consórcio público está sujeito à fiscalização contábil, operacional e patrimonial pelo Tribunal de Contas competente para apreciar as contas do chefe do Poder Executivo representante legal do consórcio, inclusive quanto à legalidade, à legitimidade e à economicidade de despesas, atos, contratos e renúncia de receitas, sem prejuízo do controle externo a ser exercido em razão de cada um dos contratos de rateio.

7.6. Comentários finais sobre a Lei de Consórcios

Importante observar o previsto no art. 1º, § 1º, da Lei de Consórcios. De acordo com esse dispositivo legal, o consórcio poderá:

1) firmar convênios, contratos, acordos de qualquer natureza, receber auxílios, contribuições e subvenções sociais ou econômicas de outras entidades e órgãos do governo;
2) promover desapropriações e instituir servidões nos termos de declaração de utilidade ou necessidade pública, ou interesse social, realizada pelo Poder Público; e
3) ser contratado pela Administração direta ou indireta dos entes da Federação consorciados, dispensada a licitação.

7.7. As diferenças entre os consórcios públicos e os convênios de cooperação

No contexto do federalismo cooperativo brasileiro, os convênios de cooperação e os consórcios públicos representam instrumentos de gestão associada para a implementação de políticas públicas de maneira conjunta entre diferentes entes federativos. Estes mecanismos, embora semelhantes em seus objetivos, diferenciam-se profundamente em termos de estrutura jurídica, natureza das obrigações e impacto nas relações intergovernamentais.

7.7.1. Finalidade e estrutura jurídica

Os convênios de cooperação são caracterizados pela flexibilidade e pela ausência de uma entidade jurídica própria. Trata-se de uma parceria temporária que permite a cada ente federado desistir do acordo a qualquer momento, sendo, portanto, indicado para compromissos específicos e pontuais. Não havendo criação de uma nova pessoa jurídica, os convênios são amplamente utilizados para formalizar o compartilhamento de recursos e serviços, como a concessão temporária de bens ou informações entre entes, sem a necessidade de uma estrutura administrativa complexa.

Por outro lado, os consórcios públicos estabelecem uma nova entidade com personalidade jurídica própria, podendo esta ser de direito público ou privado. Essa estrutura gera maior comprometimento entre os entes envolvidos, consolidando uma relação duradoura e estável, especialmente adequada para projetos complexos e de longo prazo. A constituição de um consórcio público requer a ratificação por leis específicas em cada ente participante, o que, embora adicione formalidade e segurança jurídica, também torna o processo mais rígido e demorado.

7.7.2. Natureza das obrigações

Nos convênios, as obrigações são de natureza colaborativa e temporária, podendo ser ajustadas conforme as circunstâncias. Essa característica os torna apropriados para ações de menor escala ou duração, como o compartilhamento de veículos, cooperação em programas educacionais ou na área da saúde, em que a flexibilidade e rapidez são desejáveis.

Em contraste, os consórcios públicos exigem um contrato detalhado que define com precisão as obrigações de cada ente, os recursos financeiros, os prazos e o critério de rateio de despesas. Essa formalidade é essencial para garantir a continuidade e previsibilidade de projetos de infraestrutura e parcerias público-privadas (PPPs), nos quais compromissos estáveis e detalhados são fundamentais para o sucesso do empreendimento. O contrato de rateio, por exemplo, é um documento obrigatório que estabelece a contribuição financeira de cada consorciado, assegurando que os compromissos assumidos serão mantidos ao longo do tempo.

7.7.3. Impacto nas relações intergovernamentais

O convênio se destaca pela simplicidade e celeridade na formalização de parcerias, permitindo respostas rápidas a demandas emergenciais ou de curto prazo. Contudo, a ausência de uma estrutura jurídica robusta dificulta o uso de convênios para projetos de longa duração, já que a continuidade pode ser comprometida pela natureza instável do acordo.

Já o consórcio público, com sua constituição mais burocrática, proporciona estabilidade nas relações intergovernamentais, mitigando riscos de comportamentos oportunistas, como a interrupção do compromisso em razão de alternâncias políticas. Esse aspecto é crucial em projetos de elevado investimento, uma vez que a formalidade do consórcio previne rupturas inesperadas, mantendo a sustentabilidade do projeto ao longo do tempo.

7.7.4. Importância e aplicabilidade no federalismo cooperativo

Esses mecanismos de cooperação intergovernamental são essenciais no contexto federativo brasileiro. Enquanto os consórcios públicos facilitam a união de municípios menores para enfrentar problemas complexos, como o saneamento básico e a gestão de resíduos, os convênios de cooperação se mostram adequados para situações que demandam rapidez e flexibilidade. Ambos, portanto, fortalecem o federalismo cooperativo, permitindo que os entes federados compartilhem recursos e responsabilidades de acordo com as demandas de cada situação.

Em resumo, consórcios públicos e convênios de cooperação oferecem caminhos distintos, porém complementares, para a implementação de políticas públicas e a execução conjunta de serviços no Brasil. A escolha entre um e outro depende das necessidades específicas de cada projeto, sua duração e complexidade, e o nível de formalidade e estabilidade requerido.

QUESTÕES DE CONCURSO

1. CESPE/CEBRASPE – 2022 – MPC-SC – Procurador Consultivo de Contas

Os objetivos dos consórcios públicos para a realização de objetivos de interesse comum entre os entes federativos serão determinados pela União.

Comentário: O erro está em dizer que os objetivos são determinados pela União. Na verdade, são os entes da Federação que se consorciarem que irão definir. Nesse sentido, o art. 2º da Lei 11.107/2005, segundo o qual os objetivos dos consórcios públicos serão determinados pelos entes da Federação que se consorciarem, observados os limites constitucionais.

2. CESPE/CEBRASPE – 2022 – DPE-TO – Defensor Público

Submetem-se ao regime jurídico próprio das empresas privadas, inclusive no que tange aos direitos e às obrigações de natureza civil, comercial, tributária e trabalhista,

A) sociedades de economia mista exploradoras de atividade econômica.

B) sociedades de economia mista prestadoras de serviços públicos.

C) fundações públicas.

D) autarquias.

E) agências reguladoras.

Comentário: Para responder corretamente essa questão, é necessário conhecimentos acerca do art. 173, § 1º, II, da Constituição Federal, segundo o qual a lei estabelecerá o estatuto jurídico da **empresa pública, da sociedade de economia mista e de suas subsidiárias que explorem atividade econômica de produção ou comercialização de bens ou de prestação de serviços**, dispondo sobre a sujeição ao regime jurídico próprio das empresas privadas, inclusive quanto aos direitos e às obrigações civis, comerciais, trabalhistas e tributários.

Dessa forma, a resposta correta é "sociedades de economia mista exploradoras de atividade econômica" (alternativa A).

3. Questão autoral – Sobre as agências reguladoras, marque a assertiva incorreta:

A) Os cargos de dirigentes de agências reguladoras são cargos em comissão, mas não são de livre exoneração.

B) O ex-dirigente fica impedido para o exercício de atividades ou de prestar qualquer serviço no setor regulado pela respectiva agência, por um período de seis meses, contados da exoneração ou do término do seu mandato.

C) A teoria da captura consiste em uma falha de governo, pela qual há a quebra da independência e da autonomia das agências reguladoras, de modo que passam a favorecer os entes regulados, que são economicamente mais fortes.

D) O poder regulatório conferido às agências reguladoras não confere a elas a possibilidade de aplicar sanções.

Comentário: A) Correta. O art. 6º da Lei nº 9.986/2000 estabelecem que o mandato dos membros do Conselho Diretor ou da Diretoria Colegiada das agências reguladoras será de 5 (cinco) anos, vedada a recondução, ressalvada a hipótese de vacância antes do período final.

Ademais, o art. 9º da mesma Lei estabeleceu os casos em que o dirigente perderá o mandato, quais seja: 1) Renúncia; 2) Condenação Judicial Transitada em julgado, ou 3) Processo Administrativo disciplinar e 4) por infringência de quaisquer das vedações impostas aos dirigentes.

A legislação, dessa forma, proíbe a exoneração *ad nutum*, ou seja, por livre vontade do administrador público.

B) Correta. De acordo com o art. 8º da Lei nº 9.986/2000, o ex-dirigente fica impedido para o exercício de atividades ou de prestar qualquer serviço no setor regulado pela respectiva agência, por um período de seis meses, contados da exoneração ou do término do seu mandato.

C) Correta. A teoria da captura consiste em uma falha de governo, pela qual há a quebra da independência e da autonomia das agências reguladoras, de modo que passam a favorecer os entes regulados, que são economicamente mais fortes. O que se quer dizer é que os entes regulados capturam as agências reguladoras no intuito de proteger os seus interesses.

É possível que a captura ocorra também pelo próprio setor público, em razão de decisões políticas que influenciam na atividade regulada, levando a quebra da independência e autonomia da agência reguladora.

4. Questão autoral – Acerca da organização administrativa, marque a assertiva correta:

A) A desconcentração é o fenômeno de distribuição de competências para uma pessoa, jurídica ou física, distinta.

B) Os órgãos públicos são unidades administrativas personalizadas, dotadas de um feixe de atribuições e ocupadas por um agente público.

C) A teoria do mandato é a teoria aplicada como regra no Brasil.

D) Os órgãos autônomos são os órgãos de cúpula da Administração, subordinados diretamente à chefia dos órgãos independentes; possuem autonomia administrativa e financeira, mas não possuem autonomia técnica.

E) Os órgãos superiores são órgãos de direção, controle e comando, mas sujeitos à subordinação e ao controle hierárquico de uma chefia; não possuem autonomia financeira e administrativa, possuindo apenas autonomia técnica.

Comentário: A) Incorreta. O conceito trazido na alternativa trata-se da descentralização. A desconcentração é o fenômeno de distribuição de competências dentro da mesma pessoa jurídica, isto é, haverá uma repartição de competências **interna**.

B) Incorreta. Os órgãos públicos são unidades administrativas **despersonalizadas**, dotadas de um feixe de atribuições e ocupadas por um agente público. Dessa forma, em regra, não poderão ser partes em demandas judiciais. Isso ocorre em razão da teoria da imputação volitiva, isto é, a vontade exteriorizada pelos agentes deve ser imputada à pessoa jurídica que o órgão integra.

C) Incorreta. Teoria do órgão é a aplicada como regra no Brasil. Segundo essa teoria, o agente ocupa um órgão que integra um organismo maior. O agente público faz parte do Estado, ele **presenta** o Estado. Dessa forma, onde estiver presente o agente, estará presente o Estado.

D) Incorreta. Os órgãos autônomos são os órgãos de cúpula da Administração, subordinados diretamente à chefia dos órgãos independentes; possuem autonomia administrativa, financeira e técnica.

E) Correta. De fato, os órgãos superiores são órgãos de direção, controle e comando, mas sujeitos à subordinação e ao controle hierárquico de uma chefia; não possuem autonomia financeira e administrativa, possuindo apenas autonomia técnica. Estão nessa classificação os departamentos, coordenadorias, os gabinetes.

5. Instrumento por meio do qual são formalizadas as parcerias estabelecidas pela Administração Pública com organizações da sociedade civil para a consecução de finalidades de interesse público e recíproco propostas pela Administração Pública que envolvam a transferência de recursos financeiros.

O instrumento anterior refere-se a:

A) termo de colaboração.

B) termo de fomento.

C) acordo de cooperação.

D) termo de parceria.

E) contrato de rateio.

Comentário: A) Correta. De acordo com o art. 2º, VII, da Lei nº 13.019/2014, o termo de colaboração é o instrumento por meio do qual são formalizadas as parcerias estabelecidas pela Administração Pública com organizações da sociedade civil para a consecução de finalidades de interesse público e recíproco propostas pela Administração Pública que envolvam a transferência de recursos financeiros.

B) Incorreta. De acordo com o art. 2º, VIII, da Lei nº 13.019/2014, o termo de fomento é o instrumento por meio do qual são formalizadas as parcerias estabelecidas pela Administração Pública com organizações da sociedade civil para a consecução de finalidades de interesse público e recíproco propostas pelas organizações da sociedade civil que envolvam a transferência de recursos financeiros.

C) Incorreta. De acordo com o art. 2º, VIII-A, da Lei nº 13.019/2014, o acordo de cooperação é o instrumento por meio do qual são formalizadas as parcerias estabelecidas pela Administração Pública com organizações da sociedade civil para a consecução de finalidades de interesse público e recíproco que não envolvam a transferência de recursos financeiros.

D) Incorreta. De acordo com o art. 9º da Lei nº 9.790/1999, o termo de parceria é o instrumento passível de ser firmado entre o Poder Público e as entidades qualificadas como organizações da sociedade civil de interesse público destinado à formação de vínculo de cooperação entre as partes, para o fomento e a execução das atividades de interesse público.

E) Incorreta. De acordo com o art. 8º da Lei nº 11.107, o contrato de rateio é o instrumento pelo qual os entes consorciados entregarão recursos ao consórcio público.

Capítulo III
PODERES ADMINISTRATIVOS

1. DOS PODERES, DEVERES E PRERROGATIVAS

O Poder Público atua no mundo jurídico por meio dos seus agentes públicos, que são responsáveis por colocar em prática a vontade da Administração Pública. Por essa razão, o ordenamento jurídico concede a esses agentes certas prerrogativas peculiares à sua qualificação, as quais são indispensáveis para alcançar os objetivos públicos.

No entanto, é importante ressaltar que, ao mesmo tempo que os agentes públicos recebem poderes, eles também são obrigados a cumprir deveres. O exercício dos poderes administrativos não é uma faculdade, mas uma obrigação do agente público, e a falta de ação pode resultar em responsabilização cível, penal e administrativa do agente.

Portanto, é fundamental que os agentes públicos compreendam os limites e as responsabilidades envolvidos no exercício dos poderes administrativos, a fim de garantir que as suas ações estejam sempre em conformidade com os princípios da legalidade, impessoalidade, da moralidade, da publicidade e da eficiência, que regem a Administração Pública.

Importante observar que esses poderes são **instrumentais**, isto é, são mecanismos pelos quais os agentes públicos, os órgãos e as pessoas jurídicas da Administração exercem e executam suas tarefas e funções.

Atente-se ainda que os poderes da Administração são diferentes dos poderes que compõem o Estado, isto é, os Poderes Executivo, Legislativo e Judiciário.

2. PODERES ADMINISTRATIVOS

São os meios, os instrumentos para fazer valer a supremacia do interesse público. São poderes administrativos o poder hierárquico, o poder disciplinar, o poder normativo e o poder de polícia. Há ainda quem estabeleça o poder vinculado e o poder discricionário.

Importante pontuar que esta obra não entende pela existência de vinculação e de discricionariedade como poderes. Na verdade, o entendimento é de que há atos que são vinculados e atos que são discricionários.

Portanto, a vinculação e a discricionariedade não serão aqui tratadas como poderes, mas como atos administrativos, razão pela qual o estudo deve ser feito no capítulo dos atos administrativos.

2.1. Poder hierárquico

O poder hierárquico é o poder de escalonar as funções entre seus órgãos, e agentes da **mesma entidade**. Não há uma relação de hierarquia entre a Administração direta e indireta ou entre pessoas jurídicas distintas. Nessa relação, existe apenas uma vinculação, que permite o controle finalístico, mas não o exercício do poder hierárquico.

O objetivo desse poder é organizar a função administrativa, de maneira que permita a atuação isonômica e hierarquizada dos agentes púbicos.

O poder hierárquico também possibilita, em razão da hierarquia formada, ordenar e rever a atuação dos agentes de determinado órgão.

No âmbito do Poder Judiciário e Legislativo, não existe hierarquia, no sentido de relação de coordenação e subordinação, no que diz respeito às suas funções judicantes e às legislativas. Observe que, em relação a esses poderes, a hierarquia acontece apenas na sua função administrativa.

2.1.1. Poderes decorrentes da hierarquia

I – Poder de comando

O poder de comando, decorrente do poder hierárquico, consiste no comando em que os órgãos e agentes superiores exercem sobre os de hierarquia inferior. Observe que os órgãos e agentes de hierarquia inferior têm o dever de obediência em cumprir as determinações superiores, salvo se manifestamente ilegais.[1]

II – Poder de fiscalização

Esse poder consiste na possibilidade de o agente hierarquicamente superior fiscalizar as atividades desempenhadas pelo agente hierarquicamente inferior. Atente-se que a fiscalização pode recair sobre critérios e legalidade, assim como em critérios de mérito administrativo, isto é, se o agente pratica o ato de acordo com as diretrizes fixadas pelo órgão.

III – Poder de revisão

Esse poder consagra a possibilidade de os atos dos agentes públicos serem revistos por uma autoridade. Observe que a revisão desses atos pode ocorrer por meio das anulações (ato ilegal) ou por revogação (atos inoportunos ou inconvenientes),

[1] DI PIETRO, Maria Sylvia Zanella. *Direito Administrativo*. 25. ed. São Paulo: Atlas, 2012. p. 96.

seja de ofício, seja mediante provocação dos interessados. Neste último caso, há os chamados recursos hierárquicos.[2]

O recurso hierárquico pode ser próprio ou impróprio. Aquele consiste na revisão do ato pela autoridade hierarquicamente superior àquela que praticou o ato. Por sua vez, este consiste na revisão do ato por uma autoridade que não é hierarquicamente superior ao agente emissor do ato. Na verdade, a autoridade que irá rever o ato não se encontra na mesma estrutura funcional que o agente que praticou o ato.

IV – Poder de delegação e avocação

O poder de delegação consiste na transferência de atribuições, de competências legais. Essa transferência pode ocorrer para outro agente da mesma hierarquia ou para outro de hierarquia inferior. Observe que, somente neste último caso, a delegação é decorrente do poder hierárquico.

Por sua vez, o poder de avocação é o inverso da delegação. Em outras palavras, na avocação, o agente hierarquicamente superior chama para si atribuições do agente hierarquicamente inferior.

Os arts. 11 a 17 da Lei nº 9.784/1999 disciplinam a delegação e a avocação em âmbito federal. O estudo desses dispositivos será feito em momento oportuno no capítulo dos atos administrativos.

V – Poder de dirimir conflitos de competências

Caso haja um conflito positivo, isto é, dois ou mais agentes que se acham competentes para a prática do ato, ou um conflito negativo, ou seja, dois ou mais agentes que se acham incompetentes, a autoridade superior tem a prerrogativa de estabelecer qual é o agente competente.

2.2. Poder disciplinar

O poder disciplinar consiste na apuração de infrações administrativas, assim como na imposição de penalidades (quando necessário) aos servidores e às demais pessoas que estejam submetidas à disciplina administrativa.

[2] DI PIETRO, Maria Sylvia Zanella. *Direito Administrativo*. 25. ed. São Paulo: Atlas, 2012. p. 96.

Observe que o poder disciplinar decorre do poder hierárquico. Contudo, as sanções não decorrem deste poder, sendo derivadas daquele poder.

Acerca do poder disciplinar, fala-se, na doutrina tradicional, que o seu exercício é **discricionário**. Todavia, é necessário diferenciar a seguinte situação: a aplicação da penalidade, quando for caso para isso, ou seja, constatada a infração após a instauração de um PAD, por exemplo, é ato obrigatório para o administrador público, ou seja, consiste em **ato vinculado**. Por sua vez, a penalidade a ser aplicada **depende da discricionariedade** administrativa, **caso a lei já não estabeleça qual a penalidade deva ser aplicada**. Em outras palavras, se a lei definir qual a sanção será aplicada para a infração cometida, o gestor não poderá deixar de aplicar a sanção estabelecida. Será possível, em determinados casos, contudo, ao gestor mensurar a sanção, quando a lei, por exemplo, estabelece que caberá a sanção de suspensão até 90 dias, como faz o art. 130 da Lei nº 8.112/1990. Sendo caso de suspensão, a autoridade competente terá a liberdade de fixar os dias, conforme sua análise de oportunidade e conveniência, de acordo com a gravidade ou não da infração.

Nesse sentido, há a Súmula nº 650 do STJ, segundo a qual a autoridade administrativa não dispõe de discricionariedade para aplicar ao servidor pena diversa de demissão quando caracterizadas as hipóteses previstas no art. 132 da Lei nº 8.112/1990.

Embora a súmula fale sobre a demissão no âmbito da Lei nº 8.112/1990, pode-se aplicar a mesma lógica para todo e qualquer estatuto que prever que determinada situação levará à demissão. Não há discricionariedade para aplicar outra penalidade: a demissão deverá ser aplicada.

Atente-se que particulares podem sofrer a incidência do poder disciplinar. Para isso, exige-se uma relação de sujeição especial, isto é, a exigência de um vínculo específico (aqueles que se sujeitam à disciplina administrativa). Aqui, há, como exemplo, o estudante de uma escola pública, bem como a empresa contratada para realizar uma obra pública.

Diferentemente, **no poder de polícia, o particular terá uma sujeição geral**, não necessitando de um vínculo específico com a Administração Pública.

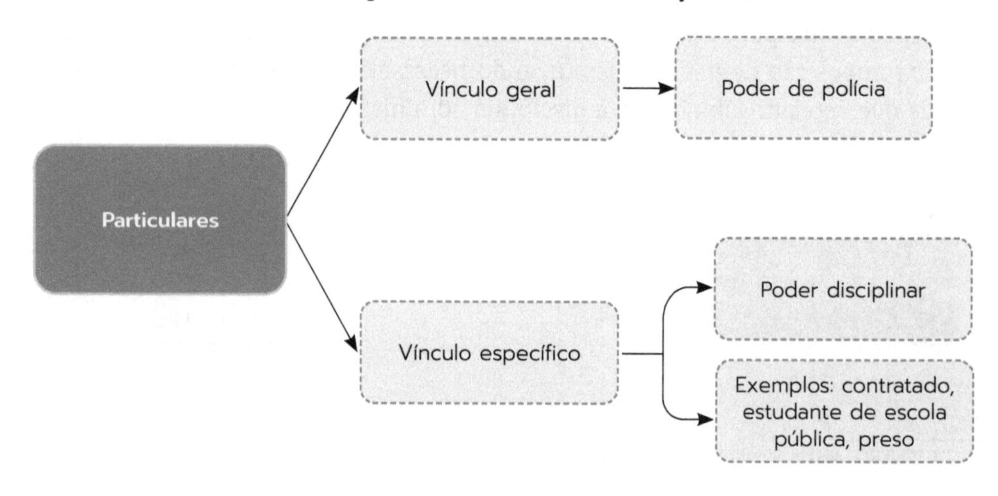

Por fim, importante é a Súmula 665 do STJ, que ocupa um papel crucial no contexto do controle jurisdicional sobre os processos administrativos disciplinares. Segundo esta súmula, a atuação do Poder Judiciário limita-se à verificação da regularidade procedimental e da legalidade do ato administrativo disciplinar, sempre sob a égide dos princípios fundamentais do contraditório, da ampla defesa e do devido processo legal.

Este entendimento jurisprudencial estabelece que o exame judicial desses processos não deve adentrar o âmbito do mérito administrativo, isto é, as instâncias judiciais não estão autorizadas a reavaliar as decisões discricionárias tomadas pela Administração Pública no exercício de sua função disciplinar. Tal restrição visa preservar a separação entre as esferas de competência administrativa e judicial, resguardando a autonomia da administração para avaliar o comportamento de seus servidores dentro dos limites legais e regulamentares estabelecidos.

No entanto, a própria súmula admite exceções a essa regra de não intervenção no mérito administrativo, permitindo a atuação judicial em situações de evidente ilegalidade, teratologia ou quando se constata uma desproporcionalidade manifesta na sanção aplicada. Tais exceções são de extrema importância, pois garantem que o controle jurisdicional possa ser efetivado para corrigir abusos ou desvios de poder por parte da Administração, assegurando, assim, a proteção dos direitos fundamentais dos administrados e o respeito aos princípios que regem a atuação administrativa.

Dessa forma, embora a Súmula 665 do STJ delimite o escopo de atuação do Poder Judiciário no controle dos processos administrativos disciplinares, ela também reafirma o compromisso do sistema jurídico com a legalidade, a proporcionalidade e a justiça, permitindo a intervenção judicial em casos excepcionais para prevenir ou remediar violações aos direitos dos indivíduos ou aos princípios que norteiam a Administração Pública.

2.3. Poder normativo ou regulamentar

Por esse poder, a Administração tem a prerrogativa de regulamentar, complementar e dar fiel execução à lei.

Veja que a prerrogativa do Poder Público consiste em regulamentar e complementar a lei; dessa forma, não pode a Administração inovar a ordem jurídica, criando algo que a lei não autorizou. Caso assim proceda, a Administração invadirá competência do Poder Legislativo, atuando, portanto, com abuso de poder regulamentar. Nesse sentido, para o STF, é inconstitucional – por exorbitar os limites outorgados ao Presidente da República, nos termos do art. 84, IV, da CR/1988 e vulnerar políticas públicas de proteção a direitos fundamentais – norma de decreto presidencial, editado com base no poder regulamentar, que inova na ordem jurídica e fragiliza o programa normativo estabelecido pelo Estatuto do Desarmamento.

Com o exercício do poder regulamentar, a Administração Pública irá editar regras, obrigatórias, gerais, abstratas, impessoais.

Em outras palavras, "ao desempenhar o poder regulamentar, a Administração exerce inegavelmente função normativa, porquanto expede normas de caráter geral e com grau de abstração e impessoalidade".[3]

Os atos normativos podem ser divididos em atos originários e derivados. Os primeiros são aqueles atos emanados pelo Poder Legislativo, isto é, de um órgão estatal com competência própria, outorgada pela própria Constituição da República. Por sua vez, os segundos são aqueles que objetivam explicar ou especificar um conteúdo normativo já existente. Dessa forma, o poder regulamentar, por óbvio, produz os atos normativos derivados.

2.3.1. Formalização

A forma de exteriorização do poder regulamentar ocorre por meio dos decretos e regulamentos. A Constituição da República outorgou essa prerrogativa, basicamente, aos chefes do Poder Executivo dos entes federados. Contudo, autoridades administrativas também praticam atos normativos, como as instruções normativas, as resoluções e as portarias.

Os regulamentos podem ser classificados de acordo com os efeitos que produzem. A primeira classificação os divide em **jurídicos (ou normativos) e administrativos (ou de organização)**. Os regulamentos jurídicos afetam os cidadãos indistintamente e são editados com fundamento em uma relação de supremacia estatal geral, como os regulamentos expedidos com base no poder de polícia. Já os regulamentos administrativos estabelecem normas sobre a organização administrativa ou afetam apenas os particulares que se encontram em relação de sujeição especial com a Administração, como os regulamentos que versam sobre a prestação de serviço público concedido ou a utilização de repartições públicas.

A segunda classificação diz respeito à validade dos regulamentos e seriam os regulamentos próprios do poder regulamentar. Por meio dessa classificação, haveria o **regulamento executivo, o regulamento autônomo, o regulamento autorizado e o regulamento de necessidade**. Os regulamentos executivos, também conhecidos como decretos regulamentares ou de execução, são editados com base na lei e necessários para sua fiel execução, nos termos do art. 84, IV, da CR/1988, e representam o poder regulamentar propriamente dito. Os regulamentos autônomos, por sua vez, têm seu fundamento de validade direto na Constituição e inovam na ordem jurídica, não havendo intermediação legislativa. Quanto aos regulamentos autorizados ou delegados, são editados no exercício de função normativa delimitada em ato legislativo. Por fim, os regulamentos de necessidade são produzidos em situações de urgência, como o estado de necessidade administrativo.

Os regulamentos autônomos são de extrema importância na atuação da Administração Pública, no entanto há divergências quanto à sua constitucionalidade. De um

---

[3] CARVALHO FILHO, José dos Santos. *Manual de Direito Administrativo*. 26. ed. rev., ampl. e atual. São Paulo: Atlas, 2013. p. 57.

lado, há a teoria dos poderes implícitos, que defende a legitimidade da Administração para suprir as omissões do Legislativo por meio da edição de regulamentos que visem à concretização de seus deveres constitucionais. De outro lado, há a concepção liberal tradicional, que sustenta que a Administração só pode atuar se expressamente autorizada pelo legislador, o que impediria a edição dos regulamentos autônomos.

Diversos dispositivos constitucionais são usualmente apontados para fundamentar a impossibilidade de edição dos regulamentos autônomos, como os arts. 5º, II, 37, *caput*, 49, V, e 84, IV, todos da CR/1988, bem como o art. 25, I, do ADCT. É importante ressaltar a relevância desse debate, pois a edição de regulamentos autônomos pode trazer consequências significativas para a ordem jurídica e o equilíbrio entre os poderes.

É igualmente importante salientar que há a possibilidade de poderes normativos autônomos fora do Poder Legislativo encontrando respaldo na Constituição Federal. Entre os exemplos mais relevantes, há o art. 84, VI, *a*, alterado pela EC nº 32/2001, que dispensa a necessidade de lei para o tratamento da organização da Administração Pública Federal e permite que essa matéria seja disciplinada por decreto autônomo, fundamentado no próprio texto constitucional. Tal regra também é aplicável, por simetria, aos estados, ao Distrito Federal e aos municípios. Além disso, o Conselho Nacional de Justiça (CNJ) e o Conselho Nacional do Ministério Público (CNMP), instituídos pela EC nº 45/2004, têm poder normativo, consubstanciado na prerrogativa de expedir atos regulamentares no âmbito de suas competências, ou recomendar providências. A constitucionalidade da Resolução nº 7/2005 do CNJ, editada com fundamento direto na Constituição, foi reconhecida pelo STF por ocasião do julgamento da ADC nº 12. Ademais, os arts. 103-B, § 4º, I, e 130-A, § 2º, I, ambos inseridos pela EC nº 45/2004, conferem aos conselhos poderes normativos que ampliam sua atuação no âmbito das políticas públicas e da administração do Judiciário e do Ministério Público, respectivamente.

No que se refere ao decreto autônomo, previsto no art. 84, VI, *b*, da CR/1988, importante o posicionamento do STF, segundo o qual é inconstitucional – por manifesta violação ao art. 84, VI, *b*, da Constituição Federal – a extinção de cargos e funções que estejam ocupados na data da edição do decreto do presidente da República.[4]

Também é importante pontuar que, de acordo com o STF[5] é inconstitucional – por ultrapassar a prerrogativa pautada na mera reorganização administrativa e ofender o princípio da reserva legal, nos termos do art. 48, X, c/c o art. 61, § 1º, II, *a*, da CR/1988, norma estadual que autoriza a transformação, mediante decreto ou outro ato normativo infralegal, de funções de confiança em cargos em comissão ou vice-versa.

2.3.2. *Poder regulamentar x poder regulatório*

Atente-se ao fato de o poder regulatório ser diferente de poder regulamentar. Ambos os termos se referem a diferentes aspectos da capacidade do Estado de esta-

---

4 ADI 6.186/DF, Rel. Min. Gilmar Mendes, julgamento virtual finalizado em 17.04.2023.

5 ADI 6.180/SE, Rel. Min. Dias Toffoli, julgamento virtual finalizado em 14.08.2023.

belecer e impor regras e normas que regem a conduta de indivíduos e empresas em uma sociedade.

O poder regulatório se refere, como visto, à capacidade do Estado de estabelecer normas e políticas que governam a conduta de indivíduos e empresas em determinados setores da economia. Isso, geralmente, envolve a criação de agências reguladoras especializadas, que têm a autoridade para fazer cumprir essas normas por meio da aplicação de sanções e penalidades. O objetivo do poder regulatório é proteger o interesse público, garantindo que as atividades comerciais sejam realizadas de forma justa e segura para todos os envolvidos.

Já o poder regulamentar se refere à autoridade do Estado de elaborar e implementar regulamentos que detalham como as leis estabelecidas pelo Poder Legislativo devem ser aplicadas. Isso envolve a interpretação da lei e a elaboração de regras específicas que explicam como a lei deve ser cumprida. O poder regulamentar é exercido por agências governamentais e órgãos administrativos que têm a responsabilidade de aplicar a lei e garantir que ela seja cumprida.

2.3.3. *Reserva de administração*

A Administração Pública é constituída por um núcleo funcional resistente à lei, ou seja, existem temáticas ou pontos que não são regulados por lei, mas, sim, por meio de atos, decretos e outros instrumentos normativos que não têm natureza legislativa. Por isso, fala-se em "resistência à lei".

Algumas matérias são de competência exclusiva da Administração Pública, sem a possibilidade de ingerência do Poder Legislativo. Esse princípio é conhecido como reserva de administração, que pode ser geral ou específica.

A reserva geral de administração tem como fundamento o princípio da separação de poderes e significa que a atuação de cada órgão estatal não pode invadir ou restringir a competência dos outros órgãos. É responsabilidade exclusiva da administração executar as leis, especialmente no exercício da discricionariedade administrativa.

Já a reserva específica de administração consiste no fato de a Constituição destacar determinadas matérias como de competência exclusiva do Poder Executivo.

2.4. Poder de polícia

Pelo poder de polícia, a Administração Pública irá restringir o exercício de direitos individuais, com o intuito de beneficiar toda a coletividade. "De um lado, o cidadão quer exercer plenamente os seus direitos; de outro, a Administração tem por incumbência condicionar o exercício daqueles direitos ao bem-estar coletivo, e ela o faz usando de seu poder de polícia".[6]

Esse poder é fundamentado pelo princípio da supremacia do interesse público sobre o privado.

[6] DI PIETRO, Maria Sylvia Zanella. *Direito Administrativo*. 25. ed. São Paulo: Atlas, 2012. p. 120.

Nos termos do art. 78 do Código Tributário Nacional, considera-se poder de polícia atividade da Administração Pública que, limitando ou disciplinando direito, interesse ou liberdade, regula a prática de ato ou abstenção de fato, em razão de interesse público concernente à segurança, à higiene, à ordem, aos costumes, à disciplina da produção e do mercado, ao exercício de atividades econômicas dependentes de concessão ou autorização do Poder Público, à tranquilidade pública ou ao respeito à propriedade e aos direitos individuais ou coletivos.

De acordo com o CTN, o poder de polícia é fato gerador das **taxas**.

2.4.1. Sentido amplo e sentido estrito

A expressão "poder de polícia" pode ser entendida em dois sentidos, um amplo e outro estrito.

O primeiro diz respeito à "atividade estatal de condicionar a liberdade e a propriedade ajustando-as aos interesses coletivos".[7] Refere-se à atuação estatal tanto por meio da atividade legislativa quanto por meio da atividade administrativa. Desse modo, o poder de polícia em sentido amplo abrange atos do Poder Legislativo e do Poder Executivo.

O segundo concerne às "intervenções, quer gerais e abstratas, como os regulamentos, quer concretas e específicas do Poder Executivo, destinadas a alcançar o mesmo fim de prevenir e obstar ao desenvolvimento de atividades particulares contrastantes com os interesses sociais".[8] Assim, o poder de polícia em sentido estrito refere-se apenas às atividades administrativas. Portanto, abrange atos do Poder Executivo somente.

Diante disso, a edição de atos normativos pode decorrer do poder de polícia.

2.4.2. Polícia administrativa e polícia judiciária

A polícia administrativa atua no âmbito administrativo, de maneira que se pode dizer ser o ilícito administrativo. Diferentemente, a polícia judiciária atua quando o ilícito é penal. Ademais, aquela se rege pelo direito administrativo, incidindo sobre bens, direitos ou atividades. Esta, por sua vez, é regida pelo direito processual penal, incidindo sobre pessoas.

Ainda, a polícia administrativa é exercida por vários órgãos da Administração Pública, como os vários órgãos de fiscalização (os que atuam nas áreas de saúde, educação, trabalho e previdência). Diferentemente, a polícia judiciária é privativa de corporações especializadas, isto é, típico da polícia civil e da polícia militar.

---

7 MELLO, Celso Antônio Bandeira de. *Curso de Direito Administrativo*. São Paulo: Malheiros Editores, 2008. p. 809.

8 MELLO, Celso Antônio Bandeira de. *Curso de Direito Administrativo*. São Paulo: Malheiros Editores, 2008. p. 809.

A polícia administrativa possui caráter eminentemente preventivo. Contudo, seus agentes também agem de forma repressiva, por exemplo, quando interditam um estabelecimento comercial ou cassam a licença de um motorista.

A polícia judiciária, por sua vez, possui caráter eminentemente repressivo, uma vez que se destina a responsabilizar penalmente o indivíduo. No entanto, eventualmente, ela pode atuar de forma preventiva, no intuito de ver evitada a prática de delitos.

Polícia administrativa	Polícia judiciária
Ilícito administrativo.	Ilícito penal.
Exercida por vários órgãos.	Exercida por corporações especializadas.
Objetos: bens, direitos e atividades.	Objeto: o indivíduo.
Atuação, em regra, preventiva.	Atuação, em regra, repressiva.

2.4.3. *Características*

O poder de polícia possui DICA: o poder de polícia é **D**iscricionário, em regra. É dotado de **I**mperatividade ou **C**oercibilidade, além de ter **A**utoexecutoriedade.

Perceba que, em regra, o poder de polícia possuirá uma discricionariedade, ou seja, certa margem de liberdade de apreciação; haverá uma análise de oportunidade e conveniência nas escolhas do administrador público. O ato da autorização é o ato do poder de polícia discricionário.

Contudo, haverá momentos em que o poder de polícia poderá se concretizar de forma vinculada. Em outras palavras, a lei prevê todos os requisitos necessários para a prática do ato, motivo pelo qual, caso o administrado comprove os requisitos, a Administração é obrigada a praticar o ato.

A imperatividade ou coercibilidade é o atributo pelo qual o ato de polícia se impõe a terceiros, de forma unilateral, independentemente de sua concordância. É o atributo que permite ao Poder Público impor obrigações às pessoas. É chamado de "poder extroverso". No entanto, haverá momentos em que os atos de polícia não serão imperativos, pois dependerão da aceitação do particular. Nesse caso, configuram-se os atos de consentimento, como as licenças, autorizações e permissões.

A autoexecutoriedade é o atributo pelo qual o ato administrativo ocorrerá sem a autorização do Poder Judiciário. Em outras palavras, o ato administrativo PRESCINDE (não precisa) da autorização do Poder Judiciário. Contudo, observe que a autoexecutoriedade não está presente em todos os atos de polícia. Pode-se dar como exemplo a cobrança de multa.

2.4.4. *Poder de polícia originário e poder de polícia derivado*

O poder de polícia originário é aquele pertencente às pessoas políticas da Federação, ou seja, pertencentes à Administração Pública direta (União, estados, Distrito

Federal e municípios). "Trata-se aqui do poder de polícia originário, que alcança, em sentido amplo, as leis e os atos administrativos provenientes de tais pessoas".[9]

O poder de polícia derivado consiste no poder delegado às entidades da Administração Pública indireta (autarquias, fundações, empresas públicas e sociedades de economia mista). Entretanto, cumpre observar que é indispensável, para a validade da delegação, que ela seja feita por meio de lei formal, isto é, expedida pelo Poder Legislativo.

Atente-se que empresas públicas e sociedades de economia mista, bem como a fundação pública de direito privado, exercem o poder de polícia simplesmente na modalidade fiscalizatória. Não cabe a essas entidades exercer o poder de polícia na modalidade de criação das normas restritivas.

Portanto, observe que devem ser cumpridos três requisitos:

1º) A pessoa jurídica deve integrar a Administração Pública indireta.

2º) A competência delegada deve ter sido conferida por lei.

3º) O poder de polícia há de se restringir à prática de atos fiscalizatórios, quando se tratar de pessoa jurídica de direito privado.

2.4.5. Poder de polícia e delegação para pessoas jurídicas de direito privado: decisão do STF – RE 633.782

De acordo com a tese de repercussão geral fixada pelo STF, é constitucional a delegação do poder de polícia, por meio de lei, a pessoas jurídicas de direito privado integrantes da Administração Pública indireta de capital social majoritariamente público que prestem exclusivamente serviço público de atuação própria do Estado e em regime não concorrencial.

Nesse sentido, é preciso relembrar o histórico das decisões de poder de polícia pelo STF e pelo STJ. Em um primeiro momento, o STF entendeu que o poder de polícia é indelegável a pessoas jurídicas privadas. Atente-se que essa tese hoje precisa ser relida com o julgamento do RE 633.782. Assim, deve-se entender que indelegabilidade do poder de polícia seria para as pessoas jurídicas de direito privado NÃO integrantes da Administração Pública ou que, ainda que integrantes, sejam exploradoras de atividade econômica.

Em um segundo momento, houve o entendimento do STJ que popularizou a expressão "bloco de polícia". O STJ enfrentou os feixes do poder de polícia (ordem de polícia, sanção, fiscalização e consentimento). No julgado, a corte cidadã entendeu que apenas os atos de consentimento e fiscalização poderiam ser delegados aos particulares.

---

9 CARVALHO FILHO, José dos Santos. *Manual de Direito Administrativo*. 26. ed. rev., ampl. e atual. São Paulo: Atlas, 2013. p. 80.

Esse entendimento também precisa ser relido diante da mais recente decisão do STF. Nesse sentido, o entendimento do STJ seria aplicado apenas para as pessoas jurídicas de direito privado NÃO integrantes da Administração Pública ou que, ainda que integrantes, sejam exploradoras de atividade econômica.

Por fim, o terceiro entendimento é o mais recente fixado pelo STF, qual seja, a constitucionalidade da delegação do poder de polícia, por meio de lei, a pessoas jurídicas de direito privado integrantes da Administração Pública indireta de capital social majoritariamente público que prestem exclusivamente serviço público de atuação própria do Estado e em regime não concorrencial.

Para a compreensão da decisão do Supremo Tribunal Federal, é preciso entender as outras decisões do STF acerca das empresas públicas e sociedades de economia mista.

Valendo-se da Constituição da República, que estabelece o regime de direito privado, parcialmente derrogado por normas de direito público, o STF diferencia as estatais prestadoras de serviço público e exploradoras de atividade econômica. Para a corte, empresas públicas e sociedades de economia mista prestadoras de serviço público são consideradas pessoas jurídicas de direito privado, mas têm características híbridas que se aproximam e se afastam do regime de direito público. Essas entidades não podem ser completamente dissociadas do regime de direito público devido à sua atuação na prestação de serviços públicos, mesmo sendo classificadas como pessoas jurídicas de direito privado.

Nesse contexto, o STF vem adotando a tese de "autarquização das empresas estatais prestadoras de serviço públicos" ou "feições autárquicas". Pode-se dar como exemplo disso o fato de as sociedades de economia mista prestadoras de serviço público de atuação própria do Estado e de natureza não concorrencial submeterem-se ao regime de precatório, bem como a equiparação dos Correios à Fazenda Pública.

Ademais, para fixar a recente tese acerca do poder de polícia, o STF enfrentou a tese da indelegabilidade do poder de polícia às pessoas jurídicas de direito privado, que se fundamenta em quatro pilares argumentativos:

i) ausência de autorização constitucional;
ii) indispensabilidade da estabilidade do serviço público para o seu exercício;
iii) impossibilidade de delegação da prerrogativa da coercibilidade, atributo intrínseco ao poder de polícia, por ser atividade típica de Estado; e
iv) incompatibilidade da função de polícia com finalidade lucrativa.

No julgamento, o STF afastou todos os pilares anteriores, a fim de permitir a delegação do poder de polícia para as pessoas jurídicas de direito privado nos moldes fixados na tese de repercussão geral, como se vê a partir de agora.

i) Ausência de autorização constitucional

A lógica da indelegabilidade não se sustenta por falta de permissão constitucional. O regime jurídico híbrido das estatais que prestam serviços públicos em regime de monopólio é plenamente compatível com a delegação, assim como o exercício delegado da atividade de polícia por entidades de direito público é considerado constitucional. Portanto, é possível que uma pessoa jurídica da Administração Pública indireta prestadora de serviço público exerça uma função de Estado, como o poder de polícia.

ii) Indispensabilidade da estabilidade do serviço público para o seu exercício

É importante destacar que nem todos os servidores estatutários têm estabilidade. Os ocupantes de cargos em comissão não têm essa garantia e podem ser demitidos a qualquer momento. Além disso, os servidores em estágio probatório também não possuem estabilidade até o fim desse período de prova. No entanto, essas peculiaridades não invalidam a possibilidade de exercer atos derivados do poder de polícia.

iii) Impossibilidade de delegação da prerrogativa da coercibilidade, atributo intrínseco ao poder de polícia, por ser atividade típica de Estado

No caso das estatais que prestam serviços públicos com atuação própria do Estado e em regime de monopólio, não há motivo para negar o atributo da coercibilidade inerente ao exercício do poder de polícia. Fazer isso comprometeria o propósito para o qual essas entidades foram criadas.

iv) Incompatibilidade da função de polícia com finalidade lucrativa

As estatais prestadoras de serviço público com atuação própria do Estado não operam em regime de concorrência econômica, pois sua função principal não é obter lucro. É importante destacar que abusos de poder podem ocorrer no exercício do poder de polícia, tanto por entidades de direito privado quanto por entidades de direito público. No entanto, é responsabilidade do Estado investigar e reprimir constantemente esses abusos, visando reduzir sua ocorrência.

Cumpre ressaltar a **única fase do ciclo de polícia** que, por sua natureza, **é absolutamente indelegável**: a ordem de polícia, ou seja, a **função legislativa**. Os atos de consentimento, de fiscalização e de aplicação de sanções podem ser delegados a estatais que, à luz do entendimento dessa corte, possam ter um regime jurídico próximo daquele aplicável à Fazenda Pública.

2.4.6. *Poder de polícia interfederativo*

O exercício do poder de polícia é, usualmente, direcionado aos particulares que se submetem à autoridade estatal, conforme verificado pelo conceito do poder de polícia, como sendo a atividade estatal de restringir direitos individuais em prol do interesse coletivo. A despeito disso, é possível reconhecer o chamado "poder de polícia interfederativo", que se refere ao controle exercido entre os entes federados.

Apesar da ausência de hierarquia entre as pessoas federativas, afinal entre elas o que há é autonomia, é essencial respeitar o exercício das competências previstas na Constituição para cada uma delas. Dessa forma, é importante pontuar que não se trata de uma relação hierárquica, mas, sim, de uma relação de respeito à repartição das competências constitucionais.

Pode-se ilustrar o poder de polícia interfederativo como o cumprimento pelas repartições públicas estaduais e federais das normas municipais de zoneamento e construções.

2.4.7. Prescrição no poder de polícia

A prescrição no exercício do poder de polícia é regulamentada pela Lei nº 9.873/1999. Nesse sentido, de acordo com o art. 1º, prescreve em cinco anos a ação punitiva da Administração Pública federal, direta e indireta, no exercício do poder de polícia, objetivando apurar infração à legislação em vigor, contados da data da prática do ato ou, no caso de infração permanente ou continuada, do dia em que tiver cessado.

O § 1º ainda dispõe acerca da prescrição intercorrente, segundo o qual incide a prescrição no procedimento administrativo paralisado por mais de três anos, pendente de julgamento ou despacho, cujos autos serão arquivados de ofício ou mediante requerimento da parte interessada, sem prejuízo da apuração da responsabilidade funcional decorrente da paralisação, se for o caso.

Ademais, quando o fato objeto da ação punitiva da Administração também constituir crime, a prescrição reger-se-á pelo prazo previsto na lei penal.

Por sua vez, de acordo com o art. 2º, interrompe-se a prescrição da ação punitiva: (i) pela notificação ou citação do indiciado ou acusado, inclusive por meio de edital; (ii) por qualquer ato inequívoco, que importe apuração do fato; (iii) pela decisão condenatória recorrível; (iv) por qualquer ato inequívoco que importe em manifestação expressa de tentativa de solução conciliatória no âmbito interno da Administração Pública federal.

Por fim, atente-se à disposição do art. 4º, que estabelece que, ressalvadas as hipóteses de interrupção, para as infrações ocorridas há mais de três anos, contados do dia 1º de julho de 1998, a prescrição operará em dois anos, a partir dessa data.

2.4.8. Natureza do poder de polícia

Tradicionalmente, a doutrina aponta que o poder de polícia seria um poder negativo, uma vez que os atos de polícia exigiriam um não fazer, uma abstenção por parte dos particulares. Por exemplo, uma lei que estabeleça o gabarito de prédio (altura máxima que se pode construir em determinada região) impõe ao particular uma obrigação de não construir acima da altura permitida.

Todavia, é preciso também reconhecer que os atos de polícia podem impor ao particular obrigações de fazer e obrigações permissivas. Como exemplos de obrigações de fazer há a obrigação de conservação de calçadas, a limpeza e a manutenção de imóveis/terrenos particulares. Por sua vez, como obrigações permissivas, há o exemplo em que os particulares precisam tolerar a entrada da vigilância sanitária em um restaurante para fiscalização.

2.4.9. *Poder de polícia e o papel das guardas municipais*

Importante discussão é a da possibilidade de as guardas municipais exercerem o poder de polícia.

Nesse sentido, o STF[10], em um primeiro julgamento, entendeu que a legislação que permite às guardas municipais atuarem na fiscalização do trânsito, incluindo a aplicação de multas e outras penalidades previstas em lei, **é compatível com a Constituição**. Isso deve ocorrer dentro dos limites de atuação estabelecidos para os municípios pelo Código de Trânsito Brasileiro (CTB).

Os municípios têm a possibilidade de exercer o poder de polícia de trânsito, o que pode ser feito por meio de uma delegação de competências. O CTB, por sua vez, define que a fiscalização do trânsito é uma responsabilidade compartilhada, não exclusiva de um único ente.

Inclusive, nesse primeiro julgado, o STF havia entendido que as guardas municipais não seriam consideradas entidades integrantes do sistema de segurança pública. Este entendimento veio a ser superado no enfrentamento da ADPF nº 995.

O STF, portanto, por meio da ADPF nº 995, datada de 28 de agosto de 2023, sob relatoria do Ministro Alexandre de Moraes, reconheceu que as guardas municipais são órgãos integrantes do sistema de segurança pública, com base no art. 144, § 8º, da Constituição Federal. A argumentação sustenta que a realidade brasileira atual exige a atuação conjunta e integrada das Polícias (Federal, Civil e Militar) e das guardas municipais dentro do Sistema Único de Segurança Pública (SUSP), instituído pela Lei nº 13.675/2018.

A ementa do acórdão destaca a procedência do pedido, reconhecendo as guardas municipais como órgãos de segurança pública e partes do SUSP, conforme a nova perspectiva de atuação na segurança pública. O julgamento, realizado em Sessão Virtual do Plenário, sob presidência da Ministra Rosa Weber, decidiu, por maioria, conhecer da arguição e julgar procedente o pedido para conceder interpretação conforme à Constituição ao artigo 4º da Lei nº 13.022/2014 e ao artigo 9º da Lei nº 13.675/2018, declarando inconstitucionais todas as interpretações judiciais que excluam as guardas municipais, devidamente criadas e instituídas, como integrantes do sistema de segurança pública.

---

10 RE 658.570, Rel. Min. Marco Aurélio, Rel. p/ Acórdão: Min. Roberto Barroso, Tribunal Pleno, j. 06.08.2015, acórdão eletrônico repercussão geral - mérito DJe-195, divulg. 29.09.2015, public. 30.09.2015.

Este julgamento representa um marco importante na consolidação das guardas municipais como componentes ativos do sistema de segurança pública no Brasil, ampliando sua atuação na preservação da ordem pública e da incolumidade das pessoas e do patrimônio, em harmonia com os demais órgãos de segurança previstos na Constituição e na legislação infraconstitucional.

Todavia, a Terceira Seção do STJ[11] esclareceu o papel das guardas municipais no contexto da segurança pública brasileira. Embora o STF, na decisão da ADPF nº 995, tenha reconhecido que as guardas municipais fazem parte do sistema de segurança pública, o STJ destacou que essas corporações não têm as mesmas atribuições de policiamento ostensivo que a Polícia Militar ou de investigação que a Polícia Civil possui. Isso significa que, geralmente, as guardas municipais não estão autorizadas a investigar crimes que não estejam diretamente ligados aos bens, serviços e instalações do município.

Essa distinção veio à tona em um julgamento no qual um réu, acusado de tráfico de drogas, foi absolvido porque as provas contra ele foram coletadas por guardas municipais de maneira inadequada, sem justificativa prévia ou conexão com as funções da guarda.

De acordo com o entendimento do colegiado, as guardas municipais podem realizar buscas pessoais em casos excepcionais, mas isso só é permitido se houver uma justificativa clara que relacione a ação com a proteção do patrimônio municipal, seus serviços ou instalações, e com a segurança de seus usuários. O Ministro Rogerio Schietti Cruz, relator do caso, enfatizou que essa permissão não se estende a ações típicas de polícia em contextos gerais de combate ao crime.

O STJ ressaltou a diferença de supervisão entre as Polícias Civil e Militar, que estão sujeitas a um controle externo rigoroso por parte do Ministério Público e do Judiciário, o que não se aplica às guardas municipais. Ele apontou que, se as guardas fossem consideradas verdadeiras polícias, também deveriam estar sob esse tipo de controle.

A discussão incluiu a preocupação com a tendência de alguns municípios armarem suas guardas com equipamentos de alto poder letal, o que aumenta o risco de abusos. O STJ destacou a importância de entender que, embora as guardas municipais tenham um papel na segurança pública, especialmente na proteção do patrimônio municipal e na segurança da população que utiliza esses bens e serviços, suas ações devem sempre complementar, sem substituir, o trabalho das forças de segurança estaduais e federais.

Nesse julgamento, o STJ diferenciou as expressões "poder de polícia" e "poder policial" ou "poder das polícias". O primeiro é definido como a capacidade do Estado de restringir direitos individuais em prol do bem-estar coletivo, uma prática que envolve a aplicação de medidas coercitivas indiretas, como sanções pecuniárias e limitações administrativas, para assegurar a observância das normas. Por outro lado, o "poder policial" ou "poder das polícias" caracteriza-se pelo emprego da força

[11] HC n. 830.530/SP, Rel. Min. Rogerio Schietti Cruz, Terceira Seção, j. 27.09.2023, DJe de 04.10.2023.

física como meio de assegurar a autoridade estatal, uma abordagem não aplicável às demais expressões do poder de polícia. A título de exemplo, a atuação de um fiscal da vigilância sanitária que impõe multas e procede com autuações por infrações sanitárias constitui um exercício do poder de polícia, distante do uso de força física por parte de agentes policiais em operações de busca pessoal.

Logo, o "poder das polícias" ou "poder policial" refere-se a uma faceta específica do poder de polícia que se concentra na prevenção e repressão de delitos por meio de forças policiais. Assim, embora todos os órgãos policiais exerçam o poder de polícia, nem todas as manifestações desse poder estão vinculadas à atuação direta de agências policiais.

Aspecto discutido	Entidade jurídica	Data do julgamento	Artigo(s) constitucional(is) referenciado(s)	Descrição detalhada
Fiscalização do trânsito	STF	-	Art. 144, § 8º, CF	O STF confirmou a constitucionalidade da atuação das guardas municipais na fiscalização do trânsito, incluindo a aplicação de multas, baseando-se no poder de polícia de trânsito atribuído aos municípios pelo Código de Trânsito Brasileiro, que estabelece essa responsabilidade como compartilhada entre diversos entes.
Integração no sistema de segurança	STF	28 de agosto de 2023	Art. 144, § 8º, CF	Na ADPF nº 995, o STF reconheceu as guardas municipais como integrantes do sistema de segurança pública. Esta decisão sublinha a necessidade de uma atuação conjunta e integrada das diversas forças policiais e das guardas municipais dentro do Sistema Único de Segurança Pública (SUSP), conforme estabelecido pela Lei nº 13.675/2018.

Aspecto discutido	Entidade jurídica	Data do julgamento	Artigo(s) constitucional(is) referenciado(s)	Descrição detalhada
Limitações de atuação	STJ	-	-	O STJ esclareceu que as guardas municipais não possuem as mesmas atribuições de policiamento ostensivo ou de investigação que as Polícias Militar e Civil, respectivamente. Um julgamento relevante demonstrou que a coleta de provas por guardas municipais em um caso de tráfico de drogas foi considerada inadequada, levando à absolvição do réu.
Autorização para buscas pessoais	STJ	-	-	As guardas municipais podem realizar buscas pessoais em situações excepcionais, desde que haja uma justificativa que relacione a ação com a proteção de bens, serviços e instalações municipais. Essa permissão é limitada e não se estende a atuações típicas de forças policiais em contextos gerais de combate ao crime, conforme destacado pelo Ministro Rogerio Schietti Cruz.
Supervisão e controle	STJ	-	-	Diferentemente das Polícias Civil e Militar, que estão sob controle externo rigoroso do Ministério Público e do Judiciário, as guardas municipais possuem uma supervisão menos estrita. Este aspecto levanta preocupações sobre o potencial de abusos, especialmente se as guardas forem equipadas com armamento de alto poder letal.

Aspecto discutido	Entidade jurídica	Data do julgamento	Artigo(s) constitucional(is) referenciado(s)	Descrição detalhada
Poder de polícia *vs.* Poder policial	STJ	-	-	O STJ diferenciou entre "poder de polícia" – a capacidade do Estado de restringir direitos individuais em prol do bem-estar coletivo por meio de medidas coercitivas indiretas – e "poder policial" – o uso da força física para assegurar a autoridade estatal. As guardas municipais, apesar de integrarem a segurança pública, devem ter uma atuação complementar.

Quadro de revisão

Poder hierárquico	Poder disciplinar	Poder normativo	Poder de polícia
Escalonamento de funções entre órgãos e agentes da mesma entidade.	Apuração de infrações administrativas e imposição de penalidades.	Regulamentação e complementação da lei.	Restrição de direitos individuais em benefício da coletividade.
Não há relação de hierarquia entre Administração direta e indireta ou pessoas jurídicas distintas.	Sanções não decorrem diretamente do poder hierárquico.	Não pode inovar a ordem jurídica.	Exercido para condicionar o exercício de direitos individuais ao bem-estar coletivo.
Permite atuação isonômica e hierarquizada dos agentes públicos.	Aplicação de penalidades é ato vinculado, mas escolha da penalidade é discricionária.	Não pode invadir competência do Poder Legislativo.	Uso é uma incumbência da Administração em prol do bem-estar coletivo.

3. DOS PODERES DOS ADMINISTRADORES PÚBLICOS

3.1. Do uso do poder

Os poderes concedidos aos agentes públicos representam verdadeiras prerrogativas, isto é, vantagens lícitas, outorgadas aos agentes estatais. Perceba que tais poderes devem ser usados pelos agentes públicos, afinal seu exercício irá beneficiar toda a coletividade.

Contudo, a utilização desses poderes esbarra nos limites legais, isto é, nos limites impostos pelas leis. Em outras palavras, o uso do poder é a utilização normal das prerrogativas conferidas pelas leis aos agentes públicos.[12]

3.2. Poder-dever de agir

Em Direito Administrativo, quando se fala em poderes não está se falando em uma faculdade de uso das suas funções. Como visto anteriormente, a atuação dos agentes públicos vai beneficiar toda a coletividade, motivo pelo qual os poderes a eles conferidos devem ser utilizados.

Assim, algumas consequências irão acontecer, quais sejam:

A) os poderes são irrenunciáveis;

B) devem ser obrigatoriamente exercidos pelos agentes públicos titulares.

Em outros termos, esclarecedoras são as palavras do Professor Hely Lopes Meirelles: "se para o particular o poder de agir é uma faculdade, para o administrador público é uma obrigação de atuar, desde que se apresente o ensejo de exercitá-lo em benefício da comunidade".[13]

É importante ressaltar que os agentes públicos, portanto, têm o poder-dever de agir, isto é, o administrador público deve ter uma conduta comissiva, uma ação. Em outras palavras, entende-se que a omissão será considerada uma conduta ilegal.

Contudo, importante excepcionar a omissão genérica, a qual se caracteriza pela avaliação de oportunidade e conveniência que o administrador tem para adotar a ação.

Pode-se dar como exemplo as políticas de administração, como as construções de obras públicas. A omissão, em um primeiro momento, não se torna ilegal, afinal o administrador público escolherá o momento mais propício para implementá-las.

Diante do dito anteriormente, as omissões que se configurarão ilegais serão as omissões específicas, ou seja, aquelas impostas pela lei como um dever de fazer do administrador público em prazos determinados,[14] ou ainda, mesmo sem prazo certo, o Poder Público continua omisso em período superior ao razoavelmente aceito.

3.3. Do abuso do poder

Como já visto anteriormente, a atuação dos agentes públicos deve ser pautada pelos limites impostos pela lei. Caso contrário, o administrador público praticará uma conduta abusiva, não merecedora de aceitação no ordenamento jurídico.

---

12 CARVALHO FILHO, José dos Santos. *Manual de Direito Administrativo*. 26. ed. rev., ampl. e atual. São Paulo: Atlas, 2013. p. 46.

13 MEIRELLES, Hely Lopes. *Direito Administrativo brasileiro*. São Paulo: Malheiros Editores, 2003. p. 82-83.

14 Observe o art. 167 da Lei nº 8.112/1990, o qual dispõe o prazo para a autoridade competente julgar o processo administrativo disciplinar. **Art. 167**. No prazo de 20 (vinte) dias, contados do recebimento do processo, a autoridade julgadora proferirá a sua decisão.

3.3.1. *Excesso e desvio de poder*

O abuso de poder é gênero, do qual são espécies o excesso de poder e o desvio de poder.

Em relação ao excesso de poder, o agente público atuou fora dos limites de sua competência. Ele extrapolou aquilo que a lei lhe conferiu.

Por sua vez, quando se falar em desvio de poder, o agente atuou dentro das suas funções, contudo, afastou-se da finalidade pública que deve ser o norte da sua atuação.

Tais condutas abusivas irão refletir no tema "ato administrativo". O excesso de poder é um vício que incidirá no elemento COMPETÊNCIA, afinal o agente público praticou um ato fora da sua competência. Já o desvio de poder, também chamado de desvio de finalidade, incidirá no elemento FINALIDADE, uma vez que o agente não alcançou o interesse público, a finalidade pública.

4. DOS DEVERES DOS ADMINISTRADORES PÚBLICOS

4.1. Do dever de probidade

Dever extremamente importante é o de probidade dos administradores públicos. Os agentes públicos devem atuar sempre embasados pelo princípio da moralidade, seja relacionado ao administrado, seja relacionado à própria Administração Pública.

É por meio do dever de probidade que o administrador público é proibido de cometer nepotismos e conceder vantagens ilícitas a determinadas pessoas, devendo escolher aquilo que melhor servir à Administração Pública.

São exteriorizações do dever aqui estudado o concurso público e a licitação. Para ilustrar, importantes são as palavras do Professor José dos Santos Carvalho Filho:[15] "O administrador probo há de escolher, por exemplo, o particular que melhores condições oferecer para contratação; ou o indivíduo que maior mérito tiver para exercer a função pública".

O desrespeito a esse dever acarreta uma das consequências mais graves para os agentes públicos, a IMPROBIDADE ADMINISTRATIVA,[16] que, de acordo com o art. 37, § 4º, da CR/1988, acarretará a PERDA da função pública, a SUSPENSÃO dos direitos políticos, a indisponibilidade dos bens e o ressarcimento ao erário. Tudo isso sem a ação penal cabível, se for o caso.

4.2. Do dever de prestar contas

Os administradores públicos, por óbvio, fazem a gestão da coisa pública. Toda vez que alguém administra algo que não é dele deve realizar a prestação de contas

---

15 CARVALHO FILHO, José dos Santos. *Manual de Direito Administrativo*. 26. ed. rev., ampl. e atual. São Paulo: Atlas, 2013. p. 66.

16 O tema improbidade administrativa está previsto no art. 37, § 4º, da CR/1988 e disciplinado pela Lei nº 8.429/1992.

da sua administração. Isso ganha maior relevância quando se trata de gestão dos interesses de toda a sociedade, de toda a coletividade.

O administrador público pode prestar contas internamente, ou seja, dentro da pessoa jurídica à qual esteja vinculado, por meio dos órgãos destinados a esse fim.

Ainda, a prestação de contas pode acontecer externamente. Essa prestação ganha maior relevância em Direito Administrativo, haja vista que esse controle é feito pelo Congresso Nacional, auxiliado pelo Tribunal de Contas, conforme dispõe o art. 71 da CR/1988.

Importante dizer que o dever de prestar contas não é dever apenas dos administradores públicos dos entes federados mas também dos administradores vinculados à Administração Pública indireta, assim como de todos os outros que recebam verbas públicas.

4.3. Do dever de eficiência

Outro dever importante do administrador público é o dever de eficiência. Ora, perceba que esse dever vai recair sobre a qualidade da prestação dos serviços públicos e da atividade pública em geral.

Não basta que as atividades estatais sejam prestadas, elas devem ser prestadas com qualidade, com perfeição técnica, com celeridade.[17]

Em razão do dever de eficiência, a EC nº 19/1998 trouxe, para o rol dos princípios expressos, o princípio da eficiência.

QUESTÕES DE CONCURSO

1. CESPE/CEBRASPE – 2023 – TJ-DFT – Juiz de Direito

De acordo com a jurisprudência do STF a respeito do poder de polícia, a teoria do ciclo de polícia compõe-se, em sua totalidade, das fases de

A) ordem, fiscalização e sanção, sendo apenas a sanção impassível de delegação a pessoas jurídicas de direito privado.

B) ordem, consentimento, fiscalização e sanção, sendo apenas a sanção impassível de delegação a pessoas jurídicas de direito privado.

C) ordem, fiscalização e sanção, sendo apenas a fiscalização impassível de delegação a pessoas jurídicas de direito privado.

D) ordem, consentimento e sanção, sendo apenas o consentimento impassível de delegação a pessoas jurídicas de direito privado.

E) ordem, consentimento, fiscalização e sanção, sendo apenas a ordem impassível de delegação a pessoas jurídicas de direito privado.

Comentário: Ao saber que temos quatro feixes no ciclo de polícia, quais sejam, a ordem, o consentimento, a fiscalização e a sanção, já era possível eliminar as alternativas A, C e D.

O que não é passível de delegação é apenas a ORDEM. De acordo com o STF, **a teoria do ciclo de polícia demonstra que o poder de polícia se desenvolve em quatro fases, cada uma correspondendo a um modo de atuação estatal: (i) a ordem de polícia, (ii) o con-**

[17] CARVALHO FILHO, José dos Santos. *Manual de Direito Administrativo*. 26. ed. rev., ampl. e atual. São Paulo: Atlas, 2013. p. 68.

sentimento de polícia, (iii) a fiscalização de polícia e (iv) a sanção de polícia. A extensão de regras do regime de direito público a pessoas jurídicas de direito privado integrantes da Administração Pública indireta, desde que prestem serviços públicos de atuação própria do Estado e em regime não concorrencial, é admissível pela jurisprudência da corte. A constituição de uma pessoa jurídica integrante da Administração Pública indireta sob o regime de direito privado não a impede de ocasionalmente ter o seu regime aproximado daquele da Fazenda Pública, desde que não atue em regime concorrencial. Consectariamente, a Constituição, ao autorizar a criação de empresas públicas e sociedades de economia mista que tenham por objeto exclusivo a prestação de serviços públicos de atuação típica do Estado e em regime não concorrencial, autoriza a delegação dos meios necessários à realização do serviço público delegado. Pela tese fixada, o STF entendeu ser constitucional a delegação do poder de polícia, por meio de lei, a pessoas jurídicas de direito privado integrantes da Administração Pública indireta de capital social majoritariamente público que prestem exclusivamente serviço público de atuação própria do Estado e em regime não concorrencial.

2. FGV – 2022 – TJ-AP – Juiz de Direito (adaptada)

A sociedade de economia mista Beta do Município X recebeu formalmente, por meio de lei específica, delegação do poder de polícia do Município para prestar serviço de policiamento do trânsito na cidade, inclusive para aplicar multa aos infratores. Sabe-se que a entidade Beta é uma empresa estatal municipal de capital majoritariamente público, que presta exclusivamente serviço público de atuação própria do Poder Público e em regime não concorrencial. Por entender que o Município X não poderia delegar o poder de polícia a pessoa jurídica de direito privado, o Ministério Público ajuizou ação civil pública pleiteando a declaração de nulidade da delegação e das multas aplicadas, assim como a assunção imediata do serviço pelo Município.

No caso em tela, de acordo com a atual jurisprudência do Supremo Tribunal Federal em tema de repercussão geral, a pretensão ministerial não deve ser acolhida, pois é constitucional a delegação do poder de polícia na forma realizada, inclusive no que concerne à sanção de polícia.

Comentário: De acordo com o STF, é constitucional a delegação do poder de polícia, por meio de lei, a pessoas jurídicas de direito privado integrantes da Administração Pública indireta de capital social majoritariamente público que prestem exclusivamente serviço público de atuação própria do Estado e em regime não concorrencial.

3. De acordo com os poderes administrativos, marque a assertiva correta:

A) O poder hierárquico é o poder de escalonar as funções entre órgãos e agentes da mesma entidade ou não.

B) O poder disciplinar consiste na apuração de infrações administrativas, assim como na imposição de penalidades (quando necessário) aos servidores e a todos os particulares.

C) O poder de polícia é fato gerador de tarifas.

D) O poder de polícia não admite delegação.

E) O poder de polícia pode se manifestar ora por atos vinculados, ora por atos discricionários.

Comentário: A) Incorreta. O poder hierárquico é o poder de escalonar as funções entre seus órgãos, e agentes da mesma entidade. O objetivo desse poder é organizar a função administrativa, de maneira que permita a atuação isonômica e hierarquizada dos agentes púbicos.

O poder hierárquico também possibilita, em razão da hierarquia formada, ordenar e rever a atuação dos agentes de determinado órgão.

B) Incorreta. O poder disciplinar consiste na apuração de infrações administrativas, assim como na imposição de penalidades (quando necessário) aos servidores e às demais pessoas que estejam submetidas à disciplina administrativa. Portanto, não se aplica o Poder Disciplinar a todos os particulares, apenas àqueles que se submetam à disciplina administrativa.

C) Incorreta. De acordo com o CTN, o poder de polícia é fato gerador das TAXAS.

D) Incorreta. O poder de polícia originário é aquele pertencente às pessoas políticas da Federação, ou seja, pertencentes à Administração Pública direta (União, estados, Distrito Federal e municípios). "Trata-se aqui do poder de polícia originário, que alcança, em sentido amplo, as leis e os atos administrativos provenientes de tais pessoas".[18]

[18] CARVALHO FILHO, José dos Santos. *Manual de Direito Administrativo*. 26. ed. rev., ampl. e atual. São Paulo: Atlas, 2013. p. 80.

O poder de polícia derivado consiste no poder delegado às entidades da Administração Pública indireta (autarquias, fundações, empresas públicas e sociedades de economia mista). Contudo, cumpre observar que é indispensável, para a validade da delegação, que ela seja feita por meio de lei formal, isto é, expedida pelo Poder Legislativo.

Atente-se que empresas públicas e sociedades de economia mista, bem como a fundação pública de direito privado, exercem o poder de polícia simplesmente na modalidade fiscalizatória. Não cabe a essas entidades exercer o poder de polícia na modalidade de criação das normas restritivas.

Portanto, observe que devem ser cumpridos três requisitos:

1º) A pessoa jurídica deve integrar a Administração Pública indireta.

2º) A competência delegada deve ter sido conferida por lei.

3º) O poder de polícia há de se restringir à prática de atos fiscalizatórios, quando se tratar de pessoa jurídica de direito privado.

4. FCC – 2022 – MPE-PE – Promotor de Justiça e Promotor de Justiça Substituto

Acerca dos poderes administrativos:

A) o poder regulamentar é uma prerrogativa concedida pela Constituição Federal exclusivamente ao chefe do Poder Executivo Federal, não se estendendo aos Governadores e aos Prefeitos.

B) a autoexecutoriedade, um dos atributos do poder de polícia, existe em toda e qualquer medida de polícia, possibilitando que a Administração Pública, com seus próprios meios, execute as suas decisões, sem necessitar recorrer previamente ao Poder Judiciário.

C) é constitucional a delegação do poder de polícia, por meio de lei, a pessoas jurídicas de direito privado integrantes da Administração Pública indireta de capital social majoritariamente público que prestem exclusivamente serviço público de atuação própria do Estado e em regime não concorrencial.

D) a multa, como sanção resultante do exercício do poder de polícia pela Administração Pública, goza do atributo da autoexecutoriedade.

E) poder hierárquico é o que cabe à Administração Pública para apurar infrações e aplicar penalidades aos servidores públicos e demais pessoas sujeitas à disciplina administrativa.

Comentário: A) Incorreto. O poder regulamentar não é exclusivo do chefe do Executivo federal, mas, sim, conferido a toda a Administração Pública. Além disso, atos normativos editados por outras autoridades administrativas, como instruções normativas, resoluções e portarias, também podem se enquadrar nesse poder.

B) Incorreto. A assertiva contém um erro ao afirmar que toda e qualquer medida imposta pela Administração Pública é dotada de autoexecutoriedade. As multas, por exemplo, são exigíveis, mas não têm essa característica. Embora não possam ser executadas diretamente, podem ser cobradas por meios indiretos, como a restrição de outros direitos.

C) Correto. O STF reconhece que o poder de polícia pode ser delegado a entidades da Administração Pública indireta, desde que atendidos determinados requisitos, como capital majoritariamente público e prestação de serviços próprios do Estado em regime não concorrencial.

D) Incorreto. A multa não goza de autoexecutoriedade.

E) Incorreto. O poder disciplinar é distinto do poder hierárquico e envolve a apuração de infrações e aplicação de penalidades, independentemente da existência de relação hierárquica entre as partes. O poder hierárquico, por sua vez, consiste na prerrogativa de ordenar e coordenar relações dentro da esfera administrativa.

Capítulo IV
ATOS ADMINISTRATIVOS

1. DIFERENÇAS IMPORTANTES

Existem dois conceitos importantes na área do Direito: ato e fato. O ato é um evento que pode ser atribuído ao homem, ou seja, é resultado de uma ação humana. Já o fato é um evento que decorre de acontecimentos naturais, independentes do homem ou que dele dependem apenas indiretamente.

Dentro da categoria de fatos, podemos distinguir dois tipos principais: o fato jurídico e o fato administrativo. O fato jurídico é um evento que está previsto em lei, ou seja, é reconhecido e regulado pelo ordenamento jurídico. Um exemplo desse fato é a aquisição de uma propriedade por meio de um contrato de compra e venda por particulares. Por sua vez, o fato administrativo é um evento previsto em lei que produz efeitos no campo do direito administrativo. Um exemplo desse fato é a morte de um servidor público, que pode gerar consequências em relação a pensão, direitos trabalhistas etc.

2. ATOS DA ADMINISTRAÇÃO

2.1. Conceito

Segundo Maria Sylvia Zanella Di Pietro,[1] ato da administração "é todo ato praticado no exercício da função administrativa".

Atos da administração é uma expressão mais ampla que a expressão atos administrativos.

2.2. Espécies

- **Atos de direito privado**: são aqueles regulados pelo direito privado. Ex.: doação, permuta, compra e venda, locação.

1 DI PIETRO, Maria Sylvia Zanella. *Direito Administrativo*. 25. ed. São Paulo: Atlas, 2012. p. 197.

- **Atos materiais**: aqueles que envolvem apenas uma execução. Não contêm manifestação de vontade Ex.: demolição de uma casa, apreensão de mercadoria; aula em universidade; pavimentação de uma rua.
- **Atos políticos**: são aqueles de elevado valor político. Em regra, os atos políticos não estão sujeitos ao controle do Poder Judiciário. Todavia, será possível o controle de atos políticos quando ofenderem direitos individuais ou coletivos, bem como quando houver vício de legalidade ou de constitucionalidade. Nesse sentido, um exemplo de controle de atos políticos exercido pelo Poder Judiciário é a decisão que suspendeu a nomeação do Diretor-Geral da Polícia Federal pelo presidente da República, conforme registrado no Mandado de Segurança nº 37.097/DF.[2] Como exemplo de atos políticos, há o veto e a sanção de lei, bem como a concessão de asilo político.
- **Atos normativos**: são as ROGAI, ou seja, são as Regras Obrigatórias, Gerais, Abstratas e Impessoais. Ex.: decretos, regimentos, portarias.
- **Atos administrativos propriamente ditos**: trata-se da manifestação do Estado ou de seus representantes, subordinada à legalidade, com o propósito de executar as disposições legais, pautada pelo direito público, passível de análise pelo Poder Judiciário, e cujo propósito primordial é assegurar o atendimento dos interesses da comunidade.

3. ATO ADMINISTRATIVO

3.1. Conceito

É a declaração do Estado ou de quem o represente, inferior à lei, com o objetivo de cumpri-la, regida pelo direito público, sujeita à apreciação pelo Poder Judiciário, e que possui como função a satisfação do interesse da coletividade.

Observe que o ato administrativo tem três aspectos: (a) o aspecto subjetivo (quem realiza o ato administrativo); (b) o aspecto objetivo (a função do ato); e (c) o aspecto formal (o regime aplicado ao ato).

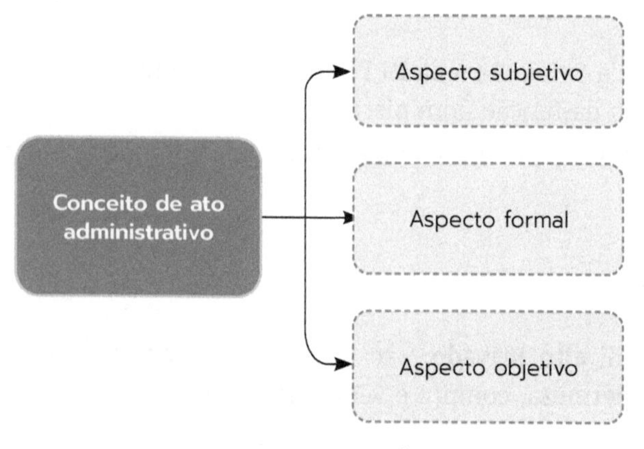

[2] STF, Rel. Min. Alexandre de Moraes, 29.04.2020.

a) Aspecto subjetivo

O aspecto subjetivo está relacionado ao agente praticante do ato administrativo.

Correto, portanto, afirmar que particular pratica ato administrativo, tendo em vista que concessionárias, permissionárias e autorizatárias de serviço público são particulares e praticam ato público.

Diante disso, o ato administrativo pode ser praticado por PARTICULARES, quando representando o Estado, como são os concessionários, permissionários e autorizatários de serviço público. Isso porque a função administrativa "pode ser encontrada dentro ou fora da Administração Pública".[3]

b) Aspecto formal

Embora seja regulado pelo direito público, o ato administrativo pode ser praticado por particular.

Ao praticar atos regulados pelo direito privado, a Administração não pratica ato administrativo.

O direito privado, quando regula a prática de atos da Administração, ensejará que esta pratique atos de direito privado.

Fato é que, para ser ato administrativo, é imprenscindível que seja regulado pelo direito público.

c) Aspecto objetivo

Refere-se ao objetivo do ato administrativo.

É objetivo de todo e qualquer ato administrativo a busca pelo interesse público/ pela finalidade pública.

Importante pontuar o conceito dado por Celso Antônio Bandeira de Mello. Para esse autor, o ato administrativo poderia ser conceituado em sua acepção restrita e em sua acepção ampla. Nesse sentido, em uma acepção restrita do conceito, o ato administrativo seria apenas a manifestação de vontade unilateral da Administração. Por seu turno, a acepção ampla abarcaria atos bilaterais, como os contratos administrativos. É verdade que se trata, hoje, de uma visão minoritária na doutrina, que entende, em sua maioria, o ato administrativo como uma manifestação unilateral de vontade da Administração ou de quem lhe faça às vezes.

Há, ainda, um conceito de atos que leva em conta o sentido formal e material. Ato administrativo em sentido formal seria aquele que, apesar de possuir a forma de ato administrativo, é dotado dos atributos de abstração e generalidade, voltando-se para situações não determinadas de forma singular. São exemplos de ato formal os atos normativos. Por sua vez, o ato administrativo em sentido material seria aquele de efeitos concretos, destinando-se a sujeitos e situações individualizadas, afastando-se da generalidade e da abstração.

---

3 OLIVEIRA, Rafael Carvalho Rezende. *Curso de Direito Administrativo*. 5. ed. São Paulo: Método, 2017. p. 508.

Também se faz importante diferenciar ato administrativo de processo administrativo. O processo administrativo é um conjunto de atos e formalidades realizados pela Administração Pública para apurar determinado fato ou situação, visando tomar uma decisão ou adotar uma medida administrativa, em que serão assegurados o contraditório e a ampla defesa ao particular. Ademais, o processo administrativo pode ter diversos objetivos, como apurar responsabilidades, julgar recursos administrativos, conceder licenças ou autorizações, entre outros.

Importante, inclusive, diferenciar o processo administrativo de procedimento. O procedimento administrativo é uma série de etapas sequenciais que devem ser cumpridas para a realização de determinada atividade ou tomada de decisão por parte da Administração Pública. Ele é composto de atos e documentos que visam garantir a legalidade, a impessoalidade, a moralidade, a publicidade e a eficiência da atuação do Poder Público.

Já o processo administrativo é um conjunto de procedimentos que visa garantir a ampla defesa e o contraditório em relação a atos ou decisões tomadas pela Administração Pública que afetem os interesses de particulares.

3.2. Vinculação e discricionariedade

Quando a Administração Pública exerce suas atividades, deve-se ter em mente que o exercício da atividade administrativa não ocorre de forma ilimitada. Na verdade, a atividade administrativa é, por essência, limitada.

Em determinados momentos, esse regramento pode atingir os vários aspectos de uma atividade determinada; nesse caso, diz-se que o poder da Administração é VINCULADO, afinal, a lei não deixou margem de escolha para o administrador público atuar.

Observe, contudo, que não há que se falar em absoluta vinculação, afinal o administrador público tem a liberdade temporal, isto é, de quando praticar o ato dentro do prazo legal.

Dessa forma, caso o particular cumpra todos os requisitos estabelecidos em lei, nasce para ele um direito subjetivo de exigir da autoridade a edição de determinado ato.

Em outras situações, o regramento não atinge todos os aspectos da atuação administrativa. Nessa situação, ocorre a chamada DISCRICIONARIEDADE administrativa. Em outras palavras, ocorre a discricionariedade quando a lei deixa certa margem de liberdade de decisão diante do caso concreto, referente ao **motivo** e ao **objeto** do ato administrativo. Observe que a discricionariedade é pautada na análise da oportunidade e conveniência sempre dentro dos limites da lei.

Atente-se, ainda, para o fato de um ato discricionário não se confundir com um ato arbitrário. Veja que o primeiro é editado com base na oportunidade e conveniência do administrador público, estando restrito aos limites estabelecidos pela lei. Ao contrário, o ato arbitrário representa o abuso, representa um ato praticado fora dos limites da lei, sendo, portanto, um ato ilegal.

A discricionariedade é identificada em vários casos, por exemplo:

1) a lei expressamente confere mais de uma alternativa para o administrador escolher dentre opções dadas;
2) quando a lei é omissa, pois não previu todas as situações supervenientes;
3) a norma é descrita por palavras que recobrem conceitos vagos, imprecisos. Não há uma situação inquestionável. Ex.: lei que estabeleça que o administrador público deve expulsar da repartição pessoas com comportamento indecoroso.

3.3. Silêncio da Administração

Expressão utilizada para se referir a situações em que a Administração não se manifesta, embora estivesse obrigada a se manifestar.

De acordo com o STJ, é cabível mandado de segurança quando há o dever de se manifestar em um prazo determinado e o administrador não o faz. O prazo decadencial do mandado de segurança se inicia no dia subsequente ao término do prazo fixado.

Não havendo prazo fixado para se manifestar, o mandado de segurança pode ser impetrado a qualquer momento, porque o prazo é renovado dia a dia, mês a mês, ano a ano.

O silêncio da Administração não é ato administrativo, uma vez que não há declaração de vontade. O silêncio, na verdade, é uma omissão. É considerado um fato administrativo, em regra.

A doutrina de José dos Santos Carvalho Filho[4] assim leciona "o silêncio não revela a prática de ato administrativo, eis que inexiste manifestação forma de vontade; não há, pois, qualquer declaração do agente sobre sua conduta. Ocorre, isto sim, um fato jurídico administrativo".

Contudo, é importante fazer diferenciar, em primeiro momento, de quando a lei já aponta a consequência da omissão e, em um segundo momento, de quando a lei não menciona qualquer efeito que se origine da inércia da Administração. Esta situação, sim, será considerada fato administrativo.

Perceba que, quando a lei já apontar a consequência da omissão, haverá a prática de um ato administrativo. Veja o seguinte exemplo:

> A lei X diz que "caso o administrador público não se manifeste em 30 dias, considera-se deferido o pedido da parte".

Entenda que, na situação anteriormente demonstrada, é parte integrante do texto legal a omissão, portanto a Administração Pública preferiu deferir o pedido da parte de forma tácita. Nessa situação, quando a omissão tiver consequências jurídicas trazidas

4 CARVALHO FILHO, José dos Santos. *Manual de Direito Administrativo*. 26. ed. rev., ampl. e atual. São Paulo: Atlas, 2013. p. 103.

pela lei, o silêncio da Administração Pública será considerado ATO ADMINISTRATIVO, uma vez que o Poder Público quis assim declarar sua vontade.

No direito público, o **princípio da legalidade determina que os efeitos do silêncio sejam estabelecidos pela lei**, podendo resultar na **concessão ou denegação do pedido**. Caso o **efeito seja concessivo**, o pleito do administrado é atendido. Por exemplo, se a lei estabelece que a Administração deve se manifestar em 30 dias, e não o faz, o ato é deferido.

Por outro lado, **se o efeito for denegatório**, o administrado pode recorrer à Justiça com base no direito de petição, buscando uma manifestação motivada da Administração para possibilitar o direito aos recursos administrativos cabíveis. Por exemplo, se a lei estabelece que a Administração deve se manifestar em 30 dias, e não o faz, o ato é indeferido, e o particular pode recorrer à Justiça para que a Administração se manifeste, concedendo ou denegando de forma motivada a pretensão do particular.

Nesse caso, o **papel do Judiciário é emitir decisão mandamental**, obrigando a Administração a se pronunciar em prazo fixado sobre o requerimento do administrado, mas não substituindo a Administração e concedendo a própria faculdade material requerida. Todavia, há doutrina que defende que, **no caso de atos vinculados**, seria possível ao Poder Judiciário, caso o particular cumpra todos os requisitos, suprir a manifestação de vontade da Administração e conceder o direito pleiteado pela parte. Assim, para essa doutrina, diante de um ato discricionário, o Poder Judiciário, de fato, não poderia substituir a manifestação de vontade da Administração, mas apenas determinar que a Administração se manifeste.

No caso de **inexistência de previsão legal, não é possível conceber qualquer efeito ao silêncio estatal**, que se configura como um fato administrativo sem qualquer interpretação possível.

A Administração não é obrigada a dizer sim quando chamada a se manifestar. Contudo, ela deve se manifestar quando for chamada para tanto.

Os arts. 48 e 49 da Lei nº 9.784/1999 dispõem sobre o tema. De acordo com o **art. 48**, a Administração tem o dever de explicitamente emitir decisão nos processos administrativos e sobre solicitações ou reclamações, em matéria de sua competência. Por sua vez, o **art. 49** estabelece que, concluída a instrução de processo administrativo, a Administração tem o prazo de até 30 dias para decidir, salvo prorrogação por igual período expressamente motivada.

Outros exemplos na legislação podem ser dados acerca do silêncio da Administração. Veja-se:

1) Lei nº 6.766/1979 – dispõe sobre o parcelamento do solo urbano. Nesse sentido, o art. 16 estabelece que a lei municipal definirá os prazos para que um projeto de parcelamento apresentado seja aprovado ou rejeitado e para que as obras executadas sejam aceitas ou recusadas, de modo que o § 1º estabelece que, transcorridos os prazos sem a manifestação do Poder Público, o projeto será considerado rejeitado ou as obras recusadas, assegurada a indenização por eventuais danos derivados da omissão.

2) Lei nº 12.527/2011 – dispõe sobre o acesso à informação. De acordo com o art. 39, os órgãos e as entidades públicas deverão proceder à reavaliação das informações classificadas como ultrassecretas e secretas no prazo máximo de 2 (dois) anos. Por sua vez, o § 3º estabelece que, enquanto não transcorrido o prazo de reavaliação, será mantida a classificação da informação nos termos da legislação precedente.

3.4. Atributos

Os atributos do ato administrativo são a presunção de legitimidade e veracidade, a imperatividade, a tipicidade, a autoexecutoriedade e a exigibilidade.

3.4.1. Presunção de legitimidade e veracidade

Este é o atributo pelo qual o ato administrativo se presume verdadeiro e legítimo. Em outras palavras, é o atributo que concede ao ato administrativo a chamada fé pública.

A presunção dos atos administrativos é RELATIVA ou *IURIS TANTUM*. Dessa forma, a presunção do ato não é absoluta ou *jure et de jure*. Ser relativa à presunção acarreta a possibilidade de admitir prova em contrário.

A presunção de legitimidade diz respeito à conformidade do ato com a lei; em decorrência desse atributo, presume-se, até prova em contrário, que os atos administrativos foram emitidos com observância da lei.

Por sua vez, a presunção de veracidade diz respeito aos fatos; em decorrência desse atributo, presumem-se verdadeiros os fatos alegados pela Administração. A presunção de veracidade inverte o ônus da prova. Segundo Maria Sylvia Zanella Di Pietro, "é errado afirmar que a presunção de legitimidade produz esse efeito, uma vez que, quando se trata de confronto entre o ato e a lei, não há matéria de fato a ser produzida".[5]

Importante observar que, em razão desses atributos, um ato administrativo, ainda que ilegal, produzirá seus regulares efeitos como se válido fosse até a declaração de ilegalidade e a consequente retirada do mundo jurídico.

3.4.2. Imperatividade

A imperatividade é o atributo pelo qual o ato administrativo se impõe a terceiros, de forma unilateral, independentemente de sua concordância. É o atributo que permite ao Poder Público impor obrigações às pessoas. É chamado de "poder extroverso" ou coercibilidade.

Desse atributo decorre o poder da Administração de exigir o cumprimento do ato pelo particular, quando emanado em conformidade com a lei.

Não é todo ato administrativo que possui o atributo da imperatividade. Somente tem esse atributo aquele ato que impõe obrigações. Os atos de consentimento/nego-

[5] DI PIETRO, Maria Sylvia Zanella. *Direito Administrativo*. 25. ed. São Paulo: Atlas, 2012. p. 206.

ciais, como as autorizações e permissões, não o têm, em razão de o interesse privado estar ao lado do interesse público.

3.4.3. Autoexecutoriedade

A autoexecutoriedade é o atributo pelo qual o ato administrativo ocorrerá sem a autorização do Poder Judiciário. Em outras palavras, o ato administrativo PRESCINDE (não precisa) da autorização do Poder Judiciário. Esse atributo é o que permite que a Administração Pública execute direta e imediatamente os seus atos.

De acordo com José dos Santos Carvalho Filho, "a autoexecutoriedade tem como fundamento jurídico a necessidade de salvaguardar com rapidez e eficiência o interesse público, o que não ocorreria se a cada momento tivesse que submeter suas decisões ao crivo do Judiciário".[6]

Não é todo ato administrativo que possui esse atributo. Há apenas nas seguintes situações:

1. quando houver expressa previsão em lei. Ex.: atos do poder de polícia;
2. quando as circunstâncias exigirem: Ex.: medida de urgência.

Todavia, há atos que não têm a autoexecutoriedade, como a multa. Caso o particular não pague a multa, à Administração resta executá-la judicialmente.

Segundo Maria Sylvia Zanella Di Pietro, a autoexecutoriedade divide-se em executoriedade e exigibilidade. A primeira se refere à possibilidade de a Administração Pública utilizar meios diretos de coerção para implementar sua vontade estatal, como na demolição de obras clandestinas. Já a exigibilidade consiste na possibilidade de a Administração Pública utilizar meios indiretos de coerção para compelir o administrado a praticar determinada conduta, como na previsão de multa em caso de descumprimento da vontade estatal.

A autoexecutoriedade não afasta a possibilidade de um controle judicial posterior. O controle do Poder Judiciário pode ser provocado pela pessoa que se sentir lesada pelo ato administrativo.

3.4.4. Tipicidade

A tipicidade é um atributo essencial do ato administrativo, que consiste na sua conformidade com as disposições legais que lhe são aplicáveis. Isso significa que os efeitos produzidos pelo ato estão previstos em lei, decorrendo diretamente do princípio da legalidade, que afasta a possibilidade de a Administração Pública praticar atos inominados.

A tipicidade, portanto, implica que os atos administrativos não podem ser totalmente discricionários, mas, sim, pautados por regras e normas preestabelecidas em lei. Além disso, a tipicidade só se aplica a atos unilaterais, ou seja, aqueles que

---

[6] CARVALHO FILHO, José dos Santos. *Manual de Direito Administrativo*. 26. ed. rev., ampl. e atual. São Paulo: Atlas, 2013. p. 123.

são praticados exclusivamente pela Administração Pública sem a necessidade de consentimento do particular.

3.4.5. Exigibilidade

A exigibilidade está presente em atos que são considerados meios indiretos de coerção. Mecanismo indireto é uma medida que estimula a aderir ao preceito emanado do ato administrativo.

Ex.: multa – o Prefeito determina a construção de um muro na frente das casas. Os moradores não constroem e o município aplica a multa.

O Enunciado Sumular nº 312 do STJ estabelece que é necessário contraditório e ampla defesa no processo administrativo de multa. Súmula nº 312 do STJ: "No processo administrativo para imposição de multa de trânsito, são necessárias as notificações da autuação e da aplicação da pena decorrente da infração".

Atributo	Descrição
Presunção de legitimidade e veracidade	Ato administrativo é presumido verdadeiro e legítimo, admitindo prova em contrário.
Imperatividade	Ato administrativo se impõe a terceiros de forma unilateral e coercitiva.
Autoexecutoriedade	Ato administrativo pode ser executado sem a autorização do Poder Judiciário em situações previstas em lei ou de urgência.
Tipicidade	Ato administrativo deve estar em conformidade com as disposições legais aplicáveis.
Exigibilidade	Atributo que estabelece atos como um meio indireto de coerção para estimular a aderência ao preceito.

3.5. Elementos ou requisitos do ato administrativo

Os elementos do ato administrativo podem ser elementos essenciais e acidentais. O objeto acidental é o efeito jurídico decorrente de cláusulas acessórias anexadas ao ato pelo seu executor. São elementos acidentais a **condição, o termo e o encargo (modo)**. Por sua vez, os atos administrativos têm elementos essenciais, quais sejam **competência (sujeito), objeto, motivo, finalidade e forma**.

3.5.1. Elementos acidentais

O termo refere-se ao período de início (termo inicial) ou término da eficácia (termo final) do ato, limitando-o temporalmente.

Por outro lado, o modo ou encargo é um ônus imposto ao destinatário para poder usufruir dos benefícios do ato.

Por sua vez, a condição subordina o efeito do ato a um evento futuro e incerto, podendo ser suspensiva ou resolutiva. A condição suspensiva faz o ato produzir efeitos somente se a condição ocorrer, enquanto a condição resolutiva faz cessar a produção de efeitos jurídicos do ato caso a condição ocorra. É importante notar que o termo pressupõe um evento futuro e certo, enquanto a condição se refere a um evento futuro e incerto.

3.5.2. Elementos essenciais

Estudados os elementos acidentais do ato administrativo, passa-se a estudar os elementos essenciais. São elementos ou requisitos essenciais do ato administrativo a **competência (sujeito), objeto, motivo, finalidade e forma**. Para facilitar a memorização, pode-se dizer que os elementos ou requisitos do ato administrativo formam o COMFiFo.

Competência

Objeto

Motivo

Finalidade

Forma

3.5.2.1. Competência (sujeito)

3.5.2.1.1. Conceito

É a atribuição conferida pela lei ao agente público. A competência, em Direito Administrativo, não se restringe à capacidade civil. Esta é englobada pelo conceito de competência.

O Professor Celso Antônio Bandeira de Mello[7] realiza uma análise sobre as características das competências. Segundo ele, estas têm alguns aspectos importantes, tais como:

1. Em primeiro lugar, a competência é de **exercício obrigatório** para os órgãos e agentes públicos. Isso significa que eles devem, obrigatoriamente, exercê-la em sua função pública.
2. Em segundo lugar, a competência é **irrenunciável**. Portanto, quem tem as competências não pode abrir mão delas enquanto as titulariza. Apenas é

---

[7] MELLO, Celso Antônio Bandeira de. *Curso de Direito Administrativo*. São Paulo: Malheiros Editores, 2008. p. 149-150.

permitido que o exercício da competência seja temporariamente delegado. No entanto, a autoridade delegante permanece apta a exercer a competência e pode revogar a delegação a qualquer momento, mantendo, assim, a titularidade.

3. Em terceiro lugar, a competência é **intransferível**, ou seja, ela não pode ser objeto de transação para repassá-la a terceiros.
4. Em quarto lugar, a competência é **imodificável** pela vontade do próprio titular. Isso ocorre porque seus limites são estabelecidos em lei. Ninguém pode dilatar ou restringir uma competência por sua própria vontade, devendo sempre observar as determinações legais.
5. Em quinto lugar, a competência também é **imprescritível**. Mesmo que a pessoa fique por um longo tempo sem utilizá-la, ela não deixará de existir.

Seguindo o entendimento de Carvalho Filho, ainda é possível elencar outras características da competência. Para o autor, esta é **inderrogável**, ou seja, não pode ser transferida a terceiros por acordo entre as partes, tornando-se **intransferível**. Ademais, a competência também é **improrrogável**, o que significa que não se adquire ao longo do tempo simplesmente pela prática do ato.

É importante ressaltar que a incompetência não pode ser transformada em competência com o passar do tempo. Assim, se um agente não tiver competência para exercer determinada função, não poderá adquiri-la apenas pela falta de questionamentos em relação aos atos que praticou, a não ser que a norma que estabelece a competência seja modificada.

Portanto, a competência é uma atribuição legal que não pode ser transferida ou adquirida pelo tempo de serviço, devendo ser observada a norma que a estabelece. Qualquer desvio dessa norma pode acarretar atos inválidos ou ilegais.

Características da competência	Definição
Exercício obrigatório	Os órgãos e agentes públicos devem exercer as competências, obrigatoriamente, em sua função pública.
Irrenunciável	Quem tem as competências não pode abrir mão delas enquanto as titulariza.
Intransferível	A competência não pode ser objeto de transação para repassá-la a terceiros.
Imodificável	Os limites da competência são estabelecidos em lei e não podem ser dilatados ou restringidos por vontade do próprio titular.
Imprescritível	Mesmo que a pessoa fique sem utilizar a sua competência por um longo tempo, ela não deixará de existir.

Características da competência	Definição
Inderrogável	A competência não pode ser transferida a terceiros por acordo entre as partes, tornando-se intransferível.
Improrrogável	A competência não se adquire ao longo do tempo simplesmente pela prática do ato.

3.5.2.1.2. Vícios

3.5.2.1.2.1. Excesso de poder

O agente público exorbita sua competência legal. Ele tem a competência, mas ultrapassa os limites desta.

É um vício sanável, no qual a autoridade superior pode/deve ratificar o ato.

Perceba que a autoridade competente ora pode, ora deve ratificar o ato com o vício de excesso de poder. Perceba que, de um lado, se o ato for vinculado e estando em conformidade com a lei, a autoridade competente para a prática do ato DEVE ratificá-lo, afinal é direito subjetivo do administrado a prática do ato vinculado, caso cumpra os requisitos legais.

De outro lado, se o ato for discricionário, ainda que esteja em conformidade com a lei, a autoridade competente PODE ratificá-lo, afinal dependerá de uma análise de oportunidade e conveniência dessa autoridade.

Por fim, observe que, se a competência for exclusiva, haverá um ato com vício INSANÁVEL.

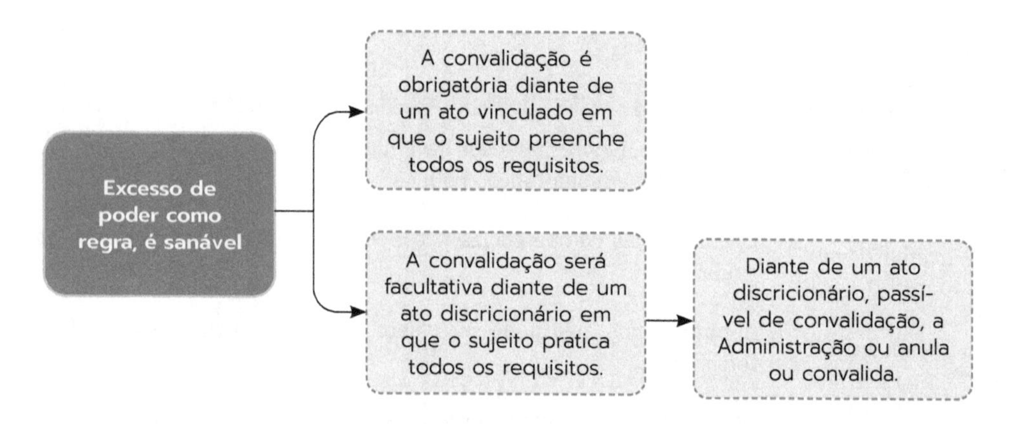

3.5.2.1.2.2. Função de fato

O ato é praticado por um agente público de fato, aquele que, por algum motivo, não pode exercer a função pública ou houve um ingresso irregular no serviço público.

Ex.: servidor de férias, aposentadoria, servidor que está em um cargo que exigia concurso público, mas foi provido por indicação.

O ato praticado pelo agente de fato reputa-se válido perante 3º de boa-fé. Isso se justifica pela teoria da aparência. O agente público aparenta-se competente para a prática do ato.

3.5.2.1.2.3. Usurpação de função pública

O ato é praticado por quem não é agente público, isto é, não está investido na função pública. A prática da usurpação de função pública é considerada crime, conforme previsto no art. 328 do Código Penal brasileiro, que prevê pena de detenção de três meses a dois anos e multa para quem "usurpa função pública" ou "exerce função pública sem a devida investidura legal", o que acarretaria um ato inexistente.

3.5.2.1.3. Delegação e avocação das competências

A competência é irrenunciável e se exerce pelos órgãos administrativos a que foi atribuída como própria, nos termos do art. 11 da Lei nº 9.784/1999.

Em determinadas situações, a lei pode autorizar que um agente transfira a outro agente funções que lhe são atribuídas. Em outras palavras, um órgão administrativo e seu titular poderão, se não houver impedimento legal, delegar parte da sua competência a outros órgãos ou titulares, ainda que estes não lhe sejam hierarquicamente subordinados, quando for conveniente, em razão de circunstâncias de índole técnica, social, econômica, jurídica ou territorial. A isso se dá o nome de delegação de competência. Tudo isso previsto no art. 12 da Lei nº 9.784/1999.

Observe que a delegação não enseja, obrigatoriamente, a diferença hierárquica entre os agentes públicos. Portanto, a delegação pode ser vertical ou horizontal, conforme ocorra ou não a hierarquia entre os agentes públicos.

O ato de delegação deve indicar a autoridade delegante, a autoridade delegada e as atribuições objeto da delegação. Isso se extrai do art. 12, parágrafo único, do Decreto-lei nº 200/1967.

O ato de delegação não retira a atribuição da autoridade delegante, que continua competente cumulativamente com a autoridade delegada para o exercício da função. Contudo, importante observar a Súmula nº 510 do STF, que afirma que, praticado o ato por autoridade, no exercício de competência delegada, contra ela cabe o mandado de segurança ou a medida judicial. Essa súmula está de acordo com o art. 14, § 3º, da Lei nº 9.784/1999, ao dizer que o ato praticado considera-se editado pelo delegado.

O ato de delegação e sua revogação deverão ser publicados no meio oficial, conforme dispõe o art. 14, *caput*, da Lei nº 9.784/1999. O ato de delegação é revogável a qualquer tempo pela autoridade delegante, conforme dispõe o art. 14, § 2º, da Lei nº 9.784/1999.

Por sua vez, a própria lei pode impedir que certas atribuições sejam delegadas a outros agentes. Estas são chamadas de funções indelegáveis. A Lei nº 9.784/1999, que trata do processo administrativo federal, em seu art. 13, veda a delegação quando se trata de:

a) atos de caráter normativo;
b) decisão de recurso administrativo;
c) matérias de competência exclusiva do órgão ou da autoridade.

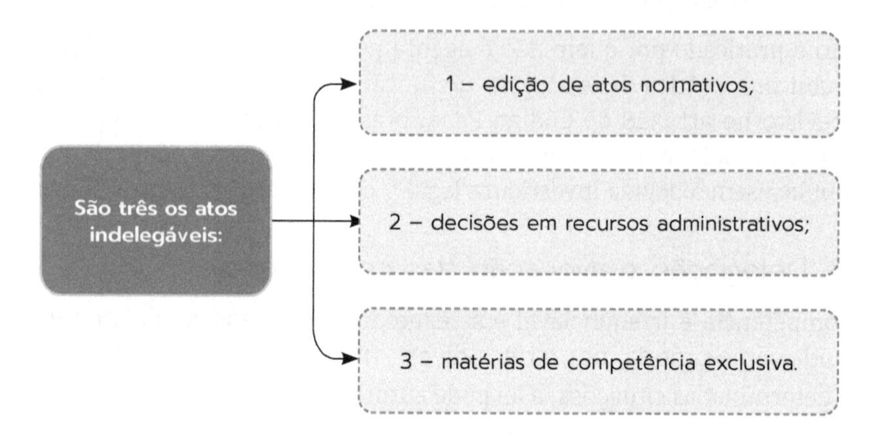

De outro lado, pode acontecer fenômeno inverso, ou seja, uma autoridade de hierarquia superior chamar para si a competência. A isso se dá o nome de avocação de competência, prevista no art. 15 da Lei nº 9.784/1999, segundo o qual será permitida, em caráter excepcional e por motivos relevantes devidamente justificados, a avocação temporária de competência atribuída a órgão hierarquicamente inferior.

Atente-se que é vedada a avocação de competência exclusiva prevista em lei a um subordinado.

É importante destacar que a avocação de competência não deve ser confundida com a revogação da delegação de competência. No primeiro caso, o agente que avoca a competência não tinha originalmente essa competência, uma vez que ela pertencia a um subordinado. No segundo caso, a competência é originalmente da autoridade delegante, que, após delegá-la a outro agente público, decide revogar o ato de delegação.

Nos termos do art. 17 da Lei nº 9.784/1999, inexistindo competência legal específica, o processo administrativo deverá ser iniciado perante a autoridade de menor grau hierárquico para decidir.

3.5.2.2. Forma

3.5.2.2.1. Conceito

É o meio pelo qual o ato se exterioriza, que, em regra, é a escrita. A forma é um dos elementos vinculados do ato administrativo, sendo responsável pelo revestimento exteriorizador da declaração de vontade da Administração.

Para melhor compreensão, pode-se analisar a forma em dois sentidos distintos. **No sentido estrito**, a forma se refere à maneira pela qual o ato se apresenta, seja por escrito, seja verbalmente, por meio de decretos, portarias, resoluções, entre outros. Por exemplo, a autorização para dirigir é apresentada na forma da Carteira Nacional de Habilitação (CNH). Por sua vez, **no sentido amplo**, a forma engloba todas as formalidades necessárias para a formação da vontade da Administração, incluindo requisitos de publicidade do ato. A CNH, nesse caso, representa o processo de concessão da autorização, desde o requerimento do interessado até a realização de exames, provas e testes, culminando na expedição da carteira.

Em resumo, a forma representa tanto a exteriorização quanto as formalidades para a formação da vontade da Administração.

A forma dos atos administrativos ainda pode ser classificada em outras duas hipóteses: a forma **essencial e acidental**. A **forma essencial** é aquela imposta pela legislação e que é necessária para que o ato produza efeitos válidos. O descumprimento acarretaria a nulidade do ato administrativo. Por exemplo, a ausência de ampla defesa e contraditório torna inválida a imposição de sanções administrativas.

Por outro lado, a forma acidental é aquela que não impede o alcance do resultado final desejado pelo agente público. Nessa situação, o ato administrativo pode ser convalidado, em razão do princípio da instrumentalidade das formas. Um exemplo disso seria um ato administrativo vinculado que tenha sido editado verbalmente, mas que beneficie um particular que preencheu todos os requisitos legais. Nesse caso, o ato deve ser convalidado e reduzido à forma escrita. Da mesma forma, a ausência de assinatura ou data no ato administrativo pode ser corrigida posteriormente.

3.5.2.2.2. Vício

Há vício quando a forma é determinada (prescrita) em lei, e não observada.

Esse vício é sanável, isto é, pode ser convalidado. Entretanto, há hipóteses em que os vícios de forma são insanáveis, porque afetam o ato em seu próprio conteúdo. Ex.: demissão de um servidor sem o PAD.

Por via de regra, a forma é escrita. Contudo, existem atos administrativos praticados de forma não escrita. Ex.: semáforo de trânsito, gesto de policial.

Integra o conceito de forma a motivação do ato administrativo, isto é, "a exposição dos fatos e do direito que serviram de fundamento para a prática do ato".[8]

O princípio do informalismo, também conhecido como formalismo moderado, está previsto no art. 22 da Lei nº 9.784/1999. Esse princípio estabelece que, salvo quando a lei exigir forma específica, não há uma forma predeterminada para os atos administrativos. Além disso, mesmo quando a forma for prevista em lei, se o conteúdo do ato atingir a finalidade desejada, em detrimento da forma, o ato não será anulado.

Embora a forma escrita seja a regra geral para os atos administrativos, pois possibilita e facilita o controle, há casos em que a forma não é escrita, como no exemplo

8 DI PIETRO, Maria Sylvia Zanella. *Direito Administrativo*. 25. ed. São Paulo: Atlas, 2012. p. 215.

da placa de trânsito ou do gesto de um policial indicando algo. Em suma, o princípio do informalismo permite uma maior flexibilidade na forma dos atos administrativos, desde que o seu conteúdo esteja em conformidade com a finalidade pretendida.

3.5.2.3. Objeto/Conteúdo

3.5.2.3.1. Conceito

É o efeito jurídico IMEDIATO que o ato produz. O objeto de um ato administrativo é o seu conteúdo, responsável por criar, extinguir, modificar ou declarar um efeito jurídico. A título de exemplo, na exoneração de um servidor, o objeto é a vacância do cargo. Por sua vez, na nomeação, o objeto é o provimento do cargo.

O objeto de um ato administrativo pode ser classificado como **vinculado ou discricionário**, assim como o motivo. Quando a lei estabelece exatamente o conteúdo do ato, ele é considerado vinculado.

Por outro lado, é possível que a lei não defina precisamente o objeto, concedendo uma margem de escolha ao agente encarregado da sua aplicação. A título de exemplo, se uma lei determina que a Administração imponha sanção ao particular por eventual descumprimento de uma norma, estabelecendo a possibilidade de aplicar uma multa dentro de um parâmetro previsto em lei ou suspender o ato, cabe ao agente público, em conformidade com os princípios administrativos, decidir sobre a suspensão ou a multa, incluindo a quantia a ser imposta. Nesse caso, o objeto é discricionário.

3.5.2.3.2. Vício

Ocorre quando o objeto é ilícito, impossível, indeterminado ou imoral. É um vício insanável.

O grande exemplo de um ato com vício de objeto é a aplicação de uma sanção incorreta, quando deveria ser aplicada outra sanção. Também seria vício de objeto caso uma lei determinasse a aplicação de suspensão por até 90 dias, mas o administrador aplicasse a suspensão de 120 dias.

3.5.2.4. Motivo

3.5.2.4.1. Conceito

São as razões de fato e de direito que determinaram a prática do ato administrativo.

O motivo, por ser elemento essencial, deve sempre estar presente no ato administrativo, sob pena de nulidade. Ademais, o motivo pode ser vinculado ou discricionário.

3.5.2.4.2. Vício

Existem casos em que a presença de motivos falsos ou inexistentes caracteriza um vício no ato. Esse vício é considerado grave e não pode ser corrigido. Nesse sentido, é fundamental compreender a teoria dos motivos determinantes, originária do direito francês. De acordo com essa teoria, a validade do ato está diretamente ligada aos motivos apresentados como base para a sua realização. Se esses motivos não existirem ou forem falsos, o ato será considerado nulo. Portanto, é essencial que os motivos apresentados em qualquer ato sejam verdadeiros e reais para que a validade dele seja garantida.

Segundo José dos Santos Carvalho Filho,[9] "a teoria dos motivos determinantes baseia-se no princípio de que o motivo do ato administrativo deve sempre guardar compatibilidade com a situação de fato que gerou a manifestação da vontade".

Motivo e motivação são coisas distintas. Motivação é a exposição dos motivos, isto é, demonstrar que os pressupostos de fato e de direito realmente existiram. Dessa forma, a motivação está atrelada à forma do ato administrativo. O princípio da motivação implica, para a Administração, o dever de justificar seus atos, apontando-lhes os fundamentos de direito e de fato, assim como a correlação lógica entre os eventos e as situações que deu por existentes e a providência tomada, nos casos em que este último aclaramento seja necessário para aferir-se a consonância da conduta administrativa com a lei que lhe serviu de arrimo. **Atente-se que um ato administrativo sem a devida motivação acarreta um vício de forma, e não de motivo**.

Importante também atentar às disposições constantes nos arts. 20 e 21 da LINDB. De acordo com o art. 20, nas esferas administrativa, controladora e judicial, não se decidirá com base em valores jurídicos abstratos sem que sejam consideradas as consequências práticas da decisão, de modo que a motivação demonstrará a necessidade e a adequação da medida imposta ou da invalidação de ato, contrato, ajuste, processo ou norma administrativa, inclusive em face das possíveis alternativas. Por sua vez, o art. 21 estabelece que a decisão que, nas esferas administrativa, controladora ou judicial, decretar a invalidação de ato, contrato, ajuste, processo ou norma administrativa deverá indicar, expressamente, suas consequências jurídicas e administrativas, de modo que essa decisão deverá, quando for o caso, indicar as condições para que a regularização ocorra de forma proporcional e equânime e sem prejuízo aos interesses gerais, não se podendo impor aos sujeitos atingidos ônus ou perdas que, em virtude das peculiaridades do caso, sejam anormais ou excessivos.

Por via de regra, **os atos administrativos devem ser motivados**, sejam eles discricionários, sejam eles vinculados, de acordo com o art. 50 da Lei nº 9.784/1999.

A nomeação e a exoneração de cargo em comissão não precisam ser motivadas, afinal a Constituição afirmou que é um cargo de livre nomeação e de livre exoneração. Contudo, caso o administrador público motive a nomeação ou a exoneração, a motivação passa a integrar a validade do ato administrativo, isto é, aplica-se a teoria dos motivos determinantes.

A motivação deve ser explícita, clara e congruente, podendo consistir em declaração de concordância com fundamentos de anteriores pareceres, informações,

---

[9] CARVALHO FILHO, José dos Santos. *Manual de Direito Administrativo*. 26. ed. rev., ampl. e atual. São Paulo: Atlas, 2013. p. 118.

decisões ou propostas, que, nesse caso, serão parte integrante do ato. A doutrina administrativa chama essa situação de MOTIVAÇÃO ALIUNDE, nos termos do art. 50, § 1º, da Lei nº 9.784/1999. Ex.: um parecer opina pela possibilidade de prática de ato de demissão de servidor, ao demiti-lo, a autoridade não precisa repetir os fundamentos explicitados pelo parecer, bastando, na fundamentação do ato de demissão, declarar a concordância com os argumentos expedidos no ato opinativo.

Ainda, observe que a motivação deve ser prévia ou concomitante ao ato administrativo. Entretanto, o STJ possibilita a motivação posterior do ato de remoção de servidor, desde que os motivos sejam preexistentes, idôneos e determinantes.

Segundo o Enunciado nº 12 do CJF, a decisão administrativa robótica deve ser suficientemente motivada, sendo a sua opacidade motivo de invalidação.

Motivo também é diferente de móvel. Este é a vontade interior do agente público que o levou a praticar o ato administrativo. Observe que a teoria dos motivos determinantes não abarca o móvel.

3.5.2.5. Finalidade

3.5.2.5.1. Conceito

É o efeito jurídico **mediato** que o ato produz. É o interesse público, a finalidade pública que o ato administrativo deve alcançar.

A finalidade do ato administrativo é dividida em **geral e específica**. A finalidade geral é sempre a satisfação do interesse público, já que toda atuação da Administração Pública se pauta nesse objetivo. A finalidade específica, por seu turno, é a que a lei elegeu para o ato em questão.

Em outras palavras, em um sentido amplo, a finalidade é sinônimo de interesse público, pois todo ato administrativo deve ser realizado para alcançar esse objetivo. No entanto, em um sentido estrito, a finalidade se refere à finalidade específica do ato, que é aquela que decorre da lei.

É importante ressaltar que, enquanto a finalidade geral é comum a todos os atos administrativos, a finalidade específica difere para cada ato, conforme estabelecido pelas normas legais aplicáveis.

Atente-se que a **finalidade geral possui natureza de discricionariedade**, afinal seria sinônimo de interesse público, que é um conceito jurídico indeterminado. Por sua vez, a **finalidade específica possui natureza de vinculação**.

3.5.2.5.2. Vício

O vício do elemento finalidade é o chamado **desvio de finalidade**, no qual o agente público pratica um ato visando a finalidade diversa da finalidade descrita em lei. O agente pratica o ato visando ao interesse próprio ou ao interesse de pessoas próximas. Trata-se, assim, de um vício insanável.

O conceito de desvio de finalidade está previsto no art. 2º, parágrafo único, *e*, da Lei nº 4.717/1965, segundo o qual o desvio de finalidade se verifica quando o agente pratica o ato visando a fim diverso daquele previsto, explícita ou implicitamente, na regra de competência.

A remoção de ofício de servidor público tem como finalidade geral o interesse público e como finalidade específica adequar a quantidade de servidores dentro de cada unidade administrativa.

No entanto, se um servidor cometeu uma infração e, como punição, a autoridade competente determinou sua remoção de ofício para uma localidade distante, isso não atenderia à finalidade específica da remoção, que é adequar o quantitativo de servidores em cada unidade. Embora a punição do agente atenda ao interesse público, pois é do interesse da coletividade que os agentes públicos desempenhem suas atribuições de maneira correta, a finalidade específica da remoção de ofício não é a punição do agente.

Por conseguinte, o ato seria inválido. É importante destacar que, para ser válido, todo ato administrativo deve ter uma finalidade específica lícita e coerente com a finalidade geral do interesse público. Qualquer desvio desse propósito pode tornar o ato ilegal ou inválido. Atente-se que, na **tredestinação lícita, há um desvio da finalidade específica que não macula o ato administrativo**. Nesse sentido, se o gestor declarou o bem para ser desapropriado com o intuito de construir uma escola pública, caso a destinação efetivamente dada seja a construção de um hospital público, não haverá ilicitude.

3.6. Ato anulável, nulo e inexistente

Os atos administrativos podem ser classificados em três tipos, de acordo com a sua validade e seus vícios. O primeiro tipo é o ato **administrativo anulável**, que se caracteriza como inválido, porém tem um vício sanável, ou seja, é possível corrigi-lo. Já o segundo tipo é o ato **administrativo nulo**, que também é inválido, mas tem um vício insanável, tornando-o irrecuperável. Por fim, temos o ato **administrativo inexistente**, que não é considerado um ato válido, pois corresponde a condutas criminosas, que não têm validade jurídica.

Ante ao exposto, surgiram duas teorias sobre a invalidade dos atos administrativos, a teoria monista e a dualista. A primeira propugna a existência de apenas atos nulos, não admitindo a convalidação de atos administrativos. Já a teoria dualista, prevalecente no Direito brasileiro, afirma a existência de atos nulos e anuláveis, de maneira que estes admitem a convalidação.

Pode-se afirmar que os arts. 2º e 3º da Lei nº 4.717/1965 e o art. 55 da Lei nº 9.784/1999 abarcaram, expressamente, a teoria dualista no Direito brasileiro.

Quadro de elementos de ato vinculado e discricionário

Elementos	Ato vinculado	Ato discricionário
Competência	Vinculado	Vinculado
Forma	Vinculado	Vinculado
Objeto	Vinculado	Discricionário/Vinculado
Motivo	Vinculado	Discricionário/Vinculado
Finalidade	Vinculado	Vinculado

Abuso de poder é o gênero. Excesso de poder e desvio de pode/finalidade são espécies. Perceba que o primeiro vicia o elemento COMPETÊNCIA, ao passo que o segundo vicia o elemento FINALIDADE.

Obs.:

1. Aplicação de penalidade sem PAD/sindicância configura vício de forma.
2. Quando há a aplicação de penalidade, mas esta é em modalidade errônea, há vício de objeto, isto é, é devida penalidade, deve ser aplicada, mas aplicou a errada.
3. Aplicada penalidade com intuito de perseguir, esta está eivada de vício de finalidade.
4. Aplicação de penalidade por autoridade diversa da prevista em lei configura vício de competência.
5. Aplicação de penalidade quando não há razão configura vício de motivo.

3.7. Convalidação

3.7.1. Conceito

É o ato pelo qual a Administração Pública ou o particular interessado promove a correção de um ato administrativo anulável.

São espécies de convalidação:

a) **Ratificação**: é a convalidação do ato administrativo que apresenta vício de competência ou de forma. É o caso, por exemplo, do ato editado por uma autoridade incompetente e depois ratificado por uma autoridade competente.

b) **Reforma**: é a convalidação por meio da qual o agente público retira o objeto inválido e mantém o outro objeto válido. Ex.: em ato que concede vários benefícios a um servidor, que teria direito apenas a um ou a alguns desses benefícios. Assim, é/são mantido(s) o(s) benefício(s) a que o agente de fato teria direito e são retirados dele os demais.

c) **Conversão**: é a convalidação por meio da qual há o acréscimo de novo objeto. Ex.: nomeiam-se servidores para atuarem em uma comissão disciplinar, constatado que um deles não poderia ser membro da comissão. Dessa forma, ele será excluído e substituído por um novo integrante, mantendo os demais indicados.

Tanto na reforma como na conversão, o vício é no elemento do objeto, quando esse elemento é plúrimo.

Nesse sentido, o art. 55 da Lei nº 9.784/1999 estabelece que, em decisão na qual se evidencie não acarretarem lesão ao interesse público nem prejuízo a terceiros, os atos que apresentarem defeitos sanáveis poderão ser convalidados pela própria Administração.

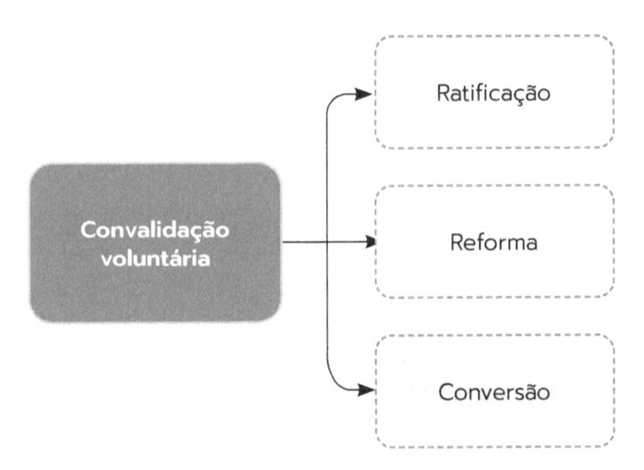

3.7.2. *Efeitos*

A convalidação de um vício de um ato administrativo produz efeitos *ex tunc*, isto é, produz efeitos retroativos, desde a edição do ato.

4. EXTINÇÃO DOS ATOS ADMINISTRATIVOS

Um ato administrativo pode-se extinguir pelas seguintes formas:

I. cumprimento de seus efeitos (extinção natural);

II. desaparecimento do sujeito (extinção subjetiva) ou do seu objeto (extinção objetiva);

III. renúncia;

IV. retirada.

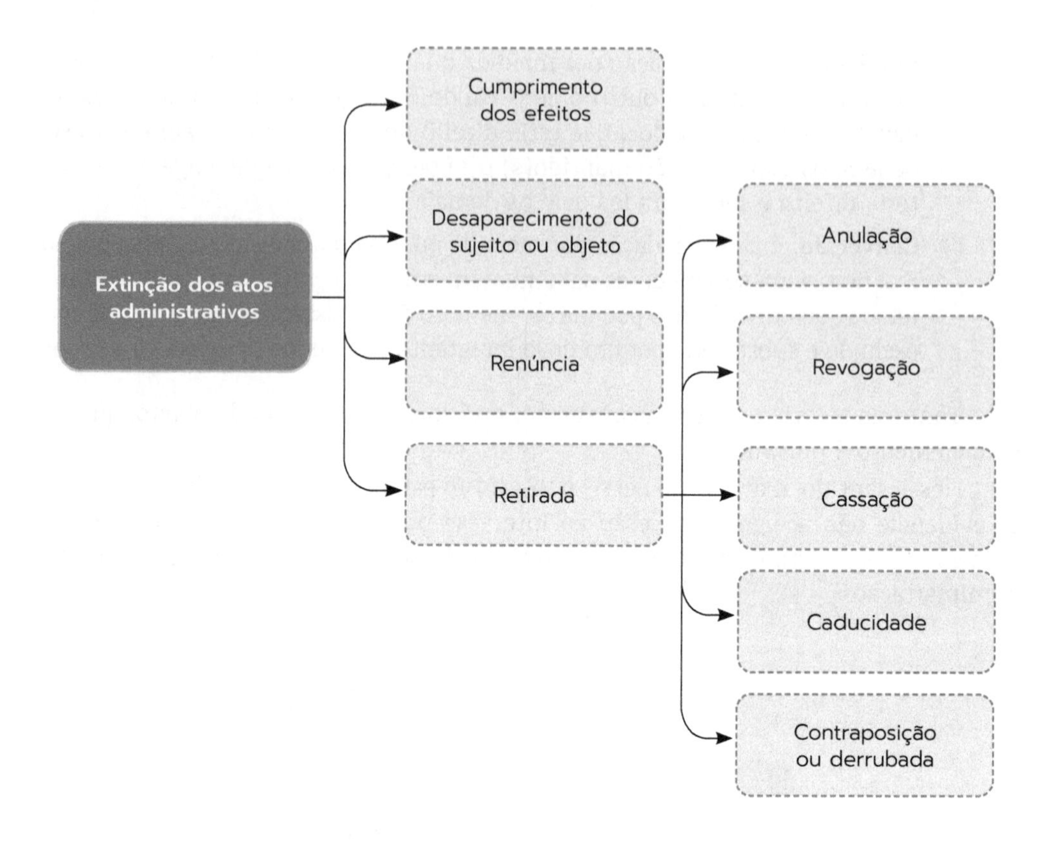

4.1. Cumprimento de seus efeitos

Em relação à primeira forma de extinção dos atos administrativos, tem-se que um ato se extinguirá em decorrência de ter cumprido os seus efeitos. Em outras palavras, quer dizer que o ato administrativo cumpriu o seu papel, alcançou seus objetivos. Dessa forma, não há razão de o ato continuar a existir.

Cumpridos seus efeitos, o ato administrativo se extingue.

4.2. Desaparecimento do sujeito ou do seu objeto

Em relação à segunda forma de extinção dos atos administrativo, tem-se que um ato se extinguirá em decorrência de ter perdido o seu sujeito, isto é, o destinatário do ato administrativo, ou ter perdido o seu objeto, isto é, o seu conteúdo.

Havendo algumas dessas situações, não há motivos para que o ato administrativo permaneça, vindo a ser extinto.

4.3. Renúncia

A renúncia é a forma de extinção do ato administrativo pela qual se extinguem os efeitos deste porque o próprio beneficiário abriu mão de uma vantagem de que desfrutava.

4.4. Retirada

4.4.1. Revogação – art. 53 da Lei nº 9.784/1999

A revogação é a retirada de um ato legal por motivos de conveniência ou oportunidade. Ela tem efeitos *ex nunc* e pode ser realizada pela Administração Pública (autotutela). Ao se estabelecer que a Administração Pública pode revogar seus atos administrativos, está-se dizendo que o Poder Executivo, o Poder Legislativo e o Poder Judiciário podem revogar os seus próprios atos editados no exercício da função administrativa. Assim, é importante destacar que o Poder Judiciário somente pode revogar atos administrativos expedidos por ele e na sua função administrativa, não podendo revogar atos judiciais nem revogar atos administrativos de outros poderes.

A revogação somente é possível em relação a atos discricionários, que envolvem análise de mérito administrativo quanto à conveniência e à oportunidade. Por outro lado, não podem ser revogados os atos vinculados, ilegais, que já cumpriram seus efeitos, que trouxeram direito adquirido, que integram procedimento ou que são meramente administrativos, como pareceres, atestados e certidões.

Perceba que o ato revogador, assim como o ato revogado, será discricionário, uma vez que exige uma análise de oportunidade e conveniência.

A revogação, em regra, não enseja o direito a uma indenização, em razão de os atos serem praticados a título precário. Contudo, quando a revogação ocasionar prejuízos comprovados ao destinatário, ele poderá requerer o pagamento de uma indenização.

Atenção ao Enunciado nº 20 do CJF. Por ele, o exercício da autotutela administrativa, para o desfazimento do ato administrativo que produza efeitos concretos favoráveis aos seus destinatários, está condicionado à prévia intimação e à oportunidade de contraditório aos beneficiários do ato.

Revogação da revogação?

A revogação administrativa, como visto, é um instrumento jurídico que visa desfazer uma situação originada por um ato administrativo previamente emitido, que se revelou inconveniente ou inoportuno. Esse mecanismo é utilizado quando a situação criada pelo ato administrativo se torna contrária ao interesse público. Ao se decretar a revogação, confirma-se que o ato administrativo anteriormente existente não mais atende às necessidades e ao interesse público vigente.

Nesse contexto, uma vez decretada a revogação, não se deve cogitar a emissão de um novo ato revogatório. Caso contrário, se uma nova decretação fosse necessária, estaríamos diante de duas possibilidades: ou o interesse público que fundamentou a primeira revogação não era legítimo, ou o interesse público que fundamenta a nova decretação é inválido. Em ambos os casos, os atos estariam contaminados pelo vício conhecido como desvio de finalidade, comprometendo a sua legitimidade e eficácia.[10]

---

10 GASPARINI, Diógenes. *Direito administrativo*. 7. ed. rev. e atual. São Paulo: Saraiva, 2002. p. 102-103.

Portanto, é imperativo que a Administração Pública não promova novas revogações indiscriminadamente. Somente o dinamismo do interesse público, que justifique de forma clara e inequívoca essa necessidade, pode permitir uma nova medida revogatória. Isso não se aplicaria, evidentemente, aos casos de invalidação, nos quais os vícios de legalidade tornam imprescindível a anulação do ato administrativo.

Essa prudência na utilização do poder de revogação garante a estabilidade das relações jurídicas e o respeito aos princípios administrativos, como a segurança jurídica e a proteção da confiança legítima dos administrados.

4.4.2. Anulação – art. 53 da Lei nº 9.784/1999

A anulação de um ato administrativo poderá ocorrer quando este for considerado ilegal, por ter violado uma lei ou um princípio. A anulação pode ter efeitos retroativos (*ex tunc*), ou pode ser limitada a partir do momento em que a anulação foi realizada (*ex nunc*). É importante destacar que a modulação dos efeitos da anulação também é possível.

A anulação pode ser realizada pela Administração Pública (autotutela), pelo Poder Legislativo e pelo Poder Judiciário, que são os legitimados para essa ação. Tanto os atos discricionários quanto os atos vinculados podem ser anulados.

A Súmula nº 473 do Supremo Tribunal Federal destaca que a Administração Pública pode anular seus próprios atos quando estes apresentarem vícios que os tornem ilegais, desde que não originem direitos, ou revogá-los por questões de conveniência ou oportunidade, sempre respeitando os direitos adquiridos e sujeitando-se à apreciação judicial.

Já o art. 54 da Lei nº 9.784/1999 estabelece que o direito da Administração Pública de anular atos administrativos que concedam efeitos favoráveis aos destinatários decai em cinco anos, contados a partir da data em que foram praticados, exceto em casos de comprovada má-fé.

Súmula nº 473 do STF	Art. 53 da Lei nº 9.784/1999
Estabelece o verbo PODE – a Administração Pública PODE anular.	Estabelece o verbo DEVE – a Administração Pública DEVE anular.

Atenção ao Enunciado nº 20 do CJF. Por ele, o exercício da autotutela administrativa, para o desfazimento do ato administrativo que produza efeitos concretos favoráveis aos seus destinatários, está condicionado à prévia intimação e à oportunidade de contraditório aos beneficiários do ato.

Observe que, de acordo com a Súmula nº 633 do STJ, a Lei nº 9.784/1999, especialmente no que diz respeito ao prazo decadencial para a revisão de atos administrativos no âmbito da Administração Pública federal, pode ser aplicada, de forma subsidiária, aos estados e aos municípios, se inexistente norma local e específica que regule a matéria.

Perceba que há, no texto da lei, a exteriorização do princípio da segurança jurídica. Estando o destinatário do ato favorável de boa-fé e decaídos os cinco anos, a Administração Pública não poderá anular esse ato ilegal. Em outras palavras, prevalecerá o princípio da segurança jurídica, de modo que os efeitos produzidos permanecerão consolidados.

Contudo, observe que, não cumprido um dos requisitos exigidos (boa-fé e decurso do tempo), a Administração Pública poderá anular o ato, prevalecendo o princípio da autotutela.

No caso de efeitos patrimoniais contínuos, o prazo de decadência contar-se-á da percepção do primeiro pagamento. Dessa forma, se todo mês o servidor recebe uma parcela salarial ilegal, o prazo decadencial inicia-se a partir da percepção da 1ª parcela.

Se o ato aconteceu antes da Lei nº 9.784/1999, o STJ entende que o fato seria alcançado por essa lei. Entretanto, o prazo de início (termo *a quo*) seria em fevereiro de 1999.

Considera-se exercício do direito de anular qualquer medida de autoridade administrativa que importe impugnação à validade do ato. Em outras palavras, quer-se dizer que, se, dentro do prazo decadencial, a Administração Pública instaurou o processo de anulação do ato administrativo, mas a anulação só ocorreu fora do prazo, esta será considerada válida.

Atente-se para o fato de que é necessária a realização de um procedimento administrativo prévio. Contudo, excepcionalmente, não se exige a realização do processo quando a declaração de nulidade decorre de decisão judicial.[11]

De acordo com o STJ, no âmbito de recurso ordinário, a decadência administrativa prevista no art. 54 da Lei nº 9.784/1999 pode ser reconhecida a qualquer tempo e *ex officio*, por se tratar de matéria de ordem pública, sendo indispensável seu prequestionamento nas instâncias especiais.[12]

Ademais, diante da ausência de previsão legal, o prazo decadencial de cinco anos do art. 54, *caput*, da Lei nº 9.784/1999 é insuscetível de suspensão ou de interrupção, devendo ser observada a regra do art. 207 do Código Civil.[13]

Atente-se que o prazo decadencial é aplicado tanto aos atos nulos quanto aos anuláveis.[14]

Por fim, as situações flagrantemente inconstitucionais não se submetem ao prazo decadencial de cinco anos previsto no art. 54 da Lei nº 9.784/1999, não havendo que se falar em convalidação pelo mero decurso do tempo.[15]

---

11 STF, Rcl 5.819/TO, Rel. Min. Cármem Lúcia, 19.06.2009.

12 STJ, AgInt no AREsp 629.004/RJ, Primeira Turma, Rel. Min. Napoleão Nunes Maia Filho, j. 10.06.2019, *DJe* 13.06.2019.

13 STJ, AgInt no AgRg no REsp 1.580.246/RS, Segunda Turma, Rel. Min. Herman Benjamin, j. 21.02.2017, *DJe* 18.042017.

14 STJ, AgInt no REsp 1.749.059/RJ, Segunda Turma, Rel. Min. Herman Benjamin, j. 28.03.2019, *DJe* 28.05.2019.

15 STJ, REsp 1.799.759/ES, Segunda Turma, Rel. Min. Herman Benjamin, j. 23.04.2019, *DJe* 29.05.2019.

Aprofundamento

1) Concessão de aposentadoria

De acordo com entendimento do Supremo Tribunal Federal (STF), a aposentadoria é considerada um ato complexo. Além disso, a Súmula Vinculante nº 3 estabelece que, nos processos perante o Tribunal de Contas da União, é garantido o direito ao contraditório e à ampla defesa quando a decisão puder resultar na anulação ou revogação de ato administrativo que beneficie o interessado, com exceção da apreciação da legalidade do ato de concessão inicial de aposentadoria, reforma e pensão.

O Supremo Tribunal Federal, no julgamento do RE 636.553/RS, rel. Min. Gilmar Mendes, julgamento em 19.02.2020. (RE-636.553), estabeleceu, em tese de Repercussão Geral, que "Em atenção aos Princípios da segurança jurídica e da confiança legítima, os Tribunais de Contas estão sujeitos ao prazo de cinco anos para o julgamento da legalidade do ato de concessão inicial de aposentadoria, reforma ou pensão, a contar da chegada do processo à respectiva Corte de Contas".

Nesses termos, por constituir exercício da competência constitucional (art. 71, III, da CR/1988), tal ato ocorre sem a participação dos interessados e, portanto, sem a observância do contraditório e da ampla defesa.

Entretanto, por motivos de segurança jurídica e necessidade da estabilização das relações, é necessário fixar-se um prazo para que a Corte de Contas exerça seu dever constitucional.

Diante da inexistência de norma que incida diretamente sobre a hipótese, aplica-se ao caso o disposto no art. 4º do Decreto-lei nº 4.657/1942, a Lei de Introdução às Normas do Direito Brasileiro (LINDB).

Assim, tendo em vista o princípio da isonomia, seria correta a aplicação, por analogia, do Decreto nº 20.910/1932.

Portanto, se o administrado tem o prazo de cinco anos para buscar qualquer direito contra a Fazenda Pública, também se deve considerar que o Poder Público, no exercício do controle externo, tem o mesmo prazo para rever eventual ato administrativo favorável ao administrado.

Desse modo, a fixação do prazo de cinco anos se afigura razoável para que o TCU proceda ao registro dos atos de concessão inicial de aposentadoria, reforma ou pensão, após o qual se considerarão definitivamente registrados.

Por conseguinte, a discussão acerca da observância do contraditório e da ampla defesa após o transcurso do prazo de cinco anos da chegada do processo ao TCU encontra-se prejudicada. Isso porque, findo o referido prazo, o ato de aposentação considera-se registrado tacitamente, não havendo mais a possibilidade de alteração pela Corte de Contas.

2) Comentários acerca do prazo quinquenal do art. 54

A Súmula nº 633 do STJ dispõe que o prazo decadencial previsto no art. 54 da Lei nº 9.784/1999 pode ser aplicado a estados e municípios.

> *Súmula 633-STJ: A Lei nº 9.784/99, especialmente* ***no que diz respeito ao prazo decadencial*** *para a revisão de atos administrativos no âmbito da Administração Pública federal, pode ser aplicada, de forma* ***subsidiária****, aos estados e municípios,* ***se inexistente norma local e específica que regule a matéria****.* (destacamos)

Rememora-se que a Lei nº 9.784/1999 traz o prazo decadencial de cinco anos para anulação de atos administrativos benéficos. No entanto, estados e municípios poderiam legislar e estabelecer prazos distintos, em tese. Por exemplo, o estado de São Paulo tem a Lei de Processo Administrativo, que dispõe que o prazo que a administração paulista tem para anular os atos administrativos benéficos é de dez anos, tendo o STF discutido sobre a constitucionalidade desse dispositivo.

No caso, o STF entendeu que a lei estadual que estabelece prazo diverso dos cincos anos previstos na Lei nº 9.784/1999 é inconstitucional.

Deve-se destacar que se trata de uma inconstitucionalidade **material**, uma vez que viola o **princípio da isonomia**. A importância dessa diferenciação entre inconstitucionalidade material e formal recai no fato de que, por ser uma inconstitucionalidade material, os estados membros podem legislar sobre a temática. O art. 25 da Constituição, por exemplo, traz a competência dos estados para legislar sobre a matéria de direito administrativo. No caso discutido, o estado de São Paulo não estava adentrando nas competências da União, por isso não havia inconstitucionalidade formal.

No entanto, o Supremo entendeu se tratar de inconstitucionalidade material por violar o princípio da isonomia. Argumentou o STF que a Lei nº 9.784/1999 dispõe sobre os cincos anos e que vários estados a seguem, no caso daqueles que não têm lei específica, em razão da Súmula nº 633-STJ, adotando-se também o prazo de cinco anos. Dessa forma, um estado ou um munícipio não poderiam estabelecer prazo diverso e ir na contramão dos demais.

Válido ressaltar que, na ocasião, o Supremo entendeu que tal lei não viola o princípio da segurança jurídica nem o princípio da razoabilidade. Trata-se de um julgado que pode cair em provas e o examinador pode colocar que "é inconstitucional por violar o princípio da razoabilidade" ou "é inconstitucional por violar o princípio da segurança jurídica", e ambas as alternativas estariam erradas – o entendimento é de que se viola o princípio da isonomia, como visto.

Anulação	Revogação
Recai sobre um **ato ilegal** (e é ilegal porque viola a lei ou viola os princípios).	Um **ato lícito** será revogado por razões de oportunidade e conveniência.
Em regra, produz efeitos *ex tunc*, ou seja, retroativos. Excepcionalmente admite-se que tenha efeitos *ex nunc* ou *pro futuro* (data futura).	Efeitos *ex nunc*.
A anulação pode ser feita no exercício da autotutela pela Administração Pública (Poderes Executivo, Legislativo e Judiciário anulando atos próprios no exercício da atividade administrativa), seja de ofício, seja mediante provocação; ou pode ser feita pelo Poder Judiciário, no exercício da sua função jurisdicional. Nesse caso, o Judiciário somente poderá atuar mediante provocação.	A revogação poderá ser feita tão somente pela Administração Pública, no exercício de autotutela. Poderá ser feita pelos Poderes Executivo, Legislativo e Judiciário, revogando atos próprios no exercício da função administrativa, seja de ofício, seja mediante provocação. O Judiciário, no exercício da função jurisdicional, não pode revogar, porque a revogação é controle de mérito e o Judiciário não faz controle de mérito.

4.4.3. Cassação

A cassação é uma espécie de retirada pela qual o destinatário do ato administrativo deixou de cumprir algum requisito estabelecido em lei necessário para que haja a prática do ato administrativo. Ex.: cassação de licença para funcionamento de hotel por haver convertido em casa de tolerância.

4.4.4. Caducidade

A caducidade é a retirada do ato administrativo em razão de norma jurídica (lei) que tornou inadmissível a situação antes permitida pelo direito e pelo ato precedente. Ex.: caducidade de autorização de uso de música em bares que, em razão de nova lei de ruídos, se tornou incompatível.

4.4.5. Contraposição ou derrubada

A contraposição ou derrubada é a retirada do ato administrativo em razão da edição de outro ato administrativo com efeitos contrários ao editado anteriormente. Ex.: nomeação e exoneração de servidor.

5. CLASSIFICAÇÃO DOS ATOS ADMINISTRATIVOS

5.1. Quanto às prerrogativas

Atos de império: aqueles impostos unilateralmente ao particular, independentemente de sua concordância ou autorização judicial.

Atos de gestão: aqueles praticados em situação de igualdade com os particulares.

Atos de expediente: são atos internos da Administração Pública, relacionados às rotinas dos serviços executados pelos seus órgãos e agentes públicos.

5.2. Quanto à formação da vontade

Atos simples: aqueles que decorrem da declaração de vontade de um único órgão, seja singular, seja colegiado; pode-se dar como exemplo a licença de habilitação para dirigir.

Atos complexos: aqueles que resultam da manifestação de **dois ou mais órgãos**, singulares ou colegiados, cuja vontade se funde para formar um ato único. Observe que as manifestações de vontade devem ser originadas de órgãos diferentes.

A jurisprudência do STF pacificou entendimento de que a concessão de aposentadoria a um servidor é exemplo de um ato complexo, afinal somente se aperfeiçoaria com o registro perante o Tribunal de Contas.[16]

Outro exemplo de ato complexo é a nomeação do PGR e do ministro do STF, os quais precisam ser nomeados pelo presidente da República e, em seguida, aprovados pelo Senado Federal.

A jurisprudência do STJ também consagra outro ótimo exemplo de ato complexo. Para a corte cidadã, o preenchimento de lugar destinado ao quinto constitucional, nos tribunais brasileiros, é um ato complexo no qual participam a OAB, o Tribunal de origem e o chefe do Poder Executivo e, para sua revogação, depende da vontade de todos os participantes originários.[17]

Atos compostos: aqueles que resultam de duas ou mais manifestações de vontade, em que a vontade de um é acessória em relação à de outro que edita o ato principal.

Observe que o ato composto deriva de apenas um órgão, mas, para a produção dos seus efeitos, depende de outro ato que o aprove. A função do ato de aprovação é meramente instrumental. O ato acessório não altera o conteúdo do ato principal. O ato acessório ganha o nome de autorização, aprovação, homologação, visto.

Diferentemente do ato complexo, no ato composto, praticam-se dois atos, um principal e o outro acessório.

5.3. Quanto ao destinatário

Ato geral: aquele dirigido a pessoas de forma geral e abstrata. Ex.: regulamentos e portarias.

Ato individual: aquele dirigido a pessoas de forma individualizada. Ex.: nomeação e demissão.

---

16 STJ, REsp 1.259.669/SC, Segunda Turma, Rel. Min. Mauro Campbell Marques, *DJe* 21.09.2011.

17 AREsp 2.304.110-SC, Segunda Turma, Rel. Min. Francisco Falcão, por unanimidade, j. 12.03.2023.

5.4. Quanto aos efeitos

Ato constitutivo: aquele que cria, modifica ou extingue um direito. Ex.: dispensa, autorização, revogação.

Ato declaratório: aquele que apenas reconhece um direito que já existia. Ex.: licença, anulação.

Ato enunciativo: aquele que a Administração Pública informa ou emite um conhecimento. Ex.: parecer, atestado e certidão.

Observe que o ato administrativo tem dois efeitos, os efeitos típico e atípico. O efeito típico consiste no efeito principal do ato administrativo, aquele para o qual o ato administrativo foi editado. Por sua vez, o efeito atípico ganha maior relevância.

O efeito atípico divide-se em prodrômicos ou preliminares e reflexos. O primeiro é verificado enquanto persiste a situação de pendência do ato administrativo, ou seja, ocorre durante o período intercorrente, desde a produção do ato até o início da ocorrência dos seus efeitos típicos. Pode-se dar como exemplo a aprovação de uma autoridade nomeada pelo presidente da República pelo Senado Federal.

Já o efeito reflexo é aquele que atinge outra relação jurídica, de modo que atinge terceiros não participantes do ato administrativo editado. O que se quer dizer é que o ato produzirá efeitos contra terceiros que não fazem parte da relação travada entre a Administração Pública e o sujeito passivo do ato administrativo. Pode-se dar como exemplo a desapropriação que produz efeitos sobre o locatário do bem desapropriado.

5.5. Quanto à exequibilidade

Ato perfeito: é aquele que está em condições de produzir efeitos jurídicos, porque já completou todo o seu ciclo de formação.

Ato imperfeito: é o que não está apto a produzir efeitos jurídicos, afinal não completou o seu ciclo de formação. Ex.: falta a publicação, homologação.

Ato pendente: é o que está sujeito a condição ou termo para que comece a produzir efeitos. Diferentemente dos atos imperfeitos, os atos pendentes já completaram o seu ciclo de formação e estão aptos a produzir efeitos. Contudo, estes ficam suspensos até que ocorra a condição ou o termo.

Ato consumado: é aquele que já se exauriu.

Diante disso, observe que um ato pode ser:

a) **perfeito, válido e eficaz** – o ato tem o seu ciclo de formação completo, está plenamente compatível com as exigências legais e está disponível para produção dos seus efeitos;

b) **perfeito, inválido e eficaz** – o ato tem o seu ciclo de formação completo, mas não está ajustado às exigências legais, e está disponível a produzir os seus efeitos;

c) **perfeito, válido e ineficaz** – o ato, apesar de ter o seu ciclo de formação completo e estar de acordo com as exigências legais, não produzirá efeitos por depender de um termo ou uma condição para que esses efeitos ocorram;

d) **perfeito, inválido e ineficaz** – o ato tem o seu ciclo de formação completo, mas não está compatível com as exigências legais, e depende de um termo ou uma condição para que produza os seus efeitos.

De forma esquemática, tem-se o seguinte quadro:

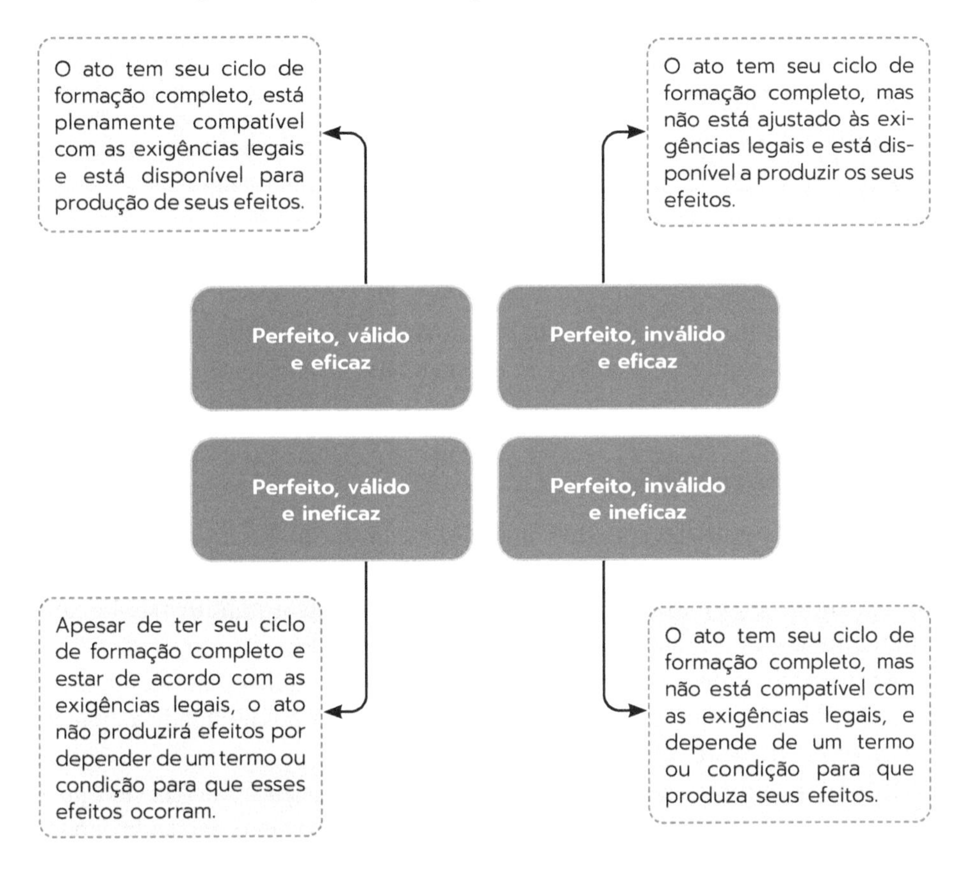

5.6. Quanto ao objeto

Os atos administrativos podem ser classificados em três categorias: ato-regra, ato-condição e ato subjetivo.

O ato-regra é um ato normativo com aplicação geral e abstrata, que estabelece normas reguladoras da conduta de um grupo de pessoas ou situações. Por exemplo, uma portaria que estabelece os procedimentos a serem seguidos para a realização de um concurso público.

Já o ato-condição é aquele que investe o indivíduo em situação jurídica preexistente, submetendo-o à aplicação de certas regras jurídicas. Um exemplo é a nomeação de um servidor público, que cria direitos e deveres para o nomeado.

Por fim, o ato subjetivo é o ato concreto que cria obrigações e direitos subjetivos em relações jurídicas especiais, como um contrato de trabalho de um empregado público. Ele se refere a situações específicas e determinadas, que geram efeitos jurídicos imediatos para as partes envolvidas.

6. ESPÉCIES DE ATOS ADMINISTRATIVOS

6.1. Quanto à forma

Decreto: são atos normativos emanados do chefe do Executivo.

Circular: é o ato administrativo que as autoridades se valem para transmitir ordens internas uniformes a seus subordinados.

Resolução e portaria: são atos emanados de autoridades outras que não o chefe do Executivo.

Alvará: é a forma por meio da qual a Administração confere a autorização ou a licença ao particular para o exercício de determinada atividade. O alvará é a FORMA do ato, ao passo que a licença e a autorização são o CONTEÚDO do ato.

6.2. Quanto ao conteúdo

Licença: é ato unilateral e vinculado por meio do qual Administração Pública concede ao administrado a possibilidade de realizar determinada atividade.

Autorização: é ato unilateral e discricionário em que a Administração concede ao administrado a possibilidade de exercer certa atividade.

A autorização pode ter a acepção de uso de espaço público, isto é, é o ato unilateral e discricionário em que a Administração concede a possibilidade ao particular do uso privativo de bem público, em caráter precário.

Ademais, a autorização pode ter o sentido de autorização de serviço público, ou seja, uma das formas de delegação de serviço público que o particular pode desempenhar.

Permissão: é ato unilateral, discricionário e precário pelo qual a Administração faculta ao administrado a utilização privativa de determinado bem público.

Admissão: é ato unilateral e vinculado por meio do qual a Administração reconhece ao particular o direito à prestação de determinado serviço público, desde que preencha os requisitos legais. Ex.: admissão em escolas e hospitais públicos.

Aprovação: é ato unilateral e discricionário pelo qual a Administração exerce o controle do ato administrativo. A aprovação pode gerar um controle *a priori* ou *a posteriori*.

Homologação: é o ato unilateral e vinculado pelo qual a Administração faz a análise da legalidade de ato praticado pelos seus órgãos como forma de lhe dar eficácia. O melhor exemplo de homologação é o ato da autoridade que homologa o procedimento do concurso público.

Visto: é o ato administrativo unilateral pelo qual determinada autoridade atesta a legitimidade formal de outro ato administrativo.

Parecer: é o ato pelo qual os órgãos consultivos da Administração emitem opinião sobre determinados assuntos – jurídicos ou técnicos.

O parecer pode ser obrigatório, facultativo e vinculante.

O parecer obrigatório é aquele que a lei o exige como pressuposto para a prática do ato final. Perceba que a obrigatoriedade está relacionada à solicitação do parecer.

Diferentemente, o parecer é facultativo quando a Administração pode ou não solicitá-lo.

Ainda, o parecer pode ser vinculante, ou seja, a Administração é obrigada a solicitá-lo e a acatar a sua conclusão. O melhor exemplo é o caso da aposentadoria por invalidez. A Administração, para conceder essa aposentadoria, deve solicitar o parecer do órgão médico oficial e acatar a decisão desse órgão.

7. TIPOS DE ATOS

7.1. Atos normativos

São aqueles que contêm comandos gerais e abstratos aplicáveis a todos os administrados que se enquadrem nas situações neles previstas. Dessa forma, os atos normativos não se destinam a cuidar de relações jurídicas concretas. Observe que o ato normativo é um ato em sentido formal, mas é lei em sentido material. É a chamada "lei em tese". Portanto, os atos normativos não podem ser impugnados via mandado de segurança, em regra. Excepcionalmente, esse tipo de ato poderá ser impugnado via mandado de segurança se causar prejuízo ao patrimônio de uma pessoa.

Ex.: regulamentos, decretos, instruções normativas, regimentos, resoluções e deliberações.

7.2. Atos negociais

Em relação aos atos negociais, o interesse da Administração e o interesse do particular estão lado a lado, motivo pelo qual não têm o atributo da imperatividade.

Ex.: dispensa, visto, aprovação, renúncia, admissão, homologação, concessão.

7.3. Atos ordinatórios

São aqueles que "visam a disciplinar o funcionamento da Administração e a conduta funcional dos seus agentes, representando exercício do poder hierárquico do Estado".[18]

Ex.: portaria, instrução, aviso, circular, ordem de serviço, ofício, despacho.

---

[18] MARINELA, Fernanda. *Direito Administrativo*. 7. ed. Niterói: Impetus, 2013. p. 304.

7.4. Atos enunciativos

São aqueles em que a Administração Pública se limita a certificar ou atestar determinado fato, ou emitir uma opinião sobre determinado tema.

Para Maria Sylvia Zanella Di Pietro, os atos enunciativos podem ser chamados de atos meramente administrativos. Alerta a autora, ainda, que esses atos, por muitos doutrinadores, não são considerados atos administrativos, afinal não produzem efeitos jurídicos imediatos.[19]

Ex.: parecer, certidão, atestado e apostila (averbação).

8. TEORIA DA ESTABILIZAÇÃO DOS EFEITOS DO ATO ADMINISTRATIVO

A teoria da estabilização dos efeitos do ato administrativo tem como principal objetivo mitigar os efeitos práticos de um ato administrativo nulo, quando esse ato já produziu consequências ao longo do tempo. Diferente da aplicação pura e simples da nulidade com efeitos retroativos (*ex tunc*), a estabilização não se fundamenta na ideia de que o ato já estaria definitivamente consolidado (como na teoria do fato consumado), mas, sim, na necessidade de evitar maiores danos ao sistema jurídico, à ordem social ou a terceiros de boa-fé, ao preservar alguns efeitos práticos desse ato, mesmo que ele seja considerado inválido desde sua origem.

Por definição, o ato administrativo nulo é aquele que nasce com vício insanável, ou seja, não pode ser corrigido ou convalidado. Quando se reconhece a nulidade de um ato, em regra, todos os seus efeitos devem ser anulados, como se ele nunca tivesse existido no mundo jurídico (efeito retroativo ou *ex tunc*). No entanto, em certos casos, a anulação total do ato nulo pode gerar consequências negativas desproporcionais, como a quebra da segurança jurídica, o que afetaria a estabilidade de relações já consolidadas no tempo.

Aqui entra a relevância da teoria da estabilização dos efeitos: ela não busca "legalizar" ou convalidar o ato nulo, mas, sim, mitigar os efeitos práticos de sua invalidação, preservando situações que foram estabelecidas em decorrência do ato, desde que essas situações envolvam o princípio da boa-fé de terceiros ou a segurança jurídica.

O ato nulo e suas consequências práticas

Mesmo um ato inválido pode produzir efeitos no mundo real, criando expectativas e situações que podem merecer proteção. Esses efeitos surgem porque, muitas vezes, terceiros agem de boa-fé, confiando na validade do ato, ou porque as situações decorrentes do ato são amparadas por princípios jurídicos relevantes, como a segurança jurídica e a proteção à confiança legítima.

Por isso, nem sempre a nulidade de um ato leva à sua imediata extinção e à invalidação completa de todos os efeitos que ele produziu. Há situações em que a

---

[19] DI PIETRO, Maria Sylvia Zanella. *Direito Administrativo*. 25. ed. São Paulo: Atlas, 2012. p. 214.

anulação total pode ser limitada pelo próprio ordenamento jurídico, especialmente quando se busca proteger terceiros que agiram de boa-fé ou preservar a estabilidade de situações já consolidadas.

O sistema jurídico estabelece barreiras à anulação de atos nulos, sobretudo quando a desconstituição integral do ato poderia acarretar consequências negativas de grande relevância. Por exemplo, quando um ato administrativo nulo foi responsável por originar uma situação de fato que envolva a criação de direitos para terceiros de boa-fé, a aplicação rígida da nulidade poderia desestabilizar essas situações, gerando insegurança jurídica.

Assim, mesmo que o ato seja nulo, a análise das suas consequências deve ser feita com cautela. A estabilização dos efeitos do ato nulo visa justamente preservar o equilíbrio entre a aplicação da teoria jurídica abstrata (que levaria à anulação total) e as consequências práticas dessa anulação.

Exemplos e aplicação prática

Um exemplo clássico da aplicação dessa teoria pode ser encontrado em decisões do STF, como a Ação Cível Originária nº 79. Nesse caso, o STF reconheceu a nulidade de negócios jurídicos que transferiram terras públicas estaduais, sem a necessária autorização do Senado Federal, violando a Constituição de 1946. Apesar do reconhecimento da nulidade, o Tribunal entendeu que, após 53 anos, os efeitos desses negócios haviam gerado consequências sociais e econômicas de grande envergadura, como a criação de cidades, estradas, hospitais e o estabelecimento de famílias em boa-fé. A anulação dos negócios poderia acarretar prejuízos desastrosos, tanto pessoais quanto socioeconômicos, violando os princípios da segurança jurídica e da confiança legítima.

O Tribunal, nesse caso, ponderou entre a aplicação formal da teoria das nulidades e a necessidade de preservar a boa-fé e a segurança jurídica. Optou, portanto, por não desconstituir os efeitos dos atos nulos, aplicando a teoria da estabilização.

A estabilização dos efeitos de atos administrativos viciados serve como uma proteção à segurança jurídica e à boa-fé, evitando que decisões administrativas sejam invalidadas de forma indiscriminada, sem considerar os prejuízos que sua anulação pode causar a terceiros e à ordem pública. No entanto, é importante destacar que a estabilização só se aplica em situações excepcionais, nas quais a manutenção dos efeitos do ato nulo seja justificada pela ponderação de princípios fundamentais.

Conforme bem assevera a doutrina, para que a estabilização seja admitida, deve-se assegurar que a manutenção dos efeitos do ato nulo não viole requisitos essenciais de licitude. Caso contrário, haveria uma violação dos próprios princípios que a teoria busca proteger.

Assim, a estabilização dos efeitos do ato administrativo não é uma forma de convalidar atos inválidos, mas, sim, uma maneira de proteger os interesses e direitos adquiridos por terceiros de boa-fé, ao mesmo tempo em que se resguarda a estabilidade das relações jurídicas e a ordem social, evitando que decisões excessivamente formalistas provoquem desequilíbrios na prática.

Estabilização x Teoria do Fato Consumado

É importante não confundir a Teoria da Estabilização dos Efeitos com a Teoria do Fato Consumado. Na Teoria do Fato Consumado, o ato é mantido, independentemente de seus vícios, pelo simples fato de que a situação fática se consolidou, tornando impossível o retorno ao estado anterior (*status quo ante*). A estabilização, por outro lado, exige uma análise mais criteriosa: a anulação do ato só é evitada quando sua retirada comprometeria seriamente outros princípios fundamentais, como a segurança jurídica, a boa-fé ou o interesse público.

Portanto, enquanto a teoria do fato consumado lida com uma situação de fato que não pode ser revertida, a teoria da estabilização avalia se a anulação de um ato, apesar de possível, causaria mais prejuízos do que a manutenção dos efeitos já produzidos. Assim, o ato permanece viciado, mas seus efeitos são protegidos em nome de princípios maiores.

9. SINDICABILIDADE E LEI DE INTRODUÇÃO ÀS NORMAS DO DIREITO BRASILEIRO

9.1. Aspectos introdutórios

A normativa denominada Lei de Introdução às Normas do Direito Brasileiro (LINDB), essencial para a compreensão e aplicação do Direito no Brasil, foi objeto de relevantes modificações mediante a promulgação da Lei nº 13.655, de 2018. Tal legislação emergiu com o propósito de intensificar os alicerces da segurança jurídica no âmbito da Administração Pública e nas relações estabelecidas com o Poder Público. Inserindo dez novos dispositivos no tecido do Direito Público brasileiro, a mencionada lei destaca-se por seu papel preponderante na criação de um cenário jurídico dotado de maior estabilidade e previsibilidade.

Os dispositivos incorporados pela Lei nº 13.655/2018 estão articulados de maneira a consolidar **quatro pilares fundamentais**, que constituem a essência da segurança jurídica: **previsibilidade, estabilidade decisória, consequencialismo e qualidade nas decisões públicas**. A previsibilidade visa assegurar que atos e deliberações administrativas sejam antecipadamente conhecidos e compreendidos, promovendo a transparência e a confiabilidade nas ações do Poder Público. A estabilidade decisória busca garantir uniformidade e continuidade nas deliberações administrativas, evitando oscilações jurisprudenciais desnecessárias. O consequencialismo sublinha a importância de ponderar as consequências práticas das decisões, enfatizando uma gestão pública responsiva e atenta às repercussões de suas escolhas. Por fim, a qualidade das decisões públicas concentra-se na necessidade de embasar as decisões em informações precisas e fundamentações sólidas, elevando o padrão de racionalidade e eficiência da Administração Pública.

Devido ao seu papel estratégico na fomentação de um ambiente jurídico propício à inovação e à segurança, a Lei nº 13.655/2018 é frequentemente denominada como

"Lei de Segurança Jurídica para a Inovação Pública". Tal denominação enfatiza sua contribuição decisiva para a modernização dos processos administrativos, habilitando o Poder Público a enfrentar os desafios contemporâneos de maneira efetiva e responsável.

Para regulamentar esses dispositivos, foi editado o Decreto nº 9.830/2019, que estabelece suas regras de aplicação. É importante ressaltar que tais disposições não se aplicam a questões de direito privado.

A LINDB é uma norma de sobredireito, ou seja, uma norma que tem por finalidade regular outras normas. Por essa razão, é conhecida como "lei sobre lei" (*lex legum*).

A inserção dos artigos 20 a 30 na LINDB marca um importante movimento em direção ao pragmatismo jurídico na legislação brasileira. O pragmatismo jurídico, apesar de abrigar uma pluralidade de entendimentos e não se ater a uma definição única, pode ser identificado por meio de três características fundamentais: o antifundacionalismo, o consequencialismo e o contextualismo.

9.2. O antifundacionalismo

O conceito de antifundacionalismo, tal como refletido na reformulação dos artigos da LINDB, desafia vigorosamente a noção de existirem princípios jurídicos universais, eternos e imutáveis. Essa abordagem filosófica sugere que as bases sobre as quais o Direito se assenta são, na verdade, construções sociais, estando, portanto, sujeitas a constante evolução e reinterpretação à luz das dinâmicas sociais, culturais e econômicas contemporâneas.

Em consonância com o antifundacionalismo, os artigos revisados pela LINDB promovem um entendimento do Direito como uma entidade viva, que respira e se move em sincronia com o pulso da sociedade. Esta orientação é uma clara oposição à visão tradicionalista de que o Direito é um conjunto de mandamentos petrificados, destinados a serem seguidos sem questionamento. Ao invés disso, a abordagem antifundacionalista acolhida pela LINDB rejeita categoricamente a existência de conceitos metafísicos, inabaláveis e atemporais no âmbito jurídico, favorecendo um paradigma em que as normas são vistas como fluidas e suscetíveis a adaptações necessárias frente às transformações da sociedade.

Este reconhecimento da natureza construída socialmente das normas jurídicas enfatiza uma adaptabilidade essencial das leis, que devem ser capazes de se moldar às necessidades emergentes e às realidades em constante mutação. A premissa do antifundacionalismo enfatiza, portanto, a importância de uma flexibilidade normativa, rejeitando a fixidez de verdades absolutas e propondo, em vez disso, uma concepção de Direito que é reflexiva, responsiva e integrada à evolução sociocultural.

Assim, a adoção dessa perspectiva antifundacionalista pela LINDB não apenas reflete uma postura mais aberta e progressista na interpretação e aplicação do Direito, mas também reforça a necessidade de uma jurisprudência que reconheça a pluralidade de realidades e valores que caracterizam a sociedade contemporânea. Isso representa um avanço significativo na maneira como o Direito interage com as complexidades do mundo moderno, incentivando uma constante reavaliação das fundações jurídicas à luz das novas demandas e desafios sociais.

9.3. Os consequencialismos

O art. 20 da Lei de Introdução às Normas do Direito Brasileiro estabelece que, nas esferas administrativa, controladora e judicial, não se pode decidir com base em valores jurídicos abstratos sem que sejam consideradas as consequências práticas da decisão. O parágrafo único complementa que a motivação da decisão deve demonstrar a necessidade e a adequação da medida imposta ou da invalidação de ato, contrato, ajuste, processo ou norma administrativa, incluindo a análise de possíveis alternativas. Essas disposições visam garantir que as decisões estatais sejam responsáveis e considerem os impactos práticos de sua aplicação em casos de normas jurídicas indeterminadas, que podem admitir mais de uma interpretação e solução.

Vale ressaltar que o art. 20 não proíbe a tomada de decisão com base em valores abstratos, mas impõe que, nesses casos, seja feita uma análise prévia das consequências práticas da decisão. O objetivo do legislador foi combater motivações decisórias vazias, retóricas ou principiológicas, que não consideram os fatos e as consequências práticas da decisão.

O Decreto nº 9.830/2019, que regulamenta a Lei de Introdução às Normas do Direito Brasileiro, define valores jurídicos abstratos como aqueles previstos em normas com alto grau de indeterminação e abstração. O art. 3º, § 2º, do referido decreto de 2019 prevê que, na indicação das consequências práticas da decisão, o decisor deve apresentar apenas aquelas que consiga vislumbrar diante dos fatos e fundamentos de mérito e jurídicos, no exercício diligente de sua atuação.

Com isso, o legislador pretendeu introduzir uma condicionante para a força normativa dos princípios, estabelecendo que eles somente podem ser utilizados para fundamentar uma decisão se o julgador considerar as consequências práticas da decisão. Essa medida tem como objetivo mitigar o ativismo judicial em casos que envolvem implementação de direitos. Em resumo, a Lei de Introdução às Normas do Direito Brasileiro visa garantir decisões mais responsáveis e práticas, especialmente em casos que envolvem normas jurídicas indeterminadas.

O Decreto nº 9.830/2019, em seu art. 4º, estabelece que a decisão que invalidar atos, contratos, processos ou normas administrativas deve indicar, de forma clara e explícita, suas consequências jurídicas e administrativas, além de considerar os fundamentos e fatos relevantes para a decisão. A motivação da decisão deve demonstrar a necessidade e adequação da medida imposta, levando em conta as possíveis alternativas e respeitando os princípios da proporcionalidade e da razoabilidade.

Diante de todo o exposto, é preciso aprofundar-se nos consequencialismos. O conceito de consequencialismo pode ser inicialmente complexo, mas, em uma explicação simplificada, ele se refere a uma maneira de analisar situações que focam nas consequências das ações, teorias ou conceitos. No universo jurídico, essa abordagem é particularmente relevante, pois orienta os profissionais do direito a considerarem as implicações futuras e práticas das interpretações legais e decisões judiciais. Em outras palavras, o consequencialismo jurídico incentiva a reflexão sobre como uma decisão pode afetar a vida das pessoas e a sociedade a longo prazo.

A LINDB, especialmente com as atualizações realizadas pela Lei nº 13.655/2018, adotou uma visão consequencialista explícita. Essa legislação procura encontrar um equilíbrio entre o rigor da análise jurídica e a compreensão das reais consequências das decisões judiciais e administrativas. Dessa forma, a LINDB propõe um desafio aos juristas: pensar além do imediato, questionando como suas interpretações podem influenciar o futuro da sociedade.

De acordo com os argumentos que apoiaram a criação da Lei nº 13.655/2018, a introdução do consequencialismo jurídico na LINDB visa reduzir os excessos de um controle jurídico que seja demasiado técnico e desconectado da realidade. Ao enfatizar a necessidade de entender e aplicar adequadamente as normas da LINDB aos casos concretos, a legislação busca garantir que não contribua inadvertidamente para os problemas que pretende resolver.

Em suma, a abordagem consequencialista presente na LINDB tem o objetivo de promover uma aplicação do Direito mais equilibrada e realista. Isso envolve levar em conta as consequências sociais e práticas das decisões judiciais, além de reforçar a segurança jurídica e melhorar a eficiência administrativa. A ideia é que, ao olhar para as implicações a longo prazo, os juristas possam contribuir para a construção de uma sociedade mais justa e bem regulada.

O art. 21 da LINDB estende essa exigência também para decisões nas esferas administrativa, controladora e judicial e destaca a importância do exercício responsável pela função judicante do agente estatal. É fundamental que as decisões levem em conta as situações juridicamente constituídas e possíveis consequências aos envolvidos, garantindo a proporcionalidade e a equanimidade da regularização, sem impor ônus ou perdas excessivos.

Dessa forma, o projeto busca assegurar que o julgador expresse de forma clara as consequências jurídicas e administrativas decorrentes de sua decisão ao invalidar atos, contratos, processos e demais instrumentos, garantindo a proteção dos bens e direitos dos envolvidos e o cumprimento dos princípios legais.

9.4. O contextualismo

O art. 22 da LINDB estabelece que, na interpretação de normas sobre gestão pública, devem ser levados em consideração não apenas os direitos dos administrados mas também os obstáculos e dificuldades enfrentados pelo gestor e as exigências das políticas públicas sob sua responsabilidade. Isso significa que as decisões sobre a regularidade de conduta ou validade de atos administrativos devem considerar as circunstâncias práticas que condicionaram a ação do agente, como as limitações orçamentárias, a falta de recursos humanos qualificados, entre outras.

Trata-se aqui do contextualismo. O conceito de contextualismo representa um pilar fundamental na hermenêutica jurídica, enfatizando a indispensabilidade de examinar e ponderar as circunstâncias concretas e pragmáticas inerentes a cada caso jurídico. Esse princípio sustenta-se na premissa de que a interpretação das normas jurídicas deve transcender a análise teórica ou abstrata, mergulhando nas nuances e especificidades do contexto fático ao qual se aplicam. Ao adotar essa perspectiva, o contextualismo propõe uma abordagem mais enraizada na realidade vivencial, na qual as particularidades de cada situação influenciam diretamente a aplicação do direito.

Esta orientação para a interpretação do direito ressalta a complexidade das relações humanas e das situações sociais, reconhecendo que cada caso apresenta um conjunto único de fatores e variáveis que devem ser cuidadosamente avaliados. Ao fazer isso, o contextualismo jurídico promove uma aplicação mais justa e adequada das leis, garantindo que as decisões judiciais reflitam a diversidade e a complexidade do tecido social.

Da mesma forma, na aplicação de sanções, é preciso levar em conta não só a natureza e a gravidade da infração cometida mas também os danos que ela causou à Administração Pública e as circunstâncias atenuantes ou agravantes do caso. Além disso, as sanções aplicadas a um agente devem ser consideradas na dosimetria de outras sanções relativas ao mesmo fato. Em uma análise detalhada do caráter das sanções administrativas, verifica-se que elas não se destinam a um propósito redistributivo, mas possuem, essencialmente, uma natureza instrumental. Isto é, o principal objetivo dessas sanções é o de dissuadir comportamentos inadequados por parte dos administrados e induzir a conformidade de suas ações às normativas regulatórias estabelecidas. Este enfoque instrumental reflete uma abordagem pragmática na Administração Pública, na qual a sanção não visa primariamente à punição, mas, sim, ao estabelecimento de um mecanismo eficaz de controle e orientação comportamental.

Além disso, esse caráter instrumental das sanções administrativas desempenha um papel fundamental na manutenção da ordem e na garantia do cumprimento das políticas públicas. Por meio dessas sanções, busca-se a prevenção de infrações e a promoção de um ambiente regulatório estável, no qual os administrados são incentivados a agir de acordo com os parâmetros legais e éticos estabelecidos. Portanto, as sanções administrativas constituem uma ferramenta vital para as autoridades reguladoras, assegurando que as diretrizes e padrões administrativos sejam respeitados e seguidos.

Essa abordagem considera a complexidade e a heterogeneidade da gestão pública no País, evitando que normas e decisões judiciais sejam aplicadas de forma genérica e descontextualizada. Um exemplo concreto disso é a decisão de um juiz que, ao analisar a validade de um contrato firmado por um município de pequeno porte, levou em conta a precariedade das condições de infraestrutura e a escassez de recursos disponíveis na região, decidindo pela manutenção do contrato para garantir a continuidade do serviço público essencial.

9.5. Os demais dispositivos

De acordo com o art. 23, a decisão administrativa, controladora ou judicial que estabelecer interpretação ou orientação nova sobre norma de conteúdo indeterminado, impondo novo dever ou novo condicionamento de direito, deverá prever regime de transição quando indispensável para que o novo dever ou condicionamento de direito seja cumprido de modo proporcional, equânime e eficiente e sem prejuízo aos interesses gerais.

A redação apresentada trata sobre a importância da previsão de um regime de transição quando uma decisão administrativa, controladora ou judicial estabelece uma interpretação ou orientação nova sobre norma de conteúdo indeterminado, impondo novo dever ou novo condicionamento de direito. É destacada a necessidade desse regime jurídico para garantir a segurança jurídica e a conformação das pessoas segundo parâmetros de razoabilidade e proporcionalidade.

Para a aplicação do regime de transição, são apresentados cinco requisitos, como o estabelecimento de uma interpretação ou orientação nova, que recaia sobre uma norma de conteúdo indeterminado, e que seja indispensável para o cumprimento proporcional, equânime e eficiente do novo dever ou condicionamento de direito, sem acarretar prejuízo aos interesses gerais.

Destaca-se a relevância da motivação para a instituição do regime de transição, considerando as condições e o tempo necessários para o cumprimento proporcional, equânime e eficiente do novo dever ou condicionamento de direito e os eventuais prejuízos aos interesses gerais.

Por fim, o art. 7º do decreto mencionado apresenta o que o regime de transição deve prever, como os órgãos e as entidades da Administração Pública e os terceiros destinatários, as medidas administrativas a serem adotadas para adequação à interpretação ou à nova orientação sobre norma de conteúdo indeterminado e o prazo e o modo para que o novo dever ou novo condicionamento de direito seja cumprido.

Em resumo, a redação apresenta, de forma clara e objetiva, a importância do regime de transição para garantir a segurança jurídica e a conformação das pessoas às novas interpretações ou orientações sobre norma de conteúdo indeterminado. As informações são apresentadas de forma organizada e concisa, com destaque para os requisitos para a aplicação do regime de transição e as previsões que devem ser consideradas para a sua instituição.

Por sua vez, o art. 24 prevê que a revisão, nas esferas administrativa, controladora ou judicial, quanto à validade de ato, contrato, ajuste, processo ou norma administrativa cuja produção já se houver completado levará em conta as orientações gerais da época, sendo vedado que, com base em mudança posterior de orientação geral, se declarem inválidas situações plenamente constituídas.

O dispositivo revela preocupação na efetivação da segurança jurídica, reforçando à possibilidade de relativização dos efeitos retroativos da anulação.

Por seu turno, o parágrafo único estabelece que se consideram orientações gerais as interpretações e especificações contidas em atos públicos de caráter geral ou em jurisprudência judicial ou administrativa majoritária, inclusive as adotadas por prática administrativa reiterada e de amplo conhecimento público.

O art. 26 estabelece que, para eliminar irregularidade, incerteza jurídica ou situação contenciosa na aplicação do direito público, inclusive no caso de expedição de licença, a autoridade administrativa poderá, após oitiva do órgão jurídico e, quando for o caso, após realização de consulta pública, e presentes razões de relevante interesse geral, celebrar compromisso com os interessados, observada a legislação aplicável, o qual só produzirá efeitos a partir de sua publicação oficial.

De acordo com o § 1º, o compromisso tratado: (a) buscará solução jurídica proporcional, equânime, eficiente e compatível com os interesses gerais; (b) não poderá conferir desoneração permanente de dever ou condicionamento de direito reconhecidos por orientação geral; (c) deverá prever, com clareza, as obrigações das partes, o prazo para seu cumprimento e as sanções aplicáveis em caso de descumprimento.

Segundo o § 2º do art. 10 do Decreto nº 9.830/2019, o compromisso deverá prever: (a) as obrigações das partes; (b) o prazo e o modo para seu cumprimento; (c) a forma de fiscalização quanto a sua observância; (d) os fundamentos de fato e de direito; (e) a sua eficácia de título executivo extrajudicial; e (f) as sanções aplicáveis em caso de descumprimento.

O art. 27 propõe que a decisão do processo, nas esferas administrativa, controladora ou judicial, poderá impor compensação por benefícios indevidos ou prejuízos anormais ou injustos resultantes do processo ou da conduta dos envolvidos.

O § 1º afirma que a decisão sobre a compensação será motivada, ouvidas previamente as partes sobre seu cabimento, sua forma e, se for o caso, seu valor.

Por sua vez, o § 2º afirma que para prevenir ou regular a compensação, poderá ser celebrado compromisso processual entre os envolvidos.

Importante acréscimo é o art. 28, segundo o qual o agente público responderá pessoalmente por suas decisões ou opiniões técnicas em caso de dolo ou erro grosseiro.

O art. 28 da LINDB visa garantir a segurança necessária para que os agentes públicos possam desempenhar suas funções. Esse dispositivo estabelece que somente haverá responsabilidade pessoal do agente em caso de dolo ou erro grosseiro, o que inclui situações de negligência grave, imprudência grave ou imperícia grave.

Durante a elaboração da Lei nº 13.655/2018, que objetivava a alteração do Decreto-lei nº 4.657/1942 (LINDB), foi discutida a necessidade de medidas legislativas para combater a chamada **Administração Pública do medo**. Esse fenômeno caracteriza-se pela situação em que os administradores têm receio de agir e tomar decisões com segurança, mesmo adotando medidas cautelosas para garantir a melhor conduta diante do contexto em que se encontram. Isso ocorre devido ao aumento das possibilidades de serem responsabilizados ou condenados por órgãos e sistemas de controle.

O dolo é caracterizado quando o gestor age deliberadamente em desacordo com a Administração Pública, o que pode trazer dificuldades probatórias e exigir uma investigação cuidadosa. Por sua vez, o erro grosseiro ocorre quando há falsa percepção da realidade (fática ou jurídica) por parte do técnico, parecerista ou gestor. Nesse caso, apenas o erro grosseiro ensejará a responsabilidade, como a aplicação de norma revogada ou a decisão que ignore prescrição.

Contudo, é importante ressaltar que a análise de culpabilidade, ou seja, a análise de imprudência, negligência e imperícia, é necessária para determinar a responsabilidade do agente. Assim, o art. 28 cria um ambiente propício à inovação e cuida dos gestores e técnicos que buscam promover a gestão pública de forma mais eficiente.

É preciso admitir que haja tentativas fracassadas, sem que isso implique a imediata responsabilização, mas isso não significa complacência. A desídia, o descuido e as más gestões devem ser enfrentados. O art. 28 constitui uma espécie de cláusula geral do erro administrativo, com o objetivo de oferecer segurança jurídica ao agente público com boas motivações, mas que é falível como qualquer pessoa. Dessa forma, são criados incentivos institucionais necessários à promoção da inovação e à atração de gestores capacitados.

Atente-se que é indispensável comprovar o dolo ou o erro grosseiro para responsabilizar o agente, considerando a complexidade da matéria e as atribuições do agente. O montante do dano ao erário, mesmo que expressivo, não pode, por si só, ser um elemento para caracterizar o erro grosseiro ou o dolo.

Nesse sentido, para fins de responsabilização perante o TCU, pode ser tipificada como erro grosseiro (art. 28 do Decreto-lei nº 4.657/1942) a decisão do gestor que desconsidera, sem a devida motivação, parecer da consultoria jurídica do órgão ou da entidade que dirige. Tal conduta revela desempenho aquém do esperado do administrador médio, o que configura culpa grave, passível de multa.[20]

Ademais, para fins do exercício do poder sancionatório do TCU, pode ser tipificado como erro grosseiro (art. 28 do Decreto-lei nº 4.657/1942) o direcionamento de licitação para marca específica sem a devida justificativa técnica.[21]

O art. 29 estabelece que, em qualquer órgão ou Poder, a edição de atos normativos por autoridade administrativa, salvo os de mera organização interna, poderá ser precedida de consulta pública para manifestação de interessados, preferencialmente por meio eletrônico, a qual será considerada na decisão.

O § 1º propõe que a convocação conterá a minuta do ato normativo e fixará o prazo e as demais condições da consulta pública, observadas as normas legais e regulamentares específicas, se houver.

Por fim, o art. 30 estabelece que as autoridades públicas devem atuar para aumentar a segurança jurídica na aplicação das normas, inclusive por meio de regulamentos, súmulas administrativas e respostas a consultas, e o parágrafo único ainda propõe que esses instrumentos terão caráter vinculante em relação ao órgão ou à entidade a que se destinam, até ulterior revisão.

---

20 TCU, Acórdão 1264/2019, Plenário, 05.06.2019.

21 TCU, Acórdão 1264/2019 Plenário, 05.06.2019.

QUESTÕES DE CONCURSO

1. CESPE/CEBRASPE – 2023 – TCE-RJ – Procurador

Quanto ao conceito de controle da Administração Pública, à sua abrangência e às suas espécies, julgue o item a seguir.

Dada a sua maior discricionariedade, os atos políticos não se submetem à apreciação da justiça, mesmo quando arguidos de lesivos a direito individual.

Comentário: Os atos políticos se submetem à apreciação da Justiça no tocante à legalidade, à proporcionalidade, à razoabilidade, por exemplo. O que não se admite é o Poder Judiciário substituir o mérito administrativo (conveniência e oportunidade). Ex.: o STF suspendeu a nomeação do Diretor-Geral da Polícia Federal pelo presidente da República.

2. CESPE/CEBRASPE – 2023 – DPE-RO – Defensor Público

Ato administrativo eivado de nulidade do qual se tenham valido beneficiários hipossuficientes que deliberadamente tiraram proveito do erro da administração, com comprovada má-fé,

A) poderá ser revogado pelo Poder Judiciário, se for impugnado por meio de ação popular.

B) poderá ser revogado pela administração, desde que esta o faça no prazo de cinco anos.

C) deverá ser cassado pela administração, a qualquer tempo.

D) não poderá ser revisto administrativamente, pois gerou direitos a pessoas hipossuficientes.

E) deverá ser anulado pela administração, a qualquer tempo.

Comentário: A e B) Incorretas. Não se está diante de revogação. Esta ocorre quando o ato não é mais conveniente ou oportuno. É o controle do chamado mérito administrativo.

C) Incorreta. Cassação é verificada quando o beneficiário descumpre condições essenciais para a manutenção do ato e de seus efeitos.

D) Incorreta. Como houve comprovação de má-fé, o ato deve ser anulado pela Administração a qualquer tempo.

Como visto no comentário da alternativa D, a E é a resposta.

É exatamente o que dispõe o art. 54 da Lei nº 9.784/1999, segundo o qual o direito da Administração de anular os atos administrativos de que decorram efeitos favoráveis para os destinatários decai em cinco anos, contados da data em que foram praticados, salvo comprovada má-fé.

Nesse sentido, importante relembrar também que não há prazo para anulação quando o ato é claramente inconstitucional, conforme já decidiu o STF.[22]

3. CESPE/CEBRASPE – 2022 – MPC-SC – Procurador Consultivo de Contas

A emissão de certidão pela Administração Pública é exemplo de ato enunciativo que não se sujeita à revogação, ainda que considerados os critérios de conveniência e oportunidade.

Comentário: De fato, os atos enunciativos não podem ser revogados. Além disso, a certidão é um exemplo de ato enunciativo. Irretocável, portanto, a sentença.

4. CESPE/CEBRASPE – 2023 – TJ-DFT – Juiz de Direito

João, servidor público do Distrito Federal, ingressou no cargo público em 1986, sem ter realizado concurso público. Em 1991, foi editado ato da Administração Pública que declarou sua estabilidade no cargo. Passados dez anos, a Administração Pública anulou o referido ato, por considerá-lo incompatível com o texto constitucional.

Nessa situação hipotética, a anulação do ato foi

A) inválida, pois, embora o ato administrativo que concedeu a estabilidade a João tenha sido editado em descompasso com o texto constitucional, decorreu o prazo decadencial para a Administração Pública exercer o poder-dever de autotutela, cujo afastamento depende da comprovação de má-fé do beneficiário.

B) inválida, pois, embora o ato administrativo que concedeu a estabilidade a João tenha sido editado em descompasso com o texto constitucional, decorreu o prazo prescricional para a

---

22 MS 26.860, Tribunal Pleno, Rel. Min. Luiz Fux, j. 02.04.2014, acórdão eletrônico *DJe*-184, divulg. 22.09.2014, public. 23.09.2014.

Administração Pública exercer o poder-dever de autotutela, cujo afastamento depende da comprovação de má-fé do beneficiário.

C) válida, uma vez que o ato administrativo que concedeu a estabilidade a João destoava do texto constitucional e, portanto, era passível de anulação, não estando sujeito ao prazo para o exercício do poder-dever de autotutela administrativa, que é prescricional, sem prejuízo do contraditório e da ampla defesa em favor do administrado.

D) válida, uma vez que o ato administrativo que concedeu a estabilidade a João destoava do texto constitucional e, portanto, era passível de anulação, não estando sujeito ao prazo para o exercício do poder-dever de autotutela administrativa, que é decadencial, nem à observância do contraditório e da ampla defesa.

E) válida, uma vez que o ato administrativo que concedeu a estabilidade a João destoava do texto constitucional e, portanto, era passível de anulação, não estando sujeito ao prazo para o exercício do poder-dever de autotutela administrativa, que é decadencial, sem prejuízo do contraditório e da ampla defesa em favor do administrado.

Comentário: Primeiro ponto a ser analisado diz respeito ao prazo para a realização da autotutela administrativa ser um **prazo decadencial**. Com isso, eliminamos as alternativas B e C. A anulação do ato é válida (alternativas A e B estão erradas).

A alternativa D está errada, pois é necessário conceder direito ao contraditório e à ampla defesa ao administrado.

A resposta, portanto, é a alternativa E.

5. Questão autoral – Marque a assertiva correta, tendo como base os entendimentos doutrinários acerca dos atos administrativos:

A) A imperatividade é o atributo pelo qual o ato administrativo ocorrerá sem a autorização do Poder Judiciário.

B) O elemento motivação consiste nas razões de fato e de direito que determinaram a prática do ato administrativo.

C) O Direito brasileiro admite a chamada motivação aliunde.

D) Acerca da nulidade dos atos administrativos, o Direito Administrativo pátrio adota a teoria monista de nulidades.

Comentário: A) Incorreta. O conceito trazido na alternativa é da autoexecutoriedade. A imperatividade é o atributo pelo qual o ato administrativo se impõe a terceiros, de forma unilateral, independentemente de sua concordância. É o atributo que permite ao Poder Público impor obrigações às pessoas. É chamado de "poder extroverso".

Desse atributo decorre o poder da Administração de exigir o cumprimento do ato pelo particular, quando emanado em conformidade com a lei.

B) Incorreta. Motivação não é elemento do ato administrativo. O MOTIVO é o elemento.

C) Correta. A motivação deve ser explícita, clara e congruente, podendo consistir em declaração de concordância com fundamentos de anteriores pareceres, informações, decisões ou propostas, que, nesse caso, serão parte integrante do ato. A doutrina administrativa chama essa situação de MOTIVAÇÃO ALIUNDE, nos termos do art. 50, § 1º, da Lei nº 9.784/1999. Ex.: um parecer opina pela possibilidade de prática de ato de demissão de servidor, ao demiti-lo, a autoridade não precisa repetir os fundamentos explicitados pelo parecer, bastando, na fundamentação do ato de demissão, declarar a concordância com os argumentos expedidos no ato opinativo.

D) Incorreta.

· Ato administrativo anulável: é o ato inválido que possui um vício SANÁVEL.

· Ato administrativo nulo: é o ato administrativo inválido que possui vício INSANÁVEL.

· Ato administrativo inexistente: é o ato inválido que corresponde a condutas criminosas.

Diante do exposto, surgiram duas teorias sobre a invalidade dos atos administrativos: a teoria monista e a dualista. A primeira propugna a existência de apenas atos nulos, não admitindo a convalidação de atos administrativos. Por sua vez, a segunda, prevalecente no direito brasileiro, afirma a existência de atos nulos e anuláveis, de maneira que estes admitem a convalidação.

Pode-se afirmar que os arts. 2º e 3º da Lei nº 4.717/1965 e o art. 55 da Lei nº 9.784/1999 abarcaram, expressamente, a teoria dualista no Direito brasileiro.

Capítulo V
RESPONSABILIDADE CIVIL DO ESTADO

1. COMENTÁRIOS INICIAIS

Acerca da temática da responsabilidade civil do Estado, é importante pontuar que o Estado pode ter uma **responsabilidade contratual e extracontratual**. A primeira decorre de um descumprimento estatal de cláusulas e obrigações constantes em um contrato formal celebrado entre a Administração e um particular. Por sua vez, a segunda consiste na responsabilidade estatal por um dano gerado a um particular, sem que haja qualquer vínculo formal entre as partes. Refere-se a essa segunda situação que o estudo seguirá.

O Estado responde civilmente por **atos ilícitos ou lícitos**. Dessa forma, a antijuridicidade do ato é prescindível para a responsabilidade do Estado. Um ato válido pode ensejar a responsabilização do Poder Público.

A regra para a responsabilidade civil do Estado é a prática de atos ilícitos danosos ao particular, de modo que o seu fundamento é o princípio da legalidade.

Para que o Estado seja responsabilizado por um ato lícito, o dano gerado ao particular deve ser: (1) anormal, (2) extraordinário e (3) específico.

A responsabilidade civil do Estado por atos lícitos encontra resguardo na teoria da repartição dos encargos sociais, que está associada ao princípio da isonomia.

Nesse sentido, os atos lícitos da Administração que gerem danos a determinados indivíduos devem ser suportados por toda a coletividade, haja vista que esses mesmos atos lícitos geram benefícios a toda a sociedade. Assim, a coletividade que se beneficia do ato lícito danoso tem o dever/ônus de ressarcir aqueles que sofreram com a conduta estatal. Isso ocorre no momento em que o Estado arca com essa indenização.

Portanto, a responsabilização do Estado por atos lícitos tem o objetivo evitar a socialização dos bônus e a privatização dos ônus decorrentes do ato estatal.

Exemplo clássico de aplicação desses fundamentos é a obra pública, que é um ato lícito do Estado. Imagina-se que é realizada uma obra pública em determinada rua, como recapeamento ou duplicação, não podendo transitar veículos ou pedestres.

Alguns indivíduos são impactados ao caminharem uma distância maior para pegar o ônibus, enquanto os lojistas perdem consumidores e acabam indo à falência. Nesse exemplo, existem dois tipos da danos: (ii) daqueles que têm que andar mais para pegar ônibus e (ii) dos lojistas que foram à falência. No entanto, apenas os lojistas foram vítimas de um **dano anormal, extraordinário e específico**, uma vez que a falência, decorrente da obra, é um dano expressivo. Pegar ônibus em um ponto mais distante é um dano corriqueiro; é um mero dissabor que não enseja indenização.

Ademais, de acordo com o STJ, a Administração Pública pode responder civilmente pelos danos causados por seus agentes, ainda que estes estejam amparados por causa excludente de ilicitude penal, como a legítima defesa.[1]

2. TEORIAS SOBRE RESPONSABILIDADE CIVIL

2.1. Teorias civilistas

2.1.1. Teoria da irresponsabilidade

Para essa teoria, o Estado não responde civilmente pelos danos causados por seus agentes, uma vez que o Estado não erra.[2]

Essa teoria remonta a Estados absolutistas que atuavam com autoridade e sem qualquer limitação. Fala-se, então, de períodos em que o Direito Administrativo ainda estava tomando forma, de modo que a figura do rei/monarca se confundia com a do Estado. Nesse sentido, pode-se trazer a expressão cunhada por Luís XIV "O Estado sou eu/*L'état c'est moi*".

Como o rei teria, supostamente, o poder divino, decorrente dos poderes de Deus, seria impossível que o Estado ou o rei errassem. Acerca dessa matéria, observamos a incidência de questões de prova abordando essa teoria por meio de frases como "The king can't do no wrong" (em português, "O rei não erra/O Estado não erra").

Tal teoria perde espaço com as revoluções liberais (notadamente a Revolução Francesa de 1789). Deve-se lembrar que, com tais revoluções liberais, surge o Estado de Direito, limitando a ordem jurídica pelo princípio da legalidade, com a separação dos poderes e com o reconhecimento dos direitos fundamentais.

Deve-se observar que tal teoria nunca foi aplicada ao Direito brasileiro.

---

1 STJ, REsp 1.266.517/PR, Segunda Turma, Rel. Min. Mauro Campbell Marques, j. 04.12.2012, *DJe* 10.12.2012.

2 Na expressão usualmente utilizada em inglês *The King can do no wrong*.

2.1.2. *Teoria dos atos de império e de gestão*

De acordo com essa teoria, o Estado pode ser responsabilizado pelos danos causados pelos atos de gestão (aqueles em que o Estado age em pé de igualdade com o particular). Por sua vez, em relação aos atos de império (aqueles em que o Estado impõe a sua vontade), o Poder Público não pode ser responsabilizado.

Essa teoria foi um avanço em relação à teoria da irresponsabilidade, mas se mostrou insuficiente.

2.1.3. *Teoria da culpa civil*

O Estado responderá subjetivamente, caso cause dano a terceiro. De acordo com essa teoria, precisa-se identificar o agente causador do dano e comprovar que ele atuou com dolosa ou culposamente.

Teorias civilistas	Características
Teoria da irresponsabilidade	O Estado não responde pelos danos causados por seus agentes, considerando que o Estado não erra.
Teoria dos atos de império e de gestão	O Estado pode ser responsabilizado pelos danos causados pelos atos de gestão, mas não pelos atos de império.
Teoria da culpa civil	O Estado pode ser responsabilizado de forma subjetiva pelos danos causados a terceiros. É necessário comprovar que houve dolo ou culpa na ação do agente causador do dano.

2.2. Teorias administrativas

2.2.1. *Teoria da culpa anônima ou culpa do serviço (*faute du service*)*

De acordo com essa teoria, o Estado responderá civilmente independentemente da identificação do agente causador do dano. Para que haja a responsabilização do Poder Público, deve-se comprovar que o serviço não funcionou, funcionou mal ou funcionou tardiamente. A teoria se chama de culpa anônima, pois não seria necessário identificar a figura do agente público, bastando, na verdade, comprovar a falha do serviço.

Para essa teoria, a responsabilidade do Estado será subjetiva, afinal resulta de uma premissa inicial de que houve negligência na prestação do serviço.

A teoria da culpa do serviço é aplicada na responsabilidade por omissão do Estado. Portanto, quando o Poder Público for omisso, sua responsabilidade será subjetiva.

Caso seja impossível a identificação do agente público responsável por um dano, o Estado será obrigado a reparar o dano provocado por atividade estatal, mas ficará inviabilizado de exercer o direito de regresso contra qualquer agente.

O STF se divide sobre a omissão. Há decisões que entendem a responsabilidade civil por omissão ora como objetiva, ora como subjetiva.

Todavia, o Supremo entendeu que, em casos de omissão específica (quando há o dever de agir no caso concreto), o Estado deve ser responsabilizado objetivamente. Ex.: juiz determinou que reforçasse a segurança de uma fazenda pela Polícia Federal. Esta não realizou o reforço e a fazenda foi invadida. O STF entende pela responsabilidade objetiva do Poder Público.

Por outro lado, no que se refere à omissão genérica, o entendimento é de que a responsabilidade estatal será subjetiva.

2.2.2. Teoria do risco integral

Para essa teoria, o Estado passaria a ser um segurador universal, razão pela qual este sempre seria responsável por um dano ocorrido, em virtude de uma ação ou omissão.

Para essa teoria, não seria necessário sequer comprovar o nexo causal entre o fato e o dano, de modo que, quando a culpa fosse da própria vítima, o Estado responderia.[3] Ex.: sujeito que se jogou, por sua liberalidade, à frente de uma viatura pública. O Estado teria que indenizá-lo.

Excepcionalmente, o Brasil adota essa teoria. Veja:

> a) Danos nucleares – art. 21, XXIII, *d*, da CR/1988.
>
> ***Art. 21.*** *Compete à União:*
>
> *(....)*
>
> ***XXIII*** *– explorar os serviços e instalações nucleares de qualquer natureza e exercer monopólio estatal sobre a pesquisa, a lavra, o enriquecimento e reprocessamento, a industrialização e o comércio de minérios nucleares e seus derivados, atendidos os seguintes princípios e condições:*
>
> *(...)*
>
> ***d)*** *a responsabilidade civil por danos nucleares independe da existência de culpa;*
>
> b) Dano ambiental – art. 225, § 3º, da CR/1988.[4]

---

[3] CARVALHO FILHO, José dos Santos. *Manual de Direito Administrativo*. 26. ed. rev., ampl. e atual. São Paulo: Atlas, 2013. p. 553.

[4] "Direito ambiental. Responsabilidade civil objetiva por dano ambiental privado. O particular que deposite resíduos tóxicos em seu terreno, expondo-os a céu aberto, em local onde, apesar da existência de cerca e de placas de sinalização informando a presença de material orgânico, o acesso de outros particulares seja fácil, consentido e costumeiro, responde objetivamente pelos danos sofridos por pessoa que, por conduta não dolosa, tenha sofrido, ao entrar na propriedade, graves queimaduras decorrentes de contato com os resíduos. A responsabilidade civil por danos ambientais, seja por lesão ao meio ambiente propriamente dito (dano ambiental público), seja por ofensa a direitos individuais (dano ambiental privado), é objetiva, fundada na teoria do risco integral, em face do disposto no art. 14, § 1º, da Lei 6.938/1981, que consagra o Princípio do poluidor-pagador. A responsabilidade objetiva fundamenta-se na noção de risco social, que está implícito em determinadas atividades, como a indústria, os meios de transporte de massa, as fontes de energia. Assim, a responsabilidade objetiva, calcada na teoria do risco, é uma imputação atribuída por lei a determinadas pessoas para ressarcirem os danos provocados por atividades exercidas no seu interesse e sob seu controle, sem que se proceda a qualquer indagação sobre o elemento subjetivo

> **Art. 225.** *Todos têm direito ao meio ambiente ecologicamente equilibrado, bem de uso comum do povo e essencial à sadia qualidade de vida, impondo-se ao Poder Público e à coletividade o dever de defendê-lo e preservá-lo para as presentes e futuras gerações.*
>
> *(...)*
>
> **§ 3º** *As condutas e atividades consideradas lesivas ao meio ambiente sujeitarão os infratores, pessoas físicas ou jurídicas, a sanções penais e administrativas, independentemente da obrigação de reparar os danos causados.*

Especificamente acerca do dano ambiental, o STJ tem entendimento de que a responsabilidade civil por dano ambiental é objetiva e solidária. Ademais, nos casos em que o Poder Público concorre para o prejuízo por omissão, a sua responsabilidade solidária é de execução subsidiária (ou com ordem de preferência).

> c) Danos causados por uma aeronave com matrícula no Brasil, por atentados terroristas ou atos de guerra no Brasil ou no exterior, nos termos da Lei nº 10.309/2001. De acordo com o art. 1º da Lei nº 10.309/2001, fica a União autorizada a assumir as responsabilidades civis perante terceiros no caso de danos a bens e pessoas no solo, provocados por atentados terroristas ou atos de guerra contra aeronaves de empresas aéreas brasileiras no Brasil ou no exterior.

A teoria do risco integral é de extrema importância no âmbito da responsabilidade civil e, mais especificamente, na teoria do risco social, que é uma de suas vertentes. Conforme essa teoria, o foco da responsabilidade civil é a vítima – e não o autor – do dano, e a reparação é de responsabilidade de toda a coletividade, resultando na socialização dos riscos. O objetivo é garantir que a vítima receba a devida reparação pelo dano sofrido.

É importante destacar que essa teoria é particularmente relevante no contexto da responsabilidade do Estado por eventos adversos decorrentes da vacinação. Embora os efeitos decorrentes da vacinação não tenham como autor o Estado, a teoria do risco social enfoca a vítima – e não o autor – do dano, e tem como objetivo garantir a justa reparação pelo dano sofrido.

---

da conduta do agente ou de seus prepostos, bastando a relação de causalidade entre o dano sofrido pela vítima e a situação de risco criada pelo agente. Imputa-se objetivamente a obrigação de indenizar a quem conhece e domina a fonte de origem do risco, devendo, em face do interesse social, responder pelas consequências lesivas da sua atividade independente de culpa. Nesse sentido, a teoria do risco como cláusula geral de responsabilidade civil restou consagrada no enunciado normativo do parágrafo único do art. 927 do CC, que assim dispôs: 'Haverá obrigação de reparar o dano, independentemente de culpa, nos casos especificados em lei, ou quando a atividade normalmente desenvolvida pelo autor do dano implicar, por sua natureza, risco para os direitos de outrem'. **A teoria do risco integral constitui uma modalidade extremada da teoria do risco em que o nexo causal é fortalecido de modo a não ser rompido pelo implemento das causas que normalmente o abalariam** (*v.g.* culpa da vítima; fato de terceiro, força maior). *Essa modalidade é excepcional*, sendo fundamento para hipóteses legais em que o risco ensejado pela atividade econômica também é extremado, **como ocorre com o dano nuclear** (art. 21, XXIII, 'c', da CR/88 e Lei 6.453/1977). **O mesmo ocorre com o dano ambiental** (art. 225, *caput* e § 3º, da CR/88 e art. 14, § 1º, da Lei 6.938/1981), em face da crescente preocupação com o meio ambiente. Nesse mesmo sentido, extrai-se da doutrina que, na responsabilidade civil pelo dano ambiental, não são aceitas as excludentes de fato de terceiro, de culpa da vítima, de caso fortuito ou de força maior. Nesse contexto, a colocação de placas no local indicando a presença de material orgânico não é suficiente para excluir a responsabilidade civil" (REsp 1.373.788-SP, Rel. Min. Paulo de Tarso Sanseverino, j. 06.05.2014).

A Lei nº 14.125/2021, revogada pela Lei nº 14.466/2022, estabelecia que, enquanto durar a Emergência em Saúde Pública de Importância Nacional (Espin) em decorrência da infecção humana pelo novo coronavírus (SARS-CoV-2), a União, os estados, o Distrito Federal e os municípios estão autorizados a adquirir vacinas e a assumir os riscos referentes à responsabilidade civil, nos termos do instrumento de aquisição ou fornecimento de vacinas celebrado, em relação a eventos adversos pós-vacinação, desde que a Agência Nacional de Vigilância Sanitária (Anvisa) tenha concedido o respectivo registro ou autorização temporária de uso emergencial.

O foco da responsabilidade pelos danos causados não deve recair sobre o autor, que pode ser o Estado ou outra parte, mas, sim, sobre a vítima que sofreu o dano. Assim, é necessário que o Estado assuma a responsabilidade de indenizar quaisquer danos causados a particulares.

Esse compromisso de responsabilidade é similar ao assumido pela União durante a Copa do Mundo de 2014 em relação à Fifa. Embora a Copa fosse um evento organizado pela Fifa, a União assumiu a responsabilidade por indenizar as vítimas de danos decorrentes de incidentes ou acidentes de segurança relacionados aos eventos.

O importante é que o foco esteja sempre na vítima – e não no autor – do dano. Nesse sentido, o art. 23 da Lei nº 12.663/2012 (Lei Geral da Copa) foi considerado constitucional pelo STF. Esse artigo estabelece que a União assume a responsabilidade civil perante a Fifa, seus representantes legais, empregados ou consultores por qualquer dano resultante de incidentes ou acidentes de segurança relacionados aos eventos, exceto se a Fifa ou a própria vítima tiverem concorrido para a ocorrência do dano.

Com isso, tem-se que o art. 37, § 6º, da CR/1988 não esgota a temática da responsabilidade civil do Estado. A responsabilidade civil do Estado pode ser ampliada por lei.

O mesmo ocorre no âmbito das vacinas, em que o Estado preferia assumir a responsabilidade por eventuais efeitos adversos que são muito menores e com baixíssima probabilidade de acontecer comparados aos efeitos que a doença pode trazer. Não se trata de ideologia, mas, sim, de interpretação do Estado e do STF por trás da lei.

É uma ponderação de interesses – quais as chances de uma pessoa ter complicação por uma vacina *versus* os efeitos da doença. Com isso, o Estado prefere assumir o risco por eventuais efeitos adversos, que são pequenos, a deixar a população desprovida de imunidade.

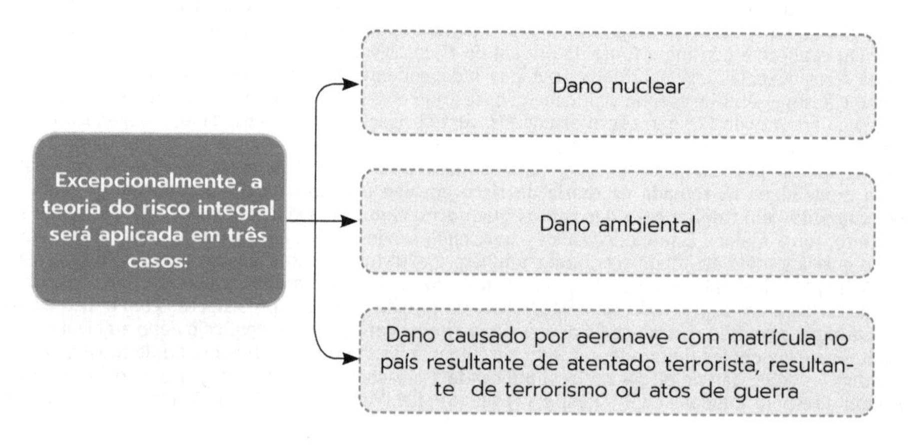

2.2.3. *Teoria do risco administrativo*

A teoria do risco administrativo está presente no plano constitucional desde a Constituição de 1946 e confere fundamento doutrinário à responsabilização objetiva do Estado. Portanto, essa teoria é a aplicada, em regra, no ordenamento jurídico brasileiro. De acordo com essa teoria, o Estado responde objetivamente pelos danos causados ao terceiro independentemente de dolo ou culpa.

Nesse sentido, tem-se o art. 37 § 6º, da CR/1988, que estabelece que as pessoas jurídicas de direito público e as de direito privado prestadoras de serviços públicos responderão pelos danos que seus agentes, **nessa qualidade**, causarem a terceiros, assegurado o direito de regresso contra o responsável nos casos de dolo ou culpa.

Redação semelhante apresenta o art. 43 do CC/2002, segundo o qual as pessoas jurídicas de direito público interno são civilmente responsáveis por atos dos seus agentes que nessa qualidade causem danos a terceiros, ressalvado direito regressivo contra os causadores do dano, se houver, por parte destes, culpa ou dolo.

Essa teoria se difere da teoria do risco integral, uma vez que prevê **excludentes de responsabilidade do Estado**. São elas:

a) caso fortuito e força maior;
b) culpa exclusiva de terceiros;
c) culpa exclusiva da vítima.

O **caso fortuito e a força maior** são eventos naturais ou humanos, imprevisíveis ou previsíveis, mas inevitáveis, que causam danos a pessoas sem qualquer vínculo com a atuação do Estado, são exemplos de situações que excluem o nexo causal. Nesses casos, não será possível verificar uma relação de causa e efeito entre a conduta estatal e o dano sofrido pela vítima. Alguns exemplos incluem desastres naturais, como enchentes, tempestades, ou a queda de uma árvore sobre um veículo.

Já a **culpa exclusiva da vítima** é a hipótese de autolesão. Autolesão é a hipótese em que o dano é causado pela própria vítima. Por exemplo, quando uma pessoa se lança em frente a um carro oficial que estava na velocidade correta para a pista e dirigindo com segurança com o objetivo de tirar a sua própria vida. Nesses casos, não é possível responsabilizar o Estado, uma vez que não há nexo causal entre a conduta do Estado e o dano sofrido pelo particular. O dano foi causado pela conduta da própria vítima.

Por fim, a **culpa exclusiva de terceiro** refere-se ao dano causado por terceiro sem vínculo jurídico com o Estado. Também não gera nexo causal entre a conduta estatal e o dano sofrido pela vítima. Nesse caso, a responsabilização deve ser buscada em face do terceiro que causou o dano.

Além disso, importante observar que existe situação em que haverá uma redução da responsabilidade estatal. Trata-se da **culpa concorrente**. Nesta, isto é, tanto o Estado quanto a vítima participaram do resultado danoso, "a indenização devida pelo Estado deverá sofrer redução proporcional à extensão da conduta do lesado que também contribuiu para o resultado danoso".[5]

Ainda nessa teoria, há dois julgados do STJ relacionados às causas excludentes da responsabilidade por parte do Estado:

> 1. **Culpa concorrente dos pais**: não se pode imputar aos pais a responsabilidade por culpa concorrente de terem permitido aos filhos brincar em rua pública na qual ocorre queima de fogos de artifício, especialmente onde há festividade. O ente federado deveria ter isolado a área e ter estabelecido a devida proteção.[6]
>
> 2. **Concessionária de rodovia não responde por roubo e sequestro**: roubo e sequestro com arma de fogo em uma rodovia não ensejam responsabilidade da concessionária de rodovia – é um evento fortuito/força maior que rompe o nexo causal. Não se aplica, no Direito brasileiro, a teoria do risco integral em que o Estado ou quem lhe faça as vezes, como as concessionárias, tenham responsabilidade por todo e qualquer dano gerado ao particular. Não se pode vislumbrar algo nesse sentido no Brasil. Roubo e sequestro com arma de fogo é um elemento capaz e suficiente para romper com o nexo causal da responsabilidade da concessionária.[7]

2.2.3.1. Da qualidade de agente público

O Estado é responsável pelos atos ou pelas omissões de seus agentes, de qualquer nível hierárquico, independentemente de terem agido ou não dentro de suas competências, ainda que, no momento do dano, estejam fora do horário de expediente. O art. 37, § 6º, da CR/1988, **não exige que o agente público tenha agido no exercício de suas funções, mas na qualidade de agente público**. Foi o que se decidiu no caso do servidor público que, ao fazer uso da arma pertencente ao Estado, mesmo não estando em serviço, matou um menor na via pública (STF, RE 135.310); em hipótese de assalto praticado por policial fardado (STF, ARE 644.395 AgR); e no episódio de agressão praticada fora do serviço por soldado, com a utilização de arma da corporação militar (STF, RE 160.401).

2.2.3.2. Julgados relevantes acerca da responsabilidade civil do Estado

2.2.3.2.1. Responsabilidade do Estado pelo ressarcimento de danos aos detentos em razão da falta ou insuficiência das condições legais de encarceramento

O primeiro julgado é o RE 580.252, segundo o qual, considerando que é dever do Estado, imposto pelo sistema normativo, manter em seus presídios os padrões

---

5 CARVALHO FILHO, José dos Santos. *Manual de Direito Administrativo*. 26. ed. rev., ampl. e atual. São Paulo: Atlas, 2013. p. 562.

6 REsp 1.837.378/RO, Segunda Turma, Rel. Min. Herman Benjamin, j. 10.12.2019, *DJe* 25.05.2020.

7 REsp 1.749.941/PR, Terceira Turma, Rel. Min. Nancy Andrighi, j. 04.12.2018, *DJe* 07.12.2018.

mínimos de humanidade previstos no ordenamento jurídico, é de sua responsabilidade, nos termos do art. 37, § 6º, da Constituição, a obrigação de ressarcir os danos, inclusive morais, comprovadamente causados aos detentos em decorrência da falta ou insuficiência das condições legais de encarceramento.

De acordo com o STF, o Estado é responsável pela guarda e segurança das pessoas encarceradas, devendo mantê-las em condições carcerárias com padrões mínimos de humanidade estabelecidos em lei. Caso essas condições não sejam atendidas, é obrigação do Estado ressarcir os danos decorrentes, inclusive morais.

A violação de direitos fundamentais que cause danos a detentos não pode ser ignorada com o argumento de que a indenização não resolverá o problema prisional. Tal justificativa perpetuaria as condições desumanas dos presídios.

A garantia mínima de segurança pessoal, física e psíquica dos detentos é um dever estatal, sustentado por normas nacionais e internacionais. No Brasil, isso está previsto na Constituição Federal (art. 5º, XLVII, "e"; XLVIII; XLIX), na Lei de Execução Penal (Lei nº 7.210/1984, arts. 10; 11; 12; 40; 85; 87; 88), entre outras. Normas internacionais incluem o Pacto Internacional de Direitos Civis e Políticos (1966), a Convenção Americana de Direitos Humanos (1969) e a Convenção da ONU contra a Tortura (1984).

Não se aplica a remição da pena como forma de indenização, conforme o art. 126 da Lei de Execuções Penais. A reparação dos danos deve ocorrer em pecúnia, não em redução da pena.

2.2.3.2.2. Responsabilidade civil do Estado por danos decorrentes do comércio de fogos de artifício: necessidade de violação de dever jurídico específico

O segundo é o RE 136.861, que estabelece que, para que fique caracterizada a responsabilidade civil do Estado por danos decorrentes do comércio de fogos de artifício, é necessário que exista a violação de um dever jurídico específico de agir, que ocorrerá quando for concedida a licença para funcionamento sem as cautelas legais ou quando forem de conhecimento do Poder Público eventuais irregularidades praticadas pelo particular.

A Constituição Federal, em seu art. 37, § 6º, estabelece a responsabilidade civil objetiva das pessoas jurídicas de direito público e das pessoas de direito privado prestadoras de serviços públicos, fundamentada na teoria do risco administrativo. Segundo essa teoria, para que se caracterize a responsabilidade civil do Estado, devem ser observados os seguintes requisitos:

a) **Existência de dano**: é necessário que haja um prejuízo efetivo sofrido por uma pessoa ou bem.
b) **Ação ou omissão administrativa**: deve haver uma conduta (ação ou falta de ação) por parte do Poder Público.

c) **Nexo causal**: é indispensável a ligação direta entre o dano sofrido e a ação ou omissão administrativa.

d) **Ausência de causa excludente**: não deve haver fatores que excluam a responsabilidade do Estado, como culpa exclusiva da vítima ou força maior.

No caso específico analisado pelo Tribunal de Justiça do Estado de São Paulo, aplicando a teoria do risco administrativo e considerando a legislação local, concluiu-se que o Município de São Paulo não poderia ser responsabilizado pela explosão em uma loja de fogos de artifício. O entendimento foi de que não houve omissão estatal na fiscalização da atividade, pois os proprietários do comércio operavam clandestinamente, sem a devida autorização estatal para a comercialização de fogos de artifício.

2.2.3.2.3. A comprovação de efetivo prejuízo econômico mediante perícia técnica em cada caso concreto: imprescindível para o reconhecimento da responsabilidade civil do Estado em decorrência da fixação de preços no setor sucroalcooleiro

Outro julgado que merece atenção é o ARE 884.325, que afirma ser imprescindível para o reconhecimento da responsabilidade civil do Estado em decorrência da fixação de preços no setor sucroalcooleiro a comprovação de efetivo prejuízo econômico, mediante perícia técnica em cada caso concreto.

A atuação do Estado no domínio econômico, por meio de normas de direção, pode potencialmente impactar a lucratividade dos agentes econômicos. A política de fixação de preços representa, por sua natureza, uma limitação de lucros. Portanto, a indenização por danos só é cabível quando há comprovação de efetivo prejuízo econômico, o qual deve ser apurado por meio de perícia técnica.

2.2.3.2.4. Estado responde subsidiariamente por danos materiais causados a candidatos em concurso público organizado por pessoa jurídica de direito privado quando os exames são cancelados por indícios de fraude

O RE 662.405 afirma que o Estado responde subsidiariamente por danos materiais causados a candidatos em concurso público organizado por pessoa jurídica de direito privado (art. 37, § 6º, da CR/1988) quando os exames são cancelados por indícios de fraude.

A pessoa jurídica de direito privado que presta serviço público responde de forma primária e objetiva por danos causados a terceiros. Isso ocorre porque essa entidade possui personalidade jurídica, patrimônio e capacidade próprios.

Quando provas de concurso público são canceladas devido a indícios de fraude, a responsabilidade direta recai sobre a entidade privada que organizou o certame. Essa entidade deve restituir aos candidatos as despesas com taxa de inscrição e deslocamento para cidades diferentes daquelas em que residem.

Ao Estado cabe apenas a responsabilidade subsidiária, ou seja, ele só deve responder pelos danos se a instituição organizadora do certame se tornar insolvente e não conseguir arcar com os prejuízos causados aos candidatos.

2.2.3.2.5. Responsabilidade do Estado por atividade naturalmente perigosa

O STJ tem o REsp 1.869.046, que afirma aplicar igualmente ao Estado a prescrição do art. 927, parágrafo único, do Código Civil, de responsabilidade civil objetiva por atividade naturalmente perigosa, irrelevante seja a conduta comissiva ou omissiva. Entre as atividades de risco "por sua natureza", incluem-se as desenvolvidas em edifícios públicos, estatais ou não (p. ex., instituição prisional, manicômio, delegacia de polícia e fórum), com circulação de pessoas notoriamente investigadas ou condenadas por crimes, e aquelas outras em que o risco anormal se evidencia por contar o local com vigilância especial ou, ainda, com sistema de controle de entrada e de detecção de metal por meio de revista eletrônica ou pessoal.

No caso específico, é inquestionável que a porta do fórum, equipada com detector de metal, estava danificada. Além disso, não havia seguranças na entrada para inspecionar as pessoas que entravam no local.

Há também a presença de nexo causal, que fundamenta a responsabilização do Poder Público no caso concreto. A conduta omissiva do Poder Público, ao não adotar as medidas necessárias para garantir a segurança dos magistrados, autoridades, servidores e usuários da Justiça no fórum estadual, contribuiu diretamente para a ocorrência do evento danoso.

É importante ressaltar que a exigência de medidas de segurança, como a inspeção para impedir ou dificultar a entrada de réus em Ação Penal portando arma de fogo, é razoável e justificada. Essa atuação visa assegurar a integridade de todos no ambiente do fórum e prevenir situações de risco.

2.2.3.2.6. Responsabilidade do Estado sobre profissionais de imprensa

Também relevante é o RE 1.209.429/SP, que propõe ser objetiva a responsabilidade Civil do Estado em relação a profissional da imprensa ferido por agentes policiais durante cobertura jornalística, em manifestações em que haja tumulto ou conflitos entre policiais e manifestantes. Todavia, caberia a excludente da responsabilidade da culpa exclusiva da vítima nas hipóteses em que o profissional de imprensa descumprir ostensiva e clara advertência sobre acesso a áreas delimitadas, em que haja grave risco à sua integridade física.

2.2.3.2.7. Responsabilidade do Estado e falta de serviço de segurança em hospital público

O REsp 1.708.325/RS afirma que o hospital que deixa de fornecer o mínimo serviço de segurança, contribuindo de forma determinante e específica para homicídio praticado em suas dependências, responde objetivamente pela conduta omissiva.

O Superior Tribunal de Justiça, alinhando-se ao entendimento do Excelso Pretório, firmou compreensão de que o Poder Público, inclusive por atos omissivos, responde de forma objetiva quando constatada a precariedade/vício no serviço decorrente da falha no dever legal e específico de agir.

A atividade exercida pelos hospitais, por sua natureza, inclui, além do serviço técnico-médico, o serviço auxiliar de estadia, e, por tal razão, está o ente público obrigado a disponibilizar equipe/pessoal e equipamentos necessários e eficazes para o alcance dessa finalidade. Afasta-se, portanto, o fato de terceiro.

2.2.3.2.8. Responsabilidade do Estado em razão de danos causados a terceiros decorrentes de operações policiais e confronto com bandidos

Ainda, é importante analisar o ARE 1.382.159 AgR/RJ, segundo o qual, no caso de vítima atingida por projétil de arma de fogo durante uma operação policial, é dever do Estado, em decorrência de sua responsabilidade civil objetiva, provar a exclusão do nexo causal entre o ato e o dano, pois ele é presumido. No contexto de incursões policiais, comprovado o confronto armado entre agentes estatais e criminosos (ação), e a lesão ou morte de cidadão (dano) por disparo de arma de fogo (nexo), o **Estado deve comprovar a ocorrência de hipóteses interruptivas da relação de causalidade**. Para o STF, a atribuição desse ônus probatório é decorrência lógica do monopólio estatal do uso da força e dos meios de investigação. O Estado possui os meios para tanto – como câmeras corporais e peritos oficiais –, cabendo-lhe averiguar as externalidades negativas de sua ação armada, coligindo evidências e elaborando os laudos que permitam a identificação das reais circunstâncias da morte de civis desarmados dentro de sua própria residência.

Mais recentemente, o STF[8] afirma a sua jurisprudência entendendo que (i) o Estado é responsável, na esfera cível, por morte ou ferimento decorrente de operações de segurança pública, nos termos da Teoria do Risco Administrativo; (ii) É ônus probatório do ente federativo demonstrar eventuais excludentes de responsabilidade civil; (iii) A perícia inconclusiva sobre a origem de disparo fatal durante operações policiais e militares não é suficiente, por si só, para afastar a responsabilidade civil do Estado, por constituir elemento indiciário.

Neste contexto, o Estado só será responsabilizado se o dano for resultado de uma ação ou omissão do Poder Público, pois a Constituição não adota a teoria do risco integral. É essencial estabelecer uma relação de causalidade. Assim, para afastar a responsabilidade, o Poder Público deve provar que seus agentes não causaram a morte ou o ferimento.

De acordo com a jurisprudência do STF, a exclusão da responsabilidade estatal ocorre quando se comprova alguma causa que interrompe o nexo de causalidade, como força maior, caso fortuito, fato exclusivo da vítima ou de terceiro.

---

[8] ARE 1.385.315/RJ, Rel. Min. Edson Fachin, j. 11.04.2024.

2.2.3.2.9. Teoria da perda de uma chance e responsabilidade do Estado decorrente de erro médico

De acordo com o STJ[9], aplica-se a responsabilidade civil pela perda de uma chance no caso de atuação dos profissionais médicos que não observam orientação do Ministério da Saúde, retirando do paciente uma chance concreta e real de ter um diagnóstico correto e de alçar as consequências normais que dele se poderia esperar.

No caso em questão, o bebê nasceu com 29 semanas de gestação e precisou permanecer na UTI Neonatal, recebendo tratamento intensivo com ventilação mecânica e antibioticoterapia devido à gravidade de sua condição de saúde. Aos nove meses de vida, ele apresentou febre intensa, tosse seca e vômitos, necessitando de atendimento médico de emergência. Os pais o levaram à Unidade de Pronto Atendimento 24h (UPA), onde ele recebeu classificação de risco muito urgente. No entanto, não foi internado e recebeu apenas medicação sem efeito antibiótico ou anti-inflamatório. Posteriormente, em casa, os sintomas persistiram e ele precisou novamente de atendimento médico de emergência. Ao retornar ao hospital, foi diagnosticado com pneumonia bacteriana, recebeu tratamento com antibiótico e foi liberado. Na madrugada seguinte, o bebê faleceu durante o sono.

A Corte estadual reconheceu que a equipe médica não seguiu a orientação do Ministério da Saúde, que recomendava internação para crianças com pneumonia e histórico de doença de base debilitante, como a prematuridade e a displasia broncopulmonar do bebê. Ainda assim, a sentença foi reformada, sob o argumento de que não houve comprovação de falha no serviço ou nexo de causalidade entre o atendimento médico e a morte da criança.

Entretanto, esse entendimento contraria o disposto no art. 373, § 1º, do CPC, que prevê a inversão do ônus da prova em casos de hipossuficiência probatória, como o presente. A Primeira Turma do STJ, no AREsp 1.723.285/DF, relatado pelo Ministro Sérgio Kukina, já havia decidido pela possibilidade de inversão do ônus da prova em ações de responsabilidade civil por erro médico, quando configurada a hipossuficiência técnica da parte autora: "é cabível inversão do ônus da prova nas ações que tratam de responsabilidade civil por erro médico, quando configurada situação de hipossuficiência técnica da parte autora" (AgInt no AREsp 1.723.285/DF, Rel. Min. Sérgio Kukina, Primeira Turma, j. 23.02.2021, DJe 26.02.2021).

O ente público tinha o dever de provar que a morte do bebê não foi decorrente da falta de internação no momento em que se diagnosticou a pneumonia bacteriana, especialmente considerando a orientação do Ministério da Saúde sobre a necessidade de internação para crianças com as condições do pequeno paciente.

Com base na teoria da perda de uma chance, se o bebê diagnosticado com pneumonia bacteriana tivesse sido internado oportunamente, sua morte poderia ter sido

---

9 REsp 1.985.977/DF, Rel. Min. Sérgio Kukina, Primeira Turma, por unanimidade, j. 18.06.2024, DJe 26.06.2024.

evitada mediante o monitoramento médico necessário devido à sua grave condição de saúde.

No contexto da responsabilidade civil por erro na prestação de serviços médico-hospitalares, a teoria da perda de uma chance estabelece que, mesmo na ausência de prova do nexo causal direto entre a ação médica e o dano, a falha na ação reduziu significativamente as expectativas de cura, melhores condições de sobrevivência ou um tratamento menos doloroso. Assim, a responsabilidade é pela perda dessa oportunidade, devendo ser indenizada conforme o regime da perda da chance.

2.2.3.2.10. Responsabilidade objetiva das concessionárias de rodovias por acidentes envolvendo animais nas pistas: aplicação do CDC e da Lei das Concessões

De acordo com o STJ, as concessionárias de rodovias respondem, independentemente da existência de culpa, pelos danos oriundos de acidentes causados pela presença de animais domésticos nas pistas de rolamento, aplicando-se as regras do Código de Defesa do Consumidor e da Lei das Concessões.

A responsabilidade objetiva das concessionárias de serviço público por acidentes causados pela presença de animais domésticos nas rodovias tem sido amplamente reconhecida com base na teoria do risco administrativo. Essa responsabilidade é reforçada pela aplicação do Código de Defesa do Consumidor (art. 22 do CDC) e pela Lei nº 8.987/1995.

O Supremo Tribunal Federal também consolidou o entendimento de que as concessionárias respondem objetivamente pelos danos causados, independentemente de culpa, como previsto no Tema 130 (RE 591.874-RG).

Nos casos de acidentes provocados por animais nas rodovias, o intervalo de tempo e a previsibilidade do evento fazem com que a responsabilidade das concessionárias se mantenha, especialmente quando estas não cumprem adequadamente os deveres de manejo e remoção.

2.2.4. Teoria da interrupção do nexo causal/Teoria da causalidade direta, imediata

Essa teoria é aceita pelo STF. De acordo com ela, o Estado só deve responder direta e imediatamente após a ação estatal. Havendo um lapso temporal razoável, ocorreria o rompimento do nexo causal e o Estado não seria responsabilizado civilmente.

Ex.: preso que fugiu da cadeia e, quatro meses após a fuga, praticou algum crime. O Estado não responde.

Nesse sentido, o Supremo Tribunal Federal fixou a seguinte tese de repercussão geral: Nos termos do art. 37, § 6º, da Constituição Federal, não se caracteriza a responsabilidade civil objetiva do Estado por danos decorrentes de crime praticado por pessoa foragida do sistema prisional, quando não demonstrado o nexo causal direto entre o momento da fuga e a conduta praticada.[10]

Dessa forma, o STJ[11] entendeu pelo rompimento do nexo causal no caso de uma "bala perdida" disparada por menor evadido há uma semana de estabelecimento de recuperação.

3. ELEMENTOS CONFIGURADORES DA RESPONSABILIDADE CIVIL DO ESTADO

A configuração da responsabilidade objetiva do Estado é baseada em três elementos fundamentais que devem ser considerados. Em primeiro lugar, é necessário identificar a conduta estatal, que pode ser uma ação ou omissão cometida pelo Poder Público. Além disso, é preciso comprovar a existência de um dano sofrido pela parte prejudicada, que pode ser de natureza material ou moral. Por fim, é imprescindível estabelecer um nexo causal entre o fato administrativo e o dano causado, ou seja, demonstrar que a ação ou omissão do Estado foi diretamente responsável pela ocorrência do prejuízo. Ao cumprir esses três requisitos, é possível configurar a responsabilidade objetiva do Estado e garantir que as vítimas de seus atos sejam devidamente ressarcidas.

3.1. Conduta

A responsabilização estatal depende primeiramente da comprovação da conduta administrativa, que pode ser caracterizada pela atuação ou omissão dos agentes públicos. É fundamental demonstrar que o dano está diretamente relacionado ao exercício da função pública ou à omissão relevante desses agentes.

É importante ressaltar que não somente a conduta administrativa ilícita mas também a conduta lícita que causa danos desproporcionais podem acarretar a responsabilidade do Estado. Isso significa que, mesmo que a conduta seja legal, é necessário avaliar se os danos causados são justificáveis em relação aos fins buscados pela Administração Pública.

Assim, a comprovação da conduta administrativa é um elemento crucial para a responsabilização do Estado em casos de danos causados por seus agentes públicos. Tanto a conduta ilícita quanto a conduta lícita que causem danos desproporcionais podem levar à responsabilização do Estado, desde que haja relação direta com o exercício da função pública ou a omissão relevante dos agentes públicos.

3.2. Dano

O segundo elemento fundamental para a responsabilização do Estado é a comprovação do dano, que pode ser definido como a lesão a um bem jurídico da vítima.

---

[10] STF, RE 608.880, Rel. Min. Marco Aurélio, j. 08.09.2020.

[11] STJ, REsp 858.511/DF, 1ª Turma, Rel. Min. Teori Zavascki, j. 19.08.2008.

Existem duas categorias de danos: material ou patrimonial, que afeta o patrimônio da vítima e pode ser dividido em dano emergente e lucro cessante, e o moral ou extrapatrimonial, que afeta os bens personalíssimos, como a honra e a reputação do lesado.

3.3. Nexo causal

O nexo de causalidade se refere à relação de causa e efeito entre a conduta estatal e o dano sofrido pela vítima.

Em outras palavras, para que o Estado seja responsabilizado civilmente pelo prejuízo causado a alguém, é necessário que haja uma ligação direta entre a ação ou omissão estatal e o dano experimentado pela pessoa. O nexo causal é, portanto, um elemento fundamental na análise da responsabilidade civil do Estado, pois permite identificar se a conduta estatal foi ou não a causa do prejuízo sofrido pela vítima.

É importante destacar que a análise do nexo causal não se limita apenas a identificar se houve ou não uma relação direta entre a conduta estatal e o dano suportado pela vítima. Também é necessário avaliar se a conduta estatal foi a única causa do prejuízo, ou se houve contribuição de outros fatores para a ocorrência do dano. Nesse sentido, a análise do nexo causal requer uma análise cuidadosa e detalhada de todos os elementos envolvidos no caso em questão.

Existem três teorias que abordam o nexo causal, quais sejam **(1) a teoria da equivalência das condições (*conditio sine qua non*), (2) a teoria da causalidade adequada e (3) a teoria da causalidade direta**.

A primeira teoria, da **equivalência das condições**, estabelece que todos os antecedentes que contribuíram de alguma forma para a lesão devem ser considerados equivalentes e, portanto, passíveis de responsabilização. A única forma de excluir o nexo causal seria se a eliminação hipotética da conduta em questão não alterasse o resultado lesivo. Qualquer outra conduta que, se eliminada, alterasse o resultado lesivo deveria ser considerada como causa da lesão. No entanto, essa teoria é bastante criticada, uma vez que pode levar a um regresso infinito do nexo de causalidade, gerando insegurança jurídica.

Por sua vez, a segunda teoria, da **causalidade adequada**, estabelece que apenas a conduta mais adequada a causar a lesão deve ser considerada como causa do dano. Essa teoria rompe com a equivalência das condições e considera apenas o antecedente com maior probabilidade de produzir o resultado danoso. Entretanto, a crítica a essa teoria é que ela pode responsabilizar alguém com base em um mero juízo de probabilidade, sem a certeza do nexo causal.

Por fim, a terceira teoria, da **causalidade direta e imediata**, também conhecida como teoria da interrupção do nexo causal, foi prevista no art. 403 do Código Civil e o seu estudo ocorreu no tópico 2.2.4 deste capítulo. Essa teoria estabelece que apenas o evento que se vincula direta e imediatamente ao dano será considerado como sua causa.

Com base nessa teoria, o STJ entendeu que **não é possível a condenação de prefeito ao ressarcimento de valores despendidos na realização dos trabalhos desenvolvidos com vista à elaboração de projeto de lei**, na hipótese em que o ato administrativo encaminhado à Câmara Municipal desconsidera a legislação vigente e é praticado com desvio de finalidade. Para a corte, a partir do momento em que deflagra o processo legislativo, **a tramitação em si do projeto de lei não ofende nenhum bem jurídico tutelado em abstrato**, ou seja, não provoca dano. No máximo, a movimentação da máquina estatal implica custo econômico, relacionado ao regular exercício de atribuições típicas da Administração. Contudo, custo não é sinônimo de dano. Mesmo se pudesse falar em dano, prevalece, no Brasil, entre as diversas teorias da causalidade, a da causa direta e imediata (teoria da interrupção do nexo causal), especialmente em razão do disposto no art. 403 do CC/2002. Nesse cenário, o elemento anterior ao dano deve se apresentar como único e necessário para provocar direta e imediatamente o resultado. A conduta direta e imediata do demandado apresenta nexo causal apenas com a deflagração do projeto de lei. O rumo que este (o projeto) tomou depois não tem mais relação direta com aquela (a deflagração), isto é, a partir da conduta do recorrente, múltiplos destinos poderiam ser vividos: rejeição imediata do projeto; tramitação mais célere; tramitação mais vagarosa; envio a distintos órgãos da casa legislativa; participação ou não da sociedade etc. Assim, ainda que se falasse em "dano" quanto à tramitação do projeto de lei, este não teria relação direta e imediata com a conduta do ex-prefeito, mas, sim, seria decorrente da concomitância de outras causas e eventos, inclusive oriundos da conduta de terceiros (os membros da casa legislativa municipal).[12]

4. DANOS DECORRENTES DE OBRAS PÚBLICAS

4.1. Dano pelo simples fato da obra

Nesse caso, não importa quem executou a obra, o Poder Público deve ser o responsável para reparar o dano sofrido pelo particular.

Ex.: obras em uma região que impossibilita a atividade de um restaurante.

4.2. Dano resultante pelo comportamento doloso ou culposo de um empregado da contratada

De acordo com o art. 119 da Lei nº 14.133/2021, o contratado será obrigado a reparar, corrigir, remover, reconstruir ou substituir, a suas expensas, no total ou em parte, o objeto do contrato em que se verificarem vícios, defeitos ou incorreções resultantes de sua execução ou de materiais nela empregados.

Ademais, nos termos do art. 120 da Lei nº 14.133/2021, o contratado será responsável pelos danos causados diretamente à Administração ou a terceiros em razão da execução do contrato, e não excluirá nem reduzirá essa responsabilidade a fiscalização ou o acompanhamento pelo contratante.

12 AREsp 1.408.660-SP, Primeira Turma, Rel. Min. Gurgel de Faria, por unanimidade, j. 16.08.2022.

Todavia, o Poder Público responde subsidiariamente caso o patrimônio da contratada não seja suficiente para pagar a indenização.

Obs.: há um argumento para o Estado não responder subsidiariamente (difícil aplicação) – o Estado não possui culpa *in eligiendo*, haja vista que, na licitação, o Poder Público não escolhe com quem vai contratar.

4.3. Dano resultante de uma conduta do Estado e da contratada

Cada um responde proporcionalmente a suas participações no evento danoso.

5. DANOS DECORRENTES DE ATOS DE MULTIDÕES

Regra: os danos causados a terceiros decorrentes, exclusivamente, de atos de multidões não acarretam a responsabilidade do Estado, uma vez que se configuram como culpa exclusiva de terceiros.[13]

Exceção: há situações em que é notória a omissão do Estado, haja vista que ele teria o dever de proteger o patrimônio das pessoas e evitar os danos provocados pela multidão. Há claramente uma conduta omissiva do Estado. Ex.: formação de agrupamentos com mostras de hostilidades em certo local. Caso o Estado tenha sido avisado a tempo e sequer mandou agentes para garantir a segurança, há uma omissão culposa do Estado, motivo pelo qual há o dever de reparar.[14]

6. RESPONSABILIDADE CIVIL DAS PESSOAS JURÍDICAS DE DIREITO PRIVADO PRESTADORAS DE SERVIÇO PÚBLICO A TERCEIRO NÃO USUÁRIO E A USUÁRIO

Atualmente, a jurisprudência do STF entende que não há diferença entre a responsabilidade civil das prestadoras de serviços públicos em relação a usuário ou não usuários do serviço público. Em razão do princípio da impessoalidade e da universalidade do serviço público, utiliza-se o art. 37, § 6º, da CR/1988 para ensejar a responsabilidade objetiva dessas pessoas jurídicas.

7. TEORIA DA DUPLA GARANTIA

De acordo com o STF, o art. 37, § 6º, da CR/1988 protege a vítima, em virtude de esta ter de ajuizar a ação contra o Estado, de maneira que este responderia de forma objetiva, prescindindo de comprovação de dolo ou culpa do agente.

Por outro lado, o dispositivo constitucional também protege o próprio agente causador do dano, uma vez que só responderia por meio de uma ação de regresso

---

13 CARVALHO FILHO, José dos Santos. *Manual de Direito Administrativo*. 26. ed. rev., ampl. e atual. São Paulo: Atlas, 2013. p. 565.

14 CARVALHO FILHO, José dos Santos. *Manual de Direito Administrativo*. 26. ed. rev., ampl. e atual. São Paulo: Atlas, 2013. p. 566.

do Poder Público contra ele caso agisse com dolo ou culpa. Observe, portanto, que a vítima não pode ajuizar a ação diretamente contra o agente. Deve ajuizar contra o Poder Público.

Nesse sentido, o STF fixou a seguinte tese de repercussão geral: "A teor do disposto no art. 37, § 6º, da Constituição Federal, a ação por danos causados por agente público deve ser ajuizada contra o Estado ou a pessoa jurídica de direito privado prestadora de serviço público, sendo parte ilegítima para a ação o autor do ato, assegurado o direito de regresso contra o responsável nos casos de dolo ou culpa (RE 1.027.633)".

É importante destacar que o STJ[15], ao analisar o marcante Caso Deltan Dallagnol, estabeleceu uma exceção à regra da teoria da dupla garantia. Neste julgamento, a Corte possibilitou o ajuizamento de ações indenizatórias diretamente contra o agente público responsável pela execução do ato lesivo. O STJ especificou que, em circunstâncias nas quais o dano ao particular advém de uma conduta considerada irregular por parte do agente público – entendendo-se por "irregular" aquela conduta que não se alinha às atribuições funcionais preestabelecidas –, é admissível a proposição de demanda ressarcitória em face do agente, visando à reparação pelo abuso de direito que resultou em prejuízo.

8. DENUNCIAÇÃO À LIDE

Em termos de responsabilidade civil do Estado, a maioria da doutrina entende que a denunciação à lide é proibida, seria inconstitucional.

Essa doutrina argumenta ser proibida/inconstitucional essa medida processual, uma vez que acarretaria violação ao art. 37, § 6º, da CR/1988. Esse dispositivo vem para facilitar a vida da vítima que, ajuizando a ação contra a pessoa jurídica, quis provar apenas o nexo causal. Se o agente público integrar o polo passivo, haverá a necessidade de comprovação de dolo ou de culpa, situação essa que a vítima não desejou comprovar.

Dessa forma, haveria violação à dupla garantia assegurada pelo texto constitucional.

No âmbito do Judiciário, essa matéria não é pacífica. O próprio STJ tem julgado a denunciação à lide como facultativa. Para a corte, nas demandas em que se discute a responsabilidade civil do Estado, a denunciação da lide ao agente causador do suposto dano é facultativa, cabendo ao magistrado avaliar se o ingresso do terceiro ocasionará prejuízo à economia e à celeridade processuais.[16]

9. RESPONSABILIDADE ESTATAL NAS RELAÇÕES DE CUSTÓDIA

As doutrinas que se ocupam do tema da responsabilidade civil extracontratual do Estado foram construídas para lidar com as situações de sujeição geral dos admi-

15 REsp 1.842.613/SP, Rel. Min. Luis Felipe Salomão, Quarta Turma, j. 22.03.2022, DJe 10.05.2022.

16 STJ, AgRg no AREsp 139.358-SP 2012/0030135-1, Primeira Turma, Rel. Min. Ari Pargendler, *DJ* 26.11.2013, *DJe* 04.12.2013.

nistrados em relação ao Poder Público. Nesse prisma, tais regras de responsabilidade servem como garantia aos administrados submetidos ao império estatal, ou seja, é o contrapeso da supremacia geral que tem o Estado, no exercício do seu poder de polícia.

Casos há, todavia, em que o Estado mantém vínculos especiais com certas pessoas, tais como servidores públicos, alunos de escolas públicas, presos mantidos em cadeias e penitenciárias etc. São relações de supremacia especial, também chamadas de relações de custódia, submetidas a regime disciplinar mais rigoroso e que, por consequência, devem seguir parâmetros distintos de responsabilidade por parte do Estado.

Nessas vinculações diferenciadas, a responsabilidade do Estado é mais acentuada do que nas relações de sujeição geral, à medida que o ente público tem o dever de garantir a integridade das pessoas e bens custodiados. Por isso, **a responsabilidade estatal é objetiva, inclusive, quanto a atos de terceiros**. Os exemplos mais comuns são: o preso morto na cadeia por outro detento; a criança vítima de briga dentro de escola pública; bens privados danificados em galpão da Receita Federal. Em todas essas hipóteses, o Estado tem o dever de indenizar a vítima do dano, mesmo que a conduta lesiva não tenha sido praticada por agente público. Cabe, porém, advertir que a responsabilidade estatal é objetiva na modalidade do **risco administrativo**. De acordo com a jurisprudência do STF e do STJ, o preso que tenha se suicidado também ensejará a responsabilidade do Estado, em razão de o risco ser inerente ao meio no qual o detento foi inserido pelo próprio Estado.[17]

Assim, por exemplo, o preso assassinado na cadeia por outros detentos durante rebelião gera dever de o Estado indenizar a família. Entretanto, se a morte teve causas naturais (força maior), não há dever de indenizar. Quando ao fato de terceiro, não constitui excludente da responsabilidade nos casos de custódia, em razão do mais acentuado dever de vigilância e de proteção atribuído ao Estado nessas relações de sujeição especial.

Diante disso, importante é a leitura do seguinte julgado do STF sobre o tema:

> Em caso de inobservância do seu dever específico de proteção previsto no art. 5º, XLIX, da CR/88, o Estado é responsável pela morte de detento. Essa a conclusão do Plenário, que desproveu recurso extraordinário em que discutida a responsabilidade civil objetiva do Estado por morte de preso em estabelecimento penitenciário. No caso, o falecimento ocorrera por asfixia mecânica, e o Estado-Membro alegava que, havendo indícios de suicídio, não seria possível impor-lhe o dever absoluto de guarda da integridade física de pessoa sob sua custódia. O Colegiado asseverou que a responsabilidade civil estatal, segundo a CR/1988, em seu art. 37, § 6º, subsume-se à teoria do risco administrativo, tanto para as condutas estatais comissivas quanto paras as omissivas, uma vez rejeitada a teoria do risco integral. Assim, a omissão do Estado reclama nexo de causalidade em relação ao dano sofrido pela vítima nas hipóteses em que o Poder Público ostenta o dever legal e a efetiva possibilidade de agir para

---

[17] STJ, AgRg no REsp 1.305.259-SC, Segunda Turma, Rel. Min. Mauro Campbell Marques, *DJe* 09.04.2013.

> impedir o resultado danoso. Além disso, **é dever do Estado e direito subjetivo do preso a execução da pena de forma humanizada, garantindo-se-lhe os direitos fundamentais, e o de ter preservada a sua incolumidade física e moral.** Esse dever constitucional de proteção ao detento somente se considera violado quando possível a atuação estatal no sentido de garantir os seus direitos fundamentais, pressuposto inafastável para a configuração da responsabilidade civil objetiva estatal. Por essa razão, **nas situações em que não seja possível ao Estado agir para evitar a morte do detento (que ocorreria mesmo que o preso estivesse em liberdade), rompe-se o nexo de causalidade.** Afasta-se, assim, a responsabilidade do Poder Público, sob pena de adotar-se a teoria do risco integral, ao arrepio do texto constitucional. A morte do detento pode ocorrer por várias causas, como homicídio, suicídio, acidente ou morte natural, não sendo sempre possível ao Estado evitá-la, por mais que adote as precauções exigíveis. Portanto, **a responsabilidade civil estatal fica excluída nas hipóteses em que o Poder Público comprova causa impeditiva da sua atuação protetiva do detento, rompendo o nexo de causalidade da sua omissão com o resultado danoso.** Na espécie, entretanto, o tribunal "a quo" não assentara haver causa capaz de romper o nexo de causalidade da omissão do Estado-Membro com o óbito. Correta, portanto, a decisão impositiva de responsabilidade civil estatal. (RE 841.526/RS, Rel. Min. Luiz Fux, j. 30.3.2016)

É essencial destacar que o Estado também pode ser responsabilizado em casos de inércia, ou seja, quando ele não toma as medidas necessárias para evitar um dano. Por exemplo, se uma professora é ameaçada por um aluno e comunica isso à escola, mas esta não toma nenhuma providência e o aluno acaba agredindo a professora, o Estado poderá ser responsabilizado pelo dano causado, mesmo que o agressor seja o aluno e que o Estado não tenha tido culpa direta pelo ocorrido. Isso porque a omissão do Estado em tomar medidas para evitar a agressão configura uma falha no dever de proteção e segurança aos cidadãos, o que caracteriza a sua responsabilidade objetiva pelos danos causados.[18]

10. PRESCRIÇÃO

10.1. Ação de regresso – art. 37, § 5º, da CR/1988

Em relação a essa ação, há uma mudança no entendimento do STF; no RE 669.069/2016, o Supremo Tribunal Federal firmou tese de repercussão geral no sentido de que é prescritível a ação de reparação de danos à Fazenda Pública em decorrência de ilícito civil. No julgamento, discutiu-se o prazo de prescrição das ações de ressarcimento por danos causados ao erário. Contudo, observe que essa tese não alcança prejuízos que decorram de ato de improbidade administrativa, e, segundo o STF, a ação de regresso por atos dolosos de improbidade é imprescritível.

[18] STJ, REsp 1.142.245, Rel. Min. Castro Meira, j. 05.10.2010.

Acerca do prazo, embora haja divergência doutrinária, o STJ tem posicionamento de que o prazo é de 5 anos (e não de 3 anos), em razão do princípio da isonomia, uma vez que o prazo prescricional para que o particular busque indenização em face da Administração é também de 5 anos, de acordo com art. 1º do Decreto nº 20.910/1932.

Atente-se ainda que o STJ se posicionou que se aplica o prazo prescricional de 5 anos, nos termos do art. 1º do Decreto nº 20.910/1932, à ação de ressarcimento de benefício previdenciário pago indevidamente, quando comprovada a má-fé do beneficiário.[19]

Outro ponto importante refere-se ao posicionamento do STF[20] que entendeu ser imprescritível a pretensão de ressarcimento ao erário decorrente da exploração irregular do patrimônio mineral da União, porquanto indissociável do dano ambiental causado. Para a Corte, os danos ambientais não correspondem a mero ilícito civil, de modo que merecem destacada atenção em benefício de toda a coletividade. Assim, prevalecem os princípios constitucionais de proteção, preservação e reparação do meio ambiente.

10.2. Ação de indenização

10.2.1. Dano causado pelo regime militar

O STJ tem permitido a reparação desses danos em razão de entendê-los **imprescritíveis**. De acordo com essa corte, os atos danosos praticados pelo regime militar são considerados inexistentes, motivo pelo qual podem ser combatidos a qualquer momento.[21]

Nesse sentido, está a **Súmula nº 647 do STJ**, segundo a qual são imprescritíveis as ações indenizatórias por danos morais e materiais decorrentes de atos de perseguição política com violação de direitos fundamentais ocorridos durante o regime militar.

Outro ponto relevante refere-se à **anistia** regulada pela Lei nº 10.559/2002. Consoante o STJ,[22] o direito ao reconhecimento da condição de anistiado político, por violação de direitos fundamentais ocorridos durante a ditadura militar, é imprescritível. Todavia, a propositura de ação reparatória ou indenizatória prescreve em cinco anos. Portanto, de acordo com o STJ, embora o prazo para o reconhecimento da condição de anistiado político seja imprescritível, os efeitos patrimoniais decorrentes desse reconhecimento, considerados direitos disponíveis, estão sujeitos às regras de prescrição estabelecidas pelo Decreto nº 20.910/1932.

---

19 AgInt no REsp 1.998.744-RJ, Segunda Turma, Rel. Min. Mauro Campbell Marques, por unanimidade, j. 06.03.2023.

20 RE 1.427.694/SC, Rel. Min. Presidente, julgamento finalizado no Plenário Virtual em 1º.09.2023.

21 "**Direito Administrativo. Imprescritibilidade da pretensão de indenização por dano moral decorrente de atos de tortura. É imprescritível a pretensão de recebimento de indenização por dano moral decorrente de atos de tortura ocorridos durante o regime militar de exceção.** Precedentes citados: AgRg no AG 1.428.635-BA, Segunda Turma, *DJe* 9/8/2012; e AgRg no AG 1.392.493-RJ, Segunda Turma, *DJe* 1/7/2011" (REsp 1.374.376-CE, Rel. Min. Herman Benjamin, j. 25.06.2013, *Informativo* 0523).

22 EDcl no AgRg nos Embargos à Execução em Mandado de Segurança 11.31-DF.

Nesses casos, para o STJ, o termo inicial do prazo prescricional seria a publicação da Lei nº 10.559/2002. Isso porque a jurisprudência do Superior Tribunal de Justiça é uníssona em reconhecer que houve renúncia tácita à prescrição, com o advento da Lei nº 10.559, de 13.11.2002, regulamentadora do art. 8º do Ato das Disposições Constitucionais Transitórias.

Todavia, o STF[23] entendeu que o termo inicial da prescrição, nesses casos, seria a promulgação da Constituição de 1988.

Ainda, para o STJ, o espólio possui legitimidade ativa para ajuizar ação postulando pelo pagamento de reparação econômica retroativa à data da concessão de anistia política, na hipótese em que a data do óbito do anistiado é posterior àquela. Afirma a corte superior que se trata de direitos patrimoniais transmissíveis aos herdeiros/ sucessores do de cujus, razão pela qual o espólio é parte legítima para requerer o pagamento desse montante.[24]

Ademais, o STJ entende que, no tocante ao valor da reparação mensal devida aos anistiados políticos, a fixação do *quantum* indenizatório por pesquisa de mercado deve ser supletiva, utilizada apenas quando não há, por outros meios, como se estipular o valor da prestação mensal, permanente e continuada.[25]

Por fim, é igualmente importante pontuar que, de acordo com o STF, é inconstitucional lei estadual de iniciativa parlamentar que disponha sobre a concessão de anistia a infrações administrativas praticadas por policiais civis, militares e bombeiros. Para o STF, a Constituição da República reserva ao chefe do Poder Executivo a iniciativa de leis que tratem do regime jurídico de servidores desse poder ou que modifiquem a competência e o funcionamento de órgãos administrativos, conforme dispõe o art. 61, § 1º, II, *c* e *e*, no que se enquadra a legislação que concede anistia a infrações administrativas praticadas por servidores civis e militares de órgãos de segurança pública.[26]

10.2.2. Ação de responsabilidade civil

De acordo com a doutrina (ainda que haja divergência) e a jurisprudência, o prazo prescricional para a ação de responsabilidade civil é de 5 anos, conforme estabelecido pelo art. 1º do Decreto nº 20.910/1932.

Além disso, o Superior Tribunal de Justiça (STJ) entende que o termo inicial para ajuizar ação regressiva contra o ente público é o trânsito em julgado da condenação deste último. Isso significa que, caso o ente público tenha sido condenado em uma ação de responsabilidade civil e, posteriormente, tenha que arcar com o prejuízo causado, o prazo para que ele possa ajuizar ação regressiva para reaver o valor pago começa a contar a partir do momento em que a condenação transita em julgado.

---

23 AOE 27-DF, Rel. Min. Cármen Lúcia, j. 10.08.2011.

24 MS 28.276-DF, Primeira Seção, Rel. Min. Regina Helena Costa, por unanimidade, j. 10.08.2022, *DJe* 16.08.2022.

25 MS 24.508-DF, Primeira Seção, Rel. Min. Assusete Magalhães, por unanimidade, j. 12.05.2021.

26 ADI 4.928/AL, Rel. Min. Marco Aurélio, Red. do Acórdão Min. Alexandre de Moraes, julgamento virtual finalizado em 08.10.2021.

De acordo com o Enunciado nº 40 do CJF, nas ações indenizatórias ajuizadas contra a Fazenda Pública, aplica-se o prazo prescricional quinquenal previsto no Decreto nº 20.910/1932 (art. 1º), em detrimento do prazo trienal estabelecido no Código Civil de 2002 (art. 206, § 3º, V), por se tratar de norma especial que prevalece sobre a geral.

11. RESPONSABILIDADE DO ESTADO POR ATOS LEGISLATIVOS

É pacífico tanto na doutrina quanto na jurisprudência que, em regra, não há responsabilidade civil do Estado por atos legislativos. Isso ocorre porque as leis são atos de caráter geral e abstrato, que se aplicam a toda a sociedade ou a uma comunidade específica, sem produzir efeitos individualizados. Em outras palavras, as leis não são dirigidas a pessoas específicas, mas, sim, a um grupo ou à sociedade.

Nesse sentido, não é possível imputar responsabilidade civil ao Estado pelos efeitos decorrentes de uma lei, já que ela não foi criada com o intuito de prejudicar indivíduos ou grupos específicos. Entretanto, é importante destacar que existem exceções a essa regra, como nos casos em que a lei é editada com algum vício de constitucionalidade ou viola direitos fundamentais, ou, ainda, quando há má-fé ou negligência por parte do legislador na sua elaboração.

Todavia, é possível que a atividade legislativa ocasione dano aos particulares, de modo que seja possível perquirir indenização pelo Estado nas hipóteses expostas a seguir.

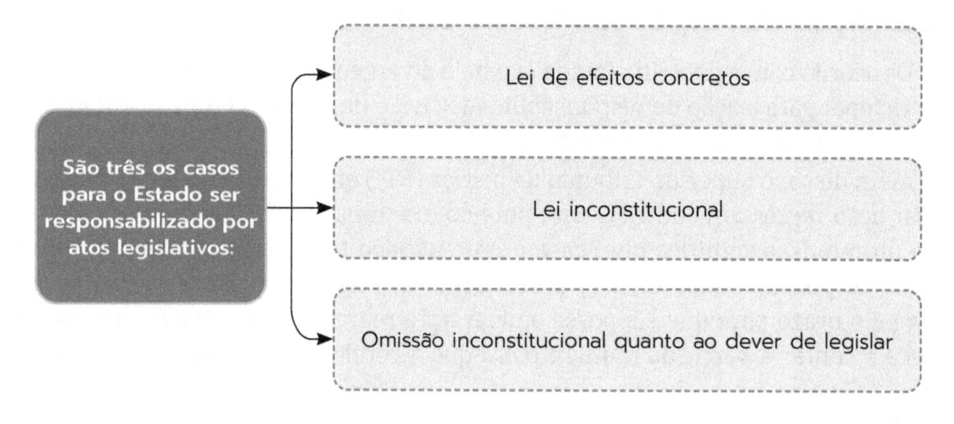

11.1. Leis de efeitos concretos

É uma lei que atinge um indivíduo específico ou a um grupo determinado de pessoas. É lei em sentido formal, mas, do ponto de vista material, é ato administrativo. A lei pode ser válida e constitucional, porém pode ensejar dano ao particular. Ex.: lei que proíbe veículos de circularem no centro da cidade. Essa lei causa danos a pessoas que possuem estacionamentos no centro.

A regra geral, como visto anteriormente, é a inexistência de responsabilidade do Estado por atos legislativos, em virtude da sua natureza geral e abstrata. No entanto, quando se trata de uma lei de efeitos concretos, a lei não possui as características da generalidade e da abstração, recaindo sobre uma situação individualizada e específica.

Dessa forma, a regra da não responsabilidade do Estado por atos legislativos não se aplica em casos de leis que afetem situações concretas e individuais.

11.2. Leis inconstitucionais

Para que a lei inconstitucional enseje a responsabilização do Estado, não basta comprovar a sua inconstitucionalidade. Faz-se necessário comprovar a existência de um dano, bem como que haja a declaração de inconstitucionalidade da lei, seja pelo controle difuso, seja pelo concentrado.[27]

11.3. Omissão inconstitucional quanto ao dever de legislar

Nessa hipótese, para que ocorra a responsabilidade civil do Estado, deve-se observar a razoabilidade. Caso o legislador seja omisso e não se manifeste em prazo razoável, não há que se falar em indenização para o particular. Contudo, se a omissão ultrapassa os padrões da razoabilidade, deve o Poder Público reparar eventuais prejudicados.[28]

Tipos de responsabilidade do Estado por atos legislativos	Características
Leis de efeitos concretos	Afetam situações concretas e individuais; tais leis não têm as características da generalidade e da abstração.
Leis inconstitucionais	É necessário comprovar a existência de um dano e que haja a declaração de inconstitucionalidade da lei.
Omissão inconstitucional quanto ao dever de legislar	É necessário observar a razoabilidade; caso a omissão ultrapasse os padrões da razoabilidade, deve o Poder Público reparar eventuais prejudicados.

[27] CARVALHO FILHO, José dos Santos. *Manual de Direito Administrativo*. 26. ed. rev., ampl. e atual. São Paulo: Atlas, 2013. p. 573.

[28] CARVALHO FILHO, José dos Santos. *Manual de Direito Administrativo*. 26. ed. rev., ampl. e atual. São Paulo: Atlas, 2013. p. 574.

12. RESPONSABILIZAÇÃO DO ESTADO POR ATOS DO PODER JUDICIÁRIO

A atividade judiciária[29] é um conjunto de atividades realizadas pelas pessoas que trabalham no Poder Judiciário com o objetivo de viabilizar a prestação jurisdicional. Essas atividades são consideradas "atos administrativos de apoio praticados no Judiciário", como as funções desempenhadas por motoristas, agentes de limpeza, escrivães e servidores. É importante destacar que a responsabilidade estatal recai sobre esses atos, nos termos do art. 37, § 6º, da Constituição Federal de 1988.

Já a atividade jurisdicional é aquela realizada pelo magistrado no exercício de sua função. Essa atividade compreende os despachos, as decisões interlocutórias e as sentenças proferidas pelo juiz. É importante ressaltar que, diferentemente da atividade judiciária, a atividade jurisdicional é exclusiva do magistrado e é um dos pilares do estado democrático de direito, garantindo a proteção e a defesa dos direitos dos cidadãos.

Em relação aos atos jurisdicionais, deve-se fazer a análise da **independência funcional do magistrado** e da **possibilidade de interposição de recursos**. Desse modo, cada juiz pode julgar uma mesma causa de formas diferentes, e isso não pode ensejar a responsabilidade estatal. Ademais, quando o tribunal reforma a decisão de um magistrado, não quer dizer que ele errou. O tribunal apenas pensou de maneira diferente.

Outro ponto relevante para afastar a responsabilidade do Estado por atos jurisdicionais refere-se ao fato de o exercício da atividade jurisdicional concretizar uma atividade de **soberania** do Estado.

Há, no entanto, uma situação excepcional em que é possível a responsabilidade civil do Estado por ato jurisdicional: trata-se da situação prevista no art. 5º, LXXV, da Constituição Federal, que garante a todos os lesados em suas garantias constitucionais o direito à reparação pelo Estado, independentemente de culpa, nos casos de erro judiciário.

De acordo com o dispositivo constitucional, o Estado indenizará o condenado por erro judiciário, assim como o que ficar preso além do tempo fixado na sentença.

Dessa forma, há duas hipóteses previstas para que haja a responsabilidade do Estado por atos jurisdicionais, quais sejam: **(i) o erro judiciário e (ii) a prisão além do tempo fixado em sentença.**

A responsabilidade estatal decorrente de **erro judiciário** é um tema complexo e controverso na doutrina jurídica. Em linhas gerais, tal responsabilidade surge quando o Estado, por meio de seus agentes, comete um erro substancial e inescusável no exercício de sua função jurisdicional.

Entretanto, há divergência quanto à extensão dessa responsabilidade. Enquanto alguns defendem que ela se limita aos casos de erro judiciário no âmbito penal, outros

---

[29] De acordo com Maria Sylvia Zanella Di Pietro "com relação a atos judiciais que não impliquem exercício de função jurisdicional, é cabível a responsabilidade do Estado, sem maior contestação, porque se trata de atos administrativos, quanto ao seu conteúdo" (DI PIETRO, Maria Sylvia Zanella. *Direito Administrativo*. 25. ed. São Paulo: Atlas, 2012).

sustentam que o Estado pode ser responsabilizado também por erros cometidos no processo civil. Entende esta obra que a responsabilidade estatal por erro judiciário deve alcançar tanto a esfera penal quanto a esfera cível.

Para que o Estado possa ser responsabilizado por erro judiciário, não basta apenas a comprovação da falha ocorrida no exercício da função jurisdicional. É necessário, ainda, que se proceda à desconstituição da coisa julgada, seja por meio de ação rescisória, seja por revisão criminal.

Essa exigência decorre do princípio da segurança jurídica, que impede que uma decisão judicial posterior, responsabilizando o Estado, entre em conflito com a sentença anterior submetida aos efeitos da coisa julgada.

Desse modo, é preciso que a ação rescisória ou a revisão criminal sejam propostas para que se possa questionar a decisão que se tornou definitiva. Somente após a desconstituição da coisa julgada é que o Estado poderá ser responsabilizado pelo erro judiciário cometido, desde que tenham sido preenchidos os demais requisitos para sua configuração.

Assim, a desconstituição da coisa julgada é um requisito fundamental para que se possa responsabilizar o Estado por erro judiciário, garantindo, ao mesmo tempo, a observância do princípio da segurança jurídica.

O segundo caso de responsabilidade do Estado por atos jurisdicionais consiste na **prisão além do tempo fixado na sentença**. É importante destacar que o descumprimento do prazo prisional pode decorrer tanto da atividade jurisdicional quanto da atividade prestada pelo Executivo na administração penitenciária.

Na primeira situação, a responsabilidade decorre de uma má prestação jurisdicional, configurando, em última análise, uma espécie de erro judiciário qualificado, com base no art. 5º, LXXV, da Constituição Federal. Por outro lado, na segunda situação, o erro foi cometido pela administração penitenciária, de modo que a responsabilidade estatal seria fundamentada também pelo art. 37, § 6º, da Constituição.

13. RESPONSABILIDADE CIVIL DOS NOTÁRIOS E REGISTRADORES

Os notários e registradores são regulamentados pela Lei nº 8.935/1994, que tem como objetivo disciplinar a atividade notarial e registral, estabelecendo os direitos e deveres desses profissionais.

O art. 22 da lei, alterado pela Lei nº 13.286/2016, trata da responsabilidade civil desses profissionais, de modo que estabeleceu que os notários e registradores são civilmente responsáveis por todos os prejuízos causados a terceiros, por culpa ou dolo, tanto pessoalmente quanto pelos substitutos que designarem ou pelos escreventes que autorizarem, garantido o direito de regresso.

Além disso, a prescrição para a pretensão de reparação civil é de três anos, contados a partir da data de lavratura do ato registral ou notarial, conforme o parágrafo único do art. 22.

Por sua vez, o art. 23 da lei estabelece que a responsabilidade civil é independente da responsabilidade criminal desses profissionais.

A análise desses dispositivos mostra que o legislador adotou a responsabilidade subjetiva do notário e registrador, ou seja, eles só serão responsabilizados nos casos de atos ilícitos ou faltas de conduta praticados pessoalmente ou por seus prepostos. Nesse caso, terão direito de regresso contra seus prepostos quando estes agirem com dolo ou culpa.

Por outro lado, o Supremo Tribunal Federal tem um posicionamento relevante acerca da responsabilidade estatal por atos de notários e registradores. De acordo com a corte suprema, o Estado tem responsabilidade civil direta e primária pelos danos que tabeliães e oficiais de registro, no exercício de serviço público por delegação, causem a terceiros. Ademais, o Estado responde, objetivamente, pelos atos dos tabeliães e registradores oficiais que, no exercício de suas funções, causem dano a terceiros, assentado o dever de regresso contra o responsável, nos casos de dolo ou culpa, sob pena de improbidade administrativa.[30]

Embora o art. 37, § 6º, da Constituição Federal preveja a responsabilidade objetiva do Estado, tal entendimento não se aplica necessariamente aos notários e registradores, uma vez que a Constituição Federal permite ao legislador estipular uma regra diversa para esses profissionais. Em outras palavras, a própria Constituição Federal não trata de forma específica da regulação da responsabilidade civil e criminal dos notários e registradores, deixando essa atribuição para a autoridade legislativa.

Desse modo, a responsabilidade civil dos notários e registradores pode ser definida de forma diversa da responsabilidade objetiva prevista para o Estado, de acordo com a opção feita pelo legislador competente. Cabe ressaltar que essa escolha deve ser pautada nos princípios constitucionais, como a proteção aos direitos dos cidadãos e a efetividade das atividades notariais e registrais.

A disciplina conferida à matéria pelo legislador consagra a responsabilidade civil subjetiva dos notários e oficiais de registro. Portanto, não compete ao STF fazer interpretação analógica e extensiva, a fim de equiparar o regime jurídico da responsabilidade civil de notários ao das pessoas jurídicas de direito privado prestadoras de serviços públicos (art. 37, § 6º, da CR/1988).

QUESTÕES DE CONCURSO

1. VUNESP – 2023 – TJ-SP – Juiz de Direito

É possível afirmar, com fundamento nas disposições do artigo 37, § 6º da Constituição Federal, de que "As pessoas jurídicas de direito público e as de direito privado prestadoras de serviços públicos responderão pelos danos que seus agentes, nessa qualidade, causarem a terceiros, assegurado o direito de regresso contra o responsável nos casos de dolo ou culpa", que o Direito Administrativo adota, no Brasil, as regras da responsabilidade

A) objetiva do Estado e do agente público, aplicáveis tanto para as condutas antijurídicas comissivas como para as situações de omissão estatal, o que corresponde à teoria do risco administrativo.

[30] STF, RE 842.846/RJ, Plenário, Rel. Min. Luiz Fux, j. 27.02.2019, repercussão geral, *Info* 932.

B) imediata das pessoas jurídicas para os atos antijurídicos comissivos e da responsabilidade regressiva das pessoas físicas para as situações em que caracterizada a omissão estatal, o que corresponde à teoria do risco integral.

C) objetiva do Estado e da responsabilidade subjetiva do agente público, o que se apresenta para os atos antijurídicos comissivos e corresponde à teoria do risco administrativo.

D) direta e integral do Estado e da responsabilidade subsidiária e parcial do agente público, tanto para as condutas antijurídicas comissivas como para as situações de omissão estatal, o que corresponde à teoria do risco integral.

Comentário: A) Incorreta. A responsabilidade civil do Estado é objetiva. A responsabilidade civil do agente público é subjetiva, devendo ser comprovada ao menos a culpa do agente que, nessa qualidade, causou o dano a terceiros.

B) Incorreta. Não se adota, geralmente, a teoria do risco integral. Segundo essa teoria não seria admitido excludente de responsabilidade do Estado.

C) Correta. De fato, esta é a resposta. A teoria adotada no direito administrativo é a do risco administrativo, de modo que o Estado responde objetivamente (sem demonstração de dolo ou culpa) e o agente público responde de forma regressiva, desde que comprovada a sua culpa ou dolo.

D) Incorreta. Como visto, a teoria do risco integral não é admitida, em regra, no ordenamento.

2. CESPE/CEBRASPE – 2023 – TCE-RJ – Procurador

Considerando a atuação dos litisconsortes, do juiz e do MP, bem como as provas, os processos nos tribunais e os meios de impugnação das decisões judiciais no processo civil, julgue o item a seguir.

De acordo com a jurisprudência do STF, em ação de responsabilidade civil do Estado, se a causa de pedir estiver relacionada a ato ilícito praticado por servidor, deve ser observado o regime de litisconsórcio passivo necessário entre a entidade estatal e o agente público causador do dano.

Comentário: O STF entende que o agente público não é parte legítima. De acordo com a corte, a teor do disposto no art. 37, § 6º, da Constituição Federal, a ação por danos causados por agente público deve ser ajuizada contra o Estado ou a pessoa jurídica de direito privado prestadora de serviço público, **sendo parte ilegítima para a ação o autor do ato, assegurado o direito de regresso contra o responsável nos casos de dolo ou culpa**.[31]

3. CESPE/CEBRASPE – 2023 – TJ-DFT – Juiz de Direito

Um condenado preso em determinado presídio estadual morreu e, na semana seguinte, sem qualquer relação com o óbito ocorrido, outro preso fugiu e, na sequência, praticou um latrocínio.

Nessa situação hipotética, o Estado poderá ser responsabilizado civilmente

A) pela morte do primeiro preso, de forma objetiva, não cabendo qualquer responsabilidade civil do Estado pela conduta praticada pelo segundo preso enquanto foragido do sistema prisional.

B) pela morte do primeiro preso, independentemente de demonstração de não observância do dever específico de proteção do Estado, e pelo latrocínio cometido pelo segundo preso, desde que demonstrado o nexo causal direto entre o momento da fuga e o crime praticado.

C) pela morte do primeiro preso, caso seja demonstrada a inobservância do dever específico de proteção do Estado, e pelo latrocínio praticado pelo segundo preso, caso seja demonstrado o nexo causal direto entre o momento da fuga e o crime praticado.

D) pela morte do primeiro preso, independentemente de demonstração de não observância do dever específico de proteção do Estado, e pelo latrocínio praticado pelo segundo preso, independentemente do nexo causal direto entre o momento da fuga e o crime praticado.

E) pela morte do primeiro preso, caso seja demonstrada a inobservância do dever específico de proteção do Estado, e pelo latrocínio cometido pelo segundo preso, independentemente de nexo causal direto entre o momento da fuga e o crime praticado.

31 RE 1.027.633, Tribunal Pleno, Rel. Min. Marco Aurélio, j. 14.08.2019, processo eletrônico, repercussão geral, mérito *DJe*-268, divulg. 05.12.2019, public. 06.12.2019.

Comentário: Essa questão cobrou o conhecimento de dois julgados do STF. No caso de morte do preso, o Estado responderá se houver comprovação da sua omissão e do nexo de causalidade. Restou fixada a seguinte tese: **em caso de inobservância do seu dever específico de proteção previsto no art. 5º, XLIX, da Constituição Federal, o Estado é responsável pela morte do detento**.

A) Incorreta. A primeira parte da alternativa não mencionou a necessidade de comprovação da inobservância do dever específico de proteção. É possível responsabilizar na segunda hipótese, desde que demonstrado o nexo causal direto entre o momento da fuga e a conduta praticada.

B) Incorreta. Tem que comprovar a inobservância do dever específico de proteção.

C) Correta. É a resposta, já que está de acordo com o entendimento do STF.

D) Incorreta. As duas hipóteses dependem de comprovação, como exposto anteriormente.

E) Incorreta. As duas hipóteses dependem de comprovação, como exposto anteriormente.

4. CESPE/CEBRASPE – 2022 – MPC-SC – Procurador Consultivo de Contas

Determinado registrador oficial, no exercício de suas funções notariais e de registro no ano de 2022, agiu com negligência, ocasionando lesão ao erário e danos a terceiros.

Tendo como referência essa situação hipotética e as disposições da Constituição Federal de 1988, da legislação pertinente e da jurisprudência do Supremo Tribunal Federal relativas aos atos de tabeliães e registradores oficiais, julgue o item a seguir.

Na situação narrada, a averiguação da responsabilidade civil do Estado orienta-se pela teoria da culpa do serviço.

Comentário: Na verdade, não é a teoria da culpa do serviço, mas, sim, a **teoria do risco administrativo**. De acordo com o STF, o **Estado responde, objetivamente, pelos atos dos tabeliães e registradores oficiais que, no exercício de suas funções, causem dano a terceiros, assentado o dever de regresso contra o responsável, nos casos de dolo ou culpa, sob pena de improbidade administrativa**.[32]

[32] RE 842.846, Tribunal Pleno, Rel. Min. Luiz Fux, j. 27.02.2019, *DJe*-175, divulg. 12.08.2019, public. 13.08.2019.

Capítulo VI
LICITAÇÃO – LEI Nº 14.133/2021

1. CONCEITO DE LICITAÇÃO

De acordo com Marçal Justen Filho,[1] licitação é:

> Um procedimento administrativo disciplinado por lei e por um ato administrativo prévio, que determina critérios objetivos visando a seleção da proposta de contratação mais vantajosa e a promoção do desenvolvimento nacional sustentável, com observância do Princípio da isonomia, conduzido por um órgão dotado de competência específica.

Ora, perceba que, pelo conceito anterior, a licitação envolve uma série ordenada de atos, possibilitando aos interessados apresentarem à Administração Pública suas propostas, competindo de forma isonômica.

É importante dizer que é um procedimento disciplinado por lei, tais como a Lei nº 14.133/2021 e a Lei nº 13.303/2016.

Atente-se para o fato de a licitação ser um procedimento que visa selecionar a proposta mais **vantajosa**. Entenda que não é a proposta mais barata; deve-se ter em mente o chamado **custo-benefício**. Em outras palavras, "a maior vantagem se apresenta quando a Administração Pública assume o dever de realizar a prestação menos onerosa e o particular se obriga a realizar a melhor e mais completa prestação".[2]

A Lei nº 14.133/2021 será aplicável para as administrações públicas diretas, autárquicas e fundacionais da União, dos estados, do Distrito Federal e dos municípios, bem como para os fundos especiais e as demais entidades controladas direta e indiretamente pela Administração Pública.

Aplicam-se às licitações e aos contratos disciplinados pela Lei nº 14.133/2021 as disposições constantes dos arts. 42 a 49 da Lei Complementar nº 123, de 14 de

---

1 JUSTEN FILHO, Marçal. *Curso de Direito Administrativo*. 9. ed. rev., atual. e ampl. São Paulo: Ed. RT, 2013. p. 494.

2 JUSTEN FILHO, Marçal. *Curso de Direito Administrativo*. 9. ed. rev., atual. e ampl. São Paulo: Ed. RT, 2013. p. 496.

dezembro de 2006, que disciplinam o tratamento favorecido às microempresas (MEs) e às empresas de pequeno porte (EPPs).

Todavia, a disciplina do tratamento favorecido não será aplicada: (i) no caso de licitação para aquisição de bens ou contratação de serviços em geral, ao item cujo valor estimado for superior à receita bruta máxima admitida para fins de enquadramento como empresa de pequeno porte; e, (ii) no caso de contratação de obras e serviços de engenharia, às licitações cujo valor estimado for superior à receita bruta máxima admitida para fins de enquadramento como empresa de pequeno porte.

A obtenção de benefícios da Lei Complementar nº 123/2006 ficará limitada às microempresas e às empresas de pequeno porte que, no ano-calendário de realização da licitação, ainda não tenham celebrado contratos com a Administração Pública cujos valores somados extrapolem a receita bruta máxima admitida para fins de enquadramento como empresa de pequeno porte, devendo o órgão ou a entidade exigir do licitante declaração de observância desse limite na licitação.

Atente-se que, nas contratações com prazo de vigência superior a 1 (um) ano, será considerado o valor anual do contrato para aplicação dos limites de receita bruta máxima admitida para fins de enquadramento como empresa de pequeno porte.

O estudo mais detalhado acerca das MEs e EPPs será feito em tópico próprio.

Em sua redação original, a Lei nº 14.133/2021 revogaria a Lei nº 8.666/1993, a Lei nº 10.520/2002 e os arts. 1º a 47-A da Lei nº 12.462/2011, após decorridos 2 (dois) anos da sua publicação oficial.

Todavia, a Lei Complementar nº 198/2023 alterou a redação original da Lei nº 14.133/21, modificando a sua vigência. Assim, o art. 191 da Lei nº 14.133/2021 passou a dispor que, até o decurso do prazo de que trata o inciso II do *caput* do art. 193 (30 de dezembro de 2023), a Administração poderá optar por licitar ou contratar diretamente de acordo com a nova lei ou de acordo com as legislações anteriores, desde que: (i) a publicação do edital ou do ato autorizativo da contratação direta ocorra até 29 de dezembro de 2023; e (ii) a opção escolhida seja expressamente indicada no edital ou no ato autorizativo da contratação direta.

Ademais, se a Administração optar por licitar de acordo com as legislações anteriores, o respectivo contrato será regido pelas regras nelas previstas durante toda a sua vigência. De todo forma, manteve-se a vedação à aplicação combinada das legislações.

O art. 193, II, passou a dispor que a revogação das legislações anteriores ocorreria em 30 de dezembro de 2023.

Por sua vez, as disposições penais da Lei nº 8.666/1993 foram revogadas na data da publicação da nova legislação.

O contrato cujo instrumento tenha sido assinado antes da entrada em vigor da Lei nº 14.133/2021 continuará a ser regido conforme as regras previstas na legislação revogada, bem como, se a Administração optar por licitar de acordo com as leis anteriores, o contrato respectivo será regido pelas regras nelas previstas durante toda a sua vigência.

Muito importante: a competência para legislar sobre **normas gerais** de licitações e contratos é **privativa** da União, nos termos do art. 22, XXVII, da CR/1988. Contudo, a **ordem constitucional reconhece, em favor dos estados-membros e dos municípios, a autonomia para criar direito em matéria de licitações e contratos independentemente de autorização formal da União**. Todavia, essa autonomia não seria incondicionada, devendo ser exercida apenas para a suplementação das normas gerais expedidas pela União. Assim, estado e municípios poderiam legislar sobre normas específicas de licitações e contratos para adequação à realidade do respectivo ente federado.

Logo, de acordo com o STF, é inconstitucional lei estadual ou municipal que introduz a certidão de violação de defesa do consumidor, uma vez que se trata de requisito genérico e inteiramente novo para habilitação em qualquer licitação. Dessa forma, a referida lei invadiu a competência privativa da União.[3]

Por outro lado, o STF entendeu ser constitucional — especialmente porque em harmonia com o sistema de repartição de competências — norma distrital que exige licença para funcionamento, expedida pelo órgão local de vigilância sanitária, como documento necessário à habilitação em licitação cujo objeto seja a execução de atividades dedicadas ao combate a insetos e roedores, à limpeza e higienização de reservatórios de água e à manipulação de produtos químicos para limpeza e conservação.[4]

O STF já reconheceu a constitucionalidade de lei estadual ou municipal que proíba a contratação pelo Poder Público de empresas de parentes de governador, vice-governador, deputado, prefeito, vice-prefeito e vereador.

Ademais, o próprio STF entende ser constitucional a lei estadual ou municipal que realiza a inversão das fases da licitação.[5]

O STF entendeu como constitucional a lei estadual ou municipal que estabelece a preferência para a aquisição de softwares livres pela Administração, sem que se configure usurpação de competência legislativa da União em fixar normas gerais sobre

---

[3] "A igualdade de condições dos concorrentes em licitações, embora seja enaltecida pela Constituição (art. 37, XXI), pode ser relativizada por duas vias: (a) pela lei, mediante o estabelecimento de condições de diferenciação exigíveis em abstrato; e (b) pela autoridade responsável pela condução do processo licitatório, que poderá estabelecer elementos de distinção circunstanciais, de qualificação técnica e econômica, sempre vinculados à garantia de cumprimento de obrigações específicas. Somente a lei federal poderá, em âmbito geral, estabelecer desequiparações entre os concorrentes e assim restringir o direito de participar de licitações em condições de igualdade. Ao direito estadual (ou municipal) somente será legítimo inovar neste particular se tiver como objetivo estabelecer condições específicas, nomeadamente quando relacionadas a uma classe de objetos a serem contratados ou a peculiares circunstâncias de interesse local. Ao inserir a Certidão de Violação aos Direitos do Consumidor no rol de documentos exigidos para a habilitação, o legislador estadual se arvorou na condição de intérprete primeiro do direito constitucional de acesso a licitações e criou uma presunção legal, de sentido e alcance amplíssimos, segundo a qual a existência de registros desabonadores nos cadastros públicos de proteção do consumidor é motivo suficiente para justificar o impedimento de contratar com a Administração local. Ao dispor nesse sentido, a Lei estadual 3.041/2005 se dissociou dos termos gerais do ordenamento nacional de licitações e contratos e, com isso, usurpou a competência privativa da União de dispor sobre normas gerais na matéria (art. 22, XXVII, da CR/88/1988)" (ADI 3.735, Rel. Min. Cármen Lúcia, j. 08.09.2016, *DJe* 01.08.2017).

[4] ADI 3.963/DF, Rel. Min. Nunes Marques, julgamento virtual finalizado em 06.09.2024.

[5] RE 1.188.352/DF, Rel. Min. Luiz Fux, julgamento virtual finalizado em 24.05.2024.

o tema. Além disso, entendeu a suprema corte que a matéria atinente a licitações e contratos não é privativa do chefe do Poder Executivo.[6]

Em outro relevante julgado, o STF entendeu como inconstitucional lei estadual ou municipal que proíba de firmarem contrato com a Administração as pessoas jurídicas que discriminarem, na contratação de mão de obra, pessoas cujo nome esteja incluído nos serviços de proteção ao crédito. A norma violaria a competência privativa da União para legislar sobre normas gerais de licitações e contratos, bem como feriria o princípio da igualdade entre os licitantes.[7]

O STF ainda se posicionou de que é inconstitucional, por violação à competência legislativa privativa da União, a lei estadual que autoriza a seus órgãos de segurança pública a alienação de armas de fogo a seus integrantes, por meio de venda direta. Para o STF, além de violar a competência privativa da União para legislar sobre material bélico, nos termos dos arts. 21, V, e 22, XXI, da CR/1988, a lei viola a competência privativa da União para legislar normas gerais sobre licitações e contratos (art. 22, XXVII, da CR/1988), cujo prévio procedimento licitatório é requisito necessário para a contratação de obras, serviços, compras e alienações pela Administração Pública.[8] De acordo com o STF,[9] é constitucional lei municipal que, ao regulamentar apenas o seu interesse local, sem criar novas figuras ou institutos de licitação ou contratação, estabelece diretrizes gerais para a prorrogação e relicitação dos contratos de parceria entre o município e a iniciativa privada.

Para a Corte, a norma atuou dentro da discricionariedade que lhe é conferida, nos termos do art. 30, I e II, da CR/88, sem avançar em temas de caráter geral relacionados à licitação e à contratação. Nesse contexto, disciplinou somente aspectos da gestão administrativa dos contratos de parceria, permitindo ao administrador, com base nas normas gerais federais relacionadas ao tema, decidir do melhor modo para atender ao interesse público.

Ademais, houve plena observância aos requisitos necessários ao reconhecimento da higidez da prorrogação antecipada, a saber: (i) que o contrato vigente de concessão ou permissão que será prorrogado tenha sido previamente licitado; (ii) que o edital de licitação e o contrato original autorizem a prorrogação; (iii) que seja viabilizada à Administração Pública, na figura do Poder concedente, uma decisão discricionária e motivada; e (iv) que essa decisão seja sempre lastreada no critério da vantajosidade.

Ainda, observe-se que o STF[10] também possui entendimento de que é constitucional o ato normativo municipal, editado no exercício de competência legislativa suplementar, que proíba a participação em licitação ou a contratação: (a) de agentes eletivos; (b) de ocupantes de cargo em comissão ou função de confiança; (c) de côn-

---

[6] STF, ADI 3.059/RS, Pleno, Rel. Min. Ayres Britto, 07.052015.

[7] STF, ADI 3.670/DF, Pleno, Rel. Min. Sepúlveda Pertence, 18.05.2007.

[8] ADI 7.004/AL, Rel. Min. Roberto Barroso, julgamento virtual finalizado em 24.04.2023.

[9] ADPF 971/SP, Rel. Min. Gilmar Mendes, julgamento virtual finalizado em 26.05.2023.

[10] RE 910.552/MG, Rel. Min. Cármen Lúcia, redator do acórdão Ministro Roberto Barroso, julgamento virtual finalizado em 30.06.2023.

juge, companheiro ou parente em linha reta, colateral ou por afinidade, até o terceiro grau, inclusive, de qualquer destes; e (d) dos demais servidores públicos municipais.

Por fim, observe que a licitação tem três pressupostos:

1) jurídico;
2) lógico; e
3) fático.

O pressuposto jurídico estabelece que licitação deve ser um meio para se chegar ao interesse público, de modo que não é um fim em si mesmo. Por sua vez, o pressuposto lógico consiste na pluralidade de ofertantes e de objetos. Por fim, o fático consiste na pluralidade de interessados na licitação.

2. OBJETIVOS DA LICITAÇÃO

De acordo com o art. 11 da Lei nº 14.133/2021, o processo licitatório tem por objetivos:

I. assegurar a seleção da proposta apta a gerar o resultado de contratação mais vantajoso para a Administração Pública, inclusive no que se refere ao ciclo de vida do objeto;
II. assegurar tratamento isonômico entre os licitantes, bem como a justa competição;
III. evitar contratações com sobrepreço ou com preços manifestamente inexequíveis e superfaturamento na execução dos contratos;
IV. incentivar a inovação e o desenvolvimento nacional sustentável.

Faz-se importante diferenciar o sobrepreço do superfaturamento. O primeiro, nos termos do art. 6º, LVI, da Lei nº 14.133/2021, consiste no preço orçado para licitação ou contratado em **valor expressivamente superior aos preços referenciais de mercado**, seja de apenas 1 (um) item, se a licitação ou a contratação for por preços unitários de serviço, seja do valor global do objeto, se a licitação ou a contratação for por tarefa, empreitada por preço global ou empreitada integral, semi-integrada ou integrada.

Por sua vez, o superfaturamento consiste, nos termos do art. 6º, LVII, da Lei nº 14.133/2021, no dano provocado ao patrimônio da Administração, caracterizado, **entre outras situações**, por: (a) medição de quantidades superiores às efetivamente executadas ou fornecidas; (b) deficiência na execução de obras e de serviços de engenharia que resulte em diminuição da sua qualidade, vida útil ou segurança; (c) alterações no orçamento de obras e de serviços de engenharia que causem desequilíbrio econômico-financeiro do contrato em favor do contratado; (d) outras alterações de cláusulas financeiras que gerem recebimentos contratuais antecipados, distorção do cronograma físico-financeiro, prorrogação injustificada do prazo contratual com custos adicionais para a Administração ou reajuste irregular de preços.

Assim, diante do previsto no dispositivo legal, as causas de superfaturamento estão em um rol meramente exemplificativo.

Atente-se que o **superfaturamento** está relacionado a gastos irregulares que ocorrem **durante a implementação/execução de um contrato**, enquanto o **sobrepreço** envolve **falhas no processo de contratação**. É importante ressaltar que o sobrepreço durante a assinatura do contrato pode facilitar o surgimento do superfaturamento durante a sua execução.

Aprimorar o planejamento administrativo e as técnicas de avaliação do valor de mercado de bens, serviços e obras a serem contratados é essencial para prevenir o sobrepreço. Além disso, a fiscalização cuidadosa da execução contratual desempenha um papel fundamental na prevenção do superfaturamento, exigindo que bens, serviços e obras atendam às especificações previstas em termos de quantidade e qualidade. Quando os responsáveis pelo acompanhamento identificam um contrato celebrado com sobrepreço, é de sua responsabilidade propor repactuações com valores menores, quantidades maiores ou, dependendo das circunstâncias, até mesmo a anulação do contrato.

No entanto, é importante ressaltar que diferenças de preço na aquisição de um mesmo bem nem sempre indicam sobrepreço. Por exemplo, se duas prefeituras adquirirem o mesmo equipamento com uma diferença de 25% no valor unitário, isso não significa necessariamente que a prefeitura que pagou mais praticou sobrepreço. É necessário levar em consideração fatores como o momento da compra, uma vez que os valores dos bens não são constantes ao longo do tempo. Além disso, o volume adquirido pode influenciar descontos e economias decorrentes da escala da compra, bem como fatores como frete e logística, que podem impactar significativamente o custo final. Tais cuidados são essenciais para evitar denúncias infundadas e garantir que as avaliações sejam feitas de forma responsável e embasada.

Critério	Sobrepreço	Superfaturamento
Conceito	Preço orçado ou contratado em valor expressivamente superior aos preços referenciais de mercado.	Dano provocado ao patrimônio da Administração.
Caracterização	Valor superior em apenas um item ou no valor global do objeto.	• Medição de quantidades superiores às efetivamente executadas ou fornecidas. • Deficiência na execução. • Alterações no orçamento que causem desequilíbrio econômico-financeiro. • Alterações de cláusulas financeiras que gerem recebimentos antecipados. • Distorção do cronograma físico-financeiro, prorrogação injustificada do prazo contratual com custos adicionais ou reajuste irregular de preços.

Critério	Sobrepreço	Superfaturamento
Prejuízo	A Administração pode pagar um valor muito acima do mercado.	Prejuízo financeiro e patrimonial para a Administração, além de impactos na qualidade, na vida útil e na segurança das obras ou dos serviços.
Exemplos	Pagamento de R$ 100.000,00 por um objeto cujo valor de mercado é R$ 50.000,00.	Medições infladas de quantidades de material usado na obra, o que leva a pagamentos maiores, mas sem a devida correspondência com o trabalho efetivamente realizado.

3. PRINCÍPIOS – ART. 5º DA LEI Nº 14.133/2021

É importante ressaltar que não há equivalência entre o art. 5º da Lei nº 14.133/2021 e o art. 3º da Lei nº 8.666/1993, pois o último tratava das finalidades e dos princípios norteadores da licitação, enquanto o primeiro estabelece os princípios fundamentais da Administração Pública aplicáveis à licitação.

No entanto, a multiplicação de princípios pode reduzir a segurança jurídica, aumentando o risco de interpretações distintas e conflitantes entre os órgãos administrativos e as instituições de controle. A disciplina infraconstitucional de licitações e contratos é feita, preponderantemente, por meio de regras, o que torna fundamental reduzir a indeterminação normativa.

Contudo, é importante destacar que não é viável produzir uma decisão sobre uma questão concreta baseando-se exclusivamente no art. 5º. É preciso tomar a decisão com base nas regras postas na lei. Nesse sentido, o art. 5º tem uma função hermenêutica secundária, auxiliando na interpretação dos dispositivos da lei.

Assim, é necessário um equilíbrio entre os princípios e as regras, a fim de garantir a segurança jurídica e a eficiência na realização das licitações e dos contratos.

3.1. Princípio da isonomia e igualdade

A Administração Pública, ao conduzir um processo licitatório, deve pautar-se pelo princípio da isonomia, garantindo igualdade de oportunidades a todos os concorrentes. É importante destacar que a diferenciação é uma prática legítima, desde que esteja diretamente relacionada ao objeto da licitação e não gere privilégios indevidos para nenhum dos participantes.

Assim, é fundamental que a Administração evite práticas discriminatórias no edital de convocação, sob pena de invalidade do certame. Dentre as situações que configuram violação do princípio da isonomia, destacam-se: (a) o estabelecimento de critérios de diferenciação sem relação com o objeto da licitação; (b) a previsão de exigências desnecessárias que não agregam vantagens para a Administração; e (c) a imposição de requisitos desproporcionais às necessidades da futura contratação.

Dessa forma, é imprescindível que a Administração esteja atenta ao cumprimento do princípio da isonomia em todas as fases do processo licitatório, visando garantir uma competição justa e transparente entre os concorrentes. Além disso, deve-se evitar a criação de obstáculos desnecessários à participação de empresas, assegurando-se que todas as condições estabelecidas sejam adequadas e proporcionalmente relacionadas ao objeto da licitação.

O tratamento isonômico e igualitário entre os licitantes consiste em um dos objetivos da licitação, nos termos do art. 11, II, da Lei nº 14.133/2021. A preocupação da legislação é assegurar a isonomia entre os licitantes, de modo que também reste assegurada a justa competição entre eles.

Esses princípios têm aplicação no art. 9º, I, *b*, e II, da Lei nº 14.133/2021. Assim, é vedado ao agente público designado para atuar na área de licitações e contratos, ressalvados os casos previstos em lei:

I. estabelecer preferências ou distinções em razão da naturalidade, da sede ou do domicílio dos licitantes;
II. estabelecer tratamento diferenciado de natureza comercial, legal, trabalhista, previdenciária ou qualquer outra entre empresas brasileiras e estrangeiras, inclusive no que se refere a moeda, modalidade e local de pagamento, mesmo quando envolvido financiamento de agência internacional.

Observe, contudo, que a própria lei tratou de disciplinar algumas diferenciações entre os licitantes, estabelecendo uma margem de preferência, nos termos do art. 26.

Haverá margem de preferência para:

I. bens manufaturados e serviços nacionais que atendam a normas técnicas brasileiras;
II. bens reciclados, recicláveis ou biodegradáveis, conforme regulamento.

A margem de preferência:

I. será definida em decisão fundamentada do Poder Executivo federal, na hipótese de bens manufaturados e serviços nacionais que atendam as normas técnicas brasileiras;
II. poderá ser de até 10% (dez por cento) sobre o preço dos bens e serviços que não se enquadrem nas duas situações estabelecidas anteriormente.

Atente-se que a margem de preferência poderá ser estendida a bens manufaturados e serviços originários de Estados-partes do Mercado Comum do Sul (Mercosul), desde que haja reciprocidade com o País prevista em acordo internacional aprovado pelo Congresso Nacional e ratificado pelo presidente da República.

Para os bens manufaturados nacionais e serviços nacionais resultantes de desenvolvimento e inovação tecnológica no País, definidos conforme regulamento do Poder Executivo federal, a margem de preferência poderá ser de até 20% (vinte por cento).

A margem de preferência não se aplica aos bens manufaturados nacionais e aos serviços nacionais se a capacidade de produção desses bens ou de prestação desses serviços no País for inferior:

I. à quantidade a ser adquirida ou contratada; ou
II. aos quantitativos fixados em razão do parcelamento do objeto, quando for o caso.

Ademais, as preferências devem privilegiar o tratamento diferenciado e favorecido às microempresas e às empresas de pequeno porte, nos termos previstos na Lei Complementar nº 123/2006.

Por fim, é preciso analisar um relevante julgado do Supremo Tribunal Federal.[11] O STF, ao analisar a competência legislativa sobre licitações e contratos, firmou o entendimento de que a igualdade de condições dos concorrentes em licitações, embora seja enaltecida pela Constituição, pode ser relativizada por duas vias, quais sejam:

a) pela **lei**, mediante o estabelecimento de condições de diferenciação exigíveis em abstrato; e
b) pela **autoridade responsável** pela condução do processo licitatório, que poderá estabelecer elementos de distinção circunstanciais, de qualificação técnica e econômica, sempre vinculados à garantia de cumprimento de obrigações específicas.

3.2. Princípio da seleção da proposta mais vantajosa

A licitação terá como um dos seus objetivos, nos termos do art. 11, I, da Lei nº 14.133/2021, assegurar a seleção da proposta apta a gerar o resultado de contratação mais vantajoso para a Administração Pública, **inclusive no que se refere ao ciclo de vida do objeto**.

Lembre-se de que a licitação busca a proposta mais **vantajosa** e que se deve ter em mente o chamado **custo-benefício**.

[11] STF, Ação Direta de Inconstitucionalidade 3.735, Rel. Min. Teori Zavascki, j. 08.09.2016.

3.3. Promoção do desenvolvimento nacional sustentável e a função regulatória da licitação

A promoção do desenvolvimento nacional sustentável é um dos objetivos da licitação, nos termos do art. 11, IV, da Lei nº 14.133/2021.

Esse princípio, também chamado de princípio da sustentabilidade da licitação ou licitação sustentável, está relacionado à ideia de que é imperativo, por meio do procedimento licitatório, incentivar a preservação do meio ambiente, bem como adotar critérios sociais e econômicos nas contratações públicas. Nesse sentido, o edital de licitação deve estabelecer parâmetros a serem respeitados pelos interessados em participar da licitação, bem como por suas propostas.

Em outras palavras, o licitante deve cumprir todos os protocolos de preservação ambiental, desenvolvendo o objeto licitado com respeito ao meio ambiente.

A Administração Pública, quando for escolher o licitante para contratar, vai escolher o que desenvolva o objeto da licitação sem prejudicar o meio ambiente.

3.4. Legalidade e impessoalidade

Todos os licitantes devem ser tratados igualmente em termos de direitos e obrigações. Na tomada de decisões, a Administração não se deve pautar pelas condições pessoais do licitante ou pelas vantagens por ele oferecidas.

3.5. Moralidade e probidade administrativa

A licitação deve se pautar pela honestidade e boa-fé. A moralidade e a probidade administrativa orientam tanto a conduta da Administração Pública quanto a conduta dos licitantes.

3.6. Vinculação ao edital

O edital é a lei interna da licitação. Segundo esse princípio, a Administração Pública não pode descumprir as normas e condições do edital, ao qual se acha estritamente vinculada.

A vinculação ao edital dirige-se tanto à Administração Pública quanto aos licitantes.

A vinculação ao instrumento convocatório é um princípio essencial, cuja inobservância enseja *nulidade* do procedimento.[12] No entanto, atente-se que esse princípio deve ser observado com mitigação do formalismo a fim de possibilitar que sejam superados eventuais vícios formais que não causem prejuízo ao interesse coletivo ou aos demais licitantes.

Nesse momento, faz-se importante o estudo do princípio do formalismo moderado.

O art. 12 da Lei nº 14.133/2021 estabelece algumas situações em que o formalismo da licitação poderá ser mitigado. Nesse sentido, o inciso III estabelece que o

---

[12] DI PIETRO, Maria Sylvia Zanella. *Direito Administrativo*. 25. ed. São Paulo: Atlas, 2012. p. 382.

desatendimento de exigências meramente formais que não comprometam a aferição da qualificação do licitante ou a compreensão do conteúdo de sua proposta não importará seu afastamento da licitação ou a invalidação do processo.

No mesmo sentido, o inciso IV afirma que a prova de autenticidade de cópia de documento público ou particular poderá ser feita perante agente da Administração, mediante apresentação de original ou de declaração de autenticidade por advogado, sob sua responsabilidade pessoal.

Por fim, nos termos do inciso V, o reconhecimento de firma somente será exigido quando houver dúvida de autenticidade, salvo imposição legal.

3.7. Julgamento objetivo

Por esse princípio, as propostas apresentadas devem ser julgadas de maneira objetiva, tomando como parâmetros os critérios de julgamento das propostas. Assim, o que se quer é proibir o julgamento das propostas apresentadas pelos licitantes levando-se em conta aspectos pessoais, subjetivos, dos licitantes.

O princípio do julgamento objetivo visa afastar o caráter discricionário quando da escolha de propostas em processo licitatório, obrigando os julgadores a se aterem aos critérios prefixados pela Administração Pública, o que reduz e delimita a margem de valoração subjetiva no certame.

Perceba que o que é julgado são as propostas, não os licitantes. Estes são habilitados ou inabilitados.

O princípio do julgamento objetivo é fundamental para garantir a transparência e a imparcialidade em processos licitatórios. Esse princípio está associado aos valores da isonomia, da impessoalidade, da vinculação ao edital e da moralidade, os quais devem orientar todas as fases da licitação.

Para que haja julgamento objetivo, é necessário que as escolhas sejam baseadas em critérios claros, objetivos e preestabelecidos no edital. Dessa forma, fica vedada a adoção de escolhas subjetivas, que possam estar fundamentadas em critérios arbitrários ou pessoais, desvinculados do objeto da licitação.

Assim, é preciso que o julgamento derive de fatores alheios à vontade psicológica do julgador, com base em análise criteriosa e imparcial das propostas apresentadas. A decisão deve ser independente da identidade do julgador, garantindo a igualdade de tratamento a todos os participantes do certame.

Portanto, o princípio do julgamento objetivo é um dos pilares da licitação pública, assegurando a justiça e a transparência nos processos de seleção de fornecedores e prestadores de serviços para a Administração Pública.

São critérios de julgamento das propostas: (i) menor preço; (ii) maior desconto; (iii) melhor técnica ou conteúdo artístico; (iv) técnica e preço; (v) maior lance, no caso de leilão; (vi) maior retorno econômico, conforme dispõe o art. 33 da Lei nº 14.133/2021.

Os critérios de julgamento serão estudados no tópico 11.

3.8. Princípio da eficiência

Na Lei nº 8.666/1993, o princípio da eficiência consistia em um princípio licitatório implícito. Na Lei nº 14.133/2021, trata-se de um princípio expresso.

Esse princípio tem por objetivo substituir a administração burocrática pela administração gerencial.

A busca por resultados positivos deve ser pautada por processo político-participativo, por meio do qual é possibilitada a presença da sociedade na tomada de decisões da Administração Pública.

3.9. Princípio do interesse público

Por óbvio, o procedimento licitatório deve seguir o interesse público, isto é, deve atender às finalidades públicas, cumprindo o pressuposto jurídico da licitação.

O pressuposto jurídico estabelece que licitação deve ser um meio para se chegar ao interesse público, de modo que não é um fim em si mesmo.

3.10. Princípio do planejamento

Por esse princípio, a licitação deve ser planejada, com o intuito de cumprir os seus objetivos. Esse planejamento ocorrerá, sobretudo, na fase preparatória da licitação.

O princípio do planejamento exige do gestor público uma organização para se realizar a licitação, a fim de evitar licitações desnecessárias ou aventureiras.

Planejamento é o dever de antever ações futuras, contemplando eventos que possam impactar indiretamente a atuação administrativa, e adotar medidas apropriadas para alcançar os objetivos pretendidos. Em outras palavras, o planejamento requer uma previsão do futuro, incluindo a estimativa do curso dos eventos futuros e a identificação das opções possíveis para alcançar os resultados desejados. O agente estatal deve formalizar a escolha de um resultado previsível dentre as alternativas que se apresentam. O planejamento eficiente deve levar em conta o cenário atual e as possibilidades futuras, bem como os recursos disponíveis e as limitações impostas pelo ambiente em que se insere a atuação administrativa.

A Lei nº 14.133/2021, em seu art. 18, estabelece que a fase preparatória do processo licitatório é caracterizada pelo planejamento e deve compatibilizar-se com o plano de contratações anual, sempre que elaborado, e com as leis orçamentárias, bem como abordar todas as considerações técnicas, mercadológicas e de gestão que podem interferir na contratação.

Assim, é na fase preparatória que haverá, entre outras situações, a descrição da necessidade da contratação fundamentada em estudo técnico preliminar que caracterize o interesse público envolvido; a definição do objeto; o orçamento estimado, com as composições dos preços utilizados para sua formação; a elaboração do edital de licitação e da minuta de contrato.

3.11. Princípio da publicidade

Nos termos do art. 13 da Lei nº 14.133/2021, os atos praticados no processo licitatório são públicos, ressalvadas as hipóteses de informações cujo sigilo seja imprescindível à segurança da sociedade e do Estado, na forma da lei.

Encerrada a instrução do processo sob os aspectos técnico e jurídico, a autoridade determinará a divulgação do edital de licitação no Portal Nacional de Contratações Públicas, no *Diário Oficial* do ente federado, bem como em jornal diário de grande circulação.

Em se tratando de consórcio público, além do jornal diário de grande circulação, haverá a obrigatoriedade de publicação no *Diário Oficial* do ente de maior nível entre eles.

Também é obrigatória a publicação de extrato do edital no *Diário Oficial da União*, do estado, do Distrito Federal ou do município, ou, no caso de consórcio público, do ente de maior nível entre eles, bem como em jornal diário de grande circulação.

Ademais, é facultada a divulgação adicional e a manutenção do inteiro teor do edital e de seus anexos em sítio eletrônico oficial do ente federativo ou, no caso de consórcio público, do ente de maior nível entre eles, admitida, ainda, a divulgação direta a interessados devidamente cadastrados para esse fim.

Atenção: publicidade diferida

A publicidade será diferida:

I. quanto ao conteúdo das propostas, até a respectiva abertura;

II. quanto ao orçamento da Administração.

No que tange à publicidade diferida do orçamento da Administração, faz-se importante o estudo do art. 24 da Lei nº 14.133/2021.

De acordo com o dispositivo legal, desde que justificado, o orçamento estimado da contratação **poderá** ter caráter sigiloso, sem prejuízo da divulgação do detalhamento dos quantitativos e das demais informações necessárias para a elaboração das propostas, e, nesse caso, o sigilo não prevalecerá para os órgãos de controle interno e externo.

Perceba-se que a Lei nº 14.133/2021 **conferiu poder discricionário** ao gestor público para conceder ou não caráter sigiloso ao orçamento. Ademais, ainda que o gestor escolha pelo orçamento sigiloso, esse sigilo não será absoluto, haja vista que os órgãos de controle interno e externo poderão ter acesso a ele.

Trata-se de ponto diferente em relação **à Lei nº 13.303/2016**, a Lei das Estatais. Nela, de acordo com o art. 34, o **valor estimado do contrato a ser celebrado será sigiloso**, em regra. **Apenas de maneira excepcional e devidamente justificada** na fase preparatória da licitação é o que o orçamento será tornado público.

Outro ponto relevante é a necessidade de justificar, motivar, o sigilo do orçamento, tendo em vista que a regra é de que o orçamento seja público. Somente quando houver justo motivo, o orçamento deve ser sigiloso.

Ademais, nos termos do art. 18, XI, o gestor público deve proceder à motivação sobre o momento da divulgação do orçamento da licitação, caso opte pelo sigilo.

Na hipótese de licitação em que for adotado o critério de julgamento por maior desconto, o preço estimado ou o máximo aceitável constará do edital da licitação.

3.12. Princípio da segregação das funções

A segregação de funções é a separação das diversas funções realizadas durante o decorrer do processo licitatório, entre diversos agentes públicos, a fim de evitar concentração de poderes, decisões e atos em um só agente público, haja vista a complexidade de uma licitação. É ferramenta para otimizar e gerar eficiência administrativa.

Ademais, o referido princípio tem por objetivo evitar conflitos de interesses, de modo que se faz necessário repartir funções entre os servidores para que não exerçam atividades incompatíveis. Dessa maneira, quer-se evitar, por exemplo, que um servidor seja o fiscalizador do ato que ele mesmo praticou.

Nos termos do art. 7º, § 1º, a autoridade competente deverá observar o princípio da segregação de funções, **vedada a designação do mesmo agente público para atuação simultânea em funções mais suscetíveis a riscos**, a fim de reduzir a possibilidade de ocultação de erros e de ocorrência de fraudes na respectiva contratação.

Trata-se de princípio constantemente presente nas decisões do Tribunal de Contas da União.

Aplicações do princípio:

- Não designar, para compor comissão de licitação, o servidor ocupante de cargo com atuação na fase interna do procedimento licitatório (TCU, Acórdão nº 686/2011, Plenário).
- Considera-se falta de segregação de funções o Chefe do Setor de Licitações e Contratos elaborar o projeto básico e atuar no processo como pregoeiro (CGU, Relatório nº 174.805/2005).
- Considera-se falta de segregação de funções quando o pregoeiro e a equipe de apoio à licitação realizam trabalho de comissão de recebimento dos materiais (CGU, Relatório nº 174.805/2005).
- Deve ser observado o princípio da segregação de funções nas atividades relacionadas à licitação, à liquidação e ao pagamento das despesas (TCU, Acórdão nº 1.013/2008, 1ª Câmara).

3.13. Princípio da motivação

Por exigência constitucional, os atos licitatórios também devem ser motivados, isto é, deve haver a exteriorização das razões de fato e de direito que ensejam a prática daquele determinado ato.

Nesse sentido, pode-se pontuar o art. 18, IX, da Lei nº 14.133/2021, que estabelece a motivação circunstanciada das condições do edital, tais como justificativa de exigências de qualificação técnica, mediante indicação das parcelas de maior relevância técnica ou valor significativo do objeto, e de qualificação econômico-financeira, justificativa dos critérios de pontuação e julgamento das propostas técnicas, nas licitações com julgamento por melhor técnica ou técnica e preço, e justificativa das regras pertinentes à participação de empresas em consórcio.

Outro ponto que deve ser motivado é o momento de divulgação do orçamento da licitação (art. 18, XI), a motivação social e ambiental do contrato (art. 147, III).

3.14. Princípio da segurança jurídica

O princípio da segurança jurídica, um dos pilares fundamentais do Direito Administrativo, desempenha um papel crucial na manutenção da estabilidade e da previsibilidade nas relações entre a Administração Pública e os administrados. Em sua essência, esse princípio demanda que as normas e decisões administrativas sejam claras, estáveis e previsíveis, de modo a possibilitar que os administrados ajam em conformidade com elas e confiem na sua validade e eficácia.

Nesse contexto, é imperativo que a Administração Pública atue com transparência, proporcionando acesso às informações essenciais para que os administrados possam compreender as normas e decisões administrativas. Além disso, a Administração deve estritamente respeitar o princípio da legalidade, operando dentro dos limites estabelecidos pela lei e pelo Direito.

É igualmente vital garantir o direito de defesa e o contraditório, assegurando aos administrados a oportunidade de contestar as decisões administrativas que os afetem. Além disso, deve-se preservar a estabilidade das normas e decisões administrativas, evitando mudanças abruptas que possam prejudicar os administrados. Dessa forma, o princípio da segurança jurídica atua como um alicerce fundamental na construção de uma relação harmoniosa e confiável entre o Estado e os cidadãos.

3.15. Princípio da transparência

A transparência dos atos da Administração Pública é condição indispensável para a legalidade e legitimidade da atuação administrativa. No âmbito das licitações e dos contratos, não poderia ser diferente, especialmente pelo fato de estarem envolvidos recursos públicos. Trata-se, assim, de uma necessidade imposta pelo princípio republicano, ampliando o controle do povo – titular do poder – sobre os atos dos governantes.

Nesse sentido, para exteriorizar a transparência nos procedimentos licitatórios e os contratos decorrentes, a Lei nº 14.133/2021 criou o chamado Portal Nacional de Contratações Públicas (PNCP), previsto no art. 174.

O PNCP consiste em um sítio eletrônico destinado à: (1) divulgação centralizada e obrigatória dos atos exigidos pela legislação; e (2) realização facultativa das contratações pelos órgãos e pelas entidades dos Poderes Executivo, Legislativo e Judiciário de todos os entes federativos.

Esse portal será gerido pelo Comitê Gestor da Rede Nacional de Contratações Públicas (regulamentado pelo Decreto nº 10.764/2021), a ser presidido por representante indicado pelo presidente da República e composto de: (a) 3 (três) representantes da União indicados pelo presidente da República; (b) 2 (dois) representantes dos estados e do Distrito Federal indicados pelo Conselho Nacional de Secretários de Estado da Administração; (c) 2 (dois) representantes dos municípios indicados pela Confederação Nacional de Municípios.

O PNCP conterá informações como planos de contratação anuais; catálogos eletrônicos de padronização; editais de credenciamento e de pré-qualificação, avisos de contratação direta e editais de licitação e respectivos anexos; atas de registro de preços; contratos e termos aditivos e notas fiscais eletrônicas.

Ademais, o PNCP adotará o formato de dados abertos e observará as exigências previstas na Lei nº 12.527, de 18 de novembro de 2011, a Lei de Acesso à Informação.

A Lei nº 14.133/2021 preocupou-se tanto com a transparência dos atos que, nos termos do art. 175, os entes federativos poderão instituir, para além do PNCP, sítio eletrônico oficial para divulgação complementar e realização das respectivas contratações.

3.16. Princípio da razoabilidade

De acordo com esse princípio, a Administração Pública deve atuar com bom senso, nos termos do senso comum. Ele tem origem no direito anglo-saxão, desenvolvido no âmbito da *common law*.

O princípio da razoabilidade consagra a ideia do *substantive due process of law*, deixando de lado um caráter meramente procedimental, para incluir uma versão substantiva, de proteção das liberdades e dos direitos individuais contra abusos e ilegalidades praticados pelo Estado.

A razoabilidade é a soma da necessidade (exigibilidade) e da adequação. Em outras palavras, o Poder Público deve atuar quando necessário e de forma adequada.

Observe que o princípio da razoabilidade tem o objetivo de limitar a discricionariedade administrativa, uma vez que agir discricionariamente não significa atuar de forma desarrazoada. Portanto, as decisões administrativas que violarem a razoabilidade não serão inoportunas ou inconvenientes, mas, na verdade, serão ilegais, porque ofenderão a finalidade da lei.

3.17. Princípio da proporcionalidade

O princípio da proporcionalidade, com raízes no direito germânico, orienta a Administração Pública a buscar a realização de seus fins de maneira que cause o mínimo ônus à sociedade, evitando ações que excedam a necessidade ou que se mostrem inadequadas para alcançar o objetivo pretendido. Fundamentado no princípio da legalidade, o princípio da proporcionalidade é explicitamente reconhecido na legislação brasileira, como evidencia a Lei nº 9.784/1999, que regula o processo administrativo federal.

O princípio da proporcionalidade se desdobra em três subprincípios: a adequação, que exige que os atos do Estado efetivamente atinjam o resultado esperado; a necessidade, que prefere a opção menos restritiva entre as igualmente eficazes; e a proporcionalidade em sentido estrito, que implica uma avaliação custo-benefício das ações estatais. Além disso, a aplicação do princípio da proporcionalidade deve considerar tanto a proibição de excesso quanto a de proteção insuficiente, balanceando a intervenção estatal de forma a não exceder nem falhar em sua função reguladora.

3.18. Princípio da competitividade

Para que seja cumprindo o objetivo de selecionar a proposta mais vantajosa, a licitação precisa ter uma justa competição. Assim, o princípio da competitividade ganha extrema relevância no estudo da licitação, sendo a própria essência de um procedimento licitatório.

A Lei nº 14.133/2021, em diversos dispositivos, preocupou-se em assegurar a competição entre os licitantes durante todo o certame.

Nesse sentido, o art. 6º, XXV, *c* e *d*, ao conceituar o projeto básico e trazer os seus elementos, se preocupa com a manutenção do caráter competitivo da licitação.

Ademais, o art. 9º, I, *a*, estabelece que é vedado aos agentes públicos admitir, prever, incluir ou tolerar, nos atos que praticar, situações que comprometam, restrinjam ou frustrem o caráter competitivo do processo licitatório, inclusive nos casos de participação de sociedades cooperativas.

No mesmo sentido, o art. 25, § 2º, permite ao edital, desde que não seja prejudicial à competitividade do processo licitatório, prever a utilização de mão de obra, materiais, tecnologias e matérias-primas existentes no local da execução, conservação e operação do bem, serviço ou obra.

Também com o objetivo de ampliar a competitividade, o art. 31, § 3º, estabelece que o edital do leilão será afixado em local de ampla circulação de pessoas na sede da Administração e poderá, ainda, ser divulgado por outros meios necessários, além da divulgação no sítio eletrônico. Trata-se aqui de uma relação entre ampla publicidade e ampliação da competitividade.

Outro ponto legal que mostra a preocupação com a competição do certame refere-se ao princípio do parcelamento. Por ele, a licitação tem dever de buscar a ampliação da competição e de evitar a concentração de mercado, conforme dispõem os arts. 40, § 2º, III, e 47, § 1º, III, da Lei nº 14.133/2021.

Por fim, atente-se à importância da competitividade no procedimento licitatório. A Lei nº 4.717/1965 (Lei da Ação Popular) estabelece, em seu art. 4º, III, *b* e *c*, que serão nulos os editais e as licitações que comprometam ou impliquem limitação das possibilidades normais de competição.

3.19. Princípio da celeridade

O princípio da celeridade, inicialmente consagrado na Lei nº 10.520/2002, tem por finalidade tornar o certame licitatório mais célere, mais rápido, a fim de afastar os rigorismos excessivos, as formalidades desnecessárias e os demais processos que aumentariam o tempo de resolução da licitação.

A ideia do princípio da celeridade é ter um resultado mais rápido, que demanda menos recursos financeiros e pessoais.

Nesse sentido, o art. 12 da Lei nº 14.133/2021 consagra pontos em que se privilegiará a celeridade, em detrimento de uma formalidade desnecessária. O inciso III estabelece que o desatendimento de exigências meramente formais que não comprometam a aferição da qualificação do licitante ou a compreensão do conteúdo de sua proposta não importará seu afastamento da licitação ou a invalidação do processo.

No mesmo sentido, o inciso IV afirma que a prova de autenticidade de cópia de documento público ou particular poderá ser feita perante agente da Administração, mediante apresentação de original ou de declaração de autenticidade por advogado, sob sua responsabilidade pessoal.

Por sua vez, o inciso V apregoa que o reconhecimento de firma somente será exigido quando houver dúvida de autenticidade, salvo imposição legal. Por fim, o inciso VI estabelece que os atos serão preferencialmente digitais, a fim de permitir que sejam produzidos, comunicados, armazenados e validados por meio eletrônico.

Trata-se, portanto, de instrumentos que objetivam dar uma maior celeridade para o procedimento licitatório.

3.20. Economicidade e princípio da eficácia

A economicidade consiste em um princípio constitucional, consagrado no art. 70 da Constituição da República.

De acordo com Carlos Alberto de Moraes Ramos Filho, a economicidade consiste no exame das "alternativas escolhidas pelo agente público relativamente ao binômio custo/benefício, isto é, para verificar se foram as melhores (com o mínimo de dispêndio) para a aplicação dos recursos públicos".[13]

Em outras palavras, a economicidade do processo licitatório imprime maior celeridade e qualidade aos atos praticados ao longo do procedimento, de modo que

---

13 RAMOS FILHO, Carlos Alberto de Moraes. *Direito Financeiro esquematizado*. 3. ed. São Paulo: Saraiva Educação, 2018. p. 444.

se gere um menor custo aos cofres públicos. Assim, deve-se, antes da realização da licitação e de eventual contratação, proceder à análise do custo-benefício do ato.

Nesse sentido, conforme o art. 18, § 1º, IX, da Lei nº 14.133/2021, o estudo técnico preliminar deverá conter demonstrativo dos resultados pretendidos em termos de economicidade e de melhor aproveitamento dos recursos humanos, materiais ou financeiros disponíveis.

Ademais, nos termos do art. 25, § 6º, a economicidade deve orientar os licenciamentos ambientais de obras e serviços de engenharia.

Ponto pertinente a esse princípio é o plano de contratações anual. Com previsão no art. 12, VII, da Lei nº 14.133/2021, a partir de documentos de formalização de demandas, os órgãos responsáveis pelo planejamento de cada ente federativo **poderão** elaborar plano de contratações anual, com o objetivo de **racionalizar as contratações** dos órgãos e das entidades sob sua competência, **garantir o alinhamento com o seu planejamento estratégico e subsidiar a elaboração das respectivas leis orçamentárias**.

Pelo dispositivo legal, a elaboração do plano de contratações anual é facultativa.

Em resumo, o plano de contratações anual tem por finalidade projetar todas as licitações e contratações que podem ser realizadas ao longo do ano, dividindo-as por categorias, definir as prioridades e verificar a compatibilidade com a lei orçamentária.

Note que o plano é elaborado por cada ente federativo, e não por cada órgão. Todavia, é de se destacar que não há empecilho para que cada órgão faça o seu plano de contratações, respeitando o plano do ente federativo ao qual está subordinado ou vinculado.

Por fim, pelo princípio da eficácia, a licitação deve garantir um resultado satisfatório, a fim de cumprir os objetivos a que se destina.

3.21. Correlatos

3.21.1. Princípio do parcelamento

O princípio do parcelamento está previsto no art. 40, V, *b*, bem como no art. 47, II, da Lei nº 14.133/2021. Ele se refere ao objeto a ser licitado e representa a sua divisão no maior número de parcelas que for viável técnica e economicamente, com vistas à ampliação da competitividade (divisão em grupos ou lotes).

Nesse sentido, há a Súmula nº 247 do TCU, que afirma ser obrigatória a admissão da adjudicação por item, e não por preço global, nos editais das licitações para a contratação de obras, serviços, compras e alienações, cujo objeto seja divisível, desde que não haja prejuízo para o conjunto ou complexo ou perda de economia de escala, tendo em vista o objetivo de propiciar a ampla participação de licitantes que, embora não dispondo de capacidade para execução, fornecimento ou aquisição da totalidade do objeto, possam fazê-lo com relação a itens ou unidades autônomas, devendo as exigências de habilitação adequar-se a essa divisibilidade.

Por outro lado, o instituto do fracionamento constitui irregularidade e se caracteriza pela divisão de despesa com o objetivo de utilizar modalidade de licitação inferior à recomendada à totalidade do objeto ou para indevidamente justificar a contratação direta. De acordo com a jurisprudência do STJ,[14] o fracionamento configura um *dano in re ipsa* ao patrimônio público.

Na aplicação do princípio do parcelamento, **referente às compras**, deverão ser considerados: (i) a viabilidade da divisão do objeto em lotes; (ii) o aproveitamento das peculiaridades do mercado local, com vistas à economicidade, sempre que possível, desde que atendidos os parâmetros de qualidade; e (iii) o dever de buscar a ampliação da competição e de evitar a concentração de mercado.

Por sua vez, o parcelamento **não** será adotado quando: (i) a economia de escala, a redução de custos de gestão de contratos ou a maior vantagem na contratação recomendar a compra do item do mesmo fornecedor; (ii) o objeto a ser contratado configurar sistema único e integrado e houver a possibilidade de risco ao conjunto do objeto pretendido; (iii) o processo de padronização ou de escolha de marca levar a fornecedor exclusivo.

O parcelamento também será aplicado nas licitações de serviços em geral. Nesse caso, deverão ser considerados: (i) a responsabilidade técnica; (ii) o custo para a Administração de vários contratos diante das vantagens da redução de custos, com divisão do objeto em itens; (iii) o dever de buscar a ampliação da competição e de evitar a concentração de mercado.

3.21.2. Princípio da padronização

Trata-se de princípio previsto no art. 40, V, *a*, bem como no art. 47, I, da Lei nº 14.133/2021. Atrelada às **compras** e à **prestação de serviço em geral**, a padronização consiste no ato de padronizar, uniformizar ou estandardizar as especificações estéticas, técnicas e de desempenho de determinado objeto.

Em decorrência da padronização, no caso de licitação que envolva o fornecimento de bens, a Administração poderá, excepcionalmente, indicar uma ou mais marcas ou modelos, desde que formalmente justificado.

Nos termos do art. 43, o processo de padronização de compras deverá conter: (i) parecer técnico sobre o produto, considerados especificações técnicas e estéticas, desempenho, análise de contratações anteriores, custo e condições de manutenção

[14] STJ, AgInt no REsp 1.857.348/SP, Agravo Interno no Recurso Especial 2020/0007876-1, j. 16.11.2020.

e garantia; (ii) despacho motivado da autoridade superior, com a adoção do padrão; (iii) síntese da justificativa e descrição sucinta do padrão definido, divulgadas em sítio eletrônico oficial.

De acordo com art. 43, § 1º, será permitida a padronização com base em processo de outro órgão ou entidade de nível federativo igual ou superior ao do órgão adquirente, devendo o ato que decidir pela adesão a outra padronização ser devidamente motivado, com indicação da necessidade da Administração e dos riscos decorrentes dessa decisão, e divulgado em sítio eletrônico oficial.

3.21.3. Princípio da responsabilidade fiscal

O princípio da responsabilidade fiscal consiste em princípio consagrado pela Lei Complementar nº 101/2000. De acordo com o art. 1º, § 1º, da LC nº 101/2000, a responsabilidade na gestão fiscal pressupõe a **ação planejada e transparente**, em que se **previnem riscos e corrigem desvios capazes de afetar o equilíbrio das contas públicas**, mediante o cumprimento de metas de resultados entre receitas e despesas e a obediência a limites e condições no que tange a renúncia de receita, geração de despesas com pessoal, da seguridade social e outras, dívidas consolidada e mobiliária, operações de crédito, inclusive por antecipação de receita, concessão de garantia e inscrição em restos a pagar.

Assim, o procedimento licitatório deve ser planejado e transparente, indo ao encontro dos princípios do planejamento e da transparência. Os riscos e desvios capazes de afetar o equilíbrio das contas públicas devem ser prevenidos e corrigidos.

A Lei nº 14.133/2021, em seu art. 40, V, *c*, estabelece que as compras realizadas pela Administração devem seguir a responsabilidade fiscal, mediante a comparação da despesa estimada com a prevista no orçamento.

3.22. A função regulatória da licitação

Passado o estudo de todo o arcabouço principiológico das licitações, faz-se importante o estudo da chamada "função regulatória" da licitação.

Como se sabe, a licitação é o procedimento tradicional que busca selecionar a proposta mais vantajosa, mantendo a isonomia entre os licitantes. Contudo, isso não impede de utilizar o procedimento licitatório para outros meios lícitos.

Assim, de acordo com Ferraz:[15]

> (...) a licitação pode ser utilizada como instrumento de regulação de mercado, de modo a torná-lo mais livre e competitivo, além de ser possível concebê-la – a licitação – como mecanismo de indução de determinadas práticas (de mercado) que produzam resultados sociais benéficos, imediatos ou futuros, à sociedade.

15 FERRAZ, Luciano. Função regulatória da licitação. *A&C – Revista de Direito Administrativo & Constitucional*, Belo Horizonte, n. 37, ano 9, p. 133-142, jul.-set. 2009.

A função regulatória amplia o conceito tradicional de licitação, de modo que se sugere utilizá-la como meio de desenvolvimento social, ambiental e econômico.

Nesse sentido, a Lei nº 14.133/2021 trouxe diversos dispositivos que concretizam a função regulatória da licitação. Pode-se trazer como exemplo o art. 116, que estabelece que o contratado deve cumprir a reserva de cargos para pessoas com deficiência, reabilitados da previdência ou aprendizes.

Outro exemplo é o previsto no art. 25, § 9º, que prevê a possibilidade de o edital exigir que o contratado destine um percentual mínimo da mão de obra para a contratação de mulher vítima de violência doméstica e pessoas oriundas ou egressas do sistema prisional.

4. APLICABILIDADE DA LEI Nº 14.133/2021

Nos termos do art. 1º da Lei nº 14.133/2021, estão obrigados a licitar, nos moldes estabelecidos por ela (**aplicabilidade subjetiva**):

- a Administração Pública direta;
- as autarquias;
- as fundações;
- os fundos especiais;
- as demais entidades controladas direta e indiretamente pela Administração Pública.

Veja que não estão abrangidas pelas disposições da Lei nº 14.133/2021 as empresas públicas e as sociedades de economia mista, que serão regidas pela Lei nº 13.303/2016.

Todavia, é importante observar que as disposições penais da Lei nº 14.133/2021 serão aplicadas às empresas estatais.

Observe que deve haver licitação quando um ente público está no exercício das funções administrativas. Portanto, uma pessoa jurídica de direito privado (EP e SEM), em suas funções administrativas (meio), tem que licitar – art. 173, § 1º, III, da CR/1988.

Nas licitações e contratações que envolvam recursos provenientes de empréstimo ou doação oriundos de agência oficial de cooperação estrangeira ou de organismo financeiro de que o Brasil seja parte, podem ser admitidas:

I. condições decorrentes de acordos internacionais aprovados pelo Congresso Nacional e ratificados pelo presidente da República;

II. condições peculiares à seleção e à contratação constantes de normas e procedimentos das agências ou dos organismos, desde que:

   a) sejam exigidas para a obtenção do empréstimo ou doação;

   b) não conflitem com os princípios constitucionais em vigor;

c) sejam indicadas no respectivo contrato de empréstimo ou doação e tenham sido objeto de parecer favorável do órgão jurídico do contratante do financiamento previamente à celebração do referido contrato.

Nos termos do art. 2º, aplica-se a Lei nº 14.133/2021 a (trata-se da **aplicabilidade objetiva**):

I. alienação e concessão de direito real de uso de bens;
II. compra, inclusive por encomenda;
III. locação;
IV. concessão e permissão de uso de bens públicos;
V. prestação de serviços, inclusive os técnico-profisionais especializados;
VI. obras e serviços de arquitetura e engenharia;
VII. contratações de tecnologia da informação e comunicação.

Por outro lado, a Lei nº 14.133/2021 **não será aplicada**:

I. nos contratos que tenham por objeto operação de crédito, interno ou externo, e gestão de dívida pública, incluídas as contratações de agente financeiro e a concessão de garantia relacionadas a esses contratos; e
II. nas contratações sujeitas a normas previstas em legislação própria.

Atente-se, ainda, à aplicação da Lei nº 14.133/2021 para as microempresas e as empresas de pequeno porte. De acordo com o art. 4º, aplicam-se às licitações e aos contratos as disposições constantes dos arts. 42 a 49 da Lei Complementar nº 123/2006.

Todavia, as disposições não serão aplicadas:

> I – no caso de licitação para aquisição de bens ou contratação de serviços em geral, ao item cujo valor estimado for superior à receita bruta máxima admitida para fins de enquadramento como empresa de pequeno porte;
>
> II – no caso de contratação de obras e serviços de engenharia, às licitações cujo valor estimado for superior à receita bruta máxima admitida para fins de enquadramento como empresa de pequeno porte.

A obtenção de benefícios fica limitada às microempresas e às empresas de pequeno porte que, no ano-calendário de realização da licitação, ainda não tenham celebrado contratos com a Administração Pública cujos valores somados extrapolem a receita bruta máxima admitida para fins de enquadramento como empresa de pequeno porte, devendo o órgão ou entidade exigir do licitante declaração de observância desse limite na licitação.

Por fim, nas contratações com prazo de vigência superior a 1 (um) ano, será considerado o valor anual do contrato na aplicação dos limites legais.

5. OBJETO

O objeto da licitação apresenta duas facetas. Há um objeto *imediato* e outro *mediato*. Aquele é "a seleção de determinada proposta que melhor atenda aos interesses da Administração".[16] Em outras palavras, é a seleção da proposta mais vantajosa. Este, por sua vez, é a obtenção de obra, serviços, compras e alienações. Em outros termos, o objeto mediato é a própria contratação.

6. CONTRATAÇÃO DIRETA

De acordo com o art. 37, XXI, da CR/1988, a regra na Administração Pública é realizar licitação para compras, obras, serviços e alienações que se fizerem necessários, de modo que a contratação direta ocorra excepcionalmente.

A contratação direta é a possibilidade de a Administração Pública contratar com terceiros sem a realização de licitação, mas com observância a alguns critérios a serem estudados.

Contratação direta é o gênero, do qual são espécies a dispensa e a inexigibilidade.

Antes de adentrar no estudo acerca do tema, atente-se à disposição do art. 23, § 4º, da Lei nº 14.133/2021, que estabelece: quando não for possível estimar o valor do objeto, o contratado deverá comprovar previamente que os preços estão em conformidade com os praticados em contratações semelhantes de objetos de mesma natureza, por meio da apresentação de notas fiscais emitidas para outros contratantes no período de até 1 (um) ano anterior à data da contratação pela Administração.

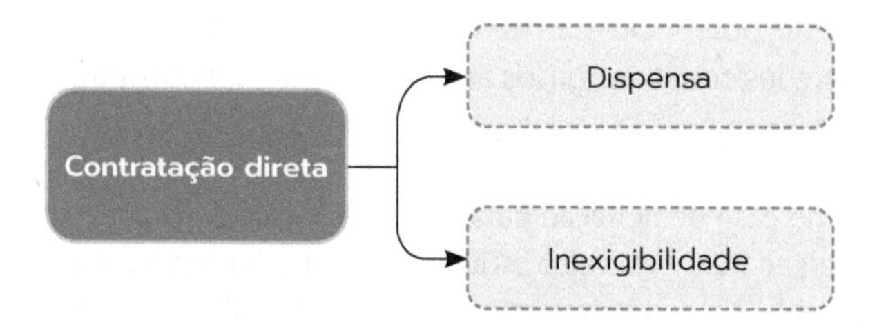

6.1. Procedimento de justificação

O art. 72 da Lei nº 14.133/2021 exige que a contratação direta seja precedida por um procedimento que justifique tal medida.

O processo de contratação direta, que compreende os casos de inexigibilidade e de dispensa de licitação, deverá ser instruído com os seguintes documentos: (i) documento de formalização de demanda e, se for o caso, estudo técnico preliminar, análise de riscos, termo de referência, projeto básico ou projeto executivo; (ii)

---

16 CARVALHO FILHO, José dos Santos. *Manual de Direito Administrativo*. 26. ed. rev., ampl. e atual. São Paulo: Atlas, 2013. p. 242.

estimativa de despesa; (iii) parecer jurídico e pareceres técnicos, se for o caso, que demonstrem o atendimento dos requisitos exigidos; (iv) demonstração da compatibilidade da previsão de recursos orçamentários com o compromisso a ser assumido; (v) comprovação de que o contratado preenche os requisitos de habilitação e qualificação mínima necessária; (vi) razão de escolha do contratado; (vii) justificativa de preço; (viii) autorização da autoridade competente.

O ato que autoriza a contratação direta ou o extrato decorrente do contrato deverá ser divulgado e mantido à disposição do público em sítio eletrônico oficial.

Nos termos do art. 73, na hipótese de contratação direta indevida ocorrida com dolo, fraude ou erro grosseiro, o contratado e o agente público responsável responderão solidariamente pelo dano causado ao erário, sem prejuízo de outras sanções legais cabíveis.

6.2. Dispensa de licitação

6.2.1. Conceito

É a contratação direta fundada em disposição legal; isto é, embora seja viável a competição, razões legais ensejam a sua não realização.[17]

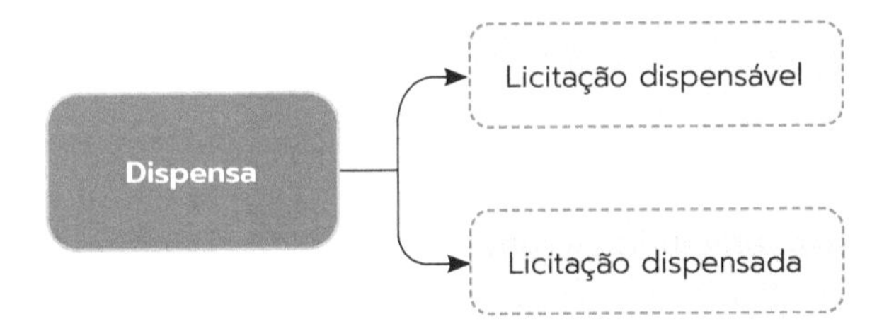

6.2.2. Espécies

6.2.2.1. Licitação dispensada

É aquela cuja realização a lei veda – art. 76, II, da Lei nº 14.133/2021.

6.2.2.2. Licitação dispensável

É aquela em que a lei faculta a não realização da licitação. Trata-se de competência discricionária (AP vai avaliar a oportunidade e conveniência da medida). O art. 75 da Lei nº 14.133/2021 traz um rol **taxativo**.

17 JUSTEN FILHO, Marçal. *Curso de Direito Administrativo*. 9. ed. rev., atual. e ampl. São Paulo: Ed. RT, 2013. p. 530.

Hipóteses da licitação dispensável

I. Para contratação que envolva valores inferiores a R$ 100.000,00 (cem mil reais), no caso de obras e serviços de engenharia ou de serviços de manutenção de veículos automotores.[18]

II. Para contratação que envolva valores inferiores a R$ 50.000,00 (cinquenta mil reais), no caso de outros serviços e compras.[19]

Para fins de aferição dos valores que atendam aos limites anteriores, deverão ser observados:

a) o somatório do que for despendido no exercício financeiro pela respectiva unidade gestora;

b) o somatório da despesa realizada com objetos de mesma natureza, entendidos como tais aqueles relativos a contratações no mesmo ramo de atividade.

Essa situação não será aplicada para as contratações de até R$ 8.000,00 (oito mil reais) de serviços de manutenção de veículos automotores de propriedade do órgão ou entidade contratante, incluído o fornecimento de peças.[20]

Os valores anteriores serão duplicados para compras, obras e serviços contratados por consórcio público ou por autarquia ou fundação qualificadas como agências executivas na forma da lei.

As contratações previstas *supra* serão preferencialmente precedidas por divulgação em sítio eletrônico oficial, pelo prazo mínimo de 3 (três) dias úteis, de aviso com a especificação do objeto pretendido e com a manifestação de interesse da Administração em obter propostas adicionais de eventuais interessados, devendo ser selecionada a proposta mais vantajosa.

As contratações previstas nos dois primeiros incisos serão preferencialmente pagas por meio de cartão de pagamento, cujo extrato deverá ser divulgado e mantido à disposição do público no Portal Nacional de Contratações Públicas.

III. Para contratação que mantenha todas as condições definidas em edital de licitação realizada há menos de 1 (um) ano, quando se verificar que naquela licitação:

a) não surgiram licitantes interessados ou não foram apresentadas propostas válidas (licitação deserta);

---

[18] Valor atualizado para R$ 125.451,15 (cento e vinte e cinco mil quatrocentos e cinquenta e um reais e quinze centavos) pelo Decreto nº 12.343/2024.

[19] Valor atualizado para R$ 62.725,59 (sessenta e dois mil setecentos e vinte e cinco reais e cinquenta e nove centavos) pelo Decreto nº 12.343/2024.

[20] Valor atualizado para R$ 10.036,10 (dez mil trinta e seis reais e dez centavos) pelo Decreto nº 12.343/2024.

b) as propostas apresentadas consignaram preços manifestamente superiores aos praticados no mercado ou incompatíveis com os fixados pelos órgãos oficiais competentes (licitação fracassada).

IV. Para contratação que tenha por objeto:

a) bens componentes ou peças de origem nacional ou estrangeira necessários à manutenção de equipamentos, a serem adquiridos do fornecedor original desses equipamentos durante o período de garantia técnica, quando essa condição de exclusividade for indispensável para a vigência da garantia;

b) bens, serviços, alienações ou obras, nos termos de acordo internacional específico aprovado pelo Congresso Nacional, quando as condições ofertadas forem manifestamente vantajosas para a Administração;

c) produtos para pesquisa e desenvolvimento, limitada a contratação, no caso de obras e serviços de engenharia, ao valor de R$ 300.000,00 (trezentos mil reais);[21]

d) transferência de tecnologia ou licenciamento de direito de uso ou de exploração de criação protegida, nas contratações realizadas por Instituição Científica, Tecnológica e de Inovação (ICT) pública ou por agência de fomento, desde que demonstrada vantagem para a Administração;

e) hortifrutigranjeiros, pães e outros gêneros perecíveis, no período necessário para a realização dos processos licitatórios correspondentes, hipótese em que a contratação será realizada diretamente com base no preço do dia;

f) bens ou serviços produzidos ou prestados no País que envolvam, cumulativamente, alta complexidade tecnológica e defesa nacional;

g) materiais de uso das Forças Armadas, com exceção de materiais de uso pessoal e administrativo, quando houver necessidade de manter a padronização requerida pela estrutura de apoio logístico dos meios navais, aéreos e terrestres, mediante autorização por ato do comandante da força militar;

h) bens e serviços para atendimento dos contingentes militares das forças singulares brasileiras empregadas em operações de paz no exterior, hipótese em que a contratação deverá ser justificada quanto ao preço e à escolha do fornecedor ou executante e ratificada pelo comandante da força militar;

---

[21] Valor atualizado para R$ 376.353,48 (trezentos e setenta e seis mil trezentos e cinquenta e três reais e quarenta e oito centavos) pelo Decreto nº 12.343/2024.

i) abastecimento ou suprimento de efetivos militares em estada eventual de curta duração em portos, aeroportos ou localidades diferentes de suas sedes, por motivo de movimentação operacional ou de adestramento;

j) coleta, processamento e comercialização de resíduos sólidos urbanos recicláveis ou reutilizáveis, em áreas com sistema de coleta seletiva de lixo, realizados por associações ou cooperativas formadas exclusivamente de pessoas físicas de baixa renda reconhecidas pelo Poder Público como catadores de materiais recicláveis, com o uso de equipamentos compatíveis com as normas técnicas, ambientais e de saúde pública;

k) aquisição ou restauração de obras de arte e objetos históricos, de autenticidade certificada, desde que inerente às finalidades do órgão ou com elas compatível;

l) serviços especializados ou aquisição ou locação de equipamentos destinados ao rastreamento e à obtenção de provas previstas nos incisos II e V do *caput* do art. 3º da Lei nº 12.850, de 2 de agosto de 2013, quando houver necessidade justificada de manutenção de sigilo sobre a investigação;

m) aquisição de medicamentos destinados exclusivamente ao tratamento de doenças raras definidas pelo Ministério da Saúde.

V. Para contratação com vistas ao cumprimento do disposto nos arts. 3º, 3º-A, 4º, 5º e 20 da Lei nº 10.973, de 2 de dezembro de 2004, observados os princípios gerais de contratação constantes da referida Lei.

VI. Para contratação que possa acarretar comprometimento da segurança nacional, nos casos estabelecidos pelo Ministro de Estado da Defesa, mediante demanda dos comandos das Forças Armadas ou dos demais ministérios.

VII. Nos casos de guerra, estado de defesa, estado de sítio, intervenção federal ou de grave perturbação da ordem.

VIII. Nos casos de emergência ou de calamidade pública, quando caracterizada urgência de atendimento de situação que possa ocasionar prejuízo ou comprometer a continuidade dos serviços públicos ou a segurança de pessoas, obras, serviços, equipamentos e outros bens, públicos ou particulares, e somente para aquisição dos bens necessários ao atendimento da situação emergencial ou calamitosa e para as parcelas de obras e serviços que possam ser concluídas no prazo máximo de 1 (um) ano, contado da data de ocorrência da emergência ou da calamidade, vedadas a prorrogação dos respectivos contratos e a recontratação de empresa já contratada com base no disposto neste inciso.

Considera-se emergencial a contratação por dispensa com objetivo de manter a continuidade do serviço público, e deverão ser observados os valores praticados pelo mercado e adotadas as providências necessárias para a conclusão do processo licitatório, sem prejuízo de apuração de responsabilidade dos agentes públicos que deram causa à situação emergencial.

Acerca dessa hipótese de licitação dispensável, faz-se importante o entendimento do STF[22], segundo o qual é constitucional a vedação à recontratação de empresa contratada diretamente por dispensa de licitação nos casos de emergência ou calamidade pública, de modo que a vedação incidiria na recontratação fundada na mesma situação emergencial ou calamitosa que extrapole o prazo máximo legal de 1 (um) ano. E não haveria impedimento para que a empresa participasse de eventual licitação substitutiva à dispensa de licitação e fosse contratada diretamente por outro fundamento previsto em lei, incluindo uma nova emergência ou calamidade pública, sem prejuízo do controle de abusos ou ilegalidades na aplicação da norma.

A proibição de recontratar uma empresa previamente contratada em caráter emergencial, sem licitação, é constitucional e está de acordo com os princípios que regem a Administração Pública (art. 37 da CF/1988, *caput* e inciso XXI). De acordo com a Lei nº 14.133/2021, essa vedação é aplicável quando a recontratação se baseia na mesma situação emergencial ou de calamidade pública e o tempo total de vigência dessas contratações ultrapassa um ano.

Essa restrição, incluída pela nova lei de licitações, busca corrigir práticas da antiga Lei nº 8.666/1993, na qual era comum a recontratação contínua e sem licitação, o que contrariava o princípio da obrigatoriedade de licitar, fundamento essencial da Administração Pública republicana. Dessa forma, o objetivo da norma é limitar a duração de contratações emergenciais sem licitação a, no máximo, um ano.

Vale reforçar que essa proibição se aplica somente quando a recontratação é motivada pela mesma situação de urgência que justificou a primeira contratação. Exceções são possíveis: a extensão do prazo contratual ou a nova contratação da mesma empresa poderá ser permitida desde que o período total não ultrapasse um ano e sejam atendidos os requisitos legais.

Com essa interpretação, evita-se qualquer violação aos princípios da eficiência e da economicidade, assegurando que a Administração Pública disponha dos meios necessários para enfrentar a emergência ou calamidade. O particular, por sua vez, não é prejudicado, pois pode participar de futuras licitações ou ser contratado diretamente por outra justificativa.

IX. Para a aquisição, por pessoa jurídica de direito público interno, de bens produzidos ou serviços prestados por órgão ou entidade que integrem a Administração Pública e que tenham sido criados para esse fim específico, desde que o preço contratado seja compatível com o praticado no mercado.

Obs.1: não há mais o limite temporal que havia na legislação anterior.

Obs.2: não pode ser aplicado a EP e SEM que explorem atividade econômica. Ilegal a dispensa de licitação com essas entidades.

[22] ADI 6.890/DF, Rel. Min. Cristiano Zanin, julgamento virtual finalizado em 06.09.2024.

X. Quando a União tiver que intervir no domínio econômico para regular preços ou normalizar o abastecimento.

XI. Para celebração de contrato de programa com ente federativo ou com entidade de sua Administração Pública indireta que envolva prestação de serviços públicos de forma associada nos termos autorizados em contrato de consórcio público ou em convênio de cooperação.

XII. Para contratação em que houver transferência de tecnologia de produtos estratégicos para o Sistema Único de Saúde (SUS), conforme elencados em ato da direção nacional do SUS, inclusive por ocasião da aquisição desses produtos durante as etapas de absorção tecnológica, e em valores compatíveis com aqueles definidos no instrumento firmado para a transferência de tecnologia.

XIII. Para contratação de profissionais para compor a comissão de avaliação de critérios de técnica, quando se tratar de profissional técnico de notória especialização.

XIV. Para contratação de associação de pessoas com deficiência, sem fins lucrativos e de comprovada idoneidade, por órgão ou entidade da Administração Pública, para a prestação de serviços, desde que o preço contratado seja compatível com o praticado no mercado e os serviços contratados sejam prestados exclusivamente por pessoas com deficiência.

XV. Para contratação de instituição brasileira que tenha por finalidade estatutária apoiar, captar e executar atividades de ensino, pesquisa, extensão, desenvolvimento institucional, científico e tecnológico e estímulo à inovação, inclusive para gerir administrativa e financeiramente essas atividades, ou para contratação de instituição dedicada à recuperação social da pessoa presa, desde que o contratado tenha inquestionável reputação ética e profissional e não tenha fins lucrativos.

XVI. Para aquisição, por pessoa jurídica de direito público interno, de insumos estratégicos para a saúde produzidos por fundação que, regimental ou estatutariamente, tenha por finalidade apoiar órgão da Administração Pública direta, sua autarquia ou fundação em projetos de ensino, pesquisa, extensão, desenvolvimento institucional, científico e tecnológico e de estímulo à inovação, inclusive na gestão administrativa e financeira necessária à execução desses projetos, ou em parcerias que envolvam transferência de tecnologia de produtos estratégicos para o SUS, nos termos do inciso XII desse *caput*, e que tenha sido criada para esse fim específico em data anterior à entrada em vigor dessa lei, desde que o preço contratado seja compatível com o praticado no mercado.

XVII. Para contratação de entidades privadas sem fins lucrativos para a implementação de cisternas ou outras tecnologias sociais de acesso à água para consumo humano e produção de alimentos, a fim de beneficiar as famílias rurais de baixa renda atingidas pela seca ou pela falta regular de água.

XVIII. Para contratação de entidades privadas sem fins lucrativos, para a implementação do Programa Cozinha Solidária, que tem como finalidade fornecer alimentação gratuita preferencialmente à população em situação de vulnerabilidade e risco social, incluída a população em situação de rua, com vistas à promoção de políticas de segurança alimentar e nutricional e de assistência social e à efetivação de direitos sociais, dignidade humana, resgate social e melhoria da qualidade de vida.

6.2.3. A dispensa no caso de alienações de bens públicos

A alienação de bens públicos está disciplinada no art. 76 da Lei nº 14.133/2021, conforme se verá a seguir em seus requisitos.

Requisitos gerais:

A) bem dominical;
B) interesse público devidamente justificado;
C) avaliação prévia.

Requisitos específicos:

A) imóveis:
  a) autorização legislativa;

Obs.: a alienação de bens imóveis da Administração Pública cuja aquisição tenha sido derivada de procedimentos judiciais ou de dação em pagamento dispensará autorização legislativa e exigirá apenas avaliação prévia e licitação na modalidade leilão.

2) licitação na modalidade leilão, dispensada a licitação nas seguintes hipóteses:
  a) dação em pagamento;
  b) doação, permitida exclusivamente para outro órgão ou entidade da Administração Pública, de qualquer esfera de governo, ressalvado o disposto nas alíneas *f*, *g* e *h* desse inciso;

Cessadas as razões que justificaram sua doação, serão revertidos ao patrimônio da pessoa jurídica doadora, vedada sua alienação pelo beneficiário.

  c) permuta por outros imóveis que atenda aos requisitos relacionados às finalidades precípuas da Administração, desde que a diferença apurada não ultrapasse a metade do valor do imóvel que será ofertado pela União, segundo avaliação prévia, e ocorra a torna de valores, sempre que for o caso;
  d) investidura;

Entende-se por investidura:

· alienação, ao proprietário de imóvel lindeiro, de área remanescente ou resultante de obra pública que se tornar inaproveitável isoladamente, por preço que não seja inferior ao da avaliação nem superior a 50% (cinquenta por cento) do valor máximo permitido para dispensa de licitação de bens e serviços previsto;

· alienação, ao legítimo possuidor direto ou, na falta dele, ao Poder Público, de imóvel para fins residenciais construído em núcleo urbano anexo a usina hidrelétrica, desde que considerado dispensável na fase de operação da usina e que não integre a categoria de bens reversíveis ao final da concessão.

e) venda a outro órgão ou entidade da Administração Pública de qualquer esfera de governo;

f) alienação gratuita ou onerosa, aforamento, concessão de direito real de uso, locação e permissão de uso de bens imóveis residenciais construídos, destinados ou efetivamente usados em programas de habitação ou de regularização fundiária de interesse social desenvolvidos por órgão ou entidade da Administração Pública;

g) alienação gratuita ou onerosa, aforamento, concessão de direito real de uso, locação e permissão de uso de bens imóveis comerciais de âmbito local, com área de até 250 m² (duzentos e cinquenta metros quadrados) e destinado a programas de regularização fundiária de interesse social desenvolvidos por órgão ou entidade da Administração Pública;

h) alienação e concessão de direito real de uso, gratuita ou onerosa, de terras públicas rurais da União e do Instituto Nacional de Colonização e Reforma Agrária (Incra) onde incidam ocupações até o limite de que trata o § 1º do art. 6º da Lei nº 11.952, de 25 de junho de 2009, para fins de regularização fundiária, atendidos os requisitos legais;

i) legitimação de posse de que trata o art. 29 da Lei nº 6.383, de 7 de dezembro de 1976, mediante iniciativa e deliberação dos órgãos da Administração Pública competentes;

j) legitimação fundiária e a legitimação de posse de que trata a Lei nº 13.465, de 11 de julho de 2017;

Atenção! Para a venda de bens imóveis, será concedido direito de preferência ao licitante que, submetendo-se a todas as regras do edital, comprove a ocupação do imóvel objeto da licitação, conforme prevê o art. 77.

B) móveis:

1) licitação na modalidade leilão, dispensada nas seguintes hipóteses:

a) doação, permitida exclusivamente para fins e uso de interesse social, após avaliação de oportunidade e conveniência socioeconômica em relação à escolha de outra forma de alienação;
b) permuta, permitida exclusivamente entre órgãos ou entidades da Administração Pública;
c) venda de ações, que poderão ser negociadas em bolsa, observada a legislação específica;
d) venda de títulos, observada a legislação pertinente;
e) venda de bens produzidos ou comercializados por entidades da Administração Pública, em virtude de suas finalidades;
f) venda de materiais e equipamentos sem utilização previsível por quem deles dispõe para outros órgãos ou entidades da Administração Pública.

6.2.3.1. Doação com encargos

Nos termos do art. 76, §§ 6º e 7º, a doação com encargo será licitada e de seu instrumento constarão, obrigatoriamente, os encargos, o prazo de seu cumprimento e a cláusula de reversão, sob pena de nulidade do ato, dispensada a licitação em caso de interesse público devidamente justificado.

Caso o donatário necessite oferecer o imóvel em garantia de financiamento, a cláusula de reversão e as demais obrigações serão garantidas por hipoteca em segundo grau em favor do doador.

6.2.3.2. Título de propriedade ou de direito real de uso de imóvel

A Administração poderá conceder título de propriedade ou de direito real de uso de imóvel, admitida a dispensa de licitação, quando o uso destinar-se a:

I. outro órgão ou entidade da Administração Pública, qualquer que seja a localização do imóvel;
II. pessoa natural que, nos termos de lei, regulamento ou ato normativo do órgão competente, haja implementado os requisitos mínimos de cultura, de ocupação mansa e pacífica e de exploração direta sobre área rural, observado o limite de que trata o § 1º do art. 6º da Lei nº 11.952, de 25 de junho de 2009.

6.3. Inexigibilidade de licitação

6.3.1. Conceito

É a contratação direta fundada na inviabilidade de competição. O art. 74 da Lei nº 14.133/2021 estabelece um rol **exemplificativo** de hipóteses de inexigibilidade de licitação.

6.3.2. Hipóteses legais (rol exemplificativo)

De acordo com o art. 74, é inexigível a licitação quando inviável a competição, em especial nos casos de:

I. aquisição de materiais, de equipamentos ou de gêneros ou contratação de serviços que só possam ser fornecidos por produtor, empresa ou representante comercial exclusivos;

A Administração deverá demonstrar a inviabilidade de competição, mediante atestado de exclusividade, contrato de exclusividade, declaração do fabricante ou outro documento idôneo capaz de comprovar que o objeto é fornecido ou prestado por produtor, empresa ou representante comercial exclusivos, vedada a preferência por marca específica.

II. contratação de profissional do setor artístico, diretamente ou por meio de empresário exclusivo, desde que consagrado pela crítica especializada ou pela opinião pública;

Considera-se empresário exclusivo a pessoa física ou jurídica que possua contrato, declaração, carta ou outro documento que ateste a exclusividade permanente e contínua de representação, no País ou em Estado específico, do profissional do setor artístico, afastada a possibilidade de contratação direta por inexigibilidade por meio de empresário com representação restrita a evento ou local específico.

III. contratação dos seguintes serviços técnicos especializados de **natureza predominantemente intelectual** com profissionais ou empresas de **notória especialização**, vedada a inexigibilidade para serviços de publicidade e divulgação: (a) estudos técnicos, planejamentos e projetos básicos ou executivos; (b) pareceres, perícias e avaliações em geral; (c) assessorias ou consultorias técnicas e auditorias financeiras ou tributárias; (d) fiscalização, supervisão ou gerenciamento de obras ou serviços; (e) patrocínio ou defesa de causas judiciais ou administrativas; (f) treinamento e aperfeiçoamento de pessoal; (g) restauração de obras de arte e bens de valor histórico; (h) controles de qualidade e tecnológico, análises, testes e ensaios de campo e laboratoriais, instrumentação e monitoramento de parâmetros específicos de obras e do meio ambiente e demais serviços de engenharia;

Veja que, pela Lei nº 14.133/2021, para que haja a inexigibilidade para contratação de serviços técnicos, é preciso demonstrar a natureza predominantemente intelectual do serviço e que será prestado por um profissional de notória especialização. Assim, **não há mais o requisito da natureza singular do serviço**, ao menos de maneira expressa.

Perceba-se que é pontuado que não há o requisito da singularidade do serviço de maneira expressa. Contudo, o entendimento deste autor é de que se mantém a necessidade de o serviço ser singular, exatamente pelo pressuposto da inexigibilidade. A inexigibilidade de licitação somente ocorrerá quando houver a inviabilidade de competição. Não há razão para afastar o procedimento licitatório, para contratação de profissionais por inexigibilidade, para a prática de serviços ordinários, corriqueiros.

Para que haja a inexigibilidade aqui estudada, é necessário haver a demonstração de um conhecimento profissional incomum.

É preciso aguardar o posicionamento do TCU, do STF e do STJ com foco na nova legislação.

Considera-se de notória especialização o profissional ou a empresa cujo conceito no campo de sua especialidade, decorrente de desempenho anterior, estudos, experiência, publicações, organização, aparelhamento, equipe técnica ou outros requisitos relacionados com suas atividades, permita inferir que o seu trabalho é essencial e reconhecidamente adequado à plena satisfação do objeto do contrato.

É vedada a subcontratação de empresas ou a atuação de profissionais distintos daqueles que tenham justificado a inexigibilidade.

Obs.: o STF,[23] para a contratação de serviços de serviços de advocacia por inexigibilidade, estabeleceu os seguintes requisitos:

a) necessidade de procedimento administrativo formal;

b) notória especialização do profissional a ser contratado;

c) natureza singular do serviço;

d) demonstração da inadequação da prestação do serviço pelos integrantes do Poder Público; e

e) cobrança de preço compatível com o mercado para o serviço.

Ademais, de acordo com o STJ,[24] a existência de corpo jurídico, por si só, não inviabiliza a contratação direta.

Como pode ser visto, o STF pontuou, como requisito para a inexigibilidade de licitação para contratação de serviços de advocacia, a natureza singular do serviço. Essa exigência ocorre pelo fato de a decisão do STF ter sido tomada com base na Lei nº 8.666/1993.

Com a vigência da nova legislação, o requisito de natureza singular deixou de existir para a contratação dos serviços técnicos de natureza predominantemente intelectual. Trata-se, inclusive, de entendimento do STJ, segundo o qual, com o advento da Lei nº 14.133/2021, nos termos do art. 74, III, o requisito da singularidade do serviço advocatício deixou de ser previsto em lei, passando a ser exigida a demonstração da notória especialização e a natureza intelectual do trabalho.[25]

---

[23] Inq 3.074, Primeira Turma, Rel. Min. Roberto Barroso, j. 26.08.2014, acórdão eletrônico *DJe*-193, divulg. 02.10.2014, public. 03.10.2014.

[24] STJ, REsp 1.626.693-SP.

[25] AgRg no HC 669.347/SP, Quinta Turma, Rel. Min. Jesuíno Rissato (Desembargador convocado do TJDFT), Rel. p/ Acórdão Min. João Otávio de Noronha, j. 13.12.2021, *DJe* 14.02.2022.

Ainda, acerca dos serviços de advocacia e da inexigibilidade de licitação, faz-se necessário estudar a Lei nº 14.039/2020. Por ela, em seu art. 1º, os serviços profissionais de advogado são, por sua natureza, técnicos e singulares, quando comprovada sua notória especialização, nos termos da lei.

IV. objetos que devam ou possam ser contratados por meio de credenciamento;

Obs.: o credenciamento é hipótese de inexigibilidade de licitação, que não estava prevista no rol exemplificativo do art. 25 da Lei nº 8.666/1993, mas que era amplamente reconhecida pela doutrina especializada e pela jurisprudência do Tribunal de Contas da União.

Com o advento da Lei nº 14.133/2021, o credenciamento se tornou uma hipótese expressa de inexigibilidade de licitação.

O credenciamento torna inviável a competição entre os credenciados, que não disputam preços, já que, após selecionados, a Administração Pública se compromete a contratar todos os que atendam aos requisitos de pré-qualificação.

Segundo o TCU, para a utilização do credenciamento, devem ser observados requisitos como:

i) contratação de todos os que tiverem interesse e que satisfaçam as condições fixadas pela Administração, não havendo relação de exclusão;

ii) garantia de igualdade de condições entre todos os interessados hábeis a contratar com a Administração, pelo preço por ela definido;

iii) demonstração inequívoca de que as necessidades da Administração somente poderão ser atendidas dessa forma.

V. aquisição ou locação de imóvel cujas características de instalações e de localização tornem necessária sua escolha.

Atente-se ao fato de que essa hipótese, no âmbito da Lei nº 8.666/1993, era uma hipótese de dispensa de licitação. Todavia, com o advento da Lei nº 14.133/2021, tornou-se uma hipótese de inexigibilidade de licitação.

Para que haja a inexigibilidade em questão, devem ser observados os seguintes requisitos:

i) avaliação prévia do bem, do seu estado de conservação e dos custos de adaptações, quando imprescindíveis às necessidades de utilização, e prazo de amortização dos investimentos;

ii) certificação da inexistência de imóveis públicos vagos e disponíveis que atendam ao objeto;

iii) justificativas que demonstrem a singularidade do imóvel a ser comprado ou locado pela Administração e que evidenciem vantagem para ela.

Dispensa de licitação	Inexigibilidade de licitação
Contratação direta fundada em disposição legal	Contratação direta fundada na inviabilidade de competição
Espécies: – Licitação dispensada (vedada por lei) – Licitação dispensável (competência discricionária)	Hipóteses legais (rol exemplificativo)
Rol taxativo	Rol exemplificativo no art. 74 da Lei nº 14.133/2021
Previsão legal	Inviabilidade de competição

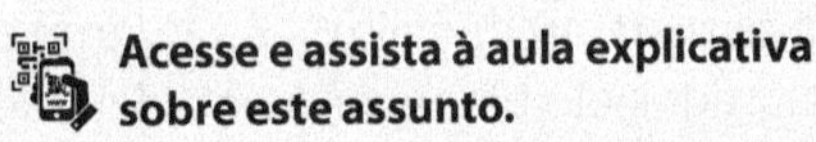

Acesse e assista à aula explicativa sobre este assunto.

> *http://uqr.to/1y0tt*

7. PROCEDIMENTO DA LICITAÇÃO

O processo de licitação está previsto no art. 17 da Lei nº 14.133/2021. De acordo com esse dispositivo legal, a licitação observará as seguintes fases, em sequência:

I. preparatória;
II. de divulgação do edital de licitação;
III. de apresentação de propostas e lances, quando for o caso;
IV. de julgamento;
V. de habilitação;
VI. recursal;
VII. de homologação.

Assim, é perceptível que a Lei nº 14.133/2021 seguiu a disciplina prevista nas leis mais novas sobre licitações e contratos, como a Lei nº 13.303/2016, prevendo a fase de apresentação de propostas e lances, bem como o julgamento delas antes da fase de habilitação. Trata-se, portanto, de uma novidade, se comparada à Lei nº 8.666/1993, na qual a fase da habilitação precedia a fase de julgamento das propostas. Dessa forma, a Lei nº 14.133/2021 realizou o que se chama de "apregoamento da concorrência", isto é, previu o mesmo procedimento para ambas as modalidades.

Todavia, há de se destacar que, nos termos do § 1º do art. 17, que a fase de habilitação poderá, mediante ato motivado com explicitação dos benefícios decorrentes, anteceder as fases de apresentação e julgamento das propostas e lances, desde que expressamente previsto no edital de licitação.

Outro ponto relevante a ser destacado, nos termos do art. 17, § 2º, é a preferência para realização da licitação na modalidade eletrônica, como regra. No entanto, será admitida a utilização da forma presencial, desde que motivada, devendo a sessão pública ser registrada em ata e gravada em áudio e vídeo, e a gravação será juntada aos autos do processo licitatório depois de seu encerramento, conforme dispõe o art. 17, § 5º.

Atente-se: de acordo com o art. 17, § 4º, nos procedimentos realizados por meio eletrônico, a Administração poderá determinar, como condição de validade e eficácia, que os licitantes pratiquem seus atos em formato eletrônico.

7.1. Fase preparatória

Conforme dispõe o art. 18 da Lei nº 14.133/2021, a fase preparatória do processo licitatório é caracterizada pelo planejamento e deve compatibilizar-se com o plano de contratações anual, sempre que elaborado, e com as leis orçamentárias, bem como abordar todas as considerações técnicas, mercadológicas e de gestão que podem interferir na contratação.

Entre os pontos anteriores, alguns merecem maiores detalhamentos, consoante subitens a seguir.

7.1.1. Estudo técnico preliminar

O estudo técnico preliminar, nos termos do art. 6º, XX, consiste no documento constitutivo da primeira etapa do planejamento de uma contratação que **caracteriza o interesse público envolvido e a sua melhor solução** e dá base ao anteprojeto, ao termo de referência ou ao projeto básico a serem elaborados caso se conclua pela viabilidade da contratação.

Esse estudo deverá, nos termos do art. 18, § 1º, evidenciar o problema a ser resolvido e a sua melhor solução, a fim de permitir a avaliação da viabilidade técnica e econômica da contratação, e conterá os elementos elencados na lei.

Atente-se: conforme dispõe o § 2º do art. 18, os itens I, IV, VI, VIII e XIII anteriores são de presença obrigatória no estudo. Para os demais, quando não contemplados, será necessário apresentar as devidas justificativas de ausência.

Em se tratando de estudo técnico preliminar para contratação de obras e serviços comuns de engenharia, se demonstrada a inexistência de prejuízos para aferição dos padrões de desempenho e qualidade almejados, a possibilidade de especificação do objeto poderá ser indicada apenas em termo de referência ou em projeto básico, dispensada a elaboração de projetos, nos termos do art. 18, § 3º.

Por fim, quando houver a possibilidade de compra ou de locação de bens, o estudo técnico preliminar deverá considerar os custos e os benefícios de cada opção, com indicação da alternativa mais vantajosa, conforme prevê o art. 44.

7.1.2. Audiência pública e consulta pública

Ambos os institutos são consagração de uma administração consensual, na qual se valoriza a participação dos cidadãos na formação das decisões estatais.

De acordo com o art. 21, a Administração poderá convocar, com **antecedência mínima de 8 (oito) dias úteis**, *audiência pública*, **presencial ou a distância**, na forma eletrônica, sobre licitação que pretenda realizar, com disponibilização prévia de informações pertinentes, inclusive de estudo técnico preliminar, elementos do edital de licitação e outros, e com possibilidade de manifestação de todos os interessados.

Assim, perceba que não há mais hipótese de obrigatoriedade de realização da audiência pública, como havia no regramento previsto pela Lei nº 8.666/1993. Ademais, a audiência pública poderá ser realizada tanto na modalidade presencial quanto na modalidade eletrônica.

Por sua vez, o parágrafo único estabelece que a Administração também poderá submeter a licitação a prévia **consulta pública**, mediante a disponibilização de seus elementos a todos os interessados, que poderão formular **sugestões** no prazo fixado.

7.1.3. Matriz de riscos

A matriz de risco, de acordo com o art. 6º, XXVII, constitui cláusula contratual definidora de riscos e de responsabilidades entre as partes e caracterizadora do equilíbrio econômico-financeiro inicial do contrato, em termos de ônus financeiro decorrente de eventos supervenientes à contratação, contendo, no mínimo, as seguintes informações:

a) listagem de possíveis eventos supervenientes à assinatura do contrato que possam causar impacto em seu equilíbrio econômico-financeiro e previsão de eventual necessidade de prolação de termo aditivo por ocasião de sua ocorrência;
b) no caso de obrigações de resultado, estabelecimento das frações do objeto com relação às quais haverá liberdade para os contratados inovarem em soluções metodológicas ou tecnológicas, em termos de modificação das soluções previamente delineadas no anteprojeto ou no projeto básico;
c) no caso de obrigações de meio, estabelecimento preciso das frações do objeto com relação às quais não haverá liberdade para os contratados inovarem em soluções metodológicas ou tecnológicas, devendo haver obrigação de

aderência entre a execução e a solução predefinida no anteprojeto ou no projeto básico, consideradas as características do regime de execução no caso de obras e serviços de engenharia.

Consoante o art. 22, o edital poderá contemplar matriz de alocação de riscos entre o contratante e o contratado, hipótese em que o cálculo do valor estimado da contratação poderá considerar taxa de risco compatível com o objeto da licitação e os riscos atribuídos ao contratado, de acordo com metodologia predefinida pelo ente federativo.

A matriz de riscos deverá promover a alocação eficiente dos riscos de cada contrato e estabelecer a responsabilidade que caiba a cada parte contratante, bem como os mecanismos que afastem a ocorrência do sinistro e mitiguem os seus efeitos, caso ocorra durante a execução contratual, nos termos do § 1º do art. 22.

O contrato deverá refletir a alocação realizada pela matriz de riscos, especialmente quanto:

I. às hipóteses de alteração para o restabelecimento da equação econômico-financeira do contrato nos casos em que o sinistro seja considerado na matriz de riscos como causa de desequilíbrio não suportada pela parte que pretenda o restabelecimento;
II. à possibilidade de resolução quando o sinistro majorar excessivamente ou impedir a continuidade da execução contratual;
III. à contratação de seguros obrigatórios previamente definidos no contrato, integrado o custo de contratação ao preço ofertado.

Quando a contratação se referir a **obras e serviços de grande vulto**[26] ou forem adotados os regimes de contratação **integrada e semi-integrada**, o edital, obrigatoriamente, contemplará matriz de alocação de riscos entre o contratante e o contratado.

Nas contratações **integradas ou semi-integradas**, os riscos decorrentes de fatos supervenientes à contratação associados à escolha da solução de projeto básico pelo **contratado** deverão ser alocados **como de sua responsabilidade** na matriz de riscos.

7.1.4. Valor estimado da contratação

Nos termos do art. 23 da Lei nº 14.133/2021, o valor previamente estimado da contratação deverá ser compatível com os valores praticados pelo mercado, considerados os preços constantes de bancos de dados públicos e as quantidades a serem contratadas, observadas a potencial economia de escala e as peculiaridades do local de execução do objeto.

---

[26] De acordo com o Decreto nº 12.343/2024, que atualizou o art. 6º, *caput*, XXII, consideram-se obras e serviços de grande vulto aqueles cujo valor supera R$ 250.902.323,87 (duzentos e cinquenta milhões novecentos e dois mil trezentos e vinte e três reais e oitenta e sete centavos).

Conforme disposição do art. 23, § 4º, no processo licitatório para aquisição de bens e contratação de serviços em geral, conforme regulamento, o valor estimado será definido com base no melhor preço aferido por meio da utilização dos seguintes parâmetros, adotados de forma combinada ou não: (i) composição de custos unitários menores ou iguais à mediana do item correspondente no painel para consulta de preços ou no Banco de Preços em Saúde disponíveis no Portal Nacional de Contratações Públicas (PNCP); (ii) contratações similares feitas pela Administração Pública, em execução ou concluídas no período de 1 (um) ano anterior à data da pesquisa de preços, inclusive mediante sistema de registro de preços, observado o índice de atualização de preços correspondente; (iii) utilização de dados de pesquisa publicada em mídia especializada, de tabela de referência formalmente aprovada pelo Poder Executivo federal e de sítios eletrônicos especializados ou de domínio amplo, desde que contenham a data e hora de acesso; (iv) pesquisa direta com no mínimo 3 (três) fornecedores, mediante solicitação formal de cotação, desde que seja apresentada a justificativa da escolha desses fornecedores e que não tenham sido obtidos os orçamentos com mais de 6 (seis) meses de antecedência da data de divulgação do edital; (V) pesquisa na base nacional de notas fiscais eletrônicas, na forma de regulamento.

Note-se também que, de acordo com o art. 23, § 3º, nas contratações realizadas por municípios, estados e Distrito Federal, desde que não envolvam recursos da União, o valor previamente estimado da contratação poderá ser definido por meio da utilização de outros sistemas de custos adotados pelo respectivo ente federativo.

Perceba-se ainda que, nos termos do art. 23, § 4º, nas contratações diretas por inexigibilidade ou por dispensa, quando não for possível estimar o valor do objeto, o contratado deverá comprovar previamente que os preços estão em conformidade com os praticados em contratações semelhantes de objetos de mesma natureza, por meio da apresentação de notas fiscais emitidas para outros contratantes no período de até 1 (um) ano anterior à data da contratação pela Administração, ou por outro meio idôneo.

Por fim, segundo o art. 23, § 5º, no processo licitatório para contratação de obras e serviços de engenharia sob os regimes de contratação integrada ou semi-integrada, o valor estimado da contratação será calculado nos mesmos moldes para a contratação de obras e serviços de engenharia, acrescido ou não de parcela referente à remuneração do risco, e, sempre que necessário e o anteprojeto permitir, a estimativa de preço será baseada em orçamento sintético, balizado em sistema de custos, devendo a utilização de metodologia expedita ou paramétrica e de avaliação aproximada baseada em outras contratações similares ser reservada às frações do empreendimento não suficientemente detalhadas no anteprojeto.

Nesse caso, será exigido, ainda, no mínimo, o mesmo nível de detalhamento dos licitantes ou contratados no orçamento que compuser suas respectivas propostas, conforme previsto no art. 23, § 6º.

7.1.5. Vedação à aquisição de artigos de luxo

De acordo com o art. 20 da Lei nº 14.133/2021, os itens de consumo adquiridos para suprir as demandas das estruturas da Administração Pública deverão ser de **qualidade comum**, não superior à mínima necessária para cumprir as finalidades às quais se destinam, **vedada a aquisição de artigos de luxo**.

Por sua vez, o § 1º do art. 20 estabelece que os Poderes Executivo, Legislativo e Judiciário definirão em regulamento os limites para o enquadramento dos bens de consumo nas categorias comum e luxo, de modo que, a partir de 180 (cento e oitenta) dias contados da promulgação da lei, as novas compras de bens de consumo só poderão ser efetivadas com a edição, pela autoridade competente, daquele regulamento, conforme dispõe o § 2º.

A correta interpretação do art. 20, sobre estabelecer a qualidade comum dos bens, vedando a aquisição de artigos de luxo, é a vedação à aquisição de produtos supérfluos e desnecessários.

A Lei nº 14.133/2021 não quer e não pode vedar a aquisição de bens e serviços de boa qualidade, com desempenho e performance de excelência. Como dito anteriormente, a vedação legal é sobre produtos desnecessários, desproporcionais e supérfluos.

7.2. Publicação do edital

7.2.1. Comentários preliminares

Antes de se adentrar efetivamente na publicação do edital, é preciso estabelecer algumas premissas a serem observadas pelo ato convocatório.

Nos termos do art. 25 da Lei nº 14.133/2021, o edital deverá conter o objeto da licitação e as regras relativas à convocação, ao julgamento, à habilitação, aos recursos e às penalidades da licitação, à fiscalização e à gestão do contrato, à entrega do objeto e às condições de pagamento.

Atente-se que, nos termos do art. 25, § 1º, sempre que o objeto permitir, a Administração adotará minutas padronizadas de edital e de contrato com cláusulas uniformes.

Ademais, afirma o § 2º do referido artigo que, desde que, conforme demonstrado em estudo técnico preliminar, não sejam causados prejuízos à competitividade do processo licitatório e à eficiência do respectivo contrato, o edital poderá prever a utilização de mão de obra, materiais, tecnologias e matérias-primas existentes no local da execução, conservação e operação do bem, serviço ou obra.

Como prevê o § 3º, todos os elementos do edital, incluídos minuta de contrato, termos de referência, anteprojeto, projetos e outros anexos, deverão ser divulgados em sítio eletrônico oficial na mesma data de divulgação do edital, **sem necessidade de registro ou de identificação para acesso**.

Por sua vez, o § 4º afirma que, nas contratações de obras, serviços e fornecimentos de grande vulto, o edital deverá prever a obrigatoriedade de implantação de programa de integridade pelo licitante vencedor, no prazo de 6 (seis) meses, contado da celebração do contrato, conforme regulamento que disporá sobre as medidas a serem adotadas, a forma de comprovação e as penalidades pelo seu descumprimento.

O ato convocatório ainda poderá prever a responsabilidade do contratado pela obtenção do licenciamento ambiental e realização da desapropriação autorizada pelo Poder Público, de modo que os licenciamentos ambientais de obras e serviços de engenharia licitados e contratados nos termos da Lei nº 14.133/2021 terão prioridade de tramitação nos órgãos e nas entidades integrantes do Sistema Nacional do Meio Ambiente (Sisnama) e deverão ser orientados pelos princípios da celeridade, da cooperação, da economicidade e da eficiência.

O edital poderá exigir que o percentual mínimo da mão de obra responsável pela execução do objeto da contratação seja constituído por:

I. mulheres vítimas de violência doméstica;
II. oriundos ou egressos do sistema prisional.

7.2.2. Elaboração do parecer jurídico

De acordo com o art. 53 da Lei nº 14.133/2021, ao final da fase preparatória, o processo licitatório seguirá para o órgão de assessoramento jurídico da Administração, que realizará controle prévio de legalidade mediante análise jurídica da contratação.

Na elaboração do parecer jurídico, o órgão de assessoramento jurídico da Administração deverá:

I. apreciar o processo licitatório conforme critérios objetivos prévios de atribuição de prioridade;
II. redigir sua manifestação em linguagem simples e compreensível e de forma clara e objetiva, com apreciação de todos os elementos indispensáveis à contratação e com exposição dos pressupostos de fato e de direito levados em consideração na análise jurídica.

No projeto de lei, ainda em fase anterior à sanção presidencial, havia a previsão de que o parecer jurídico que desaprovasse a continuidade da contratação, no todo ou em parte, poderia ser motivadamente rejeitado pela autoridade máxima do órgão ou da entidade, hipótese em que esta passaria a responder pessoal e exclusivamente pelas irregularidades que, em razão desse fato, lhe fossem eventualmente imputadas.

Assim, o projeto de lei encerrava uma divergência doutrinária e jurisprudencial acerca da natureza jurídica do parecer jurídico de análise do edital. A divergência está relacionada ao fato de o parecer jurídico ser obrigatório ou vinculante.

O parecer obrigatório é aquele em que a requisição do parecer é obrigatória pelo administrador público, mas não o vincula na tomada de decisão. Por outro lado, o parecer vinculante é aquele em que a requisição é obrigatória, bem como a conclusão do parecer deve ser seguida pelo gestor, de modo que o parecer deixa de ser uma peça meramente opinativa.

Contudo, a previsão do projeto de lei foi vetada pela Presidência da República. Dessa forma, permanece a referida divergência.

O STF, por meio do MS 24.631/DF, fixou entendimento (ainda sobre a Lei nº 8.666/1993) de que o parecer teria natureza vinculante, conforme se depreende do voto do ministro relator:

> Não há o envolvimento de simples peça opinativa, mas de aprovação, pelo setor técnico da autarquia, de convênio e aditivos, bem como de ratificações. Portanto, a hipótese sugere a responsabilidade solidária, considerado não só o crivo técnico implementado, como também o ato mediante o qual o administrador sufragou o exame e o endosso procedidos.

O STF realizou distinção da natureza do parecer para estabelecer a responsabilização do parecerista.

O entendimento exarado por essa corte é criticado por parte da doutrina administrativa, segundo a qual o parecer teria natureza obrigatória e a responsabilização do parecerista deveria ser analisada caso a caso.

Ademais, importante a previsão do art. 53, § 5º, segundo o qual é dispensável a análise jurídica nas hipóteses previamente definidas em ato da autoridade jurídica máxima competente, que deverá considerar:

I. o baixo valor;

II. a baixa complexidade da contratação;

III. a entrega imediata do bem ou;

IV. a utilização de minutas de editais e instrumentos de contrato, convênio ou outros ajustes previamente padronizados pelo órgão de assessoramento jurídico.

Por fim, encerrada a instrução do processo sob os aspectos técnico e jurídico, a publicidade do edital de licitação será realizada mediante divulgação e manutenção do inteiro teor do ato convocatório e de seus anexos no Portal Nacional de Contratações Públicas.

Ademais, é facultada a divulgação adicional e a manutenção do inteiro teor do edital e de seus anexos em sítio eletrônico oficial do ente federativo ou, no caso de consórcio público, do ente de maior nível entre eles, admitida, ainda, a divulgação direta a interessados devidamente cadastrados para esse fim.

7.3. Apresentação de propostas e lances

7.3.1. Prazos mínimos para apresentação

De acordo com o art. 55 da Lei nº 14.133/2021, os prazos mínimos – **todos em dias úteis** – para apresentação de propostas e lances, contados a partir da data de divulgação do edital de licitação, são:

I. para aquisição de bens:

a) 8 (oito) dias úteis, quando adotados os critérios de julgamento de menor preço ou de maior desconto;

b) 15 (quinze) dias úteis, quando adotados os critérios de julgamento de melhor técnica ou conteúdo artístico; técnica e preço; maior lance, no caso de leilão; maior retorno econômico;

II. no caso de serviços e obras:

a) 10 (dez) dias úteis, quando adotados os critérios de julgamento de menor preço ou de maior desconto, no caso de serviços comuns e de obras e serviços comuns de engenharia;

b) 25 (vinte e cinco) dias úteis, quando adotados os critérios de julgamento de menor preço ou de maior desconto, no caso de serviços especiais e de obras e serviços especiais de engenharia;

c) 60 (sessenta) dias úteis, quando o regime de execução for de contratação integrada;

d) 35 (trinta e cinco) dias úteis, quando o regime de execução for o de contratação semi-integrada ou nas hipóteses a seguir:

d.1) no caso de serviços comuns e de obras e serviços comuns de engenharia, quando adotados os critérios de julgamento de melhor técnica ou conteúdo artístico; técnica e preço; maior lance, no caso de leilão; maior retorno econômico;

d.2) no caso de serviços especiais e de obras e serviços especiais de engenharia, melhor técnica ou conteúdo artístico; técnica e preço; maior lance, no caso de leilão; maior retorno econômico;

III. 15 (quinze) dias úteis para licitação em que se adote o critério de julgamento de maior lance;

IV. 35 (trinta e cinco) dias úteis para licitação em que se adote o critério de julgamento de técnica e preço ou de melhor técnica ou conteúdo artístico.

Eventuais modificações no edital implicarão nova divulgação na mesma forma de sua divulgação inicial, além do cumprimento dos mesmos prazos dos atos e procedimentos originais, **exceto quando a alteração não comprometer a formulação das propostas**.

Os prazos *supra* poderão, mediante decisão fundamentada, ser reduzidos até a metade nas licitações realizadas pelo Ministério da Saúde, no âmbito do Sistema Único de Saúde (SUS).

Tipo de aquisição	Critério de julgamento/regime de execução	Prazo
Bens	Menor preço ou maior desconto	8 dias úteis
	Melhor técnica ou conteúdo artístico; técnica e preço; maior lance, no caso de leilão; maior retorno econômico	15 dias úteis
Serviços e obras	Menor preço ou maior desconto, no caso de serviços comuns e de obras e serviços comuns de engenharia	10 dias úteis
Serviços e obras	Menor preço ou maior desconto, no caso de serviços especiais e de obras e serviços especiais de engenharia	25 dias úteis
	Contratação integrada	60 dias úteis
	Contratação semi-integrada ou adotados os critérios de julgamento de melhor técnica ou conteúdo artístico; técnica e preço; maior lance, no caso de leilão; maior retorno econômico, no caso de serviços comuns e de obras e serviços comuns de engenharia	35 dias úteis
	Contratação semi-integrada ou adotados os critérios de julgamento de melhor técnica ou conteúdo artístico; técnica e preço; maior lance, no caso de leilão; maior retorno econômico, no caso de serviços especiais e de obras e serviços especiais de engenharia	35 dias úteis
Alienação de bens públicos	Maior lance	15 dias úteis
Qualquer tipo de aquisição	Técnica e preço ou melhor técnica ou conteúdo artístico	35 dias úteis

7.3.2. Modo de disputa

De acordo com o art. 56, o modo de disputa poderá ser, **isolada ou conjuntamente**:

I. aberto, hipótese em que os licitantes apresentarão suas propostas por meio de lances públicos e sucessivos, crescentes ou decrescentes;

II. fechado, hipótese em que as propostas permanecerão em sigilo até a data e hora designadas para sua divulgação.

Ao pontuar os modos de disputa, o art. 56 estabelece três modos de disputa, quais sejam: o aberto, o fechado e o misto. Conclui-se assim em razão das expressões "isolada" e "conjuntamente". Dessa forma, será possível a combinação entre os modos de disputa.

A **utilização** do modo de **disputa aberto** será **vedada** quando adotado o critério de julgamento de **técnica e preço**.

7.3.3. Lances

Primeiro ponto a ser enfrentado acerca dos lances são os chamados lances intermediários. Esse tipo de lance é oferecido pelos licitantes, o qual é melhor que os seus últimos lances, mas não chega a ser melhor que o lance geral.

Trata-se de mecanismo para subir a posição da empresa na classificação das propostas, mesmo que não seja a primeira colocada. Ademais, constitui instrumento que tenta evitar fraudes e combinações nas licitações que se valem de lances.

Imagine uma licitação pelo modo de disputa aberto, no qual os lances se sucedem, a título de exemplo, em ordem decrescente de valor; caso um licitante oferte lance muito abaixo dos demais, tal fato poderá implicar a impossibilidade de que estes continuem a ofertar os lances, encerrando-se o certame.

Nessa hipótese, caso o primeiro colocado não atenda aos requisitos do edital, por qualquer que seja o motivo, haverá a sua exclusão do certame, convocando-se o segundo colocado. Tal procedimento previsto na legislação pode levar a situações em que haja licitantes que se aproveitem maliciosamente disso, conforme exemplo a seguir:

> Imagine-se que o primeiro colocado oferte valor muito abaixo do mercado, de maneira intencional, levando à desistência dos demais licitantes de apresentarem propostas melhores. Imagine-se, ainda, que o segundo colocado estivesse em conluio com o primeiro, de modo que aquele tenha apresentado uma proposta de valor mais alto.

Para impedir a fraude anteriormente explicada, surgem os lances intermediários. Assim, as licitantes que não puderem ofertar lances melhores que o primeiro colocado têm a oportunidade de melhorar seus próprios lances.

Dessa forma, o art. 56, § 3º, considera como intermediários os lances:

I. iguais ou inferiores ao maior já ofertado, quando adotado o critério de julgamento de maior lance;

II. iguais ou superiores ao menor já ofertado, quando adotados os demais critérios de julgamento.

Após a definição da melhor proposta, se a diferença em relação à proposta classificada em segundo lugar for de pelo menos 5% (cinco por cento), a Administração poderá admitir o reinício da disputa aberta, nos termos estabelecidos no instrumento convocatório, para a definição das demais colocações.

Atente-se ainda para o fato de que o art. 57 prevê que o edital de licitação poderá estabelecer intervalo mínimo de diferença de valores entre os lances, que incidirá tanto em relação aos lances intermediários quanto em relação à proposta que cobrir a melhor oferta.

7.3.4. Garantia de proposta

Ponto relevante é a disciplina prevista no art. 58 da Lei nº 14.133/2021, que estabelece a possibilidade de haver a garantia de proposta.

De acordo o dispositivo legal, poderá ser exigida, no momento da apresentação da proposta, a comprovação do recolhimento de quantia a título de garantia de proposta, como requisito de pré-habilitação.

A garantia de proposta não poderá ser superior a 1% (um por cento) do valor estimado para a contratação, de modo que será devolvida aos licitantes no prazo de 10 (dez) dias úteis, contado da assinatura do contrato ou da data em que for declarada fracassada a licitação.

O fato de haver a recusa em assinar o contrato ou a não apresentação dos documentos para a contratação implicará execução do valor integral da garantia de proposta.

A garantia de proposta poderá ser prestada nas seguintes modalidades:

I. caução em dinheiro ou em títulos da dívida pública;

II. seguro-garantia;

III. fiança bancária.

7.4. Julgamento de propostas e lances

7.4.1. Comentários iniciais

Findada a fase de apresentação das propostas e dos lances, ocorrerá a fase de julgamento.

De acordo com o art. 59, serão desclassificadas as propostas que: (i) contiverem vícios insanáveis; (ii) não obedecerem às especificações técnicas pormenorizadas no edital; (iii) apresentarem preços inexequíveis ou permanecerem acima do orçamento estimado para a contratação; (iv) não tiverem sua exequibilidade demonstrada, quando exigida pela Administração; (v) apresentarem desconformidade com quaisquer outras exigências do edital, desde que insanáveis.

A verificação da conformidade das propostas poderá ser feita exclusivamente em relação à proposta mais bem classificada. Assim, o que permite a legislação é que apenas a proposta mais bem classificada terá verificada a sua conformidade.

A Administração poderá realizar diligências para aferir a exequibilidade das propostas ou exigir dos licitantes que ela seja demonstrada.

No caso de obras e serviços de engenharia e arquitetura, para efeito de avaliação da exequibilidade e de sobrepreço, serão considerados o preço global, os quantitativos e os preços unitários tidos como relevantes, observado o critério de aceitabilidade de preços unitário e global a ser fixado no edital, conforme as especificidades do mercado correspondente.

No caso de obras e serviços de engenharia, serão consideradas inexequíveis as propostas cujos valores forem inferiores a 75% (setenta e cinco por cento) do valor orçado pela Administração. Nesse ponto, é importante a Súmula nº 262 do TCU. Por ela, o critério definido no art. 48, II, § 1º, *a* e *b*, da Lei nº 8.666/1993 conduz a uma presunção relativa de inexequibilidade de preços, devendo a Administração dar à licitante a oportunidade de demonstrar a exequibilidade da sua proposta. Apesar de a súmula ter sido editada sob a vigência da Lei nº 8.666/1993, ela continua sendo aplicada no bojo da Lei nº 14.133/2021. Destarte, o entendimento predominante é de que essa determinação não é absoluta, mas, sim, relativa, requerendo interpretação. Dessa forma, caso o licitante apresente uma proposta com um valor considerado inexequível, ele terá a oportunidade de justificar e comprovar que é perfeitamente possível cumprir com o compromisso proposto.

Também nas contratações de obras e serviços de engenharia, será exigida **garantia adicional do licitante vencedor** cuja proposta for **inferior a 85% (oitenta e cinco por cento) do valor orçado pela Administração**, equivalente à diferença entre este último e o valor da proposta, sem prejuízo das demais garantias exigíveis pela lei. O intuito desse dispositivo é garantir que empresas que apresentem propostas com preços considerados excessivamente baixos, o que pode indicar um risco maior de execução inadequada ou de abandono do contrato, ofereçam uma contragarantia financeira. Essa garantia adicional busca compensar a diferença entre o valor da proposta e 85% do valor orçado pela Administração.

Exemplo prático:

Imagine que a Administração Pública tenha orçado uma obra de engenharia no valor de R$ 1.000.000,00. No processo licitatório, um licitante apresenta uma proposta de R$ 800.000,00, ou seja, 80% do valor orçado. Essa proposta está abaixo do limite de 85% (que seria R$ 850.000,00).

Conforme o § 5º, a Administração exigirá uma garantia adicional equivalente à diferença entre o valor orçado e o valor da proposta. Nesse caso:

- Valor orçado: R$ 1.000.000,00.
- 85% do valor orçado: R$ 850.000,00.
- Valor da proposta do licitante: R$ 800.000,00.
- Diferença entre 85% do valor orçado e o valor da proposta: R$ 850.000,00 – R$ 800.000,00 = R$ 50.000,00.

Portanto, o licitante vencedor deverá oferecer uma garantia adicional no valor de R$ 50.000,00, além das demais garantias que possam ser exigidas pela Administração de acordo com a Lei.

7.4.2. Critérios de desempate

De acordo com o art. 60, em caso de empate entre duas ou mais propostas, serão utilizados os seguintes critérios de desempate, nesta ordem:

I. disputa final, hipótese em que os licitantes empatados poderão apresentar nova proposta em ato contínuo à classificação;
II. avaliação do desempenho contratual prévio dos licitantes, para a qual deverão preferencialmente ser utilizados registros cadastrais para efeito de atesto de cumprimento de obrigações;
III. desenvolvimento pelo licitante de ações de equidade entre homens e mulheres no ambiente de trabalho, conforme regulamento;
IV. desenvolvimento pelo licitante de programa de integridade, conforme orientações dos órgãos de controle.

Ademais, o § 1º estabelece que, em igualdade de condições, se não houver desempate, será assegurada **preferência**, **sucessivamente**, aos bens e serviços produzidos ou prestados por:

I. empresas estabelecidas no território do órgão ou entidade da Administração Pública estadual licitante ou no Estado em que se localiza o órgão ou entidade da Administração Pública municipal licitante;
II. empresas brasileiras;
III. empresas que invistam em pesquisa e no desenvolvimento de tecnologia no País;
IV. empresas que comprovem a prática de mitigação,[27] nos termos da Lei nº 12.187, de 29 de dezembro de 2009, que institui a Política Nacional sobre Mudança do Clima.

7.4.3. Da negociação de condições mais vantajosas

De acordo com o art. 61, definido o resultado do julgamento, a Administração poderá negociar condições mais vantajosas com o primeiro colocado, de modo que a negociação poderá ser feita com os demais licitantes, segundo a ordem de classificação inicialmente estabelecida, quando o primeiro colocado, em determinado momento,

[27] De acordo com o art. 2º, VII, consideram-se mitigação as mudanças e substituições tecnológicas que reduzam o uso de recursos e as emissões por unidade de produção, bem como a implementação de medidas que reduzam as emissões de gases de efeito estufa e aumentem os sumidouros.

mesmo após a negociação, for desclassificado por sua proposta permanecer acima do preço máximo definido pela Administração.

7.5. Habilitação

A habilitação, conforme o art. 62, é a fase da licitação em que se verifica o conjunto de informações e documentos **necessários e suficientes** para demonstrar a capacidade do licitante de realizar o objeto da licitação, dividindo-se em:

I. jurídica;
II. técnica;
III. fiscal, social e trabalhista;
IV. econômico-financeira.

O *caput* do art. 62 estabelece que apenas documentos necessários e suficientes para demonstrar a capacidade do licitante em executar o objeto licitado poderão ser exigidos. Assim, a disposição legal está em consonância com o posicionamento do Tribunal de Contas da União. De acordo com o TCU, em sua Súmula nº 272, no edital de licitação, é vedada a inclusão de exigências de habilitação e de quesitos de pontuação técnica para cujo atendimento os licitantes tenham de incorrer em custos que não sejam necessários anteriormente à celebração do contrato.

Consoante o art. 65, as condições de habilitação serão definidas no edital, de modo que poderá ser realizada por processo eletrônico de comunicação a distância, nos termos dispostos em regulamento.

7.5.1. Comentários iniciais

Na fase de habilitação das licitações, serão observadas as seguintes disposições:

I. **Poderá ser exigida dos licitantes a declaração de que atendem aos requisitos de habilitação**, e o declarante responderá pela veracidade das informações prestadas, na forma da lei.
II. Será exigida a apresentação dos documentos de habilitação apenas pelo licitante vencedor, exceto quando a fase de habilitação anteceder a de julgamento.

Assim, apenas o licitante vencedor será habilitado. Excepcionalmente, quando houver a inversão de fases – habilitação anteceder a apresentação e o julgamento das propostas –, haverá a habilitação de todos os licitantes.

III. Serão exigidos os documentos relativos à **regularidade fiscal**, em qualquer caso, **somente em momento posterior ao julgamento das propostas**, e apenas do licitante mais bem classificado.

IV. Será exigida do licitante declaração de que cumpre as exigências de reserva de cargos para pessoa com deficiência e para reabilitado da Previdência Social, previstas em lei e em outras normas específicas.

Constará do edital de licitação cláusula que exija dos licitantes, sob pena de **desclassificação**, declaração de que suas **propostas econômicas compreendem a integralidade dos custos para atendimento dos direitos trabalhistas** assegurados na Constituição Federal, nas leis trabalhistas, nas normas infralegais, nas convenções coletivas de trabalho e nos termos de ajustamento de conduta vigentes na data de entrega das propostas.

Quando a **avaliação prévia do local** de execução for imprescindível para o conhecimento pleno das condições e peculiaridades do objeto a ser contratado, o edital de licitação poderá prever, sob pena de **inabilitação**, a necessidade de o licitante atestar que conhece o local e as condições de realização da obra ou serviço, assegurado a ele o direito de realização de vistoria prévia, de modo que a Administração deverá disponibilizar data e horário diferentes para os eventuais interessados.

Atente-se ao fato de a visita técnica **não ser obrigatória**, de maneira que o edital *sempre* deverá prever a possibilidade de substituição da vistoria por declaração formal assinada pelo responsável técnico do licitante acerca do conhecimento pleno das condições e peculiaridades da contratação.

Nos termos do art. 64, após a entrega dos documentos para habilitação, não será permitida a substituição ou a apresentação de novos documentos, salvo em sede de diligência, para:

I. complementação de informações acerca dos documentos já apresentados pelos licitantes e desde que necessária para apurar fatos existentes à época da abertura do certame;

II. atualização de documentos cuja validade tenha expirado após a data de recebimento das propostas.

Na análise dos documentos da habilitação, a comissão de licitação poderá sanar erros ou falhas que não alterem a substância dos documentos e sua validade jurídica, mediante despacho fundamentado registrado e acessível a todos, atribuindo-lhes eficácia para fins de habilitação e classificação.

Quando a fase de habilitação anteceder a de julgamento e já tiver sido encerrada, não caberá exclusão de licitante por motivo relacionado à habilitação, salvo em razão de fatos supervenientes ou só conhecidos após o julgamento.

Por fim, perceba-se que as empresas criadas no exercício financeiro da licitação deverão atender a todas as exigências da habilitação e ficarão autorizadas a substituir os demonstrativos contábeis pelo balanço de abertura.

7.5.2. Habilitação jurídica

De acordo com o art. 66, a habilitação jurídica visa demonstrar a capacidade de o licitante exercer direitos e assumir obrigações, e a documentação a ser apresentada por ele limita-se à comprovação de existência jurídica da pessoa e, quando cabível, de autorização para o exercício da atividade a ser contratada.

7.5.3. Habilitação técnica

O art. 67 da Lei nº 14.133/2021 consagra a possibilidade de comprovação da habilitação técnica por meio de uma qualificação técnico-profissional, bem como por uma qualificação técnico-operacional. Em síntese, aquela qualificação refere-se ao fato de a empresa ter profissionais qualificados para exercer o objeto da licitação. Por sua vez, essa qualificação consiste no fato de a própria empresa ter a expertise na condução do objeto licitatório.

A documentação relativa à qualificação técnico-profissional e técnico-operacional será restrita a:

I. apresentação de profissional, devidamente registrado no conselho profissional competente, quando for o caso, detentor de atestado de responsabilidade técnica por execução de obra ou serviço de características semelhantes, para fins de contratação;

II. certidões ou atestados, regularmente emitidos pelo conselho profissional competente, quando for o caso, que demonstrem capacidade operacional na execução de serviços similares de complexidade tecnológica e operacional equivalente ou superior, bem como documentos comprobatórios;

> Salvo na contratação de obras e serviços de engenharia, as exigências anteriores, a critério da Administração, poderão ser substituídas por outra prova de que o profissional ou a empresa possui conhecimento técnico e experiência prática na execução de serviço de características semelhantes, hipótese em que as provas alternativas aceitáveis deverão ser previstas em regulamento.

III. indicação do pessoal técnico, das instalações e do aparelhamento adequados e disponíveis para a realização do objeto da licitação, bem como da qualificação de cada membro da equipe técnica que se responsabilizará pelos trabalhos;

IV. prova de atendimento de requisitos previstos em lei especial, quando for o caso;

V. registro ou inscrição na entidade profissional competente, quando for o caso;

Sociedades empresárias estrangeiras atenderão à exigência por meio da apresentação, no momento da assinatura do contrato, da solicitação de registro perante a entidade profissional competente no Brasil.

VI. declaração de que o licitante tomou conhecimento de todas as informações e das condições locais para o cumprimento das obrigações objeto da licitação.

A exigência de atestados será restrita às parcelas de maior relevância ou valor significativo do objeto da licitação, assim consideradas as que tenham valor individual igual ou superior a 4% (quatro por cento) do valor total estimado da contratação, de modo que será admitida a exigência de atestados com quantidades mínimas de até 50% (cinquenta por cento) das parcelas, vedadas limitações de tempo e de locais específicos relativas aos atestados.

Serão aceitos atestados ou outros documentos hábeis emitidos por entidades estrangeiras quando acompanhados de tradução para o português, salvo se comprovada a inidoneidade da entidade emissora.

Em se tratando de serviços contínuos, o edital poderá exigir certidão ou atestado que demonstre que o licitante tenha executado serviços similares ao objeto da licitação, *em períodos sucessivos ou não*, por um prazo mínimo, **que não poderá ser superior 3 (três) anos**. Trata-se de disposição que encontra amparo na jurisprudência do STJ. De acordo com essa corte, não fere a igualdade entre os licitantes, tampouco a ampla competitividade entre eles, o condicionamento editalício referente à experiência prévia dos concorrentes no âmbito do objeto licitado, a pretexto de demonstração de qualificação técnica, nos termos do art. 30, II, da Lei nº 8.666/1993.[28]

Embora o posicionamento do STJ tenha ocorrido no âmbito do regramento anterior, ele permanece válido e hígido no regramento estabelecido pela Lei nº 14.133/2021.

Os profissionais indicados pelo licitante deverão participar da obra ou serviço objeto da licitação, e será admitida a sua substituição por profissionais de experiência equivalente ou superior, desde que aprovada pela Administração.

Importante: o edital poderá prever, para aspectos técnicos específicos, que a qualificação técnica seja demonstrada por meio de atestados relativos a potencial subcontratado, limitado a 25% (vinte e cinco por cento) do objeto a ser licitado, hipótese em que mais de um licitante poderá apresentar atestado relativo ao mesmo potencial subcontratado.

Em caso de apresentação por licitante de atestado de desempenho anterior emitido em favor de consórcio do qual tenha feito parte, se o atestado ou o contrato de constituição do consórcio não identificar a atividade desempenhada por cada

[28] RMS 39.883/MT, Segunda Turma, Rel. Min. Humberto Martins, j. 17.12.2013, *DJe* 03.02.2014.

consorciado individualmente, serão adotados os seguintes critérios na avaliação de sua qualificação técnica:

I. Caso o atestado tenha sido emitido em favor de consórcio homogêneo, as experiências atestadas deverão ser reconhecidas para cada empresa consorciada na proporção quantitativa de sua participação no consórcio, salvo nas licitações para contratação de serviços técnicos especializados de natureza predominantemente intelectual, em que todas as experiências atestadas deverão ser reconhecidas para cada uma das empresas consorciadas.

Não serão admitidos atestados de responsabilidade técnica de profissionais que tenham dado causa à aplicação das sanções: (1) impedimento de licitar e contratar e (2) declaração de inidoneidade para licitar e contratar, em decorrência de orientação proposta, de prescrição técnica ou de qualquer ato profissional de sua responsabilidade.

II. Caso o atestado tenha sido emitido em favor de consórcio heterogêneo, as experiências atestadas deverão ser reconhecidas para cada consorciado de acordo com os respectivos campos de atuação, inclusive nas licitações para contratação de serviços técnicos especializados de natureza predominantemente intelectual.

Na hipótese anterior, para fins de comprovação do percentual de participação do consorciado, caso este não conste expressamente do atestado ou da certidão, deverá ser juntada ao atestado ou à certidão cópia do instrumento de constituição do consórcio.

7.5.4. Habilitação fiscal, social e trabalhista

De acordo com o art. 68, as habilitações fiscal, social e trabalhista serão aferidas mediante a verificação dos seguintes requisitos:

I. a inscrição no Cadastro de Pessoas Físicas (CPF) ou no Cadastro Nacional da Pessoa Jurídica (CNPJ);
II. a inscrição no cadastro de contribuintes estadual ou municipal, se houver, relativo ao domicílio ou sede do licitante, pertinente ao seu ramo de atividade e compatível com o objeto contratual;
III. a regularidade perante a Fazenda federal, a estadual e a municipal do domicílio ou sede do licitante, ou outra equivalente, na forma da lei;

Por sua vez, no que tange à regularidade fiscal, a Súmula nº 283 TCU afirma que, para fim de habilitação, a Administração Pública não deve exigir dos licitantes a apresentação de certidão de quitação de obrigações fiscais, e sim prova de sua regularidade.

IV. a regularidade relativa à Seguridade Social e ao FGTS, que demonstre cumprimento dos encargos sociais instituídos por lei;

V. a regularidade perante a Justiça do Trabalho;

VI. o cumprimento do trabalho do menor, isto é, o disposto no art. 7º, XXXIII, que estabelece a proibição de trabalho noturno, perigoso ou insalubre a menores de dezoito e de qualquer trabalho a menores de dezesseis anos, salvo na condição de aprendiz, a partir de quatorze anos.

Os documentos anteriores poderão ser substituídos ou supridos, no todo ou em parte, por outros meios hábeis a comprovar a regularidade do licitante, inclusive por meio eletrônico.

Importante é o entendimento do STF[29], segundo o qual é constitucional a exigência de apresentação de Certidão Negativa de Débitos Trabalhistas nos processos licitatórios como requisito de comprovação de regularidade trabalhista.

Para o STF, a exigência instituída pela lei impugnada, além de representar um adequado balizamento entre o livre exercício da atividade econômica e os princípios constitucionais da valorização do trabalho humano e da eficiência administrativa, privilegia o interesse público (i) na promoção de licitações que efetivamente garantam a igualdade de condições a todos os concorrentes; (ii) na seleção da proposta mais vantajosa para a Administração Pública; e (iii) na celebração de contratos com empresas que estejam efetivamente aptas a honrar com suas obrigações, observando, assim, o princípio da eficiência administrativa.

7.5.5. *Habilitação econômico-financeira*

Nos termos do art. 69, a habilitação econômico-financeira visa demonstrar a aptidão econômica do licitante para cumprir as obrigações decorrentes do futuro contrato, devendo ser comprovada de forma objetiva, por coeficientes e índices econômicos previstos no edital, devidamente justificados no processo licitatório, e será restrita à apresentação da seguinte documentação:

I. balanço patrimonial, demonstração de resultado de exercício e demais demonstrações contábeis dos 2 (dois) últimos exercícios sociais;

   Esses documentos limitar-se-ão ao último exercício no caso de a pessoa jurídica ter sido constituída há menos de 2 (dois) anos.

II. certidão negativa de feitos sobre falência expedida pelo distribuidor da sede do licitante.

Empresa em recuperação judicial pode participar de licitação, desde que demonstre viabilidade econômica e financeira, de acordo com o STJ.[30]

---

29 ADI 4.716/DF, Rel. Min. Dias Toffoli, julgamento virtual finalizado em 27.09.2024.

30 AREsp 309.867/ES, Primeira Turma, Rel. Min. Gurgel de Faria, j. 26.06.2018, *DJe* 08.08.2018.

A critério da Administração, poderá ser exigida declaração, assinada por profissional habilitado da área contábil, que ateste o atendimento pelo licitante dos índices econômicos previstos no edital.

Atente-se que é vedada a exigência de valores mínimos de faturamento anterior e de índices de rentabilidade ou lucratividade.

É admitida a exigência da relação dos compromissos assumidos pelo licitante que importem em diminuição de sua capacidade econômico-financeira, excluídas parcelas já executadas de contratos firmados.

A Administração, nas compras para entrega futura e na execução de obras e serviços, poderá estabelecer no edital a exigência de capital mínimo ou de patrimônio líquido mínimo equivalente a até 10% (dez por cento) do valor estimado da contratação.

É vedada a exigência de índices e valores não usualmente adotados para a avaliação de situação econômico-financeira suficiente ao cumprimento das obrigações decorrentes da licitação.

7.5.6. Comentários finais

De acordo com o art. 70, a documentação referente à habilitação poderá ser:

I. apresentada em original, por cópia ou por qualquer outro meio expressamente admitido pela Administração;
II. substituída por registro cadastral emitido por órgão ou entidade pública, desde que previsto no edital e que o registro tenha sido feito em obediência à Lei nº 14.133/2021.
III. dispensada, total ou parcialmente, nas contratações para entrega imediata, nas contratações em valores inferiores a 1/4 (um quarto) do limite para dispensa de licitação para compras em geral, e nas contratações de produto para pesquisa e desenvolvimento até o valor de R$ 300.000,00 (trezentos mil reais).[31]

Por fim, as empresas estrangeiras que não funcionem no País deverão apresentar documentos equivalentes, na forma de regulamento emitido pelo Poder Executivo federal.

7.6. Fase recursal

A fase recursal será mais bem estudada no tópico 10.

7.7. Adjudicação e homologação

De acordo com o art. 71, encerradas as fases de julgamento e habilitação, e exauridos os recursos administrativos, o processo licitatório será encaminhado à *autoridade superior*, que poderá:

---

[31] Valor atualizado para R$ 376.353,48 (trezentos e setenta e seis mil trezentos e cinquenta e três reais e quarenta e oito centavos) pelo Decreto nº 12.343/2024.

I. determinar o retorno dos autos para saneamento de irregularidades;
II. revogar a licitação por motivo de conveniência e oportunidade;
III. proceder à anulação da licitação, de ofício ou mediante provocação de terceiros, sempre que presente ilegalidade insanável;
IV. adjudicar o objeto e homologar a licitação.

7.7.1. Do desfazimento da licitação – anulação e revogação

De acordo com o art. 71, III, a anulação da licitação ocorrerá de ofício ou mediante provocação de terceiros, sempre que presente ilegalidade insanável.

Ao pronunciar a nulidade, a autoridade indicará expressamente os atos com vícios insanáveis, tornando sem efeito todos os subsequentes que deles dependam, e dará ensejo à apuração de responsabilidade de quem lhes tenha dado causa.

Por sua vez, a revogação, prevista no art. 71, II, ocorrerá por razões de conveniência e oportunidade, em virtude de fato superveniente devidamente comprovado.

Por fim, nos casos de anulação e revogação, deverá ser assegurada a prévia manifestação dos interessados.

Note que a Lei nº 14.133/2021 ainda estabeleceu situações que ensejarão a nulidade do contrato, conforme será estudado no tópico 14 do capítulo 2 – Contratos Administrativos.

8. PARTICIPAÇÃO DE EMPRESAS EM CONSÓRCIOS

Nos termos do art. 15 da Lei nº 14.133/2021, salvo vedação devidamente justificada no processo licitatório, pessoa jurídica poderá participar de licitação em consórcio, observadas as seguintes normas: (i) comprovação de compromisso público ou particular de constituição de consórcio, subscrito pelos consorciados; (ii) indicação de empresa líder do consórcio, que será responsável por sua representação perante a Administração; (iii) admissão, para efeito de habilitação técnica, do somatório dos quantitativos de cada consorciado e, para efeito de habilitação econômico-financeira, do somatório dos valores de cada consorciado; (iv) impedimento, na mesma licitação, de participação de empresa consorciada, isoladamente ou por meio de mais de um consórcio; (v) responsabilidade solidária dos integrantes pelos atos praticados em consórcio, tanto na fase de licitação quanto na de execução do contrato.

Obs.: Enunciado 36 da I Jornada do CJF: "A responsabilidade solidária das empresas consorciadas pelos atos praticados na licitação e na execução do contrato, de que trata o inciso V do artigo 33 da Lei nº 8.666/1993, refere-se à responsabilidade civil, não se estendendo às penalidades administrativas".

Embora esse enunciado tenha sido elaborado com referência na Lei nº 8.666/1993, continua sendo aplicado, haja vista a identidade das redações entre os dispositivos legais.

Diante da previsão do *caput* do art. 15, é possível concluir que a regra é a permissão da participação de empresas em consórcio, sendo a exceção a vedação devidamente justificada.

O edital deverá estabelecer para o consórcio acréscimo de 10% (dez por cento) a 30% (trinta por cento) sobre o valor exigido de licitante individual para a habilitação econômico-financeira, salvo justificação, de modo que esse acréscimo não se aplica aos consórcios compostos, em sua totalidade, de microempresas e pequenas empresas.

O licitante vencedor é obrigado a promover, antes da celebração do contrato, a constituição e o registro do consórcio.

Desde que haja justificativa técnica aprovada pela autoridade competente, o edital de licitação poderá estabelecer limite máximo ao número de empresas consorciadas.

A substituição de consorciado deverá ser expressamente autorizada pelo órgão ou pela entidade contratante e condicionada à comprovação de que a nova empresa do consórcio possui, no mínimo, os mesmos quantitativos para efeito de habilitação técnica e os mesmos valores para efeito de qualificação econômico-financeira apresentados pela empresa substituída para fins de habilitação do consórcio no processo licitatório que originou o contrato.

9. PARTICIPAÇÃO DE COOPERATIVAS

De acordo com o art. 16 da Lei nº 14.133/2021, os profissionais organizados sob a forma de cooperativa poderão participar de licitação quando: (i) a constituição e o funcionamento da cooperativa observarem as regras estabelecidas na legislação aplicável, em especial a Lei nº 5.764, de 16 de dezembro de 1971, a Lei nº 12.690, de 19 de julho de 2012, e a Lei Complementar nº 130, de 17 de abril de 2009; (ii) a cooperativa apresentar demonstrativo de atuação em regime cooperado, com repartição de receitas e despesas entre os cooperados; (iii) qualquer cooperado, com igual qualificação, for capaz de executar o objeto contratado, vedado à Administração indicar nominalmente pessoas; (iv) o objeto da licitação referir-se, em se tratando de cooperativas enquadradas na Lei nº 12.690, de 19 de julho de 2012, a serviços especializados constantes do objeto social da cooperativa, a serem executados de forma complementar à sua atuação.

10. IMPUGNAÇÕES, PEDIDOS DE RECONSIDERAÇÃO E DOS RECURSOS

Nos termos do art. 164 da Lei nº 14.133/2021, qualquer **pessoa** é parte legítima para impugnar edital de licitação por irregularidade na aplicação da lei ou para solicitar esclarecimento sobre os seus termos, devendo protocolar o pedido até 3 (três) dias úteis antes da data de abertura do certame, de modo que a resposta à impugnação ou ao pedido de esclarecimento será divulgada em sítio eletrônico oficial no prazo de 3 (três) dias úteis, limitado ao último dia útil anterior à data da abertura do certame.

Segundo esse mesmo artigo, caberá recurso, no prazo de 3 (três) dias úteis, contado da data de intimação ou de lavratura da ata, em face de: (1) ato que defira ou indefira pedido de pré-qualificação de interessado ou de inscrição em registro cadastral, sua alteração ou cancelamento; (2) julgamento das propostas; (3) ato de habilitação ou inabilitação de licitante; (4) anulação ou revogação da licitação; (5) extinção do contrato, quando determinada por ato unilateral e escrito da Administração.

O primeiro ponto a se chamar atenção, no que tange aos recursos, é que estes, assim como o pedido de reconsideração, terão efeito **suspensivo** até que sobrevenha decisão final da autoridade competente.

O recurso será dirigido à autoridade que tiver editado o ato ou proferido a decisão recorrida, que, **se não reconsiderar o ato ou a decisão no prazo de 3 (três) dias úteis**, encaminhará o recurso com a sua motivação à autoridade superior, a qual deverá proferir sua decisão no prazo máximo de **10 (dez) dias úteis**, contado do recebimento dos autos.

O acolhimento de recurso implicará invalidação apenas de ato insuscetível de aproveitamento, de modo que será assegurado ao licitante vista dos elementos indispensáveis à defesa de seus interesses.

O prazo para apresentação de contrarrazões será o mesmo do recurso, isto é, o prazo de 3 dias úteis, e terá início na data de intimação pessoal ou de divulgação da interposição de recurso.

Atenção! No que tange ao recurso do ato da aplicação das sanções de advertência, de multa e de impedimento de licitar e contratar, caberá recurso no prazo de **15 (quinze) dias úteis**, contado da data de intimação, de modo que será dirigido à autoridade que tiver proferido a decisão recorrida, que, **se não a reconsiderar no prazo de 5 (cinco) dias úteis**, encaminhará o recurso com sua motivação à autoridade superior, a qual deverá proferir sua decisão no **prazo máximo de 20 (vinte) dias úteis**, contado do recebimento dos autos.

No que tange à penalidade de declaração de inidoneidade, caberá apenas pedido de reconsideração, que deverá ser apresentado no prazo de 15 (quinze) dias úteis, contado da data de intimação, e decidido no prazo máximo de 20 (vinte) dias úteis, contado do seu recebimento.

Importante ainda é o estudo dos recursos contra os atos de julgamento das propostas, bem como de habilitação ou inabilitação de licitante. Acerca desses recursos, deverão ser observadas as seguintes disposições:

I. A intenção de recorrer deverá ser manifestada imediatamente, sob pena de preclusão, e o prazo de 3 dias úteis para apresentação das razões recursais será iniciado na data de intimação ou de lavratura da ata de habilitação ou inabilitação ou, na hipótese de adoção de inversão de fases, da ata de julgamento.

II. A apreciação dar-se-á em fase única.

Assim, especificamente nas hipóteses de julgamento das propostas e da habilitação/inabilitação dos licitantes, a apreciação do recurso ocorrerá em uma fase única. Diferentemente, nas demais hipóteses, a apreciação ocorrerá sobre cada ato.

Por fim, faz-se importante o posicionamento do STJ sobre recurso julgado por autoridade incompetente. Segundo a corte, caso um recurso seja julgado por autoridade incompetente, mas posteriormente haja a homologação do certame pela autoridade superior, não há que se falar em irregularidade. Como é sabido, em caso de vício de competência, cabe convalidação, desde que não se trate de competência exclusiva.

11. MODALIDADES

A Lei nº 14.133/2021, em seu art. 28, prevê cinco modalidades de licitação:

I. pregão;
II. concorrência;
III. concurso;
IV. leilão;
V. diálogo competitivo.

Com o advento da Lei nº 14.133/2021, a escolha por uma modalidade de licitação ocorrerá pela natureza do objeto a ser licitado. Nesse sentido, o valor estimado de uma licitação deixa de ser critério para definir qual a modalidade a ser adotada.

Atente-se que a Administração pode servir-se dos procedimentos auxiliares.

Ademais, é vedada a criação de outras modalidades de licitação ou, ainda, a combinação entre as existentes.

11.1. Pregão

De acordo com o art. 6º, XLI, o pregão consiste na modalidade de **licitação obrigatória** para aquisição de **bens e serviços comuns**, cujo critério de julgamento poderá ser o de **menor preço ou o de maior desconto**. Ademais, consoante o art. 29, será adotado o pregão sempre que o objeto possuir padrões de desempenho e qualidade que possam ser objetivamente definidos pelo edital, por meio de especificações usuais de mercado.

Conforme será visto ao longo deste item, o pregão também poderá ser utilizado para a aquisição de serviços comuns de engenharia.

Atente-se ao fato de o pregão ser, **obrigatoriamente**, a modalidade utilizada para a aquisição de bens e serviços comuns.

A caracterização de um bem ou serviço como comum requer a análise de três aspectos fundamentais. São eles: **disponibilidade no mercado, padronização e casuísmo moderado**.

Primeiramente, a **disponibilidade no mercado** é um critério essencial. Isso significa que o objeto em questão deve ser prontamente encontrado e facilmente acessível no mercado. A existência do bem ou serviço, de forma ampla e generalizada, é fundamental para que seja considerado comum. Essa disponibilidade garante que o objeto esteja acessível a todos os interessados, sem restrições ou dificuldades significativas.

Além disso, a **padronização** é um elemento crucial para a caracterização de um bem ou serviço comum. Ela envolve a definição clara e objetiva das características e especificações do objeto em questão. Isso significa estabelecer critérios e diretrizes que tornem o objeto facilmente identificável e compreensível por todos. A padronização evita ambiguidades e interpretações variadas, proporcionando uma base sólida para a aplicação e a compreensão do objeto como comum. Observe que não há proibição de utilizar o pregão para a aquisição de bens complexos, como helicópteros, haja vista que esse bem é comum, com características padronizadas, e há disponibilidade no mercado.

Por fim, o **casuísmo moderado** deve ser considerado ao avaliar a qualidade do objeto em casos concretos. Em vez de analisar o objeto de forma genérica, é necessário levar em conta as particularidades de cada situação específica. Isso implica considerar aspectos individuais, características únicas e contextos particulares ao avaliar a qualidade do bem ou serviço como comum. Essa abordagem mais flexível e contextualizada permite uma avaliação mais justa e precisa do objeto em questão.

Em resumo, a caracterização de um bem ou serviço como comum requer a observação dos seguintes pontos: disponibilidade no mercado, padronização e casuísmo moderado. Esses critérios garantem que o objeto seja amplamente disponível, definido de maneira clara e objetiva, e avaliado levando em conta as particularidades de cada caso. Ao considerar esses aspectos, é possível identificar e reconhecer adequadamente os bens e serviços comuns, proporcionando uma base sólida para sua regulamentação e utilização.

Nesse sentido, o Enunciado nº 26 do CJF estabelece que a Lei nº 10.520/2002 define o bem ou serviço comum com base em critérios eminentemente mercadológicos, de modo que a complexidade técnica ou a natureza intelectual do bem ou serviço não impede a aplicação do pregão se o mercado possui definições usualmente praticadas em relação ao objeto da licitação.

A Lei nº 14.133/2021 pacificou a discussão acerca do cabimento do pregão para serviços de engenharia. O entendimento que prevalecia na doutrina, incorporado pela nova legislação, é de que o pregão pode ser utilizado para a contratação de serviços de engenharia, desde que possam ser qualificados como comuns. Inclusive, esse é o entendimento também do Tribunal de Contas da União, consolidado na Súmula nº 257: "O uso do pregão nas contratações de serviços comuns de engenharia encontra amparo na Lei nº 10.520/2002" (súmula válida, ainda que editada com base na legislação anterior).

Nesse sentido está o art. 29, parágrafo único, que afirma que o pregão não se aplica às contratações de serviços técnicos especializados de natureza predominantemente intelectual e de obras e serviços de engenharia, **exceto os serviços comuns de engenharia**.

De acordo com o art. 6º, XXI, *a*, são considerados serviços comuns de engenharia todo serviço de engenharia que tem por objeto ações, **objetivamente padronizáveis** em termos de desempenho e qualidade, de manutenção, de adequação e de adaptação de bens móveis e imóveis, com preservação das características originais dos bens.

Atente-se também que, conforme o TCU, o desenvolvimento e a manutenção de softwares enquadram-se na categoria de objetos comuns prevista na Lei nº 10.520/2002 sempre que possam ter seus padrões de desempenho e qualidade objetivamente definidos no edital por meio de especificações usuais no mercado, devendo, nessa situação, ser licitados mediante pregão.[32]

Embora o entendimento do TCU tenha sido tomado com base na legislação anterior, o entendimento prevalece hígido em face da nova legislação.

Por outro lado, não é possível utilizar o pregão para realização de obras. Assim também é o entendimento do TCU, que firmou o seguinte enunciado: "É irregular o uso da modalidade pregão para licitação de obra, sendo permitido nas contratações de serviços comuns de engenharia".[33]

Por fim, o pregão será igualmente cabível para a formação do Sistema de Registro de Preços, nos termos do art. 6º, XLV.

11.2. Concorrência

De acordo com o art. 6º, XXXVIII, a concorrência consiste na modalidade de licitação para contratação de:

1) bens e serviços especiais;
2) obras; e
3) serviços comuns e especiais de engenharia, cujo critério de julgamento poderá ser:
   a) menor preço;
   b) melhor técnica ou conteúdo artístico;

---

32 TCU, Acórdão 1.667/2017, Plenário, 02.08.2017.

33 TCU, Acórdão 980/2018, Plenário.

c) técnica e preço;
d) maior retorno econômico;
e) maior desconto.

Assim, é possível concluir que, para a licitação de serviços comuns de engenharia, a Administração poderá adotar tanto a modalidade pregão quanto a modalidade concorrência, de modo que será adotado o pregão sempre que o objeto possuir padrões de desempenho e qualidade que possam ser objetivamente definidos pelo edital, por meio de especificações usuais de mercado.

Também é possível concluir que não poderá ser usado o tipo maior lance na concorrência, haja vista ser próprio para a modalidade leilão. A concorrência será igualmente cabível para a formação do Sistema de Registro de Preços, nos termos do art. 6º, XLV.

11.3. Concurso

De acordo com o art. 6º, XXXIX, o concurso consiste na modalidade de licitação para escolha de trabalho técnico, científico ou artístico, cujo critério de julgamento será o de melhor técnica ou conteúdo artístico, e para concessão de prêmio ou remuneração ao vencedor.

Conforme dispõe o art. 30, o concurso observará as regras e condições previstas em edital, que indicará:

I. a qualificação exigida dos participantes;
II. as diretrizes e formas de apresentação do trabalho;
III. as condições de realização e o prêmio ou remuneração a ser concedida ao vencedor.

Nos concursos destinados à elaboração de projeto, o vencedor deverá ceder à Administração Pública todos os direitos patrimoniais relativos ao projeto e autorizar sua execução conforme juízo de conveniência e oportunidade das autoridades competentes.

11.4. Leilão

Consoante o art. 6º, XL, o leilão consiste na modalidade de licitação para alienação de:

1) bens imóveis;
2) bens móveis inservíveis ou legalmente apreendidos.

Embora esse conceito legal tenha trazido o leilão como modalidade adequada para alienação de bens móveis inservíveis, é possível afirmar que todos os bens móveis da Administração devem ser alienados por leilão, **independentemente do valor**. Essa afirmação se depreende da disposição do art. 76, II, da Lei nº 14.133/2021.

O critério de julgamento a ser adotado no leilão será o maior lance. Assim, o objeto será adjudicado a quem oferecer o maior lance para a aquisição dos bens pontuados anteriormente.

O leilão poderá ser cometido a leiloeiro oficial ou a servidor designado pela autoridade competente da Administração, e o regulamento deverá dispor sobre seus procedimentos operacionais, de modo que, se optar pela realização de leilão por intermédio de leiloeiro oficial, a Administração deverá selecioná-lo mediante credenciamento ou licitação na modalidade pregão e adotar o critério de julgamento de maior desconto para as comissões a serem cobradas, utilizados como parâmetro máximo os percentuais definidos na lei que regula a referida profissão e observados os valores dos bens a serem leiloados.

O leilão será precedido da divulgação do edital em sítio eletrônico oficial, que conterá: (i) a descrição do bem, com suas características, e, no caso de imóvel, sua situação e suas divisas, com remissão à matrícula e aos registros; (ii) o valor pelo qual o bem foi avaliado, o preço mínimo pelo qual poderá ser alienado, as condições de pagamento e, se for o caso, a comissão do leiloeiro designado; (iii) a indicação do lugar onde estiverem os móveis, os veículos e os semoventes; (iv) o sítio da internet e o período em que ocorrerá o leilão, salvo se excepcionalmente for realizado sob a forma presencial por comprovada inviabilidade técnica ou desvantagem para a Administração, hipótese em que serão indicados o local, o dia e a hora de sua realização; (v) a especificação de eventuais ônus, gravames ou pendências existentes sobre os bens a serem leiloados.

Além da divulgação no sítio eletrônico oficial, o edital do leilão será afixado em local de ampla circulação de pessoas na sede da Administração e poderá, ainda, ser divulgado por outros meios necessários para ampliar a publicidade e a competitividade da licitação.

O leilão não exigirá registro cadastral prévio, **não terá fase de habilitação e deverá ser homologado assim que concluída a fase de lances**, superada a fase recursal e efetivado o pagamento pelo licitante vencedor, na forma definida no edital.

11.5. Diálogo competitivo

De acordo com o art. 6º, XLII, o diálogo competitivo consiste na modalidade de licitação para contratação de obras, serviços e compras em que a Administração Pública realiza diálogos com licitantes previamente selecionados mediante critérios objetivos, **com o intuito de desenvolver uma ou mais alternativas** capazes de atender às suas necessidades, devendo os licitantes apresentar proposta final após o encerramento dos diálogos.

Trata-se, portanto, de uma modalidade de licitação nova, criada pela nova legislação.

De acordo com o conceito trazido pela legislação, o diálogo competitivo será cabível quando o objeto a ser licitado consistir em uma necessidade para a Administração Pública, porém ela não sabe como proceder para obter a solução que visa ao atendimento das suas necessidades.

O diálogo competitivo foi originalmente previsto no art. 29 da Diretiva 2004/18/CE do Parlamento Europeu e do Conselho, de 31 de março de 2004.

Nos termos do art. 32 da Lei nº 14.133/2021, o diálogo competitivo ficará restrito a contratações em que a Administração: (i) vise contratar objeto que envolva as seguintes condições: (a) inovação tecnológica ou técnica; (b) impossibilidade de o órgão ou entidade ter sua necessidade satisfeita sem a adaptação de soluções disponíveis no mercado; e (c) impossibilidade de as especificações técnicas serem definidas com precisão suficiente pela Administração; (ii) verifique a necessidade de definir e identificar os meios e as alternativas que possam satisfazer suas necessidades, com destaque para os seguintes aspectos: (a) a solução técnica mais adequada; (b) os requisitos técnicos aptos a concretizar a solução já definida; (c) a estrutura jurídica ou financeira do contrato;

Nessa modalidade, serão observadas as seguintes disposições:

I. A Administração apresentará, por ocasião da divulgação do edital em sítio eletrônico oficial, suas necessidades e as exigências já definidas e estabelecerá **prazo mínimo de 25 (vinte e cinco) dias úteis** para manifestação de interesse de participação na licitação.
II. Os critérios empregados para pré-seleção dos licitantes deverão ser previstos em edital, e serão admitidos todos os interessados que preencherem os requisitos objetivos estabelecidos.
III. Será vedada a divulgação de informações de modo discriminatório que possa implicar vantagem para algum licitante.
IV. A Administração **não** poderá revelar a outros licitantes as soluções propostas ou as informações sigilosas comunicadas por um licitante **sem o seu consentimento**.
V. A fase de diálogo poderá ser mantida até que a Administração, em decisão fundamentada, identifique a solução ou as soluções que atendam às suas necessidades.

Nesse sentido, faz-se importante o Enunciado nº 29 do CJF, segundo o qual a Administração Pública pode promover comunicações formais com potenciais interessados durante a fase de planejamento das contratações públicas para a obtenção de informações técnicas e comerciais relevantes à definição do objeto e à elaboração do projeto básico ou termo de referência. Esse diálogo público-privado deve ser registrado no processo administrativo e não impede o particular colaborador de participar de eventual licitação pública, ou mesmo de celebrar o respectivo contrato, tampouco lhe confere a autoria do projeto básico ou termo de referência, conforme disposto:

I. As reuniões com os licitantes pré-selecionados serão registradas em ata e gravadas mediante utilização de recursos tecnológicos de áudio e vídeo.
II. O edital poderá prever a realização de fases sucessivas, caso em que cada fase poderá restringir as soluções ou as propostas a serem discutidas.
III. A Administração deverá, ao declarar que o diálogo foi concluído, juntar aos autos do processo licitatório os registros e as gravações da fase de diálogo, iniciar a fase competitiva com a divulgação de edital contendo a especificação da solução que atenda às suas necessidades e os critérios objetivos a serem utilizados para seleção da proposta mais vantajosa e abrir prazo, não inferior a 60 (sessenta) dias úteis, para todos os licitantes pré-selecionados apresentarem suas propostas, que deverão conter os elementos necessários para a realização do projeto.
IV. A Administração poderá solicitar esclarecimentos ou ajustes às propostas apresentadas, desde que não impliquem discriminação nem distorçam a concorrência entre as propostas.
V. A Administração definirá a proposta vencedora de acordo com critérios divulgados no início da fase competitiva, assegurada a contratação mais vantajosa como resultado.
VI. O diálogo competitivo será conduzido por comissão de contratação composta de pelo menos 3 (três) servidores efetivos ou empregados públicos pertencentes aos quadros permanentes da Administração, admitida a contratação de profissionais para assessoramento técnico da comissão.

Perceba-se que o diálogo competitivo será conduzido por uma comissão de contratação, e não apenas por um agente de contratação. Trata-se, assim, de uma exceção à regra de condução da licitação. Conforme dispõe o art. 8º, a licitação será conduzida por agente de contratação, por via de regra. Contudo, no âmbito do diálogo competitivo, em razão de sua especificidade, a licitação será conduzida por uma comissão.

Ademais, atente-se que os profissionais contratados para o assessoramento técnico da comissão assinarão termo de confidencialidade e abster-se-ão de atividades que possam configurar conflito de interesses.

Diante das disposições anteriores, pode-se perceber que a modalidade em questão será dividida em duas etapas, quais sejam: (1) os diálogos com os licitantes; e (2) a competição entre os licitantes.

Atenção! O diálogo competitivo poderá ser modalidade de licitação a ser usada para contratação das concessionárias de serviço público, conforme dispõe o art. 2º, II e III, da Lei nº 8.987/1995 e o art. 10 da Lei nº 11.079/2004.

Modalidade de licitação	Definição	Objeto	Critério de julgamento
Pregão	Modalidade obrigatória para aquisição de bens e serviços comuns	Bens e serviços comuns, e também serviços comuns de engenharia	Menor preço ou maior desconto
Concorrência	Modalidade para contratação de bens e serviços especiais, obras, serviços comuns e especiais de engenharia	Obras, serviços especiais, comuns e especiais de engenharia	Menor preço, melhor técnica ou conteúdo artístico, técnica e preço, maior retorno econômico ou maior desconto
Concurso	Modalidade para escolha de trabalho técnico, científico ou artístico	Trabalho técnico, científico ou artístico	Melhor técnica ou conteúdo artístico
Leilão	Modalidade para alienação de bens imóveis e móveis inservíveis ou legalmente apreendidos	Bens imóveis ou móveis inservíveis ou legalmente apreendidos	Maior lance ou oferta
Diálogo competitivo	Modalidade para contratação de obras, serviços e compras	Obras, serviços e compras	Proposta final após diálogos com licitantes previamente selecionados mediante critérios objetivos

12. CRITÉRIOS DE JULGAMENTO

A Lei nº 14.133/2021 prevê, em seu art. 33, os seguintes critérios de julgamento:

I. menor preço;
II. maior desconto;
III. melhor técnica ou conteúdo artístico;
IV. técnica e preço;
V. maior lance, no caso de leilão;
VI. maior retorno econômico.

Em cada tópico a seguir será estudado cada um desses critérios.

12.1. Menor preço

O menor preço consiste no critério de julgamento em que a proposta vencedora será aquela que apresentar o menor preço, bem como cumprir os requisitos previstos no edital.

Em outras palavras, nos termos do art. 34 da Lei nº 14.133/2021, o menor preço considerará o **menor dispêndio**[34] para a Administração, atendidos os parâmetros mínimos de qualidade definidos no edital de licitação.

Portanto, não basta que a proposta apresente o menor preço, pois é princípio norteador da licitação o princípio da seleção da proposta mais vantajosa, de modo que a Administração irá desclassificar a proposta inexequível, conforme dispõe o art. 59, III.

O menor preço será um dos critérios de julgamento a ser adotado no pregão, na concorrência, na formação do sistema de registro de preço, bem como na criação do catálogo eletrônico de padronização de compras, serviços e obras.

Ademais, a **opção pelo menor preço veda a utilização isolada do modo de disputa fechado**, como dispõe o art. 56, § 1º.

12.2. Maior desconto

O maior desconto constitui um critério de julgamento que decorre do menor preço. Por ele, a proposta vencedora será aquela que ofereça o maior desconto percentual, tendo como base o valor estabelecido como parâmetro pela Administração no edital da licitação. Perceba-se, dessa forma, que adotado o maior desconto, o preço estimado ou o máximo aceitável constará do edital da licitação, conforme dispõe o art. 24, parágrafo único.

O julgamento por maior desconto terá como referência o preço global fixado no edital de licitação, e o desconto será estendido aos eventuais termos aditivos.

Assim como o menor preço, nos termos do art. 34 da Lei nº 14.133/2021, o maior desconto considerará o **menor dispêndio** para a Administração, atendidos os parâmetros mínimos de qualidade definidos no edital de licitação.

Portanto, não basta que a proposta apresente o maior desconto, pois, como já mencionado, é princípio norteador da licitação o princípio da seleção da proposta mais vantajosa, de modo que a Administração irá desclassificar a proposta inexequível, conforme dispõe o art. 59, III.

O maior desconto será um dos critérios de julgamento a ser adotado no pregão, na concorrência, na formação do sistema de registro de preço, bem como na criação do catálogo eletrônico de padronização de compras, serviços e obras.

Também será adotado o maior desconto para as comissões a serem cobradas, caso a Administração opte por se valer de um leiloeiro oficial para conduzir o leilão.

Ademais, **a opção pelo maior desconto veda a utilização isolada do modo de disputa fechado**, como dispõe o art. 56, § 1º.

---

[34] De acordo com o art. 34, § 1º, poderão ser considerados como menor dispêndio os custos indiretos, relacionados com as despesas de manutenção, utilização, reposição, depreciação e impacto ambiental do objeto licitado, entre outros fatores vinculados ao seu ciclo de vida, sempre que objetivamente mensuráveis.

12.3. Melhor técnica ou conteúdo artístico

Nos termos do art. 35 da Lei nº 14.133/2021, o julgamento por melhor técnica ou conteúdo artístico considerará **exclusivamente** as propostas técnicas ou artísticas apresentadas pelos licitantes, e o edital deverá definir o prêmio ou a remuneração que será atribuída aos vencedores. Ademais, esse critério poderá ser utilizado para a contratação de projetos e trabalhos de natureza técnica, científica ou artística.

Portanto, diante do disposto na legislação, por esse critério, a Administração irá analisar tão somente a parte técnica ou artística da proposta, pois o prêmio ou a remuneração atribuída ao vencedor já estará definida no edital. Esse é exatamente o ponto que irá diferenciar a melhor técnica do critério de técnica e preço, no qual a Administração precisará analisar tanto aspectos técnicos ou artísticos quanto de valor.

O critério poderá ser utilizado na concorrência e no concurso.

12.4. Técnica e preço

Técnica e preço trata-se de um critério de julgamento pelo qual a Administração precisará analisar tanto aspectos técnicos ou artísticos quanto de valor das propostas apresentadas.

Assim, nos termos do art. 34 da Lei nº 14.133/2021, esse critério considerará o menor dispêndio para a Administração, atendidos os parâmetros mínimos de qualidade definidos no edital de licitação.

O julgamento por técnica e preço considerará a maior pontuação obtida a partir da ponderação, segundo fatores objetivos previstos no edital, das notas atribuídas aos aspectos de técnica e de preço da proposta. Destarte, deverão ser avaliadas e ponderadas as propostas técnicas e, em seguida, as propostas de preço apresentadas pelos licitantes, na proporção máxima de 70% (setenta por cento) de valoração para a proposta técnica.

Em outras palavras, a proposta técnica poderá representar até 70% (setenta por cento) da pontuação da proposta.

Será adotado o critério de técnica e preço quando estudo técnico preliminar demonstrar que a avaliação e a ponderação da qualidade técnica das propostas que superarem os requisitos mínimos estabelecidos no edital forem relevantes aos fins pretendidos pela Administração nas licitações para contratação de: (i) serviços técnicos especializados de natureza predominantemente intelectual, caso em que o critério em questão deverá ser preferencialmente empregado; (ii) serviços majoritariamente dependentes de tecnologia sofisticada e de domínio restrito, conforme atestado por autoridades técnicas de reconhecida qualificação; (iii) bens e serviços especiais de tecnologia da informação e de comunicação; (iv) obras e serviços especiais de engenharia; (v) objetos que admitam soluções específicas e alternativas e variações de execução, com repercussões significativas e concretamente mensuráveis sobre sua qualidade, produtividade, rendimento e durabilidade, quando essas soluções e variações puderem ser adotadas à livre escolha dos licitantes, conforme critérios objetivamente definidos no edital de licitação.

O desempenho pretérito na execução de contratos com a Administração Pública deverá ser considerado na pontuação técnica.

Por fim, nos termos do art. 56, § 2º, a utilização do modo de disputa aberto será vedada quando adotado o critério de julgamento de técnica e preço.

12.5. Disposições comuns aos critérios melhor técnica e técnica e preço

De acordo com o art. 37, o julgamento por melhor técnica ou por técnica e preço deverá ser realizado por: (i) verificação da capacitação e da experiência do licitante, comprovadas por meio da apresentação de atestados de obras, produtos ou serviços previamente realizados; (ii) atribuição de notas a quesitos de natureza qualitativa por banca designada para esse fim, de acordo com orientações e limites definidos em edital, considerados a demonstração de conhecimento do objeto, a metodologia e o programa de trabalho, a qualificação das equipes técnicas e a relação dos produtos que serão entregues; (iii) atribuição de notas por desempenho do licitante em contratações anteriores aferida nos documentos comprobatórios de que trata o § 3º do art. 88 da lei e em registro cadastral unificado disponível no Portal Nacional de Contratações Públicas (PNCP).

A banca tratada anteriormente terá, no mínimo, 3 (três) membros e poderá ser composta de:

1) servidores efetivos ou empregados públicos pertencentes aos quadros permanentes da Administração Pública;

2) profissionais contratados por conhecimento técnico, experiência ou renome na avaliação dos quesitos especificados em edital, desde que seus trabalhos sejam supervisionados por profissionais designados.

Ressalvados os casos de inexigibilidade de licitação, na licitação para contratação dos serviços técnicos especializados de natureza predominantemente intelectual previstos nas alíneas *a*, *d* e *h* do inciso XVIII do *caput* do art. 6º dessa lei cujo valor estimado da contratação seja superior a R$ 300.000,00 (trezentos mil reais),[35] o julgamento será por:

I. melhor técnica; ou

II. técnica e preço, na proporção de 70% (setenta por cento) de valoração da proposta técnica.

Ademais, nos termos do art. 38, no julgamento por melhor técnica ou por técnica e preço, a obtenção de pontuação devido à capacitação técnico-profissional exigirá que a execução do respectivo contrato tenha participação direta e pessoal do profissional correspondente.

---

35 Valor atualizado para R$ 376.353,48 (trezentos e setenta e seis mil trezentos e cinquenta e três reais e quarenta e oito centavos) pelo Decreto nº 12.343/2024.

12.6. Maior retorno econômico

Nos termos do art. 39, o julgamento por maior retorno econômico, utilizado **exclusivamente para a celebração de contrato de eficiência**, considerará a **maior economia para a Administração**, e a **remuneração** deverá ser fixada em percentual que incidirá de forma **proporcional à economia** efetivamente obtida na execução do contrato.

O contrato de eficiência, nos termos do art. 6º, LIII, da Lei nº 14.133/2021, consiste no contrato cujo objeto é a prestação de serviços, que pode incluir a realização de obras e o fornecimento de bens, com o objetivo de proporcionar economia ao contratante, na forma de redução de despesas correntes, remunerado o contratado com base em percentual da economia gerada.

Adotado o maior retorno econômico, os licitantes apresentarão:

I. proposta de trabalho, que deverá contemplar:

   a) as obras, os serviços ou os bens, com os respectivos prazos de realização ou fornecimento;

   b) a economia que se estima gerar, expressa em unidade de medida associada à obra, ao bem ou ao serviço e em unidade monetária;

II. proposta de preço, que corresponderá a percentual sobre a economia que se estima gerar durante determinado período, expressa em unidade monetária.

O edital de licitação deverá prever parâmetros objetivos de mensuração da economia gerada com a execução do contrato, que servirá de base de cálculo para a remuneração devida ao contratado.

Para efeito de julgamento da proposta, o retorno econômico será o resultado da economia que se estima gerar com a execução da proposta de trabalho, deduzida a proposta de preço.

Atente-se que, nos casos em que não for gerada a economia prevista no contrato de eficiência:

I. a diferença entre a economia contratada e a efetivamente obtida será descontada da remuneração do contratado;

II. se a diferença entre a economia contratada e a efetivamente obtida for superior ao limite máximo estabelecido no contrato, o contratado sujeitar-se-á, ainda, a outras sanções cabíveis.

12.7. Maior lance

O maior lance consiste no critério de julgamento a ser adotado na modalidade leilão, apenas. Com o advento da Lei nº 14.133/2021, não será possível adotar o critério maior lance para a modalidade concorrência, conforme dispõe o art. 6º, XXXVIII.

Trata-se de critério a ser utilizado nas situações em que a Administração deseja alienar algum bem ou produto.

Critério de julgamento	Descrição
Menor preço	Proposta vencedora será aquela que apresentar o menor preço e cumprir requisitos do edital. Considera o menor dispêndio para a Administração, atendidos os parâmetros mínimos de qualidade definidos no edital.
Maior desconto	Proposta vencedora será aquela que ofereça o maior desconto percentual com base no valor estabelecido como parâmetro pela Administração no edital da licitação.
Melhor técnica ou conteúdo artístico	Propostas técnicas ou artísticas são consideradas exclusivamente, e o edital deve definir a remuneração ou o prêmio para os vencedores. Tal critério pode ser utilizado para projetos e trabalhos de natureza técnica, científica ou artística.
Técnica e preço	Critério que analisa aspectos técnicos e de valor das propostas apresentadas. Considera o menor dispêndio para a Administração, atendidos os parâmetros mínimos de qualidade definidos no edital de licitação.
Maior retorno econômico	Utilizado exclusivamente para contrato de eficiência, considera a maior economia para a Administração e a remuneração é fixada em percentual proporcional à economia efetivamente obtida.
Maior lance	Critério de julgamento adotado apenas na modalidade leilão, considera o maior lance. Não é possível adotar o critério na modalidade concorrência.

13. DOS AGENTES PÚBLICOS RESPONSÁVEIS PELA LICITAÇÃO

13.1. Dos requisitos para desempenhar as funções essenciais na licitação

De acordo com o art. 7º da Lei nº 14.133/2021, caberá à autoridade máxima do órgão ou da entidade, ou a quem as normas de organização administrativa indicarem, promover gestão por competências e designar agentes públicos para o desempenho das funções essenciais à execução da licitação, que preencham os seguintes requisitos:

I. sejam, **preferencialmente**, servidor efetivo ou empregado público dos quadros permanentes da Administração Pública;
II. tenham atribuições relacionadas a licitações e contratos ou possuam formação compatível ou qualificação atestada por certificação profissional emitida por escola de governo criada e mantida pelo Poder Público; e
III. não sejam cônjuge ou companheiro de licitantes ou contratados habituais da Administração nem tenham com eles vínculo de parentesco, colateral ou por afinidade, até o terceiro grau, ou de natureza técnica, comercial, econômica, financeira, trabalhista e civil.

A autoridade máxima deverá observar o princípio da segregação de funções, vedada a designação do mesmo agente público para atuação simultânea em funções mais suscetíveis a riscos, a fim de reduzir a possibilidade de ocultação de erros e de ocorrência de fraudes na respectiva contratação.

13.2. Do agente de contratação e da comissão de contratação

De acordo com o art. 8º, a licitação será conduzida por agente de contratação, pessoa designada pela autoridade competente, entre servidores efetivos ou empregados públicos dos quadros permanentes da Administração Pública, para tomar decisões, acompanhar o trâmite da licitação, dar impulso ao procedimento licitatório e executar quaisquer outras atividades necessárias ao bom andamento do certame até a homologação.

O agente de contratação será auxiliado por equipe de apoio e responderá individualmente pelos atos que praticar, salvo quando induzido a erro pela atuação da equipe.

Em licitação que envolva bens ou serviços especiais, o agente de contratação poderá ser substituído por comissão de contratação formada de, no mínimo, 3 (três) membros, que responderão solidariamente por todos os atos praticados pela comissão, ressalvado o membro que expressar posição individual divergente fundamentada e registrada em ata lavrada na reunião em que houver sido tomada a decisão.

Assim, diferentemente do que previa a legislação anterior, a condução da licitação será conduzida, em regra, por um agente público, que será denominado de agente de contratação. Destarte, a comissão de licitação, agora chamada de comissão de contratação, será exceção em uma licitação.

Os agentes públicos responsáveis pela condução da licitação poderão contar com o apoio dos órgãos de assessoramento jurídico e de controle interno para o desempenho das funções essenciais à execução da Lei nº 14.133/2021.

Em licitação que envolva bens ou serviços **especiais** cujo objeto **não** seja rotineiramente contratado pela Administração, poderá ser contratado, por prazo determinado, serviço de empresa ou de profissional especializado para assessorar os agentes públicos responsáveis pela condução da licitação.

Em licitação na modalidade pregão, o agente responsável pela condução do certame será designado pregoeiro.

Especialmente, o diálogo competitivo será conduzido por comissão de contratação composta de pelo menos 3 (três) servidores efetivos ou empregados públicos pertencentes aos quadros permanentes da Administração, admitida a contratação de profissionais para assessoramento técnico da comissão.

Informações	Descrição
Condução da licitação	Será realizada por agente de contratação, pessoa designada pela autoridade competente, entre servidores efetivos ou empregados públicos dos quadros permanentes da Administração Pública. Em licitação que envolva bens ou serviços especiais, o agente de contratação poderá ser substituído por comissão de contratação formada de, no mínimo, 3 (três) membros.
Funções do agente de contratação	Tomar decisões, acompanhar o trâmite da licitação, dar impulso ao procedimento licitatório e executar quaisquer outras atividades necessárias ao bom andamento do certame até a homologação.
Equipe de apoio	O agente de contratação será auxiliado por equipe de apoio.
Responsabilidade do agente de contratação	Responderá individualmente pelos atos que praticar, salvo quando induzido a erro pela atuação da equipe.
Responsabilidade da comissão de contratação	Os membros da comissão responderão solidariamente por todos os atos praticados pela comissão, ressalvado o membro que expressar posição individual divergente fundamentada e registrada em ata lavrada na reunião em que houver sido tomada a decisão.
Órgãos de assessoramento	Os agentes públicos responsáveis pela condução da licitação poderão contar com o apoio dos órgãos de assessoramento jurídico e de controle interno para o desempenho das funções essenciais à execução da Lei nº 14.133/2021.
Assessoria especializada	Em licitação que envolva bens ou serviços especiais cujo objeto não seja rotineiramente contratado pela Administração, poderá ser contratado, por prazo determinado, serviço de empresa ou de profissional especializado para assessorar os agentes públicos responsáveis pela condução da licitação.
Designação do pregoeiro	Em licitação na modalidade pregão, o agente responsável pela condução do certame será designado pregoeiro.
Diálogo competitivo	O diálogo competitivo será conduzido por comissão de contratação composta de pelo menos 3 (três) servidores efetivos ou empregados públicos pertencentes aos quadros permanentes da Administração, admitida a contratação de profissionais para assessoramento técnico da comissão.

13.3. Vedações

O agente público de órgão ou entidade licitante ou contratante não poderá participar, direta ou indiretamente, da licitação ou da execução do contrato, devendo ser observadas as situações que possam configurar conflito de interesses no exercício ou após o exercício do cargo ou emprego.

Essa vedação será estendida a terceiro que auxilie a condução da contratação na qualidade de integrante de equipe de apoio, profissional especializado ou funcionário ou representante de empresa que preste assessoria técnica.

Nesse sentido, de acordo com o STJ, o fato de o servidor estar licenciado não afasta o entendimento segundo o qual não pode participar de procedimento licitatório a empresa que possuir em seu quadro de pessoal servidor ou dirigente do órgão contratante ou responsável pela licitação. Isso porque não deixa de ser servidor o sujeito em gozo de licença.[36]

Para o STJ, essa proibição tem o objetivo de impedir que o sujeito se beneficie da posição que ocupa na Administração para obter informações privilegiadas em detrimento dos demais interessados no certame.

Por interpretação analógica do art. 9º, III, da Lei nº 8.666/1993, o TCU entende que a empresa cujo sócio tenha vínculo de parentesco com servidor da entidade licitante não pode participar da licitação.[37]

Embora tanto o entendimento do STJ quanto o do TCU tenham sido firmados no âmbito da Lei nº 8.666/1993, permanecem hígidos diante da nova legislação.

13.4. Defesa dos agentes públicos que tiverem participado da licitação

Se as autoridades competentes e os servidores e empregados públicos que tiverem participado dos procedimentos relacionados às licitações e aos contratos precisarem defender-se nas esferas administrativa, controladora ou judicial em razão de ato praticado com estrita observância de orientação constante em parecer jurídico, a advocacia pública promoverá, a critério do agente público, sua representação judicial ou extrajudicial.

Não haverá a defesa por parte da advocacia pública quando provas da prática de atos ilícitos dolosos constarem nos autos do processo administrativo ou judicial.

Atente-se que haverá a defesa por parte da advocacia pública mesmo se o agente público não mais ocupar o cargo, o emprego ou a função em que foi praticado o ato questionado.

14. VEDAÇÃO À PARTICIPAÇÃO EM LICITAÇÃO

De acordo com o art. 14, não poderão disputar licitação ou participar da execução de contrato, direta ou indiretamente: (i) autor do anteprojeto, do projeto básico ou

[36] REsp 1.607.715-AL, Rel. Min. Herman Benjamin, por unanimidade, j. 07.03.2017, *DJe* 20.04.2017.

[37] TCU, Acórdão 1019/2013, Plenário, TC 018.621/2009-7, Rel. Min. Benjamin Zymler, 24.04.2013.

do projeto executivo, pessoa física ou jurídica, quando a licitação versar sobre obra, serviços ou fornecimento de bens a ele relacionados; (ii) empresa, isoladamente ou em consórcio, responsável pela elaboração do projeto básico ou do projeto executivo, ou empresa da qual o autor do projeto seja dirigente, gerente, controlador, acionista ou detentor de mais de 5% (cinco por cento) do capital com direito a voto, responsável técnico ou subcontratado, quando a licitação versar sobre obra, serviços ou fornecimento de bens a ela necessários.

A critério da Administração e exclusivamente a seu serviço, o autor dos projetos e a empresa a que se referem as duas hipóteses anteriores poderão participar no apoio das atividades de planejamento da contratação, de execução da licitação ou de gestão do contrato, desde que sob supervisão exclusiva de agentes públicos do órgão ou da entidade.

Equiparam-se aos autores do projeto as empresas integrantes do mesmo grupo econômico: (iii) pessoa física ou jurídica que se encontre, ao tempo da licitação, impossibilitada de participar da licitação em decorrência de sanção que lhe foi imposta; (iv) aquele que mantenha vínculo de natureza técnica, comercial, econômica, financeira, trabalhista ou civil com dirigente do órgão ou entidade contratante ou de agente público que desempenhe função na licitação ou atue na fiscalização ou na gestão do contrato, ou que deles seja cônjuge, companheiro ou parente em linha reta, colateral ou por afinidade, até o terceiro grau, devendo essa proibição constar expressamente do edital de licitação; (v) empresas controladoras, controladas ou coligadas, nos termos da Lei nº 6.404, de 15 de dezembro de 1976, concorrendo entre si; (vi) pessoa física ou jurídica que, nos 5 (cinco) anos anteriores à divulgação do edital, tenha sido condenada judicialmente, com trânsito em julgado, por exploração de trabalho infantil, por submissão de trabalhadores a condições análogas às de escravo ou por contratação de adolescentes nos casos vedados pela legislação trabalhista.

Obs.: o impedimento ao qual se refere o item iii também será aplicado ao licitante que atuar em substituição a outra pessoa, física ou jurídica, com o intuito de burlar a efetividade da sanção a ela aplicada, inclusive a sua controladora, controlada ou coligada, desde que devidamente comprovado o ilícito ou a utilização fraudulenta da personalidade jurídica do licitante.

As vedações estabelecidas não impedem a licitação ou a contratação de obra ou serviço que inclua como encargo do contratado a elaboração do projeto básico e do projeto executivo, nas contratações integradas, e do projeto executivo, nos demais regimes de execução.

Em licitações e contratações realizadas no âmbito de projetos e programas parcialmente financiados por agência oficial de cooperação estrangeira ou por organismo financeiro internacional com recursos do financiamento ou da contrapartida nacional, não poderá participar pessoa física ou jurídica que integre o rol de pessoas sancionadas por essas entidades ou que seja declarada inidônea nos termos da lei.

15. DAS DISPOSIÇÕES SETORIAIS

15.1. Das obras e serviços de engenharia

Nos termos do art. 45, as licitações de obras e serviços de engenharia devem respeitar, especialmente, as normas relativas a: (i) disposição final ambientalmente adequada dos resíduos sólidos gerados pelas obras contratadas; (ii) mitigação por condicionantes e compensação ambiental, que serão definidas no procedimento de licenciamento ambiental; (iii) utilização de produtos, de equipamentos e de serviços que, comprovadamente, favoreçam a redução do consumo de energia e de recursos naturais; (iv) avaliação de impacto de vizinhança, na forma da legislação urbanística; (v) proteção do patrimônio histórico, cultural, arqueológico e imaterial, inclusive por meio da avaliação do impacto direto ou indireto causado pelas obras contratadas; (vi) acessibilidade para pessoas com deficiência ou com mobilidade reduzida.

As obras e os serviços de engenharia podem ser executados de forma direta ou indireta. A execução direta é aquela em que os próprios órgãos ou entidades da Administração executam a obra ou o serviço.

Por sua vez, o art. 46 trata da execução indireta – aquela em que um terceiro é contratado – de obras e serviços de engenharia, de modo que são admitidos os seguintes regimes:

1) empreitada por preço unitário;
2) empreitada por preço global;
3) empreitada integral;
4) contratação por tarefa;
5) contratação integrada;
6) contratação semi-integrada;
7) fornecimento e prestação de serviço associado.

É vedada a realização de obras e serviços de engenharia sem projeto executivo, ressalvado o caso de estudo técnico preliminar para contratação de obras e serviços comuns de engenharia, se demonstrada a inexistência de prejuízos para aferição dos padrões de desempenho e qualidade almejados. Nesse caso, é possível a especificação do objeto ser indicada apenas em termo de referência, dispensada a elaboração de projetos.

Os regimes de empreitada por preço global, de empreitada integral, de contratação por tarefa, de contratação integrada e de contratação semi-integrada serão licitados por preço global e adotarão sistemática de medição e pagamento associada à execução de etapas do cronograma físico-financeiro vinculadas ao cumprimento de metas de resultado, vedada a adoção de sistemática de remuneração orientada por preços unitários ou referenciada pela execução de quantidades de itens unitários.

Atente-se que a execução de cada etapa será, obrigatoriamente, precedida da conclusão e da aprovação, pela autoridade competente, dos trabalhos relativos às etapas anteriores

15.1.1. Contratação integrada

Nos termos do art. 6º, XXXII, a contratação integrada consiste no regime de contratação de obras e serviços de engenharia em que o contratado é responsável por elaborar e desenvolver os projetos básico e executivo, executar obras e serviços de engenharia, fornecer bens ou prestar serviços especiais e realizar montagem, teste, pré-operação e as demais operações necessárias e suficientes para a entrega final do objeto.

A contratação integrada pode ser chamada de *turnkey*, isto é, a virada da chave ou chave na mão. Em outras palavras, na contratação integrada, o contratado fica obrigado a entregar a obra ou o serviço em condições de uso imediato. Assim, basta a Administração virar a chave e começar o uso.

Atente-se que, nos termos do art. 22, § 3º, quando a contratação adotar os regimes de contratação integrada, o edital, obrigatoriamente, contemplará matriz de alocação de riscos entre o contratante e o contratado. Ademais, nos termos do art. 22, § 4º, os riscos decorrentes de fatos supervenientes à contratação associados à escolha da solução de projeto básico pelo contratado deverão ser alocados como de sua responsabilidade na matriz de riscos.

Por razões óbvias, em virtude da própria essência da contratação integrada, a Administração é dispensada da elaboração de projeto básico, hipótese em que deverá ser elaborado anteprojeto de acordo com metodologia definida em ato do órgão competente, observados os requisitos necessários.

Após a elaboração do projeto básico pelo contratado, o conjunto de desenhos, especificações, memoriais e cronograma físico-financeiro deverá ser submetido à aprovação da Administração, que avaliará sua adequação em relação aos parâmetros definidos no edital e conformidade com as normas técnicas, vedadas alterações que reduzam a qualidade ou a vida útil do empreendimento e mantida a responsabilidade integral do contratado pelos riscos associados ao projeto básico.

No regime de contratação integrada, o edital e o contrato, sempre que for o caso, deverão prever as providências necessárias para a efetivação de desapropriação autorizada pelo Poder Público, bem como: (i) o responsável por cada fase do procedimento expropriatório; (ii) a responsabilidade pelo pagamento das indenizações devidas; (iii) a estimativa do valor a ser pago a título de indenização pelos bens expropriados, inclusive de custos correlatos; (iv) a distribuição objetiva de riscos entre as partes, incluído o risco pela diferença entre o custo da desapropriação e a estimativa de valor e pelos eventuais danos e prejuízos ocasionados por atraso na disponibilização dos bens expropriados; (v) em nome de quem deverá ser promovido o registro de imissão provisória na posse e o registro de propriedade dos bens a serem desapropriados.

Ademais, na contratação integrada, é vedada a alteração dos valores contratuais, exceto nos seguintes casos: (i) para restabelecimento do equilíbrio econômico-financeiro decorrente de caso fortuito ou força maior; (ii) por necessidade de alteração do projeto ou das especificações para melhor adequação técnica aos objetivos da contratação, a pedido da Administração, desde que não decorrente de erros ou omissões por parte do contratado, observados os limites legais; (iii) por necessidade de alteração do projeto nas contratações semi-integradas; (iv) por ocorrência de evento superveniente alocado na matriz de riscos como de responsabilidade da Administração.

15.1.2. Contratação semi-integrada

Nos termos do art. 6º, XXXIII, a contratação semi-integrada consiste no regime de contratação de obras e serviços de engenharia em que o contratado é responsável por elaborar e desenvolver o projeto executivo, executar obras e serviços de engenharia, fornecer bens ou prestar serviços especiais e realizar montagem, teste, pré-operação e as demais operações necessárias e suficientes para a entrega final do objeto.

Assim, a diferença entre a contratação integrada e a contratação semi-integrada refere-se ao projeto básico, que é elaborado pelo contrato na primeira, mas não na segunda.

Na contratação semi-integrada, mediante prévia autorização da Administração, o projeto básico poderá ser alterado, desde que demonstrada a superioridade das inovações propostas pelo contratado em termos de redução de custos, de aumento da qualidade, de redução do prazo de execução ou de facilidade de manutenção ou operação, assumindo o contratado a responsabilidade integral pelos riscos associados à alteração do projeto básico.

Atente-se que, nos termos do art. 22, § 3º, quando a contratação adotar o regime de contratação semi-integrada, o edital, obrigatoriamente, contemplará matriz de alocação de riscos entre o contratante e o contratado. Além disso, nos termos do art. 22, § 4º, os riscos decorrentes de fatos supervenientes à contratação associados à escolha da solução de projeto básico pelo contratado deverão ser alocados como de sua responsabilidade na matriz de riscos.

Ademais, no regime de contratação semi-integrada, o edital e o contrato, sempre que for o caso, deverão prever as providências necessárias para a efetivação de desapropriação autorizada pelo Poder Público, bem como: (i) o responsável por cada fase do procedimento expropriatório; (ii) a responsabilidade pelo pagamento das indenizações devidas; (iii) a estimativa do valor a ser pago a título de indenização pelos bens expropriados, inclusive de custos correlatos; (iv) a distribuição objetiva de riscos entre as partes, incluído o risco pela diferença entre o custo da desapropriação e a estimativa de valor e pelos eventuais danos e prejuízos ocasionados por atraso na disponibilização dos bens expropriados; (v) em nome de quem deverá ser promovido o registro de imissão provisória na posse e o registro de propriedade dos bens a serem desapropriados.

Por fim, na contratação semi-integrada é vedada a alteração dos valores contratuais, exceto nos seguintes casos: (i) para restabelecimento do equilíbrio econômico-financeiro decorrente de caso fortuito ou força maior; (ii) por necessidade de alteração do projeto ou das especificações para melhor adequação técnica aos objetivos da contratação, a pedido da Administração, desde que não decorrente de erros ou omissões por parte do contratado, observados os limites legais; (iii) por necessidade de alteração do projeto nas contratações semi-integradas; (iv) por ocorrência de evento superveniente alocado na matriz de riscos como de responsabilidade da Administração.

15.1.3. Fornecimento e prestação de serviço associado

Nos termos do art. 6º, XXXIV, o fornecimento e a prestação de serviço associado trata-se do regime de contratação em que, além do fornecimento do objeto, o contratado responsabiliza-se por sua operação, manutenção ou ambas, por tempo determinado.

Por sua vez, nos termos do art. 113, o contrato firmado sob esse regime terá sua vigência máxima definida pela soma do prazo relativo ao fornecimento inicial ou à entrega da obra com o prazo relativo ao serviço de operação e manutenção, este **limitado a 5 (cinco) anos** contados da data de recebimento do objeto inicial, autorizada a prorrogação, respeitado o limite máximo de 10 (dez) anos, desde que haja previsão em edital e que a autoridade competente ateste que as condições e os preços permanecem vantajosos para a Administração, permitida a negociação com o contratado ou a extinção contratual sem ônus para qualquer das partes.

15.1.4. Empreitada por preço unitário

Nos termos do art. 6º, XXVIII, a empreitada por preço unitário diz respeito à contratação da execução da obra ou do serviço por preço certo de unidades determinadas.

Tal empreitada ocorrerá nas situações em que a Administração Pública não sabe precisar os elementos suficientes para determinar os quantitativos do objeto a ser licitado.

15.1.5. Empreitada por preço global

Nos termos do art. 6º, XXIX, a empreitada por preço global consiste na contratação da execução da obra ou do serviço por preço certo e total.

Esta empreitada, diferentemente daquela por preço unitário, caberá nas situações em que a Administração sabe precisar os elementos suficientes para determinar os quantitativos do objeto a ser licitado.

15.1.6. Empreitada integral

Nos termos do art. 6º, XXX, a empreitada integral refere-se à contratação de empreendimento em sua integralidade, compreendida a totalidade das etapas de obras, serviços e instalações necessárias, sob inteira responsabilidade do contratado até sua entrega ao contratante em condições de entrada em operação, com características adequadas às finalidades para as quais foi contratado e atendidos os requisitos técnicos e legais para sua utilização com segurança estrutural e operacional.

Assim como a contratação integrada, a empreitada integral pode ser chamada de *turnkey*, isto é, a virada da chave ou chave na mão. Também na empreitada integral, o contratado fica obrigado a entregar a obra ou o serviço em condições de uso imediato. Desse modo, basta a Administração virar a chave e começar o uso.

Atente-se que há diferença entre a contratação integrada e a empreitada integral. Na primeira, todas as etapas serão realizadas pelo contratado, desde o projeto básico e executivo até a realização da obra ou do serviço. Já, na empreitada integral, a elaboração, ao menos, do projeto básico não será de responsabilidade do contratado para realizar a obra ou prestar o serviço.

15.1.7. Contratação por tarefa

Nos termos do art. 6º, XXXI, a contratação por tarefa consiste no regime de contratação de mão de obra para pequenos trabalhos por preço certo, com ou sem fornecimento de materiais.

Regime de contratação	Descrição
Contratação integrada	Contratação de obras e serviços de engenharia em que o contratado é responsável por elaborar e desenvolver os projetos básico e executivo, executar obras e serviços de engenharia, fornecer bens ou prestar serviços especiais e realizar montagem, teste, pré-operação e as demais operações necessárias e suficientes para a entrega final do objeto.
Contratação semi-integrada	Contratação de obras e serviços de engenharia em que o contratado é responsável por elaborar e desenvolver o projeto executivo, executar obras e serviços de engenharia, fornecer bens ou prestar serviços especiais e realizar montagem, teste, pré-operação e as demais operações necessárias e suficientes para a entrega final do objeto.
Fornecimento e prestação de serviço associado	Contratação em que, além do fornecimento do objeto, o contratado responsabiliza-se por sua operação, manutenção ou ambas, por tempo determinado.
Empreitada por preço unitário	Contratação da execução da obra ou do serviço por preço certo de unidades determinadas, em situações em que a Administração Pública não sabe precisar os elementos suficientes para determinar os quantitativos do objeto a ser licitado.
Empreitada por preço global	Contratação da execução da obra ou do serviço por preço certo e total, em situações em que a Administração sabe precisar os elementos suficientes para determinar os quantitativos do objeto a ser licitado.

Regime de contratação	Descrição
Empreitada integral	Contratação de empreendimento em sua integralidade, compreendida a totalidade das etapas de obras, serviços e instalações necessárias, sob inteira responsabilidade do contratado até sua entrega ao contratante em condições de entrada em operação, com características adequadas às finalidades para as quais foi contratado e atendidos os requisitos técnicos e legais para sua utilização com segurança estrutural e operacional.
Contratação por tarefa	Contratação de mão de obra para pequenos trabalhos por preço certo, com ou sem fornecimento de materiais.

15.2. Dos serviços em geral

Nos termos do art. 47 da Lei nº 14.133/2021, as licitações de serviços atenderão aos princípios: (i) da padronização, considerada a compatibilidade de especificações estéticas, técnicas ou de desempenho; (ii) do parcelamento, quando for tecnicamente viável e economicamente vantajoso.

Na licitação de serviços de manutenção e assistência técnica, o edital deverá definir o local de realização dos serviços, admitida a exigência de deslocamento de técnico ao local da repartição ou a exigência de que o contratado tenha unidade de prestação de serviços em distância compatível com as necessidades da Administração.

Atente-se que o art. 48 estabelece que poderão ser objeto de execução por terceiros as atividades materiais acessórias, instrumentais ou complementares aos assuntos que constituam área de competência legal do órgão ou da entidade, vedado à Administração ou a seus agentes, na contratação do serviço terceirizado: (i) indicar pessoas expressamente nominadas para executar direta ou indiretamente o objeto contratado; (ii) fixar salário inferior ao definido em lei ou em ato normativo a ser pago pelo contratado; (iii) estabelecer vínculo de subordinação com funcionário de empresa prestadora de serviço terceirizado; (iv) definir forma de pagamento mediante exclusivo reembolso dos salários pagos; (v) demandar a funcionário de empresa prestadora de serviço terceirizado a execução de tarefas fora do escopo do objeto da contratação; (vi) prever em edital exigências que constituam intervenção indevida da Administração na gestão interna do contratado.

Ademais, durante a vigência do contrato, **é vedado ao contratado contratar cônjuge, companheiro ou parente em linha reta, colateral ou por afinidade, até o terceiro grau, de dirigente do órgão ou entidade contratante ou de agente público que desempenhe função na licitação ou atue na fiscalização ou na gestão do contrato, devendo essa proibição constar expressamente do edital de licitação**.

Importante é a disposição legal prevista no art. 49. Segundo esse dispositivo legal, a Administração poderá, mediante **justificativa expressa, contratar mais de uma**

empresa ou instituição para executar o mesmo serviço, desde que essa contratação **não implique perda de economia de escala**, quando:

a) o objeto da contratação puder ser executado de forma concorrente e simultânea por mais de um contratado; e

b) a múltipla execução for conveniente para atender à Administração.

A Administração deverá manter o controle individualizado da execução do objeto contratual relativamente a cada um dos contratados.

Ainda, nos termos do art. 50, nas contratações de serviços com regime de dedicação exclusiva de mão de obra, o contratado deverá apresentar, quando solicitado pela Administração, sob pena de multa, comprovação do cumprimento das obrigações trabalhistas e com o Fundo de Garantia do Tempo de Serviço (FGTS) em relação aos empregados diretamente envolvidos na execução do contrato, em especial quanto ao: (i) registro de ponto; (ii) recibo de pagamento de salários, adicionais, horas extras, repouso semanal remunerado e décimo terceiro salário; (iii) comprovante de depósito do FGTS; (iv) recibo de concessão e pagamento de férias e do respectivo adicional; (v) recibo de quitação de obrigações trabalhistas e previdenciárias dos empregados dispensados até a data da extinção do contrato; (vi) recibo de pagamento de vale-transporte e vale-alimentação, na forma prevista em norma coletiva.

15.3. Da locação de imóveis

Nos termos do art. 51, a locação de imóveis deverá ser precedida de licitação e avaliação prévia do bem, do seu estado de conservação, dos custos de adaptações e do prazo de amortização dos investimentos necessários.

Excepcionalmente, haverá a inexigibilidade de licitação para locação de imóveis, conforme previsto no art. 74, V. Assim, no caso de **locação de imóvel cujas características de instalações e de localização tornem necessária sua escolha**, haverá inexigibilidade de licitação, em razão da inviabilidade de competição.

15.4. Das licitações internacionais

Nos termos do art. 6º, XXXV, da Lei nº 14.133/2021, a licitação internacional consiste na licitação processada em território nacional na qual é admitida a participação de licitantes estrangeiros, com a possibilidade de cotação de preços em moeda estrangeira, ou licitação na qual o objeto contratual pode ou deve ser executado no todo ou em parte em território estrangeiro.

De acordo com o art. 52, nas licitações de âmbito internacional, o edital deverá ajustar-se às diretrizes da política monetária e do comércio exterior e atender às exigências dos órgãos competentes.

Ademais, quando for permitido ao licitante estrangeiro cotar preço em moeda estrangeira, o licitante brasileiro igualmente poderá fazê-lo. Todavia, o pagamento feito ao licitante brasileiro eventualmente contratado em virtude de licitação será efetuado em moeda corrente nacional.

As garantias de pagamento ao licitante brasileiro serão equivalentes àquelas oferecidas ao licitante estrangeiro.

Os gravames incidentes sobre os preços constarão do edital e serão definidos a partir de estimativas ou médias dos tributos.

As propostas de todos os licitantes estarão sujeitas às mesmas regras e condições, na forma estabelecida no edital.

O edital não poderá prever condições de habilitação, classificação e julgamento que constituam barreiras de acesso ao licitante estrangeiro, admitida a previsão de margem de preferência para bens produzidos no País e serviços nacionais que atendam às normas técnicas brasileiras.

16. DOS PROCEDIMENTOS AUXILIARES

De acordo com o art. 78 da Lei nº 14.133/2021, são procedimentos auxiliares das licitações e das contratações:

I. credenciamento;
II. pré-qualificação;
III. procedimento de manifestação de interesse;
IV. sistema de registro de preços;
V. registro cadastral.

Esses procedimentos obedecerão a critérios claros e objetivos definidos em regulamento.

Ademais, o julgamento que decorrer da pré-qualificação e do procedimento de manifestação de interesse seguirá o mesmo procedimento das licitações.

Os procedimentos auxiliares são fundamentais para o setor, uma vez que a Lei nº 8.666/1993 deixava dúvidas acerca dos fundamentos legais para o credenciamento e a pré-qualificação. Como resultado, havia dificuldades em garantir a segurança jurídica desses procedimentos, mesmo que continuassem a ser utilizados.

Vale ressaltar que os procedimentos auxiliares não têm o objetivo de satisfazer diretamente interesses administrativos, tampouco representam uma via imediata para uma contratação administrativa. Além disso, não possuem conteúdo satisfatório próprio e autônomo.

Contudo, é inegável que esses procedimentos trazem benefícios para a Administração Pública. Por exemplo, as decisões produzidas podem ser aproveitadas em uma pluralidade de procedimentos licitatórios, reduzindo a complexidade da atividade administrativa futura e evitando a repetição de atividades similares. Além disso, a análise dos requisitos pode ocorrer de forma menos apressada, sem constrangimentos temporais, o que reduz a incerteza e incrementa a segurança jurídica, gerando redução de custos.

Por outro lado, existem desvantagens que precisam ser consideradas. O risco da obsolescência da decisão é uma delas, já que o passar do tempo entre o procedimento auxiliar e a licitação ou a contratação pode tornar a decisão obsoleta. Outra desvantagem é o risco de inadequação do resultado, já que os procedimentos auxiliares não são voltados para uma contratação específica, podendo gerar informações insuficientes ou inadequadas para determinadas licitações ou contratações.

16.1. Do credenciamento

Conforme o art. 6º, XLIII, da Lei nº 14.133/2021, o credenciamento consiste no processo administrativo de chamamento público em que a Administração Pública convoca interessados em prestar serviços ou fornecer bens para que, preenchidos os requisitos necessários, se credenciem no órgão ou na entidade para executar o objeto quando convocados.

Nos termos do art. 79 da Lei nº 14.133/2021, o credenciamento poderá ser usado nas seguintes hipóteses de contratação:

I. paralela e não excludente: caso em que é viável e vantajosa para a Administração a realização de contratações simultâneas em condições padronizadas;

Nesse caso, quando o objeto não permitir a contratação imediata e simultânea de todos os credenciados, deverão ser adotados critérios objetivos de distribuição da demanda.

Ademais, o edital de chamamento deverá definir o valor da contratação.

II. com seleção a critério de terceiros: caso em que a seleção do contratado está a cargo do beneficiário direto da prestação;

O edital de chamamento deverá definir o valor da contratação.

III. em mercados fluidos: caso em que a flutuação constante do valor da prestação e das condições de contratação inviabiliza a seleção de agente por meio de processo de licitação.

Nesse caso, a Administração deverá registrar as cotações de mercado vigentes no momento da contratação.

Atente-se ainda que a Administração deverá divulgar e manter à disposição do público, em sítio eletrônico oficial, edital de chamamento de interessados, a fim de permitir o cadastramento permanente de novos interessados. Esse edital deverá prever condições padronizadas de contratação. Também não será permitido o cometimento a terceiros do objeto contratado sem autorização expressa da Administração. Será admitida a denúncia por qualquer das partes nos prazos fixados no edital.

É importante destacar que o credenciamento não deve ser confundido com o contrato. O sujeito que obtém o credenciamento não é um contratado da Administração Pública (AP), já que a contratação ocorrerá em um momento posterior.

O credenciamento é cabível em situações em que, desde que sejam respeitados os padrões mínimos de idoneidade e de aceitabilidade, a identidade do sujeito a ser contratado seja indiferente para a Administração. Isso ocorre porque a remuneração não varia em razão da atuação subjetiva do contratado, e qualquer sujeito que atenda aos padrões de qualidade mínima exigidos tem condições de executar a prestação.

Dessa maneira, o credenciamento é uma forma de permitir que diversos sujeitos possam prestar serviços à Administração, desde que atendam aos requisitos mínimos estabelecidos. Essa modalidade de contratação pode trazer vantagens, como a possibilidade de contar com um número maior de prestadores de serviços, além de permitir maior flexibilidade e agilidade na contratação de serviços específicos. No entanto, é importante que a Administração esteja atenta para que o credenciamento não seja utilizado indevidamente, em detrimento da competitividade e da qualidade dos serviços prestados.

16.2. Da pré-qualificação

Consoante o art. 6º, XLIV, da Lei nº 14.133/2021, a pré-qualificação consiste no procedimento seletivo prévio à licitação, convocado por meio de edital, destinado à análise das condições de habilitação, total ou parcial, **dos interessados ou do objeto**.

A pré-qualificação é regulamentada no art. 80, segundo o qual será utilizada para selecionar previamente:

I. licitantes que reúnam condições de habilitação para participar de futura licitação ou de licitação vinculada a programas de obras ou de serviços objetivamente definidos;
II. bens que atendam às exigências técnicas ou de qualidade estabelecidas pela Administração.

Com a Lei nº 14.133/2021, a pré-qualificação, que já era aplicada para selecionar previamente os licitantes (interessados), passa a ser possível para selecionar os bens que atendam às exigências técnicas ou de qualidade estabelecidas pela Administração.

Nesse sentido, na pré-qualificação aberta a licitantes, poderão ser dispensados os documentos que já constarem do registro cadastral. Por sua vez, na pré-qualificação aberta a bens, poderá ser exigida a comprovação de qualidade.

O procedimento de pré-qualificação ficará permanentemente aberto para a inscrição de interessados.

Quanto ao procedimento de pré-qualificação, constarão do edital:

I. as informações mínimas necessárias para definição do objeto;
II. a modalidade, a forma da futura licitação e os critérios de julgamento.

A apresentação de documentos far-se-á perante órgão ou comissão indicada pela Administração, que deverá examiná-los no prazo máximo de 10 (dez) dias úteis e determinar correção ou reapresentação de documentos, quando for o caso, com vistas à ampliação da competição.

Os bens e os serviços pré-qualificados deverão integrar o catálogo de bens e serviços da Administração.

A pré-qualificação poderá ser realizada em grupos ou segmentos, segundo as especialidades dos fornecedores. Poderá ser parcial ou total, com alguns ou todos os requisitos técnicos ou de habilitação necessários à contratação, assegurada, em qualquer hipótese, a igualdade de condições entre os concorrentes.

Quanto à validade da pré-qualificação, será:

I. de 1 (um) ano, no máximo, e poderá ser atualizada a qualquer tempo;
II. não superior ao prazo de validade dos documentos apresentados pelos interessados.

Os licitantes e os bens pré-qualificados serão, obrigatoriamente, divulgados e mantidos à disposição do público.

A licitação que se seguir ao procedimento da pré-qualificação **poderá** ser restrita a licitantes ou bens pré-qualificados.

A pré-qualificação é uma importante ferramenta de redução de custos para os particulares, visto que permite que a comprovação dos requisitos seja realizada apenas uma vez, e não a cada licitação. Essa modalidade pode ser **total ou parcial**, e a distinção não se aplica à pré-qualificação objetiva, que será sempre total.

Na pré-qualificação parcial, será exigido, em uma licitação futura, o preenchimento de requisitos adicionais para habilitação técnica. Já na pré-qualificação total, dispensa-se a avaliação de qualquer outro requisito em uma licitação futura.

É importante destacar que, por ser dissociada de uma licitação específica, é possível que a Administração Pública exija, na licitação, o exame de amostras, desde que seja justificável.

É necessário **diferenciar a pré-qualificação do cadastramento**. Enquanto este envolve a análise dos requisitos de habilitação jurídica, qualificação econômico-financeira e regularidade fiscal, a pré-qualificação parcial envolve a análise dos requisitos de qualificação técnica. Já a pré-qualificação total é semelhante ao cadastramento. A discussão se dá, portanto, entre o cadastramento e a pré-qualificação subjetiva.

Dessa forma, é importante que a Administração Pública esteja atenta às diferenças entre as modalidades de qualificação, a fim de garantir uma licitação transparente, competitiva e que atenda às necessidades da Administração e da sociedade.

16.3. Procedimento de manifestação de interesse

O procedimento de manifestação de interesse apresenta as seguintes características:

1) Convocação da Administração – a Administração instaura formalmente um procedimento, convocando os interessados.
2) Autonomia dos particulares para conceberem as soluções – os particulares têm liberdade para conceberem soluções, sem interferência da Administração Pública.
3) Exame de aceitabilidade – a Administração Pública avalia a aceitabilidade das soluções apresentadas pelos particulares.
4) Direitos do particular – embora não exista um direito específico de exigir a prestação da Administração, os particulares têm direitos como de participar em licitação futura e o direito à compensação, caso a AP utilize a solução concebida pelo particular e ele não seja o vencedor ou não participe da licitação.

Nos termos do art. 81 da Lei nº 14.133/2021, a Administração poderá solicitar à iniciativa privada, mediante procedimento aberto de manifestação de interesse a ser iniciado com a publicação de edital de chamamento público, a propositura e a realização de estudos, investigações, levantamentos e projetos de soluções inovadoras que contribuam com questões de relevância pública.

A realização pela iniciativa privada de estudos, investigações, levantamentos e projetos em decorrência do procedimento de manifestação de interesse: (1) não atribuirá ao realizador direito de preferência no processo licitatório; (2) não obrigará o Poder Público a realizar licitação; (3) também não implicará, por si só, direito a ressarcimento de valores envolvidos em sua elaboração; (4) será remunerada somente pelo vencedor da licitação, vedada, em qualquer hipótese, a cobrança de valores do Poder Público.

Para aceitação dos produtos e serviços, a Administração deverá elaborar parecer fundamentado com a demonstração de que o produto ou serviço entregue é adequado e suficiente à compreensão do objeto, que as premissas adotadas são compatíveis com as reais necessidades do órgão e que a metodologia proposta é a que propicia maior economia e vantagem entre as demais possíveis.

O PMI poderá ser restrito a *startups*, assim considerados os microempreendedores individuais, as microempresas e as empresas de pequeno porte, de natureza emergente e com grande potencial, que se dediquem à pesquisa, ao desenvolvimento e à implementação de novos produtos ou serviços baseados em soluções tecnológicas inovadoras que possam causar alto impacto, exigida, na seleção definitiva da inovação, validação prévia fundamentada em métricas objetivas, a fim de demonstrar o atendimento das necessidades da Administração.

16.4. Do sistema de registro de preços

Nos termos do art. 6º, XLV, da Lei nº 14.133/2021, o Sistema de Registro de Preços (SRP) consiste no conjunto de procedimentos para realização, mediante contratação direta ou licitação nas modalidades pregão ou concorrência, de registro formal de preços relativos a prestação de serviços, a obras e a aquisição e locação de bens para contratações futuras.

Assim, a formação do SRP poderá ser utilizada na contratação direta ou licitação, bem como nas modalidades pregão ou concorrência.

Nos termos do art. 82, o edital de licitação para registro de preços deverá dispor sobre:

I. as especificidades da licitação e do seu objeto, inclusive a quantidade máxima de cada item que poderá ser adquirida;
II. a quantidade mínima a ser cotada de unidades de bens ou, no caso de serviços, de unidades de medida;
III. a possibilidade de prever preços diferentes:
   a) quando o objeto for realizado ou entregue em locais diferentes;
   b) em razão da forma e do local de acondicionamento;
   c) quando admitida cotação variável em razão do tamanho do lote;
   d) por outros motivos justificados no processo;
IV. a possibilidade de o licitante oferecer ou não proposta em quantitativo inferior ao máximo previsto no edital, obrigando-se nos limites dela;
V. o critério de julgamento da licitação, que será o de menor preço ou o de maior desconto sobre tabela de preços praticada no mercado;
VI. as condições para alteração de preços registrados;
VII. o registro de mais de um fornecedor ou prestador de serviço, desde que aceitem cotar o objeto em preço igual ao do licitante vencedor, assegurada a preferência de contratação de acordo com a ordem de classificação;
VIII. a vedação à participação do órgão ou entidade em mais de uma ata de registro de preços com o mesmo objeto no prazo de validade daquela de que já tiver participado, salvo na ocorrência de ata que tenha registrado quantitativo inferior ao máximo previsto no edital;
IX. as hipóteses de cancelamento da ata de registro de preços e suas consequências.

O critério de julgamento de menor preço por grupo de itens somente poderá ser adotado quando for demonstrada a inviabilidade de se promover a adjudicação por item e for evidenciada a sua vantagem técnica e econômica, e o critério de aceitabilidade de preços unitários máximos deverá ser indicado no edital. Nesse caso, a contratação posterior de item específico constante de grupo de itens exigirá prévia pesquisa de mercado e demonstração de sua vantagem para o órgão ou a entidade.

É permitido registro de preços com indicação limitada a unidades de contratação, sem indicação do total a ser adquirido, apenas nas seguintes situações:

I. quando for a primeira licitação para o objeto e o órgão ou entidade não tiver registro de demandas anteriores;
II. no caso de alimento perecível;
III. no caso em que o serviço estiver integrado ao fornecimento de bens.

Nos casos anteriores, é obrigatória a indicação do valor máximo da despesa e é vedada a participação de outro órgão ou entidade na ata.

O sistema de registro de preços poderá ser usado para a contratação de bens e serviços, inclusive de obras e serviços de engenharia.

Igualmente, o SRP poderá ser utilizado nas hipóteses de inexigibilidade e de dispensa de licitação para a aquisição de bens ou para a contratação de serviços por mais de um órgão ou entidade.

A existência de preços registrados implicará compromisso de fornecimento nas condições estabelecidas, mas não obrigará a Administração a contratar, facultada a realização de licitação específica para a aquisição pretendida, desde que devidamente motivada.

O prazo de vigência da ata de registro de preços será de 1 (um) ano e poderá ser prorrogado, por igual período, desde que comprovado o preço vantajoso. Por sua vez, o contrato decorrente da ata de registro de preços terá sua vigência estabelecida em conformidade com as disposições nela contidas.

A Administração poderá contratar a execução de obras e serviços de engenharia pelo sistema de registro de preços, desde que atendidos os seguintes requisitos:

I. existência de projeto padronizado, sem complexidade técnica e operacional;
II. necessidade permanente ou frequente de obra ou serviço a ser contratado.

O órgão ou a entidade gerenciadora deverá, na fase preparatória do processo licitatório, para fins de registro de preços, realizar procedimento público de intenção de registro de preços para possibilitar, pelo prazo mínimo de 8 (oito) dias úteis, a participação de outros órgãos ou entidades na respectiva ata e determinar a estimativa total de quantidades da contratação. Essa situação será dispensável quando o órgão ou a entidade gerenciadora for o único contratante.

Atente-se à chamada *licitação carona*. De acordo com o art. 86, § 2º, os órgãos e as entidades poderão aderir à ata de registro de preços na condição de não participantes, se não participarem do procedimento, observados os seguintes requisitos: (i) apresentação de justificativa da vantagem da adesão, inclusive em situações de provável desabastecimento ou descontinuidade de serviço público; (ii) demonstração de que os valores registrados estão compatíveis com os valores praticados pelo mercado; (iii) prévias consulta e aceitação do órgão ou da entidade gerenciadora e do fornecedor.

O **limite individual**, isto é, **por órgão ou entidade**, não poderá exceder **50% (cinquenta por cento) dos quantitativos dos itens do instrumento convocatório** registrados na ata de registro de preços para o órgão gerenciador e para os órgãos participantes.

Por outro lado, o quantitativo decorrente das adesões à ata de registro de preços não poderá exceder, na **totalidade**, o **dobro do quantitativo de cada item registrado** na ata de registro de preços para o órgão gerenciador e órgãos participantes, **independentemente do número de órgãos não participantes** que aderirem. Trata-se do **limite global**.

A adesão à ata de registro de preços de órgão ou entidade gerenciadora do Poder Executivo federal por órgãos e entidades da Administração Pública estadual, distrital e municipal poderá ser exigida para fins de transferências voluntárias, não ficando sujeita ao limite global se destinada à execução descentralizada de programa ou projeto federal e comprovada a compatibilidade dos preços registrados com os valores praticados no mercado.

Para aquisição emergencial de medicamentos e material de consumo médico-hospitalar por órgãos e entidades da Administração Pública federal, estadual, distrital e municipal, a adesão à ata de registro de preços gerenciada pelo Ministério da Saúde não estará sujeita ao limite global.

Atente-se que o art. 86, §3º, alterado pela Lei nº 14.770/2023, estabelece que a faculdade de aderir à ata de registro de preços na condição de não participante poderá ser exercida: I - por órgãos e entidades da Administração Pública federal, estadual, distrital e municipal, relativamente à ata de registro de preços de órgão ou entidade gerenciadora federal, estadual ou distrital; ou II - por órgãos e entidades da Administração Pública municipal, relativamente à ata de registro de preços de órgão ou entidade gerenciadora municipal, desde que o sistema de registro de preços tenha sido formalizado mediante licitação. Assim, há previsão expressa de adesão de municípios a atas de registros de preços de outros municípios.

Todavia, será vedada aos órgãos e às entidades da Administração Pública federal a adesão à ata de registro de preços gerenciada por órgão ou entidade estadual, distrital ou municipal, conforme dispõe o art. 86, § 8º.

16.5. Registro cadastral

Nos termos do art. 87 da Lei nº 14.133/2021, os órgãos e a entidades da Administração Pública deverão utilizar o sistema de registro cadastral unificado disponível no Portal Nacional de Contratações Públicas, para efeito de cadastro unificado de licitantes.

Esse sistema será público e deverá ser amplamente divulgado e estar permanentemente aberto aos interessados, e será obrigatória a realização de chamamento público pela internet, no mínimo anualmente, para atualização dos registros existentes e para ingresso de novos interessados.

É proibida a exigência pelo órgão ou pela entidade licitante de registro cadastral complementar para acesso a edital e anexos.

A Administração **poderá realizar licitação restrita a fornecedores cadastrados**, atendidos os critérios, as condições e os limites estabelecidos em regulamento, bem como a ampla publicidade dos procedimentos para o cadastramento. Nesse caso, será admitido fornecedor que realize seu cadastro dentro do prazo previsto no edital para apresentação de propostas.

Ao requerer, a qualquer tempo, inscrição no cadastro ou a sua atualização, o interessado fornecerá os elementos necessários exigidos para habilitação previstos na lei.

O inscrito, considerada a sua área de atuação, será classificado por categorias, subdivididas em grupos, segundo a qualificação técnica e econômico-financeira avaliada, de acordo com regras objetivas divulgadas em sítio eletrônico oficial. Ao inscrito será fornecido certificado, renovável sempre que atualizar o registro.

A atuação do contratado no cumprimento de obrigações assumidas será avaliada pelo contratante, que emitirá documento comprobatório da avaliação realizada, com menção ao seu desempenho na execução contratual, baseado em indicadores objetivamente definidos e aferidos, e a eventuais penalidades aplicadas, o que constará do registro cadastral em que a inscrição for realizada.

A anotação do cumprimento de obrigações pelo contratado será condicionada à implantação e à regulamentação do cadastro de atesto de cumprimento de obrigações, apto à realização do registro de forma objetiva, em atendimento aos princípios da impessoalidade, da igualdade, da isonomia, da publicidade e da transparência, a fim de possibilitar a implementação de medidas de incentivo aos licitantes que possuírem ótimo desempenho anotado em seu registro cadastral.

A qualquer tempo poderá ser alterado, suspenso ou cancelado o registro de inscrito que deixar de satisfazer exigências determinadas pela Lei nº 14.133/2021 ou por regulamento.

O interessado que requerer o cadastro poderá participar de processo licitatório até a decisão da Administração, e a celebração do contrato ficará condicionada à emissão do certificado.

Procedimento	Definição
Credenciamento	Processo administrativo de chamamento público para que interessados se credenciem para executar o objeto quando convocados pela Administração Pública. Pode ser usado em contratações simultâneas padronizadas, seleção a critério de terceiros e em mercados fluidos.
Pré-qualificação	Procedimento seletivo prévio à licitação, convocado por meio de edital, destinado à análise das condições de habilitação, total ou parcial, dos interessados ou do objeto. Pode ser usado para selecionar previamente licitantes ou bens que atendam às exigências técnicas ou de qualidade estabelecidas pela Administração.
Procedimento de manifestação de interesse	Procedimento aberto de manifestação de interesse a ser iniciado com a publicação de edital de chamamento público, destinado à propositura e à realização de estudos, investigações, levantamentos e projetos de soluções inovadoras que contribuam com questões de relevância pública.

Procedimento	Definição
Sistema de registro de preços	Conjunto de procedimentos para realização, mediante contratação direta ou licitação nas modalidades pregão ou concorrência, de registro formal de preços relativos a prestação de serviços, a obras e a aquisição e locação de bens para contratações futuras. Pode ser utilizado na contratação direta ou licitação, bem como nas modalidades pregão ou concorrência.
Registro cadastral	Sistema de registro cadastral unificado disponível no Portal Nacional de Contratações Públicas, para efeito de cadastro unificado de licitantes. Deverá ser amplamente divulgado e estar permanentemente aberto aos interessados, e será obrigatória a realização de chamamento público pela internet, no mínimo anualmente, para atualização dos registros existentes e para ingresso de novos interessados.

QUESTÕES DE CONCURSO

1. VUNESP – 2023 – TJ-SP – Juiz de Direito

A Lei nº 14.133/21, no seu artigo 11, apresenta como inovação em face do que já constava na Lei nº 8.666/93 a ideia de

A) evitar contratações com sobrepreço ou com preços manifestamente inexequíveis.

B) governança das contratações.

C) tratamento isonômico entre os licitantes.

D) seleção da proposta apta a gerar o resultado mais vantajoso para a Administração Pública.

Comentário: A inovação, de fato, é a governança das contratações. As demais alternativas já estavam presentes na legislação anterior. Nesse sentido, de acordo com o art. 11, parágrafo único, da Lei nº 14.133/2021, a alta administração do órgão ou da entidade é responsável pela **governança das contratações** e deve implementar processos e estruturas, inclusive de gestão de riscos e controles internos, para avaliar, direcionar e monitorar os processos licitatórios e os respectivos contratos, com o intuito de alcançar os objetivos estabelecidos no *caput* desse artigo, promover um ambiente íntegro e confiável, assegurar o alinhamento das contratações ao planejamento estratégico e às leis orçamentárias e promover eficiência, efetividade e eficácia em suas contratações.

2. CESPE/CEBRASPE – 2023 – TJ-ES – Analista Judiciário

Em relação às modalidades licitatórias expressamente previstas nas Leis nº 8.666/1993 e nº 14.133/2021, a única diferença entre elas reside na modalidade diálogo competitivo, instituída pela novel legislação.

Comentário: Houve a inovação em relação ao diálogo competitivo, mas também houve a exclusão da tomada de preços e do convite.

3. CESPE/CEBRASPE – 2023 – PGE-ES – Procurador do Estado

De acordo com a nova Lei de Licitações e Contratos Administrativos, o conjunto de elementos necessários e suficientes, com nível de precisão adequado para definir e dimensionar a obra, elaborado com base nas indicações dos estudos técnicos preliminares, que assegure a viabilidade técnica e o adequado tratamento do impacto ambiental do empreendimento e que possibilite a avaliação do custo da obra e a definição dos métodos e do prazo de execução, denomina-se

A) projeto básico.

B) memorial descritivo.

C) matriz de riscos.

D) termo de referência.

E) projeto executivo.

Comentário: A única alternativa que trouxe o nome do elemento descrito no enunciado foi a A.

Art. 6º, XXV, da Lei nº 14.133/2021 – **projeto básico**: conjunto de elementos necessários e suficientes, com nível de precisão adequado para definir e dimensionar a obra ou o serviço, ou o complexo de obras ou de serviços objeto da licitação, elaborado com base nas indicações dos estudos técnicos preliminares, que assegure a viabilidade técnica e o adequado tratamento do impacto ambiental do empreendimento e que possibilite a avaliação do custo da obra e a definição dos métodos e do prazo de execução, devendo conter os seguintes elementos.

Art. 6º, XXVII, da Lei nº 14.133/2021 – **matriz de riscos**: cláusula contratual definidora de riscos e de responsabilidades entre as partes e caracterizadora do equilíbrio econômico-financeiro inicial do contrato, em termos de ônus financeiro decorrente de eventos supervenientes à contratação, contendo, no mínimo, as seguintes informações.

Art. 6º, XXIII, da Lei nº 14.133/2021 – **termo de referência**: documento necessário para a contratação de bens e serviços, que deve conter os seguintes parâmetros e elementos descritivos.

Art. 6º, XXVI, da Lei nº 14.133/2021 – **projeto executivo**: conjunto de elementos necessários e suficientes à execução completa da obra, com o detalhamento das soluções previstas no projeto básico, a identificação de serviços, de materiais e de equipamentos a serem incorporados à obra, bem como suas especificações técnicas, de acordo com as normas técnicas pertinentes.

Art. 6º, XXIV, da Lei nº 14.133/2021 – anteprojeto: peça técnica com todos os subsídios necessários à elaboração do projeto básico, que deve conter, no mínimo, os seguintes elementos:

(...)

j) memorial descritivo dos elementos da edificação, dos componentes construtivos e dos materiais de construção, de forma a estabelecer padrões mínimos para a contratação;

(...).

4. CESPE/CEBRASPE – 2023 – PGE-ES – Procurador do Estado

A alienação de área remanescente de obra pública a proprietários de imóveis lindeiros, caso essa área se torne inaproveitável isoladamente, é legalmente definida como

A) legitimação de posse.

B) doação.

C) incorporação.

D) investidura.

E) concessão de domínio.

Comentário: A questão trouxe o conceito de investidura, que encontra previsão no art. 76, I, *d*, e tem a sua definição no art. 76, § 5º, da Lei nº 14.133/2021.

Art. 76. A alienação de bens da Administração Pública, subordinada à existência de interesse público devidamente justificado, será precedida de avaliação e obedecerá às seguintes normas:

I – tratando-se de bens imóveis, inclusive os pertencentes às autarquias e às fundações, exigirá autorização legislativa e dependerá de licitação na modalidade leilão, dispensada a realização de licitação nos casos de:

(...)

d) investidura;

(...).

§ 5º Entende-se por investidura, para os fins desta Lei, a:

I – *alienação, ao proprietário de imóvel lindeiro, de área remanescente ou resultante de obra pública que se tornar inaproveitável isoladamente*, por preço que não seja inferior ao da avaliação nem superior a 50% (cinquenta por cento) do valor máximo permitido para dispensa de licitação de bens e serviços previsto nesta Lei;

(...).

5. CESPE/CEBRASPE – 2023 – DPE-RO – Defensor Público (adaptada)

Uma federação de associações de moradores ingressou em juízo para exigir a sua contratação pela prefeitura de determinado município para a prestação de serviço de coleta, processamento e comercialização de resíduos sólidos e, consequentemente, obstar a continuidade da licitação desse objeto, a qual estava em curso no município em questão. Como não se trata de associação de pessoas físicas, a hipótese não é contemplada pela dispensa de licitação.

Comentário: Federação de associações de moradores é pessoa jurídica, não se enquadrando na hipótese de licitação dispensável.

Art. 75. É dispensável a licitação:

(...)

IV – para contratação que tenha por objeto:

(...)

j) coleta, processamento e comercialização de resíduos sólidos urbanos recicláveis ou reutilizáveis, em áreas com sistema de coleta seletiva de lixo, realizados por associações ou cooperativas formadas **exclusivamente de pessoas físicas de baixa renda** reconhecidas pelo Poder Público como catadores de materiais recicláveis, com o uso de equipamentos compatíveis com as normas técnicas, ambientais e de saúde pública;

(...).

6. De acordo com a Lei nº 14.133/2021, marque a assertiva correta:

A) Assim como a Lei nº 8.666/1993, a Lei nº 14.133/2021 exige a realização de audiência pública antes da publicação do edital da licitação.

B) Desde que justificado, o orçamento estimado da contratação deverá ter caráter sigiloso, sem prejuízo da divulgação do detalhamento dos quantitativos e das demais informações necessárias para a elaboração das propostas.

C) A concorrência é a modalidade de licitação que poderá ser usada para alienação de bens públicos, utilizando o maior lance como critério de julgamento.

D) É inexigível a licitação para a aquisição ou locação de imóvel cujas características de instalações e de localização tornem necessária sua escolha.

Comentário: A) Incorreta. A Lei nº 14.133/2021, em seu art. 21, faculta a realização de audiência pública.

Art. 21. A Administração **poderá** convocar, com antecedência mínima de 8 (oito) dias úteis, audiência pública, presencial ou a distância, na forma eletrônica, sobre licitação que pretenda realizar, com disponibilização prévia de informações pertinentes, inclusive de estudo técnico preliminar e elementos do edital de licitação, e com possibilidade de manifestação de todos os interessados.

B) Incorreta. O orçamento sigiloso é uma faculdade na nova lei de licitações, como pode se constatar pela leitura do art. 24.

Art. 24. Desde que justificado, o orçamento estimado da contratação **poderá** ter caráter sigiloso, sem prejuízo da divulgação do detalhamento dos quantitativos e das demais informações necessárias para a elaboração das propostas (...).

C) Incorreta. A concorrência é a modalidade de licitação para contratação de bens e serviços especiais e de obras e serviços comuns e especiais de engenharia, cujo critério de julgamento poderá ser:

a) menor preço;

b) melhor técnica ou conteúdo artístico;

c) técnica e preço;

d) maior retorno econômico;

e) maior desconto;

Com a nova Lei de Licitações, o leilão é a única modalidade de licitação apta a ser utilizada para alienação de bens públicos. A concorrência não se destina mais à alienação de bens públicos.

D) Correta. Trata-se de previsão do art. 74, V, da Lei nº 14.133/2021, sendo hipótese relevante, pois, na Lei nº 8.666/1993, essa era uma hipótese de dispensa de licitação.

Capítulo VII
CONTRATOS ADMINISTRATIVOS

1. CONCEITO E DIFERENCIAÇÃO DE CONTRATOS DA ADMINISTRAÇÃO E CONTRATOS ADMINISTRATIVOS

Contratos da Administração é uma expressão utilizada para se referir a todos os contratos celebrados pela Administração Pública, sejam regidos pelo Direito Público, sejam regidos pelo Direito Privado.

Nas palavras de Carvalho Filho,[1] "toda vez que o Estado-Administração firma compromissos recíprocos com terceiros, celebra um contrato. São esses contratos que se convencionou denominar contratos da Administração, caracterizados pelo fato de que a Administração Pública figura num dos polos da relação contratual".

Por sua vez, os contratos administrativos consistem na expressão utilizada para se referir a qualquer acordo de vontades que a Administração Pública, nessa qualidade, celebre com pessoa física ou jurídica, pública ou privada, para a consecução de um fim de interesse público, segundo normas de **Direito Público**, preponderantemente.

A Lei nº 8.666/1993 trazia um conceito de contrato administrativo. De acordo com o art. 2º, parágrafo único, da antiga legislação, considera-se contrato todo e qualquer ajuste entre órgãos ou entidades da Administração Pública e particulares, em que haja um acordo de vontades para a formação de vínculo e a estipulação de obrigações recíprocas, seja qual for a denominação utilizada.

Por seu turno, a Lei nº 14.133/2021 não trouxe, de maneira expressa, um conceito legal de contrato administrativo.

De acordo com o art. 89 da Lei nº 14.133/2021, os contratos administrativos regulam-se pelas suas cláusulas e pelos preceitos de Direito Público, e a eles serão aplicados, **supletivamente**, os princípios da teoria geral dos contratos e as disposições de Direito Privado.

A aplicação supletiva ocorrerá nas situações em que a Lei nº 14.133/2021 não abordar determinada questão que necessite de uma solução decorrente da execução

---

1 CARVALHO FILHO, José dos Santos. *Manual de Direito Administrativo*. 26. ed. rev., ampl. e atual. São Paulo: Atlas, 2013. p. 174.

de contratos administrativos e quando não for encontrada a solução desejada dentro do âmbito do Direito Administrativo.

A aplicação supletiva tem como objetivo preencher as lacunas deixadas pela legislação específica, fornecendo orientações e diretrizes quando não há uma disposição clara ou adequada na Lei nº 14.133/2021 em relação a determinada situação que surja na execução de contratos administrativos.

Nesse sentido, o STJ[2] possui entendimento de que é possível a compensação de créditos decorrentes da aquisição de imóveis em contrato administrativo firmado entre empresa pública e particular, mesmo sem autorização deste. Trata-se de decisão sob o bojo da Lei nº 8.666/1993, mas que permanece válida sob a vigência da Lei nº 14.133/2021.

É preciso pontuar, nos termos do art. 190 da Lei nº 14.133/2021, que o contrato cujo instrumento tenha sido assinado antes da entrada em vigor da lei continuará a ser regido de acordo com as regras previstas na legislação revogada.

A partir de agora, o estudo ficará restrito aos contratos administrativos.

2. CARACTERÍSTICAS

a) Consensualidade

Os contratos consensuais são aqueles que, para que se tornem perfeitos, apenas necessitam do acordo de vontade – consenso – entre as partes, de modo que não se exige qualquer outro ato para completar sua formação.

b) Formalidade

Os contratos formais ou solenes são aqueles que exigem uma forma preestabelecida em lei para que se tornem válidos.

Atente-se que hoje alguns doutrinadores vêm defendendo o chamado formalismo moderado, em razão dos efeitos práticos dos chamados contratos verbais.

Assim, nos termos do art. 95, § 2º, é nulo e de nenhum efeito o contrato verbal com a Administração, salvo o de pequenas compras ou prestação de serviços de pronto pagamento, assim entendidas aquelas de valor não superior a R$ 10.000,00 (dez mil reais).[3]

Todavia, atente-se que o dispositivo legal *supra* deve ser interpretado de acordo com os princípios gerais de Direito e os valores constitucionais. Destarte, por mais que haja um contrato verbal que não se encaixe na exceção legal, a Administração Pública precisa realizar o pagamento pelos serviços prestados.

---

2 REsp 1.913.122-DF, Rel. Min. Francisco Falcão, Segunda Turma, por unanimidade, j. 12.09.2023, *DJe* 15.09.2023.

3 Valor atualizado para R$ 12.545,11 (doze mil quinhentos e quarenta e cinco reais e onze centavos) pelo Decreto nº 12.343/2024.

Nesse sentido, caso o particular execute serviço sem a celebração de contrato, faz-se necessário celebrar um **termo de ajuste de contas** ou proceder ao **reconhecimento de dívidas**. O termo de ajuste de contas consiste no instrumento legal que tem por finalidade regularizar os contratos não formalizados e autorizar o pagamento de despesas contraídas sem o prévio empenho no mesmo exercício financeiro.

Por sua vez, o reconhecimento de dívida consiste na caracterização do ressarcimento a um particular pela Administração Pública, com o intuito de evitar enriquecimento ilícito por parte desta última. Esse procedimento é utilizado para o pagamento de despesas que se originaram em exercícios anteriores ao efetivo pagamento. Por exemplo, suponha que a Administração tenha firmado um contrato com determinada empresa para a prestação de serviços em 2022, mas que a liquidação total das despesas somente tenha ocorrido em 2023. Nesse caso, o reconhecimento de dívida se faz necessário para que a empresa possa receber o pagamento devido.

Ambos os institutos consistem na concretização dos princípios da boa-fé objetiva, da moralidade administrativa e da vedação em enriquecimento sem causa.[4]

Atente-se ainda que, de acordo com o STJ,[5] no caso de contrato verbal e sem licitação, o ente público tem o dever de indenizar, desde que provada a existência de subcontratação, a efetiva prestação de serviços, ainda que por terceiros, e que tais serviços se reverteram em benefício da Administração. Segundo a Corte Cidadã, a inexistência de autorização da Administração para subcontratação, não é suficiente para afastar o dever de indenizar, no caso, porque a própria contratação foi irregular, haja vista que não houve licitação e o contrato foi verbal.

c) Bilateralidade

Os contratos bilaterais são aqueles em há prestação e contraprestação para as partes envolvidas.

Atente-se que os contratos administrativos, embora bilaterais, não se caracterizam pela horizontalidade, uma vez que as partes envolvidas não figuram em posição de igualdade.

d) Onerosidade

Os contratos onerosos são aqueles em que há direitos e obrigações para ambas as partes. Em outras palavras, pela onerosidade, ambas as partes obtêm vantagens, mas suportam um ônus.

e) Comutatividade

Os contratos comutativos são aqueles em que prestação e contraprestação já são previamente conhecidas pelas partes.

---

4 JUSTEN FILHO, Marçal. *Comentários à Lei de Licitações e Contratos Administrativos*. 9. ed. São Paulo: Dialética, 2002. p. 243.

5 REsp 2.045.450-RS, Rel. Min. Herman Benjamin, Segunda Turma, por unanimidade, j. 20.06.2023.

f) Adesão

Os contratos de adesão são aqueles em que as cláusulas contratuais já são predefinidas por uma das partes – no caso, a Administração Pública –, de modo que a outra parte apenas adere ao contrato.

g) Presença de cláusulas exorbitantes ou desequilíbrio

Os contratos administrativos possuem as chamadas cláusulas exorbitantes, aquelas que colocam a Administração Pública em uma relação superior ao contratado. Na Lei nº 14.133/2021, as cláusulas exorbitantes vieram previstas no art. 104, no capítulo das prerrogativas da Administração.

Os contratos firmados pela Administração Pública são qualificados como administrativos devido à presença de cláusulas que extrapolam a órbita do direito privado. Essas cláusulas criam uma relação de **assimetria** significativa entre as partes, conferindo à Administração Pública prerrogativas especiais.

Em contratos administrativos, o contratado se sujeita a essas fortes prerrogativas. Assim, os ajustes bilaterais firmados pela Administração Pública, ao prescreverem cláusulas que tornam as partes contratuais assimétricas, são classificados como contratos administrativos. Essa assimetria contratual decorre da posição dominante da Administração Pública e de suas prerrogativas especiais para a execução do contrato, diferentemente dos contratos entre particulares, que se baseiam na igualdade de condições entre as partes. O estudo dessas cláusulas será feito adiante, no tópico 8 deste capítulo.

h) Mutabilidade

Característica intrínseca aos contratos administrativos, a mutabilidade refere-se ao fato de os contratos poderem sofrer alterações unilaterais determinadas pela Administração Pública. Trata-se, nos termos do art. 104, I, da Lei nº 14.133/2021, de prerrogativa da Administração em relação aos contratados.

Assim, a mutabilidade gera certa instabilidade aos contratos administrativos.

i) Personalíssimo

Por fim, os contratos administrativos também são personalíssimos ou *intuito personae*. Assim, cabe ao contratado executar o objeto licitado, vedada sua execução por terceiros.

O fato de os contratos administrativos serem personalíssimos não impede que haja a subcontratação, nos termos do art. 122 da Lei nº 14.133/2021.

Desse modo, na execução do contrato e sem prejuízo das responsabilidades contratuais e legais, o contratado poderá **subcontratar** partes da obra, do serviço ou do fornecimento até o limite autorizado, em cada caso, pela Administração.

O contratado apresentará à Administração documentação que comprove a capacidade técnica do subcontratado, que será avaliada e juntada aos autos do processo correspondente.

Regulamento ou edital de licitação poderão vedar, restringir ou estabelecer condições para a subcontratação.

Atente-se que será vedada a subcontratação de pessoa física ou jurídica, se aquela ou os dirigentes desta mantiverem vínculo de natureza técnica, comercial, econômica, financeira, trabalhista ou civil com dirigente do órgão ou entidade contratante ou com agente público que desempenhe função na licitação ou atue na fiscalização ou na gestão do contrato, ou se deles forem cônjuge, companheiro ou parente em linha reta, colateral, ou por afinidade, até o terceiro grau, devendo essa proibição constar expressamente do edital de licitação.

3. APROFUNDAMENTO

3.1. A teoria dos contratos incompletos e a sua interação com a economia

A análise dos contratos incompletos é uma área de estudo da escola de *Law and Economics*. A relevância deste tema foi destacada na obra *Teoria Econômica do Contrato*, que menciona a *Incomplete Contract Theory* como uma das contribuições mais importantes da análise econômica à teoria do contrato. Essa teoria, baseada na corrente neoinstitucionalista, analisa o impacto das instituições no desenho das soluções contratuais.[6]

A teoria econômica dos contratos incompletos desafia a ideia de completude contratual, demonstrando que nenhum contrato consegue prever todas as possíveis contingências futuras, devido aos altos custos e às incertezas envolvidas. Assim, a teoria do custo de transação é essencial para entender os contratos incompletos, já que esses custos incluem as despesas materiais, o tempo e a energia necessários para negociar, executar e fiscalizar um acordo.

Na abordagem neoclássica, os agentes econômicos são considerados completamente racionais, capazes de processar todas as informações disponíveis. No entanto, a teoria econômica neoinstitucionalista introduz a análise dos custos de transação, levando em conta a racionalidade limitada e o oportunismo das partes, além das incertezas e condições objetivas das transações.

Os custos de transação são influenciados não apenas pelas características do acordo, mas também pelas condutas das partes e pelas condições externas, como mudanças sociais e duração do contrato. Esses custos são fatores críticos na apreciação da incompletude contratual, visto que é difícil conceber qualquer atividade econômica sem a necessidade de recursos para coleta de informações, redação de contratos, coordenação entre os atores econômicos e resolução de controvérsias.

---

[6] CATEB, Alexandre Bueno; GALLO, José Alberto Albeny. Breves considerações sobre a teoria dos contratos incompletos. *Latin American and Caribbean Law and Economics Association (ALACDE) Annual Papers*, 2007.

A teoria dos contratos incompletos propõe que a gestão das relações contratuais deve levar em conta a complexidade e as incertezas envolvidas. Em busca de eficiência, os contratantes podem preferir contratos flexíveis, que permitem ajustes posteriores em resposta a eventos imprevistos, ao invés de contratos rígidos com alocações de risco predefinidas.[7]

Os contratos são sempre incompletos, pois é impossível prever todos os eventos futuros. A incompletude contratual decorre da racionalidade limitada das partes, que enfrentam decisões complexas e assimetrias de informação. A teoria econômica, ao introduzir o conceito de contrato incompleto, oferece uma nova perspectiva para a revisão dos contratos, considerando os custos de transação como fatores que inviabilizam a completude dos acordos.

A análise econômica dos contratos incompletos parte da premissa da racionalidade limitada dos agentes, que não conseguem absorver todas as informações necessárias para uma decisão "ótima". A racionalidade limitada implica uma conduta racional, ainda que sujeita a barreiras cognitivas e custos de busca por informações, resultando em decisões satisfatórias, mas não perfeitas.

Negócios de longa duração e complexidade são mais difíceis de gerir devido às incertezas e custos operacionais associados à redação, conclusão e execução dos acordos. Fatores ambientais, o sistema jurídico e normas sociais impactam a complexidade dos contratos, tornando-os inevitavelmente incompletos. A dimensão temporal dos contratos, desde seu surgimento até sua eventual extinção, contribui para a ligação entre incompletude e duração do contrato, evidenciando a necessidade de uma análise econômica aprofundada.

Características	Definição
Consensualidade	Contratos consensuais são aqueles que, para que se tornem perfeitos, apenas necessitam do acordo de vontade – consenso – entre as partes, de modo que não se exige qualquer outro ato para completar sua formação.
Formalidade	Contratos formais ou solenes são aqueles que exigem uma forma preestabelecida em lei para que se tornem válidos.
Bilateralidade	Contratos bilaterais são aqueles em que há prestação e contraprestação para as partes envolvidas.
Onerosidade	Contratos onerosos são aqueles em que há direitos e obrigações para ambas as partes. Em outras palavras, pela onerosidade, ambas as partes obtêm vantagens, mas suportam um ônus.

7 SZTAJN, Rachel; ZYLBERSZTAJN, Decio. ***Direito e economia***: análise econômica do direito e das organizações. Rio de Janeiro: Campus, 2005.

Características	Definição
Comutatividade	Contratos comutativos são aqueles em que prestação e contraprestação já são previamente conhecidas pelas partes.
Adesão	Contratos de adesão são aqueles em que as cláusulas contratuais já são predefinidas por uma das partes – no caso, a Administração Pública –, de modo que a outra parte apenas adere ao contrato.
Presença de cláusulas exorbitantes ou desequilíbrio	Contratos administrativos possuem as chamadas cláusulas exorbitantes, aquelas que colocam a Administração Pública em uma relação superior ao contratado.
Mutabilidade	Característica intrínseca aos contratos administrativos, a mutabilidade refere-se ao fato de os contratos poderem sofrer alterações unilaterais determinadas pela Administração Pública. Trata-se, nos termos do art. 104, I, da Lei nº 14.133/2021, de prerrogativa da Administração em relação aos contratados.
Personalíssimo	Contratos administrativos também são personalíssimos ou *intuito personae*. Assim, cabe ao contratado executar o objeto licitado, vedada sua execução por terceiros. O fato de os contratos administrativos serem personalíssimos não impede que haja a subcontratação, nos termos do art. 122 da Lei nº 14.133/2021.

4. CONVOCAÇÃO DO LICITANTE VENCEDOR

Nos termos do art. 90 da Lei nº 14.133/2021, a Administração convocará regularmente o licitante vencedor para assinar o termo de contrato ou para aceitar ou retirar o instrumento equivalente, **dentro do prazo e nas condições estabelecidas no edital de licitação**, sob pena de decair o direito à contratação, sem prejuízo das sanções previstas na lei.

Assim, diferentemente do regramento anterior, o qual previa o prazo de 60 (sessenta) dias da entrega das propostas para que houvesse a convocação para a contratação, a Lei nº 14.133/2021 estabelece que cabe ao edital da licitação disciplinar o prazo para a convocação.

O prazo de convocação poderá ser prorrogado uma vez, por igual período, mediante solicitação da parte durante seu transcurso, devidamente justificada, e desde que o motivo apresentado seja aceito pela Administração.

Será facultado à Administração, quando o convocado não assinar o termo de contrato ou não aceitar ou não retirar o instrumento equivalente no prazo e nas condições estabelecidas, **convocar os licitantes remanescentes**, **na ordem de classificação**, para a celebração do contrato **nas condições propostas pelo licitante vencedor**.

Decorrido o prazo de validade da proposta indicado no edital sem convocação para a contratação, ficarão os licitantes liberados dos compromissos assumidos.

Na hipótese de nenhum dos licitantes aceitar a contratação, a Administração, observados o valor estimado e sua eventual atualização nos termos do edital, **poderá**:

I. convocar os licitantes remanescentes para negociação, na ordem de classificação, com vistas à obtenção de preço melhor, mesmo que acima do preço do adjudicatário;

II. adjudicar e celebrar o contrato nas condições ofertadas pelos licitantes remanescentes, atendida a ordem classificatória, quando frustrada a negociação de melhor condição.

A recusa injustificada do adjudicatário em assinar o contrato ou em aceitar ou retirar o instrumento equivalente no prazo estabelecido pela Administração caracterizará o descumprimento total da obrigação assumida e o sujeitará às penalidades legalmente estabelecidas e à imediata perda da garantia de proposta em favor do órgão ou da entidade licitante. Contudo, isso não se aplicará aos licitantes remanescentes convocados.

Será facultada à Administração a convocação dos demais licitantes classificados para a contratação de remanescente de obra, de serviço ou de fornecimento em consequência de rescisão contratual, observados os mesmos critérios estabelecidos anteriormente.

No caso de convocação dos demais licitantes classificados para a contratação de remanescente é autorizado o aproveitamento, em favor da nova contratada, de eventual saldo a liquidar inscrito em despesas empenhadas ou em restos a pagar não processados.

Por fim, se frustradas as tentativas de manutenção da licitação com a convocação dos remanescentes, o saldo poderá ser computado como efetiva disponibilidade para nova licitação, desde que identificada vantajosidade para a Administração Pública e mantido o objeto programado.

5. CLÁUSULAS NECESSÁRIAS

São aquelas que, obrigatoriamente, constarão nos contratos administrativos. Estão estabelecidas no art. 92 da Lei nº 14.133/2021. São cláusulas necessárias em todo contrato as que estabelecem: (i) o objeto e seus elementos característicos; (ii) a vinculação ao edital de licitação e à proposta do licitante vencedor ou ao ato que tiver autorizado a contratação direta e à respectiva proposta; (iii) a legislação aplicável à execução do contrato, inclusive quanto aos casos omissos; (iv) o regime de execução ou a forma de fornecimento; (v) o preço e as condições de pagamento, os critérios, a data-base e a periodicidade do reajustamento de preços e os critérios de atualização monetária entre a data do adimplemento das obrigações e a do efetivo pagamento; (vi) os critérios e a periodicidade da medição, quando for o caso, e o prazo para liquidação e para pagamento; (vii) os prazos de início das etapas de execução, conclusão, entrega, observação e recebimento definitivo, quando for o caso; (viii) o crédito pelo qual correrá a despesa, com a indicação da classificação funcional programática e da categoria econômica; (ix) a matriz de risco, quando for o caso; (x) o prazo para resposta ao pedido de repactuação de preços, quando for o caso; (xi) o prazo para resposta ao pedido de restabelecimento do equilíbrio econômico-financeiro, quando for o caso; (xii) as garantias oferecidas para assegurar sua plena execução, quando exigidas, inclusive as que forem oferecidas pelo contratado no caso de antecipação de valores a título de pagamento; (xiii) o prazo de garantia mínima do objeto, observados os prazos mínimos estabelecidos nesta Lei e nas normas técnicas aplicáveis, e as condições de manutenção e assistência técnica, quando for o caso; (xiv) os direitos e as responsabilidades das partes, as penalidades cabíveis e os valores das multas e suas bases de cálculo; (xv) as condições de importação e a data e a taxa de câmbio para conversão, quando for o caso; (xvi) a obrigação do contratado de manter, durante toda a execução do contrato, em compatibilidade com as obrigações por ele assumidas, todas as condições exigidas para a habilitação na licitação, ou para qualificação, na contratação direta; (xvii) a obrigação de o contratado cumprir as exigências de reserva de cargos prevista em lei, bem como em outras normas específicas, para pessoa com deficiência, para reabilitado da Previdência Social e para aprendiz; (xviii) o modelo de gestão do contrato, observados os requisitos definidos em regulamento; (xix) os casos de extinção.

Os contratos celebrados pela Administração Pública com pessoas físicas ou jurídicas, inclusive as domiciliadas no exterior, deverão conter cláusula que declare competente o foro da sede da Administração para dirimir qualquer questão contratual, ressalvadas as seguintes hipóteses:

1) licitação internacional para a aquisição de bens e serviços cujo pagamento seja feito com o produto de financiamento concedido por organismo financeiro internacional de que o Brasil faça parte ou por agência estrangeira de cooperação;
2) contratação com empresa estrangeira para a compra de equipamentos fabricados e entregues no exterior precedida de autorização do chefe do Poder Executivo;
3) aquisição de bens e serviços realizada por unidades administrativas com sede no exterior.

De acordo com as peculiaridades do seu objeto e do seu regime de execução, o contrato conterá cláusula que preveja um período antecedente à expedição da ordem de serviço para verificação de pendências, liberação de áreas ou adoção de outras providências cabíveis para a regularidade do início da sua execução.

Ademais, considera-se como adimplemento da obrigação contratual a prestação do serviço, a realização da obra ou a entrega do bem, ou parcela destes, bem como qualquer outro evento contratual cuja ocorrência esteja vinculada à emissão de documento de cobrança.

6. GARANTIAS

As garantias dos contratos administrativos poderão ser exigidas a critério da autoridade competente, desde que previstas no edital, conforme dispõe o art. 96 da Lei nº 14.133/2021.

Ao **contratado** caberá optar por uma das garantias legais:

1) caução em dinheiro ou em títulos da dívida pública;
2) seguro-garantia;
3) fiança bancária.
4) título de capitalização custeado por pagamento único, com resgate pelo valor total.

Na hipótese de suspensão do contrato por ordem ou inadimplemento da Administração, o contratado ficará desobrigado de renovar a garantia ou de endossar a apólice de seguro até a ordem de reinício da execução ou o adimplemento pela Administração.

O edital fixará prazo mínimo de 1 (um) mês, contado da data da homologação da licitação e anterior à assinatura do contrato, para a prestação da garantia pelo contratado quando optar pelo seguro-garantia.

A Lei nº 14.133/2021 se preocupou em disciplinar mais detalhadamente o seguro-garantia. Assim, nos termos do art. 97, o seguro-garantia tem por objetivo garantir o fiel cumprimento das obrigações assumidas pelo contratado perante a Administração, inclusive as multas, os prejuízos e as indenizações decorrentes de inadimplemento, observadas as seguintes regras:

1) o prazo de vigência da apólice será igual ou superior ao prazo estabelecido no contrato principal e deverá acompanhar as modificações referentes à vigência deste mediante a emissão do respectivo endosso pela seguradora;
2) o seguro-garantia continuará em vigor mesmo se o contratado não tiver pago o prêmio nas datas convencionadas.

Nos contratos de execução continuada ou de fornecimento contínuo de bens e serviços, será permitida a substituição da apólice de seguro-garantia na data da renovação ou do aniversário, desde que mantidas as mesmas condições e coberturas da apólice vigente e desde que nenhum período fique descoberto, salvo no caso de suspensão do contrato por ordem ou inadimplemento da Administração.

Na contratação de obras e serviços de engenharia, o edital poderá exigir a prestação da garantia na modalidade seguro-garantia e prever a obrigação de a seguradora, em caso de inadimplemento pelo contratado, assumir a execução e concluir o objeto do contrato, hipótese em que:

1) a seguradora deverá firmar o contrato, inclusive os aditivos, como interveniente anuente, e poderá:
   a) ter livre acesso às instalações em que for executado o contrato principal;
   b) acompanhar a execução do contrato principal;
   c) ter acesso a auditoria técnica e contábil;
   d) requerer esclarecimentos ao responsável técnico pela obra ou pelo fornecimento;
2) a emissão de empenho em nome da seguradora, ou a quem ela indicar para a conclusão do contrato, será autorizada desde que demonstrada sua regularidade fiscal;
3) a seguradora poderá subcontratar a conclusão do contrato, total ou parcialmente.

Na hipótese de inadimplemento do contratado, **caso a seguradora execute e conclua o objeto do contrato**, estará isenta da obrigação de pagar a importância segurada indicada na apólice. Ademais, **caso a seguradora não assuma a execução do contrato**, ela pagará a integralidade da importância segurada indicada na apólice.

Por fim, atente-se que a alteração das garantias prestadas somente pode ser realizada por acordo entre as partes, isto é, por meio de alteração bilateral, não sendo possível a alteração unilateral por parte da Administração, nos termos do art. 124, II, *a*, da Lei nº 14.133/2021.

Percentual

Regra: **até 5%** do valor inicial do contrato, nos casos de obras, serviços e fornecimentos.

Exceção:

1) Até 10% desse valor, desde que justificada mediante análise da complexidade técnica e dos riscos envolvidos.
2) Até 30% desse valor, nas contratações de obras e serviços de engenharia de grande vulto, na modalidade seguro-garantia.

Nas contratações de serviços e fornecimentos contínuos com vigência superior a 1 (um) ano, assim como nas subsequentes prorrogações, será utilizado o valor anual do contrato para a aplicação dos percentuais *supra*.

A garantia prestada pelo contratado será liberada ou restituída após a fiel execução do contrato ou após a sua extinção por culpa exclusiva da Administração, e, quando em dinheiro, atualizada monetariamente.

Nos casos de contratos que impliquem a entrega de bens pela Administração, dos quais o contratado ficará depositário, o valor desses bens deverá ser acrescido ao valor da garantia.

7. ALOCAÇÃO DE RISCOS

Nos termos do art. 103 da Lei nº 14.133/2021, o contrato poderá identificar os riscos contratuais previstos e presumíveis e prever matriz de alocação de riscos, alocando-os entre contratante e contratado, mediante indicação daqueles a serem assumidos pelo setor público ou pelo setor privado ou daqueles a serem compartilhados.

Assim, o contrato administrativo deverá ter cláusulas prevendo fatos que, caso ocorram, ora serão suportados pela Administração Pública, ora pelo contratado, ora serão entre eles compartilhados.

A alocação de riscos considerará, em compatibilidade com as obrigações e os encargos atribuídos às partes no contrato, a natureza do risco, o beneficiário das prestações a que se vincula e a capacidade de cada setor para melhor gerenciá-lo.

Os riscos que tenham cobertura oferecida por seguradoras serão, preferencialmente, transferidos ao contratado.

A alocação dos riscos contratuais será quantificada para fins de projeção dos reflexos de seus custos no valor estimado da contratação.

A matriz de alocação de riscos definirá o equilíbrio econômico-financeiro inicial do contrato em relação a eventos supervenientes e deverá ser observada na solução de eventuais pleitos das partes.

Sempre que atendidas as condições do contrato e da matriz de alocação de riscos, será considerado mantido o equilíbrio econômico-financeiro, renunciando as partes aos pedidos de restabelecimento do equilíbrio relacionados aos riscos assumidos, exceto no que se refere:

1) às alterações unilaterais determinadas pela Administração;
2) ao aumento ou à redução, por legislação superveniente, dos tributos diretamente pagos pelo contratado em decorrência do contrato.

Na alocação de risco, poderão ser adotados métodos e padrões geralmente utilizados por entidades públicas e privadas, e os ministérios e secretarias supervisores dos órgãos e das entidades da Administração Pública poderão definir os parâmetros e o detalhamento dos procedimentos necessários a sua identificação, alocação e quantificação financeira.

8. PRAZO

Regra

Assim como no regramento anterior, a regra de duração dos contratos administrativos será de até 12 meses, correspondentes à vigência do crédito orçamentário, conforme se pode concluir da previsão do art. 105 da Lei nº 14.133/2021.

Observe-se que não serão objeto de cancelamento automático os restos a pagar vinculados a contratos de duração plurianual, senão depois de encerrada a vigência destes, nem os vinculados a contratos rescindidos, nos casos dos §§ 8º e 9º do art. 90. Ademais, nos termos do art. 112 da Lei nº 14.133/2021, os prazos contratuais nela previstos não excluem nem revogam os prazos contratuais previstos em lei especial.

Exceções

Todavia, a Lei nº 14.133/2021 trouxe diversas situações em que os contratos poderão vigorar por mais de 12 meses. No caso de contratações que superem 1 ano, deverão ser observadas, no momento da contratação e a cada exercício financeiro, a disponibilidade de créditos orçamentários e a previsão no plano plurianual.

Atente-se, agora, aos contratos que poderão ter duração superior a 1 ano:

A. Prazo de até 5 (cinco) anos (art. 106)

A.1. Contratos de serviços e fornecimentos contínuos.

A.2. Contratos de **aluguel de equipamentos e de utilização de programas de informática**.

Em ambos os casos, devem ser observadas as seguintes diretrizes:

I. A autoridade competente do órgão ou entidade contratante deverá atestar a maior vantagem econômica vislumbrada em razão da contratação plurianual.

II. A Administração deverá atestar, no início da contratação e de cada exercício, a existência de créditos orçamentários vinculados à contratação e a vantagem em sua manutenção.

III. A Administração terá a opção de extinguir o contrato, sem ônus, quando não dispuser de créditos orçamentários para sua continuidade ou quando entender que o contrato não mais lhe oferece vantagem.

Essa extinção ocorrerá apenas na próxima data de aniversário do contrato e não poderá ocorrer em prazo inferior a 2 (dois) meses, contado da referida data.

Os **contratos de serviços e fornecimentos contínuos**, de acordo com o art. 107, poderão ser prorrogados sucessivamente, **respeitada a vigência máxima decenal**, desde que haja previsão em edital e que a autoridade competente ateste que as condições e os preços permanecem vantajosos para a Administração, permitida a negociação com o contratado ou a extinção contratual sem ônus para qualquer das partes.

B. Contratos com prazo de até 10 (dez) anos (art. 108)

B.1. Contratos cujo objeto sejam bens ou serviços produzidos ou prestados no País que envolvam, cumulativamente, alta complexidade tecnológica e defesa nacional.

B.2. Contratos cujo objeto sejam materiais de uso das Forças Armadas, com exceção de materiais de uso pessoal e administrativo, quando houver necessidade de manter a padronização requerida pela estrutura de apoio logístico dos meios navais, aéreos e terrestres, mediante autorização por ato do comandante da força militar.

B.3. Contratos destinados à contratação com vistas ao cumprimento do disposto nos arts. 3º, 3º-A, 4º, 5º e 20 da Lei nº 10.973/2004, que dispõe sobre **incentivos à inovação e à pesquisa científica e tecnológica no ambiente produtivo**, observados os princípios gerais de contratação constantes da referida lei.

B.4. Contratos destinados à contratação que possa acarretar comprometimento da segurança nacional, nos casos estabelecidos pelo Ministro de Estado da Defesa, mediante demanda dos comandos das Forças Armadas ou dos demais ministérios.

B.5. Contratos destinados à contratação em que houver transferência de tecnologia de produtos estratégicos para o Sistema Único de Saúde (SUS), conforme elencados em ato da direção nacional do SUS, inclusive por ocasião da aquisição desses produtos durante as etapas de absorção tecnológica, e em valores compatíveis com aqueles definidos no instrumento firmado para a transferência de tecnologia.

B.6. Contratos para a aquisição, por pessoa jurídica de direito público interno, de insumos estratégicos para a saúde produzidos por fundação que, regimental ou estatutariamente, tenha por finalidade apoiar órgão da Administração Pública direta, sua autarquia ou fundação em projetos de ensino, pesquisa, extensão, desenvolvimento institucional, científico e tecnológico e de estímulo à inovação, inclusive na gestão administrativa e financeira necessária à execução desses projetos, ou em parcerias que envolvam transferência de tecnologia de produtos estratégicos para o SUS, e que tenha sido criada para esse fim específico em data anterior à entrada em vigor da Lei nº 14.133/2021, desde que o preço contratado seja compatível com o praticado no mercado.

C. Prazo indeterminado (art. 109)

Nos termos do art. 109 da Lei nº 14.133/2021, a Administração poderá estabelecer a vigência por prazo **indeterminado** nos contratos em que seja **usuária de serviço público** oferecido em regime de **monopólio**, desde que comprovada, a cada exercício financeiro, a **existência de créditos orçamentários** vinculados à contratação.

Pode-se dar como exemplo os contratos em que a Administração seja usuária de serviço público essencial de energia elétrica, água e esgoto.

D. Prazo de até 15 (quinze) anos (art. 114)

Os contratos de operação continuada de sistemas estruturantes de tecnologia da informação poderão ter vigência máxima de 15 (quinze) anos.

E. Contratos que gerem receitas e contratos de eficiência (art. 110)

Nesses contratos, os prazos serão de:

I. **até 10 (dez) anos**, nos contratos **sem investimento**;

II. **até 35 (trinta e cinco) anos**, nos contratos **com investimento**, assim considerados aqueles que impliquem a elaboração de benfeitorias permanentes, realizadas exclusivamente a expensas do contratado, que serão revertidas ao patrimônio da Administração Pública ao término do contrato.

F. Contratos por escopo (art. 111)

Cabe, aqui, diferenciar os contratos por escopo dos contratos por prazo certo ou de trato sucessivo.

Nos contratos por escopo, a avença somente será cumprida, independentemente do prazo pactuado, com a execução total do objeto contratual. Assim, o contrato somente restará encerrado com o cumprimento do contrato.

Dessa forma, nos termos do art. 111 da Lei nº 14.133/2021, na contratação que previr a conclusão de um escopo predefinido, o prazo de vigência será automaticamente prorrogado quando seu objeto não for concluído no período firmado no contrato.

Atente-se que, quando a não conclusão decorrer de **culpa do contratado**, (1) o contratado será constituído em mora, aplicáveis a ele as respectivas sanções administrativas; e (2) a Administração poderá optar pela extinção do contrato e, nesse caso, adotará as medidas admitidas em lei para a continuidade da execução contratual.

Por outro lado, nos contratos de trato sucessivo, o contratado precisa cumprir as obrigações contratuais até o prazo final do contrato. Findo este, estará extinta a avença.

G. Contratos de fornecimento e prestação de serviço associado (art. 113)

Esses contratos terão sua vigência máxima definida pela soma do prazo relativo ao fornecimento inicial ou à entrega da obra com o prazo relativo ao serviço de operação e manutenção, este limitado a 5 (cinco) anos contados da data de recebimento do objeto inicial, autorizada a prorrogação na forma do art. 107 da lei.

Tipo de contrato	Prazo máximo de vigência
– Contratos de serviços e fornecimentos contínuos – Contratos de aluguel de equipamentos e de utilização de programas de informática	5 anos, permitida a prorrogação decenal para os contratos de serviços e fornecimentos contínuos.
– Contratos de bens ou serviços produzidos no País com alta complexidade tecnológica e defesa nacional – Contratos de materiais de uso das Forças Armadas para manter a padronização logística – Contratos relacionados a incentivos à inovação e à pesquisa científica e tecnológica – Contratações que possam afetar a segurança nacional – Contratos relativos à transferência de tecnologia de produtos estratégicos para o SUS	10 anos.
– Contratos de aquisição de insumos estratégicos para a saúde produzidos por fundações criadas para apoiar a Administração Pública em projetos de ensino, pesquisa, desenvolvimento científico e tecnológico, ou em parcerias que envolvam transferência de tecnologia, desde que o preço seja compatível com o mercado	10 anos.
Contratos de operação continuada de sistemas estruturantes de tecnologia da informação	15 anos.
Contratos que gerem receitas e contratos de eficiência sem investimento	Até 10 anos.
Contratos que gerem receitas e contratos de eficiência com investimento	Até 35 anos.
Contratos por escopo	Prazo de vigência será automaticamente prorrogado quando seu objeto não for concluído no período firmado no contrato.
Contratos de fornecimento e prestação de serviço associado	Soma do prazo relativo ao fornecimento inicial ou à entrega da obra com o prazo relativo ao serviço de operação e manutenção, este limitado a 5 (cinco) anos contados da data de recebimento do objeto inicial, autorizada a prorrogação decenal.

9. CLÁUSULAS EXORBITANTES

As cláusulas exorbitantes são aquelas que dão poderes à Administração Pública dentro da relação contratual, colocando o contratado sujeito às decisões administrativas. A Lei nº 14.133/2021 disciplinou o tema em seu art. 104, estabelecendo as prerrogativas da Administração.

As cláusulas exorbitantes podem ser aplicadas nos contratos de direito privado celebrados pela Administração. Contudo, para que haja aplicação nesses contratos é preciso previsão expressa. Diferentemente, nos contratos administrativos, as cláusulas exorbitantes serão aplicáveis independentemente de previsão expressa no contrato. Basta a previsão na legislação para a sua incidência.

9.1. Modificação unilateral do contrato

O tema será mais bem tratado no tópico 10.2.1 deste capítulo.

9.2. Extinção unilateral

Esse ponto também será mais bem tratado, mas no tópico 11 deste capítulo.

9.3. Fiscalização do contrato

9.3.1. Da execução do contrato

Antes de se adentrar na fiscalização do contrato e nas suas consequências, faz-se importante passar pela execução contratual.

Assim, nos termos do art. 115 da Lei nº 14.133/2021, o contrato deverá ser executado fielmente pelas partes, de acordo com as cláusulas avençadas e as normas da lei, e cada parte responderá pelas consequências de sua inexecução total ou parcial.

É proibido à Administração retardar imotivadamente a execução de obra ou serviço, ou de suas parcelas, inclusive na hipótese de posse do respectivo chefe do Poder Executivo ou de novo titular no órgão ou na entidade contratante.

Nas contratações de obras e serviços de engenharia, sempre que a responsabilidade pelo licenciamento ambiental for da Administração, a manifestação prévia ou licença prévia, quando cabíveis, deverão ser obtidas antes da divulgação do edital.

Em caso de impedimento, ordem de paralisação ou suspensão do contrato, o cronograma de execução será prorrogado automaticamente pelo tempo correspondente, anotadas tais circunstâncias mediante simples apostila.

Nas contratações de obras, caso haja impedimento, paralisação ou suspensão do contrato por mais de 1 (um) mês, a Administração deverá divulgar, em sítio eletrônico oficial e em placa a ser afixada em local da obra de fácil visualização pelos cidadãos, aviso público de obra paralisada, com o motivo e o responsável pela inexecução temporária do objeto do contrato e a data prevista para o reinício da sua execução.

9.3.2. Do fiscal do contrato

De acordo com o art. 117 da Lei nº 14.133/2021, a execução do contrato deverá ser acompanhada e fiscalizada por 1 (um) ou mais fiscais do contrato, representantes da Administração especialmente designados, ou pelos respectivos substitutos, **permitida a contratação de terceiros** para assisti-los e subsidiá-los com informações pertinentes a essa atribuição.

O fiscal do contrato será auxiliado pelos órgãos de assessoramento jurídico e de controle interno da Administração, que deverão dirimir dúvidas e subsidiá-lo com informações relevantes para prevenir riscos na execução contratual.

Na hipótese da contratação de terceiros, deverão ser observadas as seguintes regras: (i) a empresa ou o profissional contratado assumirá responsabilidade civil objetiva pela veracidade e pela precisão das informações prestadas, firmará termo de compromisso de confidencialidade e não poderá exercer atribuição própria e exclusiva de fiscal de contrato; (ii) a contratação de terceiros não eximirá de responsabilidade o fiscal do contrato, nos limites das informações recebidas do terceiro contratado.

9.3.3. Do preposto

Por sua vez, o art. 118 estabelece que o contratado deverá manter preposto aceito pela Administração no local da obra ou do serviço para representá-lo na execução do contrato.

9.3.4. Das obrigações do contratado na execução do contrato

Conforme o art. 119 da Lei nº 14.133/2021, o contratado será obrigado a reparar, corrigir, remover, reconstruir ou substituir, a suas expensas, no total ou em parte, o objeto do contrato em que se verificarem vícios, defeitos ou incorreções resultantes de sua execução ou de materiais nela empregados.

Nos termos do art. 120 da Lei nº 14.133/2021, o contratado será responsável pelos danos causados diretamente à Administração ou a terceiros em razão da execução do contrato, e não excluirá nem reduzirá essa responsabilidade a fiscalização ou o acompanhamento pelo contratante.

Assim, nos termos do art. 121, somente o contratado será responsável pelos encargos trabalhistas, previdenciários, fiscais e comerciais resultantes da execução do contrato.

A inadimplência do contratado em relação aos encargos trabalhistas, fiscais e comerciais não transferirá à Administração a responsabilidade pelo seu pagamento e não poderá onerar o objeto do contrato nem restringir a regularização e o uso das obras e das edificações, inclusive perante o registro de imóveis.

Exclusivamente nas contratações de **serviços contínuos com regime de dedicação exclusiva de mão de obra**, a Administração responderá **solidariamente pelos encargos previdenciários e subsidiariamente pelos encargos trabalhistas** se comprovada falha na fiscalização do cumprimento das obrigações do contratado.

Nesses contratos, para assegurar o cumprimento de obrigações trabalhistas pelo contratado, a Administração, mediante disposição em edital ou em contrato, poderá, entre outras medidas: (i) exigir caução, fiança bancária ou contratação de seguro-garantia com cobertura para verbas rescisórias inadimplidas; (ii) condicionar o pagamento à comprovação de quitação das obrigações trabalhistas vencidas relativas ao contrato; (iii) efetuar o depósito de valores – que são absolutamente impenhoráveis – em conta vinculada; (iv) em caso de inadimplemento, efetuar diretamente o pagamento das verbas trabalhistas, que serão deduzidas do pagamento devido ao contratado; (v) estabelecer que os valores destinados a férias, a décimo terceiro salário, a ausências legais e a verbas rescisórias dos empregados do contratado que participarem da execução dos serviços contratados serão pagos pelo contratante ao contratado somente na ocorrência do fato gerador.

Ademais, nos termos do art. 116, ao longo de toda a execução do contrato, o contratado, **sob pena de rescisão do contrato** (art. 137, IX) deverá cumprir a reserva de cargos prevista em lei para pessoa com deficiência, para reabilitado da Previdência Social ou para aprendiz, bem como as reservas de cargos previstas em outras normas específicas, de modo que, sempre que solicitado pela Administração, o contratado deverá comprovar o cumprimento da reserva de cargos, com a indicação dos empregados que preencherem as referidas vagas.

9.4. Aplicação de sanções ao contratado

A Lei nº 14.133/2021, em seu art. 155, estabeleceu quais as infrações ensejarão responsabilidade administrativa do licitante ou do contratado.

Por sua vez, o art. 156 estabelece quais as sanções serão aplicadas nos casos das infrações anteriormente estabelecidas. Atente-se que o sancionamento é derivado do *poder disciplinar*.

Ainda, nos termos do art. 156, § 9º, a aplicação das sanções não exclui, em hipótese alguma, a obrigação de reparação integral do dano causado à Administração Pública.

Ademais, nos termos do art. 161, os órgãos e as entidades dos Poderes Executivo, Legislativo e Judiciário de todos os entes federativos deverão, no prazo máximo 15 (quinze) dias *úteis*, contado da data de aplicação da sanção, informar e manter atualizados os dados relativos às sanções por eles aplicadas, para fins de publicidade no Cadastro Nacional de Empresas Inidôneas e Suspensas (Ceis) e no Cadastro Nacional de Empresas Punidas (CNEP), instituídos no âmbito do Poder Executivo federal.

Por fim, o Poder Executivo regulamentará a forma de cômputo e as consequências da soma de diversas sanções aplicadas a uma mesma empresa e derivadas de contratos distintos.

São sanções:

I. advertência;
II. multa;
II. impedimento de licitar e contratar;
IV. declaração de inidoneidade para licitar ou contratar.

O art. 156 da Lei nº 14.133/2021 não estabelece uma ordem rígida na aplicação das sanções. Isso significa que não há um sequenciamento obrigatório que deva ser seguido pela autoridade competente ao escolher a penalidade a ser imposta, conferindo um certo grau de discricionariedade.

No entanto, o legislador buscou reduzir a indeterminação na aplicação dessas sanções, limitando, assim, o campo de discricionariedade da Administração. A escolha da penalidade deve ser orientada por critérios de proporcionalidade e razoabilidade, considerando a gravidade da infração, as circunstâncias do caso concreto e os danos causados à Administração Pública.

Essa redução da discricionariedade visa assegurar que a Administração Pública atue com maior previsibilidade e controle, garantindo que a escolha da sanção seja justificada e compatível com a infração cometida, de modo a evitar arbitrariedades. O foco, portanto, está em uma aplicação mais objetiva e fundamentada das penalidades, promovendo uma gestão pública mais eficiente e transparente.

Há duas sanções que podem ser consideradas internas, pois seus efeitos se limitam ao âmbito da contratação em que foram aplicadas: a advertência e a multa. As outras duas sanções, o impedimento de licitar e contratar com a Administração Pública, bem como a declaração de inidoneidade para licitar e contratar, têm efeitos externos, uma vez que ultrapassam os limites da licitação ou do contrato específico.

Além dessas quatro categorias de penalidades, há ainda outra forma de sancionamento: a resolução unilateral do contrato, prevista no art. 138, inciso I, da Lei nº 14.133/2021. Essa medida ocorre em razão do inadimplemento do contratado e se configura como mais uma modalidade de penalidade aplicável ao infrator.

9.4.1. Advertência

De acordo com o art. 156, § 2º, da Lei nº 14.133/2021, a advertência será aplicada exclusivamente no caso de inexecução parcial do contrato, quando não se justificar a imposição de penalidade considerada mais grave.

9.4.2. Multa

A multa, que será calculada na forma do edital ou do contrato, não poderá ser inferior a 0,5% (cinco décimos por cento) nem superior a 30% (trinta por cento) do valor do contrato licitado ou celebrado com contratação direta e será aplicada ao responsável por qualquer das infrações administrativas, conforme dispõe o art. 156, § 3º, da Lei nº 14.133/2021.

Ademais, nos termos do art. 156, § 7º, da Lei nº 14.133/2021, a multa pode ser aplicada isolada ou cumulativamente com as demais penalidades.

Se a multa aplicada e as indenizações cabíveis forem superiores ao valor de pagamento eventualmente devido pela Administração ao contratado, além da perda desse valor, a diferença será descontada da garantia prestada ou será cobrada judicialmente.

Por fim, atente-se que, caso aplicada a multa, será facultada a defesa do interessado no prazo de 15 (quinze) dias úteis, contado da data de sua intimação.

9.4.3. *Impedimento de licitar e contratar*

A sanção de impedimento de licitar e contratar será aplicada nas seguintes infrações administrativas.

1) dar causa à inexecução parcial do contrato que cause grave dano à Administração, ao funcionamento dos serviços públicos ou ao interesse coletivo;
2) dar causa à inexecução total do contrato;
3) deixar de entregar a documentação exigida para o certame;
4) não manter a proposta, salvo em decorrência de fato superveniente devidamente justificado;
5) não celebrar o contrato ou não entregar a documentação exigida para a contratação, quando convocado dentro do prazo de validade de sua proposta;
6) ensejar o retardamento da execução ou da entrega do objeto da licitação sem motivo justificado.

Atente-se ao fato de que o impedimento será aplicado nas infrações anteriores caso não se justifique a imposição da penalidade de declaração de inidoneidade.

A sanção ora estudada impedirá o responsável de licitar ou contratar no âmbito da Administração Pública direta e indireta **do ente federativo** que tiver aplicado a sanção, pelo prazo máximo de 3 (três) anos.

Assim, a Lei nº 14.133/2021 delimita a extensão da penalidade de impedimento, acabando com uma divergência legal, doutrinária e jurisprudencial acerca do tema.

9.4.4. *Declaração de inidoneidade*

A declaração de inidoneidade será aplicada nas seguintes infrações administrativas:

1) apresentar declaração ou documentação falsa exigida para o certame ou prestar declaração falsa durante a licitação ou a execução do contrato;
2) fraudar a licitação ou praticar ato fraudulento na execução do contrato;
3) comportar-se de modo inidôneo ou cometer fraude de qualquer natureza;
4) praticar atos ilícitos com vistas a frustrar os objetivos da licitação;
5) praticar ato lesivo previsto no art. 5º da Lei nº 12.846/2013, a Lei Anticorrupção.

Também será aplicada a declaração de inidoneidade nas infrações tipificadas para ensejar o impedimento de contratar, quando justificar a imposição de penalidade mais grave.

Atente-se que a penalidade ora estudada impedirá o responsável de licitar ou contratar no âmbito **da Administração Pública direta e indireta de todos os entes federativos**, pelo **prazo mínimo de 3 (três) anos e máximo de 6 (seis) anos**.

A declaração de inidoneidade será precedida de análise jurídica e observará as seguintes regras:

I. Quando aplicada por órgão do Poder Executivo, será de competência exclusiva de ministro de Estado, de secretário estadual ou de secretário municipal.

II. Quando aplicada por autarquia ou fundação, será de competência exclusiva da autoridade máxima da entidade.

II. Quando aplicada por órgãos dos Poderes Legislativo e Judiciário, pelo Ministério Público e pela Defensoria Pública no desempenho da função administrativa, será de competência exclusiva de autoridade de nível hierárquico equivalente aos ministros e secretários de Estado.

A aplicação da declaração de inidoneidade só abarca as relações jurídicas futuras, razão pela qual produz efeitos *ex nunc*.[8]

Afirma-se, portanto, que a aplicação da sanção impede a empresa de licitar ou contratar com a Administração Pública, sem que isso resulte, automaticamente, na rescisão de contratos administrativos já formalizados e em fase de execução. Essa regra se aplica especialmente aos contratos firmados com outros órgãos administrativos que não estejam vinculados à autoridade sancionadora ou que pertençam a diferentes entes federativos, como Estados, Distrito Federal e Municípios.

Contudo, a ausência de rescisão automática não limita o poder das entidades da Administração Pública de, dentro de suas respectivas esferas de competência, adotar medidas administrativas específicas para promover a rescisão desses contratos, conforme suas necessidades e prerrogativas.

Penalidade	Infrações	Competência para aplicação	Prazo de vigência ou valor
Advertência	Inexecução parcial do contrato, quando não se justifica a imposição de penalidade mais grave	Órgão responsável pela aplicação da penalidade	Não se aplica

[8] STJ, MS 13.101/DF, Rel. Min. José Delgado, Rel. p/ Acórdão Min. Eliana Calmon, *DJe* 09.12.2008.

Penalidade	Infrações	Competência para aplicação	Prazo de vigência ou valor
Multa	Qualquer infração administrativa	Órgão responsável pela aplicação da penalidade	Não inferior a 0,5% e não superior a 30% do valor do contrato licitado ou celebrado com contratação direta
Impedimento de licitar e contratar	Diversas infrações administrativas, incluindo inexecução parcial do contrato que cause grave dano à Administração, ao funcionamento dos serviços públicos ou ao interesse coletivo	Órgão responsável pela aplicação da penalidade	Máximo de 3 anos
Declaração de inidoneidade	Apresentação de declaração ou documentação falsa, fraude na licitação, comportamento inidôneo, atos ilícitos para frustrar objetivos da licitação, entre outras infrações	Ministro de Estado, secretário estadual ou municipal, autoridade máxima de autarquia ou fundação, autoridade de nível hierárquico equivalente aos ministros e secretários de Estado	Mínimo de 3 anos e máximo de 6 anos

9.4.5. *Processo de responsabilização*

Caso as sanções aplicadas sejam **o impedimento ou a declaração de inidoneidade para licitar ou contratar**, será necessária a instauração de **processo de responsabilização**, a ser conduzido por comissão composta de 2 (dois) ou mais servidores estáveis, que avaliará fatos e circunstâncias conhecidos e intimará o licitante ou o contratado para, no prazo de 15 (quinze) dias úteis, contado da data de intimação, apresentar defesa escrita e especificar as provas que pretenda produzir.

Em órgão ou entidade da Administração Pública cujo quadro funcional não seja formado de servidores estatutários, a comissão será composta de 2 (dois) ou mais empregados públicos pertencentes aos seus quadros permanentes, preferencialmente com, no mínimo, 3 (três) anos de tempo de serviço no órgão ou na entidade.

Na hipótese de deferimento de pedido de produção de novas provas ou de juntada de provas julgadas indispensáveis pela comissão, o licitante ou o contratado poderá apresentar alegações finais no prazo de 15 (quinze) dias úteis, contado da data da intimação.

Serão indeferidas pela comissão, mediante decisão fundamentada, provas ilícitas, impertinentes, desnecessárias, protelatórias ou intempestivas.

A prescrição ocorrerá em 5 (cinco) anos, contados da ciência da infração pela Administração, e será:

I. **interrompida** pela instauração do **processo de responsabilização**;
II. **suspensa pela celebração de acordo de leniência**, nos termos da Lei nº 12.846/2013;
III. **suspensa por decisão judicial que inviabilize a conclusão da apuração administrativa**.

9.4.6. *Apuração e julgamento conjuntos*

Os atos previstos como infrações administrativas na Lei nº 14.133/2021 ou em outras leis de licitações e contratos da Administração Pública que também sejam tipificados como atos lesivos na Lei nº 12.846/2013 serão **apurados e julgados conjuntamente**, nos mesmos autos, observados o rito procedimental e a autoridade competente definidos na Lei nº 12.846/2013.

9.4.7. *Desconsideração da personalidade jurídica*

Nos termos do art. 160 da Lei nº 14.133/2021, a personalidade jurídica poderá ser desconsiderada sempre que utilizada com **abuso do direito** para facilitar, encobrir ou dissimular a prática dos atos ilícitos previstos na lei ou para provocar **confusão patrimonial**.

Procedida a desconsideração, todos os efeitos das sanções aplicadas à pessoa jurídica serão estendidos aos seus administradores e sócios com poderes de administração, à pessoa jurídica sucessora ou à empresa do mesmo ramo com relação de coligação ou controle, de fato ou de direito, com o sancionado, observados, em todos os casos, o contraditório, a ampla defesa e a obrigatoriedade de análise jurídica prévia.

Assim, diante da previsão legal, conclui-se que a Lei nº 14.133/2021 adotou a teoria maior da desconsideração da personalidade jurídica, uma vez que exige o abuso do direito ou a confusão patrimonial entre os bens da pessoa jurídica e dos seus sócios, além da própria insolvência da pessoa jurídica.

Por outro lado, na teoria menor, adotada em caráter excepcional no direito brasileiro – consumidor, por exemplo –, basta a mera prova de insolvência da pessoa jurídica, sendo irrelevante o abuso do direito ou a confusão patrimonial.

9.4.8. *Multa de mora*

De acordo com o art. 162, a multa de mora será aplicada no caso de atraso injustificado na execução do contrato, de modo que a sua aplicação não impedirá que a Administração a converta em compensatória e promova a extinção unilateral do contrato com a aplicação cumulada de outras sanções.

9.4.9. Reabilitação

Será admitida, nos termos do art. 163 da Lei nº 14.133/2021, a reabilitação do licitante ou contratado perante a própria autoridade que aplicou a penalidade, exigidos, **cumulativamente**:

I. reparação integral do dano causado à Administração Pública;
II. pagamento da multa;
III. transcurso do prazo mínimo de 1 (um) ano da aplicação da penalidade, no caso de impedimento de licitar e contratar, ou de 3 (três) anos da aplicação da penalidade, no caso de declaração de inidoneidade;
IV. cumprimento das condições de reabilitação definidas no ato punitivo;
V. análise jurídica prévia, com posicionamento conclusivo quanto ao cumprimento dos requisitos anteriores.

Por fim, a reabilitação, quando a sanção decorrer das infrações de apresentação de declaração ou de documentação falsa exigida para o certame ou prestar declaração falsa durante a licitação ou a execução do contrato, bem como da prática de ato lesivo previsto no art. 5º da Lei nº 12.846/2013, a Lei Anticorrupção, exigirá a implantação ou o aperfeiçoamento de programa de integridade pelo responsável.

9.5. Ocupação provisória de bens móveis e imóveis e utilização de pessoal e serviços

Nos termos do art. 104, V, da Lei nº 14.133/2021, a Administração Pública poderá ocupar provisoriamente bens móveis e imóveis e utilizar pessoal e serviços vinculados ao objeto do contrato, nas hipóteses de:

a) risco à prestação de serviços essenciais;
b) necessidade de acautelar apuração administrativa de faltas contratuais pelo contratado, inclusive após extinção do contrato.

9.6. Exigência de garantia

Conforme estudado no tópico 3 deste capítulo.

9.7. Aplicação diferida da *exceptio non adimpleti contractus* (exceção do contrato não cumprido)

É a aplicação da exceção do contrato não cumprido, ou seja, quem não cumprir sua obrigação do contrato, não poderá exigir que a outra parte cumpra a sua. Em outras palavras, uma parte contratante não pode exigir da outra o cumprimento de sua obrigação sem que ela mesma tenha cumprido a sua.

Contudo, em relação à Administração Pública, isso se aplica de forma postergada, diferida.

De acordo com o art. 137, § 2º, o contratado terá direito à extinção do contrato, além de outras situações, nas seguintes hipóteses:

1) suspensão de execução do contrato, **por ordem escrita da Administração**, por prazo superior a 3 (três) meses;
2) repetidas suspensões que totalizem 90 (noventa) dias úteis, independentemente do pagamento obrigatório de indenização pelas sucessivas e contratualmente imprevistas desmobilizações e mobilizações e outras previstas;
3) atraso superior a 2 (dois) meses, contado da emissão da nota fiscal, dos pagamentos ou de parcelas de pagamentos devidos pela Administração por despesas de obras, serviços ou fornecimentos.

Essas hipóteses, especificamente:

1) não serão admitidas em caso de calamidade pública, de grave perturbação da ordem interna ou de guerra, bem como quando decorrerem de ato ou fato que o contratado tenha praticado, do qual tenha participado ou para o qual tenha contribuído;
2) assegurarão ao contratado o **direito de optar pela suspensão** do cumprimento das obrigações assumidas até a normalização da situação, admitido o restabelecimento do equilíbrio econômico-financeiro do contrato.

10. FORMALIZAÇÃO DOS CONTRATOS ADMINISTRATIVOS

a) Elaboração de um procedimento prévio

É o procedimento de licitação ou de justificação (casos de contratação direta).

b) Convocação do interessado para assinar o contrato

Nos termos do art. 90 da Lei nº 14.133/2021, a Administração convocará regularmente o licitante vencedor para assinar o termo de contrato ou para aceitar ou retirar o instrumento equivalente, dentro do prazo e nas condições estabelecidas no edital de licitação, sob pena de decair o direito à contratação, sem prejuízo das sanções previstas na lei.

Assim, diferentemente do regramento anterior, o qual previa o prazo de 60 (sessenta) dias da entrega das propostas para que houvesse a convocação para a contratação, a Lei nº 14.133/2021 estabelece que cabe ao edital da licitação disciplinar o prazo para a convocação.

c) Contrato escrito

O contrato e seus aditamentos devem ser por escrito, nos termos do art. 91 da Lei nº 14.133/2021. Todavia, nos termos do art. 95, § 2º, é nulo e de nenhum efeito o contrato verbal com a Administração, salvo o de pequenas compras ou prestação de serviços de pronto pagamento, assim entendidas aquelas de valor não superior a R$ 10.000,00 (dez mil reais).[9]

No entanto, atente-se que o dispositivo legal *supra* deve ser interpretado de acordo com os princípios gerais de Direito e os valores constitucionais. Assim, por mais que haja um contrato verbal que não se encaixe na exceção legal, a Administração Pública precisa realizar o pagamento pelos serviços prestados.

Nesse sentido, caso o particular execute serviço sem a celebração de contrato, faz-se necessário celebrar um termo de ajuste de contas ou proceder ao reconhecimento de dívidas, que consistem em instrumentos legais que têm por finalidade regularizar os contratos não formalizados e autorizar o pagamento de despesas contraídas sem o prévio empenho.

Trata-se da concretização dos princípios da boa-fé objetiva, da moralidade administrativa e da vedação em enriquecimento sem causa.[10]

d) Elaboração de um termo ou instrumento contratual

O instrumento de contrato será **obrigatório**, nos termos do art. 95 da Lei nº 14.133/2021.

Entretanto, será **facultativo** nas seguintes hipóteses:

1) dispensa de licitação em razão de valor;
2) compras com entrega imediata e integral dos bens adquiridos, dos quais não resultem obrigações futuras, inclusive quanto a assistência técnica, independentemente de seu valor.

Nesses casos, a Administração poderá substituir o instrumento de contrato por outro instrumento hábil, como carta-contrato, nota de empenho de despesa, autorização de compra ou ordem de execução de serviço.

e) Publicação do extrato do contrato

Os contratos serão divulgados e mantidos à disposição do público em sítio eletrônico oficial, conforme dispõe o art. 91 da Lei nº 14.133/2021.

Contudo, nos termos do § 1º, será admitida a manutenção em sigilo de contratos e de termos aditivos quando imprescindível à segurança da sociedade e do Estado, conforme a legislação que regula o acesso à informação.

Será admitida a forma eletrônica na celebração de contratos e de termos aditivos.

Ademais, atente-se que, nos termos do art. 94 da Lei nº 14.133/2021, é preciso divulgar o contrato no Portal Nacional de Contratações Públicas (PNCP), como con-

---

9 Valor atualizado para R$ 12.545,11 (doze mil quinhentos e quarenta e cinco reais e onze centavos) pelo Decreto nº 12.343/2024.

10 JUSTEN FILHO, Marçal. *Comentários à Lei de Licitações e Contratos Administrativos*. 9. ed. São Paulo: Dialética, 2002. p. 243.

dição indispensável para a sua eficácia e dos seus aditamentos, devendo ocorrer nos seguintes prazos, **contados da data de sua assinatura**:

1) 20 (vinte) dias úteis, no caso de licitação;
2) 10 (dez) dias úteis, no caso de contratação direta.

Fato relevante refere-se aos contratos celebrados em caso de urgência. Esses contratos terão eficácia a partir da sua assinatura e deverão ser publicados nos prazos previstos *supra*, sob pena de nulidade.

A divulgação no PNCP, quando referente à contratação de profissional do setor artístico por inexigibilidade, deverá identificar os custos do cachê do artista, dos músicos ou da banda, quando houver, do transporte, da hospedagem, da infraestrutura, da logística do evento e das demais despesas específicas.

Por sua vez, no caso de obras, a Administração divulgará em sítio eletrônico oficial, em até 25 (vinte e cinco) dias úteis após a assinatura do contrato, os quantitativos e os preços unitários e totais que contratar e, em até 45 (quarenta e cinco) dias úteis após a conclusão do contrato, os quantitativos executados e os preços praticados.

Por fim, os contratos relativos a direitos reais sobre imóveis serão formalizados por escritura pública lavrada em notas de tabelião, cujo teor deverá ser divulgado e mantido à disposição do público em sítio eletrônico oficial.

11. ÁLEAS

Álea significa risco. Todavia, antes de se adentrar nos institutos específicos, faz-se necessário estudar as questões atreladas ao equilíbrio econômico-financeiro dos contratos.

Atente-se que, de acordo com o Enunciado nº 19 do CJF, as controvérsias acerca de equilíbrio econômico-financeiro dos contratos administrativos integram a categoria das relativas a direitos patrimoniais disponíveis, para cuja solução se admitem meios extrajudiciais adequados de prevenção e resolução de controvérsias, notadamente a conciliação, a mediação, o comitê de resolução de disputas e a arbitragem.

ATENÇÃO: Reajuste × Revisão × Repactuação

Os três institutos são mecanismos de manutenção do equilíbrio econômico-financeiro do contrato.

De acordo com o art. 6º, LVIII, da Lei nº 14.133/2021, o reajuste consiste em forma de manutenção do equilíbrio econômico-financeiro de contrato consistente na aplicação do índice de correção monetária previsto no contrato, que deve retratar a variação efetiva do custo de produção, admitida a adoção de índices específicos ou setoriais.

Ademais, nos termos dos arts. 25, § 7º, e 92, § 3º, independentemente do prazo de duração do contrato, será **obrigatória a previsão *no edital e no contrato* de índice de reajustamento** de preço com data-base vinculada à data do orçamento estimado, com a possibilidade de ser estabelecido mais de um índice específico ou setorial, em conformidade com a realidade de mercado dos respectivos insumos.

Observe que o reajuste constitui cláusula necessária nos contratos administrativos, conforme dispõe o art. 92, V, da Lei nº 14.133/2021.

Trata-se de instituto utilizado para remediar os efeitos da desvalorização da moeda, **em razão da inflação, sem a necessidade de análise detalhada dos custos individuais do serviço**. Portanto, o que enseja o reajuste é a inflação.

O reajuste de preços em sentido estrito acontece de forma automática, sem que a Administração precise tomar uma decisão específica. Ele se baseia apenas em condições objetivas, como o prazo de mais de 12 meses, contado a partir da data-base indicada no contrato. Uma vez atingido esse período, o índice de reajuste previsto no contrato é aplicado para calcular o novo valor devido, de maneira clara e direta.

Para ocorrer o reajuste, deve haver previsão no edital, inclusive com indicação do índice, sob pena de a proposta ser irreajustável.

O reajuste deve observar o prazo mínimo de 1 ano, contado da data-base do orçamento estimado, conforme dispõem os arts. 25, § 8º, e 92, § 4º, ambos da Lei nº 14.133/2021.

Para se proceder ao reajuste, será dispensada a celebração de termo aditivo ao contrato, consoante prevê o art. 136, I, da Lei nº 14.133/2021.

Outro relevante instituto é o da revisão. Trata-se de instituto utilizado para reequilibrar o contrato administrativo em razão de fatos imprevisíveis ou previsíveis de consequências incalculáveis, que inviabilizem a execução do contrato tal como pactuado, respeitada, em qualquer caso, a repartição objetiva de risco estabelecida no contrato, conforme dispõe o art. 124, II, *d*.

Pelo fato de decorrer de fatores imprevisíveis, a revisão independe de previsão contratual, assim como de um lapso temporal mínimo.

A revisão vai ensejar a realização de termo aditivo, não podendo ocorrer somente por simples apostila.

Por fim, deve ser estudado o instituto da repactuação. Conforme dispõe o art. 6º, LIX, da Lei nº 14.133/2021, a repactuação consiste em forma de manutenção do equilíbrio econômico-financeiro de contrato utilizada para serviços contínuos com regime de dedicação exclusiva de mão de obra ou predominância de mão de obra, por meio da análise da variação dos custos contratuais, devendo estar prevista no edital com data vinculada à apresentação das propostas (ou da última repactuação), para os custos decorrentes do mercado, e com data vinculada ao acordo, à convenção coletiva ou ao dissídio coletivo ao qual o orçamento esteja vinculado, para os custos decorrentes da mão de obra.

A repactuação é espécie de reajuste, porém somente aplicável para serviços contínuos com dedicação exclusiva de mão de obra. Ela ocorrerá pela análise de variação dos custos na planilha de preços. Esse tipo de ajuste leva em consideração alterações salariais, custos com benefícios, encargos trabalhistas e outros componentes diretos ligados à prestação de serviços que demandam maior envolvimento de pessoal.

Diferentemente do reajustamento, que utiliza índices gerais, a repactuação exige uma análise detalhada das condições do contrato, apresentando a variação real dos custos do fornecedor para justificar o aumento ou a adequação do preço.

Atente-se que constitui cláusula necessária do contrato o prazo para resposta ao pedido de repactuação de preços, quando for o caso, conforme dispõe o art. 92, X, da Lei nº 14.133/2021. Ademais, o art. 92, § 6º, dispõe que o prazo para resposta ao pedido de repactuação de preços será, preferencialmente, de 1 (um) mês, contado da data do fornecimento da documentação que apresente a demonstração analítica da variação dos custos, por meio de apresentação da planilha de custos e formação de preços, ou do novo acordo, convenção ou sentença normativa que fundamenta a repactuação, nos termos do art. 135, § 6º, da Lei nº 14.133/2021.

Por ser espécie de reajuste, a repactuação deverá observar o prazo mínimo de 1 (um) ano, nos termos dos arts. 25, § 8º, e 92, § 4º, ambos da Lei nº 14.133/2021.

Esse prazo mínimo de 1 (um) ano será contado:

1) para custos decorrentes do mercado, da apresentação da proposta.

   O inciso I trata dos **custos decorrentes do mercado**, que podem incluir insumos como materiais, equipamentos, transporte, entre outros que compõem o contrato. A repactuação desses custos será vinculada à **data da apresentação da proposta**. Ou seja, qualquer variação nos preços desses insumos será analisada em relação à data em que o contratado apresentou sua proposta na licitação. Esse ajuste visa adequar o valor do contrato às variações de mercado desde o momento da licitação até o momento da repactuação.

2) para os custos de mão de obra, do acordo, da convenção coletiva ou do dissídio coletivo ao qual a proposta esteja vinculada.

   O inciso II trata especificamente dos **custos de mão de obra**, que são o principal componente nos contratos de dedicação exclusiva ou com predominância de mão de obra. Nesse caso, a repactuação deve ser vinculada à data de **acordo coletivo, convenção coletiva ou dissídio coletivo** ao qual a proposta esteja vinculada. Esses instrumentos normativos são usados para ajustar as condições de trabalho e remuneração dos empregados, o que pode impactar diretamente os custos contratuais. Assim, a variação nos custos de mão de obra será calculada considerando os reajustes e alterações estabelecidos nessas negociações trabalhistas.

Neste último caso, quando a contratação envolver mais de uma categoria profissional, a repactuação poderá ser dividida em tantos quanto forem os acordos, convenções ou dissídios coletivos de trabalho das categorias envolvidas na contratação, conforme dispõe o art. 135, § 5º, da Lei nº 14.133/2021.

A Administração não se vinculará às disposições contidas em acordos, convenções ou dissídios coletivos de trabalho que tratem de **matéria não trabalhista, de pagamento de participação dos trabalhadores nos lucros ou resultados do contratado, ou que estabeleçam direitos não previstos em lei**, como valores ou índices obrigatórios de encargos sociais ou previdenciários, bem como de preços para os insumos **relacionados** ao exercício da atividade.

É vedado a órgão ou entidade contratante vincular-se às disposições previstas em acordos, convenções ou dissídios coletivos de trabalho que tratem de obrigações e direitos que somente se aplicam aos contratos com a Administração Pública.

O dispositivo impede que sejam impostas à Administração obrigações e direitos que sejam **exclusivamente aplicáveis aos contratos com a Administração Pública**. Isso significa que os acordos, convenções ou dissídios **não podem criar condições diferenciadas** ou mais onerosas, que se aplicam apenas quando o contrato é firmado com o setor público, em relação aos contratos privados.

Por exemplo, seria vedado inserir em um acordo coletivo uma cláusula que concedesse um adicional salarial ou benefício específico apenas para os empregados que prestam serviços a órgãos públicos, mas que não se aplicasse a empregados que desempenhem funções idênticas em contratos privados. Dessa forma, evita-se que a Administração seja obrigada a arcar com condições excepcionais ou mais onerosas que as praticadas no mercado em geral, especialmente em situações nas quais a convenção ou dissídio tenta criar uma distinção entre contratos públicos e privados.

Suponha que uma empresa que presta serviços de vigilância (segurança privada) firmou um contrato com um órgão público. Essa empresa possui trabalhadores que atuam em contratos tanto com clientes privados quanto com clientes públicos.

Agora, imagine que um sindicato da categoria de vigilantes negociou um **acordo coletivo** com a empresa que estabelece os seguintes direitos para os trabalhadores:

- **Cláusula 1 (aplicável a todos os contratos):** os vigilantes têm direito a um adicional de periculosidade de 30% do salário.
- **Cláusula 2 (específica para contratos com a Administração Pública):** os vigilantes que prestam serviços **exclusivamente em contratos com órgãos públicos** terão direito a um adicional de **periculosidade de 50%** do salário.

Nesse exemplo, a **Cláusula 2** seria inválida para a Administração Pública, pois cria uma condição diferenciada e mais onerosa **somente para contratos firmados com o setor público**, violando o § 2º do Art. 135 da Lei nº 14.133/2021.

A lei proíbe esse tipo de disposição, pois ela cria um direito exclusivo para trabalhadores que atuam em contratos com a Administração, sem que esse direito seja extensivo aos trabalhadores que prestam o mesmo serviço para clientes privados. Isso gera uma obrigação específica para a Administração que não existe no mercado privado, distorcendo o princípio da isonomia e da economicidade.

Portanto, a **Administração Pública não estaria obrigada** a respeitar essa Cláusula 2, pois ela impõe uma obrigação mais onerosa **apenas para contratos públicos**.

Em um outro exemplo: imagine que um acordo coletivo da categoria de motoristas define que, em contratos com o setor privado, os motoristas têm direito a um vale-alimentação de **R$ 20,00 por dia**. Contudo, para contratos firmados com órgãos públicos, o acordo estabelece que os motoristas terão direito a um vale-alimentação de **R$ 40,00 por dia**.

Essa distinção também seria proibida pela lei. A **Administração Pública** não pode ser forçada a arcar com um benefício que só se aplica a contratos públicos e não aos contratos privados, conforme a vedação expressa no § 2º.

Ainda, observe que o art. 135, § 4º, estabelece que a repactuação poderá ser dividida em tantas parcelas quanto forem necessárias, observado o princípio da anualidade do reajuste de preços da contratação, podendo ser realizada em momentos distintos para discutir a variação de custos que tenham sua anualidade resultante em datas diferenciadas, como os decorrentes de mão de obra e os decorrentes dos insumos necessários à execução dos serviços.

O § 4º do Art. 135 da Lei nº 14.133/2021 trata da **repactuação dos preços** em contratos administrativos e introduz uma **flexibilidade** quanto à forma como essa repactuação pode ser feita. Ele esclarece que, para garantir o **equilíbrio econômico-financeiro do contrato**, a repactuação pode ser **parcelada** e ocorrer em diferentes momentos, respeitando o princípio da **anualidade** dos reajustes.

A **repactuação dos preços** do contrato não precisa ser feita de uma única vez. A Administração e o contratado podem optar por **parcelar** o processo de repactuação, ajustando diferentes componentes dos custos em momentos distintos. Isso oferece maior flexibilidade e permite que a atualização de preços seja feita conforme a natureza e as características dos custos envolvidos.

O dispositivo também faz referência ao **princípio da anualidade**, que estabelece que os reajustes de preços dos contratos devem ocorrer em intervalos de **pelo menos um ano**. Esse princípio garante uma previsibilidade para a Administração e evita reajustes em intervalos curtos, o que poderia comprometer o planejamento orçamentário.

Portanto, mesmo que a repactuação seja feita em partes, ela deve respeitar o intervalo mínimo de **12 meses** entre um reajuste e outro para um mesmo componente do contrato.

Os diferentes componentes do contrato podem ter datas de repactuação distintas. Isso acontece porque diferentes custos (por exemplo, mão de obra e insumos) podem sofrer variações em momentos diferentes e, portanto, a repactuação desses custos pode ocorrer em **datas diferentes**, desde que respeitado o princípio da anualidade para cada componente.

Custos de **mão de obra** (salários, encargos sociais, entre outros) e custos de **insumos** (materiais, equipamentos etc.) podem sofrer reajustes ou variações em momentos diferentes. A mão de obra, por exemplo, pode ser reajustada anualmente de acordo com convenções ou dissídios coletivos de trabalho, enquanto os insumos podem ter seus preços influenciados por fatores de mercado, como inflação ou variação cambial.

Assim, a repactuação pode ocorrer em **momentos distintos** para refletir a variação dos custos de mão de obra em uma data e, em outra data, a variação dos insumos, desde que respeitados os intervalos mínimos de 12 meses para cada um desses componentes.

Veja-se um exemplo: imagine um contrato de prestação de serviços de limpeza predial. Nesse contrato, existem dois principais componentes de custo:

- **Mão de obra:** o custo dos trabalhadores contratados para executar o serviço de limpeza.
- **Insumos:** materiais de limpeza e equipamentos utilizados na execução do serviço.

O sindicato dos trabalhadores firma uma convenção coletiva que reajusta o salário dos trabalhadores **anualmente no mês de maio**. Já os insumos, devido à inflação e outros fatores de mercado, sofrem reajustes que impactam o contrato no mês de **novembro**.

Com base no § 4º, a repactuação do contrato pode ser dividida. No mês de maio, a Administração Pública e a empresa contratada discutem a variação dos custos de mão de obra e fazem a repactuação correspondente. Posteriormente, em novembro, elas voltam a discutir a repactuação dos custos relacionados aos insumos. Cada parcela de repactuação respeita a **anualidade** (12 meses), mas ocorre em momentos diferentes para tratar de componentes específicos do contrato.

Para se proceder ao reajuste, será dispensada a celebração de termo aditivo ao contrato, conforme prevê o art. 136, I, da Lei nº 14.133/2021.

Instituto	Objetivo	Fatores	Previsão	Prazo mínimo	Termo aditivo
Reajuste	Manutenção do equilíbrio econômico-financeiro do contrato em razão da inflação	Inflação	Edital e contrato, com indicação do índice	1 ano, contado da data do orçamento estimado ou da apresentação da proposta	Dispensado
Revisão	Reequilíbrio do contrato em razão de fatos imprevisíveis ou previsíveis de consequências incalculáveis	Fatos imprevisíveis	Não depende de previsão contratual	Não há prazo mínimo	Sim

Instituto	Objetivo	Fatores	Previsão	Prazo mínimo	Termo aditivo
Repactuação	Manutenção do equilíbrio econômico-financeiro de contrato para serviços contínuos com dedicação exclusiva de mão de obra	Variação dos custos	Edital, com data vinculada tanto à apresentação das propostas (para custos decorrentes do mercado) quanto ao acordo, à convenção ou ao dissídio coletivo (para custos decorrentes da mão de obra)	1 ano, contado da data do orçamento estimado ou da apresentação da proposta	Sim

11.1. Álea ordinária

É o risco ordinário de todo e qualquer empreendimento. Dessa forma, os prejuízos decorridos da álea ordinária são de responsabilidade do contratado. Como exemplo, de acordo com a jurisprudência do STJ, os reajustes salariais concedidos por meio de dissídios coletivos seriam considerados áleas ordinárias, não constituindo evento imprevisível ou previsível de consequências incalculáveis.[11]

Nesse sentido, para que haja o reajuste contratual, seria necessário respeitar o transcurso do prazo mínimo de 1 (um) ano da data do acordo ou da convenção coletiva.

Um ponto que precisa ser enfrentado se refere à desvalorização do real diante de uma moeda estrangeira, como o dólar. Para o STJ, a desvalorização da moeda nacional diante do dólar norte-americano configura causa excepcional de mutabilidade dos contratos administrativos, com vistas à manutenção do equilíbrio econômico-financeiro das partes.

No mesmo sentido está o TCU.[12] Para a Corte de Contas, haverá direito à reequilíbrio quando a onerosidade não puder ser prevista, de modo que haja um aumento anormal dos preços, retardando ou impedindo a execução do contrato.

Assim, é possível afirmar que a desvalorização do real diante de moeda estrangeira pode não constituir álea ordinária, mas, sim, álea extraordinária a incidir a teoria da imprevisão.

---

[11] REsp 1.824.099/GO, Rel. Min. Herman Benjamin, *DJe* 29.10.2019.

[12] TCU, Acórdão 1.431/2017, Plenário, Rel. Vital do Rêgo, 05.07.2017.

11.2. Álea extraordinária

11.2.1. Alteração unilateral

A alteração unilateral dos contratos pode ser uma alteração **qualitativa e quantitativa** e está disciplinada nos arts. 124 a 136 da Lei nº 14.133/2021.

As cláusulas econômico-financeiras e monetárias dos contratos não poderão ser alteradas sem prévia concordância do contratado.

De outro lado, as cláusulas econômico-financeiras do contrato deverão ser revistas para que se mantenha o equilíbrio contratual.

Observe que as alterações unilaterais devem recair sobre as cláusulas regulamentares ou de execução. Estas são aquelas cláusulas que vão estabelecer a forma de execução dos contratos. Ex.: a parede deve ser pintada de azul. A Administração decide modificar unilateralmente e estabelece que vai ser colocado mármore na parede.

Por sua vez, as cláusulas financeiras ou econômico-financeiras estão relacionadas aos aspectos financeiros dos contratos, como o preço.

A alteração qualitativa ocorrerá quando houver modificação do projeto ou das especificações, para melhor adequação técnica a seus objetivos. Pode-se dar como exemplo a contratação de 20 carros pelo Poder Público, mas altera-se para que alguns deles tenham ar-condicionado. Não se altera a quantidade de carros, apenas a qualidade deles.

A alteração quantitativa, por seu turno, ocorrerá quando for necessária a modificação do valor contratual em decorrência de acréscimo ou diminuição quantitativa de seu objeto. Seguindo o exemplo anterior, o Poder Público altera o número de carros. Em vez de 20, passaria a comprar 21 carros. Trata-se de uma alteração quantitativa.

De acordo com o art. 125 da Lei nº 14.133/2021, seja nas alterações qualitativas, seja nas quantitativas, o contratado será obrigado a aceitar, nas mesmas condições contratuais, os **acréscimos** ou as **supressões** que se fizerem nas obras, nos serviços ou nas compras de até 25% do valor inicial do contrato. Caso seja reforma de edifício ou de equipamento, até o limite de 50% para os seus **acréscimos**. E as supressões desse contrato mantêm-se em 25%.

A Lei nº 14.133/2021, dessa forma, adotou posicionamento do Tribunal de Contas da União estabelecendo limites legais tanto para as alterações qualitativas quanto para as quantitativas.

Todavia, uma decisão proferida em caráter normativo pelo Plenário do TCU, conhecida como Decisão nº 215/1999, abriu a possibilidade de realizar alterações significativas em contratos administrativos, ultrapassando o limite de 25% estabelecido pela Lei nº 8.666/1993, de forma **excepcional e bilateral**.

Essa decisão estabeleceu algumas condições para que seja permitida uma alteração acima do limite legalmente previsto. Essas condições são as seguintes: (i) **não acarretar à Administração encargos contratuais superiores** aos custos decorrentes de uma eventual rescisão contratual por razões de interesse público, acrescidos dos custos de elaboração de um novo processo licitatório; (ii) **não possibilitar a inexecução contratual devido** ao nível de capacidade técnica e econômico-financeira do contratado; (iii) ser resultado de **fatos supervenientes que causem dificuldades não previstas ou imprevisíveis no momento da contratação inicial**, após a apresentação da proposta pelo particular; (iv) **não transformar o objeto originalmente contratado em algo de natureza e propósitos diferentes**; (v) ser **necessária para a completa execução do objeto original do contrato**, otimização do cronograma de execução e antecipação dos benefícios sociais e econômicos decorrentes; e (vi) ser demonstrado, na justificativa para autorização da alteração contratual que exceda os limites legais mencionados, que **as consequências da outra alternativa (rescisão contratual seguida de nova licitação e contratação) resultariam em prejuízos insustentáveis** para o interesse público prioritário a ser atendido pela obra ou serviço, incluindo sua urgência e emergência.

Outro posicionamento relevante do TCU[13] refere-se à vedação de compensação entre acréscimos e supressões. Os valores devem ser computados separadamente.

Por óbvio, mas importante a previsão, o art. 126 dispõe que as alterações unilaterais não poderão transfigurar o objeto da contratação; assim, deve-se preservar a identidade do objeto contratado.

De acordo com o art. 127, se o contrato não contemplar preços unitários para obras ou serviços cujo aditamento se fizer necessário, os preços serão fixados por meio da aplicação da relação geral entre os valores da proposta e o do orçamento-base da Administração sobre os preços referenciais ou de mercado vigentes na data do aditamento, respeitados os limites legais.

O **art. 127 da Lei nº 14.133/2021** trata da forma de ajuste de preços em situações de aditamento contratual quando o contrato original não previr preços unitários para determinadas obras ou serviços que venham a ser necessários no curso da execução do contrato.

Em determinados casos, durante a execução de um contrato, pode ser necessário incluir novas obras ou serviços que não estavam previstos no contrato original. Isso é chamado de aditamento. O artigo aborda a situação em que o contrato firmado com a Administração Pública não especifica os preços unitários para essas novas obras ou serviços. Quando o contrato não prevê os preços unitários dos itens que serão objeto do aditamento, a Administração deverá utilizar uma regra específica para calcular esses valores. Essa regra baseia-se na relação entre o valor global da proposta vencedora e o valor do orçamento-base elaborado pela Administração Pública, aplicando essa relação aos preços de referência ou de mercado no momento do aditamento.

O dispositivo propõe uma análise da r**elação geral entre proposta e orçamento-base**. Isso significa que se a proposta original apresentada pela contratada foi, por exemplo, 10% abaixo do orçamento estimado pela Administração, esse mesmo percentual de desconto deverá ser aplicado aos preços de mercado vigentes no momento do aditamento, ou seja, à data em que a modificação contratual será realizada.

---

[13] TCU, Acórdão 479/2010, Plenário, Rel. Min. Augusto Nardes, j. 14.04.2010.

Todavia, é preciso que haja **respeito aos limites do art. 125.** O aditamento deve observar os limites máximos de alteração contratual estabelecidos no **art. 125 da Lei nº 14.133/2021**, que fixa limites para acréscimos e supressões contratuais.

Veja-se a aplicação do dispositivo por meio de um **exemplo:** se a Administração contratou uma empresa para a construção de uma escola por R$ 1.000.000,00 e o orçamento-base da Administração previa um valor de R$ 1.100.000,00, há uma diferença de 10% entre o valor contratado e o valor orçado pela Administração. Se, posteriormente, for necessário incluir uma nova obra não prevista no contrato original e esse serviço estiver avaliado em R$ 100.000,00 no mercado, o valor desse serviço será ajustado aplicando-se o mesmo percentual de desconto de 10%. Assim, o novo serviço seria contratado por R$ 90.000,00.

O artigo visa garantir que os preços de novos serviços ou obras incluídos em aditamentos contratuais sejam ajustados de maneira proporcional e justa, mantendo a equidade entre o que foi inicialmente contratado e o que será acrescido, além de respeitar os limites legais de alteração contratual

Nas **contratações de obras e serviços de engenharia**, consoante o art. 128, a diferença percentual entre o valor global do contrato e o preço global de referência não poderá ser reduzida em favor do contratado em decorrência de aditamentos que modifiquem a planilha orçamentária. A finalidade do dispositivo é evitar o "jogo de planilhas".[14]

Por sua vez, o art. 129 dispõe que, nas alterações contratuais para supressão de obras, bens ou serviços, se o contratado já houver adquirido os materiais e os colocado no local dos trabalhos, estes deverão ser pagos pela Administração pelos custos de aquisição regularmente comprovados e monetariamente reajustados, podendo caber indenização por outros danos eventualmente decorrentes da supressão, desde que regularmente comprovados.

Atente-se que, havendo alteração unilateral, nos termos art. 130, que aumente ou diminua os encargos do contratado, a Administração deverá restabelecer, no mesmo termo aditivo, o equilíbrio econômico-financeiro inicial.

Ademais, a extinção do contrato não configurará óbice para o reconhecimento do desequilíbrio econômico-financeiro, hipótese em que será concedida indenização por meio de termo indenizatório.

O pedido de restabelecimento do equilíbrio econômico-financeiro deverá ser formulado **durante a vigência do contrato** e **antes de eventual prorrogação**.

Por fim, de acordo com o art. 132, a formalização do termo aditivo é condição para a execução, pelo contratado, das prestações determinadas pela Administração no curso da execução do contrato, salvo nos casos de justificada necessidade de an-

---

14 Trata-se de expressão referente ao fato de o particular identificar que a Administração Pública não observou determinada quantidade de serviço. Assim, de maneira intencional, o particular realiza proposta com preços unitários mais elevados para esses serviços omissos, de modo que, quando a Administração realizar alteração quantitativa, haverá um aumento dos seus lucros.

tecipação de seus efeitos, hipótese em que a formalização deverá ocorrer no prazo máximo de 1 (um) mês.

11.2.1.1. Contratação integrada e contratação semiintegrada

De acordo com o art. 133 da Lei nº 14.133/2021, nas hipóteses em que for adotada a contratação integrada ou semi-integrada, **é vedada a alteração dos valores contratuais**, exceto nos seguintes casos: (i) para restabelecimento do equilíbrio econômico-financeiro decorrente de caso fortuito ou força maior; (ii) por necessidade de alteração do projeto ou das especificações para melhor adequação técnica aos objetivos da contratação, a pedido da Administração, desde que não decorrente de erros ou omissões por parte do contratado, observados os limites legais; (iii) por necessidade de alteração do projeto nas contratações semi-integradas; (iv) por ocorrência de evento superveniente alocado na matriz de riscos como de responsabilidade da Administração.

Alteração bilateral

Conforme o art. 124, II, os contratos também poderão ser alterados por acordo entre as partes:

a) quando conveniente a substituição da garantia de execução;
b) quando necessária a modificação do regime de execução da obra ou do serviço, bem como do modo de fornecimento, em face de verificação técnica da inaplicabilidade dos termos contratuais originários;
c) quando necessária a modificação da forma de pagamento por imposição de circunstâncias supervenientes, mantido o valor inicial atualizado e vedada a antecipação do pagamento em relação ao cronograma financeiro fixado sem a correspondente contraprestação de fornecimento de bens ou execução de obra ou serviço;
d) para restabelecer o equilíbrio econômico-financeiro inicial do contrato em caso de força maior, caso fortuito ou fato do príncipe ou em decorrência de fatos imprevisíveis ou previsíveis de consequências incalculáveis, que inviabilizem a execução do contrato tal como pactuado, respeitada, em qualquer caso, a repartição objetiva de risco estabelecida no contrato.

Aplica-se este último caso às contratações de obras e serviços de engenharia, quando a execução for obstada pelo atraso na conclusão de procedimentos de desapropriação, desocupação, servidão administrativa ou licenciamento ambiental, por circunstâncias alheias ao contratado.

11.2.2. Fato do príncipe

O fato do príncipe é a medida de autoridade pública, de caráter geral. Não está diretamente relacionado ao contrato, embora nele reflita indiretamente, dificultando ou impedindo sua execução. Assim, perceba-se que o fato do príncipe decorre de um **evento externo** à relação contratual, mas que gera efeitos no contrato.

Na Lei nº 14.133/2021, o fato do príncipe está previsto no art. 134. Pelo dispositivo legal, os preços contratados serão alterados, **para mais ou para menos**, conforme o caso, se houver, **após a data da apresentação da proposta**, criação, alteração ou extinção de quaisquer tributos ou encargos legais ou a superveniência de disposições legais, com comprovada repercussão sobre os preços contratados.

Desse modo, como pode ser visto do dispositivo legal, o fato do príncipe pode ser positivo ou negativo.

Atenção: para parte da doutrina do Direito Administrativo, o fato deve emanar da mesma pessoa jurídica que celebrou o contrato. Caso emane de uma pessoa jurídica diversa irá ser aplicada a teoria da imprevisão. Outra parte da doutrina não diferencia o ente público causador do fato.

Haverá a alteração do contrato para a manutenção do equilíbrio econômico-financeiro, isto é, será mantida a relação de adequação entre os encargos do contratado e a remuneração paga pela Administração Pública. Isso será feito por aditamento.

A manutenção desse equilíbrio se configura como um **direito intangível** do contratado, nos termos do art. 37, XXI, da CR/1988.

11.2.3. Fato da Administração

É toda conduta ou comportamento da Administração que reflete diretamente sobre o contrato, impedindo ou dificultando sua execução. Assim, diferentemente do fato do príncipe, que é um evento externo ao contrato, o fato da Administração é um evento interno ao contrato, atingindo diretamente o contrato.

A Lei nº 14.133/2021 estabeleceu as situações que configuram fato da Administração e poderão ensejar a extinção do contrato. Trata-se da previsão contida no art. 137, § 2º.

O contratado terá direito à extinção do contrato nas seguintes hipóteses:

I. supressão, **por parte da Administração**, de obras, serviços ou compras que acarrete modificação do valor inicial do contrato além dos limites legais;
II. suspensão de execução do contrato, **por ordem escrita da Administração**, por prazo superior a 3 (três) meses;
III. repetidas suspensões que totalizem 90 (noventa) dias úteis, independentemente do pagamento obrigatório de indenização pelas sucessivas e contratualmente imprevistas desmobilizações e mobilizações e outras previstas;
IV. atraso superior a 2 (dois) meses, contado da emissão da nota fiscal, dos pagamentos ou de parcelas de pagamentos devidos pela Administração por despesas de obras, serviços ou fornecimentos;
V. não liberação pela **Administração**, nos prazos contratuais, de área, local ou objeto, para execução de obra, serviço ou fornecimento, e de fontes de materiais naturais especificadas no projeto, inclusive devido a atraso ou descumprimento das obrigações atribuídas pelo contrato à Administração relacionadas a desapropriação, a desocupação de áreas públicas ou a licenciamento ambiental.

As hipóteses de extinção previstas nos itens II, III e IV observarão as seguintes disposições:

1) não serão admitidas em caso de calamidade pública, de grave perturbação da ordem interna ou de guerra, bem como quando decorrerem de ato ou fato que o contratado tenha praticado, do qual tenha participado ou para o qual tenha contribuído;
2) assegurarão ao contratado o direito de optar pela suspensão do cumprimento das obrigações assumidas até a normalização da situação, admitido o restabelecimento do equilíbrio econômico-financeiro do contrato.

Os emitentes das garantias deverão ser notificados pelo contratante quanto ao início de processo administrativo para apuração de descumprimento de cláusulas contratuais.

11.3. Álea econômica

São circunstâncias externas ao contrato, estranhas à vontade das partes, imprevisíveis, excepcionais, inevitáveis, que causam desequilíbrio muito grande no contrato, dando lugar à aplicação da teoria da imprevisão.

A cláusula *rebus sic stantibus* fundamenta a teoria da imprevisão, isto é, o "contrato deve ser cumprido desde que presentes as menos condições existentes no cenário dentro do qual foi o pacto ajustado".[15] Dessa forma, havendo mudança nas condições existentes, rompe-se o equilíbrio contratual, não podendo ser imputada qualquer culpa à parte inadimplente.

Haverá a alteração do contrato para a manutenção do equilíbrio econômico-financeiro, isto é, será mantida a relação de adequação entre os encargos do contratado e a remuneração paga pela Administração Pública.

A manutenção desse equilíbrio se configura como um **direito intangível** do contratado, nos termos do art. 37, XXI, da CR/1988.

11.4. Caso fortuito e força maior

O caso fortuito e a força maior também são situações que ensejam a impossibilidade de as obrigações contratuais serem cumpridas. Observe-se que, ocorrendo essas situações, o equilíbrio econômico-financeiro dos contratos restará rompido, exatamente por uma das partes passar a sofrer um encargo extremamente oneroso, que não deu causa para isso.

De acordo com Lei nº 14.133/2021, o caso fortuito e a força maior regularmente comprovados, impeditivos da execução contratual, ensejarão a rescisão contratual, nos termos do art. 137, V.

11.5. Dispensa de termo aditivo

Conforme o art. 136 da Lei nº 14.133/2021, os registros que não caracterizam alteração do contrato podem ser realizados **por simples apostila, dispensada a celebração de termo aditivo**, como nas seguintes situações:

I. variação do valor contratual para fazer face ao reajuste ou à repactuação de preços previstos no próprio contrato;

II. atualizações, compensações ou penalizações financeiras decorrentes das condições de pagamento previstas no contrato;

III. alterações na razão ou na denominação social do contratado;

IV. empenho de dotações orçamentárias.

12. EXTINÇÃO DOS CONTRATOS ADMINISTRATIVOS

Nos termos do art. 137 da Lei nº 14.133/2021, constituirão motivos para extinção do contrato, a qual deverá ser formalmente motivada nos autos do processo, assegurados o contraditório e a ampla defesa, as seguintes situações: (i) não cumprimento ou cumprimento irregular de normas editalícias ou de cláusulas contratuais, de espe-

---

15 CARVALHO FILHO, José dos Santos. *Manual de Direito Administrativo*. 26. ed. rev., ampl. e atual. São Paulo: Atlas, 2013. p. 213.

cificações, de projetos ou de prazos; (ii) desatendimento das determinações regulares emitidas pela autoridade designada para acompanhar e fiscalizar sua execução ou por autoridade superior; (iii) alteração social ou modificação da finalidade ou da estrutura da empresa que restrinja sua capacidade de concluir o contrato; (iv) decretação de falência ou de insolvência civil, dissolução da sociedade ou falecimento do contratado; (v) caso fortuito ou força maior, regularmente comprovados, impeditivos da execução do contrato; (vi) atraso na obtenção da licença ambiental, ou impossibilidade de obtê-la, ou alteração substancial do anteprojeto que dela resultar, ainda que obtida no prazo previsto; (vii) atraso na liberação das áreas sujeitas a desapropriação, a desocupação ou a servidão administrativa, ou impossibilidade de liberação dessas áreas; (viii) razões de interesse público, justificadas pela autoridade máxima do órgão ou da entidade contratante; (ix) não cumprimento das obrigações relativas à reserva de cargos prevista em lei, bem como em outras normas específicas, para pessoa com deficiência, para reabilitado da Previdência Social ou para aprendiz.

A extinção do contrato poderá ocorrer, de acordo com o art. 138, de três formas: (1) unilateral; (2) consensual; e (3) decisão arbitral.

12.1. Extinção unilateral

A extinção unilateral, prevista no art. 138, I, da Lei nº 14.133/2021, será determinada por ato unilateral e escrito da Administração, exceto no caso de descumprimento decorrente de sua própria conduta.

A extinção unilateral deve ser precedida de autorização escrita e fundamentada da autoridade competente e reduzida a termo no respectivo processo.

De acordo com art. 139 da Lei nº 14.133/2021, essa extinção, como ocorrerá *sem culpa da Administração*, poderá acarretar, sem prejuízo das sanções previstas na lei, as seguintes consequências:

I. assunção imediata do objeto do contrato, no estado e local em que se encontrar, por ato próprio da Administração;
II. ocupação e utilização do local, das instalações, dos equipamentos, do material e do pessoal empregados na execução do contrato e necessários à sua continuidade;

A aplicação das duas medidas anteriores ficará a critério da Administração, que poderá dar continuidade à obra ou ao serviço por execução direta ou indireta.

Por sua vez, no caso específico da ocupação e utilização de local, instalações e demais, o ato deverá ser precedido de autorização expressa do ministro de Estado, do secretário estadual ou do secretário municipal competente, conforme o caso.

III. execução da garantia contratual, para:
   a) ressarcimento da Administração Pública por prejuízos decorrentes da não execução;

b) pagamento de verbas trabalhistas, fundiárias e previdenciárias, quando cabível;

c) pagamento de valores das multas devidas à Administração Pública;

d) exigência da assunção da execução e conclusão do objeto do contrato pela seguradora, quando cabível;

IV. retenção dos créditos decorrentes do contrato até o limite dos prejuízos causados à Administração Pública e das multas aplicadas.

Por outro lado, de acordo com o art. 138, § 2º, quando a extinção decorrer de **culpa exclusiva da Administração**, o contratado será ressarcido pelos prejuízos regularmente comprovados que houver sofrido e terá direito a: (i) devolução da garantia; (ii) pagamentos devidos pela execução do contrato até a data da extinção; e (iii) pagamento do custo da desmobilização.

12.2. Extinção consensual

Nos termos do art. 138, II, a extinção consensual ocorrerá por acordo entre as partes, por conciliação, por mediação ou por comitê de resolução de disputas, desde que haja interesse da Administração.

12.3. Extinção determinada por decisão arbitral ou decisão judicial

Trata-se de extinção que ocorrerá nas situações em que não houver um acordo entre Administração e contratado, de modo que a extinção contratual será determinada em decisão arbitral ou em decisão judicial, conforme o caso.

13. DO RECEBIMENTO DO OBJETO DO CONTRATO

De acordo com o art. 140, o objeto do contrato será recebido:

I. em se tratando de **obras e serviços**:

a) **provisoriamente**, pelo responsável por seu acompanhamento e fiscalização, mediante termo detalhado, quando verificado o cumprimento das exigências de caráter técnico;

b) **definitivamente**, por servidor ou comissão designada pela autoridade competente, mediante termo detalhado que comprove o atendimento das exigências contratuais;

II. em se tratando de **compras**:

a) **provisoriamente**, de forma sumária, pelo responsável por seu acompanhamento e fiscalização, com verificação posterior da conformidade do material com as exigências contratuais;

b) **definitivamente**, por servidor ou comissão designada pela autoridade competente, mediante termo detalhado que comprove o atendimento das exigências contratuais.

Contudo, o objeto do contrato poderá ser rejeitado, no todo ou em parte, quando estiver em desacordo com o contrato.

O recebimento provisório ou definitivo não excluirá a responsabilidade civil pela solidez e segurança da obra ou serviço nem a responsabilidade ético-profissional pela perfeita execução do contrato, nos limites estabelecidos pela lei ou pelo contrato.

Os prazos e os métodos para a realização dos recebimentos provisório e definitivo serão definidos em regulamento ou no contrato.

Salvo disposição em contrário constante do edital ou de ato normativo, os ensaios, os testes e as demais provas para aferição da boa execução do objeto do contrato exigidos por normas técnicas oficiais correrão por conta do contratado.

Em se tratando de projeto de obra, o recebimento definitivo pela Administração não eximirá o projetista ou o consultor da responsabilidade objetiva por todos os danos causados por falha de projeto.

No caso de obras, o recebimento definitivo pela Administração não eximirá o contratado, pelo prazo mínimo de 5 (cinco) anos, admitida a previsão de prazo de garantia superior no edital e no contrato, da responsabilidade objetiva pela solidez e segurança dos materiais e dos serviços executados e pela funcionalidade da construção, da reforma, da recuperação ou da ampliação do bem imóvel, e, em caso de vício, defeito ou incorreção identificados, o contratado ficará responsável pela reparação, pela correção, pela reconstrução ou pela substituição necessárias.

Objeto do contrato	Recebimento provisório	Recebimento definitivo
Obras e serviços	Pelo responsável por acompanhamento e fiscalização, mediante termo detalhado, quando verificado o cumprimento das exigências técnicas.	Por servidor ou comissão designada pela autoridade competente, mediante termo detalhado que comprove o atendimento das exigências contratuais.
Compras	De forma sumária, pelo responsável por acompanhamento e fiscalização, com verificação posterior da conformidade do material com as exigências contratuais.	Por servidor ou comissão designada pela autoridade competente, mediante termo detalhado que comprove o atendimento das exigências contratuais.

14. DOS PAGAMENTOS

14.1. Ordem cronológica de pagamentos

Nos termos do art. 141 da Lei nº 14.133/2021, no dever de pagamento pela Administração, será observada a **ordem cronológica** para cada fonte diferenciada de recursos, subdividida pelas seguintes categorias de contratos:

1) fornecimento de bens;
2) locações;
3) prestação de serviços;
4) realização de obras.

A ordem cronológica poderá ser alterada, mediante prévia justificativa da autoridade competente e posterior comunicação ao órgão de controle interno da Administração e ao tribunal de contas competente, exclusivamente nas seguintes situações: (i) grave perturbação da ordem, situação de emergência ou calamidade pública; (ii) pagamento a microempresa, empresa de pequeno porte, agricultor familiar, produtor rural pessoa física, microempreendedor individual e sociedades cooperativas, desde que demonstrado o risco de descontinuidade do cumprimento do objeto do contrato; (iii) pagamento de serviços necessários ao funcionamento dos sistemas estruturantes, desde que demonstrado o risco de descontinuidade do cumprimento do objeto do contrato; (iv) pagamento de direitos oriundos de contratos em caso de falência, recuperação judicial ou dissolução da empresa contratada; (v) pagamento de contrato cujo objeto seja imprescindível para assegurar a integridade do patrimônio público ou para manter o funcionamento das atividades finalísticas do órgão ou entidade, quando demonstrado o risco de descontinuidade da prestação de um serviço público de relevância, ou o cumprimento da missão institucional.

A inobservância imotivada da ordem cronológica ensejará a apuração de responsabilidade do agente responsável, cabendo aos órgãos de controle a sua fiscalização.

O órgão ou a entidade deverá disponibilizar, mensalmente, na seção específica de acesso à informação de seu sítio da internet, a ordem cronológica de seus pagamentos, bem como as justificativas que fundamentarem a eventual alteração da ordem.

De acordo com o art. 142, disposição expressa no edital ou no contrato poderá prever pagamento em conta vinculada ou pagamento pela efetiva comprovação do fato gerador.

Por fim, nos termos do art. 146, no ato de liquidação da despesa, os serviços de contabilidade comunicarão aos órgãos da administração tributária as características da despesa e os valores pagos, conforme o disposto no art. 63 da Lei nº 4.320/1964.

Assim, consoante o art. 63 da Lei nº 4.320/1964, a liquidação da despesa consiste na verificação do direito adquirido pelo credor tendo por base os títulos e documentos comprobatórios do respectivo crédito.

Essa verificação tem por fim apurar: (i) a origem e o objeto do que se deve pagar; (ii) a importância exata a pagar; (iii) a quem se deve pagar a importância, para extinguir a obrigação.

A liquidação da despesa por fornecimentos feitos ou serviços prestados terá por base: (i) o contrato, ajuste ou acordo respectivo; (ii) a nota de empenho; (iii) os comprovantes da entrega de material ou da prestação efetiva do serviço.

14.2. Controvérsia sobre a execução do objeto

Nos termos do art. 143, quando houver controvérsia sobre a execução do objeto, quanto a dimensão, qualidade e quantidade, a parcela incontroversa deverá ser liberada no prazo previsto para pagamento.

14.3. Remuneração variável

Um dos pontos mais relevantes está previsto no art. 144 da Lei nº 14.133/2021. Trata-se da remuneração variável e do chamado contrato de desempenho.

Assim, na contratação de obras, fornecimentos e serviços, inclusive de engenharia, poderá ser estabelecida remuneração variável vinculada ao desempenho do contratado, com base em metas, padrões de qualidade, critérios de sustentabilidade ambiental e prazos de entrega definidos no edital de licitação e no contrato.

Ademais, nesse caso, o pagamento poderá ser ajustado em base percentual sobre valor economizado em determinada despesa, quando o objeto do contrato visar à implantação de processo de racionalização, hipótese em que as despesas correrão à conta dos mesmos créditos orçamentários, na forma de regulamentação específica.

A utilização de remuneração variável será motivada e respeitará o limite orçamentário fixado pela Administração para a contratação.

14.4. Pagamento antecipado

Nos termos do art. 145 da Lei nº 14.133/2021, não será permitido pagamento antecipado, parcial ou total, relativo a parcelas contratuais vinculadas ao fornecimento de bens, à execução de obras ou à prestação de serviços. Todavia, somente será permitida a antecipação de pagamento se propiciar sensível economia de recursos ou se representar condição indispensável para a obtenção do bem ou para a prestação do serviço, hipótese que deverá ser previamente justificada no processo licitatório e expressamente prevista no edital de licitação ou instrumento formal de contratação direta.

Ainda, observe-se que a Administração poderá exigir a prestação de garantia adicional como condição para o pagamento antecipado.

Caso o objeto não seja executado no prazo contratual, o valor antecipado deverá ser devolvido.

15. DA NULIDADE DOS CONTRATOS

Importante tema refere-se à nulidade dos contratos. O tema está disciplinado nos arts. 147 a 150 da Lei nº 14.133/2021.

De acordo com o art. 147, constatada irregularidade no procedimento licitatório ou na execução contratual, **caso não seja possível o saneamento**, a decisão sobre a suspensão da execução ou anulação do contrato somente será adotada na hipótese em que se revelar medida de interesse público, com avaliação, entre outros, dos seguintes aspectos: (i) impactos econômicos e financeiros decorrentes do atraso na fruição dos benefícios do objeto do contrato; (ii) riscos sociais, ambientais e à segurança da população local decorrentes do atraso na fruição dos benefícios do objeto do contrato; (iii) motivação social e ambiental do contrato; (iv) custo da deterioração ou da perda das parcelas executadas; (v) despesa necessária à preservação das instalações e dos serviços já executados; (vi) despesa inerente à desmobilização e ao posterior retorno às atividades; (vii) medidas efetivamente adotadas pelo titular do órgão ou entidade para o saneamento dos indícios de irregularidades apontados; (viii) custo total e estágio de execução física e financeira dos contratos, dos convênios, das obras ou das parcelas envolvidas; (ix) fechamento de postos de trabalho diretos e indiretos em razão da paralisação; (x) custo para realização de nova licitação ou celebração de novo contrato; (xi) custo de oportunidade do capital durante o período de paralisação.

Assim, caso a paralisação ou anulação não se revele medida de interesse público, o Poder Público deverá optar pela continuidade do contrato e pela solução da irregularidade por meio de indenização por perdas e danos, sem prejuízo da apuração de responsabilidade e da aplicação de penalidades cabíveis.

Por outro lado, caso haja a necessidade de anulação do contrato, deve-se observar o disposto no art. 147 da Lei nº 14.133/2021. De acordo com o dispositivo, a declaração de nulidade do contrato administrativo requererá análise prévia do interesse público envolvido e operará retroativamente, impedindo os efeitos jurídicos que deveria produzir ordinariamente e desconstituindo os já produzidos.

Caso não seja possível o retorno à situação fática anterior, a nulidade será resolvida pela indenização por perdas e danos, sem prejuízo da apuração de responsabilidade e aplicação das penalidades cabíveis.

Ao declarar a nulidade do contrato, a autoridade, com vistas à continuidade da atividade administrativa, poderá decidir que ela só tenha eficácia em momento futuro, suficiente para efetuar nova contratação, por prazo de até 6 (seis) meses, prorrogável uma única vez. Ademais, de acordo com o art. 149, a nulidade não exonerará a Administração do dever de indenizar o contratado pelo que houver executado até a data em que for declarada ou tornada eficaz, bem como por outros prejuízos regularmente comprovados, desde que não lhe seja imputável, e será promovida a responsabilização de quem lhe tenha dado causa.

Por fim, o art. 150 estabelece que nenhuma contratação será feita sem a caracterização adequada de seu objeto e sem a indicação dos créditos orçamentários para pagamento das parcelas contratuais vincendas no exercício em que realizada a contratação, sob pena de nulidade do ato e de responsabilização de quem lhe tiver dado causa.

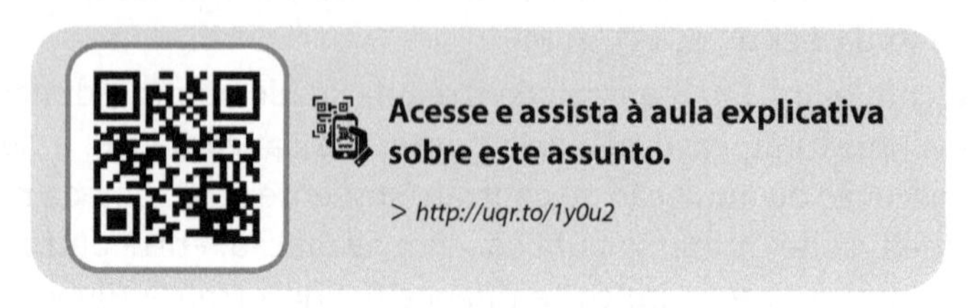

16. DOS MEIOS ALTERNATIVOS DE RESOLUÇÃO DE CONTROVÉRSIAS

A Lei nº 14.133/2021 concretizou, de maneira expressa, os meios alternativos de resolução de controvérsias. Não se trata, efetivamente, de uma inovação em termos de contratos administrativos, haja vista a recorrência, na prática, desses meios.

Esses meios alternativos vieram disciplinados nos arts. 151 a 154 da Lei nº 14.133/2021.

Assim, nos termos do art. 151, nas contratações regidas pela Lei nº 14.133/2021, poderão ser utilizados meios alternativos de prevenção e resolução de controvérsias, notadamente a conciliação, a mediação, o comitê de resolução de disputas e a arbitragem. Trata-se, portanto, de um rol meramente exemplificativo de meios alternativos de resolução de conflitos.

Esses meios alternativos de resolução de controvérsias serão aplicados às controvérsias relacionadas a direitos patrimoniais disponíveis, como as questões relacionadas ao restabelecimento do equilíbrio econômico-financeiro do contrato, ao inadimplemento de obrigações contratuais por quaisquer das partes e ao cálculo de indenizações.

Nesse sentido está o Enunciado nº 19 da I Jornada de Direito Administrativo. De acordo com o r. enunciado, as controvérsias acerca de equilíbrio econômico-financeiro dos contratos administrativos integram a categoria das relativas a direitos patrimoniais disponíveis, para cuja solução se admitem meios extrajudiciais adequados de prevenção e resolução de controvérsias, notadamente a conciliação, a mediação, o comitê de resolução de disputas e a arbitragem.

Perceba-se que as questões que podem ser objeto dos meios alternativos de resolução de conflitos também estão em um rol exemplificativo. O importante é que a controvérsia esteja relacionada a direitos patrimoniais disponíveis.

Ademais, para contratos que originalmente não estabeleçam os meios alternativos de solução de conflitos, o art. 153 permite que sejam aditados para que haja a adoção dos meios alternativos de resolução de controvérsia.

Nesse sentido está o Enunciado nº 10 da I Jornada de Direito Administrativo do Conselho da Justiça Federal. Segundo esse enunciado, em contratos administrativos decorrentes de licitações regidas pela Lei nº 8.666/1993, é facultado à Administração

Pública propor aditivo para alterar a cláusula de resolução de conflitos entre as partes, incluindo métodos alternativos ao Poder Judiciário como mediação, arbitragem e *dispute board*.

Embora o enunciado tenha sido elaborado com base na legislação anterior, trata-se de entendimento que permanece mesmo com a nova legislação.

16.1. Arbitragem

16.1.1. Arbitrabilidade subjetiva e objetiva

A arbitragem é disciplinada pela Lei nº 9.307/1996. De acordo com o disposto no art. 1º, § 1º, da Lei de Arbitragem, a Administração Pública direta e indireta – arbitrabilidade subjetiva – poderá utilizar-se da arbitragem para dirimir conflitos relativos a direitos patrimoniais disponíveis.

Ademais, conforme o seu § 2º, a autoridade ou o órgão competente da Administração Pública direta para a celebração de convenção de arbitragem é a mesma para a realização de acordos ou transações.

Perceba-se ainda que as questões que podem ser submetidas à arbitragem referem-se às controvérsias relacionadas a direitos patrimoniais disponíveis – arbitrabilidade objetiva.

16.1.2. Arbitragem de direito e princípio da publicidade

De acordo com o art. 152 da Lei nº 14.133/2021, a arbitragem será **sempre de direito** – vedada a arbitragem por equidade – e observará o **princípio da publicidade**. A mesma disposição está prevista no art. 2º, § 3º, da Lei de Arbitragem.

No mesmo sentido da publicidade da arbitragem no âmbito da Administração está o Enunciado nº 15 da I Jornada do CJF, segundo o qual a Administração Pública promoverá a publicidade das arbitragens da qual seja parte, nos termos da Lei de Acesso à Informação.

Atente-se ainda que, pelo Enunciado nº 18 da I Jornada do CJF, a ausência de previsão editalícia não afasta a possibilidade de celebração de compromisso arbitral em conflitos oriundos de contratos administrativos.

Consoante o art. 154, o processo de escolha dos árbitros e dos colegiados arbitrais observará critérios isonômicos, técnicos e transparentes.

Por fim, importante o Enunciado nº 39 do CJF. Por ele, a indicação e a aceitação de árbitros pela Administração Pública não dependem de seleção pública formal, como concurso ou licitação, mas devem ser objeto de fundamentação prévia e por escrito, considerando os elementos relevantes.

16.1.3. Cláusula compromissória e compromisso arbitral

A Lei nº 9.307/1996 estabelece, em seu art. 3º, que as partes interessadas podem submeter a solução de seus litígios ao juízo arbitral mediante convenção de arbitragem, assim entendida a cláusula compromissória e o compromisso arbitral.

Desse modo, o art. 4º da Lei de Arbitragem estabelece que a cláusula compromissória é a convenção por meio da qual as partes em um contrato comprometem-se a submeter à arbitragem os litígios que possam vir a surgir, relativamente a tal contrato. Ademais, o § 1º afirma que a cláusula compromissória deve ser estipulada por escrito, podendo estar inserta no próprio contrato ou em documento apartado que a ele se refira.

O compromisso arbitral, por sua vez, está disciplinado no art. 6º da Lei de Arbitragem. De acordo com o dispositivo legal, não havendo acordo prévio sobre a forma de instituir a arbitragem, a parte interessada manifestará à outra parte sua intenção de dar início à arbitragem, por via postal ou por outro meio qualquer de comunicação, mediante comprovação de recebimento, convocando-a para, em dia, hora e local certos, firmar o compromisso arbitral. Ainda, o art. 9º estabelece que o compromisso arbitral é a convenção por meio da qual as partes submetem um litígio à arbitragem de uma ou mais pessoas, podendo ser judicial ou extrajudicial.

Assim, a grande diferença entre a cláusula compromissória e o compromisso arbitral reside no fato de, na primeira, a arbitragem ser previamente pactuada entre as partes, antes mesmo de o conflito ocorrer. Por seu turno, na segunda, a arbitragem vai ser pactuada após a ocorrência do conflito.

16.2. Conciliação e mediação

A mediação é forma alternativa de resolução de conflitos disciplinada pela Lei nº 13.140/2015. De acordo com o art. 1º, parágrafo único, a mediação é a atividade técnica exercida por terceiro imparcial sem poder decisório, que, escolhido ou aceito pelas partes, as auxilia e estimula a identificar ou desenvolver soluções consensuais para a controvérsia.

Ademais, conforme o art. 165, § 3º, do Código de Processo Civil, o mediador, que atuará preferencialmente nos casos em que houver vínculo anterior entre as partes, auxiliará os interessados a compreender as questões e os interesses em conflito, de modo que eles possam, pelo restabelecimento da comunicação, identificar, por si próprios, soluções consensuais que gerem benefícios mútuos.

Por outro lado, a conciliação consiste em meio alternativo de controvérsias, no qual o conciliador, que atuará preferencialmente nos casos em que não houver vínculo anterior entre as partes, poderá sugerir soluções para o litígio, sendo vedada a utilização de qualquer tipo de constrangimento ou intimidação para que as partes conciliem.

A grande diferença entre a conciliação e a mediação é o fato de haver ou não vínculo anterior entre as partes, bem como o poder de decisão do mediador e do conciliador. Dessa forma, na mediação, o mediador atuará em casos em que há vínculo anterior entre as partes, porém não possui qualquer poder decisório. As próprias partes é que devem chegar ao consenso.

Por outro lado, na conciliação, o conciliador atua, preferencialmente, em casos em que não haja vínculo anterior, mas poderá sugerir soluções para dirimir a controvérsia.

16.3. Comitê de resolução de disputas

O comitê de resolução de disputas ou o *Dispute Board* (DB) é um mecanismo alternativo de solução de controvérsias que busca resolver conflitos, especialmente com relação a contratos de longa duração, notadamente os contratos de infraestrutura e de inovação científica e tecnológica. Primordialmente, o comitê será utilizado nos Contratos de concessões e PPPs, pois são contratos complexos e incompletos, haja vista a multidisciplinariedade envolvida nesses contratos, bem como o fato de que, por serem contratos de longa duração, não é possível prever todas as situações nas cláusulas contratuais.

O DB é formado por um comitê composto de profissionais especialistas e independentes, nomeados para acompanhar a execução contratual, desde o início ou nos momentos mais críticos do projeto, e sugerir/decidir soluções às eventuais controvérsias técnicas que possam surgir ao longo da execução contratual.

Quanto à composição dos membros do Comitê, a prática contratual normalmente adota a formação por três membros, cada parte contratante indicando um dos componentes. Os dois indicados, então, nomeiam um terceiro membro.

Dessa forma, o *dispute board* proporciona uma espécie de gerenciamento que previne o acirramento das divergências e dos conflitos oriundos do desgaste natural das relações entre as partes envolvidas.

A adoção pelo comitê de resolução de disputas gera vantagens na execução contratual, que podem ser resumidas em: (i) fator qualitativo das manifestações; (ii) diminuição da litigiosidade nos contratos; (iii) celeridade na resolução de conflitos; e (iv) integração de contratos incompletos, reduzindo incertezas; (v) redução de custos.

Atente-se que o DB pode ser dividido em três categorias tratadas pela doutrina especializada e visualizadas na prática de seu manejo contratual, quais sejam: (1) a recomendatória, (2) a adjudicatória e (3) a mista.

No DB recomendatório, os comitês fazem recomendações, sendo chamados de *Dispute Review Boards* (DRBs). Já, no DB adjudicatório, os comitês irão tomar decisões, sendo chamados de *Dispute Adjudication Boards* (DABs). Por fim, o DB misto é aquele que terá ambas as funções, denominando-se, portanto, *Combined Dispute Boards* (CDBs).

Portanto, a depender do regramento contratual, as soluções providas pelo comitê poderão: assumir feição de recomendações aos contratantes, sendo não vinculantes; adquirir a qualificação de decisões obrigatórias às partes; ou, a depender do ajuste, poderão ter, para algumas matérias, natureza cogente e, para outras circunstâncias do contrato, natureza recomendatória, revelando-se modelagem híbrida do *dispute board*. Nesta modelagem, a manifestação do comitê passará a ter natureza decisória se uma das partes acioná-lo para decidir sobre dada questão e a outra parte anuir ou silenciar quanto à resolução do litígio por meio de solução vinculante do *board*.

Por fim, de acordo com art. 154, o processo de escolha dos comitês de resolução de disputas observará critérios isonômicos, técnicos e transparentes.

17. DO CONTROLE DAS CONTRATAÇÕES

17.1. Linhas de defesa

De acordo com o art. 169 da Lei nº 14.133/2021, as contratações públicas deverão submeter-se a práticas contínuas e permanentes de gestão de riscos e de controle preventivo, inclusive mediante adoção de recursos de tecnologia da informação, e, além de estar subordinadas ao controle social, sujeitar-se-ão às seguintes linhas de defesa:

1) primeira linha de defesa, integrada por servidores e empregados públicos, agentes de licitação e autoridades que atuam na estrutura de governança do órgão ou entidade;
2) segunda linha de defesa, integrada pelas unidades de assessoramento jurídico e de controle interno do próprio órgão ou entidade;
3) terceira linha de defesa, integrada pelo órgão central de controle interno da Administração e pelo tribunal de contas.

A responsabilidade pela implementação das linhas de defesa será da alta administração do órgão ou da entidade e levará em consideração os custos e os benefícios decorrentes de sua implementação, optando-se pelas medidas que promovam relações íntegras e confiáveis, com segurança jurídica para todos os envolvidos, e que produzam o resultado mais vantajoso para a Administração, com eficiência, eficácia e efetividade nas contratações públicas.

Para a realização de suas atividades, os órgãos de controle deverão ter acesso irrestrito aos documentos e às informações necessárias à realização dos trabalhos, inclusive aos documentos classificados pelo órgão ou pela entidade nos termos da Lei nº 12.527, de 18 de novembro de 2011, e o órgão de controle com o qual foi compartilhada eventual informação sigilosa tornar-se-á corresponsável pela manutenção do seu sigilo.

Os integrantes das linhas de defesa observarão o seguinte:

I. quando constatarem simples impropriedade formal, adotarão medidas para o seu saneamento e para a mitigação de riscos de sua nova ocorrência, preferencialmente com o aperfeiçoamento dos controles preventivos e com a capacitação dos agentes públicos responsáveis;
II. quando constatarem irregularidade que configure dano à Administração, adotarão as providências necessárias para apuração das infrações administrativas, observadas a segregação de funções e a necessidade de individualização das condutas, bem como remeterão ao Ministério Público competente cópias dos documentos cabíveis para apuração dos demais ilícitos de sua competência.

17.2. O papel do Tribunal de Contas

O art. 170 estabelece que os órgãos de controle adotarão, na fiscalização dos atos previstos na lei, critérios de oportunidade, materialidade, relevância e risco e considerarão as razões apresentadas pelos órgãos e entidades responsáveis e os resultados obtidos com a contratação.

As razões apresentadas pelos órgãos e entidades responsáveis deverão ser encaminhadas aos órgãos de controle até a conclusão da fase de instrução do processo e não poderão ser desentranhadas dos autos.

A omissão na prestação das informações não impedirá as deliberações dos órgãos de controle nem retardará a aplicação de qualquer de seus prazos de tramitação e de deliberação.

Os órgãos de controle desconsiderarão os documentos impertinentes, meramente protelatórios ou de nenhum interesse para o esclarecimento dos fatos.

Qualquer licitante, contratado ou pessoa física ou jurídica poderá representar aos órgãos de controle interno ou ao tribunal de contas competente contra irregularidades na aplicação da Lei nº 14.133/2021.

Na fiscalização de controle será observado o seguinte: (i) viabilização de oportunidade de manifestação aos gestores sobre possíveis propostas de encaminhamento que terão impacto significativo nas rotinas de trabalho dos órgãos e entidades fiscalizados, a fim de que eles disponibilizem subsídios para avaliação prévia da relação entre custo e benefício dessas possíveis proposições; (ii) adoção de procedimentos objetivos e imparciais e elaboração de relatórios tecnicamente fundamentados, baseados exclusivamente nas evidências obtidas e organizados de acordo com as normas de auditoria do respectivo órgão de controle, a fim de evitar que interesses pessoais e interpretações tendenciosas interfiram na apresentação e no tratamento dos fatos levantados; (iii) definição de objetivos, nos regimes de empreitada por preço global, empreitada integral, contratação semi-integrada e contratação integrada, atendidos os requisitos técnicos, legais, orçamentários e financeiros, de acordo com as finalidades da contratação, devendo, ainda, ser perquirida a conformidade do preço global com os parâmetros de mercado para o objeto contratado, considerada inclusive a dimensão geográfica.

Ao suspender cautelarmente o processo licitatório, o Tribunal de Contas deverá pronunciar-se definitivamente sobre o mérito da irregularidade que tenha dado causa à suspensão no prazo de 25 (vinte e cinco) dias úteis, contado da data do recebimento das informações prestadas pela Administração, prorrogável por igual período uma única vez, e definirá objetivamente:

I. as causas da ordem de suspensão;
II. o modo como será garantido o atendimento do interesse público obstado pela suspensão da licitação, no caso de objetos essenciais ou de contratação por emergência.

Ao ser intimado da ordem de suspensão do processo licitatório, o órgão ou a entidade deverá, no prazo de 10 (dez) dias úteis, admitida a prorrogação:

I. informar as medidas adotadas para cumprimento da decisão;
II. prestar todas as informações cabíveis;
III. proceder à apuração de responsabilidade, se for o caso.

O descumprimento do disposto *supra* ensejará apuração de responsabilidade e obrigação de reparação de prejuízo causado ao erário.

A decisão que examinar o mérito da medida cautelar deverá definir as medidas necessárias e adequadas, em face das alternativas possíveis, para o saneamento do processo licitatório, ou determinar a sua anulação.

Por fim, o art. 173 estabelece que os tribunais de contas deverão, por meio de suas escolas de contas, promover eventos de capacitação para os servidores efetivos e empregados públicos designados para o desempenho das funções essenciais à execução da Lei nº 14.133/2021, incluídos cursos presenciais e a distância, redes de aprendizagem, seminários e congressos sobre contratações públicas.

18. DISPOSIÇÕES TRANSITÓRIAS E FINAIS DA LEI Nº 14.133/2021

18.1. Centrais de compras

Conforme dispõe o art. 181, os entes federativos instituirão centrais de compras, com o objetivo de realizar compras em grande escala, para atender a diversos órgãos e entidades sob sua competência e atingir as finalidades da Lei nº 14.133/2021.

No caso dos municípios com até 10.000 (dez mil) habitantes, serão preferencialmente constituídos consórcios públicos para a instituição das centrais de compras, nos termos da Lei nº 11.107, de 6 de abril de 2005.

O Poder Executivo federal atualizará, a cada dia 1º de janeiro, pelo Índice Nacional de Preços ao Consumidor Amplo Especial (IPCA-E) ou por índice que venha a substituí-lo, os valores fixados pela Lei nº 14.133/2021, os quais serão divulgados no PNCP.

18.2. Contagem dos prazos

Conforme dispõe o art. 183 da Lei nº 14.133/2021, os prazos previstos na lei serão contados com exclusão do dia do começo e inclusão do dia do vencimento e observarão as seguintes disposições:

I. os prazos expressos em dias corridos serão computados de modo contínuo;
II. os prazos expressos em meses ou anos serão computados de data a data;

Atente-se que, se no mês do vencimento não houver o dia equivalente àquele do início do prazo, considera-se como termo o último dia do mês.

III. nos prazos expressos em dias úteis, serão computados somente os dias em que ocorrer expediente administrativo no órgão ou entidade competente.

Salvo disposição em contrário, considera-se dia do começo do prazo:

I. o primeiro dia útil seguinte ao da disponibilização da informação na internet;
II. a data de juntada aos autos do aviso de recebimento, quando a notificação for pelos correios.

Considera-se prorrogado o prazo até o primeiro dia útil seguinte se o vencimento cair em dia em que não houver expediente, se o expediente for encerrado antes da hora normal ou se houver indisponibilidade da comunicação eletrônica.

18.3. Aplicação subsidiária

De acordo com o art. 184, aplicam-se as disposições da Lei nº 14.133/2021, no que couber e na ausência de norma específica, aos convênios, acordos, ajustes e outros instrumentos congêneres celebrados por órgãos e entidades da Administração Pública.

No que tange às licitações e às contratações das empresas estatais, regidas pela Lei nº 13.303/2016, a Lei nº 14.133/2021 terá aplicação restrita na parte penal.

Por sua vez, no que tange às concessões de serviço público, haverá aplicação subsidiária, tanto em relação à Lei nº 8.987/1995 (Lei Geral de Concessões) quanto em relação à Lei nº 11.079/2004 (Lei das Parcerias Público-Privadas).

18.4. Da aplicação a convênios, acordos, ajustes e outros instrumentos congêneres

Conforme visto no subtópico anterior, as disposições da Lei nº 14.133/2021 serão aplicadas aos convênios, acordos, ajustes e outros instrumentos congêneres celebrados entre entes federados ou pessoas jurídicas a eles vinculadas; e com entidades filantrópicas e sem fins lucrativos, nos termos do § 1º do art. 199 da Constituição Federal.

De acordo com o § 2º, quando, verificada força maior, caso fortuito, fato do príncipe ou fatos imprevisíveis ou previsíveis de consequências incalculáveis, o valor global inicialmente pactuado se demonstrar insuficiente para a execução do objeto, poderão ser:

I. utilizados saldos de recursos ou rendimentos de aplicação financeira;
II. aportados novos recursos pelo concedente;
III. reduzidas as metas e etapas, desde que isso não comprometa a fruição ou a funcionalidade do objeto pactuado.

O § 3º estabelece que são permitidos ajustes nos instrumentos celebrados com recursos de transferências voluntárias, para promover alterações em seu objeto, desde que:

I. isso não importe transposição, remanejamento ou transferência de recursos de uma categoria de programação para outra ou de um órgão para outro;
II. seja apresentada justificativa objetiva pelo convenente; e
III. quando se tratar de obra, seja mantido o que foi pactuado quanto a suas características.

Por fim, o art. 184-A propõe que à celebração, à execução, ao acompanhamento e à prestação de contas dos convênios, contratos de repasse e instrumentos congêneres em que for parte a União, com valor global de até R$ 1.500.000,00 (um milhão e quinhentos mil reais),[16] aplicar-se-á o seguinte regime simplificado:

I. o plano de trabalho aprovado conterá parâmetros objetivos para caracterizar o cumprimento do objeto;

II. a minuta dos instrumentos deverá ser simplificada;

III. a verificação da execução do objeto ocorrerá mediante visita de constatação da compatibilidade com o plano de trabalho.

O acompanhamento pela concedente ou mandatária será realizado pela verificação dos boletins de medição, fotos georreferenciadas registradas pela empresa executora, pelo convenente do Transferegov e por vistorias in loco, realizadas considerando o marco de execução de 100% (cem por cento) do cronograma físico, podendo ocorrer outras vistorias, quando necessárias.

Não haverá análise nem aceite de termo de referência, anteprojeto, projeto, orçamento, resultado do processo licitatório ou outro documento necessário para o início da execução do objeto, e caberá à concedente ou mandatária verificar o cumprimento do objeto pactuado ao final da execução do instrumento.

O regime simplificado aplica-se aos convênios, contratos de repasse e instrumentos congêneres celebrados após a publicação da Lei nº 14.133/2021.

19. DAS LICITAÇÕES DE MICROEMPRESAS E EMPRESAS DE PEQUENO PORTE

19.1. Exigência constitucional

De acordo com a Constituição da República, a ordem jurídica deve realizar um tratamento favorecido para as empresas de pequeno porte constituídas sob as leis brasileiras e que tenham sua sede e administração no País, conforme dispõe o art. 170, IX.

A exigência constitucional foi exteriorizada na Lei Complementar nº 123/2006. No tocante às licitações de ME e EPP, devem ser observados os arts. 42 a 49 da LC nº 123/2006.

19.2. Regularidade fiscal e trabalhista

Nas licitações públicas, a comprovação de regularidade fiscal e trabalhista das microempresas e das empresas de pequeno porte somente será exigida para efeito de assinatura do contrato.

---

[16] Valor atualizado para 1.576.882,20 (um milhão quinhentos e setenta e seis mil oitocentos e oitenta e dois reais e vinte centavos) pelo Decreto nº 12.343/2024.

As MEs e as EPPs, por ocasião da participação em certames licitatórios, deverão apresentar toda a documentação exigida para efeito de comprovação de regularidade fiscal e trabalhista, mesmo que esta apresente alguma restrição.

Havendo alguma restrição na comprovação da regularidade fiscal e trabalhista, será assegurado o prazo de cinco dias úteis, cujo termo inicial corresponderá ao momento em que o proponente for declarado vencedor do certame, prorrogável por igual período, a critério da Administração Pública, para regularização da documentação, para pagamento ou parcelamento do débito e para emissão de eventuais certidões negativas ou positivas com efeito de certidão negativa.

A não regularização da documentação, no prazo de cinco dias úteis, conforme previsto no § 1º do art. 43 da LC nº 123/2006, implicará decadência do direito à contratação, sem prejuízo das sanções previstas no art. 90, § 5º, da Lei nº 14.133/2021, sendo facultado à Administração convocar os licitantes remanescentes, na ordem de classificação, para a assinatura do contrato, ou revogar a licitação.

19.3. Empate presumido ou ficto

Nas licitações, será assegurada, como critério de desempate, preferência de contratação para as microempresas e empresas de pequeno porte.

Entendem-se por empate – ficto ou presumido – aquelas situações em que as propostas apresentadas pelas microempresas e empresas de pequeno porte sejam iguais ou até 10% (dez por cento) superiores à proposta mais bem classificada.

Na modalidade pregão, o intervalo percentual será de até 5% (cinco por cento) superior ao melhor preço.

Ocorrendo o empate, proceder-se-á da seguinte forma:

I. a microempresa ou empresa de pequeno porte mais bem classificada poderá apresentar proposta de preço inferior àquela considerada vencedora do certame, situação em que será adjudicado em seu favor o objeto licitado;

II. não ocorrendo a contratação da microempresa ou empresa de pequeno porte, serão convocadas as remanescentes na ordem classificatória, para o exercício do mesmo direito;

III. no caso de equivalência dos valores apresentados pelas microempresas e empresas de pequeno porte que se encontrem nos intervalos estabelecidos como empate, será realizado sorteio entre elas para que se identifique aquela que primeiro poderá apresentar melhor oferta.

Na hipótese da não contratação de ME e EPP, o objeto licitado será adjudicado em favor da proposta originalmente vencedora do certame.

No caso de pregão, a microempresa ou empresa de pequeno porte mais bem classificada será convocada para apresentar nova proposta no prazo máximo de 5 (cinco) minutos após o encerramento dos lances, sob pena de preclusão.

A microempresa e a empresa de pequeno porte titular de direitos creditórios decorrentes de empenhos liquidados por órgãos e entidades da União, dos estados, do Distrito Federal e dos município não pagos em até 30 (trinta) dias contados da data de liquidação poderão emitir cédula de crédito microempresarial.

19.4. Tratamento diferenciado a ME e EPP

19.4.1. Medidas a serem adotadas

Nas contratações públicas da Administração direta e indireta, autárquica e fundacional, federal, estadual e municipal, deverá ser concedido tratamento diferenciado e simplificado para as microempresas e empresas de pequeno porte objetivando a promoção do desenvolvimento econômico e social no âmbito municipal e regional, a ampliação da eficiência das políticas públicas e o incentivo à inovação tecnológica.

No que diz respeito às compras públicas, enquanto não sobrevier legislação estadual, municipal ou regulamento específico de cada órgão mais favorável à microempresa e à empresa de pequeno porte, aplicar-se-á a legislação federal.

Para que se efetive o tratamento diferenciado, a Administração Pública:

1) Deverá realizar processo licitatório destinado exclusivamente à participação de microempresas e empresas de pequeno porte nos itens de contratação cujo valor seja de até R$ 80.000,00 (oitenta mil reais).

Esse ponto merece atenção, em relação ao entendimento fixado pelo Tribunal de Contas da União. De acordo com o TCU:[17]

> A interpretação a ser dada ao inciso I do art. 48 da Lei Complementar 123/2006, para os casos de serviços de natureza continuada, é no sentido de que o valor de R$ 80.000,00 nele previsto se refere *ao período de um ano*, devendo, para contratos com períodos diversos, ser considerada sua *proporcionalidade*.

Assim, caso um contrato tenha vigência de três anos, por exemplo, o valor total da contratação será de R$ 240.000,00. Por outro lado, se o contrato tiver vigência de seis meses, o valor total deverá ser de R$ 40.000,00. Isso se deve ao fato de o TCU ter exigido observar a proporcionalidade na contratação.

2) Poderá, em relação aos processos licitatórios destinados à aquisição de obras e serviços, exigir dos licitantes a subcontratação de microempresa ou empresa de pequeno porte.

Os empenhos e pagamentos do órgão ou da entidade da Administração Pública poderão ser destinados diretamente às microempresas e às empresas de pequeno porte subcontratadas.

3) Deverá estabelecer, em certames para aquisição de bens de natureza divisível, cota de até 25% (vinte e cinco por cento) do objeto para a contratação de microempresas e empresas de pequeno porte.

---

[17] TCU, Acórdão 1932/2016, Plenário, grifos nossos.

Os três benefícios anteriores poderão, justificadamente, estabelecer a prioridade de contratação para as microempresas e empresas de pequeno porte sediadas local ou regionalmente, até o limite de 10% (dez por cento) do melhor preço válido.

19.4.2. Não aplicabilidade do tratamento diferenciado

De acordo com o art. 49 da LC nº 123/2006, não se aplica o tratamento diferenciado às MEs e às EPPs quando:

1) não houver um mínimo de 3 (três) fornecedores competitivos enquadrados como microempresas ou empresas de pequeno porte sediados local ou regionalmente e capazes de cumprir as exigências estabelecidas no instrumento convocatório;
2) o tratamento diferenciado e simplificado para as microempresas e empresas de pequeno porte não for vantajoso para a Administração Pública ou representar prejuízo ao conjunto ou complexo do objeto a ser contratado;
3) a licitação for dispensável ou inexigível, nos termos dos arts. 24 e 25 da Lei nº 8.666, de 21 de junho de 1993, excetuando-se as dispensas tratadas pelos incisos I e II do art. 24 da mesma lei, nas quais a compra deverá ser feita preferencialmente de microempresas e empresas de pequeno porte, observado o limite de R$ 80.000,00 (oitenta mil reais).

Atente-se que a Lei Complementar nº 123/2006 ainda trata das hipóteses de dispensa e inexigibilidade da legislação anterior. Para que fique correto, não haverá o tratamento diferenciado quando a licitação for dispensável ou inexigível nos termos dos arts. 74 e 75 da Lei nº 14.133/2021.

Ademais, a exceção prevista não será mais relacionada aos incisos I e II do art. 24. Na verdade, a exceção se referirá aos incisos I e II do art. 75.

Todavia, é preciso analisar o inciso I do art. 75. Por ele, é dispensável a licitação para contratação que envolva valores inferiores a R$ 100.000,00 (cem mil reais), no caso de obras e serviços de engenharia ou de serviços de manutenção de veículos automotores. Dessa forma, somente será possível o tratamento diferenciado se o valor da licitação ficar no limite de R$ 80.000,00 (oitenta mil reais).

QUESTÕES DE CONCURSO

1. Acerca das licitações e contratações realizadas por microempresas e empresas de pequeno porte, marque a assertiva incorreta:

A) Nas licitações públicas, a comprovação de regularidade fiscal e trabalhista das microempresas e das empresas de pequeno porte somente será exigida para efeito de assinatura do contrato.

B) As microempresas e as empresas de pequeno porte, por ocasião da participação em certames licitatórios, deverão apresentar toda a documentação exigida para efeito de comprovação de regularidade fiscal e trabalhista, mesmo que esta apresente alguma restrição.

C) Nas licitações, será assegurada, como critério de desempate, preferência de contratação para as microempresas e empresas de pequeno porte. Entendem-se por empate aquelas situações em que as propostas apresentadas pelas microempresas e empresas de pequeno porte sejam iguais ou até 5% (cinco por cento) superiores à proposta mais bem classificada.

D) A microempresa e a empresa de pequeno porte titular de direitos creditórios decorrentes de empenhos liquidados por órgãos e entidades da União, dos Estados, do Distrito Federal e dos municípios não pagos em até 30 (trinta) dias contados da data de liquidação poderão emitir cédula de crédito microempresarial.

Comentário: A) Correta. De acordo com o art. 42 da LC nº 123/2006, nas licitações públicas, a comprovação de regularidade fiscal e trabalhista das microempresas e das empresas de pequeno porte somente será exigida para efeito de assinatura do contrato.

B) Correta. Trata-se de disposição do art. 43 da LC nº 123/2006.

C) Incorreta. De acordo com o art. 44 da LC nº 123/2006: "Art. 44. Nas licitações será assegurada, como critério de desempate, preferência de contratação para as microempresas e empresas de pequeno porte".

Nesse sentido, o § 1º estabelece que se entendem por empate aquelas situações em que as propostas apresentadas pelas microempresas e empresas de pequeno porte sejam iguais ou até 10% (dez por cento) superiores à proposta mais bem classificada.

Por sua vez, o § 2º afirma que, na modalidade pregão, o intervalo percentual estabelecido no § 1º desse artigo será de até 5% (cinco por cento) superior ao melhor preço.

D) Correta. Trata-se da redação do art. 46 da LC nº 123/2006.

2. CESPE/CEBRASPE – 2022 – PGE-PA – Procurador do Estado

Com base no disposto na Lei nº 14.133/2021 a respeito dos contratos administrativos, assinale a opção correta.

A) O contratado é obrigado a aceitar, nas mesmas condições contratuais, supressões de até 25% do valor inicial atualizado do contrato que se fizerem nas obras, nos serviços ou nas compras, razão pela qual não lhe cabe pleitear da administração o valor dos custos de materiais eventualmente já adquiridos e colocados no local dos trabalhos.

B) O contratado tem direito à extinção do contrato em caso de suspensão da sua execução, por ordem escrita da administração, por prazo igual ou superior a dois meses.

C) Com vistas à continuidade da atividade administrativa, a administração poderá determinar que a declaração de nulidade do contrato só tenha eficácia em momento futuro, suficiente para efetuar nova contratação.

D) Em nenhuma hipótese será admitido o pagamento antecipado, parcial ou total, relativo a parcelas contratuais vinculadas ao fornecimento de bens, à execução de obras ou à prestação de serviços.

E) A aplicação das sanções administrativas ao contratado dar-se-á por meio de processo de responsabilização, cuja instauração interrompe a prescrição, estabelecida em prazos que variam de seis meses a cinco anos, conforme a gravidade da infração.

Comentário: A) Incorreta. Cabe pleitear o valor dos custos devidamente comprovados. De acordo com o art. 129, nas alterações contratuais para supressão de obras, bens ou serviços, se o contratado já houver adquirido os materiais e os colocado no local dos trabalhos, estes deverão ser pagos pela Administração pelos custos de aquisição regularmente comprovados e monetariamente reajustados, podendo caber indenização por outros danos eventualmente decorrentes da supressão, desde que regularmente comprovados.

B) Incorreta. O prazo é superior a 3 meses. De acordo com o art. 137, § 2º, II, o contratado terá direito à extinção do contrato na hipótese, por exemplo, de suspensão de execução do contrato, por ordem escrita da Administração, por prazo superior a 3 (três) meses.

C) Correta. É o disposto no art. 148, § 2º, segundo o qual, ao declarar a nulidade do contrato, a autoridade, com vistas à continuidade da atividade administrativa, poderá decidir que ela só tenha eficácia em momento futuro, suficiente para efetuar nova contratação, por prazo de até 6 (seis) meses, prorrogável uma única vez.

D) Incorreta. Há hipótese em que se admite, na forma do art. 145, § 1º, segundo o qual a antecipação de pagamento **somente será permitida** se propiciar sensível economia de recursos ou se representar condição indispensável para a obtenção do bem ou para a prestação do serviço, hipótese que deverá ser previamente justificada no processo licitatório e expressamente prevista no edital de licitação ou instrumento formal de contratação direta.

E) Incorreta. O prazo é de 5 anos, conforme dispõe o art. 158, § 4º. Pelo dispositivo, a prescrição ocorrerá em 5 (cinco) anos, contados da ciência da infração pela Administração, e será: I – interrompida pela instauração do processo de responsabilização a que se refere o *caput* desse artigo; II – suspensa pela celebração de acordo de leniência previsto na Lei nº 12.846, de 1º de agosto de 2013; III – suspensa por decisão judicial que inviabilize a conclusão da apuração administrativa.

3. CESPE/CEBRASPE – 2023 – MPE-SC – Promotor de Justiça

Nos contratos administrativos, devido à teoria da imprevisão, há obrigatoriedade de cláusula contratual de matriz de alocação de riscos, o que não gera implicações para a cláusula exorbitante do equilíbrio econômico-financeiro dos contratos da Administração Pública.

Comentário: A matriz de riscos é, em regra, facultativa, na forma do art. 22, *caput*, segundo o qual o edital poderá contemplar matriz de alocação de riscos entre o contratante e o contratado, hipótese em que o cálculo do valor estimado da contratação poderá considerar taxa de risco compatível com o objeto da licitação e com os riscos atribuídos ao contratado, de acordo com metodologia predefinida pelo ente federativo.

4. CESPE/CEBRASPE – 2023 – MPE-PA – Promotor de Justiça Substituto

A respeito da extinção dos contratos administrativos conforme dispõe a Lei nº 14.133/2021, assinale a opção correta.

A) A extinção do contrato administrativo pode ser determinada unilateralmente pela Administração Pública, ainda que o descumprimento contratual tenha decorrido de conduta da própria administração.

B) A utilização das instalações e dos equipamentos necessários à continuidade do contrato deverá ser imediata, independentemente de autorização do gestor público competente, em caso de extinção do contrato administrativo por ato unilateral da Administração Pública.

C) A extinção do contrato administrativo por ato unilateral da Administração Pública e a extinção consensual desse instrumento deverão ser precedidas de autorização escrita e fundamentada da autoridade competente.

D) A decretação de falência do contratado é motivo inidôneo que enseja a extinção do contrato administrativo.

E) A extinção do contrato administrativo decorrente de culpa exclusiva da administração dá ao contratado direito ao ressarcimento dos prejuízos que comprovadamente houver sofrido, não alcançado o pagamento de custos com a desmobilização.

Comentário: A) Incorreta. A extinção unilateral do contrato administrativo em decorrência de conduta da própria administração não é cabível, conforme estabelecido pelo art. 138, I.

B) Incorreta. A utilização das instalações e dos equipamentos necessários para a continuidade do contrato requer autorização prévia do gestor público competente, consoante o art. 139, § 2º.

C) Correta. De acordo com o art. 138, § 1º, a extinção do contrato administrativo, seja por ato unilateral, seja consensual, deve ser precedida de autorização escrita e fundamentada da autoridade competente e deve constar no respectivo processo.

D) Incorreta. A decretação da falência do contratado não é motivo inidôneo para a extinção do contrato, mas enseja sua extinção, conforme o art. 137, IV.

E) Incorreta. O art. 138, III, prevê a extinção do contrato administrativo decorrente de culpa exclusiva da Administração, abrangendo também o pagamento dos custos com a desmobilização.

Capítulo VIII
AGENTES PÚBLICOS

1. CONCEITO

Agente público é a expressão mais ampla, utilizada para se referir a toda pessoa física vinculada, definitiva ou transitoriamente, com ou sem remuneração, ao exercício de uma função pública.

Observe que agente público é uma pessoa física, portanto exclui as pessoas jurídicas.[1]

2. TEORIAS

2.1. Teoria do mandato

De acordo com essa teoria, o agente público seria um mandatário do Estado, ou seja, exerceria suas funções por meio de um mandato. Essa teoria possui dois graves erros:

> a) O mandato pressupõe duas vontades independentes, uma do mandante e outra do mandatário. Isso não ocorre com o agente público e o Estado.
>
> b) O mandante não responde pelos atos praticados pelo mandatário que exceda o mandato. Essa situação também não ocorre no âmbito do Poder Público, uma vez que o Estado será responsável pelos danos causados pelos agentes ao terceiro.

2.2. Teoria da representação

Para essa teoria, o agente púbico seria um representante do Estado. Contudo, essa teoria também possui dois erros:

---

1 JUSTEN FILHO, Marçal. *Curso de Direito Administrativo*. 9. ed. rev., atual. e ampl. São Paulo: Ed. RT, 2013. p. 871.

a) Os atos praticados pelo representante que ultrapassarem a representação não repercutem no patrimônio do representado. Isso não ocorre no âmbito do Estado, uma vez que será responsável pelos atos praticados pelo agente que exceder à sua competência.
b) A representação é um instituto aplicável aos incapazes. O Estado não é incapaz.

2.3. Teoria do órgão

Esta é a teoria adotada pelo ordenamento jurídico brasileiro. Segundo essa teoria, o agente ocupa um órgão que integra um organismo maior. O agente público faz parte do Estado, ele PRESENTA o Estado. Dessa forma, onde estiver presente o agente, estará presente o Estado.

De acordo com essa teoria, "a pessoa jurídica manifesta a sua vontade por meio dos órgãos, de tal modo que quando os agentes que os compõem manifestam a sua vontade, é como se o próprio Estado o fizesse; substitui a ideia de representação pela de imputação".[2]

3. CLASSIFICAÇÃO DOS AGENTES PÚBLICOS

3.1. Agente político

Em relação à conceituação de agente político, a doutrina não é uniforme em conceituá-lo.

Para Hely Lopes Meirelles:

> Agentes políticos são os componentes do Governo nos seus primeiros escalões, investidos em cargos, funções, mandatos ou comissões, por nomeação, eleição, designação ou delegação para o exercício de atribuições constitucionais e demais autoridades que atuem com independência funcional no desempenho das atribuições governamentais, judiciais ou quase judiciais, estranhas ao quadro do funcionalismo estatutário.

Perceba que o referido autor adota um conceito mais amplo para agentes políticos. Além dos chefes do Poder Executivo, dos seus auxiliares direitos e dos parlamentares, o autor inclui nessa categoria os membros do Ministério Público e os magistrados.

2 DI PIETRO, Maria Sylvia Zanella. *Direito Administrativo.* 25. ed. São Paulo: Atlas, 2012. p. 374.

Diferentemente, Celso Antônio Bandeira de Mello tem um conceito mais restrito quanto aos agentes políticos, de modo que estes seriam os titulares dos cargos estruturais à organização política do País, ou seja, são os ocupantes dos cargos que compõem o arcabouço constitucional do Estado e, portanto, o esquema fundamental do poder. Sua função é de formadores da vontade superior do Estado.

Esta última conceituação parece mais acertada.

Dessa forma, a doutrina costuma elencar as seguintes características para os agentes políticos:

1) **investidura** no cargo por **eleição** ou **nomeação** por agentes eleitos;
2) **caráter transitório** na função pública exercida;
3) **decisões políticas** relacionadas, essencialmente, à alocação de recursos orçamentários e à elaboração de políticas públicas.

Ponto relevante a ser discutido refere-se à aplicação da vedação ao nepotismo aos agentes políticos. De acordo com o Supremo Tribunal Federal, não se aplica a vedação ao nepotismo aos cargos de nomeação política, como secretários municipais e estudais, além de ministros de Estado, em virtude desses cargos possuírem natureza eminentemente política.[3]

Contudo, o próprio STF entende que há a vedação ao nepotismo para nomeação de ministros e conselheiros dos tribunais de contas.[4]

Nesse sentido está o art. 11, § 5º, da Lei nº 8.429/1992, segundo o qual não se configurará improbidade a mera nomeação ou indicação política por parte dos detentores de mandatos eletivos, sendo necessária a aferição de dolo com finalidade ilícita por parte do agente.

3.2. Servidores públicos

Para Maria Sylvia Zanella Di Pietro, "são servidores públicos, em sentido amplo, as pessoas físicas que prestam serviços ao Estado e às entidades da Administração Indireta, com vínculo empregatício e mediante remuneração paga pelos cofres públicos".

Perceba que essa expressão é espécie de agentes públicos, mas é gênero em relação às categorias a seguir.

3.2.1. Servidores estatutários

São pessoas físicas ocupantes **de cargo** público, contratadas sob o **regime estatutário**.

Nesse sentido, faz-se relevante o art. 37, V, da CR/1988, segundo o qual as funções de confiança, exercidas exclusivamente por servidores ocupantes de cargo

---

3 STF, Rcl 6.650-MC-Agr/PR, Rel. Min. Ellen Gracie, *Informativo* 524, out. 2008.

4 STF, Rcl 6.702-AgR-MC/PR, Rel. Min. Ricardo Lewandowski, 04.03.2009.

efetivo, e os cargos em comissão, a serem preenchidos por servidores de carreira nos casos, condições e percentuais mínimos previstos em lei, destinam-se apenas às atribuições de direção, chefia e assessoramento.

A seguir, uma estruturação acerca do dispositivo constitucional:

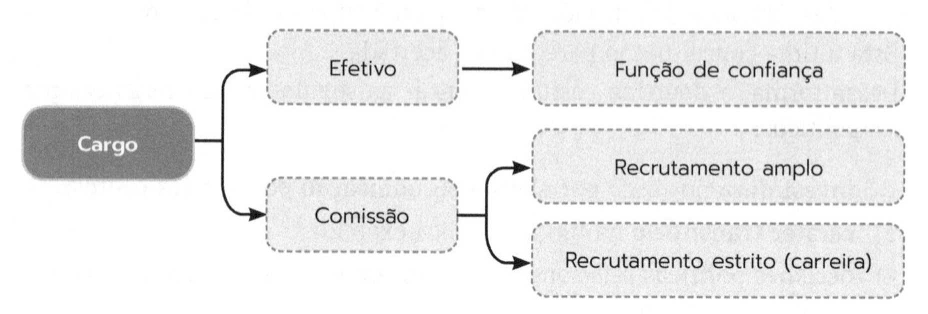

De acordo com o art. 37, V, da CR/1988, há duas categorias de servidores públicos estatutários: os **efetivos e os comissionados**. Os servidores efetivos têm um vínculo permanente com a Administração, de natureza profissional e prazo indeterminado, pois desempenham atividades permanentes de interesse público.

Para se tornar um servidor público efetivo, é necessário ser aprovado em concurso público, seja de provas, seja de provas e títulos, além de preencher os requisitos estabelecidos pela Constituição e pelas leis específicas de cada ente.

É importante destacar que **não existe direito adquirido a um regime jurídico específico**, conforme entendimento do STF. Portanto, durante o vínculo jurídico com o Estado, a relação com o servidor pode ser alterada por meio de lei, desde que obedecidas as disposições constitucionais. Consequentemente, os direitos estabelecidos pelo estatuto dos servidores públicos não são incorporados ao patrimônio desses agentes.

Por sua vez, os cargos comissionados podem ser providos por um **recrutamento amplo ou por um recrutamento estrito**. Para o cargo em comissão de recrutamento amplo, o servidor é selecionado externamente à Administração, sendo designado como "servidor titular de cargo exclusivamente em comissão" pela Constituição. Dessa forma, o indivíduo não tem vínculos prévios com a Administração e passa a ocupar um cargo comissionado.

Quanto ao cargo em comissão no recrutamento estrito, por seu turno, o servidor já ocupa um cargo efetivo e é escolhido para ocupar um cargo em comissão dentro da mesma Administração.

Esses servidores possuem o regime estatutário, aquele estabelecido em uma lei de cada ente federado. Por exemplo, o estatuto da União é a Lei nº 8.112/1990. De acordo com José dos Santos Carvalho Filho, "servidores públicos estatutários são aqueles cuja relação jurídica de trabalho é disciplinada por diplomas legais específicos, denominados de estatutos".[5]

---

5 CARVALHO FILHO, José dos Santos. *Manual de Direito Administrativo*. 26. ed. rev., ampl. e atual. São Paulo: Atlas, 2013. p. 597.

Quando nomeados, os servidores estatutários adentram em uma situação jurídica previamente definida, isto é, não há a possibilidade de alteração das normas aplicadas por meio de contrato, mesmo que haja concordância do servidor e da Administração Pública. Em outras palavras, as normas a eles aplicadas são normas de ordem pública, cogentes (obrigatórias), não podendo ser derrogadas pelas partes.

Os servidores estatutários poderão[6] ser encontrados nos entes federados (União, estado, DF e município), bem como nas autarquias e fundações desses entes.

3.2.2. Empregados públicos

São pessoas físicas ocupantes de **emprego público** contratadas sob o **regime celetista**, "assim qualificados porque as regras disciplinadoras de sua relação de trabalho são as constantes da Consolidação das Leis do Trabalho".[7]

Perceba-se, portanto, que as regras aplicáveis a esses servidores são as mesmas aplicadas aos empregados da iniciativa privada, salvo as regras necessariamente aplicadas pelo Poder Público, como o concurso público, nos termos do art. 37, II, da CR/1988.

Acerca desses servidores, faz-se importante pontuar o art. 37, § 12, da CR/1988, segundo o qual a aposentadoria concedida com a utilização de tempo de contribuição decorrente de cargo, emprego ou função pública, inclusive do Regime Geral de Previdência Social (RGPS), acarretará o rompimento do vínculo que gerou o referido tempo de contribuição.

Nesse sentido, o STF[8] entendeu que a natureza do ato de demissão de empregado público é constitucional-administrativa e não trabalhista, o que atrai a competência da Justiça comum para julgar a questão. A concessão de aposentadoria aos empregados públicos inviabiliza a permanência no emprego, nos termos do art. 37, § 14, da CR/1988, salvo para as aposentadorias concedidas pelo RGPS até a data de entrada em vigor da Emenda Constitucional (EC) 103/09, nos termos do que dispõe seu art. 6º.

3.2.3. Servidores temporários

Os servidores temporários são aqueles previstos no art. 37, IX, da CR/1988, segundo o qual a lei estabelecerá os casos de contratação por tempo determinado para atender à **necessidade temporária de excepcional interesse público**.

Esses servidores exercem função pública, sem estarem vinculados a cargo ou emprego público. A contratação deles **ocorre por meio de um Processo Seletivo Sim-**

---

[6] Atente para a expressão "poderão", afinal, a depender do regime jurídico adotado pelo ente federado, o que se encontrará será empregado público. A União e os estados adotaram o regime jurídico estatutário. Contudo, existem municípios que adotaram o regime jurídico do contrato de trabalho. Portanto, não haverá servidores estatutários, mas, sim, empregados públicos.

[7] CARVALHO FILHO, José dos Santos. *Manual de Direito Administrativo*. 26. ed. rev., ampl. e atual. São Paulo: Atlas, 2013. p. 598.

[8] RE 655.283/DF, Rel. Min. Marco Aurélio, Rel. Min. Dias Toffoli, 28.09.2022.

plificado (PSS), que deve observar os princípios da moralidade e da impessoalidade, de acordo com o STF.[9]

Observe que esses servidores são contratados para exercer funções temporárias, por meio de um regime jurídico especial disciplinado em lei de cada ente federado.

Perceba-se que, da leitura do texto constitucional, há o caráter de excepcionalidade de tais agentes públicos. Ademais, de acordo com o STF, na tese de repercussão geral fixada no RE 1.066.677, os servidores temporários não fazem jus a décimo terceiro salário e férias remuneradas acrescidas do terço constitucional, salvo:

I. expressa previsão legal e/ou contratual em sentido contrário; ou
II. comprovado desvirtuamento da contratação temporária pela Administração Pública, em razão de sucessivas e reiteradas renovações e/ou prorrogações.

Reafirma-se, para fins de repercussão geral, a jurisprudência do STF no sentido de que a contratação por tempo determinado para atendimento de necessidade temporária de excepcional interesse público realizada em desconformidade com os preceitos do art. 37, IX, da CR/1988 **não gera quaisquer efeitos jurídicos válidos em relação aos servidores contratados**, *com exceção do direito à percepção dos salários referentes ao período trabalhado e, nos termos do art. 19-A da Lei nº 8.036/1990, ao levantamento dos depósitos efetuados no FGTS.*[10]

Assim, o STF confirma sua jurisprudência ao entender que não tem direito à indenização de férias-prêmio o servidor estadual cujo vínculo com a Administração Pública, decorrente de lei inconstitucional, foi declarado nulo, por inobservância dos princípios constitucionais que regem o ingresso no serviço público.[11]

O conteúdo jurídico do art. 37, IX, da CR/1988 pode ser resumido, ratificando-se, dessa forma, o entendimento da corte suprema de que, para que se considere válida a contratação temporária, é preciso que: (a) os casos excepcionais estejam previstos em lei; (b) o prazo de contratação seja predeterminado; (c) a necessidade seja temporária; (d) o interesse público seja excepcional; (e) a necessidade de contratação seja indispensável, sendo vedada a contratação para os serviços ordinários permanentes do Estado, e que devam estar sob o espectro das contingências normais da Administração.[12]

De acordo com o STF,[13] é inconstitucional norma estadual que, de maneira genérica e abrangente, permite a convocação temporária de servidores sem prévio vínculo com a Administração Pública para suprir vacância de cargo público efetivo. O STF entendeu que a lei do ente federativo regulamentando o art. 37, IX, da CR/1988 não poderá prever hipóteses abrangentes e genéricas de contratações temporárias

---

9 RE 635.648. Rel. Min. Edson Fachin, 14.06.2017.

10 RE 765.320 RG, Rel. Min. Teori Zavascki, j. 15.09.2016, *DJe* 23.09.2016, Tema 916.

11 RE 1.400.775/MG, julgamento finalizado no Plenário Virtual em 15.12.2022.

12 RE 658.026, Rel. Min. Dias Toffoli, j. 09.04.2014, *DJe* 31.10.2014, Tema 612.

13 ADI 5.267/MG, Rel. Min. Luiz Fux, 15.04.2020.

sem concurso público. Além disso, essa lei deverá especificar a contingência fática que caracteriza a situação de emergência.

Outro entendimento do STF é de que é constitucional que a lei de contratação temporária estabeleça um período de quarentena para a recontratação de um profissional para prestar um mesmo serviço.[14]

O STJ[15] também tem entendimento relevante acerca dos servidores temporários. De acordo com a corte cidadã, a contratação temporária de terceiros para o desempenho de funções do cargo de enfermeiro, em decorrência da pandemia causada pelo vírus Sars-CoV-2, e determinada por decisão judicial, não configura preterição ilegal e arbitrária nem enseja, portanto, direito a provimento em cargo público em favor de candidato aprovado em cadastro de reserva.

Ainda de acordo com o STJ, a norma de edital que impede a participação de candidato em processo seletivo simplificado em razão de anterior rescisão de contrato por conveniência administrativa fere o princípio da razoabilidade. Para a corte, impedir que o candidato participe do processo seletivo simplificado porque, há alguns anos, seu contrato foi rescindido por conveniência administrativa, equivale a impedir, hoje, a sua participação na seleção por mera conveniência administrativa, o que viola o princípio da isonomia e da impessoalidade. A participação de determinado candidato em concurso ou seleção pública não se insere no âmbito da discricionariedade do gestor.[16]

3.3. Militar

Os militares são as pessoas físicas que prestam serviços às Forças Armadas, isto é, à Marinha, ao Exército e à Aeronáutica, além daqueles que prestam serviços às polícias militares e aos corpos de bombeiro dos estados. Estes são os chamados militares dos estados, do Distrito Federal e dos territórios.

De acordo com o art. 42 da CR/1988, os membros das polícias militares e dos corpos de bombeiros militares, instituições organizadas com base na hierarquia e disciplina, são militares dos estados, do Distrito Federal e dos territórios.

Importante observar que a Constituição estendeu aos militares estaduais o direito de seu tempo de contribuição federal, estadual ou municipal ser contado para efeito de aposentadoria e o tempo de serviço correspondente para efeito de disponibilidade.

Ademais, o art. 142, § 3º, da CR/1988 estabelece que os membros das Forças Armadas são denominados militares, aplicando-se-lhes, além das que vierem a ser fixadas em lei, as seguintes disposições:

---

[14] No RE 635.648, o STF fixou a seguinte tese: É compatível com a Constituição Federal a previsão legal que exija o transcurso de 24 (vinte e quatro) meses, contados do término do contrato, antes de nova admissão de professor temporário anteriormente contratado.

[15] RMS 65.757/RJ, Segunda Turma, Rel. Min. Mauro Campbell Marques, j. 04.05.2021, *DJe* 10.05.2021.

[16] RMS 67.040-ES, Segunda Turma, Rel. Min. Herman Benjamin, por unanimidade, j. 23.11.2021.

a) O militar em atividade que tomar posse em cargo ou emprego público civil permanente, ressalvada a hipótese prevista no art. 37, XVI, *c*, será transferido para a reserva, nos termos da lei.
b) Ao militar são proibidas a sindicalização e a greve.
c) Aplicam-se ao militar as regras do teto remuneratório.
d) Aplica-se também a vedação a vinculação ou equiparação de quaisquer espécies remuneratórias para o efeito de remuneração de pessoal do serviço público.
e) Ademais, aplica-se a regra constitucional que afirma que os acréscimos pecuniários percebidos por servidor público não serão computados nem acumulados para fins de concessão de acréscimos ulteriores.

3.4. Particulares em colaboração com o Poder Público

3.4.1. Agentes honoríficos

São aqueles que exercem **função pública relevante (múnus público)**, em caráter transitório, convocados, designados ou nomeados para cumprir objetivos cívicos, culturais, educacionais, recreativos ou de assistência social, como o mesário eleitoral, o jurado e os conscritos.

3.4.2. Agentes delegados

São os destinatários de **função específica**, realizando-a em nome próprio, tal como ocorre com os serventuários da Justiça em serventias (cartórios) extrajudiciais. Ademais, são agentes delegados os leiloeiros, os tradutores juramentados e os intérpretes públicos.

3.4.3. Gestores de negócios públicos

São aqueles que, espontaneamente, assumem determinada função pública em momento de calamidades públicas ou emergências.

3.4.4. Agentes credenciados

São aqueles que recebem a incumbência de representar a Administração em determinado evento ou na prática de determinada atividade, mediante remuneração. Ex.: advogado estrangeiro que representa a União em um processo no exterior.

Existe, ainda, a classificação dos **agentes de fato**, os quais, mesmo sem serem investidos na função pública de forma regular, exercem uma função pública.

Os agentes de fato "são particulares que não possuem vínculos válidos com o Estado, mas desempenham funções públicas com a intenção de satisfazer o interesse público. São os particulares que exercem função pública sem a investidura prévia e válida".[17]

---

[17] OLIVEIRA, Rafael Carvalho Rezende. *Curso de Direito Administrativo*. 5. ed. São Paulo: Método, 2017. p. 678.

Por óbvio, tais agentes desempenham uma função pública de caráter excepcional, sem qualquer enquadramento legal, mas possível de ocorrer na Administração.

Perceba-se que os agentes de fato não se confundem com a usurpação de função pública, uma vez que aqueles exercem a função pública de boa-fé, ao passo que, na usurpação, há a má-fé do sujeito.

Podem ser divididos em dois grupos:

a) agentes necessários;
b) agentes putativos.

Os primeiros, conforme Carvalho Filho,[18] "são aqueles que praticam atos e executam atividades em situações excepcionais, como, por exemplo, as de emergência, em colaboração com o Poder Público". Por sua vez, os segundos, consoante o mesmo autor, "são os que desempenham uma atividade pública na presunção de que há legitimidade, embora não tenha havido investidura dentro do procedimento legalmente exigido".

Em relação aos efeitos dos atos praticados pelos agentes putativos, existe grande divergência na doutrina. Há quem afirme que os atos produzidos por esses agentes são válidos perante 3º de boa-fé. Contudo, existe doutrina que afirma que são atos inexistentes, afinal há a chamada usurpação de função pública, considerada crime nos termos do art. 328 do Código Penal.[19]

Tipos de agentes de fato	Descrição
Agentes necessários	São particulares que desempenham atividades públicas em situações excepcionais, como em casos de emergência, em colaboração com o Poder Público.
Agentes putativos	São particulares que desempenham atividades públicas na presunção de que há legitimidade, embora não tenha havido investidura dentro do procedimento legalmente exigido.

3.5. Notários e registradores

Os serviços extrajudiciais são considerados serviços públicos e são fiscalizados pelo Poder Judiciário de cada estado-membro. São exercidos em caráter privado por

[18] CARVALHO FILHO, José dos Santos. *Manual de Direito Administrativo*. 26. ed. rev., ampl. e atual. São Paulo: Atlas, 2013. p. 593.

[19] **Usurpação de função pública**
Art. 328 – Usurpar o exercício de função pública:
Pena – detenção, de três meses a dois anos, e multa.
Parágrafo único – Se do fato o agente aufere vantagem:
Pena – reclusão, de dois a cinco anos, e multa.

meio de delegação do Poder Público, e apenas pessoas físicas aprovadas em concurso público de provas e títulos podem assumir essas funções.

O profissional que exerce atividades de notas e de protesto de títulos recebe a denominação de tabelião ou notário, enquanto o profissional que atua em serviços de registro é chamado de oficial de registro ou registrador. Ambos são considerados profissionais do direito e têm fé pública, pois são responsáveis pelo exercício da atividade notarial e de registro.

Para ingressar nessas carreiras, é necessário ser aprovado em concurso público, e a investidura como titular de serviço de notas ou de registros sem prévia aprovação em concurso é nula, conforme estabelece o art. 236, § 3º, da CR/1988.

4. REGIMES JURÍDICOS FUNCIONAIS

4.1. Regime estatutário

O primeiro regime jurídico que merece ser estudado é o regime jurídico estatutário, o qual é "o conjunto de regras que regulam a relação jurídica funcional entre o servidor público estatutário e o Estado".[20]

Lembre-se que esse conjunto de regras é chamado de estatuto, isto é, uma LEI de iniciativa de cada ente federado. Portanto, dessa situação, sabe-se que existem vários estatutos, uma vez que cada ente federado que tenha adotado o regime estatutário para seus servidores terá sua lei estatutária.

A União adotou o regime jurídico estatutário para seus servidores e, dessa forma, o seu estatuto funcional é a Lei nº 8.112/1990.

Os servidores estatutários e o Poder Público têm uma relação NÃO contratual. É, na verdade, uma relação INSTITUCIONAL.

Os litígios entre servidores público federais e a União serão solucionados na Justiça Federal. Por sua vez, os litígios entre servidores públicos estaduais e municipais serão solucionados na Justiça estadual.

Nesse sentido, importante o entendimento do STJ, segundo o qual compete à Justiça Comum o julgamento de controvérsia que envolve direitos de servidor contratado para exercer cargo em comissão regido pela CLT.[21]

4.2. Regime trabalhista

O segundo regime jurídico funcional a ser estudado é o regime trabalhista ou de contrato de trabalho, o qual é "aquele constituído entre o Estado e seu servidor

---

[20] CARVALHO FILHO, José dos Santos. *Manual de Direito Administrativo*. 26. ed. rev., ampl. e atual. São Paulo: Atlas, 2013. p. 599.

[21] EDcl no AgInt no CC 184.065-SP, Primeira Seção, Rel. Min. Herman Benjamin, por unanimidade, j. 25.10.2022, *DJe* 4.11.2022.

trabalhista".[22] As regras estabelecidas para esse tipo de servidor estão previstas na Consolidação das Leis do Trabalho.

Diferentemente do regime estatutário, o regime celetista caracteriza-se pela unicidade normativa, ou seja, há apenas um único diploma legal a regular as relações dos empregados públicos e o Poder Público. Dessa forma, todo ente federado que adotar o regime jurídico celetista deverá seguir as regras estabelecidas na CLT.

Os servidores trabalhistas e o Poder Público têm uma relação contratual, qual seja, a relação de contrato de trabalho.

Os litígios que possam ocorrer entre os empregados públicos e os entes federados (União, estado, DF e município), decorrentes da relação de trabalho, devem ser solucionados na Justiça do Trabalho.

Ocorre, porém, que, de acordo com o STF, a Justiça comum, federal ou estadual, é competente para julgar a abusividade de greve de servidores públicos celetistas da Administração Pública direta, das autarquias e das fundações públicas.[23]

Também observe que, consoante o STJ,[24] compete à Justiça do Trabalho processar e julgar reclamação trabalhista ajuizada por servidor admitido sem concurso público e sob o regime celetista antes da CR/1988, mesmo que haja cumulação de pedidos referente ao período trabalhado sob o regime de contratação temporária. Atente-se, ainda, que, de acordo com o STF,[25] são nulas – por violarem os princípios da separação dos Poderes e da legalidade – as decisões judiciais que condicionam a rescisão de contratos de trabalho de empregados públicos não estáveis à prévia conclusão de negociação coletiva, de modo a impedir que o estado federado realize atos tendentes a descontinuar a atividade das fundações, sociedades de economia mista e autarquias estaduais.

4.3. Regime especial

Os servidores temporários têm com o Poder Público uma relação jurídica funcional.

Perceba que o texto da Constituição da República, no art. 37, IX, diz que "a lei estabelecerá os casos de contratação por tempo determinado para atender a necessidade temporária de excepcional interesse público".

Ora, note que, por meio desse artigo constitucional, há de se entender que a relação jurídica funcional existente entre o servidor temporário e o Poder Público é de natureza contratual. Veja que o contrato não é um contrato de trabalho, mas um

[22] CARVALHO FILHO, José dos Santos. *Manual de Direito Administrativo*. 26. ed. rev., ampl. e atual. São Paulo: Atlas, 2013. p. 601.

[23] STF, RE 846.854, Rel. Min. Alexandre de Moraes, j. 01.08.2017, *DJe*-022, divulg. 06.02.2018, public. 07.02.2018.

[24] CC 188.950/TO, Primeira Seção, Rel. Min. Assusete Magalhães, j. 14.09.2022, *DJe* 20.09.2022.

[25] ADPF 486/RS, Rel. Min. Gilmar Mendes, julgamento virtual finalizado em 30.06.2023.

contrato de direito administrativo, o qual estabelece "um vínculo de trabalho subordinado entre a Administração e o servidor".[26]

Regimes jurídicos funcionais	Características	Relação entre servidores e Poder Público	Solução de litígios
Regime estatutário	Conjunto de regras que regulam a relação jurídica funcional entre o servidor público estatutário e o Estado, estabelecido por lei estatutária de cada ente federado	Relação institucional, não contratual	Justiça Federal para litígios entre servidores públicos federais e a União e Justiça estadual para litígios entre servidores públicos estaduais e municipais
Regime trabalhista	Constituído entre o Estado e seu servidor trabalhista, com regras estabelecidas na CLT	Relação contratual, de contrato de trabalho	Justiça do Trabalho para litígios decorrentes da relação de trabalho, mas Justiça comum para julgar a abusividade de greve de servidores públicos celetistas da Administração Pública direta, das autarquias e das fundações públicas
Regime especial	Contratação por tempo determinado para atender a necessidade temporária de excepcional interesse público, estabelecido por lei	Relação contratual de direito administrativo, entre a Administração e o servidor temporário	Justiça Federal para litígios entre servidores públicos federais e a União e Justiça estadual para litígios entre servidores públicos estaduais e municipais

5. REGIME JURÍDICO ÚNICO (RJU)

O art. 39, *caput*, da CR/1988, em sua redação original, afirmava que os entes federados (União, estados, DF e municípios) instituirão, no âmbito se suas competências, um REGIME JURÍDICO **ÚNICO** para os servidores da Administração Pública direta, suas autarquias e fundações.

No que consistiria o Regime Jurídica Único?

1ª corrente: RJU seria a possibilidade de escolha que os entes federados possuem entre o regime estatutário e celetista.

---

[26] CARVALHO FILHO, José dos Santos. *Manual de Direito Administrativo*. 26. ed. rev., ampl. e atual. São Paulo: Atlas, 2013. p. 605.

2ª corrente: RJU seria necessariamente o regime estatutário.

O regime jurídico único, todavia, foi abolido pela EC nº 19/1998, a qual permitiu que houvesse uma pluralidade de regimes jurídicos que disciplinassem as relações com os seus servidores. Em outras palavras, permitiu-se que os entes federados recrutassem servidores sob mais de um regime jurídico.

Dessa forma, os entes federados poderiam ter servidores sob o vínculo estatutário e sob o vínculo de contrato de trabalho.

A União, por exemplo, em 2000, por meio da Lei nº 9.962/2000, instituiu, em seu âmbito, a possibilidade de realizar concursos públicos que selecionassem empregados públicos.

Importante dizer que o ente federado poderia continuar adotando apenas um regime jurídico, contudo, "se o fizesse, não seria por imposição constitucional, e sim por opção administrativa, feita em decorrência de avaliação de conveniência, para melhor atender a suas peculiaridades".[27]

Posteriormente, em 2007, o Supremo Tribunal Federal, em sede da ADI 2.135, deferiu medida liminar com o intuito de suspender a eficácia do art. 39, *caput*, redação dada pela EC nº 19/1998, o que ocasionou a retomada do sistema anteriormente vigente, qual seja, o regime jurídico único.

Segundo o alegado, a EC nº 19/1998 padeceria de vício de inconstitucionalidade formal, em razão de erro no procedimento de tramitação da emenda, ou seja, durante a tramitação da Proposta de Emenda Constitucional (PEC nº 173/1995), que implementou a "reforma administrativa" (EC nº 19/1998), o *caput* do art. 39 da Constituição Federal de 1988 foi objeto de "Destaque de Votação em Separado" (DVS), expediente que demanda nova votação do texto realçado após a deliberação do texto principal. Porém, o DVS não alcançou o quórum constitucional de votos na Câmara dos Deputados.

Vale dizer que a decisão liminar do STF teve eficácia *ex nunc*, isto é, produziu efeitos a partir da decisão, não retroagindo. Dessa forma, subsistiram as legislações editadas sob a égide do dispositivo suspenso.

Em 2024, 17 anos após o deferimento da medida cautelar, o STF entendeu ser constitucional – por não ter violado o devido processo legal legislativo – a revogação, pela Emenda Constitucional nº 19/1998, da redação original do art. 39 da Constituição Federal, que previa, no âmbito da União, dos estados, do Distrito Federal e dos municípios, a instituição de regime jurídico único para os servidores da Administração Pública direta, das autarquias e das fundações públicas.

Assim, o STF afastou a existência de vício formal, pois a Comissão Especial responsável pela discussão da mencionada PEC aprovou um substitutivo que havia modificado o *caput* do art. 39. Portanto, o DVS incidiu sobre *caput* do art. 39 que constava do art. 5º do substitutivo e não sobre a redação original do referido dispo-

[27] CARVALHO FILHO, José dos Santos. *Manual de Direito Administrativo*. 26. ed. rev., ampl. e atual. São Paulo: Atlas, 2013. p. 609.

sitivo constitucional. Com a rejeição do texto destacado, houve o traslado do texto remanescente do § 2º do art. 39 para o *caput* deste mesmo artigo.

Nesse contexto, houve apenas um deslocamento do dispositivo, o qual foi aprovado também em segundo turno na Câmara dos Deputados, embora em ordem diferente da redação em primeiro turno. Nos termos do Regimento Interno da Câmara dos Deputados, é competência privativa da Comissão Especial a "Redação do Vencido" de PEC (novo texto de uma proposição aprovada no primeiro turno com emendas que alteram o conteúdo original). Ademais, o Plenário da Câmara, instância decisória acerca da adequação da "Redação do Vencido", aprovou o texto final da PEC.

Conforme entendimento pacificado do STF, não é passível de conhecimento a pretensão que busca revisar a aplicação de normas afetas a procedimentos das Casas do Congresso Nacional, em especial quando a causa de pedir articula com suposta incorreção dos critérios interpretativos adotados.

Por fim, deve-se entender que o regime especial, aquele dos servidores temporários, vigoraria junto com o outro regime jurídico escolhido pelo ente federado, seja o estatutário, seja o celetista.

1988	1998	2007
Constituição O *caput* do art. 39 previa um regime jurídico único; a União, o Estado, o DF e os municípios, juntamente com suas autarquias e fundações, deveriam escolher um regime jurídico que deveria ser o **regime estatutário**.	**EC nº 19/1998** A Ec nº 19/1998 alterou o art. 39, que extinguiu o regime jurídico único. Os entes federados poderiam, portanto, ter o vínculo estatutário ou celetista. Por exemplo, em 2000 a União editou uma lei (Lei nº 9.962/2000) para regulamentar o vínculo celetista/trabalhista no âmbito federal – assim, a União podia ora fazer concurso para vínculo celetista, ora fazer para vínculo estatutário.	**ADI no STF** Em 2007, o STF declarou inconstitucional, em sede cautelar, o art. 39, *caput*, redação dada pela EC nº 19/1998. Os efeitos dessa decisão costumam cair muito em prova, que são três: efeito *erga omnes*, efeito *ex nunc* e efeito repristinatório.

6. ARTIGOS CONSTITUCIONAIS IMPORTANTES

Art. 37, I a VIII

I – Os cargos, empregos e funções públicas são acessíveis aos brasileiros que preencham os requisitos estabelecidos em lei, assim como aos estrangeiros, na forma da lei

Acerca desse dispositivo, importante a decisão do STF, segundo a qual editais de concurso público não podem estabelecer restrição a pessoas com tatuagem, salvo situações excepcionais, em razão de conteúdo que viole valores constitucionais, como aquelas que prejudiquem a disciplina e a boa ordem, sejam extremistas, racistas, preconceituosas ou que atentem contra a instituição. A cláusula de edital que estabeleça a restrição de tatuagens violaria os princípios constitucionais da isonomia e da razoabilidade.[28]

A Lei nº 8.112/1990, em seu art. 5º, I, afirma que a nacionalidade brasileira é requisito para provimento para cargo público. Contudo, a própria lei estabelece que professores de universidades federais podem ser estrangeiros. Nesse sentido, o STF fixou tese de repercussão geral no sentido de "o candidato estrangeiro tem direito líquido e certo à nomeação em concurso público para provimento de cargos de professor, técnico e cientista em universidades e instituições de pesquisa científica e tecnológica federais, nos termos do art. 207, § 1º, da Constituição Federal, salvo se a restrição da nacionalidade estiver expressa no edital do certame com o exclusivo objetivo de preservar o interesse público e desde que, sem prejuízo de controle judicial, devidamente justificada".

Ponto relevante acerca das exigências de requisitos para nomeação refere-se ao entendimento do STJ.[29] De acordo com a corte, a exigência dos requisitos previstos em edital para nomeação em cargo público não pode ser afastada por legislação posterior mais benéfica ao candidato. Nesse sentido, imagine que uma secretaria estadual tenha lançado edital para a abertura de concurso público destinado ao provimento de cargo que tinha os seus requisitos disciplinados por lei estadual, exigindo bacharelado superior, em qualquer curso de nível devidamente complementado com especialização em administração ou em gestão pública.

Contudo, sobreveio lei estadual que reestruturou a carreira, modificando tanto a nomenclatura desse cargo quanto os seus requisitos mínimos, passando a exigir meramente uma graduação em geral, suplementada por Curso de Especialização em Administração ou Gestão Pública.

De acordo com o STJ, a Administração Pública, ao publicar o edital do concurso, baseando-se na lei à época vigente, para seleção de candidatos, anuncia a existência de vagas disponíveis, expõe os requisitos que devem ser cumpridos pelos candidatos – podendo estipular critérios de diferenciação entre os participantes, desde que previstos em lei, e cláusulas de barreira, para classificação ou para eliminação de candidatos –, criando expectativas a serem satisfeitas, em caso de aprovação, e descreve as regras e os procedimentos que serão adotados durante o processo de seleção.

Assim, a entrada em vigor de nova legislação, em momento posterior ao edital do certame e à homologação do concurso, não pode ter aplicabilidade ao concurso público já realizado e homologado, seja para prejudicar, seja para beneficiar o candidato, em face da isonomia entre os participantes, só podendo a novel legislação ser aplicada aos concursos abertos após a sua vigência.

---

28 STF, RE 898.450, Rel. Min. Luiz Fux, 17.08.2016.

29 AgInt no RMS 61.658-RS, Segunda Turma, Rel. Min. Mauro Campbell Marques, por unanimidade, j. 10.05.2022.

Outro entendimento relevante é o fixado pelo STF[30], segundo o qual, é inconstitucional a vedação à posse em cargo público de candidato(a) aprovado(a) que, embora tenha sido acometido(a) por doença grave, não apresenta sintoma incapacitante nem possui restrição relevante que impeça o exercício da função pretendida.

Limitações no acesso a cargos públicos devem ser raras e justificadas de forma adequada, respeitando o princípio da legalidade e as particularidades do cargo. A rejeição de candidatos sem impedimentos reais para a função contraria os princípios de impessoalidade e eficiência do concurso público, além de limitar a igualdade de acesso aos cargos públicos prevista pela Constituição. Além disso, considerar o risco hipotético de problemas futuros como recidiva, necessidade de licenças médicas ou aposentadoria precoce para negar o direito ao trabalho vai contra a dignidade humana, podendo afetar negativamente a autoestima do indivíduo.

II – A investidura em cargo ou emprego público depende de aprovação prévia em concurso público de provas ou de provas e títulos, de acordo com a natureza e a complexidade do cargo ou emprego, na forma prevista em lei, ressalvadas as nomeações para cargo em comissão declarado em lei de livre nomeação e exoneração

É importante observar que não existe concurso público somente de título. É necessário que ocorra PROVA.

Ainda, vale pontuar entendimentos sumulados do STF e do STJ. De acordo com a **Súmula Vinculante nº 43** do STF, é inconstitucional toda modalidade de provimento que propicie ao servidor investir-se, sem prévia aprovação em concurso público destinado ao seu provimento, em cargo que não integra a carreira na qual anteriormente investido. Nesse sentido, aplicando a súmula, o STF também entendeu ser inconstitucional a equiparação de carreira de nível médio a outra de nível superior, de modo que constituiria ascensão funcional, vedada pelo art. 37, II, da CR/1988.[31]

Ademais, enfrentando o dispositivo constitucional, a corte suprema entendeu que a mudança de regime celetista para estatutário antes da CR/1988 não viola a Súmula Vinculante nº 43, uma vez que a ausência de prévia submissão a concurso, antes do advento da Constituição Federal de 1988, não impede a modificação do regime a que está subordinado o servidor nessa situação.[32]

Por outro lado, o STF tem entendimento de que a exigência de diploma de nível superior, promovida por legislação estadual, para determinado cargo – que anteriormente tinha o nível médio como requisito de escolaridade – não viola o princípio do concurso público, previsto no art. 37, II, da CR/1988, nem as normas constitucionais sobre competência legislativa, nos termos dos arts. 22, I, e 24, XVI e § 4º, da CR/1988.[33]

---

30 RE 886.131/MG, Rel. Min. Luís Roberto Barroso, julgamento finalizado em 30.11.2023.

31 STF, ADI 3.199, Tribunal Pleno, Rel. Min. Roberto Barroso, j. 20.04.2020, processo eletrônico *DJe*-117 divulg. 11.05.2020, public. 12.05.2020.

32 Rcl 31.953, Rel. Min. Gilmar Mendes, dec. monocrática, j. 24.09.2018, *DJe* 204 26.09.2018.

33 ADI 7.081/BA, Rel. Min. Edson Fachin, julgamento virtual finalizado em 21.09.2022.

Outro entendimento importante firmado pelo STF é de que é inconstitucional a norma de Constituição estadual que, a pretexto de promover uma reestruturação administrativa, aproveita e transforma cargos com exigências de escolaridade e atribuições distintas. Em outras palavras, a transformação de carreira de nível médio em outra de nível superior, com atribuições distintas, constitui forma de provimento derivado vedada pelo art. 37, II, da CF/1988.[34]

Também relevante é a **Súmula Vinculante nº 44 do STF**, segundo a qual só por lei se pode sujeitar a exame psicotécnico a habilitação de candidato a cargo público.

A **Súmula nº 683 do STF**, por seu turno, afirma que o limite de idade para a inscrição em concurso público só se legitima em face do art. 7º, XXX, da Constituição, quando possa ser justificado pela natureza das atribuições do cargo a ser preenchido. Especificamente, é preciso ainda diferenciar o momento de comprovação da idade mínima e da idade máxima que podem ser exigidas em concurso. A **idade mínima** deve ser comprovada no momento da **posse**. Por outro lado, a **idade máxima** deve ser comprovada no momento da **inscrição** do concurso.

Ademais, a **Súmula nº 14 do STF** estabelece não ser admissível, por ato administrativo, restringir, em razão da idade, inscrição em concurso para cargo público.

Já a **Súmula nº 684** do STF entende que é inconstitucional o veto não motivado à participação de candidato a concurso público.

Por sua vez, a **Súmula nº 266 do STJ** entende que o diploma ou habilitação legal para o exercício do cargo deve ser exigido na posse, e não na inscrição para o concurso público.

Contudo, observe que, recentemente, o STF, em julgado publicado no *Informativo* 821, afirma que a comprovação do triênio de atividade jurídica exigida para o ingresso no cargo de juiz substituto, nos termos do art. 93, I, da CR/1988, deve ocorrer no momento da inscrição definitiva no concurso público.

Além disso, importante analisar o caso de uma servidora gestante ocupante de cargo em comissão. Como se sabe, o cargo em comissão é de livre nomeação e exoneração, mas a gestante tem direito à estabilidade provisória. Diante desse conflito, o STF ponderou e concluiu que a Administração Pública não pode exonerar servidora gestante, ainda que esta ocupe cargo exonerável *ad nutum*.[35]

Outro ponto relevante consiste no fato de a nomeação tardia de candidatos aprovados em concurso público, por meio de ato judicial, à qual atribuída eficácia retroativa, não gerar direito às promoções ou às progressões funcionais que alcançariam caso houvesse ocorrido, a tempo e modo, a nomeação.[36]

Nesse mesmo sentido, o candidato nomeado tardiamente por força de decisão judicial não tem direito à contagem retroativa do tempo de serviço e aos demais efeitos funcionais ou previdenciários a partir da data em que deveria ter sido nomeado. A

---

34 ADI 7.229/AC, Rel. Min. Dias Toffoli, red. do acórdão Min. Luís Roberto Barroso, julgamento virtual finalizado em 10.11.2023.

35 STF, RE 420.839/DF, Rel. Min. Dias Toffoli, j. 26.04.2012.

36 STF, RE 629.392, Rel. Min. Marco Aurélio, j. 08.06-2017, *DJe* 01.02.2018, Tema 454.

investidura no cargo, por meio da nomeação, seguida da posse e do efetivo exercício, é que gera o direito às prerrogativas funcionais inerentes ao cargo público, sob pena de enriquecimento ilícito.[37]

Mais um ponto essencial a ser estudado é a possibilidade de realização das etapas de concurso em datas e horários distintos, por razões religiosas. O STF, no RE 611.874, fixou a seguinte tese de repercussão geral:

> Nos termos do artigo 5º, inciso VIII, da Constituição Federal, é possível a realização de etapas de concurso público em datas e horários distintos dos previstos em edital, por candidato que invoca escusa de consciência por motivos de crença religiosa, desde que presente a razoabilidade da alteração, a preservação da igualdade entre todos os candidatos e que não acarreta ônus desproporcional à Administração Pública, que deverá decidir de maneira fundamentada.

Ademais, o mesmo entendimento foi fixado pelo STF no que tange à fixação de critérios alternativos para regular o exercício dos deveres funcionais de servidores, em razão de questões religiosas. A seguinte tese de repercussão geral foi fixada:

> Nos termos do artigo 5º, VIII, da Constituição Federal, é possível à Administração Pública, inclusive durante o estágio probatório, estabelecer critérios alternativos para o regular exercício dos deveres funcionais inerentes aos cargos públicos, em face de servidores que invocam escusa de consciência por motivos de crença religiosa, desde que, presente a razoabilidade da alteração, não se caracterize o desvirtuamento no exercício de suas funções e não acarrete ônus desproporcional à Administração Pública, que deverá decidir de maneira fundamentada.

Também se faz necessário estudar a responsabilidade do Estado por danos materiais causados a candidatos em concurso público. O STF fixou, no RE 662.405, a seguinte tese de repercussão geral:

> O Estado responde subsidiariamente por danos materiais causados a candidatos em concurso público organizado por pessoa jurídica de direito privado (art. 37, § 6º, da CR/88), quando os exames são cancelados por indícios de fraude.

Importante ainda pontuar que, de acordo com o STF, é inconstitucional norma que prevê isenção de taxa de inscrição para servidores públicos em concurso público.

A igualdade não se limita apenas à igualdade perante a lei mas também inclui uma dimensão material de justiça social. No entanto, a isenção da taxa de inscrição em concursos públicos estaduais é concedida somente aos servidores públicos, criando uma disparidade. Isso não visa fornecer acesso igualitário a pessoas desfavorecidas economicamente. Ao conceder a isenção aos servidores públicos, o Estado amplia a desvantagem daqueles que não podem pagar a taxa, restringindo o acesso ao concurso público. A porta de entrada para o concurso público deve ser igualmente acessível a

---

[37] STF, RE 655.265-AgR, Rel. Min. Luiz Fux, j. 05.04.2019, *DJe* 02.05.2019.

todos, e medidas que promovam a igualdade de acesso são válidas. A categoria beneficiada não é impedida pelo pagamento da taxa, e essa medida não visa promover a igualdade substancial ou mitigar desigualdades na sociedade.[38]

Por outro lado, o STF,[39] enfrentando a legislação do estado de Santa Catarina, Lei nº 11.289/1999, entendeu que isenção da taxa de inscrição em concursos públicos para candidatos de baixa renda não viola o princípio da isonomia à diferenciação entre os candidatos, para fins de pagamento da contraprestação financeira para participação no certame, com fundamento em sua renda declarada.

Outro entendimento relevante do STF refere-se ao fato de que **não ofende o princípio do concurso público a mera mudança da denominação do cargo público efetivo, quando ausente efetiva transformação ou transposição de um cargo no outro**. Assim, entende o STF que, para que a reestruturação de cargos seja considerada adequada diante do princípio do concurso público, **é necessária a presença simultânea de três requisitos fundamentais**: (i) a similitude entre as atribuições dos cargos envolvidos; (ii) a identidade dos requisitos de escolaridade entre os cargos; e (iii) a equivalência salarial entre eles.[40]

Nesse sentido, o STF fixou, nesse mesmo julgado, o entendimento de que é constitucional a instituição de órgãos, funções ou carreiras especiais para consultoria e assessoramento jurídicos do Poder Legislativo ou do Poder Judiciário estaduais, admitindo-se a representação judicial extraordinária apenas nos casos em que o Poder estadual correspondente precise defender em juízo, em nome próprio, sua autonomia, prerrogativas e independência em face dos demais poderes.[41]

Outro julgado relevante do STF refere-se à transposição de emprego público para o quadro estatutário sem prévia aprovação em concurso público. Para a corte, **é inconstitucional** dispositivo de Constituição estadual que permite transposição, absorção ou aproveitamento de empregado público no quadro estatutário da Administração Pública estadual sem prévia aprovação em concurso público, nos termos do art. 37, II, da Constituição Federal. Nesse sentido, a exigência de realização de concurso público

---

[38] ADI 3.918, Rel. Min. Dias Toffoli, j. 16.05.2022, *DJe* 09.06.2022.

[39] STF, ADI 2.177/SC, Rel. Min. Gilmar Mendes, j. 04.10.2019.

[40] ADI 6.433/PR, Rel. Min. Gilmar Mendes, julgamento virtual finalizado em 31.03.2023.

[41] O STF reconhece a validade da estruturação de órgãos e carreiras especiais voltados à consultoria e ao assessoramento jurídicos de assembleias legislativas e tribunais de justiça estaduais, bem assim a possibilidade de instituição de carreiras especiais para a representação judicial dos aludidos entes despersonalizados nas situações em que precisem praticar em juízo, em nome próprio, atos processuais na defesa de sua autonomia, prerrogativas e independência em face dos demais poderes (1). Nas hipóteses em que admitida, a atividade de representação judicial extraordinária a ser desempenhada pelos órgãos, funções ou carreiras especiais deve permanecer devidamente apartada da atividade-fim do poder estadual ao qual vinculados. A constitucionalidade da prática pressupõe o atendimento de normas de procedimento destinadas a garantir a efetiva observância do regramento constitucional da advocacia pública, sobretudo o princípio da moralidade administrativa (art. 37 da CR/1988) e as normas que regem o exercício da advocacia de Estado (arts. 131 a 133 da CR/1988). Nesse sentido, para evitar potenciais conflitos de interesse incompatíveis com a administração da Justiça, os estados devem observar a diretriz do art. 28, IV, da Lei 8.906/1994 (Estatuto da OAB), segundo a qual a advocacia é incompatível com as atividades desenvolvidas pelos ocupantes de cargos ou funções vinculadas à atividade jurisdicional do Poder Judiciário.

encontra seu fundamento no postulado da isonomia de acesso a cargos públicos e na concretização dos princípios da moralidade administrativa e da impessoalidade[42].

Também se faz importante pontuar que, de acordo com o STF,[43] "É inconstitucional – por violar regra expressa no art. 236, § 3º,[44] da CR/1988 – norma que estabelece a modalidade de concurso de remoção na titularidade dos serviços notariais e de registro apenas por avaliação de títulos".

Importante e paradigmático julgado do STF é o que permite que pessoas condenadas com trânsito em julgado sejam nomeadas e tomem posse em cargos públicos.

Assim, de acordo com o STF, a suspensão dos direitos políticos prevista no art. 15, III, da Constituição Federal ("condenação criminal transitada em julgado, enquanto durarem seus efeitos") **não impede a nomeação e posse de candidato aprovado em concurso público**, desde que não seja incompatível com a infração penal praticada, em respeito aos princípios da dignidade da pessoa humana e do valor social do trabalho (CF, art. 1º, III e IV) e do dever do Estado em proporcionar as condições necessárias para a harmônica integração social do condenado, objetivo principal da execução penal, nos termos do art. 1º da LEP (Lei nº 7.210/1984). O início do efetivo exercício do cargo ficará condicionado ao regime da pena ou à decisão judicial do juízo de execuções, que analisará a compatibilidade de horários.

A Constituição de 1988, em seu art. 15, inciso III, estabelece que uma pessoa pode ter seus direitos políticos suspensos como consequência de uma condenação criminal que tenha transitado em julgado, ou seja, quando não cabe mais recurso. Esse mecanismo é projetado para prevenir a participação de indivíduos condenados por crimes na política do país, afetando sua capacidade de votar e ser votado.

Entretanto, é importante entender que essa suspensão dos direitos políticos tem um objetivo específico e não deve ser vista como uma proibição generalizada que impede a pessoa condenada de exercer outros direitos, como o direito ao trabalho. Por exemplo, a lei que rege os servidores públicos (Lei nº 8.112/1990) menciona a necessidade de quitação das obrigações eleitorais e o pleno gozo dos direitos políticos para quem vai assumir um cargo público. No entanto, se alguém teve seu direito de votar suspenso devido a uma condenação criminal, essa condição não deve, automaticamente, barrá-lo de ser nomeado e tomar posse em um cargo para o qual foi aprovado em concurso. Isso porque os direitos civis e sociais dessa pessoa, incluindo o direito de trabalhar, são preservados.

Além disso, um dos grandes desafios do Brasil é a ressocialização de pessoas que foram presas. Acredita-se que oferecer a elas oportunidades de estudo e trabalho é um caminho para superar esse desafio. Assim, baseado no princípio da dignidade da pessoa humana, a Constituição impõe ao Estado o dever de criar condições que

---

[42] RE 1.232.885/AP, Rel. Min. Nunes Marques, julgamento virtual finalizado em 12.04.2023.

[43] ADC 14/DF, Rel. Min. Rosa Weber, julgamento virtual finalizado em 1º.09.2023.

[44] "§ 3º O ingresso na atividade notarial e de registro depende de concurso público de provas e títulos, não se permitindo que qualquer serventia fique vaga, sem abertura de concurso de provimento ou de remoção, por mais de seis meses".

favoreçam a reintegração social dos condenados. Isso inclui valorizar o trabalho como uma forma de reintegração, seja na iniciativa privada ou em cargos públicos. Portanto, mesmo após uma condenação, o indivíduo deve ter a oportunidade de contribuir para a sociedade, incluindo a possibilidade de ocupar cargos públicos, desde que atenda aos critérios necessários para a posição.

Em síntese, entende o STF que é possível a nomeação e a posse de condenado criminalmente, de forma definitiva, devidamente aprovado em concurso público, desde que haja compatibilidade entre o cargo a ser exercido e a infração penal cometida, sendo que o efetivo exercício dependerá do regime de cumprimento da pena e da inexistência de conflito de horários com a jornada de trabalho.

Outro relevante julgado do STF é o que enfrentou regras de concurso que beneficiariam naturais residentes de um ente da federação. Nesse sentido, o STF entendeu ser inconstitucional – por configurar tratamento diferenciado desproporcional, sem amparo em justificativa razoável – lei estadual que conceda, em favor de candidatos naturais residentes em seu âmbito territorial, bônus de 10% na nota obtida nos concursos públicos da área de segurança pública.

III – O prazo de validade do concurso público será de até dois anos, prorrogável uma vez, por igual período

Acerca desse dispositivo, atente-se que a prorrogação é ato discricionário da autoridade competente. Ademais, importante salientar que, de acordo com o STF,[45] não é possível a nomeação de candidato após expirado o prazo de validade do concurso.

IV – Durante o prazo improrrogável previsto no edital de convocação, aquele aprovado em concurso público de provas ou de provas e títulos será convocado com prioridade sobre novos concursados para assumir cargo ou emprego, na carreira

A expressão "prazo improrrogável" deve ser interpretada extensivamente, de acordo com o STF.[46] Dessa forma, será entendida como o prazo dentro do qual o concurso público tem validade. Nesse sentido, conforme o STF,[47] o direito do candidato aprovado em concurso público de provas, ou de provas e títulos, ostenta duas dimensões: (1) o implícito direito de ser recrutado segundo a ordem descendente de classificação de todos os aprovados (concurso é sistema de mérito pessoal) e durante o prazo de validade do respectivo edital de convocação (que é de dois anos, prorrogável, apenas uma vez, por igual período); (2) o explícito direito de precedência que os candidatos aprovados em concurso anterior têm sobre os candidatos aprovados em concurso imediatamente posterior, contanto que não escoado o prazo daquele primeiro certame, ou seja, desde que ainda vigente o prazo inicial ou o prazo de prorrogação da primeira competição pública de provas, ou de provas e títulos.

---

45 ARE 899.816 AgR, Segunda Turma, Rel. Min. Dias Toffoli, j. 07.03.2017, *DJe* 24.03.2017.

46 RE 192.568, Rel. Min. Marco Aurélio. 23.04.1996.

47 ADI 2.931, Rel. Min. Ayres Britto, j. 24.02.2005, *DJ* 29.09.2006.

V – As funções de confiança, exercidas exclusivamente por servidores ocupantes de cargo efetivo, e os cargos em comissão, a serem preenchidos por servidores de carreira nos casos, condições e percentuais mínimos previstos em lei, destinam-se apenas às atribuições de direção, chefia e assessoramento

A Emenda Constitucional nº 19/1988 trouxe clareza ao determinar que apenas servidores efetivos podem exercer funções de confiança e que a lei deve estabelecer os casos, as condições e os percentuais mínimos dos cargos em comissão a serem preenchidos por servidores de carreira.

O STF estabeleceu, no RE 1.041.210, parâmetros para a criação de cargos em comissão. Observe a tese de repercussão geral fixada:

a) A criação de cargos em comissão somente se justifica para o exercício de funções de direção, chefia e assessoramento, não se prestando ao desempenho de atividades burocráticas, técnicas ou operacionais.
b) Tal criação deve pressupor a necessária relação de confiança entre a autoridade nomeante e o servidor nomeado.
c) O número de cargos comissionados criados deve guardar proporcionalidade com a necessidade que eles visam suprir e com o número de servidores ocupantes de cargos efetivos no ente federativo que os criar.
d) As atribuições dos cargos em comissão devem estar descritas, de forma clara e objetiva, na própria lei que os instituir.

Outro entendimento relevante do STF sobre o art. 37, V, da CR/1988 é de que não há omissão legislativa nem inércia do legislador ordinário quanto à edição de lei nacional que discipline a matéria do inciso V do art. 37 da Constituição Federal, cabendo a cada ente federado definir as condições e os percentuais mínimos para o preenchimento dos cargos em comissão para servidores de carreira, a depender de suas necessidades burocráticas. Para a corte, a matéria relativa a regime jurídico-administrativo de servidor público compete à União, mas também a cada ente da Federação (art. 39, *caput*, da CR/1988). Dessa forma, eventual lei nacional que disponha sobre os casos, as condições e os percentuais mínimos de cargos em comissão pode vir a afrontar a autonomia e a competência de cada um dos entes da Federação para tratar do tema e adequar a matéria às suas específicas necessidades.[48]

VI – É garantido ao servidor público civil o direito à livre associação sindical

A Constituição da República garante aos servidores públicos civis o direito à sindicalização, enquanto, aos servidores públicos militares, há vedação expressa, conforme dispõe o art. 142, § 3º, IV, da CR/1988.

[48] ADO 44/DF, Rel. Min. Gilmar Mendes, julgamento virtual finalizado em 17.04.2023.

VII – O direito de greve será exercido nos termos e nos limites definidos em lei específica

O direito de greve está estabelecido em uma norma constitucional de eficácia limitada, ou seja, precisa da edição de uma lei para gerar os seus plenos efeitos. Contudo, como é sabido, a lei de greve da iniciativa pública não existe. A despeito disso, os servidores públicos podem realizar o direito de greve, pois irão utilizar, por analogia, a lei de greve da iniciativa privada. Nesse momento, o STF adotou a teoria concretista geral.

Ainda, sobre o direito de greve, observe que, de acordo com o STF,[49] o seu exercício não caracteriza abandono de cargo, pois não configura falta injustificada.

O Supremo Tribunal Federal também fixou entendimento de que a Justiça Comum Federal ou estadual é competente para julgar a abusividade de greve de servidores públicos celetistas da Administração direta, das autarquias e das fundações de direito público.[50]

Outro ponto importante consiste na possibilidade de desconto dos dias não trabalhados em razão da greve. Em recente julgamento, no RE 693.456/2016, o STF ratificou entendimento de que a Administração Pública deve proceder ao desconto dos dias de paralisação decorrentes do exercício do direito de greve pelos servidores públicos, em virtude da suspensão do vínculo funcional que dela decorre, permitida a compensação em caso de acordo. O desconto será, contudo, incabível se ficar demonstrado que a greve foi provocada por conduta ilícita do Poder Público.

Nesse sentido, o Supremo Tribunal Federal afirmou que o gestor é obrigado a descontar os dias de paralisação, não havendo margem de discricionariedade. Trata-se, portanto, de ato vinculado. Caso não haja o desconto dos dias paralisados, isso representará enriquecimento sem causa dos servidores que não trabalharam; violação ao princípio da indisponibilidade do interesse público; violação ao princípio da legalidade.

Ademais, a compensação dos dias e das horas paradas ou mesmo o parcelamento dos descontos poderão ser objeto de negociação, uma vez que se encontram dentro das opções discricionárias do administrador. Ressalte-se, entretanto, que não há uma obrigatoriedade de a Administração aceitar a compensação. Trata-se, portanto, de ato discricionário.

Atente-se, ainda, que, conforme pontuou o STJ[51], a impossibilidade de obtenção dos registros acerca dos dias não trabalhados ou das horas compensadas não pode se tornar um óbice para descontar os dias não trabalhados pelos servidores públicos em decorrência de greve. Isso porque o referido desconto somente será implantado após prévio procedimento administrativo, em que será assegurado ao servidor o exercício do contraditório e da ampla defesa.

---

[49] STF, ADI 3.235/2010, Rel. Min. Carmén Lúcia, 13.06.2018.

[50] STF, RE 846.854, Rel. p/ o Ac. Min. Alexandre de Moraes, j. 01.08.2017, *DJe* 07.02.2018, Tema 544.

[51] Pet 12.329/DF, Rel. Min. Francisco Falcão, Primeira Seção, por unanimidade, j. 27.09.2023, publicado em 02.10.2023.

O STJ, no RMS 49.339-SP, **ainda afirmou que** não se mostra razoável a possibilidade de desconto em parcela única sobre a remuneração do servidor público dos dias parados e não compensados provenientes do exercício do direito de greve.

Na verdade, trata-se de tema que deve ser entendido com ponderações. De acordo com o STJ, há a necessidade de ser verificada a razoabilidade e a proporcionalidade do ato que determina o desconto em parcela única desses dias na remuneração, principalmente diante do pedido do servidor para que o desconto seja feito de forma parcelada. Portanto, pode ser possível, diante do caso concreto, o desconto em parcela única, desde que haja razoabilidade nesse ato.

A respeito dos descontos, o STJ[52] ainda possui entendimento de que a impossibilidade de obtenção dos registros acerca dos dias não trabalhados ou das horas compensadas não pode se tornar um óbice para descontar os dias não trabalhados pelos servidores públicos em decorrência de greve.

Ainda, consoante o STF, o exercício do direito de greve, sob qualquer forma ou modalidade, é vedado aos policiais civis e a todos os servidores públicos que atuem diretamente na área de segurança pública. É obrigatória a participação do Poder Público em mediação instaurada pelos órgãos classistas das carreiras de segurança pública, nos termos do art. 165 do CPC, para vocalização dos interesses da categoria.[53]

Outro julgado relevante do STF refere-se à possibilidade de Decreto regular ações da Administração diante da greve de servidores. De acordo com o STF, o decreto do Poder Executivo que regula as ações a serem tomadas pelos órgãos desse poder diante de greves dos servidores públicos não viola a Constituição Federal. Essas ações podem incluir convocação para que os grevistas retornem ao trabalho, instauração de processo disciplinar, desconto na remuneração e contratação temporária de servidores. É importante destacar que esse tipo de regulamentação não diz respeito ao direito de greve, que deve ser regulamentado por lei federal, mas, sim, à atuação da própria Administração Pública.

O STF ainda reforça que o decreto do governador, que disciplina as consequências administrativas, disciplinares ou não, da paralisação, com base na premissa de ilegalidade da greve devido à falta de lei complementar federal, não viola a competência privativa da União para regulamentar, por meio de lei complementar, os termos e os limites do direito de greve e do que é considerado indispensável para o exercício legítimo desse direito.

Ademais, o STF[54] entende que são constitucionais o compartilhamento, mediante convênio, com estados, Distrito Federal ou municípios, da execução de atividades e serviços públicos federais essenciais, e a adoção de procedimentos simplificados para a garantia de sua continuidade em situações de greve, paralisação ou operação de retardamento promovidas por servidores públicos federais. De acordo com o STF,

---

[52] Pet 12.329-DF, Rel. Min. Francisco Falcão, Primeira Seção, por unanimidade, j. 27.09.2023, publicado em 02.10.2023.

[53] STF, ARE 654.432, Rel. p/ o Ac. Min. Alexandre de Moraes, j. 05.04.2017, *DJe* 11.06.2018, Tema 541.

[54] ADI 4.857/DF, Rel. Min. Carmén Lúcia, 17.03.2022.

nessa hipótese, não se criam cargos nem se autoriza contratação temporária. Tampouco se delegam atribuições de servidores públicos federais a servidores públicos estaduais, ou se autoriza a investidura em cargo público federal sem a aprovação prévia em concurso público. O que se tem é o compartilhamento da execução da atividade ou serviço para garantia da continuidade do serviço público em situações excepcionais ou temporárias, motivo pelo qual a medida será encerrada ao término daquelas circunstâncias.

VIII – A lei reservará percentual dos cargos e empregos públicos para as pessoas portadoras de deficiência e definirá os critérios de sua admissão

Nesse sentido, importantes são as Súmulas nº 377 e nº 552, ambas do STJ. De acordo com a Súmula nº 377, o **portador de visão monocular tem direito de concorrer**, em concurso público, **às vagas reservadas** aos deficientes. Por sua vez, a Súmula nº 552 estabelece que o **portador de surdez unilateral não se qualifica como pessoa com deficiência** para o fim de disputar as vagas reservadas em concursos públicos. A despeito da disposição constante na Súmula nº 552, em dezembro de 2023 foi publicada a Lei nº 14.768/2023[55], que consagrou a surdez unilateral como deficiência, superando o entendimento sumular do STJ.

O STF decidiu que não será possível reservar vagas para pessoas com deficiência em concursos com poucas vagas, em que não seja possível alcançar os percentuais máximo e mínimo definidos em lei.[56]

Outro ponto fundamental é a decisão do STF na ADI 6.476/DF. Fixou a Suprema Corte que: (i) é inconstitucional a interpretação que exclui o direito de candidatos com deficiência à adaptação razoável em provas físicas de concursos públicos; (ii) é inconstitucional a submissão genérica de candidatos com e sem deficiência aos mesmos critérios em provas físicas, sem a demonstração da sua necessidade para o exercício da função pública.

De acordo com o STF, a exclusão da previsão de adaptação das provas físicas para candidatos com deficiência viola o bloco de constitucionalidade composto da Constituição Federal e da Convenção Internacional sobre os Direitos das Pessoas com Deficiência (CDPD) – Decreto Legislativo nº 186/2008 –, incorporada à ordem

---

[55] Art. 1º Considera-se deficiência auditiva a limitação de longo prazo da audição, unilateral total ou bilateral parcial ou total, a qual, em interação com uma ou mais barreiras, obstrui a participação plena e efetiva da pessoa na sociedade, em igualdade de condições com as demais pessoas.

§ 1º Para o cumprimento do disposto no *caput* deste artigo, adotar-se-á, como valor referencial da limitação auditiva, a média aritmética de 41 dB (quarenta e um decibéis) ou mais aferida por audiograma nas frequências de 500 Hz (quinhentos hertz), 1.000 Hz (mil hertz), 2.000 Hz (dois mil hertz) e 3.000 Hz (três mil hertz).

§ 2º Além do disposto no § 1º deste artigo, outros instrumentos constatarão a deficiência auditiva, em conformidade com a Lei nº 13.146, de 6 de julho de 2015 (Estatuto da Pessoa com Deficiência).

Art. 2º Esta Lei entra em vigor na data de sua publicação e terá vigência até que sejam criados e implementados os instrumentos de avaliação previstos no § 2º do art. 2º da Lei nº 13.146, de 6 de julho de 2015 (Estatuto da Pessoa com Deficiência).

[56] STF, MS 26.310/DF, Rel. Min. Marco Aurélio, 20.09.2007.

jurídica brasileira com o status de Emenda Constitucional, na forma do art. 5º, § 3º, da CR/1988.[57]

Outro ponto a ser aqui discutido, embora se trate de cotas para negros e pardos, é o julgamento da ADC nº 41/DF, no qual o STF declarou a constitucionalidade dos critérios de autodeclaração e heteroidentificação para o reconhecimento do direito de disputar vagas reservadas pelo sistema de cotas. Entretanto, lê-se, no voto do relator, Ministro Roberto Barroso, que esses dois critérios serão legítimos, uma vez que viabilizem o controle de dois tipos possíveis de fraude que, se verificados, comprometem a política afirmativa de cotas: dos "candidatos que, apesar de não serem beneficiários da medida, venham a se autodeclarar pretos ou pardos apenas para obter vantagens no certame"; e também da "própria Administração Pública, caso a política seja implementada de modo a restringir o seu alcance ou a desvirtuar os seus objetivos". Também aduziu, em seu voto, que "devem ser garantidos os direitos ao contraditório e à ampla defesa, caso se entenda pela exclusão do candidato".

Depreende-se que, nos procedimentos destinados a selecionar quem tem ou não direito a concorrer às vagas reservadas, tanto as declarações dos candidatos quanto os atos dos entes que promovem a seleção devem se sujeitar a algum tipo de controle.

A autodeclaração é controlada pela Administração Pública mediante comissões preordenadas para realizar a heteroidentificação daqueles que se lançam na disputa; o reexame da atividade administrativa poderá ser feito pelos meios clássicos de controle administrativo, como a reclamação, o recurso administrativo e o pedido de reconsideração.

Assim, deve-se entender, em consonância com a orientação que se consolidou no Supremo, que a exclusão do candidato pelo critério da heteroidentificação, seja pela constatação de fraude, seja pela aferição do fenótipo, seja por qualquer outro fundamento, exige o franqueamento do contraditório e da ampla defesa.[58]

O STF decidiu a favor da reserva de vagas para negros em concursos públicos, com base na necessidade de superar o racismo estrutural e institucional na sociedade brasileira e garantir a igualdade material. A medida não viola os princípios do concurso público e da eficiência, pois a reserva de vagas para negros não os isenta da aprovação no concurso público. A reserva observa o princípio da proporcionalidade em sua tríplice dimensão. Além de atender à igualdade formal e material, atende a uma terceira dimensão da igualdade: a igualdade como forma de reconhecimento. A ideia de ter símbolos de sucesso, ascensão e acesso a cargos importantes para as pessoas pretas e pardas tem o papel de influenciar a autoestima das comunidades negras. O pluralismo e a diversidade também tornam qualquer ambiente melhor e mais rico.

Outro ponto central reside na determinação do critério mais adequado para aferição da pertença racial dos candidatos a essas vagas, levantando-se a questão sobre se o fenótipo ou o genótipo deveria prevalecer como parâmetro para tal identificação.

---

57 ADI 6.476/DF, Rel. Min. Roberto Barroso, julgamento virtual finalizado em 03.09.2021.

58 STJ, RMS 62.040-MG, Segunda Turma, Rel. Min. Herman Benjamin, por unanimidade, j. 17.12.2019, *DJe* 27.02.2020.

O STJ[59], ao enfrentar tal temática, posicionou-se favoravelmente à preponderância do **fenótipo como critério determinante**. Essa orientação fundamenta-se na percepção de que as características físicas visíveis - tais como a cor da pele, textura do cabelo, entre outras marcas fenotípicas - são os elementos que mais influenciam as vivências de discriminação e exclusão enfrentadas por pessoas pretas e pardas. Assim, ao centrar a análise no fenótipo, busca-se garantir que o acesso às vagas reservadas reflita a realidade social desses indivíduos, marcada pela experiência concreta de marginalização e preconceito.

Em contrapartida, a adoção do genótipo, ou seja, das informações genéticas e da ancestralidade como critério exclusivo, poderia não capturar adequadamente a dimensão social da identidade racial, uma vez que indivíduos com significativa ascendência africana podem não apresentar os traços fenotípicos tradicionalmente associados a essa herança, e vice-versa. Tal abordagem poderia, portanto, desviar-se do objetivo das políticas afirmativas, que é o de remediar desigualdades sociais e promover a inclusão daqueles que historicamente foram marginalizados por características físicas visíveis associadas à raça.

7. ORGANIZAÇÃO FUNCIONAL

7.1. Quadro funcional, carreiras, classes e cargos

QUADRO FUNCIONAL é a reunião de carreiras, cargos isolados e funções públicas remuneradas que integram o mesmo órgão ou a mesma pessoa jurídica.

Por sua vez, CARREIRA é a reunião de classes funcionais em que os seus servidores integrantes irão percorrer no que se constitui a progressão funcional.[60]

Já CLASSES funcionais são a reunião de cargos de mesma atribuição.

Por fim, CARGOS são as menores unidades integrantes de um órgão. Há os cargos de carreira, aqueles que integram as classes funcionais; há também os cargos isolados, aqueles que não possibilitam a progressão funcional do servidor.

Importante julgado do STJ[61] é preciso pontuar. De acordo com a corte cidadã, **é ilegal** o **ato de não concessão de progressão funcional** de servidor público, quando atendidos todos os requisitos legais, a despeito de superados os limites orçamentários previstos na Lei de Responsabilidade Fiscal (LRF), referentes a gastos com pessoal de ente público, tendo em vista que a progressão é direito subjetivo do servidor público, decorrente de determinação legal, estando compreendida na exceção prevista no inciso I do parágrafo único do art. 22 da Lei Complementar nº 101/2000.

---

[59] REsp 1.407.431/RS, j. 14.05.2019, DJe 21.05.2019.

[60] Para fins de esclarecimento, progressão funcional, segundo Marçal Justen Filho, "consiste na passagem do funcionário a um estágio mais elevado na carreira, seja em virtude do tempo de serviço, seja por efeito de merecimento, com a possibilidade de modificação de deveres e direitos" (JUSTEN FILHO, Marçal. *Curso de Direito Administrativo*. 9. ed. rev., atual. e ampl. São Paulo: Ed. RT, 2013. p. 967). Importante frisar que a progressão funcional não é a mesma coisa que promoção. Esta produz a vacância do cargo então ocupado e o provimento em um novo. Por sua vez, a progressão é a simples alteração do tratamento do servidor, que será mantido no próprio cargo.

[61] REsp 1.878.849-TO, Rel. Manoel Erhardt (Desembargador convocado do TRF5), 03.11.2020.

A própria Lei de Responsabilidade Fiscal, ao vedar, no art. 22, parágrafo único, I, a concessão de vantagem, aumento, reajuste ou adequação de remuneração a qualquer título, ressalva os direitos derivados de sentença judicial ou de determinação legal ou contratual.

Assim, como a progressão funcional decorre de determinação legal, podemos dizer que se trata de exceção expressamente prevista no art. 22, parágrafo único, I.

De acordo com o STJ, o ato administrativo do órgão superior da categoria que concede a progressão funcional é **simples** e, por isso, não depende de homologação ou da manifestação de vontade de outro órgão. Ademais, o ato produzirá seus efeitos imediatamente, sem necessidade de ratificação ou chancela por parte da Secretaria de Administração.

Trata-se também de **ato vinculado** sobre o qual não há nenhuma discricionariedade da Administração Pública para sua concessão quando presentes todos os elementos legais da progressão. Condicionar a progressão funcional do servidor público a situações alheias aos critérios previstos por lei poderá, por via transversa, transformar seu direito subjetivo em ato discricionário da Administração, ocasionando violação aos princípios caros à Administração Pública, como os da legalidade, da impessoalidade e da moralidade.

A jurisprudência do STJ firmou-se no sentido de que os limites previstos nas normas da LRF, no que tange às despesas com pessoal do ente público, não podem servir de justificativa para o não cumprimento de direitos subjetivos do servidor público, como é o recebimento de vantagens asseguradas por lei.

Termo	Definição
Quadro funcional	Reunião de carreiras, cargos isolados e funções públicas remuneradas que integram o mesmo órgão ou a mesma pessoa jurídica.
Carreira	Reunião de classes funcionais em que os seus servidores integrantes irão percorrer no que se constitui a progressão funcional.
Classes funcionais	Reunião de cargos de mesma atribuição.
Cargos	Menores unidades integrantes de um órgão. Podem ser de carreira, integrando as classes funcionais, ou isolados, sem possibilidade de progressão funcional do servidor.

7.2. Cargo, emprego e função pública

De acordo com o art. 3º da Lei nº 8.112/1990, **cargo público** é o conjunto de atribuições e responsabilidades previstas na estrutura organizacional que devem ser cometidas a um servidor.

Perceba, portanto, que cargo público é o local dentro da organização funcional dos entes federados e suas autarquias e fundações que, ocupados por um servidor, tem atribuições específicas e terá uma remuneração fixada em lei.

A criação, a transformação e a extinção de cargos, empregos e funções públicas são regidas por lei, de acordo com o art. 48, X, da Constituição Federal. O chefe do Poder Executivo é responsável pela iniciativa de lei sobre o assunto dos servidores públicos do órgão, incluindo a criação, a transformação e a extinção de cargos, empregos e funções, conforme estabelecido no art. 61, § 1º, II, *a*, da CR/1988. Para cargos do Poder Judiciário, a iniciativa é do presidente do respectivo tribunal, consoante o art. 96, II, *b*, da CR/1988. Quanto aos cargos do Ministério Público, a competência é do Procurador-Geral, segundo o art. 127, § 2º, da CR/1988.

No entanto, é importante ressaltar que os cargos do Poder Legislativo são criados, transformados ou extintos por meio de um ato administrativo, especificamente uma resolução, que é emitida pela respectiva Casa Legislativa, conforme estabelecido nos arts. 51, IV, e 52, XIII, da Constituição Federal.

Por sua vez, a expressão **função pública** é utilizada de diversas formas pela Administração Pública. Atualmente, de acordo com a Constituição da República de 1988, função pública pode ser:

a) "a atividade em si mesma, ou seja, função é sinônimo de atribuição e corresponde às inúmeras tarefas que constituem o objeto dos serviços prestados pelos servidores públicos";[62]
b) a função temporária a ser exercida pelos servidores temporários, nos termos do art. 37, IX, da CR/1988. Importante dizer que, para provimento dessa função, não é necessário concurso público, mas apenas um processo seletivo simplificado;
c) a função de confiança, correspondente a chefia, direção e assessoramento. Conforme o art. 37, V, da CR/1988, as funções de confiança serão exercidas, exclusivamente, por servidores titulares de cargos efetivos.

Ademais, é necessário explicar o termo **emprego**. Essa expressão serve para identificar a relação trabalhista existente entre um empregado público e o Poder Público.

Todo cargo público possui função, afinal todo servidor tem atribuições/tarefas predeterminadas. Todavia, nem toda função pressupõe cargo. O empregado público possui função, mas não possui cargo. Na verdade, esse servidor possui emprego público.

---

62 CARVALHO FILHO, José dos Santos. *Manual de Direito Administrativo*. 26. ed. rev., ampl. e atual. São Paulo: Atlas, 2013. p. 611.

Termo	Definição
Cargo público	Conjunto de atribuições e responsabilidades previstas na estrutura organizacional que devem ser cometidas a um servidor, com uma remuneração fixada em lei.
Emprego público	Relação trabalhista existente entre um empregado público e o Poder Público, em que o servidor tem uma função específica, mas não um cargo.
Função pública	Pode se referir à atividade em si mesma, ou seja, a atribuição que constitui o objeto dos serviços prestados pelos servidores públicos, ou, ainda, à função temporária a ser exercida por servidores temporários ou à função de confiança, correspondente a chefia, direção e assessoramento.

7.3. Investidura: nomeação, posse e exercício

A investidura é o conjunto de atos do Poder Público e do particular, no intuito de permitir o provimento do cargo público de forma legítima.

Em outras palavras, a investidura constitui-se da nomeação, da posse e do exercício.

É por meio da nomeação que ocorre o provimento originário de um cargo público.

Por sua vez, a posse é o ato da investidura pelo qual ficam delegados aos servidores os direitos, os deveres e as prerrogativas do cargo. O ato da posse completa a investidura, afinal é o momento em que os servidores assumem a obrigação do fiel cumprimento das atribuições e dos deveres a eles delegados.[63]

Por fim, o exercício, de fato, é o efetivo desempenho das funções atribuídas ao cargo ocupado pelo servidor.

8. ESTABILIDADE

8.1. Conceito e requisitos

Estabilidade é o direito do servidor de exercer suas atribuições sem perturbações externas.

Perceba que o art. 41 da CR/1988 estabeleceu determinados requisitos para a aquisição da estabilidade, quais sejam:

1. três anos de efetivo exercício;
2. cargo de provimento efetivo;
3. proveniência de concurso público;

---

63 CARVALHO FILHO, José dos Santos. *Manual de Direito Administrativo*. 26. ed. rev., ampl. e atual. São Paulo: Atlas, 2013. p. 621.

4. aprovação em uma avaliação ESPECIAL de desempenho;
5. habilitação em estágio probatório[64] (requisito legal).

Nesse sentido, importante a **Súmula nº 21** do STF, segundo a qual o funcionário em estágio probatório não pode ser exonerado nem demitido sem inquérito ou sem as formalidades legais de apuração de sua capacidade. Ademais, de acordo com a **Súmula nº 22** do STF, o estágio probatório não protege o funcionário contra a extinção do cargo.

Igualmente, deve-se estudar o Enunciado nº 37 do CJF, que concretiza o que já era pacificado na doutrina – afirmando que não há estabilidade automática em virtude do tempo. Assim, **para que haja confirmação do estágio probatório e para que o servidor adquira estabilidade, é obrigatória a avaliação especial de desempenho com resultado positivo**. Dessa forma, percebe-se que o resultado positivo na avaliação especial de desempenho é imprescindível para a aquisição de desempenho – passados os três anos, não há estabilidade automática.

Observe que o direito de estabilidade é concedido somente ao servidor estatutário, não sendo extensivo ao empregado público.

O Supremo Tribunal Federal, em tese de repercussão geral, fixou entendimento de que a Empresa Brasileira de Correios e Telégrafos (ECT) tem o dever jurídico de motivar, em ato formal, a demissão de seus empregados. Trata-se de tese que substitui a anterior, que estendia o dever de motivação a todos os empregados públicos.

Posteriormente, o STF ampliou esse mesmo entendimento para todos os empregados de estatais. Assim, de acordo com a Corte, as empresas públicas e as sociedades de economia mista, sejam elas prestadoras de serviço público ou exploradoras de atividade econômica, ainda que em regime concorrencial, **têm o dever jurídico de motivar**, em ato formal, a demissão de seus empregados concursados, não se exigindo processo administrativo. Tal motivação deve consistir em fundamento razoável, não se exigindo, porém, que se enquadre nas hipóteses de justa causa da legislação trabalhista.

Dessa forma, pontua o STF que, da mesma forma que na contratação, a demissão de empregados públicos deve seguir o princípio da impessoalidade, conforme estabelecido no art. 37 da Constituição Federal de 1988, exigindo-se a comunicação clara das razões para o desligamento. Isso significa que todo empregado público, admitido por meio de concurso e dispensado sem justa causa, tem o direito de ser informado sobre os motivos da sua demissão. Para tanto, basta que as justificativas sejam fornecidas por escrito, sem a necessidade de um processo administrativo detalhado ou de um contraditório prévio. Importante ressaltar que a obrigatoriedade de motivar a

---

[64] Estágio probatório é "o período dentro do qual o servidor é aferido quanto aos requisitos necessários para o desempenho do cargo, relativos ao interesse no serviço, adequação, disciplina, assiduidade e outros do mesmo gênero" (CARVALHO FILHO, José dos Santos. *Manual de Direito Administrativo*. 26. ed. rev., ampl. e atual. São Paulo: Atlas, 2013. p. 673). De acordo com o STF, em sua Súmula nº 21, o servidor em estágio probatório não pode ser exonerado sem inquérito ou sem as formalidades legais de apuração de sua capacidade.

dispensa não equipara o regime desses empregados ao dos servidores efetivos, que têm garantia de estabilidade segundo o art. 41, §1º, inciso II, da Constituição.

Há uma exceção em que os empregados públicos terão estabilidade. Trata-se da situação em que eles, antes da alteração promovida pela Emenda Constitucional nº 19/1998, completaram o estágio probatório. Isso porque, anteriormente, o art. 41 da CR/1988 alcançava os empregados públicos e previa a estabilidade após dois anos de efetivo exercício. Portanto, empregados públicos que tivessem completado dois anos de estágio probatório seriam estáveis.

Ademais, atente-se que a estabilidade diz respeito ao serviço público, e não ao cargo, conforme já se posicionou o STJ. Em outras palavras, o servidor estável, ao ser investido em novo cargo, NÃO está dispensado de cumprir o estágio probatório nesse novo cargo.

Atente-se ainda a um julgado relevante do STJ. De acordo com a corte cidadã, em situações excepcionais, é possível, para efeito de estabilidade, a contagem do tempo de serviço prestado por força de decisão liminar.

8.2. Estabilidade x Efetividade

Estabilidade é a garantia constitucional do servidor estatutário de permanecer no serviço público, após o cumprimento dos requisitos necessários. Por sua vez, efetividade é o instituto que qualifica os cargos efetivo, a fim de distingui-los dos cargos em comissão.

8.3. Perda do cargo pelo servidor estável

I. Em virtude de sentença judicial transitada em julgado.

De acordo com o STJ, é possível a cassação de aposentadoria de servidor público pela prática, na atividade, de falta disciplinar punível com demissão.[65]

II. Mediante processo administrativo em que lhe seja assegurada ampla defesa.
III. Mediante procedimento de avaliação periódica de desempenho, na forma de lei complementar, assegurada ampla defesa.
IV. Mediante adequação das despesas de pessoal aos limites fixados na Lei de Responsabilidade Fiscal (LC nº 101/2000), conforme estabelece o art. 169, § 4º, da CR/1988.

Constate-se que as duas primeiras hipóteses são de demissão, ao passo que as duas últimas são hipóteses de exoneração. Sobre a exoneração, a jurisprudência do STF firmou-se no sentido de que o ato de exoneração do servidor é meramente declaratório,

[65] STJ, MS 23.608-DF, Primeira Seção, Rel. Min. Napoleão Nunes Maia Filho, Rel. Ac. Min. Og Fernandes, por maioria, j. 27.11.2019, *DJe* 05.03.2020.

podendo ocorrer após o prazo de três anos fixados para o estágio probatório, desde que as avaliações de desempenho sejam efetuadas dentro do prazo constitucional.[66]

Observe que esta última situação não é caso de demissão. É caso de exoneração. Contudo, essa hipótese irá acontecer somente após a adoção de outras medidas, quais sejam:

a) redução em pelo menos vinte por cento das despesas com cargos em comissão e funções de confiança;
b) exoneração dos servidores não estáveis.

Nesse sentido, consideram-se servidores não estáveis, para os fins do art. 169, § 3º, II, da Constituição Federal aqueles admitidos na Administração direta, autárquica e fundacional sem concurso público de provas ou de provas e títulos após o 5 de outubro de 1983.

Se essas medidas não forem suficientes, o servidor estável poderá perder o cargo, desde que ato normativo motivado de cada um dos poderes especifique a atividade funcional, o órgão ou a unidade administrativa objeto da redução de pessoal.

O servidor que perder o cargo nessa situação fará jus à indenização correspondente a um mês de remuneração por ano de serviço.

O cargo objeto da redução será considerado extinto, vedada a criação de cargo, emprego ou função com atribuições iguais ou assemelhadas pelo prazo de quatro anos.

V. Servidor que exerça funções equivalentes às de agente comunitário de saúde ou de agente de combate às endemias poderá perder o cargo em caso de descumprimento dos requisitos específicos, fixados em lei, para o seu exercício.

8.4. Estabilização

A estabilização vem definida no art. 19 do ADCT, que estabelece que os servidores públicos civis da União, dos estados, do Distrito Federal e dos municípios, da Administração direta, autárquica e das fundações públicas, em exercício na data da promulgação da Constituição, há pelo menos cinco anos continuados, e que não tenham sido admitidos por meio de concurso público são considerados estáveis no serviço público.

Esses servidores ganharam a estabilidade. Trata-se de servidores estáveis, porém sem cargo efetivo, pois ingressaram na Administração Pública sem concurso público.

Em julgamento do Agravo em Recurso Extraordinário (ARE) 1.306.505, com repercussão geral, o Supremo Tribunal Federal (STF) decidiu que não é possível o reenquadramento de servidores admitidos sem concurso público antes da promulgação da Constituição da República de 1988 em novo plano de cargos, carreiras e remuneração.

---

[66] RE 805.491 AgR, Segunda Turma, Rel. Min. Dias Toffoli, j. 23.02.2016, *DJe* 29.04.2016.

O Plenário do STF[67] declarou a inconstitucionalidade da inclusão de servidores admitidos sem concurso público no regime próprio de previdência social. A decisão ressalta que somente ocupantes de cargo efetivo podem ser admitidos nesse regime, o que exclui aqueles considerados estáveis por força do art. 19 do Ato das Disposições Constitucionais Transitórias.

Conforme a decisão, servidores que conseguiram a estabilidade no cargo por preencherem as regras desse dispositivo constitucional não são considerados efetivos, pois não são titulares do cargo que ocupam e não integram a carreira. Por essa razão, não possuem direito às vantagens exclusivas dos ocupantes de cargo efetivo, o que impede a participação no regime próprio de previdência social.

No entanto, a decisão do STF ressalva a situação dos aposentados e daqueles que tenham implementado os requisitos para a aposentadoria até a data da publicação da ata de julgamento da ADPF nº 573, permitindo a manutenção no regime próprio dos servidores do Estado. Ainda, de acordo com o STF,[68] somente os servidores públicos civis detentores de cargo efetivo são vinculados ao regime próprio de previdência social, a excluir os estáveis nos termos do art. 19 do ADCT e os demais servidores admitidos sem concurso público.

Assim, após se aposentarem com vínculo no RGPS, os servidores cuja estabilidade foi adquirida pela regra excepcional do art. 19 do ADCT não possuem o direito de converter a sua aposentadoria para o RPPS do respectivo estado-membro, por não serem detentores de cargo efetivo.

8.5. Comentários importantes

Invalidada por sentença judicial a demissão do servidor estável, será ele reintegrado, e o eventual ocupante da vaga, se estável, reconduzido ao cargo de origem, sem direito a indenização, aproveitado em outro cargo ou posto em disponibilidade com remuneração proporcional ao tempo de serviço.

Extinto o cargo ou declarada a sua desnecessidade, o servidor estável ficará em disponibilidade, com remuneração proporcional ao tempo de serviço, até seu adequado aproveitamento em outro cargo.

Observe que o instituto da disponibilidade, portanto, é a situação funcional na qual o servidor passa para a inatividade, até o seu adequado aproveitamento, momento em que retornará à atividade.

9. MANDATO ELETIVO

Ao servidor público da Administração direta, autárquica e fundacional, no exercício de mandato eletivo, aplicam-se as seguintes disposições:

---

67 ADPF 573, rel. Min. Roberto Barroso, 07.05.2023.

68 RE 1.426.306/TO, Rel. Min. Presidente, julgamento finalizado no Plenário Virtual em 13.06.2023.

Tratando-se de mandato eletivo federal, estadual ou distrital, ficará afastado de seu cargo, emprego ou função.

Investido no mandato de prefeito, será afastado do cargo, emprego ou função, sendo-lhe facultado optar pela sua remuneração.

Investido no mandato de vereador, havendo compatibilidade de horários, perceberá as vantagens de seu cargo, emprego ou função, sem prejuízo da remuneração do cargo eletivo, e, não havendo compatibilidade, será aplicada a norma do inciso anterior.

Em qualquer caso que exija o afastamento para o exercício de mandato eletivo, seu tempo de serviço será contado para todos os efeitos legais, exceto para promoção por merecimento.

Na hipótese de ser segurado de regime próprio de previdência social, permanecerá filiado a esse regime, no ente federativo de origem.

Para além do disposto no art. 38 da CR/1988, importante o entendimento do STF de que não é compatível com a Constituição qualquer benefício permanente a dependentes de titulares de cargos eletivos. Nesse sentido, não é possível a concessão de pensões por morte e por invalidez para os mandatos políticos municipais, beneficiando os ex-ocupantes dos cargos, seus cônjuges ou companheiros sobreviventes, bem como seus descendentes consanguíneos de 1º grau. Os cargos políticos do Poder Legislativo e do Poder Executivo municipal têm caráter temporário e transitório, motivo pelo qual não se justifica a concessão de qualquer benefício a ex-ocupante do cargo de forma permanente, sob pena de afronta aos princípios da igualdade, da impessoalidade, da moralidade pública e da responsabilidade com gastos públicos. Não se revela compatível com o princípio republicano e o princípio da igualdade a outorga de tratamento diferenciado a determinado indivíduo, sem que não mais esteja presente o fator de diferenciação que justificou sua concessão na origem. É contrária ao atual sistema constitucional brasileiro a instituição da pensão impugnada.[69]

Também no mesmo sentido, reforçando a jurisprudência consolidada do STF, a corte entendeu ser inconstitucional, por violação aos princípios republicano, democrático, da moralidade, da impessoalidade e da igualdade, lei municipal que concede pensão especial mensal e vitalícia a viúvas de ex-prefeito.[70]

Ainda, o STF entendeu que a Lei nº 13.219/2014 do estado da Bahia, que concede a ex-governadores, em caráter vitalício, o direito a serviços de segurança e motorista, prestados pela Administração Pública estadual, é inconstitucional. A jurisprudência do STF é firme quanto à inconstitucionalidade de leis estaduais e locais que concedem benefícios em caráter gracioso e vitalício a ex-agentes públicos, com fundamento nos princípios republicano, isonômico e da moralidade administrativa.[71]

---

69 ADPF 368, Rel. Min. Gilmar Mendes, j. 08.09.2021, *DJe* 15.09.2021.

70 ADPF 975/CE, Rel. Min. Cármen Lúcia, julgamento virtual finalizado em 07.10.2022.

71 ADI 5.346, Rel. Min. Alexandre de Moraes, j. 18.10.2019, *DJe* 06.11.2019.

10. APOSENTADORIA

Em relação ao regime de aposentadoria dos servidores públicos, é preciso observar que existem dois regimes de aposentadoria, quais sejam, o Regime Geral de Previdência Social (RGPS) e o Regime Próprio de Previdência Social (RPPS).

O RGPS aplicar-se-á aos empregados pertencentes, em regra, à iniciativa privada e regidos pela CLT. Ademais, em termos de Direito Administrativo, os servidores estatutários ocupantes exclusivamente de cargo em comissão, os empregados públicos e os servidores temporários, inclusive mandato eletivo, estarão sujeitos ao Regime Geral de Previdência Social, nos termos do art. 40, § 13, da CR/1988.

Nesse sentido, de acordo com o STF,[72] viola o art. 40, *caput* e § 13, da Constituição Federal a instituição, por meio de lei estadual, de um regime previdenciário específico para os agentes públicos não titulares de cargos efetivos. Para o STF, é competência concorrente da União, dos estados e do Distrito legislar sobre previdência social, nos termos do art. 24, XII, da CR/1988. Aos estados e ao Distrito Federal compete legislar sobre previdência social dos seus respectivos servidores, no âmbito de suas respectivas competências e especificamente para os servidores titulares de cargo efetivo, sempre em observância às normas gerais editadas pela União.

Por sua vez, o RPPS aplicar-se-á aos servidores titulares de cargos efetivos e aos servidores titulares de cargo em comissão do recrutamento estrito. Nesse sentido, o art. 40 da CR/1988 estabelece que o regime próprio de previdência social dos servidores titulares de cargos efetivos terá *caráter contributivo e solidário*, mediante contribuição do respectivo ente federativo, de *servidores ativos, de aposentados e de pensionistas*, observados critérios que preservem o equilíbrio financeiro e atuarial.

Nesse sentido, o **caráter contributivo** refere-se ao fato de o RPPS ser mantido por meio de contribuições feitas pelos servidores ativos, os aposentados, os pensionistas e o próprio ente público instituidor do Regime Próprio. Por sua vez, "a solidariedade em relação ao regime está a indicar que a contribuição previdenciária não se destina apenas a assegurar benefício ao contribuinte e à sua família, mas, ao contrário, assume objetivo também de caráter social, exigindo-se que pessoas já beneficiadas pelo regime continuem tendo a obrigação de pagar a contribuição previdenciária, agora não mais para o exercícios de direito próprio, mas sim em favor do sistema do qual são integrantes, ainda que já tenham conquistado seu direito pessoal".[73]

10.1. Modalidades de aposentadoria

Nos termos do art. 40, §§ 1º e 4º, da CR/1988, admitem-se quatro modalidades de aposentadoria, quais sejam:

a) por incapacidade permanente;

b) compulsória;

---

72 STF, ADI 7.198/PA, Plenário, Rel. Min. Alexandre de Moraes, j. 28.10.2022, *Info* 1.074.

73 CARVALHO FILHO, José dos Santos. *Manual de Direito Administrativo*. 26. ed. rev., ampl. e atual. São Paulo: Atlas, 2013. p. 690.

c) voluntária;
d) especial.

10.1.1. Aposentadoria por incapacidade permanente

De acordo com o art. 40, § 1º, I, da CR/1988, a aposentadoria em questão ocorre por incapacidade permanente para o trabalho, no cargo em que o servidor estiver investido, quando insuscetível de readaptação, hipótese em que será obrigatória a realização de avaliações periódicas para verificação da continuidade das condições que ensejaram a concessão da aposentadoria, na forma de lei do respectivo ente federativo.

10.1.2. Aposentadoria compulsória

Essa modalidade de aposentadoria ocorrerá quando o servidor atingir a **idade de 70 anos, ou aos 75 anos de idade, na forma da lei complementar**. Essa lei complementar é a Lei Complementar nº 152, de 3 de dezembro de 2015.

Perceba que não há escolha ao servidor nem à Administração, de forma que, completado o requisito de idade, deve haver a aposentadoria compulsória, de modo que os proventos serão proporcionais ao tempo de contribuição.

Importante entendimento do STJ de que **não é aplicável a regra da aposentadoria compulsória por idade na hipótese de servidor público que ocupe exclusivamente cargo em comissão**. Com efeito, a regra prevista no art. 40, § 1º, II, da CR/1988, cujo teor prevê a aposentadoria compulsória do septuagenário, destina-se a disciplinar o regime jurídico dos servidores efetivos, não se aplicando aos servidores em geral. Assim, ao que ocupa exclusivamente cargo em comissão, aplica-se, conforme determina o § 13 do art. 40 da CR/1988, o regime geral de previdência social, no qual não é prevista a aposentadoria compulsória por idade.[74]

Por sua vez, de acordo com o STF, a aposentadoria compulsória não se aplica aos notários e registradores, conforme a Ação Direta de Inconstitucionalidade nº 2.602.

10.1.3. Aposentadoria voluntária

No âmbito da União, a aposentadoria voluntária ocorrerá:

- se mulher, aos 62 (sessenta e dois) anos;
- se homem, aos 65 (sessenta e cinco) anos.

No âmbito dos estados, do Distrito Federal e dos municípios, na idade mínima estabelecida mediante emenda às respectivas constituições e leis orgânicas, observados o tempo de contribuição e os demais requisitos estabelecidos em lei complementar do respectivo ente federativo, conforme dispõe o art. 40, § 1º, III, da CR/1988.

---

74 STJ, RMS 36.950-RO, Rel. Min. Castro Meira, *DJe* 26.04.2013, *Informativo* 523.

Ademais, de acordo com o art. 40, § 19, da CR/1988, observados critérios a serem estabelecidos em lei do respectivo ente federativo, o servidor titular de cargo efetivo que tenha completado as exigências para a aposentadoria voluntária e que opte por permanecer em atividade poderá fazer jus a um **abono de permanência** equivalente, no máximo, ao valor da sua contribuição previdenciária, até completar a idade para aposentadoria compulsória. Os ocupantes do cargo de professor terão idade mínima reduzida em 5 (cinco) anos em relação às idades, desde que comprovem tempo de efetivo exercício das funções de magistério na educação infantil e no ensino fundamental e médio fixado em lei complementar do respectivo ente federativo, conforme dispõe o art. 40, § 5º, da CR/1988.

Observe que o STF, por meio da Súmula nº 726, entendeu que não se computará o tempo de serviço prestado fora da sala de aula. Contudo, a Lei de Diretrizes e Bases da Educação (Lei nº 9.394/1996) estabeleceu que as atribuições de direção de unidade escolar e as de coordenação e assessoramento pedagógico também fazem jus ao benefício constitucional, e o próprio STF entendeu correta essa interpretação.

10.1.4. Aposentadoria especial

Nos termos do art. 40, § 4º, da CR/1988, é vedada a adoção de requisitos ou critérios diferenciados para concessão de benefícios em regime próprio de previdência social, ressalvado o disposto nos §§ 4º-A, 4º-B, 4º-C e 5º.

Assim, os requisitos diferenciados poderão ser estabelecidos por **lei complementar** do respectivo ente federativo, como idade e tempo de contribuição diferenciados para aposentadoria:

- de servidores com deficiência, previamente submetidos a avaliação biopsicossocial realizada por equipe multiprofissional e interdisciplinar;
- de ocupantes do cargo de agente penitenciário, de agente socioeducativo ou de policial;
- de servidores cujas atividades sejam exercidas com efetiva exposição a agentes químicos, físicos e biológicos prejudiciais à saúde, ou associação desses agentes, vedada a caracterização por categoria profissional ou ocupação.

Nesse sentido, o STF entende que é formalmente constitucional lei complementar – cujo processo legislativo teve origem parlamentar – que contenha regras de caráter nacional sobre a aposentadoria de policiais. Para a corte, não há que se falar em violação das alíneas do art. 61, § 1º, II, da CR/1988, pois "a iniciativa reservada, por constituir matéria de direito estrito, não se presume e nem comporta interpretação ampliativa, na medida em que, por implicar limitação ao poder de instauração do processo legislativo, deve necessariamente derivar de norma constitucional expressa e inequívoca". Assim, é constitucional a adoção – mediante lei complementar – de requisitos e critérios diferenciados em favor dos policiais para a concessão de aposentadoria voluntária.[75]

O STF[76] já decidiu que o regime constitucional da aposentadoria especial, com as alterações introduzidas pela Emenda Constitucional nº 103/2019, permite uma margem de conformação ao legislador estadual. Este pode, mediante lei complementar, definir critérios diferenciados para a concessão de benefícios previdenciários, como idade e tempo de contribuição, desde que limitados às categorias de servidores listadas de forma exaustiva no art. 40, § 4º-B, da Constituição Federal de 1988.

Nesse sentido, são inconstitucionais dispositivos de Constituição estadual que definam como atividade de risco análoga ao exercício da atividade policial a atuação dos membros do Ministério Público, do Poder Judiciário, da Defensoria Pública e dos Procuradores do Estado e dos Municípios, dos Oficiais de Justiça e Auditores Fiscais de tributos estaduais, e a eles estendem benefícios previdenciários exclusivos dos servidores policiais, tais como a aposentadoria especial e a pensão por morte. Para o STF, nenhum dos cargos citados constam no rol taxativo do art. 40,4º-B, da CR/1988, razão pela qual não fazem jus à aposentadoria especial dele decorrente.

Modalidade de aposentadoria	Requisitos
Incapacidade permanente	Incapacidade permanente para o trabalho, no cargo em que o servidor estiver investido, quando insuscetível de readaptação.
Compulsória	Servidor atingir a idade de 70 anos ou 75 anos, na forma da lei complementar.
Voluntária	– Mulher: 62 anos de idade. – Homem: 65 anos de idade. Estado/DF/municípios – observados o tempo de contribuição e os demais requisitos estabelecidos em lei complementar do respectivo ente federativo.
Especial	Requisitos diferenciados poderão ser estabelecidos por lei complementar do respectivo ente federativo: – Servidores com deficiência, previamente submetidos a avaliação biopsicossocial realizada por equipe multiprofissional e interdisciplinar. – Ocupantes do cargo de agente penitenciário, de agente socioeducativo ou de policial. – Servidores cujas atividades sejam exercidas com efetiva exposição a agentes químicos, físicos e biológicos prejudiciais à saúde, ou associação desses agentes, vedada a caracterização por categoria profissional ou ocupação.

[75] ADI 5.241/DF, Rel. Min. Gilmar Mendes, julgamento virtual finalizado em 27.08.2021.

[76] ADI 7.494/RO, Rel. Min. Cármen Lúcia, julgamento virtual finalizado em 03.04.2024.

10.2. Previdência complementar

A União, os Estados, o Distrito Federal e os municípios instituirão, por lei de iniciativa do respectivo Poder Executivo, regime de previdência complementar para servidores públicos ocupantes de cargo efetivo, observado o limite máximo dos benefícios do regime geral de previdência social para o valor das aposentadorias e das pensões em regime próprio de previdência social.

O regime de previdência complementar oferecerá plano de benefícios somente na modalidade contribuição definida e será efetivado por intermédio de entidade fechada de previdência complementar ou de entidade aberta de previdência complementar.

Somente mediante sua prévia e expressa opção, o regime de previdência complementar poderá ser aplicado ao servidor que tiver ingressado no serviço público até a data da publicação do ato de instituição do correspondente regime de previdência complementar.

10.3. Contribuição dos aposentados e pensionistas

Incidirá contribuição sobre os proventos de aposentadorias e pensões concedidas pelo regime próprio de previdência social que superem o limite máximo estabelecido para os benefícios do regime geral de previdência social, com percentual igual ao estabelecido para os servidores titulares de cargos efetivos. Em outras palavras, o servidor inativo e o pensionista irão contribuir nos mesmos moldes do servidor ativo.

10.4. Comentários importantes

É assegurado o reajustamento dos benefícios para preservar-lhes, em caráter permanente, o valor real, conforme critérios estabelecidos em lei.

O tempo de contribuição federal, estadual ou municipal será contado para efeito de aposentadoria, assegurando a contagem recíproca do tempo de contribuição entre o regime geral de previdência social e os regimes próprios de previdência social, e destes entre si, observada a compensação financeira, de acordo com os critérios estabelecidos em lei, bem como o tempo de serviço militar exercido e o tempo de contribuição ao regime geral de previdência social ou a regime próprio de previdência social terão contagem recíproca para fins de inativação militar ou aposentadoria, e a compensação financeira será devida entre as receitas de contribuição referentes aos militares e as receitas de contribuição aos demais regimes e o tempo de serviço correspondente para efeito de disponibilidade.

A lei não poderá estabelecer qualquer forma de contagem de tempo de contribuição fictício.

O servidor público titular de cargo efetivo poderá ser readaptado para exercício de cargo cujas atribuições e responsabilidades sejam compatíveis com a limitação que tenha sofrido em sua capacidade física ou mental, enquanto permanecer nessa condição, desde que possua a habilitação e o nível de escolaridade exigidos para o cargo de destino, mantida a remuneração do cargo de origem.

A aposentadoria concedida com a utilização de tempo de contribuição decorrente de cargo, emprego ou função pública, inclusive do Regime Geral de Previdência Social, acarretará o rompimento do vínculo que gerou o referido tempo de contribuição.

É vedada a complementação de aposentadorias de servidores públicos e de pensões por morte a seus dependentes que não seja decorrente da previdência complementar ou que não seja prevista em lei que extinga regime próprio de previdência social.

Vedada a instituição de novos regimes próprios de previdência social, lei complementar federal estabelecerá, para os que já existam, normas gerais de organização, de funcionamento e de responsabilidade em sua gestão, dispondo, entre outros aspectos, sobre: (i) requisitos para sua extinção e consequente migração para o regime geral de previdência social; (ii) modelo de arrecadação, de aplicação e de utilização dos recursos; (iii) fiscalização pela União e controle externo e social; (iv) definição de equilíbrio financeiro e atuarial; (v) condições para instituição do fundo com finalidade previdenciária de que trata o art. 249 e para vinculação a ele dos recursos provenientes de contribuições e dos bens, direitos e ativos de qualquer natureza; (vi) mecanismos de equacionamento do *deficit* atuarial; (vii) estruturação do órgão ou entidade gestora do regime, observados os princípios relacionados com governança, controle interno e transparência; (Viii) condições e hipóteses para responsabilização daqueles que desempenhem atribuições relacionadas, direta ou indiretamente, com a gestão do regime; (ix) condições para adesão a consórcio público; (x) parâmetros para apuração da base de cálculo e definição de alíquota de contribuições ordinárias e extraordinárias.

10.5. Pensões

De acordo com o art. 40, § 7º, da CR/1988, quando se tratar da **única fonte de renda formal** auferida pelo dependente, o benefício de pensão por morte será concedido nos termos de lei do respectivo ente federativo, a qual tratará de forma diferenciada a hipótese de morte dos servidores agente penitenciário, agente socioeducativo ou policial decorrente de agressão sofrida no exercício ou em razão da função.

Acerca da pensão por morte, importante destacar a Súmula nº 663 do STJ, segundo a qual a pensão por morte de servidor público federal pode ser concedida ao filho inválido de qualquer idade, desde que a invalidez seja anterior ao óbito.

11. REGIME REMUNERATÓRIO

11.1. Regimes remuneratórios em espécie

Os regimes remuneratórios em espécie são: (1) a remuneração; (2) os vencimentos; e (3) o subsídio.

A expressão **remuneração** é entendida em sentido amplo, como toda e qualquer forma remuneratória paga a um servidor público.

Por sua vez, os **vencimentos** referem-se ao vencimento-base, acrescido de vantagens pecuniárias. Nesse ponto, faz-se necessário estudar o inciso XIV do art. 37 da

Constituição, segundo o qual os acréscimos pecuniários percebidos por servidor público não serão computados nem acumulados para fins de concessão de acréscimos ulteriores.

No contexto dos vencimentos, importante pontuar as Súmulas Vinculantes nº 16 e nº 15 do STF. De acordo com a Súmula Vinculante nº 16, os arts. 7º, IV, e 39, § 3º (redação da EC 19/1998), da Constituição referem-se ao total da remuneração percebida pelo servidor público. Nesse sentido, o que a súmula propõe é que o total da remuneração do servidor não pode ser inferior ao salário mínimo. O vencimento-base pode ser inferior ao salário mínimo desde que o total não o seja.

Por sua vez, a Súmula Vinculante nº 15 estabelece que o cálculo de gratificações e outras vantagens do servidor público não incide sobre o abono utilizado para se atingir o salário mínimo. Trata-se da mesma ideia de que os acréscimos pecuniários não serão computados nem acumulados para fins de acréscimos ulteriores – o cálculo de acréscimos e outras vantagens não recairá sobre o abono caso seja usado o abono para ser atingido o salário mínimo.

O **subsídio** é a remuneração paga aos **agentes políticos** e aos **membros de poder** consistente numa **parcela única** na qual é **vedado** o acréscimo de qualquer outra *parcela remuneratória*. Todavia, ao subsídio é possível acrescer as parcelas de **caráter indenizatório**, bem como também é possível acrescer alguns direitos constitucionais, como décimo terceiro salário e terço de férias.

Nesse sentido, o STF já se posicionou que o art. 39, § 4º, da CR/1988 não é incompatível com o pagamento de terço de férias e o décimo terceiro salário. Isso porque o regime de subsídio é incompatível apenas com o pagamento de outras parcelas remuneratórias de natureza mensal, o que não é o caso do décimo terceiro e das férias, que são verbas pagas a todos os trabalhadores e servidores, com periodicidade anual. Por outro lado, a verba de representação não poderá ser paga a quem perceba subsídio, pois tem natureza remuneratória, independentemente de a lei atribuir-lhe nominalmente natureza indenizatória.[77] O STF também já legitimou o pagamento de horas extras realizadas que ultrapassem a quantidade remunerada pela parcela única.[78]

Em outro julgado relevante, o STF[79] decidiu pela constitucionalidade de uma lei estadual que previa o pagamento de gratificação aos servidores que realizarem atividades além de suas funções ordinárias, em adição ao subsídio que já recebem. Essas atividades envolvem um conteúdo ocupacional estranho ao cargo e, portanto, poderiam ser remuneradas com uma gratificação sem violar o art. 39, § 4º, da Constituição Federal de 1988. Contudo, caso haja um duplo pagamento pelo exercício das mesmas funções normais do cargo, essa gratificação seria considerada inconstitucional.

Para o STF,[80] é inconstitucional – por violar o art. 39, § 4º, da CR/1988, haja vista o caráter de indevido acréscimo remuneratório – norma estadual que prevê adicional de "auxílio-aperfeiçoamento profissional" aos seus magistrados.

---

[77] RE 650.898, Rel. p/ o Ac. Min. Roberto Barroso, j. 01.02.2017, *DJe* 24.08.2017, Tema 484.

[78] ADI 5.404/DF, Rel. Min. Roberto Barroso, julgamento virtual finalizado em 03.03.2023.

[79] STF, ADI 4.941/AL, Plenário, *Informativo* 947.

[80] ADI 5.407/MG, Rel. Min. Alexandre de Moraes, julgamento finalizado em 30.06.2023.

Passada a análise dos regimes remuneratórios em espécie, faz-se importante analisar entendimentos do STF. De acordo com essa corte, a ausência de critérios mínimos e razoáveis para concessão do benefício, especialmente a incorporação da vantagem, decorrente da continuidade do pagamento após o exercício da função, caracteriza concessão graciosa de vantagem remuneratória e, consequentemente, privilégio injustificado, que, além de não atender ao interesse público, é inconciliável com o ideal republicano e a moralidade.[81]

Outra importante decisão do STF fixou o entendimento de que o art. 7º, XVII, da CR/1988 assegura ao trabalhador o gozo de férias anuais remuneradas com, pelo menos, um terço a mais do que o salário normal, sem limitar o tempo da sua duração, razão pela qual esse adicional deve incidir sobre todo o tempo de descanso previsto em lei. Nesse sentido, o direito também se estende ao servidor público por força do art. 39, § 3º, da CR/1988. Nesse contexto, caso a legislação garanta 45 dias de férias anuais para os respectivos professores, o acréscimo de 1/3 há de incidir sobre o valor pecuniário a ele correspondente, sendo incabível sua restrição ao período de apenas 30 (trinta) dias, em respeito ao princípio da legalidade. Assim, fixou o STF que o **adicional de 1/3 (um terço) previsto no art. 7º, XVII, da Constituição Federal incide sobre a remuneração relativa a todo período de férias.**[82]

Também se faz necessário o estudo de alguns dispositivos constitucionais. O art. 39, § 8º, da CR/1988 prevê que servidores organizados em carreira **podem** perceber subsídio.

Igualmente importante o art. 39, § 9º, da CR/1988, que estabelece ser **vedada a incorporação** de vantagens de caráter temporário ou vinculadas ao exercício de função de confiança ou de cargo em comissão à remuneração do cargo efetivo.

O art. 37, XII, estabelece que os **vencimentos do Poder Judiciário e do Poder Legislativo não poderão ser superiores aos pagos pelo Poder Executivo**, exceto nos casos de cargos idênticos ou assemelhados. Já o art. 37, XIII, **veda a vinculação ou equiparação** de quaisquer espécies remuneratórias para o efeito de remuneração de pessoal.

A vinculação ocorre quando se condiciona o aumento de uma carreira inferior ao de uma carreira superior, enquanto a equiparação acontece entre cargos de mesma hierarquia, mas de estruturas diferentes, como cargos técnicos em tribunais regionais do trabalho e tribunais regionais eleitorais.

Nesse contexto, o STF entendeu que a vinculação do valor do subsídio dos deputados estaduais ao *quantum* estipulado pela União aos deputados federais é incompatível com o princípio federativo e com a autonomia dos entes federados, conforme dispõe o art. 18, *caput*, da CR/1988. Assim, fixou a corte que o subsídio dos deputados estaduais deve ser fixado por lei em sentido formal, nos termos do art. 27, § 2º, da CR/1988.[83]

Além disso, a Súmula Vinculante nº 42 do Supremo Tribunal Federal estabelece que é inconstitucional a vinculação do reajuste de vencimentos de servidores estaduais

[81] STF, ADI 2.821, Rel. Min. Alexandre de Moraes, j. 20.12.2019, *DJe* 26.02.2020.

[82] RE 1.400.787/CE, julgamento finalizado no Plenário Virtual em 15.12.2022.

[83] ADI 6.437/MT, Rel. Min. Rosa Weber, julgamento virtual finalizado em 28.05.2021.

ou municipais a índices federais de correção monetária. Essa medida impede que a remuneração dos servidores seja atrelada a índices que não consideram a realidade econômica local.

É inconstitucional – tendo em vista a vedação expressa do art. 37, XIII, da CF/1988, a autonomia federativa e a exigência de lei específica para reajustes – a vinculação ou equiparação entre agentes públicos de entes federativos distintos para obtenção de efeitos remuneratórios.[84] Nesse sentido, normas estaduais que vinculam os subsídios de seus magistrados, membros do Ministério Público e do Tribunal de Contas àqueles pagos aos ministros do STF está em desacordo com a jurisprudência do STF. Entretanto, é possível interpretar as normas no sentido de que a referência a 90,25% do subsídio do ministro do STF, para fins de cálculo do subsídio, corresponde a um valor fixo resultante da incidência desse percentual sobre o valor do subsídio mensal dos ministros do STF vigente à época da publicação da lei, vedando-se a extensão automática de reajustes posteriores concedidos no âmbito da União. Por outro lado, a mera sistematização da hierarquia salarial entre classes de uma mesma carreira, através do escalonamento vertical de seus subsídios, não configura vinculação ou equiparação.

Também é preciso enfrentar a jurisprudência consolidada do STF de que cargos de caráter temporário e transitório não podem fazer jus a benefícios de caráter permanente. Nesse sentido, o STF entende que a **concessão de pensão vitalícia à viúva, à companheira e a dependentes de prefeito, vice-prefeito e vereador, falecidos no exercício do mandato, não é compatível com a Constituição Federal**. Para a Corte, os cargos políticos do Poder Legislativo e do Poder Executivo municipal têm caráter temporário e transitório, motivo pelo qual **não se justifica a concessão de qualquer benefício a ex-ocupante do cargo de forma permanente**, sob pena de afronta aos princípios da impessoalidade, da moralidade pública e da responsabilidade com gastos públicos.[85]

11.2. Princípios do regime remuneratório

11.2.1. Princípio da estrita legalidade (art. 37, X, da CR/1988)

A remuneração e os subsídios somente **podem ser alterados ou fixados por lei específica**.

Nesse sentido, importante a Súmula Vinculante nº 37 do STF, que dispõe que não cabe ao Poder Judiciário, que não tem função legislativa, aumentar vencimentos de servidores públicos sob o fundamento de isonomia.

Essa súmula vale tanto para verba de caráter remuneratório quanto para verbas de caráter indenizatório.

---

84 ADI 7.264/TO, Rel. Min. Roberto Barroso, julgamento virtual finalizado em 19.05.2023.

85 ADPF 764/CE, Rel. Min. Gilmar Mendes, julgamento virtual finalizado em 27.08.2021.

Ademais, atente-se que o STF fixou tese de que não cabe ao Poder Judiciário, sob o fundamento de isonomia, conceder retribuição por substituição a advogados públicos federais em hipóteses não previstas em lei.[86]

Não ofende a Constituição a correção monetária no pagamento com atraso dos vencimentos de servidores públicos, nos termos da Súmula nº 682 do STF.

Por fim, a fixação de vencimentos dos servidores públicos não pode ser objeto de convenção coletiva, conforme dispõe a Súmula nº 679, também do STF.

11.2.2. Princípio da revisão anual (art. 37, X, da CR/1988)

Anualmente, na mesma data e sem distinção de índices, os servidores terão direito a uma revisão geral das suas remunerações.

Para que essa revisão anual aconteça, é necessária também uma lei específica. O objetivo da revisão geral anual é proteger a remuneração do servidor contra a inflação.

A revisão geral anual da remuneração dos servidores públicos, de acordo com o STF,[87] depende, cumulativamente, de dotação na Lei Orçamentária Anual e de previsão na Lei de Diretrizes Orçamentárias.

Importante questão sobre o tema é a decisão do Supremo Tribunal Federal, no RE 565.089, que fixou, em tese de repercussão geral, que o não encaminhamento de projeto de lei de revisão anual dos vencimentos dos servidores públicos, previsto no inciso X do art. 37 da Constituição Federal de 1988, não gera direito subjetivo a indenização. Deve o Poder Executivo, no entanto, se pronunciar, de forma fundamentada, acerca das razões pelas quais não propôs a revisão.

Revisão geral x reajuste

Os institutos de **revisão geral** e **reajuste** são fundamentais para o entendimento da Administração Pública, especialmente no que se refere à remuneração dos servidores públicos. Ambos os conceitos se relacionam à necessidade de atualização dos vencimentos dos servidores, mas possuem finalidades e competências distintas.

A **revisão geral** da remuneração é um instituto destinado a recompor a perda do poder aquisitivo da moeda ao longo do tempo. Esse ajuste é necessário para que os servidores públicos não sofram diminuição real de seus rendimentos devido à inflação ou outras variações econômicas. A revisão geral, portanto, não visa aumentar o poder de compra dos servidores, mas apenas mantê-lo constante ao longo do tempo.

Dessa forma, a iniciativa para a revisão geral **é privativa do chefe do Poder Executivo**. Isso se deve ao fato de que a revisão geral abrange todos os servidores públicos, independentemente do poder ou órgão a que pertençam.

O **reajuste**, por sua vez, tem a finalidade de conferir um ganho real aos servidores públicos, ou seja, de aumentar seus vencimentos além do valor necessário para recompor a perda do poder aquisitivo. Este instituto pode ser utilizado para

---

86 ADI 5.519/DF, Rel. Min. Roberto Barroso, julgamento virtual finalizado em 17.02.2023.

87 STF, RE 905.357, Rel. Min. Edson Fachin, Rel. p/ Acórdão Min. Teori Zavascki, *DJe* 27.11.2015.

aumentar o poder de compra dos servidores em termos reais, refletindo, por exemplo, melhorias nas condições econômicas, reconhecimento por desempenho, ou políticas salariais específicas.

A **competência para propor o reajuste é de cada um dos Poderes** e dos órgãos com autonomia administrativa, financeira e orçamentária. Cada poder ou órgão pode, portanto, realizar ajustes específicos para seus servidores, de acordo com suas particularidades e capacidade orçamentária.

Nesse sentido, o STF[88] entendeu que são inconstitucionais – por vício de iniciativa (CF/1988, art. 37, X, c/c o art. 61, § 1º, II, "a") – leis estaduais deflagradas pelos Poderes e órgãos respectivos que preveem recomposição linear nos vencimentos e nas funções gratificadas de seus servidores públicos, extensiva a aposentados e pensionistas, com o intuito de recuperar a perda do poder aquisitivo da moeda.

11.2.3. Princípio da irredutibilidade das remunerações

De acordo com a Constituição Federal de 1988, as remunerações são irredutíveis, exceto em casos específicos, como o desconto do imposto de renda, da contribuição sindical, da contribuição previdenciária, entre outros.

No entanto, é importante destacar que a irredutibilidade prevista na Constituição é nominal, ou seja, o número da remuneração não pode ser reduzido. Em outras palavras, o valor real da remuneração não é protegido pela Constituição, levando em conta o poder de compra da moeda. Essa interpretação foi estabelecida pelo Supremo Tribunal Federal.

Relevante discussão realizada no STF (RE 1.237.867) se referiu ao direito à redução da jornada de trabalho do servidor público que tenha filho ou dependente com deficiência. Para o STF, é plenamente legítima a aplicação do art. 98, §§ 2º e 3º, da Lei nº 8.112/1990 aos servidores de estados e municípios, diante do princípio da igualdade substancial, previsto na Constituição Federal e na Convenção Internacional sobre o Direito das Pessoas com Deficiência.

Em outra importante decisão, o STF, na ADI 2.238, declarou inconstitucional qualquer interpretação de dispositivos da Lei de Responsabilidade Fiscal (Lei Complementar nº 101/2000) que permita a redução de vencimentos de servidores públicos para a adequação de despesas com pessoal.

11.3. Teto remuneratório

O conceito de teto remuneratório para os agentes públicos refere-se ao máximo que pode ser pago a eles. No entanto, existem **verbas que não incidem no teto**, ou seja, não são contabilizadas para o cálculo do limite salarial. Entre essas verbas, estão as de **caráter indenizatório**, como o auxílio-moradia, **o salário de empresas públicas e sociedades de economia mista que não recebam verbas públicas para**

88 ADI 5.562/RS, Rel. Min. Dias Toffoli, julgamento virtual finalizado em 28.06.2024.

pagamento de despesa de pessoal e para o custeio em geral,[89] bem como **os direitos constitucionais**, como o terço de férias e as horas extras.

Acerca das verbas indenizatórias, faz-se necessário pontuar a alteração promovida pela Emenda Constitucional nº 135/2024 no art. 37, XI, da CR/88. De acordo com o dispositivo alterado, não serão computadas, para fins do teto remuneratório, as parcelas de caráter indenizatório expressamente previstas em lei ordinária, aprovada pelo Congresso Nacional, de caráter nacional, aplicada a todos os Poderes e órgãos constitucionalmente autônomos. Ou seja, haverá a necessidade da edição de uma lei nacional aprovada pelo Parlamento, regulamentando as verbas indenizatórias.

Todavia, o art. 3º da EC nº 135/2024 dispõe que, enquanto não for editada a lei ordinária, não se incluirão, para fins de incidência do teto remuneratório, aquelas verbas que a legislação vigente classificar como indenizatórias. A ausência de uma lei nacional regulamentando, de maneira uniforme, o que se considera ou não como verba de caráter indenizatório conduz, por ora, a certa heterogeneidade entre os diversos entes e Poderes. Cada qual pode ter legislação própria definindo o rol de parcelas indenizatórias e estabelecendo parâmetros distintos de pagamento. O art. 3º, portanto, funciona como regra transitória até que a lei de âmbito nacional seja aprovada pelo Congresso.

É importante ressaltar que, em relação às verbas indenizatórias, não é suficiente que a lei apenas estabeleça expressamente o pagamento como tal. É necessário que haja a natureza de indenização ao agente público no exercício do cargo. Portanto, mesmo que a lei defina uma verba como indenizatória, se ela tiver natureza remuneratória, haverá a sua inclusão no teto remuneratório.

Os tetos remuneratórios em espécie estão definidos no art. 37, XI, da Constituição Federal de 1988. O teto geral, que é o teto para a União, é o subsídio mensal em espécie pago aos ministros do Supremo Tribunal Federal. Por sua vez, o teto para os municípios é o subsídio mensal em espécie pago aos prefeitos. Para os estados, o teto remuneratório varia de acordo com o poder. No Poder Executivo, é o subsídio mensal em espécie pago ao governador; no Poder Legislativo, é o subsídio mensal em espécie pago ao deputado estadual; e, no Poder Judiciário, é o subsídio mensal em espécie pago ao desembargador, que será de até 90,25% do teto do STF.

Especialmente, no que tange ao teto dos desembargadores do TJ, há o entendimento do STF que afastou a limitação dos "até 90,25% do que percebe o ministro do STF" para o desembargador do TJ porque, de acordo com o STF, o Poder Judiciário é uno, de modo que o teto do desembargador do TRF pode ser de até 100% do que percebe o ministro do STF. Dessa forma, não há razão para diferenciar o teto do desembargador do TJ e do TRF.

Importante também pontuar o entendimento de que **é incompatível com a Constituição da República Emenda à Constituição estadual que institui, como limite**

89 ADI 6.584/DF, Rel. Min. Gilmar Mendes, julgamento virtual finalizado em 21.05.2021: o teto constitucional remuneratório não incide sobre os salários pagos por empresas públicas e sociedades de economia mista, e suas subsidiárias, que não recebam recursos da Fazenda Pública.

remuneratório único dos servidores públicos estaduais, o valor do subsídio dos ministros do STF. Para a Corte, de acordo com o modelo constitucional vigente, os estados-membros devem observar o sistema dos subtetos aplicáveis no âmbito de cada um dos Poderes ou optar por instituir um limite remuneratório único para os servidores estaduais, que será o do desembargador do TJ.[90]

Ainda, cabe ressaltar que membros do Ministério Público, defensores públicos e procuradores também estão sujeitos ao teto do desembargador do TJ. Nesse ponto, conforme o STF, a expressão "Procuradores", contida na parte final do inciso XI do art. 37 da Constituição da República, compreende os procuradores municipais, uma vez que estes se inserem nas funções essenciais à Justiça, estando, portanto, submetidos ao teto de 90,25% (noventa inteiros e vinte e cinco centésimos por cento) do subsídio mensal, em espécie, dos ministros do STF.[91]

Vale observar, igualmente, o art. 37, § 12, da CR/1988, segundo qual emenda à Constituição do estado ou à Lei Orgânica do Distrito Federal **poderá estabelecer como teto único** o subsídio mensal em espécie pago ao desembargador, que não se aplicaria ao deputados estaduais e aos vereadores.

Outro entendimento fundamental refere-se à ADI 6.811/PE, que estabelece que o teto remuneratório aplicável aos servidores municipais, excetuados os vereadores, é o subsídio do prefeito municipal. Esse julgado não supera o entendimento fixado para o teto dos procuradores municipais, uma vez que, para os procuradores, o Supremo entendeu que também é o teto do desembargador do TJ. Ao enfrentar essa ADI e falar que o teto remuneratório aplicado aos servidores municipais é o subsídio do prefeito, o Supremo está se referindo aos servidores em geral, excetuando os vereadores que têm teto próprio (que é o teto dos deputados estaduais, de acordo com o número de habitantes) e os procuradores, com base no julgado anterior.

O STF ainda tem entendimento segundo o qual é constitucional, **desde que observado o teto remuneratório**, norma estadual que destina aos procuradores estaduais honorários advocatícios incidentes na hipótese de quitação de dívida ativa em decorrência da utilização de meio alternativo de cobrança administrativa ou de protesto de título.[92]

11.4. Acumulação remunerada

O acúmulo remunerado[93] de cargos é **vedado** pela Constituição Federal, **exceto** em algumas situações específicas. Nos termos do art. 37, XVI, são exceções permitidas para o exercício acumulado: (1) dois cargos de professor; (2) um cargo de professor

---

90 ADI 6.746/RO, Rel. Min. Rosa Weber, julgamento virtual finalizado em 28.05.2021.

91 STF, RE 663.696/MG, Plenário, Rel. Min. Luiz Fux, j. 28.02.2019, *Info* 932.

92 ADI 5.910/RO, Rel. Min. Dias Toffoli, julgamento virtual finalizado em 27.05.2022.

93 O STJ (AgInt no Recurso Especial 1.672.212-SE) entendeu que a acumulação remunerada de cargo de dedicação exclusiva com atividade remunerada configuraria ato de improbidade administrativa que violaria princípios. Todavia, com a superveniência da Lei nº 14.230/21, esse entendimento está superado.

somado a outro técnico ou científico; e (3) dois cargos de profissionais da área da saúde, desde que tenham profissões regulamentadas.

Outra exceção permitida constitucionalmente refere-se ao cargo de vereador em conjunto com um cargo ou emprego público.

Perceba-se que a Constituição trata do chamado cargo técnico ou científico. Para o STJ, cargo técnico ou científico é aquele que exige conhecimento especializado na área de atuação do profissional, seja de nível superior, seja profissionalizante. Dessa forma, o STJ entendeu possível a acumulação de um cargo público de professor com outro de intérprete e tradutor da Língua Brasileira de Sinais (Libras).

Para que seja possível essa acumulação remunerada, a Constituição exige o **respeito ao teto remuneratório**, bem como que haja **compatibilidade de horários**.

No que se refere ao respeito ao teto remuneratório, o STF entende que, nos casos autorizados constitucionalmente de acumulação de cargos, empregos e funções, a incidência do art. 37, XI, da Constituição Federal pressupõe consideração de cada um dos vínculos formalizados, afastada a observância do teto remuneratório quanto ao somatório dos ganhos do agente público.[94] Por outro lado, o STF fixou, no RE 602.584, em tese de repercussão geral que, ocorrida a morte do instituidor da pensão em momento posterior ao da Emenda Constitucional nº 19/1998, o teto constitucional previsto no inciso XI do art. 37 da Constituição Federal incide sobre o somatório de remuneração ou provento e pensão percebida por servidor.

Assim, perceba que, quando houver acumulação de remuneração ou de proventos de aposentadoria, o teto será analisado individualmente, e não pelo somatório. Entretanto, quando a acumulação for de remuneração ou proventos com pensão por morte, o teto remuneratório incidirá pelo somatório.

Por sua vez, no que se refere à compatibilidade de horários, o STF[95] e o STJ[96] têm entendimentos consolidados no sentido de que, havendo compatibilidade de horários, verificada no caso concreto, a existência de norma infraconstitucional limitadora de jornada semanal de trabalho não constitui óbice ao reconhecimento da cumulação de cargos. Logo, de acordo com o STF, não há que se analisar o somatório de carga horária semanal, mas, sim, compatibilidade fática acerca do exercício de dois cargos.

A proibição de acumular estende-se a empregos e funções e abrange autarquias, fundações, empresas públicas, sociedades de economia mista, suas subsidiárias, e sociedades controladas, direta ou indiretamente, pelo Poder Público, conforme o art. 37, XVII, da CR/1988.

Outro ponto importante é saber se o licenciamento do servidor do seu cargo legitimaria exercer outro cargo, acumulando um com remuneração e outro sem remuneração. A jurisprudência do STF[97] firmou-se no sentido da **impossibilidade de**

---

[94] STF, RE 612.975/MT e RE 602.043/MT, Plenário, Rel. Min. Marco Aurélio, j. 26 e 27.04.2017, repercussão geral, *Info* 862.

[95] STF, ARE 1.246.685 RG, Plenário, Rel. Min. Dias Toffoli, j. 19.03.2020, Tema 1.081, repercussão geral.

[96] REsp 1.746.784/PE, Segunda Turma, Rel. Min. Og Fernandes, j. 23.08.2018, *DJe* 30.08.2018.

[97] Ag.Reg. no RE 1.296.557/SE. 1ª turma, Min. Dias Toffoli, 13.04.2021.

acumulação de cargos, mesmo que o servidor esteja licenciado de um deles para tratar de interesses particulares, sem recebimento de vencimentos.

A impossibilidade de acumulação de cargos, empregos e funções públicas permanece, mesmo quando o servidor está em licença. Isso ocorre porque a concessão de qualquer tipo de licença, incluindo aquelas não remuneradas, não rompe o vínculo jurídico entre o servidor e a Administração.

Especificamente, a licença sem remuneração para tratar de assuntos de interesse particular não afasta a proibição constitucional de acumulação de cargos. Essa licença é concedida a critério da Administração, por um período estabelecido em lei, e pode ser revogada a qualquer momento, seja por necessidade do serviço ou a pedido do próprio servidor.

De acordo com o art. **40, § 6º, da CR/1988**, ressalvadas as aposentadorias decorrentes dos cargos acumuláveis na forma dessa Constituição, é vedada a percepção de mais de uma aposentadoria à conta do regime próprio de previdência.

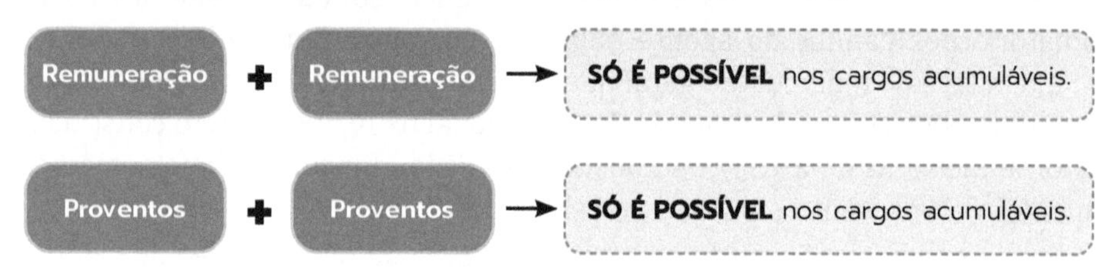

Nesse sentido, consoante o art. 37, § 10, da CR/1988, é vedada a percepção simultânea de proventos de aposentadoria decorrentes do art. 40 ou dos arts. 42 e 142 com a remuneração de cargo, emprego ou função pública, ressalvados os cargos acumuláveis na forma dessa Constituição, os cargos eletivos e os cargos em comissão declarados em lei de livre nomeação e exoneração.

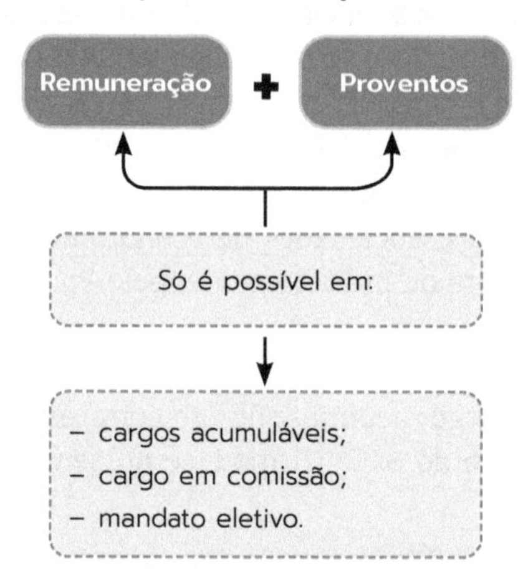

Importante atentar ao caso de um servidor público aposentado submetido ao regime próprio de previdência social. Nesse caso, uma vez aposentado, se esse sujeito passar em concurso público sob o vínculo previdenciário do regime geral de previdência social, não poderá exercer a função vinculada ao regime geral e receber cumulativamente aposentadoria do regime próprio, por ausência de autorização constitucional.

Por outro lado, um servidor público aposentado sob o regime geral que passa em um concurso sob o vínculo do regime próprio vai poder exercer a função e receber cumulativamente os vencimentos do regime geral.

Ainda, é imprescindível pontuar o art. 11 da EC nº 20/1998, segundo o qual a vedação prevista no art. 37, § 10, da Constituição Federal, não se aplica aos membros de poder e aos inativos, servidores e militares, que, até a publicação dessa emenda, tenham ingressado novamente no serviço público por concurso público de provas ou de provas e títulos, e pelas demais formas previstas na Constituição Federal, sendo-lhes proibida a percepção de mais de uma aposentadoria pelo regime de previdência a que se refere o art. 40 da Constituição Federal, aplicando-se-lhes, em qualquer hipótese, o limite de que trata o § 11 deste mesmo artigo.

Exemplificando, um sujeito se aposenta como juiz e faz concurso e vira procurador da república. Logo, é um juiz aposentado e procurador da República em atividade. Com a EC nº 20/1998, isso se torna uma situação vedada, em que não cabe em nenhuma das exceções do § 10. Contudo, essa regra prevista no art. 11 da EC nº 20/1998 permite que esse indivíduo continue desempenhando a função de procurador da República, mesmo após o advento da proibição. Essa permissão é apenas para que o sujeito continue desempenhando aquela função na atividade, pois ele não pode, posteriormente, aposentar-se como procurador da República e receber duas aposentadorias.

Outro ponto relevante refere-se ao entendimento do STF de que, em se tratando de cargos constitucionalmente acumuláveis, descabe aplicar a vedação de acumulação de aposentadorias e pensões contida na parte final do art. 11 da Emenda Constitucional nº 20/1998, porquanto destinada apenas aos casos de que trata, ou seja, aos reingressos no serviço público por meio de concurso público antes da publicação da referida emenda e que envolvam cargos inacumuláveis. Em outras palavras, não há qualquer obstáculo ao recebimento acumulado de dois benefícios de pensão por morte se eles decorrerem de cargos acumuláveis, expressamente previstos no art. 37, XVI, da Constituição Federal.[98]

12. CONCURSO PÚBLICO E SUAS DIVERSAS POLÊMICAS NA JURISPRUDÊNCIA DO STF E DO STJ

12.1. O controle judicial sobre a correção de questões em concurso público

O STF[99] entende que não cabe controle judicial referente à correção das questões em concurso público, uma vez que isso seria controle de mérito, que não pode ser feito pelo Poder Judiciário.

98 RE 658.999/SC, Rel. Min. Dias Toffoli, julgamento virtual finalizado em 16.12.2022.

99 RE 632.853-CE, Rel. Min. Gilmar Mendes.

Cabe apenas controle para se verificar se a matéria cobrada na questão está ou não no programa do edital do concurso, por se tratar, aqui, de controle de legalidade.

Por outro lado, o STJ[100] já decidiu que, mesmo que a banca não tenha anulado a questão, um erro grave no enunciado de uma prova dissertativa constitui uma flagrante ilegalidade que pode ensejar a nulidade da questão.

Outro importante entendimento do STJ refere-se à negativa de banca examinadora em seguir precedente obrigatório da Corte. Assim, a negativa de banca examinadora de concurso público em atribuir pontuação à resposta formulada de acordo com precedente obrigatório do STJ constitui flagrante ilegalidade. É absolutamente contrário à segurança jurídica e à boa-fé administrativa que uma banca examinadora de concurso público, ao tratar de matéria de lei federal, rejeite a interpretação consolidada pelo órgão constitucionalmente encarregado de uniformizar a interpretação da legislação infraconstitucional.

12.2. O direito subjetivo à nomeação do candidato aprovado dentro do número de vagas e o Cadastro de Reservas

RE 598.099 – Candidato aprovado dentro do número de vagas possui direito subjetivo à nomeação. A Administração Pública está vinculada ao número de vagas previstas no edital. Esse julgado respeita o princípio da segurança jurídica e seu subprincípio da confiança legítima.

No entanto, o STF entendeu que devem ser levadas em conta "situações excepcionalíssimas" que justifiquem soluções diferenciadas devidamente motivadas de acordo com o interesse público. Segundo ele, tais situações devem apresentar as seguintes características: *superveniência* – eventuais fatos ensejadores de uma situação excepcional devem ser necessariamente posteriores à publicação de edital do certame público; *imprevisibilidade* – a situação deve ser determinada por circunstâncias extraordinárias à época da publicação do edital; *gravidade* – os acontecimentos extraordinários e imprevisíveis devem ser extremamente graves, implicando onerosidade excessiva, dificuldade ou mesmo impossibilidade de cumprimento efetivo das regras do edital; crises econômicas de grandes proporções; guerras; fenômenos naturais que causem calamidade pública ou comoção interna; *necessidade* – a Administração somente pode adotar tal medida quando não existirem outros meios menos gravosos para lidar com a situação excepcional e imprevisível.

Todavia, o STJ, no RMS 66.316-SP, entendeu que, para a recusa à nomeação de aprovados dentro do número de vagas em concurso público, devem ficar comprovadas as situações excepcionais elencadas pelo Supremo Tribunal Federal no RE 598.099/MS, **não sendo suficiente a alegação de estado das coisas** – pandemia, crise econômica, limite prudencial atingido para despesas com pessoal –, tampouco o alerta da corte de contas acerca do chamado limite prudencial.

---

[100] RMS 49.896/RS, Segunda Turma, Rel. Min. Og Fernandes, j. 20.04.2017.

12.3. O direito subjetivo à nomeação e o surgimento de novas vagas durante o prazo de validade

Sobre esse tema, a jurisprudência dos tribunais superiores está longe de um posicionamento pacífico. Veja a seguir os diversos julgados e contradições dos tribunais.

12.3.1. RE 837.311/PI, Rel. Min. Luiz Fux, 14.10.2015

O STF destaca que a Administração Pública tem a discricionariedade de avaliar a conveniência e oportunidade de novas convocações durante a validade do concurso. O surgimento de novas vagas durante o prazo de validade de um concurso não gera, automaticamente, o direito à nomeação dos candidatos aprovados fora das vagas do edital. O provimento dos cargos dependerá da análise discricionária da Administração Pública, que deve ser exercida com base na boa-fé e nos princípios da eficiência, da impessoalidade, da moralidade e da proteção da confiança. A aprovação em concurso público só gera direito subjetivo à nomeação em casos específicos, por exemplo, quando ocorre dentro do número de vagas previstas no edital, há preterição na nomeação por inobservância da ordem de classificação ou surgem novas vagas durante a validade do concurso e a Administração Pública deixa o prazo escoar para nomear candidatos de concurso superveniente, o que não ocorreu no caso em questão.

12.3.2. Direito Administrativo. Desistência de candidato aprovado em concurso público dentro ou fora do número de vagas

O candidato aprovado fora do número de vagas previstas no edital de concurso público tem direito subjetivo à nomeação quando o candidato imediatamente anterior na ordem de classificação, aprovado dentro ou fora do número de vagas, for convocado e manifestar desistência. O posicionamento do STJ induz à conclusão de que o candidato constante de cadastro de reserva, ou, naqueles concursos em que não se utiliza essa expressão, aprovado fora do número de vagas previsto no edital, só terá direito à nomeação nos casos de comprovada preterição, seja pela inobservância da ordem de classificação, seja por contratações irregulares. Contudo, deve-se acrescentar e destacar que a desistência de candidatos aprovados dentro do número de vagas previsto no edital do certame é hipótese diversa e resulta em direito do próximo classificado à convocação para a posse ou para a próxima fase do concurso, conforme o caso. É que, nessa hipótese, a necessidade e o interesse da Administração no preenchimento dos cargos ofertados estão estabelecidos no edital de abertura do concurso, e a convocação do candidato que, logo após, desiste, comprova a necessidade de convocação do próximo candidato na ordem de classificação (AgRg no ROMS 48.266-TO, Rel. Min. Benedito Gonçalves, j. 18.08.2015, *DJe* 27.08.2015).

12.3.3. A desistência e a nomeação precisam ocorrer dentro do prazo de validade do concurso

Inexiste direito líquido e certo à nomeação quando a desistência ocorre fora do prazo de validade do concurso. No caso enfrentado pelo STJ, o prazo de validade do concurso findou em 30.06.2019. Nesse passo, verifica-se que as desistências dos dois candidatos mais bem classificados se operaram após o prazo de validade do concurso, visto que ambos foram nomeados em 29.06.2019, e os atos de nomeação foram tornados sem efeito apenas em agosto e setembro de 2019.

12.3.4. Nos casos de preterição de candidato na nomeação em concurso público, o termo inicial do prazo prescricional quinquenal recai na data em que foi nomeado outro servidor no lugar do aprovado no certame

A controvérsia cinge-se a definir acerca do prazo prescricional aplicável, e seu termo *a quo*, nos casos de preterição de nomeação de candidato aprovado em concurso público.

De início, as normas previstas na Lei nº 7.144/1983 aplicam-se meramente a atos concernentes ao concurso público, nos quais não se insere a preterição ao direito público subjetivo de nomeação para o candidato aprovado e classificado dentro do número de vagas ofertadas no edital de abertura, hipótese na qual se aplica o prazo prescricional de cinco anos do Decreto nº 20.910/1932.

Ademais, havendo preterição de candidato em concurso público, o termo inicial do prazo prescricional recai na data em que foram nomeados outros servidores no lugar dos aprovados na disputa.

12.3.5. Inclusão de candidatos aprovados por decisão da Justiça não altera número de vagas em concurso

De acordo com o STJ, a decisão judicial que manda incluir certo candidato ou um grupo de candidatos entre os aprovados em concurso público não implica alteração do número de vagas oferecidas no certame, o qual continua sendo aquele estabelecido no edital, de modo que não há direito à nomeação de outros candidatos que alegariam direito à nomeação.

Entenda a partir do exemplo: O edital do concurso para um cargo previa 20 vagas para nomeação imediata e outras 40 para o cadastro de reserva, sendo uma dessas para pessoa com deficiência. Imagine que cinco candidatos foram incluídos na lista dos aprovados por força de decisões judiciais.

Alegam os candidatos classificados do 61º ao 64º lugar no concurso que o número de vagas teria subido de 60 para 65 após as decisões judiciais. Como quatro candidatos em posição superior à deles foram convocados, mas desistiram de tomar posse, os impetrantes teriam direito à nomeação nessas vagas, pois estariam entre os primeiros 65 colocados da lista.

Todavia, o STJ entende que não há que se falar em direito à nomeação desses candidatos.

12.3.6. Direito à nomeação de candidato preterido e prazo para ajuizamento da ação judicial

A ação judicial visando ao reconhecimento do direito à nomeação de candidato aprovado fora das vagas previstas no edital (cadastro de reserva) deve ter por causa de pedir preterição ocorrida na vigência do certame.

A preterição de um candidato aprovado em concurso público e classificado dentro do cadastro de reserva legitima a ação judicial para sua nomeação, desde que ocorra durante o prazo de validade do concurso.

Os aprovados fora do número de vagas inicialmente previsto no edital têm apenas uma expectativa de direito à nomeação, pois cabe ao ente público decidir sobre as contratações conforme sua conveniência.

Portanto, para caracterizar a preterição de um candidato aprovado em favor de uma contratação temporária, esta deve ocorrer durante o prazo de validade do concurso. As contratações efetuadas após a expiração desse prazo não configuram preterição nem geram o direito à nomeação, pois os aprovados no concurso não podem mais ser convocados para assumir o cargo público após o término da validade do certame.

12.4. Posse em concurso público por medida judicial precária e "fato consumado"

A posse ou o exercício em cargo público por força de decisão judicial de caráter provisório não implica a manutenção, em definitivo, do candidato que não atende à exigência de prévia aprovação em concurso público (art. 37, II, da CR/1988), valor constitucional que prepondera sobre o interesse individual do candidato, que não pode invocar, na hipótese, o princípio da proteção da confiança legítima, pois conhece a precariedade da medida judicial. O STF[101] decidiu que o interesse individual do candidato não pode prevalecer sobre o interesse público de observância das normas constitucionais que exigem a prévia aprovação em concurso público para ocupação de cargos públicos. A decisão destaca que o princípio da proteção da confiança legítima não pode ser invocado nesse caso, pois o candidato já sabia da precariedade da medida judicial que o investiu no cargo. O STF destacou a excepcionalidade da aplicação da "teoria do fato consumado" e ressaltou que a nomeação e a posse no cargo devem seguir as regras constitucionais.

Por outro lado, o STJ[102] decidiu, em um caso específico, que a solidificação de situações fáticas decorrentes de um longo período entre a liminar concedida e a atualidade impede a reversão do quadro, causando danos desnecessários e irreparáveis ao

[101] RE 608.482/RN, Rel. Min. Teori Zavascki, j. 07.08.2014.

[102] AREsp 883.574-MS, Rel. Min. Napoleão Nunes Maia Filho, j. 20.02.2020.

servidor. No caso em questão, a liminar que concedeu a posse ao impetrante no cargo de policial rodoviário federal foi deferida em 1999 e, desde então, ele vem exercendo a função há mais de 20 anos. O STJ destacou que há situações excepcionais em que a solução padronizada resultaria em danos sociais maiores do que a manutenção da situação consolidada, permitindo a contagem do tempo de serviço prestado em virtude de decisão liminar, em flexibilização da regra estabelecida pelo STF sobre a inaplicabilidade do fato consumado à posse em cargo público por decisão precária.

12.5. Concurso público e segunda chamada em teste de aptidão física

Os candidatos em concurso público não têm direito a uma segunda chamada nos testes de aptidão física, exceto se houver disposição contrária no edital. No entanto, é considerada constitucional a remarcação do teste físico para candidatas grávidas, mesmo que o edital do concurso não preveja essa possibilidade. A decisão se baseia no entendimento de que a maternidade e a família são direitos fundamentais que vão além dos interesses individuais, e a proteção à gravidez tem respaldo constitucional reforçado. A gravidez não pode causar prejuízo às candidatas, em respeito aos princípios da igualdade e da razoabilidade. O direito ao planejamento familiar é uma decisão livre do casal e está relacionado à privacidade e à intimidade. Dado o longo tempo de duração dos concursos públicos e sua escassez, muitas vezes não é possível conciliar os interesses em jogo. Portanto, a solução adequada é permitir a continuidade do concurso e remarcar o teste físico para as candidatas grávidas em data posterior, reservando o número necessário de vagas. Se a candidata for aprovada, ela deve ser empossada; caso contrário, o candidato subsequente na lista de classificação será empossado.[103]

12.6. Concurso público: impossibilidade de participação de mulheres e isonomia

A imposição de discrímen de gênero para fins de participação em concurso público somente é compatível com a Constituição nos excepcionais casos em que demonstradas a fundamentação proporcional e a legalidade da imposição, sob pena de ofensa ao princípio da isonomia. Com base nessa jurisprudência, a 2ª Turma deu provimento a recurso ordinário em mandado de segurança no qual se questionava edital de concurso público para ingresso em curso de formação de oficiais de polícia militar estadual que previa a possibilidade de participação apenas de candidatos do sexo masculino. Assentou-se a afronta ao mencionado princípio da isonomia, haja vista que tanto o edital quanto a legislação que regeria a matéria não teriam definido qual a justificativa para não permitir que mulheres concorressem ao certame e ocupassem os quadros da polícia militar (RE 528.684/MS, 2ª Turma Rel. Min. Gilmar Mendes, j. 03.09.2013, *Informativo* 718).

---

[103] RE 1.058.333, Rel. Min. Luiz Fux, j. 23.11.2018, *Informativo* 924, Tema 973.

12.7. Dever de intimar o candidato pessoalmente

STJ, RMS 22.508 e RMS 21.554

A Administração Pública tem o dever de intimar o candidato, pessoalmente, quando há o decurso de tempo razoável entre a homologação do resultado e a data da nomeação, em atendimento aos princípios constitucionais da publicidade e da razoabilidade. Observe que a mesma situação deverá acontecer ainda que no edital não haja norma prevendo a intimação pessoal de candidato.

12.8. Alteração do edital de concurso no decorrer do certame

A jurisprudência do Supremo Tribunal Federal firmou-se no sentido de que **os editais de concursos públicos são inalteráveis no decorrer dos certames, salvo quando alguma alteração se fizer necessária por imposição de lei ou para sanar erro material contido no texto. Permite-se ainda a correção de ambiguidade textual**, nos termos da jurisprudência firmada acerca dos erros meramente materiais, desde que o sentido adotado tenha por base deliberação tomada prévia e publicamente pela comissão organizadora, em momento anterior ao início do próprio certame.

12.9. Da cláusula de reserva de barreira

O Supremo observou que a fixação de cláusula não implica quebra do princípio da isonomia. O relator do recurso, Ministro Gilmar Mendes, apontou que, com o crescente número de pessoas que buscam ingressar nas carreiras públicas, é cada vez mais usual que os editais estipulem critérios para restringir a convocação de candidatos de uma fase para outra. Ele destacou, ainda, que as regras restritivas em editais, eliminatórias ou de barreira, desde que fundadas em critérios objetivos relacionados ao desempenho dos candidatos, concretizam o princípio da igualdade e da impessoalidade no âmbito dos concursos públicos.

A norma é razoável e necessária em razão das dificuldades que a Administração Pública encontra para selecionar os melhores candidatos entre um grande número de pessoas que buscam ocupar cargos públicos.

12.10. Direito Administrativo. Posse em cargo público por menor de idade

Ainda que o requisito da idade mínima de 18 anos conste em lei e no edital de concurso público, é possível que o candidato menor de idade aprovado no concurso tome posse no cargo de auxiliar de biblioteca no caso em que ele, possuindo 17 anos e 10 meses na data da sua posse, já havia sido emancipado voluntariamente por seus pais há 4 meses. De fato, o STF consolidou sua jurisprudência quanto à constitucionalidade de limites etários na Súmula nº 683, segundo a qual "O limite de idade para a inscrição em concurso público só se legitima em face do art. 7º, XXX, da Constituição, quando possa ser justificado pela natureza das atribuições do cargo a ser preenchido". No caso em análise, o requisito da idade mínima de 18 anos deve ser flexibilizado pela natureza das atribuições do cargo de auxiliar de biblioteca, tendo em vista que a atividade desse cargo é plenamente compatível com a idade de 17 anos e 10 meses do candidato que já havia sido emancipado voluntariamente por seus pais há 4 meses. Além disso, o art. 5º, parágrafo único, do CC, ao dispor sobre as hipóteses de cessação da incapacidade para os menores de 18 anos – entre elas, a emancipação voluntária concedida pelos pais (caso em análise) e o exercício de emprego público efetivo –, permite o acesso do menor de 18 anos ao emprego público efetivo (REsp 1.462.659-RS, Rel. Min. Herman Benjamin, j. 01.12.2015, *DJe* 04.02.2016).

12.11. Presunção de inocência e eliminação de concurso público

Sem previsão constitucionalmente adequada e instituída por lei, não é legítima a cláusula de edital de concurso público que restrinja a participação de candidato pelo simples fato de responder a inquérito ou ação penal.

O caso trata da participação de um soldado da Polícia Militar do Distrito Federal (PMDF) em um curso de formação em que ele foi acusado de falso testemunho. O ato de exclusão do soldado do curso foi baseado em um edital que proibia a participação de candidatos denunciados por crimes dolosos. O relator, Ministro Roberto Barroso, ressaltou a necessidade de ponderação entre valores constitucionais para resolver a controvérsia. Ele apresentou duas regras para determinar a idoneidade moral aplicável ao ingresso no serviço público por concurso. A primeira regra é a necessidade de condenação por órgão colegiado ou condenação definitiva. A segunda regra é a existência de incompatibilidade entre a natureza do crime e as atribuições do cargo. O relator concluiu que a restrição imposta é adequada, não excessiva e proporcional, protegendo a moralidade administrativa. Ele também considerou a suspensão condicional do processo como um fator que reforça a negativa do recurso.

12.12. Condenados aprovados em concursos públicos podem ser nomeados e empossados

O entendimento firmado pelo Supremo Tribunal Federal, no RE 1.282.553, no que tange à possibilidade de nomeação e posse de condenados em concursos públicos, representa uma interpretação teleológica e sistemática da Constituição Federal e de outros diplomas normativos, como a Lei de Execuções Penais (Lei nº 7.210/1984). O posicionamento do STF evidencia a preocupação em harmonizar os princípios da dignidade da pessoa humana, do valor social do trabalho e da função ressocializadora da pena.

Análise

Direitos Políticos x Direitos Civis e Sociais: segundo o Min. Alexandre de Moraes, a suspensão de direitos políticos não atinge automaticamente os direitos civis e sociais. Nesse sentido, a Constituição Federal, em seu art. 15, III, estabelece que a suspensão dos direitos políticos em decorrência de condenação criminal transitada em julgado restringe-se ao direito de votar e de ser votado.

Dignidade da Pessoa Humana: o art. 1º, III, da Constituição Federal elenca a dignidade da pessoa humana como um dos fundamentos da República Federativa do Brasil. O emprego é uma manifestação dessa dignidade, uma vez que permite ao indivíduo contribuir para a sociedade e para o seu próprio desenvolvimento.

Valor Social do Trabalho: outro fundamento constitucional é o valor social do trabalho, conforme o art. 1º, IV. O trabalho não só possui uma dimensão econômica, mas também uma dimensão social e dignificante.

Ressocialização: o art. 1º da Lei de Execuções Penais determina que a execução penal tem por objetivo efetivar as disposições de sentença ou decisão criminal e proporcionar condições para a harmônica integração social do condenado. Esse objetivo seria mais plenamente alcançado se o condenado tivesse a oportunidade de exercer uma atividade laboral.

Condicionantes: importante notar que o STF estabelece condicionantes para o efetivo exercício do cargo, que estão submetidos à análise do Juízo de Execuções e ao regime da pena. Portanto, o direito à nomeação e posse não é absoluto, mas ponderado em face das circunstâncias.

Conclusão

A decisão do STF é paradigmática no sentido de reforçar uma concepção garantista e humanista do Direito Penal e da execução da pena, em conformidade com os princípios e os fundamentos constitucionais. Além disso, ela pode ter efeitos práticos relevantes no processo de ressocialização dos condenados e na efetivação dos direitos fundamentais.

12.13. É inconstitucional a fixação de critério de desempate em concursos públicos que favoreça candidatos que pertencem ao serviço público de determinado ente federativo[104]

Critério que se revela ilegítimo, pois não assegura a seleção do candidato mais capacitado ou experiente, já que favorece o servidor estadual, em detrimento de servidores federais, municipais e de trabalhadores da iniciativa privada que tenham tempo superior de exercício profissional, além de desvinculado das aptidões necessárias ao cargo a ser provido.

Violação dos princípios constitucionais da isonomia e da impessoalidade. Afronta ao disposto no art. 19, III, da CR/1988, que veda à União, aos estados, ao Distrito Federal e aos municípios a criação de distinções entre brasileiros ou preferências entre si.

13. OUTRAS JURISPRUDÊNCIAS SOBRE AGENTES PÚBLICOS

13.1. Proibição de tatuagem a candidato de concurso público é inconstitucional – RE 898.450/2016

O Supremo Tribunal Federal (STF) decidiu, por maioria, que a proibição de tatuagens a candidatos a cargo público em concursos públicos é inconstitucional, exceto

---

104 ADI 5.358, Rel. Min. Roberto Barroso, j. 30.11.2020, *DJe* 15.12.2020.

em casos excepcionais que violem valores constitucionais. O relator do caso ressaltou que criar barreiras arbitrárias para o acesso a cargos públicos fere os princípios da isonomia e da razoabilidade. Segundo o ministro, a tatuagem é uma forma de liberdade de expressão e não pode ser considerada uma transgressão aos bons costumes. No entanto, tatuagens que prejudiquem a disciplina, incitem crimes ou violem a ordem podem ser coibidas. As Forças Armadas também vetam tatuagens que transmitam mensagens contrárias à lei e à ordem.

13.2. Da indenização por danos materiais em decorrência de nomeação tardia para cargo público em razão de decisão judicial

É indevida a indenização por danos materiais a candidato aprovado em concurso público cuja nomeação tardia decorreu de decisão judicial. O STJ mudou o entendimento sobre a matéria e passou a adotar a orientação do STF no sentido de que não é devida indenização pelo tempo em que se aguardou solução judicial definitiva para que se procedesse à nomeação de candidato para cargo público. Assim, não assiste ao concursado o direito de receber o valor dos vencimentos que poderia ter auferido até o advento da nomeação determinada judicialmente, pois essa situação levaria a seu enriquecimento ilícito em face da inexistência da prestação de serviços à Administração Pública. Precedentes citados: EREsp 1.117.974-RS, *DJe* 19.12.2011, e AgRg no AgRg no RMS 34.792-SP, *DJe* 23.11.2011 (AgRg nos EDcl nos EDcl no RMS 30.054-SP, Rel. Min. Og Fernandes, j. 19.02.2013, *Informativo* 515).

13.3. O espólio não possui legitimidade passiva *ad causam* na ação de ressarcimento de remuneração indevidamente paga após a morte de ex-servidor e recebida por seus herdeiros

Configura ato ilícito o saque de dinheiro disponibilizado, a título de remuneração para servidora falecida, por seus herdeiros. Como essa remuneração não tem razão de ser, o pagamento é indevido, gera o enriquecimento de quem não era titular da quantia e o dever de restituição.

Pessoas naturais possuem personalidade jurídica entre seu nascimento com vida e o momento de sua morte. Com efeito, o ex-servidor público não tinha mais personalidade jurídica quando o ente federativo depositou a quantia ora pleiteada.

Assim, para que se possa ser titular de direitos e obrigações (deveres), necessita-se de personalidade jurídica. Se o *de cujus* não tinha mais personalidade, não poderia se tornar titular de deveres. Ademais, o falecimento é causa de vacância do cargo público, de modo que não existe mais vínculo jurídico-administrativo entre a Administração Pública e o servidor, após o falecimento deste.

Nesse contexto, o espólio responde pelas dívidas do falecido e, por isso, não deve responder pelo enriquecimento sem causa dos herdeiros que não é atribuível ao falecido.

Logo, se o espólio não pode ser vinculado, nem mesmo abstratamente, ao dever de restituir, também não pode ser considerado parte legítima na ação nos termos do art. 17 do CPC/2015 (REsp 1.805.473-DF, Rel. Min. Mauro Campbell Marques, Segunda Turma, por unanimidade, j. 03.03.2020, *DJe* 09.03.2020).

13.4. Restituição ao erário dos valores indevidamente recebidos por servidor público

Acerca desse ponto, há diversos julgados do STJ e do STF. A Primeira Seção do STJ, no julgamento do Recurso Especial Representativo da Controvérsia 1.244.182/PB, firmou o entendimento de que não é devida a restituição de valores pagos a servidor público de boa-fé, por força de interpretação errônea ou má aplicação da lei por parte da Administração.

O STJ, no REsp 1.769.306/AL, fixou o entendimento de que os pagamentos indevidos aos servidores públicos **decorrentes de erro administrativo (operacional ou de cálculo)**, não embasado em interpretação errônea ou equivocada da lei pela Administração, **estão sujeitos à devolução**, ressalvadas as hipóteses em que o servidor, diante do caso concreto, comprova sua boa-fé objetiva, sobretudo com demonstração de que não lhe era possível constatar o pagamento indevido.

Outro entendimento da jurisprudência do STJ está no sentido de que, em virtude da natureza alimentar, não é devida a restituição dos valores que, por força de decisão transitada em julgado, foram recebidos de boa-fé, ainda que posteriormente tal decisão tenha sido desconstituída em ação rescisória.

Também se deve perceber que *é devida a restituição ao erário dos valores de natureza alimentar pagos pela Administração Pública a servidores públicos em cumprimento a decisão judicial precária posteriormente revogada*. Não é possível, em tais casos, aplicar o entendimento de que a restituição não seria devida, sob o argumento de que o servidor encontrava-se de boa-fé, porquanto sabedor da fragilidade e provisoriedade da tutela concedida.[105]

Por fim, a jurisprudência do STF[106] afirma a desnecessidade de restituição de parcelas recebidas por decisão judicial posteriormente revogada em razão de mudança da jurisprudência. A orientação ampara-se: (i) na confiança legítima que tinham os beneficiários de a pretensão ser acolhida; e (ii) no lapso temporal transcorrido entre o deferimento da liminar e a sua revogação.

13.5. Informações obtidas por monitoramento de e-mail corporativo de servidor público

As informações obtidas por monitoramento de e-mail corporativo de servidor público não configuram prova ilícita quando relacionadas com aspectos "não pessoais" e de interesse da Administração Pública e da própria coletividade, especialmente quando exista, nas disposições normativas acerca do seu uso, expressa menção da sua

[105] EAREsp 58.820-AL, Rel. Min. Benedito Gonçalves, j. 08.10.2014.

[106] STF, MS 32.185 ED, Primeira Turma, Rel. Min. Marco Aurélio, Rel. p/ Acórdão Min. Roberto Barroso, j. 24.10.2017, processo eletrônico *DJe*-169, divulg. 02.08.2019, public. 05.08.2019.

destinação somente para assuntos e matérias afetas ao serviço, bem como advertência sobre monitoramento e acesso ao conteúdo das comunicações dos usuários para cumprir disposições legais ou instruir procedimento administrativo.[107]

13.6. Teoria do fato consumado e remoção de servidor

A teoria do fato consumado não pode ser usada para validar a remoção de um servidor público que deseja acompanhar o cônjuge, quando essa remoção não está de acordo com a legalidade estrita, mesmo que tenha durado por muitos anos devido a uma decisão liminar não confirmada. Essa teoria é aplicada quando não é possível desfazer os efeitos de um ato inválido ou quando a Administração permite uma situação contrária à legalidade por um longo período, gerando confiança e estabilidade nas relações. No entanto, se um ato é contestado e considerado irregular, mas seus efeitos já ocorreram devido a demoras processuais, ele deve ser desfeito, exceto quando a situação consolidada não pode ser revertida. Mesmo assim, a parte prejudicada tem o direito de buscar indenização. O direito de acompanhar o cônjuge não garante automaticamente a lotação em uma cidade específica, e remover servidores fora das regras legais desequilibra a distribuição de pessoal nos órgãos públicos. A teoria do fato consumado não deve flexibilizar a interpretação das leis e deve ser aplicada com cuidado para evitar premiar aqueles que não têm direito devido ao atraso no julgamento. Portanto, a teoria do fato consumado não pode ser usada para consolidar a remoção de servidores que desejam acompanhar o cônjuge, quando não está em conformidade estrita com a legalidade, mesmo que essa situação tenha persistido por muitos anos devido a uma decisão liminar não confirmada.[108]

13.7. Instauração de PAD (Processo Administrativo Disciplinar) de servidor cedido

A instauração de um processo disciplinar contra um servidor efetivo cedido deve ocorrer, preferencialmente, no órgão em que a suposta irregularidade tenha sido cometida. No entanto, o julgamento e a aplicação de sanção, após o término do período de cessão e com o retorno do servidor ao órgão de origem, devem ser realizados apenas no órgão ao qual o servidor público federal está vinculado. O órgão onde a irregularidade ocorreu tem competência para iniciar o processo disciplinar, facilitando a coleta de provas e a investigação dos fatos. No entanto, uma vez encerrada a cessão e finalizada a relação com o órgão cessionário, cabe ao órgão de origem a aplicação de qualquer penalidade. O órgão cessionário deve rescindir o contrato de cessão e devolver o servidor, enquanto o julgamento e a aplicação da sanção são responsabilidade do órgão de origem. É importante destacar que o julgamento e a aplicação da sanção são considerados um único ato, realizado pela autoridade competente e devidamente publicado de acordo com as disposições do Regime Jurídico Único (RJU).

---

[107] STJ, RMS 48.665-SP, Segunda Turma, Rel. Min. Og Fernandes, j. 15.09.2015, *Info* 576.

[108] EREsp 1.157.628-RJ, Rel. Min. Raul Araújo, por maioria, j. 07.12.2016, *DJe* 15.02.2017.

13.8. Policiais civis e restrições à promoção ou à participação em manifestações

De acordo com o STF,[109] é compatível com o sistema normativo-constitucional vigente norma estadual que veda a promoção ou a participação de policiais em manifestações de apreço ou desapreço a quaisquer autoridades ou contra atos da Administração Pública em geral.

A liberdade de expressão é um direito fundamental, mas não é absoluto. Pode ser restrita em certas circunstâncias. No caso dos policiais civis, que são responsáveis pela segurança pública, as restrições previstas em lei são consideradas adequadas, necessárias e proporcionais. Isso ocorre devido à natureza armada desses agentes e à possibilidade de suas manifestações afetarem a ordem pública e a hierarquia da corporação. É preciso conciliar a liberdade de expressão dos policiais com a necessidade de garantir a segurança, a ordem pública e a disciplina nas organizações policiais.

13.9. Restrição do direito de férias de servidores municipais

No exercício da autonomia legislativa municipal, não pode o município, ao disciplinar o regime jurídico de seus servidores, restringir o direito de férias a servidor em licença-saúde de maneira que inviabilize o gozo de férias anuais previsto no art. 7º, XVII, da Constituição Federal de 1988.

Nesse sentido, de acordo com o STF, lei municipal não pode limitar o direito fundamental de férias do servidor público que gozar, em seu período aquisitivo, de mais de dois meses de licença médica.

O direito ao gozo de férias anuais remuneradas é constitucionalmente assegurado aos trabalhadores urbanos e rurais, nos termos do art. 7º, XVII, da CR/1988 e extensível aos servidores públicos, conforme dispõe o art. 39, § 3º, da CR/1988.

Não é possível inferir ou extrair do texto da Constituição Federal qualquer limitação ao exercício desse direito, de modo que a legislação infraconstitucional não pode fazê-lo.

Portanto, embora a autonomia municipal também seja protegida por disposição constitucional expressa, de acordo com os arts. 18 e 30 da CR/1988, o município não pode, mesmo sob o pretexto de disciplinar o regime jurídico de seus servidores, tornar irrealizável direito fundamental a eles conferido.

13.10. Defensoria Pública: lei estadual que fixa critérios de desempate para a promoção e a remoção com base na antiguidade[110]

É inconstitucional – por violar a competência do legislador complementar nacional (arts. 61, § 1º, II, *d*, 93 e 134, §§ 1º e 4º, da CR/1988) e o princípio da

---

[109] ADPF 734/PE, Rel. Min. Dias Toffoli, julgamento virtual finalizado em 12.04.2023.

[110] ADI 7.317/RS, Rel. Min. Cármen Lúcia, julgamento virtual finalizado em 02.05.2023.

isonomia (arts. 5º, *caput*, e 19, III, da CR/1988) – norma estadual que fixa o tempo de serviço público no ente federado ou o tempo de serviço público em geral como critério de desempate na aferição da antiguidade para a promoção e a remoção dos defensores públicos locais.

De acordo com o STF, o mesmo raciocínio aplicado quanto à carreira da magistratura deve ser adotado em relação à de defensor público, sendo vedado à lei estadual disciplinar matéria própria da Lei Orgânica da Defensoria Pública (Lei Complementar nº 80/1994) ou dispor de forma contrária a ela.

Na espécie, do cotejo das normas da LC nº 80/1994 com os dispositivos impugnados, verifica-se inexistir norma nacional a reconhecer o tempo de exercício de serviço público como critério válido para o desempate na antiguidade para fins de promoção na carreira de defensor público.

Ademais, ao fixar o tempo de serviço público como critério de desempate para promoção e remoção por antiguidade, o legislador estadual estabeleceu inconstitucional distinção entre membros da mesma carreira, em desrespeito ao princípio da isonomia.

13.11. Ministério Público: lei estadual que fixa critérios de desempate para a promoção e a remoção com base na antiguidade[111]

É inconstitucional – por violar a competência do legislador complementar nacional (arts. 61, § 1º, II, *d*, 93 e 129, § 4º, da CR/1988) e o princípio da isonomia (arts. 5º, *caput*, e 19, III, da CR/1988) – norma estadual que fixa o tempo de serviço público no ente federado ou o maior número de filhos como critério de desempate na aferição da antiguidade para a promoção e a remoção de membros do Ministério Público local.

O mesmo raciocínio aplicado quanto à carreira da magistratura deve ser adotado em relação à do Ministério Público, sendo vedado à lei estadual disciplinar matéria própria da Lei Orgânica Nacional do Ministério Público (LONMP, Lei nº 8.625/1993) ou dispor de forma contrária a ela.

Na espécie, do cotejo das normas da LONMP com os dispositivos impugnados, verifica-se inexistir norma nacional a reconhecer o número de filhos e o tempo de exercício de serviço público no estado federado como critérios válidos para o desempate na antiguidade de membros do Ministério Público.

Ademais, ao fixar o número de filhos e o tempo de serviço público na unidade federativa como critérios de desempate para promoção e remoção por antiguidade, o legislador estadual estabeleceu inconstitucional distinção entre membros da mesma carreira, em desrespeito ao princípio da isonomia.

---

[111] ADI 7.283/MG, Rel. Min. Cármen Lúcia, julgamento virtual finalizado em 02.05.2023.

13.12. Impedimento da aposentadoria voluntária e da exoneração a pedido de servidor estadual que responde a processo administrativo disciplinar[112]

É constitucional norma estadual que impede a exoneração a pedido e a aposentadoria voluntária de servidor que responde a Processo Administrativo Disciplinar (PAD). Contudo, é possível conceder a aposentadoria ao investigado quando a conclusão do PAD não observa prazo razoável.

A Administração Pública não tem o poder de escolher não aplicar penalidades disciplinares quando os fatos se enquadram nas normas nem de estender desproporcionalmente o prazo para a conclusão do processo administrativo. É permitido impor múltiplas sanções quando necessário para cumprir o princípio democrático. A indisponibilidade de bens para ressarcimento do dano ou a possibilidade de inelegibilidade justificam a previsão legal que replica as penalidades aplicáveis aos servidores demitidos. No entanto, o tempo de espera para a conclusão do processo administrativo pode afetar o direito à aposentadoria. Nesses casos, é necessário analisar o motivo real da demora, considerando se ocorreu devido à negligência, à complexidade do caso ou à necessidade de produção de provas, entre outras possibilidades, avaliando o contexto específico.

13.13. Direito da gestante contratada por prazo determinado ou ocupante de cargo em comissão à licença-maternidade e à estabilidade provisória[113]

A trabalhadora gestante tem direito ao gozo de licença-maternidade e à estabilidade provisória, independentemente do regime jurídico aplicável, se contratual ou administrativo, ainda que ocupe cargo em comissão ou seja contratada por tempo determinado.

A proteção à maternidade e à infância é um pilar fundamental da Constituição, refletindo-se diretamente no ambiente de trabalho, inclusive no setor público. Isto significa que toda gestante, seja ela contratada por tempo determinado ou ocupante de um cargo comissionado na Administração Pública, tem direito a uma licença-maternidade de 120 dias e à estabilidade no emprego desde a confirmação da gravidez até cinco meses após o nascimento do bebê.

Este princípio tem um propósito muito claro: assegurar que todas as mulheres grávidas, independentemente da natureza do seu contrato de trabalho – seja ele regido pela CLT, seja um vínculo temporário ou estatutário – ou da forma como ocupam suas posições (por concurso ou nomeação), possam viver o período da gravidez e o pós-parto sem preocupações relativas à segurança do emprego. Esta medida é um reflexo da justiça social, enfatizando que o tipo de contrato não deve interferir no direito à maternidade protegida e respeitada.

---

112 ADI 6.591/DF, Rel. Min. Edson Fachin, julgamento virtual finalizado em 02.05.2023.

113 RE 842.844/SC, Rel. Min. Luiz Fux, julgamento finalizado em 05.10.2023.

A garantia de manutenção do emprego para a gestante vai além da simples segurança financeira. É uma forma de garantir que a futura mãe possa dedicar-se integralmente à saúde e ao bem-estar do seu filho, especialmente no período crítico que abrange o pós-parto e a amamentação. Isso reforça a importância do princípio da máxima efetividade dos direitos fundamentais, que visa uma aplicação das normas constitucionais que maximizem os direitos protegidos pela Constituição.

Adicionalmente, ao estender esse direito a todas as trabalhadoras, sem distinção quanto à modalidade de contratação, fortalece-se a igualdade material. Isso significa tratar de forma diferente aqueles que se encontram em situações desiguais, com o objetivo de promover uma igualdade real e efetiva. Dessa forma, a Constituição se aplica de maneira ampla, não fazendo distinções que possam prejudicar as trabalhadoras gestantes com diferentes tipos de vínculo empregatício.

Assim, a extensão do direito à licença-maternidade e à estabilidade provisória para todas as gestantes vinculadas à Administração Pública é uma expressão da valorização da maternidade e da infância, princípios caros à sociedade e à lei, que visam a proteger a mãe e o nascituro, garantindo-lhes um período de gravidez, parto e pós-parto seguros e dignos.

13.14. Limitação de vagas para mulheres em concurso público da Polícia Militar[114]

A reserva de vagas para candidatas do sexo feminino para ingresso na carreira da Polícia Militar, disposta em norma estadual, não pode ser compreendida como autorização legal que as impeça de concorrer à totalidade das vagas disponíveis em concursos públicos, isto é, com restrição e limitação a determinado percentual fixado nos editais.

A Constituição Federal brasileira ressalta a importância da inclusão social de grupos historicamente marginalizados. Assim, não é adequado que o Estado crie barreiras ou limitações que impeçam o acesso desses grupos a cargos públicos. Pelo contrário, é responsabilidade governamental promover ativamente a participação desses grupos, incluindo as mulheres – que representam a maioria da população do país –, em todas as esferas da vida pública e profissional. Isso é especialmente crítico em setores tradicionalmente dominados por homens, como as forças de segurança.

Nesse contexto, interpretar as normas de forma a limitar a presença feminina nas corporações, por exemplo, estabelecendo um teto para a admissão de mulheres em vez de uma cota mínima de inclusão, distorce o propósito original das políticas de ação afirmativa. Tal leitura não só vai contra a intenção de proteção e inclusão estabelecida pela legislação, mas também viola princípios constitucionais fundamentais.

Esses princípios incluem a garantia de não discriminação por gênero, a igualdade de direitos e oportunidades entre homens e mulheres, a proteção especial ao trabalho feminino, a proibição de critérios discriminatórios para admissão em fun-

[114] ADI 7.492/AM, Rel. Min. Cristiano Zanin, julgamento virtual finalizado em 09.02.2024.

ções públicas por motivo de sexo e a universalidade do acesso aos cargos públicos por meio de concursos. Esses princípios estão assegurados em diversos artigos da Constituição Federal (arts. 3º, IV; 5º, *caput* e I; 7º, XX e XXX; 37, I; 39, § 3º), os quais coletivamente promovem a equidade de gênero e a inclusão social como diretrizes obrigatórias para a Administração Pública, sublinhando a importância de requisitos diferenciados apenas quando justificados pela natureza específica do cargo.

13.15. Licença-maternidade à mulher não gestante em união estável homoafetiva[115]

A mãe servidora ou trabalhadora não gestante em união homoafetiva tem direito ao gozo de licença-maternidade. Caso a companheira tenha utilizado o benefício, fará jus à licença pelo período equivalente ao da licença-paternidade.

Trata-se de um avanço na interpretação dos direitos trabalhistas e previdenciários, refletindo uma abordagem mais inclusiva no que diz respeito à licença-maternidade. Aqui, afirma-se que uma mãe servidora ou trabalhadora que não está gestante, mas está em uma união homoafetiva, tem o direito de usufruir da licença-maternidade. Isso reconhece a importância do vínculo e do papel parental, independentemente da biologia ou do gênero, assegurando a igualdade de tratamento entre casais homoafetivos e heteroafetivos.

No entanto, é preciso observar que se a companheira já tiver usufruído da licença-maternidade, a servidora ou trabalhadora em questão terá direito a uma licença, mas esta será pelo período correspondente à licença-paternidade. Isso significa que, em uma união homoafetiva, ambas as mães têm direitos assegurados quanto à licença para cuidar de seu filho, porém, se uma delas já se beneficiou da licença-maternidade, a outra poderá usufruir de uma licença com duração semelhante à de paternidade, que geralmente é mais curta.

Esse arranjo visa equilibrar o direito ao cuidado parental, reconhecendo as diversas configurações familiares e promovendo a igualdade de direitos entre os pais, independentemente de gênero ou de quem carrega a gestação.

13.16 Procuradoria municipal: impossibilidade de criação por norma estadual e de contratação de advogados sem concurso público[116]

É inconstitucional – por ofensa aos postulados da autonomia municipal (CF/1988, art. 30, I) e do concurso público para provimento de cargos (CF/1988, art. 37, II) – norma de Constituição Estadual que obrigue a criação de Procuradorias nos municípios e permita a contratação, sem concurso público, de advogados para nelas atuarem.

O texto constitucional não exige a criação obrigatória de Procuradorias Municipais (CF/1988, arts. 131 e 132). Portanto, a Constituição Estadual não pode limitar

---

[115] RE 1.211.446/SP, Rel. Min. Luiz Fux, julgamento finalizado em 13.03.2024.

[116] ADI 6.331/PE, Rel. Min. Luiz Fux, julgamento virtual finalizado em 08.04.2024.

o poder dos municípios de se auto-organizarem. Além disso, não há norma constitucional obrigatória que imponha aos municípios a criação de órgãos específicos de advocacia pública.

Cada município, como ente federativo autônomo, tem a liberdade de decidir se deseja ou não instituir um corpo próprio de procuradores municipais. Contudo, se optar pela criação de tais cargos, é obrigatório que o provimento desses cargos ocorra por meio de concurso público. A contratação direta e genérica de serviços de representação judicial e extrajudicial fere os princípios constitucionais.

13.17 Concursos públicos da área de segurança pública: limite de vagas para mulheres[117]

A reserva legal de percentual de vagas a ser preenchido, exclusivamente, por mulheres, em concursos públicos da área de segurança pública estadual, não pode ser interpretada como autorização para impedir que elas possam concorrer à totalidade das vagas oferecidas.

É proibida qualquer interpretação que limite a participação de candidatas do sexo feminino em concursos públicos, pois discriminações arbitrárias são inadmissíveis, especialmente quando não há justificativa objetiva e razoável para tal restrição na norma correspondente.

Nesse contexto, a solução da controvérsia considerou principalmente:

1. O objetivo fundamental da República Federativa do Brasil de promover o bem de todos, sem preconceitos de sexo (CF/1988, art. 3º, IV).

2. O direito de amplo acesso a cargos públicos, empregos e funções públicas.

3. A preocupação clara da Constituição Federal em garantir a igualdade entre os gêneros (art. 5º, *caput* e I).

4. A ausência de especificidade no texto constitucional relativa à participação de mulheres nos concursos para ingresso em cargos.

5. A necessidade de incentivar, por meio de ações afirmativas, a participação feminina nas áreas de segurança pública para garantir a igualdade material.

6. A inexistência de previsão legal devidamente justificada que possa validar a restrição, total ou parcial, do acesso às vagas.

13.18 Pessoas com idade superior a quarenta anos: cotas na Administração Pública distrital e nas licitações para contratação de serviços com fornecimento de mão de obra[118]

É constitucional – na medida em que configura discrímen razoável – lei distrital que estabelece a obrigatoriedade de: (i) serem mantidas, no mínimo, 5% (cinco por cento) de pessoas com idade acima de quarenta anos, obedecido o princípio do

---

117 ADI 7.480/SE,Rel. Min. Alexandre de Moraes, julgamento virtual finalizado em 10.05.2024.

118 ADI 4.082/DF, Rel. Min. Edson Fachin, julgamento virtual finalizado em 30.08.2024.

concurso público, nos quadros da Administração Pública direta e indireta; e (ii) ser firmada cláusula, nas licitações para contratação de serviços com fornecimento de mão de obra, que assegure o mínimo de 10% (dez por cento) das vagas a pessoas com mais de quarenta anos.

As ações afirmativas antidiscriminatórias e a formulação de políticas públicas voltadas à promoção do pleno emprego inserem-se nas competências comuns das unidades federativas. Nesse sentido, os estados e o Distrito Federal possuem a faculdade de suplementar as normas gerais de competência da União, estabelecendo percentuais mínimos de contratação conforme as demandas e prioridades locais, desde que não contravenham o ordenamento federal.

As contratações públicas constituem um instrumento eficaz para a promoção de diretrizes sociais e econômicas. Nesse contexto, a criação de reservas de vagas para faixas etárias que enfrentam dificuldades de inserção no mercado de trabalho alinha-se ao princípio da igualdade material, contribuindo para a redução do desemprego nessa população, com impacto positivo na cadeia econômica e na proteção do núcleo familiar.

A lei distrital impugnada, ao instituir cotas de contratação no âmbito do Poder Público, visa fomentar o desenvolvimento econômico e social da localidade, concretizando preceitos constitucionais de proteção integral ao trabalhador e respeito à isonomia. Há uma correlação lógica entre o fator discriminatório e a finalidade pretendida, uma vez que os critérios adotados encontram respaldo constitucional e suas consequências são compatíveis com os fundamentos e objetivos da República.

13.19 Convocação fracionada e restrição indevida na escolha de lotação em concurso público[119]

A convocação fracionada de aprovados em concurso público para o provimento das vagas previstas no edital não pode implicar em restrição artificial da preferência na escolha da lotação segundo a ordem de classificação.

No caso em questão, o impetrante foi devidamente aprovado em concurso público para o cargo de Analista Judiciário, na especialidade de Oficial de Justiça, obtendo a segunda colocação. A controvérsia gira em torno de saber se houve ou não a preterição do candidato, ou seja, se foi indevidamente preterido na escolha do local de lotação por candidatos com classificação inferior.

A autoridade impetrada defendeu que o candidato, ao se inscrever no concurso, vinculou-se às condições estabelecidas no edital. Dessa forma, após exercer seu direito de escolha da comarca de lotação na primeira chamada, ele não poderia optar por outro local posteriormente.

Contudo, no caso específico, conforme evidenciado nos autos, entre o primeiro ato de nomeação – após a escolha dos primeiros convocados – e a publicação da

[119] RMS 71.656/RO, Rel. Min. Francisco Falcão, Rel. p/ acórdão Min. Teodoro Silva Santos, Segunda Turma, por maioria, j. 08.08.2024.

segunda convocação para a audiência pública, transcorreram apenas 20 dias. Esse curto período de tempo configura violação aos princípios da razoabilidade e proporcionalidade, pois não houve um intervalo adequado para reorganização e nova escolha.

Além disso, o edital previa que a convocação dos candidatos para a audiência pública de escolha das vagas deveria seguir rigorosamente a ordem de classificação no concurso. Portanto, a priorização de candidatos com classificação inferior viola os princípios da isonomia e da vinculação ao edital, ferindo a legalidade do certame.

Embora seja prerrogativa da Administração Pública escolher o momento adequado para a nomeação dos candidatos aprovados, dentro do prazo de validade do concurso, quando há constatação de preterição arbitrária, surge o direito líquido e certo à nomeação do candidato prejudicado. Isso evita a violação ao art. 37, inciso IV, da Constituição Federal, que assegura o respeito à ordem de classificação.

O STF, no julgamento do Tema 784 com repercussão geral, afirmou que a Administração Pública deve exercer sua discricionariedade não apenas com base em sua conveniência e oportunidade, mas também respeitando os direitos fundamentais e as normas constitucionais, em constante diálogo com a sociedade.

Assim, no presente caso, o intervalo de apenas 20 dias entre as nomeações demonstra que, já no momento da primeira nomeação, havia necessidade de preenchimento dos cargos e disponibilidade de vagas. Por isso, é necessário garantir que os candidatos melhor classificados tenham prioridade na escolha dos locais de lotação, conforme determina o edital e os princípios constitucionais aplicáveis.

14. DIREITOS TRABALHISTAS EXTENSÍVEIS AOS SERVIDORES PÚBLICOS

Os servidores estatutários, de acordo com a Constituição da República, têm alguns direitos trabalhistas. Segue a lista de direitos a eles assegurados:

1. salário mínimo, fixado em lei, nacionalmente unificado, capaz de atender a suas necessidades vitais básicas e às de sua família com moradia, alimentação, educação, saúde, lazer, vestuário, higiene, transporte e previdência social, com reajustes periódicos que lhe preservem o poder aquisitivo, sendo vedada sua vinculação para qualquer fim;
2. garantia de salário, nunca inferior ao mínimo, para os que percebem remuneração variável;
3. décimo terceiro salário com base na remuneração integral ou no valor da aposentadoria;
4. remuneração do trabalho noturno superior à do diurno;
5. salário-família pago em razão do dependente do trabalhador de baixa renda nos termos da lei;

6. duração do trabalho normal não superior a oito horas diárias e quarenta e quatro semanais, facultada a compensação de horários e a redução da jornada, mediante acordo ou convenção coletiva de trabalho;
7. repouso semanal remunerado, preferencialmente aos domingos;
8. remuneração do serviço extraordinário superior, no mínimo, em cinquenta por cento à do normal;
9. gozo de férias anuais remuneradas com, pelo menos, um terço a mais do que o salário normal;
10. licença à gestante, sem prejuízo do emprego e do salário, com a duração de cento e vinte dias;
11. licença-paternidade, nos termos fixados em lei;
12. proteção do mercado de trabalho da mulher, mediante incentivos específicos, nos termos da lei;
13. redução dos riscos inerentes ao trabalho, por meio de normas de saúde, higiene e segurança;
14. proibição de diferença de salários, de exercício de funções e de critério de admissão por motivo de sexo, idade, cor ou estado civil.

15. LEI GERAL DOS CONCURSOS PÚBLICOS – LEI Nº 14.965/2024

15.1. Comentários iniciais e aplicabilidade

O concurso público, hoje, no Brasil, é uma das principais formas de ascensão social. Milhares de pessoas dedicam anos de suas vidas para conquistar a tão sonhada aprovação, atraídas pela estabilidade, bons salários e outros benefícios inerentes ao serviço público. Essa busca, que envolve a compra de cursos, livros e materiais de estudo, movimenta um importante mercado na economia brasileira. Com a publicação de cada novo edital, a concorrência cresce exponencialmente. No entanto, apesar da relevância desse processo para a sociedade, o Brasil carecia de uma regulamentação uniforme e abrangente para os concursos públicos, o que motivou a criação da Lei nº 14.965/2024. O principal objetivo dessa nova legislação é gerar maior segurança jurídica e harmonização para os certames realizados em todo o país.

A Lei de Normas Gerais dos Concursos trouxe poucas novidades tanto na organização dos concursos quanto na garantia de segurança para os candidatos. Em termos práticos, ela não criou inovações relevantes, exceto pela previsão de provas online, que ainda dependerá de regulamentação específica. O projeto original, durante sua tramitação no Congresso, previa mudanças mais amplas, mas o texto final aprovado determinou que a União não pode criar regras específicas para não interferir na competência dos Estados e Municípios. Dessa forma, a nova lei não altera as formas de avaliação e tampouco previne os abusos que frequentemente ocorrem por parte das bancas examinadoras e órgãos responsáveis.

Apesar de sua relevância, a Lei nº 14.965/2024 apresenta alguns pontos que poderiam ser mais bem estruturados. Um deles diz respeito ao processo de escolha das bancas organizadoras. Erros grosseiros por parte dessas organizadoras, que resultam em anulações de certames e desperdício de recursos públicos, têm sido recorrentes, o que evidencia a necessidade de critérios mais rigorosos e transparentes na escolha das instituições responsáveis pela aplicação das provas.

Outro ponto importante que poderia ter sido contemplado pela lei é a uniformização de concursos para carreiras semelhantes em diferentes entes da federação. Atualmente, cada edital pode trazer regras e disciplinas diversas para cargos idênticos, o que acaba gerando incerteza para os candidatos e falta de padronização no processo seletivo. Isso é reafirmado com a disposição do art. 1º, §1º, que declara que regulamentos específicos poderão disciplinar o concurso público, ampliando a falta de padronização dos certames.

Assim, embora a Lei nº 14.965/2024 represente um avanço, ainda há espaço para aprimoramentos que possam trazer mais eficiência e segurança ao sistema de concursos públicos no Brasil, beneficiando tanto os candidatos quanto a Administração Pública.

De todo modo, no aspecto teórico, a Lei nº 14.965/2024 tem como principal objetivo promover maior **transparência, eficiência e igualdade de oportunidades** nos processos seletivos. Com isso, busca-se garantir que os certames sejam não apenas mais justos, mas também acessíveis para todos os candidatos, independentemente de suas condições socioeconômicas ou de onde residam.

De acordo com o art. 13, a Lei entrará em vigor no dia 1º de janeiro do quarto ano após a sua publicação oficial, isto é, janeiro de 2028, podendo sua aplicação ser antecipada pelo ato que autorizar a abertura de cada concurso público, de modo que ela não se aplicará aos concursos públicos cuja abertura tenha sido autorizada por ato editado antes de sua entrada em vigor.

Especificamente acerca da sua aplicabilidade, é possível concluir que a Lei terá aplicação a todos os entes federados, isto é, à União, aos Estados, ao Distrito Federal e aos Municípios, bem como suas autarquias e fundações. Todavia, importante pontuar que os Estados, o Distrito Federal e os Municípios poderão optar por editar normas próprias, observados os princípios constitucionais da Administração Pública e da Lei.

Por sua vez, o art. 1º, §2º afirma que a Lei terá aplicação subsidiária aos concursos públicos de procuradorias naquilo que não contrariar normas específicas da Constituição Federal e das leis orgânicas.

Por outro lado, o art. 1º, § 3º estabelece que a Lei não se aplicará aos concursos públicos:

I. para as carreiras da magistratura, do Ministério Público, da Defensoria Pública e das Forças Armadas, para as quais legislações próprias dispõem sobre as suas regras;

II. das empresas públicas e das sociedades de economia mista que não recebam recursos da União para pagamento de despesas de pessoal ou de custeio em geral;

III. das empresas públicas e das sociedades de economia mista que não recebam recursos dos Estados, do Distrito Federal e dos Municípios para pagamento de despesas de pessoal ou de custeio em geral.

Todavia, o art. 1º, § 4º permite a aplicação total ou parcial da Lei, se previsto no ato que autorizar sua abertura aos concursos para as carreiras citadas, bem como aos processos seletivos simplificados previstos no inciso IX do *caput* do art. 37, inclusive aos processos seletivos referentes aos agentes comunitários de saúde e agentes de combate às endemias previstos no § 4º do art. 198, e às admissões de professores, técnicos e cientistas estrangeiros previstas no § 1º do art. 207 da Constituição Federal, e também a outras seleções não sujeitas à obrigatoriedade do concurso público.

O art. 2º da legislação enfatiza a busca por uma seleção justa, focada na avaliação de **conhecimentos**, **habilidades** e, quando aplicável, **competências**. A distinção entre esses conceitos é importante para estabelecer os critérios de avaliação, evitando a adoção de mecanismos que não se alinhem às reais atribuições dos cargos.

Assim, de acordo com o art. 2º, o concurso público tem por objetivo a seleção isonômica de candidatos fundamentalmente por meio da avaliação dos conhecimentos, das habilidades e, nos casos em que couber, das competências necessárias ao desempenho com eficiência das atribuições do cargo ou emprego público, assegurada, nos termos do edital do concurso e da legislação, a promoção da diversidade no setor público.

A promoção da diversidade no setor público é outro ponto destacado, com base nas políticas de ações afirmativas e combate à discriminação, sendo vedadas discriminações ilegítimas em qualquer fase do concurso, conforme dispõe o § 4º do art. 2º. Isso está em linha com o princípio da isonomia e a necessidade de promoção de um serviço público mais inclusivo.

Para clareza de aplicação, a lei conceitua "conhecimentos", "habilidades" e "competências".

Dimensão	Conceito
Conhecimentos	Domínio de matérias ou conteúdos relacionados às atribuições do cargo ou emprego público.
Habilidades	Aptidão para execução prática de atividades compatíveis com as atribuições do cargo ou emprego público.
Competências	Aspectos inter-relacionais vinculados às atribuições do cargo ou emprego público.

Sem prejuízo de outras formas ou etapas de avaliação previstas no edital, o concurso público compreenderá, no mínimo, a avaliação por provas ou provas e títulos, facultada a realização de curso ou programa de formação, desde que justificada em razão da natureza das atribuições do cargo e prevista no edital.

O curso ou programa de formação será obrigatório quando assim dispuser a lei específica da respectiva carreira.

15.2. Da autorização para abertura de concurso público

O art. 3º da Lei Geral dos Concursos Públicos trata dos requisitos essenciais para a autorização de abertura de um concurso público. Esse artigo tem como objetivo garantir que a realização de novos certames seja justificada de forma técnica e baseada nas reais necessidades da Administração Pública, evitando a abertura indiscriminada de concursos que possam gerar desperdício de recursos ou contratação excessiva de servidores.

O dispositivo reflete, ao menos em tese, um compromisso com a gestão eficiente dos recursos humanos e com o respeito à responsabilidade fiscal na Administração Pública. Ao exigir que a abertura de concursos seja justificada com base em dados objetivos e projeções futuras, a lei busca evitar contratações excessivas ou inadequadas, promovendo uma gestão pública mais eficiente, responsável e transparente.

Essa norma, ao dialogar diretamente com a Lei de Responsabilidade Fiscal, reforça o equilíbrio entre a necessidade de reposição do quadro de servidores e o respeito aos limites financeiros dos entes públicos, garantindo, ao mesmo tempo, o cumprimento dos princípios constitucionais que regem a Administração Pública, como a eficiência e a economicidade.

A seguir, serão comentados cada um dos requisitos para a autorização de abertura de um concurso público.

15.2.1. Evolução do quadro de pessoal nos últimos cinco anos e estimativa das necessidades futuras

Este dispositivo exige que, para autorizar um novo concurso, a Administração Pública deve apresentar um panorama da evolução do quadro de pessoal nos últimos cinco anos. Isso envolve a análise da quantidade de servidores contratados, aposentados, exonerados ou desligados por outros motivos. Além disso, a estimativa das necessidades futuras deve estar vinculada às metas institucionais para os próximos cinco anos.

O objetivo dessa previsão é assegurar que a contratação de novos servidores esteja alinhada com a realidade da força de trabalho atual e com o planejamento estratégico do órgão. Esse planejamento previne a contratação desnecessária de pessoal e promove a gestão eficiente dos recursos humanos.

15.2.2. Denominação e quantidade dos cargos e empregos públicos a serem providos

Este dispositivo requer que o ato de autorização para a realização do concurso informe a quantidade exata de cargos ou empregos a serem providos, bem como a descrição das atribuições desses cargos. Essa exigência promove a transparência do processo e garante que a Administração Pública saiba exatamente quais cargos são necessários, evitando contratações desproporcionais ou vagas indefinidas.

Além disso, a descrição clara das atribuições é fundamental para garantir que os candidatos selecionados estejam plenamente qualificados para desempenhar as funções exigidas pelos cargos. Isso também facilita o planejamento do conteúdo das provas do concurso, alinhando o processo seletivo às demandas do cargo.

15.2.3. Inexistência de concurso anterior válido para os mesmos cargos

Esse dispositivo visa evitar a abertura de novos concursos enquanto houver concursos anteriores válidos com candidatos aprovados e ainda não nomeados para os mesmos cargos. A medida busca preservar o princípio da economicidade e o respeito aos direitos dos candidatos aprovados, que têm expectativa de nomeação.

Essa exigência também evita a criação de uma fila desnecessária de candidatos aprovados aguardando nomeação, o que poderia gerar frustração e insegurança jurídica. Se houver candidatos aprovados em concursos anteriores para os mesmos cargos, esses candidatos devem ter prioridade na nomeação.

15.2.4. Adequação do provimento dos cargos às necessidades e possibilidades da Administração Pública

Este dispositivo estabelece que a contratação de novos servidores deve estar adequada não apenas às necessidades da Administração Pública, mas também às suas possibilidades. Isso significa que a abertura de um concurso deve levar em conta o contexto orçamentário e a capacidade operacional do órgão ou entidade.

Essa previsão reforça a importância de um planejamento consciente, considerando as demandas reais do serviço público e a capacidade de absorver os novos servidores, tanto do ponto de vista financeiro quanto organizacional.

15.2.5. Estimativa de impacto orçamentário-financeiro e adequação à Lei de Responsabilidade Fiscal (LRF)

O inciso V é uma das disposições mais importantes no contexto da responsabilidade fiscal. Ele exige que, antes de autorizar a abertura de um concurso público, seja realizada uma estimativa do impacto financeiro que a contratação de novos servidores irá gerar tanto no exercício em que se prevê o provimento das vagas quanto nos dois exercícios subsequentes.

Essa estimativa precisa estar de acordo com os limites e exigências da Lei Complementar nº 101/2000 (Lei de Responsabilidade Fiscal), que impõe regras rigorosas para a gestão fiscal, especialmente no que tange ao gasto com pessoal. Isso visa evitar que a realização de novos concursos comprometa a saúde financeira do ente público, especialmente no que se refere ao cumprimento dos limites de despesas com pessoal estabelecidos pela LRF.

15.2.6. Abertura de novo concurso em caso de concurso anterior válido

O parágrafo único permite, em caráter excepcional, a abertura de um novo concurso mesmo quando ainda houver concurso anterior válido, com candidatos aprovados e não nomeados. No entanto, essa abertura excepcional só pode ocorrer se for demonstrada a insuficiência da quantidade de candidatos aprovados para atender às necessidades da Administração Pública.

Essa previsão evita o engessamento do sistema em situações nas quais, por exemplo, o número de candidatos aprovados em concurso anterior seja insuficiente para suprir as vagas abertas, permitindo que novas seleções sejam feitas para atender à demanda real da Administração.

15.3. Do planejamento do concurso público

Os arts. 4º, 5º e 6º da Lei Geral dos Concursos Públicos abordam a composição, atribuições e funcionamento da comissão organizadora do concurso público, detalhando a estrutura responsável por planejar e executar o certame. A seguir, pode-se ler comentário didático e explicativo sobre cada um desses dispositivos.

O art. 4º trata da responsabilidade pelo planejamento e execução do concurso, conferindo à autoridade competente a faculdade de designar:

Inciso I: uma comissão organizadora interna do próprio órgão ou entidade. Essa comissão será formada por servidores ou empregados públicos do próprio órgão que realiza o concurso. A vantagem dessa escolha é que esses membros já conhecem a estrutura e as necessidades da instituição, podendo ajustar o concurso às especificidades do cargo ou emprego público a ser provido.

Inciso II: um órgão ou entidade pública pertencente ao mesmo ente federativo ou, em casos excepcionais, a um ente diverso especializado em concursos. Esta opção se aplica quando o órgão ou entidade realizadora do concurso não tem a expertise necessária para organizar o certame internamente, delegando a uma entidade especializada, o que pode garantir uma seleção mais técnica e eficiente.

Esse dispositivo oferece flexibilidade à Administração Pública, permitindo escolher a melhor opção para a organização do concurso, seja com uma comissão interna ou com a contratação de uma instituição especializada, conforme as necessidades e capacidades do órgão.

O art. 5º define a estrutura e as regras para a composição da comissão organizadora, reforçando a importância da imparcialidade e da competência técnica dos membros.

- Composição ímpar e maioria absoluta: a comissão deve ser composta por um número ímpar de membros, de modo a evitar empates nas decisões, e deve deliberar por maioria absoluta, garantindo que as decisões sejam tomadas com ampla concordância entre os membros.
- § 1º: a comissão deve contar, sempre que possível, com ao menos um membro da área de recursos humanos, o que se justifica pela expertise que esse setor tem em questões de gestão de pessoas. Além disso, os membros devem ter experiência compatível ou superior às atividades dos cargos ou empregos públicos a serem providos, garantindo que as decisões sejam informadas por uma compreensão das exigências e atribuições do cargo.
- § 2º: esse parágrafo veda a participação de pessoas com vínculo com entidades direcionadas à preparação para concursos ou à sua execução. A norma visa prevenir conflitos de interesse e garantir a imparcialidade do processo seletivo, evitando que membros da comissão organizadora favoreçam candidatos ou instituições com as quais possam ter algum tipo de relação.
- § 3º: trata-se de uma vedação adicional à imparcialidade, estipulando a substituição de qualquer membro cujo cônjuge, companheiro ou parente até o terceiro grau esteja inscrito no concurso. Essa regra reforça a transparência e evita qualquer dúvida quanto à lisura do processo.
- § 4º: as reuniões da comissão devem ser registradas em atas, que ficarão disponíveis para consulta, promovendo transparência e controle social sobre os procedimentos adotados. No entanto, informações sigilosas que possam comprometer a integridade do certame serão preservadas até a divulgação dos resultados, assegurando a integridade das avaliações.
- § 5º: este parágrafo estende as regras de composição da comissão organizadora também para órgãos e entidades delegados a realizar o concurso. Isso garante que a comissão organizadora siga os mesmos padrões de transparência e integridade, mesmo quando a organização do concurso for atribuída a terceiros.

O art. 6º especifica as atribuições da comissão organizadora, definindo suas responsabilidades desde o planejamento até a execução do concurso.

- Incisos I a VI: a comissão tem a função de planejar todas as etapas do concurso, definir o conteúdo programático e os critérios de avaliação, bem como publicar o edital e outros comunicados. Essas competências são fundamentais para assegurar que o processo seletivo seja adequado às necessidades do órgão e que todos os detalhes do concurso, como as provas, títulos e programas de formação, estejam devidamente organizados e informados aos candidatos.

- Incisos VII e VIII: a comissão é responsável pela execução de todas as fases ou etapas do concurso e pela designação dos avaliadores das provas, que devem ter formação e experiência compatíveis com as atribuições do cargo. Os avaliadores também estão sujeitos às vedações e impedimentos previstos no art. 5º, §§ 2º e 3º, assegurando a imparcialidade da avaliação.
- Inciso IX: quando houver um programa de formação, a comissão deverá designar os supervisores responsáveis, que também devem atender aos requisitos de formação e competência profissional.
- § 1º: a comissão pode optar por delegar a execução do concurso ou de suas etapas a uma instituição especializada, desde que esta consulte formalmente a comissão sempre que houver dúvidas quanto à execução do certame. Isso reforça a responsabilidade da comissão organizadora de acompanhar e fiscalizar o processo, mesmo que a execução seja terceirizada, garantindo que as diretrizes traçadas no planejamento sejam seguidas.
- § 2º: este parágrafo reforça que as competências principais da comissão organizadora – planejamento das etapas, definição de conteúdos e critérios de avaliação – não podem ser delegadas. A função da comissão é essencialmente normativa e fiscalizadora, assegurando que o concurso seja conduzido conforme os princípios da Administração Pública e as normas previstas em lei.

15.4. Da execução do concurso público

Os arts. 7º e 8º da Lei Geral dos Concursos Públicos tratam do conteúdo mínimo obrigatório dos editais e das possibilidades de realização de concursos de forma online. Essas disposições visam assegurar que os concursos públicos sejam transparentes, acessíveis e bem estruturados, garantindo igualdade de condições aos candidatos. A seguir, é possível observar comentários específicos sobre cada um dos pontos mencionados.

O edital é o documento que formaliza e divulga as regras do concurso público, sendo, portanto, o instrumento central para orientar tanto a Administração quanto os candidatos. O art. 7º estabelece as informações mínimas que devem constar no edital para garantir a clareza e a objetividade do certame.

Pelo inciso I, o edital deve detalhar a quantidade de vagas e a denominação dos cargos ou empregos públicos. Além disso, deve apresentar uma descrição clara das atribuições e dos conhecimentos, habilidades e competências necessárias para o desempenho das funções. Isso é fundamental para que os candidatos compreendam exatamente o que se espera de seu desempenho, bem como para orientar a elaboração das provas.

O inciso II exige a identificação do ato que autorizou o concurso e descrição do vencimento inicial. Esse inciso traz um aspecto de transparência importante ao exigir que o edital identifique o ato legal que autorizou a realização do concurso, assim como as leis de criação dos cargos. A indicação do vencimento inicial e a discriminação das parcelas que o compõem (salário-base, gratificações etc.) são fundamentais para que os candidatos tenham uma visão clara das condições financeiras da posição.

Pelo inciso III, o edital deve descrever claramente os procedimentos de inscrição, incluindo prazos, documentos necessários e os canais disponíveis para o registro. Isso visa facilitar o acesso dos candidatos e evitar exclusão por falta de informações ou procedimentos complexos.

De acordo com o inciso IV, o valor da taxa de inscrição deve ser explicitado, assim como as hipóteses e procedimentos para isenção ou redução. Esse ponto é crucial para garantir acessibilidade, especialmente para candidatos de baixa renda, que muitas vezes dependem de isenções para participar de concursos públicos.

De acordo com o inciso V, o edital deve listar todas as etapas do concurso, como provas escritas, exames físicos, avaliações psicológicas, entre outras. Isso permite que os candidatos se preparem adequadamente para cada fase do certame, garantindo previsibilidade e organização.

O inciso VI exige a especificação dos tipos de prova, critérios de avaliação e conteúdo programático. A especificação dos tipos de prova (objetiva, discursiva, prática etc.), dos critérios de avaliação e do conteúdo programático é essencial para que os candidatos conheçam previamente o que será avaliado e possam direcionar seus estudos de forma eficaz. Isso também assegura a transparência do processo e evita surpresas que possam prejudicar o desempenho dos concorrentes.

Pelo inciso VII, quando houver avaliação de títulos, o edital deve detalhar quais serão os títulos considerados (como diplomas, certificados e experiências profissionais) e como será feita sua avaliação. Isso garante que os candidatos compreendam os critérios para essa etapa classificatória.

De acordo com o inciso VIII, caso o concurso seja executado por uma instituição especializada, o edital deve informar qual será essa entidade. Esse ponto assegura a transparência e possibilita que os candidatos conheçam a empresa ou órgão responsável pela condução do certame.

O inciso IX trata do programa de formação. Se o concurso incluir um programa de formação, o edital deve esclarecer os tipos e critérios de avaliação dessa fase, sua duração e as responsabilidades dos candidatos durante essa etapa. Essa medida visa orientar os aprovados para essa fase final, garantindo que estejam cientes das exigências e do caráter eliminatório ou classificatório do programa.

O inciso X estabelece que os critérios de classificação, desempate e nomeação devem estar claros no edital, evitando controvérsias e garantindo que os candidatos compreendam como serão ranqueados e convocados. A transparência nesses critérios é essencial para assegurar a legitimidade do processo.

De acordo com o inciso XI, o edital deve prever os percentuais de vagas reservadas para pessoas com deficiência e para aqueles que se enquadram em ações afirmativas. Também deve indicar os procedimentos para comprovação dessas condições. Esse ponto é importante para garantir a inclusão e o cumprimento das políticas de reparação histórica e de ações afirmativas.

O inciso XII garante que candidatos com deficiência ou em situação especial tenham acesso adequado às provas, como o uso de tecnologias assistivas ou condições especiais. Isso assegura a igualdade de condições no processo seletivo.

Pelo inciso XIII, o edital deve especificar como e onde os resultados serão divulgados, garantindo a transparência e permitindo que os candidatos acompanhem o andamento do certame de forma clara.

Conforme inciso XIV, os procedimentos para interposição de recursos contra resultados devem estar claramente definidos, inclusive com prazos e formas de apresentação. Isso assegura o direito dos candidatos de questionar eventuais irregularidades ou erros.

De acordo com o inciso XV, o edital deve indicar o prazo de validade do concurso e se há possibilidade de prorrogação. Essa informação é importante para que os candidatos saibam por quanto tempo podem ser convocados após a homologação do certame.

O art. 8º abre a possibilidade de que o concurso público seja realizado total ou parcialmente à distância, por meio de plataformas eletrônicas. Essa inovação reflete a modernização dos processos seletivos, permitindo maior flexibilidade, especialmente em tempos de crise, como a pandemia de covid-19.

A possibilidade de realizar as provas online, no entanto, exige que o ambiente virtual seja seguro e que garanta a igualdade de acesso a todos os candidatos. Isso inclui a disponibilização de ferramentas e dispositivos adequados para aqueles que não dispõem de meios tecnológicos em casa, evitando a exclusão de candidatos que não tenham acesso à internet de qualidade ou equipamentos adequados.

A aplicação de concursos online depende de regulamentação específica, seja ela geral para o ente federativo ou específica para cada órgão ou entidade. Antes da regulamentação, deve haver uma consulta pública para garantir que os critérios sejam adequados e justos. Isso inclui a observância de padrões de segurança da informação, a fim de prevenir fraudes e garantir a integridade do processo.

A possibilidade de realizar concursos públicos à distância, prevista no art. 8º da Lei Geral dos Concursos Públicos, é uma inovação relevante, especialmente em tempos de digitalização acelerada. No entanto, essa prática merece uma análise crítica que leve em conta tanto suas potencialidades quanto seus desafios.

Alguns aspectos positivos da realização de concursos à distância:

1) Ampliação do acesso:

   A realização de concursos públicos online pode permitir que candidatos de diferentes regiões do país participem do certame sem a necessidade de deslocamento, o que, em muitos casos, implica em custos elevados de viagem e hospedagem. Isso democratiza o acesso, especialmente para candidatos de regiões mais remotas, que antes precisariam enfrentar barreiras logísticas e financeiras para participar de concursos.

2) Eficiência e modernização:

A digitalização do processo pode aumentar a eficiência administrativa, com a simplificação de procedimentos como inscrição, aplicação de provas e divulgação de resultados. Ferramentas de correção automatizada e a integração de plataformas podem reduzir os custos operacionais e os prazos para a realização do concurso, o que beneficia tanto a Administração quanto os candidatos.

3) Resiliência em cenários de crise:

A pandemia de covid-19 evidenciou a importância de mecanismos que permitam a continuidade dos serviços públicos e atividades essenciais, como os concursos, em situações de emergência. A modalidade online oferece uma solução resiliente, que permite a realização de certames mesmo em cenários de restrição social.

4) Sustentabilidade:

A redução do uso de papel, transporte e outros recursos físicos pode contribuir para uma diminuição do impacto ambiental dos concursos públicos. Isso alinha a Administração Pública a práticas mais sustentáveis e ecologicamente responsáveis.

Alguns desafios e críticas à realização de concursos à distância:

1) Desigualdade no acesso à tecnologia:

O principal desafio de realizar concursos à distância é garantir a igualdade de acesso às ferramentas tecnológicas. Muitos candidatos, especialmente em regiões mais pobres ou periféricas, não possuem acesso adequado à internet de alta velocidade ou a dispositivos tecnológicos (como computadores e câmeras), o que pode criar uma barreira de entrada injusta. A exclusão digital é um problema sério que pode agravar a desigualdade de oportunidades.

2) Segurança e fraudes:

A aplicação de provas online levanta preocupações significativas quanto à segurança. É desafiador garantir que todos os candidatos realizem as provas sem a possibilidade de fraude, como o uso de consultas não permitidas, colas ou a participação de terceiros. Embora tecnologias como reconhecimento facial, monitoramento remoto e restrições de acesso possam mitigar esses riscos, o custo para implementar essas soluções pode ser alto, além de haver sempre margens de vulnerabilidade a ataques cibernéticos.

3) Validade jurídica e impugnações:

Outro ponto crítico é a possibilidade de que, diante de falhas no processo de aplicação à distância, ocorram impugnações judiciais ao concurso. Problemas técnicos, como a queda de conexão ou falhas no sistema, podem gerar uma onda de contestações por parte dos candidatos, colocando em risco a validade jurídica do certame e aumentando o volume de litígios.

4) Avaliação de habilidades práticas:

   Concursos que exigem avaliações práticas, como testes físicos ou provas que simulam atividades profissionais específicas, podem enfrentar dificuldades na modalidade à distância. Embora seja possível realizar avaliações teóricas online, provas que demandam habilidades práticas ou presenciais podem ser inviáveis ou pouco confiáveis quando aplicadas remotamente.

5) Custo de implementação e manutenção:

   A implementação de plataformas digitais seguras e robustas pode gerar custos consideráveis para a Administração Pública. Além disso, a manutenção desses sistemas e a capacitação das equipes envolvidas também acarretam investimentos contínuos. Pequenos municípios ou órgãos com menos recursos podem ter dificuldades em arcar com essas despesas, o que pode limitar a adoção da modalidade à distância.

6) Monitoramento e privacidade:

   O uso de sistemas de monitoramento remoto, como câmeras, microfones e gravações, para garantir a idoneidade dos candidatos durante a prova, pode levantar questões sobre privacidade. Muitos candidatos podem se sentir desconfortáveis em serem monitorados em suas próprias residências, e a forma como esses dados são coletados, armazenados e protegidos precisa ser rigorosamente regulamentada para evitar abusos ou vazamentos de informações.

15.5. Da avaliação por provas ou provas e títulos

O art. 9º destaca a obrigatoriedade de que as provas dos concursos públicos avaliem de forma adequada os conhecimentos, habilidades e, quando aplicável, as competências requeridas para o desempenho do cargo. A lei segue uma abordagem moderna de seleção, que não se limita a avaliar apenas o conhecimento teórico, mas também aspectos práticos e comportamentais essenciais ao cargo.

O *caput* do artigo permite que as provas sejam realizadas de maneira combinada ou em etapas distintas. Isso significa que um concurso pode ter uma fase única com provas que avaliem de forma integrada os conhecimentos, habilidades e competências, ou dividir o processo seletivo em fases diferentes, cada uma abordando um desses aspectos. Essa flexibilidade é importante, pois permite adaptar o concurso às características do cargo, seja ele predominantemente técnico ou prático.

O §1º esclarece que as provas podem ser:

1) **Classificatórias**: determinam a ordem de classificação entre os candidatos, mas não os eliminam do certame.
2) **Eliminatórias:** desqualificam candidatos que não atingirem o desempenho mínimo exigido.
3) **Classificatórias e eliminatórias:** atuam nos dois sentidos, definindo a posição dos candidatos e eliminando aqueles que não cumprirem certos requisitos.

A flexibilidade nesse aspecto é importante para garantir que a avaliação seja justa e objetiva, podendo focar em critérios mais rigorosos em determinadas etapas e mais abrangentes em outras, de acordo com as especificidades do cargo.

O § 2º define as diferentes formas de avaliação, cada uma delas ajustada às exigências do cargo:

I – Avaliação de conhecimentos: provas escritas (objetivas ou dissertativas) e orais são os métodos tradicionais para avaliar o domínio teórico do candidato em relação às matérias exigidas pelo cargo. As provas objetivas avaliam o conhecimento com respostas fechadas, enquanto as dissertativas e orais exigem capacidade de argumentação e raciocínio crítico.

II – Avaliação de habilidades: a elaboração de documentos e simulação de tarefas práticas são métodos eficazes para verificar se o candidato possui as habilidades necessárias para o cargo. Testes físicos, quando compatíveis com as atribuições do cargo, também se enquadram nessa categoria. Esses métodos são essenciais para cargos que exigem uma capacidade prática e operacional, além do conhecimento teórico.

III – Avaliação de competências: a avaliação psicológica e o exame de higidez mental visam analisar se o candidato possui as características comportamentais e cognitivas necessárias para exercer o cargo com eficiência e responsabilidade. Isso é particularmente importante em cargos que exigem alto nível de interação social, tomada de decisão sob pressão ou lidar com situações estressantes. A realização desse tipo de avaliação por profissionais habilitados é crucial para assegurar a legitimidade do processo e evitar arbitrariedades.

O § 3º exige que o edital deixe claro qual tipo de prova está sendo aplicada (se avalia conhecimentos, habilidades ou competências). Essa transparência é fundamental para que os candidatos saibam como serão avaliados e possam se preparar adequadamente. Além disso, a possibilidade de combinar avaliações em uma mesma prova ou etapa assegura flexibilidade na formatação do certame, adaptando-o às necessidades do cargo.

O art. 10 trata da **avaliação por títulos**, que tem caráter **classificatório**, ou seja, não elimina candidatos, mas pode aumentar sua pontuação no certame, melhorando sua posição na classificação final.

A **avaliação por títulos** é um método de valorização de experiências acadêmicas e profissionais anteriores dos candidatos, como diplomas de pós-graduação, mestrado, doutorado, experiência profissional relevante, publicações e outros títulos. Sua finalidade é identificar candidatos que, além de atenderem aos requisitos básicos do concurso, possuem qualificações adicionais que possam contribuir para o melhor desempenho no cargo.

A exigência de que a avaliação por títulos seja **alinhada aos conhecimentos, habilidades e competências** do cargo reforça o princípio da adequação. Isso impede que títulos que não estejam diretamente relacionados às funções do cargo público sejam indevidamente valorizados. Por exemplo, para um cargo de analista jurídico, títulos acadêmicos em Direito são relevantes, mas títulos em áreas não correlacionadas, como Engenharia, não deveriam ter o mesmo peso.

15.6. Do curso ou programa de formação

O art. 11 afirma que a realização de curso ou programa de formação é facultativa, ressalvada disposição diversa em lei específica.

O curso ou programa de formação poderá ser de caráter eliminatório, classificatório ou eliminatório e classificatório, introduzirá os candidatos às atividades do órgão ou ente, avaliará seu desempenho na execução de atribuições ligadas ao cargo ou emprego público e compreenderá:

I. instrução quanto à missão, às competências e ao funcionamento do órgão ou ente;

II. treinamento para as atividades, as práticas e as rotinas próprias do cargo ou emprego público.

A instrução e o treinamento do candidato poderão ser feitos por meio de aulas, cursos, palestras ou outras dinâmicas de ensino, presenciais ou à distância, e serão avaliados com base em provas que garantam impessoalidade na avaliação.

O treinamento para as atividades terá por base práticas que integrem a rotina do cargo ou emprego público, vedado o exercício de competências decisórias que possam impor dever ou condicionar direito.

Será considerado reprovado e, consequentemente, eliminado do concurso, o candidato que não formalizar matrícula para o curso de formação dentro do prazo fixado pelo ato de convocação ou que não cumprir no mínimo 85% (oitenta e cinco por cento) de sua carga horária.

A duração do programa será definida em regulamento ou no edital do concurso, de forma proporcional ao necessário para atingimento dos objetivos previstos na legislação.

QUESTÕES DE CONCURSO

1. FGV – 2022 – AGE-MG – Procurador do Estado

O Estado Gama editou lei dispondo que um dos requisitos para que haja a revisão anual das remunerações dos servidores públicos daquele Estado é a constatação de que houve perdas salariais resultantes de desvalorização do poder aquisitivo da moeda, medida pelo Índice Nacional de Preços ao Consumidor (INPC), índice de inflação calculado pelo Instituto Brasileiro de Geografia e Estatística (IBGE), que é uma fundação federal.

De acordo com a jurisprudência do Supremo Tribunal Federal, a mencionada norma é

A) constitucional, pois a remuneração dos servidores públicos somente poderá ser alterada por lei específica, observada a iniciativa privativa em cada caso, assegurada a revisão geral anual, sempre na mesma data e sem distinção de índices.

B) constitucional, pois o Estado Gama, como ente federativo autônomo, goza de liberdade para organizar seus órgãos públicos e respectivos servidores, fixando e alterando, inclusive, a remuneração dos agentes públicos.

C) constitucional, desde que observada a regra de que os vencimentos dos cargos do Poder Legislativo e do Poder Judiciário não poderão ser superiores aos pagos pelo Poder Executivo.

D) inconstitucional, por violar a autonomia dos entes federados e porque é vedada a vinculação ou equiparação de quaisquer espécies remuneratórias para o efeito de remuneração de pessoal do serviço público, assim como a vinculação do reajuste de vencimentos de servidores estaduais a índices federais de correção monetária.

E) inconstitucional, apenas caso o projeto de lei não tenha sido oriundo do Poder Executivo estadual, porque é permitida a vinculação, mediante lei em sentido formal, do reajuste de vencimentos de servidores estaduais a índices federais de correção monetária, desde que observada a prerrogativa do Governador do Estado de encaminhar à Assembleia a proposta legislativa.

Comentário: A questão cobrou o entendimento do Supremo na ADI 5.584. O STF entendeu que não pode lei estadual fixar como parâmetro índice de reajuste federal. Dessa forma, a lei é INCONSTITUCIONAL. Alternativas A, B e C estão erradas.

O erro da questão é mencionar que se admite a vinculação de reajuste aos índices federais desde que observada a prerrogativa do Governador do Estado de encaminhar à Assembleia a proposta legislativa. O STF firmou entendimento no sentido de que **é vedada** a vinculação ou equiparação de quaisquer espécies de reajuste para o efeito de remuneração de pessoal do serviço público, nos termos do art. 37, XIII, da CR/1988. Dessa forma, é **inconstitucional** a vinculação do reajuste de vencimentos de servidores estaduais ou municipais a índices federais de correção monetária por afrontarem a autonomia dos entes subnacionais para concederem os reajustes aos seus servidores, conforme dispõe a Súmula nº Vinculante 42.[120]

2. Questão autoral – Acerca da temática dos agentes públicos, marque a assertiva correta:

A) O diploma ou habilitação legal para o exercício do cargo deve ser exigido na inscrição para o concurso público.

B) O candidato aprovado fora do número de vagas previstas no edital de concurso público tem direito subjetivo à nomeação quando o candidato imediatamente anterior na ordem de classificação, aprovado dentro do número de vagas, for convocado e manifestar desistência.

C) Os candidatos em concurso público têm direito à prova de segunda chamada nos testes de aptidão física em razão de circunstâncias pessoais.

D) A Administração Pública não precisa intimar o candidato de um concurso público, pessoalmente, ainda que haja decurso de tempo razoável entre a homologação do resultado e a data da nomeação.

Comentário: A) Incorreta. De acordo com a Súmula nº 266 do STJ, o diploma ou habilitação legal para o exercício do cargo deve ser exigido na posse, e não na inscrição para o concurso público.

B) Correta. Trata-se de entendimento do STJ.

O candidato aprovado fora do número de vagas previstas no edital de concurso público tem direito subjetivo à nomeação quando o candidato imediatamente anterior na ordem de classificação, aprovado dentro do número de vagas, for convocado e manifestar desistência.[121]

C) Incorreta. Os candidatos em concurso público não têm direito à prova de segunda chamada nos testes de aptidão física em razão de circunstâncias pessoais, ainda que de caráter fisiológico ou de força maior, salvo contrária disposição editalícia.

D) Incorreta. A Administração Pública tem o dever de intimar o candidato, pessoalmente, quando há o decurso de tempo razoável entre a homologação do resultado e a data da nomeação, em atendimento aos princípios constitucionais da publicidade e da razoabilidade (STJ, RMS 22.508 e RMS 21.554).

3. Acerca dos cargos em comissão, sua criação e provimento, julgue os itens a seguir:

I – A criação de cargos em comissão somente se justifica para o exercício de funções de direção, chefia e assessoramento, não se prestando ao desempenho de atividades burocráticas, técnicas ou operacionais.

II – Faz-se desnecessária relação de confiança entre a autoridade nomeante e o servidor nomeado.

III – O número de cargos comissionados criados deve guardar proporcionalidade com a necessidade que eles visam suprir e com o número de servidores ocupantes de cargos efetivos no ente federativo que os criar.

---

[120] ADI 5.584, Tribunal Pleno, Rel. Min. Ricardo Lewandowski, j. 06.12.2021, processo eletrônico *DJe*-245, divulg. 13.12.2021, public. 14.12.2021.

[121] AgRg no ROMS 48.266-TO, Rel. Min. Benedito Gonçalves, j. 18.08.2015, *DJe* 27.08.2015.

IV – As atribuições dos cargos em comissão devem estar descritas, de forma clara e objetiva, na própria lei que os instituir.

A) Todos os itens estão corretos.

B) Apenas o item I e III estão corretos.

C) Os itens II e IV estão incorretos.

D) Apenas o item II está incorreto.

Comentário: A questão tratou da tese de repercussão geral fixada pelo STF acerca do art. 37, V, da CR/1988.

O STF estabeleceu, no RE 1.041.210, parâmetros para a criação de cargos em comissão. Observe a tese de repercussão geral fixada:

a) A criação de cargos em comissão somente se justifica para o exercício de funções de direção, chefia e assessoramento, não se prestando ao desempenho de atividades burocráticas, técnicas ou operacionais.

b) Tal criação deve pressupor a necessária relação de confiança entre a autoridade nomeante e o servidor nomeado.

c) O número de cargos comissionados criados deve guardar proporcionalidade com a necessidade que eles visam suprir e com o número de servidores ocupantes de cargos efetivos no ente federativo que os criar.

d) As atribuições dos cargos em comissão devem estar descritas, de forma clara e objetiva, na própria lei que os instituir.

4. FUNDEP (Gestão de Concursos) – 2022 – MPE-MG – Promotor de Justiça Substituto

Assinale a afirmativa CORRETA sobre concurso público:

A) O limite de idade, em regra, é legítimo em face do art. 7º, XXX, da Constituição, excetuando-se as hipóteses em que, por analogia, sejam ultrapassados os limites de idade para nomeação ao Supremo Tribunal Federal (STF), Superior Tribunal de Justiça (STJ), tribunais regionais federais (TRFs), Tribunal Superior do Trabalho (TST), os tribunais regionais do trabalho (TRTs), Tribunal de Contas da União (TCU) e a ministros civis do Superior Tribunal Militar (STM).

B) O limite de idade será legítimo sempre que o edital do concurso, ato administrativo que representa a "lei interna" do certame, trouxer a restrição fixada pela Administração Pública obediente ao princípio da razoabilidade, havendo vício insanável nos casos de omissão do edital.

C) O limite de idade apenas será ilegítimo em face do art. 7º, XXX, da Constituição, quando for verificado, em desvio de finalidade, prática arbitrária e imotivada por parte da Administração.

D) O limite de idade para inscrição em concurso público apenas é legítimo quando justificado pela natureza das atribuições do cargo a ser preenchido.

Comentário: Trata-se da Súmula nº 683 do STF, segundo a qual o limite de idade para a inscrição em concurso público só se legitima em face do art. 7º, XXX, da Constituição, quando possa ser justificado pela natureza das atribuições do cargo a ser preenchido.

5. TRF – 4ª Região – 2022 – Juiz Federal Substituto

Assinale a alternativa CORRETA.

A) Cargos, empregos e funções públicas não são acessíveis aos estrangeiros.

B) A investidura em cargo, emprego ou função pública depende de aprovação prévia em concurso público.

C) É vedado aos servidores públicos exercer qualquer outra função pública, salvo uma de magistério.

D) O exercício do direito de greve, sob qualquer forma ou modalidade, é vedado aos policiais civis e a todos os servidores públicos que atuem diretamente na área de segurança pública.

E) Os servidores públicos adquirem estabilidade após dois anos de efetivo exercício da função.

Comentário: A) Art. 37, I, da Constituição – os cargos, empregos e funções públicas devem ser acessíveis aos brasileiros que preencham os requisitos estabelecidos em lei, assim como aos estrangeiros, conforme estipulado em lei.

B) Conforme o art. 37, II, da Constituição, a investidura em cargo ou emprego público requer aprovação prévia em concurso público, que pode ser composto de provas ou provas e títulos, de acordo com a natureza e complexidade do cargo ou emprego, salvo as nomeações para cargos em comissão declarados em lei de livre nomeação e exoneração. Já as funções de confiança são exercidas somente por servidores ocupantes de cargo efetivo, e os cargos em comissão devem ser preenchidos por servidores de carreira, conforme percentuais mínimos e condições estipulados por lei, destinando-se exclusivamente às atribuições de direção, chefia e assessoramento.

C) De acordo com o art. 37, XVI, da Constituição, é vedada a acumulação remunerada de cargos públicos, exceto quando houver compatibilidade de horários, observado em qualquer caso o disposto no inciso XI. Nesse caso, é permitida a acumulação de dois cargos de professor, de um cargo de professor com outro técnico ou científico, ou de dois cargos ou empregos privativos de profissionais de saúde com profissões regulamentadas.

D) O exercício do direito de greve é proibido aos policiais civis e a todos os servidores públicos que atuam diretamente na área de segurança pública, conforme a Tese RG 541 do STF de 2017. No entanto, é essencial que essa categoria possa expressar suas reivindicações, e, por isso, é obrigatória a participação do Poder Público em mediação instaurada pelos órgãos classistas das carreiras de segurança pública, nos termos do art. 165 do CPC, para vocalização dos interesses da categoria.

E) Consoante o art. 41 da Constituição Federal, os servidores nomeados para cargo de provimento efetivo em virtude de concurso público se tornam estáveis após três anos de efetivo exercício.

Capítulo IX
DESAPROPRIAÇÃO

1. CONCEITO

O direito de propriedade é um direito fundamental garantido pela Constituição brasileira, conforme estabelecido no art. 5º, XXII. Contudo, o exercício desse direito deve estar em conformidade com sua função social, como estabelecido no art. 5º, XXIII, da CR/1988. Desse modo, o proprietário possui o direito de usar, gozar, dispor e reaver a coisa, caracterizando a propriedade como um direito **absoluto, exclusivo e perpétuo**.

A propriedade é um **direito absoluto** que confere amplo poder jurídico ao proprietário sobre o que lhe pertence. Todos os outros direitos reais surgem a partir do direito de propriedade, que inclui o uso, o gozo, a disposição e a reivindicação da coisa.

A propriedade também é um **direito exclusivo**, o que significa que duas pessoas não podem ser proprietárias da inteireza da mesma coisa ao mesmo tempo. No entanto, é possível haver condomínio, em que os proprietários possuem partes ideais da coisa.

Além disso, a propriedade é considerada um **direito perpétuo**, que só se extingue pela vontade do proprietário ou por disposição legal. Mesmo que o proprietário não exerça seu direito sobre a coisa, ele continuará a existir. A propriedade pode se tornar resolúvel em casos específicos, como na retrovenda, mas, em geral, é perpétua.

A desapropriação é o instrumento por meio do qual o Poder Público irá suprimir a propriedade do particular. Nesse sentido, a desapropriação é uma modalidade de **intervenção supressiva** na propriedade. Possui como fundamento o art. 5º, XXIII e XXIV, da CR/1988. De acordo com Carvalho Filho, "desapropriação é o procedimento de direito público pelo qual o Poder Público transfere para si a propriedade de terceiro, por razões de utilidade pública ou de interesse social, normalmente mediante o pagamento de indenização".[1]

Ademais, a desapropriação é uma modalidade de **aquisição originária** da propriedade. Assim, com a desapropriação, consideram-se extintos os direitos reais de

---

1 CARVALHO FILHO, José dos Santos. *Manual de Direito Administrativo*. 26. ed. rev., ampl. e atual. São Paulo: Atlas, 2013. p. 820.

terceiros sobre a coisa. O bem ingressa no patrimônio do Poder Público sem qualquer ônus em favor de terceiro.

Nesse sentido, o Superior Tribunal de Justiça entendeu que o ente desapropriante não responde por tributos incidentes sobre o imóvel desapropriado nas hipóteses em que o período de ocorrência dos fatos geradores é anterior ao ato de aquisição originária da propriedade.[2]

De acordo com o art. 31 do Decreto-lei nº 3.365/1941, ficam sub-rogados no preço quaisquer ônus ou direitos que recaiam sobre o bem expropriado. Em outras palavras, quer-se dizer que o credor terá o seu direito real substituído pelo preço total ou parcial da indenização.

Ex.: hipoteca sobre um bem desapropriado. O bem ingressa no patrimônio público sem a hipoteca. Contudo, o credor hipotecário terá direito a toda a indenização ou a parte dela, a depender do valor da hipoteca.

O STJ[3], valendo-se da disposição contida no art. 31, entendeu que o expropriado não tem o dever de pagar pela reparação do dano ambiental no bem desapropriado, podendo responder, no entanto, por eventual dano moral coletivo.

Assim, para a Corte, o art. 31 do Decreto-Lei nº 3.365/1941 estabelece que o ônus de reparação sobre um bem de natureza histórico-cultural expropriado já foi considerado no preço pago pela Fazenda Pública, ou seja, já houve a dedução do passivo ambiental do valor desembolsado na aquisição do imóvel.

Neste contexto, condenar a parte expropriada a pagar pela reparação do imóvel desapropriado violaria o princípio do ***non bis in idem***, uma vez que o particular enfrentaria um duplo prejuízo pelo mesmo fato: receberia uma indenização já descontada pelo passivo ambiental e, ainda assim, teria que pagá-lo novamente em uma ação civil pública.

Portanto, embora a obrigação de reparação ambiental permaneça de natureza ***propter rem***, conforme previsto na Súmula nº 623 do STJ, caberá ao ente expropriante cumprir essa obrigação, pois o valor correspondente ao passivo ambiental já foi deduzido da indenização.

Por outro lado, é possível reconhecer a legitimidade passiva do particular em relação ao dever, em tese, de reparar o suposto dano moral coletivo. Nesse caso, a obrigação ou o ônus não estão vinculados ao próprio bem, não havendo sub-rogação no preço. O dano moral coletivo é experimentado pela coletividade de forma difusa, e o dever de indenizar é completamente independente do destino do imóvel expropriado.

A **competência para legislar sobre desapropriações é privativa da União**, nos termos do art. 22, II, da CR/1988. Por outro lado, todos os entes federados possuem competência para executar a desapropriação de utilidade pública. Há, conforme será visto, desapropriações que só poderiam ser executadas pela União (reforma agrária e o confisco) e pelos municípios (reforma urbanística).

---

[2] REsp 1.668.058-ES, Rel. Min. Mauro Campbell Marques, j. 08.06.2017, *DJe* 14.06.2017.

[3] AREsp 1.886.951/RJ, Rel. Min. Gurgel de Faria, Primeira Turma, por maioria, j. 11.06/2024, DJe 20.06.2024.

2. NATUREZA JURÍDICA

A desapropriação é um procedimento administrativo, isto é, um conjunto de atos e atividades produzidos em sequência, com vistas a ser alcançado determinado objetivo. O procedimento da desapropriação pode possuir duas fases. A primeira é a administrativa, na qual o Poder Público declara seu interesse na desapropriação. Às vezes, a desapropriação se encerra nessa fase, quando há acordo com o proprietário do bem. A segunda fase é a judicial, na qual o Poder Público ajuíza uma ação contra o proprietário. Essa situação ocorre quando não há acordo entre as partes envolvidas.

3. MODALIDADES

a) Necessidade pública
b) Utilidade pública
c) Interesse social
d) Confiscatória/Expropriatória

3.1. Desapropriação por necessidade pública

Essa modalidade de desapropriação não possui nenhuma lei que a disciplina.

3.2. Desapropriação por utilidade pública

Essa modalidade de desapropriação é regulada pelo Decreto-lei nº 3.365/1941, que foi recepcionado pela Constituição da República como a Lei Geral de Desapropriações. Essa desapropriação pode ser feita por qualquer ente federado.

Trata-se de uma espécie de **desapropriação ordinária**, com indenização em dinheiro.

O art. 5º do DL nº 3.365/1941 elenca os casos de utilidade pública.[4]

---

[4] Art. 5º Consideram-se casos de utilidade pública:
a) a segurança nacional;
b) a defesa do Estado;
c) o socorro público em caso de calamidade;
d) a salubridade pública;
e) a criação e melhoramento de centros de população, seu abastecimento regular de meios de subsistência;
f) o aproveitamento industrial das minas e das jazidas minerais, das águas e da energia hidráulica;
g) a assistência pública, as obras de higiene e decoração, casas de saúde, clínicas, estações de clima e fontes medicinais;
h) a exploração ou a conservação dos serviços públicos;
i) a abertura, conservação e melhoramento de vias ou logradouros públicos; a execução de planos de urbanização; o parcelamento do solo, com ou sem edificação, para sua melhor utilização econômica, higiênica ou estética; a construção ou ampliação de distritos industriais;
j) o funcionamento dos meios de transporte coletivo;
k) a preservação e conservação dos monumentos históricos e artísticos, isolados ou integrados em conjuntos urbanos ou rurais, bem como as medidas necessárias a manter-lhes e realçar-lhes os aspectos

3.3. Desapropriação por interesse social

3.3.1. Desapropriação por interesse social propriamente dita

Essa modalidade de desapropriação é regulada pela Lei nº 4.132/1962. O art. 2º da referida lei elenca os casos de interesse social.[5] Trata-se de uma espécie de **desapropriação ordinária**, com indenização em dinheiro.

3.3.2. Interesse social para fins de reforma agrária

Essa é uma **desapropriação-sanção**, uma vez que possui caráter punitivo. Trata-se, assim, de uma **desapropriação extraordinária**. De acordo com o art. 184 da CR/1988, compete à União desapropriar por interesse social, para fins de reforma agrária, o imóvel rural **que não esteja cumprindo sua função social**, mediante prévia e justa indenização em títulos da dívida agrária, com cláusula de preservação do valor real, resgatáveis no prazo de até vinte anos, a partir do segundo ano de sua emissão, e cuja utilização será definida em lei.

Observe-se que, para proceder à desapropriação para fins de reforma agrária, é necessário que a propriedade não esteja cumprindo a sua função social, conforme dispõe o art. 186 da CR/1988, consoante o qual a função social é cumprida quando a propriedade rural atende, simultaneamente, segundo critérios e graus de exigência estabelecidos em lei, aos seguintes requisitos: (i) aproveitamento racional e adequado; (ii) utilização adequada dos recursos naturais disponíveis e preservação do meio

---

mais valiosos ou característicos e, ainda, a proteção de paisagens e locais particularmente dotados pela natureza;

l) a preservação e a conservação adequada de arquivos, documentos e outros bens moveis de valor histórico ou artístico;

m) a construção de edifícios públicos, monumentos comemorativos e cemitérios;

n) a criação de estádios, aeródromos ou campos de pouso para aeronaves;

o) a reedição ou divulgação de obra ou invento de natureza científica, artística ou literária;

p) os demais casos previstos por leis especiais.

[5] Art. 2º Considera-se de interesse social:

I – o aproveitamento de todo bem improdutivo ou explorado sem correspondência com as necessidades de habitação, trabalho e consumo dos centros de população a que deve ou possa suprir por seu destino econômico;

II – a instalação ou a intensificação das culturas nas áreas em cuja exploração não se obedeça a plano de zoneamento agrícola, VETADO;

III – o estabelecimento e a manutenção de colônias ou cooperativas de povoamento e trabalho agrícola;

IV – a manutenção de posseiros em terrenos urbanos onde, com a tolerância expressa ou tácita do proprietário, tenham construído sua habilitação, formando núcleos residenciais de mais de 10 (dez) famílias;

V – a construção de casa populares;

VI – as terras e águas suscetíveis de valorização extraordinária, pela conclusão de obras e serviços públicos, notadamente de saneamento, portos, transporte, eletrificação armazenamento de água e irrigação, no caso em que não sejam ditas áreas socialmente aproveitadas;

VII – a proteção do solo e a preservação de cursos e mananciais de água e de reservas florestais;

VIII – a utilização de áreas, locais ou bens que, por suas características, sejam apropriados ao desenvolvimento de atividades turísticas.

ambiente; (iii) observância das disposições que regulam as relações de trabalho; (iv) exploração que favoreça o bem-estar dos proprietários e dos trabalhadores.

Importante observar que somente a terra nua e as benfeitorias voluptuárias serão pagas em Títulos da Dívida Agrária (TDAs). As benfeitorias necessárias e úteis serão indenizadas em dinheiro, de acordo com o art. 184, § 1º, da CR/1988.

O § 3º do mesmo artigo constitucional estabelece que caberá à lei complementar estabelecer procedimento contraditório especial, de rito sumário, para o processo judicial de desapropriação. Esse dispositivo é regulamentado pela Lei Complementar nº 76/1993.

Ainda, de acordo com o art. 184, § 5º, da CR/1988, são isentas de impostos federais, estaduais e municipais as operações de transferência de imóveis desapropriados para fins de reforma agrária. Atente-se que os bens desapropriados manterão sua condição de bens públicos enquanto não se der a sua transferência aos beneficiados.

Ademais, o art. 185 da CR/1988 estabelece as propriedades que são insuscetíveis de desapropriação para fins de reforma agrária, quais sejam: (1) a pequena e média propriedade rural, assim definida em lei, desde que seu proprietário não **possua** outra, e (2) a propriedade produtiva.

Acerca da produtividade da propriedade, o STF[6] entende que a Constituição exige, de forma inequívoca, o cumprimento da função social da propriedade produtiva como requisito simultâneo para a sua inexpropriabilidade. Assim, a Corte entendeu constitucionais os artigos 6º e 9º da Lei 8.629/1993.[7]

---

[6] ADI 3.865/DF, Rel. Min. Edson Fachin, julgamento virtual finalizado em 1º.09.2023.

[7] "Art. 6º Considera-se propriedade produtiva aquela que, explorada econômica e racionalmente, atinge, simultaneamente, graus de utilização da terra e de eficiência na exploração, segundo índices fixados pelo órgão federal competente.

§ 1º O grau de utilização da terra, para efeito do *caput* deste artigo, deverá ser igual ou superior a 80% (oitenta por cento), calculado pela relação percentual entre a área efetivamente utilizada e a área aproveitável total do imóvel.

§ 2º O grau de eficiência na exploração da terra deverá ser igual ou superior a 100% (cem por cento), e será obtido de acordo com a seguinte sistemática:

I – para os produtos vegetais, divide-se a quantidade colhida de cada produto pelos respectivos índices de rendimento estabelecidos pelo órgão competente do Poder Executivo, para cada Microrregião Homogênea;

II – para a exploração pecuária, divide-se o número total de Unidades Animais (UA) do rebanho, pelo índice de lotação estabelecido pelo órgão competente do Poder Executivo, para cada Microrregião Homogênea;

III – a soma dos resultados obtidos na forma dos incisos I e II deste artigo, dividida pela área efetivamente utilizada e multiplicada por 100 (cem), determina o grau de eficiência na exploração.

§ 3º Considera-se efetivamente utilizadas:

I – as áreas plantadas com produtos vegetais;

II – as áreas de pastagens nativas e plantadas, observado o índice de lotação por zona de pecuária, fixado pelo Poder Executivo;

III – as áreas de exploração extrativa vegetal ou florestal, observados os índices de rendimento estabelecidos pelo órgão competente do Poder Executivo, para cada Microrregião Homogênea, e a legislação ambiental;

IV – as áreas de exploração de florestas nativas, de acordo com plano de exploração e nas condições estabelecidas pelo órgão federal competente;

Sobre imóveis insuscetíveis de desapropriação para fins de reforma agrária, o STF[8] entendeu que é constitucional norma que cria tal hipótese no Programa de Arrendamento Rural[9], desde que presumido o cumprimento da sua função social e enquanto se mantiver arrendado.

Perceba-se, ainda, nos termos da Súmula nº 354 do STJ, que a invasão do imóvel é causa de suspensão do processo expropriatório para fins de reforma agrária.

A intervenção do Ministério Público nas ações de desapropriação de imóvel rural para fins de reforma agrária é obrigatória, porquanto presente o interesse público.

V – as áreas sob processos técnicos de formação ou recuperação de pastagens ou de culturas permanentes, tecnicamente conduzidas e devidamente comprovadas, mediante documentação e Anotação de Responsabilidade Técnica. (Redação dada pela Medida Provisória nº 2.183-56, de 2001)

§ 4º No caso de consórcio ou intercalação de culturas, considera-se efetivamente utilizada a área total do consórcio ou intercalação.

§ 5º No caso de mais de um cultivo no ano, com um ou mais produtos, no mesmo espaço, considera-se efetivamente utilizada a maior área usada no ano considerado.

§ 6º Para os produtos que não tenham índices de rendimentos fixados, adotar-se-á a área utilizada com esses produtos, com resultado do cálculo previsto no inciso I do § 2º deste artigo.

§ 7º Não perderá a qualificação de propriedade produtiva o imóvel que, por razões de força maior, caso fortuito ou de renovação de pastagens tecnicamente conduzida, devidamente comprovados pelo órgão competente, deixar de apresentar, no ano respectivo, os graus de eficiência na exploração, exigidos para a espécie.

§ 8º São garantidos os incentivos fiscais referentes ao Imposto Territorial Rural relacionados com os graus de utilização e de eficiência na exploração, conforme o disposto no art. 49 da Lei nº 4.504, de 30 de novembro de 1964".

"Art. 9º A função social é cumprida quando a propriedade rural atende, simultaneamente, segundo graus e critérios estabelecidos nesta lei, os seguintes requisitos:

I – aproveitamento racional e adequado;

II – utilização adequada dos recursos naturais disponíveis e preservação do meio ambiente;

III – observância das disposições que regulam as relações de trabalho;

IV – exploração que favoreça o bem-estar dos proprietários e dos trabalhadores.

§ 1º Considera-se racional e adequado o aproveitamento que atinja os graus de utilização da terra e de eficiência na exploração especificados nos §§ 1º a 7º do art. 6º desta lei.

§ 2º Considera-se adequada a utilização dos recursos naturais disponíveis quando a exploração se faz respeitando a vocação natural da terra, de modo a manter o potencial produtivo da propriedade.

§ 3º Considera-se preservação do meio ambiente a manutenção das características próprias do meio natural e da qualidade dos recursos ambientais, na medida adequada à manutenção do equilíbrio ecológico da propriedade e da saúde e qualidade de vida das comunidades vizinhas.

§ 4º A observância das disposições que regulam as relações de trabalho implica tanto o respeito às leis trabalhistas e aos contratos coletivos de trabalho, como às disposições que disciplinam os contratos de arrendamento e parceria rurais.

§ 5º A exploração que favorece o bem-estar dos proprietários e trabalhadores rurais é a que objetiva o atendimento das necessidades básicas dos que trabalham a terra, observa as normas de segurança do trabalho e não provoca conflitos e tensões sociais no imóvel.

§ 6º (Vetado)."

[8] ADI 2.213/DF, Rel. Min. Nunes Marques, julgamento virtual finalizado em 18.12.2023.

[9] Art. 95-A da Lei nº 4.504/1964. Fica instituído o Programa de Arrendamento Rural, destinado ao atendimento complementar de acesso à terra por parte dos trabalhadores rurais qualificados para participar do Programa Nacional de Reforma Agrária, na forma estabelecida em regulamento. (Incluído pela Medida Provisória nº 2.183-56, de 2001) (Regulamento) Parágrafo único. Os imóveis que integrarem o Programa de Arrendamento Rural não serão objeto de desapropriação para fins de reforma agrária enquanto se mantiverem arrendados, desde que atendam aos requisitos estabelecidos em regulamento. (Incluído pela Medida Provisória nº 2.183-56, de 2001).

Interessante atentar para o fato de o estado-membro e municípios poderem realizar desapropriação de imóveis rurais, somente não podendo fazê-la alegando o motivo da reforma agrária. Devem, portanto, desapropriar imóvel rural por necessidade ou utilidade pública.

3.3.3. Interesse social para fins urbanísticos

Essa é outra modalidade de **desapropriação-sanção**, de competência do **município**. Trata-se, assim, de uma **desapropriação extraordinária**.

De acordo com o art. 182, § 4º, da CR/1988 é facultado ao Poder Público municipal, mediante lei específica para área incluída no plano diretor, exigir, nos termos da lei federal,[10] do proprietário do solo urbano não edificado, subutilizado ou não utilizado, que promova seu adequado aproveitamento, sob pena, **sucessivamente**, de:

I. parcelamento ou edificação compulsórios;
II. imposto sobre a propriedade predial e territorial urbana progressivo no tempo;
III. desapropriação com pagamento mediante títulos da dívida pública de emissão previamente aprovada pelo Senado Federal, com prazo de resgate de até dez anos, em parcelas anuais, iguais e sucessivas, assegurados o valor real da indenização e os juros legais.

Observe que a indenização da terra nua e das benfeitorias será paga em Títulos da Dívida Pública (TDPs).

Faz-se importante o estudo dos arts. 5º a 8º do Estatuto da Cidade, que especificam cada uma das medidas anteriores.

Primeiramente, serão estudados o parcelamento e a edificação compulsórios.

Nesse sentido, o art. 5º estabelece que **lei municipal específica** para área incluída no plano diretor poderá determinar o parcelamento, a edificação ou a utilização compulsórios do solo urbano não edificado, subutilizado ou não utilizado, devendo fixar as condições e os prazos para implementação da referida obrigação.

Considera-se subutilizado o imóvel cujo aproveitamento seja inferior ao mínimo definido no plano diretor ou em legislação dele decorrente.

O proprietário será notificado pelo Poder Executivo municipal para o cumprimento da obrigação, devendo a notificação ser averbada no cartório de registro de imóveis.

A notificação far-se-á:

I. por funcionário do órgão competente do Poder Público municipal, ao proprietário do imóvel ou, no caso de este ser pessoa jurídica, a quem tenha poderes de gerência geral ou administração;

[10] É a Lei nº 10.257/2001 – Estatuto da Cidade.

II. por edital quando frustrada, por três vezes, a tentativa de notificação na forma prevista pelo inciso I.

Os prazos anteriores não poderão ser inferiores a:

I. um ano, a partir da notificação, para que seja protocolado o projeto no órgão municipal competente;

II. dois anos, a partir da aprovação do projeto, para iniciar as obras do empreendimento.

Em empreendimentos de grande porte, em caráter excepcional, a lei municipal específica poderá prever a conclusão em etapas, assegurando-se que o projeto aprovado compreenda todo o empreendimento.

Por sua vez, o art. 6º estabelece que a transmissão do imóvel, por ato *inter vivos* ou *causa mortis*, posterior à data da notificação, transfere as obrigações de parcelamento, edificação ou utilização previstas no art. 5º dessa lei, sem interrupção de quaisquer prazos.

Agora, passa-se a estudar o Imposto sobre a Propriedade Predial e Territorial Urbana (IPTU) progressivo no tempo.

De acordo com o art. 7º, em caso de não cumprimento das obrigações de parcelamento, edificação e utilização compulsórios, o município procederá à aplicação do IPTU progressivo no tempo, mediante a majoração da alíquota pelo prazo de cinco anos consecutivos.

O valor da alíquota a ser aplicado a cada ano será fixado na lei específica e não excederá a duas vezes o valor referente ao ano anterior, respeitada a alíquota máxima de quinze por cento.

Caso a obrigação de parcelar, edificar ou utilizar não esteja atendida em cinco anos, o município manterá a cobrança pela alíquota máxima, até que se cumpra a referida obrigação, garantida a prerrogativa da desapropriação.

Ademais, é vedada a concessão de isenções ou de anistia relativas à tributação progressiva de que trata esse artigo.

Por fim, será estudada a desapropriação com pagamento em títulos.

De acordo com o art. 8º, decorridos cinco anos de cobrança do IPTU progressivo sem que o proprietário tenha cumprido a obrigação de parcelamento, edificação ou utilização, o município poderá proceder à desapropriação do imóvel, com pagamento em títulos da dívida pública.

Os títulos da dívida pública terão prévia aprovação pelo Senado Federal e serão resgatados no prazo de até dez anos, em prestações anuais, iguais e sucessivas, assegurados o valor real da indenização e os juros legais de seis por cento ao ano.

O valor real da indenização:

I. refletirá o valor da base de cálculo do IPTU, descontado o montante incorporado em função de obras realizadas pelo Poder Público na área onde o mesmo se localiza após a notificação de que trata o § 2º do art. 5º desta lei;

II. não computará expectativas de ganhos, lucros cessantes e juros compensatórios.

Os títulos de que trata esse artigo não terão poder liberatório para pagamento de tributos.

O município procederá ao adequado aproveitamento do imóvel no prazo máximo de cinco anos, contado a partir da sua incorporação ao patrimônio público.

O aproveitamento do imóvel poderá ser efetivado diretamente pelo Poder Público ou por meio de alienação ou concessão a terceiros, observando-se, nesses casos, o devido procedimento licitatório.

Ficam mantidas para o adquirente de imóvel as mesmas obrigações de parcelamento, edificação ou utilização compulsórios.

3.4. Desapropriação confiscatória/Expropriação

A desapropriação em análise também é uma modalidade sancionatória, na qual não há o pagamento de nenhuma indenização. A desapropriação confiscatória está estabelecida no art. 243 da CR/1988 e é regulada pela Lei nº 8.257/1991.

De acordo com o art. 243 da CR/1988, as propriedades rurais e urbanas de qualquer região do País onde forem localizadas **culturas ilegais de plantas psicotrópicas** ou a **exploração de trabalho escravo** *na forma da lei* serão expropriadas e destinadas à reforma agrária e a programas de habitação popular, sem qualquer indenização ao proprietário e sem prejuízo de outras sanções previstas em lei.

Especificamente, no que se refere ao confisco acerca da exploração de trabalho escravo, atente-se que a Constituição estabeleceu que esse confisco ocorrerá "na forma da lei", o que significa dizer que se trata de uma norma de eficácia limitada, exigindo-se a edição da lei para que gere os seus plenos efeitos e possa ocorrer na prática. Como a norma ainda não foi editada, não é possível a expropriação no caso.

Casos de confisco constitucional
1) Culturas ilegais de plantas psicotrópicas
2) Exploração de trabalho escravo

Todo e qualquer bem de valor econômico apreendido em decorrência do tráfico ilícito de entorpecentes e drogas afins e da exploração de trabalho escravo será confiscado e reverterá a fundo especial com destinação específica, na forma da lei. Assim, conforme disposição constitucional, todo e qualquer bem de valor econômico será confiscado, o que significa dizer que não só o imóvel será expropriado, como também todos os móveis, instrumentos e demais bens apreendidos.

De acordo com o STF, toda a gleba deve ser desapropriada, e não somente o local da plantação.[11] Assim, se, em uma área maior, não há o cultivo de planta ilícitas psicotrópicas, mas apenas parte da área possui o cultivo, isso é irrelevante, pois toda a área será expropriada.

Por fim, a expropriação prevista no art. 243 da CR/1988 pode ser afastada, desde que o proprietário comprove que não incorreu em culpa, ainda que *in vigilando* ou *in eligendo* (RE 635.336).

3.5. O caso da "desapropriação particular" ou "desapropriação judicial"

De acordo com o art. 1.228, § 4º, do Código Civil, o proprietário também pode ser privado da coisa se o imóvel reivindicado consistir em extensa área, na posse ininterrupta e de boa-fé, por mais de cinco anos, de considerável número de pessoas, e estas nela houverem realizado, em conjunto ou separadamente, obras e serviços considerados pelo juiz de interesse social e econômico relevante.

O Código Civil, portanto, criou uma situação em que é possível o particular ver seu direito de propriedade suprimido sem um ato de interferência estatal. No presente caso, será necessário o ajuizamento de uma ação expropriatória, cabendo ao juiz definir a justa indenização a ser paga ao proprietário. A sentença será levada a registro em Cartório de Registro de Imóveis, ensejando a transferência da propriedade, conforme dispõe o art. 1.228, § 5º, do Código Civil.

O previsto no Código Civil não pode ser considerado uma espécie de desapropriação à luz dos princípios constitucionais, uma vez que a desapropriação é um procedimento administrativo exclusivo da Administração Pública, que somente pode ser declarado em caso de utilidade pública, em conformidade com a separação dos poderes.[12]

4. FASES DA DESAPROPRIAÇÃO

1ª) Fase declaratória

2ª) Fase executória

4.1. Fase declaratória

A fase declaratória é aquela em que o desapropriante declara o bem de utilidade pública ou de interesse social para fins de desapropriação. Essa fase exterioriza um ato de soberania, um ato de império.

---

[11] RE 543.974-MG, Pleno, Rel. Min. Eros Grau, j. 26.03.2009.

[12] PEREIRA, Caio Mário da Silva. Crítica ao anteprojeto de Código Civil. *Revista Forense*, v. 69, n. 838/840, p. 16-24, abr.-jun. 1973.

De acordo com o art. 2º do DL nº 3.365/1941, a declaração é de competência da União, dos estados, do Distrito Federal, dos municípios e dos territórios. Essa é a regra estabelecida para a declaração de desapropriação. Observe, contudo, que há algumas exceções, nas quais algumas autarquias poderão declarar um bem para fins de desapropriação, desde que possuam autorização legislativa.

Atente-se ao fato de o DNIT (Departamento Nacional de Infraestrutura de Transportes) poder declarar um bem para fins de desapropriação visando à implantação do Sistema Nacional de Viação – art. 82, IX, da Lei nº 10.233/2001.

A Aneel (Agência Nacional de Energia Elétrica) também possui a competência declaratória, com o objetivo de serem desapropriadas áreas para a instalação de concessionários e permissionários de energia elétrica – art. 10 da Lei nº 9.074/1995.

O particular não pode declarar o bem para fins de desapropriação, ainda que prestador de serviço público.

Observe que, de acordo com os arts. 6º e 8º do DL nº 3.365/1941, a declaração de utilidade pública pode ocorrer por meio de decreto dos chefes do Poder Executivo, ou por meio de lei do Poder Legislativo. Esse decreto e essa lei são os chamados decreto e lei de efeitos concretos, uma vez que não possuem o caráter da generalidade e abstratividade. São decreto e lei em sentido formal, mas são atos administrativos em sentido material. Dessa forma, podem ser impugnados via mandado de segurança.

Atente-se ao Enunciado nº 4 do CJF, que afirma que o ato declaratório da desapropriação, por utilidade ou necessidade pública, ou por interesse social, deve ser motivado de maneira explícita, clara e congruente, não sendo suficiente a mera referência à hipótese legal.

4.1.1. *Efeitos da declaração*

É importante destacar que a declaração de desapropriação não tem o condão de suprimir a propriedade do particular.

4.1.1.1. A declaração fixa o estado do bem

É com a declaração que se saberá o valor da indenização a ser paga pelo Poder Público.

De acordo com o art. 26, § 1º, do DL nº 3.365/1941, as benfeitorias necessárias serão indenizadas, ainda que feitas após a declaração de desapropriação. Por sua vez, as benfeitorias úteis serão indenizadas somente se autorizadas pelo Poder Público. Por fim, as benfeitorias voluptuárias não serão indenizadas.

Nesse sentido, a Súmula nº 23 do STF foi relativizada pelo Decreto-lei nº 3.365/1941. Conforme a súmula, verificados os pressupostos legais para o licenciamento da obra, não o impede a declaração de utilidade pública para desapropriação do imóvel, mas o valor da obra não se incluirá na indenização, quando a desapropriação for efetivada. A relativização ocorre, pois as benfeitorias necessárias serão indenizadas e as úteis serão indenizadas se forem autorizadas pelo Poder Público.

Ainda, o art. 2º, § 4º, da Lei nº 8.629/1993 afirma que, no caso de reforma agrária, não será considerada qualquer modificação introduzida ou ocorrida até 6 meses após a data da comunicação da desapropriação. As modificações poderão ocorrer após esses 6 meses.

4.1.1.2. Direito de ingresso – art. 7º do DL nº 3.365/1941

Declarada a utilidade pública, ficam as autoridades administrativas do expropriante ou seus representantes autorizados a ingressar nas áreas compreendidas na declaração, inclusive para realizar inspeções e levantamentos de campo, podendo recorrer, em caso de resistência, ao auxílio de força policial.

Ademais, em caso de dano por excesso ou abuso de poder ou originário das inspeções e levantamentos de campo realizados, cabe indenização por perdas e danos, sem prejuízo da ação penal.

O direito de ingresso não transfere a posse. O Poder Público entra, mas sai do bem, exatamente por não haver a posse. O ingresso ocorre para que o expropriante adentre no bem para realizar determinadas atividades.

4.1.1.3. Início do prazo decadencial para que a fase executória tenha início

A desapropriação deverá efetivar-se mediante acordo ou intentar-se judicialmente, dentro de 5 anos, contados da data da expedição do respectivo decreto, e, findos os quais, este caducará. Nesse caso, somente decorrido um ano, poderá ser o mesmo bem objeto de nova declaração. Em outras palavras, tem-se o prazo de 5 anos da data da expedição do decreto para iniciar a fase executória. Passado o prazo, somente depois de 1 ano é que o bem poderá ser objeto de nova declaração. Isso de acordo com o art. 10 do DL nº 3.365/1941.

O prazo de 5 anos refere-se à declaração de utilidade pública. No caso de interesse social, o prazo de caducidade será de 2 anos, de acordo com o art. 2º da Lei nº 4.132/1962.

4.1.1.4. Preferência daquele ente que declara um bem para desapropriação em 1º lugar, quando dois entes de mesma hierarquia desejam desapropriar um bem móvel

Observe que a preferência ocorre somente do bem móvel, afinal, em relação ao bem imóvel, somente o ente em que este se situa poderá proceder com a declaração de desapropriação.

4.1.1.5. Imissão provisória na posse

Para que haja a imissão provisória na posse, é necessária a presença de dois requisitos, quais sejam: (1) a declaração de urgência e (2) que seja depositado o valor de acordo com o que a lei estabelecer, independentemente da citação do réu.[13]

[13] De acordo com o STF, por meio da Súmula nº 652, não há inconstitucionalidade nessa situação.

Observe que, presentes ambos os requisitos, o expropriante tem direito subjetivo à imissão provisória na posse, não podendo o juiz indeferi-la.

A alegação de urgência, que não poderá ser renovada, obrigará o expropriante a requerer a imissão provisória dentro do prazo improrrogável de 120 (cento e vinte) dias. Excedido o prazo, não será concedida a imissão provisória.

No que tange ao depósito do valor, o STJ entende que a imissão provisória na posse do imóvel objeto de desapropriação, caracterizada pela urgência, prescinde de avaliação prévia ou de pagamento integral, exigindo apenas o depósito judicial nos termos do art. 15, § 1º, do Decreto-lei nº 3.365/1941.[14] Por outro lado, essa corte entende que o depósito judicial do valor simplesmente apurado pelo corpo técnico do ente público, sendo inferior ao valor arbitrado por perito judicial e ao valor cadastral do imóvel, não viabiliza a imissão provisória na posse.[15]

Ademais, o STJ entende que ausência do depósito para o deferimento de pedido de imissão provisória na posse veiculado em ação de desapropriação por utilidade pública não implica a extinção do processo sem resolução do mérito, mas tão somente o indeferimento da tutela provisória.[16]

A imissão provisória na posse será registrada no registro de imóveis competente.

Se houver concordância, reduzida a termo, do expropriado, a decisão concessiva da imissão provisória na posse implicará a aquisição da propriedade pelo expropriante com o consequente registro da propriedade na matrícula do imóvel.

A concordância escrita do expropriado não implica renúncia ao seu direito de questionar o preço ofertado em juízo.

Na hipótese desse artigo, o expropriado poderá levantar 100% (cem por cento) do depósito.

Do valor a ser levantado pelo expropriado devem ser deduzidos os valores dispostos nos §§ 1º e 2º do art. 32 do mencionado decreto-lei, bem como, a critério do juiz, aqueles tidos como necessários para o custeio das despesas processuais.

Após a apresentação da contestação pelo expropriado, se não houver oposição expressa com relação à validade do decreto desapropriatório, deverá ser determinada a imediata transferência da propriedade do imóvel para o expropriante, independentemente de anuência expressa do expropriado, e prosseguirá o processo somente para resolução das questões litigiosas.

Observe que a imissão é uma situação facultada ao expropriante. Não é obrigatório requerer a imissão provisória. Contudo, na desapropriação por reforma agrária, a imissão provisória é fase obrigatória, nos termos do art. 6º, I, da LC nº 76/1993.

Por fim, observe que o art. 1º do DL nº 1.075/1970, que versa sobre a desapropriação de prédio urbano residencial, possibilita também a imissão provisória na

[14] REsp 1.234.606/MG, Min. Herman Benjamin, 26.04.2011.

[15] REsp 181.407/SP, Segunda Turma, Rel. Min. João Otávio de Noronha, j. 15.02.2005.

[16] REsp 1.930.735-TO, Primeira Turma, Rel. Min. Regina Helena Costa, por unanimidade, j. 28.02.2023, *DJe* 02.03.2023.

posse, mediante o depósito do preço oferecido. Esse depósito pode ser impugnado. Havendo a impugnação, o juiz fixará, em 48 horas, o valor provisório do imóvel. Quando o valor arbitrado for superior à oferta, o juiz só autorizará a imissão provisória na posse do imóvel, se o expropriante complementar o depósito para que este atinja a metade do valor arbitrado.

Informação	Resumo
Declaração fixa o estado do bem	A declaração estabelece o valor da indenização a ser paga pelo Poder Público. Benfeitorias necessárias serão indenizadas, benfeitorias úteis só se autorizadas e benfeitorias voluptuárias não serão indenizadas.
Direito de penetração	Autoridades administrativas podem entrar nos prédios compreendidos na declaração, podendo recorrer à força policial em caso de oposição.
Início do prazo decadencial	A fase executória deve iniciar-se em 5 anos, contados da data da expedição do decreto; caso contrário, o decreto caducará. Somente depois de 1 ano é que o mesmo bem poderá ser objeto de nova declaração. Para interesse social, o prazo de caducidade é de 2 anos.
Direito de preferência	Em caso de dois entes de mesma hierarquia desejarem desapropriar um bem móvel, aquele que declarou a desapropriação em primeiro lugar tem preferência.
Imissão provisória na posse	A imissão provisória na posse só ocorre se houver declaração de urgência e depósito do valor estabelecido por lei, independentemente da citação do réu. O expropriante tem direito subjetivo à imissão provisória na posse.

4.2. Fase executória

A fase executória envolve, de fato, os atos de transferência da propriedade. Essa competência vai desde a negociação com o proprietário até a finalização do processo judicial expropriatório, passando pelo próprio ajuizamento da ação de desapropriação.

Poderão promover (executar) a desapropriação os entes da Administração Direta, da Administração Indireta.

Também poderão promover a desapropriação, desde que autorizados em lei ou em contrato, os concessionários, inclusive aqueles contratados nos termos da Lei nº

11.079/2004, permissionários, autorizatários e arrendatários; as entidades públicas; as entidades que exerçam funções delegadas do poder público; o contratado pelo poder público para fins de execução de obras e serviços de engenharia sob os regimes de empreitada por preço global, empreitada integral e contratação integrada.

Em relação a este último, o edital deverá prever expressamente: o responsável por cada fase do procedimento expropriatório; o orçamento estimado para sua realização; e a distribuição objetiva de riscos entre as partes, incluído o risco pela variação do custo das desapropriações em relação ao orçamento estimado.

Observe que aquele que realiza a fase executória é quem irá pagar a indenização da desapropriação.

Os bens desapropriados para fins de utilidade pública e os direitos decorrentes da respectiva imissão na posse poderão ser alienados a terceiros, locados, cedidos, arrendados, outorgados em regimes de concessão de direito real de uso, de concessão comum ou de parceria público-privada e ainda transferidos como integralização de fundos de investimento ou sociedades de propósito específico.

Essa situação se aplica também nos casos de desapropriação para fins de execução de planos de urbanização, de renovação urbana ou de parcelamento ou reparcelamento do solo, desde que seja assegurada a destinação prevista no referido plano de urbanização ou de parcelamento do solo.

4.2.1. Via administrativa

A desapropriação efetivada por meio da via administrativa é aquela em que houve acordo entre o Poder Público e o proprietário. O que se pretende com o acordo é evitar a ação de desapropriação no Poder Judiciário. A doutrina denomina a desapropriação ocorrida na via administrativa de desapropriação amigável.

Importante observar que essa desapropriação amigável é, na verdade, um negócio jurídico bilateral, translativo e oneroso, retratando verdadeiro contrato de compra e venda.

4.2.2. Via judicial

Não havendo acordo na via administrativa, não resta outra solução senão o ajuizamento de uma ação para solucionar o conflito de interesses entre o Poder Público e o proprietário.

O art. 11 do Decreto-lei nº 3.365/1941 estabelece a competência para ajuizamento da ação. Nesse sentido, a ação, quando a União for autora, será proposta no Distrito Federal ou no foro da Capital do Estado onde for domiciliado o réu, perante o juízo privativo, se houver; sendo outro o autor, no foro da situação dos bens.

Por sua vez, o art. 12 afirma que somente os juízes que tiverem garantia de vitaliciedade, inamovibilidade e irredutibilidade de vencimentos poderão conhecer dos processos de desapropriação. Todavia, esse dispositivo não foi recepcionado pela

Constituição da República, uma vez que restringe/condiciona a atuação do jurisdicional, o que não se admite.

O art. 13 estabelece que a petição inicial, além dos requisitos previstos no Código de Processo Civil, conterá a **oferta do preço** e será instruída com um exemplar do contrato, ou do jornal oficial que houver publicado o decreto de desapropriação, ou cópia autenticada deles, e a planta ou descrição dos bens e suas confrontações. Ainda, de acordo com o STJ, a demonstração do impacto orçamentário-financeiro da medida e da compatibilidade da indenização a ser paga com as leis orçamentárias é requisito a ser observado na petição inicial da ação de desapropriação.[17]

Já o art. 14 afirma que, ao despachar a inicial, o juiz designará um perito de sua livre escolha, sempre que possível, técnico, para proceder à avaliação dos bens, de modo que, nos termos do parágrafo único, o autor e o réu poderão indicar assistente técnico do perito.

Nesse sentido, a **prova pericial é obrigatória** na ação de desapropriação. No mesmo sentido está o STJ, segundo o qual, em se tratando de desapropriação, a prova pericial para a fixação do justo preço somente é dispensável quando há expressa concordância do expropriado com o valor da oferta inicial.[18] Em outro entendimento, o STJ diz que é possível ao juiz determinar a realização de perícia avaliatória, ainda que os réus tenham concordado com o valor oferecido pelo Estado.[19] Ademais, a revelia do desapropriado não implica aceitação tácita da oferta, não autorizando a dispensa da avaliação, conforme a Súmula nº 118 do extinto Tribunal Federal de Recursos.[20]

De acordo com o art. 9º do DL nº 3.365/1941, ao Poder Judiciário é vedado, no processo de desapropriação, decidir se se verificam ou não os casos de utilidade pública. Esse dispositivo deve ser entendido de modo que o Poder Judiciário pode verificar se há ou não os casos de utilidade pública. Contudo, deve fazê-lo em ação autônoma, e não no processo expropriatório.

Ademais, conforme o Enunciado nº 3 do CJF, não constitui ofensa ao art. 9º do Decreto-lei nº 3.365/1941 o exame por parte do Poder Judiciário, no curso do processo de desapropriação, da regularidade do processo administrativo de desapropriação e da presença dos elementos de validade do ato de declaração de utilidade pública.

Na contestação da ação de desapropriação, o réu somente poderá versar sobre vícios do processo judicial ou impugnação ao preço. Qualquer outra questão deverá ser decidida por ação direta. A expressão "vícios do processo" deve ser entendida como a carência das condições da ação e dos pressupostos processuais. Dessa forma, o réu pode alegar a ilegitimidade das partes, falta de interesse de agir, inépcia da inicial, litispendência, coisa julgada, entre outras situações.

---

17 REsp 1.930.735/TO, Primeira Turma, Rel. Min. Regina Helena Costa, j. 28.02.2023, *DJe* 02.03.2023.

18 AgRg no AREsp 203.423/SE, Segunda Turma, Rel. Min. Eliana Calmon, j. 19.09.2013, *DJe* 26.09.2013.

19 AgRg no AREsp 459.637/RJ, Segunda Turma, Rel. Min. Humberto Martins, j. 08.04.2014, *DJe* 14.04.2014.

20 REsp 1.466.747/PE, Rel. Min. Humberto Martins, j. 24.02.2015, *DJe* 03.03.2015.

Ainda, de acordo com o STJ, há violação aos limites das matérias que podem ser discutidas em desapropriação direta quando se admite o debate – e até mesmo indenização – de área diferente da verdadeiramente expropriada, ainda que vizinha.[21]

Ademais, **na ação de desapropriação por utilidade pública, a citação do proprietário do imóvel desapropriado dispensa a do respectivo cônjuge**. Isso porque o art. 16 do Decreto-lei nº 3.365/1941 dispõe que a citação far-se-á por mandado na pessoa do proprietário dos bens; a do marido dispensa a da mulher.[22]

De acordo com o STJ,[23] a sentença judicial de desapropriação transitada em julgado deve ser levada a registro apenas após o efetivo pagamento em pecúnia ao particular desapropriado, não bastando a mera expedição do precatório.

Importante discussão refere-se à obrigatoriedade de participação do Ministério Público nas ações de desapropriação. Nesse sentido, consoante o STJ,[24] a ação de desapropriação direta ou indireta, em regra, não pressupõe automática intervenção do Ministério Público, exceto quando envolver, frontal ou reflexamente, proteção ao meio ambiente, interesse urbanístico ou improbidade administrativa. Por outro lado, o próprio STJ[25] já entendeu que a intervenção do Ministério Público nas ações de desapropriação de imóvel rural para fins de reforma agrária é obrigatória, porquanto presente o interesse público.

Por fim, de acordo com o art. 22, caso haja concordância entre as partes sobre o preço, o juiz o homologará por sentença no despacho saneador.

4.2.3. Via arbitral

Após o oferecimento da indenização ao proprietário, caso este recuse a oferta apresentada, poderá ser feita a opção pela mediação ou pela via arbitral. Assim, o particular indicará um dos órgãos ou instituições especializados em mediação ou arbitragem previamente cadastrados pelo órgão responsável pela desapropriação.

A mediação seguirá as normas da Lei nº 13.140, de 26 de junho de 2015, e, subsidiariamente, os regulamentos do órgão ou da instituição responsável.

Poderá ser eleita câmara de mediação criada pelo Poder Público, nos termos do art. 32 da Lei nº 13.140, de 26 de junho de 2015.

A arbitragem, por sua vez, seguirá as normas da Lei nº 9.307, de 23 de setembro de 1996, e, subsidiariamente, os regulamentos do órgão ou da instituição responsável.

5. DESAPROPRIAÇÃO DE BENS PÚBLICOS

Importante dizer que os bens públicos podem ser desapropriados, de acordo com o art. 2º, § 2º, do DL nº 3.365/1941. Para tanto, é necessário observar dois requisitos, quais sejam:

---

[21] REsp 1.577.047/MG, Primeira Turma, Rel. Min. Gurgel de Faria, j. 10.05.2022, *DJe* 25.05.2022.

[22] REsp 1.404.085-CE, Rel. Min. Herman Benjamin, j. 05.08.2014.

[23] AgInt no AREsp 882.066/SP, Primeira Turma, Rel. Min. Benedito Gonçalves, j. 04.09.2018, *DJe* 10.09.2018.

[24] AgRg no AREsp 211.911/RJ, Segunda Turma, Rel. Min. Herman Benjamin, j. 11.03.2014.

[25] AgRg no Resp 1.174.225/SC, Segunda Turma, Rel. Min. Humberto Martins, *DJe* 14.06.2013.

1. autorização legislativa;
2. "hierarquia federativa".

Será exigida autorização legislativa para a desapropriação dos bens de domínio dos Estados, dos Municípios e do Distrito Federal pela União e dos bens de domínio dos Municípios pelos Estados.

Todavia, será dispensada a autorização legislativa quando a desapropriação for realizada mediante acordo entre os entes federativos, no qual serão fixadas as respectivas responsabilidades financeiras quanto ao pagamento das indenizações correspondentes. Assim, caso a União desaproprie bem de um estado-membro, caberá ao Congresso Nacional editar a lei autorizativa.

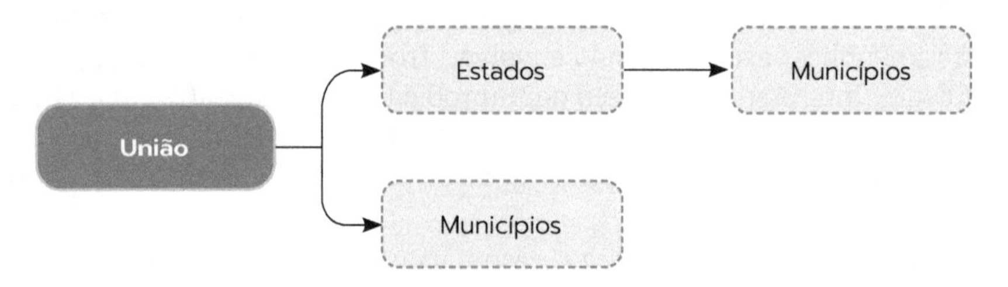

ATENÇÃO! Pode um município ou um estado desapropriar um bem uma empresa pública ou sociedade de economia mista federal?

RESPOSTA: Em regra, é vedada essa desapropriação. Contudo, se houver prévia autorização por decreto do Presidente da República, é possível que a desapropriação ocorra. Isso está de acordo com o art. 2º, § 3º, do DL nº 3.365/1941.

Obs.: **SÚMULA Nº 157 DO STF** – É NECESSÁRIA PRÉVIA AUTORIZAÇÃO DO PRESIDENTE DA REPÚBLICA PARA DESAPROPRIAÇÃO, PELOS ESTADOS, DE EMPRESA DE ENERGIA ELÉTRICA.

6. BENS INSUSCETÍVEIS DE DESAPROPRIAÇÃO

Primeiramente, importante salientar que a desapropriação poderá recair sobre todos os bens que possuam valor econômico, imóveis ou móveis, públicos ou privados. Todavia, haverá bens que serão insuscetíveis de desapropriação.

6.1. Coisas fora do comércio

As coisas fora do comércio são aqueles bens que não podem ser negociados entre as pessoas. Dessa forma, esses bens também não podem ser desapropriados. Por exemplo, os direitos personalíssimos, como a honra, a liberdade e a intimidade.

6.2. Moeda corrente

A moeda corrente do país também não pode ser desapropriada. Caso fosse possível desapropriar a moeda corrente, isso impediria o pagamento da indenização, que ocorre em moeda corrente. Ademais, observe que é possível a desapropriação de uma nota ou moeda antigas.

6.3. Cadáver

Em regra, não é possível a desapropriação de cadáveres. Contudo, em casos excepcionais é possível essa desapropriação, quando o cadáver tiver caráter econômico, notadamente para fins históricos e de pesquisa. Pode-se dar como exemplo as múmias.

6.4. Bens da União

De acordo com o art. 2º, § 2º, do DL nº 3.365/1941, os bens da União não podem ser desapropriados. Como previsto no dispositivo legal, os bens dos estados, dos municípios, do Distrito Federal e dos territórios poderão ser desapropriados pela União, e os dos municípios pelos estados, mas, em regra, como visto no tópico 5 deste capítulo, será exigida autorização legislativa.

Assim, não há a possibilidade de bens da União serem desapropriados.

6.5. São insuscetíveis de desapropriação para fins de reforma agrária

I. A pequena e média propriedade rural, assim definida em lei, desde que seu proprietário não possua outra.
II. A propriedade produtiva.

7. DESAPROPRIAÇÃO POR ZONA OU EXTENSIVA E DE NÚCLEO URBANO INFORMAL

A desapropriação poderá abranger a área contígua necessária ao desenvolvimento da obra a que se destina, e as zonas que se valorizarem extraordinariamente, em consequência da realização do serviço. As referidas áreas devem ser bem especificadas quando da declaração de utilidade pública, indicando-se quais as que vão propiciar o desenvolvimento da obra e aquelas que vão sofrer a valorização extraordinária. É em relação a estas que a lei autoriza a revenda a terceiros, sendo permitido ao expropriante que a venda ocorra pelo valor atualizado, ou seja, pelo valor que passou a ter o bem após a realização da obra.

Quando a desapropriação executada pelos autorizados a que se refere o art. 3º destinar-se a planos de urbanização, de renovação urbana ou de parcelamento ou reparcelamento do solo previstos no plano diretor, o edital de licitação poderá prever que a receita decorrente da revenda ou da utilização imobiliária integre projeto associado por conta e risco do contratado, garantido ao poder público responsável pela contratação, no mínimo, o ressarcimento dos desembolsos com indenizações, quando essas ficarem sob sua responsabilidade.

Ademais, de acordo com o art. 4º-A, quando o imóvel a ser desapropriado caracterizar-se como núcleo urbano informal ocupado predominantemente por população de baixa renda, o ente expropriante deverá prever, no planejamento da ação de desapropriação, medidas compensatórias.

As medidas compensatórias incluem a realocação de famílias em outra unidade habitacional, a indenização de benfeitorias ou a compensação financeira suficiente para assegurar o restabelecimento da família em outro local, exigindo-se, para este fim, o prévio cadastramento dos ocupantes.

Poderá ser equiparada à família ou à pessoa de baixa renda aquela ocupante da área que, por sua situação fática específica, apresente condição de vulnerabilidade, conforme definido pelo expropriante.

8. DIREITO DE EXTENSÃO

É o direito que o proprietário possui na desapropriação parcial para o desapropriante incluir na desapropriação a área remanescente que se tornou insuscetível de qualquer exploração econômica. De acordo com Carvalho Filho,[26] o direito de extensão "é o direito de expropriado de exigir que a desapropriação e a indenização alcancem a totalidade do bem, quando o remanescente resultar esvaziado de seu conteúdo econômico".

O Direito de Extensão estava expressamente previsto no art. 12 do Decreto nº 4.956/1903, que regulava o processo de desapropriações por necessidade ou utilidade pública. Contudo, esse decreto foi expressamente revogado pelo Anexo IV do Decreto nº 11/1991.

Atualmente, o instituto está previsto apenas no art. 19, §1º, da Lei nº 4.504/1964, que dispõe sobre o Estatuto da Terra, e no art. 4º da Lei Complementar nº 76/1993, que regula a desapropriação por interesse social para fins de reforma agrária.

Nesse contexto, embora a desapropriação por interesse social para fins de reforma agrária seja uma modalidade distinta da desapropriação por utilidade pública,

---

[26] CARVALHO FILHO, José dos Santos. *Manual de Direito Administrativo*. 26. ed. rev., ampl. e atual. São Paulo: Atlas, 2013. p. 884.

tanto a doutrina quanto a jurisprudência admitem a aplicação do Direito de Extensão a esta última. Essa interpretação decorre do primado constitucional do direito de propriedade e da necessidade de justa indenização ao proprietário expropriado. Assim, mesmo em casos de desapropriação por utilidade pública, a garantia de uma compensação justa é assegurada, reforçando a proteção aos direitos do proprietário conforme os preceitos constitucionais vigentes.

É importante destacar que não há previsão específica sobre o Direito de Extensão no Decreto-Lei nº 3.365/1941, nem na Lei nº 4.132/1952. O Decreto-Lei nº 3.365/1941 dispõe apenas que a depreciação ou desvalorização da área remanescente do imóvel desapropriado deve ser considerada na determinação do valor da indenização, como forma de compensação pelos prejuízos sofridos pelo expropriado, conforme estabelece o art. 27.

Diante dessa lacuna legal em relação ao Direito de Extensão nos casos de desapropriação por necessidade ou utilidade pública, a solução mais adequada é a aplicação subsidiária do art. 4º da Lei Complementar nº 76/1993.

Conforme o art. 4º da Lei Complementar nº 76/1993, para que se possa exercer o Direito de Extensão, é necessário que a área remanescente seja reduzida a uma superfície inferior à de uma pequena propriedade rural, ou que suas condições de exploração econômica sejam substancialmente prejudicadas, caso seu valor seja inferior ao da parte desapropriada.

Portanto, de acordo com o STJ[27], admite-se a aplicação subsidiária do Direito de Extensão aos casos de desapropriação por necessidade ou utilidade pública previstos na Lei Complementar nº 76/1993 quando a área remanescente for reduzida à superfície inferior à da pequena propriedade rural.

9. DESISTÊNCIA DA DESAPROPRIAÇÃO

A desapropriação é um procedimento administrativo, ou seja, é um conjunto de atos administrativos destinados a um fim específico. Dessa forma, é possível que o desapropriante possa desistir da desapropriação, caso os motivos que provocaram a iniciativa do processo expropriatório desapareçam.

A desapropriação é feita em casos de necessidade pública, utilidade pública e interesse social. A partir do momento em que esses motivos deixam de existir, não há razão para que a desapropriação exista, e, por isso, a desistência da desapropriação é possível.

---

27 REsp 1.937.626/RO, Rel. Min. Regina Helena Costa, Rel. p/ acórdão Min. Gurgel de Faria, Primeira Turma, por maioria, j. 12.03.2024.

É possível a desistência da desapropriação, **a qualquer tempo, mesmo após o trânsito em julgado da ação de desapropriação**, desde que:

1. não tenha ocorrido o pagamento integral do preço; e
2. não haja alteração substancial no imóvel (ou seja, que o bem desapropriado possa voltar ao seu status anterior. Caso o Poder Público tenha realizado obras, a desistência não poderá ocorrer).

A desistência é direito do expropriante e os fatos *supra* são fatos impeditivos da desistência. Além disso, é ônus do expropriado provar a existência desses fatos.

Importante ainda salientar que, de acordo com o STJ, na hipótese de desistência da ação de desapropriação por utilidade pública, o **ente desapropriante é o responsável pelo pagamento do ônus financeiro do processo**, com o ressarcimento de despesas eventualmente pagas pelo réu, a serem apuradas em momento próprio de liquidação ou de cumprimento de sentença, conforme inteligência do art. 90, *caput*, do CPC. Nesse sentido, em face da inexistência de condenação e de proveito econômico, os honorários advocatícios sucumbenciais observam o valor atualizado da causa.[28]

10. RETROCESSÃO

A retrocessão é um direito que o antigo proprietário possui de, no caso de tredestinação ilícita, exigir do desapropriante a retomada do bem ou o pagamento de uma indenização.

A tredestinação é a destinação desconforme com o plano inicialmente previsto. Dessa forma, a **tredestinação pode ser lícita ou ilícita**. A primeira é aquela que ocorre quando há uma destinação diversa da originariamente prevista, porém é mantida a finalidade/interesse público. Pode-se dar como exemplo a desapropriação em que se destinavam à construção de um hospital público, e o Estado decide construir uma escola pública. Contudo, observe que haverá situação em que a tredestinação, ainda que lícita, é vedada. É o caso do art. 5º, § 3º, do DL nº 3.365/1941, que afirma: "Ao imóvel desapropriado para implantação de parcelamento popular, destinado às classes de menor renda, não se dará outra utilização nem haverá retrocessão".

Por sua vez, a segunda forma de tredestinação é aquela em que há um desvio de finalidade, isto é, não há mais a perseguição ao interesse/finalidade pública. Há,

[28] REsp 1.834.024/MG, Segunda Turma, Rel. Min. Mauro Campbell Marques, j. 07.06.2022, *DJe* 17.06.2022.

na verdade, um interesse privado ou de terceiros sendo alcançado. Dessa forma, a desapropriação torna-se ilegítima. Pode-se dar como exemplo a desapropriação em que se destinavam à construção de um hospital público e, na verdade, houve a construção da casa do prefeito.

É em relação à tredestinação ilícita que a retrocessão se relaciona, de acordo com o STJ.

Atente-se que, de acordo com o art. 5º, § 6º, comprovada a inviabilidade ou a perda objetiva de interesse público em manter a destinação do bem prevista no decreto expropriatório, o expropriante deverá adotar uma das seguintes medidas, nesta ordem de preferência:

I. destinar a área não utilizada para outra finalidade pública; ou
II. alienar o bem a qualquer interessado, na forma prevista em lei, assegurado o direito de preferência à pessoa física ou jurídica desapropriada.

Veja que ainda é possível a chamada **adestinação**, isto é, a situação em que a Administração não dá nenhuma destinação ao bem. A doutrina diverge acerca da retrocessão na adestinação. Há quem aplique, por analogia, o art. 10 do DL nº 3.365/1941, de forma que, após cinco anos da declaração de utilidade pública, caso a Administração não dê nenhuma destinação pública para o bem, ficará configurada a tredestinação ilícita. Por outro lado, há quem entenda não se aplicar esse prazo do art. 10, pois não se poderia fixar prazo para a utilização do bem para fins de interesse público.

Por fim, há a **desdestinação**, que consiste no fato de o bem desapropriado deixar de ser utilizado para uma finalidade de interesse público para a qual foi destinado inicialmente. Nesse caso, não se aplica a retrocessão, uma vez que o bem já cumpriu sua finalidade social.

10.1. Natureza jurídica

Sobre a natureza jurídica da retrocessão, devem ser estudadas três correntes doutrinárias:

1ª Corrente – Direito Pessoal – é defendida pelo Professor José dos Santos Carvalho Filho e pelo art. 35 do DL nº 3.365/1941. De acordo com essa corrente, não há nenhum dispositivo no ordenamento jurídico assegurando o direito de retomada da propriedade pelo proprietário primitivo. De acordo com o art. 35 do referido decreto, qualquer ação julgada procedente resolver-se-á em perdas e danos.

2ª Corrente – Direito Real – é a defendida pelo Professor Pontes de Miranda. Conforme essa vertente, a retrocessão seria um instituto que defende o direito de retomada do bem, em razão da inconstitucionalidade da desapropriação, que não destinou um fim público ao bem. Em outras palavras, o que haveria, para essa corrente, é que o expropriante devolveria o bem, enquano o expropriado devolveria o valor da indenização devidamente atualizado. A situação voltaria ao *status quo ante.*

3ª Corrente – é defendida pelos professores Celso Antônio Bandeira de Mello e Maria Sylvia Zanella Di Pietro. Segundo essa corrente, a retrocessão, em regra, é um instituto de direito real, mas que, excepcionalmente, poderia ser exercido como um direito pessoal. Se não for possível ou for de interesse do expropriado, poderá este optar por pleitear perdas e danos.

Quanto ao posicionamento jurisprudencial, os tribunais brasileiros já proferiram decisões de que a retrocessão seria um instituto de direito real e pessoal. É certo que não há um posicionamento pacífico.

10.2. Prazo prescricional

O prazo prescricional da retrocessão vai variar, a depender da natureza jurídica do instituto. Para aqueles que defendem ser a retrocessão um instituto de direito pessoal, o prazo prescricional será de 5 anos, nos termos do DL nº 20.910/1932. Por sua vez, para aqueles que defendem ser a retrocessão um instituto de direito real, o prazo prescricional será de 10 anos, de acordo com o art. 205 do CC/2002.

O termo *a quo* (inicial) da ação de retrocessão irá iniciar quando o prazo para o expropriante dar a destinação ao bem se esgotar.

11. DESAPROPRIAÇÃO INDIRETA

A desapropriação indireta é o fato administrativo pelo qual o Poder Público se apropria de um bem particular, sem a observância dos requisitos da declaração e da indenização prévia.[29]

A expressão também se refere à supressão do direito de propriedade, uma vez que esvazia o conteúdo econômico da propriedade. Ademais, a expressão pode ser entendida como a ação a ser ajuizada pelo proprietário do bem esbulhado, requerendo uma indenização.

Importante observar que o direito do expropriado, quando acontece a desapropriação indireta, é somente a indenização. Isso está legislado no art. 35 do DL nº 3.365/1941. Em outras palavras, quer-se dizer que em nada afeta o direito de propriedade que tem o Estado sobre o bem expropriado. A sua propriedade se torna intangível.

Nesse ponto, é importante o princípio da intangibilidade da obra pública. Por este princípio, assegura-se que as construções realizadas pela Administração Pública não sejam demolidas. Isso se deve ao fato de que a destruição dessas obras vai contra o interesse público, que é o objetivo principal da Administração Pública.

Este princípio não legitima um ato ilícito, isto é, não transforma o ato ilícito em lícito, mas impede a demolição de uma obra pública para evitar um formalismo dispendioso. Por exemplo, se uma obra pública fosse demolida, a Administração Pública poderia ter que expropriar o terreno novamente e reiniciar a construção, o que geraria

[29] CARVALHO FILHO, José dos Santos. *Manual de Direito Administrativo*. 26. ed. rev., ampl. e atual. São Paulo: Atlas, 2013. p. 871.

custos adicionais e transtornos. Nesse caso, o particular afetado poderia apenas buscar indenização pelos prejuízos sofridos, sem que a obra fosse efetivamente desfeita.

Além disso, o princípio da intangibilidade das obras públicas está alinhado com o princípio da continuidade do serviço público. Este princípio garante que os serviços públicos sejam prestados de maneira contínua e ininterrupta, o que seria comprometido se as obras públicas pudessem ser demolidas arbitrariamente.

O valor a ser pago a título de indenização pode ser considerado meramente estimativo. Dessa forma, pode o juiz condenar o Poder Público a pagar quantia a maior ao autor, ainda que este tenha requerido uma indenização de valor menor.[30]

Ademais, consoante o STJ, em ação de desapropriação indireta, é cabível reparação decorrente de limitações administrativas.[31]

Ainda de acordo com essa corte, não configura desapropriação indireta quando o Estado limita-se a realizar serviços públicos de infraestrutura em gleba cuja invasão por particulares apresenta situação consolidada e irreversível.[32]

11.1. Legitimidade para ação

A legitimidade ativa e passiva nesse tipo de ação é inversa à da ação de desapropriação. Observe que o autor da ação será sempre o ex-proprietário,[33] ao passo que a ré será a pessoa jurídica de direito público responsável pela incorporação do bem a seu patrimônio.

11.2. Foro

Por ser considerada uma **ação de natureza real**, a jurisprudência do STF[34] manifestou-se no sentido de a ação dever ser ajuizada no foro do local do imóvel. Não será no domicílio do réu.

Atente-se ao fato de a ação de desapropriação indireta ostentar natureza de ação real, de modo que, além do pagamento da indenização, a ação também se destinará à declaração do domínio do bem em nome do Poder Público. Exatamente por isso, o foro do local do imóvel é o foro competente para o ajuizamento da ação, e não o foro de domicílio do réu.

---

30 CARVALHO FILHO, José dos Santos. *Manual de Direito Administrativo*. 26. ed. rev., ampl. e atual. São Paulo: Atlas, 2013. p. 875.

31 STJ, REsp 1.653.169-RJ, Primeira Turma, Rel. Min. Regina Helena Costa, por unanimidade, j. 19.11.2019, *DJe* 11.12.2019.

32 STJ, REsp 1.770.001-AM, Segunda Turma, Rel. Min. Mauro Campbell Marques, por unanimidade, j. 05.11.2019, *DJe* 07.11.2019.

33 O STJ admite que o promissário comprador é parte legítima a ajuizar a ação, ainda que a promessa de compra e venda não tenha sido registrada no cartório imobiliário (STJ, REsp 1.204.923 – 2012). Ademais, sendo casado o autor, o STJ também exige a presença de ambos os cônjuges no polo ativo da ação (STJ, REsp 46.899-0).

34 STF, RE 111.988, Primeira Turma, Rel. Min. Sidney Sanches, 04.06.2013.

11.3. Prescrição

O prazo prescricional da ação de desapropriação indireta é de 10 anos, nos termos do art. 1.238 do CC/2002. De acordo com o entendimento doutrinário e jurisprudencial dominante, a ação de desapropriação indireta observará o mesmo prazo da usucapião.[35]

Esse é o entendimento correto, a despeito de a Súmula nº 119 do STJ entender que o prazo da desapropriação indireta é de 20 anos.

O Superior Tribunal de Justiça, no julgamento do EREsp 1.575.846-SC, entendeu que, de fato, o prazo prescricional para a ação indenizatória por desapropriação indireta é de 10 anos, em regra, salvo comprovação da inexistência de obras ou serviços públicos no local, caso em que o prazo passa a ser de 15 anos.

Ponto que precisa ser discutido consiste no fato de não correr prescrição quando há um processo administrativo instaurado pela Administração para verificar a indenização ao particular.

Assim, o STJ[36] considera que o prazo prescricional não deve ocorrer quando a Administração Pública reconhece, em processo administrativo, o direito de indenização do interessado.

Ademais, propõe a Corte que, o art. 4º, parágrafo único, do Decreto 20.910/1932 não deve ser aplicado, uma vez que ele estabelece que a suspensão da prescrição ocorre a partir da formalização do requerimento pelo titular do direito ou credor, indicando o dia, mês e ano nos registros oficiais. No entanto, condicionar a suspensão do prazo prescricional exclusivamente à iniciativa do particular se mostra irrazoável quando a própria Administração, de forma espontânea, instaura um procedimento administrativo com o objetivo específico de apurar o valor da indenização devida.

Para melhor compreensão, veja-se a seguinte situação: verifica-se que o apossamento administrativo ocorreu em abril de 2005, e a ação foi ajuizada apenas em março de 2024. No entanto, é importante destacar que a Administração Pública deu início, em setembro de 2005, a um processo administrativo especificamente voltado a apurar o valor indenizatório devido ao autor.

Este processo administrativo esteve em trâmite entre setembro de 2005 e maio de 2022. Assim, o prazo prescricional decenal não correu entre setembro de 2005 e maio de 2022, pois houve atuação da própria Administração na apuração do direito à indenização, interrompendo a contagem do prazo prescricional durante esse período.

11.4. Acréscimos indenizatórios

Além do valor da indenização pela perda da propriedade, o ex-proprietário tem direito à percepção dos juros moratórios e juros compensatórios.

---

35 REsp 1.300.442-SC, Rel. Min. Herman Benjamin, j. 18.06.2013, *Informativo* 0523.

36 STJ, AgRg no AgRg no Ag 995.227/RS, Segunda Turma, Rel. Min. Mauro Campbell Marques, *DJe* 28.11.2008.

Os juros moratórios são aqueles devidos ao ex-proprietário, em razão de o Poder Público não ter pagado tempestivamente a indenização a que aquele tinha direito. O valor desses juros moratórios é de 6% ao ano, a despeito de o dispositivo legal estabelecer até 6% ao ano.[37]

Ademais, o termo inicial da contagem dos juros moratórios será dia 1º de janeiro do ano seguinte àquele em que o pagamento deveria ser efetuado.

Por fim, a base de cálculo será o valor da indenização fixado na sentença condenatória.

Por sua vez, os juros compensatórios são aqueles devidos, em razão de o Poder Público ter realizado a desapropriação sem observar a exigência de prévia indenização.

O termo inicial dos juros compensatórios será a partir da efetiva ocupação do imóvel pelo Estado. Em outras palavras, os juros compensatórios são devidos a partir do momento em que há a efetiva transferência do bem. Esse é o entendimento da Súmula nº 69 do STJ.

Atente-se que, de acordo com o STJ, em ação de desapropriação indireta é cabível reparação decorrente de limitações administrativas. Segundo a corte cidadã, nessa ação, devem ser observados os princípios da instrumentalidade das formas e da primazia da solução integral do mérito para reconhecer o interesse-adequação da ação para o requerimento de indenização.[38]

12. INDENIZAÇÃO[39]

Conforme o art. 26 do Decreto-lei nº 3.365/1941, o valor da indenização a ser paga em caso de desapropriação deve ser calculado com base no valor atual da propriedade, ou seja, na data da avaliação judicial. Nesse sentido, é irrelevante a data em que ocorreu a imissão na posse ou a data em que se deu a vistoria do expropriante, como já foi decidido pelo STJ no REsp 1.274.005-MA.

Havia uma questão relevante em relação à indenização em casos de desapropriação, referente à divergência entre a área registrada no Registro Geral de Imóveis e a área real do imóvel. Nesse caso, o STJ[40] entendeu que se, em procedimento de desapropriação por interesse social, se constatar que a área medida do bem é maior do que a escriturada no Registro de Imóveis, o expropriado receberá indenização correspondente à área registrada, ficando a diferença depositada em juízo até que, posteriormente, se complemente o registro ou se defina a titularidade para o pagamento a quem de direito. A indenização devida deverá considerar a área efetivamente desapropriada, ainda que o tamanho real seja maior do que o constante da escritura, a fim de não se configurar enriquecimento sem causa em favor do ente expropriante.

---

37 ADIMC 2.332-DF: o STF suspendeu a eficácia da expressão "até seis por cento".

38 STJ, REsp 1.653.169-RJ, Primeira Turma, Rel. Min. Regina Helena Costa, por unanimidade, j. 19.11.2019, *DJe* 11.12.2019.

39 De acordo com o STJ, a indenização não está sujeita à incidência do Imposto de Renda (REsp 1.116.460-SP).

40 STJ, REsp 1.466.747/PE, Rel. Min. Humberto Martins, j. 24.02.2015, *DJe* 03.03.2015.

Outra questão referia se seria necessária ou não a indenização ao particular pela área que possuía cobertura vegetal. Especificamente sobre esse caso, o STJ[41] entendeu que a indenização referente à cobertura vegetal deve ser calculada em separado do valor da terra nua quando comprovada a exploração dos recursos vegetais de forma lícita e anterior ao processo expropriatório.

Também importante considerar o Enunciado nº 31 do CJF, segundo o qual a avaliação do bem expropriado deve levar em conta as condições mercadológicas existentes à época da efetiva perda da posse do bem.

Igualmente relevantes são os acréscimos dos arts. 10-A e 10-B do Decreto-lei nº 3.365/1941, incluídos pela Lei nº 13.867/2019.

De acordo com o art. 10-A, o Poder Público deverá notificar o proprietário e apresentar-lhe oferta de indenização. A notificação conterá: (i) cópia do ato de declaração de utilidade pública; (ii) planta ou descrição dos bens e suas confrontações; (iii) valor da oferta; (iv) informação de que o prazo para aceitar ou rejeitar a oferta é de 15 (quinze) dias e de que o silêncio será considerado rejeição.

Aceita a oferta e realizado o pagamento, será lavrado acordo, o qual será título hábil para a transcrição no registro de imóveis.

Rejeitada a oferta, ou transcorrido o prazo sem manifestação, o Poder Público deverá proceder com a ação judicial.

Por sua vez, de acordo com o art. 10-B, feita a opção pela mediação ou pela via arbitral, o particular indicará um dos órgãos ou instituições especializados em mediação ou arbitragem previamente cadastrados pelo órgão responsável pela desapropriação.

A mediação seguirá as normas da Lei nº 13.140, de 26 de junho de 2015, e, subsidiariamente, os regulamentos do órgão ou da instituição responsável.

Poderá ser eleita câmara de mediação criada pelo Poder Público, nos termos do art. 32 da Lei nº 13.140, de 26 de junho de 2015.

Já a arbitragem seguirá as normas da Lei nº 9.307, de 23 de setembro de 1996, e, subsidiariamente, os regulamentos do órgão ou da instituição responsável.

12.1. Parcela do bem e das benfeitorias

Antes de qualquer estudo, deve-se ter em mente que o valor da indenização vai ocorrer com base na avaliação judicial, e não na administrativa.

O expropriante deve pagar o valor do bem e das benfeitorias – necessárias, úteis ou voluptuárias.

De acordo com o art. 26, § 1º, do DL nº 3.365/1941, após a declaração de desapropriação, somente serão indenizadas as benfeitorias necessárias e as úteis, quando feitas com autorização do expropriante. Dessa forma, as benfeitorias voluptuárias, feitas após a declaração, não serão indenizadas. Assim, aplica-se a Súmula nº 23 do STF, segundo a qual, verificados os pressupostos legais para o licenciamento da obra,

---

[41] AgRg no REsp 1.336.913/MS, Rel. Min. Assusete Magalhães, *DJe* 05.03.2015.

não o impede a declaração de utilidade pública para desapropriação do imóvel, mas o valor da obra não se incluirá na indenização, quando a desapropriação for efetivada.

12.1.1. Desapropriação de um terreno de marinha

Os terrenos de marinha são bens da União, mas um particular pode ser proprietário do domínio útil desses terrenos. Esse domínio útil pode ser desapropriado. De acordo com o art. 103, § 2º, do DL nº 9.760/1946, a indenização, nesse caso, será de 83% do domínio pleno.[42]

12.1.2. Desapropriação do fundo de comércio

Fundo de comércio é o conjunto de bens materiais e imateriais do empresário e da sociedade empresária indispensáveis ao exercício da empresa. Veja as seguintes situações:

a) Desapropriação de um restaurante explorado pelo próprio proprietário do imóvel. Observe que o dono do restaurante e o dono do imóvel são as mesmas pessoas. Nessa situação, o dano ao fundo de comércio deve ser incluído na indenização da própria propriedade.
b) Desapropriação de um imóvel em que funciona um restaurante. O restaurante é de um locatário. Observe que o dono do restaurante e o dono do imóvel são pessoas distintas. A desapropriação tem o poder de romper com o contrato de locação, em virtude de ser uma forma de aquisição originária da propriedade. Nessa situação, o expropriante deve indenizar o locatário (pela perda do fundo de comércio), assim como o proprietário (pela perda da propriedade). Note que, de acordo com o art. 26 do DL nº 3.365/1941, a indenização ao locatário será feita em uma ação autônoma.

12.1.3. Desapropriação de imóvel com jazida

A fazenda vale R$ 2.000.000 (2 milhões de reais). Descobre-se uma jazida de ouro no valor de R$ 200.000.000 (200 milhões de reais). A pergunta que deve ser feita é: qual o valor da indenização?

O proprietário vai receber o valor do imóvel, ou seja, R$ 2.000.000, uma vez que a jazida não é de sua propriedade, mas da União, nos termos do art. 20, IX, da CR/1988.

Observe que, se a desapropriação inviabiliza a exploração de uma jazida a quem possui uma licença para explorá-la, há de ser paga uma indenização por isso. Ademais, atente-se que, se o titular da licença não for o proprietário do imóvel, a indenização

[42] Observe que deve ser deduzida do valor total do bem a importância equivalente a 17% que corresponde ao valor do domínio direto (CARVALHO FILHO, José dos Santos. *Manual de Direito Administrativo*. 26. ed. rev., ampl. e atual. São Paulo: Atlas, 2013. p. 859).

será paga em ação autônoma. Caso seja o proprietário, a indenização será paga nos próprios autos da ação de desapropriação.

12.1.4. Desapropriação de bem em regime de usufruto

A desapropriação não possui o condão de extinguir o usufruto. Dessa forma, a doutrina afirma que deverá ser feito um acordo entre o usufrutuário e o proprietário do imóvel. Essa solução não é proposta pela lei, mas pela doutrina.

12.1.5. Desapropriação e cobertura vegetal

Em princípio, um imóvel sem árvores ou florestas vale menos do que um imóvel que as possui. Portanto, a cobertura vegetal possui indenização. Contudo, a cobertura vegetal somente será indenizada caso possa ser explorada economicamente. Na hipótese de não poder ser explorada economicamente, não haverá indenização.[43]

12.1.6. Forma de pagamento da complementação da prévia indenização

De acordo com o STF[44], no caso de necessidade de complementação da indenização, ao final do processo expropriatório, deverá o pagamento ser feito mediante depósito judicial direto se o Poder Público não estiver em dia com os precatórios.

Quando um órgão governamental atrasa o pagamento de suas dívidas relativas a precatórios, conforme estabelecido no art. 100 da Constituição Federal de 1988, e precisa compensar a diferença entre o valor inicial e final avaliado de uma propriedade que está sendo expropriada, essa compensação deve ser realizada por meio de um depósito judicial diretamente para o proprietário anterior. Isso respeita o princípio de que a indenização deve ser prévia, como determinado pelo art. 5º, inciso XXIV, da Constituição.

Utilizar o sistema de precatórios para administrar as compensações por desapropriação não contradiz o princípio constitucional que exige uma indenização justa e antecedente. Essa abordagem é considerada uma maneira adequada de manejar as finanças do órgão governamental.

No entanto, é comum que esses órgãos enfrentem dificuldades em cumprir com os pagamentos devidos a tempo, o que acaba por comprometer a legitimidade do Poder Público e alterar o caráter imediato da compensação financeira, afetando assim o direito fundamental à propriedade.

Dentro desse quadro, a prática de complementar a indenização por meio de um depósito judicial busca evitar que o proprietário anterior sofra injustamente pela demora na obtenção da quantia que lhe é devida. Isso é particularmente relevante considerando os longos processos de desapropriação e o fato de que a posse da pro-

---

43 STJ, REsp 978.558, Rel. Min Luiz Fux, 15.12.2008.

44 RE 922.144/MG, Rel. Min. Luís Roberto Barroso, julgamento finalizado em 19.10.2023.

priedade é transferida no início do processo, baseada em uma avaliação que pode não refletir o valor real do mercado.

Levando isso em consideração, a maioria do Plenário, ao analisar o Tema 865 de repercussão geral, decidiu favoravelmente a este procedimento, mas estabeleceu que tal entendimento só se aplicaria a processos de desapropriação iniciados após a publicação da decisão. Processos em andamento que já discutam a constitucionalidade deste método de pagamento de indenização por meio de precatórios são exceções a esta regra.

12.2. Parcela dos lucros cessantes

Os lucros cessantes são aquilo que o proprietário deixou de ganhar por ter ficado impossibilitado de explorar o bem. Observe que, sobre a desapropriação de uma fazenda que explora gado, na indenização deve haver a parcela dos lucros cessantes.

De acordo com o STJ, há *bis in idem* a cobrança de lucros cessantes e dos juros compensatórios.

12.3. Juros compensatórios

Os juros compensatórios são devidos ao proprietário em razão de este ter ficado impossibilitado de explorar o bem economicamente. Atente-se que os juros compensatórios observam o percentual vigente no momento de sua incidência.

Na desapropriação direta, os juros compensatórios são devidos a partir de quando o proprietário perde a posse, isto é, desde a imissão provisória na posse, conforme a Súmula nº 164 do STF. De acordo com o art. 100, § 12, da CR/1988, os juros compensatórios vão ocorrer desde a imissão provisória na posse até a emissão do precatório ou da requisição de pequeno valor. Por sua vez, na desapropriação indireta, nos termos da Súmula nº 69 do STJ, eles são devidos desde a efetiva ocupação do imóvel.

Os juros compensatórios destinam-se apenas a compensar danos correspondentes a lucros cessantes comprovadamente sofridos pelo proprietário, não incidindo nas indenizações relativas às desapropriações que tiverem como pressuposto o descumprimento da função social da propriedade, previstas no art. 182, § 4º, inciso III, e no art. 184 da Constituição.

Incidirão juros compensatórios nas ações ordinárias de indenização por apossamento administrativo ou por desapropriação indireta e às ações que visem à indenização por restrições decorrentes de atos do poder público, de modo que o poder público não será onerado por juros compensatórios relativos a período anterior à aquisição da propriedade ou da posse titulada pelo autor da ação.

A base de cálculo dos juros compensatórios será a diferença entre o valor do bem determinado na sentença e o valor levantado pelo proprietário do depósito feito para imissão provisória na posse (80% do valor depositado). Entenda com o exemplo a seguir:

R$ 600 mil foi o valor depositado para imissão provisória na posse. Posteriormente, o juiz determinou o valor do bem de R$ 1 milhão. Observe que o proprietário só pode levantar 80% do valor depositado. Nesse caso, R$ 480 mil. A diferença entre o valor determinado pelo juiz (R$ 1 milhão) e o valor levantando pelo proprietário (R$ 480 mil) é de R$ 520 mil. É sobre esse valor que os juros compensatórios irão incidir.

ATENÇÃO! Ainda que o valor depositado seja o de R$ 1 milhão, haverá a incidência de juros compensatórios, afinal o proprietário somente poderá levantar R$ 800 mil (80% do valor depositado). Dessa forma, os juros compensatórios incidirão sobre R$ 200 mil.

O art. 15-A do DL nº 3.365/1941 foi declarado, liminarmente, inconstitucional pelo STF, em sede cautelar na ADI 2.332/DF. Dessa forma, o STF havia fixado o entendimento de que o valor dos juros compensatórios seria o estabelecido pela Súmula nº 618 da própria corte, a qual prevê o valor de 12% ao ano. Contudo, seria necessário observar o texto da Súmula nº 408 do STJ, que assim afirma: "Nas ações de desapropriação, os juros compensatórios incidentes após a Medida Provisória nº 1.577, de 11/6/1997, devem ser fixados em 6% ao ano até 13/09/2001, e, a partir de então, em 12% ao ano, na forma da Súmula nº 618 do Supremo Tribunal Federal".

Todavia, a Súmula nº 408 do STJ foi cancelada, sendo fixada a tese de que o índice de juros compensatórios na desapropriação direta ou indireta é de 12% até 11.06.1997, data anterior à vigência da MP nº 1.577/1997.[45]

Em 2018, o Supremo Tribunal Federal voltou a enfrentar o tema, julgando o mérito da r. ADI, de modo que decidiu pela constitucionalidade do art. 15-A do Decreto-lei nº 3.365/1941. Assim, o percentual dos juros compensatórios voltou a ser de 6%.[46]

Atente-se que, em 2023, por meio da Lei nº 14.620, o Congresso Nacional alterou a redação do art. 15, *caput*, mantendo a expressão "até 6%". Esta obra entende que a expressão continua sendo inconstitucional, conforme declarado pelo STF na ADI 2332.

Juros compensatórios	Descrição
Cabimento	Juros devidos ao proprietário por perda econômica.
Desapropriação direta	Devidos desde a imissão provisória na posse, segundo a Súmula nº 164 do STF.
Desapropriação indireta	Devidos desde a efetiva ocupação do imóvel, segundo a Súmula nº 69 do STJ.
Base de cálculo	Diferença entre o valor determinado na sentença e o valor levantado pelo proprietário do depósito (80% do valor depositado).
Percentual	Voltou a ser de 6%.

[45] Pet 12.344-DF, Primeira Seção, Rel. Min. Og Fernandes, por unanimidade, j. 28.10.2020, *DJe* 13.11.2020.

[46] STF, ADI 2.332/DF, Rel. Min. Roberto Barroso, 17.05.2018.

12.4. Juros moratórios

Os juros moratórios são aqueles devidos em razão do atraso no pagamento da indenização. Conforme estabelecido pelo art. 100, § 5º, da Constituição Federal, os débitos decorrentes de sentenças transitadas em julgado constantes de precatórios judiciais apresentados até 2 de abril devem ser quitados até o final do exercício seguinte, ou seja, até 31 de dezembro do ano subsequente.

Assim, apenas haverá mora do ente público caso o pagamento do precatório não ocorra no prazo estipulado pela Constituição. Todavia, importante pontuar que o STF[47] entende ser possível a incidência de juros da mora entre a data da realização dos cálculos e a da requisição ou do precatório.

Ponto relevante a ser debatido é o fato de poder haver ou não a cumulação dos juros moratórios com os juros compensatórios. Para fins de esclarecimentos, quando se fala em cumulação dos juros, não se está dizendo que ambos incidirão no mesmo processo. O que se quer dizer com cumulação de juros é o fato de se admitir a incidência de juros sobre juros. Nesse sentido, em um primeiro momento, o STJ, por meio da Súmula nº 12, entendeu que os juros moratórios e compensatórios podem se cumular. Na literalidade da Súmula nº 12 do STJ, não haveria *bis in idem*. Contudo, essa corte superior[48] já se posicionou que não há acumulação entre os juros moratórios e compensatórios, haja vista que eles incidem em momentos diferentes, embora possam incidir no mesmo processo.

Nessa linha, **os juros moratórios são devidos desde o atraso no pagamento do precatório**, ou seja, a partir de 1º de janeiro do exercício seguinte àquele em que o pagamento deveria ser feito. Isto, caso o expropriante seja a Fazenda Pública. No entanto, caso o expropriante não seja a Fazenda Pública (empresas públicas, sociedades de economia mista, concessionários e permissionários de serviço público), os juros moratórios irão incidir a partir do trânsito em julgado da sentença, nos termos da Súmula nº 70 do STJ. Por outro lado, como já se estudou, os juros compensatórios incidem, em regra, a partir da imissão provisória na posse até a prolação da sentença.

Embora o art. 15-A traga, em sua literalidade, o valor de até 6% ao ano, o valor correto dos juros moratórios será o de 6% ao ano, uma vez que o STF declarou inconstitucional a expressão "até 6%".

De acordo com a Súmula nº 416 do STF, pela demora do pagamento do preço da desapropriação não cabe indenização complementar além dos juros.

12.5. Correção monetária

A indenização também vai alcançar a correção monetária, devido à inflação que o país pode sofrer. A correção monetária será devida desde o momento da avaliação do bem a ser desapropriado até o efetivo pagamento da indenização.

---

[47] RE 579.431, Rel. Min. Marco Aurélio, 19.04.2017.

[48] AgRg no REsp 1.446.098/SE, Segunda Turma, Rel. Ministro Herman Benjamin, *DJe* 18.08.2014.

Nesse sentido está a Súmula nº 561 do STF, segundo a qual, em desapropriação, é devida a correção monetária até a data do efetivo pagamento da indenização, devendo proceder-se à atualização do cálculo, ainda que por mais de uma vez. A mesma redação possui a Súmula nº 67 do STJ.[49]

Não se aplica o disposto no art. 26, § 2º, do DL 3.365/41. Ademais, o art. 100, § 12, da CR/1988 afirma que a correção monetária acontecerá de acordo com o índice da caderneta de poupança. Contudo, o STF entendeu essa situação inconstitucional.

12.6. Honorários advocatícios

A sentença que fixar o valor da indenização quando este for superior ao preço oferecido condenará o desapropriante a pagar honorários do advogado, que serão fixados entre meio e cinco por cento do valor da diferença da oferta e da indenização, ambas corrigidas monetariamente, nos termos da Súmula nº 617 do STF. No mesmo sentido está a Súmula nº 141 do STJ.[50]

O STF considerou que é inconstitucional a expressão "não podendo os honorários ultrapassar R$ 151.000,00 (cento e cinquenta e um mil reais)", prevista no art. 27, § 1º, do Decreto-lei nº 3.365/1941sso porque limitar os honorários em determinado valor fixo (que não seja um percentual) viola o princípio da proporcionalidade e acaba refletindo no justo preço da indenização que o expropriado deve receber (art. 5º, XXIV, da CR/1988).

Na desapropriação indireta, por não haver depósito, o valor dos honorários será pago com base na condenação.

12.7. Art. 25, parágrafo único, do DL nº 3.365/1941

O juiz poderá arbitrar quantia módica para desmonte e transporte de maquinismos instalados e em funcionamento.

12.8. Art. 27 do DL nº 3.365/1941

O juiz indicará na sentença os fatos que motivaram o seu convencimento e deverá atender, especialmente, à estimação dos bens para efeitos fiscais; ao preço de aquisição e interesse que deles aufere o proprietário; à sua situação, estado de conservação e segurança; ao valor venal dos da mesma espécie, nos últimos cinco anos, e à valorização ou depreciação de área remanescente, pertencente ao réu.

Em relação à valorização ou à depreciação da área remanescente, fazem necessários alguns comentários. Imagine que o bem valha R$ 1 milhão. O Estado desapropriou 75% da área. Dessa forma, a indenização será equivalente a R$ 750 mil. A área

---

[49] Súmula nº 67 do STJ: Na desapropriação, cabe a atualização monetária, ainda que por mais de uma vez, independente do decurso de prazo superior a um ano entre o cálculo e o efetivo pagamento da indenização.

[50] Súmula nº 141 do STJ: Os honorários de advogado em desapropriação direta são calculados sobre a diferença entre a indenização e a oferta, corrigidas monetariamente.

remanescente vale R$ 250 mil. Contudo, com a desapropriação, houve uma valorização dessa área, passando a valer R$ 300 mil. Quando isso acontecer, o juiz deve abater a valorização do valor da indenização. De outra forma, se houver desvalorização, o juiz deve acrescentar o valor da depreciação ao da indenização.

Obs.: de acordo com o STJ, a valorização da área remanescente pode ser geral ou especial/específica. A primeira é a valorização que atinge várias propriedades, além da área remanescente. A valorização não é resultado da desapropriação parcial. A segunda é aquela que atinge a área remanescente, portanto resultante da desapropriação parcial.

A valorização geral divide-se em valorização ordinária, ou seja, ocorre uma valorização regular, usual e de maneira uniforme, e valorização extraordinária, isto é, alguns imóveis valorizam mais do que outros.

De acordo com o STJ, se a valorização for especial, o montante da valorização poderá ser abatido do total devido a título de indenização; de outra forma, se a valorização for geral ordinária, a Administração Pública poderá financiar a indenização por meio da contribuição de melhoria. Por fim, se a valorização for geral extraordinária, a Administração poderá fazer uso da desapropriação por zona. Portanto, nos casos de valorização geral ordinária ou extraordinária, o Poder Público não poderá se valer do abatimento da indenização.

QUESTÕES DE CONCURSO

1. VUNESP – 2023 – TJ-SP – Juiz de Direito

Dispõe a Constituição Federal, em seu artigo 5º, XXIV, que "A lei estabelecerá o procedimento para desapropriação por necessidade ou utilidade pública, ou por interesse social, mediante prévia e justa indenização em dinheiro, ressalvados os casos previstos nesta Constituição". Também há previsão constitucional de desapropriação da propriedade urbana (CR/88, artigo 182, parágrafo 4º); de desapropriação da propriedade rural (CR/88, artigo 186) e de desapropriação de propriedade nociva, com a expropriação de glebas de terras em que sejam ilegalmente cultivadas plantas psicotrópicas (CR/88, artigo 243). A desapropriação prevista no artigo 5º, XXIV, da Constituição Federal apresenta as seguintes características:

A) refere-se a imóvel que cumpre a sua função social, não constitui sanção aplicada pelo Estado e tem por ponto nodal a substituição da perda patrimonial por prévia e justa indenização em dinheiro.

B) refere-se a imóvel que não cumpre a sua função social, constitui sanção aplicada pelo Estado, mas estabelece prévia e justa indenização em dinheiro.

C) refere-se a imóvel que cumpre a sua função social, constitui sanção aplicada pelo Estado e tem assegurada, desde que o comporte o orçamento anual do ente expropriante, prévia e justa indenização em dinheiro.

D) refere-se a imóvel que não cumpre a sua função social, não constitui sanção aplicada pelo Estado e tem assegurada, desde que o comporte o orçamento anual do ente expropriante, prévia e justa indenização em dinheiro.

Comentário: B e D) Incorretas. Não é caso de imóvel que não cumpre função social.

B e C) Incorretas. Não se trata de sanção aplicada pelo Estado.

D) Incorreta. Não é possível a desapropriação, nessa hipótese, sem a prévia e justa indenização em dinheiro.

A) Correta. Portanto, a nossa resposta.

2. FGV – 2022 – TJ-PE – Juiz de Direito

O Município Beta, pretendendo construir uma escola no imóvel de Maria, editou decreto que declarou o imóvel como de utilidade pública. Em seguida, o Município ajuizou ação de desapropriação, sem requerer a imissão provisória na posse do imóvel. No curso do processo judicial, o Município decidiu construir a escola em outro imóvel que já era de sua propriedade, de maneira que revogou o decreto de utilidade pública e requereu a extinção do processo de desapropriação, pela desistência.

No caso em tela, adotando a jurisprudência atual do Superior Tribunal de Justiça, o magistrado deve extinguir o feito, homologando a desistência:

A) sem condenação do Município Beta em honorários advocatícios sucumbenciais, diante da ausência de prejuízo a Maria, uma vez que não houve imissão na posse.

B) sem condenação do Município Beta em honorários advocatícios sucumbenciais, diante da ausência de má-fé e do atendimento ao interesse público na extinção do processo.

C) com condenação do Município Beta em honorários advocatícios sucumbenciais, com valor calculado com base nos parâmetros do Código de Processo Civil entre o mínimo de 10% e o máximo de 20% sobre o valor atualizado da causa.

D) com condenação do Município Beta em honorários advocatícios sucumbenciais, com valor calculado levando em consideração os limites da Lei das Desapropriações entre 0,5% e 5% incidentes sobre o valor atualizado da causa.

E) com condenação do Município Beta em honorários advocatícios sucumbenciais, com valor calculado com base no princípio da proporcionalidade e observado o limite máximo de vinte salários mínimos, para evitar o enriquecimento ilícito de Maria.

Comentário: O STJ[51] entende que os limites dos honorários advocatícios são aqueles previstos na Lei de Desapropriações. Dessa forma, eliminam-se as alternativas A e B, que falam em ausência de condenação do município. Igualmente, elimina-se a alternativa C, que fala no percentual do CPC, bem como a E, que fala em proporcionalidade, observado o limite máximo de 20 salários mínimos.

3. CESPE/CEBRASPE – 2022 – PG-DF – Procurador

O governador do DF editou decreto no qual declarou a utilidade pública e o interesse social para efeito de desapropriação de uma área de terra rural localizada em Brazlândia, no DF. Nessa situação, caso o proprietário da referida área seja notificado e aceite a oferta de indenização proposta pelo DF, será dispensada a propositura de ação de desapropriação.

Comentário: A propositura da ação de desapropriação ocorre desde que não se tenha acordo entre as partes, na forma do art. 10-A, § 2º.

4. CESPE/CEBRASPE – 2022 – PG-DF Procurador

Conforme o entendimento do STJ, se desistir de ação de desapropriação administrativa, o ente público deverá pagar ao expropriado, a título de indenização, juros compensatórios diante da perda antecipada da posse.

Comentário: De fato, a alternativa trouxe o entendimento do STJ sobre o tema. De acordo com a corte cidadã, **no caso de desistência da ação de desapropriação administrativa, cumpre ao desapropriante a obrigação de pagar, a título de indenização, juros compensatórios decorrentes da perda antecipada da posse pelo expropriado, já que, nesses casos, o dano é inerente ao desapossamento do bem, (...), pelo período compreendido entre a imissão na posse e a efetiva desocupação do imóvel.**[52]

[51] REsp 1.834.024/MG, Segunda Turma, Rel. Min. Mauro Campbell Marques, j. 07.06.2022, *DJe* 17.06.2022.

[52] REsp 93.416/MG, Primeira Seção, Min. Castro Filho, *DJ* 22.04.2002.

Capítulo X

INTERVENÇÃO DO ESTADO NA PROPRIEDADE

1. COMENTÁRIOS INICIAIS

As intervenções do Estado na propriedade dividem-se em intervenções **restritiva (branda)** e **supressiva (drástica)**. A primeira restringe a propriedade em razão de condicionamentos impostos ao proprietário sem culminar na perda da propriedade. Diferentemente, a segunda forma de intervenção fulmina o direito de propriedade do particular, isto é, o que ocorre é a chamada desapropriação.[1]

Toda intervenção do Estado na propriedade tem como fundamento a função social da propriedade, nos termos do art. 5º, XXIII, da CR/1988, e a supremacia do interesse público.

2. LIMITAÇÃO ADMINISTRATIVA

A limitação administrativa é uma forma de intervenção por **normatização**, isto é, ocorre por meio de lei e atos normativos de caráter geral. Em razão disso, a limitação administrativa possui as características da generalidade e da abstratividade. Em outras palavras, trata-se de instituto de caráter geral, que não recai sobre um bem específico, mas a todas as pessoas que se enquadrarem na situação descrita pela norma.

Dessa forma, a limitação administrativa não ensejará o pagamento de indenização, salvo quando houver dano ao particular.[2] Outro caso que ensejará indenização ocorrerá quando a medida adotada pela Administração esvaziar o conteúdo econômico da propriedade, em verdadeiro caso de desapropriação indireta.

Importante observar que o prazo prescricional para o ajuizamento da ação de indenização fruto de uma limitação administrativa será, nos termos da jurisprudência do STJ,[3] de 5 anos, por aplicação do Decreto nº 20.910/1932.

---

1 CARVALHO FILHO, José dos Santos. *Manual de Direito Administrativo*. 26. ed. rev., ampl. e atual. São Paulo: Atlas, 2013. p. 786.

2 Nesse sentido, STJ, AREsp 551.389-RN, Rel. Min. Assusete Magalhães, Segunda Turma, por unanimidade, j. 05.08.2023.

3 AgRg no REsp 1.317.806/MG, Segunda Turma, Rel. Min. Humberto Martins, j. 06.11.2012, *DJe* 14.11.2012.

A limitação administrativa afeta o **caráter absoluto** do direito de propriedade, haja vista que limita a forma de uso do bem pelo proprietário. Ainda, ela está associada ao exercício do poder de polícia.

Naturalmente, a extinção da limitação administrativa ocorrerá com a revogação do ato normativo instituidor da limitação.

A limitação administrativa se concretiza de três formas:

- **Obrigação positiva (de fazer)**

Nessa situação, a limitação impõe ao particular uma obrigação de fazer, ou seja, o proprietário deve realizar alguma atividade. Ex.: obrigação de cortar gramas; manter a calçada em bom estado.

- **Obrigação negativa (de não fazer)**

Nessa situação, a limitação impõe ao particular uma obrigação de não fazer, ou seja, o proprietário deve se abster de realizar alguma atividade. Ex.: não construir acima de 5 andares, o chamado gabarito de prédio.

- **Obrigação permissiva**

Nessa situação, o Poder Público impõe ao particular uma medida e ele não poderá se opor. Ex.: Acesso da vigilância sanitária no estabelecimento.

Resumo sobre limitação administrativa

a) É uma forma de intervenção por normatização, ocorre por meio de lei e atos normativos de caráter geral.
b) Possui as características da generalidade e da abstratividade.
c) Não enseja o pagamento de indenização, salvo quando houver dano ao particular ou esvaziar o conteúdo econômico da propriedade.
d) Prazo prescricional para ajuizamento da ação de indenização é de 5 anos.
e) Afeta o caráter absoluto do direito de propriedade e está associada ao exercício do poder de polícia.
f) Extinção ocorre com a revogação do ato normativo instituidor da limitação.
g) Concretiza-se em três formas: obrigação positiva, obrigação negativa e obrigação permissiva.

3. REQUISIÇÃO ADMINISTRATIVA

A requisição administrativa está prevista no art.5 º, XXV, da CR/1988. Essa intervenção acontece em **casos de iminente perigo público**, quando o Estado poderá se utilizar da propriedade particular, assegurada a indenização ulterior, se houver dano. A requisição incidirá sobre **bens móveis, imóveis e serviços particulares**. É possível dar como exemplo uma inundação de uma parte de um município, de modo que há a necessidade de levar as pessoas que tiveram suas moradias destruídas para um ginásio poliesportivo.

O Decreto-lei nº 4.812/1942 estabelece a requisição administrativa para fins militares,[4] mas também é possível a requisição civil.

O ato da requisição administrativa é **autoexecutório**, portanto não depende de autorização judicial para acontecer. Ademais, a requisição possui **natureza transitória**, uma vez que, desaparecida a situação de perigo público iminente, a requisição não perdurará. Esta também goza da característica da **imperatividade/coercibilidade**, visto que, para ser efetivada, independe de consentimento do particular.

Ainda, a requisição administrativa afeta o **caráter exclusivo** da propriedade, **quando de imóveis**. Entretanto, afeta o **caráter perpétuo**, quando **móveis e fungíveis**.

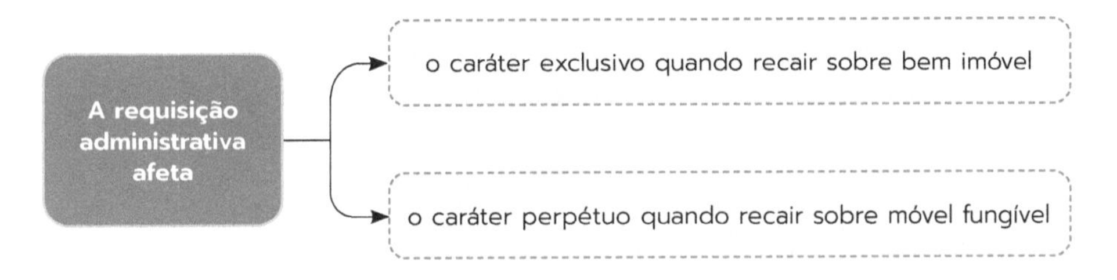

Legislar sobre requisição administrativa é **competência privativa da União** (art. 22, III, da CR/1988).

Para a Professora Di Pietro, a requisição sobre imóvel se confunde com ocupação temporária, de modo que, quando recai sobre móveis fungíveis, se assemelha à desapropriação, porém, com ela, não se confunde.

Importante discussão se refere à possibilidade de a requisição administrativa recair sobre um bem público, isto é, poderia um ente federado requisitar o bem de outro ente? O entendimento é de que, em regra, não é possível.

Ao analisar a requisição federal de hospitais públicos municipais, o STF[5] entendeu que a requisição administrativa, em regra, se aplica a bens e serviços privados, conforme previsto no art. 5º, XXV, da Constituição Federal. Além disso, a requisição de bens e serviços públicos é uma medida excepcional que só pode ser tomada após o cumprimento do procedimento constitucional para a declaração formal do estado de defesa e do estado de sítio. Portanto, é importante salientar que a requisição de bens públicos em situações de normalidade institucional não é permitida, sendo possível apenas, conforme pontuado, com o estado de sítio ou de defesa formalmente declarado.

---

4 Art. 1º As requisições das coisas moveis, dos serviços pessoais e da ocupação temporária de propriedade particular, que forem efetivamente necessárias à defesa e à segurança nacional, observarão as formalidades da presente lei.

5 ACO 3.463, Rel. Min. Ricardo Lewandowski, 08.03.2021.

Assim, entendeu o STF que a União não poderia requisitar seringas e agulhas que já foram contratadas pelo estado-membro para o plano estadual de imunização e que ainda estão na indústria, apesar de já terem sido empenhadas.

No mesmo sentido, o a corte suprema[6] também entendeu que a requisição administrativa "para atendimento de necessidades coletivas, urgentes e transitórias, decorrentes de situações de perigo iminente, de calamidade pública ou de irrupção de epidemias" – prevista na Lei Orgânica do Sistema Único de Saúde (Lei nº 8.080/1990) – não recai sobre bens e/ou serviços públicos de outro ente federativo.

Resumo sobre requisição administrativa

a) Previsão legal no art. 5º, XXV, da Constituição Federal.
b) Utilizada em casos de iminente perigo público, podendo recair sobre bens móveis, imóveis e serviços particulares.
c) Ato autoexecutório e transitório, que goza da característica da imperatividade/coercibilidade.
d) Legislar sobre requisição administrativa é competência privativa da União (art. 22, III, da CR/1988).
e) Requisição sobre imóvel se confunde com ocupação temporária e, quando recai sobre móveis fungíveis, assemelha-se à desapropriação.
f) Em regra, não é possível a requisição de bens públicos de outro ente federado.
g) A requisição de bens e serviços públicos é uma medida excepcional que só pode ser tomada após o cumprimento do procedimento constitucional para a declaração formal do estado de defesa e do estado de sítio.

4. OCUPAÇÃO TEMPORÁRIA

A ocupação temporária também é fundamentada por alguns doutrinadores com base no art. 5º, XXV, da CR/1988. Há também o art. 36 do Decreto-lei nº 3.365/1941.[7]

Trata-se de intervenção que afeta o **caráter exclusivo** da propriedade.

---

6 ADI 3.454/DF, Rel. Min. Dias Toffoli, j. 20.06.2022.

7 Art. 36 do DL nº 3.365/1941: É permitida a ocupação temporária, que será indenizada, afinal, por ação própria, de terrenos não edificados, vizinhos às obras e necessários à sua realização.

Essa forma de intervenção recai sobre bens imóveis (terrenos não edificados), **independentemente de iminente perigo público (situação de normalidade)** e vizinhos às obras e necessárias à sua realização. De acordo com José dos Santos Carvalho Filho, o objetivo da ocupação temporária é "permitir que o Poder Público deixe alocados, em algum terreno desocupado, máquinas, equipamentos, barracões de operários, por pequeno espaço de tempo".[8] Ainda, será caso de ocupação temporária o uso de clubes e escolas por ocasião das eleições.

Em relação à indenização, deve-se ter em mente a ocupação temporária relacionada à desapropriação, prevista no art. 36 do DL nº 3.365/1941. Nessa situação, o próprio dispositivo legal afirma a necessidade de indenização. Contudo, em qualquer outro caso de ocupação temporária não haverá indenização, salvo se houver dano, caso em que esta será ao final.

5. SERVIDÃO ADMINISTRATIVA

A servidão administrativa está prevista no art. 40 do Decreto-lei nº 3.365/1941. É um **direito real** de uso e gozo de **coisa alheia imóvel**. Essa modalidade de intervenção é constituída sob o interesse público e possui o caráter perpétuo, e será registrada em Cartório de Registro de Imóveis para produzir efeitos *erga omnes*. Em outras palavras, a servidão administrativa consiste na intervenção em que o Estado determina que o proprietário suporte o uso do imóvel pelo Poder Público, para garantir o atendimento ao interesse público.

Trata-se de intervenção que **afeta o caráter exclusivo** do direito de propriedade, haja vista que o proprietário irá suportar o uso da propriedade pelo Estado, independentemente de sua vontade. A servidão administrativa é fruto do exercício do poder de polícia do Estado.

A servidão atinge *bem imóvel alheio* e não haverá indenização, salvo se houver dano. Importante dizer que a indenização não poderá corresponder ao valor da propriedade, afinal não houve a perda desta pelo proprietário. Na verdade, o valor da indenização deve corresponder à parte da propriedade que sofreu o dano. Contudo, há casos em que a servidão propicia uma verdadeira desapropriação. Nesse caso, deve haver a indenização da propriedade conforme ocorreria se houvesse a desapropriação.

Atente-se que, de acordo com o STJ, não há que se falar na incidência do imposto de renda nas indenizações decorrentes da instituição de uma servidão administrativa.[9] Para o STJ, conforme o art. 43, I e II, do CTN, a tributação, a título de imposto de renda, incide sobre o acréscimo patrimonial experimentado pelo contribuinte. No entanto, **os valores pagos a título de compensação por servidão administrativa não configuram acréscimo patrimonial**.

---

8 CARVALHO FILHO, José dos Santos. *Manual de Direito Administrativo*. 26. ed. rev., ampl. e atual. São Paulo: Atlas, 2013. p. 797.

9 STJ, REsp 1.992.514-CE, Segunda Turma, Rel. Min. Francisco Falcão, j. 21.03.2023.

Importante atentar ao fato de que um prestador de serviço público (concessionárias, permissionárias e autorizatárias de serviço público) pode instituir uma servidão administrativa, após a declaração realizada pelo poder concedente, conforme dispõem os arts. 18, XII, e 29, IX, ambos da Lei nº 8.987/1995.

Pode-se dar como exemplos de servidão administrativa a instalação de redes elétricas, a implantação de gasoduto e oleodutos em áreas privadas, placas com nomes de ruas em paredes de casas.

Nesse instituto, nascem duas figuras importantes: a coisa dominante e a coisa serviente. Aquela é o bem que se beneficia, em virtude da constituição da servidão. Normalmente, a coisa dominante é um serviço público. Ex.: gasoduto – serviço de distribuição de gás. Por sua vez, a coisa serviente é o bem imóvel que sofre o gravame, em razão da servidão instituída.

5.1. Formas de servidão

a) Acordo: ocorre quando o Poder Público declara a constituição da servidão (expedição de um decreto) e o particular não se opõe. Haverá a formalização do acordo, e este deve ser levado a registro.

b) Sentença: ocorre quando o proprietário discorda do valor da indenização oferecida pelo Poder Público. Dessa forma, a situação será levada ao Poder Judiciário, e este prolatará uma sentença. Observe, portanto, que o ato da servidão não é dotado de autoexecutoriedade. Ademais, torna-se necessário citar para a ação de servidão os proprietários do imóvel, bem como os eventuais possuidores.[10]

c) Lei: esta é uma forma de servidão polêmica. É defendida por Maria Sylvia Zanella Di Pietro,[11] que sustenta que, se a servidão for instituída por lei, dificilmente haverá pagamento de indenização. Para José dos Santos Carvalho Filho,[12] a servidão não pode ser instituída por lei, afinal seria uma limitação administrativa.

d) *Manu militari*: o Poder Público instituiu a servidão sem expedir o decreto e sem a concordância do particular ou o ajuizamento da ação com a oferta do preço. Nesse caso, o proprietário deve pleitear judicialmente uma indenização pelos prejuízos sofridos.

O Estado deve realizar o registro da servidão administrativa no registro de imóveis, com o intuito de assegurar o conhecimento do fato a terceiros interessados. Dessa forma, a servidão gerará um efeito *erga omnes*.

---

[10] CARVALHO FILHO, José dos Santos. *Manual de Direito Administrativo*. 26. ed. rev., ampl. e atual. São Paulo: Atlas, 2013. p. 789.

[11] DI PIETRO, Maria Sylvia Zanella. *Direito Administrativo*. 25. ed. São Paulo: Atlas, 2012. p. 120.

[12] CARVALHO FILHO, José dos Santos. *Manual de Direito Administrativo*. 26. ed. rev., ampl. e atual. São Paulo: Atlas, 2013. p. 790.

5.2. Servidão administrativa sobre bens públicos

De acordo com a doutrina, é possível ocorrer servidão administrativa sobre bens públicos. Para tanto, deve-se respeitar os requisitos estabelecidos no art. 2º, § 2º, do Decreto-lei nº 3.365/1941, ou seja, é necessário haver: (1) autorização legislativa e (2) "hierarquia federativa", isto é, a União realiza a servidão sobre bens dos estados, do Distrito Federal e dos municípios e os Estados realizam sobre os bens dos municípios.

Será dispensada a autorização legislativa a servidão for realizada mediante acordo entre os entes federativos.

5.3. Formas de extinção

A princípio, a servidão administrativa possui caráter permanente, enquanto compatível com os objetivos do instituto. Contudo, alguns fatores poderão levar à extinção da servidão.

5.3.1. Desaparecimento da coisa serviente

Ex.: imóvel engolido por um mar/rio.

5.3.2. Desaparecimento do interesse público

O Estado ficou desinteressado em continuar utilizando o imóvel alheio.

5.3.3. Reunião da propriedade da coisa serviente e da coisa dominante nas mãos de uma mesma pessoa

Observe que a servidão administrativa é o uso e gozo de coisa alheia. Caso a coisa serviente deixe de ser alheia, não faz sentido dizer que o instituto da servidão permanece.

5.4. Fases da instituição da servidão administrativa

O art. 40 do Decreto-lei nº 3.365/1941 estabelece que a servidão administrativa será instituída observando os procedimentos estabelecidos nessa legislação, ou seja, a instituição da servidão seguirá os ritos do procedimento de desapropriação.

Nesse sentido, pode-se dizer que haverá duas grandes fases de instituição da servidão administrativa, quais sejam: a fase declaratória e a fase executória. Na primeira fase, o Poder Público irá, por meio de lei ou decreto, declarar o interesse na instituição da servidão administrativa em determinado bem. Por sua vez, na fase executória, o Poder Público irá realizar o pagamento da indenização ao proprietário para que a servidão seja instituída.

Importante dizer que, se não houver acordo entre o Poder Público e o proprietário, passar-se-á para a via judicial, em que se discutirá o valor a ser pago. Por outro lado, se houver concordância entre as partes, a servidão será instituída administrativamente.

Servidão administrativa	– Direito real de uso e gozo de coisa alheia imóvel. – Constituída sob o interesse público. – Caráter perpétuo e registrada em Cartório de Registro de Imóveis. – Afeta o caráter exclusivo do direito de propriedade. – Fruto do exercício do poder de polícia do Estado. – Atinge bem imóvel alheio e não há indenização, salvo se houver dano. – Valores pagos a título de compensação por servidão administrativa não configuram acréscimo patrimonial. – Prestadores de serviço público podem instituir uma servidão administrativa.
Formas de servidão	a) Acordo. b) Sentença. c) Lei (polêmica). d) *Manu militari.*
Servidão administrativa sobre bens públicos	– Pode ocorrer mediante autorização legal. – Casos em que é necessária a desafetação do bem público. – Necessidade de se observar o interesse público e os princípios da Administração Pública. – Atinge o caráter imprescritível dos bens públicos. – Pode haver indenização em casos de desapropriação. – O registro deve ser feito no registro de imóveis.

6. TOMBAMENTO

O tombamento é o instituto da intervenção que visa proteger o patrimônio cultural e histórico de determinado lugar. Deve-se ter em mente que os bens suscetíveis de tombamento são aqueles que traduzem aspectos de relevância para a noção de patrimônio cultural brasileiro. Portanto, é equivocado o tombamento de florestas, reservas naturais e parques ecológicos.

Trata-se de intervenção que afeta o **caráter absoluto** do direito de propriedade, afinal serão impostas algumas limitações ao exercício do direito de propriedade, com o intuito de se preservar o patrimônio histórico-cultural. Importante salientar que o tombamento pode recair sobre a propriedade *móvel e imóvel.* Ele não enseja o pagamento de indenização, salvo se houver dano ao particular.

A União, os estados, o Distrito Federal e os municípios podem realizá-lo, de acordo com o art. 23, III, da CR/1988, bem como todos os entes federados podem legislar sobre o instituto. Em âmbito federal, o Decreto-lei nº 25/1937 regulamenta o tombamento.

6.1. Natureza do ato

O tombamento é um ato vinculado e discricionário ao mesmo tempo. Observe que, sob o aspecto de que o tombamento tem por pressuposto a defesa do patrimônio cultural, o ato é vinculado, o que significa que o autor do ato não pode praticá-lo apresentando motivo diverso. Está, dessa forma, vinculado a essa razão. Contudo, no que tange à valorização da qualificação do bem como de natureza histórica, o ato é discricionário, vista a análise do caso concreto, verificando os pressupostos de oportunidade e conveniência da situação.

6.2. Classificação de tombamento

6.2.1. Tombamento provisório e definitivo

De acordo com o art. 10 do Decreto-lei nº 25/1937, o tombamento provisório é aquele que se inicia com a notificação do proprietário e subsiste até o momento em que antecede o registro no livro do tombo. Trata-se de uma medida cautelar adotada pelo Poder Público no bojo de um processo administrativo. O tombamento provisório tem o objetivo de assegurar, de início, a proteção do patrimônio histórico.

Por sua vez, o tombamento definitivo é aquele que ocorre com o registro no livro do tombo.

O tombamento provisório, por sua vez, se equipara ao definitivo, salvo quanto ao registro do tombamento no registro de imóveis, que é prescindível no tombamento provisório.

A averbação do tombamento em registro de imóveis não é requisito de validade ou eficácia do tombamento, ou seja, a ausência da averbação no registro de imóveis não deixa desprotegido o bem. A importância do registro, no entanto, reside na possibilidade de indenização para quem adquiriu o imóvel sem saber da restrição que sobre ele pesava.

6.2.2. Tombamento voluntário, compulsório e de ofício

De acordo com o art. 6º do DL nº 25/1937, o tombamento voluntário é aquele requerido ou anuído pelo proprietário. Por sua vez, o tombamento compulsório, nos termos do art. 7º do DL nº 25/1937, é aquele em que o proprietário se recusa a anuir e o Poder Público impõe o tombamento, sendo necessária a instauração de um procedimento administrativo. Por fim, o tombamento de ofício é aquele que ocorre em relação aos bens públicos.

Em relação ao tombamento de bens públicos, o STJ admite que os municípios realizem tombamentos de bens da União e dos estados. O STF, acompanhando o

STJ, também já se posicionou pela possibilidade de entes menores tombarem bens de entes maiores.[13]

Ao município é igualmente atribuída a competência para o tombamento de bens (art. 23, III, da CR/1988). Note-se que o tombamento não importa transferência de propriedade a ponto de incidir a limitação constante do art. 2º, § 2º, do DL nº 3.365/1941 quanto à desapropriação de bens do estado pela municipalidade (RMS 18.952-RJ, Rel. Min. Eliana Calmon, j. 26.04.2005).

6.2.3. Tombamento individual e geral

O tombamento individual é aquele que recai diretamente sobre determinado bem específico. Por outro lado, o tombamento geral é aquele que recai sobre um conjunto de bens, como bairros e cidades, por meio de um ato normativo.

Nesse sentido, de acordo com o STJ,[14] não é necessário que seja realizado o procedimento de individualização do bem para que o tombamento geral seja efetuado.

6.2.4. Tombamento total e parcial

O tombamento total é aquele que abrange a totalidade do bem, ao passo que o tombamento parcial abrange apenas uma parte específica do bem.

6.3. Qual órgão tem a competência para tombar?

Na verdade, quer-se saber se os Poderes Legislativo e Judiciário possuem competência para realizar o tombamento. De acordo com o entendimento do STF, é constitucional a instituição do tombamento por meio de uma lei. Em outras palavras, o Poder Legislativo possui competência para tombar.[15] Contudo, o Poder Judiciário não tem competência para instituir o tombamento.

O Poder Executivo também possui competência para realizar o tombamento.

6.4. Direito de preferência

O tema referente ao direito de preferência foi revogado pelo Novo Código de Processo Civil (NCPC). Dessa forma, o NCPC disciplinou o direito de preferência no âmbito das alienações judiciais, de maneira que o art. 889, VIII, afirma que a União, os estados e os municípios serão cientificados da alienação judicial com antecedência mínima de 5 dias.

Ademais, o art. 892, § 3º, apregoa que, no caso de leilão de bem tombado, a União, os estados e os municípios terão, nessa ordem, o direito de preferência na arrematação, em igualdade de oferta.

---

[13] Os bens da União podem ser tombados pelos estados, pelo Distrito Federal e pelos municípios. O entendimento é do ministro do Supremo Tribunal Federal Gilmar Mendes, que julgou improcedente ação na qual a União questionava o tombamento de um edifício de sua propriedade determinado por uma lei de Mato Grosso do Sul (**ACO 1.208/2017**).

[14] REsp 1.098.640/MG, Rel. Min. Humberto Martins, j. 09.06.2009.

[15] ACO 1.208/2017, Rel. Min. Gilmar Mendes, j. 24.11.2017, *DJe* 04.12.2017.

6.5. Dos efeitos do tombamento

As coisas tombadas, que pertençam à União, aos estados ou aos municípios, inalienáveis por natureza, só poderão ser transferidas de uma a outra das referidas entidades.

No caso de transferência de propriedade, deverá o adquirente, dentro do prazo de trinta dias, sob pena de multa de dez por cento sobre o respectivo valor, fazê-la constar do registro, ainda que se trate de transmissão judicial ou *causa mortis*.

Na hipótese de deslocamento de tais bens, deverá o proprietário, dentro do mesmo prazo e sob pena da mesma multa, inscrevê-los no registro do lugar para que tiverem sido deslocados.

A coisa tombada não poderá sair do País, senão por curto prazo, sem transferência de domínio e para fim de intercâmbio cultural, a juízo do Conselho Consultivo do Serviço do Patrimônio Histórico e Artístico Nacional.

Tentada a exportação, para fora do País, da coisa tombada, será esta sequestrada pela União ou pelo estado em que se encontrar.

Apurada a responsabilidade do proprietário, ser-lhe-á imposta a multa de cinquenta por cento do valor da coisa, que permanecerá sequestrada em garantia do pagamento, e até que este se faça. No caso de reincidência, a multa será elevada ao dobro.

A pessoa que tentar a exportação de coisa tombada incorrerá nas penas cominadas no Código Penal para o crime de contrabando.

As coisas tombadas não poderão, em caso nenhum, ser destruídas, demolidas ou mutiladas, nem, sem prévia autorização especial do Serviço do Patrimônio Histórico e Artístico Nacional, ser reparadas, pintadas ou restauradas, sob pena de multa de cinquenta por cento do dano causado.

Sem prévia autorização do Serviço do Patrimônio Histórico e Artístico Nacional, não se poderá, na vizinhança da coisa tombada, fazer construção que lhe impeça ou reduza a visibilidade, nem nela colocar anúncios ou cartazes, sob pena de ser mandada destruir a obra ou retirar o objeto, impondo-se, nesse caso, a multa de cinquenta por cento do valor do mesmo objeto.

O proprietário de coisa tombada, que não dispuser de recursos para proceder às obras de conservação e reparação que a mesma requerer, levará ao conhecimento do Serviço do Patrimônio Histórico e Artístico Nacional a necessidade das mencionadas obras, sob pena de multa correspondente ao dobro da importância em que for avaliado o dano sofrido pela mesma coisa.

Recebida a comunicação, e consideradas necessárias as obras, o diretor do Serviço do Patrimônio Histórico e Artístico Nacional mandará executá-las, a expensas da União, devendo elas ser iniciadas dentro do prazo de seis meses, ou providenciará para que seja feita a desapropriação da coisa.

À falta de qualquer dessas providências, poderá o proprietário requerer que seja cancelado o tombamento da coisa.

Uma vez que verifique haver urgência na realização de obras e conservação ou reparação em qualquer coisa tombada, poderá o Serviço do Patrimônio Histórico e Artístico Nacional tomar a iniciativa de projetá-las e executá-las, a expensas da União, independentemente da comunicação a que alude esse artigo, por parte do proprietário.

Sistematizando as informações anteriores, observe o quadro a seguir:

Tipo de obrigação	Descrição
Obrigações de fazer	Direito de preferência; dever de conservação; dever de comunicar em caso de extravio.
Direito de preferência	A União, o estado e o município devem ser cientificados com pelo menos 5 dias de antecedência no caso de alienação de bem tombado, conforme o art. 889 do CPC.
Dever de conservação	O proprietário de coisa tombada deve comunicar ao Serviço do Patrimônio Histórico e Artístico Nacional a necessidade de obras de conservação e reparação, conforme o art. 19 do DL nº 25/1937, sob pena de multa correspondente ao dobro da importância em que for avaliado o dano sofrido pela mesma coisa.
Dever de comunicar em caso de extravio	O proprietário de coisa tombada deve comunicar ao Serviço do Patrimônio Histórico e Artístico Nacional no caso de extravio ou furto de qualquer objeto tombado, dentro de 5 dias, sob pena de multa de 10% sobre o valor da coisa, conforme o art. 16 do DL nº 25/1937.
Obrigações de não fazer	Não destruição; retirada do País; obrigação de tolerar.
Não destruição	As coisas tombadas não podem ser destruídas, demolidas ou mutiladas sem prévia autorização especial do Serviço do Patrimônio Histórico e Artístico Nacional, tampouco podem ser reparadas, pintadas ou restauradas sem autorização, sob pena de multa de 50% do dano causado, conforme o art. 17 do DL nº 25/1937.
Retirada do País	A coisa tombada não pode sair do País, exceto por curto prazo e para fins de intercâmbio cultural com transferência de domínio, a juízo do Conselho Consultivo do Serviço do Patrimônio Histórico e Artístico Nacional, conforme o art. 14 do DL nº 25/1937.
Vigilância permanente	As coisas tombadas ficam sujeitas à vigilância permanente do Serviço do Patrimônio Histórico e Artístico Nacional, que pode inspecioná-las sempre que necessário, e os proprietários ou responsáveis não podem criar obstáculos à inspeção, sob pena de multa de cem mil réis, elevada ao dobro em caso de reincidência, conforme o art. 20 do DL nº 25/1937.

6.6. Necessidade de demolição do bem tombado

Nessa situação, se o ente que realizou o tombamento concordar, basta haver o cancelamento do tombamento. O problema reside no caso em que não há essa concordância por parte do ente instituidor do tombamento. Nesse caso, deve-se observar a proporcionalidade da medida. Em outras palavras, deve-se analisar se há a possibilidade de outra solução ser feita, isto é, sem demolição. Caso não haja outra forma de solução que não seja a demolição, esta irá ocorrer. Importante é analisar o caso concreto.

6.7. Tombamento, registro e desapropriação

O patrimônio cultural brasileiro é composto de bens de natureza material e imaterial, que possuem um valor histórico, artístico, cultural, social e ambiental para a sociedade. O Estado brasileiro possui o dever constitucional de proteger e preservar esse patrimônio, garantindo sua transmissão às futuras gerações.

Para tanto, existem diferentes instrumentos de proteção, dentre os quais se destacam o registro e o tombamento. Embora ambos visem à proteção do patrimônio cultural brasileiro, eles têm diferenças fundamentais.

O **registro** foi regulamentado pelo Decreto nº 3.551/2000 e tem por **objetivo proteger os bens imateriais** do patrimônio cultural brasileiro, como as manifestações culturais, as tradições orais, as festividades, as danças, as músicas, entre outros. Ele funciona como um reconhecimento oficial do valor desses bens para a cultura brasileira, sem, no entanto, impor restrições ao seu uso e transformação.

Por sua vez, o **tombamento** objetiva proteger os **bens materiais** do patrimônio cultural brasileiro, como os monumentos, os edifícios, as ruas, os bairros, as cidades históricas, entre outros. Ele consiste em um ato administrativo pelo qual o Poder Público reconhece a importância desse bem para a sociedade e impõe restrições ao seu uso e transformação, a fim de garantir sua preservação e transmissão às futuras gerações. O tombamento pode ser realizado em âmbito federal, estadual ou municipal, de acordo com a competência de cada ente federado.

Portanto, não é possível o tombamento incidir sobre bens imateriais. Cabe ao registro a proteção desses bens.

Quanto à **desapropriação**, também é instrumento de proteção do patrimônio histórico-cultural de um povo. Todavia, ela será utilizada quando houver alteração da destinação do bem, situação que não ocorre no tombamento. Nesse sentido, quando um município tiver interesse em preservar um bem de valor histórico, consistente na casa em que nasceu e viveu um escritor famoso nacional e internacionalmente, de modo que, no imóvel, seja instalado um museu a respeito da obra do escritor, a municipalidade deverá realizar a desapropriação.

6.8. Comentários finais

1) Não é possível tombar o meio ambiente.
2) O tombamento de uso é inconstitucional, ou seja, tombar um patrimônio a fim de forçar o particular a dar uma destinação específica ao bem viola a CR/1988.
3) Bem estrangeiro pode ser tombado. Contudo, o art. 3º do DL nº 25/1937 exclui alguns que não poderão ser tombados, como os:
   - que pertençam às representações diplomáticas ou consulares acreditadas no País;
   - que adornem quaisquer veículos pertencentes a empresas estrangeiras, que façam carreira no País;
   - que se incluam entre os bens referidos no art. 10 da LINDB (Lei de Introdução às Normas do Direito Brasileiro), e que continuam sujeitos à lei pessoal do proprietário;
   - que pertençam a casas de comércio de objetos históricos ou artísticos;
   - que sejam trazidos para exposições comemorativas, educativas ou comerciais;
   - que sejam importados por empresas estrangeiras expressamente para adorno dos respectivos estabelecimentos.

Modalidade de intervenção	Conceito	Afeta o caráter da propriedade	Indenização
Limitação administrativa	É uma forma de intervenção por normatização, isto é, ocorre por meio de lei e atos normativos de caráter geral. Em razão disso, possui as características da generalidade e da abstratividade.	Absoluto	Não enseja, salvo se esvaziar o conteúdo econômico da propriedade.
Requisição administrativa	Acontece em casos de iminente perigo público, quando o Estado poderá se utilizar da propriedade particular, assegurada a indenização ulterior, se houver dano. A requisição incidirá sobre bens móveis, imóveis e serviços particulares.	Exclusivo, quando de imóveis; perpétuo, quando móveis e fungíveis	Assegurada a indenização ulterior, se houver dano.

Modalidade de intervenção	Conceito	Afeta o caráter da propriedade	Indenização
Ocupação temporária	Recai sobre bens imóveis (terrenos não edificados), independentemente de iminente perigo público (situação de normalidade) e vizinhos às obras e necessárias à sua realização.	Exclusivo	Não enseja, salvo se houver dano.
Servidão administrativa	É um direito real de uso e gozo de coisa alheia imóvel. Essa modalidade de intervenção é constituída sob o interesse público e possui o caráter perpétuo, e será registrada em Cartório de Registro de Imóveis.	Exclusivo	Não haverá indenização, salvo se houver dano. Pode ocorrer no bojo da desapropriação; nesse caso, deve haver a indenização da propriedade.
Tombamento	É o instituto da intervenção que visa proteger o patrimônio cultural e histórico de determinado lugar.	Absoluto	Não enseja, salvo se houver dano ao particular.

QUESTÕES DE CONCURSO

1. Questão autoral – Quanto à intervenção do Estado na propriedade, marque a alternativa incorreta:

A) A servidão administrativa é, em regra, permanente e constitui direito real sobre a propriedade alheia em favor da Administração Pública.

B) Na requisição administrativa, o Estado utiliza bens móveis, imóveis e serviços particulares em situação de perigo público iminente.

C) O tombamento só alcança bens imóveis, podendo ser voluntário ou compulsório.

D) Mediante declaração de utilidade pública, todos os bens poderão ser desapropriados pela União, pelos estados, pelos municípios, pelo Distrito Federal e pelos territórios.

E) Todos os entes federados têm competência para legislar e para executar o tombamento.

Comentário: A) Correta. A servidão administrativa está prevista no art. 40 do Decreto-lei nº 3.365/1941. É um direito real de uso e gozo de coisa alheia. Essa modalidade de intervenção é constituída sob o interesse público e possui o caráter perpétuo.

B) Correta. A requisição administrativa está prevista no art. 5 º, XXV, da CR/1988. Essa intervenção acontece em casos de iminente perigo público, quando o Estado poderá se utilizar da propriedade particular, assegurada a indenização ulterior, se houver dano. A requisição incidirá sobre bens móveis, imóveis e serviços particulares.

C) Incorreta. O tombamento alcança bens móveis e imóveis.

D) Correta. Trata-se da literalidade do art. 2º do DL nº 3.365/1941.

E) Correta. O tombamento é o instituto da intervenção que visa proteger o patrimônio cultural e histórico de determinado lugar. Deve-se ter em mente que os bens suscetíveis de tombamento são aqueles que traduzem aspectos de relevância para a noção de patrimônio cultural brasileiro. Portanto, é equivocado o tombamento de florestas, reservas naturais e parques ecológicos. Ele atinge propriedade móvel e imóvel e não enseja o pagamento de indenização, salvo se houver dano ao particular. Ademais, A União, os estados, o Distrito Federal e os municípios podem realizá-lo, de acordo com o art. 23, III, da CR/1988, bem como todos os entes federados podem legislar sobre o instituto.

2. FGV – 2022 – PGE-SC – Procurador do Estado

Durante evento epidêmico, João, médico do Estado de Santa Catarina, diretor de hospital público de Blumenau, recebe um ofício da União Federal, subscrito pelo ministro da Saúde, pelo qual se determina a entrega, em 24 horas, de cem mil seringas, duzentas máquinas de diálise e três tomógrafos adquiridos com recursos exclusivos dos cofres catarinenses. O ministro, no ofício, informa que se trata de requisição do SUS, prevista na legislação federal de regência. Desesperado, João procura a PGE/SC e pede sua opinião legal sobre o ocorrido.

A correta manifestação do procurador do Estado de Santa Catarina é:

A) João, pelo cargo que ocupa, deverá avaliar a conveniência e oportunidade de atender à requisição.

B) a União Federal está agindo de acordo com a Constituição da República de 1988, que prevê a competência exclusiva da União Federal para legislar sobre saúde.

C) a norma da legislação federal que permite à União Federal requisitar, no âmbito do SUS, bens e serviços de outros entes federativos, é inconstitucional, por violar a autonomia dos Municípios, dos Estados e do Distrito Federal.

D) a União Federal está agindo de acordo com a Constituição da República de 1988, que lhe permite requisitar, a qualquer momento, bem dos Municípios, dos Estados e do Distrito Federal.

E) a União Federal pode desapropriar qualquer bem móvel dos demais entes federativos, desde que pague indenização prévia.

Comentário: A decisão proferida pelo Supremo Tribunal Federal no Mandado de Segurança 25.295/DF estabelece que a requisição administrativa de bens municipais pela União em situação de normalidade institucional é inadmissível, a não ser que haja a decretação de estado de defesa ou estado de sítio.

De acordo com o STF, não há hierarquia entre os entes federados, garantindo-lhes tratamento isonômico, salvo as diferenças eventualmente previstas na Constituição Federal de 1988. Assim, as relações entre eles devem ser pautadas pela cooperação e horizontalidade. Dessa forma, a requisição administrativa, mesmo em situações de extrema necessidade, fere a autonomia do ente cujos bens ou serviços públicos são requisitados, ocasionando desorganização indiscutível.

3. TRF – 4ª Região – 2022 – Juiz Federal Substituto

Assinale a alternativa CORRETA.

A respeito das formas de intervenção do Estado na propriedade, a instalação de redes de energia elétrica é exemplo de:

A) servidão administrativa.

B) desapropriação indireta.

C) tombamento.

D) requisição administrativa.

E) ocupação temporária.

Comentário: A servidão administrativa é um ônus real que incide sobre um bem imóvel com o objetivo de permitir sua utilização para finas públicos, como a instalação de postes e fios de energia elétrica em uma parte do terreno privado. Vale destacar que a servidão não pode impedir o uso do bem pelo particular, pois isso caracterizaria uma desapropriação.

Caso haja danos comprovados decorrentes da instituição da servidão, será necessário o pagamento de indenização ao proprietário do imóvel afetado.

4. FGV – 2022 – TJ-MG – Juiz de Direito Substituto

Analise as afirmativas a seguir.

I. O conjunto dos bens móveis e imóveis existentes no país e cuja conservação seja de interesse público, por sua vinculação a fatos memoráveis da História do Brasil constitui patrimônio histórico.

II. As coisas tombadas não poderão sair do país, exceto em caso de intercâmbio cultural.

III. O tombamento de bens pertencentes aos Municípios se fará de ofício, mas deverá ser notificada a entidade a quem pertencer.

Está correto o que se afirma em

A) I, somente.

B) I e II, somente.

C) I, II e III.

D) II e III, somente.

Comentário: O Decreto-lei nº 25/1937 estabelece o conjunto de bens móveis e imóveis existentes no País que constituem o patrimônio histórico e artístico nacional. Esses bens possuem valor arqueológico, etnográfico, bibliográfico ou artístico excepcional, e sua conservação é de interesse público, seja pela sua vinculação a fatos memoráveis da história do Brasil, seja por sua importância cultural.

Além disso, o decreto-lei estabelece que a coisa tombada, ou seja, os bens que fazem parte do patrimônio histórico e artístico nacional, não poderá ser retirada do País, a não ser por curto prazo e com a transferência de domínio, para fins de intercâmbio cultural e mediante a aprovação do Conselho Consultivo do Serviço do Patrimônio Histórico e Artístico Nacional.

O tombamento dos bens pertencentes à União, aos estados e aos municípios será realizado de ofício pelo diretor do Serviço do Patrimônio Histórico e Artístico Nacional, mas deverá ser notificado à entidade a quem pertencer ou sob cuja guarda estiver a coisa tombada para que produza os necessários efeitos.

Capítulo XI
BENS PÚBLICOS

1. CONCEITO

O conceito de bem público precisa ser estudado sob os prismas legal e doutrinário. Nesse sentido, de acordo com o **Código Civil** de 2002, em seu art. 98, são **públicos os bens do domínio nacional pertencentes às pessoas jurídicas de direito público interno**; todos os outros são particulares, seja qual for a pessoa a que pertencerem. Assim, o conceito adotado pelo legislador tem o foco da titularidade, isto é, o legislador adotou o **critério subjetivo** para conceituar os bens públicos.

Observe, porém, que, para a doutrina, esse conceito estaria incompleto. Nesse sentido, a doutrina entende que são **públicos também os bens afetados à prestação do serviço público** das pessoas jurídicas de direito privado prestadoras de serviço público. Trata-se aqui de uma **concepção material ou funcionalista**.

A posição do Superior Tribunal de Justiça acompanha o legislador, porém estende aos bens de pessoas jurídicas de direito privado afetados à prestação do serviço público a proteção pública. Assim, afirma o STJ que os bens integrantes do acervo patrimonial de sociedades de economia mista sujeitos a uma destinação pública equiparam-se a bens públicos, sendo, portanto, insuscetíveis de serem adquiridos por meio de usucapião.[1]

2. DOMÍNIO EMINENTE E DOMÍNIO PATRIMONIAL PÚBLICO

O domínio eminente consiste na possibilidade de o Estado intervir na propriedade privada, seja de maneira mais branda, por intermédio das intervenções restritivas do Estado na propriedade, como limitação administrava, servidão, seja de maneira mais drástica, como a desapropriação.

Por outro lado, o domínio patrimonial público consiste no direito de propriedade do Estado, isto é, refere-se ao conjunto de bens dos quais o Estado é proprietário.

---

1 AgInt no REsp 1.719.589/SP, Quarta Turma, Rel. Min. Luis Felipe Salomão, j. 06.11.2018, *DJe* 12.11.2018.

3. CLASSIFICAÇÃO

3.1. Quanto à titularidade

3.1.1. Bem federal

São bens federais os bens pertencentes à União. De acordo com o art. 20 da CR/1988, são eles:

I. os que atualmente lhe pertencem e os que lhe vierem a ser atribuídos;

II. as terras devolutas indispensáveis à defesa das fronteiras, das fortificações e construções militares, das vias federais de comunicação e à preservação ambiental, definidas em lei;

Acerca desse ponto, importante a Súmula nº 477 do STF, segundo a qual as concessões de terras devolutas situadas na faixa de fronteira, feitas pelos Estados, autorizam, apenas, o uso, permanecendo o domínio com a União, ainda que se mantenha inerte ou tolerante, em relação aos possuidores.

III. os lagos, rios e quaisquer correntes de água em terrenos de seu domínio, ou que banhem mais de um Estado, sirvam de limites com outros países, ou se estendam a território estrangeiro ou dele provenham, bem como os terrenos marginais e as praias fluviais;

IV. as ilhas fluviais e lacustres nas zonas limítrofes com outros países; as praias marítimas; as ilhas oceânicas e as costeiras, excluídas, destas, as que contenham a sede de municípios, exceto aquelas áreas afetadas ao serviço público e a unidade ambiental federal, e as referidas no art. 26, II;

V. os recursos naturais da plataforma continental e da zona econômica exclusiva;

VI. o mar territorial;

VII. os terrenos de marinha e seus acrescidos;

Acerca desses bens, importante a Súmula nº 496 do STJ, que afirma que os registros de propriedade particular de imóveis situados em terrenos de marinha não são oponíveis à União.

VIII. os potenciais de energia hidráulica;

IX. os recursos minerais, inclusive os do subsolo;

X. as cavidades naturais subterrâneas e os sítios arqueológicos e pré-históricos;

XI. as terras tradicionalmente ocupadas pelos índios.

3.1.2. *Bem estadual*

São bens estaduais aqueles que pertencerem aos estados-membros. De acordo com o art. 26 da CR/1988, são eles:

I. as águas superficiais ou subterrâneas, fluentes, emergentes e em depósito, ressalvadas, neste caso, na forma da lei, as decorrentes de obras da União;
II. as áreas, nas ilhas oceânicas e costeiras, que estiverem no seu domínio, excluídas aquelas sob domínio da União, municípios ou terceiros;
III. as ilhas fluviais e lacustres não pertencentes à União;
IV. as terras devolutas não compreendidas entre as da União.

3.1.3. *Bem municipal*

São bens municipais aqueles que pertencerem aos municípios. Em relação a esses bens, a Constituição não elenca um rol de bens municipais, todavia, por óbvio, os municípios possuem bens de sua titularidade. Pode-se dar como exemplos ruas, praças, edifícios de propriedade do município, dinheiro público do município.

3.2. Quanto à destinação

3.2.1. *Bens de uso comum do povo*

Esses bens são aqueles que se destinam à utilização geral pelos indivíduos. Em regra, os bens de uso comum do povo são utilizados por todos os integrantes da coletividade. Contudo, nada impede o Poder Público de restringir ou impedir o uso desses bens, como o pagamento de pedágio para utilização de estradas, fechamento de ruas para eventos comemorativos.

Nesse sentido está o art. 103 do CC/2002, segundo o qual o uso comum dos bens públicos pode ser gratuito ou retribuído, conforme for estabelecido legalmente pela entidade a cuja administração pertencerem.

Atente-se que o bem de uso comum do povo pode ter uma utilização normal (ordinária) ou anormal (extraordinária). A primeira consiste no fato de o bem ser utilizado na sua finalidade principal, para a qual se destina. Pode-se dar como exemplo o uso de uma rua pelos carros e calçadas por pedestres. Por outro lado, a segunda se refere ao uso do bem de uso comum de forma diversa da sua finalidade principal ou ao uso condicionado, como o fechamento de uma rua para o carnaval.

Os bens de uso comum do povo são bens indisponíveis, isto é, não ostentam caráter patrimonial, e, por isso mesmo, as pessoas a que pertencem não podem deles dispor. Isso vale enquanto os bens de uso comum do povo mantiverem essa destinação.

Importante pontuar que o STJ entende que a construção ou atividade irregular em bem de uso comum do povo revela *dano in re ipsa*, dispensada prova de prejuízo *in concreto*, impondo-se imediata restituição da área ao estado anterior. Demolição e restauração às expensas do transgressor, ressalvada hipótese de o comportamento impugnado contar com inequívoca e proba autorização do órgão legalmente competente.[2]

São exemplos dos bens de uso comum do povo ruas, praças, mares, praias, rios, estradas.

3.2.2. Bens de uso especial

Os bens de uso especial, por sua vez, são aqueles que visam à execução dos serviços administrativos e dos serviços públicos em geral.

Quanto ao uso, pode-se dizer que cabe ao Poder Público a sua utilização primordial. Contudo, os particulares também podem utilizá-los, uma vez que precisam estar presentes nas repartições estatais.

Observe que os bens de uso especial podem ser móveis ou imóveis.

Ex.: escolas e universidades públicas, hospitais públicos, prédios do Executivo, do Legislativo e do Judiciário, quartéis, cemitérios públicos, aeroportos, museus, mercados públicos, terras reservadas aos indígenas, veículos oficiais, navios militares.

Os bens de uso especial são bens patrimoniais indisponíveis, isto é, "possuem caráter patrimonial, porque, mesmo sendo indisponíveis, admitem em tese uma correlação de valor, sendo, por isso, suscetíveis de avaliação pecuniária. São indisponíveis, entretanto, porque utilizados efetivamente pelo Estado para alcançar os seus fins".[3]

3.2.3. Bens dominicais/dominiais

Os bens dominicais possuem um caráter residual, ou seja, serão aqueles que não se situam como de uso comum do povo ou de uso especial. Dessa forma, são bens dominicais aqueles sem destinação pública específica, como os prédios públicos desativados, os bens móveis inservíveis e a dívida ativa.

Esses bens são bens patrimoniais disponíveis, isto é, possuem caráter patrimonial e podem ser alienados nas condições estabelecidas pela lei.

4. AFETAÇÃO E DESAFETAÇÃO

Um **bem público afetado** é aquele que está sendo utilizado para determinado fim público. Pode-se exemplificar uma praça sendo utilizada naturalmente pelos indivíduos daquela região. Os bens de uso comum do povo e os de uso especial são bens públicos afetados. A afetação também pode ganhar o nome de consagração.

A afetação pode ocorrer de três formas, quais sejam: lei, ato administrativo ou fato administrativo.

---

[2] REsp 1.457.851/RN, Segunda Turma, Rel. Min. Herman Benjamin, j. 26.05.2015.

[3] CARVALHO FILHO, José dos Santos. *Manual de Direito Administrativo*. 26. ed. rev., ampl. e atual. São Paulo: Atlas, 2013. p. 1148.

Ao contrário, pode-se dizer que um **bem público desafetado** é aquele que não está sendo utilizado para determinado fim público. Pode-se exemplificar um prédio público desativado, uma viatura policial alocada em um depósito público. Os bens dominicais são bens públicos desafetados. A desafetação também pode ganhar o nome de desconsagração.

Dessa forma, o instituto da afetação é o fato administrativo pelo qual se atribui ao bem público uma destinação pública específica. Por sua vez, o instituto da desafetação é o fato administrativo pelo qual um bem público é desativado, deixando de servir à finalidade pública a que se destinava.

Os bens de uso comum do povo e de uso especial são bens afetados, ao passo que os bens dominicais são bens desafetados.

A afetação e a desafetação podem ser formais, isto é, podem ocorrer de maneira expressa, assim como podem ser materiais, o que quer dizer que podem ocorrer de maneira tácita.

Atente-se que, se a afetação for formal, a desafetação também deverá ser formal e observará a mesma forma do bem afetado. Em outras palavras, se um bem é afetado por lei, a desafetação, por simetria, só poderá ser por lei.

5. REGIME JURÍDICO – CARACTERÍSTICAS

5.1. Impenhorabilidade

Os bens públicos não podem ser penhorados, ou seja, não podem sofrer uma constrição judicial para satisfazer crédito de um credor da Administração. Dessa forma, não podem ser utilizados para o pagamento das dívidas públicas. Isso decorre do estabelecido pelo art. 100 da CR/1988, o qual estabelece que o Poder Público paga suas dívidas por precatórios ou Requisição de Pequeno Valor (RPV).

Uma das razões da impenhorabilidade é a continuidade do serviço público.

Importante discussão refere-se ao conflito entre o art. 100 e a proteção da vida/saúde da pessoa. De acordo com o STJ, é legítimo o bloqueio das contas da Fazenda Pública para compras de remédios. Afirma a corte cidadã que é possível ao julgador determinar o bloqueio de verba pública para garantir o cumprimento da obrigação do Poder Público de fornecer medicamentos para portadores de doença grave, havendo, nos autos, comprovação de que o Estado não esteja cumprindo essa obrigação, sobretudo quando a desídia do ente estatal implicar grave lesão à saúde ou mesmo risco à vida do paciente. Isso porque, diante das circunstâncias do caso concreto, cabe ao magistrado aferir o modo mais adequado para tornar efetiva a tutela, tendo em vista o fim da norma. Não se deve olvidar também a prevalência da tutela ao direito subjetivo à saúde sobre o interesse público, que, no caso, se consubstancia na preservação da saúde em detrimento dos princípios do Direito Financeiro ou Administrativo. Deve-se concluir que, em situações de inconciliável conflito entre o direito fundamental à saúde e o da impenhorabilidade dos recursos da Fazenda Pública, prevalece o primeiro sobre o segundo.[4]

5.2. Imprescritibilidade

Os bens públicos não estão sujeitos à prescrição aquisitiva, isto é, à usucapião. Assim dispõem os arts. 183, § 3º, e 191, parágrafo único, ambos da CR/1988, o art. 102 do Código Civil e a Súmula nº 340 do STF.

Atente-se que inclusive os bens dominicais são insuscetíveis de usucapião.

5.3. Não onerosidade

Os bens públicos não se sujeitam aos institutos de direitos reais, como o penhor, a hipoteca e a anticrese. Em outras palavras, os bens públicos não podem ser dados como garantias para um credor no caso de inadimplemento de uma obrigação.

5.4. Alienabilidade condicionada

Os bens públicos podem ser alienados, desde que estejam desafetados. Contudo, observe que o art. 100 do Código Civil estabelece que os bens de uso comum do povo e os de uso especial são inalienáveis, enquanto mantiverem essa qualificação.

Por sua vez, de acordo com o art. 101 do Código Civil, os bens dominicais são alienáveis, desde que cumpridos os requisitos da lei.

A alienação de bens públicos está disciplinada no art. 76 da Lei nº 14.133/2021, conforme se verá a seguir em seus requisitos.

Requisitos gerais

A) Bem dominical.

B) Interesse público devidamente justificado.

C) Avaliação prévia.

Requisitos específicos

A) Imóveis:

  1) autorização legislativa;

Obs.: a alienação de bens imóveis da Administração Pública cuja aquisição tenha sido derivada de procedimentos judiciais ou de dação em pagamento dispensará autorização legislativa e exigirá apenas avaliação prévia e licitação na modalidade leilão.

---

4 REsp 1.069.810/RS, Rel. Min. Napoleão Nunes Maia Filho, j. 23.10.2013.

2) licitação na modalidade leilão, dispensada a licitação nas seguintes hipóteses:

a) dação em pagamento;

b) doação, permitida exclusivamente para outro órgão ou entidade da Administração Pública, de qualquer esfera de governo, ressalvado o disposto nas alíneas *f*, *g* e *h* desse inciso;

Cessadas as razões que justificaram sua doação, esses bens serão revertidos ao patrimônio da pessoa jurídica doadora, vedada sua alienação pelo beneficiário.

c) permuta por outros imóveis que atenda aos requisitos relacionados às finalidades precípuas da Administração, desde que a diferença apurada não ultrapasse a metade do valor do imóvel que será ofertado pela União, segundo avaliação prévia, e ocorra a torna de valores, sempre que for o caso;

d) investidura;

Entende-se por investidura:

• alienação, ao proprietário de imóvel lindeiro, de área remanescente ou resultante de obra pública que se tornar inaproveitável isoladamente, por preço que não seja inferior ao da avaliação nem superior a 50% (cinquenta por cento) do valor máximo permitido para dispensa de licitação de bens e serviços previsto;

• alienação, ao legítimo possuidor direto ou, na falta dele, ao Poder Público, de imóvel para fins residenciais construído em núcleo urbano anexo a usina hidrelétrica, desde que considerado dispensável na fase de operação da usina e que não integre a categoria de bens reversíveis ao final da concessão.

e) venda a outro órgão ou entidade da Administração Pública de qualquer esfera de governo;

f) alienação gratuita ou onerosa, aforamento, concessão de direito real de uso, locação e permissão de uso de bens imóveis residenciais construídos, destinados ou efetivamente usados em programas de habitação ou de regularização fundiária de interesse social desenvolvidos por órgão ou entidade da Administração Pública;

g) alienação gratuita ou onerosa, aforamento, concessão de direito real de uso, locação e permissão de uso de bens imóveis comerciais de âmbito local, com área de até 250 m² (duzentos e cinquenta metros quadrados) e destinado a programas de regularização fundiária de interesse social desenvolvidos por órgão ou entidade da Administração Pública;

h) alienação e concessão de direito real de uso, gratuita ou onerosa, de terras públicas rurais da União e do Instituto Nacional de Colonização e Reforma Agrária (Incra) onde incidam ocupações até o limite de que trata o § 1º do art. 6º da Lei nº 11.952, de 25 de junho de 2009, para fins de regularização fundiária, atendidos os requisitos legais;

i) legitimação de posse de que trata o art. 29 da Lei nº 6.383, de 7 de dezembro de 1976, mediante iniciativa e deliberação dos órgãos da Administração Pública competentes;

j) legitimação fundiária e a legitimação de posse de que trata a Lei nº 13.465, de 11 de julho de 2017;

Atenção! Para a venda de bens imóveis, será concedido direito de preferência ao licitante que, submetendo-se a todas as regras do edital, comprove a ocupação do imóvel objeto da licitação, conforme prevê o art. 77 da Lei nº 14.133/2021.

B) Móveis:

1) licitação na modalidade leilão, dispensada nas seguintes hipóteses:

a) doação, permitida exclusivamente para fins e uso de interesse social, após avaliação de oportunidade e conveniência socioeconômica em relação à escolha de outra forma de alienação;

b) permuta, permitida exclusivamente entre órgãos ou entidades da Administração Pública;

c) venda de ações, que poderão ser negociadas em bolsa, observada a legislação específica;

d) venda de títulos, observada a legislação pertinente;

e) venda de bens produzidos ou comercializados por entidades da Administração Pública, em virtude de suas finalidades;

f) venda de materiais e equipamentos sem utilização previsível por quem deles dispõe para outros órgãos ou entidades da Administração Pública.

6. USO PRIVATIVO DE BEM PÚBLICO

6.1. Autorização de uso

A autorização de uso de bem público é um ato administrativo unilateral, discricionário, praticado a título precário, que visa atender a interesse predominantemente privado.

É um ato unilateral, afinal há exteriorização da vontade apenas do Poder Público. É discricionário porque haverá a valoração sobre a conveniência e a oportunidade na concessão do ato. Trata-se de ato precário porque a Administração poderá revogar a autorização se sobrevierem razões para tanto e não haverá direito de indenização.

A autorização, em regra, não deve ser conferida com prazo determinado. Contudo, é possível que a ela seja praticada por prazo certo. Quando assim for praticada, a autorização perde o caráter de precariedade e sua revogação ensejará o direito de indenização.

A autorização de uso de bem público prescinde de licitação e de lei para o deferimento.

Ex.: fechamento de ruas para comemorações; utilização de uma área para estacionamento.

6.1.1. Autorização de uso para fins urbanísticos

A autorização de uso para fins urbanísticos é regulada pela Medida Provisória nº 2.220/2001. De acordo com o art. 9º, é facultado ao Poder Público competente conceder autorização de uso àquele que, até 22 de dezembro de 2016, possuiu como seu, por cinco anos, ininterruptamente e sem oposição, até duzentos e cinquenta metros quadrados de imóvel público situado em área com características e finalidade urbanas para fins comerciais.

O § 1º estabelece que essa autorização de uso será conferida de forma gratuita. Ademais, o § 2º afirma que o possuidor pode, para o fim de contar o prazo exigido, acrescentar sua posse à de seu antecessor, contanto que ambas sejam contínuas.

6.2. Permissão de uso

A permissão de uso de bem público é um ato administrativo unilateral, discricionário, praticado a título precário, atendendo, ao mesmo tempo, a interesses público e privado.

A permissão e a autorização de uso são institutos semelhantes. O que diferencia um de outro é o interesse em jogo. Na permissão de uso, há uma igualdade dos interesses público e privado.

A permissão, em regra, não deve ser conferida com prazo determinado. Contudo, é possível que a ela seja praticada por prazo certo. Quando assim for praticada, a autorização perde o caráter de precariedade e sua revogação ensejará o direito de indenização.

O ato de permissão é um ato personalíssimo ou *intuito personae*, razão pela qual sua transferência a terceiros só se legitima quando há consentimento da entidade que conferiu a permissão. Dessa forma, o que há, na verdade, é a prática de um novo ato administrativo.

Com relação à licitação, a permissão de uso pode ensejar que esta aconteça, quando houver mais de um interessado na utilização do bem, evitando-se, assim, favorecimentos ou preterições ilegítimas. Nesse sentido, a Lei nº 14.133/2021, em seu art. 2º, IV, afirma a aplicação da lei para casos de permissão de uso de bem público.

Todavia, em alguns casos a licitação será inexigível, como a permissão de uso de calçada em frente a um bar.

Ex.: feiras de artesanatos em praças públicas; vestiários públicos, mesas e cadeiras em calçadas; bancas de jornal.

6.3. Concessão de uso

A concessão de uso de bem público não é ato administrativo. Na verdade, está-se diante de um contrato administrativo. Portanto, a concessão possui o caráter da bilateralidade. A concessão de uso pode ser gratuita ou onerosa.

Ela deve ser realizada para atividades de maior vulto, em que o concessionário "assume obrigações perante terceiros e encargos financeiros elevados, que somente se justificam se ele for beneficiado com a fixação de prazos mais prolongados, que assegurem um mínimo de estabilidade no exercício da atividade".[5]

Em relação à licitação, por ser contrato administrativo, a concessão necessita da realização de um procedimento licitatório, conforme dispõe o art. 2º, IV, da Lei nº 14.133/2021.

6.4. Cessão de uso

É a transferência da posse de bens entre órgãos ou entidades públicas, gratuitamente. Depende de autorização legal e formaliza-se por meio de simples termo ou anotação cadastral. Como não opera a transferência da propriedade, prescinde de registro imobiliário. A cessão pode ser gratuita ou sob condições.

6.5. Concessão de direito real de uso ou domínio pleno

Esse instituto foi criado pelo Decreto-lei nº 271/1967, segundo o qual, nos termos do art. 7º, seria a transferência a particular, pela Administração, da posse de imóvel público para ser por ele utilizado ou explorado em fins específicos de urbanização, industrialização, edificação, cultivo ou qualquer outra exploração de interesse social.

Trata-se, assim, de um contrato administrativo, direito real resolúvel, transferível pelo particular por ato *inter vivos* ou *causa mortis*, a título gratuito ou oneroso. É o contrato pelo qual a Administração transfere, como direito real resolúvel, o uso remunerado ou gratuito de terreno público ou do espaço aéreo que o recobre, para que seja utilizado com fins específicos por tempo certo ou por prazo indeterminado.

Só em caso de desvirtuamento da finalidade da concessão o imóvel reverterá à Administração Pública. Do contrário, poderá ficar eternamente com o particular, seus cessionários ou sucessores.

Importante o entendimento do STJ que estabelece que se aplica o prazo prescricional de 10 anos, nos termos do art. 205 do Código Civil/2002, na cobrança de taxa

5 DI PIETRO, Maria Sylvia Zanella. *Direito Administrativo*. 25. ed. São Paulo: Atlas, 2012. p. 391.

de ocupação do particular no contrato administrativo de concessão de direito real de uso para a utilização privativa de bem público,[6] não se aplicando o prazo quinquenal do art. 1º do Decreto nº 20.910/1932, por possuir o instituto natureza de direito real.

Ademais, de acordo com a corte cidadã, a prestação pecuniária pactuada em contrato de concessão de direito real uso não possui natureza tributária, pois não está atrelada a uma atividade administrativa específica decorrente do poder de polícia, tampouco se refere à prestação de serviços públicos pela iniciativa privada, por meio de concessão e permissão, razão pela qual não se enquadra como taxa nem preço público.[7] Assim, de acordo com o STJ, a remuneração (taxa de ocupação) cobrada do particular no contrato administrativo de concessão de direito real de uso, para a utilização privativa de bem público, possui natureza jurídica de receita patrimonial.

6.6. Concessão de uso especial para fins de moradia

Trata-se de situação prevista na Medida Provisória nº 2.220/2001. Pelo art. 1º, aquele que, até 22 de dezembro de 2016, possuiu como seu, por **cinco anos, ininterruptamente e sem oposição, até duzentos e cinquenta metros quadrados de imóvel público situado em área com características e finalidade urbanas**, e que o utilize para sua moradia ou de sua família, tem o direito à **concessão de uso especial para fins de moradia** em relação ao bem objeto da posse, desde que não seja proprietário ou concessionário, a qualquer título, de outro imóvel urbano ou rural.

Nesse sentido, o § 1º estabelece que essa concessão será conferida de forma gratuita ao homem ou à mulher, ou a ambos, independentemente do estado civil. Por sua vez, o § 2º afirma que esse direito não será reconhecido ao mesmo concessionário mais de uma vez. Ademais, o § 3º apregoa que o herdeiro legítimo continua, de pleno direito, na posse de seu antecessor, desde que já resida no imóvel por ocasião da abertura da sucessão.

Atente-se que essa concessão consiste em **ato vinculado**.

O art. 2º da citada medida provisória ainda estabelece que, em relação a esses imóveis referidos no art. 1º, **com mais de duzentos e cinquenta metros quadrados, ocupados até 22 de dezembro de 2016, por população de baixa renda para sua moradia, por cinco anos, ininterruptamente e sem oposição**, cuja área total dividida pelo número de possuidores seja inferior a duzentos e cinquenta metros quadrados por possuidor, **a concessão de uso especial para fins de moradia será conferida de forma coletiva**, desde que os possuidores não sejam proprietários ou concessionários, a qualquer título, de outro imóvel urbano ou rural.

Nesse sentido, o § 1º estabelece que o possuidor pode, para o fim de contar o prazo exigido, acrescentar sua posse à de seu antecessor, contanto que ambas sejam contínuas.

---

[6] REsp 1.675.985-DF, Primeira Turma, Rel. Min. Gurgel de Faria, por maioria, j. 15.12.2022, *DJe* 31.01.2023.

[7] REsp. 1.601.386/DF, Rel. Min. Sérgio Kukina, *DJe* 17.03.2017.

Ademais, o § 2º afirma que, nessa concessão de uso especial, será atribuída igual fração ideal de terreno a cada possuidor, independentemente da dimensão do terreno que cada um ocupe, salvo hipótese de acordo escrito entre os ocupantes, estabelecendo frações ideais diferenciadas. Por fim, o § 3º estabelece que a fração ideal atribuída a cada possuidor não poderá ser superior a duzentos e cinquenta metros quadrados.

Ainda, o art. 3º garante a opção de exercer os direitos de que tratam os arts. 1º e 2º também aos ocupantes, regularmente inscritos, de imóveis públicos, com até duzentos e cinquenta metros quadrados, da União, dos estados, do Distrito Federal e dos municípios, que estejam situados em área urbano.

O art. 4º, por seu turno, estabelece que, no caso de a ocupação acarretar risco à vida ou à saúde dos ocupantes, o Poder Público garantirá ao possuidor o exercício do direito em outro local.

O art. 5º permite ao Poder Público assegurar o exercício do direito em outro local na hipótese de ocupação de imóvel: (i) de uso comum do povo; (ii) destinado a projeto de urbanização; (iii) de interesse da defesa nacional, da preservação ambiental e da proteção dos ecossistemas naturais; (iv) reservado à construção de represas e obras congêneres; ou (v) situado em via de comunicação.

Nos termos do art. 6º, o título de concessão de uso especial para fins de moradia será obtido pela via administrativa perante o órgão competente da Administração Pública ou, em caso de recusa ou omissão deste, pela via judicial. O § 1º estabelece que a Administração Pública terá o prazo máximo de doze meses para decidir o pedido, contado da data de seu protocolo, de modo que o § 2º afirma que, na hipótese de bem imóvel da União ou dos Estados, o interessado deverá instruir o requerimento de concessão de uso especial para fins de moradia com certidão expedida pelo Poder Público municipal, que ateste a localização do imóvel em área urbana e a sua destinação para moradia do ocupante ou de sua família.

Por sua vez, o § 3º apregoa que, em caso de ação judicial, a concessão de uso especial para fins de moradia será declarada pelo juiz, mediante sentença, de modo que o título conferido por via administrativa ou por sentença judicial servirá para efeito de registro no cartório de registro de imóveis, conforme dispõe o § 4º.

Já o art. 7º estabelece que o direito de concessão de uso especial para fins de moradia é transferível por ato *inter vivos* ou *causa mortis*.

Por fim, o art. 8º prevê que o direito à concessão de uso especial para fins de moradia extingue-se no caso de:

I. o concessionário dar ao imóvel destinação diversa da moradia para si ou para sua família; ou

II. o concessionário adquirir a propriedade ou a concessão de uso de outro imóvel urbano ou rural.

A extinção será averbada no cartório de registro de imóveis, por meio de declaração do Poder Público concedente.

7. OCUPAÇÃO INDEVIDA DE BENS PÚBLICOS

O Superior Tribunal de Justiça tem entendimento pacificado de que não há que se falar em posse na ocupação irregular de bens públicos. Trata-se da sua Súmula nº 619, que afirma que a ocupação indevida de bem público configura mera detenção, de natureza precária, insuscetível de retenção ou indenização por acessões e benfeitorias.

Pelo fato de não haver posse, não há que se falar em direito à indenização por benfeitorias nem em direito de retenção. Ademais, caso o ocupante irregular do bem público realize construções no imóvel, não haveria enriquecimento ilícito do Estado. Isso porque a construção realizada é voltada para atender a interesses particulares, e não para atender a interesse público. De acordo com o STJ, não há que se falar em boa-fé do detentor.

Caso admitisse posse na ocupação irregular de bens públicos, haveria um estímulo à invasão de propriedades públicas, o que violaria os princípios da supremacia do interesse público sobre o privado e da indisponibilidade do interesse público.

Por outro lado, conforme o STJ, é possível que o particular invasor de terras públicas se valha das ações possessórias contra outro particular. Para a corte cidadã, ainda que a posse não possa ser oposta ao ente público senhor da propriedade do bem, ela pode ser oposta contra outros particulares, tornando admissíveis as ações possessórias entre invasores.[8]

Ademais, nos termos do Enunciado nº 2 do CJF, o administrador público está autorizado por lei a valer-se do desforço imediato sem necessidade de autorização judicial, solicitando, se necessário, força policial, contanto que o faça preventivamente ou logo após a invasão ou a ocupação de imóvel público de uso especial, comum ou dominical, e não vá além do indispensável à manutenção ou à restituição da posse (art. 37 da Constituição Federal; art. 1.210, § 1º, do Código Civil; art. 79, § 2º, do Decreto-lei nº 9.760/1946; e art. 11 da Lei nº 9.636/1998).

A possibilidade do uso do desforço imediato decorre da autoexecutoriedade dos atos administrativos, bem como do poder de autotutela da Administração.

8. AQUISIÇÃO DE BENS PÚBLICOS

O tópico aquisição de bens públicos deve ser entendido como bens privados adquiridos pelas pessoas jurídicas de direito público, de modo que os bens passem a ser qualificados como bens públicos.

8.1. Contratos

Como qualquer particular, o Estado pode celebrar contratos visando adquirir bens, uma vez que as entidades públicas são dotadas de personalidade jurídica, com aptidão para adquirir direitos e contrair obrigações.

---

8 REsp 1.484.304/DF, Terceira Turma, Rel. Min. Moura Ribeiro, j. 10.03.2016, *DJe* 15.03.2016.

Dessa forma, o Poder Público, como adquirente, pode firmar contratos de compra e venda, de doação,[9] de dação em pagamento[10] e de permuta.

8.2. Usucapião

É perfeitamente possível que a União, os estados, o Distrito Federal, os municípios, as autarquias e as fundações adquiram um bem por meio da usucapião. Para isso, essas pessoas devem observar os requisitos legais exigidos para usucapir um bem. Trata-se, assim, de uma forma de aquisição originária.

8.3. Desapropriação

A desapropriação é, em regra, promovida pelas pessoas de direito público, de modo que a perda da propriedade pelo particular retrata a aquisição pelo expropriante (Poder Público). Assim posto, os bens desapropriados transformam-se em bens públicos tão logo ingressem no patrimônio do expropriante. Trata-se também de uma forma de aquisição originária.

8.4. Aquisição *causa mortis*

Caso o particular faleça e não sobrevivendo cônjuge, companheiro ou algum parente sucessível, ou havendo renúncia por parte dos herdeiros, a herança se devolve ao MUNICÍPIO ou ao DISTRITO FEDERAL, se localizada em seus respectivos territórios, ou à UNIÃO, se localizada em território federal.

Observe que o estado não figura como adquirente desses bens, caso não haja herdeiros para os bens. Contudo, nada impede que uma pessoa, via testamento, deixe para um estado um de seus bens.

8.5. Arrematação

A arrematação é o meio de aquisição de bens mediante a alienação de bem penhorado, em processo de execução, em praça ou leilão judicial.

9. BENS PÚBLICOS EM ESPÉCIE

9.1. Terras devolutas

As terras devolutas são as áreas que integram o patrimônio da União, do estado, do Distrito Federal ou do município, não sendo utilizadas para quaisquer finalidades públicas específicas. São áreas sem utilização, nas quais não se desempenha qualquer

[9] Nada impede que uma entidade privada faça uma doação de bens à União, aos estados e aos municípios.

[10] Também é possível que um contribuinte de tributos municipais celebre com o Estado um contrato de dação em pagamento, no qual haverá a mudança do objeto da prestação.

serviço administrativo, não tendo serventia para uso pelo Poder Público. Dessa forma, pode-se dizer que elas são consideradas bens dominicais. Todavia, as terras devolutas necessárias à defesa das fronteiras, das fortificações e construções militares das vias federais de comunicação e à preservação do meio ambiente são consideradas bens de uso especial.

A expressão devoluta é utilizada para descrever bens que foram adquiridos por devolução, para aqueles bens que estivessem vagos ou desocupados. Em uma contextualização, que remete ao período de colonização do solo brasileiro, todas as terras do território nacional pertenciam à Coroa Portuguesa, que as obteve de forma originária, decorrente do direito de conquista em vigor na época.

Posteriormente, muitas dessas áreas foram transferidas a particulares, nos termos do sistema de capitanias hereditárias. A Lei Imperial nº 601, de 1850, instituiu as terras devolutas, determinando que a sua alienação ocorresse por meio de venda, e não mais por doação. Organizaram-se as terras públicas e privadas, definindo-se que todas as terras sem título de propriedade particular são de domínio público. Outro ponto fixado foi a necessidade de devolução ao patrimônio público das terras cedidas aos particulares que não foram cultivadas.

Atualmente, de acordo com a CR/1988, as terras devolutas, em regra, pertencem aos estados, consoante o art. 26, IV, da CR/1988. Contudo, algumas terras devolutas irão integrar o patrimônio da União. Conforme o art. 20, II, da CR/1988, as terras devolutas indispensáveis à defesa das fronteiras, das fortificações e construções militares, das vias federais de comunicação e à preservação ambiental pertencerão à União.

Importante pontuar a Súmula nº 477 do STF, segundo a qual as concessões de terras devolutas situadas na faixa de fronteira, feitas pelos Estados, autorizam, apenas, o uso, permanecendo o domínio com a União, ainda que se mantenha inerte ou tolerante, em relação aos possuidores.

9.2. Terrenos de marinha

Os terrenos de marinha são as áreas que, banhadas pelas águas do mar ou dos rios navegáveis, em sua foz, se estendem à distância de 33 metros para a área terrestre, contados da linha do preamar médio de 1831, data essa que decorreu do Aviso Imperial de 1833.

O conceito legal está previsto no art. 2º do Decreto-lei nº 9.760/1946, segundo o qual são terrenos de marinha, em uma profundidade de 33 metros, medidos horizontalmente, para a parte da terra, da posição da linha do preamar-médio de 1831: (a) os situados no continente, na costa marítima e nas margens dos rios e lagoas, até onde se faça sentir a influência das marés; (b) os que contornam as ilhas situadas em zona onde se faça sentir a influência das marés.

De acordo com o art. 20, VII, da CR/1988, os terrenos de marinha pertencem à União.

Observe que algumas áreas dos terrenos de marinha se tornaram urbanizáveis por concordância do Governo Federal, passando a ser permitido o uso privado. O uso dessas áreas passou a ser admitido pelo regime da enfiteuse, na qual a União transfere o domínio útil ao particular, tendo este a obrigação de pagar anualmente a importância do FORO ou PENSÃO. Ademais, o particular também deve pagar, no momento da transferência do domínio útil, o LAUDÊMIO.

Importante ainda o entendimento da Súmula nº 496 do STJ, a qual estabelece que os registros de propriedade particular de imóveis situados em terrenos de marinha não são oponíveis à União.

9.3. Terras indígenas

De acordo com o art. 231, § 1º, da CR/1988, são terras tradicionalmente ocupadas pelos índios as por eles habitadas em caráter permanente, as utilizadas para suas atividades produtivas, as imprescindíveis à preservação dos recursos ambientais necessários a seu bem-estar e as necessárias a sua reprodução física e cultural, segundo seus usos, costumes e tradições.

Conforme o art. 20, XI, da Constituição Federal, as terras indígenas pertencem à União. Contudo, são ocupadas pelos povos indígenas e destinam-se à sua posse permanente, com o usufruto exclusivo das riquezas do solo, dos rios e dos lagos nelas existentes, consoante o art. 231, § 2º, da mesma Carta Magna.

Dessa maneira, as terras indígenas são consideradas um bem público com uma afetação específica a uma atividade de finalidade pública, ou seja, a proteção de uma categoria social. Por esse motivo, são classificadas como bens de uso especial.

Importante é o entendimento do STF acerca do marco temporal para definir o que seriam terras indígenas. Para tanto, será necessário enfrentar o RE nº 1.017.365/SC[11], que marca uma mudança de entendimento do STF sobre o tema. A Corte conclui pela inaplicabilidade da teoria do fato indígena e pela prevalência da teoria do indigenato, segundo a qual a posse dos indígenas sobre as terras configura um direito próprio dos povos originários e cuja tradicionalidade da ocupação deve ser considerada conforme os parâmetros expressamente previstos no texto constitucional, conforme dispõe o art. 231, §§ 1º e 2º, da CR/1988.

Nesse julgado, o STF entende que o processo de demarcação de terras indígenas é um **procedimento essencial e declaratório** que visa reconhecer o **direito originário** dos povos indígenas às terras que tradicionalmente ocupam. Este direito, firmado na Constituição Federal de 1988, transcende a mera posse civil, abrangendo a ocupação permanente, as áreas utilizadas para atividades produtivas, as essenciais à preservação dos recursos ambientais necessários ao bem-estar indígena e as fundamentais para sua reprodução física e cultural. Este conjunto de direitos está enraizado nos usos, costumes e tradições indígenas, conforme delineado pelo art. 231 da Constituição.

A proteção constitucional conferida aos povos indígenas sobre suas terras **não está condicionada a um marco temporal específico**, tal como a data de promulgação da Constituição em 5 de outubro de 1988, **nem à existência de um conflito físico ou**

---

[11] RE 1.017.365/SC, Rel. Min. Edson Fachin, julgamento finalizado em 27.09.2023.

disputa judicial persistente até essa data. Caso haja evidência de ocupação tradicional ou de esbulho renitente no momento da promulgação da Constituição, as benfeitorias realizadas nessas terras podem ser objeto de indenização, respeitando-se o princípio da utilidade e necessidade, conforme estabelecido pelo § 6º do art. 231 da CF.

Nos casos em que **não se verifica a ocupação tradicional ou esbulho renitente na data da promulgação da Constituição**, mantêm-se a validade e eficácia dos atos jurídicos perfeitos, garantindo-se ao particular o direito à indenização pelas benfeitorias necessárias e úteis. Quando o reassentamento dos ocupantes não indígenas for inviável, estes poderão ser indenizados pela União, com possibilidade de regresso contra o ente federativo responsável pela titulação da área.

Não cabe indenização em situações nas quais as terras indígenas já foram reconhecidas e declaradas por meio de procedimento demarcatório, salvo em casos ainda *sub judice*. Ademais, a União tem o dever de realizar a demarcação das terras indígenas, podendo-se criar áreas reservadas apenas quando não for possível efetivar a demarcação conforme a ordem constitucional, sempre ouvindo a comunidade indígena envolvida e buscando a autocomposição entre os entes federativos.

A possibilidade de revisão do procedimento demarcatório é admitida em casos de comprovada existência de grave erro que afete a definição dos limites das terras indígenas, devendo tal pedido ser apresentado dentro de cinco anos da demarcação anterior. O laudo antropológico, conforme previsto pelo Decreto nº 1.775/1996, é fundamental para atestar a tradicionalidade da ocupação por uma determinada comunidade indígena.

As terras ocupadas tradicionalmente pelos indígenas são de sua posse permanente, e estes têm o direito exclusivo ao usufruto das riquezas do solo, dos rios e lagos nelas presentes. Além disso, **essas terras, sendo públicas, são inalienáveis, indisponíveis e os direitos sobre elas são imprescritíveis**. A ocupação tradicional indígena harmoniza-se com a proteção constitucional do meio ambiente, assegurando-se aos povos indígenas a prática de suas atividades tradicionais. Finalmente, os povos indígenas são reconhecidos como detentores de capacidade civil e postulatória, podendo figurar como partes legítimas em processos que afetem seus interesses, sem prejuízo da atuação da Fundação Nacional do Índio (Funai) e da intervenção do Ministério Público como fiscal da lei.

9.4. Terrenos marginais

Conforme definição do art. 14 do Código de Águas – Decreto nº 24.643/1934 e do art. 4º do Decreto-lei nº 9.760/1946, os terrenos marginais ou reservados são aqueles que estão localizados às margens de correntes navegáveis, fora do alcance das marés, e se estendem até a distância de 15 metros a partir do ponto médio das enchentes ordinárias.

Tradicionalmente, entende-se que esses terrenos pertencem aos estados, como estabelecido no art. 31 do Código de Águas, exceto se houver algum título que os integrem ao domínio federal, municipal ou particular.

É importante destacar a Súmula nº 479 do STF, que estabelece que as margens dos rios navegáveis são consideradas de domínio público e não podem ser objeto de expropriação ou indenização.

9.5. Ilhas

As ilhas são porções de terra que emergem acima do nível das águas e podem ser classificadas em diferentes categorias, tais como: ilhas marítimas, que se dividem em ilhas marítimas costeiras, que surgem no relevo da plataforma continental, e ilhas marítimas oceânicas, que ficam distantes da costa; ilhas fluviais, que estão situadas em rios; e ilhas lacustres, que se localizam em lagos.

Conforme o art. 25 do Decreto nº 24.643/1934, conhecido como Código de Águas, as ilhas são consideradas bens dominicais, a não ser que sejam afetadas por alguma utilidade pública específica.

De acordo com o art. 20, IV, da Constituição Federal, as ilhas marítimas, oceânicas ou costeiras, são de propriedade da União. Contudo, as áreas das ilhas oceânicas e costeiras que não estão sob a propriedade da União, dos municípios ou de terceiros pertencem aos estados.

Ademais, as ilhas oceânicas que abrigam a sede do município pertencem a este último, desde que as áreas correspondentes não estejam destinadas ao serviço público ou à unidade ambiental federal.

É importante destacar que, mesmo nas ilhas oceânicas que abrigam a sede do município, os terrenos de marinha ainda são de propriedade da União, conforme o art. 20, IV, da Constituição Federal. Essa questão foi reafirmada no julgamento do Recurso Extraordinário 636.199/ES, de relatoria da Ministra Rosa Weber.

As ilhas fluviais e lacustres, de maneira geral, são de propriedade dos Estados, conforme o art. 26, III, da Constituição Federal. Todavia, há situações em que essas ilhas pertencem à União, por exemplo, quando estão em uma zona limítrofe com outros países, nos termos do art. 20, IV, da Constituição, ou quando estão localizadas em águas de domínio da União, como os rios que atravessam mais de um Estado ou marcam a fronteira com nações estrangeiras, de acordo com o art. 20, III, da Constituição.

Ademais, é possível que as ilhas sejam total ou parcialmente propriedade de particulares, desde que tenham sido transferidas de forma legítima.

9.6. Plataforma continental

A plataforma continental é a porção de terras submersas que se estende até uma profundidade aproximada de 200 metros e é considerada uma extensão natural do território continental. Além disso, é uma importante fonte de recursos naturais, como petróleo, gás, minerais e pescado.

Conforme o art. 20, V, da CR/1988, os recursos naturais presentes na plataforma continental e na zona econômica exclusiva são considerados bens públicos integrantes do patrimônio da União. Isso significa que esses recursos devem ser explorados de forma sustentável, respeitando os interesses da sociedade e do meio ambiente.

Cabe ressaltar que a zona econômica exclusiva é uma área que se estende até 200 milhas náuticas a partir das linhas de base que definem a extensão do mar territorial do país. Nessa área, o Brasil tem o direito exclusivo de explorar, aproveitar e administrar os recursos naturais, além de exercer a fiscalização e o controle das atividades econômicas e ambientais.

Dessa forma, a plataforma continental e a zona econômica exclusiva são de grande importância para o desenvolvimento econômico e sustentável do país, devendo ser preservadas e utilizadas de forma responsável e consciente.

9.7. Faixa de fronteira

A faixa de fronteira é uma região estratégica para a proteção do território nacional, e sua largura pode chegar a até 150 km ao longo das fronteiras terrestres. Conforme estabelecido no art. 20, § 2º, da Constituição Federal de 1988, a faixa de fronteira é composta de bens públicos e privados.

No que se refere às terras devolutas, que são aquelas que não possuem proprietário ou que foram abandonadas, é importante ressaltar que a propriedade é da União, conforme estabelecido no art. 20, II, da Constituição Federal. Essas terras são consideradas indispensáveis à defesa das fronteiras e, portanto, são de responsabilidade da União, que tem a obrigação de mantê-las sob sua guarda e proteção.

Já em relação aos bens privados localizados na faixa de fronteira, como propriedades rurais e urbanas, sua ocupação e utilização estão sujeitas a restrições estabelecidas pela legislação. A Lei nº 6.634/1979 estabelece as normas gerais para a ocupação e utilização da faixa de fronteira, que incluem a exigência de autorização prévia para construções, instalações ou quaisquer outras atividades que possam afetar a segurança nacional.

Além disso, é importante ressaltar que a ocupação e a utilização de bens privados na faixa de fronteira também estão sujeitas à fiscalização e ao controle por parte das autoridades competentes, como as Forças Armadas e a Polícia Federal. A finalidade é garantir a segurança e a soberania nacional, bem como a proteção dos recursos naturais e do meio ambiente na região de fronteira.

9.8. Domínio hídrico

As águas públicas incluem mares, rios, lagos e outras correntes de água que integram o domínio público, sendo, portanto, classificados como bens públicos. No ordenamento jurídico brasileiro, a titularidade desses bens é determinada pela Constituição Federal de 1988, que estabelece a repartição de competências entre os entes federativos, delimitando os bens de domínio da União, dos Estados e, subsidiariamente, dos Municípios.

Nos termos do art. 20 da Constituição Federal, são considerados bens de domínio da União:

a) O mar territorial, conforme previsto no inciso VI do art. 20, que abrange a faixa marítima ao longo da costa brasileira, até o limite de 12 milhas náuticas, conforme estabelecido pelo Direito Internacional e incorporado ao direito interno.

b) Os lagos, rios e quaisquer correntes de água situados em terrenos de seu domínio, ou que, nos termos do inciso III do art. 20, apresentem uma das seguintes características:

i. Banhem mais de um Estado, o que lhes confere caráter interestadual, exigindo, portanto, gestão integrada e harmoniosa entre as unidades federativas envolvidas;

ii. Sirvam de limite com outros países, o que os insere na competência exclusiva da União, tendo em vista a necessidade de preservar a soberania nacional e as relações internacionais;

iii. Se estendam a território estrangeiro ou dele provenham, incluindo, além do curso d'água principal, os terrenos marginais, as praias fluviais e as áreas de preservação permanente associadas, que possuem regime jurídico especial voltado à proteção ambiental e ao uso sustentável.

Por outro lado, o art. 26, inciso I, da Constituição Federal atribui aos Estados a propriedade das águas superficiais ou subterrâneas, fluentes, emergentes e em depósito, exceto aquelas decorrentes de obras da União. Essas águas são administradas pelos Estados dentro dos limites de sua competência territorial e regulatória, sempre em observância às diretrizes gerais estabelecidas pela União e ao princípio da gestão integrada dos recursos hídricos, que visa à utilização racional e à conservação das águas, conforme preceitos da Lei nº 9.433/1997, que institui a Política Nacional de Recursos Hídricos.

9.9. Espaço aéreo

O espaço aéreo é definido como a faixa de ar que se estende sobre o território terrestre e hídrico de um país. A Constituição Federal, em seu art. 22, inciso X, confere à União a competência exclusiva para legislar sobre a utilização desse espaço, o que inclui a regulamentação de atividades aéreas e a delimitação dos direitos e deveres relacionados à navegação aérea.

No entanto, a titularidade do espaço aéreo não é exclusivamente pública. De acordo com o art. 1.229 do Código Civil, a propriedade do solo abrange o espaço aéreo correspondente, o que significa que este pode ser de domínio público ou privado, a depender da titularidade do terreno subjacente. Assim, o proprietário de um terreno detém direitos sobre a coluna de ar situada diretamente acima de sua propriedade, podendo exercer esses direitos dentro dos limites estabelecidos pela legislação vigente, que visa conciliar os interesses públicos e privados na utilização do espaço aéreo.

Essa dualidade na titularidade do espaço aéreo reflete a necessidade de equilibrar os direitos individuais de propriedade com os interesses coletivos de segurança e ordenamento do tráfego aéreo. Consequentemente, a legislação brasileira estabelece que, embora o proprietário do solo possa ter direitos sobre o espaço aéreo correspondente, esses direitos estão sujeitos a restrições legais destinadas a assegurar o uso seguro e eficiente do espaço aéreo como um todo.

QUESTÕES DE CONCURSO

1. FGV – 2022 – PGE-SC – Procurador do Estado (adaptada)

João e sua companheira Maria ocupam, irregularmente, há vinte anos, terreno que, de acordo com a matrícula imobiliária, é de propriedade do Estado de Santa Catarina, no qual ergueram a casa em que residem e uma edícula, onde se dedicam à atividade de bar e restaurante.

De acordo com a jurisprudência do Superior Tribunal de Justiça, João e Maria adquiriram o terreno por usucapião.

Comentário: Segundo o STF, não se admite usucapião de bem público. Nesse sentido está a Súmula nº 340 do STF, conforme a qual, desde a vigência do Código Civil, os bens dominicais, como os demais bens públicos, não podem ser adquiridos por usucapião.

2. FGV – 2022 – PGE-SC – Procurador do Estado

João e sua companheira Maria ocupam, irregularmente, há vinte anos, terreno que, de acordo com a matrícula imobiliária, é de propriedade do Estado de Santa Catarina, no qual ergueram a casa em que residem e uma edícula, onde se dedicam à atividade de bar e restaurante.

De acordo com a jurisprudência do Superior Tribunal de Justiça:

A) João e Maria adquiriram o terreno por usucapião.

B) João e Maria têm direito a justa e prévia indenização.

C) o terreno e suas acessões e construções compõem bem de família, de modo que João e Maria não podem ser dele desapossados.

D) João e Maria não têm direito à indenização pelas acessões e benfeitorias realizadas no terreno, dada a natureza precária da ocupação.

E) João e Maria têm direito à indenização pela casa, que é bem de família, mas não da edícula, que se destina a uma atividade comercial.

Comentário: Trata-se da aplicação da Súmula nº 619 do STJ, segundo a qual a ocupação indevida de bem público configura mera detenção, de natureza precária, insuscetível de retenção ou indenização por acessões e benfeitorias.

3. TRF – 2022 – TRF – 3ª Região – Juiz Substituto

Leia atentamente as assertivas abaixo sobre bens públicos e assinale a alternativa CORRETA:

I. Sendo os bens de uso comum destinados à utilização de todos, o Poder Público não pode impor qualquer tipo de ônus para sua utilização.

II. As terras tradicionalmente ocupadas pelos índios são bens públicos de domínio da União afetadas ao Estado-membro a que pertencem.

III. As repartições públicas e universidades públicas são bens de uso especial.

A) As assertivas I e III estão corretas.

B) As assertivas I e II estão erradas.

C) As assertivas I, II e III estão corretas.

D) As assertivas I e III estão erradas.

Comentário: I. A utilização dos bens públicos de uso comum do povo pode ser gratuita ou onerosa, conforme estabelecido legalmente pela entidade responsável por sua administração. Por exemplo, a cobrança de pedágio em rodovias é uma forma de retribuição pelo uso desses bens.

De acordo com o art. 103 do Código Civil, o uso comum dos bens públicos pode ser gratuito ou retribuído, conforme for estabelecido legalmente pela entidade a cuja administração pertencerem.

II. O item está correto. Segundo o art. 20, XI, da Constituição Federal, as terras tradicionalmente ocupadas pelos índios são bens da União.

III. Os bens de uso especial são aqueles destinados à prestação dos serviços públicos e, portanto, são afetados ao uso público. Edifícios de repartições públicas, universidades públicas e hospitais são exemplos de bens de uso especial.

4. TRF – 4ª Região – 2022 – Juiz Federal Substituto

Assinale a alternativa CORRETA. A respeito dos bens públicos

A) as ruas, as praças e as estradas são bens de uso especial.

B) são características dos bens públicos a imprescritibilidade, a inalienabilidade e a penhorabilidade.

C) os bens de uso especial submetem-se a regime próprio, de direito privado.

D) os bens dominicais podem ser alienados, observadas as exigências legais.

E) os terrenos de marinha pertencem à União e são considerados bens públicos de uso comum.

Comentário: A) Incorreta. O art. 99 do Código Civil define os bens públicos, que incluem os de uso comum do povo, como rios, mares, estradas, ruas e praças.

B) Incorreta. As características dos bens públicos incluem: imprescritibilidade, ou seja, eles não estão sujeitos à usucapião, conforme previsto no art. 102 do CC; inalienabilidade como regra geral, sendo os bens de uso comum do povo e os de uso especial inalienáveis, na forma que a lei determinar, de acordo com o art. 100 do CC; e impenhorabilidade, que é garantida pela Constituição Federal, no art. 100, impedindo que os créditos devidos pelas Fazendas Públicas sejam designados para casos ou pessoas específicas.

C) Incorreta. Além dos bens de uso comum do povo, o art. 99 do CC também define os bens de uso especial, que são edifícios ou terrenos destinados a serviços ou estabelecimentos da Administração Pública, incluindo autarquias.

D) Correta. Os bens públicos dominicais, que constituem o patrimônio das pessoas jurídicas de direito público, podem ser alienados, observando-se as exigências da lei, conforme estabelece o art. 101 do CC.

E) Incorreta. A Constituição Federal, no art. 20, define os bens da União, incluindo os terrenos de marinha e seus acrescidos, e o art. 99 do CC também define os bens públicos dominicais como parte do patrimônio das pessoas jurídicas de direito público.

Capítulo XII
SERVIÇO PÚBLICO

1. CONCEITO

A expressão "serviço público" carrega uma definição que, historicamente, tem sido desafiadora tanto para juristas quanto para administradores públicos. Essa complexidade decorre, em grande parte, da dificuldade de delimitar precisamente quais atividades se enquadram sob este termo. Tradicionalmente, os serviços públicos são vistos como atividades distintas daquelas realizadas sob o regime de livre iniciativa, ou seja, não são meramente econômicas ou voltadas para o lucro individual, mas, sim, atividades desenvolvidas pelo Estado com o objetivo de atender necessidades da sociedade como um todo.

De forma simplificada, pode-se entender o serviço público como qualquer prestação realizada pelo Estado (ou sob sua delegação) que visa o bem-estar coletivo e não se limita ao interesse privado. Isso inclui, por exemplo, a educação, saúde, segurança e infraestrutura. Essa visão se opõe às atividades puramente comerciais, focadas no lucro e na concorrência de mercado.

Na tentativa de definir "serviço público", surgem duas abordagens principais:

1) Sentido amplo: esta visão engloba praticamente todas as atividades administrativas, incluindo não só os serviços prestados diretamente aos cidadãos, mas também funções mais amplas do Estado, como o poder de polícia, a diplomacia e as forças armadas. Contudo, essa interpretação é criticada por ser demasiadamente abrangente, misturando serviços públicos com outras funções estatais que não se enquadram na mesma categoria.
2) Sentido estrito: aqui, o foco é mais restrito, limitando-se às atividades que o Estado presta diretamente aos cidadãos para atender suas necessidades básicas e garantir seus direitos. Exemplos incluem a educação, saúde, segurança e transporte público. Esta definição exclui outras ações do Estado que, embora importantes, não se caracterizam como serviços públicos no mesmo sentido.

Atualmente, é importante ver o serviço público como uma atividade realizada por pessoas (ou estruturas humanas) dentro da Administração Pública. Esta atividade é considerada essencial e não pode ser confundida com as funções legislativa ou judiciária. Além disso, está sujeita a um conjunto específico de regras jurídicas que garantem que seja conduzida de forma a atender às necessidades coletivas.

Os serviços públicos têm um papel fundamental na concretização dos direitos fundamentais dos cidadãos. Isso porque eles não apenas atendem às necessidades básicas, como também promovem a qualidade de vida e o bem-estar da população. Por exemplo, quando o Estado fornece medicamentos, educação de qualidade ou responde a emergências, ele está atuando diretamente para garantir os direitos fundamentais de seus cidadãos.

Portanto, compreender o que são serviços públicos e como eles funcionam é crucial para entender a relação entre o Estado e a sociedade, bem como a importância desses serviços para o desenvolvimento social e a garantia dos direitos fundamentais.

De acordo com Maria Sylvia Zanella Di Pietro,[1] serviço público é "toda atividade material que a lei atribui ao Estado para que a exerça diretamente ou por meio de seus delegados, com o objetivo de satisfazer concretamente às necessidades coletivas, sob regime jurídico total ou parcialmente de direito público".

Ademais, a expressão "serviço público" é uma espécie de atividade econômica em sentido amplo, afinal tem por objetivo a circulação de bens e serviços a um consumidor final. Contudo, observe que essa expressão não se confunde com atividade econômica em sentido estrito.

2. SERVIÇO PÚBLICO E CDC

A Lei nº 8.078, de 11 de setembro de 1990, conhecida como Código de Defesa do Consumidor (CDC), encontra aplicabilidade aos serviços públicos conforme delineado pelo art. 7º da Lei nº 8.987/1995. Esta disposição legal introduz um marco na interpretação da extensão do CDC aos serviços públicos, fomentando um debate jurídico acerca de sua abrangência.

No cerne deste debate, delineiam-se três principais correntes interpretativas: **ampliativa, intermediária e restritiva**. A corrente **ampliativa** postula que o CDC deve abranger todos os serviços públicos, inclusive aqueles financiados via impostos ou contribuições, ampliando significativamente a esfera de proteção ao consumidor. Contrapondo-se, a visão **intermediária** limita a aplicação do CDC aos serviços públicos *uti singuli*, isto é, aqueles cuja remuneração se dá de forma individualizada, por meio de taxas ou tarifas, excluindo-se, assim, os serviços *uti universi*. Em contraste, a corrente restritiva confina ainda mais o alcance do CDC, restringindo sua aplicação exclusivamente aos serviços individualizados remunerados por tarifas.

A distinção entre serviços *uti singuli* e *uti universi* é crucial nesta análise, especialmente ao se considerar a natureza compulsória dos serviços *uti universi*, que são financiados por impostos ou contribuições. Tal compulsoriedade distancia esses serviços da essência das relações de consumo, as quais pressupõem uma natureza

---

[1] DI PIETRO, Maria Sylvia Zanella. *Direito Administrativo*. 25. ed. São Paulo: Atlas, 2012. p. 80.

voluntária e facultativa, fundamentada na existência de um contrato entre consumidor e fornecedor.

Ademais, a aplicabilidade do CDC a serviços públicos financiados por taxas suscita questionamentos, tendo em vista a característica tributária das taxas, diferenciando-se, portanto, do regime contratual típico das relações de consumo. Essa diferenciação sublinha a complexidade na identificação do usuário dos serviços como consumidor, em oposição à sua figura como contribuinte.

Predominantemente, no direito brasileiro, a **corrente restritiva tem sido a mais aceita**, com o entendimento do STJ restringindo a aplicação do CDC aos serviços *uti singuli* remunerados por tarifas. Esse entendimento evidencia a busca por um equilíbrio entre a proteção ao consumidor e as peculiaridades dos serviços públicos, no âmbito jurídico nacional.

Portanto, a aplicação do Código de Defesa do Consumidor aos serviços públicos é permeada por um debate teórico robusto, refletindo a necessidade de uma interpretação jurídica que harmonize os princípios de proteção ao consumidor com as especificidades e desafios inerentes à prestação de serviços públicos. Ademais, embora haja divergências doutrinárias, o Estado também pode ser considerado um consumidor em certas situações, mesmo que não se enquadre na noção de vulnerabilidade e hipossuficiência típica do conceito de consumidor. Em casos de relação de consumo, por exemplo, o Estado pode ser considerado vulnerável e hipossuficiente.

Portanto, a aplicação do CDC aos serviços públicos continua sendo objeto de debate e reflexão, mas é importante que a interpretação das teses seja feita de forma criteriosa, levando em conta os interesses das partes envolvidas.

3. CARACTERÍSTICAS

3.1. Sujeito estatal – elemento subjetivo ou orgânico

De acordo com o art. 175 da CR/1988, incumbe ao Poder Público, na forma da lei, diretamente ou sob regime de concessão ou permissão, sempre por meio de licitação, a prestação de serviços públicos.

Observe que, ainda que seja prestado por um delegado, o serviço não deixa de ser público. O Estado continua com o "poder jurídico de regulamentar, alterar e controlar o serviço".[2]

3.2. Interesse coletivo – elemento material

A prestação dos serviços públicos deve sempre alcançar o interesse da coletividade, isto é, o interesse público.

---

2 CARVALHO FILHO, José dos Santos. *Manual de Direito Administrativo*. 26. ed. rev., ampl. e atual. São Paulo: Atlas, 2013. p. 326.

3.3. Regime jurídico – elemento formal

Uma vez que o serviço é instituído pelo Poder Público e objetiva alcançar o interesse público, o regime jurídico aplicável aos serviços públicos será o direito público. Contudo, não é necessário que o regime seja integralmente público. Observe que o serviço público pode ser delegado ao particular. Nessa hipótese, algumas regras de direito privado nele incidirão. Importante dizer que as normas aplicáveis ao serviço público nunca serão integralmente privadas, de forma que sempre haverá normas de direito público sendo aplicáveis. Em outras palavras, pode-se dizer que, quando houver a delegação ao particular, haverá, na verdade, um regime jurídico híbrido, isto é, normas de direito público e privado incidindo na prestação do serviço público.

4. CLASSIFICAÇÃO

4.1. Serviços delegáveis e indelegáveis

Os serviços delegáveis são aqueles que podem ser executados pelo Estado ou também por particulares colaboradores.[3] Pode-se dar como exemplo os serviços de transporte coletivo e energia elétrica.

Por sua vez, os serviços indelegáveis são aqueles que somente serão prestados pelo Estado diretamente, por meio de seus órgãos e agentes. Pode-se dar como exemplo os serviços de defesa nacional, segurança pública.

4.2. Serviços administrativos e de utilidade pública

São serviços administrativos aqueles que o Poder Público executa para compor melhor sua organização. Têm por objetivo direto atender às necessidades internas da Administração Pública. Observe que os serviços administrativos visam beneficiar indiretamente a coletividade. Pode-se dar como exemplo os serviços da imprensa oficial.

Diferentemente, os serviços de utilidade pública são aqueles que se destinam diretamente aos indivíduos, ou seja, são serviços que visam beneficiar diretamente a coletividade. Pode-se dar como exemplo os serviços de energia elétrica, fornecimento de gás.

4.3. Serviços coletivos e singulares

Serviços coletivos (*uti universi*) são aqueles prestados a um número indeterminado de indivíduos. Em outras palavras, os serviços coletivos são aqueles em que não se consegue precisar quem são os beneficiários do serviço público, bem como não se consegue determinar a parcela do serviço usufruída pelos usuários. Ex.: iluminação pública, pavimentação de ruas.

---

[3] CARVALHO FILHO, José dos Santos. *Manual de Direito Administrativo*. 26. ed. rev., ampl. e atual. São Paulo: Atlas, 2013. p. 327.

Eles são prestados de acordo com a discricionariedade administrativa, de modo que não possuem direito subjetivo para a sua obtenção.

Ademais, os serviços coletivos serão remunerados, em regra, por impostos pagos pelos contribuintes, haja vista serem serviços indivisíveis.

De outro lado, os serviços singulares (*uti singuli*) são aqueles serviços destinados a pessoas individualizadas, sendo mensurável a utilização por cada um dos indivíduos. Ex.: energia elétrica e uso de linha telefônica.

São serviços singulares aqueles que são remunerados por tarifa (regime contratual) e por taxa (regime tributário). Exemplo desta última forma de remuneração de serviço público é a coleta domiciliar de lixo.

Os serviços singulares criam direito subjetivo para a sua prestação, caso os indivíduos se mostrem em condições técnicas de recebê-los.

Observação: taxa x tarifa:

Taxa	Tarifa
Tributo	Não é tributo
Estabelecida por lei	Estabelecida contratualmente
Utilizada por serviços compulsórios	Utilizada por serviços facultativos
Em caso de inadimplemento, não há interrupção	Em caso de inadimplemento, há interrupção do serviço

Já que a taxa é tributo e vale para serviços compulsórios, se o particular deixar de pagar, o poder público não poderá deixar de prestar o serviço e terá que realizar a cobrança judicialmente por execução fiscal.

> ***Súm. 545, STF.*** *Preços de serviços públicos e taxas não se confundem, porque estas, diferentemente daqueles, são compulsórias e têm sua cobrança condicionada à prévia autorização orçamentária, em relação à lei que as instituiu.*

4.4. Serviços próprios e impróprios

Serviços próprios são os que atendem a necessidades da sociedade, de forma que a titularidade é exclusiva do Estado e este executa esses serviços direta ou indiretamente, por meio dos delegatários de serviço público.

Por sua vez, serviços impróprios são aqueles que satisfazem necessidades coletivas, contudo, não são assumidos e realizados pelo Estado, que somente os regula e fiscaliza. Na verdade, conclui-se que são atividades privadas. O que esta corrente chama de serviços públicos nessa classificação, em verdade, corresponde a atividades econômicas no campo da ordem econômica, ou seja, são atividades privadas que vão receber impropriamente o nome de serviços público por atenderem a necessidades de interesse geral. Nesse sentido, são atividades exercidas por particulares, só que, por satisfazerem a necessidades coletivas, sofrem uma ingerência muito maior do poder de polícia do Estado em razão da sua relevância. Ex.: serviço de guarda particular de estabelecimentos e residências; serviço de saúde prestados por particulares.

4.5. O *public utility*

O sistema jurídico dos Estados Unidos apresenta uma visão distinta sobre a prestação de serviços públicos se comparado a outros países. Nos EUA, a ideia de que o Estado deve ser o principal fornecedor de serviços públicos não é predominante. Em vez disso, muitos serviços podem ser oferecidos pela iniciativa privada, em um ambiente de livre concorrência. O papel do governo, nesse caso, é mais voltado para regular e fiscalizar esses serviços para garantir que sejam prestados adequadamente e que os direitos dos cidadãos sejam respeitados.

Em termos mais simples, nos EUA não se utiliza o critério de que apenas o Estado deve prestar serviços públicos. Além disso, a prática de delegar esses serviços a empresas privadas não é uma regra, como pode ser em outros sistemas. No entanto, certas atividades, por sua importância social ou econômica, são rigorosamente reguladas pelo governo. Isso acontece, por exemplo, com serviços que têm poucos fornecedores possíveis devido à natureza do mercado ou ao alto custo de entrada (monopólios naturais), serviços essenciais para a vida digna (como fornecimento de água e energia), ou serviços que o mercado por si só não tem interesse em melhorar.

Desde o século XIX, os EUA utilizam a regulação do mercado para corrigir falhas da livre iniciativa, promover a economia, suprir deficiências ou proteger os vulneráveis. Neste contexto, as "utilidades públicas" (***public utilities***) surgem como um meio de assegurar a boa prestação de serviços essenciais ao público, buscando equilibrar os interesses entre o Estado, os cidadãos e as empresas que fornecem tais serviços.

A regulação desses serviços pode variar bastante, indo desde uma fiscalização mais intensa até a aplicação de sanções, dependendo das leis em vigor. Nos EUA, essas responsabilidades normalmente recaem sobre agências reguladoras ou comissões, que operam com certa independência do governo central.

No Brasil, a noção de "serviço de utilidade pública" foi adotada e é utilizada em conjunto com o modelo de serviço público à francesa, baseado na exclusividade e na delegação. Essa abordagem tem sido parte do ordenamento jurídico brasileiro desde o Código de Águas de 1934 e segue refletida tanto na Constituição Federal quanto em leis infraconstitucionais, regulamentando a prestação de atividades de relevante interesse social de maneiras distintas, conforme necessidades e contextos específicos.

5. PRINCÍPIOS

5.1. Princípio da generalidade

O princípio da generalidade pode ser entendido como o princípio que exige que os serviços públicos sejam prestados com a maior amplitude possível, ou seja, deve beneficiar o maior número de pessoas possível. Ademais, esse princípio pode ser entendido como princípio da impessoalidade, uma vez que os serviços públicos devem ser prestados sem discriminação entre os beneficiários que estejam nas mesmas condições técnicas e jurídicas para fruição.[4]

5.2. Princípio da continuidade

De acordo com esse princípio, os serviços públicos não devem sofrer interrupções, isto é, a prestação do serviço deve ser contínua, a fim de evitar que a interrupção "provoque colapso nas múltiplas atividades particulares".[5]

É por esse princípio que se legitima a existência de institutos como a suplência, a delegação e a substituição para ocupar as funções públicas que estejam temporariamente vagas.

Embora vigore o princípio da continuidade, faz-se necessário o estudo da suspensão do serviço público. De acordo com o art. 6º, § 3º, da Lei nº 8.987/1995, não se caracteriza como descontinuidade do serviço a sua interrupção em situação de emergência ou após prévio aviso, quando:

I. motivada por razões de ordem técnica ou de segurança das instalações; e,

II. por inadimplemento do usuário, considerado o interesse da coletividade.

No que tange ao não pagamento pelo usuário do serviço, deve-se diferenciar os serviços compulsórios dos facultativos. No caso destes, o particular pode ou não requerer a prestação. Dessa forma, em razão da facultatividade do serviço, o Poder Público poderá suspender-lhe a prestação se não houver pagamento. Ex.: suspensão do serviço de fornecimento de energia elétrica,[6] bem como os serviços de uso de linha telefônica. Àqueles, por sua vez, não serão permitidas a suspensão, afinal o Estado o impôs coercitivamente ao particular. Ademais, é motivo pela impossibilidade de interrupção do serviço ser ele remunerado por taxa, uma vez que a Fazenda Pública tem mecanismos privilegiados para a cobrança da dívida. Ex.: taxa de incêndio, taxa de coleta de lixo.

---

[4] CARVALHO FILHO, José dos Santos. *Manual de Direito Administrativo*. 26. ed. rev., ampl. e atual. São Paulo: Atlas, 2013. p. 335.

[5] CARVALHO FILHO, José dos Santos. *Manual de Direito Administrativo*. 26. ed. rev., ampl. e atual. São Paulo: Atlas, 2013. p. 335.

[6] STJ, REsp 510.478-PB, Rel. Min. Franciulli Netto, j. 10.06.2003.

Portanto, é de se concluir que serviços remunerados por taxa não podem ser suspensos, ao passo que os remunerados por tarifa podem ser suspensos.

ATENÇÃO 1! É possível a interrupção de serviços públicos essenciais quando o inadimplente é o particular.

O corte no fornecimento de serviços públicos é fundamentado em diversos princípios que visam garantir o interesse público e a continuidade do serviço para a coletividade.

O primeiro fundamento é o princípio da supremacia do interesse público sobre o privado, que estabelece a relação vertical entre o particular (administrado) e a Administração Pública. Com base nesse princípio, a Administração pode interromper o serviço do particular inadimplente, em favor do interesse público.

O segundo fundamento é o princípio da continuidade dos serviços públicos para a coletividade. Sob a ótica da coletividade, é necessário garantir a continuidade dos serviços públicos, evitando que a prestação do serviço sem a contraprestação do usuário inadimplente prejudique o atendimento dos demais usuários, podendo até inviabilizar o serviço público.

O terceiro fundamento é a vedação ao enriquecimento sem causa por parte do usuário inadimplente, que não deve usufruir do serviço público sem arcar com os custos.

Por fim, o princípio da isonomia estabelece que todos devem receber o mesmo tratamento, com base em seu comportamento em relação ao pagamento pelo serviço.

Portanto, o corte no fornecimento de serviços públicos é uma medida necessária para garantir a continuidade e a viabilidade do serviço público, sempre respeitando os princípios fundamentais da Administração Pública.

Importante ainda o posicionamento do STJ, segundo o qual é ilegítimo o corte no fornecimento de energia elétrica em razão de débito irrisório, por configurar abuso de direito e ofensa aos princípios da proporcionalidade e da razoabilidade, sendo cabível a indenização ao consumidor por danos morais.[7]

É igualmente importante o entendimento de que é ilegítimo o corte no fornecimento de serviços públicos essenciais quando o débito decorre de irregularidade no hidrômetro ou no medidor de energia elétrica, apurada unilateralmente pela concessionária.[8]

ATENÇÃO 2! A suspensão do serviço só é admissível no caso de débitos atuais, isto é, aqueles que provêm do próprio mês de consumo ou, ao menos, dos anteriores próximos. Quando se fala em débitos pretéritos não deve o concessionário

---

7 REsp 811.690/RR, Primeira Turma, Rel. Min. Denise Arruda, j. 18.05.2006, *DJ* 19.06.2006.

8 AgRg no AREsp 346.561/PE, Primeira Turma, Rel. Min. Sérgio Kukina, j. 25.03.2014, *DJe* 01.04.2014.

suspender o serviço. Na verdade, deve-se utilizar das ações de cobrança a que fizer direito.[9]

Ademais, o novo usuário não pode sofrer a suspensão do serviço por débito de usuário antecedente. O serviço remunerado por tarifa gera uma obrigação de natureza pessoal, e não *propter rem*.[10-11]

ATENÇÃO 3! Há decisões judiciais que entendem inadmissível a suspensão do serviço público, mesmo pago por tarifa, quando o usuário é o Poder Público.

De acordo com o STJ, é legítimo o corte no fornecimento de serviços públicos essenciais quando inadimplente pessoa jurídica de direito público, desde que precedido de notificação e a interrupção não atinja as unidades prestadoras de serviços indispensáveis à população.[12]

ATENÇÃO 4! A jurisprudência do STJ também tem julgado no sentido de que não é possível a interrupção no fornecimento do serviço público que coloque em risco a vida do usuário. Ex.: pessoa que depende de energia elétrica para manter máquina que mantenha função vital. Mesmo que essa pessoa não pague a conta, o direito à vida, em virtude da ponderação de interesses, prevaleceria ao direito de crédito.

ATENÇÃO 5! Sobre o dano moral em razão do corte indevido de serviço público, a jurisprudência do STJ[13] possui precedente indicando que esse dano moral também é presumido.

---

[9] STJ, REsp 1.336.889/RS, Min. Eliana Calmon, 04.06.2013.

[10] CARVALHO FILHO, José dos Santos. *Manual de Direito Administrativo*. 26. ed. rev., ampl. e atual. São Paulo: Atlas, 2013. p. 337.

[11] STJ, AgRg no Ag 1.399.175/RJ, 10.10.2012.

[12] AgRg no AgRg no AREsp 152.296/AP, Segunda Turma, Rel. Min. Mauro Campbell Marques, j. 15.08.2013, *DJe* 11.12.2013.

[13] Nesse ponto, vale trazer a ementa do AgRg no AREsp 239.749/RS: Administrativo. Agravo regimental no agravo em recurso especial. Impossibilidade de corte por débitos pretéritos. Suspensão ilegal do fornecimento. Dano *in re ipsa*. Agravo regimental desprovido. 1. Esta Corte Superior pacificou o entendimento de que não é lícito à concessionária interromper o fornecimento do serviço em razão de débito pretérito; o corte de água ou energia pressupõe o inadimplemento de dívida atual, relativa ao mês do consumo, sendo inviável a suspensão do abastecimento em razão de débitos antigos. 2. A suspensão ilegal do fornecimento do serviço dispensa a comprovação de efetivo prejuízo, uma vez que o dano moral nesses casos opera-se *in re ipsa*, em decorrência da ilicitude do ato praticado. 3. Agravo Regimental da AES Sul Distribuidora Gaúcha de Energia S/A desprovido (AgRg no AREsp 239.749/RS, Primeira Turma, Rel. Min. Napoleão Nunes Maia Filho, j. 21.08.2014, *DJe* 01.09.2014).

ATENÇÃO 6! A divulgação da suspensão no fornecimento de serviço de energia elétrica por meio de emissoras de rádio, dias antes da interrupção, satisfaz a exigência de aviso prévio, prevista no art. 6º, § 3º, da Lei nº 8.987/1995.[14]

ATENÇÃO 7! De acordo com o art. 6º, § 4º, da Lei nº 8.987/1995, é vedada a interrupção dos serviços prestados em sextas-feiras, sábados, domingos, feriados ou no dia anterior a estes, uma vez que tais dias não são considerados úteis. Dessa forma, caso ocorra a suspensão dos serviços, estes só serão retomados no próximo dia útil.

ATENÇÃO 8! De acordo com o STJ[15], em caso de interrupção programada dos serviços, cabe ao fornecedor de serviços essenciais a obrigação de avisar previamente os consumidores pela forma definida pelo respectivo órgão regulador.

A interrupção do fornecimento de energia, por motivos técnicos ou de segurança, deve ser previamente comunicada ao consumidor, conforme o art. 6º, § 3º, I, da Lei nº 8.987/1995. Tanto a Lei de Concessões quanto o Código de Defesa do Consumidor exigem que essa notificação siga as normas do órgão regulador, o que constitui cumprimento da obrigação legal da concessionária. Esse entendimento é respaldado pelo STF, que reconhece a legitimidade do poder normativo das agências reguladoras desde que respeitem os limites legais e constitucionais.

No caso enfrentado pelo STJ, a Resolução nº 414/2010 da Aneel, vigente à época dos fatos, adotava um sistema equilibrado, permitindo que a comunicação fosse feita nas faturas e dispensando aviso prévio em emergências.

Assim, a Lei nº 8.987/1995 não concede liberdade ao fornecedor para escolher o meio de comunicação, devendo o aviso ser interpretado conforme os princípios da continuidade, adequação, eficiência e segurança, estabelecidos nos arts. 14 e 22 do Código de Defesa do Consumidor.

5.3. Princípio da eficiência

De acordo com o princípio da eficiência, o Poder Público deve prestar os serviços públicos de forma mais proveitosa com o menor dispêndio possível.

5.4. Princípio da atualidade

Esse princípio está previsto no art. 6º, § 2º, da Lei nº 8.987/1995, de modo que compreende a modernidade das técnicas, do equipamento e das instalações e a sua conservação, bem como a melhoria e expansão do serviço.

---

14 REsp 1.270.339-SC, Rel. Min. Gurgel de Faria, por unanimidade, j. 15.12.2016, *DJe* 17.02.2017.

15 REsp 1.812.140/RS, Rel. Min. Paulo Sérgio Domingues, Primeira Turma, por unanimidade, j. 10.09.2024, DJe 16.09.2024.

5.5. Princípio da modicidade

Para esse princípio, "os serviços públicos devem ser remunerados a preços módicos, devendo o Poder Público avaliar o poder aquisitivo do usuário para que, por dificuldades financeiras, não seja ele alijado do universo de beneficiários do serviço".[16]

Importante observar o que está legislado no art. 11 da Lei nº 8.987/1995, que assim afirma: no atendimento às peculiaridades de cada serviço público, poderá o poder concedente prever, em favor da concessionária, no *edital de licitação*, a possibilidade de outras fontes provenientes de receitas alternativas, complementares, acessórias ou de projetos associados, com ou sem exclusividade, com vistas a favorecer a modicidade das tarifas.

Ademais, de acordo com o art. 18, VI, da Lei nº 8.987/1995, o edital de licitação será elaborado pelo poder concedente, observados, no que couber, os critérios e as normas gerais da legislação própria sobre licitações e contratos e conterá, especialmente: as possíveis fontes de receitas alternativas, complementares ou acessórias, bem como as provenientes de projetos associados.

Ponto importante se refere à possibilidade de cobrança pelo uso da faixa de domínio de rodovia. O STF, no julgamento do Tema nº 261[17] de repercussão geral, concluiu pela impossibilidade de o ente público realizar cobrança de taxa pelo uso de espaços públicos municipais por parte das concessionárias de serviço público. Dessa forma, a suprema corte possui orientação consolidada segundo a qual **é vedada a cobrança de valores ao concessionário de serviço público pelo uso de faixas de domínio de rodovia quando tal exigência emana do próprio poder concedente**, tendo em vista que: (a) a utilização, nesse caso, se reverte em favor da sociedade – razão pela qual não cabe a fixação de preço público; e (b) a natureza do valor cobrado não é de taxa, pois não há serviço público prestado ou poder de polícia exercido.

Por outro lado, o STJ entende que **as concessionárias de serviço público podem efetuar a cobrança pela utilização de faixas de domínio de rodovia, mesmo em face de outra concessionária, desde que haja previsão editalícia e contratual**. Para a corte cidadã, a situação é diferente da enfrentada pelo STF. No caso enfrentado pela suprema corte, poder concedente autoriza concessionária de serviço público, com base no art. 11 da Lei nº 8.987/1995, a efetuar cobrança pela utilização de faixas de domínio de rodovia, mesmo em face de outra concessionária, desde que haja previsão editalícia e contratual.

No mesmo sentido, o STJ ainda reafirmou sua jurisprudência e entende que as concessionárias de serviço público podem efetuar a cobrança pela utilização de faixas de domínio por outra concessionária que explora serviço público diverso, desde que haja previsão no contrato de concessão.[18]

---

16 CARVALHO FILHO, José dos Santos. *Manual de Direito Administrativo*. 26. ed. rev., ampl. e atual. São Paulo: Atlas, 2013. p. 340.

17 RE 581.947/RO, Pleno, Rel. Min. Eros Grau, *DJe* 21.05.2010.

18 AREsp 1.510.988-SP, Segunda Turma, Rel. Min. Assusete Magalhães, por unanimidade, j. 08.02.2022, *DJe* 10.02.2022.

Todavia, o STJ entendeu **que é indevida a cobrança promovida por concessionária de rodovia, em face de autarquia prestadora de serviços de saneamento básico**, pelo uso da faixa de domínio da via pública concedida.[19]

Ainda, é preciso pontuar o entendimento do STF, segundo o qual é inconstitucional norma estadual que onere contrato de concessão de energia elétrica pela utilização de faixas de domínio público adjacentes a rodovias estaduais ou federais. Isso porque a União, por ser titular da prestação do serviço público de energia elétrica, conforme dispõem os arts. 21, XII, *b*, e 22, IV, da CR/1988, detém a prerrogativa constitucional de estabelecer o regime e as condições da prestação desse serviço por concessionárias, o qual não pode sofrer ingerência normativa dos demais entes políticos.[20]

5.6. Princípio da mutabilidade

Por ele, o Estado tem o poder de mudar de forma unilateral as regras que incidem sobre o serviço público, tendo como objetivo a adaptação às novas necessidades, satisfazendo o interesse geral à máxima eficácia. Em outras palavras, autoriza mudanças no regime de execução do serviço para adaptá-lo ao interesse público, que é sempre variável no tempo.

A mutabilidade do serviço público se exterioriza no reconhecimento de prerrogativas ao poder concedente em relação à concessionária, havendo destaque para a ausência de direito adquirido às condições iniciais pactuadas, ressalvado o direito ao reequilíbrio econômico-financeiro do contrato. Deve ser destacada também a prerrogativa de alteração unilateral do contrato administrativo.

5.7. Princípio da cortesia

Significa que os serviços e as informações de interesse do usuário devem ser prestados a ele com polidez e educação.

5.8. Princípio da transparência

Significa basicamente que os usuários têm o direito de receber informações tanto do poder concedente quanto da concessionária para a defesa de interesses individuais ou coletivos daqueles.

É um princípio positivo no art. 7º, II, da Lei nº 8.987/1995 (II – receber do poder concedente e da concessionária informações para a defesa de interesses individuais ou coletivos).

Esses usuários, com o fito de se manifestarem, possuem o direito de representação junto ao sistema de fiscalização dos serviços concedidos.

---

19 REsp 1.817.302-SP, Primeira Seção, Rel. Min. Regina Helena Costa, por unanimidade, j. 08.06.2022.

20 ADI 3.763/RS, Rel. Min. Cármen Lúcia, julgamento virtual finalizado em 07.04.2021.

5.9. Princípio da igualdade

O princípio da igualdade, intimamente relacionado ao da impessoalidade, estabelece que a Administração Pública e seus delegatários devem prestar serviços públicos de forma equânime a todos os usuários, desde que estes cumpram as condições técnicas e jurídicas necessárias. É importante ressaltar que, nesse contexto, se aplica também a igualdade material, que requer tratamento igualitário para indivíduos em situações jurídicas semelhantes e tratamento diferenciado para aqueles em situação de desigualdade, como no caso de gratuidade para idosos, por exemplo.

Nessa linha, o art. 13 da Lei nº 8.987/1995 estabelece que as tarifas podem ser diferenciadas em função das características técnicas e dos custos específicos relacionados ao atendimento de diferentes segmentos de usuários.

6. REMUNERAÇÃO

Os serviços públicos podem ser gratuitos ou remunerados. Os primeiros têm cunho notadamente social e devem levar em conta fatores singulares de indivíduos ou de comunidades. Ex.: serviços de assistência médica e educação. Os segundos, por sua vez, são aqueles em que os indivíduos possuem obrigação pecuniária como contraprestação do serviço.

A forma de remuneração depende da natureza do serviço público. Observe que os serviços públicos obrigatórios são remunerados por taxa, uma espécie de tributo (art. 145, II, da CR/1988). Ex.: os serviços de coleta de lixo. Em razão da obrigatoriedade do serviço e da sua forma de remuneração, tais serviços não podem ser interrompidos pelo Poder Público.

Por sua vez, os serviços públicos facultativos são remunerados por tarifa. Nesse caso, o pagamento é devido pela efetiva utilização do serviço, podendo o particular dele não mais se utilizar se o quiser. Os serviços de energia elétrica e de transporte urbano são remunerados dessa forma. Esses serviços podem ser suspensos pelo prestador, caso o usuário não cumpra o seu dever de remunerar a prestação. Ainda, nos termos do art. 13 da Lei nº 8.987/1995, as tarifas poderão ser diferenciadas em função das características técnicas e dos custos específicos provenientes do atendimento aos distintos segmentos de usuários.

Diante disso, o STF adotou a Súmula nº 545, que assim afirma: "Preços de serviços públicos e taxas não se confundem, porque estas, diferentemente daqueles, são compulsórias e tem sua cobrança condicionada a prévia autorização orçamentária, em relação a lei que as instituiu".

Sobre as questões de pagamento, nos termos do art. 7º-A da Lei de Serviços Públicos, as concessionárias de serviços públicos, de direito público e privado, nos Estados e no Distrito Federal, são obrigadas a oferecer ao consumidor e ao usuário, dentro do mês de vencimento, o mínimo de seis datas opcionais para escolherem os dias de vencimento de seus débitos.

Aprofundamento: Revisão do Tema 414/STJ: proposta de equidade no cálculo de tarifas de saneamento em condomínios com hidrômetro único

O STJ reviu o entendimento estabelecido em tese repetitiva firmada pela Primeira Seção relativa ao Tema 414/STJ, quanto à forma de cálculo da tarifa progressiva dos serviços de fornecimento de água e de esgoto sanitário em unidades compostas por várias economias e hidrômetro único, após a aferição do consumo.[21]

A legislação que regula os serviços de saneamento básico, especialmente os arts. 29 e 30 da **Lei nº 11.445/2007**, estabelece diretrizes para a definição das tarifas de água e esgoto. Essas normas não foram inseridas arbitrariamente, mas fazem parte de um modelo econômico que reconhece o saneamento como um **monopólio natural**. Ou seja, devido aos altos custos e investimentos necessários para fornecer esses serviços, não há livre concorrência, e as tarifas precisam ser estruturadas para garantir a viabilidade econômica do prestador do serviço.

A tarifa de saneamento é dividida em duas partes:

1. **Parcela fixa (franquia de consumo)**: é um valor cobrado de cada unidade consumidora (economia) no condomínio, independentemente do consumo real. Essa parcela serve para garantir uma receita mínima e recorrente para a empresa de saneamento, ajudando a cobrir os elevados custos fixos do setor.

2. **Parcela variável**: cobrada quando o consumo real de água excede o valor da franquia. A função dessa parcela é inibir o consumo excessivo, promovendo o uso responsável da água.

Existem três principais métodos para calcular a tarifa em condomínios com múltiplas unidades e um único hidrômetro:

1. **Consumo real global**: considera o condomínio como uma única unidade de consumo, cobrando com base no consumo total do hidrômetro, sem distinguir entre as economias. Essa prática é considerada **ilegal**, pois coloca os condôminos em desvantagem, gerando uma cobrança desproporcional.

2. **Modelo híbrido**: divide o consumo total do condomínio entre as unidades consumidoras, dispensando algumas unidades da cobrança da tarifa mínima. Esse método também é considerado **ilegal**, pois cria uma vantagem indevida para alguns moradores ao não cobrar a parcela fixa (franquia) de todos.

3. **Consumo individual presumido ou franqueado**: este método, que impõe a cobrança de uma tarifa mínima para cada unidade consumidora, foi considerado **ilícito** pelo Tema 414 do STJ, mas a proposta de revisão visa **revogar esse entendimento**. Isso porque, ao dispensar essa tarifa mínima, cria-se um tratamento desigual entre unidades com hidrômetros individuais e condomínios com hidrômetro único, indo contra as diretrizes da Lei nº 11.445/2007.

---

[21] REsp 1.937.887/RJ, Rel. Min. Paulo Sérgio Domingues, Primeira Seção, por unanimidade, j. 20.06.2024, DJe 25.06/2024 (Tema 414).
REsp 1.937.891/RJ, Rel. Min. Paulo Sérgio Domingues, Primeira Seção, por unanimidade, j. 20.06.2024, DJe 25.06.2024 (Tema 414).

O entendimento anterior do STJ permitia que condomínios sem hidrômetro individualizado fossem tratados de modo diferente, isentando-os da tarifa mínima que é cobrada de outros consumidores. A revisão propõe que isso seja modificado, para que cada unidade de um condomínio com um único hidrômetro pague a tarifa mínima de forma individualizada. Esse ajuste visa corrigir uma distorção que beneficia indevidamente certos consumidores, garantindo que todos contribuam com a parcela fixa necessária para manter o sistema de saneamento sustentável.

Assim, o STJ fixou o seguinte entendimento:

1. Nos condomínios formados por múltiplas unidades de consumo (economias) e um único hidrômetro, **é lícita a adoção de metodologia de cálculo da tarifa devida pela prestação dos serviços de saneamento por meio da exigência de uma parcela fixa ("tarifa mínima"),** concebida sob a forma de franquia de consumo devida por cada uma das unidades consumidoras (economias), bem como por meio de uma segunda parcela, variável e eventual, exigida apenas se o consumo real aferido pelo medidor único do condomínio exceder a franquia de consumo de todas as unidades conjuntamente consideradas.

2. Nos condomínios formados por múltiplas unidades de consumo (economias) e um único hidrômetro, **é ilegal a adoção de metodologia de cálculo da tarifa devida pela prestação dos serviços de saneamento que, utilizando apenas o consumo real global**, considere o condomínio como uma única unidade de consumo (uma única economia).

3. Nos condomínios formados por múltiplas unidades de consumo (economias) e um único hidrômetro, **é ilegal a adoção de metodologia de cálculo da tarifa devida pela prestação dos serviços de saneamento que, a partir de um hibridismo de regras e conceitos, dispense cada unidade de consumo do condomínio da tarifa mínima** exigida a título de franquia de consumo.

7. CONCESSÕES E PERMISSÕES DE SERVIÇOS PÚBLICOS

As concessões de serviço público se dividem em concessão comum e concessão especial. Aquela é regulada pela Lei nº 8.987/1995, ao passo que esta é regulada pela Lei nº 11.079/2004.

Nesse ponto, serão estudados apenas as concessões comuns. Mais à frente as concessões especiais serão alvo de análise.

7.1. Concessões comuns – Lei nº 8.987/1995

A Lei nº 8.987/1995 consiste na Lei Geral de Serviços Públicos. Por ela, são regulamentadas as concessões e permissões de serviço público.

A competência da União para legislar sobre normas gerais de licitações e contratos, prevista no art. 22, XXVII, da Constituição Federal, foi exercida por meio da edição da Lei nº 8.987/1995, que possui caráter nacional e vincula todos os entes federados. Essa lei atende à hipótese prevista no art. 175, parágrafo único, I, da CR/1988, que dispõe sobre o regime das empresas concessionárias e permissionárias de serviços públicos, bem como o caráter especial de seus contratos e prorrogações.

Vale destacar que os estados, o Distrito Federal e os municípios possuem competência para editar normas específicas sobre o tema, desde que não contrariem a lei nacional. Ademais, a União também editou a Lei nº 9.074/1995, que estabelece normas gerais sobre concessões e permissões de serviços públicos, complementando a Lei nº 8.987/1995.

De acordo com a Lei nº 8.987/1995, a concessão comum divide-se em: (1) concessão de serviço público e (2) concessão de serviço público precedida de obra pública.

A concessão de serviço público, conforme o art. 2º, II, da Lei nº 8.987/1995, é a delegação de sua prestação, feita pelo poder concedente, mediante licitação, na modalidade concorrência ou diálogo competitivo, a pessoa jurídica ou consórcio de empresas que demonstre capacidade para seu desempenho, por sua conta e risco e por prazo determinado.

Observe que o Estado delega o serviço público ao particular, mas mantém consigo o poder de fiscalização. Ademais, na concessão simples, a remuneração das concessionárias vai ocorrer com a utilização do serviço pelos usuários.

Por sua vez, nos termos do art. 2º, III, da mesma lei, a concessão de serviço público precedida da execução de obra pública é a construção, total ou parcial, conservação, reforma, ampliação ou melhoramento de quaisquer obras de interesse público, delegada pelo poder concedente, mediante licitação, na modalidade concorrência ou diálogo competitivo, a pessoa jurídica ou consórcio de empresas que demonstre capacidade para a sua realização, por sua conta e risco, de forma que o investimento da concessionária seja remunerado e amortizado mediante a exploração do serviço ou da obra por prazo determinado.

Observe que, nessa hipótese, há uma duplicidade de objetos na relação contratual. O primeiro deles é a execução de obra pública. O poder concedente delega ao concessionário a realização de uma obra pública. O segundo objeto é a transferência para o concessionário da exploração dessa obra. Em outras palavras, há a transferência do serviço público de exploração da obra pública, de modo que aqueles que usufruírem dessa obra realizarão o pagamento da tarifa.

Apesar de a Lei Federal nº 8.987/1995 definir que qualquer concessão será executada por "conta e risco do concessionário", e de boa parte da doutrina entender que, ao executar o serviço, o concessionário assume todos os riscos do empreendimento, esse entendimento não converge com o Direito Administrativo mais atual e com as boas práticas nos contratos de concessão.

Dessa forma, a melhor interpretação do termo "por sua conta e risco" não pode importar em transferência ao concessionário de todos os riscos inerentes ao empreendimento, uma vez que todo risco é precificado na proposta de qualquer licitante.

Se o poder concedente alocar todos os riscos da concessão sob a responsabilidade do concessionário, eles serão considerados, entre outras situações, para o cálculo da tarifa, aumentando-a, ou para o cálculo do valor da outorga, diminuindo-a, a ser ofertada, o que, na prática, acabará sendo desfavorável ao próprio interesse público e ao sucesso do empreendimento.

Assim, a melhor interpretação do termo "por sua conta e risco" importa na transferência ao concessionário dos riscos de acordo com o que foi estabelecido no contrato.

7.2. Obrigação de licitar

De acordo com o art. 14 da Lei nº 8.987/1995, toda concessão de serviço público, precedida ou não da execução de obra pública, será objeto de prévia licitação, nos termos da legislação própria e com observância dos princípios da legalidade, da moralidade, da publicidade, da igualdade, do julgamento por critérios objetivos e da vinculação ao instrumento convocatório.

7.2.1. Critérios de julgamento e classificação das propostas

O art. 15 estabelece que, no julgamento da licitação, será considerado um dos seguintes critérios:

I. o menor valor da tarifa do serviço público a ser prestado;
II. a maior oferta, nos casos de pagamento ao poder concedente pela outorga da concessão;
III. a combinação, dois a dois, do menor valor de tarifa ou maior outorga;
IV. melhor proposta técnica, com preço fixado no edital;
V. melhor proposta em razão da combinação dos critérios de menor valor da tarifa do serviço público a ser prestado com o de melhor técnica;
VI. melhor proposta em razão da combinação dos critérios de maior oferta pela outorga da concessão com o de melhor técnica; ou
VII. melhor oferta de pagamento pela outorga após qualificação de propostas técnicas.

A aplicação da combinação do menor valor de tarifa e da maior outorga só será admitida quando previamente estabelecida no edital de licitação, inclusive com regras e fórmulas precisas para avaliação econômico-financeira.

Para fins de aplicação dos critérios de (1) melhor proposta técnica, (2) melhor proposta pela combinação de menor tarifa e melhor técnica, (3) melhor proposta pela combinação de maior outorga e melhor técnica e (4) melhor outorga, o edital de licitação conterá parâmetros e exigências para formulação de propostas técnicas.

O poder concedente recusará propostas manifestamente inexequíveis ou financeiramente incompatíveis com os objetivos da licitação.

Em igualdade de condições, será dada preferência à proposta apresentada por empresa brasileira.

A outorga de concessão ou permissão não terá caráter de exclusividade, salvo no caso de inviabilidade técnica ou econômica justificada.

Considerar-se-á desclassificada a proposta que, para sua viabilização, necessite de vantagens ou subsídios que não estejam previamente autorizados em lei e à disposição de todos os concorrentes.

Considerar-se-á também desclassificada a proposta de entidade estatal alheia à esfera político-administrativa do poder concedente que, para sua viabilização, necessite de vantagens ou subsídios do Poder Público controlador da referida entidade.

Inclui-se, nas vantagens ou nos subsídios de que trata esse artigo, qualquer tipo de tratamento tributário diferenciado, ainda que em consequência da natureza jurídica do licitante, que comprometa a isonomia fiscal que deve prevalecer entre todos os concorrentes.

7.2.2. Inversão de fases

O edital poderá prever a inversão da ordem das fases de habilitação e julgamento, hipótese em que:

I. encerrada a fase de classificação das propostas ou o oferecimento de lances, será aberto o invólucro com os documentos de habilitação do licitante mais bem classificado, para verificação do atendimento das condições fixadas no edital;
II. verificado o atendimento das exigências do edital, o licitante será declarado vencedor;
III. inabilitado o licitante melhor classificado, serão analisados os documentos habilitatórios do licitante com a proposta classificada em segundo lugar, e assim sucessivamente, até que um licitante classificado atenda às condições fixadas no edital;
IV. proclamado o resultado final do certame, o objeto será adjudicado ao vencedor nas condições técnicas e econômicas por ele ofertadas.

7.2.3. Participação de consórcio

De acordo com art. 19, quando permitida, na licitação, a participação de empresas em consórcio, observar-se-ão as seguintes normas:

I. comprovação de compromisso, público ou particular, de constituição de consórcio, subscrito pelas consorciadas;
II. indicação da empresa responsável pelo consórcio;
III. apresentação dos documentos exigidos nos incisos V e XIII do artigo anterior, por parte de cada consorciada;
IV. impedimento de participação de empresas consorciadas na mesma licitação, por intermédio de mais de um consórcio ou isoladamente.

O licitante vencedor fica obrigado a promover, antes da celebração do contrato, a constituição e o registro do consórcio, nos termos do compromisso referido no inciso I desse artigo.

A empresa líder do consórcio é a responsável perante o poder concedente pelo cumprimento do contrato de concessão, sem prejuízo da responsabilidade solidária das demais consorciadas.

É facultado ao poder concedente, desde que previsto no edital, no interesse do serviço a ser concedido, determinar que o licitante vencedor, no caso de consórcio, se constitua em empresa antes da celebração do contrato.

7.2.4. Procedimento de manifestação de interesse

A Administração poderá se valer do Procedimento de Manifestação de Interesse (PMI) para receber estudos e dados acerca das concessões de serviço público.

Pelo art. 21, estudos, investigações, levantamentos, projetos, obras e despesas ou investimentos já efetuados, vinculados à concessão, de utilidade para a licitação, realizados pelo poder concedente ou com a sua autorização, estarão à disposição dos interessados, devendo o vencedor da licitação ressarcir os dispêndios correspondentes, especificados no edital.

7.2.5. Contrato de concessão

7.2.5.1. Cláusulas essenciais

De acordo com art. 23, são cláusulas essenciais do contrato de concessão as relativas: (i) ao objeto, à área e ao prazo da concessão; (ii) ao modo, forma e condições de prestação do serviço; (iii) aos critérios, indicadores, fórmulas e parâmetros definidores da qualidade do serviço; (iv) ao preço do serviço e aos critérios e procedimentos para o reajuste e a revisão das tarifas; (v) aos direitos, garantias e obrigações do poder concedente e da concessionária, inclusive os relacionados às previsíveis necessidades de futura alteração e expansão do serviço e consequente modernização, aperfeiçoamento e ampliação dos equipamentos e das instalações; (vi) aos direitos e deveres dos usuários para obtenção e utilização do serviço; (vii) à forma de fiscalização das instalações, dos equipamentos, dos métodos e práticas de execução do serviço, bem como a indicação dos órgãos competentes para exercê-la; (viii) às penalidades contratuais e administrativas a que se sujeita a concessionária e sua forma de aplicação; (ix) aos casos de extinção da concessão; (x) aos bens reversíveis; (xi) aos critérios para o cálculo e a forma de pagamento das indenizações devidas à concessionária, quando for o caso; (xii) às condições para prorrogação do contrato; (xiii) à obrigatoriedade, forma e periodicidade da prestação de contas da concessionária ao poder concedente; (xiv) à exigência da publicação de demonstrações financeiras periódicas da concessionária; e (xv) ao foro e ao modo amigável de solução das divergências contratuais.

Especificamente, os contratos relativos à concessão de serviço público precedido da execução de obra pública deverão, adicionalmente:

I. estipular os cronogramas físico-financeiros de execução das obras vinculadas à concessão; e

II. exigir garantia do fiel cumprimento, pela concessionária, das obrigações relativas às obras vinculadas à concessão.

Atente-se que, pelo art. 23-A, o contrato de concessão poderá prever o emprego de mecanismos privados para resolução de disputas decorrentes ou relacionadas ao contrato, inclusive a arbitragem, a ser realizada no Brasil e em língua portuguesa, nos termos da Lei nº 9.307, de 23 de setembro de 1996.

Importante pontuar acerca da possibilidade de se realizar uma prorrogação antecipada do contrato de concessão.

De acordo com o STF,[22] é constitucional a prorrogação antecipada do contrato de concessão do serviço de transporte coletivo. Para isso, é preciso que os atos de prorrogação sejam compatíveis com os princípios constitucionais da Administração Pública que regem a prorrogação das concessões sob as seguintes balizas: (i) exigência de licitação prévia e da vinculação ao instrumento convocatório; (ii) prorrogação por prazo não superior ao originalmente admitido; (iii) discricionariedade da prorrogação; e (iv) vantajosidade da prorrogação antecipada para a Administração, devidamente apontada por estudos técnicos.

Ademais, a assunção de novas obrigações de fazer para investimento em malhas do interesse da Administração Pública não desfigura o objeto do contrato de concessão original. Como o contrato de concessão é um acordo bilateral que opera no interesse da Administração, nada impede que, de forma acessória à obrigação principal de prestação adequada do serviço dentro da malha licitada, também sejam pactuadas novas obrigações.

7.3. Responsabilidade das concessionárias

De acordo com o art. 25 da Lei nº 8.987/1995, incumbe à concessionária a execução do serviço concedido, cabendo-lhe responder por todos os prejuízos causados ao poder concedente, aos usuários ou a terceiros, sem que a fiscalização exercida pelo órgão competente exclua ou atenue essa responsabilidade.

Observe, portanto, que a responsabilidade da concessionária é primária e integral. Por sua vez, a responsabilidade do poder concedente será somente de forma subsidiária, se o concessionário não dispuser de meio para reparar os prejuízos causados.

Consoante o art. 37, § 6º, da CR/1988, a responsabilidade da concessionária será objetiva, afinal é uma pessoa jurídica prestadora de serviço público. Ademais, o poder

---

[22] ADI 7.048/SP, Rel. Min. Cármen Lúcia, redator do acórdão Ministro Gilmar Mendes, julgamento virtual finalizado em 21.08.2023.

concedente também terá uma responsabilidade objetiva, por ser uma pessoa jurídica de direito público, mas de forma subsidiária.

7.4. Subcontratação

Conforme o art. 25, § 1º, da Lei nº 8.987/1995, a concessionária poderá contratar com terceiros o desenvolvimento de atividades inerentes, acessórias ou complementares ao serviço concedido, bem como a implementação de projetos associados.

Ademais, os contratos celebrados entre a concessionária e os terceiros reger-se-ão pelo direito privado, não se estabelecendo qualquer relação jurídica entre os terceiros e o poder concedente, nos termos do art. 25, § 2º, da mesma lei.

A execução das atividades contratadas com terceiros pressupõe o cumprimento das normas regulamentares da modalidade do serviço concedido, como previsto no art. 25, § 3º, da Lei de Concessões.

7.5. Subconcessão

De acordo com o art. 26, é possível que a concessionária realize uma subconcessão. Para isso, haverá necessidade de previsão no contrato de concessão e expressa autorização do poder concedente.

A outorga de subconcessão será sempre precedida de concorrência, como afirma o art. 26, § 1º. Acerca desse ponto, há divergência na doutrina sobre quem deveria ser o responsável para realizar a licitação. Há quem entenda que a licitação deva ser realizada pelo poder concedente, como também há entendimento no sentido de ser a própria concessionária a realizar o procedimento.

O subconcessionário se sub-rogará todos os direitos e obrigações da subconcedente dentro dos limites da subconcessão, nos termos do art. 26, § 2º.

7.6. Transferência da concessão

A transferência da concessão, bem como do controle societário da concessionária, necessitará, para acontecer, de prévia anuência do poder concedente. Caso não haja essa anuência, o art. 27 da Lei nº 8.987/1995 estabelece que ocorrerá a caducidade do contrato de concessão.

Para que haja a anuência do poder concedente, o pretendente deverá: (1) atender às exigências de capacidade técnica, idoneidade financeira e regularidade jurídica e fiscal necessárias à assunção do serviço; e (2) comprometer-se a cumprir todas as cláusulas do contrato em vigor.

Na jurisprudência do STF, considera-se **constitucional** a transferência da concessão e do controle societário das concessionárias de serviços públicos, mediante anuência do poder concedente.[23]

[23] ADI 2.946, Rel. Min. Dias Toffoli, j. 09.03.2022, *DJe* 18.05.2022; art. 27 da Lei nº 8.987/1995; STF, ADI 2.946/DF, Plenário, Rel. Min. Dias Toffoli, j. 08.03.2022, *Info* 1046.

No sistema jurídico brasileiro, o que interessa à Administração é, sobretudo, a seleção da proposta mais vantajosa, independentemente da identidade do particular contratado ou dos atributos psicológicos ou subjetivos de que disponha. Em regra, as características pessoais, subjetivas ou psicológicas são indiferentes para o Estado. No tocante ao particular contratado, basta que tenha comprovada capacidade para cumprir as obrigações assumidas no contrato. Nesse sentido, de acordo com o STF, não se constata a burla à exigência constitucional de prévia licitação para a concessão de serviços públicos, constante do art. 175 da CR/1988, a qual é devidamente atendida com o certame levado a cabo para sua outorga inicial e cujos efeitos jurídicos são observados e preservados no ato de transferência mediante a anuência administrativa. Também não se pode cogitar afronta aos princípios constitucionais da isonomia e da impessoalidade. No procedimento licitatório, a isonomia se concretiza ao se proporcionar a todos os particulares interessados em contratar com a Administração a faculdade de concorrerem em situação de igualdade. A impessoalidade, por sua vez, decorre da observância de regras objetivas e predefinidas na lei e no edital do certame para a seleção da proposta mais vantajosa, bem como para o escrutínio das características inerentes ao futuro contratado. Não faz sentido exigir que o ato de transferência do art. 27 da Lei nº 8.987/1995 observe os princípios da isonomia e da impessoalidade. A anuência é matéria reservada ao Administrador e pressupõe o atendimento de requisitos bem específicos. A par disso, a operação empresarial sobre a qual incide a anuência é, tipicamente, um negócio jurídico entre particulares e, como tal, é disciplinada pelo direito privado. O concessionário, como agente econômico que é, pode decidir sobre seus parceiros empresariais conforme critérios próprios. Não há, portanto, espaço para aplicação dos princípios da isonomia e da impessoalidade, os quais são típicos da relação verticalizada que possui uma entidade estatal em um dos polos.

De acordo com o STF, mesmo com a transferência da concessão ou do controle acionário, a base objetiva do contrato continuará intacta. Permanecem o mesmo objeto contratual, as mesmas obrigações contratuais e a mesma equação econômico-financeira. O que ocorre é apenas uma modificação subjetiva, seja pela substituição do contratado, seja em razão da sua reorganização empresarial (e isso nada importa ao Poder Público).

<table>
<tr><td rowspan="3">Subcontratação</td><td>Concessionária pode contratar terceiros para atividades inerentes, acessórias ou complementares ao serviço concedido.</td></tr>
<tr><td>Contratos com terceiros regem-se pelo direito privado e não estabelecem relação jurídica entre terceiros e poder concedente.</td></tr>
<tr><td>Execução das atividades contratadas com terceiros deve seguir normas regulamentares da modalidade do serviço concedido.</td></tr>
</table>

Subconcessão	Concessionária pode realizar subconcessão com previsão no contrato de concessão e autorização expressa do poder concedente.
	Outorga de subconcessão é precedida de concorrência.
	Divergência sobre quem deve realizar licitação.
	Subconcessionário se sub-roga direitos e obrigações da subconcedente dentro dos limites da subconcessão.
Transferência da concessão	Transferência da concessão e do controle societário da concessionária depende de anuência do poder concedente.
	Pretendente deve atender às exigências de capacidade técnica, idoneidade financeira e regularidade jurídica e fiscal.
	Pretendente deve comprometer-se a cumprir todas as cláusulas do contrato em vigor.
	Transferência considerada constitucional pela jurisprudência do STF.

7.7. Prazo das concessões

As concessões somente podem ser delegadas ao particular por prazo determinado, como prevê o art. 2º, II e III, da Lei nº 8.987/1995.

Atente-se para o fato de a Lei nº 8.987/1995 não estipular o prazo de duração desse contrato. O poder concedente deve observar a natureza do serviço concedido para fixar o prazo de duração.

Ainda, nos termos do art. 23, XII, da Lei nº 8.987/1995, o contrato de concessão pode ser prorrogado, configurando essa cláusula como cláusula essencial do contrato.

7.8. Intervenção

A intervenção trata-se de mero procedimento acautelatório, sem quebra da continuidade do serviço. Observe que ela não possui natureza de sanção, razão pela qual a sua decretação, desde logo, não exige contraditório e ampla defesa. É no decorrer do processo administrativo que esses princípios serão observados.

O poder concedente poderá intervir na concessão, com o fim de assegurar a adequação na prestação do serviço, bem como o fiel cumprimento das normas contratuais, regulamentares e legais pertinentes.

A intervenção far-se-á por decreto do poder concedente, que conterá a designação do interventor, o prazo da intervenção e os objetivos e limites da medida.

Declarada a intervenção, o poder concedente deverá, no prazo de 30 dias, instaurar procedimento administrativo para comprovar as causas determinantes da medida e apurar responsabilidades, assegurado o direito de ampla defesa e contraditório, conforme estabelece o art. 5º, LV, da CR/1988. O desrespeito a esses mandamentos constitucionais fere o devido processo legal, nos termos do art. 5º, LIV, da CR/1988.

O procedimento administrativo deverá ser concluído no prazo de até 180 dias, sob pena de considerar-se inválida a intervenção.

Se ficar comprovado que a intervenção não observou os pressupostos legais e regulamentares, será declarada sua nulidade, devendo o serviço ser imediatamente devolvido à concessionária, sem prejuízo de seu direito à indenização.

Cessada a intervenção, se não for extinta a concessão, a administração do serviço será devolvida à concessionária, precedida de prestação de contas pelo interventor, que responderá pelos atos praticados durante a sua gestão.

7.9. Extinção da concessão

É uma das partes mais relevantes da Lei nº 8.987/1995, cujas hipóteses estão previstas no art. 35, não se tratando, porém, de rol taxativo, mas, sim, de **rol meramente exemplificativo**.

Embora o art. 35 não preveja expressamente o distrato, que é a extinção por acordo entre as partes, tal possibilidade pode ser admitida como causa de extinção da concessão. Considerando que o contrato é um negócio jurídico bilateral estabelecido por acordo de vontades das partes, é evidente que o acordo entre elas pode conduzir à extinção do contrato.

Pelo art. 35, extingue-se a concessão por:

I. advento do termo contratual;
II. encampação;
III. caducidade;
IV. rescisão;
V. anulação; e
VI. falência ou extinção da empresa concessionária e falecimento ou incapacidade do titular, no caso de empresa individual.

7.9.1. Advento do termo

Essa é a forma natural de extinção de um contrato de concessão de serviço público, prevista no art. 35, I, da Lei de Concessões. Observe que os efeitos dessa extinção são *ex nunc*. Dessa forma, somente após o termo final é que haverá a reversão à concedente, bem como o concessionário se desvincula de suas obrigações contratuais e legais.[24]

[24] CARVALHO FILHO, José dos Santos. *Manual de Direito Administrativo*. 26. ed. rev., ampl. e atual. São Paulo: Atlas, 2013. p. 406.

Importante observar o art. 36, que dispõe que a reversão no advento do termo contratual far-se-á com a indenização das parcelas dos investimentos vinculados a bens reversíveis, ainda não amortizados ou depreciados, que tenham sido realizados com o objetivo de garantir a continuidade e atualidade do serviço concedido.

Em relação a essa situação, necessário faz-se pontuar que a extinção pelo advento do termo não está condicionada ao pagamento da indenização. Essa situação será discutida *a posteriori*.[25]

7.9.2. Encampação

Considera-se encampação, nos termos do art. 37, a retomada do serviço pelo poder concedente durante o prazo da concessão, por motivo de interesse público, mediante lei autorizativa específica e após prévio pagamento de indenização.

7.9.3. Caducidade

A inexecução[26] total ou parcial do contrato acarretará a declaração de caducidade da concessão. Ainda, de acordo com o art. 27 da Lei de Concessões, a caducidade também ocorrerá quando houver a transferência da concessão ou do controle societário da concessionária sem prévia autorização do poder concedente.

A declaração da caducidade da concessão, de acordo com o art. 38, § 2º, deverá ser precedida da verificação da inadimplência da concessionária em processo administrativo, assegurado o direito de ampla defesa e contraditório, nos termos do art. 5º, LV e LIV da CR/1988. Dessa forma, não ocorrendo o procedimento administrativo, haverá violação ao devido processo legal.

Contudo, observe que precederá à instauração do processo administrativo de inadimplência um comunicado à concessionária, detalhando os descumprimentos contratuais, dando-lhe um prazo para corrigir as falhas e transgressões apontadas e para o enquadramento, nos termos contratuais. Somente após abrir essa possibilidade

---

25 STJ, REsp 1.059.137-SC, Rel. Min. Francisco Falcão, 29.10.2008.

26 De acordo com o legislado no art. 38, § 1º, da Lei nº 8.987/1995, várias são as formas de inadimplemento do concessionário. Veja: A caducidade da concessão poderá ser declarada pelo poder concedente quando:

I – o serviço estiver sendo prestado de forma inadequada ou deficiente, tendo por base as normas, critérios, indicadores e parâmetros definidores da qualidade do serviço;

II – a concessionária descumprir cláusulas contratuais ou disposições legais ou regulamentares concernentes à concessão;

III – a concessionária paralisar o serviço ou concorrer para tanto, ressalvadas as hipóteses decorrentes de caso fortuito ou força maior;

IV – a concessionária perder as condições econômicas, técnicas ou operacionais para manter a adequada prestação do serviço concedido;

V – a concessionária não cumprir as penalidades impostas por infrações, nos devidos prazos;

VI – a concessionária não atender a intimação do poder concedente no sentido de regularizar a prestação do serviço; e

VII – a concessionária não atender a intimação do poder concedente para, em 180 (cento e oitenta) dias, apresentar a documentação relativa a regularidade fiscal, no curso da concessão, na forma do art. 29 da Lei nº 8.666, de 21 de junho de 1993.

ao concessionário é que o procedimento administrativo será instaurado, conforme previsto no art. 38, § 3º, da Lei de Concessões.

Instaurado o processo administrativo e comprovada a inadimplência, a caducidade será declarada por decreto do poder concedente, independentemente de indenização prévia, nos termos do art. 38, § 4º, da Lei de Concessões.

Declarada a caducidade, não resultará para o poder concedente qualquer espécie de responsabilidade em relação a encargos, ônus, obrigações ou compromissos com terceiros ou com empregados da concessionária, de acordo com o art. 38, § 6º, da Lei nº 8.987/1995.

7.9.4. Rescisão

A rescisão, prevista no art. 39 da Lei de Concessões, poderá ser feita pelo concessionário, caso haja o descumprimento das normas contratuais pelo poder concedente. Observe que o concessionário necessitará ajuizar uma ação judicial para esse fim.

Ademais, mesmo após a propositura da ação judicial, o serviço prestado pela concessionária não poderá ser paralisado até que haja uma decisão transitada em julgado. Dessa forma, **não há aplicação da exceção do contrato não cumprido**.[27]

7.9.5. Anulação

A anulação, por óbvio, será declarada quando o contrato firmado possuir vícios de legalidade. Como toda anulação, os seus efeitos são *ex tunc*.

7.9.6. Falência ou extinção da empresa, falecimento ou incapacidade do titular, no caso de empresa individual

Há, aqui, uma forma de extinção da concessão pelo perecimento do sujeito que executa o contrato.

Advento do termo	Extinção natural do contrato de concessão de serviço público, após o prazo estabelecido.
Encampação	Retomada do serviço pelo poder concedente durante o prazo da concessão, por motivo de interesse público, mediante lei autorizativa específica e após prévio pagamento de indenização.

[27] MELLO, Celso Antônio Bandeira de. *Curso de Direito Administrativo*. São Paulo: Malheiros Editores, 2008. p. 789.

Caducidade	Declaração de extinção da concessão em caso de inexecução total ou parcial do contrato ou transferência da concessão ou do controle societário da concessionária sem prévia autorização do poder concedente.
Rescisão	Extinção do contrato de concessão pelo concessionário em caso de descumprimento das normas contratuais pelo poder concedente. Necessita de ação judicial.
Anulação	Declaração de nulidade do contrato por vícios de legalidade.
Falência ou extinção da empresa, falecimento ou incapacidade do titular, no caso de empresa individual	Extinção da concessão por perecimento do sujeito que executa o contrato.

7.10. Reversão

A reversão, de acordo com Carvalho Filho, "é a transferência dos bens do concessionário para o patrimônio do concedente em virtude da extinção do contrato".[28]

O fundamento da reversão é o **princípio da continuidade dos serviços públicos**, já que os bens, necessários à prestação do serviço, deverão ser utilizados pelo poder concedente, após o fim do término do prazo de concessão, sob pena de interrupção da prestação do serviço.

Os bens reversíveis devem ser indicados no edital e no contrato de concessão (arts. 18, X e XI, e 23 da Lei nº 8.987/1995).

A reversão está prevista no art. 35, § 1º, da Lei de Concessões, que estabelece que, extinta a concessão, retornam ao poder concedente todos os bens reversíveis, direitos e privilégios transferidos ao concessionário conforme previsto no edital e estabelecido no contrato.

Ademais, a reversão pode ser onerosa ou gratuita. Aquela acontecerá quando o poder concedente tiver o dever de indenizar o concessionário, uma vez que este adquiriu os bens com seu exclusivo capital. Por seu turno, a reversão será gratuita quando a tarifa já tiver levado em conta o ressarcimento do concessionário pelos recursos que empregou na aquisição dos bens, nos termos do art. 36 da Lei nº 8.987/1995.

7.11. Concessões anteriores

De acordo com o art. 42, as concessões de serviço público outorgadas anteriormente à entrada em vigor da Lei nº 8.987/1995 consideram-se válidas pelo prazo fixado no contrato ou no ato de outorga. Vencido o prazo mencionado no contrato

[28] CARVALHO FILHO, José dos Santos. *Manual de Direito Administrativo*. 26. ed. rev., ampl. e atual. São Paulo: Atlas, 2013. p. 411.

ou ato de outorga, o serviço poderá ser prestado por órgão ou entidade do poder concedente, ou delegado a terceiros, mediante novo contrato.

Ainda, o art. 43 estabeleceu que as concessões de serviços públicos outorgadas sem licitação na vigência da CR/1988 ficam extintas. Ademais, ficam também extintas todas as concessões outorgadas sem licitação anteriormente à Constituição de 1988, cujas obras ou serviços não tenham sido iniciados ou que se encontrem paralisados quando da entrada em vigor da Lei de Concessões.

7.12. Dos encargos do poder concedente e da concessionária

Conforme o art. 29 da Lei nº 8.987/1995, incumbe ao poder concedente: (i) – regulamentar o serviço concedido e fiscalizar permanentemente a sua prestação; (ii) aplicar as penalidades regulamentares e contratuais; (iii) intervir na prestação do serviço, nos casos e condições previstos em lei; (iv) extinguir a concessão, nos casos previstos nesta lei e na forma prevista no contrato; (v) homologar reajustes e proceder à revisão das tarifas na forma desta lei, das normas pertinentes e do contrato; (vi) cumprir e fazer cumprir as disposições regulamentares do serviço e as cláusulas contratuais da concessão; (vii) zelar pela boa qualidade do serviço, receber, apurar e solucionar queixas e reclamações dos usuários, que serão cientificados, em até trinta dias, das providências tomadas; (viii) declarar de utilidade pública os bens necessários à execução do serviço ou obra pública, promovendo as desapropriações, diretamente ou mediante outorga de poderes à concessionária, caso em que será desta a responsabilidade pelas indenizações cabíveis; (ix) declarar de necessidade ou utilidade pública, para fins de instituição de servidão administrativa, os bens necessários à execução de serviço ou obra pública, promovendo-a diretamente ou mediante outorga de poderes à concessionária, caso em que será desta a responsabilidade pelas indenizações cabíveis; (x) estimular o aumento da qualidade, produtividade, preservação do meio ambiente e conservação; (xi) incentivar a competitividade; e (xii) estimular a formação de associações de usuários para defesa de interesses relativos ao serviço.

Ademais, nos termos do art. 30, no exercício da fiscalização, o poder concedente terá acesso aos dados relativos à administração, à contabilidade, aos recursos técnicos, econômicos e financeiros da concessionária.

A fiscalização do serviço será feita por intermédio de órgão técnico do poder concedente ou por entidade com ele conveniada, e, periodicamente, conforme previsto em norma regulamentar, por comissão composta de representantes do poder concedente, da concessionária e dos usuários.

Por outro lado, de acordo com o art. 31, são obrigações da concessionária: (i) prestar serviço adequado, na forma prevista nessa lei, nas normas técnicas aplicáveis e no contrato; (ii) manter em dia o inventário e o registro dos bens vinculados à concessão; (iii) prestar contas da gestão do serviço ao poder concedente e aos usuários, nos termos definidos no contrato; (iv) cumprir e fazer cumprir as normas do serviço e as cláusulas contratuais da concessão; (v) permitir aos encarregados da fiscalização livre acesso, em qualquer época, as obras, aos equipamentos e às instalações integrantes do serviço, bem como a seus registros contábeis; (vi) promover as desapropriações e constituir servidões autorizadas pelo poder concedente, conforme previsto no edital e no contrato; (vii) zelar pela integridade dos bens vinculados à prestação do serviço, bem como segurá-los adequadamente; e (viii) captar, aplicar e gerir os recursos financeiros necessários à prestação do serviço.

As contratações, inclusive de mão de obra, feitas pela concessionária serão regidas pelas disposições de direito privado e pela legislação trabalhista, não se estabelecendo qualquer relação entre os terceiros contratados pela concessionária e o poder concedente.

7.13. Dos direitos e obrigações dos usuários

De acordo com o art. 7º, sem prejuízo da aplicação do Código de Defesa do Consumidor, conforme já estudado, são direitos e obrigações dos usuários: (i) receber serviço adequado; (ii) receber do poder concedente e da concessionária informações para a defesa de interesses individuais ou coletivos; (iii) obter e utilizar o serviço, com liberdade de escolha entre vários prestadores de serviços, quando for o caso, observadas as normas do poder concedente; (iv) levar ao conhecimento do Poder Público e da concessionária as irregularidades de que tenham conhecimento, referentes ao serviço prestado; (v) comunicar às autoridades competentes os atos ilícitos praticados pela concessionária na prestação do serviço; (vi) contribuir para a permanência das boas condições dos bens públicos através dos quais lhes são prestados os serviços.

Por sua vez, o art. 7º-A estabelece que as concessionárias de serviços públicos, de direito público e privado, nos Estados e no Distrito Federal, são obrigadas a oferecer ao consumidor e ao usuário, dentro do mês de vencimento, o mínimo de seis datas opcionais para escolherem os dias de vencimento de seus débitos.

7.14. Da política tarifária

De acordo com o art. 9º, a tarifa do serviço público concedido será fixada pelo preço da proposta vencedora da licitação e preservada pelas regras de revisão previstas na lei, no edital e no contrato. Pelo § 1º, a tarifa não será subordinada à legislação específica anterior, e, somente nos casos expressamente previstos em lei, sua cobrança poderá ser condicionada à existência de serviço público alternativo e gratuito para o usuário, de modo que o § 2º estabelece que os contratos poderão prever mecanismos de revisão das tarifas, a fim de manter-se o equilíbrio econômico-financeiro.

Importante é a previsão do § 3º, segundo o qual, ressalvados os impostos sobre a renda, a criação, alteração ou extinção de quaisquer tributos ou encargos legais, após a apresentação da proposta, quando comprovado seu impacto, implicará a revisão da tarifa, para mais ou para menos, conforme o caso.

Por seu turno, o § 4º estabelece que, havendo alteração unilateral do contrato que afete o seu inicial equilíbrio econômico-financeiro, o poder concedente deverá restabelecê-lo, concomitantemente à alteração.

Já o § 5º prevê que a concessionária deverá divulgar em seu sítio eletrônico, de forma clara e de fácil compreensão pelos usuários, tabela com o valor das tarifas praticadas e a evolução das revisões ou reajustes realizados nos últimos cinco anos.

Como todo contrato, nos termos do art. 10, sempre que forem atendidas as condições do contrato, considera-se mantido seu equilíbrio econômico-financeiro.

8. PERMISSÃO DE SERVIÇO PÚBLICO

8.1. Conceito

De acordo com o art. 2º, IV, da Lei de Concessões, considera-se permissão de serviço público a delegação, a **título precário**, **mediante licitação**, da prestação de serviços públicos, feita pelo poder concedente a **pessoa física ou jurídica** que demonstre capacidade para seu desempenho, por sua conta e risco.

Com a Constituição de 1988 e com a Lei nº 8.987/1995, a licitação é necessária para realização de uma permissão de serviço público. Nesse sentido, o STF[29] entende que é inconstitucional — por violar o art. 175, *caput*, da CF/1988 — lei estadual que, em caso de não realização de nova licitação, prorroga automaticamente contratos de permissão de transporte rodoviário alternativo intermunicipal de passageiros e restaura a vigência de permissões vencidas.

A realização de uma licitação anterior pela Administração Pública para selecionar permissionários não justifica a renovação automática dessas permissões sem a necessidade de um novo processo licitatório. É essencial entender que a licitação é um procedimento obrigatório. Portanto, ao término do período concedido para a exploração do serviço pelo permissionário, a renovação desse contrato sem uma nova licitação, mesmo que prevista por lei, não é permitida.

8.2. Natureza jurídica

Com o advento da CR/1988 e da Lei nº 8.987/1995, as permissões de serviço público passaram a ter natureza jurídica contratual, de contrato de adesão.[30]

8.3. Diferenças entre a concessão e a permissão

Visto que a CR/1988 e a Lei nº 8.987/1995 firmaram posição de que a permissão também possuiria natureza de contrato administrativo, pouco há de se diferenciar entre a concessão e a permissão de serviço público. Analisando o texto legal, pode-se dizer que há apenas duas diferenças entre os institutos.

A primeira diferença reside no sujeito que pode ser um concessionário ou permissionário. De acordo com o art. 2º, II e III, da Lei nº 8.987/1995, a concessão poderá

29 ADI 7.241/PI, Rel. Min. Dias Toffoli, julgamento virtual finalizado em 23.02.2024.

30 Dessa forma, decidiu o STF na ADI 1.491/1998, 08.05.2014.

ser celebrada com um consórcio de empresas ou com uma pessoa jurídica. Por sua vez, o art. 2º, IV, da mesma lei, estabelece que a permissão poderá ser celebrada com uma pessoa jurídica ou uma pessoa física.

Já a segunda diferença está na precariedade que a permissão possui e a concessão não. Contudo, observe que essa precariedade é discutida doutrinariamente. Conforme vários doutrinadores,[31] não há que se falar em precariedade da permissão, exatamente por ser considerada contrato administrativo.

8.4. Aplicação das regras de concessão

Há de se falar que todas as regras aplicáveis à concessão serão aplicáveis à permissão, nos termos do art. 40, parágrafo único, da Lei de Concessões.

9. AUTORIZAÇÃO DE SERVIÇO PÚBLICO

A autorização é um ato administrativo **precário, unilateral e discricionário** que tem como função consentir com o uso de um bem público ou viabilizar a prática de uma atividade por um particular, caso em que é chamada de autorização de serviço público. Por ser ato discricionário, não gera direito subjetivo e por ser precário, pode ser revogado a qualquer tempo sem direito à indenização.

Concessão de serviço público	Permissão de serviço público	Autorização de serviço público
PJ ou consórcio de empresas	PJ ou PF	PJ ou PF
Licitação – concorrência	Licitação	Não há licitação
Contrato administrativo comum (não se pode olvidar que é também um contrato de adesão)	Contrato de adesão	Ato administrativo unilateral e discricionário
Não é precário – haverá indenização se houver revogação	É precário – portanto, eventual revogação não enseja indenização	É precário – portanto, eventual revogação não enseja indenização
Prazo determinado	Prazo determinado	Prazo determinado

Importante entendimento do STF refere-se à constitucionalidade de dispositivo de lei federal que altera o regime de outorga da prestação regular de serviços de transporte terrestre coletivo de passageiros desvinculados da exploração de obras de

[31] CARVALHO FILHO, José dos Santos. *Manual de Direito Administrativo*. 26. ed. rev., ampl. e atual. São Paulo: Atlas, 2013; DI PIETRO, Maria Sylvia Zanella. *Direito Administrativo*. 25. ed. São Paulo: Atlas, 2012.

infraestrutura, permitindo sua realização mediante mera autorização estatal, sem a necessidade de licitação prévia, desde que cumpridos requisitos específicos. De acordo com o STF, a Constituição Federal selecionou setores nos quais atividades podem ser compartilhadas por vários agentes, sem comprometer a continuidade, a atualidade e a adequação dos serviços públicos. Assim, **a dispensa de licitação não significa que a seleção das transportadoras será menos rigorosa**. Ao permitir a descentralização operacional, a **escolha política visa aumentar a competitividade em favor do consumidor e alocar recursos de forma mais eficiente, o que beneficia toda a sociedade**. Isso ocorre porque a maior oferta de provedores de serviços contribui para a universalização dos serviços, garantindo o acesso a destinos e rotas mais remotos, reduzindo as desigualdades regionais e promovendo o desenvolvimento nacional, além de favorecer a integração política e cultural dos povos da América Latina, conforme dispõe o art. 4º, parágrafo único, da CR/1988.[32]

10. CONCESSÕES ESPECIAIS

10.1. Conceitos importantes

A Parceria Público-Privada (PPP) é regulada pela Lei nº 11.079/2004, que afirma ser aplicável aos órgãos da Administração Pública direta dos Poderes Executivo e Legislativo, aos fundos especiais, às autarquias, às fundações públicas, às empresas públicas, às sociedades de economia mista e às demais entidades controladas direta ou indiretamente pela União, pelos estados, pelo Distrito Federal e pelos municípios.

Observe, portanto, que há uma exclusão expressa da celebração das PPPs no âmbito do Poder Judiciário.

Veja que a legislação e a doutrina permitem a utilização de parcerias público-privadas somente quando não é viável a delegação convencional de serviços, conforme previsto na Lei nº 8.987/1995. Essa viabilidade está relacionada à capacidade do projeto de se sustentar por si só, sem necessidade de subsídios governamentais. Dessa forma, a utilização dos mecanismos de PPP se restringe aos casos em que o projeto requer algum tipo de subsídio, como é o caso da conservação de presídios. Por outro lado, projetos financeiramente viáveis, como os pedágios, são delegados por meio das concessões comuns previstas na Lei nº 8.987/1995.

De acordo com o art. 2º da Lei nº 11.079/2004, considera-se parceria público-privada o contrato administrativo de concessão, na modalidade patrocinada ou administrativa. A PPP patrocinada, nos termos do § 1º do mesmo artigo legal, é a concessão de serviços públicos ou de obras públicas de que trata a Lei nº 8.987/1995, quando envolve, adicionalmente à tarifa cobrada dos usuários, contraprestação pecuniária do parceiro público ao parceiro privado.

---

32 ADI 5.549/DF, Rel. Min. Luiz Fux, julgamento finalizado em 29.03.2023; ADI 6.270/DF, Rel. Min. Luiz Fux, julgamento finalizado em 29.03.2023.

Diante do conceito legal, observe que a PPP patrocinada é a concessão comum, prevista na Lei nº 8.987/1995, à qual é adicionada a contraprestação pecuniária do parceiro público. Note que, de acordo com o art. 2º, § 3º, da Lei nº 11.079/2004, não será PPP patrocinada, quando não houver a contraprestação pecuniária do parceiro público ao parceiro privado.

Ademais, consoante o art. 7º, a contraprestação da Administração Pública será, obrigatoriamente, precedida da disponibilização do serviço objeto do contrato de parceria público-privada. Dessa forma, o pagamento feito pela Administração não pode ocorrer antes da disponibilização do serviço, sob pena de ilegalidade da medida.

A contraprestação da Administração Pública nos contratos de parceria público--privada poderá ser feita por:

I. ordem bancária;
II. cessão de créditos não tributários;
III. outorga de direitos em face da Administração Pública;
IV. outorga de direitos sobre bens públicos dominicais;
V. outros meios admitidos em lei.

Pode-se dar como exemplo de concessões patrocinadas a concessão de uma linha de metrô e de um estacionamento.

Por sua vez, a PPP administrativa é o contrato de prestação de serviços de que a Administração Pública seja a usuária direta ou indireta, ainda que envolva execução de obra ou fornecimento e instalação de bens.

Observe que essa PPP administrativa vai residir em áreas como segurança pública, habitação e saneamento básico. Dessa forma, pode-se dar como exemplo a concessão para remoção de lixo, bem como a construção e o gerenciamento de presídios.

10.2. Vedações legais

Importante artigo da Lei nº 11.079/2004 é o art. 2º, § 4º, o qual estabelece:

É vedada a celebração de contrato de parceria público-privada:

I. cujo valor do contrato seja inferior a R$ 10.000.000,00 (dez milhões de reais);
II. cujo período de prestação do serviço seja inferior a 5 (cinco) anos; ou
III. que tenha como objeto único o fornecimento de mão de obra, o fornecimento e instalação de equipamentos ou a execução de obra pública.

Desse modo, faz-se importante observar que o valor mínimo de uma PPP é R$ 10 milhões. A duração do contrato deve ser de 5 a 35 anos, incluindo eventual prorrogação, nos termos do art. 5º, I, da Lei de PPP.

Ademais, não pode haver uma PPP que tenha como objeto único o fornecimento de mão de obra e de instalação de equipamentos, bem como não pode haver uma PPP cujo objeto seja uma execução de obra pública. Em outras palavras, o objeto de uma PPP deve ser complexo, isto é, caso haja uma obra ou outra atividade, é preciso que esteja atrelada à prestação de um serviço público. Nesse sentido, o STF entendeu ser inconstitucional – por invadir a competência privativa da União para legislar sobre normas gerais de licitação e contrato (art. 22, XXVII, da CR/1988) – norma municipal que autoriza a celebração de contrato de parcerias público-privadas para a execução de obra pública desvinculada de qualquer serviço público ou social. Isso porque a Lei nº 11.079/2004 veda expressamente a celebração desse tipo de contrato quando o único objeto é a execução de obra pública sem vinculação à prestação de serviço público ou social.[33]

10.3. Diretrizes legais

As diretrizes para uma PPP estão previstas no art. 4º da Lei nº 11.079/2004, que assim estabelece:

> Art. 4º Na contratação de parceria público-privada serão observadas as seguintes diretrizes:
>
> I – eficiência no cumprimento das missões de Estado e no emprego dos recursos da sociedade;
>
> II – respeito aos interesses e direitos dos destinatários dos serviços e dos entes privados incumbidos da sua execução;
>
> III – indelegabilidade das funções de regulação, jurisdicional, do exercício do poder de polícia e de outras atividades exclusivas do Estado;
>
> IV – responsabilidade fiscal na celebração e execução das parcerias;
>
> V – transparência dos procedimentos e das decisões;
>
> VI – repartição objetiva de riscos entre as partes;
>
> VII – sustentabilidade financeira e vantagens socioeconômicas dos projetos de parceria.

Algumas dessas diretrizes merecem comentários mais detalhados.

Observe o previsto no inciso VI do referido artigo. Ele estabelece o compartilhamento dos riscos. O que a lei propôs é que o parceiro público se solidarize com o parceiro privado, em eventual prejuízo, mesmo que decorrido de caso fortuito, força maior, fato do príncipe e álea econômica, conforme o art. 5º, III.

Atente-se também para o inciso III, que estabelece a indelegabilidade das funções exclusivas de Estado, como a função jurisdicional e o exercício do poder de polícia. Tais atividades não podem ser delegadas ao particular.

Ademais, perceba o Enunciado nº 34 do CJF: "Nos contratos de concessão e PPP, o reajuste contratual para reposição do valor da moeda no tempo é automático e deve ser aplicado independentemente de alegações do Poder Público sobre descum-

---

33 ADPF 282/RO, Rel. Min. Gilmar Mendes, julgamento virtual finalizado em 12.05.2023.

primentos contratuais ou desequilíbrio econômico-financeiro do contrato, os quais devem ser apurados em processos administrativos próprios para este fim, nos quais serão garantidos ao parceiro privado os direitos ao contraditório e à ampla defesa".

10.4. Garantias

De acordo com o art. 8º da Lei nº 11.079/2004, as obrigações pecuniárias contraídas pela Administração Pública em contrato de parceria público-privada poderão ser garantidas mediante:

I. vinculação de receitas, observado o disposto no inciso IV do art. 167 da Constituição Federal;
II. instituição ou utilização de fundos especiais previstos em lei;
III. contratação de seguro-garantia com as companhias seguradoras que não sejam controladas pelo Poder Público;
IV. garantia prestada por organismos internacionais ou instituições financeiras;
V. garantias prestadas por fundo garantidor ou empresa estatal criada para essa finalidade;
VI. outros mecanismos admitidos em lei.

10.5. Licitações nas PPPs

De acordo com o art. 10, a contratação de parceria público-privada será precedida de licitação na modalidade **concorrência ou diálogo competitivo**, estando a abertura do processo licitatório condicionada a:

I. autorização da autoridade competente, fundamentada em estudo técnico que demonstre: (a) a conveniência e a oportunidade da contratação, mediante identificação das razões que justifiquem a opção pela forma de parceria público-privada; (b) que as despesas criadas ou aumentadas não afetarão as metas de resultados fiscais previstas no Anexo referido no § 1º do art. 4º da Lei Complementar nº 101, de 4 de maio de 2000, devendo seus efeitos financeiros, nos períodos seguintes, ser compensados pelo aumento permanente de receita ou pela redução permanente de despesa; e (c) quando for o caso, conforme as normas editadas na forma do art. 25 da Lei nº 8.987/1995, a observância dos limites e condições decorrentes da aplicação dos arts. 29, 30 e 32 da Lei Complementar nº 101, de 4 de maio de 2000, pelas obrigações contraídas pela Administração Pública relativas ao objeto do contrato;

Atente-se que, consoante o § 1º do art. 10, a comprovação referida nas alíneas *b* e *c* do inciso I do *caput* desse artigo conterá as premissas e metodologia de cálculo utilizadas, observadas as normas gerais para consolidação das contas públicas, sem prejuízo do exame de compatibilidade das despesas com as demais normas do plano plurianual e da lei de diretrizes orçamentárias.

II. elaboração de estimativa do impacto orçamentário-financeiro nos exercícios em que deva vigorar o contrato de parceria público-privada;
III. declaração do ordenador da despesa de que as obrigações contraídas pela Administração Pública no decorrer do contrato são compatíveis com a lei de diretrizes orçamentárias e estão previstas na lei orçamentária anual;
IV. estimativa do fluxo de recursos públicos suficientes para o cumprimento, durante a vigência do contrato e por exercício financeiro, das obrigações contraídas pela Administração Pública;

De acordo com o § 2º, sempre que a assinatura do contrato ocorrer em exercício diverso daquele em que for publicado o edital, deverá ser precedida da atualização dos estudos e das demonstrações a que se referem os itens I a IV *supra*.

V. seu objeto estar previsto no plano plurianual em vigor no âmbito onde o contrato será celebrado;
VI. submissão da minuta de edital e de contrato à consulta pública, mediante publicação na imprensa oficial, em jornais de grande circulação e por meio eletrônico, que deverá informar a justificativa para a contratação, a identificação do objeto, o prazo de duração do contrato, seu valor estimado, fixando-se prazo mínimo de 30 (trinta) dias para recebimento de sugestões, cujo termo dar-se-á pelo menos 7 (sete) dias antes da data prevista para a publicação do edital; e
VII. licença ambiental prévia ou expedição das diretrizes para o licenciamento ambiental do empreendimento, na forma do regulamento, sempre que o objeto do contrato exigir.

Importante disposição se refere ao art. 10, § 3º, segundo o qual **as concessões patrocinadas em que mais de 70% (setenta por cento) da remuneração do parceiro privado for paga pela Administração Pública dependerão de autorização legislativa específica**.

Pelo § 4º, os estudos de engenharia para a definição do valor do investimento da PPP deverão ter nível de detalhamento de anteprojeto, e o valor dos investimentos para definição do preço de referência para a licitação será calculado com base em valores de mercado considerando o custo global de obras semelhantes no Brasil ou no exterior ou com base em sistemas de custos que utilizem como insumo valores de mercado do setor específico do projeto, aferidos, em qualquer caso, mediante orçamento sintético, elaborado por meio de metodologia expedita ou paramétrica.

Pelo art. 11, o instrumento convocatório conterá minuta do contrato, indicará expressamente a submissão da licitação às normas dessa lei e observará, no que couber, os §§ 3º e 4º do art. 15, os arts. 18, 19 e 21 da Lei nº 8.987, de 13 de fevereiro de 1995, podendo ainda prever:

a) exigência de garantia de proposta do licitante, observado o limite do inciso III do art. 31 da Lei nº 8.666, de 21 de junho de 1993;
b) o emprego dos mecanismos privados de resolução de disputas, inclusive a arbitragem, a ser realizada no Brasil e em língua portuguesa, nos termos da Lei nº 9.307, de 23 de setembro de 1996, para dirimir conflitos decorrentes ou relacionados ao contrato.

Ademais o parágrafo único estabelece que o edital deverá especificar, quando houver, as garantias da contraprestação do parceiro público a serem concedidas ao parceiro privado.

De acordo com o art. 12 da Lei nº 11.079/2004, o certame para a contratação de parcerias público-privadas obedecerá ao procedimento previsto na legislação vigente sobre licitações e contratos administrativos e também ao seguinte:

I. O julgamento poderá ser precedido de etapa de qualificação de propostas técnicas, desclassificando-se os licitantes que não alcançarem a pontuação mínima, os quais não participarão das etapas seguintes.
II. O julgamento poderá adotar como critérios, além dos previstos nos incisos I e V do art. 15 da Lei nº 8.987, de 13 de fevereiro de 1995, os seguintes:
   a) menor valor da contraprestação a ser paga pela Administração Pública;
   b) melhor proposta em razão da combinação do critério da alínea *a* com o de melhor técnica, de acordo com os pesos estabelecidos no edital;
III. O edital definirá a forma de apresentação das propostas econômicas, admitindo-se:
   a) propostas escritas em envelopes lacrados; ou
   b) propostas escritas, seguidas de lances em viva voz.

Nesse caso de propostas escritas seguidas de lances, deve-se observar ainda que os lances em viva voz serão sempre oferecidos na ordem inversa da classificação das propostas escritas, sendo vedado ao edital limitar a quantidade de lances, bem como o edital poderá restringir a apresentação de lances em viva voz aos licitantes cuja proposta escrita for no máximo 20% (vinte por cento) maior que o valor da melhor proposta.

IV. O edital poderá prever a possibilidade de saneamento de falhas, de complementação de insuficiências ou ainda de correções de caráter formal no curso do procedimento, desde que o licitante possa satisfazer as exigências dentro do prazo fixado no instrumento convocatório.

Para o § 2º, o exame de propostas técnicas, para fins de qualificação ou julgamento, será feito por ato motivado, com base em exigências, parâmetros e indicadores de resultado pertinentes ao objeto, definidos com clareza e objetividade no edital.

Conforme o art. 13, o edital poderá prever a inversão da ordem das fases de habilitação e julgamento, hipótese em que:

I. encerrada a fase de classificação das propostas ou o oferecimento de lances, será aberto o invólucro com os documentos de habilitação do licitante mais bem classificado, para verificação do atendimento das condições fixadas no edital;
II. verificado o atendimento das exigências do edital, o licitante será declarado vencedor;
III. inabilitado o licitante melhor classificado, serão analisados os documentos habilitatórios do licitante com a proposta classificada em 2º (segundo) lugar, e assim, sucessivamente, até que um licitante classificado atenda às condições fixadas no edital;
IV. proclamado o resultado final do certame, o objeto será adjudicado ao vencedor nas condições técnicas e econômicas por ele ofertadas.

10.6. Dos contratos de PPPs

De acordo com o art. 5º, as cláusulas dos contratos de parceria público-privada atenderão ao disposto no art. 23 da Lei nº 8.987/1995, no que couber, devendo também prever:

I. o prazo de vigência do contrato, compatível com a amortização dos investimentos realizados, não inferior a 5 (cinco), nem superior a 35 (trinta e cinco) anos, incluindo eventual prorrogação;
II. as penalidades aplicáveis à Administração Pública e ao parceiro privado em caso de inadimplemento contratual, fixadas sempre de forma proporcional à gravidade da falta cometida, e às obrigações assumidas;
III. a repartição de riscos entre as partes, inclusive os referentes a caso fortuito, força maior, fato do príncipe e álea econômica extraordinária;
IV. as formas de remuneração e de atualização dos valores contratuais;
V. os mecanismos para a preservação da atualidade da prestação dos serviços;
VI. os fatos que caracterizem a inadimplência pecuniária do parceiro público, os modos e o prazo de regularização e, quando houver, a forma de acionamento da garantia;
VII. os critérios objetivos de avaliação do desempenho do parceiro privado;
VIII. a prestação, pelo parceiro privado, de garantias de execução suficientes e compatíveis com os ônus e riscos envolvidos, observados os limites dos §§ 3º e 5º do art. 56 da Lei nº 8.666, de 21 de junho de 1993, e, no que se

refere às concessões patrocinadas, o disposto no inciso XV do art. 18 da Lei nº 8.987, de 13 de fevereiro de 1995;

IX. o compartilhamento com a Administração Pública de ganhos econômicos efetivos do parceiro privado decorrentes da redução do risco de crédito dos financiamentos utilizados pelo parceiro privado;

X. a realização de vistoria dos bens reversíveis, podendo o parceiro público reter os pagamentos ao parceiro privado, no valor necessário para reparar as irregularidades eventualmente detectadas.

XI. o cronograma e os marcos para o repasse ao parceiro privado das parcelas do aporte de recursos, na fase de investimentos do projeto e/ou após a disponibilização dos serviços, sempre que verificada a hipótese do § 2º do art. 6º da Lei.

Atente-se que o § 1º estabelece que as cláusulas contratuais de atualização automática de valores baseadas em índices e fórmulas matemáticas, quando houver, serão aplicadas sem necessidade de homologação pela Administração Pública, exceto se esta publicar, na imprensa oficial, onde houver, até o prazo de 15 (quinze) dias após apresentação da fatura, razões fundamentadas na lei ou no contrato para a rejeição da atualização.

Ademais, pelo § 2º, os contratos poderão prever adicionalmente:

I. os requisitos e as condições em que o parceiro público autorizará a transferência do controle ou a administração temporária da sociedade de propósito específico aos seus financiadores e garantidores com quem não mantenha vínculo societário direto, com o objetivo de promover a sua reestruturação financeira e assegurar a continuidade da prestação dos serviços, não se aplicando para este efeito o previsto no inciso I do parágrafo único do art. 27 da Lei nº 8.987/1995;

Nesse ponto, importante o art. 5º-A, que estabelece que se considera (1) o controle da sociedade de propósito específico a propriedade resolúvel de ações ou quotas por seus financiadores e garantidores que atendam aos requisitos do art. 116 da Lei nº 6.404/1976, bem como (2) a administração temporária da sociedade de propósito específico, pelos financiadores e garantidores quando, sem a transferência da propriedade de ações ou quotas, forem outorgados os seguintes poderes: (a) indicar os membros do Conselho de Administração, a serem eleitos em Assembleia Geral pelos acionistas, nas sociedades anônimas ou administradores, a serem eleitos pelos quotistas, nas demais sociedades; (b) indicar os membros do Conselho Fiscal, a serem eleitos pelos acionistas ou quotistas controladores em Assembleia Geral; (c) exercer poder de veto sobre qualquer proposta submetida à votação dos acionistas ou quotistas da concessionária, que representem, ou possam representar, prejuízos; (d) outros poderes que se fizer necessário.

Atente-se que a administração temporária autorizada pelo poder concedente não acarretará responsabilidade aos financiadores e garantidores em relação a tributação, encargos, ônus, sanções, obrigações ou compromissos com terceiros, inclusive com o poder concedente ou empregados, de modo que o poder concedente disciplinará sobre o prazo da administração temporária.

II. a possibilidade de emissão de empenho em nome dos financiadores do projeto em relação às obrigações pecuniárias da Administração Pública;

III. a legitimidade dos financiadores do projeto para receber indenizações por extinção antecipada do contrato, bem como pagamentos efetuados pelos fundos e empresas estatais garantidores de parcerias público-privadas.

10.7. Remuneração variável e aporte de recursos

O art. 6º, § 1º, estabelece que o contrato poderá prever o pagamento ao parceiro privado de **remuneração variável vinculada ao seu desempenho**, conforme metas e padrões de qualidade e disponibilidade definidos no contrato.

Por sua vez, o art. 6º, § 2º, da Lei nº 11.079/2004 estabelece que o contrato poderá prever o **aporte de recursos** em favor do parceiro privado para a realização de obras e aquisição de bens reversíveis, desde que haja autorização no edital de licitação.

Atente-se que esses aportes, na prática, permitiriam reduzir os custos financeiros do projeto. Há uma combinação mais adequada entre os recursos públicos e privados.

O valor do aporte de recursos realizado nos termos do § 2º poderá ser excluído da determinação:

I. do lucro líquido para fins de apuração do lucro real e da base de cálculo da Contribuição Social sobre o Lucro Líquido (CSLL);

II. da base de cálculo da Contribuição para o PIS/Pasep e da Contribuição para o Financiamento da Seguridade Social (Cofins);

III. da base de cálculo da Contribuição Previdenciária sobre a Receita Bruta (CPRB) devida pelas empresas referidas nos arts. 7º e 8º da Lei nº 12.546, de 14 de dezembro de 2011, a partir de 1º de janeiro de 2015.

Por ocasião da extinção do contrato, o parceiro privado não receberá indenização pelas parcelas de investimentos vinculados a bens reversíveis ainda não amortizadas ou depreciadas, quando tais investimentos houverem sido realizados com valores provenientes do aporte de recursos.

Atente-se, por fim, que o aporte de recursos, quando realizado durante a fase dos investimentos a cargo do parceiro privado, deverá guardar proporcionalidade com as etapas efetivamente executadas.

10.8. Sociedade de propósito específico

De acordo com o art. 9º da Lei das PPPs, antes da celebração do contrato, deverá ser constituída sociedade de propósito específico, incumbida de implantar e gerir o objeto da parceria. A SPE é uma pessoa jurídica de direito privado.

Dessa forma, o licitante vencedor deverá instituir essa sociedade de propósito específico, a qual irá assinar o contrato das PPPs com o poder concedente.

A sociedade de propósito específico poderá assumir a forma de companhia aberta, com valores mobiliários admitidos a negociação no mercado.

No caso de transferência do controle da sociedade de propósito específico, essa situação estará condicionada à autorização expressa da Administração Pública, nos termos do edital e do contrato. Ademais, deve-se observar o estabelecido no art. 27, parágrafo único, da Lei nº 8.987/1995, que estabelece requisitos relativos à capacidade técnica, à idoneidade financeira e à regularidade jurídica e fiscal, que habilitem à execução do contrato.

Por fim, fica vedado à Administração Pública ser titular da maioria do capital votante dessas sociedades.

10.9. Das disposições aplicáveis à União e o Fundo Garantidor das Parcerias (FGP)

De acordo com o art. 14 da Lei nº 11.079/2004, será instituído, por decreto, órgão gestor de parcerias público-privadas federais, com competência para: (i) definir os serviços prioritários para execução no regime de parceria público-privada; (ii) disciplinar os procedimentos para celebração desses contratos; (iii) autorizar a abertura da licitação e aprovar seu edital; (iv) apreciar os relatórios de execução dos contratos.

O órgão gestor será composto de indicação nominal de um representante titular e respectivo suplente de cada um dos seguintes órgãos:

I. Ministério do Planejamento, Orçamento e Gestão, ao qual cumprirá a tarefa de coordenação das respectivas atividades;
II. Ministério da Fazenda;
III. Casa Civil da Presidência da República.

Das reuniões do órgão gestor para examinar projetos de parceria público-privada participará um representante do órgão da Administração Pública direta cuja área de competência seja pertinente ao objeto do contrato em análise.

Para deliberação do órgão gestor sobre a contratação de parceria público-privada, o expediente deverá estar instruído com pronunciamento prévio e fundamentado:

I. do Ministério do Planejamento, Orçamento e Gestão, sobre o mérito do projeto;
II. do Ministério da Fazenda, quanto à viabilidade da concessão da garantia e à sua forma, relativamente aos riscos para o Tesouro Nacional e ao cumprimento do limite de que trata o art. 22 da lei.[34]

[34] Art. 22 estabelece a União somente poderá contratar parceria público-privada quando a soma das despesas de caráter continuado derivadas do conjunto das parcerias já contratadas não tiver excedido, no ano

Para o desempenho de suas funções, o órgão gestor poderá criar estrutura de apoio técnico com a presença de representantes de instituições públicas, de modo que remeterá ao Congresso Nacional e ao Tribunal de Contas da União, com periodicidade anual, relatórios de desempenho dos contratos de parceria público-privada.

Para fins do atendimento da transparência dos procedimentos e das decisões, ressalvadas as informações classificadas como sigilosas, os relatórios serão disponibilizados ao público, por meio de rede pública de transmissão de dados.

Por sua vez, o art. 14-A estabelece que a Câmara dos Deputados e o Senado Federal, por meio de atos das respectivas mesas, poderão dispor sobre a matéria de que trata o art. 14 no caso de parcerias público-privadas por eles realizadas, mantida a competência do Ministério da Fazenda quanto à viabilidade da concessão da garantia e à sua forma, relativamente aos riscos para o Tesouro Nacional e ao cumprimento do limite de que trata o art. 22 da lei.

De acordo com o art. 15, compete aos ministérios e às agências Reguladoras, nas suas respectivas áreas de competência, submeter o edital de licitação ao órgão gestor, proceder à licitação, acompanhar e fiscalizar os contratos de parceria público-privada, de modo que encaminharão ao órgão gestor, com periodicidade semestral, relatórios circunstanciados acerca da execução dos contratos de parceria público-privada, na forma definida em regulamento.

Importante são as disposições constantes no art. 16. Pelo dispositivo, ficam a União, seus fundos especiais, suas autarquias, suas fundações públicas e suas empresas estatais dependentes autorizadas a participar, no limite global de R$ 6.000.000.000,00 (seis bilhões de reais), em **Fundo Garantidor de Parcerias Público-Privadas (FGP)** que terá por finalidade prestar garantia de pagamento de obrigações pecuniárias assumidas pelos parceiros públicos federais, distritais, estaduais ou municipais em virtude das parcerias.

O FGP terá **natureza privada e patrimônio próprio separado do patrimônio dos cotistas** e será sujeito a direitos e obrigações próprios, de modo que o patrimônio do fundo será formado pelo aporte de bens e direitos realizado pelos cotistas, por meio da integralização de cotas e pelos rendimentos obtidos com sua administração.

Os bens e direitos transferidos ao fundo serão avaliados por empresa especializada, que deverá apresentar laudo fundamentado, com indicação dos critérios de avaliação adotados e instruído com os documentos relativos aos bens avaliados.

A integralização das cotas poderá ser realizada em dinheiro, títulos da dívida pública, bens imóveis dominicais, bens móveis, inclusive ações de sociedade de economia mista federal excedentes ao necessário para manutenção de seu controle pela União, ou outros direitos com valor patrimonial.

---

anterior, a 1% (um por cento) da receita corrente líquida do exercício, e as despesas anuais dos contratos vigentes, nos 10 (dez) anos subsequentes, não excedam a 1% (um por cento) da receita corrente líquida projetada para os respectivos exercícios.

O **FGP responderá por suas obrigações com os bens e direitos integrantes de seu patrimônio, não respondendo os cotistas por qualquer obrigação do fundo**, salvo pela integralização das cotas que subscreverem.

A integralização com bens será feita independentemente de licitação, mediante prévia avaliação e autorização específica do presidente da República, por proposta do Ministro da Fazenda.

O aporte de bens de uso especial ou de uso comum no FGP será condicionado a sua desafetação de forma individualizada.

A capitalização do FGP, quando realizada por meio de recursos orçamentários, dar-se-á por ação orçamentária específica para essa finalidade, no âmbito de encargos financeiros da União.

De acordo com o art. 17, o FGP **será criado, administrado, gerido e representado judicial e extrajudicialmente por instituição financeira controlada, direta ou indiretamente, pela União**.

O estatuto e o regulamento do FGP serão aprovados em assembleia dos cotistas, de modo que a representação da União na assembleia dos cotistas dar-se-á pela Procuradoria da Fazenda Nacional.

Caberá à instituição financeira deliberar sobre a gestão e alienação dos bens e direitos do FGP, zelando pela manutenção de sua rentabilidade e liquidez.

Conforme o art. 18, o estatuto e o regulamento do FGP devem deliberar sobre a política de concessão de garantias, inclusive no que se refere à relação entre ativos e passivos do fundo.

A garantia será prestada na forma aprovada pela assembleia dos cotistas, nas seguintes modalidades: (i) fiança, sem benefício de ordem para o fiador; (ii) penhor de bens móveis ou de direitos integrantes do patrimônio do FGP, sem transferência da posse da coisa empenhada antes da execução da garantia; (III) hipoteca de bens imóveis do patrimônio do FGP; (iv) alienação fiduciária, permanecendo a posse direta dos bens com o FGP ou com agente fiduciário por ele contratado antes da execução da garantia; (v) outros contratos que produzam efeito de garantia, desde que não transfiram a titularidade ou posse direta dos bens ao parceiro privado antes da execução da garantia; (vi) garantia, real ou pessoal, vinculada a um patrimônio de afetação constituído em decorrência da separação de bens e direitos pertencentes ao FGP.

O FGP poderá prestar garantia mediante contratação de instrumentos disponíveis em mercado, inclusive para complementação dessas garantias *supra*.

O FGP poderá prestar contragarantias a seguradoras, instituições financeiras e organismos internacionais que garantirem o cumprimento das obrigações pecuniárias dos cotistas em contratos de parceria público-privada.

A quitação pelo parceiro público de cada parcela de débito garantido pelo FGP importará exoneração proporcional da garantia.

O parceiro privado poderá acionar o FGP nos casos de:

I. crédito líquido e certo, constante de título exigível aceito e não pago pelo parceiro público após 15 (quinze) dias contados da data de vencimento; e

II. débitos constantes de faturas emitidas e não aceitas pelo parceiro público após 45 (quarenta e cinco) dias contados da data de vencimento, desde que não tenha havido rejeição expressa por ato motivado.

A quitação de débito pelo FGP importará sua sub-rogação nos direitos do parceiro privado.

Em caso de inadimplemento, os bens e direitos do fundo poderão ser objeto de constrição judicial e alienação para satisfazer as obrigações garantidas.

O FGP poderá usar parcela da cota da União para prestar garantia aos seus fundos especiais, às suas autarquias, às suas fundações públicas e às suas empresas estatais dependentes.

O FGP é obrigado a honrar faturas aceitas e não pagas pelo parceiro público, de modo que é proibido de pagar faturas rejeitadas expressamente por ato motivado.

O parceiro público deverá informar o FGP sobre qualquer fatura rejeitada e sobre os motivos da rejeição no prazo de 40 (quarenta) dias contado da data de vencimento.

A ausência de aceite ou rejeição expressa de fatura por parte do parceiro público no prazo de 40 (quarenta) dias contado da data de vencimento implicará aceitação tácita.

O agente público que contribuir por ação ou omissão para a aceitação tácita ou que rejeitar fatura sem motivação será responsabilizado pelos danos que causar, em conformidade com a legislação civil, administrativa e penal em vigor.

Por sua vez, o art. 19 estabelece que o FGP não pagará rendimentos a seus cotistas, assegurando-se a qualquer deles o direito de requerer o resgate total ou parcial de suas cotas, correspondente ao patrimônio ainda não utilizado para a concessão de garantias, fazendo-se a liquidação com base na situação patrimonial do fundo.

O art. 20 preceitua que a dissolução do FGP, deliberada pela assembleia dos cotistas, ficará condicionada à prévia quitação da totalidade dos débitos garantidos ou liberação das garantias pelos credores, de modo que, dissolvido o FGP, o seu patrimônio será rateado entre os cotistas, com base na situação patrimonial à data da dissolução.

De acordo com o art. 21, é facultada a constituição de patrimônio de afetação que não se comunicará com o restante do patrimônio do FGP, ficando vinculado exclusivamente à garantia em virtude da qual tiver sido constituído, não podendo ser objeto de penhora, arresto, sequestro, busca e apreensão ou qualquer ato de constrição judicial decorrente de outras obrigações do FGP.

A constituição do patrimônio de afetação será feita por registro em Cartório de Registro de Títulos e Documentos ou, no caso de bem imóvel, no Cartório de Registro Imobiliário correspondente.

Por fim, o art. 22 estabelece que a União somente poderá contratar parceria público-privada quando a soma das despesas de caráter continuado derivadas do conjunto das parcerias já contratadas não tiver excedido, no ano anterior, a 1% (um por cento) da receita corrente líquida do exercício, e as despesas anuais dos contratos vigentes, nos 10 (dez) anos subsequentes, não excedam a 1% (um por cento) da receita corrente líquida projetada para os respectivos exercícios.

11. LEI DE RELICITAÇÃO – LEI Nº 13.448/2017

11.1. Comentários iniciais

A partir da década de 1990, o Brasil deu início a um movimento de reforma estrutural do Estado, buscando um modelo mais ágil, eficiente e competitivo. Esse processo foi marcado pela privatização de empresas estatais e pela concessão de serviços públicos em setores estratégicos, como transporte, energia e telecomunicações. Nesse contexto, houve uma mudança significativa na atuação do Estado, que deixou de ser o principal prestador direto de serviços para assumir o papel de regulador, delegando à iniciativa privada a execução de diversas atividades de infraestrutura.

Contudo, essa transformação não ocorreu de forma totalmente planejada. Durante a década de 1990, o Poder Público perdeu parte de sua capacidade de planejamento e execução de projetos de infraestrutura. Grandes concessões de ativos, como rodovias federais, foram realizadas antes mesmo da criação de um arcabouço regulatório adequado. Foi apenas com a promulgação da Lei de Concessões (Lei nº 8.987/1995) e a criação de agências reguladoras, como a Agência Nacional de Transportes Terrestres (ANTT) e a Agência Nacional de Transportes Aquaviários (ANTAQ), em 2002, após a Lei nº 10.233/2001, que se tentou suprir essa lacuna regulatória. Idealmente, a estrutura regulatória deveria ter precedido a delegação dos serviços, o que teria permitido uma melhor organização e supervisão das concessões.

A ausência de um marco regulatório robusto e a pressa em realizar concessões geraram desafios significativos. Concessões de longo prazo, por sua própria natureza, demandam uma análise criteriosa e um planejamento detalhado. A falta de estudos aprofundados e a celebração de contratos mal elaborados resultaram em concessões economicamente inviáveis, comprometendo a sustentabilidade de vários projetos. Além disso, houve uma evidente desarmonia entre os interesses políticos, que frequentemente visavam resultados rápidos, e os interesses técnicos, que buscavam soluções mais estruturadas e sustentáveis. A falta de diálogo com o mercado e a sociedade também agravou a situação, gerando concessões que, desde o início, já apresentavam grandes desafios de execução.

Em resposta a esses problemas, em 2016, o governo federal, por meio do Programa de Parcerias de Investimentos (PPI), introduziu a Medida Provisória 752, com o objetivo de solucionar os entraves históricos no setor de infraestrutura e promover novos investimentos. A justificativa da MP 752 destacava que o aumento de investimentos em infraestrutura era essencial para a retomada do crescimento econômico do Brasil, especialmente diante da necessidade de modernização dos ativos existentes.

Apesar dessa iniciativa, os resultados não foram plenamente satisfatórios. Quatro anos após a edição da MP 752/2016, os avanços no setor de infraestrutura ainda eram limitados. Embora tenha havido alguns progressos, como a prorrogação de concessões de ferrovias e rodovias, o número de ativos que passaram pelo processo de relicitação foi inferior ao esperado. Essa situação se tornou ainda mais preocupante diante da urgência por investimentos, exacerbada pela pandemia de covid-19, que reforçou a importância de uma infraestrutura sólida e funcional.

A relicitação, prevista pela Lei nº 13.448/2017, se apresentou como um mecanismo inovador para enfrentar os desafios das concessões inviáveis. Essa lei introduziu a possibilidade de rescisão amigável dos contratos de concessão problemáticos, permitindo que novos contratos fossem firmados sob condições atualizadas, por meio de novos processos licitatórios. Esse instrumento tem como objetivo assegurar a continuidade dos serviços públicos essenciais e evitar a caducidade das concessões, um processo que, além de demorado, prejudica diretamente os usuários dos serviços.

A Lei nº 13.448/2017 estabeleceu dois pilares fundamentais para o processo de relicitação: a extinção amigável dos contratos, que deve ocorrer mediante acordo entre o poder concedente e a concessionária, e a garantia de continuidade dos serviços, sem interrupções que afetem os usuários. Esse processo é aplicável especialmente às concessões em que as concessionárias enfrentem dificuldades para cumprir suas obrigações contratuais, permitindo a transição para um novo operador que tenha melhores condições de garantir a prestação eficiente dos serviços.

A relicitação envolve duas etapas principais. A primeira é a devolução do ativo pela concessionária original, que, ao aderir ao processo de relicitação, se compromete a seguir com o acordo até a conclusão. A segunda etapa é a escolha de um novo concessionário, que se dará por meio de uma nova licitação. Durante todo o processo, o poder concedente tem a responsabilidade de garantir a continuidade dos serviços até que o novo contrato seja firmado e o novo operador assuma a gestão do ativo.

A relicitação requer, ainda, a elaboração de estudos técnicos detalhados que assegurem a viabilidade econômica e operacional da nova concessão, evitando os erros do passado. Trata-se de uma tentativa de corrigir falhas estruturais nas concessões anteriores e criar um ambiente mais seguro e atraente para os investidores, garantindo ao mesmo tempo a prestação eficiente e ininterrupta dos serviços públicos, que são essenciais para o desenvolvimento econômico e social do país.

Essa medida, se bem implementada, pode representar uma solução para os desafios históricos do setor de infraestrutura, fornecendo uma base mais estável para os futuros investimentos e contribuindo para a modernização e eficiência da infraestrutura brasileira.

Ademais, de acordo com o STF[35], as normas estabelecidas pela Lei da Relicitação para a prorrogação antecipada de contratos de concessão são compatíveis com os princípios constitucionais da eficiência, razoabilidade, impessoalidade, moralidade e competitividade. Essas regras complementam os requisitos previstos na legislação

[35] STF. Plenário. ADI 5991 MC/DF, Rel. Min. Cármen Lúcia, j. 20.02.2020.

geral (Lei nº 8.987/1995), que regula o regime de concessão de serviços públicos, exigindo regularidade, continuidade, eficiência, segurança e modicidade tarifária. Cada prorrogação é avaliada de forma individual e sujeita à fiscalização da agência reguladora competente. Além disso, o processo de prorrogação inclui a realização de consulta pública e o envio do termo aditivo ao Tribunal de Contas da União (TCU) para análise e aprovação final.

A partir daqui, serão feitos comentários à literalidade da legislação.

De acordo com o art. 1º, a Lei estabelece diretrizes gerais para prorrogação e relicitação dos contratos de parceria, nos **setores rodoviário, ferroviário e aeroportuário** da Administração Pública federal.

Pelo art. 2º, a prorrogação e a relicitação aplicam-se apenas a empreendimento público prévia e especificamente qualificado para esse fim no Programa de Parcerias de Investimentos (PPI).

De acordo com o art. 3º, o ministério ou a agência reguladora, na condição de órgão ou de entidade competente, adotará no contrato prorrogado ou relicitado as melhores práticas regulatórias, incorporando novas tecnologias e serviços e, conforme o caso, novos investimentos.

O art. 4º elenca conceitos relevantes para o entendimento da Lei. Assim, considera-se:

I. **prorrogação contratual**: alteração do prazo de vigência do contrato de parceria, expressamente admitida no respectivo edital ou no instrumento contratual original, realizada a critério do órgão ou da entidade competente e de comum acordo com o contratado, em razão do término da vigência do ajuste;

II. **prorrogação antecipada**: alteração do prazo de vigência do contrato de parceria, quando expressamente admitida a prorrogação contratual no respectivo edital ou no instrumento contratual original, realizada a critério do órgão ou da entidade competente e de comum acordo com o contratado, produzindo efeitos antes do término da vigência do ajuste;

III. **relicitação**: procedimento que compreende a extinção amigável do contrato de parceria e a celebração de novo ajuste negocial para o empreendimento, em novas condições contratuais e com novos contratados, mediante licitação promovida para esse fim.

11.2. Da prorrogação do contrato de parceria

O art. 5º afirma que a prorrogação contratual e a prorrogação antecipada do contrato de parceria nos setores rodoviário e ferroviário observarão as disposições dos respectivos instrumentos contratuais, balizando-se, adicionalmente, pelo disposto na Lei nº 13.448/2017, de modo que as prorrogações poderão ocorrer por provocação de qualquer uma das partes do contrato de parceria e estarão sujeitas à discricionariedade do órgão ou da entidade competente.

Atente-se que, exceto quando houver disposição contratual em contrário, o pedido de prorrogação contratual deverá ser manifestado formalmente ao órgão ou à entidade competente com antecedência mínima de 24 meses, contados do término do contrato originalmente firmado.

Desde que já não tenha sido prorrogado anteriormente, o contrato de parceria poderá ser prorrogado uma única vez, por período igual ou inferior ao prazo de prorrogação originalmente fixado ou admitido no contrato.

As prorrogações deverão ser submetidas previamente a consulta pública pelo órgão ou pela entidade competente, em conjunto com o estudo técnico prévio, de modo que a consulta pública será divulgada na imprensa oficial e na internet e deverá conter a identificação do objeto, a motivação para a prorrogação e as condições propostas, entre outras informações relevantes, fixando-se o prazo mínimo de 45 dias para recebimento de sugestões.

Ademais, encerrada a consulta pública, serão encaminhados ao TCU o estudo técnico prévio, os documentos que comprovem o cumprimento das exigências legais, quando for o caso, e o termo aditivo de prorrogação contratual.

Importante a disposição constante no art. 6º, segundo a qual a prorrogação antecipada ocorrerá por meio da inclusão de investimentos não previstos no instrumento contratual vigente.

O § 1º afirma que a prorrogação antecipada ocorrerá apenas no contrato de parceria cujo prazo de vigência, à época da manifestação da parte interessada, encontrar-se entre 50% e 90% do prazo originalmente estipulado.

Ademais, nos termos do § 2º, a prorrogação antecipada estará, ainda, condicionada ao atendimento das seguintes exigências por parte do contratado:

I. quanto à concessão rodoviária, a execução de, no mínimo, 80% das obras obrigatórias exigíveis entre o início da concessão e o encaminhamento da proposta de prorrogação antecipada, desconsideradas as hipóteses de inadimplemento contratual para as quais o contratado não tenha dado causa, conforme relatório elaborado pelo órgão ou pela entidade competente;

II. quanto à concessão ferroviária, a prestação de serviço adequado, entendendo-se como tal o cumprimento, no período antecedente de cinco anos, contado da data da proposta de antecipação da prorrogação, das metas de produção e de segurança definidas no contrato, por três anos, ou das metas de segurança definidas no contrato, por quatro anos.

De acordo com o art. 7º, o termo aditivo de prorrogação do contrato de parceria deverá conter o respectivo cronograma dos investimentos obrigatórios previstos e incorporar mecanismos que desestimulem eventuais inexecuções ou atrasos de obrigações, como o desconto anual de reequilíbrio e o pagamento de adicional de outorga.

Para o art. 8º, caberá ao órgão ou à entidade competente, após a qualificação no PPI, realizar estudo técnico prévio que fundamente a vantagem da prorrogação do contrato de parceria em relação à realização de nova licitação para o empreendimento.

O § 1º estabelece que sem prejuízo da regulamentação do órgão ou da entidade competente, deverão constar do estudo técnico: I – o programa dos novos investimentos, quando previstos; II – as estimativas dos custos e das despesas operacionais; III – as estimativas de demanda; IV – a modelagem econômico-financeira; V – as diretrizes ambientais, quando exigíveis, observado o cronograma de investimentos; VI – as considerações sobre as principais questões jurídicas e regulatórias existentes; VII – os valores devidos ao Poder Público pela prorrogação, quando for o caso.

Por sua vez, o § 2º estabelece que a formalização da prorrogação do contrato de parceria dependerá de avaliação prévia e favorável do órgão ou da entidade competente acerca da capacidade de o contratado garantir a continuidade e a adequação dos serviços.

De acordo com o art. 9º, as prorrogações dos contratos de parceria no setor ferroviário também serão orientadas:

I. pela adoção, quando couber, de obrigações de realização de investimento para aumento de capacidade instalada, de forma a reduzir o nível de saturação do trecho ferroviário, assegurado o reequilíbrio econômico-financeiro do contrato.

Atente-se que o nível de saturação será determinado ao contratado pelo poder concedente:

II. pelos parâmetros de qualidade dos serviços, com os respectivos planos de investimento, a serem pactuados entre as partes;
III. pela garantia contratual de capacidade de transporte a terceiros outorgados pela ANTT, garantindo-se o direito de passagem, de tráfego mútuo e de exploração por operador ferroviário independente, mediante acesso à infraestrutura ferroviária e aos respectivos recursos operacionais do concessionário, garantida a remuneração pela capacidade contratada.

Os níveis de capacidade de transporte deverão ser fixados para cada ano de vigência do contrato de parceria prorrogado, e caberá ao órgão ou à entidade competente acompanhar o seu atendimento pelo contratado.

Os planos de investimento pactuados poderão prever intervenções obrigatórias pelo contratado, compatíveis com os níveis de capacidade ajustados.

Mediante anuência prévia do órgão ou da entidade competente, os planos de investimento serão revistos para fazer frente aos níveis de capacidade, nos termos do contrato.

11.3. Da relicitação

De acordo com o art. 13, com o objetivo de assegurar a continuidade da prestação dos serviços, o órgão ou a entidade competente poderá realizar a relicitação do objeto dos contratos de parceria nos setores rodoviário, ferroviário e aeroportuário cujas disposições contratuais não estejam sendo atendidas ou cujos contratados demonstrem incapacidade de adimplir as obrigações contratuais ou financeiras assumidas originalmente.

O art. 14 estabelece que a relicitação ocorrerá por meio de acordo entre as partes, nos termos e prazos definidos em ato do Poder Executivo, de modo que caberá ao órgão ou à entidade competente, em qualquer caso, avaliar a necessidade, a pertinência e a razoabilidade da instauração do processo de relicitação do objeto do contrato de parceria, tendo em vista os aspectos operacionais e econômico-financeiros e a continuidade dos serviços envolvidos.

Sem prejuízo de outros requisitos definidos em ato do Poder Executivo, a instauração do processo de relicitação é condicionada à apresentação pelo contratado:

I. das justificativas e dos elementos técnicos que demonstrem a necessidade e a conveniência da adoção do processo de relicitação, com as eventuais propostas de solução para as questões enfrentadas;
II. da renúncia ao prazo para corrigir eventuais falhas e transgressões e para o enquadramento previsto no § 3º do art. 38 da Lei nº 8.987, de 13 de fevereiro de 1995, caso seja posteriormente instaurado ou retomado o processo de caducidade;
III. de declaração formal quanto à intenção de aderir, de maneira irrevogável e irretratável, ao processo de relicitação do contrato de parceria, nos termos desta Lei;
IV. da renúncia expressa quanto à participação no novo certame ou no futuro contrato de parceria relicitado;
V. das informações necessárias à realização do processo de relicitação, em especial as demonstrações relacionadas aos investimentos em bens reversíveis vinculados ao empreendimento e aos eventuais instrumentos de financiamento utilizados no contrato, bem como de todos os contratos em vigor de cessão de uso de áreas para fins comerciais e de prestação de serviços, nos espaços sob a titularidade do atual contratado.

Qualificado o contrato de parceria para a relicitação, serão sobrestadas as medidas destinadas a instaurar ou a dar seguimento a processos de caducidade eventualmente em curso contra o contratado.

Não se aplicam ao contrato de parceria especificamente qualificado para fins de relicitação, até sua conclusão, os regimes de recuperação judicial e extrajudicial previstos na Lei nº 11.101, de 9 de fevereiro de 2005, exceto na hipótese de persistir o desinteresse de potenciais licitantes ou não for concluído o processo de relicitação no prazo de 24 meses da qualificação no PPI.

Pelo art. 15, a relicitação do contrato de parceria será condicionada à celebração de termo aditivo com o atual contratado, do qual constarão, entre outros elementos julgados pertinentes pelo órgão ou pela entidade competente:

I. a aderência irrevogável e irretratável do atual contratado à relicitação do empreendimento e à posterior extinção amigável do ajuste originário;
II. a suspensão das obrigações de investimento vincendas a partir da celebração do termo aditivo e as condições mínimas em que os serviços deverão continuar sendo prestados pelo atual contratado até a assinatura do novo contrato de parceria, garantindo-se, em qualquer caso, a continuidade e a segurança dos serviços essenciais relacionados ao empreendimento;
III. o compromisso arbitral entre as partes com previsão de submissão, à arbitragem ou a outro mecanismo privado de resolução de conflitos admitido na legislação aplicável, das questões que envolvam o cálculo das indenizações pelo órgão ou pela entidade competente, relativamente aos procedimentos estabelecidos pela Lei.

Também poderão constar do termo aditivo e do futuro contrato de parceria a ser celebrado pelo órgão ou pela entidade competente:

I. a previsão de que as indenizações apuradas serão pagas pelo novo contratado, nos termos e limites previstos no edital da relicitação;
II. a previsão de pagamento, diretamente aos financiadores do contratado original, dos valores correspondentes às indenizações devidas pelo órgão ou pela entidade competente.

As multas e as demais somas de natureza não tributária devidas pelo anterior contratado ao órgão ou à entidade competente deverão ser abatidas dos valores a serem pagos pelo novo contratado, inclusive o valor relacionado à outorga originalmente ofertada, calculado conforme ato do órgão ou da entidade competente.

O pagamento ao anterior contratado da indenização será condição para o início do novo contrato de parceria, de modo que o procedimento de cálculo e sua conferência não obstam o processo licitatório.

Caso o valor inicial ofertado a título de outorga, na sessão de leilão da relicitação, seja menor que o valor do pagamento, ao anterior contratado, da indenização referente a bens reversíveis não amortizados ou depreciados, a União custeará a diferença, observadas as regras fiscais e orçamentárias.

De acordo com o art. 16, são impedidos de participar do certame licitatório da relicitação:

I. o contratado ou a Sociedade de Propósito Específico (SPE) responsável pela execução do contrato de parceria;
II. os acionistas da SPE responsável pela execução do contrato de parceria titulares de, no mínimo, 20% do capital votante em qualquer momento anterior à instauração do processo de relicitação.

Essas vedações também alcançam a participação das entidades mencionadas:

I. em consórcios constituídos para participar da relicitação;
II. no capital social de empresa participante da relicitação;
III. na nova SPE constituída para executar o empreendimento relicitado.

O art. 17 estabelece que o órgão ou a entidade competente promoverá o estudo técnico necessário de forma precisa, clara e suficiente para subsidiar a relicitação dos contratos de parceria, visando assegurar sua viabilidade econômico-financeira e operacional.

Sem prejuízo de outros elementos fixados na regulamentação do órgão ou da entidade competente, deverão constar nesse estudo técnico:

I. o cronograma de investimentos previstos;
II. as estimativas dos custos e das despesas operacionais;
III. as estimativas de demanda;
IV. a modelagem econômico-financeira;
V. as diretrizes ambientais, quando exigíveis, observado o cronograma de investimentos;
VI. as considerações sobre as principais questões jurídicas e regulatórias existentes;
VII. o levantamento de indenizações eventualmente devidas ao contratado pelos investimentos em bens reversíveis vinculados ao contrato de parceria realizados e não amortizados ou depreciados, de modo que a metodologia para calcular as indenizações será disciplinada em ato normativo do órgão ou da entidade competente.

Sem prejuízo das disposições do contrato de parceria, o órgão ou a entidade competente poderá consultar os financiadores do contratado sobre possíveis contribuições para os estudos relacionados à relicitação do empreendimento.

Quando as condições de financiamento se mostrarem vantajosas para o Poder Público e viáveis para os financiadores, o órgão ou a entidade competente poderá, consultados os financiadores, exigir a assunção, pela futura SPE, das dívidas adquiridas pelo anterior contratado, nos termos estabelecidos pelo edital.

De acordo com o art. 18, o órgão ou a entidade competente submeterá os estudos a consulta pública, que deverá ser divulgada na imprensa oficial e na internet, contendo a identificação do objeto, a motivação para a relicitação e as condições propostas, entre outras informações relevantes, e fixará prazo de no mínimo 45 dias para recebimento de sugestões.

Ademais, segundo o art. 19, encerrada a consulta pública, os estudos deverão ser encaminhados ao TCU, em conjunto com os documentos referidos no art. 14 da Lei.

Por fim, nos termos do art. 20, na hipótese de não acudirem interessados para o processo licitatório, o contratado deverá dar continuidade à prestação do serviço público até a realização de nova sessão para recebimento de propostas, de modo que se persistir o desinteresse de potenciais licitantes ou não for concluído o processo de relicitação no prazo de 24 meses, contados da data da qualificação no PPI, o órgão ou a entidade competente adotará as medidas contratuais e legais pertinentes, revogando o sobrestamento das medidas destinadas a instaurar ou a dar seguimento a processo de caducidade anteriormente instaurado.

O prazo de 24 meses poderá ser prorrogado por sucessivas vezes, desde que o total dos períodos de prorrogação não ultrapasse 24 meses, mediante deliberação do Conselho do Programa de Parcerias de Investimentos da Presidência da República (CPPI).

12. LEI DO USUÁRIO DE SERVIÇO PÚBLICO – LEI Nº 13.460/2017

12.1. Comentários iniciais

A Lei nº 13.460/2017, também conhecida como o Código de Defesa do Usuário de Serviços Públicos, representa um marco importante na proteção dos direitos dos cidadãos que utilizam serviços públicos no Brasil. Sua criação surgiu como resposta a uma lacuna legislativa que existia desde a promulgação da Constituição Federal de 1988, cujo art. 37, § 3º, previa a necessidade de uma regulamentação específica sobre a participação dos usuários na Administração Pública e a proteção contra a má prestação dos serviços públicos. Antes de essa legislação entrar em vigor, os cidadãos recorriam ao Código de Defesa do Consumidor (CDC) como principal ferramenta para proteção de seus direitos nas relações com os prestadores de serviços públicos, tanto na esfera direta quanto indireta.

O uso do CDC, embora válido em muitos casos, mostrava-se inadequado em situações envolvendo serviços públicos. Isso ocorria principalmente devido às diferenças de regime jurídico entre o direito privado, que fundamenta o CDC, e o direito público, que rege os serviços prestados pela Administração Pública. O Código de Defesa do Consumidor foi concebido para proteger relações de consumo no setor privado, mas não conseguia lidar plenamente com as especificidades dos serviços públicos, que seguem princípios como o da legalidade, impessoalidade, moralidade, publicidade e eficiência, conforme exigido pela Constituição. Assim, a Lei nº 13.460/2017 veio preencher essa lacuna, trazendo um enfoque específico para os direitos dos usuários de serviços públicos, estabelecendo diretrizes claras para a Administração Pública.

A Lei nº 13.460/2017 introduziu uma série de inovações com o objetivo de garantir que os serviços públicos sejam prestados de forma adequada, contínua, segura e eficiente. Entre as principais novidades, a lei definiu os direitos e deveres dos usuários, estabeleceu padrões de qualidade no atendimento ao público e instituiu instrumentos de transparência e controle social, como a Carta de Serviços ao Usuário e a obrigatoriedade de ouvidorias atuantes. A Carta de Serviços deve informar os usuários sobre quais serviços são oferecidos, as formas de acesso, os prazos de resposta e os padrões de qualidade esperados. Já as ouvidorias foram fortalecidas para receber, analisar e encaminhar reclamações, sugestões e elogios, assumindo um papel central na mediação entre os cidadãos e a Administração Pública.

Um dos aspectos centrais da Lei nº 13.460/2017 é a promoção da transparência. A legislação exige que órgãos e entidades da Administração Pública divulguem periodicamente informações sobre a qualidade dos serviços prestados, incluindo relatórios de gestão que indiquem as principais reclamações dos usuários, as soluções adotadas e as medidas propostas para a melhoria contínua dos serviços. Essa exigência de transparência está em consonância com outros marcos legais, como a Lei de Acesso à Informação (Lei nº 12.527/2011), que já havia estabelecido a obrigação de divulgação de informações públicas de maneira clara e acessível.

A partir de agora, serão feitos comentários sobre os dispositivos da legislação.

De acordo com o art. 1º, a Lei estabelece normas básicas para participação, proteção e defesa dos direitos do usuário dos serviços públicos prestados direta ou indiretamente pela Administração Pública.

O § 1º entende que a Lei se aplica à Administração Pública direta e indireta da União, dos estados, do Distrito Federal e dos municípios.

Importante perceber que, nos termos do § 2º, a aplicação da Lei não afasta a necessidade de cumprimento do disposto: I - em normas regulamentadoras específicas, quando se tratar de serviço ou atividade sujeitos a regulação ou supervisão; e II - na Lei nº 8.078, de 11 de setembro de 1990, quando caracterizada relação de consumo.

Ademais, o § 3º entende que a Lei se aplica subsidiariamente aos serviços públicos prestados por particular.

O art. 2º elenca conceitos relevantes para se entender a Lei. Pelo dispositivo consideram-se: I - **usuário** - pessoa física ou jurídica que se beneficia ou utiliza, efetiva ou potencialmente, de serviço público; II - **serviço público** - atividade administrativa ou de prestação direta ou indireta de bens ou serviços à população, exercida por órgão ou entidade da Administração Pública; III - Administração Pública - órgão ou entidade integrante da Administração Pública de qualquer dos Poderes da União, dos estados, do Distrito Federal e dos municípios, a Advocacia Pública e a Defensoria Pública; IV - **agente público** - quem exerce cargo, emprego ou função pública, de natureza civil ou militar, ainda que transitoriamente ou sem remuneração; e V - **manifestações** - reclamações, denúncias, sugestões, elogios e demais pronunciamentos de usuários que tenham como objeto a prestação de serviços públicos e a conduta de agentes públicos na prestação e fiscalização de tais serviços.

Ademais, o parágrafo único estabelece que o acesso do usuário a informações será regido pelos termos da Lei nº 12.527/2011, a Lei de Acesso à Informação.

De acordo com o art. 3º, com periodicidade mínima anual, cada Poder e esfera de Governo publicará quadro geral dos serviços públicos prestados, que especificará os órgãos ou entidades responsáveis por sua realização e a autoridade administrativa a quem estão subordinados ou vinculados.

Ademais, o art. 4º afirma que os serviços públicos e o atendimento do usuário serão realizados de forma adequada, observados os princípios da regularidade, continuidade, efetividade, segurança, atualidade, generalidade, transparência e cortesia.

12.2. Dos direitos básicos e deveres dos usuários

O art. 5º estabelece que o usuário de serviço público tem direito à adequada prestação dos serviços, devendo os agentes públicos e prestadores de serviços públicos observar as seguintes diretrizes: I - urbanidade, respeito, acessibilidade e cortesia no atendimento aos usuários; II - presunção de boa-fé do usuário; III - atendimento por ordem de chegada, ressalvados casos de urgência e aqueles em que houver possibilidade de agendamento, asseguradas as prioridades legais às pessoas com deficiência, aos idosos, às gestantes, às lactantes e às pessoas acompanhadas por crianças de colo; IV - adequação entre meios e fins, vedada a imposição de exigências, obrigações, restrições e sanções não previstas na legislação; V - igualdade no tratamento aos usuários, vedado qualquer tipo de discriminação; VI - cumprimento de prazos e normas procedimentais; VII - definição, publicidade e observância de horários e normas compatíveis com o bom atendimento ao usuário; VIII - adoção de medidas visando a proteção à saúde e a segurança dos usuários; IX - autenticação de documentos pelo próprio agente público, à vista dos originais apresentados pelo usuário, vedada a exigência de reconhecimento de firma, salvo em caso de dúvida de autenticidade; X - manutenção de instalações salubres, seguras, sinalizadas, acessíveis e adequadas ao serviço e ao atendimento; XI - eliminação de formalidades e de exigências cujo custo econômico ou social seja superior ao risco envolvido; XII - observância dos códigos de ética ou de conduta aplicáveis às várias categorias de agentes públicos; XIII - aplicação de soluções tecnológicas que visem a simplificar processos e procedimentos de atendimento ao usuário e a propiciar melhores condições para o compartilhamento das informações; XIV - utilização de linguagem simples e compreensível, evitando o uso de siglas, jargões e estrangeirismos; XV - vedação da exigência de nova prova sobre fato já comprovado em documentação válida apresentada; XVI – comunicação prévia ao consumidor de que o serviço será desligado em virtude de inadimplemento, bem como do dia a partir do qual será realizado o desligamento, necessariamente durante horário comercial.

Importante pontuar que a taxa de religação de serviços não será devida se houver descumprimento da exigência de notificação prévia ao consumidor, o que ensejará a aplicação de multa à concessionária.

Por sua vez, o art. 6º estabelece que são direitos básicos do usuário:

I. participação no acompanhamento da prestação e na avaliação dos serviços;
II. obtenção e utilização dos serviços com liberdade de escolha entre os meios oferecidos e sem discriminação;
III. acesso e obtenção de informações relativas à sua pessoa constantes de registros ou bancos de dados, observado o disposto no inciso X do *caput* do art. 5º da Constituição Federal e na Lei nº 12.527, de 18 de novembro de 2011;
IV. proteção de suas informações pessoais, nos termos da Lei nº 12.527, de 18 de novembro de 2011;
V. atuação integrada e sistêmica na expedição de atestados, certidões e documentos comprobatórios de regularidade; e

VI. obtenção de informações precisas e de fácil acesso nos locais de prestação do serviço, assim como sua disponibilização na internet, especialmente sobre: a) horário de funcionamento das unidades administrativas; b) serviços prestados pelo órgão ou entidade, sua localização exata e a indicação do setor responsável pelo atendimento ao público; c) acesso ao agente público ou ao órgão encarregado de receber manifestações; d) situação da tramitação dos processos administrativos em que figure como interessado; e e) valor das taxas e tarifas cobradas pela prestação dos serviços, contendo informações para a compreensão exata da extensão do serviço prestado.

VII. comunicação prévia da suspensão da prestação de serviço.

O parágrafo único afirma que é vedada a suspensão da prestação de serviço em virtude de inadimplemento por parte do usuário que se inicie na sexta-feira, no sábado ou no domingo, bem como em feriado ou no dia anterior a feriado.

Por sua vez, o art. 8º elenca os deveres do usuário: I - utilizar adequadamente os serviços, procedendo com urbanidade e boa-fé; II - prestar as informações pertinentes ao serviço prestado quando solicitadas; III - colaborar para a adequada prestação do serviço; e IV - preservar as condições dos bens públicos por meio dos quais lhe são prestados os serviços.

12.3. Carta de Serviços ao Usuário

De acordo com o art. 7º, os órgãos e entidades divulgarão a Carta de Serviços ao Usuário. Pelo § 1º, a Carta de Serviços ao Usuário tem por objetivo informar o usuário sobre os serviços prestados pelo órgão ou entidade, as formas de acesso a esses serviços e seus compromissos e padrões de qualidade de atendimento ao público, de modo que, nos termos do § 2º, a Carta deverá trazer informações claras e precisas em relação a cada um dos serviços prestados, apresentando, no mínimo, informações relacionadas a: I - serviços oferecidos; II - requisitos, documentos, formas e informações necessárias para acessar o serviço; III - principais etapas para processamento do serviço; IV - previsão do prazo máximo para a prestação do serviço; V - forma de prestação do serviço; e VI - locais e formas para o usuário apresentar eventual manifestação sobre a prestação do serviço.

Dessa forma, o § 3º prevê que a Carta de Serviços ao Usuário deverá detalhar os compromissos e padrões de qualidade do atendimento relativos, no mínimo, aos seguintes aspectos: I - prioridades de atendimento; II - previsão de tempo de espera para atendimento; III - mecanismos de comunicação com os usuários; IV - procedimentos para receber e responder as manifestações dos usuários; e V - mecanismos de consulta, por parte dos usuários, acerca do andamento do serviço solicitado e de eventual manifestação.

A Carta de Serviços ao Usuário será objeto de atualização periódica e de permanente divulgação mediante publicação em sítio eletrônico do órgão ou entidade na internet, nos termos do § 4º.

Por sua vez, o § 6º estabelece que compete a cada ente federado disponibilizar as informações dos serviços prestados, conforme disposto nas suas Cartas de Serviços ao Usuário, na Base Nacional de Serviços Públicos, mantida pelo Poder Executivo federal, em formato aberto e interoperável, nos termos do regulamento do Poder Executivo federal.

12.4. Das manifestações dos usuários de serviços públicos

De acordo com o art. 9º, para garantir seus direitos, o usuário poderá apresentar manifestações perante a Administração Pública acerca da prestação de serviços públicos, de modo que o art. 10 estabelece que a manifestação será dirigida à ouvidoria do órgão ou entidade responsável e conterá a identificação do requerente.

A identificação do requerente não conterá exigências que inviabilizem sua manifestação, de modo que são vedadas quaisquer exigências relativas aos motivos determinantes da apresentação de manifestações perante a ouvidoria.

Importante a disposição do § 3º, que afirma que caso não haja ouvidoria, o usuário poderá apresentar manifestações diretamente ao órgão ou entidade responsável pela execução do serviço e ao órgão ou entidade a que se subordinem ou se vinculem.

Ademais, a manifestação poderá ser feita por meio eletrônico, correspondência convencional ou verbalmente, hipótese em que deverá ser reduzida a termo, de modo que, no caso de manifestação por meio eletrônico, respeitada a legislação específica de sigilo e proteção de dados, poderá a Administração Pública ou sua ouvidoria requerer meio de certificação da identidade do usuário.

Os órgãos e entidades públicos deverão colocar à disposição do usuário formulários simplificados e de fácil compreensão para a apresentação do requerimento, facultada ao usuário sua utilização.

De acordo com o § 7º, a identificação do requerente é informação pessoal protegida com restrição de acesso nos termos da Lei nº 12.527, de 18 de novembro de 2011.

Por sua vez, o art. 10-A, acrescido pela Lei nº 14.129/2021, estabelece que, para fins de acesso a informações e serviços, de exercício de direitos e obrigações ou de obtenção de benefícios perante os órgãos e as entidades federais, estaduais, distritais e municipais ou os serviços públicos delegados, a apresentação de documento de identificação com fé pública em que conste o número de inscrição no Cadastro de Pessoas Físicas (CPF) será suficiente para identificação do cidadão, dispensada a apresentação de qualquer outro documento.

Os cadastros, os formulários, os sistemas e outros instrumentos exigidos dos usuários para a prestação de serviço público deverão disponibilizar campo para registro do número de inscrição no CPF, de preenchimento obrigatório, que será suficiente para sua identificação, vedada a exigência de apresentação de qualquer outro número para esse fim.

O número de inscrição no CPF poderá ser declarado pelo usuário do serviço público, desde que acompanhado de documento de identificação com fé pública, nos termos da lei.

Ato de cada ente federativo ou Poder poderá dispor sobre casos excepcionais.

O art. 11 estabelece que, em nenhuma hipótese, será recusado o recebimento de manifestações, sob pena de responsabilidade do agente público.

O art. 12 prevê que os procedimentos administrativos relativos à análise das manifestações observarão os princípios da eficiência e da celeridade, visando a sua efetiva resolução.

A efetiva resolução das manifestações dos usuários compreende: I - recepção da manifestação no canal de atendimento adequado; II - emissão de comprovante de recebimento da manifestação; III - análise e obtenção de informações, quando necessário; IV - decisão administrativa final; e V - ciência ao usuário.

12.5. Das ouvidorias

O art. 13 estabelece que as ouvidorias terão como atribuições precípuas, sem prejuízo de outras estabelecidas em regulamento específico: I - promover a participação do usuário na Administração Pública, em cooperação com outras entidades de defesa do usuário; II - acompanhar a prestação dos serviços, visando a garantir a sua efetividade; III - propor aperfeiçoamentos na prestação dos serviços; IV - auxiliar na prevenção e correção dos atos e procedimentos incompatíveis com os princípios estabelecidos na Lei; V - propor a adoção de medidas para a defesa dos direitos do usuário, em observância às determinações da Lei; VI - receber, analisar e encaminhar às autoridades competentes as manifestações, acompanhando o tratamento e a efetiva conclusão das manifestações de usuário perante órgão ou entidade a que se vincula; e VII - promover a adoção de mediação e conciliação entre o usuário e o órgão ou a entidade pública, sem prejuízo de outros órgãos competentes.

Pelo art. 14, com vistas à realização de seus objetivos, as ouvidorias deverão: I - receber, analisar e responder, por meio de mecanismos proativos e reativos, as manifestações encaminhadas por usuários de serviços públicos; e II - elaborar, anualmente, relatório de gestão, que deverá consolidar as informações, e, com base nelas, apontar falhas e sugerir melhorias na prestação de serviços públicos.

O art. 15 prevê que o relatório de gestão deverá indicar, ao menos: I - o número de manifestações recebidas no ano anterior; II - os motivos das manifestações; III - a análise dos pontos recorrentes; e IV - as providências adotadas pela Administração Pública nas soluções apresentadas.

O relatório de gestão será: I - encaminhado à autoridade máxima do órgão a que pertence a unidade de ouvidoria; e II - disponibilizado integralmente na internet.

De acordo com o art. 16, a ouvidoria encaminhará a decisão administrativa final ao usuário, observado o prazo de 30 dias, prorrogável de forma justificada uma única vez, por igual período, de modo que a ouvidoria poderá solicitar informações e esclarecimentos diretamente a agentes públicos do órgão ou entidade a que se vincula, e as solicitações devem ser respondidas no prazo de 20 dias, prorrogável de forma justificada uma única vez, por igual período.

12.6. Dos conselhos de usuários

O art. 18 estabelece que, sem prejuízo de outras formas previstas na legislação, a participação dos usuários no acompanhamento da prestação e na avaliação dos serviços públicos será feita por meio de conselhos de usuários que são órgãos consultivos dotados das seguintes atribuições: I - acompanhar a prestação dos serviços; II - participar na avaliação dos serviços; III - propor melhorias na prestação dos serviços; IV - contribuir na definição de diretrizes para o adequado atendimento ao usuário; e V - acompanhar e avaliar a atuação do ouvidor.

Pelo art. 19, a composição dos conselhos deve observar os critérios de representatividade e pluralidade das partes interessadas, com vistas ao equilíbrio em sua representação, de modo que a escolha dos representantes será feita em processo aberto ao público e diferenciado por tipo de usuário a ser representado.

De acordo com o art. 20, o conselho de usuários poderá ser consultado quanto à indicação do ouvidor. Ademais, perceba-se que a participação do usuário no conselho será considerada serviço relevante e sem remuneração.

12.7. Da avaliação continuada dos serviços públicos

O art. 23 estabelece que os órgãos e entidades públicos deverão avaliar os serviços prestados nos seguintes aspectos: I - satisfação do usuário com o serviço prestado; II - qualidade do atendimento prestado ao usuário; III - cumprimento dos compromissos e prazos definidos para a prestação dos serviços; IV - quantidade de manifestações de usuários; e V - medidas adotadas pela Administração Pública para melhoria e aperfeiçoamento da prestação do serviço.

A avaliação será realizada por pesquisa de satisfação feita, no mínimo, a cada um ano, ou por qualquer outro meio que garanta significância estatística aos resultados, de modo que o resultado da avaliação deverá ser integralmente publicado no sítio do órgão ou entidade, incluindo o ranking das entidades com maior incidência de reclamação dos usuários na periodicidade mínima anual, e servirá de subsídio para reorientar e ajustar os serviços prestados, em especial quanto ao cumprimento dos compromissos e dos padrões de qualidade de atendimento divulgados na Carta de Serviços ao Usuário.

13. FORNECIMENTO JUDICIAL DE MEDICAMENTOS: REGRAS, EXCEÇÕES E MECANISMOS DE RESSARCIMENTO NO SUS

13.1. Comentários iniciais

Recentemente, o STF[36] proferiu duas decisões importantes acerca do direito à saúde e a concessão de medicamentos não incluídos na lista do SUS. Esses julgados

---

[36] RE 1.366.243/SC, Rel. Min. Gilmar Mendes, julgamento virtual finalizado em 13.09.2024.
RE 566.471/RN, Rel. Min. Marco Aurélio, redator do acórdão Min. Luís Roberto Barroso, julgamento virtual finalizado em 20.09.2024.

do STF e de outras instâncias trazem importantes diretrizes sobre o fornecimento judicial de medicamentos não incluídos nas listas do Sistema Único de Saúde (SUS), como a Rename (Relação Nacional de Medicamentos Essenciais), e os critérios para a concessão de medicamentos pela Justiça. Para entender melhor, serão abordadas as principais orientações para facilitar a compreensão deste tema complexo.

13.2. Regra geral: medicamentos fora das listas do SUS não devem ser fornecidos judicialmente

Inicialmente, o entendimento consolidado é de que **medicamentos que não constam das listas oficiais de dispensação do SUS não devem ser concedidos por via judicial**. A inclusão de medicamentos nas listas segue critérios técnicos, orçamentários e de política pública, de modo a garantir a sustentabilidade do SUS e a uniformidade no atendimento à população. Essa regra visa evitar que o Judiciário sobrecarregue o sistema de saúde com a obrigação de fornecer medicamentos que não passaram pelo crivo técnico da Conitec (Comissão Nacional de Incorporação de Tecnologias no SUS).

Essa restrição serve para manter a organização do SUS, protegendo-o de decisões que possam comprometer o orçamento e os recursos destinados a uma política pública de saúde universal. Portanto, salvo em hipóteses excepcionais, medicamentos não listados pelo SUS devem ser negados no âmbito judicial para que a estrutura do sistema seja preservada.

13.3. Exceção à regra: hipóteses em que a justiça pode conceder medicamentos não listados

Apesar da regra geral, há exceções para medicamentos registrados pela Anvisa, mas não incluídos nas listas do SUS. Para que esses medicamentos sejam fornecidos, o autor da ação judicial deve cumprir critérios rigorosos, descritos a seguir:

a) Negativa administrativa: é necessário que haja uma recusa formal de fornecimento pela Administração Pública.

b) Justificativa da não incorporação: cabe ao requerente demonstrar que a Conitec falhou na avaliação, por omissão, atraso excessivo ou processo inadequado.

c) Ausência de alternativa terapêutica: o medicamento deve ser insubstituível para o tratamento do paciente, sem alternativas disponíveis nas listas do SUS.

d) Evidências científicas: a eficácia e segurança do medicamento devem estar comprovadas com base em estudos robustos (ensaios clínicos randomizados, revisões sistemáticas ou meta-análises).

e) Necessidade médica comprovada: o medicamento deve ser imprescindível para a condição de saúde do paciente, com laudo médico detalhado atestando a necessidade.

f) Prova de hipossuficiência financeira: o autor deve comprovar que não possui condições financeiras para custear o medicamento.

Esses requisitos visam limitar o fornecimento a casos absolutamente necessários, evitando o desvio de recursos e permitindo que o SUS permaneça sustentável.

13.4. Definição de competência: Justiça Federal e Estadual

A competência para julgar as ações envolvendo medicamentos não incorporados ao SUS pode variar em função do valor do tratamento e do ente envolvido:

1) Justiça Federal: se o valor do tratamento ultrapassa 210 salários mínimos, a ação tramitará perante a Justiça Federal, em virtude do alto custo que normalmente envolve a participação da União.
2) Justiça Estadual: em casos de medicamentos com valor inferior a 210 salários mínimos, a competência pode ser da Justiça Estadual, conforme os parâmetros específicos do caso.

13.5. Responsabilidade pelo custeio e mecanismo de ressarcimento fundo a fundo

Um ponto central na jurisprudência é a responsabilidade pelo custeio dos medicamentos fornecidos judicialmente e o ressarcimento entre os entes federativos. Para resguardar o orçamento de estados e municípios, a União é responsável pelo ressarcimento das despesas que esses entes realizarem com medicamentos fornecidos por decisão judicial, especialmente no caso de medicamentos não incorporados às listas do SUS.

13.5.1. Como funciona o mecanismo fundo a fundo

O ressarcimento ocorre por meio de um mecanismo chamado repasse "fundo a fundo", em que os recursos fluem diretamente do Fundo Nacional de Saúde (FNS) para o Fundo Estadual de Saúde (FES) ou Fundo Municipal de Saúde (FMS), dependendo da situação. Esse mecanismo permite uma transferência direta de recursos da União aos estados e municípios para compensar os custos assumidos com medicamentos fornecidos em cumprimento a decisões judiciais.

13.5.2 Diretrizes e percentuais de ressarcimento

As diretrizes estabelecidas determinam que o ressarcimento seja proporcional ao valor dos medicamentos:

1) Medicamentos com custo entre 7 e 210 salários mínimos: nesses casos, a União arca com 65% do valor gasto pelos estados e municípios, o que permite a compensação financeira aos entes locais.

2) Medicamentos para tratamento oncológico (ações pré-2024): para ações ajuizadas antes de 10 de junho de 2024, o percentual de ressarcimento é de 80%. Esse valor reduz o impacto financeiro nos cofres estaduais e municipais, dada a elevada demanda de tratamentos oncológicos.
3) Tratamentos posteriores a 10 de junho de 2024: para esses casos, o ressarcimento será pactuado pela Comissão Intergestores Tripartite (CIT) em prazo específico, permitindo ajustes para a nova realidade de demandas.

Esse sistema garante que estados e municípios, embora possam ser chamados para fornecer medicamentos, não arquem com todo o custo sozinhos, mantendo a responsabilidade primária na esfera federal.

13.6. Análise judicial restrita ao controle de legalidade

A jurisprudência é clara ao estabelecer que o Poder Judiciário não pode substituir a análise técnica-administrativa da Conitec. O controle exercido pelo Judiciário limita-se ao exame da legalidade do ato administrativo, e não ao seu mérito. Esse controle verifica se houve respeito aos prazos e procedimentos adequados, conforme a legislação e as normas do SUS.

Quando necessário, o Judiciário deve consultar o Núcleo de Apoio Técnico do Poder Judiciário (NATJUS) ou outros especialistas, assegurando uma decisão baseada em conhecimento técnico e científico. Laudos médicos não são suficientes; a análise deve incluir evidências científicas e pareceres técnicos.

13.7. Plataforma nacional de medicamentos e transparência

Como parte das diretrizes, há a proposta de criação de uma plataforma nacional que centralize informações sobre demandas judiciais e administrativas de medicamentos. Essa plataforma, operada pelos entes federativos em colaboração com o Judiciário, permitirá uma consulta ampla, auxiliando na análise técnica e judicial dos pedidos.

Essa plataforma não só facilita o acesso à informação pelo cidadão, mas também permite o controle ético das prescrições médicas, tornando o processo mais transparente e menos suscetível a abusos.

Aspecto	Descrição
Regra geral	Medicamentos que estão fora das listas do SUS não devem ser fornecidos judicialmente para evitar sobrecarga e desorganização orçamentária do sistema.
Exceção à regra	A Justiça pode conceder medicamentos não listados, registrados pela Anvisa, mediante comprovação de requisitos como negativa administrativa, ausência de alternativas, evidências científicas, entre outros.

Aspecto	Descrição
Competência judicial	Ações sobre medicamentos não incorporados tramitam na Justiça Federal se o valor ultrapassar 210 salários mínimos; abaixo disso, a competência pode ser da Justiça Estadual.
Responsabilidade pelo custeio	Estados e municípios podem ser chamados a fornecer medicamentos judicialmente, mas com possibilidade de ressarcimento pela União para evitar impacto financeiro local excessivo.
Mecanismo de ressarcimento	Ressarcimento por repasses do Fundo Nacional de Saúde (FNS) ao Fundo Estadual de Saúde (FES) ou Fundo Municipal de Saúde (FMS), assegurando compensação financeira entre entes federativos.
Percentuais de ressarcimento	65% para medicamentos entre 7 e 210 salários mínimos; 80% para tratamentos oncológicos pré-10.06.2024; após essa data, valores pactuados pela CIT.
Análise judicial restrita	Judiciário limita-se ao controle de legalidade das decisões da Conitec, sem incursão no mérito administrativo.
Consultas técnicas	Judiciário deve consultar o NATJUS ou especialistas técnicos, além de laudos médicos, para garantir decisão bem fundamentada e baseada em evidências.
Plataforma nacional de Medicamentos	Proposta de plataforma que centraliza informações sobre demandas administrativas e judiciais de medicamentos, proporcionando consulta pública e transparência no processo.

14. SÚMULAS E JURISPRUDÊNCIAS IMPORTANTES

Súmula Vinculante nº 2 do STF – É inconstitucional a lei ou ato normativo estadual ou distrital que disponha sobre sistemas de consórcios e sorteios, inclusive bingos e loterias.

Súmula Vinculante nº 12 do STF – A cobrança de taxa de matrícula nas universidades públicas viola o disposto no art. 206, IV, da Constituição Federal. (gratuidade do ensino público em estabelecimentos oficiais)

Súmula Vinculante nº 19 do STF – A taxa cobrada exclusivamente em razão dos serviços públicos de coleta, remoção e tratamento ou destinação de lixo ou resíduos provenientes de imóveis, não viola o artigo 145, II, da Constituição Federal.

Súmula Vinculante nº 41 do STF – O serviço de iluminação pública não pode ser remunerado mediante taxa.

Súmula nº 356 do STJ – É legítima a cobrança da tarifa básica pelo uso dos serviços de telefonia fixa.

Súmula nº 407 do STJ – É legítima a cobrança da tarifa de água fixada de acordo com as categorias de usuários e as faixas de consumo.

QUESTÕES DE CONCURSO

1. CESPE/CEBRASPE – 2022 – DPE-RS – Defensor Público

O fundamento da súmula vinculante do Supremo Tribunal Federal que estabelece que o serviço de iluminação pública não pode ser remunerado mediante taxa encontra-se na caracterização de tal serviço como singular, por ser usufruído diretamente pelos indivíduos.

Comentário: O fundamento é que o serviço de iluminação pública é indivisível e inespecífico. A orientação do Supremo Tribunal Federal é no sentido de que a taxa de iluminação pública é inconstitucional, uma vez que seu fato gerador **tem caráter inespecífico e indivisível.**[37]

2. CESPE/CEBRASPE – 2023 – PGE-ES – Procurador do Estado

De acordo com a legislação específica, o Fundo Garantidor de Parcerias Público-Privadas

A) terá natureza pública, embora seja formado por bens dos cotistas.

B) responderá pelas obrigações contraídas de forma solidária com os cotistas.

C) terá a integralização dos seus bens sujeita a autorização do presidente da República.

D) terá os bens e direitos transferidos avaliados por comissão indicada pelo presidente da República.

E) deverá ser representado pela União, caso seja demandado em ação judicial.

Comentário: A) Incorreta. De acordo com o art. 16, § 1º, o FGP terá natureza privada e patrimônio próprio separado do patrimônio dos cotistas e será sujeito a direitos e obrigações próprios.

B) Incorreta. Os cotistas não respondem, em regra, na forma do art. 16, § 5º, segundo o qual o FGP responderá por suas obrigações com os bens e direitos integrantes de seu patrimônio, não respondendo os cotistas por qualquer obrigação do Fundo, salvo pela integralização das cotas que subscreverem.

C) Correta. Está de acordo com o art. 16, § 6º, segundo o qual a integralização com bens a que se refere o § 4º desse artigo será feita independentemente de licitação, mediante prévia avaliação e autorização específica do presidente da República, por proposta do Ministro da Fazenda.

D) Incorreta. É avaliada por empresa especializada, na forma do art. 16, § 3º, segundo o qual os bens e direitos transferidos ao fundo serão avaliados por empresa especializada, que deverá apresentar laudo fundamentado, com indicação dos critérios de avaliação adotados e instruído com os documentos relativos aos bens avaliados.

E) Incorreta. É representado por instituição financeira, na forma do art. 17. Pelo dispositivo, o FGP será criado, administrado, gerido e representado judicial e extrajudicialmente por instituição financeira controlada, direta ou indiretamente, pela União, com observância das normas a que se refere o inciso XXII do art. 4º da Lei nº 4.595, de 31 de dezembro de 1964.

3. Questão autoral – Sobre a temática parceria público-privada, marque a assertiva correta:

A) Concessão administrativa é o contrato de prestação de serviços de que a Administração Pública seja a usuária direta ou indireta, desde que não envolva execução de obra ou fornecimento e instalação de bens.

B) É vedada a celebração de contrato de parceria público-privada cujo valor do contrato seja inferior a R$ 20.000.000,00 (vinte milhões de reais).

C) É possível a celebração de uma PPP que tenha como objeto único o fornecimento de mão de obra, o fornecimento e instalação de equipamentos ou a execução de obra pública.

D) A Lei nº 11.079/04 não se aplica ao Poder Judiciário.

Comentário: A) Incorreta. De acordo com o art. 2º, § 2º, da Lei nº 11.079/2004, concessão administrativa é o contrato de prestação de serviços de que a Administração Pública seja a usuária direta ou indireta, **ainda que envolva** execução de obra ou fornecimento e instalação de bens.

B) Incorreta. De acordo com o art. 2º, § 4º, I, é vedada a celebração de contrato de parceria público-privada

---

[37] AI 479.587 AgR, Segunda Turma, Rel. Joaquim Barbosa, j. 03.03.2009, *DJe*-053, divulg. 19.03.2009, public. 20.03.2009, ement vol-02353-05, PP-00881, *RT*, v. 98, n. 884, 2009, p. 137-139.

cujo valor do contrato seja inferior a R$ 10.000.000,00 (dez milhões de reais).

C) Incorreta. De acordo com o art. 2º, § 4º, III, é vedada a celebração de PPP que tenha como objeto único o fornecimento de mão de obra, o fornecimento e instalação de equipamentos ou a execução de obra pública.

D) Correta. Trata-se de conclusão feita a partir da leitura do art. 1º, parágrafo único, da Lei nº 11.079/2004. Essa lei aplica-se aos órgãos da Administração Pública direta dos Poderes Executivo e Legislativo, aos fundos especiais, às autarquias, às fundações públicas, às empresas públicas, às sociedades de economia mista e às demais entidades controladas direta ou indiretamente pela União, pelos estados, pelo Distrito Federal e pelos municípios.

4. INSTITUTO AOCP – 2022 – PC-GO – Delegado de Polícia Substituto

Uma concessionária de serviço público de geração, transmissão e distribuição de energia elétrica emite aviso, em emissoras de rádio da região afetada, de que haverá suspensão no fornecimento de serviço de energia elétrica dentro de dois dias, para manutenção das instalações distribuidoras. Sobre a situação narrada, é correto afirmar que

A) a interrupção descrita caracteriza-se como descontinuidade do serviço e, a depender das consequências impostas aos usuários, a concessionária poderá ser penalizada.

B) a concessionária deve informar direta, pessoal e individualmente a todos os indivíduos afetados pela interrupção com o mínimo de uma semana de antecedência.

C) a divulgação da suspensão no fornecimento de serviço de energia elétrica por meio de emissoras de rádio, dias antes da interrupção, satisfaz a exigência do aviso prévio previsto em lei.

D) a interrupção poderá se dar tão somente em situação de emergência; nos demais casos, como no narrado, a concessionária deverá fornecer meios alternativos para a plena continuidade dos serviços prestados, sob pena de caracterizar-se descontinuidade do serviço.

E) a interrupção, conforme o caso descrito, não poderá iniciar-se na sexta-feira, no sábado ou no domingo nem em feriado ou no dia anterior a feriado.

Comentário: A) A interrupção descrita caracteriza-se como descontinuidade do serviço, e, a depender das consequências impostas aos usuários, a concessionária poderá ser penalizada.

Consoante o art. 6º, § 3º, I: "Não se caracteriza como descontinuidade do serviço a sua interrupção em situação de emergência ou após prévio aviso, quando: I – motivada por razões de ordem técnica ou de segurança das instalações".

B) A concessionária deve informar direta, pessoal e individualmente a todos os indivíduos afetados pela interrupção com o mínimo de uma semana de antecedência. Não se exige que o aviso seja com o mínimo de uma semana de antecedência.

C) A divulgação da suspensão no fornecimento de serviço de energia elétrica por meio de emissoras de rádio, dias antes da interrupção, satisfaz a exigência do aviso prévio previsto em lei. Certo, conforme STJ, 1ª Turma. REsp 1.270.339-SC.

D) A interrupção poderá se dar tão somente em situação de emergência; nos demais casos, como no narrado, a concessionária deverá fornecer meios alternativos para a plena continuidade dos serviços prestados, sob pena de caracterizar-se descontinuidade do serviço.

De acordo com o art. 6º, § 3º, I: "Não se caracteriza como descontinuidade do serviço a sua interrupção em situação de emergência ou após prévio aviso, quando: I – motivada por razões de ordem técnica ou de segurança das instalações".

E) A interrupção, conforme o caso descrito, não poderá iniciar-se na sexta-feira, no sábado ou no domingo nem em feriado ou no dia anterior a feriado.

Essa é a literalidade do § 4º do art. 6º, que diz que: "§ 4º A interrupção do serviço na hipótese prevista no inciso II do § 3º deste artigo não poderá iniciar-se na sexta-feira, no sábado ou no domingo, nem em feriado ou no dia anterior a feriado".

Todavia, esse parágrafo se refere à interrupção por inadimplemento do usuário, e não para manutenção do serviço.

Capítulo XIII

CONTROLE DA ADMINISTRAÇÃO PÚBLICA

1. CONCEITO

De acordo com José dos Santos Carvalho Filho, a expressão "controle da Administração Pública" é "o conjunto de mecanismos jurídicos e administrativos por meio dos quais se exerce o poder de fiscalização e de revisão da atividade administrativa em qualquer das esferas de Poder".[1]

A partir do conceito anteriormente transcrito, faz-se importante observar algumas situações. Observe que o controle encerra um poder de fiscalização e de revisão da atividade administrativa. Dessa forma, o controle dos atos da Administração consiste na análise de esses atos alcançarem a finalidade pública a que se destinam, assim como encerra o poder de correção das condutas administrativas, seja porque está infringindo normas legais, seja pelo fato de alterar alguma linha das políticas administrativas, a fim de melhor atender ao interesse público.

2. CLASSIFICAÇÃO

2.1. Quanto à natureza do controlador

a) **Controle administrativo**: é aquele que se origina da própria Administração Pública. É a Administração controlando seus próprios atos. Esse controle pode ensejar a anulação ou a revogação do ato.

Observe que, no controle administrativo, a Administração pode atuar de ofício ou mediante provocação. Ademais, poderá ser analisado o controle de legalidade e de mérito do ato administrativo.

1 CARVALHO FILHO, José dos Santos. *Manual de Direito Administrativo*. 26. ed. rev., ampl. e atual. São Paulo: Atlas, 2013. p. 941.

b) **Controle judicial**: é aquele realizado pelo Poder Judiciário, que irá decidir sobre a legalidade ou não dos atos da Administração em geral, ensejando a anulação do ato.

Sobre esse controle, veja que o Poder Judiciário somente poderá agir mediante provocação. Ademais, somente poderá analisar a ilegalidade do ato administrativo, podendo alcançar atos vinculados e discricionários.

c) **Controle legislativo**: é aquele realizado pelo Poder Legislativo, a partir de critérios políticos ou financeiros e nos limites estabelecidos pela Constituição da República. Notadamente, o controle legislativo é exteriorizado pelos tribunais de contas.

O Poder Legislativo pode agir de ofício ou mediante provocação.

2.2. Quanto à extensão do controle

a) **Controle interno ou autocontrole**: "é aquele exercido por órgãos de um Poder sobre condutas administrativas produzidas dentro de sua esfera".[2] Ex.: corregedoria de um órgão controlando os atos dos seus servidores públicos.
b) **Controle externo**: é aquele realizado por um órgão que não se encontra dentro da esfera do órgão controlado. Ex.: controle do Tribunal de Contas sobre atos do Poder Judiciário e Executivo.

Nessa classificação, faz-se importante o 74 da CR/1988, segundo o qual os Poderes Legislativo, Executivo e Judiciário manterão, de forma integrada, sistema de controle interno com a finalidade de:

I. avaliar o cumprimento das metas previstas no plano plurianual, a execução dos programas de governo e dos orçamentos da União;
II. comprovar a legalidade e avaliar os resultados, quanto à eficácia e eficiência, da gestão orçamentária, financeira e patrimonial nos órgãos e entidades da administração federal, bem como da aplicação de recursos públicos por entidades de direito privado;
III. exercer o controle das operações de crédito, avais e garantias, bem como dos direitos e haveres da União;
IV. apoiar o controle externo no exercício de sua missão institucional.

---

[2] CARVALHO FILHO, José dos Santos. *Manual de Direito Administrativo*. 26. ed. rev., ampl. e atual. São Paulo: Atlas, 2013. p. 943.

Os responsáveis pelo controle interno, ao tomarem conhecimento de qualquer irregularidade ou ilegalidade, dela darão ciência ao Tribunal de Contas da União, sob pena de responsabilidade solidária.

c) **Controle social**: consiste na participação ativa da população no planejamento, no monitoramento e na avaliação da gestão pública. Essa participação pode se dar por meio de diversos mecanismos, tais como ação popular, direito de petição, audiências e consultas públicas, entre outros. O objetivo é garantir que as políticas públicas estejam alinhadas aos interesses da sociedade e que os recursos sejam utilizados de forma eficiente e transparente. Nesse sentido, a participação cidadã é fundamental para fortalecer a democracia e promover o desenvolvimento sustentável do país.

2.3. Quanto à natureza do controle

a) **Controle de legalidade**: é aquele em que o órgão controlador realiza uma análise da conduta administrativa e da norma jurídica correspondente. Em outras palavras, analisa-se a compatibilidade do ato editado com o ordenamento jurídico.

O controle de legalidade pode ser exercido pela Administração Pública e pelos Poderes Judiciário e Legislativo.

b) **Controle de mérito**: é aquele realizado levando-se em conta o juízo de conveniência e oportunidade do ato administrativo. O controle de mérito é de competência privativa da Administração, não se submetendo ao exame do Poder Judiciário.

2.4. Quanto à oportunidade

a) **Controle prévio (*a priori*)**: é aquele realizado antes da edição do ato. Dessa forma, possui natureza preventiva. Pode-se dar como exemplo o ajuizamento de um mandado de segurança preventivo.
b) **Controle concomitante**: é aquele realizado no decorrer da prática do ato. Esse controle possui natureza preventiva e repressiva, conforme o andamento da atividade administrativa. Pode-se dar como exemplo o controle de obra pública.
c) **Controle posterior (*a posteriori*), repressivo**: é aquele realizado posteriormente à edição do ato. Normalmente, as ações judiciais são os instrumentos que concretizam esse controle.

3. CONTROLE ADMINISTRATIVO

O controle administrativo é aquele realizado pelo Poder Executivo e pelos órgãos administrativos dos Poderes Legislativo e Judiciário, com o objetivo de confirmar, rever ou alterar os atos praticados.

O controle administrativo pode ser classificado em duas modalidades: o controle puramente interno e o controle interno-externo.

O controle administrativo interno, também conhecido como autotutela, é exercido por uma entidade administrativa sobre seus próprios órgãos ou agentes. Esse tipo de controle decorre da hierarquia administrativa que caracteriza a estrutura organizacional das pessoas jurídicas de direito público. A autotutela, por sua própria natureza, independe de previsão legal específica, sendo um poder inerente à organização administrativa, que permite à Administração revisar seus próprios atos, seja para anulá-los, em caso de ilegalidade, seja para revogá-los, por motivos de conveniência e oportunidade.

Por outro lado, o controle interno-externo ocorre quando um órgão da Administração Direta exerce controle sobre atos praticados por uma pessoa jurídica integrante da Administração indireta. Nesse contexto, o controle é considerado interno porque é realizado dentro do mesmo Poder (por exemplo, o Poder Executivo controlando atos de entidades a ele vinculadas), mas é externo em relação à pessoa jurídica que é objeto do controle, uma vez que esta possui personalidade jurídica distinta daquela que exerce o controle. Esse tipo de controle justifica-se pela necessidade de assegurar a conformidade dos atos administrativos das entidades descentralizadas com as diretrizes e objetivos fixados pelo ente central, bem como pela busca de eficiência, economicidade e legalidade na atuação administrativa. Ademais, esse controle se concretiza por meio de três instrumentos, quais sejam: (1) controle hierárquico; (2) controle de vinculação e (3) recursos administrativos.

3.1. Recursos administrativos

De acordo com Carvalho Filho, os recursos administrativos "são os meios formais de controle administrativo, através dos quais o interessado postula, junto a órgãos da Administração, a revisão de determinado ato administrativo".[3] Dessa forma, são os meios adequados para impugnar um ato da Administração. Ademais, consagram o direito de petição, previsto no art. 5º, XXXIV, da CR/1988, bem como o direito ao contraditório e à ampla defesa, nos termos do art. 5º, LV, da CR/1988.

3.1.1. Classificação

A classificação mais importante dos recursos administrativos é aquela que os divide em **recursos próprios e impróprios**. Aqueles recursos são os que tramitam

[3] CARVALHO FILHO, José dos Santos. *Manual de Direito Administrativo*. 26. ed. rev., ampl. e atual. São Paulo: Atlas, 2013. p. 952.

internamente nos órgãos ou pessoas administrativas, como um recurso contra o ato de diretor de divisão para o diretor do departamento-geral. Por sua vez, os impróprios são recursos em que o recorrente se dirige a autoridades administrativas de órgão estranho àquele de onde se originou o ato impugnado. O que se quer dizer é que não há relação hierárquica (não há subordinação) entre a autoridade/órgão controlado e a autoridade/órgão controlador. O que há entre essas autoridades/órgãos é a vinculação. Pode-se dar como exemplo o recurso interposto contra ato do presidente de uma autarquia federal direcionado para o presidente da República.

Outra classificação relevante dos recursos administrativos é aquela que os divide em **recursos incidentais e recursos deflagradores**. Em relação aos primeiros, pode-se dizer que são aqueles "interpostos pelo interessado quando já está em curso o processo administrativo e o insurgimento se dá contra algum ato praticado no processo".[4] Ex.: recurso de servidor contra sanção sofrida no PAD.

De outro lado, os recursos deflagradores são aqueles que iniciam um processo, de modo que são interpostos sem que haja qualquer processo anterior em andamento. São verdadeiros recursos autônomos. Ex.: representação.

3.1.2. Recursos administrativos em espécie

a) **Representação**: é o recurso administrativo pelo qual o recorrente denuncia ilegalidades e abusos dos agentes públicos, postulando a apuração e a regularização dessas situações.

A representação pode ser formalizada por qualquer pessoa, ainda que não afetada pela conduta abusiva ou pela ilegalidade, nos termos do art. 74, § 2º, da CR/1988.

b) **Reclamação**: é o recurso administrativo pelo qual o interessado requer a revisão do ato que lhe prejudica algum direito ou interesse.

Dessa forma, diferentemente da representação, a reclamação apenas pode ser formalizada pelo titular do direito ou interesse violado.

c) **Pedido de reconsideração**: é o recurso administrativo dirigido à mesma autoridade administrativa que praticou o ato.

---

4 CARVALHO FILHO, José dos Santos. *Manual de Direito Administrativo*. 26. ed. rev., ampl. e atual. São Paulo: Atlas, 2013. p. 956.

d) **Revisão**: é o recurso administrativo pelo qual o interessado postula a reapreciação de determinada revisão já proferida em processo administrativo.

e) **Recurso administrativo propriamente dito**: trata-se de uma petição direcionada a autoridade superior para solicitar que se reavalie uma decisão proferida por um agente público hierarquicamente inferior.

3.1.3. Reformatio in pejus

A *reformatio in pejus* consiste na possibilidade de haver o agravamento da situação do recorrente, quando somente ele recorreu. A Lei nº 9.784/1999, Lei do Processo Administrativo Federal, deu correto tratamento à matéria.

Nos termos do art. 64 da referida lei, o órgão competente para decidir o recurso poderá dar outra solução, total ou parcialmente, à decisão recorrida. Ademais, o parágrafo único do mesmo artigo afirma que o recorrente deve ser cientificado para que formule suas alegações antes da decisão, caso haja a *reformatio*. Contudo, cabe ressaltar que esta somente poderá acontecer se houver alguma ilegalidade na decisão. Não haverá a reforma para prejudicar o recorrente por motivos de nova interpretação. Por fim, deve-se ter em mente que a reforma para pior pressupõe um processo em andamento.

Diferentemente, o art. 65 da Lei nº 9.784/1999 estabeleceu que a revisão de sanções decorrentes de processos administrativos não pode agravar a situação do recorrente. Isso se deve exatamente pelo fato de a revisão ser cabível quando já há processo extinto.

3.1.4. *Exigência de garantia*

Em relação à exigência de garantia, importante é a leitura da Súmula Vinculante nº 21 do STF: "É inconstitucional a exigência de depósito ou arrolamento prévios de dinheiro ou bens para admissibilidade de recurso administrativo".

Dessa forma, atualmente, entende-se por inconstitucional a lei que exige o depósito prévio para a interposição de recurso administrativo. Portanto, o art. 56, § 2º, da Lei nº 9.784/1999 é inconstitucional.

3.1.5. *Exaustão da via administrativa*

É necessário exaurir a via administrativa para só depois recorrer ao Poder Judiciário? Essa é uma pergunta extremamente comum. A essa pergunta, a resposta será negativa. Não é necessário o percurso efetivo das vias recursais administrativas. Basta que haja lesão ou ameaça a lesão ao direito do indivíduo para que maneje alguma ação judicial, nos termos do art. 5º, XXXV, da CR/1988, que consagra o princípio da inafastabilidade do Poder Judiciário.

Contudo, o art. 217, § 1º, da CR/1988 estabelece que o Poder Judiciário só admitirá ações relativas à disciplina e às competições desportivas após se esgotarem as instâncias da Justiça desportiva. Em outras palavras, quando o assunto é Justiça desportiva, faz-se necessário o esgotamento das vias administrativas. Somente após a exaustão é legítima a ação na Justiça comum.

Outra exceção refere-se ao uso da reclamação (instituto que visa anular atos que contrariam enunciado de súmula vinculante), que também só se legitimará após o esgotamento da via administrativa, nos termos do art. 7º, § 1º, da Lei nº 11.417/2006.

Importante pontuar, relativamente ao *habeas data*, que o seu uso somente será possível após a recusa de informações por parte da autoridade administrativa ou o decurso do tempo sem resposta. Nesse sentido, a Súmula nº 2 do STJ estabelece que não cabe *habeas data* se não houve recusa de informações por parte da autoridade administrativa. Ademais, o art. 8º, parágrafo único, da Lei nº 9.507/1997 exige que a petição inicial do *habeas data* deverá ser instruída com prova: da recusa ao acesso às informações ou do decurso de mais de dez dias sem decisão; da recusa em fazer-se a retificação ou do decurso de mais de quinze dias, sem decisão; ou da recusa em fazer-se a anotação de informação ou do decurso de mais de quinze dias sem decisão.

3.1.6. Efeitos

Os recursos administrativos, em regra, possuem apenas o efeito devolutivo. Nos termos do art. 61 da Lei nº 9.784/1999, salvo disposição legal em contrário, o recurso administrativo NÃO tem efeito suspensivo. A razão para isso é lógica, uma vez que os atos administrativos são dotados da presunção de legitimidade. Dessa forma, o inconformismo do indivíduo não possui força para paralisar a atividade administrativa.[5]

A despeito disso, o próprio art. 61, em seu parágrafo único, estabelece que, havendo justo receio de prejuízo de difícil ou incerta reparação decorrente da execução, a autoridade recorrida ou a imediatamente superior poderá, de ofício ou a pedido, dar efeito suspensivo ao recurso administrativo.

Importante ponto a ser observado é a possibilidade do manejo de ações judiciais mesmo com a interposição de recurso administrativo. Deve-se ter em mente que, caso o recurso tenha apenas o efeito devolutivo, pode o interessado acionar a via judicial desde logo, haja vista que o ato impugnado continua a produzir normalmente os seus efeitos. Contudo, caso o recurso também possua o efeito suspensivo, o ato fica sem efeito, não atingindo a esfera jurídica do particular. Nesse caso, é necessário aguardar a decisão do recurso administrativo, de modo que, mantendo-se o ato, nasce o interesse de agir para o lesado.

3.1.7. Decadência e prescrição administrativa

Primeiramente, é crucial destacar a diferença entre os institutos da prescrição e da decadência. Embora ambos decorram do decurso do tempo, possuem características distintas. Ambos são considerados fatos jurídicos, pois produzem efeitos no

---

5 CARVALHO FILHO, José dos Santos. *Manual de Direito Administrativo*. 26. ed. rev., ampl. e atual. São Paulo: Atlas, 2013. p. 960.

âmbito do Direito, sem que haja necessidade de manifestação de vontade das partes envolvidas. No âmbito administrativo, são classificados como fatos administrativos.

Esses institutos são importantes para a efetivação da segurança jurídica, garantindo que as pessoas e a Administração Pública não fiquem permanentemente submetidas à vontade de terceiros que possam exercer seu direito subjetivo ou direito potestativo. Dessa forma, quando o titular do direito não age dentro do prazo previsto em lei, ocorre a prescrição ou a decadência.

Assim, é necessário que sejam observados os prazos estipulados em lei para a verificação desses institutos, pois a inércia do titular do direito pode levar à extinção do direito ou da ação administrativa. Vale destacar que a prescrição e a decadência são institutos que visam promover a estabilidade nas relações jurídicas, e sua correta aplicação é fundamental para a garantia da ordem jurídica e a efetivação da justiça.

A decadência administrativa ocorre quando a Administração perde o direito de anular um ato administrativo ilegal em razão do decurso do tempo. Nessa situação, os princípios da segurança jurídica, da confiança legítima e da boa-fé têm prevalência sobre o princípio da legalidade, uma vez que o próprio legislador estabelece um prazo para a anulação de atos ilegais. No âmbito federal, o art. 54 da Lei nº 9.784/1999 estabelece que "O direito da Administração de anular os atos administrativos de que decorram efeitos favoráveis para os destinatários decai em cinco anos, contados da data em que foram praticados, salvo comprovada má-fé".

Cabe destacar que essa situação é caracterizada como decadência, e não como prescrição administrativa, pois a Administração perde o direito potestativo de anular o ato viciado. Desse modo, é importante observar que a decadência é uma forma de proteger a estabilidade das relações jurídicas e a confiança dos destinatários dos atos administrativos favoráveis, garantindo a segurança jurídica. No entanto, essa proteção não é absoluta, uma vez que a má-fé pode levar à anulação do ato administrativo mesmo após o prazo decadencial.

Por outro lado, a prescrição é caracterizada pela perda da pretensão do titular de um direito subjetivo patrimonial, o que significa que não ocorre a perda do direito em si, mas apenas a perda da possibilidade de exigir esse direito. É fundamental ressaltar que, mesmo que o devedor decida cumprir a sua obrigação voluntariamente, ele não poderá se arrepender posteriormente e exigir o retorno à situação anterior (*a quo*).

Isso ocorre porque a prescrição é um instituto que visa garantir a estabilidade das relações jurídicas, visto que a inércia do titular do direito em exigir o seu cumprimento pode gerar prejuízos para o devedor, que acredita estar livre da obrigação. Portanto, a prescrição implica a perda da pretensão do titular do direito, mas não a perda do direito em si. O cumprimento voluntário da obrigação pelo devedor não é capaz de alterar essa situação, uma vez que a prescrição já ocorreu.

4. CONTROLE LEGISLATIVO

O controle legislativo é o controle realizado pelo Poder Legislativo, consistente na fiscalização política e financeira da Administração Pública.

4.1. Espécies de controle legislativo

4.1.1. Controle político

O controle político é aquele que possibilita a fiscalização dos "atos ligados à função administrativa e de organização do Executivo e do Judiciário".[6]

A Constituição da República estabelece vários tipos de exteriorização do controle político. O art. 49 da carta constitucional elencou alguns casos em que o Congresso Nacional pode realizar o controle político. Para ilustrar o que aqui se diz, pode-se dar como exemplo o art. 49, III (**autorização para o presidente da República ausentar-se do País**) e X (**fiscalização e controle dos atos do Poder Executivo**), da CR/1988.

Importante forma de controle realizado por qualquer uma das casas legislativas ou suas comissões é o **poder convocatório**. O que se quer dizer com esse poder é a possibilidade de convocação de ministro de Estado ou autoridades ligadas diretamente à Presidência da República para realizarem depoimento sobre assunto previamente determinado, nos termos do art. 50, *caput*, da CR/1988. Sobre esse comparecimento, vale observar o que leciona o art. 50, § 2º, da CR/1988, que estabelece como crime de responsabilidade a sua recusa ou o não comparecimento.

Outra relevante forma de controle é o previsto no art. 49, V, da CR/1988, o qual estabelece a possibilidade de o Congresso Nacional **sustar os atos normativos do Poder Executivo** que exorbitem do poder regulamentar ou dos limites de delegação legislativa.

Também importante forma de controle político exercido pelo Poder Legislativo refere-se ao **julgamento do chefe do Poder Executivo**. O Senado Federal é responsável pelo processo e julgamento de crimes de responsabilidade cometidos pelo presidente da República, pelo vice-presidente e por outras autoridades mencionadas no art. 52, I e II, da CR/1988. Para isso, é necessária a autorização prévia da Câmara dos Deputados e o julgamento é presidido pelo ministro presidente do Supremo Tribunal Federal. Caso seja condenada, a autoridade administrativa pode perder o cargo e ficar inabilitada para exercer funções públicas por até oito anos, além de outras sanções judiciais aplicáveis, conforme os arts. 51, I, e 52, parágrafo único, da CR/1988.

Por fim, outro exemplo de controle político e de exercício de atividade-fim do Poder Legislativo refere-se às **Comissões Parlamentares Inquéritos (CPIs)**. Estas são criadas no âmbito das casas legislativas com o objetivo de apurar fatos específicos e por um período determinado, tendo poderes de investigação próprios das autoridades judiciais, conforme o art. 58, § 3º, da Constituição Federal. Por conta de seus poderes investigativos, as CPIs têm a prerrogativa de determinar a realização de diligências, convocar ministros de Estado, requisitar informações e documentos, além de tomar depoimentos. É importante destacar que a função de investigação da CPI não lhe confere autoridade para anular os atos do Poder Executivo.

---

6 CARVALHO FILHO, José dos Santos. *Manual de Direito Administrativo*. 26. ed. rev., ampl. e atual. São Paulo: Atlas, 2013. p. 1002.

4.1.2. Controle financeiro

Nas palavras de Carvalho Filho, "controle financeiro é aquele exercido pelo Poder Legislativo sobre o Executivo, o Judiciário e sobre sua própria administração no que se refere à receita, à despesa e à gestão dos recursos públicos".[7]

Como bem apontado, o controle financeiro do Poder Legislativo pode ser interno, quando realiza o controle de suas próprias contas, bem como pode ser um controle externo, quando realiza o controle das contas do Judiciário e do Executivo.

O Congresso Nacional possui a **competência exclusiva de julgar anualmente** as contas prestadas pelo presidente da República e avaliar os relatórios sobre a execução dos planos de governo, conforme o art. 49, IX, da CR/1988. Ademais, o Senado Federal tem a prerrogativa de **estabelecer os limites globais para o montante da dívida consolidada de todos os entes federativos, bem como os limites e as condições para as operações de crédito externo e interno**, além da **concessão de garantia** da União nessas operações, nos termos do art. 52, VI, VII e VIII, da CR/1988. Por fim, o Congresso exerce, com o auxílio do Tribunal de Contas, a fiscalização contábil, financeira, orçamentária, operacional e patrimonial da Administração Pública direta e indireta, sob os aspectos da legalidade, da legitimidade e da economicidade, de acordo com o art. 70 da CR/1988.

4.1.2.1. Tribunal de Contas

O Tribunal de Contas da União é o órgão auxiliar do Congresso Nacional que tem a função constitucional de auxiliar o controle financeiro externo da Administração Pública, nos termos dos arts. 70 e 71 da CR/1988. Importante o texto constitucional presente no art. 71, o qual estabelece que o controle externo, a cargo do Congresso Nacional, será exercido com o auxílio do Tribunal de Contas da União.

De acordo com o art. 70 da CR/1988, a **fiscalização contábil, financeira, orçamentária, operacional e patrimonial** da União e das entidades da Administração direta e indireta, **quanto a legalidade, legitimidade, economicidade**, aplicação das subvenções e renúncia de receitas, será exercida pelo Congresso Nacional, mediante controle externo, e pelo sistema de controle interno de cada poder.

Atente-se que a fiscalização exercida pelo Tribunal de Contas levará em conta os seguintes critérios fundamentais: (a) legalidade, que consiste no exame da conformidade formal do ato com a lei; (b) legitimidade, que avalia se o ato está em conformidade com os princípios estabelecidos no ordenamento jurídico; e (c) economicidade, que verifica a relação entre custo e benefício da medida adotada.

Prestará contas ao Tribunal de Contas qualquer pessoa física ou jurídica, pública ou privada, que utilize, arrecade, guarde, gerencie ou administre dinheiros, bens e valores públicos ou pelos quais a União responda, ou que, em nome desta, assuma obrigações de natureza pecuniária.

---

7 CARVALHO FILHO, José dos Santos. *Manual de Direito Administrativo*. 26. ed. rev., ampl. e atual. São Paulo: Atlas, 2013. p. 1003.

Nesse sentido, o STF entende que a OAB não se sujeita à prestação de contas perante o TCU e a ausência dessa obrigatoriedade não representa ofensa ao art. 70, parágrafo único, da CR/1988, já que inexiste previsão expressa em sentido diverso.[8]

Ademais, o STF fixou entendimento de que é inconstitucional, por ausência de simetria com as competências do TCU e por afronta à separação de poderes, lei que condicione genericamente o repasse de recursos federais à prévia aprovação de projeto pelo Tribunal de Contas da unidade federativa destinatária das verbas. Também é inconstitucional, por contrariedade ao art. 70 e incisos da CR/1988 e por desrespeito à autonomia federativa, lei federal que atribua aos tribunais de contas estaduais competência para analisar contas relativas à aplicação de recursos federais.[9]

Outro ponto relevante refere-se ao fato de, com exceção do ressarcimento de valores pleiteados pela via judicial decorrentes da ilegalidade de despesa ou da irregularidade de contas, **as sanções administrativas aplicadas pelo TCU serem prescritíveis**, aplicando-se os prazos da Lei nº 9.873/1999, que estabelece o prazo de cinco anos da ação punitiva da Administração Pública federal, direta e indireta, no exercício do poder de polícia, objetivando apurar infração à legislação em vigor, contados da data da prática do ato ou, no caso de infração permanente ou continuada, do dia em que tiver cessado.[10]

O Tribunal de Contas da União, integrado por nove ministros, tem sede no Distrito Federal, quadro próprio de pessoal e jurisdição em todo o território nacional.

Os ministros do Tribunal de Contas da União serão nomeados dentre brasileiros que satisfaçam os seguintes requisitos: (i) mais de trinta e cinco e menos de setenta anos de idade; (ii) idoneidade moral e reputação ilibada; (iii) notórios conhecimentos jurídicos, contábeis, econômicos e financeiros ou de Administração Pública; (iv) mais de dez anos de exercício de função ou de efetiva atividade profissional que exija os conhecimentos mencionados no inciso anterior.

Além disso, os ministros do Tribunal de Contas da União serão escolhidos: (i) um terço pelo Presidente da República, com aprovação do Senado Federal, sendo dois alternadamente dentre auditores e membros do Ministério Público junto ao Tribunal, indicados em lista tríplice pelo Tribunal, segundo os critérios de antiguidade e merecimento; (ii) dois terços pelo Congresso Nacional.

---

8 RE 1.182.189/BA, Rel. Min. Marco Aurélio, Red. do Acórdão Min. Edson Fachin, julgamento virtual finalizado em 24.04.2023. O STF já afastou a sujeição da OAB aos ditames impostos à Administração Pública direta e indireta, dada a sua categoria ímpar no elenco das personalidades jurídicas, visto que é uma instituição com natureza jurídica própria e dotada de autonomia e independência. Nesse contexto, considerada a sua função institucional, a OAB exerce serviço público independente, que não se confunde com serviço estatal, e cujo controle pode ser realizado por vias diversas da do TCU. Assim, é necessário conferir o mais alto grau de liberdade para que a OAB tenha condições de cumprir suas funções constitucionalmente privilegiadas, tendo em vista que os advogados são indispensáveis à administração da Justiça (art. 133 da CR/1988). Ademais, a Ordem gere recursos privados arrecadados de seus associados, distinguindo-se dos demais conselhos de fiscalização profissional, os quais recolhem contribuição de natureza tributária, que advém da movimentação financeira do Estado. Por essa razão, suas finanças não se submetem ao controle estatal, tampouco se enquadram no conceito jurídico de Fazenda Pública, cujo controle se sujeita às regras da Lei nº 4.320/1964.

9 ADI 7.002/PR, Rel. Min. Roberto Barroso, julgamento virtual finalizado em 24.04.2023.

10 MS 36.990 AgR/DF, Rel. Min. Ricardo Lewandowski, j. 28.03.2023.

Ainda, os ministros do Tribunal de Contas da União terão as mesmas garantias, prerrogativas, impedimentos, vencimentos e vantagens dos ministros do Superior Tribunal de Justiça, aplicando-se-lhes, quanto a aposentadoria e pensão, as normas constantes do art. 40 da Constituição.

O auditor, quando em substituição a ministro, terá as mesmas garantias e impedimentos do titular e, quando no exercício das demais atribuições da judicatura, as de juiz de tribunal regional federal.

Importante observar que as normas previstas nos arts. 70 a 74 são aplicáveis ao TCU. Contudo, sabiamente o art. 75 possibilitou que as normas elencadas para o TCU irão ser aplicáveis para os TCEs e TCMs, onde estes existirem.

4.1.2.1.1. Competências em espécies

O art. 71 elenca as competências do Tribunal de Contas da União.

1) Art. 71, I – é a chamada **competência opinativa ou consultiva**. De acordo com o art. 71, I, da CR/1988, competirá ao Tribunal de Contas apreciar as contas prestadas anualmente pelo presidente da República, mediante parecer prévio, que deverá ser elaborado em sessenta dias a contar de seu recebimento. Atente-se que, em relação ao presidente da República, o TCU vai apenas apreciar as suas contas, mediante parecer prévio, que deverá ser elaborado em 60 dias a contar do recebimento das contas. O julgamento das contas do presidente da República é feito pelo Congresso Nacional, nos termos do art. 49, IX, da CR/1988.

2) Art. 71, II – trata-se da **competência julgadora**. Conforme o art. 71, II, competirá ao Tribunal de Contas julgar as contas dos administradores e demais responsáveis por dinheiros, bens e valores públicos da Administração direta e indireta, incluídas as fundações e sociedades instituídas e mantidas pelo Poder Público federal, e as contas daqueles que derem causa a perda, extravio ou outra irregularidade de que resulte prejuízo ao erário público.

Diferentemente das contas do presidente da República, as contas das demais autoridades o TCU tem a competência para julgá-las.

Atente-se que o TCU exerce uma função não judicial quando julga as contas dos administradores e demais responsáveis por dinheiros, bens e valores públicos, nos processos de tomada e prestação de contas anual.

3) Art. 71, III – trata-se da **competência de registro**. Segundo o dispositivo, o TCU é competente para apreciar, para fins de registro, a legalidade dos atos de admissão de pessoal, a qualquer título, na Administração direta e indireta, incluídas as fundações instituídas e mantidas pelo Poder Público, excetuadas as nomeações para cargo de provimento em comissão, bem como a das concessões de aposentadorias, reformas e pensões, ressalvadas as melhorias posteriores que não alterem o fundamento legal do ato concessório.

Trata-se do registro dos atos de admissão de pessoal, bem como das concessões de aposentadoria, reformas e pensões. Observe que o Tribunal de Contas não irá realizar o registro das nomeações para cargos em comissão.

Sobre o tema, faz-se importante o estudo da jurisprudência do STF.

De acordo com entendimento do Supremo Tribunal Federal, a aposentadoria é considerada um ato complexo. Além disso, a Súmula Vinculante nº 3 estabelece que, nos processos perante o Tribunal de Contas da União, será garantido o direito ao contraditório e à ampla defesa quando a decisão puder resultar na anulação ou revogação de ato administrativo que beneficiar o interessado, com exceção da apreciação da legalidade do ato de concessão inicial de aposentadoria, reforma e pensão.

O Supremo Tribunal Federal, no julgamento do RE 636.553/RS, Rel. Min. Gilmar Mendes, julgamento em 19.02.2020, estabeleceu, em tese de repercussão geral, que "Em atenção aos princípios da segurança jurídica e da confiança legítima, os Tribunais de Contas estão sujeitos ao prazo de cinco anos para o julgamento da legalidade do ato de concessão inicial de aposentadoria, reforma ou pensão, a contar da chegada do processo à respectiva Corte de Contas".

Nesses termos, por constituir exercício da competência constitucional (art. 71, III, da CR/1988), tal ato ocorre sem a participação dos interessados e, portanto, sem a observância do contraditório e da ampla defesa.

Entretanto, por motivos de segurança jurídica e necessidade da estabilização das relações, é necessário fixar-se um prazo para que a corte de contas exerça seu dever constitucional.

Diante da inexistência de norma que incida diretamente sobre a hipótese, aplica-se ao caso o disposto no art. 4º do Decreto-lei nº 4.657/1942, a Lei de Introdução às Normas do Direito Brasileiro (LINDB).

Assim, tendo em vista o princípio da isonomia, seria correta a aplicação, por analogia, do Decreto nº 20.910/1932.

Portanto, se o administrado tem o prazo de cinco anos para buscar qualquer direito contra a Fazenda Pública, também se deve considerar que o Poder Público, no exercício do controle externo, tem o mesmo prazo para rever eventual ato administrativo favorável ao administrado.

Desse modo, a fixação do prazo de cinco anos se afigura razoável para que o TCU proceda ao registro dos atos de concessão inicial de aposentadoria, reforma ou pensão, após o qual se considerarão definitivamente registrados.

Por conseguinte, a discussão acerca da observância do contraditório e da ampla defesa após o transcurso do prazo de cinco anos da chegada do processo ao TCU encontra-se prejudicada. Isso porque, findo o referido prazo, o ato de aposentação considera-se registrado tacitamente, não havendo mais a possibilidade de alteração pela corte de contas.

4) Art. 71, IV – realizar, por iniciativa própria, da Câmara dos Deputados, do Senado Federal, de Comissão técnica ou de inquérito, inspeções e auditorias de natureza contábil, financeira, orçamentária, operacional e patrimonial, nas unidades administrativas dos Poderes Legislativo, Executivo e Judiciário, e demais entidades referidas no inciso II.

5) Art. 71, V – fiscalizar as contas nacionais das empresas supranacionais de cujo capital social a União participe, de forma direta ou indireta, nos termos do tratado constitutivo.

6) Art. 71, VI – fiscalizar a aplicação de quaisquer recursos repassados pela União mediante convênio, acordo, ajuste ou outros instrumentos congêneres, a estado, ao Distrito Federal ou a município.

As competências previstas nos incisos IV, V e VI da CR/1988 referem-se à **competência fiscalizadora**.

7) Art. 71, VII – trata-se da **competência de prestação de informações**. De acordo com o dispositivo constitucional, cabe ao Tribunal de Contas prestar as informações solicitadas pelo Congresso Nacional, por qualquer de suas casas, ou por qualquer das respectivas comissões, sobre a fiscalização contábil, financeira, orçamentária, operacional e patrimonial e sobre resultados de auditorias e inspeções realizadas.

8) Art. 71, VIII – aplicar aos responsáveis, em caso de ilegalidade de despesa ou irregularidade de contas, as sanções previstas em lei, que estabelecerá, entre outras cominações, multa proporcional ao dano causado ao erário. Trata-se da **competência sancionadora**.

As próximas competências, previstas no art. 71, IX e X, da CR/1988, consistem na **competência corretiva**.

9) Art. 71, IX – cabe ao Tribunal de Contas assinar prazo para que o órgão ou a entidade adote as providências necessárias ao exato cumprimento da lei, se verificada ilegalidade.

10) Art. 71, X – estabelece a possibilidade de sustar, se não atendido, a execução do ato impugnado, comunicando a decisão à Câmara dos Deputados e ao Senado Federal.

Em relação a essa competência, deve-se observar que o Tribunal de Contas tem o poder cautelar, isto é, pode o tribunal agir antes da atuação do órgão ou da entidade responsável pelo ato, para que não haja perecimento de um direito. Ex.: faltam 2 dias para a celebração de um contrato licitatório superfaturado. O Tribunal de Contas pode suspender a licitação.

Por fim, cabe ressaltar o que está legislado no art. 71, §§ 1º a 3º, da CR/1988. No caso de contrato, o ato de sustação será adotado diretamente pelo Congresso Nacional, que solicitará, de imediato, ao Poder Executivo as medidas cabíveis.

Se o Congresso Nacional ou o Poder Executivo, no prazo de noventa dias, não efetivar as medidas previstas no parágrafo anterior, o tribunal decidirá a respeito.

11) Art. 71, XI – representar ao Poder competente sobre irregularidades ou abusos apurados.

Finalmente, veja que as decisões do tribunal de que resulte imputação de débito ou multa terão eficácia de título executivo. No que tange à legitimidade para executar as multas aplicadas pelo Tribunal de Contas, o STF entende que o **município prejudicado** é o legitimado para a execução de crédito decorrente de multa aplicada por Tribunal de Contas estadual a agente público municipal, em razão de danos causados ao erário municipal. Para a corte, os estados não têm legitimidade ativa para a execução de multas aplicadas, por tribunais de contas estaduais, em face de agentes públicos municipais, que, por seus atos, tenham causado prejuízos a municípios. Se a multa aplicada pelo Tribunal de Contas decorre da prática de atos que causaram prejuízo ao erário municipal, o legitimado ativo para a execução do crédito fiscal é o município lesado, e não o estado.[11]

Todavia, mais recentemente, o STF[12] decidiu que os estados podem executar crédito decorrente de multas simples aplicadas por tribunais de contas estaduais a agentes públicos municipais. As multas simples decorrem da não observância de normas financeiras, contábeis e orçamentárias, como deixar de enviar ao Legislativo e ao TCE o relatório de gestão fiscal. Também são aplicadas quando o agente público não colabora com o Tribunal de Contas, obstruindo inspeções e auditorias ou sonegando informações, entre outras circunstâncias.

Assim, resumidamente, o município é legitimado para executar multas ligadas a danos ao seu erário. Já os estados podem executar multas simples aplicadas a agentes municipais, como aquelas por descumprimento de normas financeiras ou obstrução de auditorias.

Eficácia de título executivo	Decisões do Tribunal de Contas que imputem débito ou multa têm eficácia de título executivo.
Legitimidade para executar multas	
Créditos decorrentes de danos ao erário municipal	O **município prejudicado** é o legitimado ativo para executar créditos decorrentes de multa aplicada por Tribunal de Contas estadual a agente público municipal, em razão de danos ao erário municipal.
Créditos decorrentes de multas simples	Os **estados** podem executar créditos decorrentes de multas simples aplicadas por tribunais de contas estaduais a agentes públicos municipais.
Exemplos de multas simples	- Não observância de normas financeiras, contábeis e orçamentárias (ex.: deixar de enviar relatório de gestão fiscal ao Legislativo e ao TCE). - Obstrução de inspeções e auditorias. - Sonegação de informações.

4.1.2.1.1.1. Tribunal de Contas e controle de constitucionalidade

O Supremo Tribunal Federal decidiu que permitir que o Tribunal de Contas faça controle de constitucionalidade resultaria em um triplo desrespeito à Constituição. Ao declarar incidentalmente a inconstitucionalidade de dispositivos de lei nos casos

---

11 RE 1.003.433/RJ, Rel. Min. Marco Aurélio, Red. do Acórdão Min. Alexandre de Moraes, julgamento virtual finalizado em 14.09.2021.

12 ADI 7.194/DF, Rel. Min. Dias Toffoli, julgamento virtual finalizado em 28.06.2024.

concretos submetidos à sua apreciação, o Tribunal de Contas efetivamente invalida a lei e acaba exigindo que outros órgãos da Administração Pública federal deixem de aplicá-la a outros casos semelhantes. Esse comportamento viola a Constituição Federal de três maneiras, já que representa uma afronta: (1) ao Poder Legislativo, que é responsável por editar as leis; (2) ao Poder Judiciário, que tem a autoridade judicial; (3) ao Supremo Tribunal Federal, que é incumbido de declarar a constitucionalidade ou a inconstitucionalidade das leis ou dos atos normativos de forma geral e obrigatória.

Nesse sentido, em julgado paradigmático, o STF, no MS 25.888, entendeu que o afastamento incidental da aplicação de leis e atos normativos, em julgamento no âmbito de um Tribunal de Contas, condiciona-se à existência de jurisprudência do Supremo Tribunal Federal sobre a matéria.

De acordo com o STF, a Súmula 347 não deve ser interpretada como uma autorização para que os Tribunais de Contas exerçam controle abstrato de constitucionalidade. De fato, o enunciado sumular confere a essas Cortes a prerrogativa de afastar normas de forma incidental quando a sua aplicação no caso concreto resultaria em uma manifesta inconstitucionalidade. Tal inconstitucionalidade poderia emergir tanto de uma violação explícita a dispositivos constitucionais quanto de uma contrariedade à jurisprudência consolidada do Supremo Tribunal Federal acerca do tema.

4.1.2.1.1.2. Tribunal de Contas e controle dos atos de prefeitos

A jurisprudência do STF e do STJ estabeleceu diretrizes importantes sobre a competência e os limites de atuação dos tribunais de contas e das câmaras de vereadores no que diz respeito à análise das contas do Chefe do Poder Executivo local.

Inicialmente, no Tema nº 157[13], o STF definiu que o parecer técnico elaborado pelo Tribunal de Contas possui natureza meramente opinativa, cabendo exclusivamente à Câmara de Vereadores o julgamento das contas anuais do Chefe do Executivo local, sendo inadmissível o julgamento ficto das contas por decurso de prazo.

Posteriormente, no Tema nº 835[14], o STF reafirmou que, para os fins do art. 1º, inciso I, alínea "g", da Lei Complementar nº 64/1990, a apreciação das contas de prefeitos, tanto as de governo quanto as de gestão, é de competência das câmaras municipais, assistidas pelos tribunais de contas competentes. O parecer prévio dos tribunais de contas só deixará de prevalecer por decisão de 2/3 dos vereadores.

Ou seja, no Tema nº 835, o STF entendeu que, para fins de inelegibilidade por rejeição de contas em razão de irregularidade insanável que configure ato doloso de improbidade administrativa, o órgão competente será a Câmara Municipal correspondente.

No Tema nº 1.287[15], o STF ampliou a atuação dos tribunais de contas, decidindo que, no contexto de tomada de contas especial, é possível a condenação administrativa

---

13 RE 729.744, Rel. Min. Gilmar Mendes, Tribunal Pleno, j. 10.08.2016, acórdão eletrônico DJe-186, divulg. 22.08.2017, public. 23.08.2017.

14 STF. Plenário. RE 848.826/DF, Rel. orig. Min. Roberto Barroso, red. p/ o acórdão Min. Ricardo Lewandowski, j. 10.08.2016.

15 ARE 1.436.197/RO, Rel. Min. Luiz Fux, julgamento finalizado no Plenário Virtual em 18.12.2023.

de Chefes dos Poderes Executivos municipais, estaduais e distritais pelos tribunais de contas, quando identificada a responsabilidade pessoal por irregularidades no cumprimento de convênios interfederativos de repasse de verbas, sem necessidade de julgamento ou aprovação posterior pelo Poder Legislativo correspondente.

Ainda, nos demais casos de atos de gestão de prefeito que não se relacionem com a análise de inelegibilidade para fins de registro de candidatura (conforme disposto na LC nº 64/1990, art. 1º, I, *g*), permanece intacta a competência dos tribunais de contas para julgamento, fiscalização e aplicação de medidas cautelares, corretivas e sancionatórias, dentro dos limites do art. 71 da Constituição Federal, independentemente de ratificação posterior pelo Poder Legislativo.

Corroborando este entendimento, o STJ[16] afirmou que os tribunais de contas detêm competência para julgar atos praticados por prefeitos na condição de ordenadores de despesas e, ao constatarem irregularidades ou ilegalidades, têm o dever de aplicar as sanções cabíveis, no exercício de suas atribuições fiscalizatórias e sancionatórias.

4.1.2.1.2. Tribunais de contas e municípios

A fiscalização do município será exercida pelo Poder Legislativo municipal, mediante controle externo, e pelos sistemas de controle interno do Poder Executivo municipal.

O controle externo da Câmara Municipal será exercido com o auxílio dos tribunais de contas dos estados ou do município ou dos conselhos ou tribunais de contas dos municípios, onde houver.

O parecer prévio, emitido pelo órgão competente sobre as contas que o prefeito deve anualmente prestar, só deixará de prevalecer por decisão de dois terços dos membros da Câmara Municipal.

É vedada a criação de tribunais, conselhos ou órgãos de contas municipais.

5. CONTROLE JUDICIAL

Controle judicial é a fiscalização feita pelo Poder Judiciário dos atos praticados pela Administração Pública.

5.1. Sistemas de controle

5.1.1. Sistema do contencioso administrativo

O sistema do contencioso administrativo é também chamado de sistema de dualidade de jurisdição. Consiste na existência de uma Justiça administrativa, ao lado do Poder Judiciário. É um sistema idealizado pelos franceses.

---

16 RMS 13.499/CE, Rel. Min. Teodoro Silva Santos, Segunda Turma, por unanimidade, j. 06.08.2024.

Observe que, de acordo com esse sistema de controle, as decisões da Justiça administrativa não podem ser revistas pela Justiça judiciária. De acordo com o Carvalho Filho "a jurisdição é dual na medida em que a função jurisdicional é exercida naturalmente por duas estruturas orgânicas independentes – Justiça Judiciária e a Justiça Administrativa".[17]

Importante observar que a Justiça administrativa é a competente para julgar causas que envolvam o Poder Público, tais como a invalidação e a interpretação de atos administrativos.

5.1.2. Sistema de unidade de jurisdição

Esse sistema é também chamado de sistema do monopólio de jurisdição ou sistema inglês. Observe que, de acordo com esse sistema, todo e qualquer litígio estará sujeito à análise e à decisão de uma única justiça, qual seja, o Poder Judiciário.

Esse é o sistema adotado pelo ordenamento brasileiro.

5.2. Natureza

O controle judicial sobre atos da Administração Pública é um controle de legalidade, exclusivamente. Em outras palavras, o Poder Judiciário deve realizar o confronto do ato com as leis, a Constituição e os princípios do Direito.

É vedado ao Judiciário analisar o mérito do ato administrativo. Realizar a valoração de oportunidade e conveniência é privativo do administrador público. Isso se justifica em razão da repartição de poderes, prevista no art. 2º do texto constitucional.

5.3. Instrumentos de controle

5.3.1. Meios inespecíficos

Esses meios de controle judicial são as ações judiciais que toda e qualquer pessoa pode ajuizar, sem que exijam a presença do Estado em um dos polos da relação processual. Pode-se dar como exemplo as ações ordinárias, a ação penal.

---

[17] CARVALHO FILHO, José dos Santos. *Manual de Direito Administrativo*. 26. ed. rev., ampl. e atual. São Paulo: Atlas, 2013. p. 1015.

5.3.2. *Meios específicos*

Esses meios de controle judicial, por sua vez, são as ações que exigem a presença do Poder Público em um dos polos da demanda, seja das pessoas jurídicas públicas, seja dos agentes públicos. Pode-se dar como exemplo o mandado de segurança, a ação popular, o *habeas data* e a ação civil pública.

5.3.2.1. Mandado de segurança

De acordo com o art. 5º, LXIX, da CR/1988, conceder-se-á mandado de segurança para proteger direito líquido e certo, não amparado por *habeas corpus* ou *habeas data*, quando o responsável pela ilegalidade ou pelo abuso de poder for autoridade pública ou agente de pessoa jurídica no exercício de atribuições do Poder Público. Trata-se do mandado de segurança individual, em que se defende direito líquido e certo do próprio impetrante.

Por sua vez, o art. 5º, LXX, consagra o mandado de segurança coletivo, que pode ser impetrado por:

a) partido político com representação no Congresso Nacional;
b) organização sindical, entidade de classe ou associação legalmente constituída e em funcionamento há pelo menos um ano, em defesa dos interesses de seus membros ou associados.

Há ainda mandado de segurança preventivo e repressivo. O primeiro trata-se de quando houver ameaça ou justo receio de lesão ao direito líquido e certo. O segundo, por seu turno, quando se busca reparar a lesão efetiva ao direito líquido e certo.

O mandado de segurança é regulamentado pela Lei nº 12.016/2009. Para impetrá-lo, há como requisito o direito líquido e certo. Esse direito, de acordo com o Professor Hely Lopes Meirelles, seria o "manifesto na sua existência, delimitado na sua extensão e apto a ser exercido no momento da impetração". O direito líquido e certo seria aquele demonstrado por uma prova pré-constituída.

Importante é a Súmula nº 625 do STF, segundo a qual controvérsia sobre matéria de direito não impede concessão de mandado de segurança. Em outras palavras, se a matéria controvertida for exclusivamente de direito, não haverá impedimento à impetração do *writ*.

No que se refere à legitimidade ativa, tem-se o titular do direito violado, ao passo que a legitimidade passiva é a autoridade coatora. Todavia, importante destacar o entendimento do STJ, segundo o qual a legitimidade para recorrer é da pessoa jurídica de direito público, sendo dispensável a intimação da autoridade coatora para fins de início da contagem do prazo recursal. Atente-se que, no mandado de segurança, a autoridade coatora, embora seja parte no processo, é notificada apenas para prestar informações, cessando a sua intervenção a partir do momento em que as apresenta.[18]

---

[18] AgInt no AREsp 1.430.628-BA, Segunda Turma, Rel. Min. Francisco Falcão, por maioria, j. 18.08.2022.

De acordo com o art. 5º da Lei nº 12.016/2009, não se concederá mandado de segurança quando se tratar de:

I. ato do qual caiba recurso administrativo com efeito suspensivo, independentemente de caução;
II. decisão judicial da qual caiba recurso com efeito suspensivo;
III. decisão judicial transitada em julgado.

Nesse sentido, ainda, o art. 1º, § 2º, estabelece que não cabe mandado de segurança contra os atos de gestão comercial praticados pelos administradores de empresas públicas, de sociedade de economia mista e de concessionárias de serviço público.

Por outro lado, há a Súmula nº 333 do STJ, segundo a qual cabe mandado de segurança contra ato praticado em licitação promovida por sociedade de economia mista ou empresa pública.

Outro importante ponto a ser estudado é a ADI 4.296, julgada pelo STF. Nesse julgado, a suprema corte declarou constitucional:

1) Art. 1º, § 2º, da Lei nº 12.016/2019 – Não cabe mandado de segurança contra atos de gestão comercial praticados por administradores de empresas públicas, sociedades de economia mista e concessionárias de serviço público.
2) Art. 7º Ao despachar a inicial, o juiz ordenará: III – que se suspenda o ato que deu motivo ao pedido, quando houver fundamento relevante e do ato impugnado puder resultar a ineficácia da medida, caso seja finalmente deferida, **sendo facultado exigir do impetrante caução, fiança ou depósito, com o objetivo de assegurar o ressarcimento à pessoa jurídica**.
3) Art. 23. O direito de requerer mandado de segurança extinguir-se-á decorridos 120 (cento e vinte) dias, contados da ciência, pelo interessado, do ato impugnado.
4) Art. 25. **Não cabem**, no processo de mandado de segurança, a interposição de embargos infringentes e a **condenação ao pagamento dos honorários advocatícios**, sem prejuízo da aplicação de sanções no caso de litigância de má-fé.

Por outro lado, julgado inconstitucional:

1) Art. 22, § 2º No mandado de segurança coletivo, a liminar só poderá ser concedida após a audiência do representante judicial da pessoa jurídica de direito público, que deverá se pronunciar no prazo de 72 horas.

É inconstitucional a exigência de oitiva prévia do representante da pessoa jurídica de direito público como condição para a concessão de liminar em mandado de segurança coletivo, por considerar que a disposição restringe o poder geral de cautela do magistrado.

2) Art. 7º, § 2º Não será concedida medida liminar que tenha por objeto a compensação de créditos tributários, a entrega de mercadorias e bens provenientes do exterior, a reclassificação ou equiparação de servidores públicos e a concessão de aumento ou a extensão de vantagens ou pagamento de qualquer natureza.

É inconstitucional ato normativo que vede ou condicione a concessão de medida liminar na via mandamental.

Também se faz necessário estudar a **teoria da encampação**. Essa teoria possui os seguintes requisitos (Súmula nº 628 do STJ):

a) existência de vínculo hierárquico entre a autoridade coatora indicada equivocadamente e aquela que efetivamente ordenou a prática do ato impugnado;
b) ausência de modificação de competência definida no texto constitucional; e
c) defesa da legalidade do ato impugnado com ingresso no mérito do mandado de segurança.

O mandado de segurança coletivo foi previsto na Constituição Federal e regulamentado pela Lei nº 12.016/2009, e suas disposições se aplicam, no que couber, ao mandado de segurança individual.

De acordo com o art. 21, o mandado de segurança coletivo pode ser impetrado por partido político com representação no Congresso Nacional, na defesa de seus interesses legítimos relativos a seus integrantes ou à finalidade partidária, ou por organização sindical, entidade de classe ou associação legalmente constituída e em funcionamento há, pelo menos, 1 (um) ano, em defesa de direitos líquidos e certos da totalidade, ou de parte, dos seus membros ou associados, na forma dos seus estatutos e desde que pertinentes às suas finalidades, dispensada, para tanto, autorização especial.

Os direitos protegidos pelo mandado de segurança coletivo podem ser:

I. coletivos, assim entendidos os transindividuais, de natureza indivisível, de que seja titular grupo ou categoria de pessoas ligadas entre si ou com a parte contrária por uma relação jurídica básica;
II. individuais homogêneos, assim entendidos os decorrentes de origem comum e da atividade ou situação específica da totalidade ou de parte dos associados ou membros do impetrante.

O mandado de segurança coletivo não induz litispendência para as ações individuais, mas os efeitos da coisa julgada não beneficiarão o impetrante a título individual se não requerer a desistência de seu mandado de segurança no prazo de 30 (trinta) dias a contar da ciência comprovada da impetração da segurança coletiva.

Apesar de serem uma cópia da legislação, fazem-se importantes duas súmulas do STF. A Súmula nº 629 do STF afirma que a impetração de mandado de segurança coletivo por entidade de classe em favor dos associados independe da autorização destes. Por sua vez, a Súmula nº 630 do STF estabelece que a entidade de classe tem legitimação para o mandado de segurança ainda quando a pretensão veiculada interesse apenas a uma parte da respectiva categoria.

Importante ainda pontuar o entendimento do STJ, segundo o qual, é inadequado o manejo de mandado de segurança com vistas à defesa do direito de candidato em concurso público a continuar concorrendo às vagas reservadas às pessoas pretas ou pardas, quando a comissão examinadora de heteroidentificação não confirma a sua autodeclaração. Para a corte, o parecer emitido pela comissão examinadora, quanto ao fenótipo do candidato, ostenta, em princípio, natureza de declaração oficial, por isso dotada de fé pública, razão pela qual não pode ser infirmada **senão mediante qualificada e robusta contraprova**. Outrossim, a **dilação probatória é providência sabidamente incompatível com a via do mandado de segurança**, o que inibe a pretensão autoral de desconstituir, dentro do próprio *writ*, a conclusão a que chegaram os avaliadores.[19]

Outro ponto relevante refere-se ao termo inicial do prazo decadencial de 120 dias para questões que envolvem concursos públicos e não nomeação de candidato. A jurisprudência do STJ orienta-se no sentido de que, quanto ao prazo para interposição do mandado de segurança, o entendimento jurisprudencial consolidado é o de que a contagem do prazo decadencial, contra a ausência de nomeação de candidato aprovado em concurso público, inicia-se na data de expiração da validade do certame. Todavia, quando há um ato ilegal praticado pela Administração após o decurso do prazo, o STJ entende que a data do último ato administrativo reputado ilegal é o termo inicial do prazo decadencial para impetração de mandado de segurança. Nesse sentido, por exemplo, se, após o decurso do prazo de validade do concurso, houver um ato administrativo ilegal, como a não reclassificação dos aprovados em razão da anulação de questões, esse ato administrativo será o marco inicial para a impetração do mandado.[20]

5.3.2.2. Mandado de injunção

O Mandado de Injunção (MI) está previsto no art. 5º, LXXI, da CR/1988, segundo o qual conceder-se-á mandado de injunção sempre que a falta de norma regulamentadora torne inviável o exercício dos direitos e liberdades constitucionais e das prerrogativas inerentes à nacionalidade, à soberania e à cidadania.

Esse dispositivo constitucional é regulamentado pela Lei nº 13.300/2016.

O MI pode ser:

a) **individual** – proposto por qualquer pessoa física ou jurídica, em nome próprio, defendendo interesse próprio;

---

[19] RMS 58.785-MS, Primeira Turma, Rel. Min. Sérgio Kukina, por unanimidade, j. 23.08.2022.

[20] RMS 64.025-BA, Segunda Turma, Rel. Min. Assusete Magalhães, por unanimidade, j. 04.10.2022, *DJe* 10.10.2022.

b) **coletivo** – proposto por legitimados restritos previstos na lei, em nome próprio, mas defendendo interesses alheios. São eles: (i) pelo Ministério Público, quando a tutela requerida for especialmente relevante para a defesa da ordem jurídica, do regime democrático ou dos interesses sociais ou individuais indisponíveis; (ii) por partido político com representação no Congresso Nacional, para assegurar o exercício de direitos, liberdades e prerrogativas de seus integrantes ou relacionados com a finalidade partidária; (iii) por organização sindical, entidade de classe ou associação legalmente constituída e em funcionamento há pelo menos 1 (um) ano, para assegurar o exercício de direitos, liberdades e prerrogativas em favor da totalidade ou de parte de seus membros ou associados, na forma de seus estatutos e desde que pertinentes a suas finalidades, dispensada, para tanto, autorização especial; (iv) pela Defensoria Pública, quando a tutela requerida for especialmente relevante para a promoção dos direitos humanos e a defesa dos direitos individuais e coletivos dos necessitados, na forma do inciso LXXIV do art. 5º da Constituição Federal.

Como pode ser observado, o mandado de injunção terá cabimento quando houver ausência de norma regulamentadora, que torne inviável o exercício de algum direito. Nesse sentido, a ausências de normas regulamentadoras pode ser **TOTAL ou PARCIAL**:

a) TOTAL – quando não houver norma alguma tratando sobre a matéria;
b) PARCIAL – quando existir norma regulamentando, mas essa regulamentação for insuficiente e, em virtude disso, não tornar viável o exercício pleno do direito, da liberdade ou da prerrogativa prevista na Constituição.

Ponto relevante que é preciso enfrentar está relacionado aos efeitos da decisão do mandado de injunção. Dois efeitos são possíveis: o efeito objetivo e o efeito subjetivo.

O primeiro está relacionado à concretude ou não que a decisão do Poder Judiciário pode ter. Nesse sentido, teríamos o efeito não concretista e o concretista. O efeito não concretista implica o fato de o Poder Judiciário dever apenas comunicar ao poder, ao órgão ou à autoridade omissa a omissão. Por sua vez, o efeito concretista implica o fato de o Poder Judiciário editar a norma que está faltando ou determinar que seja aplicada, ao caso concreto, uma já existente para outras situações análogas

Essa teoria concretista se divide em concretista direta e intermediária. Pela direta, o Poder Judiciário deverá implementar uma solução para viabilizar o direito do autor, e isso deverá ocorrer imediatamente, não sendo necessária nenhuma outra providência, a não ser a publicação do dispositivo da decisão.

Por seu turno, pela teoria intermediária, o Poder Judiciário deverá dar um prazo para que o órgão omisso elabore a norma. Caso essa determinação não seja cumprida no prazo estipulado, aí sim o Poder Judiciário poderá viabilizar o direito, a liberdade ou a prerrogativa.

Assim, a Lei nº 13.300/2016, em regra, adota a aplicação da corrente concretista intermediária. Excepcionalmente, será adotada a toeria concretista direta, de modo que será dispensada a determinação de prazo, quando comprovado que o impetrado deixou de atender, em mandado de injunção anterior, ao prazo estabelecido para a edição da norma.

Por fim, no que tange à **eficácia subjetiva**, temos os **efeitos individual e geral**. Em relação ao efeito individual, a decisão será aplicada apenas para o autor do mandado de injunção, ao passo que, quanto ao geral, a decisão terá eficácia *erga omnes*.

A Lei nº 13.300/2016, em regra, adota a corrente concretista individual. Excepcionalmente, essa lei afirma que poderá ser conferida eficácia *ultra partes* ou *erga omnes* à decisão, quando isso for inerente ou indispensável ao exercício do direito, da liberdade ou da prerrogativa objeto da impetração, conforme dispõe o art. 9º, § 1º. Essa possibilidade se aplica tanto para o MI individual como para o coletivo, de acordo com o art. 13.

5.3.2.3. *Habeas data*

O *habeas data* possui como **conceito** o fato de ser uma ação constitucional que tem por objetivo assegurar o conhecimento, a retificação ou a anotação de informações relativas à pessoa do impetrante, constantes de registros ou bancos de dados de entidades governamentais ou de caráter público. O *habeas data* está previsto no art. 5º, LXXII, da CR/1988 e é disciplinado pela Lei nº 9.507/1997.

No que tange à **legitimidade ativa**, o *habeas data* pode ser impetrado por qualquer pessoa, física ou jurídica, nacional ou estrangeira. Os legitimados ativos somente podem utilizá-lo para requerer informações que lhes dizem respeito (legitimação ordinária), sendo vedada a sua utilização para pleitear informações de terceiros. Excepcionalmente, o STJ admite que o cônjuge supérstite impetre o remédio jurídico na defesa de interesse do falecido.

Por sua vez, os **legitimados passivos** do *habeas data* são as "entidades governamentais ou de caráter público", de acordo com o art. 5º, LXXII, *a*, da CR/1988. As entidades governamentais incluem todos os órgãos e entidades da Administração Pública direta e indireta dos Poderes Executivo, Legislativo e Judiciário.

Por outro lado, as entidades de caráter público são as entidades privadas, não integrantes da Administração Pública, responsáveis por registros ou banco de dados de acesso ao público em geral.

De acordo com o art. 1º, parágrafo único, da Lei nº 9.507/1997, "considera-se de caráter público todo registro ou banco de dados contendo informações que sejam ou que possam ser transmitidas a terceiros ou que não sejam de uso privativo do órgão ou entidade produtora ou depositária das informações" (ex.: Serviço de Proteção ao Crédito – SPC).

Outro ponto relevante está relacionado ao **objeto** do *habeas data*. Este possui três objetivos distintos, conforme dispõe o art. 5º, LXXII, da CR/1988, bem como o art. 7º da Lei nº 9.507/1997: (a) conhecimento de informações relativas à pessoa do impetrante, constantes de registros ou bancos de dados de entidades governamentais ou de caráter público; (b) para a retificação de dados, quando não se prefira fazê-lo por processo sigiloso, judicial ou administrativo; e (c) anotação nos assentamentos do interessado, de contestação ou explicação sobre dado verdadeiro, mas justificável, e que esteja sob pendência judicial ou amigável.

Importante pontuar que a utilização do *habeas data* está condicionada à recusa de informações por parte da autoridade administrativa, conforme dispõe a Súmula nº 2 do STJ. Nesse sentido, o art. 8º, parágrafo único, da Lei nº 9.507/1997 dispõe que o *habeas data* depende da comprovação da recusa ao acesso das informações ou do decurso de mais de 10 (dez) dias sem decisão administrativa e, no caso de retificação ou anotação de informações, do decurso de mais de 15 (quinze) dias sem decisão da autoridade competente.

Atente-se que o fornecimento pela Administração de informações incompletas ou insuficientes equivale à recusa e justifica a impetração do *habeas data*.

5.3.2.4. Ação popular

A ação popular possui como **conceito** o fato de ser uma ação constitucional que pode ser proposta por todo e qualquer cidadão com o objetivo de invalidar atos e contratos administrativos considerados ilegais e lesivos ao patrimônio público, à moralidade administrativa, ao meio ambiente e ao patrimônio histórico-cultural.

A **legitimidade ativa** é do cidadão, ou seja, o indivíduo que se encontra no pleno gozo de seus direitos políticos ativos, isto é, que possui a capacidade de votar. O autor da ação, por isso, deve instruir a petição inicial com o título de eleitor, conforme dispõe o art. 1º, § 3º, da Lei nº 4.717/1965.

É importante pontuar que **não possuem legitimidade** para o ajuizamento da ação popular: (a) os **estrangeiros**, uma vez não possuírem capacidade eleitoral ativa, conforme previsão do art. 14, § 2º, da CR/1988, ressalvada a figura do português equiparado, nos termos do art. 12, § 1º, da CR/1988, que poderá propor a ação popular; (b) os **indivíduos com direitos políticos suspensos**, como o sujeito que foi condenado por ato de improbidade administrativa e teve a decisão aplicando essa sanção; (c) as **pessoas jurídicas**, conforme dispõe a Súmula nº 365 do STF; (d) o **Ministério Público.**

De acordo com o art. 6º, a ação popular será proposta contra as pessoas públicas ou privadas e as entidades referidas no art. 1º, contra as autoridades, os funcionários ou os administradores que houverem autorizado, aprovado, ratificado ou praticado o ato impugnado, ou que, por omissas, tiverem dado oportunidade à lesão, e contra os beneficiários diretos deste.

Assim, podem objetivamente estabelecer a **legitimidade passiva**: **(a) a Administração Pública direta**; **(b) a Administração Pública indireta**; **(c) autoridades, funcionários ou administradores** que houverem autorizado, aprovado, ratificado ou praticado o ato impugnado, ou que, por omissão, tiverem dado oportunidade à lesão; e **(d) beneficiários diretos do ato**.

Importante pontuar que a legitimidade passiva formará um **litisconsórcio passivo necessário**.

Também se faz necessário estudar a chamada **legitimidade bifronte da pessoa jurídica**. Por essa legitimidade bifronte, em caso de impugnação de ato de uma pessoa jurídica de direito público ou privado, esta poderá optar por não contestar o pedido ou atuar ao lado do autor, desde que isso se mostre útil ao interesse público, segundo o juízo do seu representante legal ou dirigente.

No entanto, para assumir o polo ativo e atuar ao lado do autor, a pessoa jurídica deve comprovar que tomou as medidas necessárias para regularização do ato impugnado.

Dessa forma, as três possíveis atitudes que a pessoa jurídica pode tomar diante de um pedido de impugnação são: contestá-lo, abster-se de contestá-lo ou passar para o polo ativo, atuando junto ao autor para buscar o ressarcimento ao erário.

No que se refere ao **objeto**, a ação popular tem por objetivo anular os atos e contratos, ilegais e lesivos ao patrimônio público, à moralidade administrativa, ao meio ambiente e ao patrimônio histórico e cultural, conforme dispõe o art. 5º, LXXIII, da CR/1988.

5.3.2.5. Ação civil pública

A Ação Civil Pública (ACP) é uma ação constitucional prevista no art. 129, III, da CR/1988. A ACP é um dos principais meios para o controle judicial da Administração Pública no que se refere aos direitos coletivos em sentido amplo, cuja lei disciplinadora é a Lei nº 7.347/1985.

De acordo com o art. 1º da lei, os **bens jurídicos tutelados** são: (i) o meio ambiente; (ii) o consumidor; (iii) bens e direitos de valor artístico, estético, histórico, turístico e paisagístico; (iv) qualquer outro interesse difuso ou coletivo; (v) a ordem econômica; (vi) a ordem urbanística; (vii) a honra e a dignidade de grupos raciais, étnicos ou religiosos; (viii) o patrimônio público e social.

Ademais, não será cabível ação civil pública para veicular pretensões que envolvam tributos, contribuições previdenciárias, o Fundo de Garantia do Tempo de Serviço (FGTS) ou outros fundos de natureza institucional cujos beneficiários podem ser individualmente determinados.

O STF admite o manejo da ACP para a tutela de interesses individuais homogêneos, desde que haja interesse social relevante, conforme decidido no RE-AgR 472.489/RS. Dessa forma, o Ministério Público possui legitimidade para ajuizar ACP em defesa dos interesses individuais homogêneos dos consumidores, conforme o AI-AgR 606.235/DF.

Atente-se que o STF já decidiu que o Ministério Público possui legitimidade para propor ACP buscando anular acordo de concessão de benefício fiscal, mesmo que de natureza tributária, quando evidenciada a possibilidade de lesão ao erário público, conforme o RE 576.155/DF. Também já se manifestou no sentido de que o Ministério

Público tem legitimidade para a propositura de ACP em defesa de direitos sociais relacionados ao FGTS, consoante o RE 643.978/SE.

No que se refere aos **legitimados ativos**, o art. 5º estabelece que são: (i) o Ministério Público; (ii) a Defensoria Pública; (iii) a União, os estados, o Distrito Federal e os municípios; (iv) a autarquia, empresa pública, fundação ou sociedade de economia mista; (V) a associação que, concomitantemente: (a) esteja constituída há pelo menos 1 (um) ano nos termos da lei civil; (b) inclua, entre suas finalidades institucionais, a proteção ao patrimônio público e social, ao meio ambiente, ao consumidor, à ordem econômica, à livre concorrência, aos direitos de grupos raciais, étnicos ou religiosos ou ao patrimônio artístico, estético, histórico, turístico e paisagístico. Atente-se que o requisito da pré-constituição poderá ser dispensado pelo juiz, quando houver manifesto interesse social evidenciado pela dimensão ou característica do dano, ou pela relevância do bem jurídico a ser protegido.

Trata-se de uma **legitimidade concorrente e disjuntiva**, isto é, todos eles podem propor a ação de maneira independente.

O Ministério Público, se não intervier no processo como parte, atuará, obrigatoriamente, como fiscal da lei.

Fica facultado ao Poder Público e a outras associações legitimadas nos termos desse artigo habilitar-se como litisconsortes de qualquer das partes.

Em caso de desistência infundada ou abandono da ação por associação legitimada, o Ministério Público ou outro legitimado assumirá a titularidade ativa.

Admitir-se-á o litisconsórcio facultativo entre os ministérios públicos da União, do Distrito Federal e dos estados na defesa dos interesses e direitos de que cuida essa lei.

Os órgãos públicos legitimados poderão tomar dos interessados compromisso de ajustamento de sua conduta às exigências legais, mediante cominações, que terá eficácia de título executivo extrajudicial.

Atente-se que a legitimidade passiva refere-se a toda e qualquer pessoa que seja responsável pelo ato danoso.

Importante ainda pontuar que, de acordo com o STJ, o autor da ação civil **pública dá causa à nulidade processual** quando deixa de indicar no polo passivo as pessoas beneficiadas pelo procedimento e pelos atos administrativos inquinados, deixando de formar o litisconsórcio na hipótese em que homologado o resultado final do concurso, com as consequentes nomeação e posse dos aprovados.[21]

---

21 REsp 1.735.702-PR, Segunda Turma, Rel. Min. Mauro Campbell Marques, por unanimidade, j.14.06.2022, *DJe* 20.06.2022.

QUESTÕES DE CONCURSO

1. CESPE/CEBRASPE – 2022 – Direito Administrativo – Controle da Administração Pública DPE-TO – Defensor Público

Acerca do controle da atividade desempenhada pela Administração Pública, assinale a opção correta.

A) O controle de legalidade dos atos administrativos pelo Poder Judiciário revela-se incompatível com o princípio da separação dos Poderes.

B) O controle de mérito dos atos administrativos é atribuído exclusivamente ao Poder Judiciário.

C) O controle de legalidade dos atos administrativos pelo Poder Legislativo revela-se incompatível com o princípio da separação dos Poderes.

D) O controle de legalidade dos atos administrativos é adstrito ao Poder Legislativo.

E) O controle de mérito dos atos administrativos cabe à própria Administração Pública.

Comentário: A) Incorreta. Admite-se o controle de legalidade dos atos administrativo pelo Judiciário.

B) Incorreta. O Poder Judiciário não pode substituir o mérito administrativo. Entretanto, admite-se o controle do mérito em relação aos aspectos de legalidade, razoabilidade, proporcionalidade, por exemplo. A análise de conveniência e oportunidade, entretanto, só pode ser objeto de controle pela própria Administração.

C) Incorreta. Também é admitido o controle de legalidade dos atos administrativos pelo Legislativo.

D) Incorreta. O Poder Judiciário e o Executivo também podem realizar esse controle de legalidade dos atos administrativos.

E) Correta. Apenas a própria Administração pode substituir o mérito administrativo (conveniência ou oportunidade). Destaca-se, entretanto, que o Judiciário pode analisar a legalidade, a proporcionalidade e a razoabilidade do ato administrativo discricionário.

2. CESPE/CEBRASPE – 2023 – Direito Administrativo – Controle da Administração Pública – TJ-ES – Analista Judiciário – Oficial de Justiça Avaliador

É cabível o controle judicial quanto ao teor de questões formuladas em concurso público e ao conteúdo de regras previstas em edital de certame, sendo, entretanto, vedado ao julgador ocupar-se de questões relativas a exame do mérito do ato administrativo.

Comentário: A assertiva traz exatamente o entendimento dos tribunais superiores sobre o tema. De acordo com o STF, a ingerência do Poder Judiciário, no controle da legalidade, **não pode implicar** a substituição da banca examinadora do concurso público, sendo vedado imiscuir-se no exame do conteúdo ou nos parâmetros de correção das questões apresentadas, salvo flagrante ilegalidade ou inconstitucionalidade.

Tese firmada pelo e. Supremo Tribunal Federal, em julgamento sob o rito da repercussão geral no Recurso Extraordinário 632.853/CE.

3. CESPE/CEBRASPE – 2022 – Direito Administrativo – Controle da Administração Pública MPC-SC – Procurador Consultivo de Contas

Ato do tribunal de contas do estado que negue o registro de admissão de pessoal no âmbito de determinado município desprovido de corte de contas será passível de revisão pela respectiva câmara municipal, em observância ao pacto federativo.

Comentário: Essa questão cobrou o entendimento do STF sobre o tema. Para o tribunal, a **Câmara Municipal não detém competência para rever o ato do Tribunal de Contas do estado que nega o registro de admissão de pessoal. Assim, o STF fixou a seguinte tese: "A competência técnica do Tribunal de Contas do Estado, ao negar registro de admissão de pessoal, não se subordina à revisão pelo Poder Legislativo respectivo"**.[22]

---

[22] RE 576.920, Tribunal Pleno, Rel. Min. Edson Fachin, j. 20.04.2020, *DJe*-119, divulg. 13.05.2020, public. 14.05.2020, republicação *DJe*-267, divulg. 06.11.2020, public. 09.11.2020.

Capítulo XIV
IMPROBIDADE ADMINISTRATIVA

1. COMENTÁRIOS INICIAIS

Inicialmente, torna-se essencial delinear o conceito de improbidade administrativa. Esta refere-se a uma ação intencional e ilegal cometida em detrimento de entidades públicas, tanto em esferas diretas quanto indiretas, bem como em desfavor dos recursos financeiros públicos, mesmo quando estes são administrados por organizações privadas. Dita conduta resulta em obtenção indevida de vantagens patrimoniais, dano ao erário ou violação dos princípios éticos fundamentais que orientam a Administração Pública.

A improbidade administrativa **pode ser caracterizada como uma forma agravada de imoralidade (imoralidade qualificada)**, constituindo-se em uma transgressão de excepcional gravidade no contexto da gestão pública. Trata-se de uma violação que não apenas contraria os preceitos éticos e legais estabelecidos para a conduta dos servidores e gestores públicos, mas também atenta contra a integridade e o princípio da moralidade administrativa, pilares fundamentais para a preservação da confiança pública nas instituições estatais.

Assim, perceba-se que não é todo ato ilegal que configurará ato de improbidade administrativa, haja vista que esta é uma ilegalidade qualificada, mais grave. O conceito jurídico de ato de improbidade administrativa, por estar no campo do direito sancionador, é inelástico, isto é, não pode ser ampliado para abranger situações que não tenham sido contempladas no momento da sua definição. Nesse sentido, o referencial da Lei nº 8.429/1992 é o ato do agente público diante da coisa pública a que foi chamado a administrar. Portanto, não há improbidade administrativa, por exemplo, na prática de eventuais abusos perpetrados por agentes públicos durante abordagem policial, caso os ofendidos pela conduta sejam particulares que não estavam no exercício de função pública. Esse é o entendimento da doutrina, chancelado pela jurisprudência do STJ.[1]

1 STJ, REsp 1.558.038-PE, Rel. Min. Napoleão Nunes Maia Filho, j. 27.10.2015, *DJe* 09.11.2015, *Informativo* 573.

Contudo cabe observar que o próprio STJ entendeu que a tortura de preso custodiado em delegacia praticada por policial constitui ato de improbidade administrativa que **atenta contra os princípios da Administração Pública**.[2] Todavia, importante pontuar que o rol de casos elencados como violação a princípios, nos termos do art. 11, com redação dada pela Lei nº 14.230/2021, passou a ser taxativo. Assim, todos os entendimentos do STJ que não se enquadrem em uma das hipóteses dos incisos do art. 11 não são mais atos de improbidade administrativa.

O art. 37, § 4º, da Constituição Federal de 1988 é o dispositivo constitucional que consagra a improbidade administrativa e segundo o qual os atos de improbidade administrativa importarão a suspensão dos direitos políticos, a perda da função pública, a indisponibilidade dos bens e o ressarcimento ao erário, na forma e gradação previstas em lei, sem prejuízo da ação penal cabível. Ademais, observe-se que, no caso concreto, o juiz não precisa aplicar todas as sanções previstas constitucionalmente. Ainda, a Lei nº 8.429/1992, que regula a improbidade administrativa, elenca outras sanções.

A Lei de Improbidade não é aplicada a fatos ocorridos anteriores a sua edição, conforme entendimento do STJ.[3]

Observe-se, inclusive, que **a ação de improbidade administrativa não configura uma ação penal**. Sempre se pontuou que a ação de improbidade era uma ação civil, o que foi confirmado pelo STF em julgamentos que envolvem as alterações promovidas pela Lei nº 14.230/2021. Ademais, o art. 17-D estabelece que a ação seria repressiva, de caráter sancionatório.

De toda forma, assim como já vigorava anteriormente, não há que se falar em foro por prerrogativa de função nessas ações. Isso ocorre pelo fato de que Constituição Federal de 1988 prevê foro apenas para as ações penais, como se depreende da leitura dos arts. 102 e 105.[4]

ATENÇÃO!

Posicionamento do STJ – Ação Civil de perda de cargo de Promotor de Justiça cuja causa de pedir não esteja vinculada a ilícito capitulado na Lei nº 8.429/1992 deve ser julgada pelo Tribunal de Justiça[5] (STJ, REsp 1.737.900-SP, 2ª Turma, Rel. Min. Herman Benjamin, j. 19.11.2019, *Info* 662.

Há de se fazer um *distinguishing* do caso concreto em relação ao posicionamento sedimentado no STJ e no STF acerca da competência do juízo monocrático para o processamento e julgamento das ações civis públicas por ato de improbidade admi-

2 STJ, REsp 1.177.910-SE, Rel. Min. Herman Benjamin, j. 26.08.2015, *DJe* 17.02.2016.

3 STJ, REsp 1.129.121/GO, Rel. Min. Eliana Calmon, Segunda Turma, j. 03.05.2012.

4 STF, Pet 3.240/DF, Plenário, Rel. para Acórdão Min. Roberto Barroso, j. 10.05.2018.

5 STJ, REsp 1.737.900-SP, Segunda Turma, Rel. Min. Herman Benjamin, por unanimidade, j. 19.11.2019, *DJe* 19.12.2019.

nistrativa, afastando o "foro privilegiado ou especial" das autoridades envolvidas. É que a causa de pedir da ação ora apreciada não está vinculada a ilícito capitulado na Lei nº 8.429/1992, que disciplina as sanções aplicáveis aos atos de improbidade administrativa, mas a infração disciplinar atribuível a promotor de justiça no exercício da função pública, estando este atualmente em disponibilidade. Ademais, o STJ possui precedente no sentido de que "a Ação Civil com foro especial não se confunde com a ação civil pública de improbidade administrativa, regida pela Lei nº 8.429/1992, que não prevê tal prerrogativa".[6]

Nos termos do art. 1º da Lei nº 8.429/1992, o sistema de responsabilização por atos de improbidade administrativa tutelará a probidade na organização do Estado e no exercício de suas funções, como forma de assegurar a integridade do patrimônio público e social.

Por fim, é preciso pontuar a aplicação retroativa da Lei nº 14.230/2021 aos fatos ocorridos anteriormente a sua vigência, no que tange aos aspectos benéficos que a nova legislação incrementou, embora a lei tenha sido silente quanto ao ponto.

O art. 1º, § 4º, da Lei nº 8.429/1992 afirma que se aplicam ao sistema da improbidade os princípios constitucionais do Direito Administrativo sancionador.

Dessa forma, haveria aplicação retroativa dos aspectos benéficos da Lei nº 14.230/2021? Para responder a essa perguntar, faz-se necessário enfrentar o ARE 843.989 (Tema 1.199), julgado pelo STF em tese de repercussão geral.

De acordo com o STF, **é necessária a comprovação de responsabilidade subjetiva** para a tipificação dos atos de improbidade administrativa, exigindo-se, nos arts. 9º, 10 e 11 da LIA, a presença do elemento subjetivo **dolo**. Todavia, importante destacar que, com a introdução da nova lei, o agente público que causar danos ao erário por culpa própria não será mais responsabilizado por improbidade administrativa. Contudo, vale ressaltar que ele ainda poderá ser responsabilizado civil e administrativamente pelo ato ilícito cometido.

É importante destacar que a Lei nº 14.230/2021 exige não apenas o dolo genérico/geral, mas o dolo específico, conforme se depreende do art. 1º, §2º, da Lei nº 8.429/1992, segundo o qual, considera-se dolo a vontade livre e consciente de alcançar o resultado ilícito tipificado nos arts. 9º, 10 e 11, não bastando a voluntariedade do agente.

O dolo genérico consiste na intenção de realizar a conduta típica descrita pela norma penal, sem a necessidade de uma finalidade específica ou um objetivo adicional. Em outras palavras, trata-se da simples vontade de cometer o ato infracional previsto, independentemente de quaisquer resultados adicionais que possam ser pretendidos pelo agente.

Em contraste, o dolo específico se manifesta nos casos em que, além da vontade de realizar a conduta típica, há um objetivo ou finalidade especial que deve ser alcan-

[6] STJ, REsp 1.627.076/SP, Primeira Turma, Rel. Min. Regina Helena Costa, *DJe* 14.08.2018.

çada. Nesse caso, a intenção do agente não se limita à execução do ato infracional, mas se estende a um propósito específico previsto na descrição legal do tipo.

Outro ponto fixado pelo STF, no Tema 1.199, se refere à aplicação retroativa ou não da revogação da modalidade culposa. Assim, de acordo com essa corte, a norma benéfica da Lei nº 14.230/2021, revogação da modalidade culposa do ato de improbidade administrativa, é irretroativa, em virtude do art. 5º, XXXVI, da Constituição Federal, não tendo incidência em relação à eficácia da coisa julgada, tampouco durante o processo de execução das penas e seus incidentes

O princípio da retroatividade da lei penal mais benéfica, previsto no art. 5º, XL, da Constituição Federal de 1988, não pode ser aplicado automaticamente à responsabilidade por atos ilícitos civis de improbidade administrativa, por falta de previsão legal explícita e por risco de comprometer as regras rígidas de regência da Administração Pública e da responsabilização dos agentes públicos corruptos, enfraquecendo o direito administrativo sancionador.

Esse princípio é baseado em particularidades do Direito Penal, que está vinculado à liberdade do criminoso (princípio do *favor libertatis*), fundamentos que não existem no Direito Administrativo sancionador. Portanto, trata-se de uma regra de exceção que deve ser interpretada de forma restritiva, em benefício da regra geral da irretroatividade da lei e da preservação dos atos jurídicos perfeitos. Além disso, no âmbito da jurisdição civil, prevalece o princípio *tempus regit actum*.

Por outro lado, de acordo com o STF, a nova Lei nº 14.230/2021 aplica-se aos atos de improbidade administrativa culposos praticados na vigência do texto anterior, porém sem condenação transitada em julgado, em virtude da revogação expressa do tipo culposo, devendo o juízo competente analisar eventual dolo por parte do agente.

Com a revogação expressa do texto legal anterior, não é possível continuar uma investigação, uma ação de improbidade ou uma sentença condenatória por improbidade com base em uma conduta culposa que não seja mais tipificada legalmente.

No entanto, a aplicação retroativa dos efeitos da nova lei não significa a extinção automática das demandas. É preciso que o juízo competente verifique o elemento subjetivo exato do tipo: se houver culpa, o processo não poderá continuar, mas, se houver dolo, o processo poderá seguir adiante. Essa medida é necessária porque, na vigência da Lei nº 8.429/1992, muitas vezes a imputação era feita de maneira genérica, sem especificar qual era o elemento subjetivo do tipo, pois não era exigida a definição de dolo ou culpa.

Nesse contexto, todos os atos processuais já praticados são válidos, incluindo as provas produzidas, que poderão ser compartilhadas no âmbito disciplinar e penal. Além disso, a ação pode ser utilizada para fins de ressarcimento ao erário.

Apesar da decisão tomada no Tema 1.199, o STF, posteriormente, proferiu decisão, em relatoria do Ministro Dias Toffoli, entendendo pela inconstitucionalidade da modalidade culposa de ato de improbidade administrativa prevista nos arts. 5º e 10 da Lei nº 8.429/1992, em sua redação originária. Ou seja, para o Ministro Relator os atos de improbidade administrativa somente se configuram quando demonstrada a presença do dolo por parte do agente. Em outras palavras, não se admitiria a responsabilidade objetiva ou a mera culpa, ainda que grave, para a caracterização de tais atos, independentemente da categoria em que estejam enquadrados. Isso significaria que, para que um ato seja considerado ímprobo, o agente deve ter agido com **intenção desonesta, má-fé ou deslealdade**.

Ademais, segundo pontuado no voto vencedor, para aplicação das sanções da improbidade administrativa haveria a necessidade de observar o princípio da proporcionalidade, de modo que ausente o dolo, haveria desproporcionalidade tratar conduta culposa do agente como ato de improbidade. De acordo com o STF, a ausência de dolo não significaria que atos culposos ficassem impunes. Existiriam outros instrumentos jurídicos eficazes para responsabilizar agentes que agem de forma negligente, imprudente ou inábil, como:

- **Ação popular**: Para invalidar atos administrativos ilegais ou imorais que causem lesão ao patrimônio público.
- **Ação civil pública**: Para reparar danos ao erário sem necessidade de configurar improbidade.

Essas ferramentas seriam adequadas para situações em que a conduta do agente, embora reprovável, não seja marcada por desonestidade.

É preciso pontuar que essa decisão sofreu embargos de declaração (ainda pendente de julgamento). Os embargos de declaração apresentados discutem três principais tópicos, com o objetivo de suprir omissões apontadas na decisão anterior:

1. Julgamento *extra petita*

- **Argumento principal**: o acórdão objeto de recurso extraordinário analisou e declarou a inconstitucionalidade dos arts. 5º e 10 da Lei de Improbidade Administrativa (LIA) quanto à modalidade culposa, mas esses artigos não foram objeto de discussão no recurso. O recorrente argumenta que a questão recursal estava limitada à constitucionalidade do art. 11, *caput* e I, da LIA, em relação ao § 4º do art. 37 da CF.

2. Colidência com o Tema 1.199

- **Argumento principal**: haveria omissão quanto à incompatibilidade entre as teses fixadas no julgamento do Tema 309 e o item 3 do Tema 1.199, que assegura a imunidade da coisa julgada para atos de improbidade administrativa já transitados em julgado. Essa incompatibilidade abala a segurança jurídica, criando potencial para novas ações rescisórias.

3. Modulação dos efeitos da decisão

- A decisão que reconheceu a inconstitucionalidade do ato culposo da LIA, após mais de 30 anos de vigência da lei, deveria ser modulada para preservar decisões já transitadas em julgado. Sem essa modulação, haveria risco de uma avalanche de ações rescisórias e grave insegurança jurídica.

Pedido final dos embargos, ainda pendente de julgamento:

1. Reconhecer o julgamento extra petita e desafetar a repercussão geral no que tange aos arts. 5º e 10 da LIA.
2. Manifestação explícita sobre a colidência com o Tema 1.199.
3. Modulação dos efeitos para imunizar decisões já transitadas em julgado, com fundamento nos arts. 927, § 3º, e 525, § 13, do CPC.

O STJ, por sua vez, entendeu que se deve conferir interpretação restritiva às hipóteses de aplicação retroativa da Lei nº 14.230/2021, adstringindo-se aos atos ímprobos culposos não transitados em julgado.[7]

Assim, o STJ, acompanhando o STF, delimitou o trânsito em julgado de sentença condenatória como o marco para aplicação retroativa ou não das revogações provocadas pela Lei nº 14.230/2021. Portanto, o entendimento firmado no Tema 1.199/STF aplica-se ao caso de ato de improbidade administrativa fundado no revogado art. 11, I, da Lei n. 8.429/1992, desde que não haja condenação com trânsito em julgado.[8]

O mesmo entendimento fixado para os atos culposos, no Tema 1.199/STF, também deve ser aplicado para os casos em que o processo de improbidade se originou de um ato com dolo geral, pois a Lei nº 14.230/2021, como visto, exige a presença do dolo específico. Nesse sentido, para o STJ,[9] é possível a aplicação da Lei nº 14.230/2021, com relação à exigência do dolo específico para a configuração do ato ímprobo, aos processos em curso.

Por fim, o STF ainda se pronunciou sobre o novo regime prescricional. Para a corte, o novo regime prescricional previsto na Lei nº 14.230/2021 é irretroativo, aplicando-se os novos marcos temporais a partir da publicação da lei.

Isso ocorre em respeito ao ato jurídico perfeito e em observância aos princípios da segurança jurídica, do acesso à Justiça e da proteção da confiança, garantindo-se a plena eficácia dos atos praticados validamente antes da alteração legislativa.

É importante destacar que a inércia do Poder Público não pode ser caracterizada por uma lei futura que diminua os prazos prescricionais e passe a exigir retroativamente algo que até então não existia. Isso seria injusto e incompatível com o devido processo legal.

Por outro lado, conforme decidido pela corte no Tema 897, de repercussão geral, as ações de ressarcimento ao erário fundadas na prática de ato doloso tipificado na LIA permanecem imprescritíveis. Isso significa que não há prazo para que

---

[7] AREsp 1.877.917/RS, 1ª Turma, Rel. Min. Benedito Gonçalves, por unanimidade, j. 23.05.2023.

[8] AgInt no AREsp 2.380.545/SP, 1ª Turma, Rel. Min. Gurgel de Faria, por unanimidade, j. 06.02.2024.

[9] REsp 2.107.601/MG, 1ª Turma, Rel. Min. Gurgel de Faria, por unanimidade, j. 23.04.2024.

o Estado busque o ressarcimento dos prejuízos causados por agentes públicos que agiram com dolo.

Ainda é importante salientar o art. 1º, § 8º, segundo o qual § 8º não configura improbidade a ação ou omissão decorrente de divergência interpretativa da lei, baseada em jurisprudência, ainda que não pacificada, mesmo que não venha a ser posteriormente prevalecente nas decisões dos órgãos de controle ou dos tribunais do Poder Judiciário. O STF,[10] em sede cautelar, suspendeu a eficácia desse dispositivo. Para o Ministro Relator, Alexandre de Moraes, "embora o propósito do legislador tenha sido proteger a boa-fé do gestor público que confia e adota orientações exaradas pelo Poder Judiciário a respeito da aplicação da lei, preservando-o de eventuais oscilações jurisprudenciais, deve ser reconhecido que o critério estabelecido no art. 1º, § 8º, da LIA, é excessivamente amplo e resulta em insegurança jurídica apta a esvaziar a efetividade da ação de improbidade administrativa".

1.1. O princípio da continuidade típico-normativa e o STJ

O princípio da continuidade normativo-típica é aplicado quando uma lei que criminalizava determinada conduta é revogada, mas essa mesma conduta permanece tipificada como crime em outro dispositivo da nova lei. Nessa situação, não ocorre a chamada ***abolitio criminis***, que se caracteriza pela extinção da figura criminosa prevista na norma anterior.

De maneira mais simples, o princípio da continuidade normativo-típica significa que a conduta anteriormente considerada ilícita continua sendo proibida, mas o enquadramento jurídico dessa proibição é transferido para outro tipo. Ou seja, a conduta permanece criminalizada, porém sob uma nova disposição legal.

É importante destacar que a permanência da criminalização reflete a intenção clara do legislador de manter a proibição daquela conduta, ainda que sob um novo formato normativo. Dessa forma, a simples revogação de uma lei não implica, automaticamente, na descriminalização da conduta. A figura da ***abolitio criminis*** só ocorre quando o legislador, de forma expressa, opta por retirar o caráter criminoso de determinada conduta, o que não acontece nos casos de continuidade normativo-típica.

Na seara da improbidade administrativa, o STJ enfrentou a aplicação do princípio nas alterações/revogações realizadas pela Lei nº14.230/2021.

No primeiro caso enfrentado pela Corte[11], fixou-se o entendimento de que não obstante a abolição da hipótese de responsabilização por violação genérica aos princípios administrativos no art. 11 da Lei de Improbidade Administrativa, a nova previsão específica em seus incisos, de violação aos princípios da moralidade e da impessoalidade, evidencia verdadeira continuidade típico-normativa da conduta.

---

10 Medida Cautelar na Ação Direta de Inconstitucionalidade 7.236/DF.

11 AgInt no AREsp 1.206.630/SP, Rel. Min. Paulo Sérgio Domingues, Primeira Turma, por unanimidade, j. 27.02.2024, DJe 1º.03.2024.

A abolição da figura típica na Lei de Improbidade Administrativa ocorre apenas quando a conduta, anteriormente tipificada no art. 11 da LIA, perde relevância para os objetivos da referida lei. Isso não se aplica quando a conduta é apenas regulamentada por outro dispositivo, como os novos incisos do art. 11 da Lei nº 8.429/1992.

No caso enfrentado pelo STJ, a instância originária concluiu que o réu, de forma velada, buscava perpetuar seu mandato ao promover sua imagem pessoal em detrimento da prefeitura, associando a realização de obras e campanhas à sua pessoa física, e não à Administração Pública, gerando uma confusão proposital.

Essa conduta, atualmente, está claramente prevista como ato de improbidade administrativa no inciso XII do art. 11 da LIA, que determina que constitui ato de improbidade a prática, no âmbito da Administração Pública e com recursos do erário, de ato de publicidade que contrarie o disposto no § 1º do art. 37 da Constituição Federal, de maneira a promover a exaltação do agente público e a personalização de atos, programas, obras, serviços ou campanhas dos órgãos públicos.

É relevante relembrar que o § 1º do art. 37 da Constituição Federal estabelece que a publicidade dos atos, programas, obras, serviços e campanhas dos órgãos públicos deve ter caráter educativo, informativo ou de orientação social, e não pode conter nomes, símbolos ou imagens que promovam pessoalmente autoridades ou servidores públicos.

Portanto, apesar da revogação da antiga previsão genérica de responsabilização por violação aos princípios administrativos, que estava disposta no *caput* do art. 11 da Lei nº 8.429/1992, a nova redação dos incisos do mesmo artigo, que especifica condutas como a analisada no acórdão, confirma a aplicação do princípio da continuidade normativo-típica. Isso significa que, mesmo com a mudança na redação, a essência da conduta proibida foi mantida, preservando os princípios da moralidade e da impessoalidade na Administração Pública.

Posteriormente, em outro caso, o STJ entendeu que a dispensa indevida de licitação que acarreta pagamento ao agente ímprobo e a ausência de prestação de serviço gera dano concreto e enseja a responsabilização por violação a princípios, nos termos do art. 11, V, da Lei nº 8.429/1992.

No caso enfrentado, a controvérsia em questão envolvia a aplicação do princípio da continuidade normativo-típica à conduta de frustração da licitude de um concurso ou dispensa indevida de licitação, à luz da nova redação do art. 17, § 10-C, da Lei nº 8.429/1992. Esse dispositivo exige que a tipificação do ato seja precisa e impede a modificação do fato principal e da capitulação legal.

Com a alteração trazida pela Lei nº 14.230/2021, passou a ser necessário demonstrar uma efetiva perda patrimonial para configurar um ato de improbidade tipificado pelo art. 10 (dano ao erário). Ou seja, não basta mais a presunção de dano ou a ideia de ***dano in re ipsa*** (dano presumido). Quando não há a efetiva perda patrimonial, a conduta pode ser enquadrada como uma infração aos princípios da Administração Pública, conforme previsto no art. 11, inciso V, da LIA.

Até a promulgação da Lei nº 14.230/2021, o entendimento consolidado no STJ era o de que, nas ações de improbidade, o réu se defendia dos fatos imputados, e não da classificação jurídica da conduta. Nesse cenário, não havia uma exigência de tipicidade estrita nem uma preocupação mais rígida com a subsunção da conduta aos dispositivos específicos dos arts. 9º, 10 e 11 da LIA.

No caso em análise, o julgamento pelas instâncias ordinárias ocorreu antes da vigência da nova legislação, e, portanto, seguiu a regra anterior, que não aplicava o princípio da tipicidade cerrada. Além disso, não houve presunção de dano, pois foi reconhecida a existência de prejuízo ao erário, uma vez que o agente ímprobo recebeu pagamento sem a devida prestação de serviços.

A jurisprudência atual do STJ estabelece que o art. 17, § 10-C, da Lei nº 14.230/2021 não se aplica aos processos já sentenciados. Assim, no caso presente, não há impedimento legal para a alteração da qualificação jurídica da conduta ilícita, mesmo que a sentença tenha sido proferida antes da vigência da nova lei. Portanto, é cabível a aplicação do princípio da continuidade normativo-típica.

2. COMPETÊNCIA

Importante firmar posição de que a competência legislativa sobre improbidade administrativa é privativa da União. Dessa forma, a Lei nº 8.429/1992 é uma lei nacional, e não lei federal. Isso quer dizer que a Lei de Improbidade Administrativa (LIA) é aplicada para todos os entes da Federação.

3. SUJEITO PASSIVO

A legitimidade passiva do ato de improbidade administrativa é da pessoa vítima dos atos ímprobos. O art. 1º, § 5º, da LIA estabelece quem são os sujeitos passivos do ato de improbidade, violando o seu patrimônio público e social: Poder Executivo, Legislativo, Judiciário, bem como das administrações direta e indiretas, no âmbito da União, dos estados, dos municípios e do Distrito Federal.

O arcabouço legislativo, ao abordar a matéria concernente aos Poderes Executivo, Legislativo e Judiciário, objetiva evidenciar de maneira inequívoca que o escopo da improbidade administrativa transcende a mera execução da função administrativa, estendendo-se igualmente às funções legislativa e judicial. Tal disposição legal sublinha a compreensão do legislador acerca da imperiosa necessidade de se prevenir e sancionar qualquer ato que atente contra os princípios da Administração Pública, independentemente do âmbito funcional em que este seja perpetrado. Também serão considerados sujeitos passivos, nos termos do art. 1º, § 6º, a entidade privada que receba subvenção, benefício ou incentivo, fiscal ou creditício, de entes públicos ou governamentais.

Por sua vez, o art. 1º, § 7º, estabelece que são igualmente considerados sujeitos passivos secundários aqueles que, independentemente de integrar a Administração indireta, são entidades privadas para cuja criação ou custeio o Erário haja concorrido ou concorra no seu patrimônio ou receita atual.

Nesse caso, limitando-se o ressarcimento de prejuízos à repercussão do ilícito sobre a contribuição dos cofres públicos.

ATENÇÃO!
Não há mais a diferença se a contribuição estatal foi superior ou inferior a 50% do patrimônio ou da receita atual da entidade.

Pode-se dar como exemplo dos sujeitos passivos secundários as universidades privadas que recebem benefícios públicos e as organizações sociais e organizações da sociedade civil de interesse público.

4. SUJEITO ATIVO

O sujeito ativo é aquele que pratica o ato de improbidade administrativa ou aquele que concorre para sua prática ou dele se beneficia, nos termos dos arts. 2º e 3º da LIA. Inclusive, importante observar que o art. 2º estabelece um conceito amplo de agente público.

Assim, de acordo com o art. 2º, reputa-se agente público o agente político, o servidor público e todo aquele que exerce, ainda que **transitoriamente ou sem remuneração**, por eleição, nomeação, designação, contratação ou qualquer outra forma de investidura ou vínculo, mandato, cargo, emprego ou função públicos.

A grande novidade foi a previsão expressa do agente político. Trata-se de concretização da jurisprudência do STF e do STJ, além de estar de acordo com o Direito Administrativo sancionador moderno, pois constitucionaliza este último ao trazer uma leitura pautada no princípio da legalidade no afastamento dos tipos sancionadores abertos.

Importante pontuar que o STF[12] entendeu constitucional o conceito legal ampliado trazido pela Lei nº 14.230/2021, ao abarcar o agente político.

Ademais, nos termos do parágrafo único, também será considerado sujeito e se submeterá às sanções legais, no tocante a recursos de origem pública, o particular, pessoa física ou jurídica, que celebrar com a Administração Pública convênio, contrato de repasse, contrato de gestão, termo de parceria, termo de cooperação ou ajuste administrativo equivalente.

Ainda, faz-se necessário pontuar que o particular pode responder por atos de improbidade administrativa, conforme prevê o art. 3º, segundo o qual aquele que,

[12] ADI 4.295/DF, Rel. Min. Marco Aurélio, redator do acórdão Ministro Gilmar Mendes, julgamento virtual finalizado em 21.08.2023.

mesmo não sendo agente público, **induza ou concorra dolosamente** para a prática do ato de improbidade, responderá pelos atos ímprobos praticados.

Atente-se que "induzir" refere-se àquele que faz nascer a vontade no autor, ao passo que "concorrer" refere-se às figuras de partícipe e coautor. É imperativo salientar a notável omissão do termo "beneficiar-se" na redação original da Lei nº 8.429/1992. Essa lacuna legislativa suscita uma interpretação restritiva quanto ao alcance dos atos configuradores de improbidade administrativa, delineando-se, portanto, que a mera obtenção de vantagem por um agente, sem que este tenha induzido ou contribuído de forma decisiva para a consumação do ato ímprobo, não se enquadra, *per se*, nas hipóteses de ato de improbidade previstas na mencionada legislação. Dessa forma, a responsabilização por atos de improbidade requer a demonstração efetiva da participação do sujeito na conduta ilícita, seja induzindo ou concorrendo diretamente para sua realização. Por sua vez, o § 1º do art. 3º afirma que sócios, cotistas, diretores e colaboradores de pessoa jurídica de direito privado não respondem pelo ato de improbidade que venha a ser imputado à pessoa jurídica, salvo se, comprovadamente, houver participação e benefícios diretos, hipótese em que responderão nos limites da sua participação.

Já o § 2º afirma que as sanções de improbidade não se aplicarão à pessoa jurídica, caso o ato de improbidade administrativa seja também sancionado como ato lesivo à Administração Pública de que trata a Lei nº 12.846, de 1º de agosto de 2013 (Lei Anticorrupção).

5. COMENTÁRIOS RELEVANTES

1. Importante observar o que afirma o STJ sobre a responsabilidade dos sujeitos ativos: "É inviável a propositura de ação civil de improbidade administrativa exclusivamente contra o particular, sem a concomitante presença de agente público no polo passivo da demanda".[13] Por outro lado, faz-se necessário se atentar ao fato de que não há litisconsórcio passivo necessário entre o agente público e o particular, conforme já decidido no STJ.[14]

Atente-se, ainda, que o STJ[15] fixou entendimento de que é viável o prosseguimento de ação de improbidade administrativa exclusivamente contra particular quando há pretensão de responsabilizar agentes públicos pelos mesmos fatos em outra demanda conexa. No caso enfrentado pelo STJ, houve o ajuizamento de duas ações de improbidade, uma pelo Ministério Público Federal, outra pelo DNIT. Os agentes públicos envolvidos na idêntica trama factual narrada nas duas demandas foram excluídos da ação ajuizada pelo *parquet*, restando nesta apenas o particular acionado. Assim, não é o caso de aplicar a jurisprudência do STJ, segundo a qual os particulares não podem ser responsabilizados com base na LIA sem que figure no polo passivo um

---

13 STJ, AgRg no AREsp 574.500/PA, Segunda Turma, Rel. Min. Humberto Martins, j. 02.06.2015, *DJe* 10.06.2015.

14 STJ, AgRg no REsp 1.421.144/PB, Primeira Turma, Rel. Min. Benedito Gonçalves, j. 26.05.2015, *DJe* 10.06.2015.

15 AREsp 1.402.806-TO, Primeira Turma, Rel. Min. Manoel Erhardt (Desembargador convocado do TRF da 5ª Região), por unanimidade, j. 19.10.2021.

agente público responsável pelo ato questionado, pois houve a devida pretensão de responsabilizar os agentes públicos em outra demanda conexa.

Ainda, atente-se que, de acordo com o art. 17-C, § 2º, na hipótese de litisconsórcio passivo, a condenação ocorrerá no limite da participação e benefícios diretos, vedada qualquer solidariedade.

ATENÇÃO!

É inviável a propositura de ação civil de improbidade administrativa exclusivamente contra o particular, sem a concomitante presença de agente público no polo passivo da demanda (*STJ, REsp 1.171.017-PA, 1ª Turma, Rel. Min. Sérgio Kukina, j. 25.02.2014*, Info 535).

Não há litisconsórcio passivo necessário entre o agente público e o particular (*AREsp 1.579.273/SP (2019/0270948-5)*).

2. Atente-se que, de acordo com o STJ,[16] **dirigente de entidade privada que administra recursos públicos pode responder sozinho por improbidade**. O fato de receber recursos públicos é circunstância que equipara o dirigente da referida ONG a agente público para os fins de improbidade administrativa.

3. Outro ponto relevante é firmar posição de que a pessoa jurídica também pode ser sujeito ativo do ato de improbidade, de acordo com o entendimento do STJ.[17] Esse posicionamento do STJ foi positivado de maneira expressa na Lei nº 8.429/1992, por meio da Lei nº 14.230/2021.

4. Não comete ato de improbidade administrativa o médico que cobra honorários por procedimento realizado em hospital privado que também seja conveniado à rede pública de saúde, desde que o atendimento não seja custeado pelo próprio sistema público de saúde. Isso porque, nessa situação, o médico não age na qualidade de agente público, e, consequentemente, a cobrança não se enquadra como ato de improbidade.[18]

5. Observe que os empregados e dirigentes de concessionários e permissionários de serviços públicos não se sujeitam à LIA, uma vez que retiram sua remuneração da exploração do serviço público. O Estado, geralmente, não destina aos delegatários de serviço público benefícios, auxílios ou subvenções. Contudo, caso o Poder Público destine-lhes algum benefício, a LIA, certamente, incidirá.

6. Igualmente importante é saber se agentes públicos com atribuição consultiva, aqueles que elaboram os pareceres, estão sujeitos às penalidades da LIA. Conforme a melhor doutrina, o parecer, por si só, não é suficiente para legitimar o parecerista a praticar atos de improbidade administrativa, haja vista que do parecer extrai-se

---

[16] AgInt no REsp 1.845.674/DF, Primeira Turma, Rel. Min. Napoleão Nunes Maia Filho, Rel. p/ Acórdão Min. Gurgel de Faria, j. 01.12.2020, *DJe* 18.12.2020.

[17] STJ, REsp 970.393/CE, Primeira Turma, Rel. Min. Benedito Gonçalves, j. 21.06.2012.

[18] STJ, REsp 1.414.669-SP, Rel. Min. Napoleão Nunes Maia Filho, j. 20.02.2014.

apenas a opinião pessoal e técnica daquele que o produz. Contudo, o parecerista pode ser sujeito ativo de improbidade administrativa, caso aja com dolo ou erro grave ou inescusável.

7. A Segunda Turma do STJ[19] afirma que "o estagiário que atua no serviço público, ainda que transitoriamente, remunerado ou não, está (SIM) sujeito a responsabilização por ato de improbidade administrativa (Lei 8.429/1992)".

6. AGENTES POLÍTICOS

Os agentes políticos, com exceção do presidente da República, encontram-se sujeitos a um duplo regime sancionatório e se submetem tanto à responsabilização civil pelos atos de improbidade administrativa quanto à responsabilização político-administrativa por crimes de responsabilidade.

Conforme jurisprudência do STF,[20] é possível o duplo regime sancionatório de agentes políticos, à exceção do Presidente da República.

Ainda, faz-se importante o estudo do RE 976.566, pelo qual o STF fixou a seguinte tese de repercussão geral "O processo e o julgamento de prefeito municipal por crime de responsabilidade (Decreto-lei 201/67) não impede sua responsabilização por atos de improbidade administrativa previstos na Lei 8.429/1992, em virtude da autonomia das instâncias".

7. RESPONSABILIDADE SUCESSÓRIA

De acordo com o art. 8º, o sucessor ou herdeiro daquele que causar dano ao erário ou se enriquecer ilicitamente está sujeito apenas à obrigação de repará-lo, até o limite do valor da herança ou do patrimônio transferido.

A alteração realizada pela Lei nº 14.230/2021 tem por objetivo delimitar qual será a responsabilidade do sucessor ou do herdeiro, pois a redação anterior dizia que o sucessor se submeteria às sanções previstas em lei.

Outra novidade refere-se ao art. 8º-A, segundo o qual a responsabilidade sucessória também será aplicada na hipótese de alteração contratual, transformação, incorporação, fusão ou cisão societária.

Atente-se que, nos termos do parágrafo único, especificamente nas hipóteses de **fusão e incorporação**, a responsabilidade da sucessora será **restrita à obrigação de reparação integral do dano causado**, até o limite do patrimônio transferido, não lhe sendo aplicáveis as demais sanções decorrentes de atos e fatos ocorridos antes da data da fusão ou incorporação, exceto no caso de simulação ou evidente intuito de fraude, devidamente comprovados.

---

19 REsp 1.352.035-RS, Rel. Min. Herman Benjamin, j. 18.08.2015, *DJe* 08.09.2015, *Informativo* 568.

20 ADI 4.295/DF, Rel. Min. Marco Aurélio, redator do acórdão Ministro Gilmar Mendes, julgamento virtual finalizado em 21.08.2023.

8. TIPOLOGIA DE IMPROBIDADE

De acordo com o art. 1º, § 1º, da Lei nº 8.429/1992, consideram-se atos de improbidade administrativa as condutas dolosas tipificadas nos arts. 9º (enriquecimento ilícito), 10 (lesão ao erário) e 11 (violação a princípios) da lei, ressalvados tipos previstos em leis especiais.

Importante pontuar que o dolo é elemento necessário para a configuração de qualquer dos três atos de improbidade administrativa, a fim de não mais se admitir a figura da culpa, como era possível no caso de lesão ao erário. Nesse sentido, o art. 1º, § 2º, afirma que se considera dolo a vontade livre e consciente de alcançar o resultado ilícito tipificado nos arts. 9º, 10 e 11, não bastando a voluntariedade do agente.

Trata-se da figura do dolo específico. Consoante o STF, o dolo específico é a "vontade de praticar a conduta típica, adicionada de uma especial finalidade".

ATENÇÃO!

Não há mais ato de improbidade administrativa na modalidade CULPOSA. Todos os atos exigem o DOLO.

Ademais o art. 1º, § 3º, propõe que o mero exercício da função ou desempenho de competências públicas, sem comprovação de ato doloso com fim ilícito, afasta a responsabilidade por ato de improbidade administrativa.

Outro ponto relevante é que, nos termos do art. 1º, § 8º, não configurará improbidade a ação ou omissão decorrente de divergência interpretativa da lei, baseada em jurisprudência, ainda que não pacificada, mesmo que não venha a ser posteriormente prevalecente nas decisões dos órgãos de controle ou dos tribunais do Poder Judiciário.

ATENÇÃO!

Art. 1º, § 8º. Não configura improbidade a ação ou omissão decorrente de divergência interpretativa da lei, baseada em jurisprudência, ainda que não pacificadas, mesmo que não venha a ser posteriormente prevalecente nas decisões dos órgãos de controle ou dos tribunais do Poder Judiciário.

A. ENRIQUECIMENTO ILÍCITO

De acordo com o art. 9º da LIA, constitui ato de improbidade administrativa importando enriquecimento **ilícito auferir, mediante a prática de ato doloso, qualquer tipo de vantagem patrimonial indevida** em razão do exercício de cargo, mandato, função, emprego ou atividade nas entidades sujeitas a sofrer atos de improbidade.

Atente-se para o fato de que o *caput* estabelece a conduta genérica. Os incisos, por sua vez, retratam as condutas específicas, sendo apenas um rol exemplificativo.

Observe que a LIA se preocupou em preservar aquele que se enriquece licitamente. A este não há qualquer ato de improbidade. O que a lei proíbe é o enriquecimento ilícito, isto é, aquele que ofende a moralidade e a probidade administrativa.

O art. 9º estabelece, ainda, como pressuposto exigível a percepção de vantagem patrimonial ilícita. Dessa forma, o pressuposto dispensável é o dano ao erário. O que se quer dizer é que, caso haja o enriquecimento ilícito, independe de dano ao erário. Ex.: servidor que recebe propina de terceiros para conferir-lhe vantagem indevida.

Importante observar que o art. 9º exige que o agente público atue com **dolo**. Assim, caso o agente público esteja sofrendo uma ação de improbidade administrativa com base no art. 9º da LIA, ele deve, necessariamente, ter agido com o dolo. Caso tenha agido com culpa, será excluída sua responsabilidade.

A conduta prevista no art. 9º é uma conduta comissiva, isto é, uma ação.

OBSERVAÇÃO!

Enunciado nº 7 do CJF: Configura ato de improbidade administrativa a conduta do agente público que, em atuação legislativa lato sensu, recebe vantagem econômica indevida.

Hipóteses previstas no art. 9º

> **I** – receber, para si ou para outrem, dinheiro, bem móvel ou imóvel, ou qualquer outra vantagem econômica, direta ou indireta, a título de comissão, percentagem, gratificação ou presente de quem tenha interesse, direto ou indireto, que possa ser atingido ou amparado por ação ou omissão decorrente das atribuições do agente público;
>
> **II** – perceber vantagem econômica, direta ou indireta, para facilitar a aquisição, permuta ou locação de bem móvel ou imóvel, ou a contratação de serviços pelas entidades referidas no art. 1º por preço superior ao valor de mercado;
>
> **III** – perceber vantagem econômica, direta ou indireta, para facilitar a alienação, permuta ou locação de bem público ou o fornecimento de serviço por ente estatal por preço inferior ao valor de mercado;
>
> **IV** – utilizar, em obra ou serviço particular, qualquer bem móvel, de propriedade ou à disposição de qualquer das entidades mencionadas no art. 1º desta Lei, bem como o trabalho de servidores, empregados ou terceiros contratados por essas entidades;
>
> **V** – receber vantagem econômica de qualquer natureza, direta ou indireta, para tolerar a exploração ou a prática de jogos de azar, de lenocínio, de narcotráfico, de contrabando, de usura ou de qualquer outra atividade ilícita, ou aceitar promessa de tal vantagem;

VI – receber vantagem econômica de qualquer natureza, direta ou indireta, para fazer declaração falsa sobre qualquer dado técnico envolvendo obras públicas ou qualquer outro serviço ou sobre quantidade, peso, medida, qualidade ou característica de mercadorias ou bens fornecidos a qualquer das entidades mencionadas no art. 1º desta Lei;

VII – adquirir, para si ou para outrem, no exercício de mandato, cargo, emprego ou função pública, e em razão deles, bens de qualquer natureza, decorrentes dos atos descritos no *caput*, cujo valor seja desproporcional à evolução do patrimônio ou à renda do agente público, assegurada a demonstração pelo agente da licitude da origem dessa evolução;

VIII – aceitar emprego, comissão ou exercer atividade de consultoria ou assessoramento para pessoa física ou jurídica que tenha interesse suscetível de ser atingido ou amparado por ação ou omissão decorrente das atribuições do agente público, durante a atividade;

IX – perceber vantagem econômica para intermediar a liberação ou aplicação de verba pública de qualquer natureza;

X – receber vantagem econômica de qualquer natureza, direta ou indiretamente, para omitir ato de ofício, providência ou declaração a que esteja obrigado;

XI – incorporar, por qualquer forma, ao seu patrimônio bens, rendas, verbas ou valores integrantes do acervo patrimonial das entidades mencionadas no art. 1º desta lei;

XII – usar, em proveito próprio, bens, rendas, verbas ou valores integrantes do acervo patrimonial das entidades mencionadas no art. 1º desta lei.

ATENÇÃO 1!

Das alterações do art. 9º, chama atenção o inciso VII, segundo o qual haverá enriquecimento ilícito o ato de adquirir, para si ou para outrem, no exercício de mandato, de cargo, de emprego ou de função pública, e em razão deles, bens de **qualquer natureza, cujo valor seja desproporcional à evolução do patrimônio ou à renda** do agente público, assegurada a demonstração pelo agente da licitude da origem dessa evolução.

A grande novidade foi a possibilidade de se assegurar a demonstração pelo agente da licitude da origem dos recursos e, consequentemente, da evolução patrimonial.

ATENÇÃO 2!

Atente-se aos verbos dos incisos do art. 9º, pois eles se repetem. São verbos que dão a ideia de que o agente público está ganhando algo, uma vez que o ato é de enriquecimento ilícito.

VERBOS: RECEBER, PERCEBER, UTILIZAR, ADQUIRIR, USAR, INCORPORAR.

B. DANO AO ERÁRIO

De acordo com o art. 10 da LIA, constitui ato de improbidade administrativa que causa lesão ao erário qualquer ação ou omissão **dolosa**, que **enseje efetiva e comprovadamente**, perda patrimonial, desvio, apropriação, malbaratamento ou dilapidação dos bens ou haveres das entidades que possam sofrer atos de improbidade.

Com as alterações promovidas pela Lei nº 14.230/2021, exige-se dano efetivo e comprovado ao erário. Com isso, **a presunção de dano não pode mais fundamentar a condenação pela prática de ato ímprobo**. A condenação agora exige a comprovação do dano efetivo.

Nos casos ainda em trâmite, anteriores à alteração da Lei, em que essa controvérsia esteja presente, a solução deve observar a nova disposição legal, que demanda a existência de dano concreto. Sem a comprovação de tal dano, não há como reconhecer a prática de ato ímprobo.

Essa questão não envolve propriamente a aplicação retroativa de norma mais benéfica, pois, anteriormente, não havia previsão legal expressa que permitisse a presunção de dano. Na verdade, tal entendimento foi construído pela jurisprudência do STJ, que consolidou a admissão do dano presumido por meio de interpretação judicial.

Contudo, esse entendimento jurisprudencial, que não encontrava respaldo direto no texto legal, não pode mais orientar as decisões do STJ, uma vez que o legislador expressamente afastou a possibilidade de condenação por ato de improbidade com base na presunção de dano. Cabe, portanto, ao Judiciário respeitar a escolha do legislador e aplicar o novo parâmetro legal.

Assim, a exigência do efetivo prejuízo, em relação ao ato de improbidade administrativa que causa lesão ao erário, prevista no art. 10, *caput*, da Lei nº 8.429/1992 (com redação dada pela Lei nº 14.320/2021) se aplica aos processos ainda em curso.[21]

Atente-se que, novamente, o *caput* estabelece a conduta genérica, e os incisos, por sua vez, retratam as condutas específicas, configurando um rol exemplificativo.

O que o art. 10 pretende proteger é o **patrimônio público**.

O pressuposto exigível, nessa conduta, é o dano ao patrimônio público. Por sua vez, o pressuposto dispensável é o enriquecimento ilícito. A conduta pode gerar dano ao patrimônio público, sem, contudo, ocasionar o enriquecimento do agente público.

> **ATENÇÃO!**
> O ato de lesão ao erário somente poderá ocorrer na modalidade DOLOSA, não sendo mais admissível a modalidade culposa desse ato.

A conduta aqui estudada é uma conduta comissiva ou omissiva, de acordo com o próprio art. 10, *caput*, da LIA.

---

[21] REsp 1.929.685/TO, Rel. Min. Gurgel de Faria, Primeira Turma, por unanimidade, j. 27.08.2024.

Outra alteração do *caput* do mesmo dispositivo que chama atenção é a exigência da efetiva e comprovada perda patrimonial do ente público. Trata-se de alteração para se alinhar ao entendimento do STJ.[22]

Por sua vez, das alterações dos incisos do art. 10, chama-se atenção para o inciso VIII, que, em sua parte final, exige a perda patrimonial efetiva no caso de frustração de processo licitatório ou de processo seletivo para celebração de parcerias.

Isso porque a jurisprudência do STJ[23] estabelecia que, especificamente, na fraude à licitação, haveria um dano *in re ipsa* ao patrimônio público. Dessa forma, a alteração legislativa é uma clara superação do entendimento do STJ.

ATENÇÃO!

Exige-se a efetiva e comprovada perda patrimonial do ente público, inclusive nos casos de fraude à licitação.

Ademais, de acordo com o art. 10, § 1º, nos casos em que a inobservância de formalidades legais ou regulamentares não implicar perda patrimonial efetiva, não ocorrerá imposição de ressarcimento, vedado o enriquecimento sem causa das entidades referidas no art. 1º.

Por fim, o § 2º do art. 10 afirma que a mera perda patrimonial decorrente da atividade econômica não acarretará improbidade administrativa, salvo se comprovado ato doloso praticado com essa finalidade.

Hipóteses do art. 10

> **I** – facilitar ou concorrer, por qualquer forma, para a indevida incorporação ao patrimônio particular, de pessoa física ou jurídica, de bens, rendas, verbas ou valores integrantes do acervo patrimonial das entidades mencionadas no art. 1º desta Lei;
>
> **II** – permitir ou concorrer para que pessoa física ou jurídica privada utilize bens, rendas, verbas ou valores integrantes do acervo patrimonial das entidades mencionadas no art. 1º desta lei, sem a observância das formalidades legais ou regulamentares aplicáveis à espécie;
>
> **III** – doar à pessoa física ou jurídica bem como ao ente despersonalizado, ainda que de fins educativos ou assistências, bens, rendas, verbas ou valores do patrimônio de qualquer das entidades mencionadas no art. 1º desta lei, sem observância das formalidades legais e regulamentares aplicáveis à espécie;
>
> **IV** – permitir ou facilitar a alienação, permuta ou locação de bem integrante do patrimônio de qualquer das entidades referidas no art. 1º desta lei, ou ainda a prestação de serviço por parte delas, por preço inferior ao de mercado;
>
> **V** – permitir ou facilitar a aquisição, permuta ou locação de bem ou serviço por preço superior ao de mercado;

---

22 AgInt no REsp 1.542.025/MG, Primeira Turma, Rel. Min. Benedito Gonçalves, j. 05.06.2018, *DJe* 12.06.2018.

23 AgRg nos EDcl no AREsp 419.769/SC, Segunda Turma, Rel. Min. Herman Benjamin, j. 18.10.2016, *DJe* 25.10.2016; REsp 728.341/SP, Segunda Turma, Rel. Min. Og Fernandes, j. 14.03.2017, *DJe* 20.03.2017.

VI – realizar operação financeira sem observância das normas legais e regulamentares ou aceitar garantia insuficiente ou inidônea;

VII – conceder benefício administrativo ou fiscal sem a observância das formalidades legais ou regulamentares aplicáveis à espécie;

VIII – frustrar a licitude de processo licitatório ou de processo seletivo para celebração de parcerias com entidades sem fins lucrativos, ou dispensá-los indevidamente, acarretando perda patrimonial efetiva;

IX – ordenar ou permitir a realização de despesas não autorizadas em lei ou regulamento;

X – agir ilicitamente na arrecadação de tributo ou renda, bem como no que diz respeito à conservação do patrimônio público;

XI – liberar verba pública sem a estrita observância das normas pertinentes ou influir de qualquer forma para a sua aplicação irregular;

XII – permitir, facilitar ou concorrer para que terceiro se enriqueça ilicitamente;

XIII – permitir que se utilize, em obra ou serviço particular, veículos, máquinas, equipamentos ou material de qualquer natureza, de propriedade ou à disposição de qualquer das entidades mencionadas no art. 1º desta lei, bem como o trabalho de servidor público, empregados ou terceiros contratados por essas entidades.

XIV – celebrar contrato ou outro instrumento que tenha por objeto a prestação de serviços públicos por meio da gestão associada sem observar as formalidades previstas na lei;

XV – celebrar contrato de rateio de consórcio público sem suficiente e prévia dotação orçamentária, ou sem observar as formalidades previstas na lei.

XVI – facilitar ou concorrer, por qualquer forma, para a incorporação, ao patrimônio particular de pessoa física ou jurídica, de bens, rendas, verbas ou valores públicos transferidos pela Administração Pública a entidades privadas mediante celebração de parcerias, sem a observância das formalidades legais ou regulamentares aplicáveis à espécie;

XVII – permitir ou concorrer para que pessoa física ou jurídica privada utilize bens, rendas, verbas ou valores públicos transferidos pela Administração Pública a entidade privada mediante celebração de parcerias, sem a observância das formalidades legais ou regulamentares aplicáveis à espécie;

XVIII – celebrar parcerias da Administração Pública com entidades privadas sem a observância das formalidades legais ou regulamentares aplicáveis à espécie;

XIX – agir para a configuração de ilícito na celebração, na fiscalização e na análise das prestações de contas de parcerias firmadas pela Administração Pública com entidades privadas;

XX – liberar recursos de parcerias firmadas pela administração pública com entidades privadas sem a estrita observância das normas pertinentes ou influir de qualquer forma para a sua aplicação irregular;

XXI – Revogado;

XXII – conceder, aplicar ou manter benefício financeiro ou tributário contrário ao que dispõem o *caput* e o § 1º do art. 8º-A da Lei Complementar nº 116, de 31 de julho de 2003.

ATENÇÃO!
Atente-se aos verbos dos incisos do art. 10, pois muitos se repetem. São verbos que NÃO dão a ideia de que o agente público está ganhando algo. Pelas condutas, quem ganha algo é um particular (terceiro) ou há apenas dano ao erário.
VERBOS: PERMITIR, FACILITAR, CONCORRER, DOAR, AGIR.

C. DOS ATOS DE IMPROBIDADE ADMINISTRATIVA DECORRENTES DE CONCESSÃO OU APLICAÇÃO INDEVIDA DE BENEFÍCIO FINANCEIRO OU TRIBUTÁRIO

O art. 10-A foi revogado pela Lei nº 14.230/2021, de modo que se tornou o inciso XXII do art. 10.

D. VIOLAÇÃO A PRINCÍPIOS

De acordo com o art. 11 da LIA, constitui ato de improbidade administrativa que atenta contra os princípios da Administração Pública qualquer ação ou omissão dolosa que viole os deveres de honestidade, imparcialidade, legalidade e lealdade às instituições.

Importa se atentar para o fato de que o *caput* também estabelece a conduta genérica e os incisos, por sua vez, retratam as condutas específicas e estabelecem **um rol taxativo**. Trata-se de grande mudança comparada à versão original da Lei nº 8.429/1992, assim como em relação aos demais tipos de improbidade.

Observe-se que o art. 11 listou alguns princípios administrativos. Contudo, há apenas um rol exemplificativo de princípios. "O legislador disse menos do que queria".[24] Dessa forma, o que a LIA protege são os princípios constitucionais.

O pressuposto exigível é a violação dos princípios administrativos, exigindo-se lesividade relevante ao bem jurídico aqui tutelado. Por outro lado, é dispensável qualquer elemento de enriquecimento ilícito ou dano ao erário, nos termos do art. 11, § 5º.

O art. 11 exige como elemento subjetivo o **dolo específico**, superando entendimento anterior do STJ, que entendia que bastava dolo genérico. Inclusive, já com base na redação estabelecida pela Lei nº 14.230/2021, o STJ firmou entendimento da necessidade de dolo específico para configurar violação a princípios.[25] Nesse sentido, entende o STJ que, não obstante a abolição da hipótese de responsabilização por violação genérica aos princípios administrativos no art. 11 da Lei de Improbidade Administrativa, a nova previsão específica em seus incisos, de violação aos princípios da moralidade e da impessoalidade, evidencia verdadeira continuidade típico-normativa da conduta.

---

[24] CARVALHO FILHO, José dos Santos. *Manual de Direito Administrativo*. 26. ed. rev., ampl. e atual. São Paulo: Atlas, 2013. p. 1086.

[25] AgInt no AREsp 1.206.630/SP, Rel. Min. Paulo Sérgio Domingues, Primeira Turma, por unanimidade, j. 27.02.2024, DJe 1º.03/2024.

Outro entendimento relevante é aquele em que a contratação de servidores públicos temporários sem concurso público, mas baseada em legislação local, por si só, não configura a improbidade administrativa prevista no art. 11 da Lei nº 8.429/1992, por estar ausente o elemento subjetivo (dolo) necessário para a configuração do ato de improbidade violador dos princípios da administração pública.[26]

A conduta ensejadora de improbidade, no caso em análise, é tanto a conduta comissiva quanto a omissiva.

Nos termos do art. 11, § 1º, somente haverá improbidade administrativa, no caso de violação a princípios, quando, na conduta funcional do agente público, for comprovado o fim de obter um proveito ou benefício indevido para si mesmo ou para outra pessoa ou entidade. Essa disposição também se aplicará a todo e qualquer ato de improbidade, previstos na Lei nº 8.429/1992, bem como em qualquer outra que institua ato de improbidade, conforme dispõe o art. 11, § 2º.

O enquadramento de conduta funcional pressupõe a demonstração objetiva da prática de ilegalidade no exercício da função pública, indicando-se as normas constitucionais, legais ou infralegais violadas, nos termos do art. 11, § 3º.

Os atos de improbidade aqui tratados exigem lesividade relevante ao bem jurídico tutelado, para serem passíveis de sancionamento, e independem do reconhecimento da produção de danos ao erário e de enriquecimento ilícito dos agentes públicos, nos termos do art. 11, § 4º.

Na análise da hipótese prevista no inciso XI do art. 11, isto é, de nomeação de parentes, não se configurará improbidade a mera nomeação ou indicação política por parte dos detentores de mandatos eletivos, sendo necessária a aferição de dolo com finalidade ilícita por parte do agente.

Hipóteses do art. 11

> **I** – (Revogado);
>
> **II** – (Revogado)
>
> **III** – revelar fato ou circunstância de que tem ciência em razão das atribuições e que deva permanecer em segredo, propiciando beneficiamento por informação privilegiada ou pondo em risco a segurança da sociedade e do Estado;
>
> **IV** – negar publicidade aos atos oficiais, exceto em razão de sua imprescindibilidade para a segurança da sociedade e do Estado, ou em outras hipóteses instituídas em lei;
>
> **V** – frustrar, em ofensa à imparcialidade, o caráter concorrencial de concurso público, chamamento ou procedimento licitatório, visando à obtenção de benefício próprio, direto ou indireto, ou de terceiros;
>
> **VI** – deixar de prestar contas quando esteja obrigado a fazê-lo, desde que disponha das condições para tanto, visando a ocultar irregularidades;

---

26 REsp 1.913.638-MA, Primeira Seção, Rel. Min. Gurgel de Faria, por unanimidade, j. 11.05.2022, Tema 1.108.

VII – revelar ou permitir que chegue ao conhecimento de terceiro, antes da respectiva divulgação oficial, teor de medida política ou econômica capaz de afetar o preço de mercadoria, bem ou serviço.

VIII – descumprir as normas relativas à celebração, fiscalização e aprovação de contas de parcerias firmadas pela Administração Pública com entidades privadas.

IX – (Revogado);

X – (Revogado);

XI – nomear cônjuge, companheiro ou parente em linha reta, colateral ou por afinidade, até o terceiro grau, inclusive, da autoridade nomeante ou de servidor da mesma pessoa jurídica investido em cargo de direção, chefia ou assessoramento, para o exercício de cargo em comissão ou de confiança ou, ainda, de função gratificada na Administração Pública direta e indireta em qualquer dos poderes da União, dos Estados, do Distrito Federal e dos Municípios, compreendido o ajuste mediante designações recíprocas;

XII – praticar, no âmbito da Administração Pública e com recursos do erário, ato de publicidade que contrarie o disposto no § 1º do art. 37 da Constituição Federal, de forma a promover inequívoco enaltecimento do agente público e personalização de atos, programas, obras, serviços ou campanhas dos órgãos públicos.

ATENÇÃO!

Atente-se às seguintes hipóteses:

1) Art. 10, VIII *vs.* Art. 11, V

Frustrar a licitude de processo licitatório ou de processo seletivo para celebração de parcerias com entidades sem fins lucrativos, ou dispensá-los indevidamente, acarretando perda patrimonial efetiva, é ato de improbidade que configura dano ao erário.

Por sua vez, frustrar, em ofensa à imparcialidade, o caráter concorrencial de concurso público, chamamento ou procedimento licitatório, visando à obtenção de benefício próprio, direto ou indireto, ou de terceiros, é ato de improbidade que viola princípios.

2) Art. 9º, IV *vs.* Art. 10, XIII

Utilizar, em obra ou serviço particular, qualquer bem móvel, de propriedade ou à disposição de qualquer das entidades mencionadas no art. 1º dessa lei, bem como o trabalho de servidores, empregados ou terceiros contratados por essas entidades, é ato de improbidade que configura enriquecimento ilícito.

No entanto, permitir que se utilizem, em obra ou serviço particular, veículos, máquinas, equipamentos ou material de qualquer natureza, de propriedade ou à disposição de qualquer das entidades mencionadas no art. 1º dessa lei, bem como o trabalho de servidor público, empregados ou terceiros contratados por essas entidades, é ato de improbidade que configura dano ao erário.

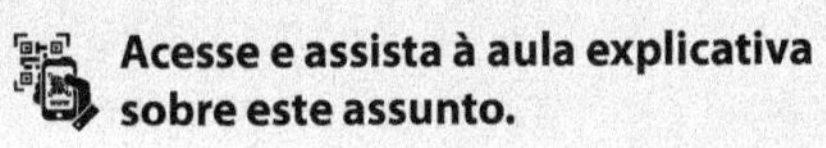

Acesse e assista à aula explicativa sobre este assunto.

> *http://uqr.to/1y0ud*

E. QUADRO COMPARATIVO ENTRE OS TIPOS DE IMPROBIDADE

Tipo de improbidade	Enriquecimento ilícito (art. 9º)	Prejuízo ao erário (art. 10)	Violação de princípios (art. 11)
Conduta	Ação	Ação ou omissão	Conduta: ação ou omissão
Elemento subjetivo	Dolo	Dolo	Dolo
Pressuposto exigível	Enriquecimento ilícito	Efetivo dano ao erário	Violação a princípios
Pressuposto dispensável	Dano ao erário	Enriquecimento ilícito	Enriquecimento ilícito e dano ao erário
Rol	Exemplificativo	Exemplificativo	Taxativo

9. SANÇÕES

As sanções aplicáveis no caso de improbidade administrativa estão previstas no art. 12, I a III, da LIA.

Independentemente do ressarcimento integral do dano patrimonial, se efetivo, e das sanções penais comuns e de responsabilidade, civis e administrativas previstas na legislação específica, está o responsável pelo ato de improbidade sujeito às seguintes cominações, que podem ser aplicadas isolada ou cumulativamente, de acordo com a gravidade do fato:

Enriquecimento ilícito	Prejuízo ao erário	Violação de princípios
Perda dos bens ou valores acrescidos ilicitamente ao patrimônio	Perda dos bens ou valores acrescidos ilicitamente ao patrimônio, se concorrer essa circunstância	–

Enriquecimento ilícito	Prejuízo ao erário	Violação de princípios
Perda da função pública	Perda da função pública	–
Suspensão dos direitos políticos até 14 anos	Suspensão dos direitos políticos até 12 anos	–
Pagamento de multa civil equivalente ao valor do acréscimo patrimonial	Pagamento de multa civil equivalente ao valor do dano	Pagamento de multa civil de até 24 vezes o valor da remuneração percebida pelo agente
Proibição de contratar com o Poder Público ou receber benefícios, pelo prazo não superior a 14 anos	Proibição de contratar com o Poder Público ou receber benefícios, pelo prazo não superior a 12 anos	Proibição de contratar com o Poder Público ou receber benefícios, pelo prazo não superior a 4 anos

A. Comentários Importantes

1. As sanções previstas no art. 12 possuem caráter extrapenal.

2. A **sanção de perda da função atinge apenas o vínculo de mesma qualidade e natureza que o agente público ou político detinha com o Poder Público na época do cometimento da infração**, podendo o magistrado, na hipótese de enriquecimento ilícito, e em caráter excepcional, estender aos demais vínculos, considerando-se as circunstâncias do caso e a gravidade da infração (art. 12, § 1º).

Trata-se de uma superação do entendimento do Superior Tribunal de Justiça, que compreende, anteriormente à alteração da Lei nº 8.429/1992, que o agente público perde a função pública que estiver ocupando no momento do trânsito em julgado, ainda que seja diferente daquela que ocupava no momento da prática do ato de improbidade.[27]

Todavia, o STF,[28] por meio de medida cautelar, suspendeu a eficácia desse dispositivo legal. De acordo com o Ministro Alexandre de Moraes, "(...) o art. 12, § 1º,

[27] STJ, RMS 32.378/SP, Segunda Turma, Rel. Min. Humberto Martins, j. 05.05.2015.

[28] Medida Cautelar na Ação Direta de Inconstitucionalidade 7.236/DF, Rel. Min. Alexandre de Moraes, j. 27.12.2022.

da nova LIA, traça uma severa restrição ao mandamento constitucional de defesa da probidade administrativa, que impõe a perda de função pública como sanção pela prática de atos ímprobos independentemente da função ocupada no momento da condenação com trânsito em julgado".

Trata-se, assim, de uma situação desarrazoada, de modo que a simples troca de cargos ensejaria a impossibilidade de sancionamento ao agente ímprobo.

3. Ponto relevante também se refere à possibilidade de aplicação da sanção de cassação de aposentadoria. Em outras palavras, o que se quer saber é se a expressão "perda de cargo" abarcaria a sanção de cassação de aposentadoria. Nesse sentido, há posicionamento do Supremo Tribunal Federal, no ARE 1.321.655, segundo o qual é viável a conversão da perda de cargo em cassação de aposentadoria no âmbito da improbidade administrativa.

Por outro lado, o Superior Tribunal de Justiça,[29] em entendimento anterior ao firmado do STF, assentou que o magistrado não tem competência para aplicar a sanção de cassação de aposentadoria a servidor condenado judicialmente por improbidade administrativa. Para o colegiado, apenas a autoridade administrativa possui poderes para decidir sobre a cassação.

4. A multa pode ser aumentada até o dobro, se o juiz considerar que, em virtude da situação econômica do réu, o valor calculado é ineficaz para reprovação e prevenção do ato de improbidade (art. 12, § 2º).

5. Na responsabilização da pessoa jurídica, deverão ser considerados os efeitos econômicos e sociais das sanções, a fim de viabilizar a manutenção de suas atividades (art. 12, § 3º).

6. Em caráter excepcional e por motivos relevantes devidamente justificados, a pena de proibição de contratação com o Poder Público pode extrapolar o ente público lesado pelo ato de improbidade, devendo-se sempre observar os impactos econômicos e sociais das sanções, a fim de preservar a função social da pessoa jurídica (art. 12, § 4º).

7. Em se tratando de atos de menor ofensa aos bens jurídicos tutelados pela lei, a sanção se limitará à aplicação de multa, sem prejuízo do ressarcimento do dano e da perda dos valores obtidos, quando for o caso (art. 12, § 5º).

8. Ocorrendo lesão ao patrimônio público, a reparação do dano deve deduzir o ressarcimento ocorrido nas instâncias criminal, cível e administrativa tendo por objeto os mesmos fatos (art. 12, § 6º).

9. As sanções aplicadas a pessoas jurídicas com base nessa lei e na Lei nº 12.846, de 1º de agosto de 2013, deverão observar o princípio constitucional do *non bis in idem* (art. 12, § 7º).

10. A sanção de proibição de contratação com o Poder Público deverá constar no Cadastro Nacional de Empresas Inidôneas e Suspensas (Ceis) de que trata a Lei

[29] STJ, EREsp 1.496.347, 1ª S., rel. Min. Herman Benjamin, j. 24.02.2021.

nº 12.846, de 1º de agosto de 2013, observando-se as limitações territoriais contidas em decisão judicial (art. 12, § 8º).

11. As sanções de improbidade só podem ser executadas com o trânsito em julgado da sentença condenatória, nos termos do art. 12, § 9º. Trata-se de nítida alteração se comparada à redação anterior da Lei nº 8.429/1992, segundo a qual apenas a perda da função e a suspensão dos direitos políticos se efetivariam com trânsito em julgado da decisão.

ATENÇÃO!

Com a Lei nº 14.230/2021, TODAS as sanções de improbidade só podem ser executadas com o trânsito em julgado da sentença condenatória.

12. Para efeitos de contagem do prazo da sanção de suspensão dos direitos políticos, computar-se-á retroativamente o intervalo de tempo entre a decisão colegiada e o trânsito em julgado da sentença condenatória (art. 12, § 10).

Todavia, esse dispositivo teve sua eficácia suspensa pelo STF.[30] Importante destacar que a suspensão dos direitos políticos não se confunde com a inelegibilidade prevista no art. 1º, I, *l*, da LC nº 64/1990. Uma hipótese tem como fundamento o art. 15 da Constituição Federal, referente à suspensão dos direitos políticos, enquanto a outra se baseia no § 9º do art. 14 do mesmo texto constitucional, que abrange apenas uma situação específica de inelegibilidade, a qual ocorre após o término da suspensão dos direitos políticos.

Embora sejam previsões complementares, essas medidas apresentam diferenças significativas em termos de fundamentos e consequências, pois são institutos de natureza distinta. Além disso, é importante destacar que elas permitem a cumulação de inelegibilidades e a suspensão de direitos políticos.

13. Observe-se que o juiz não precisa aplicar todas as penalidades. Ele irá analisar o caso concreto para aplicar as penalidades. Ademais, o *caput* do art. 12 da LIA estabelece que as penas podem ser aplicadas de forma isolada ou cumulativa.

14. A LIA aumenta as sanções previstas no art. 37, § 4º, da CR/1988. Contudo não há qualquer inconstitucionalidade na previsão legal, do que se conclui que a atual Constituição Federal apenas estabeleceu uma relação mínima.

15. Em relação à gravidade das sanções, certamente, as previstas para os casos de enriquecimento ilícito (art. 9º) são mais severas que as previstas para os casos de prejuízo ao erário (art. 10), que, consequentemente, são mais severas que as previstas para os casos de violação de princípios (art. 11).

---

30 Medida Cautelar na Ação Direta de Inconstitucionalidade 7.236/DF, Rel. Min. Alexandre de Moraes, j. 27.12.2022.

16. A autoridade judicial competente poderá determinar o afastamento do agente público do exercício do cargo, emprego ou função, sem prejuízo da remuneração, quando a medida se fizer necessária à instrução processual ou para evitar a iminente prática de novos ilícitos.

O afastamento será de até 90 dias, prorrogáveis uma única vez por igual prazo, mediante decisão motivada. (art. 20, §§ 1º e 2º).

17. O STJ tem mitigado o princípio da congruência (juiz atrelado ao pedido), ou seja, o juiz poderá aplicar sanção distinta daquela pedida na ação. Todavia, a Lei nº 14.230/2021 trouxe o art. 17, § 10-F, segundo o qual será nula a decisão de mérito total ou parcial da ação de improbidade administrativa que condenar o requerido por tipo diverso daquele definido na petição inicial. Assim, há superação do entendimento do STJ.[31]

Não é possível a fixação das penas aquém do mínimo legal, de acordo com o STJ.[32]

18. Uma só conduta pode ofender, simultaneamente, os arts. 9º, 10 e 11 da LIA. Quando isso acontecer, deverá o aplicador da sanção se utilizar do princípio da subsunção, de modo que a conduta e a sanção mais graves absorvam as de menor gravidade.[33]

19. A **posse e o exercício** de agente público ficam condicionados à apresentação de declaração de imposto de renda e proventos de qualquer natureza, que tenha sido apresentada à Secretaria da Receita Federal, a fim de ser arquivada no serviço de pessoal competente (art. 13, *caput*).

Para o STF,[34] essa exigência é constitucional, pois visa assegurar mecanismos de fiscalização do patrimônio de agentes públicos, com o objetivo de resguardar a moralidade e o erário.

20. A declaração de bens será atualizada anualmente e na data em que o agente público deixar o exercício do mandato, cargo, emprego ou função (art. 13, § 2º).

21. Será apenado com a pena de demissão, sem prejuízo de outras sanções cabíveis, o agente público que se recusar a prestar declaração dos bens, dentro do prazo determinado, ou que a prestar falsa (art. 13, § 3º).

22. A apuração e a sanção de atos de improbidade administrativa podem ser efetuadas pela via administrativa, não se exigindo a via judicial, em razão da independência das instâncias civil, penal e administrativa.[35]

23. Outro ponto relevante concerne ao ressarcimento ao erário. De acordo com o STJ, **não configura *bis in idem*** a coexistência de título executivo extrajudicial (acórdão

---

[31] STJ, REsp 324.282, Primeira Turma, Rel. Min. Humberto Gomes de Barros.

[32] STJ, REsp 1582014/CE, Segunda Turma, Rel. Min. Humberto Martins, j. 07.04.2016, *DJe* 15.04.2016.

[33] DI PIETRO, Maria Sylvia Zanella. *Direito Administrativo*. 25. ed. São Paulo: Atlas, 2012. p. 730.

[34] ADI 4.295/DF, Rel. Min. Marco Aurélio, redator do acórdão Ministro Gilmar Mendes, julgamento virtual finalizado em 21.08.2023.

[35] STJ, MS 15.054-DF, STJ, *Informativo* 474, 23.05.2011.

do TCU) e sentença condenatória em ação civil pública de improbidade administrativa que determinam o ressarcimento ao erário e se referem ao mesmo fato, **desde que seja observada a dedução do valor da obrigação que primeiramente foi executada no momento da execução do título remanescente.**[36]

24. De acordo com o STJ,[37] são cabíveis medidas executivas atípicas de cunho não patrimonial no cumprimento de sentença proferida em ação de improbidade administrativa. Exemplo dessas medidas é a apreensão da carteira de habilitação e/ ou do passaporte de um devedor.

25. É possível a condenação em danos morais coletivos?

Existem divergências doutrinárias sobre a possibilidade de condenação em danos morais coletivos. Alguns entendem que o dano moral é personalíssimo e, portanto, não poderia ser aplicado a situações coletivas. No entanto, outros argumentam que seria possível aplicar o microssistema de ações coletivas e que a indeterminabilidade dos prejudicados não seria um impedimento para a condenação em danos morais coletivos.

O STJ raramente aborda esse tema, pois envolve uma questão de fato que não pode ser apreciada em sede de recurso especial. Em casos raros, o STJ reconheceu a possibilidade de condenação por danos morais coletivos, mas destacou que o fato transgressor deve ser de razoável significância e desborde os limites da tolerabilidade, a ponto de produzir verdadeiros sofrimentos, intranquilidade social e alterações relevantes na ordem extrapatrimonial coletiva. Por exemplo, o desvio de verba pública para a aquisição de vacinas ou a construção de uma creche pode ser considerado um caso que justifica a condenação por danos morais coletivos.

Em relação à indenização, os valores fixados devem ser destinados ao fundo de reparação de bens lesados, a fim de beneficiar a coletividade indeterminada em casos de danos difusos.

26. Atente-se, ainda, que, de acordo com o STF,[38] a proibição do responsável pelo ato de improbidade de contratar com o Poder Público, ainda que por intermédio de pessoa jurídica, não viola o princípio da incomunicabilidade das punições, pois, ao atuar ostensivamente no controle e direcionamento da atividade empresarial, evita fraude à sanção imposta.

ATENÇÃO!

Não há que se falar em perda do cargo e suspensão dos direitos políticos nos atos de improbidade que violem princípios.

---

[36] STJ, REsp 1.413.674-SE, Primeira Turma, j. 17.05.2016.

[37] STJ, REsp 1.929.230-MT, Rel. Min. Herman Benjamin, 04.05.2021.

[38] ADI 4.295/DF, Rel. Min. Marco Aurélio, redator do acórdão Ministro Gilmar Mendes, julgamento virtual finalizado em 21.08.2023.

10. DO PROCEDIMENTO ADMINISTRATIVO E JUDICIAL

10.1. Procedimento administrativo

O procedimento administrativo está regulado pelos arts. 14 a 16 da LIA. De acordo com o art. 14, qualquer pessoa poderá representar à autoridade administrativa competente para que seja instaurada investigação destinada a apurar a prática de ato de improbidade.

A representação, que será escrita ou reduzida a termo e assinada, conterá a qualificação do representante, as informações sobre o fato e sua autoria e a indicação das provas de que tenha conhecimento.

A autoridade administrativa rejeitará a representação, em despacho fundamentado, se esta não contiver as formalidades estabelecidas trazidas no art. 14, *caput*. A rejeição não impede a representação ao Ministério Público.

Atendidos os requisitos da representação, a autoridade determinará a imediata apuração dos fatos, observando a legislação que regula o processo administrativo disciplinar aplicável ao agente.

Consoante o art. 15, a comissão processante dará conhecimento ao Ministério Público e ao Tribunal ou Conselho de Contas da existência de procedimento administrativo para apurar a prática de ato de improbidade. Para o STF,[39] essa intimação do Ministério Público e do Tribunal de Contas não fere o princípio da separação de Poderes. Em verdade, concretiza o princípio da eficiência, notadamente porque cabe ao Parquet – como instituição essencial à função jurisdicional do Estado – promover as medidas necessárias à garantia de sua missão constitucional e de suas respectivas funções institucionais.

Ademais, nos termos do seu parágrafo único, o Ministério Público ou Tribunal ou Conselho de Contas poderá, a requerimento, designar representante para acompanhar o procedimento administrativo.

10.2. Procedimento judicial

10.2.1. Comentários iniciais

O procedimento judicial está regulado nos arts. 17 a 18-A da LIA.

Nos termos do art. 17, a **ação de improbidade será proposta pelo Ministério Público** e seguirá o procedimento comum previsto no Código de Processo Civil. Todavia, o Supremo Tribunal Federal declarou esse dispositivo inconstitucional, restabelecendo a legitimidade ativa concorrente entre o Ministério Público e a Fazenda Pública.

---

39 ADI 4.295/DF, Rel. Min. Marco Aurélio, redator do acórdão Ministro Gilmar Mendes, julgamento virtual finalizado em 21.08.2023.

Nas ADIs 7.042 e 7.043, o STF se posicionou no sentido de declarar a inconstitucionalidade parcial, sem redução de texto, do *caput* e dos §§ 6º-A e 10-C do art. 17, assim como do *caput* e dos §§ 5º e 7º do art. 17-B, da Lei nº 8.429/1992, na redação dada pela Lei nº 14.230/2021, a fim de restabelecer a existência de legitimidade ativa concorrente e disjuntiva entre o Ministério Público e as pessoas jurídicas interessadas para a propositura da ação por ato de improbidade administrativa e para a celebração de acordos de não persecução civil.

Portanto, observe-se que o STF, além de declarar a legitimidade ativa da Fazenda Pública para o ajuizamento da ação de improbidade, permitiu que a Fazenda celebre o acordo de não persecução civil.

Nesse ponto, faz-se importante pontuar o entendimento do STF acerca da autorização de governador ou de procurador-geral para que haja ajuizamento da ação de improbidade por parte da Fazenda Pública. De acordo com o STF, a exigência da autorização do procurador-geral do Estado para o ajuizamento de ação de improbidade não ofende a Constituição Federal. Por outro lado, a exigência de autorização do governador do estado afronta o princípio da impessoalidade, previsto no art. 37, *caput*, da Constituição. Quando o interesse público demanda a atuação da procuradoria, não pode a vontade do governador impedir essa atuação.[40]

Atente-se, pois, que a ação de improbidade deverá ser proposta perante o foro do local onde ocorrer o dano ou de domicílio da pessoa jurídica prejudicada.

A propositura da ação prevenirá a competência do juízo para todas as ações posteriormente intentadas que possuam a mesma causa de pedir ou o mesmo objeto.

A petição inicial observará o seguinte: **(I)** o autor deverá individualizar a conduta do réu, apontando os elementos probatórios mínimos que demonstrem a ocorrência das hipóteses dos arts. 9º a 11 da lei, e de sua autoria, salvo impossibilidade devidamente fundamentada; **(II)** será instruída com documentos ou justificação que contenham indícios suficientes da veracidade dos fatos e do dolo imputado ou com razões fundamentadas da impossibilidade de apresentação de qualquer dessas provas, observada a legislação vigente, inclusive as disposições inscritas nos arts. 77 e 80 do CPC.

A petição inicial será rejeitada nos casos do art. 330 do CPC, bem como quando não preenchidos os requisitos *supra*, ou ainda quando manifestamente inexistente o ato de improbidade imputado. Nesse sentido, o STJ entende que a decisão de recebimento da petição inicial da ação de improbidade não pode limitar-se ao fundamento de *in dubio pro societate*. A decisão de recebimento da petição inicial, incluída a hipótese de rejeição, deve ser adequada e especificamente motivada pelo magistrado, com base na análise dos elementos indiciários apresentados, em cotejo com a causa de pedir delineada pelo Ministério Público. Essa postura é inclusive reforçada, atualmente, pelos arts. 489, § 3º, e 927 do CPC/2015. Nessa linha, convém anotar que a decisão de recebimento da inicial da ação de improbidade não pode limitar-se à invocação do *in dubio pro societate*, devendo, antes, ao menos, tecer comentários sobre os elementos indiciários e a causa de pedir, ao mesmo tempo que, para a rejeição,

---

[40] ARE 1.165.456, Primeira Turma, Red. do Ac. Min. Roberto Barroso, j. 01.09.2020, *DJe* 05.11.2020.

deve bem delinear a situação fático-probatória que lastreia os motivos de convicção externados pelo órgão judicial.[41]

Estando a inicial em devida forma, o juiz mandará autuá-la e ordenará a citação dos requeridos para que a contestem no prazo comum de 30 dias, iniciando-se o prazo na forma do art. 231 do CPC.

Assim, observe que não há mais a defesa prévia, que estava prevista no antigo art. 17, § 7º, da Lei nº 8.429/1992.

Da decisão que rejeita questões preliminares suscitadas pelo réu em sua contestação, cabe agravo de instrumento.

Havendo a possibilidade de solução consensual, poderão as partes requerer ao juiz a interrupção do prazo para a contestação, por prazo não superior a 90 (noventa) dias.

Oferecida a contestação e, se for o caso, ouvido o autor, o juiz: **(I)** procederá ao julgamento conforme o estado do processo, levando em conta a eventual manifesta inexistência do ato de improbidade; **(II)** poderá desmembrar o litisconsórcio, visando otimizar a instrução processual.

Proferida a decisão, as partes serão intimadas a especificar as provas que pretendem produzir.

Para cada ato de improbidade administrativa, deverá necessariamente ser indicado apenas um tipo dentre aqueles previstos nos arts. 9º, 10 ou 11 da lei.

Será nula a decisão de mérito total ou parcial da ação de improbidade administrativa que:

I. condena o requerido por tipo diverso daquele definido na petição inicial;
II. condene o requerido sem a produção das provas por ele tempestivamente especificadas.

Em qualquer momento do processo, verificada a inexistência do ato de improbidade, o juiz julgará a demanda improcedente.

Sem prejuízo da citação dos réus, intimar-se-á a pessoa jurídica interessada para, querendo, intervir no processo.

Se a imputação envolver a desconsideração de pessoa jurídica, serão observadas as regras previstas nos arts. 133 a 137 do CPC.

A qualquer momento, identificando o magistrado a existência de ilegalidades ou irregularidades administrativas a serem sanadas sem que estejam presentes todos os requisitos para a imposição das sanções aos agentes incluídos no polo passivo da demanda, poderá, em decisão motivada, converter a ação de improbidade administrativa em ação civil pública, regulada pela Lei nº 7.347/1985.

Da decisão que converter a ação de improbidade em ação civil pública caberá agravo de instrumento.

[41] REsp 1.570.000-RN, Primeira Turma, Rel. Min. Sérgio Kukina, Rel. Ac. Min. Gurgel de Faria, por maioria, j. 28.09.2021.

Ao réu será assegurado o direito de ser interrogado sobre os fatos de que trata a ação, e a recusa ou o silêncio não implicará a confissão.

Não se aplicam na ação de improbidade administrativa (art. 17, § 19):

I. a presunção de veracidade dos fatos alegados pelo autor em caso de revelia;

II. a imposição de ônus da prova ao réu, na forma do art. 373, §§ 1º e 2º, do CPC;

III. o ajuizamento de mais de uma ação de improbidade administrativa pelo mesmo fato, competindo ao Conselho Nacional do Ministério Público dirimir conflitos de atribuições entre membros de Ministérios Públicos distintos;

IV. o reexame obrigatório da sentença de improcedência ou de extinção sem resolução de mérito.

A assessoria jurídica que emitiu o parecer atestando a legalidade prévia dos atos administrativos praticados pelo administrador público ficará obrigada a defendê-lo judicialmente, caso este venha a responder ação por improbidade administrativa, até que a decisão transite em julgado (art. 17, § 20).

Todavia, esse dispositivo teve sua declaração de inconstitucionalidade parcial declarada pelo STF nas ADIs 7.042 e 7.043. De acordo com o STF, declara-se a inconstitucionalidade parcial, com redução de texto, do § 20 do art. 17 da Lei nº 8.429/1992, incluído pela Lei nº 14.230/2021, no sentido de que não existe "obrigatoriedade de defesa judicial"; havendo, porém, a possibilidade de os órgãos da Advocacia Pública autorizarem a realização dessa representação judicial, por parte da assessoria jurídica que emitiu o parecer atestando a legalidade prévia.

Das decisões interlocutórias cabe agravo de instrumento, inclusive da decisão que rejeita questões preliminares suscitadas pelo réu em sua contestação (art. 17, § 21).

10.2.2. Não persecução civil e colaboração premiada

A natureza jurídica do acordo de não persecução cível consiste em um negócio bilateral e sui generis, isto é, o acordo se concretiza através da manifestação de vontade em direções opostas: de um lado, o Ministério Público ou a Fazenda Pública, após avaliar a gravidade do ato ímprobo, elaboram a proposta que inclui a necessidade de reparação do dano, juntamente com uma ou mais sanções abstratamente previstas na Lei de Improbidade Administrativa. Do outro lado, o autor do ato ímprobo tem a opção de aceitar as propostas apresentadas ou apresentar contrapropostas para efetivar esse acordo jurídico.

O caráter *sui generis* se justifica porque, apesar das restrições na autonomia das partes envolvidas, devido à proporção das sanções em relação à gravidade do ato ímprobo, ainda assim, configura-se como um negócio jurídico bilateral. Isso significa que, por um lado, os legitimados ativos não são obrigados a propor o acordo, e, por outro, o autor do ato ímprobo não detém um direito subjetivo à obtenção da proposta.

De acordo com o art. 17-B, o Ministério Público poderá, conforme as circunstâncias do caso concreto, celebrar acordo de não persecução civil, desde que advenham, ao menos, os seguintes resultados:

I. o integral ressarcimento do dano;
II. a reversão à pessoa jurídica lesada da vantagem indevida obtida, ainda que oriunda de agentes privados.

É importante relembrar da legitimidade que a Fazenda Pública possui para celebrar o acordo de não persecução civil.

A celebração do acordo dependerá, cumulativamente:

I. da oitiva do ente federativo lesado, em momento anterior ou posterior à propositura da ação;
II. de aprovação, no prazo de até 60 (sessenta) dias, pelo órgão do Ministério Público competente para apreciar as promoções de arquivamento de inquéritos civis, se anterior ao ajuizamento da ação;
III. de homologação judicial, independentemente de o acordo ocorrer antes ou depois do ajuizamento da ação de improbidade administrativa.

É importante pontuar que, com a decisão do STF de restabelecer a legitimidade ativa da Fazenda Pública, quando esta propuser o ANPC, entende esta obra que se deve ouvir o Ministério Público. Não se trata de uma deferência ou obediência ao parquet, mas uma questão de equidade ao outro legitimado para propor o ANPC. Outro ponto é que a aprovação do órgão do Ministério Público competente para apreciar as promoções de arquivamento de inquéritos civis não será exigida quando a Fazenda propuser o ANPC. Essa exigência somente ocorrerá quando for o próprio MP a propor o acordo.

Acerca da homologação judicial, alguns comentários merecem ser tecidos. Qual seria o papel do magistrado ao homologar o acordo celebrado? Duas perspectivas precisam ser analisadas. A primeira, de que o juíz apenas faria uma aferição, exclusiva, da regularidade formal da avença, consistiria apenas numa análise do preenchimento dos requisitos formais. Trata-se de posição minoritária.

Já a segunda perspectiva, prevalecente na doutrina, consistiria no controle do próprio conteúdo do ajuste.

Não há razão para exigir a participação do juiz se não desejasse um efetivo controle sobre o conteúdo da avença.

Ademais, a lei exige a oitiva da pessoa jurídica envolvida. Assim, a lei não deseja uma atuação vazia, meramente formal do magistrado.

Em qualquer caso, a celebração do acordo levará em conta a personalidade do agente, a natureza, as circunstâncias, a gravidade e a repercussão social do ato de improbidade, bem como as vantagens, para o interesse público, na rápida solução do caso.

Para fins de apuração do valor do dano a ser ressarcido, deverá ser realizada a oitiva do Tribunal de Contas competente, para que se manifeste com indicação de parâmetros, no prazo de 90 dias. Todavia, esse dispositivo teve sua eficácia suspensa pelo STF,[42] pois, segundo a corte, a norma condicionaria "o exercício da atividade--fim do Ministério Público à atuação da Corte de Contas, transmudando-a em uma espécie de ato complexo apto a interferir indevidamente na autonomia funcional constitucionalmente assegurada ao órgão ministerial".

O acordo poderá ser celebrado no curso das investigações de apuração do ilícito, no curso da ação de improbidade ou quando da execução da sentença condenatória.

O acordo poderá contemplar a adoção de mecanismos e procedimentos internos de integridade, auditoria e incentivo à denúncia de irregularidades e a aplicação efetiva de códigos de ética e de conduta no âmbito da pessoa jurídica, se for o caso, bem como de outras medidas em favor do interesse público e de boas práticas administrativas.

Em caso de descumprimento do acordo, o investigado ou demandado ficará impedido de celebrar novo acordo pelo prazo de 5 (cinco) anos, contados do conhecimento pelo Ministério Público do efetivo descumprimento. Importante pontuar que, com o restabelecimento da legitimidade ativa da Fazenda Pública, o prazo de 5 anos também será contado a partir do seu conhecimento acerca do descumprimento do acordo.

Importante ainda pontuar a decisão do STF[43] que legitimou a utilização da colaboração premiada no âmbito da ação de improbidade.

Para a Corte, é constitucional a utilização da colaboração premiada, nos termos da Lei 12.850/2013, no âmbito civil, em ação civil pública por ato de improbidade administrativa movida pelo Ministério Público, observando-se as seguintes diretrizes:

1. Realizado o acordo de colaboração premiada, serão remetidos ao juiz, para análise, o respectivo termo, as declarações do colaborador e cópia da investigação, devendo o juiz ouvir sigilosamente o colaborador, acompanhado de seu defensor, oportunidade em que analisará os seguintes aspectos na homologação: regularidade, legalidade e voluntariedade da manifestação de vontade, especialmente nos casos em que o colaborador está ou esteve sob efeito de medidas cautelares, nos termos dos §§ 6º e 7º do art. 4º da referida Lei 12.850/2013;
2. As declarações do agente colaborador, desacompanhadas de outros elementos de prova, são insuficientes para o início da ação civil por ato de improbidade;
3. A obrigação de ressarcimento do dano causado ao erário pelo agente colaborador deve ser integral, não podendo ser objeto de transação ou acordo, sendo válida a negociação em torno do modo e das condições para a indenização;

[42] Medida Cautelar na Ação Direta de Inconstitucionalidade 7.236/DF, Rel. Min. Alexandre de Moraes, 27.12.2022.

[43] STF, ARE 1175650, Rel. Min. Alexandre de Moraes, 06.07.2023.

4. O acordo de colaboração deve ser celebrado pelo Ministério Público, com a interveniência da pessoa jurídica interessada e devidamente homologado pela autoridade judicial;
5. Os acordos já firmados somente pelo Ministério Público ficam preservados até a data deste julgamento, desde que haja previsão de total ressarcimento do dano, tenham sido devidamente homologados em Juízo e regularmente cumpridos pelo beneficiado.

10.2.3. Da sentença de improbidade

De acordo com art. 17-C, a sentença proferida nos processos de improbidade deverá, além de observar o contido no art. 489 do CPC:

> I – indicar de modo preciso os fundamentos que demonstram os elementos a que se referem os arts. 9º a 11 da Lei, que não podem ser presumidos;
>
> II – considerar as consequências práticas da decisão, sempre que decidir com base em valores jurídicos abstratos;
>
> III – considerar os obstáculos e as dificuldades reais do gestor e as exigências das políticas públicas a seu cargo, sem prejuízo dos direitos dos administrados e das circunstâncias práticas que houverem imposto, limitado ou condicionado a ação do agente;
>
> IV – considerar, para a aplicação das sanções, de forma isolada ou cumulativa:
>
> a) os princípios da proporcionalidade e da razoabilidade;
>
> b) a natureza, a gravidade e o impacto da infração cometida;
>
> c) a extensão do dano causado;
>
> d) o proveito patrimonial obtido pelo agente;
>
> e) as circunstâncias agravantes ou atenuantes;
>
> f) a atuação do agente em minorar os prejuízos e consequências advindas de sua conduta omissiva ou comissiva;
>
> g) os antecedentes do agente.
>
> V – levar em conta na aplicação das sanções a dosimetria das sanções relativas ao mesmo fato já aplicadas ao agente;
>
> VI – na fixação das penas relativamente ao terceiro, quando for o caso, tomar em vista a sua atuação específica, não sendo admissível a sua responsabilização por ações e omissões para as quais não tiver concorrido ou das quais não tiver obtido vantagens patrimoniais indevidas;
>
> VII – indicar, na apuração da ofensa a princípios, critérios objetivos que justifiquem a imposição da sanção.

Ademais, de acordo com o art. 18, a sentença que julgar procedente a ação fundada nos arts. 9º e 10 da lei condenará ao ressarcimento dos danos e à perda ou à reversão dos bens e valores ilicitamente adquiridos, conforme o caso, em favor da pessoa jurídica prejudicada pelo ilícito.

Havendo a necessidade de liquidação do dano, a pessoa jurídica prejudicada procederá a essa determinação e ao ulterior procedimento para cumprimento da sentença referente ao ressarcimento do patrimônio público ou à perda ou à reversão dos bens.

Caso a pessoa jurídica prejudicada não adote as providências *supra*, no prazo de seis meses a contar do trânsito em julgado da sentença de procedência, caberá ao Ministério Público proceder à respectiva liquidação do dano e ao cumprimento da sentença, sem prejuízo de eventual responsabilização pela omissão verificada.

Para fins de apuração do valor do ressarcimento, deverão ser descontados os serviços efetivamente prestados.

O juiz poderá autorizar o parcelamento do débito resultante de condenação pela prática de improbidade administrativa se o réu demonstrar incapacidade financeira de saldá-lo de imediato, em até 48 (quarenta e oito) parcelas mensais, corrigidas monetariamente.

Por sua vez, o art. 18-A estabelece que, a requerimento do réu, na fase de cumprimento da sentença, o juiz unificará eventuais sanções aplicadas com outras já impostas em outros processos, tendo em vista a eventual continuidade de ilícito ou a prática de diversas ilicitudes:

I. no caso de continuidade de ilícito, o juiz promoverá a maior sanção aplicada, aumentando-a de um terço, ou a soma das penas aplicando-se a solução mais benéfica ao réu;
II. no caso de prática de novos atos ilícitos pelo mesmo sujeito, as sanções serão somadas.

Por fim, nos termos do parágrafo único, as sanções de suspensão de direitos políticos e proibição de contratar ou receber incentivos fiscais ou creditícios do Poder Público observarão o limite máximo de 20 (vinte) anos.

11. PRESCRIÇÃO

De acordo com o art. 23 da LIA, a ação para a aplicação das sanções dos atos de improbidade administrativa prescreve em 8 anos, contados a partir da ocorrência do fato ou, no caso de infrações permanentes, do dia em que cessou a permanência.

A instauração de inquérito civil ou processo administrativo para apuração dos ilícitos referidos nessa lei suspende o curso do prazo prescricional, por, no máximo, 180 dias corridos, recomeçando a correr após a sua conclusão ou, caso não concluído o processo, esgotado o prazo de suspensão.

O inquérito civil para apuração do ato de improbidade será concluído no prazo de 365 dias corridos, podendo ser prorrogado uma única vez por igual período, mediante ato fundamentado, submetido à revisão da instância competente do órgão ministerial, conforme dispuser a respectiva lei orgânica.

Encerrado o prazo de 365 dias, e não sendo o caso de arquivamento do inquérito civil, a ação deverá ser proposta no prazo de 30 dias.

A prescrição será interrompida:

I. pelo ajuizamento da ação de improbidade administrativa;
II. pela publicação da sentença condenatória;
III. pela publicação de decisão ou acórdão de Tribunal de Justiça ou Tribunal Regional Federal confirmando sentença condenatória ou reformando sentença de improcedência;
IV. pela publicação de decisão ou acórdão do Superior Tribunal de Justiça confirmando acórdão condenatório ou reformando acórdão de improcedência;
V. pela publicação de decisão ou acórdão do Supremo Tribunal Federal confirmando acórdão condenatório ou reformando acórdão de improcedência.

Interrompida a prescrição, o prazo recomeça a correr, do dia da interrupção, pela metade do prazo de 8 anos.

A suspensão e a interrupção da prescrição produzem efeitos relativamente a todos os que concorreram para a prática do ato de improbidade.

Nos atos de improbidade conexos, que sejam objeto do mesmo processo, estendem-se aos demais a suspensão e a interrupção relativas a qualquer deles.

O juiz ou o tribunal, depois de ouvido o Ministério Público, deverá, de ofício ou a requerimento da parte interessada, reconhecer a prescrição intercorrente da pretensão sancionadora e decretá-la de imediato caso, entre os marcos interruptivos, transcorra o prazo de 4 anos.

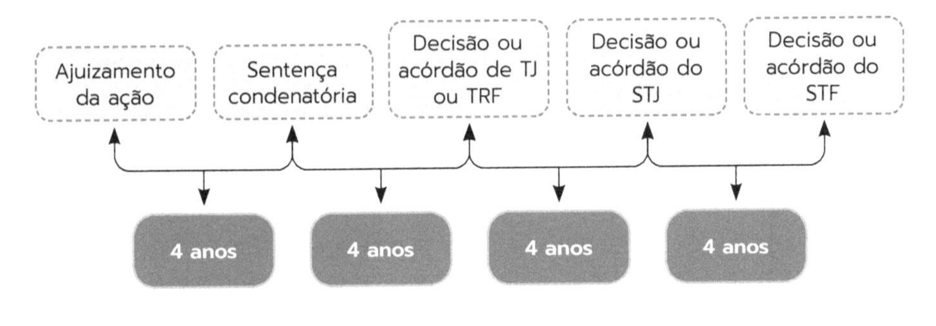

O STF reafirmou essa imprescritibilidade estabelecendo a seguinte tese de repercussão geral: "São imprescritíveis as ações de ressarcimento ao erário fundadas na prática de ato doloso tipificado na Lei de Improbidade Administrativa".[44]

Ações de ressarcimento por atos dolosos	Ações de ressarcimento por atos culposos
IMPRESCRITÍVEL	PRESCRITÍVEL

Ademais, o STJ entende que **o termo inicial da prescrição em improbidade administrativa em relação a particulares que se beneficiam de ato ímprobo é idêntico ao do agente público que praticou a ilicitude.**[45] Trata-se de entendimento firmado pela Súmula nº 634 do STJ. Todavia, com as alterações promovidas pela Lei nº 14.230/2021, a r. súmula perde o seu sentido, pois o termo inicial do prazo prescricional não varia mais conforme o sujeito que pratica o ato de improbidade.

Por outro lado, entendeu o Superior Tribunal que, em caso de concurso de agentes, a prescrição da ação de improbidade é contada individualmente.[46]

ATENÇÃO!

De acordo com o art. 21, a aplicação das sanções previstas na lei independe:

I – da efetiva ocorrência de dano ao patrimônio público, salvo quanto à pena de ressarcimento e aos casos de dano ao erário;

É em razão do inciso I que o STJ não aplica o princípio da insignificância nos casos de improbidade administrativa.

II – da aprovação ou rejeição das contas pelo órgão de controle interno ou pelo Tribunal ou Conselho de Contas.

De acordo com o art. 21, § 1º, os atos do órgão de controle interno ou externo serão tomados em consideração pelo juiz quando tiverem servido de fundamento para a conduta do agente público.

Por sua vez, o § 2º estabelece que as provas produzidas perante os órgãos de controle e as correspondentes decisões deverão ser consideradas na formação da convicção do juiz, sem prejuízo da análise acerca do dolo na conduta do agente.

Já o § 3º afirma que as sentenças civis e penais produzirão efeitos em relação à ação de improbidade quando decidirem pela inexistência da conduta ou pela negativa da autoria.

Nesse ponto, faz-se necessário destacar uma importante decisão do STJ. Para a corte, a absolvição na ação de improbidade administrativa, em virtude da ausência

---

[44] Recurso Extraordinário (RE) 852.475, j. 08.08.2018.

[45] STJ, AgRg no REsp 1.510.589/SE, Primeira Turma, Rel. Min. Benedito Gonçalves, j. 26.05.2015, *DJe* 10.06.2015.

[46] STJ, REsp 1.230.550/PR, Segunda Turma, Rel. Min. Og Fernandes, j. 20.02.2018, *DJe* 26.02.2018.

de dolo e da ausência de obtenção de vantagem indevida, esvazia a justa causa para manutenção da ação penal. Assim, afirma o STJ que não é admissível que o dolo da conduta não seja comprovado no juízo cível e somente se manifeste no juízo penal. Isso se deve ao fato de que se está diante do mesmo fato, e a falta de prova do elemento subjetivo compromete a caracterização da tipicidade do delito, especialmente quando se considera a teoria finalista que incorpora o elemento subjetivo ao tipo penal.

Desse modo, finaliza o STJ dizendo que é "inevitável concluir que a absolvição na ação de improbidade administrativa, (...), em virtude da ausência de dolo e da ausência de obtenção de vantagem indevida, esvazia a justa causa para manutenção da ação penal".[47]

Ademais, o § 4º estabelece que a absolvição criminal em ação que discuta os mesmos fatos, confirmada por decisão colegiada, impede o trâmite da ação da qual trata essa lei, havendo comunicação com todos os fundamentos de absolvição previstos no art. 386 do Decreto-lei nº 3.689, de 3 de outubro de 1941.

Acerca desse dispositivo, faz-se importante pontuar que o STF[48] suspendeu a sua eficácia. Para essa corte, o dispositivo legal "afrontaria cabalmente os princípios da independência das instâncias, do juiz natural, do livre convencimento motivado e da inafastabilidade da jurisdição".

Por fim, o § 5º apregoa que eventuais outras sanções aplicadas em outras esferas deverão ser compensadas com as sanções aplicadas nos termos dessa lei.

12. DA INDISPONIBILIDADE DOS BENS – ART. 16

Na ação por improbidade administrativa, poderá ser formulado, em caráter antecedente ou incidente, pedido de indisponibilidade de bens dos réus, a fim de garantir a integral recomposição do erário ou do acréscimo patrimonial resultante de enriquecimento ilícito.

Diante da nova redação legal, a indisponibilidade de bens somente poderá ser decretada nos casos de enriquecimento ilícito e de dano ao erário. Trata-se, assim, de superação do entendimento do STJ, que permitia a indisponibilidade de bens para os casos de violação a princípios.[49]

O pedido de indisponibilidade pode ser formulado independentemente da representação da autoridade junto ao Ministério Público.

O pedido de indisponibilidade apenas **será concedido mediante a demonstração no caso concreto de perigo de dano irreparável ou de risco ao resultado útil do processo**, desde que o juiz se convença da probabilidade da ocorrência dos atos descritos na petição inicial à luz dos seus respectivos elementos de instrução, após a oitiva do réu em 5 (cinco) dias.

---

47 RHC 173.448/DF, Quinta Turma, Rel. Ministro Reynaldo Soares da Fonseca, j. 07.03.2023, *DJe* 13.03.2023.

48 Medida Cautelar na Ação Direta de Inconstitucionalidade 7.236/DF, Rel. Min. Alexandre de Moraes, 27.12.2022.

49 REsp 1.280.826/MT, Segunda Turma, Rel. Min. Herman Benjamin, j. 11.12.2012, *DJe* 19.12.2012.

Assim, há clara superação do entendimento de que a indisponibilidade de bens seria uma tutela de evidência, passando a se configurar como uma tutela de urgência. Nesse sentido, a lei estabelece que será aplicado à indisponibilidade de bens, no que for cabível, o regime da tutela provisória de urgência previsto no CPC.

Para o STJ[50], a demonstração do requisito da urgência tem aplicação imediata ao processo em curso dado o caráter processual da medida.

Ademais, perceba-se que, como regra, para a decretação da indisponibilidade de bens será necessário conceder contraditório prévio, notificando o réu para oitiva no prazo de cinco dias. Todavia, a medida pode ser decretada sem a oitiva prévia do réu, sempre que o contraditório prévio possa comprovadamente frustrar a efetividade da medida ou que haja outras circunstâncias que recomendem a proteção liminar, não podendo a urgência ser presumida.

Havendo mais de um réu na ação, a somatória dos valores declarados indisponíveis não poderá superar o montante indicado na petição inicial como dano ao erário ou enriquecimento ilícito. Nesse ponto, merece atenção importante entendimento do STJ. Para a Corte Cidadã[51], para fins de indisponibilidade de bens, há solidariedade entre os corréus, de modo que a constrição deve recair sobre os bens de todos eles, sem divisão em quota-parte, limitando-se o somatório da medida ao ***quantum*** determinado pelo juiz, sendo defeso que o bloqueio corresponda ao débito total em relação a cada um.

A jurisprudência do STJ[52], antes das alterações promovidas pela Lei nº 14.230/2021, já estava no sentido de haver solidariedade entre os corréus até a instrução final do processo. Sendo assim, o valor a ser indisponibilizado para assegurar o ressarcimento ao erário deve ser garantido por qualquer um deles, limitando-se a medida constritiva ao ***quantum*** determinado pelo juiz, sendo defeso que o bloqueio corresponda ao débito total em relação a cada um.

Em outras palavras, observa-se que a Lei de Improbidade não exige que a limitação da indisponibilidade de bens seja aplicada individualmente a cada réu, mas, sim, de forma coletiva, levando em consideração o somatório dos valores envolvidos. Esse aspecto é crucial para entender que a Lei de Improbidade Administrativa, conforme as alterações introduzidas pela Lei nº 14.320/2021, permite a imposição de constrições em valores desiguais entre os réus. A única exigência é que o total dos valores indisponíveis não ultrapasse o montante indicado na petição inicial como dano ao erário ou enriquecimento ilícito. Esse entendimento está em conformidade com a jurisprudência já consolidada pela Corte Superior.

Essa abordagem legislativa visa garantir a efetividade da recuperação do patrimônio público e a punição adequada dos atos de improbidade, sem comprometer a proporcionalidade das medidas aplicadas. Dessa forma, mesmo que alguns réus tenham bens indisponibilizados em valores maiores ou menores, o foco permanece

---

50 AREsp 2.272.508/RN, Rel. Min. Gurgel de Faria, Primeira Turma, por maioria, j. 06.02.2024.

51 REsp 1.955.116/AM, Rel. Min. Herman Benjamin, Primeira Seção, por unanimidade, j. 22.05.2024. (Tema 1213).

52 AgInt no REsp n. 1.827.103/RJ, Rel. Min. Og Fernandes, Segunda Turma, DJe 29.05.2020.

no ressarcimento integral dos danos causados ao patrimônio público e na prevenção do enriquecimento ilícito, alinhando-se aos princípios constitucionais da moralidade e eficiência administrativa.

A aplicação prática dessa interpretação reflete um avanço na coerência e eficácia das ações de improbidade administrativa, permitindo uma maior flexibilidade na execução das decisões judiciais e promovendo uma responsabilização mais justa e proporcional entre os envolvidos.

Não há, portanto, no § 5º do art. 16 da Lei nº 8.429/1992, qualquer determinação que exija a indisponibilidade de bens de forma equitativa entre os réus, tampouco que essa indisponibilidade ocorra em proporção igual (e limitada) à quota-parte de cada um. Em conformidade com a jurisprudência consolidada no STJ, a solidariedade deve ser mantida, mesmo sob o regime da Lei nº 14.230/2021.

Essa interpretação é essencial para assegurar a efetividade das medidas cautelares na proteção do patrimônio público e no combate à improbidade administrativa. A manutenção da solidariedade permite que a indisponibilidade de bens seja aplicada de maneira que garanta a reparação integral dos danos causados, independentemente da participação individual de cada réu. Assim, se preserva a integridade do erário e se promove uma responsabilização mais eficaz e justa.

Portanto, a abordagem solidária continua a ser a mais adequada, alinhando-se com os princípios de proporcionalidade e eficiência, fundamentais na administração da justiça e na aplicação das leis de improbidade administrativa. O valor da indisponibilidade levará em conta a estimativa de dano indicada na petição inicial, permitindo-se a sua substituição por caução idônea, fiança bancária ou seguro-garantia judicial, a requerimento do réu, bem como a sua readequação durante a instrução do processo.

A indisponibilidade de bens de terceiro depende da demonstração da sua efetiva concorrência para os atos ilícitos apurados ou, tratando-se de pessoa jurídica, da instauração de incidente de desconsideração da personalidade jurídica, a ser processada na forma da lei processual.

Quando for o caso, o pedido incluirá a investigação, o exame e o bloqueio de bens, contas bancárias e aplicações financeiras mantidas pelo indiciado no exterior, nos termos da lei e dos tratados internacionais.

Da decisão que defere ou indefere a medida relativa à indisponibilidade cabe agravo de instrumento.

A indisponibilidade recairá sobre bens que assegurem exclusivamente o integral ressarcimento do dano ao erário, não incidindo sobre os valores a serem eventualmente aplicados a título de multa civil ou sobre acréscimo patrimonial decorrente de atividade lícita.

A ordem de indisponibilidade de bens deverá priorizar veículos de via terrestre, bens imóveis, bens móveis em geral, semoventes, navios e aeronaves, ações e quotas de sociedades simples e empresárias, pedras e metais preciosos e, apenas na inexistência destes, o bloqueio de contas bancárias, a fim de garantir a subsistência do acusado e a manutenção da atividade empresária ao longo do processo.

O juiz, ao apreciar o pedido de indisponibilidade de bens do réu, observará os efeitos práticos da decisão, sendo vedada a adoção de medida capaz de acarretar prejuízo à prestação de serviços públicos.

É vedada a decretação de indisponibilidade da quantia de até 40 (quarenta) salários mínimos depositados em caderneta de poupança, em outras aplicações financeiras ou em conta-corrente.

É vedada a decretação de indisponibilidade do bem de família do réu, salvo se comprovado que o imóvel seja fruto de vantagem patrimonial indevida, conforme descrito no art. 9º da lei. Trata-se aqui de superação de entendimento do STJ.[53]

Características da cautelar de indisponibilidade de bens

São características da indisponibilidade de bens: (1) acessoriedade; (2) urgência; (3) sumariedade da cognição; (4) provisoriedade ou precariedade; (5) revogabilidade ou mutabilidade.

Para a acessoriedade, essa modalidade de medida cautelar somente existe em função de um pedido principal, ao qual se encontra subordinada. Nesse sentido, aplica-se o conhecido brocardo jurídico "o acessório segue o principal".

Ademais, trata-se de uma espécie de tutela de urgência, cuja finalidade é assegurar a efetividade do direito invocado, diante da iminência de um dano irreparável ou de difícil reparação.

Sobre a sumariedade da cognição, a concessão da medida cautelar se baseia em um juízo sumário de cognição, em que o juiz se limita a examinar o *fumus boni iuris* (aparência do direito) e o *periculum in mora* (risco de dano ao resultado útil do processo), sem adentrar em um exame aprofundado sobre a conformidade da medida com o ordenamento jurídico.

Por sua vez, a provisoriedade ou precariedade ensejaria o fato de a medida cautelar ter caráter provisório e sua eficácia ficar sujeita à apreciação do pedido formulado na ação principal. Em outras palavras, a cautelar pode ser revogada ou modificada a qualquer tempo, a depender do deslinde da questão principal.

Por fim, acerca da revogabilidade/mutabilidade, é possível substituir a medida cautelar por caução, caso esta se mostre mais adequada ou suficiente para garantir a efetividade do direito tutelado. Essa substituição pode ocorrer tanto no momento da concessão da cautela quanto posteriormente, caso surjam novos elementos que justifiquem a mudança.

Sequestro e arresto

O sequestro é um instituto jurídico que incide sobre bens específicos, com o propósito de garantir a execução de uma obrigação decorrente de título extrajudicial ou de sentença executiva.

---

[53] REsp 1.461.882/PA, Primeira Turma, Rel. Min. Sérgio Kukina, j. 05.03.2015, *DJe* 12.03.2015.

Seus objetivos são: (1) assegurar a proteção material do bem litigioso ou potencialmente litigioso, impedindo que seja extraviado, danificado, depreciado ou deteriorado, a fim de permitir que seja entregue ao vencedor da ação principal; e (2) evitar conflitos entre as partes envolvidas na disputa pela posse ou propriedade do bem, preservando a integridade física das pessoas.

Já o arresto é utilizado para o bloqueio e/ou apreensão judicial de bens indeterminados e penhoráveis do devedor, materiais ou imateriais, com o objetivo de garantir o cumprimento de uma sentença ou execução por quantia em dinheiro.

Seu principal propósito é evitar o risco de dilapidação dos bens do devedor antes que estes possam ser penhorados na execução, assegurando, assim, a responsabilidade patrimonial do devedor na satisfação da obrigação.

	Sequestro	Arresto
Definição	Incide sobre bens específicos para garantir execução de obrigação decorrente de título extrajudicial ou sentença executiva.	Bloqueio e/ou apreensão judicial de bens indeterminados e penhoráveis do devedor para garantir cumprimento de uma sentença ou execução por quantia em dinheiro.
Objetivos	1) Assegurar proteção material do bem litigioso ou potencialmente litigioso. 2) Evitar conflitos entre as partes envolvidas na disputa pela posse ou propriedade do bem.	1) Evitar dilapidação dos bens do devedor antes da penhora na execução. 2) Assegurar a responsabilidade patrimonial do devedor na satisfação da obrigação.

13. COMENTÁRIOS FINAIS

De acordo com o ar. 23-A, é dever do Poder Público oferecer contínua capacitação aos agentes públicos e políticos que atuem com prevenção ou repressão de atos de improbidade administrativa.

Por sua vez, o art. 23-B estabelece que, nas ações e acordos regidos pela Lei nº 8.429/1992, não haverá adiantamento de custas, preparo, emolumentos, honorários periciais e quaisquer outras despesas.

No caso de procedência da ação, as custas e demais despesas processuais serão pagas ao final.

Haverá condenação em honorários sucumbenciais em caso de improcedência da ação de improbidade **se comprovada má-fé**.

O art. 23-C prevê que os atos que ensejem enriquecimento ilícito, perda patrimonial, desvio, apropriação, malbaratamento ou dilapidação de recursos públicos dos partidos políticos, ou das suas fundações, serão responsabilizados pela Lei nº 9.096/1995.

O STF,[54] todavia, em sede cautelar, concedeu interpretação em conformidade com o dispositivo legal. Para essa corte, "ao prever a subtração de atos ímprobos que maculem recursos públicos dos partidos políticos, ou de suas fundações, do âmbito de incidência da Lei de Improbidade Administrativa, o art. 23-C da Lei 8.429/1992, incluído pela Lei 14.230/2021, aparenta subverter a lógica constitucional que rege a matéria, pautada na prevalência da probidade e, consequentemente, no combate à improbidade".

Assim, o STF concedeu interpretação em conformidade com o art. 23-C da Lei nº 8.429/1992, no sentido de que os atos que ensejem enriquecimento ilícito, perda patrimonial, desvio, apropriação, malbaratamento ou dilapidação de recursos públicos dos partidos políticos, ou de suas fundações, poderão ser responsabilizados nos termos da Lei nº 9.096/1995, mas sem prejuízo da incidência da Lei de Improbidade Administrativa.

JURISPRUDÊNCIA IMPORTANTE

Direito Administrativo. Aplicação de multa eleitoral e sanção por ato de improbidade administrativa. A condenação pela Justiça Eleitoral ao pagamento de multa por infringência às disposições contidas na Lei nº 9.504/1997 (Lei das Eleições) não impede a imposição de nenhuma das sanções previstas na Lei nº 8.429/1992 (Lei de Improbidade Administrativa – LIA), inclusive da multa civil, pelo ato de improbidade decorrente da mesma conduta. Por expressa disposição legal (art. 12 da LIA), as penalidades impostas pela prática de ato de improbidade administrativa independem das demais sanções penais, civis e administrativas previstas em legislação específica. Desse modo, o fato de o agente ímprobo ter sido condenado pela Justiça Eleitoral ao pagamento de multa por infringência às disposições contidas na Lei das Eleições não impede sua condenação em quaisquer das sanções previstas na LIA, não havendo falar em *bis in idem* (AgRg no AREsp 606.352-SP, Rel. Min. Assusete Magalhães, j. 15.12.2015, *DJe* 10.02.2016).

Direito Administrativo. Ação por ato de improbidade administrativa. Não comete ato de improbidade administrativa o médico que cobre honorários por procedimento realizado em hospital privado que também seja conveniado à rede pública de saúde, desde que o atendimento não seja custeado pelo próprio sistema público de saúde. Isso porque, nessa situação, o médico não age na qualidade de agente público e, consequentemente, a cobrança não se enquadra como ato de improbidade. Com efeito, para o recebimento de ação por ato de improbidade administrativa, deve-se focar em dois aspectos, quais sejam, se a conduta investigada foi praticada por agente público ou por pessoa a ele equiparada, no exercício do múnus público, e se o ato é realmente um ato de improbidade administrativa. Quanto à qualidade de agente público, o art. 2º da Lei 8.429/1992 o define como sendo "todo aquele que

[54] Medida Cautelar na Ação Direta de Inconstitucionalidade 7.236/DF, Rel. Min. Alexandre de Moraes, 27.12.2022.

exerce, ainda que transitoriamente ou sem remuneração, por eleição, nomeação, designação, contratação ou qualquer outra forma de investidura ou vínculo, mandato, cargo, emprego ou função nas entidades mencionadas no artigo anterior". Vale destacar, na apreciação desse ponto, que é plenamente possível a realização de atendimento particular em hospital privado que seja conveniado ao Sistema Único de Saúde – SUS. Assim, é possível que o serviço médico seja prestado a requerimento de atendimento particular e a contraprestação ao hospital seja custeada pelo próprio paciente – suportado pelo seu plano de saúde ou por recursos próprios. Na hipótese em análise, deve-se observar que não há atendimento pelo próprio SUS e não há como sustentar que o médico tenha prestado os serviços na qualidade de agente público, pois a mencionada qualificação somente restaria configurada se o serviço tivesse sido custeado pelos cofres públicos. Por consequência, se o ato não foi praticado por agente público ou por pessoa a ele equiparada, não há falar em ato de improbidade administrativa (REsp 1.414.669-SP, Rel. Min. Napoleão Nunes Maia Filho, j. 20.02.2014).

Direito Administrativo e Processual Civil. Revisão em recurso especial das penas impostas em razão da prática de ato de improbidade administrativa. As penalidades aplicadas em decorrência da prática de ato de improbidade administrativa, caso seja patente a violação aos princípios da proporcionalidade e da razoabilidade, podem ser revistas em recurso especial. Nessa situação, não se aplica a Súmula 7 do STJ (EREsp 1.215.121-RS, Rel. Min. Napoleão Nunes Maia Filho, j. 14.08.2014).

QUESTÕES DE CONCURSO

1. CESPE/CEBRASPE – TJ-DFT – Juiz de Direito

Lucas, Fabiano e Cláudio são servidores públicos e praticaram, dolosamente, no exercício de suas funções, as seguintes condutas: Lucas facilitou a aquisição de bem por preço superior ao de mercado; Fabiano permitiu a realização de despesas não autorizadas em lei ou regulamento; e Cláudio frustrou, em ofensa à imparcialidade, o caráter concorrencial de procedimento licitatório, com vistas à obtenção de benefício de terceiros.

Com base na Lei nº 8.429/1992 e suas alterações, assinale a opção que indica quem, na situação hipotética apresentada, está sujeito a sanção por ato de improbidade administrativa, independentemente de ter causado efetivo dano ao patrimônio público

a) Lucas, Fabiano e Cláudio.

b) Lucas e Fabiano, somente.

c) Lucas, somente.

d) Cláudio, somente.

e) Fabiano, somente.

Comentário: O primeiro ponto que merece destaque é que, a partir da Lei nº 14.230/2021, para a caracterização de ato de improbidade, previsto na Lei nº 8.429/1992, é exigido o dolo específico. A questão quer saber quem praticou conduta prevista no art. 11 da Lei nº 8.429/1992. A conduta de Lucas se amolda ao art. 10, V, constituindo ato de dano ao erário. Por sua vez, a de Fabiano se amolda ao art. 10, IX, também constituindo dano ao erário. Já Cláudio praticou a conduta prevista no art. 11, V, amoldando-se à hipótese de violação a princípios.

2. FGV – 2022 – TJ-PE – Juiz de Direito

João, ex-secretário de Fazenda do Estado Ômega, foi condenado pela prática de ato de improbidade administrativa por ter, dolosamente, na época em que exercia a função pública, recebido vantagem econômica, consistente em propina no valor de duzentos mil reais, para omitir ato de ofício a que estava obrigado. A sentença judicial já transitada em julgado condenou João à perda dos valores acrescidos ilicitamente ao patrimônio e ao pagamento de multa civil equivalente ao valor do acréscimo patrimonial.

Atualmente, o processo está em fase de cumprimento de sentença, mas João demonstrou incapacidade financeira de saldar imediatamente o débito resultante da condenação pela prática de improbidade administrativa.

No caso em tela, de acordo com a Lei de Improbidade Administrativa, o juiz poderá:

A) autorizar o parcelamento do débito, em até quarenta e oito parcelas mensais corrigidas monetariamente.

B) suspender a exigibilidade do débito, por até trinta e seis meses, com a prévia e indispensável oitiva da pessoa jurídica lesada.

C) autorizar o parcelamento do débito, em até três parcelas, com a prévia e indispensável oitiva do Ministério Público e do Tribunal de Contas.

D) converter a obrigação de pagar em outras sanções, como a perda de eventual função pública atual e a suspensão dos direitos políticos por até doze anos.

E) converter a obrigação de pagar em proibição de contratar com o Poder Público ou de receber benefícios ou incentivos fiscais ou creditícios, pelo prazo não superior a doze anos.

Comentário: De acordo com o art. 18, § 4º, "O juiz poderá autorizar o parcelamento, em até 48 (quarenta e oito) parcelas mensais corrigidas monetariamente, do débito resultante de condenação pela prática de improbidade administrativa se o réu demonstrar incapacidade financeira de saldá-lo de imediato".

A questão exigiu o conhecimento em relação ao número máximo de parcelas que se admite para pagamento do débito da condenação. A alternativa C está errada porque o parcelamento é em até 48 parcelas, na forma do art. 18, § 4º.

Alternativas B, D e E não encontram amparo legal.

3. CESPE/CEBRASPE – 2023 – TCE-RJ – Procurador

Considere que determinada unidade de advocacia pública tenha emitido parecer no qual tenha atestado a legalidade prévia de ato praticado por gestor público. Nessa situação, de acordo com o STF, caso o gestor responda por ação de improbidade administrativa em razão do referido ato, a entidade de advocacia pública responsável pelo assessoramento será obrigada a realizar a defesa judicial do gestor até o trânsito em julgado da ação.

Comentário: O STF entendeu que não há essa obrigatoriedade. Nesse sentido, a suprema corte **declarou a inconstitucionalidade parcial, com interpretação conforme sem redução de texto, do § 20 do art. 17 da Lei nº 8.429/1992, incluído pela Lei nº 14.230/2021, no sentido de que não inexiste "obrigatoriedade de defesa judicial"; havendo, porém, a possibilidade de os órgãos da Advocacia Pública autorizarem a realização dessa representação judicial, por parte da assessoria jurídica que emitiu o parecer atestando a legalidade prévia dos atos administrativos praticados pelo administrador público, nos termos autorizados por lei específica.**[55]

4. CESPE/CEBRASPE – 2022 – PG-DF – Procurador

O Ministério Público de determinado estado propôs ação de improbidade administrativa em decorrência de atos supostamente praticados pelo secretário de educação daquele estado. Após a instrução processual, identificou-se a ausência dos requisitos para o processamento da ação de improbidade administrativa, mas verificou-se a presença dos pressupostos para o processamento de ação civil pública. Nessa situação, o juiz da causa poderá, de ofício, converter a ação de improbidade administrativa em ação civil pública.

Comentário: É o que prevê o art. 17, § 16, segundo o qual, a qualquer momento, se o magistrado identificar a existência de ilegalidades ou de irregularidades administrativas a serem sanadas sem que estejam presentes todos os requisitos para a imposição das sanções aos agentes incluídos no polo passivo da demanda, poderá, em decisão motivada, converter a ação

[55] ADI 7.042, Tribunal Pleno, Rel. Min. Alexandre de Moraes, j. 31.08.2022, processo eletrônico *DJe*-035, divulg. 27.02.2023, public. 28.02.2023.

de improbidade administrativa em ação civil pública, regulada pela Lei nº 7.347, de 24 de julho de 1985.

5. CESPE/CEBRASPE – 2023 – PGE-ES – Procurador do Estado

Julgue os itens a seguir, referentes à ação de improbidade administrativa.

I – São imprescritíveis as ações de ressarcimento ao erário decorrentes da prática de ato doloso tipificado na lei de improbidade administrativa.

II – Na ação de improbidade administrativa, não se aplica a presunção de veracidade dos fatos alegados pelo autor ainda que o réu não conteste a ação.

III – Na ação civil de improbidade administrativa, é indispensável a formação de litisconsórcio necessário entre o agente público e os eventuais terceiros beneficiados ou participantes do ato de improbidade.

IV – A sentença que julga improcedente a ação de improbidade administrativa fica sujeita ao reexame necessário.

Assinale a opção correta.

A) Apenas o item I está certo.

B) Apenas os itens I e II estão certos.

C) Apenas os itens II e III estão certos.

D) Apenas os itens I, II e III estão certos.

E) Todos os itens estão certos.

Comentário: I – Certo. De acordo com o STF,[56] **são, portanto, imprescritíveis as ações de ressarcimento ao erário fundadas na prática de ato doloso tipificado na Lei de Improbidade Administrativa**.

II – Certo. Segundo o art. 17, § 19, não se aplica na ação de improbidade administrativa a presunção de veracidade dos fatos alegados pelo autor em caso de revelia.

III – Errado. O STJ entende que não há litisconsórcio necessário. Para a corte, o **entendimento é no sentido de que, em ação civil de improbidade administrativa, não se exige a formação de litisconsórcio necessário entre o agente público e os eventuais terceiros beneficiados ou participantes, por falta de previsão legal e de relação jurídica entre as partes que se obrigue a decidir de modo uniforme a demanda.**[57]

IV – Errado. O art. 17-C, § 3º, prevê que não há remessa necessária. Pelo dispositivo, não haverá remessa necessária nas sentenças de que trata essa lei.

---

[56] RE 852.475, Tribunal Pleno, Rel, Min. Alexandre de Moraes, Rel. p/ Acórdão Edson Fachin, j. 08.08.2018, *DJe*-058, divulg. 22.03.2019, public. 25.03.2019.

[57] REsp 1.782.128/RJ, Segunda Turma, Rel. Min. Herman Benjamin, j. 11.06.2019.

Capítulo XV
PROCESSO ADMINISTRATIVO

1. COMENTÁRIOS INICIAIS E PRINCÍPIOS DO PROCESSO ADMINISTRATIVO

O processo administrativo é uma relação jurídica que envolve uma sequência dinâmica e interconectada de atos instrumentais que levam à obtenção de uma decisão administrativa, de modo que todos os entes federados podem legislar sobre o tema, o que resulta em uma competência legislativa autônoma, sem a existência de uma competência da União para a elaboração de normas gerais sobre o assunto.

Nesse sentido, a despeito da competência legislativa autônoma de cada ente federado, o STJ pacificou entendimento, por meio da Súmula nº 633, de que a Lei nº 9.784/1999, especialmente no que diz respeito ao prazo decadencial para a revisão de atos administrativos no âmbito da Administração Pública federal, pode ser aplicada, de forma subsidiária, aos estados e aos municípios, se inexistente norma local e específica que regule a matéria.

A Lei nº 9.784/1999 regulamenta o processo administrativo em âmbito federal e será aplicada aos órgãos dos Poderes Legislativo e Judiciário da União, quando no desempenho de função administrativa.

Ademais, traz alguns conceitos importantes, como:

I. órgão – a unidade de atuação integrante da estrutura da Administração direta e da estrutura da Administração indireta;

II. entidade – a unidade de atuação dotada de personalidade jurídica;

III. autoridade – o servidor ou agente público dotado de poder de decisão.

1.1. Princípios do processo administrativo

O processo administrativo é regido por diversos princípios. São eles, entre outros: (1) o devido processo legal; (2) o contraditório; (3) a ampla defesa; (4) a verdade material; (5) o formalismo moderado; (6) a oficialidade; e (7) a duração razoável do processo.

1.1.1. Princípio do devido processo legal

O princípio do devido processo legal, assegurado pelo art. 5º, LIV, da Constituição Federal, é dotado de dois aspectos fundamentais: (a) o **sentido procedimental**, que impõe à Administração o dever de observar os procedimentos e formalidades previstos em lei; e (b) o **sentido substantivo**, que estabelece que a atuação administrativa deve ser pautada pela razoabilidade, sem excessos.

Dessa forma, o devido processo legal se apresenta como uma garantia essencial para a proteção dos direitos e interesses dos cidadãos, conferindo-lhes segurança jurídica e impedindo abusos por parte do Poder Público.

1.1.2. Princípio do contraditório e da ampla defesa

Os princípios do contraditório e da ampla defesa, garantidos pelo art. 5º, LV, da CR/1988, estabelecem que todas as partes envolvidas em processos judiciais ou administrativos, bem como acusados em geral, têm direito a se defender de maneira plena, com todos os meios e recursos a elas inerentes.

O contraditório é essencial para garantir o direito de as partes envolvidas em um processo administrativo de serem ouvidas e informadas sobre os fatos, argumentos e documentos pertinentes. Além disso, esse princípio impõe o dever de motivação das decisões administrativas, garantindo, assim, transparência e justiça no processo.

Por sua vez, a ampla defesa é um direito que assegura às partes a possibilidade de rebater acusações ou interpretações, com o objetivo de evitar ou minimizar sanções e, ao mesmo tempo, proteger seus direitos e interesses.

1.1.3. Princípio da verdade material

O princípio da verdade material norteia a atuação do administrador público, quando se fala de processo administrativo. Diante disso, o próprio administrador pode buscar as provas para alcançar a sua conclusão. Portanto, busca-se a verdade real no Direito Administrativo.

Não se deve confundir a verdade real ou material com a chamada verdade sabida. A verdade sabida consiste na possibilidade de a autoridade competente impor uma pena administrativa, ou seja, autuar diretamente o agente público, quando observa uma irregularidade. No entanto, com a promulgação da Constituição Federal de 1988, que garante os direitos fundamentais do contraditório, da ampla defesa e do devido processo legal, inclusive no âmbito do processo administrativo, a aplicação da verdade sabida não é mais admissível no ordenamento jurídico brasileiro.

1.1.4. Princípio do informalismo ou do formalismo moderado

O princípio do informalismo, também conhecido como formalismo moderado, é um importante conceito estipulado pelo artigo 22 da Lei nº 9.784/1999. Este princípio essencial no direito administrativo estabelece que, a menos que a lei exija uma forma específica, não existe uma forma predefinida para os atos administrativos. Além disso, mesmo quando a legislação preveja uma forma específica, se o conteúdo do ato alcançar o objetivo desejado, independentemente da forma, o ato não será anulado.

Embora a forma escrita seja geralmente a norma para os atos administrativos, uma vez que isso permite um maior controle e fiscalização, existem situações em que a forma escrita não é aplicável, como no caso de placas de trânsito ou gestos de um policial indicando algo. Em resumo, o princípio do informalismo confere uma maior flexibilidade à forma dos atos administrativos, contanto que seu conteúdo esteja em conformidade com a finalidade pretendida.

Esse princípio, ao eliminar rigidez excessiva na formalização dos atos administrativos, possibilita uma administração pública mais ágil e eficiente, adequando-se melhor às necessidades e circunstâncias de cada caso. Portanto, o informalismo desempenha um papel fundamental na modernização e eficácia da administração pública, ao mesmo tempo em que garante a observância das finalidades legais.

1.1.5. Princípio da oficialidade

A Administração tem o dever de movimentar o processo administrativo, mesmo que este tenha sido iniciado por um particular, atuando de ofício para garantir que o processo chegue a uma decisão final justa e adequada. Isso inclui a instauração do processo, a produção de provas e a revisão de decisões anteriores, conforme os arts. 2º, parágrafo único, XII, 5º e 29 da Lei nº 9.784/1999. Esse princípio é uma das principais diferenças entre o processo administrativo e o judicial, já que, no último, o processo só pode ser iniciado por iniciativa das partes, em razão da inércia da jurisdição, consoante o art. 2º do CPC/2015.

1.1.6. Princípio da duração razoável do processo

Outro princípio que se aplica ao processo administrativo é o da razoável duração do processo, "o qual mantém vínculo estreito com o da eficiência e visa à tramitação, sem delongas injustificadas, do processo administrativo, para que a decisão seja tomada no menor tempo possível".[1]

2. CRITÉRIOS DO PROCESSO ADMINISTRATIVO

São critérios do processo administrativo:

I. atuação conforme a lei e o Direito;

II. atendimento a fins de interesse geral, **vedada a renúncia total ou parcial de poderes ou competências**, salvo autorização em lei;

III. objetividade no atendimento do interesse público, vedada a promoção pessoal de agentes ou autoridades;

1 MEDAUAR, Odete. *Direito Administrativo moderno*. 19. ed. rev. e atual. São Paulo: Ed. RT, 2015. p. 208.

IV. atuação segundo padrões éticos de probidade, decoro e boa-fé;

V. divulgação oficial dos atos administrativos, ressalvadas as hipóteses de sigilo previstas na Constituição;

VI. adequação entre meios e fins, vedada a imposição de obrigações, restrições e sanções em medida superior àquelas estritamente necessárias ao atendimento do interesse público;

VII. indicação dos pressupostos de fato e de direito que determinarem a decisão;

VIII. observância das formalidades essenciais à garantia dos direitos dos administrados;

IX. adoção de formas simples, suficientes para propiciar adequado grau de certeza, segurança e respeito aos direitos dos administrados;

X. garantia dos direitos à comunicação, à apresentação de alegações finais, à produção de provas e à interposição de recursos, nos processos de que possam resultar sanções e nas situações de litígio;

XI. proibição de cobrança de despesas processuais, ressalvadas as previstas em lei;

XII. **impulsão, de ofício, do processo administrativo, sem prejuízo da atuação dos interessados**;

XIII. **interpretação da norma administrativa da forma que melhor garanta o atendimento do fim público a que se dirige, vedada aplicação retroativa de nova interpretação**.

3. DOS DIREITOS DOS ADMINISTRADOS

O administrado tem os seguintes direitos perante a Administração, **sem prejuízo de outros** que lhe sejam assegurados:

I. ser tratado com respeito pelas autoridades e servidores, que deverão facilitar o exercício de seus direitos e o cumprimento de suas obrigações;

II. ter ciência da tramitação dos processos administrativos em que tenha a condição de interessado, ter vista dos autos, obter cópias de documentos neles contidos e conhecer as decisões proferidas;

III. formular alegações e apresentar documentos antes da decisão, os quais serão objeto de consideração pelo órgão competente;

IV. fazer-se assistir, facultativamente, por advogado, salvo quando obrigatória a representação, por força de lei.

4. DOS DEVERES DO ADMINISTRADO

São deveres do administrado perante a Administração, **sem prejuízo de outros** previstos em ato normativo:

I. expor os fatos conforme a verdade;
II. proceder com lealdade, urbanidade e boa-fé;
III. não agir de modo temerário;
IV. prestar as informações que lhe forem solicitadas e colaborar para o esclarecimento dos fatos.

5. DO INÍCIO DO PROCESSO

O processo administrativo pode iniciar-se de ofício ou a pedido de interessado. Observe que, diferentemente do Processo Civil, o processo administrativo pode se iniciar de ofício pela autoridade administrativa. A isso tem-se o princípio da oficialidade.

O requerimento inicial do interessado, salvo casos em que for admitida solicitação oral, deve ser formulado por escrito e conter os seguintes dados: (i) órgão ou autoridade administrativa a que se dirige; (ii) identificação do interessado ou de quem o represente; (iii) domicílio do requerente ou local para recebimento de comunicações; (iv) formulação do pedido, com exposição dos fatos e de seus fundamentos; (v) data e assinatura do requerente ou de seu representante.

É vedada à Administração a recusa imotivada de recebimento de documentos, devendo o servidor orientar o interessado quanto ao suprimento de eventuais falhas.

Os órgãos e as entidades administrativas deverão elaborar **modelos ou formulários padronizados** para assuntos que importem pretensões equivalentes.

Quando os pedidos de uma pluralidade de interessados tiverem conteúdo e fundamentos idênticos, poderão ser formulados em um único requerimento, salvo preceito legal em contrário.

6. DOS INTERESSADOS

São legitimados como interessados no processo administrativo:

I. pessoas físicas ou jurídicas que o iniciem como titulares de direitos ou interesses individuais ou no exercício do direito de representação;
II. aqueles que, sem terem iniciado o processo, têm direitos ou interesses que possam ser afetados pela decisão a ser adotada;
III. as organizações e associações representativas, no tocante a direitos e interesses coletivos;
IV. as pessoas ou as associações legalmente constituídas quanto a direitos ou interesses difusos.

São capazes, para fins de processo administrativo, os maiores de dezoito anos, ressalvada previsão especial em ato normativo próprio.

7. DA COMPETÊNCIA

7.1. Conceito e características

É a atribuição conferida pela lei ao agente público. A competência, em Direito Administrativo, não se restringe à capacidade civil. Esta é englobada pelo conceito de competência.

O Professor Celso Antônio Bandeira de Mello[2] realiza uma análise sobre as características das competências. Segundo ele, estas têm alguns aspectos importantes, tais como:

1. Em primeiro lugar, a competência é de **exercício obrigatório** para os órgãos e agentes públicos. Isso significa que eles devem, obrigatoriamente, exercê-las em sua função pública.
2. Em segundo lugar, a competência é **irrenunciável**. Portanto, quem possui as competências não pode abrir mão delas enquanto as titularizar. Apenas é permitido que o exercício da competência seja temporariamente delegado. No entanto, a autoridade delegante permanece apta a exercer a competência e pode revogar a delegação a qualquer momento, mantendo assim a titularidade.
3. Em terceiro lugar, a competência é **intransferível**, ou seja, ela não pode ser objeto de transação para repassá-la a terceiros.
4. Em quarto lugar, a competência é **imodificável** pela vontade do próprio titular. Isso ocorre porque seus limites são estabelecidos em lei. Ninguém pode dilatar ou restringir uma competência por sua própria vontade, devendo sempre observar as determinações legais.
5. Em quinto lugar, a competência também é **imprescritível**. Mesmo que a pessoa fique por um longo tempo sem utilizá-la, ela não deixará de existir.

Seguindo o entendimento de Carvalho Filho, ainda é possível elencar outras características da competência. Para o autor, esta é **inderrogável**, ou seja, não pode ser transferida a terceiros por acordo entre as partes, tornando-se **intransferível**. Ademais, a competência também é **improrrogável**, o que significa que não se adquire ao longo do tempo simplesmente pela prática do ato.

É importante ressaltar que a incompetência não pode ser transformada em competência com o passar do tempo. Assim, se um agente não tiver competência para exercer determinada função, não poderá adquiri-la apenas pela falta de questionamentos em relação aos atos que praticou, a não ser que a norma que estabelece a competência seja modificada.

---

[2] MELLO, Celso Antônio Bandeira de. *Curso de Direito Administrativo*. São Paulo: Malheiros Editores, 2008. p. 149-150.

Portanto, a competência é uma atribuição legal que não pode ser transferida ou adquirida pelo tempo de serviço, devendo ser observada a norma que a estabelece. Qualquer desvio dessa norma pode acarretar atos inválidos ou ilegais.

7.2. Delegação e avocação das competências

A competência é irrenunciável e se exerce pelos órgãos administrativos a que foi atribuída como própria, nos termos do art. 11 da Lei nº 9.784/1999.

Em determinadas situações, a lei pode autorizar que um agente transfira a outro agente funções que lhe são atribuídas. Em outras palavras, um órgão administrativo e seu titular poderão, se não houver impedimento legal, delegar parte da sua competência a outros órgãos ou titulares, *ainda que estes não lhe sejam hierarquicamente subordinados*, quando for conveniente, em razão de circunstâncias de índole técnica, social, econômica, jurídica ou territorial. A isso se dá o nome de delegação de competência. Tudo isso previsto no art. 12 da Lei nº 9.784/1999.

Observe que a delegação não enseja, obrigatoriamente, a diferença hierárquica entre os agentes públicos. Portanto, a delegação pode ser vertical ou horizontal, conforme ocorra ou não a hierarquia entre os agentes públicos.

O ato de delegação deve indicar a autoridade delegante, a autoridade delegada e as atribuições objeto da delegação. Isso se extrai do art. 12, parágrafo único, do Decreto-lei nº 200/1967.

O ato de delegação não retira a atribuição da autoridade delegante, que continua competente cumulativamente com a autoridade delegada para o exercício da função. Contudo, importante observar a Súmula nº 510 do STF, que afirma que, praticado o ato por autoridade, no exercício de competência delegada, contra ela cabe o mandado de segurança ou a medida judicial. Essa súmula está de acordo com o art. 14, § 3º, da Lei nº 9.784/1999, ao dizer que o ato praticado considera-se editado pelo delegado.

O ato de delegação e sua revogação deverão ser publicados no meio oficial, conforme dispõe o art. 14, *caput*, da Lei nº 9.784/1999. O ato de delegação é revogável a qualquer tempo pela autoridade delegante, consoante dispõe o art. 14, § 2º, da Lei nº 9.784/1999.

Por sua vez, a própria lei pode impedir que certas atribuições sejam delegadas a outros agentes. Estas são chamadas de funções indelegáveis. A Lei nº 9.784/1999, que trata do processo administrativo federal, em seu art. 13, veda a delegação quando se trata de:

a) atos de caráter normativo;
b) decisão de recurso administrativo;
c) matérias de competência exclusiva do órgão ou da autoridade.

De outro lado, pode acontecer fenômeno inverso, ou seja, uma autoridade de hierarquia superior chamar para si a competência. A isso se dá o nome de avocação de competência, previsto no art. 15 da Lei nº 9.784/1999, segundo o qual será permitida, em caráter excepcional e por motivos relevantes devidamente justificados, a avocação temporária de competência atribuída a órgão hierarquicamente inferior.

Atente-se que é vedada a avocação de competência exclusiva prevista em lei a um subordinado.

É importante destacar que a avocação de competência não deve ser confundida com a revogação da delegação de competência. No primeiro caso, o agente que avoca a competência não tinha originalmente essa competência, uma vez que ela pertencia a um subordinado. No segundo caso, a competência é originalmente da autoridade delegante, que, após delegá-la a outro agente público, decide revogar o ato de delegação.

Nos termos do art. 17 da Lei nº 9.784/1999, inexistindo competência legal específica, o processo administrativo deverá ser iniciado perante a autoridade de menor grau hierárquico para decidir.

8. DOS IMPEDIMENTOS E DA SUSPEIÇÃO

É impedido de atuar em processo administrativo o servidor ou autoridade que:

I. tenha interesse direto ou indireto na matéria;
II. tenha participado ou venha a participar como perito, testemunha ou representante, ou se tais situações ocorrem quanto ao cônjuge, companheiro ou parente e afins até o terceiro grau;
III. esteja litigando judicial ou administrativamente com o interessado ou respectivo cônjuge ou companheiro.

A autoridade ou servidor que incorrer em impedimento deve comunicar o fato à autoridade competente, abstendo-se de atuar.

A omissão do dever de comunicar o impedimento constitui falta grave, para efeitos disciplinares.

Pode ser arguida a suspeição de autoridade ou servidor que tenha amizade íntima ou inimizade notória com algum dos interessados ou com os respectivos cônjuges, companheiros, parentes e afins até o terceiro grau.

O indeferimento de alegação de suspeição poderá ser objeto de recurso, SEM efeito suspensivo.

9. DA FORMA, TEMPO E LUGAR DOS ATOS DO PROCESSO

Os atos do processo administrativo não dependem de forma determinada senão quando a lei expressamente a exigir.

Os atos do processo devem ser produzidos por escrito, em vernáculo, com a data e o local de sua realização e a assinatura da autoridade responsável.

Salvo imposição legal, o reconhecimento de firma somente será exigido quando houver dúvida de autenticidade.

A autenticação de documentos exigidos em cópia poderá ser feita pelo órgão administrativo.

O processo deverá ter suas páginas numeradas sequencialmente e rubricadas.

Os atos do processo devem realizar-se em dias úteis, no horário normal de funcionamento da repartição na qual tramitar o processo.

Serão concluídos depois do horário normal os atos já iniciados, cujo adiamento prejudique o curso regular do procedimento ou cause dano ao interessado ou à Administração.

Inexistindo disposição específica, os atos do órgão ou da autoridade responsável pelo processo e dos administrados que dele participem devem ser praticados no prazo de cinco dias, salvo motivo de força maior. Esse prazo pode ser dilatado até o dobro, mediante comprovada justificação.

Os atos do processo devem realizar-se, preferencialmente, na sede do órgão, cientificando-se o interessado se outro for o local de realização.

10. DA COMUNICAÇÃO DOS ATOS

O órgão competente perante o qual tramita o processo administrativo determinará a intimação do interessado para ciência de decisão ou a efetivação de diligências.

A intimação deverá conter: (i) identificação do intimado e nome do órgão ou da entidade administrativa; (ii) finalidade da intimação; (iii) data, hora e local em que deve comparecer; (iv) se o intimado deve comparecer pessoalmente, ou fazer-se representar; (v) informação da continuidade do processo independentemente do seu comparecimento; (vi) indicação dos fatos e fundamentos legais pertinentes.

Ademais, a intimação observará a antecedência mínima de três dias úteis quanto à data de comparecimento. Ela pode ser efetuada por ciência no processo, por via postal com aviso de recebimento, por telegrama ou outro meio que assegure a certeza da ciência do interessado.

No caso de interessados indeterminados, desconhecidos ou com domicílio indefinido, a intimação deve ser efetuada por meio de publicação oficial.

As intimações serão nulas quando feitas sem observância das prescrições legais, mas o comparecimento do administrado supre sua falta ou irregularidade.

O desatendimento da intimação não importa o reconhecimento da verdade dos fatos nem a renúncia a direito pelo administrado. Observe, portanto, que não há a produção dos efeitos da revelia no processo administrativo.

Devem ser objeto de intimação os atos do processo que resultem para o interessado em imposição de deveres, ônus, sanções ou restrição ao exercício de direitos e atividades e os atos de outra natureza, de seu interesse.

11. DA INSTRUÇÃO

De acordo com o art. 29, as atividades de instrução destinadas a averiguar e comprovar os dados necessários à tomada de decisão realizam-se de ofício ou mediante impulsão do órgão responsável pelo processo, sem prejuízo do direito dos interessados de propor atuações probatórias.

O órgão competente para a instrução fará constar dos autos os dados necessários à decisão do processo.

Os atos de instrução que exijam a atuação dos interessados devem realizar-se do modo menos oneroso para estes.

Pelo art. 30, são inadmissíveis no processo administrativo as provas obtidas por meios ilícitos.

O art. 31, por sua vez, estabelece que, quando a matéria do processo envolver assunto de interesse geral, o órgão competente poderá, mediante despacho motivado, abrir período de consulta pública para manifestação de terceiros, antes da decisão do pedido, se não houver prejuízo para a parte interessada.

A abertura da consulta pública será objeto de divulgação pelos meios oficiais, a fim de que pessoas físicas ou jurídicas possam examinar os autos, fixando-se prazo para oferecimento de alegações escritas.

O comparecimento à consulta pública não confere, por si, a condição de interessado do processo, mas confere o direito de obter da Administração resposta fundamentada, que poderá ser comum a todas as alegações substancialmente iguais.

De acordo com o art. 32, antes da tomada de decisão, a juízo da autoridade, diante da relevância da questão, poderá ser realizada audiência pública para debates sobre a matéria do processo.

Pelo art. 33, os órgãos e as entidades administrativas, em matéria relevante, poderão estabelecer outros meios de participação de administrados, diretamente ou por meio de organizações e associações legalmente reconhecidas.

Já o art. 34 estabelece que os resultados da consulta e audiência pública e de outros meios de participação de administrados deverão ser apresentados com a indicação do procedimento adotado.

Ademais, conforme o art. 35, quando necessária à instrução do processo, a audiência de outros órgãos ou entidades administrativas poderá ser realizada em reunião conjunta, com a participação de titulares ou representantes dos órgãos competentes, lavrando-se a respectiva ata, a ser juntada aos autos.

Consoante o art. 36, cabe ao interessado a prova dos fatos que tenha alegado, sem prejuízo do dever atribuído ao órgão competente para a instrução, e, de acordo com o art. 37, quando o interessado declarar que fatos e dados estão registrados em documentos existentes na própria Administração responsável pelo processo ou em outro órgão administrativo, o órgão competente para a instrução proverá, de ofício, à obtenção dos documentos ou das respectivas cópias.

Além disso, o art. 38 estabelece que o interessado poderá, na fase instrutória e antes da tomada da decisão, juntar documentos e pareceres, requerer diligências e perícias, bem como aduzir alegações referentes à matéria objeto do processo.

Os elementos probatórios deverão ser considerados na motivação do relatório e da decisão.

Somente poderão ser recusadas, mediante decisão fundamentada, as provas propostas pelos interessados quando sejam ilícitas, impertinentes, desnecessárias ou protelatórias.

De acordo com o art. 39, quando for necessária a prestação de informações ou a apresentação de provas pelos interessados ou terceiros, serão expedidas intimações para esse fim, mencionando-se data, prazo, forma e condições de atendimento.

Não sendo atendida a intimação, poderá o órgão competente, se entender relevante a matéria, suprir de ofício a omissão, não se eximindo de proferir a decisão.

Pelo art. 40, quando dados, atuações ou documentos solicitados ao interessado forem necessários à apreciação de pedido formulado, o não atendimento no prazo fixado pela Administração para a respectiva apresentação implicará arquivamento do processo.

Por seu turno, o art. 41 diz que os interessados serão intimados de prova ou diligência ordenada, com antecedência mínima de três dias úteis, mencionando-se data, hora e local de realização.

Já o art. 42 estabelece que, quando deva ser obrigatoriamente ouvido um órgão consultivo, o parecer deverá ser emitido no prazo máximo de quinze dias, salvo norma especial ou comprovada necessidade de maior prazo.

Se um **parecer obrigatório e vinculante** deixar de ser emitido no prazo fixado, o **processo não terá seguimento** até a respectiva apresentação, responsabilizando-se quem der causa ao atraso.

Entretanto, se um **parecer obrigatório e não vinculante** deixar de ser emitido no prazo fixado, o **processo poderá ter prosseguimento** e ser decidido com sua dispensa, sem prejuízo da responsabilidade de quem se omitiu no atendimento.

Conforme dispõe o art. 43, quando por disposição de ato normativo devam ser previamente obtidos laudos técnicos de órgãos administrativos e estes não cumprirem o encargo no prazo assinalado, o órgão responsável pela instrução deverá solicitar laudo técnico de outro órgão dotado de qualificação e capacidade técnica equivalentes.

De acordo com o art. 44, encerrada a instrução, o interessado terá o direito de manifestar-se no prazo máximo de dez dias, salvo se outro prazo for legalmente fixado.

Ademais, o art. 45 estabelece que, em caso de risco iminente, a Administração Pública poderá motivadamente adotar providências acauteladoras sem a prévia manifestação do interessado.

Pelo art. 46, os interessados têm direito à vista do processo e a obter certidões ou cópias reprográficas dos dados e documentos que o integram, ressalvados os dados e documentos de terceiros protegidos por sigilo ou pelo direito à privacidade, à honra e à imagem.

Por fim, o art. 47 prevê que o órgão de instrução que não for competente para emitir a decisão final elaborará relatório indicando o pedido inicial, o conteúdo das fases do procedimento e formulará proposta de decisão, objetivamente justificada, encaminhando o processo à autoridade competente.

12. DO DEVER DE DECIDIR

A Administração tem o dever de explicitamente emitir decisão nos processos administrativos e sobre solicitações ou reclamações, em matéria de sua competência.

Concluída a instrução de processo administrativo, a Administração tem o prazo de até trinta dias para decidir, salvo prorrogação por igual período expressamente motivada.

13. DA DECISÃO COORDENADA

A Lei nº 14.210, sancionada em 30 de setembro de 2021, trouxe uma importante alteração ao processo administrativo brasileiro: a inclusão da possibilidade de haver uma "decisão coordenada" na Administração Federal. Com essa mudança, a matéria passou a integrar o Capítulo XI-A da Lei nº 9.784/1999, que trata do processo administrativo federal, nos arts. 49-A a 49-G.

Nos termos do art. 49-A, no âmbito da Administração Pública federal, as decisões administrativas que exijam a participação de 3 (três) ou mais setores, órgãos ou entidades poderão ser tomadas mediante decisão coordenada, sempre que:

I. for justificável pela relevância da matéria; e
II. houver discordância que prejudique a celeridade do processo administrativo decisório.

Considera-se decisão coordenada a instância de natureza interinstitucional ou intersetorial que atua de forma compartilhada com a finalidade de simplificar o processo administrativo mediante participação concomitante de todas as autoridades e agentes decisórios e dos responsáveis pela instrução técnico-jurídica, observada a natureza do objeto e a compatibilidade do procedimento e de sua formalização com a legislação pertinente.

O art. 49-A apresenta a decisão coordenada como um procedimento simplificado de tomada de decisão. Esse procedimento permite que todos os envolvidos em um processo se concentrem para avaliar possibilidades de composições, superação de entraves e esclarecimentos necessários para um encaminhamento específico.

A decisão coordenada não exclui a responsabilidade originária de cada órgão ou autoridade envolvida.

Ademais, a decisão coordenada obedecerá aos princípios da legalidade, da eficiência e da transparência, com utilização, sempre que necessário, da simplificação do procedimento e da concentração das instâncias decisórias.

Importante observar que não se aplica a decisão coordenada aos processos administrativos:

I. de licitação;
II. relacionados ao poder sancionador; ou
III. em que estejam envolvidas autoridades de poderes distintos.

Por sua vez, nos termos do art. 49-B, poderão habilitar-se a participar da decisão coordenada, na qualidade de ouvintes, os interessados no processo administrativo, previstos no art. 9º.

A participação na reunião, que poderá incluir direito a voz, será deferida por decisão irrecorrível da autoridade responsável pela convocação da decisão coordenada.

Consoante o art. 49-E, cada órgão ou entidade participante é responsável pela elaboração de documento específico sobre o tema atinente à respectiva competência, a fim de subsidiar os trabalhos e integrar o processo da decisão coordenada, de modo que abordará a questão objeto da decisão coordenada e eventuais precedentes.

Essa medida tem como claro objetivo promover um ambiente de amplo, profundo e efetivo debate dentro da Administração Pública por meio da decisão coordenada, a fim de alcançar um consenso ou delinear claramente as divergências.

O art. 49-F afirma que eventual dissenso na solução do objeto da decisão coordenada deverá ser manifestado durante as reuniões, de forma fundamentada, acompanhado das propostas de solução e de alteração necessárias para a resolução da questão.

Não poderá ser arguida matéria estranha ao objeto da convocação.

O art. 49-G, por seu turno, propõe que a conclusão dos trabalhos da decisão coordenada será consolidada em ata, que conterá as informações exigidas no dispositivo.

Até a assinatura da ata, poderá ser complementada a fundamentação da decisão da autoridade ou do agente a respeito de matéria de competência do órgão ou da entidade representada.

A ata será publicada por extrato no *Diário Oficial da União*, do qual deverão constar, além do registro, os dados identificadores da decisão coordenada e o órgão e o local em que se encontra a ata em seu inteiro teor, para conhecimento dos interessados.

Assunto	Informações
Conceito de decisão coordenada	Instância interinstitucional ou intersetorial que atua de forma compartilhada para simplificar o processo administrativo, mediante participação de todas as autoridades e agentes decisórios e responsáveis pela instrução técnico-jurídica.
Condições para tomada de decisão coordenada	1. Justificativa pela relevância da matéria. 2. Existência de discordância que prejudique a celeridade do processo administrativo decisório.
Exceções para aplicação da decisão coordenada	1. Processos de licitação. 2. Processos relacionados ao poder sancionador. 3. Processos em que estejam envolvidas autoridades de poderes distintos.

14. DA MOTIVAÇÃO

Os atos administrativos deverão ser motivados, com indicação dos fatos e dos fundamentos jurídicos, quando: (i) neguem, limitem ou afetem direitos ou interesses; (ii) imponham ou agravem deveres, encargos ou sanções; (iii) decidam processos administrativos de concurso ou seleção pública; (iv) dispensem ou declarem a inexigibilidade de processo licitatório; (v) decidam recursos administrativos; (vi) decorram de reexame de ofício; (vii) deixem de aplicar jurisprudência firmada sobre a questão ou discrepem de pareceres, laudos, propostas e relatórios oficiais; (viii) importem anulação, revogação, suspensão ou convalidação de ato administrativo.

A motivação deve ser explícita, clara e congruente, podendo consistir em declaração de concordância com fundamentos de anteriores pareceres, informações, decisões ou propostas, que, nesse caso, serão parte integrante do ato.

Na solução de vários assuntos da mesma natureza, pode ser utilizado meio mecânico que reproduza os fundamentos das decisões, desde que não prejudique direito ou garantia dos interessados.

15. DA DESISTÊNCIA E OUTROS CASOS DE EXTINÇÃO DO PROCESSO

O interessado poderá, mediante manifestação escrita, desistir total ou parcialmente do pedido formulado ou, ainda, renunciar a direitos DISPONÍVEIS.

Havendo vários interessados, a desistência ou renúncia atinge somente quem a tenha formulado.

A desistência ou renúncia do interessado, conforme o caso, não prejudica o prosseguimento do processo, se a Administração considerar que o interesse público assim o exige.

O órgão competente poderá declarar extinto o processo quando exaurida sua finalidade ou o objeto da decisão se tornar impossível, inútil ou prejudicado por fato superveniente.[3]

16. DO RECURSO ADMINISTRATIVO E DA REVISÃO

Das decisões administrativas cabe recurso, em face de razões de legalidade e de mérito.

O recurso será dirigido **à autoridade que proferiu a decisão**, a qual, se não a reconsiderar no prazo de cinco dias, o encaminhará à autoridade superior.

Salvo exigência legal, a interposição de recurso administrativo independe de caução.

Se o recorrente alegar que a decisão administrativa contraria enunciado da súmula vinculante, caberá à autoridade prolatora da decisão impugnada, se não a

---

3 STJ, REsp 1.799.759/ES, Segunda Turma, Rel. Min. Herman Benjamin, j. 23.04.2019, *DJe* 29.05.2019.

reconsiderar, explicitar, antes de encaminhar o recurso à autoridade superior, as razões da aplicabilidade ou inaplicabilidade da súmula, conforme o caso.

O recurso administrativo tramitará, no máximo, por três instâncias administrativas, salvo disposição legal diversa. Nesse sentido, o STJ[4] entende que não será dado ao sucumbente manejar três sucessivos recursos, mas somente dois (um perante a instância de origem e um segundo, junto à instância administrativa imediatamente superior), sob pena de se percorrer quatro instâncias administrativas.

Têm legitimidade para interpor recurso administrativo: (i) os titulares de direitos e interesses que forem parte no processo; (ii) aqueles cujos direitos ou interesses forem indiretamente afetados pela decisão recorrida; (III) as organizações e associações representativas, no tocante a direitos e interesses coletivos; (iv) os cidadãos ou as associações, quanto a direitos ou interesses difusos.

Salvo disposição legal específica, é de dez dias o prazo para interposição de recurso administrativo, contado a partir da ciência ou divulgação oficial da decisão recorrida.

Quando a lei não fixar prazo diferente, o recurso administrativo deverá ser decidido no prazo máximo de trinta dias, a partir do recebimento dos autos pelo órgão competente.

O prazo mencionado no parágrafo anterior poderá ser prorrogado por igual período, ante justificativa explícita.

O recurso interpõe-se por meio de requerimento no qual o recorrente deverá expor os fundamentos do pedido de reexame, podendo juntar os documentos que julgar convenientes.

Salvo disposição legal em contrário, o recurso não tem efeito suspensivo.

Havendo justo receio de prejuízo de difícil ou incerta reparação decorrente da execução, a autoridade recorrida ou a imediatamente superior poderá, de ofício ou a pedido, dar efeito suspensivo ao recurso.

Interposto o recurso, o órgão competente para dele conhecer deverá intimar os demais interessados para que, no prazo de cinco dias úteis, apresentem alegações.

O recurso não será conhecido quando interposto:

I. fora do prazo;
II. perante órgão incompetente;

Nesse caso, será indicada ao recorrente a autoridade competente, sendo-lhe devolvido o prazo para recurso.

III. por quem não seja legitimado;
IV. após exaurida a esfera administrativa.

---

4 MS 27.102/DF, Rel. Min. Sérgio Kukina, Primeira Seção, por unanimidade, j. 23.08.2023, *DJe* 30.08.2023.

O não conhecimento do recurso não impede a Administração de rever de ofício o ato ilegal, desde que não ocorrida preclusão administrativa.

O órgão competente para decidir o recurso poderá confirmar, modificar, anular ou revogar, total ou parcialmente, a decisão recorrida, se a matéria for de sua competência.

Se da aplicação do disposto nesse artigo puder decorrer gravame à situação do recorrente, este deverá ser cientificado para que formule suas alegações antes da decisão.

Se o recorrente alegar violação de enunciado da súmula vinculante, o órgão competente para decidir o recurso explicitará as razões da aplicabilidade ou inaplicabilidade da súmula, conforme o caso.

Acolhida pelo Supremo Tribunal Federal a reclamação fundada em violação de enunciado da súmula vinculante, dar-se-á ciência à autoridade prolatora e ao órgão competente para o julgamento do recurso, que deverão adequar as futuras decisões administrativas em casos semelhantes, sob pena de responsabilização pessoal nas esferas cível, administrativa e penal.

Os processos administrativos de que resultem sanções poderão ser revistos, a qualquer tempo, a pedido ou de ofício, quando surgirem fatos novos ou circunstâncias relevantes suscetíveis de justificar a inadequação da sanção aplicada.

Da revisão do processo não poderá resultar agravamento da sanção.

17. DOS PRAZOS

Os prazos começam a correr a partir da data da cientificação oficial, excluindo-se da contagem o dia do começo e incluindo-se o do vencimento.

Considera-se prorrogado o prazo até o primeiro dia útil seguinte se o vencimento cair em dia em que não houver expediente ou este for encerrado antes da hora normal.

Os prazos expressos em dias contam-se de modo contínuo.

Já os prazos fixados em meses ou anos contam-se de data a data. Se no mês do vencimento não houver o dia equivalente àquele do início do prazo, tem-se como termo o último dia do mês.

Salvo motivo de força maior devidamente comprovado, os prazos processuais não se suspendem.

18. PRIORIDADE NOS PROCESSOS ADMINISTRATIVOS

Os processos administrativos específicos continuarão a reger-se por lei própria, aplicando-se-lhes apenas subsidiariamente os preceitos dessa lei.

Terão prioridade na tramitação, em qualquer órgão ou instância, os procedimentos administrativos em que figure como parte ou interessado:

I. pessoa com idade igual ou superior a 60 (sessenta) anos;

II. pessoa portadora de deficiência, física ou mental;

III. pessoa portadora de tuberculose ativa, esclerose múltipla, neoplasia maligna, hanseníase, paralisia irreversível e incapacitante, cardiopatia grave, doença de Parkinson, espondiloartrose anquilosante, nefropatia grave, hepatopatia grave, estados avançados da doença de Paget (osteíte deformante), contaminação por radiação, síndrome de imunodeficiência adquirida, ou outra doença grave, com base em conclusão da medicina especializada, mesmo que a doença tenha sido contraída após o início do processo.

A pessoa interessada na obtenção do benefício, juntando prova de sua condição, deverá requerê-lo à autoridade administrativa competente, que determinará as providências a serem cumpridas

Deferida a prioridade, os autos receberão identificação própria que evidencie o regime de tramitação prioritária.

QUESTÕES DE CONCURSO

1. FCC – 2022 – DPE-AP – Defensor Público

No campo do processo administrativo disciplinar, há súmula vinculante dispondo expressamente que

A) é inconstitucional a exigência de depósito ou arrolamento prévios de dinheiro ou bens para admissibilidade de recurso administrativo.

B) prescreve em três anos, contados do término do processo administrativo, a pretensão da Administração Pública de promover a execução da multa por infração ambiental.

C) é obrigatória a presença de advogado em todas as fases do processo administrativo disciplinar, independentemente de sua modalidade.

D) o processo administrativo não pode ser instaurado e impulsionado de ofício pela Administração Pública.

E) o processo administrativo, em regra, não permite o acesso de interessados e terceiros por não lhe ser aplicável o princípio da ampla publicidade.

Comentário: A) Correta. Tem-se, nesse caso, a Súmula Vinculante nº 21, segundo a qual é inconstitucional a exigência de depósito ou arrolamento prévios de dinheiro ou bens para admissibilidade de recurso administrativo.

B) Incorreta. A prescrição é em 5 anos, na forma da Súmula nº 467 do STJ, segundo a qual prescreve em 5 anos, contados do término do processo administrativo, a pretensão das Administração Pública de promover a execução da multa por infração ambiental.

C) Incorreta. A alternativa está em desacordo com a Súmula Vinculante nº 5, que afirma que a falta de defesa técnica por advogado no processo administrativo disciplinar não ofende a constituição.

D) Incorreta. Nesse caso, o próprio art. 5º da Lei nº 9.784/1999 permite que o processo seja iniciado de ofício, sendo essa uma diferença do processo judicial, como regra.

E) Incorreta. Tem-se, sim, a publicidade como regra, nos termos do art. 2º, parágrafo único, da Lei nº 9.784/1999, que estabelece que, nos processos administrativos, serão observados, entre outros, os critérios de **divulgação oficial dos atos administrativos, ressalvadas as hipóteses de sigilo previstas na Constituição**.

2. CESPE/CEBRASPE – 2022 – PG-DF – Procurador

A Lei nº 9.784/1999, especialmente no que diz respeito ao prazo decadencial para a revisão de atos administrativos no âmbito da Administração Pública federal, pode ser aplicada de forma subsidiária aos estados e municípios, se inexistente norma local e específica que regule a matéria.

Comentário: A questão trouxe a literalidade da Súmula nº 633 do STJ, segundo a qual a nº Lei nº 9.784/1999, especialmente no que diz respeito ao prazo decadencial para a revisão de atos administrativos no âmbito da Administração Pública federal, pode ser aplicada, de forma subsidiária, aos estados e aos municípios, se inexistente norma local e específica que regule a matéria.

3. CESPE/CEBRASPE – 2022 – DPE-SE – Defensor Público

De acordo com a Lei nº 9.784/1999, é vedado à autoridade delegar a sua competência para

A) afastamento de servidor para curso no exterior.

B) aprovação de pareceres.

C) decisão de recursos administrativos.

D) nomeação de servidor.

E) concessão de aposentadoria.

Comentário: A questão abordou a literalidade do art. 13 da Lei nº 9.784/1999. Das opções apresentadas, a única em que é vedado realizar delegação é a decisão de recursos administrativos.

Art. 13. Não podem ser objeto de delegação:

I – a edição de atos de caráter normativo;

II – a decisão de recursos administrativos;

III – as matérias de competência exclusiva do órgão ou autoridade.

4. CESPE/CEBRASPE – 2023 – Direito Administrativo – Atos administrativos – TJ-ES – Analista Judiciário – Oficial de Justiça Avaliador

Caso a revogação de um ato administrativo decorra da verificação de ilegalidade, será dispensada a instauração de processo administrativo.

Comentário: A revogação ocorre quando temos o controle da conveniência ou oportunidade. Veja que o enunciado fala que o ato administrativo é ILEGAL. Dessa forma, temos a anulação desse ato ilegal, e não sua revogação. Além disso, o processo administrativo é necessário. Nesse sentido, o **Supremo Tribunal Federal entendeu ser necessária a prévia instauração de procedimento administrativo, assegurados o contraditório e a ampla defesa, sempre que a Administração, exercendo seu poder de autotutela, anula atos administrativos que repercutem na esfera de interesse do administrado.**[5]

---

[5] RE 946.481 AgR, Primeira Turma, Rel. Min. Roberto Barroso, j. 18.11.2016, acórdão eletrônico *DJe*-257, divulg. 01.12.2016, public. 02.12.2016.

Capítulo XVI

LEI ANTICORRUPÇÃO – LEI Nº 12.846/2013

1. RESPONSABILIZAÇÃO OBJETIVA

De acordo com o art. 1º, a lei estabelece responsabilização **objetiva** tanto da via administrativa quanto da civil de pessoas jurídicas pela prática de atos contra a Administração Pública, nacional ou estrangeira.

2. SOCIEDADES EMPRESÁRIAS E SOCIEDADES SIMPLES

Aplica-se essa lei às sociedades empresárias e às sociedades simples, personificadas ou não, independentemente da forma de organização ou do modelo societário adotado, bem como a quaisquer fundações, associações de entidades ou pessoas, ou sociedades estrangeiras, que tenham sede, filial ou representação no território brasileiro, constituídas de fato ou de direito, ainda que temporariamente, conforme dispõe o parágrafo único.

3. RESPONSABILIZAÇÃO DA PESSOA JURÍDICA E DOS DIRIGENTES

As pessoas jurídicas serão responsabilizadas objetivamente, nos âmbitos administrativo e civil, pelos atos lesivos previstos na lei praticados em **seu interesse ou benefício, exclusivo ou não**.

A responsabilização da pessoa jurídica **não exclui a responsabilidade individual de seus dirigentes** ou administradores ou de qualquer pessoa natural, autora, coautora ou partícipe do ato ilícito, de modo que a pessoa jurídica será responsabilizada independentemente da responsabilização individual das pessoas naturais.

Atente-se que os dirigentes ou administradores somente serão responsabilizados por atos ilícitos na medida da sua culpabilidade.

4. ALTERAÇÕES CONTRATUAIS – QUESTÃO SOCIETÁRIA

Subsiste a responsabilidade da pessoa jurídica na hipótese de alteração contratual, transformação, incorporação, fusão ou cisão societária. É uma redação idêntica à da Lei de Improbidade.

Nas hipóteses de **fusão e incorporação**, a responsabilidade da sucessora será restrita à obrigação de pagamento de multa e reparação integral do dano causado, até o limite do patrimônio transferido, não lhe sendo aplicáveis as demais sanções decorrentes de atos e fatos ocorridos antes da data da fusão ou incorporação, exceto no caso de simulação ou evidente intuito de fraude, devidamente comprovados.

As sociedades controladoras, controladas, coligadas ou, no âmbito do respectivo contrato, as consorciadas serão **solidariamente** responsáveis pela prática dos atos previstos nessa lei, restringindo-se tal responsabilidade à obrigação de **pagamento de multa** e **reparação integral do dano causado**.

5. DOS ATOS LESIVOS À ADMINISTRAÇÃO PÚBLICA NACIONAL OU ESTRANGEIRA

O art. 5º dispõe sobre os atos lesivos contra a Administração Pública – **atos de corrupção**.

De acordo com esse artigo, constituem atos lesivos à Administração Pública, nacional ou estrangeira, para os fins dessa lei, todos aqueles praticados pelas pessoas jurídicas mencionadas no parágrafo único do art. 1º, que atentem contra o patrimônio público nacional ou estrangeiro, contra princípios da Administração Pública ou contra os compromissos internacionais assumidos pelo Brasil, assim definidos: **(i)** prometer, oferecer ou dar, direta ou indiretamente, vantagem indevida a agente público, ou a terceira pessoa a ele relacionada; **(ii)** comprovadamente, financiar, custear, patrocinar ou de qualquer modo subvencionar a prática dos atos ilícitos previstos na lei; **(iii)** comprovadamente, utilizar-se de interposta pessoa física ou jurídica para ocultar ou dissimular seus reais interesses ou a identidade dos beneficiários dos atos praticados; **(iv)** No tocante a licitações e contratos: **(a)** frustrar ou fraudar, mediante ajuste, combinação ou qualquer outro expediente, o caráter competitivo de procedimento licitatório público; **(b)** impedir, perturbar ou fraudar a realização de qualquer ato de procedimento licitatório público; **(c)** afastar ou procurar afastar licitante, por meio de fraude ou oferecimento de vantagem de qualquer tipo; **(d)** fraudar licitação pública ou contrato dela decorrente; **(e)** criar, de modo fraudulento ou irregular, pessoa jurídica para participar de licitação pública ou celebrar contrato administrativo; **(f)** obter vantagem ou benefício indevido, de modo fraudulento, de modificações ou prorrogações de contratos celebrados com a Administração Pública, sem autorização em lei, no ato convocatório da licitação pública ou nos respectivos instrumentos contratuais; ou **(g)** manipular ou fraudar o equilíbrio econômico-financeiro dos contratos celebrados com a Administração Pública; **(v)** dificultar atividade de investigação ou fiscalização de órgãos, entidades ou agentes públicos, ou intervir em sua atuação, inclusive no âmbito das agências reguladoras e dos órgãos de fiscalização do sistema financeiro nacional.

Especificamente, no que tange à previsão constante no art. 5º, V, o STJ entende que esse dispositivo abrange a constituição das chamadas "empresas de fachada", que têm o fim de frustrar a fiscalização tributária.[1]

Atente-se que se consideram Administração Pública estrangeira os órgãos e as entidades estatais ou representações diplomáticas de país estrangeiro, de qualquer nível ou esfera de governo, bem como as pessoas jurídicas controladas, direta ou indiretamente, pelo Poder Público de país estrangeiro.

Ademais, equiparam-se à Administração Pública estrangeira as organizações públicas internacionais.

Observe-se que se considera agente público estrangeiro, para os fins dessa lei, quem, ainda que transitoriamente ou sem remuneração, exerça cargo, emprego ou função pública em órgãos, entidades estatais ou em representações diplomáticas de país estrangeiro, assim como em pessoas jurídicas controladas, direta ou indiretamente, pelo Poder Público de país estrangeiro ou em organizações públicas internacionais.

6. SANÇÕES ADMINISTRATIVAS

De acordo com o **art. 6º**, na esfera administrativa, serão aplicadas às pessoas jurídicas as seguintes sanções:

I. multa, no valor de 0,1% (um décimo por cento) a 20% (vinte por cento) **do faturamento bruto do último exercício anterior ao da instauração do processo administrativo**, excluídos os tributos, a qual nunca será inferior à vantagem auferida, quando for possível sua estimação;

Senão for possível utilizar o critério do valor do faturamento bruto da pessoa jurídica, a multa será de R$ 6.000,00 a R$ 60.000.000,00.

II. publicação extraordinária da decisão condenatória.

As sanções administrativas levam em conta dois aspectos, quais sejam:

a) **patrimonial** – sanção de multa;
b) **reputacional** – sanção social, que gerará reprovabilidade social; a sociedade reprovará a conduta da pessoa jurídica, podendo deixar de consumir e de adquirir produtos naquela empresa.

As sanções serão aplicadas fundamentadamente, isolada ou cumulativamente, de acordo com as peculiaridades do caso concreto e com a gravidade e a natureza das infrações.

1 REsp 1.808.952/RN, Rel. Min. Herman Benjamin, Segunda Turma, por unanimidade, j. 11.06.2024, DJe 24.06.2024.

Além disso, as sanções serão precedidas da manifestação jurídica elaborada pela advocacia pública ou pelo órgão de assistência jurídica, ou equivalente, do ente público. Assim, para **aplicar essas sanções, a procuradoria precisa se manifestar**.

A aplicação das sanções **não exclui**, em qualquer hipótese, a obrigação da **reparação integral do dano causado**.

A publicação extraordinária da decisão condenatória ocorrerá na forma de extrato de sentença, a expensas da pessoa jurídica, em meios de comunicação de grande circulação na área da prática da infração e de atuação da pessoa jurídica ou, na sua falta, em publicação de circulação nacional, bem como por meio de afixação de edital, pelo prazo mínimo de 30 (trinta) dias, no próprio estabelecimento ou no local de exercício da atividade, de modo visível ao público, e no sítio eletrônico na rede mundial de computadores.

7. PROCESSO ADMINISTRATIVO DE RESPONSABILIZAÇÃO

A instauração e o julgamento de processo administrativo para apuração da responsabilidade de pessoa jurídica cabem à autoridade máxima de cada órgão ou entidade dos Poderes Executivo, Legislativo e Judiciário, que agirá de ofício ou mediante provocação, observados o contraditório e a ampla defesa.

A competência para a instauração e o julgamento do processo administrativo de apuração de responsabilidade da pessoa jurídica poderá ser delegada, vedada a subdelegação.

No âmbito do Poder Executivo federal, a Controladoria-Geral da União (CGU) terá competência concorrente para instaurar processos administrativos de responsabilização de pessoas jurídicas ou para avocar os processos instaurados com fundamento na lei, para exame de sua regularidade ou para corrigir-lhes o andamento.

Ademais, o processo administrativo para apuração da responsabilidade de pessoa jurídica será conduzido por comissão designada pela autoridade instauradora e composta de dois ou mais servidores estáveis.

O ente público, por meio do seu órgão de representação judicial (procuradoria), ou equivalente, a pedido da comissão, poderá requerer as medidas judiciais necessárias para a investigação e o processamento das infrações, inclusive de busca e apreensão.

A comissão poderá, cautelarmente, propor à autoridade instauradora que suspenda os efeitos do ato ou do processo objeto da investigação. Não é a comissão que suspenderá os efeitos do ato ou do processo objeto de investigação – a comissão poderá **propor** à autoridade instauradora que ela, autoridade instauradora, suspenda os efeitos do ato ou do processo objeto da investigação.

O processo deverá ser concluído pela comissão no prazo de 180 (cento e oitenta) dias contados da data da publicação do ato que a instituir e, ao final, apresentar relatórios sobre os fatos apurados e eventual responsabilidade da pessoa jurídica, sugerindo, de forma motivada, as sanções a serem aplicadas. Esse prazo poderá ser prorrogado mediante ato fundamentado da autoridade instauradora.

Será concedido à pessoa jurídica prazo de 30 dias para defesa, contados a partir da intimação.

A personalidade jurídica poderá ser **desconsiderada** sempre que utilizada com abuso do direito para facilitar, encobrir ou dissimular a prática dos atos ilícitos previstos nessa lei ou para provocar confusão patrimonial, sendo estendidos todos os efeitos das sanções aplicadas à pessoa jurídica aos seus administradores e sócios com poderes de administração, observados o contraditório e a ampla defesa. **Trata-se de desconsideração da personalidade jurídica na via administrativa, e não na via judicial**.

De acordo com o art. 15, a comissão designada para apuração da responsabilidade de pessoa jurídica, após a conclusão do procedimento administrativo, dará conhecimento ao Ministério Público de sua existência, para apuração de eventuais delitos.

8. ACORDO DE LENIÊNCIA

De acordo com o art. 16, a autoridade máxima de cada órgão ou entidade pública poderá celebrar acordo de leniência com as pessoas jurídicas responsáveis pela prática dos atos lesivos que colaborem efetivamente com as investigações e o processo administrativo, e dessa colaboração resulte:

I. a identificação dos demais envolvidos na infração, quando couber; e
II. a obtenção célere de informações e documentos que comprovem o ilícito sob apuração.

Dessa forma, há os seguintes requisitos para o acordo de leniência:

1. a pessoa jurídica seja a primeira a se manifestar sobre seu interesse em cooperar para a apuração do ato ilícito;
2. a pessoa jurídica cesse completamente seu envolvimento na infração investigada a partir da data de propositura do acordo;
3. a pessoa jurídica admita sua participação no ilícito e coopere plena e permanentemente com as investigações e o processo administrativo, comparecendo, sob suas expensas, sempre que solicitada, a todos os atos processuais, até seu encerramento.

A celebração do acordo de leniência não exime a pessoa jurídica da obrigação de reparar integralmente o dano causado.

Os efeitos são estendidos às pessoas jurídicas que integram o mesmo grupo econômico, de fato e de direito, desde que firmem o acordo em conjunto (não é de tanta relevância).

O valor da multa poderá ser reduzido em até 2/3. Assim, não se exime do valor de reparar e reduz em até 2/3 do valor da multa – ou seja, não isenta a multa, apenas reduz.

A multa será isenta somente nas seguintes possibilidades:

a) no caso de publicação extraordinária da decisão condenatória;

b) no caso de proibição de receber incentivos, subsídios, subvenções, doações ou empréstimos.

Os efeitos do acordo de leniência serão estendidos às pessoas jurídicas que integram o mesmo grupo econômico, de fato e de direito, desde que firmem o acordo em conjunto, respeitadas as condições nele estabelecidas.

A proposta de acordo de leniência somente se tornará pública após a efetivação do respectivo acordo, salvo no interesse das investigações e do processo administrativo. Além disso, não importará em reconhecimento da prática do ato ilícito investigado a proposta de acordo de leniência rejeitada.

Reforça-se, então, que a proposta só se torna pública, em regra, após a celebração do acordo, salvo se houver razões do interesse público ou devido ao processo, e a proposta rejeitada não implica a ocorrência dos fatos.

Em caso de descumprimento do acordo de leniência, a pessoa jurídica ficará impedida de celebrar novo acordo pelo prazo de três anos contados do conhecimento pela Administração Pública do referido descumprimento.

Por fim, tem-se que a celebração do acordo de leniência interrompe o prazo prescricional dos atos ilícitos.

A Controladoria-Geral da União (CGU) é o órgão competente para celebrar os acordos de leniência no âmbito do Poder Executivo federal, bem como no caso de atos lesivos praticados contra a Administração Pública estrangeira.

9. RESPONSABILIZAÇÃO JUDICIAL

Na esfera administrativa, a responsabilidade da pessoa jurídica não afasta a possibilidade de sua responsabilização na esfera judicial. Assim, responsabilizada a pessoa na esfera administrativa, não será afastada a responsabilidade na esfera judicial pela **independência das instâncias**.

Será adotado o rito da LACP (Lei de Ação Civil Pública), de modo que a condenação torna certa a obrigação de reparar, integralmente, o dano causado pelo ilícito, cujo valor será apurado em posterior liquidação, se não constar expressamente da sentença.

Conforme se verifica no art. 19, a legitimidade ativa será da União, do DF, dos estados e dos municípios (Administração direta por meio das procuradorias), mas também da Fazenda Pública e do Ministério Público.

As sanções, que podem ser aplicadas isolada ou cumulativamente, às pessoas jurídicas infratoras são:

I. perdimento dos bens, direitos ou valores que representem vantagem ou proveito direta ou indiretamente obtidos da infração, ressalvado o direito do lesado ou de terceiro de boa-fé;

II. suspensão ou interdição parcial de suas atividades;

III. dissolução compulsória da pessoa jurídica;

Essa sanção será determinada quando comprovado ter sido a personalidade jurídica utilizada de forma habitual para facilitar ou promover a prática de atos ilícitos; ou ter sido constituída para ocultar ou dissimular interesses ilícitos ou a identidade dos beneficiários dos atos praticados.

IV. proibição de receber incentivos, subsídios, subvenções, doações ou empréstimos de órgãos ou entidades públicas e de instituições financeiras públicas ou controladas pelo Poder Público, pelo prazo mínimo de 1 (um) e máximo de 5 (cinco) anos.

O Ministério Público ou a advocacia pública ou órgão de representação judicial, ou equivalente, do ente público poderá requerer a indisponibilidade de bens, direitos ou valores necessários à garantia do pagamento da multa ou da reparação integral do dano causado, conforme previsto no art. 7º, ressalvado o direito do terceiro de boa-fé.

Chama-se a atenção que a indisponibilidade de bens, no âmbito da Lei Anticorrupção, vale tanto para **o pagamento da multa** quanto para **a reparação integral do dano causado**. Trata-se de ponto relevante, pois no âmbito da Lei de Improbidade Administrativa, a indisponibilidade de bens não poderá ser decretada para pagamento de multa, em superação ao entendimento do STJ.

De acordo com o art. **20**, nas ações ajuizadas pelo Ministério Público, poderão ser aplicadas as sanções *multa* e *publicação extraordinária da decisão condenatória*, sem prejuízo daquelas previstas nesse capítulo, desde que constatada a omissão das autoridades competentes para promover a responsabilização administrativa.

10. EXTRATERRITORIALIDADE

De acordo com o art. 28, a Lei Anticorrupção é aplicada aos atos lesivos praticados por pessoa jurídica brasileira contra a Administração Pública estrangeira, ainda que cometidos no exterior.

11. DISPOSIÇÕES FINAIS

Conforme o art. 22, fica criado no âmbito do Poder Executivo federal o Cadastro Nacional de Empresas Punidas (CNEP), que reunirá e dará publicidade às sanções aplicadas pelos órgãos ou pelas entidades dos Poderes Executivo, Legislativo e Judiciário de todas as esferas de governo, de modo que deverão informar e manter atualizados, no CNEP, os dados relativos às sanções por eles aplicadas.

O CNEP conterá, entre outras, as seguintes informações acerca das sanções aplicadas:

I. razão social e número de inscrição da pessoa jurídica ou entidade no Cadastro Nacional da Pessoa Jurídica (CNPJ);

II. tipo de sanção; e

III. data de aplicação e data final da vigência do efeito limitador ou impeditivo da sanção, quando for o caso.

As autoridades competentes, para celebrarem acordos de leniência, também deverão prestar e manter atualizadas no CNEP, após a efetivação do respectivo acordo, as informações acerca do acordo de leniência celebrado, salvo se esse procedimento vier a causar prejuízo às investigações e ao processo administrativo.

Caso a pessoa jurídica não cumpra os termos do acordo de leniência, deverá ser incluída no CNEP referência ao respectivo descumprimento.

Os registros das sanções e dos acordos de leniência serão excluídos depois de decorrido o prazo previamente estabelecido no ato sancionador ou do cumprimento integral do acordo de leniência e da reparação do eventual dano causado, mediante solicitação do órgão ou da entidade sancionadora.

De acordo com o art. 23, os órgãos ou as entidades dos Poderes Executivo, Legislativo e Judiciário de todas as esferas de governo deverão informar e manter atualizados, para fins de publicidade, no Cadastro Nacional de Empresas Inidôneas e Suspensas (Ceis), de caráter público, instituído no âmbito do Poder Executivo federal, os dados relativos às sanções por eles aplicadas, nos termos do disposto nos arts. 87 e 88 da Lei nº 8.666, de 21 de junho de 1993.

A multa e o perdimento de bens, direitos ou valores aplicados com fundamento na lei serão destinados, preferencialmente, aos órgãos ou às entidades públicas lesadas.

Prescrevem em 5 anos as infrações previstas nessa lei, contados da data da ciência da infração ou, no caso de infração permanente ou continuada, do dia em que tiver cessado, de modo que, na esfera administrativa ou judicial, a prescrição será interrompida com a instauração de processo que tenha por objeto a apuração da infração.

Outro ponto importante é que, na Lei de Improbidade Administrativa, o prazo de prescrição é de oito anos contados da prática do ato. Na Lei Anticorrupção, por sua vez, **são cinco anos** contados a partir da ciência da infração pelas autoridades que podem ajuizar a ação relativa à corrupção – no caso de infração permanente ou continuada, a partir do dia em que tiver cessado.

Capítulo XVII

INTERVENÇÃO DO ESTADO NO DOMÍNIO ECONÔMICO

1. ATIVIDADE ECONÔMICA E SERVIÇO PÚBLICO

A distinção entre serviço público e atividade econômica é fundamental para entender a atuação do Estado na economia e na sociedade. Enquanto o serviço público é uma atividade material ampliativa, definida pela lei ou pela Constituição como dever estatal, consistente no oferecimento de utilidades e comodidades ensejadoras de benefícios particularizados a cada usuário, sendo prestada pelo Estado ou por seus delegados, e submetida, predominantemente, aos princípios e às normas de direito público, as atividades pertencentes ao setor econômico são definidas por exclusão, ou seja, são consideradas atividades econômicas todas aquelas tarefas que não foram atribuídas pelo ordenamento jurídico ao Estado.

Dessa forma, é importante ressaltar que a atuação do Estado no setor econômico deve ser subsidiária, ou seja, deve ocorrer apenas quando o mercado não é capaz de prover determinado bem ou serviço de maneira eficiente e satisfatória. Já a prestação de serviços públicos, por sua vez, é uma atividade essencial para garantir o bem-estar da população e deve ser prestada com qualidade e eficiência pelo Estado ou por seus delegados, de acordo com os princípios e as normas de direito público.

2. ORDEM ECONÔMICA

Antes de se adentrar na análise dogmática da ordem econômica estabelecida na Constituição da República, a intervenção do Estado na economia é um tema que varia de acordo com o modelo econômico adotado. É possível apontar três fases distintas: Estado liberal, Estado social e Estado regulador.

No Estado liberal, surgido no século XVIII como resposta ao Estado Absolutista, prevalece a ideia de Estado mínimo, com ausência de interferência estatal direta na ordem econômica e predomínio da liberdade econômica e propriedade privada. Entretanto, esse modelo trouxe diversos problemas sociais, exigindo uma postura ativa do Estado para combatê-los.

Diante disso, o Estado passou a adotar uma postura de forte intervenção na economia, característica do Estado social, também conhecido como *Welfare State*. Nesse modelo, há a prestação direta de atividades econômicas pelo Poder Público e um forte dirigismo econômico, objetivando satisfazer direitos sociais e reduzir a desigualdade.

No entanto, a ineficiência causada pela forte intervenção estatal, com o inchaço da máquina pública e a insustentabilidade do modelo social, ensejou a adoção do modelo regulador, com redução do aparelho estatal, devolução de atividades econômicas para a iniciativa privada, delegação de serviços públicos para os particulares e parcerias com o Terceiro Setor, regulados por órgãos públicos regulatórios. Esse modelo é conhecido como Estado subsidiário ou neoliberal.

É importante destacar que o Estado regulador não defende a ausência de intervenção estatal na economia, mas, sim, uma intervenção que seja eficiente e direcionada a garantir a livre-iniciativa e a redução das desigualdades sociais e regionais.

O art. 170 da Constituição Federal de 1988 estabelece que a ordem econômica tem como objetivo assegurar a todos uma existência digna, de acordo com os princípios da justiça social, e é baseada em dois pilares fundamentais: a valorização do trabalho humano e a livre-iniciativa. É importante destacar que o art. 1º, IV, da mesma Constituição estabelece que os valores sociais do trabalho e da livre-iniciativa são fundamentos da República Federativa do Brasil.

Apesar de privilegiar o modelo capitalista, a finalidade da ordem econômica é garantir uma existência digna para todos, o que implica afastar um Estado ausente nos moldes do liberalismo. Assim, o texto constitucional prevê a possibilidade de intervenção do Estado no domínio econômico, a fim de cumprir com sua função social e garantir a justiça social.

2.1. Princípios gerais da atividade econômica

2.1.1. Princípios expressos

O art. 170 da Constituição Federal de 1988 estabelece princípios que norteiam a ordem econômica brasileira. Esses princípios são normas de eficácia limitada que visam à interferência do Estado na ordem econômico-social, com o objetivo de promover o bem comum por meio da democracia social.

2.1.1.1. Soberania nacional

A soberania econômica é um conceito fundamental que diz respeito à capacidade de um país tomar decisões autônomas em relação à sua política econômica, sem estar sujeito a interferências externas. Trata-se da construção de um capitalismo nacional autônomo, que seja capaz de se desenvolver sem a necessidade de auxílios internacionais.

A soberania econômica nacional pressupõe que o Estado detenha plena autonomia na condução da sua economia, possibilitando a elaboração de políticas públicas que promovam a inclusão da sociedade nacional em igualdade de condições com as sociedades internacionais.

De acordo com a doutrina atual, a soberania nacional só pode ser alcançada quando um país atinge um nível de desenvolvimento econômico e social que lhe garante plena independência das decisões políticas. Portanto, a soberania econômica é um elemento-chave para a preferência de um desenvolvimento nacional autônomo, sem depender de outros países.

2.1.1.2. Propriedade privada

O conceito de propriedade privada é fundamental para o funcionamento da economia de mercado. Esse princípio garante aos agentes econômicos o direito de possuir e controlar os fatores de produção, bem como a circulação dos bens em seus respectivos ciclos econômicos. A propriedade privada é uma das bases da iniciativa privada, que se traduz em uma ampla liberdade econômica, estimulando a livre concorrência e a busca pelo lucro como mecanismo de incentivo à inovação e à eficiência produtiva.

O princípio da propriedade privada é amplamente compreendido como aquele que garante ao seu detentor uma série de poderes, incluindo o uso, o gozo e a disposição de um bem ou espaço de forma absoluta, exclusiva e permanente.[1]

2.1.1.3. Função social da propriedade

A função social da propriedade é um princípio econômico que serve como base para a função social da empresa e do contrato, conforme estabelecido pela Constituição. Seu objetivo é buscar um equilíbrio entre o benefício individual e coletivo por meio da promoção do bem-estar social.

2.1.1.4. Livre concorrência

Ao adotar o princípio da livre concorrência, o mercado deve ser acessível a uma ampla gama de agentes econômicos, e o Direito deve garantir a capacidade de qualquer interessado em participar. Essa livre competição é essencial para melhorar as condições de competitividade entre as empresas, forçando-as a constantemente aprimorar seus métodos tecnológicos, reduzir seus custos e criar condições mais favoráveis aos consumidores. Conforme estabelecido pela Constituição Federal, a lei deve reprimir o abuso de poder econômico que busca a dominação do mercado, a eliminação da concorrência e o aumento arbitrário dos lucros, nos termos do art. 173, § 4º.

Importante ainda diferenciar a **livre concorrência da livre-iniciativa**. A **livre-iniciativa** refere-se à liberdade individual na produção, distribuição e circulação de riquezas, permitindo que os indivíduos escolham livremente suas profissões e atividades econômicas e tenham autonomia na escolha de processos e meios de produção. Embora seja um princípio fundamental, não é absoluto, encontrando li-

---

1 MASSO, Fabiano Del. *Direito Econômico esquematizado*. 2. ed. rev. e atual. São Paulo: Método, 2013. p. 77.

mitações na defesa do consumidor, da dignidade humana, do direito de propriedade e da igualdade perante a lei.

Ademais, a livre-iniciativa é um dos princípios fundamentais que asseguram o direito dos indivíduos de exercerem atividades econômicas. Historicamente, sua origem pode ser encontrada no édito de Turgot, em 1776, e posteriormente no Decreto d'Allarde de 1791. De acordo com o art. 7º do decreto, a partir de 1º de abril de 1791, qualquer pessoa teria a liberdade de realizar qualquer tipo de negócio ou exercer qualquer profissão, arte ou ofício de sua escolha, desde que obtivesse previamente uma "patente" (imposto indireto), pagasse as taxas exigíveis e se sujeitasse aos regulamentos de polícia aplicáveis.

No Brasil, o marco histórico da livre-iniciativa veio com o Alvará de 1º de Abril de 1808, concedendo às colônias portuguesas a liberdade de indústria.

A intervenção estatal na fixação de preços abaixo da realidade representa um entrave ao livre exercício da atividade econômica, caracterizando uma afronta à livre-iniciativa. Essa posição foi reforçada pelo Supremo Tribunal Federal, em decisão proferida no julgamento do Agravo de Instrumento 683.098/DF.

Por sua vez, a **livre concorrência**, como visto, é um princípio instrumental que visa garantir que os preços de bens e serviços sejam estabelecidos pelo processo competitivo, sem a intervenção do Estado. É a proteção dada pelo Estado para assegurar que qualquer pessoa que esteja em condições possa entrar, permanecer e sair do mercado de forma livre e justa. Esse princípio é importante para garantir um mercado eficiente e justo, mas deve ser balanceado com outros princípios, como a proteção do consumidor e a defesa da concorrência leal.

Nesse sentido, o STF[2] tem entendimento relevante, segundo o qual a proibição ou restrição da atividade de transporte privado individual por motorista cadastrado em aplicativo é inconstitucional, por violação aos princípios da livre-iniciativa e da livre concorrência; e, no exercício de sua competência para regulamentação e fiscalização do transporte privado individual de passageiros, os municípios e o Distrito Federal não podem contrariar os parâmetros fixados pelo legislador federal (art. 22, XI, da CR/1988).

Outro entendimento relevante do STF refere-se ao fato de serem inconstitucionais as leis que obrigam supermercados ou similares à prestação de serviços de acondicionamento ou embalagem das compras, por violação ao princípio da livre-iniciativa. Para o STF, princípio da livre-iniciativa, plasmado no art. 1º, IV, da Constituição como fundamento da República e reiterado no art. 170 do texto constitucional, veda a adoção de medidas que, direta ou indiretamente, se destinem à manutenção artificial de postos de trabalho, em detrimento das reconfigurações de mercado necessárias à inovação e ao desenvolvimento, mormente porque essa providência não é capaz de gerar riqueza para trabalhadores ou consumidores.[3]

---

[2] RE 1.054.110, Rel. Min. Roberto Barroso, j. 09.05.2019, *DJe* 06.09.2019.

[3] RE 839.950, Rel. Min. Luiz Fux, j. 24.10.2018, *DJe* 02.04.2020.

Importante ainda a Súmula nº 646 do STF, segundo a qual ofende o princípio da livre concorrência lei municipal que impede a instalação de estabelecimentos comerciais do mesmo ramo em determinada área. Contudo, o próprio STF já relativizou essa súmula ao entender que o município poderia impedir a instalação de postos de gasolina na mesma região, em razão de preponderar a segurança da sociedade.

Conceito	Livre-iniciativa	Livre concorrência
Definição	Liberdade individual na produção, distribuição e circulação de riquezas, permitindo que os indivíduos escolham livremente suas profissões e atividades econômicas e tenham autonomia na escolha de processos e meios de produção.	Princípio instrumental que visa garantir que os preços de bens e serviços sejam estabelecidos pelo processo competitivo, sem a intervenção do Estado.
Limitações	Encontrando limitações na defesa do consumidor, dignidade humana, direito de propriedade e igualdade perante a lei.	Deve ser balanceado com outros princípios, como a proteção do consumidor e a defesa da concorrência leal.

2.1.1.5. Defesa do consumidor

A livre concorrência e a defesa do mercado são princípios interdependentes que visam garantir um ambiente saudável e equilibrado para a atividade empresarial. Ambos os princípios têm como objetivo proteger o mercado, que é composto de fornecedores e consumidores. No entanto, é importante lembrar que a prática da atividade empresarial não pode ser realizada em detrimento dos direitos das pessoas físicas ou jurídicas que são destinatárias finais dos produtos produzidos. A livre concorrência não pode servir como justificativa para a anulação dos direitos dos consumidores e outros agentes envolvidos no mercado.

2.1.1.6. Defesa do meio ambiente

O princípio da defesa do meio ambiente se refere à utilização responsável e consciente dos recursos naturais e aos fatores de produção, considerando o impacto ambiental dos produtos e serviços e seus processos de elaboração e prestação. Isso inclui a adoção de práticas de tratamento diferenciado que levem em conta o impacto ambiental, visando à preservação do meio ambiente e ao desenvolvimento sustentável.

2.1.1.7. Redução das desigualdades regionais e sociais

O princípio da redução das desigualdades regionais e sociais se baseia no conceito de justiça distributiva, buscando garantir que o desenvolvimento do país seja compartilhado por todas as regiões e classes sociais, por meio de políticas efetivas de redistribuição de renda e receitas. Esse princípio é um dos objetivos fundamentais da República Federativa do Brasil, conforme estabelecido no art. 3º, III, da Constituição Federal. Para promover a redução das desigualdades, podem ser utilizados diversos instrumentos, como a criação de regiões administrativas, a instituição de planos plurianuais e a concessão de incentivos fiscais, conforme previsto na Constituição da República, em seus arts. 43, 165 e 151, respectivamente.

2.1.1.8. Busca do pleno emprego

Esse princípio constitucional visa proteger o trabalhador, ao estar relacionado com a valorização do trabalho humano e suas repercussões no âmbito do direito social do trabalho. O pleno emprego é tido como um objetivo a ser alcançado, embora o legislador reconheça que atingi-lo plenamente é difícil na prática. Assim, a norma é de caráter programático, estabelecendo uma meta a ser buscada pelo legislador ordinário em ações futuras.

2.1.1.9. Tratamento favorecido para empresas de pequeno porte constituídas sob as leis brasileiras e que tenham sua sede e administração no País

O tratamento favorecido para empresas de pequeno porte constituídas sob as leis brasileiras e que tenham sua sede e administração no país é um dos pilares da política de fomento ao empreendedorismo e à geração de emprego e renda no Brasil. A Lei Complementar nº 123/2006 estabelece normas gerais para a concessão desse tratamento, que incluem o regime tributário simplificado (Simples Nacional), a simplificação das obrigações trabalhistas e previdenciárias e o acesso ao crédito em condições mais favoráveis. Essas medidas visam reduzir os entraves burocráticos e financeiros que afetam as pequenas empresas e favorecer seu desenvolvimento e crescimento, contribuindo para a diminuição da desigualdade econômica e social no País.

Princípios econômicos	Descrição
Soberania nacional	Capacidade de um país tomar decisões autônomas em relação à sua política econômica.
Propriedade privada	Garante aos agentes econômicos o direito de possuir e controlar os fatores de produção.
Função social da propriedade	Busca um equilíbrio entre o benefício individual e coletivo por meio da promoção do bem-estar social.

Princípios econômicos	Descrição
Livre concorrência	Mercado acessível a uma ampla gama de agentes econômicos, e o Direito deve garantir a capacidade de qualquer interessado em participar.
Defesa do consumidor	Proteger o mercado, que é compostode fornecedores e consumidores.
Defesa do meio ambiente	Utilização responsável e consciente dos recursos naturais e fatores de produção.
Redução das desigualdades regionais e sociais	Garantir que o desenvolvimento do país seja compartilhado por todas as regiões e classes sociais.
Busca do pleno emprego	Valorização do trabalho humano e suas repercussões no âmbito do direito social do trabalho.
Tratamento favorecido para empresas de pequeno porte	Favorecer o desenvolvimento e crescimento das pequenas empresas, reduzindo os entraves burocráticos e financeiros que as afetam.

2.1.2. Princípios implícitos

2.1.2.1. Subsidiariedade

Na ordem econômica, a subsidiariedade implica que a atuação do Estado deve ser complementar à iniciativa privada e deve se restringir apenas às funções essenciais para garantir a efetividade dos direitos fundamentais, como a regulação e fiscalização do mercado. A subsidiariedade apresenta um caráter dúplice, comportando uma aplicação simultânea, positiva e negativa: (a) aspecto negativo – o que pode ser exercido pelo indivíduo ou por sociedades menores não deve ser confiado às sociedades de maior envergadura ou ao Estado; (b) aspecto positivo – grupos maiores têm a obrigação de suprir eventuais deficiências dos menores, prestando assistência aos atores insuficientes, estimulando, fomentando, suplementando e suprindo, se necessário, a iniciativa pessoal.

2.1.2.2. Liberdade econômica

A liberdade econômica é a expressão da liberdade no âmbito da atividade econômica. Ela envolve tanto a liberdade de empresa quanto a liberdade de concorrência, e é função do Estado garantir que todos os agentes possam participar do ciclo econômico de forma equilibrada. Em 2019, foi promulgada a Lei nº 13.874, que instituiu a Declaração de Direitos de Liberdade Econômica, estabelecendo garantias de livre mercado, promovendo a desburocratização e flexibilização de normas regulatórias, além de alterar dispositivos do Código Civil e de outras leis afins.

2.1.2.3. Igualdade econômica

É um princípio que busca assegurar a igualdade de oportunidades e o equilíbrio entre os agentes econômicos, evitando a concentração excessiva de poder e a formação de monopólios ou oligopólios que possam prejudicar a concorrência. Trata-se de uma garantia que visa nivelar as condições dos agentes econômicos, independentemente do seu tamanho ou poder de mercado, para que possam competir em igualdade de condições. Esse princípio está previsto na Constituição Federal e é regulamentado por diversas leis e normas específicas, como a Lei de Defesa da Concorrência (Lei nº 12.529/2011) e a Lei de Licitações e Contratos.

2.1.2.4. Desenvolvimento econômico

Trata-se de princípio que busca reduzir as desigualdades sociais e regionais. Para tanto, é necessário reconhecer a constitucionalidade das políticas públicas de ação afirmativa voltadas para o desenvolvimento econômico. Essas políticas devem fomentar a inclusão social e a melhoria da qualidade de vida das pessoas, especialmente das mais vulneráveis.

2.1.2.5. Democracia econômica

Por esse princípio, as políticas públicas devem garantir a ampliação das oportunidades de iniciativa e emprego, com igualdade de chances para todos, independentemente de sua posição social ou econômica. Isso significa assegurar o acesso ao mercado de trabalho e aos meios de produção, promovendo a distribuição equitativa dos recursos e a redução das desigualdades.

2.1.2.6. Boa-fé econômica

A aplicação dos princípios da publicidade e da transparência nas atividades econômicas é fundamental para garantir a simetria informativa entre os agentes do mercado, evitando falhas e distorções que possam prejudicar a livre concorrência. A boa-fé econômica deve orientar as relações entre os agentes do mercado, pautando a ética e a responsabilidade social.

Princípio implícito	Descrição
Subsidiariedade	O Estado deve atuar apenas nas funções essenciais para garantir a efetividade dos direitos fundamentais, complementando a iniciativa privada e evitando que sociedades menores sejam absorvidas por sociedades maiores ou pelo Estado.

Princípio implícito	Descrição
Liberdade econômica	Todos os agentes devem poder participar do ciclo econômico de forma equilibrada, com garantias de livre mercado, desburocratização e flexibilização de normas regulatórias.
Igualdade econômica	Busca assegurar a igualdade de oportunidades e equilíbrio entre os agentes econômicos, evitando concentração excessiva de poder e formação de monopólios ou oligopólios.
Desenvolvimento econômico	Princípio que busca reduzir desigualdades sociais e regionais por meio de políticas públicas de ação afirmativa voltadas para o desenvolvimento econômico.
Democracia econômica	Políticas públicas devem garantir ampliação das oportunidades de iniciativa e emprego, com igualdade de chances para todos, assegurando o acesso ao mercado de trabalho e aos meios de produção e promovendo a distribuição equitativa dos recursos.
Boa-fé econômica	As relações entre os agentes do mercado devem ser pautadas pela ética e responsabilidade social, com aplicação dos princípios de publicidade e transparência para garantir a simetria informativa e evitar falhas e distorções que possam prejudicar a livre concorrência.

2.2. Fundamentos da ordem econômica

O art. 170 da CR/1988 estabelece dois fundamentos da ordem econômica, quais sejam: a valorização do trabalho humano e a livre-iniciativa.

No que se refere à valorização do trabalho humano, o art. 1º da CR/1988 aponta como princípio fundamental da República Federativa do Brasil, entre outros, os valores sociais do trabalho e da livre-iniciativa. Por outro lado, segundo o *caput* do art. 170, a valorização do trabalho humano se apresenta como fundamento da ordem econômica. Assim, quis o legislador constituinte originário evidenciar a importância do trabalho na garantia da dignidade humana e na concretização dos objetivos da ordem econômica.

A livre-iniciativa, por sua vez, refere-se à liberdade individual na produção, distribuição e circulação de riquezas, permitindo que os indivíduos escolham livremente suas profissões e atividades econômicas e tenham autonomia na escolha de processos e meios de produção. Embora seja um princípio fundamental, não é absoluto, encontrando limitações na defesa do consumidor, da dignidade humana, do direito de propriedade e da igualdade perante a lei.

2.3. Objetivos da ordem econômica

Os objetivos da ordem econômica podem ser resumidos em dois pontos fundamentais: a garantia da existência digna e a promoção da justiça social. O primeiro objetivo está diretamente relacionado à dignidade da pessoa humana e implica a criação de políticas públicas voltadas à erradicação da miséria e à inclusão social, tanto pelo setor público quanto pelo privado. A busca pela existência digna deve ser guiada pela justiça distributiva, de forma que todos tenham garantias mínimas de subsistência, ou seja, o mínimo existencial.

Por sua vez, o segundo objetivo busca implementar condições de vida que permitam a todos atingir um patamar de dignidade e satisfação, com um caráter social intrínseco à justiça. Isso implica a adoção de uma perspectiva de compartilhamento de riscos e riquezas, ainda que isso signifique a restrição ao princípio da livre-iniciativa. A justiça social visa, portanto, à promoção da igualdade e da solidariedade, contribuindo para o desenvolvimento socioeconômico sustentável.

3. INTERVENÇÃO DO ESTADO NA ORDEM ECONÔMICA

3.1. Intervenção direta e indireta[4]

A intervenção do Estado na ordem econômica pode se dar de duas formas: **direta e indireta**. Na **intervenção direta**, o Estado **pode explorar diretamente a atividade econômica produzindo bens e serviços**, conforme previsto no art. 173 da Constituição da República. A exploração direta das atividades econômicas pelo Estado é permitida apenas em situações excepcionais, em razão de **imperativos de segurança nacional** e **relevante interesse coletivo**. Em outras palavras, essa prática só pode ocorrer em casos de extrema necessidade, como em situações de segurança nacional ou quando existe relevância do interesse coletivo.

Além disso, essa intervenção pode ocorrer por **absorção e por participação**. Na **absorção,** o Estado absorve atividades da iniciativa privada, exercendo-as de **maneira exclusiva**. Nesse sentido, o art. 177 da CR/1988 estabelece que constituem monopólio da União: (i) a pesquisa e a lavra das jazidas de petróleo e gás natural e outros hidrocarbonetos fluidos; (ii) a refinação do petróleo nacional ou estrangeiro; (iii) a importação e exportação dos produtos e derivados básicos resultantes das atividades previstas nos incisos anteriores; (iv) o transporte marítimo do petróleo bruto de origem nacional ou de derivados básicos de petróleo produzidos no País, bem assim o transporte, por meio de conduto, de petróleo bruto, seus derivados e gás natural de qualquer origem; (v) a pesquisa, a lavra, o enriquecimento, o reprocessamento, a industrialização e o comércio de minérios e minerais nucleares e seus derivados, com exceção dos radioisótopos cuja produção, comercialização e utilização poderão ser autorizadas sob regime de permissão, conforme as alíneas *b* e *c* do inciso XXIII do *caput* do art. 21 da Constituição Federal.

Importante observar que o § 1º do art. 177 estabelece que a União poderá contratar com empresas estatais ou privadas a realização das atividades previstas nos incisos I

---

4 GRAU, Eros Roberto. *A ordem econômica na Constituição de 1988 (interpretação e crítica)*. 14. ed. atual. São Paulo: Malheiros Editores, 2010.

a IV. Assim, portanto, à exceção do inciso V, a União poderá contratar terceiros para desenvolverem as demais atividades.

O dispositivo constitucional consagra o **monopólio jurídico ou de direito**, isto é, aquele imposto pelo sistema normativo. Esse monopólio se difere do **monopólio natural**, que é fruto da maior eficiência de empresas privadas no mercado em que atuam. Nesse sentido, o art. 36, § 1º, da Lei nº 12.529/2011 **entende que a conquista de mercado resultante de processo natural fundado na maior eficiência de agente econômico em relação a seus competidores não caracteriza ilícito**.

Importante ainda a diferença entre **monopólio e privilégio**. Segundo a definição, situações em que uma atividade econômica é executada exclusivamente constituem um monopólio. Por outro lado, quando um serviço público é prestado de maneira exclusiva, isso é considerado um privilégio. Nesse sentido, o STF entendeu que a atividade postal realizada pelos Correios é exercida sob regime de privilégio, uma vez que se trata de um serviço público.

Por sua vez, na **participação**, o Estado atua em **competição** com a iniciativa privada.

Na **intervenção indireta**, o Estado exerce sua função normativa e reguladora da atividade econômica, conforme estabelecido no art. 174 da Constituição da República. Essa intervenção pode ser realizada por meio de **normas, regulação, fomento e repressão** ao abuso do poder econômico. A intervenção indireta ainda pode ser subdividida em **direção e indução**. Na **direção**, o Estado edita regras de observância obrigatória e de incidência direta nas relações econômicas públicas e privadas. Por outro lado, na **indução**, o Estado edita regras instrumentais de incidência indireta na atividade econômica com o objetivo de incentivar ou desincentivar determinadas atividades, posturas ou condutas.

É importante destacar que o Estado deve exercer suas funções de intervenção na ordem econômica na forma da lei e com equilíbrio, a fim de garantir o desenvolvimento econômico e a proteção do interesse público.

3.2. Regulação

A intervenção estatal por meio da regulação da atividade econômica surgiu como uma resposta à necessidade de o Estado controlar a economia e restabelecer a livre concorrência. Isso levou ao surgimento da legislação antitruste, que buscava regular as práticas comerciais para evitar o monopólio e a concentração excessiva de poder econômico.

A regulação da atividade econômica como forma de intervenção estatal possui quatro características principais: a edição de normas, a implementação efetiva dessas normas, a fiscalização do cumprimento das normas e a aplicação de sanções aos infratores. Assim, o Estado busca garantir a justiça e a equidade nas relações comerciais e proteger os interesses da sociedade.

3.2.1. Falhas de mercado

O sistema liberal, baseado na livre-iniciativa e na livre concorrência, apresentou diversas falhas ao longo do tempo, que foram reconhecidas pelo Estado. Essas falhas, chamadas de **falhas de mercado**, são a **deficiência na distribuição de bens essenciais, a assimetria de informação, a concentração econômica, as externalidades e os bens públicos**.

No que se refere à **deficiência de bens essenciais**, o mercado muitas vezes não é capaz de fornecer bens mínimos necessários à subsistência da coletividade. Por isso, cabe ao Estado intervir, direta ou indiretamente, para produzir ou fomentar a produção desses bens destinados à coletividade.

Outra falha do mercado é a **assimetria de informação**, na qual os consumidores, os competidores e o Estado não têm conhecimento necessário sobre as informações relativas ao setor econômico. Isso pode acontecer por diversas razões, como pela complexidade dos produtos, pelo tamanho dos mercados ou pela intenção dos agentes econômicos de esconderem informações para agirem de forma egoísta. Para solucionar esse problema, é fundamental garantir o acesso às informações relevantes do mercado para que os agentes possam atuar de forma mais igualitária, o que é responsável pela organização e planificação do mercado. Além disso, o acesso às informações permite uma melhor fiscalização pelo Estado e melhora as condições de consumo.

Mais uma falha do mercado é a **concentração econômica**, que ocorre quando há monopólios ou oligopólios que retiram a possibilidade de uma disputa equilibrada entre os agentes econômicos. Essa falha de estrutura contraria a concepção original do mercado, que foi pensado como um conjunto de unidades economicamente pequenas, sem que a presença ou a ausência de qualquer uma dessas unidades pudesse ou tivesse um peso que implicasse alterações do próprio mercado.

As **externalidades** são outra falha do mercado, correspondendo aos custos ou aos benefícios sociais decorrentes das atividades econômicas. Por exemplo, a poluição causada por uma grande indústria pode ser considerada uma externalidade negativa, enquanto a geração de empregos por essa mesma indústria pode ser uma externalidade positiva.

Por fim, há os **bens públicos**, que só fazem sentido se disponibilizados pelo governo, pois o consumo adicional de uma unidade por uma pessoa não afeta o consumo de terceiros, ou seja, não gera escassez. Nesse caso, a iniciativa privada não é atraída para a prestação desses serviços, e cabe ao Estado oferecê-los. As características dessa falha de mercado incluem a não rivalidade e a não exclusividade.

Em resumo, a intervenção do Estado na economia por meio da regulação da atividade econômica se tornou necessária devido às falhas apresentadas pelo sistema liberal. Essas falhas podem ser mitigadas ou corrigidas com a adoção de medidas específicas, que garantam a distribuição de bens essenciais, a transparência das informações, a concorrência justa, a consideração das externalidades e a oferta de bens públicos.

Falhas de mercado	
Falta de fornecimento de bens essenciais	Mercado não consegue fornecer bens mínimos necessários à subsistência da coletividade; cabe ao Estado intervir para produzir ou fomentar a produção desses bens.
Assimetria de informação	Consumidores, competidores e o Estado não têm conhecimento necessário sobre as informações relativas ao setor econômico. É fundamental garantir o acesso às informações relevantes do mercado para que os agentes possam atuar de forma mais igualitária.
Concentração econômica	Monopólios ou oligopólios que retiram a possibilidade de uma disputa equilibrada entre os agentes econômicos.
Externalidades	Custos ou benefícios sociais decorrentes das atividades econômicas. Ex.: poluição (externalidade negativa) e geração de empregos (externalidade positiva).
Bens públicos	Consumo adicional de uma unidade por uma pessoa não afeta o consumo de terceiros, não gera escassez. Cabe ao Estado oferecê-los, já que a iniciativa privada não é atraída para a prestação desses serviços.

3.2.2. Formas de regulação

A regulação é um conjunto de leis e normas que têm como objetivo regular atividades econômicas em diversos setores. É importante destacar que existem diferentes formas de regulação, que podem ser classificadas em: **regulação estatal, regulação pública não estatal, autorregulação e desregulação**.

A **regulação estatal** é exercida por órgãos e entidades estatais, como a Administração direta ou as agências reguladoras. Nessa forma de regulação, há uma distinção clara entre os agentes reguladores e os regulados, caracterizando uma heterorregulação.

Por sua vez, a **regulação pública não estatal** é exercida por entidades da sociedade, por meio de delegação ou incorporação de suas normas ao ordenamento jurídico estatal, como é o caso de entidades desportivas.

A **autorregulação**, por outro lado, é realizada por instituições privadas, geralmente associativas, sem nenhuma delegação ou chancela estatal. Nessa forma de regulação, os próprios agentes regulados exercem o papel de reguladores da atividade econômica, representando uma forma de regulação coletiva fora do âmbito estatal. A autorregulação pode ser **privada**, quando estabelecida pelos particulares sem a influência estatal, ou **pública**, quando formalizada também pelos particulares, mas com a chancela ou o reconhecimento do Estado.

Por fim, a **desregulação** consiste na não regulação institucionalizada, seja pública, seja privada, deixando os agentes sujeitos apenas à mão invisível do mercado.

É importante destacar que a regulação estatal e a autorregulação não devem ser confundidas. Enquanto a regulação estatal caracteriza uma heterorregulação, com os agentes reguladores e os regulados claramente distintos, a autorregulação é uma regulação coletiva exercida pelos próprios interessados, sem a influência estatal. Ambas as formas de regulação têm seus pontos fortes e fracos, e sua escolha deve levar em consideração a natureza da atividade regulada e os interesses envolvidos.

3.2.3. O controle de preços e a responsabilidade do Estado

No que diz respeito aos preços relativos à prestação de serviços públicos, é inegável que o Estado possui poder de controle sobre as tarifas, conforme previsto na Constituição Federal. É importante ressaltar que a fixação de preços privados nas atividades econômicas, por sua vez, é uma questão que cabe exclusivamente ao particular, já que está relacionada à livre-iniciativa. Em regra, não é possível que o Estado realize tabelamento de preços da iniciativa privada de forma prévia, reiterada e genérica.

No entanto, é importante lembrar que o princípio da livre-iniciativa não é absoluto e pode ser mitigado para a efetivação de outros princípios relevantes à ordem econômica. Nesse sentido, o controle de preços pelo Estado pode ser permitido de forma excepcional, desde que justificado e limitado no tempo. Os objetivos devem ser corrigir falhas de mercado, remover o risco à livre concorrência, garantir a proteção ao consumidor e reduzir as desigualdades sociais.

Vale destacar que o tabelamento de preços de atividades da iniciativa privada deve ser motivado pela efetivação de princípios da ordem econômica e não pode ser utilizado de forma arbitrária. Além disso, não é possível fixar preços inferiores aos custos de produção, já que isso seria prejudicial aos próprios agentes econômicos envolvidos.

Em resumo, é possível que o Estado realize controle de preços em determinadas situações, desde que seja de forma justificada e limitada no tempo, com o objetivo de efetivar princípios relevantes à ordem econômica. No entanto, o tabelamento de preços de atividades da iniciativa privada deve ser utilizado de forma excepcional e com critérios bem definidos, de modo que não prejudique a livre-iniciativa e a livre concorrência.

Contudo, apesar de ser considerada uma prática lícita, a regulação de preços pelo Estado pode gerar impactos negativos para os particulares, como a redução da margem de lucro e, em alguns casos, até mesmo a inviabilização das atividades econômicas. Por isso, é importante avaliar se há a necessidade efetiva de regulação e, caso positivo, buscar uma forma de minimizar os prejuízos causados aos particulares afetados.

Uma alternativa para mitigar os impactos da regulação de preços é a previsão de indenização aos particulares afetados. Nesse sentido, o STF já se posicionou, afirmando que o Estado deve indenizar os particulares pelos prejuízos causados pela regulação de preços, desde que esta seja considerada ilegal ou arbitrária. Logo, a indenização será devida apenas quando a regulação não estiver fundamentada nos princípios e fundamentos da ordem econômica, ou quando causar prejuízos desproporcionais e excessivos aos particulares.[5]

É essencial salientar que a indenização deve ser calculada com base nos prejuízos efetivamente sofridos pelos particulares, a fim de compensá-los pelo que deixaram de ganhar em razão da regulação de preços. Além disso, é fundamental que o processo de indenização seja transparente e justo, para que os particulares tenham confiança na atuação do Estado e se sintam protegidos contra os efeitos negativos da intervenção na economia.

Assim, fica evidente a importância de se buscar um equilíbrio entre a necessidade de regulação dos preços de mercado e a proteção dos direitos dos particulares. A regulação deve ser excepcional, limitada no tempo e justificada pelos princípios e fundamentos da ordem econômica, e, quando causar prejuízos aos particulares, estes devem ser devidamente indenizados. Dessa forma, é possível garantir a proteção tanto do interesse público quanto dos direitos dos particulares afetados pela regulação.

O STF proferiu um julgamento relevante relacionado ao setor sucroalcooleiro, em que se enfrentou o fato de a União tabelar preços abaixo dos custos de produção até o final da década de 1990. Segundo a tese de repercussão geral fixada pela corte, para que seja reconhecida a responsabilidade civil do Estado decorrente da fixação de preços no setor sucroalcooleiro, é essencial que se comprove o efetivo prejuízo econômico em cada caso concreto, mediante perícia técnica.[6]

4. CONCENTRAÇÃO EMPRESARIAL E DEFESA DA CONCORRÊNCIA – O SISTEMA BRASILEIRO DE DEFESA DA CONCORRÊNCIA

4.1. Finalidade do SBDC

De acordo com o art. 173, § 4º, da CR/1988, a lei reprimirá o abuso do poder econômico que vise à dominação dos mercados, à eliminação da concorrência e ao aumento arbitrário dos lucros. Esse dispositivo constitucional é regulado pela Lei nº 12.529/2011.

A Lei nº 12.529/2011 estabelece a estrutura do Sistema Brasileiro de Defesa da Concorrência (SBDC) e regula a prevenção e a repressão de infrações contra a ordem econômica, em conformidade com os princípios constitucionais de liberdade de iniciativa, livre concorrência, função social da propriedade, proteção dos consumidores e combate ao abuso do poder econômico, de forma que coletividade é a titular dos bens jurídicos protegidos pela lei, de acordo com o parágrafo único do art. 1º.

---

[5] AI 754.714 AgR, Primeira Turma, Rel. Min. Roberto Barroso, j. 17.03.2015.

[6] ARE 884.325, Tribunal Pleno, Rel, Min. Edson Fachin, j. 18.08.2020, *DJe*-221, divulg. 03.09.2020, public. 04.09.2020.

4.2. Territorialidade

Conforme o art. 2º, aplica-se a lei, sem prejuízo de convenções e tratados de que seja signatário o Brasil, às práticas cometidas no todo ou em parte no território nacional ou que nele produzam ou possam produzir efeitos, de modo que se reputa domiciliada no território nacional a empresa estrangeira que opere ou tenha no Brasil filial, agência, sucursal, escritório, estabelecimento, agente ou representante.

Ademais, a empresa estrangeira será notificada e intimada de todos os atos processuais previstos nessa lei, independentemente de procuração ou de disposição contratual ou estatutária, na pessoa do agente ou representante ou pessoa responsável por sua filial, agência, sucursal, estabelecimento ou escritório instalado no Brasil.

4.3. O Sistema Brasileiro de Defesa da Concorrência

De acordo com o art. 3º, o SBDC é formado pelo Conselho Administrativo de Defesa Econômica – (Cade) e pela Secretaria de Acompanhamento Econômico do Ministério da Fazenda.

4.3.1. Conselho Administrativo de Defesa Econômica (Cade)

O art. 4º estabelece que o Cade é entidade judicante com jurisdição em todo o território nacional, que se constitui em autarquia federal, vinculada ao Ministério da Justiça, com sede e foro no Distrito Federal.

De acordo com o art. 5º, o Cade é constituído pelos seguintes órgãos: (i) Tribunal Administrativo de Defesa Econômica; (ii) Superintendência-geral; e (iii) Departamento de Estudos Econômicos.

4.3.1.1. Tribunal Administrativo

O art. 6º estabelece que o **Tribunal Administrativo**, órgão judicante, tem como membros um presidente e seis conselheiros escolhidos dentre cidadãos com mais de 30 (trinta) anos de idade, de notório saber jurídico ou econômico e reputação ilibada, nomeados pelo presidente da República, depois de aprovados pelo Senado Federal.

O mandato do presidente e dos conselheiros é de 4 (quatro) anos, não coincidentes, vedada a recondução.

Os cargos de presidente e de conselheiro são de dedicação exclusiva, não se admitindo qualquer acumulação, salvo as constitucionalmente permitidas.

No caso de renúncia, morte, impedimento, falta ou perda de mandato do presidente do tribunal, assumirá o conselheiro mais antigo no cargo ou o mais idoso, nessa ordem, até nova nomeação, sem prejuízo de suas atribuições.

Já no caso de renúncia, morte ou perda de mandato de conselheiro, proceder-se-á a nova nomeação, para completar o mandato do substituído, e se, nesses casos, ou no caso de encerramento de mandato dos conselheiros, a composição do tribunal ficar reduzida a número inferior a 4, considerar-se-ão automaticamente suspensos os prazos da lei, e suspensa a tramitação de processos, continuando-se a contagem imediatamente após a recomposição do quórum.

Pelo art. 7º, a perda de mandato do presidente ou dos conselheiros do Cade só poderá ocorrer em virtude de decisão do Senado Federal, por provocação do presidente da República, ou em razão de condenação penal irrecorrível por crime doloso, ou de processo disciplinar de conformidade com o que prevê a Lei nº 8.112, de 11 de dezembro de 1990, e a Lei nº 8.429, de 2 de junho de 1992, e por infringência de quaisquer das vedações previstas no art. 8º da lei.

Ademais, também perderá o mandato, automaticamente, o membro do tribunal que faltar a 3 (três) reuniões ordinárias consecutivas, ou 20 (vinte) intercaladas, ressalvados os afastamentos temporários autorizados pelo plenário.

É vedado ao presidente e aos conselheiros, por um período de 120 (cento e vinte) dias, contado da data em que deixar o cargo, representar qualquer pessoa, física ou jurídica, ou interesse perante o SBDC, ressalvada a defesa de direito próprio, sob pena de incorrer na prática de advocacia administrativa.

Durante esse período de 120 dias, o presidente e os conselheiros receberão a mesma remuneração do cargo que ocupavam.

É vedado, a qualquer tempo, ao presidente e aos conselheiros utilizar informações privilegiadas obtidas em decorrência do cargo exercido.

As decisões do tribunal serão tomadas por maioria, com a presença mínima de 4 (quatro) membros, sendo o quórum de deliberação mínimo de 3 (três) membros.

Por fim, as decisões do tribunal não comportam revisão no âmbito do Poder Executivo, promovendo-se, de imediato, sua execução e comunicando-se, em seguida, ao Ministério Público, para as demais medidas legais cabíveis no âmbito de suas atribuições.

4.3.1.2. Superintendência-geral

De acordo com o art. 12, o Cade terá em sua estrutura uma superintendência-geral, com 1 (um) superintendente-geral e 2 (dois) superintendentes adjuntos.

O superintendente-geral será escolhido dentre cidadãos com mais de 30 (trinta) anos de idade, notório saber jurídico ou econômico e reputação ilibada, nomeado pelo presidente da República, depois de aprovado pelo Senado Federal.

Ele terá mandato de 2 (dois) anos, permitida a recondução para um único período subsequente.

Os cargos de superintendente-geral e de superintendentes adjuntos são de dedicação exclusiva, não se admitindo qualquer acumulação, salvo as constitucionalmente permitidas.

Durante o período de vacância que anteceder à nomeação de novo superintendente-geral, assumirá interinamente o cargo um dos superintendentes adjuntos, indicado pelo presidente do tribunal, o qual permanecerá no cargo até a posse do novo superintendente-geral, escolhido dentre cidadãos com mais de 30 (trinta) anos de idade, notório saber jurídico ou econômico e reputação ilibada, nomeado pelo presidente da República, depois de aprovado pelo Senado Federal.

Se, no caso da vacância, não houver nenhum superintendente adjunto nomeado na Superintendência do Cade, o presidente do tribunal indicará servidor em exercício no Cade, com conhecimento jurídico ou econômico na área de defesa da concorrência e reputação ilibada, para assumir interinamente o cargo, permanecendo neste até a posse do novo superintendente-geral, escolhido dentre cidadãos com mais de 30 (trinta) anos de idade, notório saber jurídico ou econômico e reputação ilibada, nomeado pelo presidente da República, depois de aprovado pelo Senado Federal.

Os superintendentes adjuntos serão indicados pelo superintendente-geral.

4.3.1.3. Procuradoria Federal junto ao Cade

O art. 15 estabelece que funcionará junto ao Cade a Procuradoria Federal Especializada, listando as suas competências.

Ademais, compete à Procuradoria Federal junto ao Cade, ao dar execução judicial às decisões da Superintendência-geral e do tribunal, manter o presidente do tribunal, os conselheiros e o superintendente-geral informados sobre o andamento das ações e medidas judiciais.

De acordo com o art. 16, o procurador-chefe será nomeado pelo presidente da República, depois de aprovado pelo Senado Federal, dentre cidadãos brasileiros com mais de 30 (trinta) anos de idade, de notório conhecimento jurídico e reputação ilibada.

Esse procurador terá mandato de 2 (dois) anos, permitida sua recondução para um único período.

Ele poderá participar, sem direito a voto, das reuniões do tribunal, prestando assistência e esclarecimentos, quando requisitado pelos conselheiros, na forma do Regimento Interno do Tribunal.

Aplicam-se-lhe as mesmas normas de impedimento aplicáveis aos conselheiros do tribunal, exceto quanto ao comparecimento às sessões.

Nos casos de faltas, afastamento temporário ou impedimento do procurador-chefe, o plenário indicará e o presidente do tribunal designará o substituto eventual dentre os integrantes da Procuradoria Federal Especializada.

4.3.1.4. Departamento de Estudos Econômicos

De acordo com o art. 17, o Cade terá um departamento de estudos econômicos, dirigido por um economista-chefe, a quem incumbirá elaborar estudos e pareceres econômicos, de ofício ou por solicitação do plenário, do presidente, do conselheiro-relator ou do superintendente-geral, zelando pelo rigor e pela atualização técnica e científica das decisões do órgão.

O art. 18 estabelece que o economista-chefe será nomeado, conjuntamente, pelo superintendente-geral e pelo presidente do tribunal, dentre brasileiros de ilibada reputação e notório conhecimento econômico.

Ele poderá participar das reuniões do tribunal, sem direito a voto.

Aplicam-se-lhe as mesmas normas de impedimento aplicáveis aos conselheiros do tribunal, exceto quanto ao comparecimento às sessões.

4.4. Infrações à ordem econômica

4.4.1. Disposições gerais

De acordo com o art. 31, a lei aplica-se às pessoas físicas ou jurídicas de direito público ou privado, bem como a quaisquer associações de entidades ou pessoas, constituídas de fato ou de direito, ainda que temporariamente, com ou sem personalidade jurídica, mesmo que exerçam atividade sob regime de monopólio legal.

Por sua vez, o art. 32 estabelece que as diversas formas de infração da ordem econômica implicam a responsabilidade da empresa e a responsabilidade individual de seus dirigentes ou administradores, solidariamente.

Pelo art. 33, serão solidariamente responsáveis as empresas ou entidades integrantes de grupo econômico, de fato ou de direito, quando pelo menos uma delas praticar infração à ordem econômica.

Já o art. 34 permite a **desconsideração da personalidade jurídica na via administrativa**. Por ele, a personalidade jurídica do responsável por infração da ordem econômica poderá ser desconsiderada quando houver da parte deste abuso de direito, excesso de poder, infração da lei, fato ou ato ilícito ou violação dos estatutos ou contrato social. Ademais, a desconsideração também será efetivada quando houver falência, estado de insolvência, encerramento ou inatividade da pessoa jurídica provocados por má administração. Trata-se da adoção da teoria maior da desconsideração da personalidade jurídica.

Por fim, o art. 35 prevê que a repressão das infrações da ordem econômica não exclui a punição de outros ilícitos previstos em lei.

4.4.2. Das infrações

O art. 36 lista as condutas consideradas infrações à ordem econômica. Pelo dispositivo, constituem infração da ordem econômica, independentemente de culpa, os atos sob qualquer forma manifestados, que tenham por objeto ou possam produzir os seguintes efeitos, ainda que não sejam alcançados:

I. limitar, falsear ou de qualquer forma prejudicar a livre concorrência ou a livre-iniciativa;
II. dominar mercado relevante de bens ou serviços;
III. aumentar arbitrariamente os lucros; e
IV. exercer de forma abusiva posição dominante.

Importante disposição se refere ao § 1º, que estabelece que a **conquista de mercado resultante de processo natural fundado na maior eficiência de agente econômico em relação a seus competidores não caracteriza ilícito**.

Presume-se posição dominante sempre que uma empresa ou grupo de empresas for capaz de alterar unilateral ou coordenadamente as condições de mercado ou quando c**ontrolar 20% (vinte por cento) ou mais do mercado relevante**, podendo esse percentual ser alterado pelo Cade para setores específicos da economia.

4.4.3. Das penas

O art. 37 estabelece que a prática de infração da ordem econômica sujeita os responsáveis às seguintes penas:

I. no caso de empresa, multa de 0,1% (um décimo por cento) a 20% (vinte por cento) do valor do faturamento bruto da empresa, grupo ou conglomerado obtido, no último exercício anterior à instauração do processo administrativo, no ramo de atividade empresarial em que ocorreu a infração, a qual nunca será inferior à vantagem auferida, quando for possível sua estimação;

No cálculo do valor da multa, o Cade poderá considerar o faturamento total da empresa ou grupo de empresas, quando não dispuser do valor do faturamento no ramo de atividade empresarial em que ocorreu a infração, definido pelo Cade, ou quando este for apresentado de forma incompleta e/ou não demonstrado de forma inequívoca e idônea.

II. no caso das demais pessoas físicas ou jurídicas de direito público ou privado, bem como quaisquer associações de entidades ou pessoas constituídas de fato ou de direito, ainda que temporariamente, com ou sem personalidade jurídica, que não exerçam atividade empresarial, não sendo possível utilizar-se o critério do valor do faturamento bruto, a multa será entre R$ 50.000,00 (cinquenta mil reais) e R$ 2.000.000.000,00 (dois bilhões de reais);

III. no caso de administrador, direta ou indiretamente responsável pela infração cometida, quando comprovada a sua culpa ou dolo, multa de 1% (um por cento) a 20% (vinte por cento) daquela aplicada à empresa.

Em caso de reincidência, as multas cominadas serão aplicadas em dobro.

De acordo com o art. 38, sem prejuízo das penas cominadas no art. 37 da lei, quando assim exigir a gravidade dos fatos ou o interesse público geral, poderão ser impostas as seguintes penas, isolada ou cumulativamente:

I. a publicação, em meia página e a expensas do infrator, em jornal indicado na decisão, de extrato da decisão condenatória, por 2 (dois) dias seguidos, de 1 (uma) a 3 (três) semanas consecutivas;

II. a proibição de contratar com instituições financeiras oficiais e participar de licitação tendo por objeto aquisições, alienações, realização de obras e serviços, concessão de serviços públicos, na Administração Pública federal, estadual, municipal e do Distrito Federal, bem como em entidades da administração indireta, por prazo não inferior a 5 (cinco) anos;

III. a inscrição do infrator no Cadastro Nacional de Defesa do Consumidor;

IV. a recomendação aos órgãos públicos competentes para que:

a) seja concedida licença compulsória de direito de propriedade intelectual de titularidade do infrator, quando a infração estiver relacionada ao uso desse direito;

b) não seja concedido ao infrator parcelamento de tributos federais por ele devidos ou para que sejam cancelados, no todo ou em parte, incentivos fiscais ou subsídios públicos;

V. a cisão de sociedade, transferência de controle societário, venda de ativos ou cessação parcial de atividade;

VI. a proibição de exercer o comércio em nome próprio ou como representante de pessoa jurídica, pelo prazo de até 5 (cinco) anos; e

VII. qualquer outro ato ou providência necessários para a eliminação dos efeitos nocivos à ordem econômica.

O art. 39 estabelece que, pela continuidade de atos ou situações que configurem infração da ordem econômica, após decisão do tribunal determinando sua cessação, bem como pelo não cumprimento de obrigações de fazer ou não fazer impostas, ou pelo descumprimento de medida preventiva ou termo de compromisso de cessação previstos nessa lei, o responsável fica sujeito a multa diária fixada em valor de R$ 5.000,00 (cinco mil reais), podendo ser aumentada em até 50 (cinquenta) vezes, se assim recomendar a situação econômica do infrator e a gravidade da infração.

Por sua vez, o art. 40 prevê que a recusa, omissão ou retardamento injustificado de informação ou documentos solicitados pelo Cade ou pela Secretaria de Acompanhamento Econômico constitui infração punível com multa diária de R$ 5.000,00 (cinco mil reais), podendo ser aumentada em até 20 (vinte) vezes, se necessário para garantir sua eficácia, em razão da situação econômica do infrator.

O montante fixado para a multa diária constará do documento que contiver a requisição da autoridade competente.

Compete à autoridade requisitante a aplicação da multa.

Tratando-se de empresa estrangeira, responde solidariamente pelo pagamento da multa sua filial, sucursal, escritório ou estabelecimento situado no País.

Consoante o art. 41, a falta injustificada do representado ou de terceiros, quando intimados para prestar esclarecimentos, no curso de inquérito ou processo administrativo, sujeitará o faltante à multa de R$ 500,00 (quinhentos reais) a R$ 15.000,00 (quinze mil reais) para cada falta, aplicada conforme sua situação econômica, de modo que a multa será aplicada mediante auto de infração pela autoridade competente.

De acordo com o art. 42, impedir, obstruir ou de qualquer outra forma dificultar a realização de inspeção autorizada pelo plenário do tribunal, pelo conselheiro-relator ou pela Superintendência-geral no curso de procedimento preparatório, inquérito administrativo, processo administrativo ou qualquer outro procedimento sujeitará o inspecionado ao pagamento de multa de R$ 20.000,00 (vinte mil reais) a R$ 400.000,00 (quatrocentos mil reais), conforme a situação econômica do infrator, mediante a lavratura de auto de infração pelo órgão competente.

O art. 43 estabelece que a enganosidade ou a falsidade de informações, de documentos ou de declarações prestadas por qualquer pessoa ao Cade ou à Secretaria de Acompanhamento Econômico será punível com multa pecuniária no valor de R$ 5.000,00 (cinco mil reais) a R$ 5.000.000,00 (cinco milhões de reais), de acordo com a gravidade dos fatos e a situação econômica do infrator, sem prejuízo das demais cominações legais cabíveis.

Conforme o art. 44, aquele que prestar serviços ao Cade ou a Seae, a qualquer título, e que der causa, mesmo que por mera culpa, à disseminação indevida de informação acerca de empresa, coberta por sigilo, será punível com multa pecuniária de R$ 1.000,00 (mil reais) a R$ 20.000,00 (vinte mil reais), sem prejuízo de abertura de outros procedimentos cabíveis.

Se o autor da disseminação indevida estiver servindo o Cade em virtude de mandato, ou na qualidade de procurador federal ou economista-Chefe, a multa será em dobro.

Pelo art. 45, na aplicação das penas estabelecidas na lei, levar-se-á em consideração: (i) a gravidade da infração; (ii) a boa-fé do infrator; (iii) a vantagem auferida ou pretendida pelo infrator; (iv) a consumação ou não da infração; (v) o grau de lesão, ou perigo de lesão, à livre concorrência, à economia nacional, aos consumidores, ou a terceiros; (vi) os efeitos econômicos negativos produzidos no mercado; (vii) a situação econômica do infrator; e (viii) a reincidência.

4.4.4. Da prescrição

De acordo com o art. 46, prescrevem em 5 (cinco) anos as ações punitivas da Administração Pública federal, direta e indireta, objetivando apurar infrações da ordem econômica, contados da data da prática do ilícito ou, no caso de infração permanente ou continuada, do dia em que tiver cessada a prática do ilícito.

Interrompe a prescrição qualquer ato administrativo ou judicial que tenha por objeto a apuração da infração contra a ordem econômica, bem como a notificação ou a intimação da investigada.

Suspende-se a prescrição durante a vigência do compromisso de cessação ou do acordo em controle de concentrações.

Incide a prescrição no procedimento administrativo paralisado por mais de 3 (três) anos, pendente de julgamento ou despacho, cujos autos serão arquivados de ofício ou mediante requerimento da parte interessada, sem prejuízo da apuração da responsabilidade funcional decorrente da paralisação, se for o caso.

Quando o fato objeto da ação punitiva da Administração também constituir crime, a prescrição reger-se-á pelo prazo previsto na lei penal.

Consoante o art. 46-A, quando a ação de indenização por perdas e danos originar-se do exercício do direito de ação, não correrá a prescrição durante o curso do inquérito ou do processo administrativo no âmbito do Cade.

Prescreve em 5 (cinco) anos a pretensão à reparação pelos danos causados pelas infrações à ordem econômica previstas no art. 36 dessa lei, iniciando-se sua contagem a partir da ciência inequívoca do ilícito.

Considera-se ocorrida a ciência inequívoca do ilícito por ocasião da publicação do julgamento final do processo administrativo pelo Cade.

4.4.5. Do programa de leniência

Conforme o art. 86, o Cade, por intermédio da Superintendência-geral, poderá celebrar acordo de leniência, com a extinção da ação punitiva da Administração Pública ou a redução de 1 (um) a 2/3 (dois terços) da penalidade aplicável, nos termos desse artigo, com pessoas físicas e jurídicas que forem autoras de infração à ordem econômica, desde que colaborem efetivamente com as investigações e o processo administrativo e que dessa colaboração resulte:

I. a identificação dos demais envolvidos na infração; e
II. a obtenção de informações e documentos que comprovem a infração noticiada ou sob investigação.

O acordo somente poderá ser celebrado se preenchidos, cumulativamente, os seguintes requisitos:

I. a empresa seja a primeira a se qualificar com respeito à infração noticiada ou sob investigação;
II. a empresa cesse completamente seu envolvimento na infração noticiada ou sob investigação a partir da data de propositura do acordo;
III. a Superintendência-geral não disponha de provas suficientes para assegurar a condenação da empresa ou pessoa física por ocasião da propositura do acordo; e
IV. a empresa confesse sua participação no ilícito e coopere plena e permanentemente com as investigações e o processo administrativo, comparecendo, sob suas expensas, sempre que solicitada, a todos os atos processuais, até seu encerramento.

Com relação às pessoas físicas, elas poderão celebrar acordos de leniência desde que cumpridos os requisitos II, III e IV.

O acordo de leniência firmado com o Cade, por intermédio da Superintendência-geral, estipulará as condições necessárias para assegurar a efetividade da colaboração e o resultado útil do processo.

Compete ao tribunal, por ocasião do julgamento do processo administrativo, verificado o cumprimento do acordo:

I. decretar a extinção da ação punitiva da Administração Pública em favor do infrator, nas hipóteses em que a proposta de acordo tiver sido apresentada à Superintendência-geral sem que essa tivesse conhecimento prévio da infração noticiada; ou

II. nas demais hipóteses, reduzir de 1 (um) a 2/3 (dois terços) as penas aplicáveis, observado o disposto no art. 45 da lei (isto é, as situações a serem levadas em consideração para aplicação da sanção), devendo ainda considerar na gradação da pena a efetividade da colaboração prestada e a boa-fé do infrator no cumprimento do acordo de leniência, de modo que a pena sobre a qual incidirá o fator redutor não será superior à menor das penas aplicadas aos demais coautores da infração, relativamente aos percentuais fixados para a aplicação das multas.

Serão estendidos às empresas do mesmo grupo, de fato ou de direito, e aos seus dirigentes, administradores e empregados envolvidos na infração os efeitos do acordo de leniência, desde que o firmem em conjunto, respeitadas as condições impostas.

A empresa ou pessoa física que não obtiver, no curso de inquérito ou processo administrativo, habilitação para a celebração do acordo de que trata esse artigo, poderá celebrar com a Superintendência-geral, até a remessa do processo para julgamento, acordo de leniência relacionado a outra infração, da qual o Cade não tenha qualquer conhecimento prévio, de modo que o infrator se beneficiará da redução de 1/3 (um terço) da pena que lhe for aplicável naquele processo, sem prejuízo de decretar a extinção da ação punitiva da Administração Pública em favor do infrator em relação à nova infração denunciada.

Considera-se sigilosa a proposta de acordo, salvo no interesse das investigações e do processo administrativo.

Não importará em confissão quanto à matéria de fato, nem reconhecimento de ilicitude da conduta analisada, a proposta de acordo de leniência rejeitada, da qual não se fará qualquer divulgação.

Em caso de descumprimento do acordo de leniência, o beneficiário ficará impedido de celebrar novo acordo de leniência pelo prazo de 3 (três) anos, contado da data de seu julgamento.

De acordo com o art. 87, nos crimes contra a ordem econômica, tipificados na Lei nº 8.137, de 27 de dezembro de 1990, e nos demais crimes diretamente relacionados à prática de cartel, e os tipificados no art. 288 do Decreto-lei nº 2.848, de 7 de dezembro de 1940 (Código Penal), a celebração de acordo de leniência, nos termos desta lei, determina a suspensão do curso do prazo prescricional e impede o oferecimento da denúncia com relação ao agente beneficiário da leniência.

Cumprido o acordo de leniência pelo agente, extingue-se automaticamente a punibilidade dos crimes.

4.4.6. Dos atos de concentração

A livre concorrência é um princípio fundamental da ordem econômica brasileira. No entanto, alguns atos de concentração empresarial podem prejudicar esse princípio, gerando infrações à ordem econômica. Entre os principais atos danosos, estão o cartel, o truste, o dumping e as operações casadas.

O cartel, também chamado de concentração horizontal, é a união de empresas que atuam no mesmo estágio do processo produtivo. A uniformização de condutas, fixação de preços ou divisão de mercados é comum nessa prática, prejudicando a livre concorrência. Já o truste, conhecido como concentração vertical, ocorre quando uma mesma empresa aglutina diversos estágios de produção. Esse ato pode gerar monopólio ou monopsônio, e só será considerado infração à ordem econômica se exercido de forma abusiva.

O *dumping*, por sua vez, é a venda de produtos ou serviços abaixo do preço de custo, ou seja, com preços predatórios, com o objetivo de eliminar a concorrência e dominar mercados. Para combater essa prática, são utilizadas medidas de salvaguarda, como sobretaxa de produtos chineses. Já as operações casadas consistem em subordinar a venda de um bem a outro.

Além desses atos, há o chamado dumping social, uma prática concorrencial desleal entre países. Nesse caso, as empresas utilizam práticas trabalhistas prejudiciais à dignidade da pessoa humana, como o trabalho escravo e degradante, para dominar o mercado e eliminar a concorrência internacional. A inobservância de normas de segurança e descumprimento da jornada de trabalho também são exemplos dessa prática. Para tentar impedir o dumping social, são utilizados mecanismos como cláusulas contratuais nos tratados internacionais e selos sociais conferidos por organizações internacionais ou entidades empresariais.

Por fim, é importante ressaltar o conceito de *gun jumping*, que ocorre quando há a consumação de uma operação de fusão ou aquisição antes da apreciação e aprovação pelo Cade. Algumas ações caracterizam o *gun jumping*, como a alocação de clientes entre as partes, a unificação de gestão, a diminuição do esforço competitivo e a troca de informações sensíveis.

Dessa forma, é necessário se atentar aos atos de concentração empresarial que prejudicam a livre concorrência e buscar formas de combatê-los para garantir um mercado justo e competitivo.

As disposições da Lei nº 12.529/2011 se encontram do art. 88 ao art. 91.

Para o art. 88, serão submetidos ao Cade pelas partes envolvidas na operação os atos de concentração econômica em que, cumulativamente:

I. pelo menos um dos grupos envolvidos na operação tenha registrado, no último balanço, faturamento bruto anual ou volume de negócios total no País, no ano anterior à operação, equivalente ou superior a R$ 400.000.000,00 (quatrocentos milhões de reais); e

II. pelo menos um outro grupo envolvido na operação tenha registrado, no último balanço, faturamento bruto anual ou volume de negócios total no País, no ano anterior à operação, equivalente ou superior a R$ 30.000.000,00 (trinta milhões de reais).

Esses valores poderão ser adequados, simultânea ou independentemente, por indicação do plenário do Cade, por portaria interministerial dos ministros de Estado da Fazenda e da Justiça.

O controle dos atos de concentração será prévio e realizado em, no máximo, 240 (duzentos e quarenta) dias, a contar do protocolo de petição ou de sua emenda, de modo que esse prazo somente poderá ser dilatado: (i) por até 60 (sessenta) dias, improrrogáveis, mediante requisição das partes envolvidas na operação; ou (ii) por até 90 (noventa) dias, mediante decisão fundamentada do tribunal, em que sejam especificados as razões para a extensão, o prazo da prorrogação, que será não renovável, e as providências cuja realização seja necessária para o julgamento do processo.

Os atos que se subsumirem aos valores *supra* não podem ser consumados antes de apreciados em processo administrativo no controle de atos de concentração econômica, sob pena de nulidade, sendo ainda imposta multa pecuniária, de valor não inferior a R$ 60.000,00 (sessenta mil reais) nem superior a R$ 60.000.000,00 (sessenta milhões de reais), a ser aplicada nos termos da regulamentação, sem prejuízo da abertura de processo administrativo.

Até a decisão final sobre a operação, deverão ser preservadas as condições de concorrência entre as empresas envolvidas, sob pena de aplicação das sanções anteriormente explicitadas.

A aprovação dos atos de concentração poderá ser revista pelo tribunal, de ofício ou mediante provocação da Superintendência-geral, se a decisão for baseada em informações falsas ou enganosas prestadas pelo interessado, se ocorrer o descumprimento de quaisquer das obrigações assumidas ou não forem alcançados os benefícios visados.

A falsidade ou enganosidade será punida com multa pecuniária, de valor não inferior a R$ 60.000,00 (sessenta mil reais) nem superior a R$ 6.000.000,00 (seis milhões de reais), a ser aplicada na forma das normas do Cade, sem prejuízo da abertura de processo administrativo, e da adoção das demais medidas cabíveis.

Serão proibidos os atos de concentração que impliquem eliminação da concorrência em parte substancial de mercado relevante, que possam criar ou reforçar uma posição dominante ou que possam resultar na dominação de mercado relevante de bens ou serviços, ressalvados os casos em que poderão ser autorizados.

Nesse sentido, os atos poderão ser autorizados, desde que sejam observados os limites estritamente necessários para atingir os seguintes objetivos:

I. cumulada ou alternativamente:

a) aumentar a produtividade ou a competitividade;

b) melhorar a qualidade de bens ou serviços; ou

c) propiciar a eficiência e o desenvolvimento tecnológico ou econômico; e

II. sejam repassados aos consumidores parte relevante dos benefícios decorrentes.

É facultado ao Cade, no prazo de 1 (um) ano a contar da respectiva data de consumação, requerer a submissão dos atos de concentração que não se enquadrem no disposto nesse artigo.

As mudanças de controle acionário de companhias abertas e os registros de fusão, sem prejuízo da obrigação das partes envolvidas, devem ser comunicados ao Cade pela Comissão de Valores Mobiliários (CVM) e pelo Departamento Nacional do Registro do Comércio do Ministério do Desenvolvimento, Indústria e Comércio Exterior, respectivamente, no prazo de 5 (cinco) dias úteis para, se for o caso, ser examinados.

Por fim, o art. 90, entende que se realiza um ato de concentração quando:

I. 2 (duas) ou mais empresas anteriormente independentes se fundem;

II. 1 (uma) ou mais empresas adquirem, direta ou indiretamente, por compra ou permuta de ações, quotas, títulos ou valores mobiliários conversíveis em ações, ou ativos, tangíveis ou intangíveis, por via contratual ou por qualquer outro meio ou forma, o controle ou partes de uma ou outras empresas;

III. 1 (uma) ou mais empresas incorporam outra ou outras empresas; ou

IV. 2 (duas) ou mais empresas celebram contrato associativo, consórcio ou *joint venture*.

Todavia, não serão considerados atos de concentração quando destinados às licitações promovidas pela Administração Pública direta e indireta e aos contratos delas decorrentes.

Práticas econômicas	Definição
Cartel	União de empresas que atuam no mesmo estágio do processo produtivo, visando a uniformização de condutas, fixação de preços ou divisão de mercados.
Truste	Aglutinação de diversos estágios de produção em uma mesma empresa, podendo gerar monopólio ou monopsônio, sendo considerado infração à ordem econômica se exercido de forma abusiva.

Práticas econômicas	Definição
Dumping	Venda de produtos ou serviços abaixo do preço de custo, com preços predatórios, com o objetivo de eliminar a concorrência e dominar mercados.
Operações casadas	Subordinação da venda de um bem a outro.
Dumping social	Prática concorrencial desleal entre países, com utilização de práticas trabalhistas prejudiciais à dignidade da pessoa humana, para dominar o mercado e eliminar a concorrência internacional.
Gun jumping	Consumação de uma operação de fusão ou aquisição antes da apreciação e aprovação pelo Cade. Caracteriza-se por ações como a alocação de clientes entre as partes, unificação de gestão, diminuição do esforço competitivo e troca de informações sensíveis.

QUESTÃO DE CONCURSO

1. MPDFT – Promotor de Justiça

Julgue os itens a seguir:

I. Afronta o princípio da livre concorrência, lei distrital que impeça a instalação de estabelecimentos comerciais do mesmo ramo em determinada área.

II. As disposições constitucionais que disciplinam a forma de exploração do monopólio da União sobre a pesquisa e lavra das jazidas de petróleo não permitem a edição de um marco legal que confira tratamento privilegiado a empresas estatais na execução dessas atividades.

III. O acordo de leniência declarado cumprido pelo Conselho Administrativo de Defesa Econômica não impede a propositura de ação penal contra os beneficiários desta medida caso o Ministério Público não tenha também subscrito o acordo.

IV. A caracterização de infração à ordem econômica independe da forma exteriorizada da conduta.

V. A verificação de paralelismo consciente de preços entre empresas concorrentes não é suficiente para caracterização de infração à ordem econômica no Brasil.

Estão CORRETOS os itens:

A) I, II e IV.

B) I, III e V.

C) II e IV.

D) I, IV e V.

E) II e III.

Comentário: O princípio da livre concorrência é garantido pela Constituição Federal e pelas leis que regem a ordem econômica do País. A Súmula Vinculante nº 49 do Supremo Tribunal Federal, por exemplo, estabelece que é contrária a esse princípio qualquer lei municipal que proíba a instalação de estabelecimentos comerciais do mesmo ramo em determinada área. Já o art. 177 da CR/1988 define que a pesquisa e a lavra de petróleo, gás natural e outros hidrocarbonetos fluidos são monopólio da União, podendo ser executadas por empresas estatais ou privadas contratadas desde que observadas as condições estabelecidas em lei.

A Lei nº 12.529/2011, por sua vez, trata das infrações contra a ordem econômica, que independem de culpa, e elenca algumas condutas que podem caracterizar essa violação. Tais condutas podem ter por objeto produzir efeitos anticoncorrenciais, como limitar, falsear ou de qualquer forma prejudicar a livre concorrência ou a livre-iniciativa, dominar mercado relevante de bens ou serviços, aumentar arbitrariamente os lucros e exercer de forma abusiva posição dominante. Entre as condutas exemplificativas do art. 36, estão o cartel, a fixação de preços predatórios e a criação de dificuldades ao concorrente.

No entanto, a Lei nº 12.529/2011 também prevê a possibilidade de celebração de acordo de leniência nos crimes contra a ordem econômica, o que determina a suspensão do curso do prazo prescricional e impede o oferecimento da denúncia com relação ao agente beneficiário da leniência. Nesse sentido, a legislação brasileira busca incentivar a cooperação entre as empresas e o Estado na identificação e na punição dessas práticas ilegais.

Por fim, a Lei nº 8.137/1990 estabelece que constitui crime contra a ordem econômica a formação de acordo, convênio, ajuste ou aliança entre ofertantes com a finalidade de fixar artificialmente preços ou quantidades vendidas ou produzidas. É importante destacar que o paralelismo de preços somente é admitido se ocorrido naturalmente, sem que haja um acordo ou aliança entre os empresários com a finalidade de manipular o mercado. Assim, o ajuste prévio de preços, estabelecidos artificialmente por ofertantes em conluio, configura violação da ordem econômica.

Capítulo XVIII

AS EMPRESAS ESTATAIS E A LEI Nº 13.303/2016

1. DO REGIME SOCIETÁRIO DAS ESTATAIS

1.1. Normas gerais

De acordo com o art. 5º, a sociedade de economia mista será constituída sob a forma de sociedade anônima e estará sujeita ao regime previsto na Lei nº 6.404, de 15 de dezembro de 1976, a Lei das Sociedades Anônimas e da Lei das Estatais.

O art. 6º estabelece que o estatuto da empresa pública, da sociedade de economia mista e de suas subsidiárias deverá observar regras de governança corporativa, de transparência e de estruturas, práticas de gestão de riscos e de controle interno, composição da administração e, havendo acionistas, mecanismos para sua proteção, todos constantes da Lei.

Conforme o art. 7º, aplicam-se a todas as empresas públicas, as sociedades de economia mista de capital fechado e as suas subsidiárias as disposições da Lei nº 6.404, de 15 de dezembro de 1976, e as normas da Comissão de Valores Mobiliários sobre escrituração e elaboração de demonstrações financeiras, inclusive a obrigatoriedade de auditoria independente por auditor registrado nesse órgão.

Pelo art. 8º, as estatais deverão observar, no mínimo, os seguintes requisitos de transparência:

I. elaboração de carta anual, subscrita pelos membros do Conselho de Administração, com a explicitação dos compromissos de consecução de objetivos de políticas públicas pela empresa pública, pela sociedade de economia mista e por suas subsidiárias, em atendimento ao interesse coletivo ou ao imperativo de segurança nacional que justificou a autorização para suas respectivas criações, com definição clara dos recursos a serem empregados para esse fim, bem como dos impactos econômico-financeiros da consecução desses objetivos, mensuráveis por meio de indicadores objetivos;

II. adequação de seu estatuto social à autorização legislativa de sua criação;

III. divulgação tempestiva e atualizada de informações relevantes, em especial as relativas a atividades desenvolvidas, estrutura de controle, fatores de risco, dados econômico-financeiros, comentários dos administradores sobre o desempenho, políticas e práticas de governança corporativa e descrição da composição e da remuneração da administração, de modo que haverá ampla divulgação, ao público em geral, de carta anual de governança corporativa, que consolide em um único documento escrito, em linguagem clara e direta;
IV. elaboração e divulgação de política de divulgação de informações, em conformidade com a legislação em vigor e com as melhores práticas;
V. elaboração de política de distribuição de dividendos, à luz do interesse público que justificou a criação da empresa pública ou da sociedade de economia mista;
VI. divulgação, em nota explicativa às demonstrações financeiras, dos dados operacionais e financeiros das atividades relacionadas à consecução dos fins de interesse coletivo ou de segurança nacional;
VII. elaboração e divulgação da política de transações com partes relacionadas, em conformidade com os requisitos de competitividade, conformidade, transparência, equidade e comutatividade, que deverá ser revista, no mínimo, anualmente e aprovada pelo Conselho de Administração;
VIII. ampla divulgação, ao público em geral, de carta anual de governança corporativa, que consolide em um único documento escrito, em linguagem clara e direta, as informações de que trata o item III;
IX. divulgação anual de relatório integrado ou de sustentabilidade.

Todos esses documentos resultantes do cumprimento dos requisitos de transparência deverão ser publicamente divulgados na internet de forma permanente e cumulativa.

O interesse público da empresa pública e da sociedade de economia mista, respeitadas as razões que motivaram a autorização legislativa, manifesta-se por meio do alinhamento entre seus objetivos e aqueles de políticas públicas, na forma explicitada na carta anual.

Quaisquer obrigações e responsabilidades que a empresa pública e a sociedade de economia mista que explorem atividade econômica assumam em condições distintas às de qualquer outra empresa do setor privado em que atuam deverão: I - estar claramente definidas em lei ou regulamento, bem como previstas em contrato, convênio ou ajuste celebrado com o ente público competente para estabelecê-las, observada a ampla publicidade desses instrumentos; II - ter seu custo e suas receitas discriminados e divulgados de forma transparente, inclusive no plano contábil.

Além das obrigações contidas neste artigo, as sociedades de economia mista com registro na Comissão de Valores Mobiliários sujeitam-se ao regime informacional estabelecido por essa autarquia e devem divulgar as informações previstas neste artigo na forma fixada em suas normas.

De acordo com o art. 9º, a empresa pública e a sociedade de economia mista adotarão regras de estruturas e práticas de gestão de riscos e controle interno que abranjam: I - ação dos administradores e empregados, por meio da implementação cotidiana de práticas de controle interno; II - área responsável pela verificação de cumprimento de obrigações e de gestão de riscos; III - auditoria interna e Comitê de Auditoria Estatutário.

Deverá ser elaborado e divulgado Código de Conduta e Integridade, que disponha sobre:

I. Princípios, valores e missão da empresa pública e da sociedade de economia mista, bem como orientações sobre a prevenção de conflito de interesses e vedação de atos de corrupção e fraude;
II. instâncias internas responsáveis pela atualização e aplicação do Código de Conduta e Integridade;
III. canal de denúncias que possibilite o recebimento de denúncias internas e externas relativas ao descumprimento do Código de Conduta e Integridade e das demais normas internas de ética e obrigacionais;
IV. mecanismos de proteção que impeçam qualquer espécie de retaliação a pessoa que utilize o canal de denúncias;
V. sanções aplicáveis em caso de violação às regras do Código de Conduta e Integridade;
VI. previsão de treinamento periódico, no mínimo anual, sobre Código de Conduta e Integridade, a empregados e administradores, e sobre a política de gestão de riscos, a administradores.

A área responsável pela verificação de cumprimento de obrigações e de gestão de riscos deverá ser vinculada ao diretor-presidente e liderada por diretor estatutário, devendo o estatuto social prever as atribuições da área, bem como estabelecer mecanismos que assegurem atuação independente.

A auditoria interna deverá: I - ser vinculada ao Conselho de Administração, diretamente ou por meio do Comitê de Auditoria Estatutário; II - ser responsável por aferir a adequação do controle interno, a efetividade do gerenciamento dos riscos e dos processos de governança e a confiabilidade do processo de coleta, mensuração, classificação, acumulação, registro e divulgação de eventos e transações, visando ao preparo de demonstrações financeiras.

O estatuto social deverá prever, ainda, a possibilidade de que a área de compliance se reporte diretamente ao Conselho de Administração em situações em que se suspeite do envolvimento do diretor-presidente em irregularidades ou quando este se furtar à obrigação de adotar medidas necessárias em relação à situação a ele relatada.

Pelo art. 10, a empresa pública e a sociedade de economia mista deverão criar comitê estatutário para verificar a conformidade do processo de indicação e de avaliação de membros para o Conselho de Administração e para o Conselho Fiscal, com competência para auxiliar o acionista controlador na indicação desses membros, de modo que devem ser divulgadas as atas das reuniões do comitê estatutário realizadas com o fim de verificar o cumprimento, pelos membros indicados, dos requisitos definidos na política de indicação, devendo ser registradas as eventuais manifestações divergentes de conselheiros.

Atenção ao que estabelece o art. 11, segundo o qual a empresa pública não poderá: I - lançar debêntures ou outros títulos ou valores mobiliários, conversíveis em ações; II - emitir partes beneficiárias.

Ademais, o art. 12 prevê que a empresa pública e a sociedade de economia mista deverão: I - divulgar toda e qualquer forma de remuneração dos administradores; II - adequar constantemente suas práticas ao Código de Conduta e Integridade e a outras regras de boa prática de governança corporativa.

Atente-se que a sociedade de economia mista poderá solucionar, mediante arbitragem, as divergências entre acionistas e a sociedade, ou entre acionistas controladores e acionistas minoritários, nos termos previstos em seu estatuto social.

De acordo com o art. 13, a lei que autorizar a criação da empresa pública e da sociedade de economia mista deverá dispor sobre as diretrizes e restrições a serem consideradas na elaboração do estatuto da companhia, em especial sobre:

I. constituição e funcionamento do Conselho de Administração, observados o número mínimo de 7 (sete) e o número máximo de 11 (onze) membros;
II. requisitos específicos para o exercício do cargo de diretor, observado o número mínimo de 3 (três) diretores;
III. avaliação de desempenho, individual e coletiva, de periodicidade anual, dos administradores e dos membros de comitês, observados os seguintes quesitos mínimos: a) exposição dos atos de gestão praticados, quanto à licitude e à eficácia da ação administrativa; b) contribuição para o resultado do exercício; c) consecução dos objetivos estabelecidos no plano de negócios e atendimento à estratégia de longo prazo.
IV. constituição e funcionamento do Conselho Fiscal, que exercerá suas atribuições de modo permanente;
V. constituição e funcionamento do Comitê de Auditoria Estatutário;
VI. prazo de gestão dos membros do Conselho de Administração e dos indicados para o cargo de diretor, que será unificado e não superior a 2 (dois) anos, sendo permitidas, no máximo, 3 (três) reconduções consecutivas;
VII. prazo de gestão dos membros do Conselho Fiscal não superior a 2 (dois) anos, permitidas 2 (duas) reconduções consecutivas.

1.2. Acionista controlador

De acordo com o art. 14, o acionista controlador da empresa pública e da sociedade de economia mista deverá:

I. fazer constar do Código de Conduta e Integridade, aplicável à alta administração, a vedação à divulgação, sem autorização do órgão competente da empresa pública ou da sociedade de economia mista, de informação que possa causar impacto na cotação dos títulos da empresa pública ou da sociedade de economia mista e em suas relações com o mercado ou com consumidores e fornecedores;

II. preservar a independência do Conselho de Administração no exercício de suas funções;

III. observar a política de indicação na escolha dos administradores e membros do Conselho Fiscal.

Pelo art. 15, o acionista controlador da empresa pública e da sociedade de economia mista responderá pelos atos praticados com abuso de poder, nos termos da Lei nº 6.404, de 15 de dezembro de 1976, de modo que a ação de reparação poderá ser proposta pela sociedade, nos termos do art. 246 da Lei nº 6.404, de 15 de dezembro de 1976, pelo terceiro prejudicado ou pelos demais sócios, independentemente de autorização da assembleia-geral de acionistas.

Atente-se que a ação prescreve em 6 (seis) anos, contados da data da prática do ato abusivo.

1.3. Administrador

De acordo com o art. 16, o administrador de empresa pública e de sociedade de economia mista é submetido às normas previstas na Lei nº 6.404, de 15 de dezembro de 1976, de modo que se consideram administradores da empresa pública e da sociedade de economia mista os membros do Conselho de Administração e da diretoria.

Pelo art. 17, os membros do Conselho de Administração e os indicados para os cargos de diretor, inclusive presidente, diretor-geral e diretor-presidente, **serão escolhidos entre cidadãos de reputação ilibada e de notório conhecimento, devendo ser atendidos, alternativamente, um dos requisitos das alíneas "a", "b" e "c" do item I e, cumulativamente, os requisitos dos itens II e III**:

I - ter experiência profissional de, no mínimo:

a) 10 (dez) anos, no setor público ou privado, na área de atuação da empresa pública ou da sociedade de economia mista ou em área conexa àquela para a qual forem indicados em função de direção superior; ou

b) 4 (quatro) anos ocupando pelo menos um dos seguintes cargos:

1. cargo de direção ou de chefia superior em empresa de porte ou objeto social semelhante ao da empresa pública ou da sociedade de economia mista, entendendo-se como cargo de chefia superior aquele situado nos 2 (dois) níveis hierárquicos não estatutários mais altos da empresa;

2. cargo em comissão ou função de confiança equivalente a DAS-4 ou superior, no setor público;
3. cargo de docente ou de pesquisador em áreas de atuação da empresa pública ou da sociedade de economia mista.

   c) 4 (quatro) anos de experiência como profissional liberal em atividade direta ou indiretamente vinculada à área de atuação da empresa pública ou sociedade de economia mista.

Os requisitos citados poderão ser dispensados no caso de indicação de empregado da empresa pública ou da sociedade de economia mista para cargo de administrador ou como membro de comitê, desde que atendidos os seguintes quesitos mínimos: a) o empregado tenha ingressado na empresa pública ou na sociedade de economia mista por meio de concurso público de provas ou de provas e títulos; b) o empregado tenha mais de 10 (dez) anos de trabalho efetivo na empresa pública ou na sociedade de economia mista; c) o empregado tenha ocupado cargo na gestão superior da empresa pública ou da sociedade de economia mista, comprovando sua capacidade para assumir as responsabilidades dos cargos.

II. ter formação acadêmica compatível com o cargo para o qual foi indicado; e

III. não se enquadrar nas hipóteses de inelegibilidade previstas nas alíneas do inciso I do *caput* do art. 1º da Lei Complementar nº 64, de 18 de maio de 1990, com as alterações introduzidas pela Lei Complementar nº 135, de 4 de junho de 2010.

Requisitos	Descrição
Experiência profissional (requisito alternativo)	Ter experiência profissional de pelo menos 10 anos no setor público ou privado, na área de atuação da empresa pública ou da sociedade de economia mista ou em área conexa àquela para a qual forem indicados em função de direção superior.
	Ter ocupado, por pelo menos quatro anos, um dos seguintes cargos: cargo de direção ou de chefia superior em empresa de porte ou objeto social semelhante ao da empresa pública ou da sociedade de economia mista, entendendo-se como cargo de chefia superior aquele situado nos dois níveis hierárquicos não estatutários mais altos da empresa; cargo em comissão ou função de confiança equivalente a DAS-4, ou superior, no setor público; ou cargo de docente ou de pesquisador em áreas de atuação da empresa pública ou da sociedade de economia mista.
	Ter experiência de pelo menos quatro anos como profissional liberal em atividade direta ou indiretamente vinculada à área de atuação da empresa pública ou sociedade de economia mista.

Requisitos	Descrição
Formação acadêmica compatível com o cargo indicado	Possuir formação acadêmica compatível com o cargo para o qual foi indicado.
Não se enquadrar nas hipóteses de inelegibilidade	Não estar enquadrado nas hipóteses de inelegibilidade previstas na Lei Complementar nº 64, de 18 de maio de 1990.

O estatuto da empresa pública, da sociedade de economia mista e de suas subsidiárias poderá dispor sobre a contratação de seguro de responsabilidade civil pelos administradores.

Importante a disposição contida no art. 17, §2º, segundo a qual é vedada a indicação, para o Conselho de Administração e para a diretoria:

I. de representante do órgão regulador ao qual a empresa pública ou a sociedade de economia mista está sujeita, de Ministro de Estado, de Secretário de Estado, de Secretário Municipal, de titular de cargo, sem vínculo permanente com o serviço público, de natureza especial ou de direção e assessoramento superior na Administração Pública, de dirigente estatutário de partido político e de titular de mandato no Poder Legislativo de qualquer ente da federação, ainda que licenciados do cargo;

   Atente-se que essa vedação se estende também aos parentes consanguíneos ou afins até o terceiro grau das pessoas nele mencionadas.

II. de pessoa que atuou, nos últimos 36 (trinta e seis) meses, como participante de estrutura decisória de partido político ou em trabalho vinculado a organização, estruturação e realização de campanha eleitoral;

III. de pessoa que exerça cargo em organização sindical;

IV. de pessoa que tenha firmado contrato ou parceria, como fornecedor ou comprador, demandante ou ofertante, de bens ou serviços de qualquer natureza, com a pessoa político-administrativa controladora da empresa pública ou da sociedade de economia mista ou com a própria empresa ou sociedade em período inferior a 3 (três) anos antes da data de nomeação;

V. de pessoa que tenha ou possa ter qualquer forma de conflito de interesse com a pessoa político-administrativa controladora da empresa pública ou da sociedade de economia mista ou com a própria empresa ou sociedade.

Os administradores eleitos devem participar, na posse e anualmente, de treinamentos específicos sobre legislação societária e de mercado de capitais, divulgação de informações, controle interno, código de conduta, a Lei nº 12.846, de 1º de agosto de 2013 (Lei Anticorrupção), e demais temas relacionados às atividades da empresa pública ou da sociedade de economia mista.

ATENÇÃO! De acordo com o STF[1], as vedações estabelecidas no art. 17, §2º, incisos I e II são constitucionais. Para a Corte, as vedações são proporcionais, razoáveis e legítimas, pois não criam desigualdades baseadas em critérios arbitrários. A distinção entre o servidor de cargo efetivo e aquele que ocupa exclusivamente cargo em comissão justifica-se pela estabilidade inerente ao vínculo do primeiro e a precariedade do segundo, o que constitui uma justificativa constitucional para o tratamento desigual.

Essas restrições, inseridas no legítimo espaço de conformação do legislador ordinário, observam parâmetros e recomendações de instituições nacionais e internacionais de referência em governança corporativa, como a Organização para a Cooperação e Desenvolvimento Econômico (OCDE). Elas visam fortalecer a proteção aos direitos fundamentais que norteiam a atuação estatal em todas as suas funções ou Poderes, especialmente os princípios da Administração Pública.

1.4. Conselho de Administração

De acordo com o art. 18, sem prejuízo das competências previstas no art. 142 da Lei nº 6.404, de 15 de dezembro de 1976, e das demais atribuições previstas na Lei das Estatais, compete ao Conselho de Administração:

I. discutir, aprovar e monitorar decisões envolvendo práticas de governança corporativa, relacionamento com partes interessadas, política de gestão de pessoas e código de conduta dos agentes;

II. implementar e supervisionar os sistemas de gestão de riscos e de controle interno estabelecidos para a prevenção e mitigação dos principais riscos a que está exposta a empresa pública ou a sociedade de economia mista, inclusive os riscos relacionados à integridade das informações contábeis e financeiras e os relacionados à ocorrência de corrupção e fraude;

III. estabelecer política de porta-vozes visando a eliminar risco de contradição entre informações de diversas áreas e as dos executivos da empresa pública ou da sociedade de economia mista;

IV. avaliar os diretores da empresa pública ou da sociedade de economia mista, podendo contar com apoio metodológico e procedimental do comitê estatutário.

---

1 ADI 7.331/DF, Rel. Min. Ricardo Lewandowski, redator do acórdão Min. André Mendonça, julgamento finalizado em 09.05.2024.

De acordo com o art. 19, é garantida a participação, no Conselho de Administração, de representante dos empregados e dos acionistas minoritários.

As normas previstas na Lei nº 12.353, de 28 de dezembro de 2010, aplicam-se à participação de empregados no Conselho de Administração da empresa pública, da sociedade de economia mista e de suas subsidiárias e controladas e das demais empresas em que a União, direta ou indiretamente, detenha a maioria do capital social com direito a voto.

É assegurado aos acionistas minoritários o direito de eleger 1 (um) conselheiro, se maior número não lhes couber pelo processo de voto múltiplo previsto na Lei nº 6.404, de 15 de dezembro de 1976.

Pelo art. 20, é vedada a participação remunerada de membros da Administração Pública, direta ou indireta, em mais de 2 (dois) conselhos, de administração ou fiscal, de empresa pública, de sociedade de economia mista ou de suas subsidiárias.

1.5. Membro independente do conselho gestor

De acordo com o art. 22, o Conselho de Administração deve ser composto, no mínimo, por 25% (vinte e cinco por cento) de membros independentes ou por pelo menos 1 (um), caso haja decisão pelo exercício da faculdade do voto múltiplo pelos acionistas minoritários, nos termos do art. 141 da Lei nº 6.404, de 15 de dezembro de 1976.

O conselheiro independente caracteriza-se por:

I. não ter qualquer vínculo com a empresa pública ou a sociedade de economia mista, exceto participação de capital;

II. não ser cônjuge ou parente consanguíneo ou afim, até o terceiro grau ou por adoção, de chefe do Poder Executivo, de Ministro de Estado, de Secretário de Estado ou Município ou de administrador da empresa pública ou da sociedade de economia mista;

III. não ter mantido, nos últimos 3 (três) anos, vínculo de qualquer natureza com a empresa pública, a sociedade de economia mista ou seus controladores, que possa vir a comprometer sua independência;

IV. não ser ou não ter sido, nos últimos 3 (três) anos, empregado ou diretor da empresa pública, da sociedade de economia mista ou de sociedade controlada, coligada ou subsidiária da empresa pública ou da sociedade de economia mista, exceto se o vínculo for exclusivamente com instituições públicas de ensino ou pesquisa;

V. não ser fornecedor ou comprador, direto ou indireto, de serviços ou produtos da empresa pública ou da sociedade de economia mista, de modo a implicar perda de independência;

VI. não ser funcionário ou administrador de sociedade ou entidade que esteja oferecendo ou demandando serviços ou produtos à empresa pública ou à sociedade de economia mista, de modo a implicar perda de independência;

VII. não receber outra remuneração da empresa pública ou da sociedade de economia mista além daquela relativa ao cargo de conselheiro, à exceção de proventos em dinheiro oriundos de participação no capital.

Quando, em decorrência da observância do percentual previsto na Lei, resultar número fracionário de conselheiros, proceder-se-á ao arredondamento para o número inteiro:

I. imediatamente superior, quando a fração for igual ou superior a 0,5 (cinco décimos);

II. imediatamente inferior, quando a fração for inferior a 0,5 (cinco décimos).

Não serão consideradas, para o cômputo das vagas destinadas a membros independentes, aquelas ocupadas pelos conselheiros eleitos por empregados.

Serão consideradas, para o cômputo das vagas destinadas a membros independentes, aquelas ocupadas pelos conselheiros eleitos por acionistas minoritários, nos termos do § 2º do art. 19.

1.6. Diretoria

Pelo art. 23, é condição para investidura em cargo de diretoria da empresa pública e da sociedade de economia mista a assunção de compromisso com metas e resultados específicos a serem alcançados, que deverá ser aprovado pelo Conselho de Administração, a quem incumbe fiscalizar seu cumprimento.

A diretoria deverá apresentar, até a última reunião ordinária do Conselho de Administração do ano anterior, a quem compete sua aprovação:

I. plano de negócios para o exercício anual seguinte;

II. estratégia de longo prazo atualizada com análise de riscos e oportunidades para, no mínimo, os próximos 5 (cinco) anos.

Compete ao Conselho de Administração, sob pena de seus integrantes responderem por omissão, promover anualmente análise de atendimento das metas e resultados na execução do plano de negócios e da estratégia de longo prazo, devendo publicar suas conclusões e informá-las ao Congresso Nacional, às Assembleias Legislativas, à Câmara Legislativa do Distrito Federal ou às Câmaras Municipais e aos respectivos tribunais de contas, quando houver, de modo que se excluem da obrigação de publicação, as informações de natureza estratégica cuja divulgação possa ser comprovadamente prejudicial ao interesse da empresa pública ou da sociedade de economia mista.

1.7. Comitê de Auditoria Estatutário

De acordo com o art. 24, a empresa pública e a sociedade de economia mista deverão possuir em sua estrutura societária Comitê de Auditoria Estatutário como órgão auxiliar do Conselho de Administração, ao qual se reportará diretamente.

Competirá ao Comitê de Auditoria Estatutário, sem prejuízo de outras competências previstas no estatuto da empresa pública ou da sociedade de economia mista:

I. opinar sobre a contratação e destituição de auditor independente;

II. supervisionar as atividades dos auditores independentes, avaliando sua independência, a qualidade dos serviços prestados e a adequação de tais serviços às necessidades da empresa pública ou da sociedade de economia mista;

III. supervisionar as atividades desenvolvidas nas áreas de controle interno, de auditoria interna e de elaboração das demonstrações financeiras da empresa pública ou da sociedade de economia mista;

IV. monitorar a qualidade e a integridade dos mecanismos de controle interno, das demonstrações financeiras e das informações e medições divulgadas pela empresa pública ou pela sociedade de economia mista;

V. avaliar e monitorar exposições de risco da empresa pública ou da sociedade de economia mista, podendo requerer, entre outras, informações detalhadas sobre políticas e procedimentos referentes a: a) remuneração da administração; b) utilização de ativos da empresa pública ou da sociedade de economia mista; c) gastos incorridos em nome da empresa pública ou da sociedade de economia mista.

VI. avaliar e monitorar, em conjunto com a administração e a área de auditoria interna, a adequação das transações com partes relacionadas;

VII. elaborar relatório anual com informações sobre as atividades, os resultados, as conclusões e as recomendações do Comitê de Auditoria Estatutário, registrando, se houver, as divergências significativas entre administração, auditoria independente e Comitê de Auditoria Estatutário em relação às demonstrações financeiras;

VIII. avaliar a razoabilidade dos parâmetros em que se fundamentam os cálculos atuariais, bem como o resultado atuarial dos planos de benefícios mantidos pelo fundo de pensão, quando a empresa pública ou a sociedade de economia mista for patrocinadora de entidade fechada de previdência complementar.

O Comitê de Auditoria Estatutário deverá possuir meios para receber denúncias, inclusive sigilosas, internas e externas à empresa pública ou à sociedade de economia mista, em matérias relacionadas ao escopo de suas atividades.

O Comitê de Auditoria Estatutário deverá se reunir quando necessário, no mínimo bimestralmente, de modo que as informações contábeis sejam sempre apreciadas antes de sua divulgação.

A empresa pública e a sociedade de economia mista deverão divulgar as atas das reuniões do Comitê de Auditoria Estatutário.

Caso o Conselho de Administração considere que a divulgação da ata possa pôr em risco interesse legítimo da empresa pública ou da sociedade de economia mista, a empresa pública ou a sociedade de economia mista divulgará apenas o extrato das atas, de modo que a restrição não será oponível aos órgãos de controle, que terão total e irrestrito acesso ao conteúdo das atas do Comitê de Auditoria Estatutário, observada a transferência de sigilo.

O Comitê de Auditoria Estatutário deverá possuir autonomia operacional e dotação orçamentária, anual ou por projeto, dentro de limites aprovados pelo Conselho de Administração, para conduzir ou determinar a realização de consultas, avaliações e investigações dentro do escopo de suas atividades, inclusive com a contratação e utilização de especialistas externos independentes.

De acordo com o art. 25, o Comitê de Auditoria Estatutário será integrado por, no mínimo, três e, no máximo, cinco membros, em sua maioria independentes.

São condições mínimas para integrar o Comitê de Auditoria Estatutário:

I. não ser ou ter sido, nos 12 (doze) meses anteriores à nomeação para o Comitê:
   a) diretor, empregado ou membro do conselho fiscal da empresa pública ou sociedade de economia mista ou de sua controladora, controlada, coligada ou sociedade em controle comum, direta ou indireta;
   b) responsável técnico, diretor, gerente, supervisor ou qualquer outro integrante com função de gerência de equipe envolvida nos trabalhos de auditoria na empresa pública ou sociedade de economia mista.

II. não ser cônjuge ou parente consanguíneo ou afim, até o segundo grau ou por adoção, das pessoas referidas no item I;

III. não receber qualquer outro tipo de remuneração da empresa pública ou sociedade de economia mista ou de sua controladora, controlada, coligada ou sociedade em controle comum, direta ou indireta, que não seja aquela relativa à função de integrante do Comitê de Auditoria Estatutário;

IV. não ser ou ter sido ocupante de cargo público efetivo, ainda que licenciado, ou de cargo em comissão da pessoa jurídica de direito público que exerça o controle acionário da empresa pública ou sociedade de economia mista, nos 12 (doze) meses anteriores à nomeação para o Comitê de Auditoria Estatutário.

Ao menos 1 (um) dos membros do Comitê de Auditoria Estatutário deve ter reconhecida experiência em assuntos de contabilidade societária.

O atendimento às previsões deve ser comprovado por meio de documentação mantida na sede da empresa pública ou sociedade de economia mista pelo prazo mínimo de 5 (cinco) anos, contado a partir do último dia de mandato do membro do Comitê de Auditoria Estatutário.

1.8. Conselho Fiscal

De acordo com o art. 26, aplicam-se aos membros do Conselho Fiscal da empresa pública e da sociedade de economia mista as disposições previstas na Lei nº 6.404, de 15 de dezembro de 1976, relativas a seus poderes, deveres e responsabilidades, a requisitos e impedimentos para investidura e a remuneração, além de outras disposições estabelecidas na referida Lei.

Podem ser membros do Conselho Fiscal pessoas naturais, residentes no País, com formação acadêmica compatível com o exercício da função e que tenham exercido, por prazo mínimo de 3 (três) anos, cargo de direção ou assessoramento na Administração Pública ou cargo de conselheiro fiscal ou administrador em empresa.

O Conselho Fiscal contará com pelo menos 1 (um) membro indicado pelo ente controlador, que deverá ser servidor público com vínculo permanente com a Administração Pública.

Órgão	Atribuições
Conselho de Administração	- Compete ao Conselho de Administração a gestão da empresa pública e sociedade de economia mista; - Deve haver a participação de representante dos empregados e dos acionistas minoritários; - Deve ser composto, no mínimo, por 25% de membros independentes ou por pelo menos um, caso haja decisão pelo exercício da faculdade do voto múltiplo pelos acionistas minoritários.
Membro independente do conselho gestor	- Deve compor o Conselho de Administração em, no mínimo, 25% ou por pelo menos um, caso haja decisão pelo exercício da faculdade do voto múltiplo pelos acionistas minoritários.
Diretoria	- Investidura em cargo de diretoria condicionada à assunção de compromisso com metas e resultados específicos a serem alcançados; - Compromisso deve ser aprovado pelo Conselho de Administração; - Fiscalização do cumprimento é responsabilidade do Conselho de Administração.
Comitê de Auditoria Estatutário	- Deve auxiliar o Conselho de Administração; - Reporta-se diretamente ao Conselho de Administração; - Deve se reunir quando necessário; no mínimo, bimestralmente; - Integrado por, no mínimo, três e, no máximo, cinco membros, em sua maioria independentes.
Conselho Fiscal	- Órgão de fiscalização das atividades da empresa pública ou sociedade de economia mista; - Composto por pessoas naturais, residentes no País, com formação acadêmica compatível com o exercício da função e que tenham exercido, por prazo mínimo de três anos, cargo de direção ou assessoramento na Administração Pública ou cargo de conselheiro fiscal ou administrador em empresa; - Deve contar com pelo menos um membro indicado pelo ente controlador, que deve ser servidor público com vínculo permanente com a Administração Pública.

Das licitações das empresas estatais

A Constituição da República estabelece, no art. 173, § 1º, III, redação dada pela Emenda Constitucional nº 19/1998, que a lei estabelecerá o estatuto jurídico da empresa pública, da sociedade de economia mista e de suas subsidiárias que explorem atividade econômica de produção ou comercialização de bens ou de prestação de serviços, dispondo sobre, entre outros pontos, licitação e contratação de obras, serviços, compras e alienações, observados os princípios da Administração Pública.

Assim, a Carta Constitucional estabeleceu, em 1988, que as licitações e os contratos das empresas estatais fossem regidos por uma legislação específica. Durante quase 20 anos após a alteração constitucional, o legislador brasileiro não editou a lei específica, de modo que às licitações das empresas públicas e sociedades de economia mista aplicou-se a Lei nº 8.666/1993.

Todavia, em 2016, houve a edição da Lei nº 13.303/2016, trazendo um regramento específico para as contratações das estatais.

De acordo com o art. 1º, a Lei nº 13.303/2016 é aplicada a todas as empresas estatais, sejam elas exploradoras de atividade econômica, sejam prestadoras de serviço público.

2. FUNÇÃO SOCIAL DAS ESTATAIS

De acordo com o art. 27, a empresa pública e a sociedade de economia mista terão a função social de realização do interesse coletivo ou de atendimento a imperativo da segurança nacional expressa no instrumento de autorização legal para a sua criação.

A realização do interesse coletivo de que trata esse artigo deverá ser orientada para o alcance do bem-estar econômico e para a alocação socialmente eficiente dos recursos geridos pela empresa pública e pela sociedade de economia mista, bem como para o seguinte:

I. ampliação economicamente sustentada do acesso de consumidores aos produtos e serviços da empresa pública ou da sociedade de economia mista;

II. desenvolvimento ou emprego de tecnologia brasileira para produção e oferta de produtos e serviços da empresa pública ou da sociedade de economia mista, sempre de maneira economicamente justificada.

A empresa pública e a sociedade de economia mista deverão, nos termos da lei, adotar práticas de sustentabilidade ambiental e de responsabilidade social corporativa compatíveis com o mercado em que atuam.

A empresa pública e a sociedade de economia mista poderão celebrar convênio ou contrato de patrocínio com pessoa física ou com pessoa jurídica para promoção de atividades culturais, sociais, esportivas, educacionais e de inovação tecnológica, desde que comprovadamente vinculadas ao fortalecimento de sua marca, observando-se, no que couber, as normas de licitação e contratos da Lei.

3. CONTRATAÇÃO DIRETA

De acordo com o art. 28 da Lei das Estatais, a regra para contratações dessas entidades é a realização de licitação. Segundo o dispositivo legal, os contratos com terceiros destinados à prestação de serviços às empresas públicas e às sociedades de economia mista, inclusive de engenharia e de publicidade, à aquisição e à locação de bens, à alienação de bens e ativos integrantes do respectivo patrimônio ou à execução de obras a serem integradas a esse patrimônio, bem como à implementação de ônus real sobre tais bens, serão precedidos de licitação, ressalvadas as hipóteses de contratação direta.

No que tange aos comentários sobre conceitos e diferenças entre as modalidades de contratação direta previstas na Lei nº 13.303/2016, valem os mesmos estabelecidos pela Lei nº 14.133/2021.

3.1. Licitação dispensada

São as empresas públicas e as sociedades de economia mista dispensadas de realizar a licitação:

I. no caso de comercialização, prestação ou execução, de forma direta, pelas empresas, de produtos, serviços ou obras especificamente relacionados com seus respectivos objetos sociais;

II. nos casos em que a escolha do parceiro esteja associada a suas características particulares, vinculada a oportunidades de negócio definidas e específicas, justificada a inviabilidade de procedimento competitivo.

Consideram-se oportunidades de negócio a formação e a extinção de parcerias e outras formas associativas, societárias ou contratuais, a aquisição e a alienação de participação em sociedades e outras formas associativas, societárias ou contratuais e as operações realizadas no âmbito do mercado de capitais, respeitada a regulação pelo respectivo órgão competente.

Nesse sentido, o Enunciado nº 22 da I Jornada de Direito Administrativo do CJF: A participação de empresa estatal no capital de empresa privada que não integra a Administração Pública enquadra-se dentre as hipóteses de "oportunidades de negócio" prevista no art. 28, § 4º, da Lei nº 13.303/2016, devendo a decisão pela referida participação observar os ditames legais e os regulamentos editados pela empresa estatal a respeito desta possibilidade.

Importante também o Enunciado nº 30. Por ele, a "inviabilidade de procedimento competitivo" prevista no art. 28, § 3º, II da Lei nº 13.303/2016 não significa que, para a configuração de uma oportunidade de negócio, somente poderá haver apenas um interessado em estabelecer uma parceria com a empresa estatal. É possível que, mesmo diante de mais de um interessado, esteja configurada a inviabilidade de procedimento competitivo.

3.2. Licitação dispensável

É dispensável a realização de licitação por empresas públicas e sociedades de economia mista:

I. para obras e serviços de engenharia de valor até R$ 100.000,00 (cem mil reais), desde que não se refiram a parcelas de uma mesma obra ou serviço ou ainda a obras e serviços de mesma natureza e no mesmo local que possam ser realizadas conjunta e concomitantemente;

II. para outros serviços e compras de valor até R$ 50.000,00 (cinquenta mil reais) e para alienações, nos casos previstos nessa lei, desde que não se refiram a parcelas de um mesmo serviço, compra ou alienação de maior vulto que possa ser realizado de uma só vez;

Os valores estabelecidos nos itens I e II só podem ser alterados, para refletir a variação de custos, por deliberação do conselho de administração da empresa pública ou sociedade de economia mista, admitindo-se valores diferenciados para cada sociedade.

III. quando não acudirem interessados à licitação anterior e essa, justificadamente, não puder ser repetida sem prejuízo para a empresa pública ou a sociedade de economia mista, bem como para suas respectivas subsidiárias, desde que mantidas as condições preestabelecidas;

IV. quando as propostas apresentadas consignarem preços manifestamente superiores aos praticados no mercado nacional ou incompatíveis com os fixados pelos órgãos oficiais competentes;

V. para a compra ou locação de imóvel destinado ao atendimento de suas finalidades precípuas, quando as necessidades de instalação e localização condicionarem a escolha do imóvel, desde que o preço seja compatível com o valor de mercado, segundo avaliação prévia;

VI. na contratação de remanescente de obra, de serviço ou de fornecimento, em consequência de rescisão contratual, desde que atendida a ordem de classificação da licitação anterior e aceitas as mesmas condições do contrato encerrado por rescisão ou distrato, inclusive quanto ao preço, devidamente corrigido;

A empresa pública e a sociedade de economia mista poderão convocar os licitantes remanescentes, na ordem de classificação, **para a celebração do contrato nas condições ofertadas por estes, desde que o respectivo valor seja igual ou inferior ao orçamento estimado para a contratação**, inclusive quanto aos preços atualizados nos termos do instrumento convocatório.

VII. na contratação de instituição brasileira incumbida regimental ou estatutariamente da pesquisa, do ensino ou do desenvolvimento institucional ou de instituição dedicada à recuperação social do preso, desde que a contratada detenha inquestionável reputação ético-profissional e não tenha fins lucrativos;

VIII. para a aquisição de componentes ou peças de origem nacional ou estrangeira necessários à manutenção de equipamentos durante o período de garantia técnica, junto ao fornecedor original desses equipamentos, quando tal condição de exclusividade for indispensável para a vigência da garantia;

IX. na contratação de associação de pessoas com deficiência física, sem fins lucrativos e de comprovada idoneidade, para a prestação de serviços ou fornecimento de mão de obra, desde que o preço contratado seja compatível com o praticado no mercado;

X. na contratação de concessionário, permissionário ou autorizado para fornecimento ou suprimento de energia elétrica ou gás natural e de outras prestadoras de serviço público, segundo as normas da legislação específica, desde que o objeto do contrato tenha pertinência com o serviço público;

XI. nas contratações entre empresas públicas ou sociedades de economia mista e suas respectivas subsidiárias, para aquisição ou alienação de bens e prestação ou obtenção de serviços, desde que os preços sejam compatíveis com os praticados no mercado e que o objeto do contrato tenha relação com a atividade da contratada prevista em seu estatuto social;

XII. na contratação de coleta, processamento e comercialização de resíduos sólidos urbanos recicláveis ou reutilizáveis, em áreas com sistema de coleta seletiva de lixo, efetuados por associações ou cooperativas formadas exclusivamente por pessoas físicas de baixa renda que tenham como ocupação econômica a coleta de materiais recicláveis, com o uso de equipamentos compatíveis com as normas técnicas, ambientais e de saúde pública;

XIII. para o fornecimento de bens e serviços, produzidos ou prestados no País, que envolvam, cumulativamente, alta complexidade tecnológica e defesa nacional, mediante parecer de comissão especialmente designada pelo dirigente máximo da empresa pública ou da sociedade de economia mista;

XIV. nas contratações visando ao cumprimento do disposto nos arts. 3º, 4º, 5º e 20 da Lei nº 10.973, de 2 de dezembro de 2004, observados os princípios gerais de contratação dela constantes;

XV. em situações de emergência, quando caracterizada urgência de atendimento de situação que possa ocasionar prejuízo ou comprometer a segurança de pessoas, obras, serviços, equipamentos e outros bens, públicos ou particulares, e somente para os bens necessários ao atendimento da situação emergencial e para as parcelas de obras e serviços que possam ser concluídas no prazo máximo de 180 (cento e oitenta) dias consecutivos e ininterruptos, contado da ocorrência da emergência, vedada a prorrogação dos respectivos contratos, observado o disposto no § 2º;

Obs.: não dispensará a responsabilização de quem, por ação ou omissão, tenha dado causa ao motivo ali descrito, inclusive no tocante à improbidade administrativa.

XVI. na transferência de bens a órgãos e entidades da Administração Pública, inclusive quando efetivada mediante permuta;

XVII. na doação de bens móveis para fins e usos de interesse social, após avaliação de sua oportunidade e conveniência socioeconômica relativamente à escolha de outra forma de alienação;

XVIII. na compra e venda de ações, de títulos de crédito e de dívida e de bens que produzam ou comercializem.

3.3. Inexigibilidade

Nos termos do art. 30 da Lei nº 13.303/2016, a contratação direta será feita quando houver inviabilidade de competição, em especial na hipótese de:

I. aquisição de materiais, equipamentos ou gêneros que só possam ser fornecidos por produtor, empresa ou representante comercial exclusivo;

II. contratação dos seguintes serviços técnicos especializados, com profissionais ou empresas de notória especialização, vedada a inexigibilidade para serviços de publicidade e divulgação:

a) estudos técnicos, planejamentos e projetos básicos ou executivos;

b) pareceres, perícias e avaliações em geral;

c) assessorias ou consultorias técnicas e auditorias financeiras ou tributárias;

d) fiscalização, supervisão ou gerenciamento de obras ou serviços;

e) patrocínio ou defesa de causas judiciais ou administrativas;

f) treinamento e aperfeiçoamento de pessoal;

g) restauração de obras de arte e bens de valor histórico.

Atente-se ao fato de que, na Lei nº 13.303/2016, há apenas duas hipóteses expressas de inexigibilidade de licitação, diferentemente da Lei nº 14.133/2021, que prevê outras hipóteses expressas.

4. SOBREPREÇO X SUPERFATURAMENTO

Considera-se sobrepreço quando os preços orçados para a licitação ou os preços contratados são expressivamente superiores aos preços referenciais de mercado, podendo referir-se ao valor unitário de um item, se a licitação ou a contratação for por preços unitários de serviço, ou ao valor global do objeto, se a licitação ou a contratação for por preço global ou por empreitada.

Por outro lado, considera-se superfaturamento quando houver dano ao patrimônio da empresa pública ou da sociedade de economia mista caracterizado, por exemplo:

a) pela medição de quantidades superiores às efetivamente executadas ou fornecidas;
b) pela deficiência na execução de obras e serviços de engenharia que resulte em diminuição da qualidade, da vida útil ou da segurança;
c) por alterações no orçamento de obras e de serviços de engenharia que causem o desequilíbrio econômico-financeiro do contrato em favor do contratado;
d) por outras alterações de cláusulas financeiras que gerem recebimentos contratuais antecipados, distorção do cronograma físico-financeiro, prorrogação injustificada do prazo contratual com custos adicionais para a empresa pública ou a sociedade de economia mista ou reajuste irregular de preços.

5. CONTRATAÇÃO SEMI-INTEGRADA

A contratação semi-integrada consiste na contratação que envolve a elaboração e o desenvolvimento do projeto executivo, a execução de obras e serviços de engenharia, a montagem, a realização de testes, a pré-operação e as demais operações necessárias e suficientes para a entrega final do objeto.

6. PROCEDIMENTO DA LICITAÇÃO

A Lei nº 13.303/2016 estabelece as seguintes fases para a licitação: (i) preparação; (ii) divulgação; (iii) apresentação de lances ou propostas, conforme o modo de disputa adotado; (iv) julgamento; (v) verificação de efetividade dos lances ou propostas; (vi) negociação; (vii) habilitação; (viii) interposição de recursos; (ix) adjudicação do objeto; (x) homologação do resultado ou revogação do procedimento.

Nos termos do art. 60, a homologação do resultado implica a constituição de direito relativo à celebração do contrato em favor do licitante vencedor.

A fase da habilitação poderá, excepcionalmente, anteceder a apresentação e o julgamento das propostas, bem como a negociação, desde que expressamente previsto no instrumento convocatório.

Nesse caso, a fase de recursos deixa de ser única, nos termos do art. 60.

6.1. Modelo aberto e fechado

No modo de disputa aberto, os licitantes apresentarão lances públicos e sucessivos, crescentes ou decrescentes, conforme o critério de julgamento adotado.

Quando for adotado o modo de disputa aberto, poderão ser admitidos:

I. a apresentação de lances intermediários;

II. o reinício da disputa aberta, após a definição do melhor lance, para definição das demais colocações, quando existir diferença de pelo menos 10% (dez por cento) entre o melhor lance e o subsequente.

Por sua vez, consideram-se intermediários os lances:

1) iguais ou inferiores ao maior já ofertado, quando adotado o julgamento pelo critério da maior oferta;
2) iguais ou superiores ao menor já ofertado, quando adotados os demais critérios de julgamento.

Por fim, no modo de disputa fechado, as propostas apresentadas pelos licitantes serão sigilosas até a data e a hora designadas para que sejam divulgadas.

6.2. Tipos de licitação

Nos termos do art. 54 da Lei nº 13.303/2016, são tipos de licitação:

I. menor preço;
II. maior desconto;

Obs. 1: terá como referência o preço global fixado no instrumento convocatório, estendendo-se o desconto oferecido nas propostas ou lances vencedores a eventuais termos aditivos.

Obs. 2: no caso de obras e serviços de engenharia, o desconto incidirá de forma linear sobre a totalidade dos itens constantes do orçamento estimado, que deverá, obrigatoriamente, integrar o instrumento convocatório.

III. melhor combinação de técnica e preço;

Obs.: a avaliação das propostas técnicas e de preço considerará o percentual de ponderação mais relevante, limitado a 70% (setenta por cento).

IV. melhor técnica;
V. melhor conteúdo artístico;
VI. maior oferta de preço;
VII. maior retorno econômico;

Obs.: os lances ou as propostas terão o objetivo de proporcionar economia à empresa pública ou à sociedade de economia mista, por meio da redução de suas despesas correntes, remunerando-se o licitante vencedor com base em percentual da economia de recursos gerada.

VIII. melhor destinação de bens alienados.

7. CONTRATOS

7.1. Comentários iniciais

Os contratos celebrados pelas empresas estatais regulam-se pelas suas cláusulas, pelo disposto na lei e pelos preceitos de direito privado.

Nesse sentido, o Enunciado nº 17 do CJF estabelece que os contratos celebrados pelas empresas estatais, regidos pela Lei nº 13.303/2016, não possuem aplicação subsidiária da Lei nº 8.666/1993. Em casos de lacuna contratual, aplicam-se as disposições daquela lei e as regras e os princípios de direito privado.

7.2. Garantias

Poderá ser exigida prestação de garantia nas contratações de obras, serviços e compras, de modo que caberá ao contratado optar por uma das seguintes modalidades de garantia:

I. caução em dinheiro;
II. seguro-garantia;
III. fiança bancária.

A garantia excederá a 5% (cinco por cento) do valor do contrato e terá seu valor atualizado nas mesmas condições nele estabelecidas.

Para obras, serviços e fornecimentos de grande vulto envolvendo complexidade técnica e riscos financeiros elevados, o limite de garantia poderá ser elevado para até 10% (dez por cento) do valor do contrato.

A garantia prestada pelo contratado será liberada ou restituída após a execução do contrato, devendo ser atualizada monetariamente na hipótese da caução em dinheiro.

7.3. Prazo

A duração dos contratos não excederá a 5 (cinco) anos, contados a partir de sua celebração, exceto:

I. para projetos contemplados no plano de negócios e investimentos da empresa pública ou da sociedade de economia mista;

II. nos casos em que a pactuação por prazo superior a 5 (cinco) anos seja prática rotineira de mercado e a imposição desse prazo inviabilize ou onere excessivamente a realização do negócio.

É vedado o contrato por prazo indeterminado.

7.4. Convocação do licitante vencedor

Nos termos do art. 76, a empresa pública e a sociedade de economia mista convocarão o licitante vencedor ou o destinatário de contratação com dispensa ou inexigibilidade de licitação para assinar o termo de contrato, observados o prazo e as condições estabelecidos, sob pena de decadência do direito à contratação.

O prazo de convocação poderá ser prorrogado 1 (uma) vez, por igual período.

Ademais, é facultado à empresa pública ou à sociedade de economia mista, quando o convocado não assinar o termo de contrato no prazo e nas condições estabelecidos:

I. convocar os licitantes remanescentes, na ordem de classificação, para fazê-lo em igual prazo e nas mesmas condições propostas pelo primeiro classificado, inclusive quanto aos preços atualizados em conformidade com o instrumento convocatório;

II. revogar a licitação.

7.5. Obrigações do contratado

Nos termos do art. 77, o contratado é obrigado a reparar, corrigir, remover, reconstruir ou substituir, às suas expensas, no total ou em parte, o objeto do contrato em que se verificarem vícios, defeitos ou incorreções resultantes da execução ou de materiais empregados, e responderá por danos causados diretamente a terceiros ou à empresa pública ou sociedade de economia mista, independentemente da comprovação de sua culpa ou dolo na execução do contrato.

Ademais, de acordo com o art. 78, o contratado é responsável pelos encargos trabalhistas, fiscais e comerciais resultantes da execução do contrato.

Por fim, a inadimplência do contratado quanto aos encargos trabalhistas, fiscais e comerciais não transfere à empresa pública ou à sociedade de economia mista a responsabilidade por seu pagamento, nem poderá onerar o objeto do contrato ou restringir a regularização e o uso das obras e edificações, inclusive perante o Registro de Imóveis.

7.6. Subcontratação

O art. 78 da Lei nº 13.303/2016 permite que o contratado, na execução do contrato, sem prejuízo das responsabilidades contratuais e legais, subcontrate partes da obra, serviço ou fornecimento, até o limite admitido, em cada caso, pela empresa pública ou pela sociedade de economia mista, conforme previsto no edital do certame.

Ademais, a empresa subcontratada deverá atender, em relação ao objeto da subcontratação, às exigências de qualificação técnica impostas ao licitante vencedor.

Atente-se que é vedada a subcontratação de empresa ou consórcio que tenha participado:

I. do procedimento licitatório do qual se originou a contratação;
II. direta ou indiretamente, da elaboração de projeto básico ou executivo.

Por fim, as empresas de prestação de serviços técnicos especializados deverão garantir que os integrantes de seu corpo técnico executem pessoal e diretamente as obrigações a eles imputadas, quando a respectiva relação for apresentada em procedimento licitatório ou em contratação direta.

7.7. Alteração contratual

Nos termos do art. 72, os contratos regidos somente poderão ser alterados por acordo entre as partes, vedando-se ajuste que resulte em violação da obrigação de licitar.

Assim, perceba-se que não é possível ocorrer as chamadas alterações unilaterais nos contratos celebrados pelas empresas estatais.

É possível a alteração dos contratos, por acordo entre as partes, nos seguintes casos:

I. quando houver modificação do projeto ou das especificações, para melhor adequação técnica aos seus objetivos;
II. quando necessária a modificação do valor contratual em decorrência de acréscimo ou diminuição quantitativa de seu objeto, nos limites permitidos por essa lei;
III. quando conveniente a substituição da garantia de execução;
IV. quando necessária a modificação do regime de execução da obra ou serviço, bem como do modo de fornecimento, em face de verificação técnica da inaplicabilidade dos termos contratuais originários;
V. quando necessária a modificação da forma de pagamento, por imposição de circunstâncias supervenientes, mantido o valor inicial atualizado, vedada a antecipação do pagamento, com relação ao cronograma financeiro fixado, sem a correspondente contraprestação de fornecimento de bens ou execução de obra ou serviço;
VI. para restabelecer a relação que as partes pactuaram inicialmente entre os encargos do contratado e a retribuição da Administração para a justa remuneração da obra, serviço ou fornecimento, objetivando a manutenção do equilíbrio econômico-financeiro inicial do contrato, na hipótese de sobrevirem fatos imprevisíveis, ou previsíveis porém de consequências incalculáveis,

retardadores ou impeditivos da execução do ajustado, ou, ainda, em caso de força maior, caso fortuito ou fato do príncipe, configurando álea econômica extraordinária e extracontratual.

O contratado **poderá** aceitar, nas mesmas condições contratuais, os acréscimos ou as supressões que se fizerem nas obras, serviços ou compras, até 25% (vinte e cinco por cento) do valor inicial atualizado do contrato, e, no caso particular de reforma de edifício ou de equipamento, até o limite de 50% (cinquenta por cento) para os seus acréscimos.

Nenhum acréscimo ou supressão poderá exceder os limites *supra*, salvo as supressões resultantes de acordo celebrado entre os contratantes.

Se no contrato não houverem sido contemplados preços unitários para obras ou serviços, esses serão fixados mediante acordo entre as partes, respeitados os limites estabelecidos anteriormente.

No caso de supressão de obras, bens ou serviços, se o contratado já houver adquirido os materiais e posto no local dos trabalhos, esses materiais deverão ser pagos pela empresa pública ou sociedade de economia mista pelos custos de aquisição regularmente comprovados e monetariamente corrigidos, podendo caber indenização por outros danos eventualmente decorrentes da supressão, desde que regularmente comprovados.

A criação, a alteração ou a extinção de quaisquer tributos ou encargos legais, bem como a superveniência de disposições legais, quando ocorridas após a data da apresentação da proposta, com comprovada repercussão nos preços contratados, implicarão a revisão destes para mais ou para menos, conforme o caso.

Em havendo alteração do contrato que aumente os encargos do contratado, a empresa pública ou a sociedade de economia mista deverá restabelecer, por aditamento, o equilíbrio econômico-financeiro inicial.

A variação do valor contratual para fazer face ao reajuste de preços previsto no próprio contrato e as atualizações, compensações ou penalizações financeiras decorrentes das condições de pagamento nele previstas, bem como o empenho de dotações orçamentárias suplementares até o limite do seu valor corrigido, não caracterizam alteração do contrato e podem ser registrados por simples apostila, dispensada a celebração de aditamento.

É vedada a celebração de aditivos decorrentes de eventos supervenientes alocados, na matriz de riscos, como de responsabilidade da contratada.

7.8. Sanções

7.8.1. Multa de mora

De acordo com art. 82, os contratos devem conter cláusulas com sanções administrativas a serem aplicadas em decorrência de atraso injustificado na execução do contrato, sujeitando o contratado a multa de mora, na forma prevista no instrumento convocatório ou no contrato.

A multa de mora não impede que a empresa pública ou a sociedade de economia mista rescinda o contrato e aplique as outras sanções previstas na lei, de modo que será aplicada após regular processo administrativo, e será descontada da garantia do respectivo contratado.

Se a multa for de valor superior ao valor da garantia prestada, além da perda desta, responderá o contratado pela sua diferença, a qual será descontada dos pagamentos eventualmente devidos pela empresa pública ou pela sociedade de economia mista ou, ainda, quando for o caso, cobrada judicialmente.

7.8.2. Sanções por inexecução contratual

Conforme dispõe o art. 83, pela inexecução total ou parcial do contrato, a empresa pública ou a sociedade de economia mista poderá, garantida a prévia defesa, aplicar ao contratado as seguintes sanções:

I. advertência;

II. multa, na forma prevista no instrumento convocatório ou no contrato;

III. suspensão temporária de participação em licitação e impedimento de contratar com a entidade sancionadora, por prazo não superior a 2 (dois) anos.

Se a multa aplicada for superior ao valor da garantia prestada, além da perda desta, responderá o contratado pela sua diferença, que será descontada dos pagamentos eventualmente devidos pela empresa pública ou pela sociedade de economia mista ou cobrada judicialmente.

As sanções previstas nos itens I e III poderão ser aplicadas juntamente com a multa, devendo a defesa prévia do interessado, no respectivo processo, ser apresentada no prazo de 10 (dez) dias úteis.

Por fim, nos termos do art. 83, a suspensão temporária e o impedimento de contratar com a entidade sancionadora, por prazo não superior a 2 (dois) anos, sanções essas previstas no inciso III do art. 84, poderão também ser aplicadas às empresas ou aos profissionais que:

I. tenham sofrido condenação definitiva por praticarem, por meios dolosos, fraude fiscal no recolhimento de quaisquer tributos;

II. tenham praticado atos ilícitos visando a frustrar os objetivos da licitação;

III. demonstrem não possuir idoneidade para contratar com a empresa pública ou a sociedade de economia mista em virtude de atos ilícitos praticados.

QUESTÕES DE CONCURSO

1. Questão autoral – De acordo com as disposições da Lei nº 13.303/16, marque a assertiva correta:

A) A duração dos contratos não será superior, por via de regra, a 12 (doze) meses.

B) O contratado fica obrigado a aceitar, nas mesmas condições contratuais, os acréscimos ou as supressões que se fizerem nas obras, serviços ou compras, até 25% (vinte e cinco por cento) do valor inicial atualizado do contrato, e, no caso particular de reforma de edifício ou de equipamento, até o limite de 50% (cinquenta por cento) para os seus acréscimos.

C) Os títulos da dívida pública podem ser apresentados como garantia de execução dos contratos.

D) A homologação do resultado implica a constituição de direito relativo à celebração do contrato em favor do licitante vencedor.

Comentário: A) Incorreta. De acordo com o art. 71, a duração dos contratos não excederá a 5 (cinco) anos, contados a partir de sua celebração, exceto:

I. para projetos contemplados no plano de negócios e investimentos da empresa pública ou da sociedade de economia mista;

II. nos casos em que a pactuação por prazo superior a 5 (cinco) anos seja prática rotineira de mercado e a imposição desse prazo inviabilize ou onere excessivamente a realização do negócio.

B) Incorreta. Nos termos do art. 72, os contratos regidos somente poderão ser alterados por acordo entre as partes, vedando-se ajuste que resulte em violação da obrigação de licitar.

É possível a alteração dos contratos, por acordo entre as partes, nos seguintes casos:

I. quando houver modificação do projeto ou das especificações, para melhor adequação técnica aos seus objetivos;

II. quando necessária a modificação do valor contratual em decorrência de acréscimo ou diminuição quantitativa de seu objeto, nos limites permitidos por essa lei;

III. quando conveniente a substituição da garantia de execução;

IV. quando necessária a modificação do regime de execução da obra ou serviço, bem como do modo de fornecimento, em face de verificação técnica da inaplicabilidade dos termos contratuais originários;

V. quando necessária a modificação da forma de pagamento, por imposição de circunstâncias supervenientes, mantido o valor inicial atualizado, vedada a antecipação do pagamento, com relação ao cronograma financeiro fixado, sem a correspondente contraprestação de fornecimento de bens ou execução de obra ou serviço;

VI. para restabelecer a relação que as partes pactuaram inicialmente entre os encargos do contratado e a retribuição da administração para a justa remuneração da obra, serviço ou fornecimento, objetivando a manutenção do equilíbrio econômico-financeiro inicial do contrato, na hipótese de sobrevirem fatos imprevisíveis, ou previsíveis porém de consequências incalculáveis, retardadores ou impeditivos da execução do ajustado, ou, ainda, em caso de força maior, caso fortuito ou fato do príncipe, configurando álea econômica extraordinária e extracontratual.

O contratado **poderá** aceitar, nas mesmas condições contratuais, os acréscimos ou as supressões que se fizerem nas obras, serviços ou compras, até 25% (vinte e cinco por cento) do valor inicial atualizado do contrato, e, no caso particular de reforma de edifício ou de equipamento, até o limite de 50% (cinquenta por cento) para os seus acréscimos.

C) Incorreta. Conforme o art. 70, § 1º, poderá ser exigida prestação de garantia nas contratações de obras, serviços e compras, de modo que caberá ao contratado optar por uma das seguintes modalidades de garantia:

I. caução em dinheiro;

II. seguro-garantia;

III. fiança bancária.

D) Correta. Nos termos do art. 60, a homologação do resultado implica a constituição de direito relativo à celebração do contrato em favor do licitante vencedor.

2. FCC – 2021 – TJ-GO – Juiz Substituto

No que se refere às disposições aplicáveis às empresas públicas e às sociedades de economia mista, segundo a Lei nº 13.303 de 30 de junho de 2016,

A) por explorar atividade econômica, a empresa pública poderá lançar debêntures ou outros títulos ou valores mobiliários, desde que conversíveis em ações.

B) o acionista controlador da empresa pública e da sociedade de economia mista responderá pelos atos praticados com abuso de poder, podendo a ação ser proposta pelos demais sócios, desde que autorizados pela assembleia geral de acionistas.

C) a empresa pública e a sociedade de economia mista poderão celebrar convênio ou contrato de patrocínio com pessoa física ou com pessoa jurídica para promoção de atividades culturais, sociais, esportivas, educacionais e de inovação tecnológica, desde que comprovadamente vinculadas ao fortalecimento de sua marca.

D) a exploração de atividade econômica pelo Estado será exercida por meio de empresa pública, de autarquia, de sociedade de economia mista e de suas subsidiárias.

E) empresa pública é a entidade dotada de personalidade jurídica de direito público, com criação autorizada por lei e com patrimônio próprio, cujo capital social é integralmente detido pela União, pelos Estados, pelo Distrito Federal ou pelos Municípios.

Comentário: A) Incorreta. De acordo com o art. 11, a empresa pública não poderá: (i) lançar debêntures ou outros títulos ou valores mobiliários, conversíveis em ações; (ii) emitir partes beneficiárias.

B) Incorreta. Pelo art. 15, o acionista controlador da empresa pública e da sociedade de economia mista responderá pelos atos praticados com abuso de poder, nos termos da Lei nº 6.404, de 15 de dezembro de 1976.

Ademais, o § 1º estabelece que a ação de reparação poderá ser proposta pela sociedade, nos termos do art. 246 da Lei nº 6.404, de 15 de dezembro de 1976, pelo terceiro prejudicado ou pelos demais sócios, independentemente de autorização da assembleia-geral de acionistas.

C) Correta. Consoante o art. 27, § 3º, a empresa pública e a sociedade de economia mista poderão celebrar convênio ou contrato de patrocínio com pessoa física ou com pessoa jurídica para promoção de atividades culturais, sociais, esportivas, educacionais e de inovação tecnológica, desde que comprovadamente vinculadas ao fortalecimento de sua marca, observando-se, no que couber, as normas de licitação e contratos dessa lei.

D) Incorreta. Conforme o art. 2º, a exploração de atividade econômica pelo Estado será exercida por meio de empresa pública, de sociedade de economia mista e de suas subsidiárias. Perceba-se que não há a autarquia.

E) Incorreta. De acordo com o art. 3º, a empresa pública é a entidade dotada de personalidade jurídica de direito privado, com criação autorizada por lei e com patrimônio próprio, cujo capital social é integralmente detido pela União, pelos estados, pelo Distrito Federal ou pelos municípios.

3. FCC – 2020 – TJ-MS – Juiz Substituto

A Lei das Estatais – Lei Federal nº 13.303/2016 – estabelece diversas hipóteses de dispensa de licitação aplicáveis às empresas públicas e sociedades de economia mista. Segundo o art. 29 da lei, é dispensável a licitação:

A) para obras e serviços de engenharia de valor até R$ 300.000,00 (trezentos mil reais), desde que não se refiram a parcelas de uma mesma obra ou serviço ou ainda a obras e serviços de mesma natureza e no mesmo local que possam ser realizadas conjunta e concomitantemente.

B) para aquisição de materiais, equipamentos ou gêneros que só possam ser fornecidos por produtor, empresa ou representante comercial exclusivo.

C) na contratação de remanescente de obra, de serviço ou de fornecimento, em consequência de rescisão contratual, desde que atendida a ordem de classificação da licitação anterior e mantidas as condições da proposta do licitante a ser contratado, inclusive quanto ao preço, devidamente corrigido.

D) na doação de bens móveis para fins e usos de interesse social, após avaliação de sua oportunidade e conveniência socioeconômica relativamente à escolha de outra forma de alienação.

E) na contratação de serviços técnicos especializados relativos a assessorias ou consultorias técnicas e auditorias financeiras ou tributárias, com profissionais ou empresas de notória especialização.

Comentário: A) Incorreta. O art. 29, I, da Lei das Estatais estabelece que é dispensável a realização de licitação por empresas públicas e sociedades de economia mista para obras e serviços de engenharia de valor até R$ 100.000,00 (cem mil reais), desde que não se refiram a parcelas de uma mesma obra ou serviço ou ainda a obras e serviços de mesma natureza e no mesmo local que possam ser realizadas conjunta e concomitantemente.

B) Incorreta. O art. 30, I, da Lei das Estatais aponta que a contratação direta será feita quando houver inviabilidade de competição, em especial na hipótese de aquisição de materiais, equipamentos ou gêneros que só possam ser fornecidos por produtor, empresa ou representante comercial exclusivo. Trata-se de hipótese de inexigibilidade de licitação.

C) Incorreta. O art. 29, VI, da Lei das Estatais estabelece que é dispensável a realização de licitação por empresas públicas e sociedades de economia mista na contratação de remanescente de obra, de serviço ou de fornecimento, em consequência de rescisão contratual, desde que atendida a ordem de classificação da licitação anterior e aceitas (não mantidas) as mesmas condições do contrato encerrado por rescisão ou distrato, inclusive quanto ao preço, devidamente corrigido.

D) Correta. O art. 29, XVII, da Lei das Estatais dispõe que é dispensável a realização de licitação por empresas públicas e sociedades de economia mista na doação de bens móveis para fins e usos de interesse social, após avaliação de sua oportunidade e conveniência socioeconômica relativamente à escolha de outra forma de alienação.

E) Incorreta. Nos termos do art. 30, II, da Lei das Estatais, a contratação direta será feita quando houver inviabilidade de competição, em especial na hipótese de contratação dos serviços técnicos especializados enumerados, com profissionais ou empresas de notória especialização. Trata-se de hipótese de inexigibilidade de licitação.

Capítulo XIX

LEI Nº 8.112/1990 – REGIME JURÍDICO DOS SERVIDORES PÚBLICOS CIVIS DA UNIÃO E PROCESSO ADMINISTRATIVO

1. COMENTÁRIOS INICIAIS

A Lei nº 8.112/1990 institui o regime jurídico dos servidores da União, das autarquias federais e da fundação pública federal. Importante, todavia, pontuar, que a Lei nº 8.112/1990 pode ser aplicada de modo supletivo aos procedimentos administrativos disciplinares estaduais, nas hipóteses em que existam lacunas nas leis locais que regem os servidores públicos.[1]

1.1. Conceitos importantes

Um servidor é uma pessoa que possui um cargo público, conforme o art. 2º. Esse cargo é definido como um conjunto de atribuições e responsabilidades previstas na estrutura organizacional, que devem ser exercidas pelo servidor, de acordo com o art. 3º. Importante lembrar que, exceto nos casos previstos em lei, é proibida a prestação de serviços gratuitos.

2. DO PROVIMENTO DOS CARGOS PÚBLICOS

Nos termos do art. 5º da Lei nº 8.112/1990, são requisitos básicos para a investidura em cargo público: (i) a nacionalidade brasileira; (ii) o gozo dos direitos políticos; (iii) a quitação com as obrigações militares e eleitorais; (iv) o nível de escolaridade exigido para o exercício do cargo; (v) a idade mínima de dezoito anos; (vi) aptidão física e mental.

2.1. Formas de provimento

De acordo com o art. 8º da Lei nº 8.112/1990, são formas de provimento dos cargos públicos:

---

1 RMS 60.493/PR, Segunda Turma, Rel. Min. Herman Benjamin, j. 19.09.2019, *DJe* 11.10.2019.

I. nomeação;
II. promoção;
III. (revogado);
IV. (revogado);
V. readaptação;
VI. reversão;
VII. aproveitamento;
VIII. reintegração;
IX. recondução.

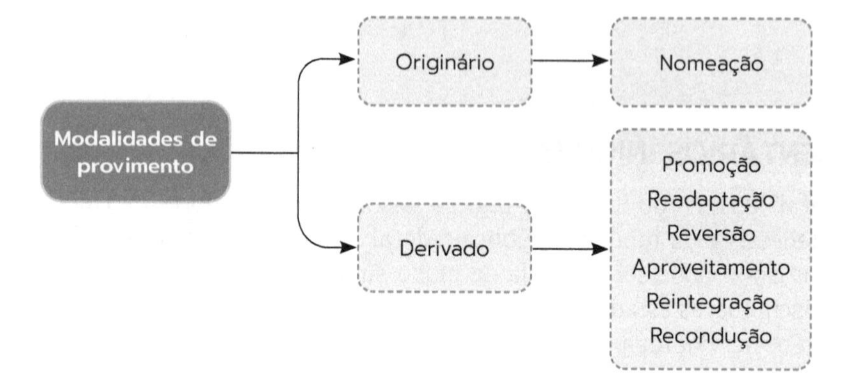

Atente-se que o STF declarou inconstitucionais as formas de provimento ascensão (ou transposição) e transferência. Trata-se da aplicação da Súmula Vinculante nº 43 da corte, que afirma ser inconstitucional toda modalidade de provimento que propicie ao servidor investir-se, sem prévia aprovação em concurso público destinado ao seu provimento, em cargo que não integra a carreira na qual anteriormente investido.

A ascensão funcional refere-se à progressão do servidor público entre cargos de diferentes carreiras, onde ele é promovido para um cargo superior em uma carreira distinta. Antes da promulgação da Constituição Federal de 1988, a ascensão funcional era amplamente utilizada como meio de progressão na carreira, permitindo que um servidor público alcançasse o primeiro nível de uma carreira superior sem a necessidade de participar de um concurso público. No entanto, após a CR/1988, essa prática foi limitada e agora a progressão na carreira ocorre, principalmente, por meio de concursos públicos e avaliações de desempenho.

Por outro lado, a transferência de servidores era uma prática que permitia a mudança de um quadro para outro dentro do mesmo poder. Embora fosse uma forma de vacância e provimento, essa prática feria normas constitucionais. Isso ocorria porque a transferência implicava a mudança de um servidor de um quadro para outro, o que ia de encontro às disposições da Constituição. Portanto, essa prática foi limitada após a promulgação da Constituição Federal de 1988, que estabeleceu regras mais rígidas para a movimentação de servidores públicos entre diferentes quadros.

2.1.1. Nomeação

É a modalidade de provimento ORIGINÁRIO, que "consiste no ato unilateral estatal INICIAL de designação de um indivíduo para ocupar um cargo público de provimento efetivo ou em comissão".[2]

De acordo com o art. 9º, a nomeação far-se-á:

I. em caráter efetivo, quando se tratar de cargo isolado de provimento efetivo ou de carreira;

II. em comissão, inclusive na condição de interino, para cargos de confiança vagos.

O servidor ocupante de cargo em comissão ou de natureza especial poderá ser nomeado para ter exercício, interinamente, em outro cargo de confiança, sem prejuízo das atribuições do que atualmente ocupa, hipótese em que deverá optar pela remuneração de um deles durante o período da interinidade.

Por sua vez, o art. 10 estabelece que a nomeação para cargo de carreira ou cargo isolado de provimento efetivo depende de prévia habilitação em concurso público de provas ou de provas e títulos, obedecidos a ordem de classificação e o prazo de sua validade.

2.1.1.1. Do concurso público

De acordo com o art. 11, o concurso será de provas ou de provas e títulos, podendo ser realizado em duas etapas, conforme dispuserem a lei e o regulamento do respectivo plano de carreira, condicionada a inscrição do candidato ao pagamento do valor fixado no edital, quando indispensável ao seu custeio, e ressalvadas as hipóteses de isenção nele expressamente previstas.

O art. 12 estabelece que o prazo de validade do concurso será de até 2 (dois) anos, podendo ser prorrogado uma única vez, por igual período.

Não se abrirá novo concurso enquanto houver candidato aprovado em concurso anterior com prazo de validade não expirado.

O art. 12 da Lei nº 8.112/1990 estabelece que o prazo de validade de um concurso público é de até 2 anos, podendo ser prorrogado uma única vez por igual período. No entanto, a mesma lei veda a abertura de um novo concurso enquanto houver candidato aprovado em concurso anterior com prazo de validade não expirado.

Por outro lado, a Constituição Federal de 1988 estabelece que os candidatos aprovados em concurso público terão prioridade de nomeação sobre novos concursados. Assim, a CR/1988 não veda a abertura de novos concursos, mas prioriza a nomeação dos aprovados em concursos anteriores. É importante observar que essas

---

[2] JUSTEN FILHO, Marçal. *Curso de Direito Administrativo*. 8. ed. rev., ampl. e atual. Belo Horizonte: Editora Fórum, 2012. p. 892.

normas devem ser aplicadas em conjunto e com base nos princípios da legalidade, da impessoalidade, da moralidade, da publicidade e da eficiência.

2.1.1.2. Da posse e do exercício

Conforme o art. 13, a posse dar-se-á pela assinatura do respectivo termo, no qual deverão constar as atribuições, os deveres, as responsabilidades e os direitos inerentes ao cargo ocupado, que não poderão ser alterados unilateralmente, por qualquer das partes, ressalvados os atos de ofício previstos em lei.

Nos termos do art. 13, § 1º, da Lei nº 8.112/1990, a **posse ocorrerá no prazo de 30 dias** contados da publicação do ato de provimento (da nomeação).

Observe que, se o servidor estiver de licença por motivo de doença em pessoa da família; para o serviço militar; para o serviço militar; à gestante, à adotante e à paternidade; para tratamento da própria saúde; por motivo de acidente em serviço ou doença profissional; para capacitação, bem como estiver de férias, participando em programa de treinamento regularmente instituído ou em programa de pós-graduação *stricto sensu* no País ou participação em competição desportiva nacional ou convocação para integrar representação desportiva nacional, no País ou no exterior, o prazo para a posse começará a correr do término do impedimento.

De acordo com a legislação brasileira, a posse em cargo público pode ocorrer mediante procuração específica, desde que atenda a requisitos previstos em lei. É importante destacar que a **posse só pode ocorrer nos casos de nomeação, no prazo de 30 dias**, e a falta de posse dentro do prazo **torna sem efeito a nomeação do servidor**.

No ato da posse, o servidor apresentará declaração de bens e valores que constituem seu patrimônio e declaração quanto ao exercício ou não de outro cargo, emprego ou função pública.

Por sua vez, a **entrada em exercício do servidor deve ocorrer no prazo de 15 dias, de modo que, caso não entre em exercício no prazo, ele será exonerado do cargo ou terá sua designação para função de confiança desfeita**.

É necessário ressaltar que a posse pressupõe uma prévia inspeção médica oficial, a qual deve atestar a aptidão física e mental do servidor para o desempenho do cargo. Tais medidas visam garantir a eficiência e a qualidade do serviço público prestado à sociedade.

2.1.2. Promoção

Consoante Marçal Justen Filho,[3] a promoção consiste no provimento de um servidor em um cargo de hierarquia superior na carreira em que está inserido. Vale destacar que a promoção está restrita aos cargos que integram carreiras no serviço público.

---

[3] JUSTEN FILHO, Marçal. *Curso de Direito Administrativo*. 8. ed. rev., ampl. e atual. Belo Horizonte: Editora Fórum, 2012.

Dessa maneira, a promoção é uma forma de provimento derivado, que não interrompe o tempo de exercício do servidor, conforme estabelece o art. 17 da Lei nº 8.112/1990. Além disso, a promoção é uma forma de vacância, pois o cargo anteriormente ocupado pelo servidor que foi promovido fica vago.

Assim, a promoção é simultaneamente uma forma de provimento de cargo público e de vacância, sendo essencial para a ascensão funcional dos servidores no serviço público.

2.1.3. Readaptação

Nos termos do art. 24 da Lei nº 8.112/1990, a readaptação é a investidura do servidor em cargo de atribuição e responsabilidades compatíveis com a limitação que tenha sofrido em sua capacidade física ou mental, verificada em inspeção médica.

Para que ocorra a readaptação, as condições do servidor devem se tornar incompatíveis com as atribuições próprias do cargo que ocupava.

Se julgado incapaz para o serviço público, o servidor será aposentado.

Não havendo cargo vago, o servidor exercerá suas funções como excedente, até a ocorrência da vaga.

A readaptação é, simultaneamente, forma de provimento de cargo público e de vacância.

2.1.4. Reversão

De acordo com o art. 25 da Lei nº 8.112/1990, a reversão consiste no retorno à atividade de servidor aposentado.

Há duas modalidades de reversão: a compulsória e a voluntária.

2.1.4.1. Compulsória

O servidor aposentado por invalidez retornará à atividade, quando a junta médica oficial declarar insubsistentes os motivos da aposentadoria. Trata-se de ato vinculado a ser praticado pela Administração.

Não havendo cargo vago, o servidor exercerá suas funções como excedente, até a ocorrência da vaga.

Há remuneração do cargo que voltar a exercer, inclusive com as vantagens de natureza pessoal que percebia anteriormente à aposentadoria.

Caso o servidor revertido aposente-se novamente, apenas terá os proventos calculados com base nas regras atuais se permanecer pelo menos 5 anos no cargo.

2.1.4.2. Voluntária

Ocorrerá no interesse da Administração (portanto, trata-se de ato discricionário da Administração), desde que:

- o servidor tenha solicitado;
- aposentadoria voluntária;
- servidor estável à época da aposentadoria;
- aposentadoria tenha ocorrido nos 5 anos anteriores à solicitação;
- cargo vago.

Perceba que, nessa situação, não havendo cargo vago, o servidor não conseguirá a reversão.

Obs.: não ocorrerá a reversão do servidor aposentado que tenha completado 70 anos.

2.1.5. Reintegração

Nos termos do art. 28 da Lei nº 8.112/1990, "a reintegração é o provimento do indivíduo no cargo que ocupava ou naquele em que foi transformado, virtude de invalidação de sua demissão, na via administrativa ou judicial".[4]

Na reintegração, haverá o ressarcimento de todas as vantagens que o servidor não recebeu. A despeito da literalidade da lei, o STJ entendeu que o **servidor público reintegrado não faz jus ao recebimento das parcelas remuneratórias referentes ao auxílio-transporte e ao adicional de insalubridade** pelo período em que esteve indevidamente afastado do cargo público. Para o STJ, os pagamentos do auxílio-transporte e do adicional de insalubridade não se mostram devidos à servidora pelo tão só exercício ficto no cargo público, haja vista que ditas rubricas reclamam a existência de requisitos específicos.[5]

Outro entendimento relevante do STJ refere-se ao fato de que servidor público que pede exoneração e fica inerte por um lapso temporal. No caso enfrentado pelo STJ,[6] a servidora ficou inerte por mais de 3 anos, até ingressar com ação judicial requerendo declaração de nulidade do ato administrativo e a consequente reintegração ao cargo, não tem direito à indenização de valores retroativos à exoneração, por configurar enriquecimento sem causa.

Tendo disso extinto o cargo, o servidor ficará em disponibilidade; encontrando-se provido o cargo, o eventual ocupante será reconduzido ao cargo de origem, SEM direito à indenização ou aproveitado em outro cargo, ou, ainda, posto em disponibilidade.

---

4 JUSTEN FILHO, Marçal. *Curso de Direito Administrativo*. 8. ed. rev., ampl. e atual. Belo Horizonte: Editora Fórum, 2012. p. 894.

5 REsp 1.941.987/PR, Primeira Turma, Rel. Min. Sérgio Kukina, j. 07.12.2021, DJe 10.12.2021.

6 REsp 2.005.114-RS, Primeira Turma, Rel. Min. Benedito Gonçalves, j. 22.08.2023.

2.1.6. Recondução

Nos termos do art. 29 da Lei nº 8.112/1990, a recondução é o retorno do servidor estável ao cargo anteriormente ocupado.

Ela ocorrerá em duas situações, quais sejam:

1) inabilitação em estágio probatório relativo a outro cargo;
2) reintegração do anterior ocupado.

Importante é o entendimento do STJ que se refere à primeira situação da recondução (inabilitação em estágio probatório). Para a corte, não há que se falar em aplicação dessa hipótese de recondução em estados e municípios cujas legislações estatutárias sejam omissas e não tragam essa possibilidade. De acordo com o STJ, a analogia das legislações estaduais e municipais com a Lei nº 8.112/1990 somente será possível se houver omissão no tocante a direito de cunho constitucional, que seja autoaplicável, e se a situação não der azo ao aumento de gastos; em suma, ela precisa ser avaliada caso a caso e com parcimônia.[7]

2.1.7. Aproveitamento

O aproveitamento é o retorno à atividade de servidor em disponibilidade, em cargo de atribuições e vencimentos compatíveis com o anteriormente ocupado.

3. ESTÁGIO PROBATÓRIO X ESTABILIDADE

Nas lições de Marçal Justen Filho,[8] "o estágio probatório consiste no exercício pelo servidor das funções correspondentes ao cargo efetivo, no qual foi investido, visando à avaliação de sua aptidão e capacidade durante o período de três anos, prazo previsto no art. 41 da CR/1988 para a aquisição da estabilidade".

Por sua vez, o art. 41 da CR/1988 afirma que "são estáveis, após três anos de efetivo exercício os servidores nomeados para cargo de provimento efetivo em virtude de concurso público".

Perceba que, após a EC 19/1998, tanto o estágio probatório quanto a estabilidade passaram a ser de três anos, conforme pacificaram o entendimento o Supremo Tribunal Federal e o Superior Tribunal de Justiça.

Esses mesmos tribunais entenderam pela inaplicabilidade dos arts. 20 e 21, em seus *caputs*, ambos da Lei nº 8.112/1990.

Quatro meses antes de findo o período do estágio probatório, será submetida à homologação da autoridade competente a avaliação do desempenho do servidor, realizada por comissão constituída para essa finalidade, de acordo com o que dispuser

---

7 RMS 46.438/MG, Segunda Turma, Rel. Min. Humberto Martins, j. 16.12.2014, *DJe* 19.12.2014.

8 JUSTEN FILHO, Marçal. *Curso de Direito Administrativo*. 8. ed. rev., ampl. e atual. Belo Horizonte: Editora Fórum, 2012. p. 898-899.

a lei ou o regulamento da respectiva carreira ou cargo, sem prejuízo da continuidade de apuração dos fatores necessários para uma boa prestação do serviço público.

O servidor não aprovado no estágio probatório será exonerado ou, se estável, reconduzido ao cargo anteriormente ocupado.

O servidor em estágio probatório poderá exercer quaisquer cargos de provimento em comissão ou funções de direção, chefia ou assessoramento no órgão ou na entidade de lotação, e somente poderá ser cedido a outro órgão ou entidade para ocupar cargos de natureza especial, cargos de provimento em comissão do Grupo-Direção e Assessoramento Superiores (DAS), de níveis 6, 5 e 4, ou equivalentes.

Ao servidor em estágio probatório somente poderão ser concedidas as licenças por motivo de doença em pessoa da família; por motivo de afastamento do cônjuge ou companheiro; para o serviço militar; para atividade política; e os afastamentos para exercício de mandato eletivo, para estudo ou missão no exterior, bem assim afastamento para participar de curso de formação decorrente de aprovação em concurso para outro cargo na Administração Pública federal.

O estágio probatório ficará suspenso durante as licenças por motivo de doença em pessoa da família; por motivo de afastamento do cônjuge; para atividade política; bem assim na hipótese de participação em curso de formação, e será retomado a partir do término do impedimento.

4. DA VACÂNCIA DOS CARGOS PÚBLICOS

Segundo Di Pietro,[9] "vacância é o ato administrativo pelo qual o servidor é destituído do cargo".

A Lei nº 8.112/1990, em seu art. 33, estabelece as situações que geram a vacância de cargos públicos. São elas:

I. exoneração;

II. demissão;

III. promoção;

IV. readaptação;

VII. aposentadoria;

VIII. posse em outro cargo inacumulável;

IX. falecimento.

---

9 DI PIETRO, Maria Sylvia Zanella. *Direito Administrativo*. 25. ed. São Paulo: Atlas, 2012. p. 662.

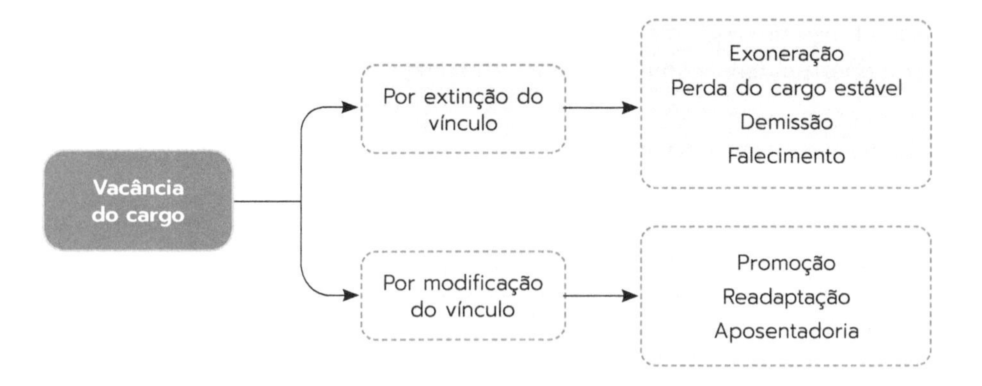

A exoneração de cargo efetivo pode ocorrer de ofício ou a pedido do servidor. Sobre a exoneração de ofício, esta irá ocorrer em duas situações:

1) quando não satisfeitas as condições de estágio probatório;
2) quando, tendo tomado posse, o servidor não entrar em exercício no prazo estabelecido.

Por fim, o art. 35 traz a exoneração de cargo em comissão e a dispensa de função de confiança. Segundo a Lei nº 8.112/1990, irão ocorrer essas situações:

1) a juízo da autoridade competente;
2) a pedido do próprio servidor

5. DA REMOÇÃO, DA REDISTRIBUIÇÃO E DA SUBSTITUIÇÃO

5.1. Remoção

Nos termos do art. 36 da Lei nº 8.112/1990, a REMOÇÃO é o deslocamento do servidor, com ou sem mudança de sede.

A remoção pode ser de ofício ou a pedido.

5.1.1. Remoção de ofício

Acontecerá no interesse da Administração

5.1.2. Remoção a pedido

5.1.2.1. A critério da Administração

A remoção a pedido está sujeita ao critério da Administração, que possui a discricionariedade para decidir sobre sua concessão. Nesse sentido, não há obrigatoriedade na disponibilização dessa modalidade de remoção, cabendo ao administrador público avaliar a oportunidade e conveniência da medida.

5.1.2.2. Independentemente do interesse da Administração

1) Acompanhar cônjuge ou companheiro também servidor público ou militar, de QUALQUER dos poderes da União, dos estados, do DF e dos municípios, que foi deslocado no interesse da Administração.

De acordo com o STJ, havendo remoção de um dos companheiros por interesse da Administração Pública, o/a outro(a) possui direito líquido e certo de obter a remoção, **independentemente de vaga no local de destino e mesmo que trabalhem em locais distintos à época da remoção de ofício.**[10]

A corte cidadã também tem entendimento de que o **servidor público federal tem direito de ser removido a pedido, independentemente do interesse da Administração, para acompanhar o seu cônjuge empregado de empresa pública federal que foi deslocado para outra localidade no interesse da Administração**. O parágrafo único do art. 36 da Lei nº 8.112/1990 garante aos servidores públicos federais o direito de serem removidos para acompanhar seus cônjuges que são servidores públicos civis ou militares, de qualquer um dos poderes da União, dos estados, do Distrito Federal e dos municípios, que foram realocados por interesse da Administração. A jurisprudência do Superior Tribunal de Justiça ampliou o conceito de servidor público para incluir não apenas os vinculados à Administração direta mas também aqueles que atuam em entidades da Administração indireta. Dessa forma, a interpretação desse dispositivo legal deve permitir que os servidores públicos que desejam acompanhar seus cônjuges que são empregados de empresas públicas federais tenham o direito de remoção reconhecido. Isso se justifica ainda mais pela Constituição Federal, que consagra o princípio da proteção à família, um valor maior que deve ser preservado pelo Estado, especialmente quando este age como empregador.[11]

2) Por motivo de saúde do servidor, cônjuge ou companheiro ou dependente que viva às suas expensas e conste do seu assentamento funcional. É necessária comprovação da doença pela junta médica oficial.

Aqui, importante pontuar o entendimento do STJ[12] de que essa regra não pode ser aplicada de maneira subsidiária aos membros do Ministério Público da União. A despeito desse entendimento fixado, o próprio STJ entendeu que, no caso analisado, a recorrida foi removida desde 2016 para cuidar de seu filho menor com autismo.

---

[10] STJ, RMS 66.823-MT, Segunda Turma, Rel. Min. Mauro Campbell Marques, j. 05.10.2021.

[11] MS 14.195-DF, Rel. Min. Sebastião Reis Júnior, j. 13.03.2013.

[12] Processo em segredo de justiça, Primeira Turma, Rel. Min. Gurgel de Faria, por unanimidade, j. 09.05.2023.

O acórdão recorrido constatou, e o STJ acompanhou, que há ampla e incontroversa evidência de que:

a) é crucial que o infante permaneça no local onde iniciou as terapias relacionadas ao autismo, mantendo seu convívio familiar, social, terapêutico e escolar o mais estruturado possível, sem grandes mudanças;
b) mesmo variações mínimas no ambiente em que o menor vive têm um impacto significativo na progressão/regressão da doença, devido à sua sensibilidade psicológica;
c) a cidade de origem da recorrida não possui profissionais adequados para atender às necessidades da criança;
d) a presença da mãe é extremamente importante para o desenvolvimento saudável da criança, enquanto a ausência da genitora tem impactos negativos, comprometendo os sintomas e o processo de desenvolvimento;
e) uma mudança de domicílio, com o afastamento de outros familiares, pode prejudicar a criança, pois ela deixaria seu "mundo autista, intocável e só seu" para um ambiente diferente e estranho, afetando drasticamente o processo de socialização e o prognóstico de melhora dos sintomas.

No caso em questão, embora a tese jurídica da União seja considerada correta, é evidente que, diante da situação específica, a restauração estrita da legalidade, com a mudança da autora e de seu filho (uma pessoa com deficiência) para a lotação original, resultaria em danos sociais significativos. Nesse contexto, a aplicação da teoria do fato consumado/consolidado é mais adequada, uma vez que a manutenção da situação já estabelecida é menos prejudicial.

3) Em virtude de processo seletivo, na hipótese em que o número de interessados for superior ao número de vagas.

Importante perceber que, cumprida uma das hipóteses anteriores, o servidor tem direito de ser removido. Não há discricionariedade da Administração. Na verdade, ocorre a vinculação da conduta administrativa.

5.2. Redistribuição

Nos termos do art. 37, a redistribuição é o deslocamento do cargo EFETIVO, ocupado ou vago, para outro órgão ou entidade do mesmo poder.

Requisitos a serem observados:

1) interesse da Administração;
2) equivalência de vencimentos;
3) manutenção da essência das atribuições do cargo;
4) vinculação entre os graus de responsabilidade e complexidade das atividades;

5) mesmo nível de escolaridade, especialidade ou habilitação profissional;
6) compatibilidade entre as atribuições do cargo e as finalidades institucionais do órgão ou da entidade.

Obs.:

• A redistribuição de cargos vagos se dará mediante ato conjunto entre órgão central do Sipec e órgãos e entidades envolvidos.

• Só existe DE OFÍCIO.

• A redistribuição ocorrerá *ex officio* para ajustamento de lotação e da força de trabalho às necessidades dos serviços, inclusive nos casos de reorganização, extinção ou criação de órgão ou entidade.

• Nos casos de reorganização ou extinção de órgão ou entidade, extinto o cargo ou declarada sua desnecessidade no órgão ou na entidade, o servidor estável que não for redistribuído será colocado em disponibilidade, até seu aproveitamento na forma dos arts. 30 e 31.

• O servidor que não for redistribuído ou colocado em disponibilidade poderá ser mantido sob responsabilidade do órgão central do Sipec e ter exercício provisório, em outro órgão ou entidade, até seu adequado aproveitamento.

5.3. Substituição

Os servidores investidos em cargo ou função de direção ou chefia e os ocupantes de cargo de natureza especial terão substitutos indicados no Regimento Interno (RI) do respectivo órgão ou entidade.

Havendo omissão do RI, será previamente designado pelo dirigente máximo daquele órgão ou entidade.

6. DOS DIREITOS E DAS VANTAGENS

6.1. Do vencimento e da remuneração

De acordo com o art. 40, vencimento é a retribuição pecuniária pelo exercício de cargo público, com valor fixado em lei.

O art. 41 estabelece que remuneração é o vencimento do cargo efetivo, acrescido das vantagens pecuniárias permanentes estabelecidas em lei.

O servidor investido em cargo em comissão de órgão ou entidade diversa da de sua lotação receberá a remuneração pelo órgão cessionário.

O vencimento do cargo efetivo, acrescido das vantagens de caráter permanente, é irredutível.

É assegurada a isonomia de vencimentos para cargos de atribuições iguais ou assemelhadas do mesmo poder, ou entre servidores dos três poderes, ressalvadas as vantagens de caráter individual e as relativas à natureza ou ao local de trabalho.

Nenhum servidor receberá remuneração inferior ao salário mínimo.

Ademais, nenhum servidor poderá perceber, mensalmente, a título de remuneração, importância superior à soma dos valores percebidos como remuneração, em espécie, a qualquer título, no âmbito dos respectivos poderes, pelos ministros de Estado, por membros do Congresso Nacional e ministros do Supremo Tribunal Federal.

Excluem-se do teto de remuneração: gratificação natalina; adicional pelo exercício de atividades insalubres, perigosas ou penosas; adicional pela prestação de serviço extraordinário; adicional noturno e adicional de férias.

O servidor perderá:

I. a remuneração do dia em que faltar ao serviço, sem motivo justificado;
II. a parcela de remuneração diária, proporcional aos atrasos, ausências justificadas, ressalvadas as concessões de que trata o art. 97, e saídas antecipadas, salvo na hipótese de compensação de horário, até o mês subsequente ao da ocorrência, a ser estabelecida pela chefia imediata.

As faltas justificadas decorrentes de caso fortuito ou de força maior poderão ser compensadas a critério da chefia imediata, sendo assim consideradas como efetivo exercício.

Salvo por imposição legal, ou mandado judicial, nenhum desconto incidirá sobre a remuneração ou provento.

O servidor em débito com o erário, que for demitido, exonerado ou que tiver sua aposentadoria ou disponibilidade cassada, terá o prazo de sessenta dias para quitar o débito, de modo que a não quitação do débito no prazo previsto implicará sua inscrição em dívida ativa.

O vencimento, a remuneração e o provento não serão objeto de arresto, sequestro ou penhora, exceto nos casos de prestação de alimentos resultante de decisão judicial.

6.2. Das vantagens

Além do vencimento, poderão ser pagas ao servidor as seguintes vantagens: (i) indenizações; (ii) gratificações; (iii) adicionais.

As indenizações não se incorporam ao vencimento ou provento para qualquer efeito.

Já as gratificações e os adicionais incorporam-se ao vencimento ou provento, nos casos e condições indicados em lei.

As vantagens pecuniárias não serão computadas, nem acumuladas, para efeito de concessão de quaisquer outros acréscimos pecuniários ulteriores, sob o mesmo título ou idêntico fundamento.

6.2.1. Das indenizações

Constituem indenizações ao servidor: (i) ajuda de custo; (ii) diárias; (iii) transporte; (iv) auxílio-moradia.

6.2.1.1. Da ajuda de custo

A ajuda de custo destina-se a compensar as despesas de instalação do servidor que, no interesse do serviço, passar a ter exercício em nova sede, com mudança de domicílio em caráter permanente, vedado o duplo pagamento de indenização, a qualquer tempo, no caso de o cônjuge ou companheiro que detenha também a condição de servidor, vier a ter exercício na mesma sede.

Correm por conta da Administração as despesas de transporte do servidor e de sua família, compreendendo passagem, bagagem e bens pessoais.

À família do servidor que falecer na nova sede são assegurados ajuda de custo e transporte para a localidade de origem, dentro do prazo de 1 (um) ano, contado do óbito.

Não será concedida ajuda de custo nas hipóteses de remoção a pedido do servidor, seja a critério da Administração, seja independentemente do interesse da Administração.

A ajuda de custo é calculada sobre a remuneração do servidor, conforme se dispuser em regulamento, não podendo exceder a importância correspondente a 3 (três) meses.

Ademais, não será concedida ajuda de custo ao servidor que se afastar do cargo, ou reassumi-lo, em virtude de mandato eletivo.

Será concedida ajuda de custo àquele que, não sendo servidor da União, for nomeado para cargo em comissão, com mudança de domicílio.

No afastamento para exercício de cargo em comissão ou função de confiança, a ajuda de custo será paga pelo órgão cessionário, quando cabível.

O servidor ficará obrigado a restituir a ajuda de custo quando, injustificadamente, não se apresentar na nova sede no prazo de 30 (trinta) dias.

6.2.1.2. Das diárias

O servidor que, a serviço, se afastar da sede em caráter eventual ou transitório para outro ponto do território nacional ou para o exterior, fará jus a passagens e diárias destinadas a indenizar as parcelas de despesas extraordinária com pousada, alimentação e locomoção urbana, conforme dispuser em regulamento.

A diária será concedida por dia de afastamento, sendo devida pela metade quando o deslocamento não exigir pernoite fora da sede, ou quando a União custear, por meio diverso, as despesas extraordinárias cobertas por diárias.

Nos casos em que o deslocamento da sede constituir exigência permanente do cargo, o servidor não fará jus a diárias.

Também não fará jus a diárias o servidor que se deslocar dentro da mesma região metropolitana, aglomeração urbana ou microrregião, constituídas por municípios limítrofes e regularmente instituídas, ou em áreas de controle integrado mantidas com países limítrofes, cuja jurisdição e competência dos órgãos, entidades e servidores brasileiros considera-se estendida, salvo se houver pernoite fora da sede, hipóteses em que as diárias pagas serão sempre as fixadas para os afastamentos dentro do território nacional.

O servidor que receber diárias e não se afastar da sede, por qualquer motivo, fica obrigado a restituí-las integralmente, no prazo de 5 (cinco) dias.

Na hipótese de o servidor retornar à sede em prazo menor do que o previsto para o seu afastamento, restituirá as diárias recebidas em excesso, no prazo de 5 dias.

6.2.1.3. Da indenização de transporte

Conceder-se-á indenização de transporte ao servidor que realizar despesas com a utilização de meio próprio de locomoção para a execução de serviços externos, por força das atribuições próprias do cargo, conforme se dispuser em regulamento.

6.2.1.4. Do auxílio-moradia

O auxílio-moradia consiste no ressarcimento das despesas comprovadamente realizadas pelo servidor com aluguel de moradia ou com meio de hospedagem administrado por empresa hoteleira, no prazo de um mês após a comprovação da despesa pelo servidor.

Ele será concedido ao servidor se atendidos os seguintes requisitos:

I. não exista imóvel funcional disponível para uso pelo servidor;

II. o cônjuge ou companheiro do servidor não ocupe imóvel funcional;

III. o servidor ou seu cônjuge ou companheiro não seja ou tenha sido proprietário, promitente comprador, cessionário ou promitente cessionário de imóvel no município aonde for exercer o cargo, incluída a hipótese de lote edificado sem averbação de construção, nos doze meses que antecederem a sua nomeação;

IV. nenhuma outra pessoa que resida com o servidor receba auxílio-moradia;

V. o servidor tenha se mudado do local de residência para ocupar cargo em comissão ou função de confiança do Grupo-Direção e Assessoramento Superiores (DAS), níveis 4, 5 e 6, de natureza especial, de ministro de Estado ou equivalentes;

VI. o município no qual assuma o cargo em comissão ou função de confiança não se enquadre nas hipóteses do art. 58, § 3º, em relação ao local de residência ou domicílio do servidor;

VII. o servidor não tenha sido domiciliado ou tenha residido no município, nos últimos doze meses, aonde for exercer o cargo em comissão ou função de confiança, desconsiderando-se prazo inferior a sessenta dias dentro desse período;

VIII. o deslocamento não tenha sido por força de alteração de lotação ou nomeação para cargo efetivo;

IX. o deslocamento tenha ocorrido após 30 de junho de 2006.

Para fins do item VII, não será considerado o prazo no qual o servidor estava ocupando outro cargo em comissão relacionado no item V.

O valor mensal do auxílio-moradia é limitado a 25% (vinte e cinco por cento) do valor do cargo em comissão, função comissionada ou cargo de ministro de Estado ocupado.

O valor do auxílio-moradia não poderá superar 25% (vinte e cinco por cento) da remuneração de ministro de Estado.

Independentemente do valor do cargo em comissão ou função comissionada, fica garantido a todos os que preencherem os requisitos o ressarcimento até o valor de R$ 1.800,00 (mil e oitocentos reais).

No caso de falecimento, exoneração, colocação de imóvel funcional à disposição do servidor ou aquisição de imóvel, o auxílio-moradia continuará sendo pago por um mês.

6.3. Das gratificações e adicionais

Além do vencimento e das vantagens previstas nessa Lei, serão deferidos aos servidores as seguintes retribuições, gratificações e adicionais: (i) retribuição pelo exercício de função de direção, chefia e assessoramento; (ii) gratificação natalina; (iii) adicional pelo exercício de atividades insalubres, perigosas ou penosas; (iv) adicional pela prestação de serviço extraordinário; (v) adicional noturno; (vi) adicional de férias; (vii) outros, relativos ao local ou à natureza do trabalho; (viii) gratificação por encargo de curso ou concurso.

6.3.1. Da retribuição pelo exercício de função de direção, chefia e assessoramento

Ao servidor ocupante de cargo efetivo investido em função de direção, chefia ou assessoramento, cargo de provimento em comissão ou de natureza especial é devida retribuição pelo seu exercício.

6.3.2. Da gratificação natalina

A gratificação natalina corresponde a 1/12 (um doze avos) da remuneração a que o servidor fizer jus no mês de dezembro, por mês de exercício no respectivo ano.

A fração igual ou superior a 15 (quinze) dias será considerada como mês integral.

A gratificação será paga até o dia 20 (vinte) do mês de dezembro de cada ano.

O servidor exonerado perceberá sua gratificação natalina, proporcionalmente aos meses de exercício, calculada sobre a remuneração do mês da exoneração.

Ademais, a gratificação natalina não será considerada para cálculo de qualquer vantagem pecuniária.

6.3.3. Do adicional por tempo de serviço

Não há no serviço federal.

6.3.4. Dos adicionais de insalubridade, periculosidade ou atividades penosas

Os servidores que trabalhem com habitualidade em locais insalubres ou em contato permanente com substâncias tóxicas, radioativas ou com risco de vida, fazem jus a um adicional sobre o vencimento do cargo efetivo.

O servidor que fizer jus aos adicionais de insalubridade e de periculosidade deverá optar por um deles.

O direito ao adicional de insalubridade ou periculosidade cessa com a eliminação das condições ou dos riscos que deram causa a sua concessão.

Haverá permanente controle da atividade de servidores em operações ou locais considerados penosos, insalubres ou perigosos.

Por sua vez, a servidora gestante ou lactante será afastada, enquanto durar a gestação e a lactação, das operações e dos locais previstos nesse artigo, exercendo suas atividades em local salubre e em serviço não penoso e não perigoso.

Na concessão dos adicionais de atividades penosas, de insalubridade e de periculosidade, serão observadas as situações estabelecidas em legislação específica.

O adicional de atividade penosa será devido aos servidores em exercício em zonas de fronteira ou em localidades cujas condições de vida o justifiquem, nos termos, condições e limites fixados em regulamento.

Os locais de trabalho e os servidores que operam com raios X ou substâncias radioativas serão mantidos sob controle permanente, de modo que as doses de radiação ionizante não ultrapassem o nível máximo previsto na legislação própria.

Os servidores a que se refere esse artigo serão submetidos a exames médicos a cada 6 (seis) meses.

6.3.5. Do adicional por serviço extraordinário

O serviço extraordinário será remunerado com acréscimo de 50% (cinquenta por cento) em relação à hora normal de trabalho.

Somente será permitido serviço extraordinário para atender a situações excepcionais e temporárias, respeitado o limite máximo de 2 (duas) horas por jornada.

6.3.6. Do adicional noturno

O serviço noturno, prestado em horário compreendido entre 22 (vinte e duas) horas de um dia e 5 (cinco) horas do dia seguinte, terá o valor-hora acrescido de 25%

(vinte e cinco por cento), computando-se cada hora como cinquenta e dois minutos e trinta segundos.

Em se tratando de serviço extraordinário, o acréscimo de que trata esse artigo incidirá sobre a hora extra.

6.3.7. Do adicional de férias

Independentemente de solicitação, será pago ao servidor, por ocasião das férias, um adicional correspondente a 1/3 (um terço) da remuneração do período das férias.

No caso de o servidor exercer função de direção, chefia ou assessoramento, ou ocupar cargo em comissão, a respectiva vantagem será considerada no cálculo do adicional de férias.

6.3.8. Da gratificação por encargo de curso ou concurso

A gratificação por encargo de curso ou concurso é devida ao servidor que, em caráter eventual:

I. atuar como instrutor em curso de formação, de desenvolvimento ou de treinamento regularmente instituído no âmbito da Administração Pública federal;

II. participar de banca examinadora ou de comissão para exames orais, para análise curricular, para correção de provas discursivas, para elaboração de questões de provas ou para julgamento de recursos intentados por candidatos;

III. participar da logística de preparação e de realização de concurso público envolvendo atividades de planejamento, coordenação, supervisão, execução e avaliação de resultado, quando tais atividades não estiverem incluídas entre as suas atribuições permanentes;

IV. participar da aplicação, fiscalizar ou avaliar provas de exame vestibular ou de concurso público ou supervisionar essas atividades.

6.4. Das férias

O servidor fará jus a trinta dias de férias, que podem ser acumuladas, até o máximo de dois períodos, no caso de necessidade do serviço, ressalvadas as hipóteses em que haja legislação específica.

Para o primeiro período aquisitivo de férias, serão exigidos 12 (doze) meses de exercício. Todavia, o STJ entendeu que é possível ao servidor que já usufruiu o primeiro período de férias, após cumprida a exigência de 12 (doze) meses de exercício, usufruir as férias seguintes no mesmo ano civil, dentro do período aquisitivo ainda em curso.[13]

---

[13] REsp 1.907.153/CE, Primeira Seção, Rel. Min. Manoel Erhardt (Desembargador convocado do TRF5), j. 26.10.2022, *DJe* 28.10.2022.

É vedado levar à conta de férias qualquer falta ao serviço.

Ademais, as férias poderão ser parceladas em até três etapas, desde que assim requeridas pelo servidor, e no interesse da Administração Pública.

O pagamento da remuneração das férias será efetuado até 2 (dois) dias antes do início do respectivo período.

O servidor exonerado do cargo efetivo, ou em comissão, perceberá indenização relativa ao período das férias a que tiver direito e ao incompleto, na proporção de um doze avos por mês de efetivo exercício, ou fração superior a quatorze dias.

A indenização será calculada com base na remuneração do mês em que for publicado o ato exoneratório.

Por seu turno, o servidor que opera direta e permanentemente com raios X ou substâncias radioativas gozará 20 (vinte) dias consecutivos de férias, por semestre de atividade profissional, proibida em qualquer hipótese a acumulação.

As férias somente poderão ser interrompidas por motivo de calamidade pública, comoção interna, convocação para júri, serviço militar ou eleitoral, ou por necessidade do serviço declarada pela autoridade máxima do órgão ou da entidade.

O restante do período interrompido será gozado de uma só vez.

6.5. Das licenças

De acordo com o art. 81, conceder-se-á ao servidor licença: (i) por motivo de doença em pessoa da família; (ii) por motivo de afastamento do cônjuge ou companheiro; (iii) para o serviço militar; (iv) para atividade política; (v) para capacitação; (vi) para tratar de interesses particulares; (vii) para desempenho de mandato classista.

A licença concedida dentro de 60 (sessenta) dias do término de outra da mesma espécie será considerada como prorrogação.

6.5.1. Da licença por motivo de doença em pessoa da família

Poderá ser concedida licença ao servidor por motivo de doença do cônjuge ou companheiro, dos pais, dos filhos, do padrasto ou da madrasta e do enteado, ou do dependente que viva a suas expensas e conste do seu assentamento funcional, mediante comprovação por perícia médica oficial.

A licença somente será deferida se a assistência direta do servidor for indispensável e não puder ser prestada simultaneamente com o exercício do cargo ou mediante compensação de horário.

Ademais, a licença, incluídas as prorrogações, poderá ser concedida a cada período de doze meses nas seguintes condições:

I. por até 60 (sessenta) dias, consecutivos ou não, mantida a remuneração do servidor; e
II. por até 90 (noventa) dias, consecutivos ou não, sem remuneração.

O início do interstício de 12 (doze) meses será contado a partir da data do deferimento da primeira licença concedida.

É vedado o exercício de atividade remunerada durante o período dessa licença, de modo que a sua concessão, bem como cada uma de suas prorrogações, será precedida de exame por perícia médica oficial.

6.5.2. Da licença por motivo de afastamento do cônjuge

Poderá ser concedida licença ao servidor para acompanhar cônjuge ou companheiro que foi deslocado para outro ponto do território nacional, para o exterior ou para o exercício de mandato eletivo dos Poderes Executivo e Legislativo.

A licença será por prazo indeterminado e sem remuneração.

No deslocamento de servidor cujo cônjuge ou companheiro também seja servidor público, civil ou militar, de qualquer dos poderes da União, dos estados, do Distrito Federal e dos municípios, poderá haver exercício provisório em órgão ou entidade da Administração Federal direta, autárquica ou fundacional, desde que para o exercício de atividade compatível com o seu cargo.

6.5.3. Da licença para o serviço militar

Ao servidor convocado para o serviço militar será concedida licença, na forma e nas condições previstas na legislação específica.

Concluído o serviço militar, o servidor terá até 30 (trinta) dias sem remuneração para reassumir o exercício do cargo.

6.5.4. Da licença para atividade política

O servidor terá direito a licença, sem remuneração, durante o período que mediar entre a sua escolha em convenção partidária, como candidato a cargo eletivo, e a véspera do registro de sua candidatura perante a Justiça Eleitoral.

O servidor candidato a cargo eletivo na localidade onde desempenha suas funções e que exerça cargo de direção, chefia, assessoramento, arrecadação ou fiscalização dele será afastado, a partir do dia imediato ao do registro de sua candidatura perante a Justiça Eleitoral, até o décimo dia seguinte ao do pleito.

A partir do registro da candidatura e até o décimo dia seguinte ao da eleição, o servidor fará jus à licença, assegurados os vencimentos do cargo efetivo, somente pelo período de três meses.

6.5.5. Da licença para capacitação

Após cada quinquênio de efetivo exercício, o servidor poderá, no interesse da Administração, afastar-se do exercício do cargo efetivo, com a respectiva remuneração, por até três meses, para participar de curso de capacitação profissional.

6.5.6. *Da licença para tratar de interesses particulares*

A critério da Administração, poderão ser concedidas ao servidor ocupante de cargo efetivo, desde que não esteja em estágio probatório, licenças para o trato de assuntos particulares pelo prazo de até três anos consecutivos, sem remuneração.

A licença poderá ser interrompida, a qualquer tempo, a pedido do servidor ou no interesse do serviço.

6.5.7. *Da licença para o desempenho de mandato classista*

É assegurado ao servidor o direito à licença sem remuneração para o desempenho de mandato em confederação, federação, associação de classe de âmbito nacional, sindicato representativo da categoria ou entidade fiscalizadora da profissão ou, ainda, para participar de gerência ou administração em sociedade cooperativa constituída por servidores públicos para prestar serviços a seus membros, observado o disposto na alínea *c* do inciso VIII do art. 102 dessa lei, conforme disposto em regulamento e observados os seguintes limites:

I. para entidades com até 5.000 (cinco mil) associados, 2 (dois) servidores;
II. para entidades com 5.001 (cinco mil e um) a 30.000 (trinta mil) associados, 4 (quatro) servidores;
III. para entidades com mais de 30.000 (trinta mil) associados, 8 (oito) servidores.

Somente poderão ser licenciados os servidores eleitos para cargos de direção ou de representação nas referidas entidades, desde que cadastradas no órgão competente.

Licença terá duração igual à do mandato, podendo ser renovada, no caso de reeleição.

6.6. Dos afastamentos

6.6.1. *Do afastamento para servir a outro órgão ou entidade*

Servidor poderá ser cedido para ter exercício em outro órgão ou entidade dos poderes da União, dos estados, ou do Distrito Federal e dos municípios, nas seguintes hipóteses:

I. para exercício de cargo em comissão ou função de confiança;
II. em casos previstos em leis específicas.

Na hipótese do item I, sendo a cessão para órgãos ou entidades dos estados, do Distrito Federal ou dos municípios, o ônus da remuneração será do órgão ou da entidade cessionária, mantido o ônus para o cedente nos demais casos.

Na hipótese de o servidor cedido a empresa pública ou sociedade de economia mista, nos termos das respectivas normas, optar pela remuneração do cargo efetivo ou pela remuneração do cargo efetivo acrescida de percentual da retribuição do cargo em comissão, a entidade cessionária efetuará o reembolso das despesas realizadas pelo órgão ou pela entidade de origem.

A cessão far-se-á mediante portaria publicada no *Diário Oficial da União*.

Mediante autorização expressa do presidente da República, o servidor do Poder Executivo poderá ter exercício em outro órgão da Administração federal direta que não tenha quadro próprio de pessoal, para fim determinado e a prazo certo.

6.6.2. Do afastamento para exercício de mandato eletivo

Ao servidor investido em mandato eletivo aplicam-se as seguintes disposições:

I. tratando-se de mandato federal, estadual ou distrital, ficará afastado do cargo;

II. investido no mandato de Prefeito, será afastado do cargo, sendo-lhe facultado optar pela sua remuneração;

III. investido no mandato de vereador:

   a) havendo compatibilidade de horário, perceberá as vantagens de seu cargo, sem prejuízo da remuneração do cargo eletivo;

   b) não havendo compatibilidade de horário, será afastado do cargo, sendo-lhe facultado optar pela sua remuneração.

No caso de afastamento do cargo, o servidor contribuirá para a seguridade social como se em exercício estivesse.

O servidor investido em mandato eletivo ou classista não poderá ser removido ou redistribuído de ofício para localidade diversa daquela onde exerce o mandato.

6.6.3. Do afastamento para estudo ou missão no exterior

O servidor não poderá ausentar-se do País para estudo ou missão oficial, sem autorização do presidente da República, presidente dos órgãos do Poder Legislativo e presidente do Supremo Tribunal Federal.

A ausência não excederá a 4 (quatro) anos, e, finda a missão ou o estudo, somente decorrido igual período, será permitida nova ausência.

Ao servidor beneficiado pelo disposto nesse artigo não será concedida exoneração ou licença para tratar de interesse particular antes de decorrido período igual ao do afastamento, ressalvada a hipótese de ressarcimento da despesa havida com seu afastamento.

Atente-se que essas disposições não se aplicam aos servidores da carreira diplomática.

As hipóteses, condições e formas para a autorização, inclusive no que se refere à remuneração do servidor, serão disciplinadas em regulamento.

O afastamento de servidor para servir em organismo internacional de que o Brasil participe ou com o qual coopere dar-se-á com perda total da remuneração.

6.6.4. Do afastamento para participação em programa de pós-graduação stricto sensu *no País*

O servidor poderá, no interesse da Administração, e desde que a participação não possa ocorrer simultaneamente com o exercício do cargo ou mediante compensação de horário, afastar-se do exercício do cargo efetivo, com a respectiva remuneração, para participar em programa de pós-graduação *stricto sensu* em instituição de ensino superior no País.

Ato do dirigente máximo do órgão ou da entidade definirá, em conformidade com a legislação vigente, os programas de capacitação e os critérios para participação em programas de pós-graduação no País, com ou sem afastamento do servidor, que serão avaliados por um comitê constituído para esse fim.

Os afastamentos para realização de programas de mestrado e doutorado somente serão concedidos aos servidores titulares de cargos efetivos no respectivo órgão ou entidade há pelo menos 3 (três) anos para mestrado e 4 (quatro) anos para doutorado, incluído o período de estágio probatório, que não tenham se afastado por licença para tratar de assuntos particulares para gozo de licença capacitação ou com fundamento nesse artigo nos 2 (dois) anos anteriores à data da solicitação de afastamento.

Ademais, os afastamentos para realização de programas de pós-doutorado somente serão concedidos aos servidores titulares de cargos efetivo no respectivo órgão ou entidade há pelo menos quatro anos, incluído o período de estágio probatório, e que não tenham se afastado por licença para tratar de assuntos particulares ou com fundamento nesse artigo, nos quatro anos anteriores à data da solicitação de afastamento.

Os servidores beneficiados pelos afastamentos terão que permanecer no exercício de suas funções após o seu retorno por um período igual ao do afastamento concedido. Todavia, o STJ entendeu que não há dever de ressarcimento ao erário por parte do servidor que, após fazer curso de pós-graduação *stricto sensu* sem afastamento das suas funções, não permaneça no cargo em decorrência de exoneração.[14]

Caso o servidor não obtenha o título ou grau que justificou seu afastamento no período previsto, deverá ressarcir o órgão ou a entidade, salvo na hipótese comprovada de força maior ou de caso fortuito, a critério do dirigente máximo do órgão ou da entidade.

---

14 STJ, REsp 1.349.975/DF (2012/0220146-9), autuado em 18.10.2012.

6.7. Das concessões

Sem qualquer prejuízo, poderá o servidor ausentar-se do serviço

I. por 1 (um) dia, para doação de sangue;

II. pelo período comprovadamente necessário para alistamento ou recadastramento eleitoral, limitado, em qualquer caso, a 2 (dois) dias;

III. por 8 (oito) dias consecutivos em razão de:

a) casamento;

b) falecimento do cônjuge, companheiro, pais, madrasta ou padrasto, filhos, enteados, menor sob guarda ou tutela e irmãos.

Será concedido horário especial ao servidor estudante, quando comprovada a incompatibilidade entre o horário escolar e o da repartição, sem prejuízo do exercício do cargo.

Será exigida a compensação de horário no órgão ou na entidade que tiver exercício, respeitada a duração semanal do trabalho.

Também será concedido horário especial ao servidor portador de deficiência, quando comprovada a necessidade por junta médica oficial, independentemente de compensação de horário, de modo que isso é extensivo ao servidor que tenha cônjuge, filho ou dependente com deficiência física, exigindo-se, porém, nesse caso, compensação de horário.

Será igualmente concedido horário especial, vinculado à compensação de horário a ser efetivada no prazo de até 1 (um) ano, ao servidor que atue como instrutor em curso de formação, de desenvolvimento ou de treinamento regularmente instituído no âmbito da Administração Pública federal e participe de banca examinadora ou de comissão para exames orais, para análise curricular, para correção de provas discursivas, para elaboração de questões de provas ou para julgamento de recursos intentados por candidatos.

Ao servidor estudante que mudar de sede no interesse da Administração é assegurada, na localidade da nova residência ou na mais próxima, matrícula em instituição de ensino congênere, em qualquer época, independentemente de vaga.

Isso se estende ao cônjuge ou companheiro, aos filhos, ou enteados do servidor que vivam na sua companhia, bem como aos menores sob sua guarda, com autorização judicial.

6.8. Do tempo de serviço

É contado para todos os efeitos o tempo de serviço público federal, inclusive o prestado às Forças Armadas.

A apuração do tempo de serviço será feita em dias, que serão convertidos em anos, considerado o ano como de trezentos e sessenta e cinco dias.

Além das ausências ao serviço previstas no art. 97, são considerados como de efetivo exercício os afastamentos em virtude de:

I. férias;
II. exercício de cargo em comissão ou equivalente, em órgão ou entidade dos Poderes da União, dos Estados, municípios e Distrito Federal;
III. exercício de cargo ou função de governo ou administração, em qualquer parte do território nacional, por nomeação do presidente da República;
IV. participação em programa de treinamento regularmente instituído ou em programa de pós-graduação *stricto sensu* no País, conforme dispuser o regulamento;
V. desempenho de mandato eletivo federal, estadual, municipal ou do Distrito Federal, exceto para promoção por merecimento;
VI. júri e outros serviços obrigatórios por lei;
VII. missão ou estudo no exterior, quando autorizado o afastamento, conforme dispuser o regulamento;
VIII. licença:
   a) à gestante, à adotante e à paternidade;
   b) para tratamento da própria saúde, até o limite de vinte e quatro meses, cumulativo ao longo do tempo de serviço público prestado à União, em cargo de provimento efetivo;
   c) para o desempenho de mandato classista ou participação de gerência ou administração em sociedade cooperativa constituída por servidores para prestar serviços a seus membros, exceto para efeito de promoção por merecimento;
   d) por motivo de acidente em serviço ou doença profissional;
   e) para capacitação, conforme dispuser o regulamento;
   f) por convocação para o serviço militar;
IX. deslocamento para a nova sede de que trata o art. 18;
X. participação em competição desportiva nacional ou convocação para integrar representação desportiva nacional, no País ou no exterior, conforme disposto em lei específica;
XI. afastamento para servir em organismo internacional de que o Brasil participe ou com o qual coopere.

Contar-se-á apenas para efeito de aposentadoria e disponibilidade:

I. o tempo de serviço público prestado aos estados, aos municípios e ao Distrito Federal;
II. a licença para tratamento de saúde de pessoal da família do servidor, com remuneração, que exceder a 30 (trinta) dias em período de 12 (doze) meses;
III. a licença para atividade política, no caso do art. 86, § 2º;

IV. o tempo correspondente ao desempenho de mandato eletivo federal, estadual, municipal ou distrital, anterior ao ingresso no serviço público federal;

V. o tempo de serviço em atividade privada, vinculada à Previdência Social;

VI. o tempo de serviço relativo a tiro de guerra;

VII. o tempo de licença para tratamento da própria saúde que exceder o prazo a que se refere a alínea *b* do inciso VIII do art. 102.

O tempo em que o servidor esteve aposentado será contado apenas para nova aposentadoria.

Será contado em dobro o tempo de serviço prestado às Forças Armadas em operações de guerra.

É vedada a contagem cumulativa de tempo de serviço prestado concomitantemente em mais de um cargo ou função de órgão ou entidades dos poderes da União, do estado, do Distrito Federal e do município, da autarquia, da fundação pública, da sociedade de economia mista e da empresa pública.

6.9. Do direito de petição

É assegurado ao servidor o direito de requerer aos poderes públicos, em defesa de direito ou interesse legítimo.

O requerimento será dirigido à autoridade competente para decidi-lo e encaminhado por intermédio daquela a que estiver imediatamente subordinado o requerente.

Cabe pedido de reconsideração à autoridade que houver expedido o ato ou proferido a primeira decisão, não podendo ser renovado.

O requerimento e o pedido de reconsideração de que tratam os artigos anteriores deverão ser despachados no prazo de 5 (cinco) dias e decididos dentro de 30 (trinta) dias.

Caberá recurso:

I. do indeferimento do pedido de reconsideração;

II. das decisões sobre os recursos sucessivamente interpostos.

O recurso será dirigido à autoridade imediatamente superior à que tiver expedido o ato ou proferido a decisão, e, sucessivamente, em escala ascendente, às demais autoridades.

Ademais, o recurso será encaminhado por intermédio da autoridade a que estiver imediatamente subordinado o requerente.

O prazo para interposição de pedido de reconsideração ou de recurso é de 30 (trinta) dias, a contar da publicação ou da ciência, pelo interessado, da decisão recorrida.

O recurso poderá ser recebido com efeito suspensivo, a juízo da autoridade competente.

Em caso de provimento do pedido de reconsideração ou do recurso, os efeitos da decisão retroagirão à data do ato impugnado.

O direito de requerer prescreve:

I. em 5 (cinco) anos, quanto aos atos de demissão e de cassação de aposentadoria ou disponibilidade, ou que afetem interesse patrimonial e créditos resultantes das relações de trabalho;

II. em 120 (cento e vinte) dias, nos demais casos, salvo quando outro prazo for fixado em lei.

O prazo de prescrição será contado da data da publicação do ato impugnado ou da data da ciência pelo interessado, quando o ato não for publicado.

O pedido de reconsideração e o recurso, quando cabíveis, interrompem a prescrição.

A prescrição é de ordem pública, não podendo ser relevada pela Administração.

Para o exercício do direito de petição, é assegurada vista do processo ou documento, na repartição, ao servidor ou a procurador por ele constituído.

A Administração deverá rever seus atos, a qualquer tempo, quando eivados de ilegalidade.

São fatais e improrrogáveis os prazos estabelecidos nesse capítulo, salvo motivo de força maior.

7. DO REGIME DISCIPLINAR

7.1. Dos deveres e das proibições

O art. 116 lista os deveres do servidor.

De acordo com a doutrina,[15] pode-se elencar alguns deveres dos servidores, por exemplo:

a) **dever de lealdade** – exige-se de todo servidor a maior dedicação ao serviço e o integral respeito às leis e às instituições administrativas, de modo que pratique os seus atos conforme os superiores interesses do Estado. Se o servidor agir de forma contrária aos fins e aos objetivos do Poder Público, incorrerá em infidelidade funcional, ensejadora da mais grave penalidade, que é a demissão;

b) **dever de obediência** – impõe ao servidor o cumprimento das ordens legais de seus superiores e sua fiel execução. Nos termos da Lei nº 8.112/1990, o servidor deve cumprir as ordens superiores, exceto quando MANIFESTAMENTE ilegais;

---

15 MOREIRA NETO, Diogo de Figueiredo. *Curso de Direito Administrativo*: parte introdutória, parte geral e parte especial. 15. ed. rev. e atual. Rio de Janeiro: Forense, 2009. p. 357-361.

c) **dever de assiduidade** – é a regularidade do cumprimento das obrigações funcionais. De acordo com a Lei nº 8.112/1990, o servidor deve ser assíduo e pontual ao serviço;

d) **dever de sigilo** – o servidor não pode divulgar acerca de assuntos de que teve conhecimento em razão de suas funções. Consoante a Lei nº 8.112/1990, o servidor deve guardar sigilo sobre assunto da repartição;

e) **dever de cortesia** – o servidor deve tratar todas as pessoas, servidoras ou não, de forma cortês, urbana, conforme dispõe a Lei nº 8.112/1990.

Por sua vez, o **art. 117** lista as proibições.

7.2. Da acumulação

A acumulação de cargos públicos é vedada no ordenamento jurídico pátrio. Contudo, a CR/1988 elenca algumas situações em que há possibilidade de acumulação de cargos públicos.

Será possível haver a acumulação em três situações (art. 37, XVI, da CR/1988):

I. 2 cargos de professor;

II. 1 cargo de professor e 1 técnico ou científico;

III. 2 cargos ou empregos privativos de profissionais de saúde, com profissões regulamentadas.

- Para que haja acumulação de cargos públicos, deve haver a compatibilidade de horários.
- A vedação de acumulação estende-se a cargos, empregos e funções das autarquias, fundações, empresas públicas, sociedades de economia mista, suas subsidiárias e sociedades controladas, direta ou indiretamente, pelo Poder Público.

7.3. Das responsabilidades (arts. 121 a 126-A)

O servidor público poderá responder, caso aja de forma irregular nas suas funções, CIVIL, PENAL E ADMINISTRATIVAMENTE.

7.3.1. Responsabilidade civil

- Essa responsabilidade decorre de ato omissivo ou comissivo, doloso ou culposo, resultando prejuízo ao erário ou a terceiros.
- Servidor, causando dano a terceiros, SÓ responde regressivamente. Vide art. 37, § 6º, da CR/1988.

- Os sucessores (herdeiros) do servidor estão obrigados a reparar o dano causado até o limite do valor da herança recebida.

7.3.2. *Responsabilidade penal*

Essa responsabilidade abrange os crimes e as contravenções imputadas ao servidor.

7.3.3. *Responsabilidade administrativa*

Essa responsabilidade resulta de ato omissivo ou comissivo praticado no desempenho do cargo ou da função.

Comentários importantes

As sanções civis, penais e administrativas poderão ser cumuladas, sendo independentes entre si.

Comunicabilidade das instâncias

- Condenação criminal por sentença transitada em julgado = condenação administrativa e civil.
- Absolvição criminal por negativa de autoria ou de materialidade = absolvição administrativa e civil.
- Absolvição criminal por qualquer outro fator = não há a comunicabilidade das instâncias.

7.4. Das penalidades

A Lei nº 8.112/1990 estabelece as seguintes penalidades aos servidores federais:

I. advertência;
II. suspensão;
III. demissão;
IV. cassação de aposentadoria ou disponibilidade;
V. destituição de cargo em comissão;
VI. destituição de função comissionada.

Segundo o art. 128, a aplicação das penalidades observará a natureza e a gravidade da infração cometida, os danos que dela provierem para o serviço público, as circunstâncias agravantes ou atenuantes, bem como os antecedentes funcionais, de modo que o ato de imposição da penalidade mencionará sempre o fundamento legal e a causa da sanção disciplinar.

Especificamente sobre os antecedentes funcionais do servidor, o STJ entende que é necessária condenação anterior na ficha funcional do servidor ou, no mínimo, anotação de fato que o desabone, para que seus antecedentes sejam valorados como negativos na dosimetria da sanção disciplinar.[16] No caso enfrentado pelo STJ, a Administração entendeu por qualificá-los como negativos, por compreender que, sendo o servidor veterano, com larga experiência, deveria ter conduzido com mais zelo e mais cuidado o processo administrativo que estava sob sua responsabilidade.

Para o STJ, os antecedentes do servidor foram inapropriadamente valorados como negativos. A Administração poderia considerar como desfavorável o fato de o servidor ter sido tão imprudente, mesmo tendo larga experiência, **se a legislação autorizasse o exame da culpabilidade** do agente, tal como o art. 59 do CP autoriza. No entanto, o Estatuto dos Servidores Públicos Federais só admite considerar, na "dosimetria" da sanção disciplinar, os antecedentes funcionais, que ostentam concepção técnica própria. Nesse passo, para que aqueles fossem considerados negativos, deveria constar na ficha funcional do impetrante alguma condenação anterior, ou, no mínimo, alguma anotação de fato que desabonasse seu histórico funcional.

7.4.1. Advertência

Aplicar-se-á a advertência nos seguintes casos:

1. Art. 117, I a VIII e XIX:
   I. **ausentar-se do serviço durante o expediente, sem prévia autorização do chefe imediato**;
   II. **retirar, sem prévia anuência da autoridade competente, qualquer documento ou objeto da repartição**;
   III. **recusar fé a documentos públicos**;
   IV. opor resistência injustificada ao andamento de documento e processo ou execução de serviço;
   V. promover manifestação de apreço ou desapreço no recinto da repartição;
   VI. **cometer a pessoa estranha à repartição, fora dos casos previstos em lei, o desempenho de atribuição que seja de sua responsabilidade ou de seu subordinado**;
   VII. coagir ou aliciar subordinados no sentido de filiarem-se a associação profissional ou sindical, ou a partido político;
   VIII. **manter sob sua chefia imediata, em cargo ou função de confiança, cônjuge, companheiro ou parente até o segundo grau civil**;
   (...)
   XIX. recusar-se a atualizar seus dados cadastrais quando solicitado.
2. Situações que não justifique imposição de penalidade mais grave.

[16] MS 22.606-DF, Primeira Seção, Rel. Min. Gurgel de Faria, por unanimidade, j. 10.11.2021.

Atente-se que, nos termos do art. 131, a penalidade de advertência terá seu registro cancelado após o prazo de 3 anos de efetivo exercício, se o servidor não houver, nesse período, praticado nova infração disciplinar.

7.4.2. Suspensão

Aplicar-se-á a suspensão nos seguintes casos:

1. Reincidência das faltas punidas com advertência.
2. Violações às demais proibições que não sejam penalizadas com demissão, quais sejam: (a) cometer a outro servidor atribuições estranhas ao cargo que ocupa, exceto em situações de emergência e transitórias; (b) exercer quaisquer atividades que sejam incompatíveis com o exercício do cargo ou função e com o horário de trabalho.
3. Será punido com suspensão de até 15 (quinze) dias o servidor que, injustificadamente, recusar-se a ser submetido a inspeção médica determinada pela autoridade competente, cessando os efeitos da penalidade uma vez cumprida a determinação.

Atente-se que a pena de suspensão não poderá exceder a 90 dias.

De acordo com o art, 130, § 2º, quando for conveniente para o serviço, a suspensão poderá ser convertida em multa, na base de 50% por dia de vencimento ou remuneração, ficando o servidor obrigado a permanecer em serviço.

Pelo art. 131, a penalidade de suspensão terá seu registro cancelado após o prazo de 5 anos de efetivo exercício, se o servidor não houver, nesse período, praticado nova infração disciplinar.

7.4.3. Demissão

Aplicar-se-á a demissão nos seguintes casos:

I. crime contra a Administração Pública;
II. abandono de cargo;
III. inassiduidade habitual;
IV. improbidade administrativa;
V. incontinência pública e conduta escandalosa, na repartição;
VI. insubordinação grave em serviço;
VII. ofensa física, em serviço, a servidor ou a particular, salvo em legítima defesa própria ou de outrem;
VIII. aplicação irregular de dinheiros públicos;
IX. revelação de segredo do qual se apropriou em razão do cargo;
X. lesão aos cofres públicos e dilapidação do patrimônio nacional;

XI. corrupção;

XII. acumulação ilegal de cargos, empregos ou funções públicas;

XIII. transgressão dos incisos IX a XVI do art. 117.

Nos termos da Súmula nº 650 do STJ, a **autoridade administrativa não dispõe de discricionariedade para aplicar ao servidor pena diversa de demissão** quando caracterizadas as hipóteses previstas no art. 132 da Lei nº 8.112/1990. Nesse mesmo sentido, o STJ ainda entende que o fato de o servidor ter prestado anos de serviços ao ente público, e de possuir bons antecedentes funcionais, não é suficiente para amenizar a pena a ele imposta se praticadas infrações graves a que a lei, expressamente, prevê a aplicação de demissão.[17]

Ademais, na esfera administrativa, o proveito econômico auferido pelo servidor é irrelevante para a aplicação da penalidade no processo disciplinar, pois o ato de demissão é vinculado (art. 117 c/c art. 132 da Lei nº 8.112/1990), razão pela qual é despiciendo falar em razoabilidade ou proporcionalidade da pena.[18]

O STJ também entende que não há falar em ofensa ao princípio da proporcionalidade e da razoabilidade quando a única reprimenda prevista para a infração disciplinar apurada é a pena de demissão.[19]

Atente-se que há demissão como efeito de condenação penal, devendo isso ser declarado na sentença, nos termos do art. 92, I, *a*, do Código Penal.

Comentários importantes precisam ser feitos no que se refere ao **abandono de cargo à inassiduidade habitual**.

De acordo com o art. 138, configura abandono de cargo a ausência intencional do servidor ao serviço por mais de trinta dias consecutivos, ao passo que se entende por inassiduidade habitual a falta ao serviço, sem causa justificada, por sessenta dias, interpoladamente, durante o período de doze meses, nos termos do art. 139.

Para o STJ, a demonstração do ânimo específico de abandonar o cargo público que ocupa (*animus abandonandi*) é necessária para tipificar conduta de servidor como prática de infração administrativa de abandono de cargo.[20]

Pelo art. 140, na apuração de abandono de cargo ou inassiduidade habitual, também será adotado o procedimento sumário a que se refere o art. 133, observando-se especialmente que:

I. a indicação da materialidade dar-se-á:

a) na hipótese de abandono de cargo, pela indicação precisa do período de ausência intencional do servidor ao serviço superior a trinta dias;

---

[17] MS 19.995/DF, Primeira Seção, Rel. Min. Napoleão Nunes Maia Filho, Rel. p/ Acórdão Min. Assusete Magalhães, j. 14.11.2018, *DJe* 19.12.2018.

[18] MS 18.090/DF, Primeira Seção, Rel. Min. Humberto Martins, j. 08.05.2013, *DJe* 21.05.2013.

[19] MS 21.937/DF, Primeira Seção, Rel. Min. Napoleão Nunes Maia Filho, Rel. p/ Acórdão Min. Assusete Magalhães, j. 28.08.2019.

[20] MS 22.566/DF, Primeira Seção, Rel. Min. Napoleão Nunes Maia Filho, j. 27.11.2019, *DJe* 29.11.2019.

b) no caso de inassiduidade habitual, pela indicação dos dias de falta ao serviço sem causa justificada, por período igual ou superior a sessenta dias interpoladamente, durante o período de doze meses;

II. após a apresentação da defesa a comissão elaborará relatório conclusivo quanto à inocência ou à responsabilidade do servidor, em que resumirá as peças principais dos autos, indicará o respectivo dispositivo legal, opinará, na hipótese de abandono de cargo, sobre a intencionalidade da ausência ao serviço superior a trinta dias e remeterá o processo à autoridade instauradora para julgamento.

Outro ponto relevante refere-se à **incontinência pública e à conduta escandalosa**. Atente-se que esses conceitos não se confundem. A primeira hipótese se refere ao comportamento de natureza grave, tido como indecente, que ocorre de forma habitual, ostensiva e em público.[21] Por outro lado, a segunda modalidade pressupõe aquela conduta que, embora também ofenda a moral administrativa, pode ocorrer de forma pública ou às ocultas, reservadamente, mas que, em momento posterior, chega ao conhecimento da Administração. Nesse sentido, o STJ entendeu que a conduta de filmar, por meio de câmera escondida, alunas, servidoras e funcionárias terceirizadas caracteriza a infração de conduta escandalosa, prevista no art. 132, V, parte final, da Lei nº 8.112/1990, o que atrai a pena de demissão do servidor público.[22]

Outro ponto importante que é necessário pontuar se refere à demissão por ato de improbidade administrativa. Nesse sentido, de acordo com a Súmula nº 651 do STJ: "Compete à autoridade administrativa aplicar a servidor público a pena de demissão em razão da prática de improbidade administrativa, independentemente de prévia condenação, por autoridade judiciária, à perda da função pública". Isso decorre pelo fato de as instâncias civil e administrativa serem independentes.

7.4.4. Cassação de aposentadoria ou disponibilidade

Nos termos, do art. 134, será cassada a aposentadoria ou a disponibilidade do inativo que houver praticado, na atividade, falta punível com a demissão.

7.4.5. Destituição de cargo em comissão

Nos termos do art. 135, a destituição de cargo em comissão exercido por não ocupante de cargo efetivo será aplicada nos casos de infração sujeita às penalidades de suspensão e de demissão.

---

21 RMS 39.486/RO, Segunda Turma, Rel. Min. Humberto Martins, *DJe* 02.05.2014; AgRg no RMS 27.998/AP, Sexta Turma, Rel. Min. Og Fernandes, *DJe* 15.10.2012.

22 REsp 2.006.738/PE, Primeira Turma, Rel. Min. Sérgio Kukina, j. 14.02.2023, *DJe* 27.02.2023.

➢ ATENÇÃO:

- A demissão ou a destituição de cargo em comissão, nos casos de improbidade administrativa, de aplicação irregular de dinheiros públicos, de lesão aos cofres públicos e dilapidação do patrimônio nacional e de corrupção implica a indisponibilidade dos bens e o ressarcimento ao erário, sem prejuízo da ação penal cabível.
- A demissão ou a destituição de cargo em comissão, por infringência do art. 117, IX e XI, incompatibiliza o ex-servidor para nova investidura em cargo público federal, pelo prazo de 5 (cinco) anos, nos termos do art. 137.
- Por outro lado, o art. 132, parágrafo único, foi declarado inconstitucional pelo STF. O parágrafo único do art. 137 da Lei nº 8.112/1990 estabelece uma proibição perene: o impedimento do retorno ao serviço público federal para servidores que tenham sido demitidos ou destituídos de seus cargos em decorrência de práticas criminosas contra a Administração Pública, improbidade administrativa, desvio de dinheiro público, danos aos cofres públicos, dilapidação do patrimônio nacional ou corrupção. Para o STF, o dispositivo violaria o art. 5º, XLVII, *b*, da CR/1988, que afirma que não haverá penas de caráter perpétuo. Ainda acerca do julgado, o Supremo Tribunal Federal emitiu uma observação importante: a declaração de inconstitucionalidade do parágrafo único do art. 137 da Lei nº 8.112/1990 não impede que um prazo mínimo seja estabelecido para que indivíduos condenados por crimes graves possam voltar a ocupar cargos públicos federais. O Congresso Nacional tem a prerrogativa de editar uma lei estipulando um período, similar ao do *caput* do art. 137, para permitir o retorno desses indivíduos. No entanto, essa proibição não pode ser perpétua ou desproporcional. Consequentemente, o STF declarou a inconstitucionalidade da norma, comunicando ao Congresso Nacional para que este delibere sobre o prazo de proibição de retorno ao serviço público, conforme previsto no art. 132, I, IV, VIII, X e XI, da Lei nº 8.112/1990.[23]

7.5. Competência para aplicação das penalidades

De acordo com o art. 141, as penalidades disciplinares serão aplicadas:

> I – pelo Presidente da República, pelos Presidentes das Casas do Poder Legislativo e dos Tribunais Federais e pelo Procurador-Geral da República, quando se tratar de **demissão e cassação de aposentadoria ou disponibilidade** de servidor vinculado ao respectivo Poder, órgão, ou entidade;
>
> II – pelas autoridades administrativas de hierarquia imediatamente inferior àquelas mencionadas anteriormente quando se tratar de **suspensão superior a 30 (trinta) dias**;

[23] STF, ADI 2.975, Plenário, Rel. Min. Gilmar Mendes, j. 04.12.2020.

III – pelo chefe da repartição e outras autoridades na forma dos respectivos regimentos ou regulamentos, nos **casos de advertência ou de suspensão de até 30 (trinta) dias**;

IV – pela autoridade que houver feito a nomeação, quando se tratar de **destituição de cargo em comissão**.

Atente-se que, nos termos da Súmula nº 650 do STJ, a **autoridade administrativa não dispõe de discricionariedade para aplicar ao servidor pena diversa de demissão** quando caracterizadas as hipóteses previstas no art. 132 da Lei nº 8.112/1990.

Penalidades disciplinares	Autoridade competente
Demissão e cassação de aposentadoria ou disponibilidade	Presidente da República, presidentes das casas do Poder Legislativo e dos tribunais federais e procurador-geral da República
Suspensão superior a 30 (trinta) dias	Autoridades administrativas de hierarquia imediatamente inferior
Advertência ou suspensão de até 30 (trinta) dias	Chefe da repartição e outras autoridades na forma dos respectivos regimentos ou regulamentos
Destituição de cargo em comissão	Autoridade que houver feito a nomeação

7.6. Prescrição da ação

De acordo com o art. 142, a prescrição da ação disciplinar ocorrerá em:

I. 5 anos – demissão, cassação de aposentadoria ou disponibilidade e destituição de cargo em comissão;

II. 2 anos – suspensão;

III. 180 dias – advertência.

O prazo de prescrição começa a correr da data em que o fato se tornou conhecido, de modo que os prazos de prescrição previstos na lei penal se aplicam às infrações disciplinares capituladas também como crime.

Nesse sentido, importante a **Súmula nº 635 do STJ**, segundo a qual os prazos prescricionais previstos no art. 142 da Lei nº 8.112/1990 iniciam-se na data em que a autoridade competente para a abertura do procedimento administrativo toma conhecimento do fato, interrompem-se com o primeiro ato de instauração válido, sindicância de caráter punitivo ou processo disciplinar, e voltam a fluir por inteiro, após decorridos 140 dias desde a interrupção.

A abertura de sindicância ou a instauração de processo disciplinar interrompe a prescrição, até a decisão final proferida por autoridade competente, e, interrompido o curso da prescrição, o prazo começará a correr a partir do dia em que cessar a interrupção.

8. PROCESSO ADMINISTRATIVO DISCIPLINAR

O processo disciplinar é uma ferramenta essencial para a Administração Pública, responsável por formalizar a investigação e aplicação de punições a servidores públicos que cometerem faltas funcionais. Esse instrumento abrange, em sentido amplo, dois tipos de procedimentos administrativos: a sindicância e o processo administrativo disciplinar em sentido estrito.

É importante destacar que o processo disciplinar deve seguir um rigoroso rito processual, garantindo-se sempre o direito ao contraditório e à ampla defesa do servidor acusado. Além disso, as penalidades aplicadas devem ser proporcionais à gravidade da falta cometida, respeitando os princípios da legalidade e da razoabilidade.

No ordenamento jurídico brasileiro, é expressamente vedado o instituto da **verdade sabida**. Tal conceito refere-se à situação em que uma autoridade superior constata pessoalmente a prática de uma infração disciplinar pelo subordinado e aplica diretamente a sanção cabível, sem a necessidade de instauração de procedimento em contraditório.

No entanto, a verdade sabida é conduta totalmente inadmissível e ilegal em nosso sistema jurídico. O princípio do devido processo legal exige a instauração de um procedimento administrativo disciplinar, com a garantia do contraditório e da ampla defesa, para a aplicação de qualquer tipo de sanção disciplinar.

Dessa forma, a aplicação da sanção disciplinar com base apenas na "verdade sabida" seria uma violação do devido processo legal, bem como da garantia constitucional do contraditório e da ampla defesa. Portanto, é imperioso que seja respeitado o rito processual disciplinar em todas as circunstâncias, assegurando-se a legalidade e a justiça das decisões tomadas no âmbito da Administração Pública.

Atente-se, ainda, que, de acordo com o STJ, o controle judicial no Processo Administrativo Disciplinar (PAD) restringe-se ao exame da regularidade do procedimento e da legalidade do ato, à luz dos princípios do contraditório, da ampla defesa e do devido processo legal, não sendo possível nenhuma incursão no mérito administrativo.[24]

Em suma, o processo disciplinar é uma importante ferramenta de controle da Administração Pública, que busca garantir a qualidade do serviço prestado à sociedade e a integridade dos servidores públicos, sempre respeitando os direitos fundamentais dos envolvidos.

Outro p**onto relevante a se saber refere-se à aplicação do princípio da retroatividade da lei mais benéfica** no âmbito do processo administrativo. A jurisprudência do STJ possuía entendimento consolidado pela aplicação da retroatividade mais be-

---

24 AgInt no RMS 58.438/RS, Segunda Turma, Rel. Min. Francisco Falcão, j. 22.06.2020.

néfica no âmbito do processo administrativo disciplinar. Entendia o STJ que o art. 5º, XL, da CR/1988 previa a **possibilidade de retroatividade da lei penal**, sendo cabível extrair-se do dispositivo constitucional princípio implícito do Direito Sancionatório, segundo o qual a lei mais benéfica retroage no caso de sanções menos graves, como a administrativa. Trata-se de um princípio implícito passível de ser extraído do art. 5º, XL, da CR/1988 e aplicado ao processo administrativo.[25]

Todavia, após o entendimento fixado pelo STF no Tema 1.199, enfrentando a retroatividade mais benéfica no âmbito da improbidade, o STJ especificou o seu entendimento. Para a Corte Cidadã[26], a penalidade administrativa deve se basear pelo princípio do ***tempus regit actum***, **salvo se houver previsão expressa** de retroatividade da lei mais benéfica.

Assim, o STJ entendeu que a simples superveniência de uma legislação mais benéfica não implica sua aplicação automática, pois a penalidade administrativa é regida pela lei vigente no momento da infração. A aplicação retroativa só ocorrerá se houver previsão expressa para a retroatividade.

8.1. Sindicância

É o momento em que a Administração Pública vai apurar fatos, dados iniciais, para ficar munida de informações, formando um juízo de valor. Em outras palavras, a sindicância é um procedimento administrativo preliminar que tem como objetivo apurar a existência de indícios de infração funcional e respectiva autoria, buscando verificar a necessidade de instauração do processo administrativo disciplinar. Entretanto, é importante destacar que a sindicância pode ser dividida em duas subespécies, a sindicância preliminar e a sindicância como processo autônomo.

A primeira subespécie é de caráter inquisitório, já que o servidor investigado não é convocado a exercer o contraditório, uma vez que a sindicância, como procedimento preliminar, não tem o objetivo de aplicar penalidade ao agente público, mas, sim, buscar elementos para a futura instauração do PAD.

É uma fase preparatória para o PAD. Contudo, não é obrigatória. Caso a Administração Pública tenha provas necessárias, o PAD pode ser iniciado sem a sindicância.

Uma segunda subespécie de sindicância prevê a aplicação de sanções mais brandas, reservando o PAD para aplicação de sanções mais rigorosas. Nesse caso, é indispensável a garantia do contraditório e da ampla defesa ao investigado, tendo em vista a imposição de sanções. É o que ocorre no âmbito federal, em que a Lei nº 8.112/1990 admite a aplicação de advertência e suspensão de até 30 dias por meio de sindicância, nos termos dos arts. 143 e 145, II.

Por fim, o prazo para conclusão da sindicância não excederá 30 (trinta) dias, podendo ser prorrogado por igual período, a critério da autoridade superior.

---

25 AgInt no REsp 2.024.133-ES, Primeira Turma, Rel. Min. Regina Helena Costa, por unanimidade, j. 13.03.2023, *DJe* 16.03.2023.

26 REsp 2.103.140/ES, Rel. Min. Gurgel de Faria, Primeira Turma, por unanimidade, j. 04.06.2024, *DJe* 18.06.2024.

8.2. Processo administrativo disciplinar em sentido estrito

De acordo com o art. 148, o processo disciplinar é o instrumento destinado a apurar responsabilidade de servidor por infração praticada no exercício de suas atribuições, ou que tenha relação com as atribuições do cargo em que se encontre investido.

Nos termos do art. 146, sempre que o ilícito praticado pelo servidor ensejar a imposição de penalidade de suspensão por mais de 30 (trinta) dias, de demissão, cassação de aposentadoria ou disponibilidade, ou destituição de cargo em comissão, será obrigatória a instauração de processo disciplinar.

Ademais, consoante o art. 152, o prazo para a conclusão do processo disciplinar não excederá 60 (sessenta) dias, contados da data de publicação do ato que constituir a comissão, admitida a sua prorrogação por igual prazo, quando as circunstâncias o exigirem. Nesse ponto, importante a **Súmula nº 592 do STJ**, segundo a qual o excesso de prazo para conclusão do processo administrativo disciplinar não conduz à sua nulidade automática, devendo, para tanto, ser demonstrado o prejuízo para a defesa. Assim, entende o STJ que a decretação de nulidade no processo administrativo depende da demonstração do efetivo prejuízo para as partes, à luz do princípio *pas de nullité sans grief*.[27]

Nesse sentido, o STJ também já entendeu que a prorrogação do processo administrativo disciplinar, por si, não pode ser reconhecida como causa apta a ensejar nulidade, porque não demonstrado o prejuízo consequente dessa prorrogação.[28]

Sempre que necessário, a comissão dedicará tempo integral aos seus trabalhos, ficando seus membros dispensados do ponto, até a entrega do relatório final.

As reuniões da comissão serão registradas em atas que deverão detalhar as deliberações adotadas.

Importante, ainda, pontuar a (im)possibilidade de controle jurisdicional sobre o PAD. De acordo com o STJ, por meio da Súmula nº 665, o controle jurisdicional do processo administrativo disciplinar restringe-se ao exame da regularidade do procedimento e da legalidade do ato, à luz dos princípios do contraditório, da ampla defesa e do devido processo legal, não sendo possível incursão no mérito administrativo, ressalvadas as hipóteses de flagrante ilegalidade, teratologia ou manifesta desproporcionalidade da sanção aplicada.

Em outras palavras, o Judiciário verifica se o processo foi conduzido de maneira regular, observando-se os princípios constitucionais do contraditório, da ampla defesa e do devido processo legal, que garantem ao acusado o direito de ser ouvido, de apresentar provas e de ter um processo justo e equitativo.

A principal razão para esta limitação do controle jurisdicional é a separação dos poderes, princípio basilar da organização do Estado que visa evitar a concentração de poder e garantir a independência funcional entre os poderes Executivo, Legislativo e

---

[27] MS 24.672/DF, Primeira Seção, Rel. Min. Herman Benjamin, j. 10.06.2020, *DJe* 05.08.2020.

[28] AgInt no RMS 69.803-CE, Segunda Turma, Rel. Min. Mauro Campbell Marques, por unanimidade, j. 09.05.2023.

Judiciário. Assim, o Judiciário evita substituir a Administração Pública na avaliação do mérito administrativo, ou seja, nas decisões que envolvem a conveniência e a oportunidade dos atos administrativos, as quais são atribuídas por lei à competência discricionária da administração.

Contudo, existem exceções a esta regra. Em casos de flagrante ilegalidade, teratologia (ato grotesco ou absurdamente injusto) ou manifesta desproporcionalidade da sanção aplicada, o Judiciário pode intervir para corrigir tais vícios. Isso significa que, se a sanção imposta ou o processo que a originou for claramente desproporcional, ilegal ou absurdo, ultrapassando os limites da razoabilidade ou desrespeitando os direitos fundamentais, o controle jurisdicional pode se estender ao exame de tais aspectos para assegurar a justiça e a legalidade do ato administrativo.

8.2.1. Fases do PAD

8.2.1.1. Instauração

De acordo com o art. 149, o processo disciplinar será conduzido por comissão composta de três servidores estáveis designados pela autoridade competente, que indicará, dentre eles, o seu presidente, que deverá ser ocupante de cargo efetivo superior ou de mesmo nível, ou ter nível de escolaridade igual ou superior ao do indiciado.

O art. 149 da Lei nº 8.112/1990 estabelece que é necessário que o servidor designado para a comissão processante já tenha atingido a estabilidade no cargo que atualmente exerce, não bastando ser estável no serviço público em geral. Em outras palavras, o servidor deve ter cumprido o estágio probatório do cargo ocupado para integrar a referida comissão.[29]

Contudo, caso a Administração Pública, ao perceber o vício formal, substitua o servidor em estágio probatório por outro estável, sem aproveitar qualquer ato decisório do servidor substituído, não haverá nulidade do PAD. Nessa hipótese, não terá havido qualquer prejuízo concreto à defesa.

A comissão terá como secretário servidor designado pelo seu presidente, podendo a indicação recair em um de seus membros.

Não poderá participar de comissão de sindicância ou de inquérito cônjuge, companheiro ou parente do acusado, consanguíneo ou afim, em linha reta ou colateral, até o terceiro grau.

De acordo com o STJ, a ausência de termo de compromisso de membro de comissão processante não implica nulidade do PAD, uma vez que tal designação decorre de lei e recai, necessariamente, sobre servidor público, cujos atos funcionais gozam de presunção de legitimidade e de veracidade.[30]

---

[29] STF, RMS 32.357/DF, Segunda Turma, Rel. Min. Cármen Lúcia, j. 17.03.2020, *Info* 970.

[30] MS 12.803/DF, Terceira Seção, Rel. Min. Rogerio Schietti Cruz, j. 09.04.2014, *DJe* 15.04.2014.

Ademais, afirma o STJ que a imparcialidade de membro de comissão não fica prejudicada tão somente por este compor mais de uma comissão processante instituída para apuração de fatos distintos que envolvam o mesmo servidor.[31] Nesse sentido, as alegações de imparcialidade e de suspeição de membro da comissão processante devem estar fundadas em provas, não bastando meras conjecturas ou suposições desprovidas de qualquer comprovação.[32]

Pelo art. 150, a comissão exercerá suas atividades com independência e imparcialidade, assegurado o sigilo necessário à elucidação do fato ou exigido pelo interesse da Administração, de modo que as reuniões e as audiências das comissões terão caráter reservado.

A **Súmula nº 641 do STJ** estabelece que **a portaria de instauração do processo administrativo disciplinar não precisa trazer uma exposição detalhada dos fatos a serem apurados**. Tal exposição se torna necessária somente após a instrução, quando o servidor é indiciado e as provas já foram produzidas. Além disso, é possível a designação de servidores de outros órgãos na composição da comissão processante, conforme decidido no MS 17.796/DF.

Ainda, a **Súmula nº 611 do STJ** estabelece que, desde que devidamente motivada e com amparo em investigação ou sindicância, **é permitida a instauração de processo administrativo disciplinar com base em denúncia anônima**, em face do poder-dever de autotutela imposto à Administração.

Em relação a eventuais irregularidades ocorridas durante a sindicância, o RMS 037.871/SC estabelece que elas ficam superadas após a instauração do processo administrativo disciplinar. Por outro lado, o MS 19.994-DF estabelece que, preferencialmente, a instauração deve ocorrer no órgão em que a suposta irregularidade foi cometida, para facilitar a produção de provas. No entanto, o julgamento e a eventual aplicação de sanção devem ocorrer no órgão ao qual o servidor efetivo está vinculado.

A participação de membro da comissão processante em mais de um processo administrativo disciplinar envolvendo o mesmo investigado não configura falta de imparcialidade quando os fatos são distintos, conforme decidiu o STJ no MS 22.019/DF. O MS 19.451/DF, por sua vez, esclarece que a licença para tratamento de saúde não impede a instauração do processo administrativo disciplinar ou a aplicação de penalidade de demissão.

8.2.1.2. Inquérito

O inquérito administrativo é a etapa do procedimento disciplinar em que são produzidas as provas, realizada a instrução, apresentada a defesa e elaborado o relatório pela comissão. É fundamental que sejam observados os princípios do contraditório e da ampla defesa, garantindo ao acusado o direito de se defender, com

[31] MS 21.773/DF, Primeira Seção, Rel. Min. Benedito Gonçalves, j. 23.10.2019.

[32] MS 16.611/DF, Primeira Seção, Rel. Min. Mauro Campbell Marques, j. 11.12.2019.

a utilização de todos os meios e recursos admitidos em direito, conforme o art. 153 da Lei nº 8.112/1990.

8.2.1.2.1. Da instrução

De acordo com o art. 154, os autos da sindicância integrarão o processo disciplinar, como peça informativa da instrução, de modo que, na hipótese de o relatório da sindicância concluir que a infração está capitulada como ilícito penal, a autoridade competente encaminhará cópia dos autos ao Ministério Público, independentemente da imediata instauração do processo disciplinar.

Pelo art. 155, na fase do inquérito, a comissão promoverá a tomada de depoimentos, acareações, investigações e diligências cabíveis, objetivando a coleta de prova, recorrendo, quando necessário, a técnicos e peritos, a fim de permitir a completa elucidação dos fatos.

Por sua vez o art. 156 prevê que é assegurado ao servidor o direito de acompanhar o processo pessoalmente ou por intermédio de procurador, arrolar e reinquirir testemunhas, produzir provas e contraprovas e formular quesitos, quando se tratar de prova pericial.

Nesse sentido, importante pontuar a jurisprudência do STJ. De acordo com a corte cidadã, a falta de intimação de advogado constituído para a oitiva de testemunhas não gera nulidade se intimado o servidor investigado;[33] bem como a simples ausência de servidor acusado ou de seu procurador não macula a colheita de depoimento de testemunha no PAD, desde que pelo menos um deles tenha sido intimado sobre a realização da audiência.[34]

Pelo art. 157, as testemunhas serão intimadas a depor mediante mandado expedido pelo presidente da comissão, devendo a segunda via, com o ciente do interessado, ser anexado aos autos. Se a testemunha for servidor público, a expedição do mandado será imediatamente comunicada ao chefe da repartição onde serve, com a indicação do dia e hora marcados para inquirição.

Atente-se ao entendimento do STJ. Para a corte, não há nulidade do PAD pela suposta inobservância do direito à não autoincriminação, quando a testemunha, até então não envolvida, noticia elementos que trazem para si responsabilidade pelos episódios em investigação.[35]

Consoante o art. 158, o depoimento será prestado oralmente e reduzido a termo, não sendo lícito à testemunha trazê-lo por escrito.

As testemunhas serão inquiridas separadamente, e, na hipótese de depoimentos contraditórios ou que se infirmem, proceder-se-á à acareação entre os depoentes.

De acordo com o art. 159, concluída a inquirição das testemunhas, a comissão promoverá o interrogatório do acusado. No caso de mais de um acusado, cada um

---

[33] MS 10.239/DF, Terceira Seção, Rel. Min. Antonio Saldanha Palheiro, j. 14.11.2018, *DJe* 23.11.2018.

[34] MS 10.239/DF, Terceira Seção, Rel. Min. Antonio Saldanha Palheiro, j. 14.11.2018, *DJe* 23.11.2018.

[35] MS 21.205/DF, Primeira Seção, Rel. Min. Sérgio Kukina, j. 14.10.2020, *DJe* 21.10.2020.

deles será ouvido separadamente, e, sempre que divergirem em suas declarações sobre fatos ou circunstâncias, será promovida a acareação entre eles. O procurador do acusado poderá assistir ao interrogatório, bem como à inquirição das testemunhas, sendo-lhe vedado interferir nas perguntas e respostas, facultando-se-lhe, porém, reinquiri-las, por intermédio do presidente da comissão.

O STJ tem entendimento de que a acareação entre os acusados não é obrigatória, competindo à comissão processante decidir sobre a necessidade de sua realização quando os depoimentos forem colidentes e a comissão não dispuser de outros meios para a apuração dos fatos.[36]

Conforme o STJ, a não realização da oitiva de testemunha não constitui cerceamento de defesa no PAD quando há o esgotamento das diligências para sua intimação ou ainda, quando intimada, a testemunha tenha deixado de comparecer à audiência.[37]

Pelo art. 160, quando houver dúvida sobre a sanidade mental do acusado, a comissão proporá à autoridade competente que ele seja submetido a exame por junta médica oficial, da qual participe pelo menos um médico psiquiatra, de modo que o incidente de sanidade mental será processado em auto apartado e apenso ao processo principal, após a expedição do laudo pericial.

O STJ entende que esse exame de sanidade mental do servidor é imperativo na hipótese em que haja dúvida razoável de que o investigado tivesse, ao tempo dos fatos, condições de assumir a responsabilidade funcional pelos atos a ele atribuídos.[38] Ademais, entende a corte que a preexistência de doença mental ao tempo do cometimento dos fatos apurados no processo administrativo disciplinar impede a aplicação da pena disciplinar se constatada, por qualquer meio, a absoluta inimputabilidade do agente.[39]

Pelo art. 161, tipificada a infração disciplinar, será formulada a indiciação do servidor, com a especificação dos fatos a ele imputados e das respectivas provas.

Importante, para além da literalidade da legislação, o estudo da jurisprudência do STJ.

De acordo com essa corte,[40] o indeferimento da produção de provas pela comissão processante não acarreta a nulidade do PAD, desde que seja motivado nos termos do art. 156, §§ 1º e 2º, da Lei nº 8.112/1990, isto é, quando os pedidos forem considerados impertinentes, meramente protelatórios, ou de nenhum interesse para o esclarecimento dos fatos, bem como será indeferido o pedido de prova pericial, quando a comprovação do fato independer de conhecimento especial de perito.

No âmbito do processo administrativo disciplinar, é permitida a utilização de prova emprestada, desde que autorizada na esfera criminal e produzida com observância do contraditório e do devido processo legal, nos termos da Súmula nº 591 do STJ.

---

[36] AgInt no MS 24.045/DF, Primeira Seção, Rel. Min. Benedito Gonçalves, j. 24.04.2019, *DJe* 30.04.2019.

[37] MS 21.298/DF, Primeira Seção, Rel. Min.Napoleão Nunes Maia Filho, j. 26.09.2018, *DJe* 03.10.2018.

[38] AgInt no MS 25.060/DF, Primeira Seção, Rel. Min. Benedito Gonçalves, j. 11.09.2019, *DJe* 16.09.2019.

[39] RMS 29.437/GO, Quinta Turma, Rel. Min. Leopoldo de Arruda Raposo (Desembargador convocado do TJ/PE), j. 17.09.2015, *DJe* 23.09.2015.

[40] AgInt no MS 24.765/DF, j. 09.10.2019, *DJe* 14.10.2019.

Ademais, sobre a prova emprestada, faz-se necessário observar o entendimento do STF,[41] segundo o qual são inadmissíveis, em processos administrativos de qualquer espécie, provas consideradas ilícitas pelo Poder Judiciário. Em outras palavras, para a corte, as provas declaradas ilícitas pelo Poder Judiciário não podem ser utilizadas, valoradas ou aproveitadas em processos administrativos de qualquer espécie. A Constituição Federal preconiza, de modo expresso, a inadmissibilidade, no processo, de provas obtidas com violação a normas constitucionais ou legais. Nesse sentido, não é dado a nenhuma autoridade pública valer-se de provas ilícitas em prejuízo do cidadão, seja no âmbito judicial, seja na esfera administrativa, independentemente da natureza das pretensões deduzidas pelas partes. Além disso, as provas declaradas nulas em processos judiciais não podem ser valoradas e aproveitadas, em desfavor do cidadão, em qualquer âmbito ou instância decisória. Nesse contexto, a compreensão consolidada do tribunal é no sentido de que, para ser admitida em processos administrativos, **a prova emprestada do processo penal deve ser produzida de forma legítima e regular, com observância das regras inerentes ao devido processo legal**.

O STJ decidiu que a ausência de interrogatório para o qual o próprio investigado contribuiu não caracteriza cerceamento de defesa no PAD, uma vez que isso não favoreceria quem deu causa à alegada nulidade.[42]

Considerando o silêncio da Lei nº 8.112/1990 e dos demais diplomas legais sobre o processo administrativo disciplinar, deve ser observada a regra dos arts. 26, § 2º, e 41 da Lei nº 9.784/1999, que impõe o prazo de, no mínimo, três dias úteis entre a notificação do servidor e a realização de prova ou diligência ordenada no PAD, sob pena de nulidade.[43]

Ainda, é possível o aproveitamento de prova produzida em processo administrativo disciplinar declarado nulo para a instrução de novo PAD, desde que seja assegurado o contraditório e a ampla defesa, e que o vício que ensejou referida nulidade não recaia sobre a prova que se pretende aproveitar.[44]

Por fim, o STJ entendeu que a obtenção de informações constantes de e-mail corporativo utilizado pelo servidor público não configura prova ilícita, desde que atinentes a aspectos não pessoais, mas de interesse da Administração Pública e da coletividade, e quando houver expressa menção nas disposições normativas acerca do seu uso e advertência sobre o monitoramento e acesso ao conteúdo das comunicações dos usuários para fins de cumprir disposições legais ou instruir procedimento administrativo.[45]

---

41 ARE 1.316.369/DF, Rel. Min. Edson Fachin, Red. do Acórdão Min. Gilmar Mendes.

42 MS 21.193/DF, j. 26.09.2018, *DJe* 03.10.2018.

43 MS 10.599/DF, j. 28.11.2018, *DJe* 01.02.2019.

44 MS 15.828/DF, Primeira Seção, Rel. Min. Mauro Campbell Marques, j. 09.03.2016, *DJe* 12.04.2016.

45 RMS 48.665/SP, Segunda Turma, Rel. Min. Og Fernandes, j. 15.09.2015, *DJe* 05.02.2016.

8.2.1.2.2. Da defesa

O indiciado será citado por mandado expedido pelo presidente da comissão para apresentar defesa escrita, no prazo de 10 (dez) dias, assegurando-se-lhe vista do processo na repartição.

Havendo dois ou mais indiciados, o prazo será comum e de 20 (vinte) dias, e o prazo de defesa poderá ser prorrogado pelo dobro, para diligências reputadas indispensáveis.

No caso de recusa do indiciado em apor o ciente na cópia da citação, o prazo para defesa contar-se-á da data declarada, em termo próprio, pelo membro da comissão que fez a citação, com a assinatura de duas testemunhas.

O indiciado que mudar de residência fica obrigado a comunicar à comissão o lugar onde poderá ser encontrado, e, achando-se o indiciado em lugar incerto e não sabido, será citado por edital, publicado no *Diário Oficial da União* e em jornal de grande circulação na localidade do último domicílio conhecido, para apresentar defesa. Nesse caso, o prazo para defesa será de 15 (quinze) dias a partir da última publicação do edital.

Considerar-se-á revel o indiciado que, regularmente citado, não apresentar defesa no prazo legal. A revelia será declarada, por termo, nos autos do processo e devolverá o prazo para a defesa.

Para defender o indiciado revel, a autoridade instauradora do processo designará um servidor como defensor dativo, que deverá ser ocupante de cargo efetivo superior ou de mesmo nível, ou ter nível de escolaridade igual ou superior ao do indiciado.

Para o STJ, no PAD, a alteração da capitulação legal imputada ao acusado não enseja nulidade, uma vez que o indiciado se defende dos fatos nele descritos, e não dos enquadramentos legais. Trata-se, agora, inclusive, de entendimento sumulado por meio da Súmula nº 672 do STJ.[46]

8.2.1.2.3. Do relatório

Apreciada a defesa, a comissão elaborará relatório minucioso, no qual resumirá as peças principais dos autos e mencionará as provas em que se baseou para formar a sua convicção.

O relatório será sempre conclusivo quanto à inocência ou à responsabilidade do servidor.

Reconhecida a responsabilidade do servidor, a comissão indicará o dispositivo legal ou regulamentar transgredido, bem como as circunstâncias agravantes ou atenuantes.

O processo disciplinar, com o relatório da comissão, será remetido à autoridade que determinou a sua instauração, para julgamento.

---

[46] MS 19.726/DF, Primeira Seção, Rel. Min. Napoleão Nunes Maia Filho, j. 13.12.2017, *DJe* 18.12.2017.

Por fim, entende o STJ que a falta de intimação do servidor público após a apresentação do relatório final pela comissão processante não configura ofensa às garantias do contraditório e da ampla defesa por ausência de previsão legal.[47]

8.2.1.3. Do julgamento

No prazo de 20 (vinte) dias, contados do recebimento do processo, a autoridade julgadora proferirá a sua decisão, de modo que, se a penalidade a ser aplicada exceder a alçada da autoridade instauradora do processo, este será encaminhado à autoridade competente, que decidirá em igual prazo.

Havendo mais de um indiciado e diversidade de sanções, o julgamento caberá à autoridade competente para a imposição da pena mais grave.

Se a penalidade prevista for a demissão ou cassação de aposentadoria ou disponibilidade, o julgamento caberá ao presidente da República, aos presidentes das casas do Poder Legislativo e dos tribunais federais e ao procurador-geral da República.

Reconhecida pela comissão a inocência do servidor, a autoridade instauradora do processo determinará o seu arquivamento, salvo se flagrantemente contrária à prova dos autos.

O julgamento acatará o relatório da comissão, salvo quando contrário às provas dos autos. Quando o relatório da comissão contrariar as provas dos autos, a autoridade julgadora poderá, motivadamente, agravar a penalidade proposta, abrandá-la ou isentar o servidor de responsabilidade.

Verificada a ocorrência de vício insanável, a autoridade que determinou a instauração do processo ou outra de hierarquia superior declarará a sua nulidade, total ou parcial, e ordenará, no mesmo ato, a constituição de outra comissão para instauração de novo processo.

O julgamento fora do prazo legal não implica nulidade do processo.

Extinta a punibilidade pela prescrição, a autoridade julgadora determinará o registro do fato nos assentamentos individuais do servidor.

Quando a infração estiver capitulada como crime, o processo disciplinar será remetido ao Ministério Público para instauração da ação penal, ficando trasladado na repartição.

O servidor que responder a processo disciplinar só poderá ser exonerado a pedido, ou aposentado voluntariamente, após a conclusão do processo e o cumprimento da penalidade, caso aplicada.

Ademais, no que se refere à jurisprudência, perceba-se que é possível haver discrepância entre a penalidade sugerida pela comissão disciplinar e a aplicada pela autoridade julgadora desde que a conclusão lançada no relatório final não guarde sintonia com as provas dos autos e a sanção imposta esteja devidamente motivada.[48]

---

[47] MS 17.807/DF, Primeira Seção, Rel. Min. Regina Helena Costa, j. 11.12.2019, *DJe* 13.12.2019.

[48] MS 21.544/DF, Primeira Seção, Rel. Min. Mauro Campbell Marques, j. 22.02.2017, *DJe* 07.03.2017.

Outro julgado relevante refere-se ao fato de ser possível o cumprimento imediato da penalidade imposta ao servidor logo após o julgamento do PAD e antes do julgamento do recurso administrativo cabível – primeiro, porque os atos administrativos gozam de autoexecutoriedade e, segundo, porque os efeitos materiais de penalidade imposta ao servidor público independem do julgamento de recurso interposto na esfera administrativa, que, em regra, não possui efeito suspensivo.[49]

8.3. Processo administrativo disciplinar sumário

O processo administrativo disciplinar se desenvolverá de maneira sumária nos casos de acumulação ilegal de cargos públicos.

De acordo com o art. 133, detectada a qualquer tempo a acumulação ilegal de cargos, empregos ou funções públicas, a autoridade que tiver ciência da irregularidade notificará o servidor, por intermédio de sua chefia imediata, para apresentar opção no prazo improrrogável de dez dias, contados da data da ciência e, na hipótese de omissão, adotará procedimento sumário para a sua apuração e regularização imediata, cujo processo administrativo disciplinar se desenvolverá nas seguintes fases:

I. instauração, com a publicação do ato que constituir a comissão, a ser composta de dois servidores estáveis, e simultaneamente indicar a autoria e a materialidade da transgressão objeto da apuração;

II. instrução sumária, que compreende indiciação, defesa e relatório;

III. julgamento.

A indicação da autoria dar-se-á pelo nome e pela matrícula do servidor, e a materialidade pela descrição dos cargos, dos empregos ou das funções públicas em situação de acumulação ilegal, dos órgãos ou das entidades de vinculação, das datas de ingresso, do horário de trabalho e do correspondente regime jurídico.

A comissão lavrará, até três dias após a publicação do ato que a constituiu, termo de indiciação em que serão transcritas as informações de que trata o parágrafo anterior, bem como promoverá a citação pessoal do servidor indiciado, ou por intermédio de sua chefia imediata, para, no prazo de cinco dias, apresentar defesa escrita, assegurando-se-lhe vista do processo na repartição.

Apresentada a defesa, a comissão elaborará relatório conclusivo quanto à inocência ou à responsabilidade do servidor, em que resumirá as peças principais dos autos, opinará sobre a licitude da acumulação em exame, indicará o respectivo dispositivo legal e remeterá o processo à autoridade instauradora, para julgamento.

No prazo de cinco dias, contados do recebimento do processo, a autoridade julgadora proferirá a sua decisão.

---

[49] MS 19.488-DF, Rel. Min. Mauro Campbell Marques, j. 25.03.2015, *DJe* 31.03.2015.

A opção pelo servidor até o último dia de prazo para defesa configurará sua boa-fé, hipótese em que se converterá automaticamente em pedido de exoneração do outro cargo.

Caracterizada a acumulação ilegal e provada a má-fé, aplicar-se-á a pena de demissão, destituição ou cassação de aposentadoria ou disponibilidade em relação aos cargos, aos empregos ou às funções públicas em regime de acumulação ilegal, hipótese em que os órgãos ou as entidades de vinculação serão comunicados.

O prazo para a conclusão do processo administrativo disciplinar submetido ao rito sumário não excederá trinta dias, contados da data de publicação do ato que constituir a comissão, admitida a sua prorrogação por até quinze dias, quando as circunstâncias o exigirem.

	Processo administrativo disciplinar sumário	Processo administrativo disciplinar ordinário
Apuração	Acumulação ilegal de cargos públicos	Infração praticada no exercício do cargo
Comissão	Composta de dois servidores estáveis	Não há especificação
Fases	Instauração, instrução sumária, julgamento	Instauração, inquérito administrativo, julgamento
Prazo para apresentação de defesa	5 dias após a publicação do ato que constituir a comissão	10 dias após a citação, podendo ser prorrogado pelo dobro
Prazo para proferir decisão	5 dias após o recebimento do processo	20 dias após o recebimento do processo
Prazo para conclusão do processo	Máximo de 30 dias, prorrogável por até 15 dias	Máximo de 60 dias, prorrogável por igual prazo

8.4. Da revisão do processo

O processo disciplinar poderá ser revisto, a qualquer tempo, a pedido ou de ofício, quando se aduzirem fatos novos ou circunstâncias suscetíveis de justificar a inocência do punido ou a inadequação da penalidade aplicada.

Em caso de falecimento, ausência ou desaparecimento do servidor, qualquer pessoa da família poderá requerer a revisão do processo.

No caso de incapacidade mental do servidor, a revisão será requerida pelo respectivo curador.

No processo revisional, o ônus da prova cabe ao requerente.

A simples alegação de injustiça da penalidade não constitui fundamento para a revisão, que requer elementos novos, ainda não apreciados no processo originário.

O requerimento de revisão do processo será dirigido ao ministro de Estado ou autoridade equivalente, que, se autorizar a revisão, encaminhará o pedido ao dirigente do órgão ou da entidade onde se originou o processo disciplinar, de modo que, deferida a petição, a autoridade competente providenciará a constituição de comissão.

A revisão correrá em apenso ao processo originário.

Na petição inicial, o requerente pedirá dia e hora para a produção de provas e inquirição das testemunhas que arrolar.

A comissão revisora terá 60 (sessenta) dias para a conclusão dos trabalhos.

Aplicam-se aos trabalhos da comissão revisora, no que couber, as normas e os procedimentos próprios da comissão do processo disciplinar.

O julgamento caberá à autoridade que aplicou a penalidade, e o prazo para julgamento será de 20 (vinte) dias, contados do recebimento do processo, no curso do qual a autoridade julgadora poderá determinar diligências.

Julgada procedente a revisão, será declarada sem efeito a penalidade aplicada, restabelecendo-se todos os direitos do servidor, exceto em relação à destituição do cargo em comissão, que será convertida em exoneração.

Da revisão do processo não poderá resultar agravamento de penalidade.

QUESTÕES DE CONCURSO

1. FCC – 2022 – TRT – 19ª Região (AL) – Analista Judiciário

À luz do que dispõe o Estatuto dos Servidores Públicos Federais (Lei nº 8.112/1990), acerca dos direitos e vantagens ali estabelecidos,

A) as férias somente poderão ser interrompidas por motivo de calamidade pública, comoção interna, convocação para júri, serviço militar ou eleitoral, ou por necessidade do serviço declarada pela autoridade máxima do órgão ou entidade.

B) poderá ser concedida licença ao servidor para acompanhar cônjuge ou companheiro que foi deslocado para outro ponto do território nacional, mas não para o exterior.

C) o servidor terá direito a licença, com remuneração, durante o período que mediar entre a sua escolha, em convenção partidária, como candidato a cargo eletivo, e a véspera do registro de sua candidatura perante a Justiça Eleitoral.

D) a critério da Administração, poderão ser concedidas ao servidor ocupante de cargo efetivo, ainda que esteja em estágio probatório, licenças para o trato de assuntos particulares pelo prazo de até três anos consecutivos, sem remuneração.

E) o servidor investido em mandato de Prefeito, havendo compatibilidade de horário, perceberá as vantagens de seu cargo, sem prejuízo da remuneração do cargo eletivo.

Comentário: A) Correta. Art. 80. As férias somente poderão ser interrompidas por motivo de calamidade pública, comoção interna, convocação para júri, serviço militar ou eleitoral, ou por necessidade do serviço declarada pela autoridade máxima do órgão ou entidade.

B) Incorreta. Art. 84. Poderá ser concedida licença ao servidor para acompanhar cônjuge ou companheiro que foi deslocado para outro ponto do território nacional, para o exterior ou para o exercício de mandato eletivo dos Poderes Executivo e Legislativo.

C) Incorreta. Art. 86. O servidor terá direito a licença, sem remuneração, durante o período que mediar entre a sua escolha em convenção partidária, como candidato a cargo eletivo, e a véspera do registro de sua candidatura PERANTE a Justiça Eleitoral.

D) Incorreta. Art. 91. A critério da Administração, poderão ser concedidas ao servidor ocupante de cargo efetivo, desde que NÃO esteja em estágio probatório, licenças para o trato de assuntos particulares pelo prazo de até três anos consecutivos, sem remuneração.

E) Incorreta. Art. 94. Ao servidor investido em mandato eletivo aplicam-se as seguintes disposições: (...) II – investido no mandato de Prefeito, será afastado do cargo, sendo-lhe facultado optar pela sua remuneração; (...).

2. FCC – 2022 – TRT – 19ª Região (AL) – Analista Judiciário

Segundo o que dispõe o Estatuto dos Servidores Públicos Federais (Lei nº 8.112/1990),

A) o servidor em débito com o erário, que for demitido, exonerado ou que tiver sua aposentadoria ou disponibilidade cassada, terá o prazo de noventa dias para quitar o débito.

B) vencimento é a remuneração do cargo efetivo, acrescida das vantagens pecuniárias, permanentes ou temporárias, fixadas em lei.

C) o servidor perderá a remuneração do dia em que faltar ao serviço, com ou sem motivo justificado.

D) as faltas justificadas decorrentes de caso fortuito ou de força maior poderão ser compensadas a critério da chefia imediata, sendo assim consideradas como efetivo exercício.

E) o vencimento, a remuneração e o provento não serão objeto de arresto, sequestro ou penhora, ainda que na hipótese de prestação de alimentos resultante de decisão judicial.

Comentário: A) Incorreta. Art. 47. O servidor em débito com o erário, que for demitido, exonerado ou que tiver sua aposentadoria ou disponibilidade cassada, terá o prazo de sessenta dias para quitar o débito.

B) Incorreta. Art. 41. Remuneração é o vencimento do cargo efetivo, acrescido das vantagens pecuniárias permanentes estabelecidas em lei.

C) Incorreta. Art. 44. O servidor perderá: I – a remuneração do dia em que faltar ao serviço, sem motivo justificado; (...).

D) Correta. Art. 44, parágrafo único: As faltas justificadas decorrentes de caso fortuito ou de força maior poderão ser compensadas a critério da chefia imediata, sendo assim consideradas como efetivo exercício.

E) Incorreta. Art. 48. O vencimento, a remuneração e o provento não serão objeto de arresto, sequestro ou penhora, exceto nos casos de prestação de alimentos resultante de decisão judicial.

REFERÊNCIAS BIBLIOGRÁFICAS

ALEXANDRINO, Marcelo; PAULO, Vicente. *Direito Administrativo descomplicado.* 20. ed. São Paulo: Método, 2012.

ALEXANDRINO, Marcelo; PAULO, Vicente. *Direito Administrativo descomplicado.* 24. ed. rev. e atual. São Paulo: Método, 2016.

AMORIM, Victor Aguiar Jardim de. Modalidades e rito procedimental da licitação. In: DI PIETRO, Maria Sylvia Zanella (coord.). *Licitações e contratos administrativos*: inovações da Lei 14.133, de 1º de abril de 2021. Rio de Janeiro: Forense, 2021.

ARAGÃO, Alexandre Santos de. A "supremacia do interesse público" no advento do estado de direito e na hermenêutica do direito público contemporâneo. In: SARMENTO, Daniel (Org.). *Interesses públicos* versus *interesses privados*: desconstruindo o princípio da supremacia do interesse público. Rio de Janeiro: Lumen Juris, 2007. p. 1-4.

ARAGÃO, Alexandre Santos de. *Curso de Direito Administrativo.* 2. ed. rev., atual. e ampl. Rio de Janeiro: Forense, 2013.

ÁVILA, Humberto. Repensando o "princípio da supremacia do interesse público sobre o particular". *Revista Diálogo Jurídico*, Salvador, v. 1, n. 7, p. 9-16, 2011.

BRODSKY, Jerry. Mesas paralelas de resolución de controversias en mega proyectos de ingeniería y construcción: una perspectiva práctica. In: GARCÍA, R. H. (coord.). *Dispute boards in*: Latinoamérica experiencias y retos. Lima: Estudio Mario Castillo Freyre, 2014.

CARVALHO FILHO, José dos Santos. *Manual de Direito Administrativo.* 26. ed. rev., ampl. e atual. São Paulo: Atlas, 2013.

CARVALHO FILHO, José dos Santos. *Improbidade administrativa*: prescrição e outros prazos extintivos. São Paulo: Atlas, 2012.

CATEB, Alexandre Bueno; GALLO, José Alberto Albeny. Breves considerações sobre a teoria dos contratos incompletos. *Latin American and Caribbean Law and Economics Association (ALACDE) Annual Papers*, 2007.

CAVALIERI FILHO, Sergio. *Programa de responsabilidade civil.* 5. ed. São Paulo: Malheiros Editores, 2004.

COELHO, Fábio Ulhoa. *Curso de Direito Comercial.* 11. ed. São Paulo: Saraiva. 2010. v. 3.

COSTA, Bruno Betti. Inexigibilidade dos serviços de advocacia na nova Lei de Licitações. *JOTA*, 2021. Disponível em: jota.info/opiniao-e-analise/colunas/advocacia-publica-em-estudo/

inexigibilidade-dos-servicos-de-advocacia-na-nova-lei-de-licitacoes-04022021. Acesso em: 19.06.2021.

CUNHA JÚNIOR, Dirley da. *Curso de Direito Administrativo*. 7. ed. Salvador: Juspodivm, 2009.

DALLARI, Adilson Abreu. Evolução da contratação de advogado pela Administração Pública. In: FIGUEIREDO, Marcelo (coord.). *A contratação direta de profissionais da advocacia*: novo regime jurídico. São Paulo: Malheiros Editores: Juspodivm. 2022. p. 21-28.

DAL POZZO, Antonio Araldo Ferraz; DAL POZZO, Augusto Neves. Ensaio sobre a contratação de advogado por inexigibilidade na nova Lei de Licitações e Contratos Administrativos. In: FIGUEIREDO, Marcelo (coord.). *A contratação direta de profissionais da advocacia*: novo regime jurídico. São Paulo: Malheiros Editores: Juspodivm. 2022. p. 41-55.

DI PIETRO, Maria Sylvia Zanella. *Direito Administrativo*. 25. ed. São Paulo: Atlas, 2012.

DUGUIT, León. *Las transformaciones generales del derecho*. Buenos Aires. Ed. Heliasta. 2001.

FERNANDES, Murilo Queiroz Melo Jacoby. Lei n. 13.303/2016: novas regras de licitações e contratos para as estatais. *Revista IOB de Direito Administrativo*, São Paulo, v. 12, n. 134, p. 9-15, fev. 2017.

FERRAZ, Luciano. Função regulatória da licitação. *A&C – Revista de Direito Administrativo & Constitucional*, Belo Horizonte, n. 37, ano 9, p. 133-142, jul.-set. 2009.

FERRAZ, Luciano. "*The walking dead na Administração*" – temporada final (nova Lei de Licitações). *Consultor Jurídico*, 22.04.2021, Disponível em: repositorio.ufsc.br/bitstream/handle/123456789/222440/%5Bartigos%5D%20the%20walking%20dead%20na%20administra%C3%A7%C3%A3o%20p%C3%BAblica%20-%20temporada%20final%20-%20conjur.pdf?sequence=1&isAllowed=y.

FERRAZ, Sergio. Contratação direta de serviços advocatícios. In: FIGUEIREDO, Marcelo (coord.). *A contratação direta de profissionais da advocacia*: novo regime jurídico. São Paulo: Malheiros Editores: Juspodivm. 2022. p. 289-298.

FORTINI, Cristiana. A função social dos bens públicos e o mito da imprescritibilidade. *Revista Brasileira de Direito Municipal (RBDM)*, n. 12, p. 113-122, abr.-jun. 2004.

FORTINI, Cristiana. Organizações sociais: natureza jurídica da responsabilidade civil das organizações sociais em face dos danos causados a terceiros. *Revista Eletrônica sobre a Reforma do Estado*, Salvador, n. 6, jun.-ago. 2006.

FURTADO, Lucas Rocha. *Curso de licitações e contratos administrativos*. Belo Horizonte: Fórum, 2007.

FURTADO, Lucas Rocha. *Curso de Direito Administrativo*. 2. ed. Belo Horizonte: Fórum, 2010.

GARCIA, Flávio Amaral. Licitações e contratos administrativos. 4. ed. São Paulo: Malheiros Editores, 2016.

GASPARINI, Diógenes. *Direito administrativo*. 7. ed. rev. e atual. São Paulo: Saraiva, 2002.

GHIGNONE, Luciano Taques; TOURINHO, Rita. Inexigibilidade de licitação para a contratação de serviços advocatícios – limites e possibilidades. *Revista do Ministério Público do Estado do Rio de Janeiro*, n. 83, p. 87-105, jan.-mar. 2022.

GRAU, Eros Roberto. *Licitação e contrato administrativo*: estudo sobre a interpretação da lei. São Paulo: Malheiros Editores, 1995.

GRAU, Eros Roberto. *A ordem econômica na Constituição de 1988 (interpretação e crítica)*. 14. ed. atual. São Paulo: Malheiros Editores, 2010.

HAURIOU, Maurice. *Précis de droit administratif et de droit public*. Paris: Dalloz, 2002.

JUSTEN FILHO, Marçal. *Comentários à Lei de Licitações e Contratos Administrativos*. 9. ed. Paulo: Dialética, 2002.

JUSTEN FILHO, Marçal. *Teoria geral das concessões de serviço público*. São Paulo: Dialética, 200_

JUSTEN FILHO, Marçal. *Curso de Direito Administrativo*. 8. ed. rev., ampl. e atual. Belo Horizonte: Editora Fórum, 2012.

JUSTEN FILHO, Marçal. *Curso de Direito Administrativo*. 9. ed. rev., atual. e ampl. São Paulo: Ed. RT, 2013.

JUSTEN FILHO, Marçal. *Comentários à Lei de Licitações e Contratos Administrativos*: Lei 8.666/1993. 18. ed. rev., atual. e ampl. São Paulo: Ed. RT, 2019.

LIMA, Ruy Cirne. Princípios de direito Administrativo brasileiro. 3. ed. Porto Alegre: Sulina, 1954.

MARINELA, Fernanda. *Direito Administrativo*. 7. ed. Niterói: Impetus, 2013.

MASSO, Fabiano Del. *Direito Econômico esquematizado*. 2. ed. rev. e atual. São Paulo: Método, 2013.

MEDAUAR, Odete. *Direito Administrativo moderno*. 19. ed. rev. e atual. São Paulo: Ed. RT, 2015.

MEIRELLES, Hely Lopes. *Direito Administrativo brasileiro*. São Paulo: Malheiros Editores, 2003.

MELLO, Celso Antônio Bandeira de. *Apontamentos sobre os agentes e órgãos públicos*: regime jurídico dos funcionários públicos. São Paulo: Ed. RT, 1975.

MELLO, Celso Antônio Bandeira de. *Curso de Direito Administrativo*. São Paulo: Malheiros Editores, 2008.

MOREIRA, Egon Bockmann. *Direito das concessões de serviço público*. São Paulo: Malheiros Editores, 2010.

MOREIRA NETO, Diogo de Figueiredo. *Curso de Direito Administrativo*: parte introdutória, parte geral e parte especial. 15. ed. rev. e atual. Rio de Janeiro: Forense, 2009.

MOREIRA NETO, Diogo de Figueiredo. *Curso de Direito Administrativo*: parte introdutória, parte geral e parte especial. 16. ed. Rio de Janeiro: Forense, 2014.

OLIVEIRA, Gustavo Justino de. *Contrato de gestão*. São Paulo: Ed. RT, 2008.

OLIVEIRA, Rafael Carvalho Rezende. *Curso de Direito Administrativo*. 5. ed. São Paulo: Método, 2017.

OLIVEIRA, Rafael Carvalho Rezende. *Licitações e contratos administrativos*: teoria e prática. 7. ed. rev., atual. e ampl. São Paulo: Método, 2018.

PEREIRA, Caio Mário da Silva. Crítica ao anteprojeto de Código Civil. *Revista Forense*, v. 69, n. 838/840, p. 16-24, abr.-jun. 1973.

PEREIRA, Caio Mário da Silva. *Instituições de Direito Civil*. Rio de Janeiro: Forense, 2017. v. IV.

PISCITELLI, T. *Direito Financeiro esquematizado*. 4. ed. Rio de Janeiro: Forense, 2014.

RAMOS, André Luiz Santa Cruz. *Direito Empresarial*. 7. ed. rev. e atual. Rio de Janeiro: Forense, 2017.

RAMOS FILHO, Carlos Alberto de Moraes. *Direito Financeiro esquematizado*. 3. ed. São Paulo: Saraiva Educação, 2018.

RIBEIRO, Ana Paula Brandão; RODRIGUES, Isabella Carolina Miranda. Os *dispute boards* no Direito brasileiro. *Revista Direito Mackenzie*, v. 9, n. 2, p. 129-159, 2015.

SAAD, Amauri. As decisões coordenadas na Lei nº 14.201/2021. *Consultor Jurídico*, 2021. Disponível em: conjur.com.br/2021-out-14/amauri-saad-decisoes-coordenadas-lei-142102021. Acesso em: 01.04.2023.

...nteresses públicos* versus *interesses privados*: desconstruindo o princípio ... interesse público. Rio de Janeiro: Lumen Juris, 2007.

...l. Interesses públicos vs. interesses privados na perspectiva da teoria e da ...onstitucional. In: SARMENTO, Daniel (org.). *Interesses públicos* versus *interesses ...os*: desconstruindo o princípio da supremacia do interesse público. Rio de Janeiro: ...men Juris, 2007. p. 27.

...WIND, Rafael Wallbach. *O Estado acionista*: empresas estatais e empresas privadas com participação estatal. São Paulo: Almedina, 2017.

SUNDFELD, Carlos Ari. *Direito Administrativo para céticos*. 2. ed. São Paulo: Malheiros Editores, 2014.

SZTAJN, Rachel; ZYLBERSZTAJN, Decio. *Direito e economia*: análise econômica do direito e das organizações. Rio de Janeiro: Campus, 2005.

TÁCITO, Caio. Evolução histórica do Direito Administrativo. *Revista do Serviço Público*, v. 66, n. 3, p. 536-540, 1955.

TEPEDINO, Gustavo. A evolução da responsabilidade civil no Direito brasileiro e suas controvérsias na atividade estatal. *Temas de Direito Civil*. 3. ed. Rio de Janeiro: Renovar, 2004.

VIEGAS, Cláudia; MACEDO, Bernardo. Falhas de mercado: causas, efeitos e controles. In: SCHAPIRO, Mario Gomes (coord.). *Direito Econômico regulatório*. São Paulo: Saraiva, 2010.